JOH. GUILIELMI BAIERI

COMPENDIUM

THEOLOGIAE POSITIVAE,

ADJECTIS NOTIS AMPLIORIBUS,

QUIBUS

DOCTRINA ORTHODOXA AD ΠΑΙΔΕΙΑΝ ACADEMICAM EXPLICATUR
ATQUE EX SCRIPTURA S. EIQUE INNIXIS RATIONIBUS THEO-
LOGICIS CONFIRMATUR,

DENUO EDENDUM CURAVIT

CAROL. FERD. GUIL. WALTHER,

SS. THEOLOGIAE DOCTOR ET PROFESSOR.

———————•———————

EDITIO AUCTIOR ET EMENDATIOR.

VOL. III.

PARS TERTIA.

IN URBE SANCTI LUDOVICI
EX OFFICINA SYNODI MISSOURIENSIS LUTHERANAE.
(Luth. Concordia-Verlag.)
MDCCCLXXIX.

EMMANUEL PRESS

Labia sacerdotis custodient scientiam. Mal. 2:7

Published by Emmanuel Press, Ltd.
2900 Burton St. SE, Grand Rapids, Michigan 49546 USA
www.emmanuelpress.us
December, 2005 A+D

ISBN 0-9763832-2-5

THEOLOGIAE POSITIVAE

PARTIS TERTIAE

Caput I.

DE GRATIA DEI ERGA HOMINES LAPSOS, SALUTIS NOSTRAE PRIMO PRINCIPIO.

§ 1.

Inter principia et causas salutis[a] hominum, quales theologia revelata suae curae subjectos[b] invenit, *primum* locum obtinet[c] *gratia Dei*, qua Deus[d] humanum genus in communi[e] exitio, quod sibi in Adamo et per peccatum originale contraxerant, relinquere noluit ac potius per certa media inde eruere atque ad beatitudinem aeternam deducere intendit.[f]

a) De his enim nunc agendum est, postquam de *fine objectivo* et *formali* in parte *prima* deque *subjecto operationis* in parte *secunda* vidimus.

QUENSTEDTIUS: ,,Consideravimus hactenus SS. theologiam in genere, ejusque *principium cognoscendi* s. Scripturam; deinde *finem*, tum objectivum, Deum unitrinum, tum formalem, aeternam Dei fruitionem. Porro *subjectum*, in quod finis ille introducendus est, hominem scl. peccatorem secundum diversos status, institutionis scl. et destitutionis. Agendum jam de *principiis*, a quibus *salus* nostra dependet, ac denique de *mediis*, per quae ad eam homo lapsus perducendus est." (Theol. did.-pol. P. III. c. 1. s. 1. th. 1. fol. 1.)

b) Peccatores nimirum, criminis laesae majestatis divinae reos ideoque prorsus miseros et vi justitiae divinae sibi relictae pessum ituros, vid. P. II. cap. II. § 13. Vol. II. p. 296. Quo sensu etiam a Paulo *Rom. 3, 19.* πᾶς ὁ κόσμος ὑπόδικος τῷ θεῷ, *totus mundus Deo*, tanquam judici, aut judicio Dei, *obnoxius* dicitur.

LUTHERUS: ,,Non agimus hic de cognitione hominis philosophica, quae definit, hominem esse animal rationale etc. Physica haec sunt, et non theologica. Sic jureconsultus loquitur de homine possessore et domino suarum rerum; medicus loquitur de homine sano et aegro;

theologus autem disputat de homine peccatore.   Haec hominis substantia est in theologia, et hoc a theologo agitur, ut hanc suam naturam
peccatis corruptam homo sentiat." (Enarrat. Ps. 51. Vid. Exeget.
opp. lat. Cur. Irmischer. Vol. XIX, 20.)

c) Unde, quicquid est eorum, quibus salus nostra peccatoribus
nobis procuratur, pendet atque in nos redundat.

QUENSTEDTIUS: „Princeps salutis nostrae causa est immensa Dei
misericordia et gratia, quae hoc loco non spectatur, quatenus attributum
vel essentialis proprietas Dei est (sic enim ad θεολογίαν specialiter sic
dictam sive ad finem theologiae objectivum pertinet, et supra per-
tractata est), sed quatenus in negotio aeternae nostrae salutis causa
prima et summa, fons et scaturigo est omnium eorum, quae ad procurandam nostram salutem spectant, sicque ad οἰκονομίαν, in qua nunc
versamur, pertinet." (L. c. th. 2. f. 1.)

d) Qui est causa efficiens beatitudinis nostrae juxta Proleg. cap. I.
§ 21. Vol. I. p. 40. Est autem haud dubie causa *libera;* unde de
causis *impulsivis* voluntatis divinae merito quaeritur.

e) Sic enim h. l. spectanda est gratia Dei, cum *alias* Deum hominibus *partim* ut producendis, *partim* in statu integritatis ut conservan-
dis et ad suum finem ducendis aeque atque caeteris creaturis suis bonum esse, jam pridem constet ex P. I. cap. I. § 26. c. II. § 18. et
c. IV. § 3. Vol. II. p. 43. 96. 144.

f) De quibus distincte agetur in sequentibus.

§ 2.

Intelligitur ergo nomine gratiae divinae[a] hoc loco[b]
benignus Dei *favor*[c] erga peccatores, quo Deus, nostro
concipiendi modo,[d] movetur, ut velit ad salutem eorum
procurandam conferre, quod suum est.   Dicitur alias[e]
misericordia,[f] *amor,*[g] *benignitas*[h] *Dei* etc.

a) Ita enim τῆς χάριτος nomen in Scripturis crebro occurrit, v. g.
Ephes. 1, 7., et *cap. 2, 7.* non tantum χάρις, sed πλοῦτος τῆς χάριτος,
opulentia gratiae, Deo tribuitur in respectu ad negotium salutis nostrae.
Confer. *Rom. 3, 24. Ephes. 2, 8.   1 Petr. 5, 10.* Deus omnis gratiae,
quasi plenus fons aut auctor, dicitur.

b) *Alias* equidem vox gratiae *partim* pro habitualibus donis gratiae nobis infusis, *partim* pro actualibus gratiae auxiliis accipitur, *non*
autem ita in *praesenti* negotio.

LUTHERUS: „*Gnade* und *Gabe* sind des Unterscheides, dass *Gnade*
eigentlich heisst Gottes Huld oder Gunst, die er zu uns trägt bei sich
selbst, aus welcher er geneigt wird, Christum und den Geist mit seinen
Gaben in uns zu giessen; wie das aus dem 5. Cap. v. 15. klar wird, da
er spricht: ‚Gnade und Gabe in Christo' u. s. w. Ob nun wohl die *Gabe*
und der Geist in uns täglich zunehmen und noch nicht vollkommen
sind, dass also noch böse Lüste und Sünde in uns überbleiben, welche
wider den Geist streiten, wie er saget Röm. 7, 14. Gal. 5, 17. und wie
1 Mose 3, 15. verkündiget ist der Hader zwischen des Weibes Samen

und der Schlangen Samen; so thut doch die *Gnade* so viel, dass wir ganz und für voll gerecht vor Gott gerechnet werden. Denn seine Gnade theilet und stücket sich nicht, wie die Gaben thun, sondern nimmt uns ganz und gar auf in die Hulde von Christi, unseres Fürsprechers und Mittlers, willen, und um das die Gaben in uns angefangen sind." (Vorrede zu Pauli Brief an die Römer. XIV, 113. sq.) „Auf dieser Lehre bestehet das ganze Pabstthum: Die *Gnade* werde dem Menschen *eingegossen* durch eine heimliche Wirkung; wer dazu kommen wolle, der müsse reuen, beichten und genugthun." (XIII, 2078.) „Wo du nicht die Vergebung im Worte suchest, wirst du umsonst gen Himmel gaffen nach der *Gnade* oder (wie sie sagen) nach der *innerlichen Vergebung*." (XIX, 1175.)

HUELSEMANNUS: „De vocabulis *,gratiae'* et *,gratis'* coepit disputatio cum ipsa reformatione religionis. Et quamquam Philippo Melanchthoni placeret, postquam ab exhibita A. C. in comitiis anno 1530. conciliatio controversiarum religionis inter principes et theologos utriusque partis a d. 16. usque ad 22. Augusti tractaretur, relinquere vocabulum gratiae sub ambiguitate, ut sibi, quemadmodum et sociis, liceret illud capere et exponere pro solo *affectu* benevolentiae divinae, Eckio autem et sociis pro more suo de *qualitatibus virtuosis* ex benevolentia Dei, tanquam causa principali, hominibus infusis; qui significatus non impediebat, quominus homo consequeretur salutem per meritum, tanquam per causam secundariam, quae ei infundebatur a Deo per benevolentiam, tanquam causam primariam; in qua aequivocatione Philippus sibi mirifice placebat, ut apparet ex literis ad Lutherum de 22. Aug. ex comitiis illis datis apud Chytraeum in hist. A. C. German. p. 400.: Luthero tamen haec κυβεία (Eph. 4, 14.) mox ab initio displicuit. . . Noster symbolicus liber non tantum in Epitome et Declaratione, sed in Apologia quoque liberavit vocem *,gratiae'* et *,gratis'* ab aequivocatione de *habitu infuso*, Apol. p. 73. 76. 78. 96. sqq. Quamquam vero non negat, alicubi sumi illud nomen gratiae, per meton. effectus pro causa, sive pro *donis* ex benevolentia Dei in nos collatis Eph. 4, 7., de gratia gratis data, sive donis ad ministerium requisitis, nec non 1 Pet. 4, 10.: ,Simus boni dispensatores variae divinae gratiae'; falsum tamen est, uspiam, quando de causis, sive instrumentalibus sive meritoriis, *justificationis et salutis* ex parte nostra agitur, accipi hoc vocabulum pro dono infuso." (Praelectt. F. C. art. 11. s. 1. p. 542.)

MELANCHTHON: „Was die Lehre belangt, stehets also: Eck cavillirt das Wort ,sola', wenn wir sagen, der Mensch werde allein durch den Glauben gerecht. Doch hat er die Lehre an sich selbst nicht verdammt; sondern sagte, dass die Unerfahrenen sich ärgerten. Denn ich habe ihn gezwungen zu bekennen, dass die Gerechtigkeit dem Glauben recht zugeeignet werde. Doch hat er gleichwohl begehret, wir sollten also schreiben, dass der Mensch *durch die Gnade und den Glauben* gerecht werde. Das habe ich nicht widerfochten; aber der Narr verstehet das Wort ,Gnade' nicht." (Schreiben an Luther d. d. 22. August 1530. Luth. Opp. Hal. XVI, 1694. cf. *Luthers* Antwort d. d. 26. Aug.: ,,Scribis Eccium a te esse coactum fateri, nos fide justificari: utinam coëgisses eum non mentiri." (De Wette IV, 145.)

QUENSTEDTIUS: „Objic.: *Gratia* justificans dicitur caritas *diffusa* in cordibus nostris per Spiritum S., Rom. 5, 5. Jam vero donum in corde effusum non potest dici externus Dei favor, sed aliquid ipsum cor attingens, purgans et renovans, quod est gratia *habitualis*, unde et Augustinus exponit de caritate, qua nos Deum diligimus. Resp. . . .: Dicitur illa caritas diffusa in cordibus nostris quoad effectum, non quoad subjectivam inhaesionem, vel inhaerentiam; adde v. 8., in quo se explicat apostolus, de qua loquatur caritate. Argumentamur ita: Quam caritatem Deus erga nos declaravit tradendo Filium, cum adhuc essemus peccatores adeoque caritatis hujus incapaces, ea dicitur hic effusa; jam non nostram caritatem, qua *nos Deum* diligimus, sed qua *nos Deus* diligit, commendat Deus tradendo Filium etc. Ergo." (L. c. c. 8. s. 2. q. 2. f. 770.)

c) Velut per modum *affectus*, quamvis affectus, qui mutationem quandam important, Deo proprie adscribi non possint. Hic tamen voluntatis Dei quaedam terminatio ad nos juvandos haud dubie denotatur, quae similitudinem quandam habet cum humano affectu, sed citra imperfectionem.

d) Habet, inquam, sese gratia divina per modum *causae impulsivae internae* ex parte voluntatis divinae ad procurandum nostram salutem.

e) Nimirum *gratiae* quidem appellatio locum habet ad excludenda nostra merita aut dignitatem. Et sic *debito* opponitur *Rom. 4, 4. sqq. c. 11, 6.* Reliqua nomina connotatis peculiaribus distinguuntur.

f) Propter respectum ad *miseriam* nostram, qua velut causa προκαταρκτικῇ (quam *impulsivam externam* aliquando vocant) provocatur aut movetur ad eam depellendam. Sic τὸ ἔλεος Dei in negotio salutis nostrae celebrat Paulus *Tit. 3, 5.* et Deum πλούσιον ἐν ἐλέει, *divitem in misericordia*, dicit *Ephes. 2, 4.* Zacharias autem in cantico suo σπλάγχνα ἐλέους Θεοῦ, *viscera misericordiae Dei*, memorat *Lucae 1, 78.* Confer. *1 Petr. 1, 3.*

g) In ordine ad *bonum*, videlicet salutem aeternam, quam nobis vult Deus. Est enim amoris seu caritatis, velle alteri, quae bona putes, eaque pro viribus studere efficere. Ac Deo quidem ἀγάπη seu amor erga nos, quales post lapsum sumus, adscribitur *Joh. 3, 16.* Πολλὴ ἀγάπη, ἣν ἠγάπησεν ἡμᾶς, *multa caritas, qua dilexit nos, etiam cum essemus mortui per delicta, Ephes. 2, 4. 5. Deus* ipse *caritatem suam erga nos*, tanquam ingentem, imo singularem, *commendare* dicitur *Rom. 5, 8.* Eadem, objecto simul cum ipso actu in unam vocem concluso, dicitur φιλανθρωπία, *amor erga homines*, *Tit. 3, 4.*

h) Eodem sensu cum voce amoris Graece χρηστότης *Tit. 3, 4.* legitur; χρηστὸς autem dicitur, qui alteri utilis, aut causa boni, felicitatis, salutis ejus est.

§ 3.

Objectum hujus gratiae sunt *homines*[a] omnes ac singuli,[b] etiamsi *peccato*[c] corrupti.[d]

a) Unde gratia *universalis* vulgo dicitur, appellatione ab objecto desumta, quod est universum genus humanum; uti verbis sequentibus indicatur.

b) Qui, hactenus *miseria* pares, simul in *esse creaturae* inter se conveniunt, imo in ipsa *natura humana*, Deo prae aliis speciebus creaturarum dilecta, atque olim *imagine* Dei donati omnes in Adamo, ita aeque omnes, nemine excepto, objectum sunt gratiae seu misericordiae et benignitatis divinae.

c) Equidem, non *quatenus*, aut *quia* peccatores sunt, Deus sua gratia eos prosequitur; Deus enim, *iniquitatem nolens, odit operantes iniquitatem, Ps. 5, 5*. Attamen, non obstante lapsu protoplastorum et hinc contracto peccato, sed obversante intellectui divino corruptione ista communi omnium, Deus misertus, eorum liberationem et salutem intendit.

d) Sic enim expresse dicitur *1 Tim. 2, 4.*: *Deus vult* (non dicit, se velle; sed, vult revera) *omnes salvos fieri*, prout jubet christianos precibus suis ex amore profectis revera expetere omnium salutem; omnium, inquam, nemine excepto, ne Nerone quidem, aut aliis inter tyrannos ejus temporis; unde tanto minus voluntatem illam Dei ad paucorum ex mero beneplacito electorum numerum ex variis coetibus aut quovis genere hominum restringere fas est, sed, uti litera postulat, referri ad omnes omnino homines oportet, nemine excepto, ne Nerone quidem, aut aliis, quanquam praefractis, peccatoribus et sua culpa perituris. Similiter universalitas illa gratiae divinae patet ex *2 Petr. 3, 9.*: *Deus non vult ullos perire;* ubi alterum oppositorum ita negat, ut alterum tanto fortius affirmet. Qui enim non vult quemquam perire, haud dubie vult omnes ab interitu servari; neminem ex mero beneplacito destinat exitio, omnes amore pari complexus. Ac notandum est, Paulum Petrumque l. c. loqui de hominibus, quales actu existunt, adeoque habita ratione lapsus Adami et peccatorum, quibus posteri omnes et singuli polluuntur. Sic etiam Christus *Joh. 3, 16.*: *Deus,* ait, *dilexit mundum,* credentes et incredulos complectentem, quod ex contextu patet, adeoque mundum pro universo genere humano, mundum hunc incolente, acceptum ac toti multitudini Judaeorum, a serpentibus ignitis laesorum, respondentem, quorum singulorum aeque ac omnium (non tantum paucorum, ex mero beneplacito electorum) bono serpens aeneus olim erectus fuit. Denique *Rom. 11, 32.* dicitur, *Deum conclusisse omnes sub peccatum, ut omnium misereretur,* ubi eadem amplitudo esse eorum dicitur, quos Deus in statum peccati venire passus sit, et quorum misereatur; ut quemadmodum homines omnes et singuli peccatores constituti sunt, sic omnes et singuli, quamvis peccatores, tamen etiam sint objectum misericordiae divinae.

GERHARDUS: „Huic sententiae (de absoluto decreto) primo opponimus benificam illam Dei voluntatem, qua serio omnium conversionem et salutem expetit, quam benificam voluntatem *Scriptura verbis, Christus lacrymis, Deus ipse juramento* testatam fecit." (De elect. et reprob. § 57.)

LUTHERUS: „Gleichwie die liebe Sonne dadurch nicht verdunkelt oder verfinstert wird, dass sie vielen leuchten muss, ja die ganze Welt ihres Lichtes, Scheines und Glanzes geneusst; sie behält ihr Licht gleichwohl ganz, es gehet ihr nichts ab, sie ist ein unmässig Licht, könnte wohl noch zehen Welten erleuchten . . ., also ist Christus unser Herr (zu dem wir Zuflucht haben müssen und von ihm alles bitten) ein unendlicher Born und Hauptquelle aller Gnade, Wahrheit, Gerechtigkeit, Weisheit, Lebens, die ohne Mass, Ende und Grund ist; also, dass wenn auch die ganze Welt so viel Gnade und Wahrheit daraus schöpfete, dass eitel Engel daraus würden, noch ginge ihm nicht ein Tröpflein ab: die Quelle läuft immerdar über voller Gnade. Wer nun, keinen ausgeschlossen, seiner Gnade geniessen will, der komme und hole sie bei ihm." (Ad Joh. 1, 16. VII, 1597.) „Es ist aus der

Massen fein und tröstlich von Christo, unserem Heiland, gepredigt; wir könnens mit Worten, ja auch mit unsern Gedanken nimmermehr erlangen. In jenem Leben werden wir in Ewigkeit unsere Freude und Lust dran haben, dass der Sohn Gottes sich so tief herunter lässt und nimmt meine Sünde auf seinen Rücken; ja, nicht allein meine Sünde, sondern auch der ganzen Welt, die von Adam an bis auf den allerletzten Menschen gethan ist, die will Er gethan haben und auch dafür leiden und sterben, damit ich ohne Sünde sei und das ewige Leben und Seligkeit erlange. . . *Hierauf stehet nun der Grund aller christlichen Lehre;* wer die gläubet, der ist ein Christ; wers nicht gläubet, der ist kein Christ, der wird sein Theil auch finden. Es ist ja klar genug gesagt: Dies ist das Lämmlein Gottes, das trägt die Sünde der *Welt*, und ist der Text Gottes Wort und nicht unser Wort, noch von uns erdacht, dass Gott dies Lamm darum habe geschlachtet und das Lämmlein aus Gehorsam gegen den Vater der ganzen Welt Sünde auf sich geladen hat. Aber die Welt will nicht hinan, sie will dem lieben Lämmlein die Ehre nicht gönnen, dass wir allein selig werden darum, dass es unsere Sünde trägt. Sie will auch etwas sein, und je mehr sie thun will und Sünde büssen, je ärger sie es macht. . . Das Lamm prediget uns selber, spricht: Sehet zu, wie ich doch eure Sünde trage, aber niemand wills annehmen; und wenn wirs gläubten und annähmen, so würde niemand verdammt. Was soll das Lamm mehr thun? Es spricht: Ihr seid alle verdammt, aber ich will eure Sünde auf mich nehmen; ich bin die ganze Welt worden; habe die Person aller Menschen von Adam her angenommen, dass, so man von Adam Sünde bekommen hat, so will er uns Gerechtigkeit dafür geben. Da sollte ich sagen: Das will ich gläuben, dass mein lieber Herr, das Lamm Gottes, alle Sünde auf sich genommen hat. Noch wills die Welt nicht gläuben noch annehmen, und wenn sie es gläubte, so würde niemand verloren. . . Dass man aber nicht gläubet, das geschieht nicht aus Mangel des Herrn Christi, sondern die Schuld ist mein. Gläube ichs nicht, so liege ich in meiner Verdammniss. Ich muss kurzum sagen, dass Gottes Lämmlein habe die Sünde der Welt getragen; und es ist mir ernstlich geboten, dass ichs gläuben und bekennen soll, auch darauf sterben. Ja, möchtest du sagen, wer weiss, ob er auch *meine* Sünde trage? Ich glaube wohl, dass er St. Petri, St. Pauli und anderer *Heiligen* Sünde getragen hat; die waren fromme Leute; wenn ich nun auch St. Petrus oder St. Paulus wäre! Hörest du denn nicht, was hier St. Johannes sagt: Dies ist das Lamm Gottes, das da trägt die Sünde der *Welt*! Nun kannst du ja nicht leugnen, du seist auch ein Stück von der Welt. . . So du (nun) in der Welt bist, und deine Sünden sind ein Stück der Welt-Sünde, so stehet hier der Text: Alles, was Sünde heisst, Welt und der Welt Sünde, vom Anfang der Welt her bis ans Ende, das liegt allein auf dem Lamm Gottes; und dieweil du denn auch ein Stück von der Welt bist und in der Welt bleibest, so wirst du ja auch dess mit geniessen, davon an diesem Ort der Text saget." (Ad Joh. 1, 29. VII, 1639. 1642. 1648. 1649. 1650.)

QUENSTEDTIUS: „Ad locum Joh. 3, 16. regerunt *Calviniani*, vocem *mundi* hic notare non omnes in universum homines, sed solos e toto mundo *electos* sive corpus electorum e toto mundo. . . Ad locum 1 Tim. 2, 4.: ,Deus vult *omnes homines* salvos fieri' etc. excipiunt Calviniani, per omnes homines apostolum non intelligere singulos homines, sed quosvis homines h. e. *omnis generis* homines, germanice: Nicht alle, sondern allerlei Menschen. Ita Calvinus comm. in h. l. . . Ad locum Rom. 11, 32.: ,Conclusit Deus *omnes* sub incredulitatem, ut omnium misereatur', excipit Wendelinus: I., Omnes quidem et singulos homines esse sub peccato conclusos, sed id a Paulo hoc loco *non intendi.*' . . II. Objicit locum Gal. 3, 22.: ,Conclusit Scriptura omnia sub peccatum, ut promissio ex fide Jesu Christi daretur credentibus'; ex quo demonstrare praesumit, quod Paulus, dicens: ,Ut om-

nium misereatur', de solis credentibus loquatur. . . III. Vanum est
h. l. Bezae in resp. ad acta coll. Mompelg. p. 223. et aliorum Calvinistarum commune effugium de *generibus singulorum*. . . Ad locum
1 Pet. 3, 9.: ,Deus non vult ullos perire, sed omnes ad poenitentiam
tendere', . . Calviniani unanimiter fere *electos seu credentes* hic intelligunt, quod colligunt ex illis verbis: Ὁ κύριος μακροθυμεῖ εἰς ἡμᾶς. . .
Ezech. 18, 23. 32. et 33, 11.: ,Nolo mortem impii' etc. . . Chamier tom.
III. Panstrat. l. 7. c. 6. n. 10. effugium suum I. in distinctione voluntatis in εὐδοκίαν et εὐαρεστίαν, tum II. in verbo חפץ quaerit, quod non
significet ,velle' simpliciter, sed ,*acquiescere* rei alicui, delectari, desiderare'. . . Wendelinus exercit. 127. n. 13. asserit: ,Deum non velle
mortem peccatoris, quatenus est *destructio* improbi, velle autem mortem
peccatoris, quatenus est justa poena ab ipsa Dei justitia dictata.' . .
IV. Alii Calviniani negant, intelligi in istis locis apud Ezechielem in
genere omnes peccatores, et dicunt, illos tantum designari, *qui se con-*
vertunt; ita Maccovius. . . V. Frider. Spanhemius exerc. de grat. univ.
s. 5. th. 7. p. 127. et 128. contendit, verba Ezechielis ad *domum Israelis*
esse restringenda. . . VI. Polanus in syntagm. p. 613.: ,Deus', inquit,
,hic (apud Ezech.) non loquitur de voluntate arcana et beneplaciti,
neque de omnibus improbis; voluntate enim arcana et beneplaciti vult
omnium eorum, qui pereunt; i. e. reproborum, mortem; sed loquitur de
voluntate signi, revelata in evangelio, quo omnibus offert misericordiam
et salutem, ut liberentur a morte et vivant.' " (L. c. P. III. c. 3. s. 2.
q. 1. f. 12—17.)

ANTITHESIS.

Quenstedtius: ,,*Antithesis*: 1. *Antiquorum haereticorum*, qui
Praedestinatiani dicti, qui circa annum Christi 415., et *Godoschalci*
Belgae, qui anno Christi 849. docuerunt, Deum absolute quosdam praedestinasse in mortem, nec omnium velle salutem. . . 2. *Calviniano-*
rum, statuentium, Deum quidem voluntate in Scripturis manifestata
sive *signi* velle omnes salvos fieri, voluntate vero *arcana*, quam beneplaciti vocant, velle solos electos salvare. Ita *Beza* part. 2. respons.
ad acta colloq. Mompelgartens. p. 194. scribit: ,Nullum tempus fuit,
vel est, vel erit, quo voluerit, velit, aut voliturus sit Deus singulorum
misereri.' *Calvinus* lib. 3. institt. c. 23. § 1. 4. sq. . . Inprimis *Span-*
hemius universali Dei voluntati valde infestus est; sic enim scribit in
syntagmate disputt. theol., disp. de grat. univers. th. 5. p. 231.: ,Sen-
tentiae nostrae summa est: Nec voluntatem omnium et singulorum
hominum *miserendi* ad salutem Deo adscribi posse, nec voluntatem
omnes et singulos per Christum *redimendi*, neque voluntatem omnes et
singulos ad salutem per Christum *vocandi*, adeoque gratiam universalem nec statui debere nec defendi posse.' Huc pertinent etiam omnes
Calvinistae hypothetici, qui quidem universalem quandam erga omnes
homines Dei benevolentiam admittunt, sed *sub hypothesi fidei*, si credant; utpote qui, quod una manu dant, altera eripiunt, peripheriam divinae misericordiae amplificant, sed conditione fidei impossibili et im-
praestabili restringunt, ac proinde caeteris, hoc est *categoricis*, merito
sunt annumerandi, ut *Camero, Amyraldus, Bergius, Crocius* aliique.''
(L. c. c. 1. s. 2. f. 11.) ,,Calvinistarum alii sunt *Supralapsarii*, alii
Sub- vel Infralapsarii. Juxta *illos* decrevit Deus, maximam hominum
partem pro solo beneplacito suo creare ad interitum et praecipitare in
exitium, ut absolutam suam potestatem et justitiam declarare posset;
ita Calvinus, Beza, Piscator, Gomarus, Maccovius; juxta hos decrevit
Deus, maximam partem in lapsu *praeterire* et relinquere; ita hodie
plerique Calviniani et Syn. Dordr. etc.'' (L. c. f. 10.)
Presbyteriani: ,,The rest of mankind'' (praeter electos), ,,God
was pleased, according to the unsearchable counsel of his own will,
whereby he extendeth or withholdeth mercy as he pleaseth, for the

glory of his souvereign power over his creatures, to pass by, and to
ordain them to dishonour and wrath for their sin, to the praise of his
glorious justice." (The Confession of faith, c. 3. n. 7. Vid. The constitution of the Presbyterian church, in the United States of Am. Philadelphia, 1840. p. 26.)

§ 4.

Eadem haec gratia Dei *non* est *otiosa* quaedam[a] complacentia Dei, ad salutem omnium terminata, si haec[b]
contingeret, sed una secum importat *inclinationem* Dei
ad[c] *conferendum* a sua parte ea, quae faciunt[d] ad procurandam salutem omnium, ut ea, quantum est a parte
Dei, *omnibus* obtentu *possibilis* reddatur.

a) Quasi *placeret Deo*, si omnes salvi fierent, *nolit* autem Deus a
sua parte *conferre*, quod illis e miseria sua aut perditione eruendis necessario praestandum foret. Talis, inquam, *non* est voluntas illa Dei
ad salutem omnium terminata.

b) Quanquam enim voluntatem illam, qua Deus vult omnium
salutem, etiam nostrates aliquando appellent *conditionatam*, non *absolutam*, id tamen non eo sensu dictum est, quasi Deus tantum velit finem,
non velit media, aut velit finem sub conditione, quam ipse ex mero
beneplacito penes multos nolit impleri, sed quatenus Deus, volens homines salvari, non vult eos citra satisfactionem ullamve conditionem
implendam salvos fieri, sed sub conditione certorum mediorum deduci
ad salutem; de quo mox distinctius videbimus.

GERHARDUS: ,,Atqui (dicunt, qui nobis contradicunt), si Deus
serio vult omnes salvos fieri, omnes etiam salvarentur, quia omnia,
quae voluit Deus, fecit, Ps. 115, 3.; ,voluntati ejus quis resistit?'
Rom. 9, 19. Respondemus: Quaedam Deus vult *absolute et simpliciter*,
quaedam *certa conditione ac certis mediis*. Θελητὰ *primi generis*, cum
sint absoluta, semper fiunt; de illis accipienda sunt dicta antea allegata. Θελητὰ *secundi generis*, cum sint certa conditione ac certis mediis
circumscripta, ideo nonnisi posita illa conditione ac positis illis mediis
eveniunt. Vult Deus et serio vult peccatoris vitam; sed tamen vult
etiam peccatoris conversionem per Spiritum S. et verbum; quod si
peccator verbum illud repellat et Spiritui S. resistat atque ita non
convertatur, vult peccatoris justam damnationem. . . Christus
Luc. 14. declarat id exemplo patrisfamilias, qui parat coenam magnam
et serio vult, ut omnes vocati compareant atque bonis perfruantur; at
postquam ipsius vocationem ac beneficentiam contemnunt, vult et decernit, ut nemo eorum coenam paratam gustet." (L. de elect. et reprob. § 75. 77.)

QUENSTEDTIUS: ,,Voluntas *antecedens*, etsi proprie loquendo absoluta non sit, vere tamen et absolute universalis est, . . . non quidem
sub conditione fidei: ,si credant', sed nec absolute, verum sub τάξει
certa mediorum; non ergo absoluta est haec Dei voluntas, sed *ordinata*,
minime autem (*stricte loquendo*) *conditionata*, ut volunt Calviniani hypothetici... Cum itaque a quibusdam orthodoxis voluntas Dei antecedens
conditionata dicitur, vox conditionis παχυλῶς accipitur, hoc sensu,
quod non absolute, sed ordinate Deus velit salutem omnium." (L. c.
c. 1. s. 2. f. 20. sq.)

c) Unde gratiam illam universalem seu voluntatem Dei antecedentem *efficacem* appellant in oppositione ad *affectum simplicis complacentiae.* Est enim Deo ratio volendi non tantum salutem omnium, sed
etiam media, quatenus haec ex parte Dei aeque omnibus ordinanda
sunt. Conf. b. *Musaei* Disp. de volunt. Dei Antec. et Conseq., quae
subjuncta est Tractatui contra Vedelium § 12. sqq., et quae supra
Part. I. cap. I. § 20. Vol. II. p. 34. disseruimus.

> GERHARDUS: ,,Voluntas (Dei) alia *antecedens,* alia *consequens*
> (est). Calviniani hanc distinctionem rejiciunt. . . Sed approbatur et
> probatur a Chrysostomo hom. 1. in ep. ad Ephes., ubi illam vocat *pri-
> mam,* hanc *secundam;* Damasceno lib. 2. orth. fid., ubi illud vocat
> ϑέλημα προηγούμενον, hoc vero ἑπόμενον; Anselmo, qui illam vocat
> voluntatem *misericordiae,* hanc *justitiae. Antecedens* voluntas est, qua
> Deus ut benignissimus pater omnes homines vult salvos fieri et ad
> agnitionem veritatis venire; *consequens* voluntas est, qua Deus justissi-
> mus judex finaliter impoenitentes et incredulos vult damnari. . . Fun-
> damentum igitur habet haec distinctio in mirabili temperamento
> justitiae et misericordiae divinae. . . Maccovius disp. 1. pervertit
> nostram sententiam. ,Statuunt' (inquit), ,Deum ab aeterno . . . mi-
> sertum esse omnium . . ., sed postea . . . voluntatem hanc *immutasse.'. .*
> At nemo nostrum *mutationem* voluntatis in Deo statuit, sed consequen-
> tem voluntatem antecedenti *subordinatam* esse dicimus. Declarari pot-
> est haec distinctio variis exemplis: 1. *patris,* qui ex aequo omnibus
> liberis favet et omnes vult haeredes suorum bonorum fieri, sed prae-
> fracte contumaces et degeneres ab haereditate excludit. . . 4. *Medici,*
> qui omnibus peste infectis offert pretiosam medicinam et eorum expetit
> sanitatem; si qui vero oblata media aspernantur, illos sua culpa inter-
> ire patitur.'' (Exeges. 1. 2. § 271.)

> HOLLAZIUS: ,,Voluntas Dei dicitur *antecedens* et *consequens,* non
> 1. ratione *temporis,* . . . 2. nec ex parte ipsius *voluntatis divinae,* quasi
> dentur in Deo duae reapse distinctae voluntates, . . . 3. sed ab *ordine
> rationis nostrae,* diversos volendi actus in Deo pro diversa objectorum
> consideratione distinguentis et unum actum prae altero considerantis;
> ut saltem notetur, voluntatem antecedentem praecedere consequentem
> *in signo rationis divinae.* Prius quippe est nostro intelligendi modo,
> Deum velle hominibus salutem et media salutis procurare, quam, eun-
> dem velle finaliter in Christum credituris aeternam salutem actu con-
> ferre vel finaliter impoenitentibus aeternam damnationem adjudicare.''
> (Exam. P. III. s. 1. c. 1. q. 5. p. 587.) SCHARFFIUS: ,,Dicitur *rationis*
> distinctio, quia non in re ipsa, sed per rationem, h. e., per operationem
> mentis ponitur et concipitur.'' (Metaphys. p. 174.)

ANTITHESIS.

> QUENSTEDTIUS: ,,*Antithesis :* . . . 3. *Scholasticorum et pontificio-
> rum* statuentium, voluntatem Dei circa omnium salutem esse tantum
> *simplicis complacentiae,* praevalere vero voluntatem efficacem Dei, qua
> vult *relinquere* homines plures cum illis auxiliis, cum quibus sciebat
> non recte victuros et tandem condemnandos. Ita Vasquez in l. Thomae
> tom. I. disp. 83. c. 4. n. 28. Bellarminus de grat. et lib. arbitr. Lib. II.
> c. 3. etc.'' (L. c. f. 11.)

d) De quibus singulis suo loco distincte agetur, v. g. de mediatore
communi omnium, de vocatione universali etc.

§ 5.

Cumque in Deo praeter bonitatem[a] etiam justitia[b] vindicativa sit agnoscenda, certum est, bonitatem illam sic tendere in hominum salutem, ut nec justitiae aliquid[c] decedat; ideoque ipsa bonitas Dei Deum movet ad procurandum[d] *medium*, quo *justitiae* divinae pro peccatoribus *satisfiat*.

a) Qua non solum in se, sed et hominibus, etiam peccatoribus, tanquam creaturis suis bonus est quaeque *gratiae* nomine hactenus nobis venit.

b) Tanquam essentiale Dei attributum, juxta P. I. cap. I. § 23. Vol. II. p. 39. Cujus vi Deus ut peccata non potest non odisse, sic ad postulandam satisfactionem pro violatione legis suae non potest non inclinare.

c) Non enim possunt sibi adversari, quae simul in Deo sunt, in quo nulla locum habet inordinatio. Itaque et bonitas aut gratia illa Dei non aliter tendit ad salutem hominum peccatorum, quam in quantum, salva justitia divina, fieri potest.

QUENSTEDTIUS: „Objicit *Socinus* Praelect. theol. c. 16. fol. 87.: ‚Nemo est, qui injurias sibi illatas debitaque secum contracta summo jure condonare et remittere non queat, nulla vera pro ipsis satisfactione accepta. Igitur nisi velimus Deo minus concedere, quam hominibus ipsis concedatur, confitendum omnino est, Deum jure potuisse nobis peccata nostra ignoscere, nulla pro ipsis vera satisfactione accepta.' Resp.: 1. Dist. inter potentiam Dei *absolutam* et *ordinatam* ac in verbo revelatam. Non quaeritur hic, quid Deus *absolute potuerit* (an scl. potuerit peccata sine satisfactione remittere), sed quid *voluerit* et quomodo sese *revelaverit*. Non opus est de potestate Dei disputare, ubi de voluntate ejus ex revelatione constat. 2. Argumenti: ‚si cuilibet homini licet injurias sibi illatas citra satisfactionem remittere, licebit etiam Deo‘, antecedens et consequens negamus; *illud*, quia alia ratio hominis, alia Dei, qui summus totius universi *judex* est; *hoc*, quia magistratus non habet liberam manum utendi vel non utendi gladio, ulciscendi vel non ulciscendi injurias publico incommodantes. . . 4. A debito proprie ad debitum improprie et figurate acceptum (quale peccatum est) N. V. C. . . 7. Dist. inter creditorem privatum et pecuniarium, et creditorem publicum et judiciarium h. e. legis vindicem et justitiae ex officio suo exactorem. Hic si delinquentibus non indignetur nec poenam exigat, hoc ipso iniquus est, non munificus. Ut taceam, Deum in remittendis peccatis non habere respectum nudi creditoris, sed potius justissimi judicis.“ (L. c. P. III. c. 3. membr. 2. s. 2. q. 6. f. 436.)

IDEM: „Objiciunt Sociniani: *Absoluta* Dei gratia justificamur, ergo non interveniente satisfactione. Ita Socinus de justific. f. 11. Resp.: Justificamur quidem gratia Rom. 3, 24., non autem absoluta, quia διὰ τῆς ἀπολυτρώσεως et διὰ τῆς πίστεως v. 25. justificamur. Justificamur ex gratia Rom. 4, 2—7. ita, ut interventu redemtionis Christi hic actus justificationis et remissionis peccatorum sit ἔνδειξις sive demonstratio justitiae divinae Rom. 3, 24. Objiciunt: Aut non *potuit* Deus aliter justificare, et sic labefactatur *potentia* Dei, aut non *voluit* et sic *misericordia* cadit. Ostorod. Instit. c. 36. f. 300. Resp.: 1. Simili ratione et nos adversarios urgere possemus: Deus omnes homines

salvare aut noluit, aut non potuit; si noluit, tollitur gloria misericordiae, si vero voluit et non potuit, tollitur gloria omnipotentiae.
Quicquid illi hic responderint, vicissim responsionis loco sibi habebunt.
2. Neutrum cornu dilemmatis Ostorodi nos ferit. Utrumque enim sano
sensu concedi potest. Et quod non voluerit sine satisfactione culpam
dimittere, et quod non potuerit: *noluit* quippe, quia sic non decebat,
quia aliter se velle declaraverat; *non potuit*, quia in se impossibile fuit.
Peccata enim impunita dimittere, divinae justitiae et veritati repugnat.
Nec, ista non posse, est impotentiae, sed potentiae. Ea enim Deus
tantum potest, quae sunt possibilia." (L. c. c. 8. s. 2. q. 3. f. 774.)

H. Kromayerus: ,,Objiciunt (Sociniani), ex ipsa dilectione Dei,
qua semper genus humanum, etiam corruptum, fuerit prosecutus, pro-
fluxisse, quod miserit Filium suum in mundum; ergo non dari justitiam
in Deo vindicativam, quae dilectioni et misericordiae ipsius opponatur.
Minorem probarit Rom. 5, 8.: ,Commendat Deus caritatem suam erga
nos, quod, cum adhuc essemus peccatores, Christus pro nobis mortuus
fuerit.' Sed respondemus: Distinguendum inter *dilectionem Dei generalem* et *specialem*: *prior* salutem amissam *vult* fieri reparabilem, *posterior*
peccatores in gratiam *recipit; prior* vocatur commiserationis, *posterior*
complacentiae; *prior* est absoluta, *posterior* ordinata, quae locum habere non potest, quam postquam justitiae divinae per Christum fuerit
satisfactum; non priori, sed posteriori justitia haec vindicativa opponitur. De priori loquitur versiculus adductus c. 5, 8. epistolae ad
Rom., cujus effectus est missio Filii; sed conservatio ab ira, ne scl.
poenas peccatis promeritas dare cogamur, satisfactionem Christi praesupponit. De utraque versiculus agit 10. c. 5. epistolae ad Rom.: ,Si,
cum inimici essemus, reconciliati fuimus Deo per mortem Filii ejus:
multo magis reconciliati servabimur ab ira.'" (Theol. pos.-pol. I,
p. 140. sq.)

A. Osiander: ,,Optime consistunt *dilectio* atque *ira* divina in
genus humanum; *dilectio* enim est vel misericordiae, benevolentiae et
mediorum *ordinativa*, vel complacentia, amicitiae *collativa; prior* in
Deo obtinet etiam *subirato* generi humano, *posterior* autem *placatum*
supponit." (Colleg. IV, 170.)

Gerhardus: ,,Thomas P. III. q. 46. art. 2. disputat: ,Quod Deus
possit sine satisfactione homini remittere peccata, cum non habeat superiorem.' .. Thomae argutiam, quod Deus, utpote authenticus judex,
potuisset absque satisfactione homini remittere peccata, recentiores
Photiniani perpetuo urgent. Opponimus autem ei immotum hoc fundamentum: Deus ita misericors est, ut sit etiam simul justus. .. Nec
revocari potuit illud divinum decretum homini promulgatum: ,Qua-
cunque die comederis de fructu arboris, morte morieris.' Nullum ergo
aliud supererat remedium, quam ut ipse Dei Filius humanam naturam
assumeret ac in ea et per eam satisfaceret; Deus non debebat, homo
non poterat." (L. de persona et off. Christi § 169. sq.)

Idem: ,,Peccat Bellarminus .., quod statuit, Deum variis modis
potuisse liberare vel omnes vel aliquos; nos, secuti Scripturam, statuimus, nullum aliud remedium homini lapso inveniri potuisse, quam incarnationem et passionem ipsius Filii Dei." (Loc. de elect. et
reprob. § 197.)

Idem: ,,Si vel maxime, missionem Filii *hypotheticam* fuisse, concedamus, tamen missionem Dei simpliciter ad nostrae redemtionis opus
peragendum, praesupposita scl. Dei de genere humano redimendo voluntate, *necessarium* fuisse dicimus, cum in Scripturis sacris nullus
alius revelatus sit redemtionis nostrae modus nec salva Dei justitia
alius esse potuerit; interim, alios de *absoluta Dei potentia*, quae scl.
absque respectu ad reliqua divina attributa consideratur, libere disputare, permittimus." (Disputt. theol. P. I. p. 54. sq.)

LUTHERUS: „Dieser Spruch ist ewiglich wahr Ps. 5, 6.: ‚Du bist
nicht ein Gott, dem gottlos Wesen oder Sünde gefällig ist.‘ Denn ob
er gleich die Heiligen annimmt, die doch noch Sünde an ihnen haben,
so nimmt er sie doch nicht ohne eine grosse Bezahlung an; Christus
hat müssen Opfer werden, um welches willen uns Gott annimmt und
schonet, so lange wir im Glauben bleiben und wenn wir im Glauben
bleiben.“ (Bedenken von den Sünden der Auserwählten. 1536. X, 2001.)

IDEM: „Weiter sagen sie: Was ist aber Noth, dass Christus Leib
im Sacrament sei? Kann doch der Glaube wohl ohne dasselbige durchs
Evangelium, so sonst gepredigt wird, gestärkt werden. . . Ja, das
möcht wohl ausser dem Sacrament geschehen. Ist wahr, es möcht
auch wohl ausser dem Leibe Christi, der zur Rechten Gottes ist, geschehen; sollt darum Christus zur Rechten Gottes nicht sein? Item,
es möcht ohn das Evangelium geschehen. *Denn wer wollt Gott wehren,
wo er uns hätte mit der That wollen erlösen, und nichts davon predigen
lassen, noch Mensch werden?* Gleichwie er Himmel und Erde geschaffen
hat, und alles macht noch immerdar ohn äusserlich Predigen, und wird
nicht Mensch darum, sollte drum das Evangelium nichts sein? Nun ers
aber dir will durch die Menschheit, durchs Wort, durchs Brod im
Abendmahl geben, wer bist du hoffärtiger undankbarer Teufel, der du
fragen darfest, warum er's nicht sonst und ohn die Weise thue?
Willt du ihm Mass und Weise setzen und wählen? Du solltest für
Freuden springen, dass ers thut, durch welche Weise er will, allein
dass du es erlangest.“ (Dass diese Worte: Das ist mein Leib etc.
XX, 1101. 1103 sq.) IDEM: „Gott könnte wohl durch seine Allmächtigkeit das menschliche Geschlecht selig machen ohne Christo, ohne die
Taufe, ohne das Wort des Evangelii; er hätte inwendig die Herzen
durch den Heiligen Geist erleuchten und die Sünde vergeben können
ohne das Predigtamt und ohne die Kirchendiener; er hat es aber nicht
thun wollen.“ (Ad Gen. 32, 24. II, 1139.)

d) De quo et sapientia Dei dispiciat et voluntas Dei libera secundum auctoritatem et potentiam divinam statuat aut decernat idque
actu suppeditet aut praestet.

§ 6.

Sic ergo gratiae divinae adscribendum est, quod Deus
hominibus, qui satisfacere ipsi pro peccatis non[a] possunt,
mediatorem Christum dare voluit[b] ac dedit, qui pro peccatoribus *omnibus* legem impleret et poenas violationum
vicarias solveret.[c]

a) Nemo, inquam, eorum, vel pro se, vel pro aliis. Nulla enim
proportio est intra id, quod homo de suo praestare potest, et infinitam
Dei justitiam laesam. Ita *Ps. 49, 8.* dicitur: *Fratrem nullo modo redimere potest quisquam, neque dare Deo pretium redemtionis ejus. Est* (enim)
pretiosa (nimis) *redemtio animae ipsorum et cessabit in saeculum.*

b) Quam in rem Christus *Joh. 3, 16.*: *Sic Deus dilexit mundum,
ut Filium suum unigenitum daret* etc., et Paulus *Rom. 5, 8.*: *Commendat
Deus caritatem suam erga nos, quod, cum adhuc peccatores essemus, Christus
pro nobis mortuus fuit.* Denique *1 Tim. 2.*, postquam v. 4. dixisset,
Deum velle omnes salvos fieri, statim addit, *unum esse mediatorem,* prout

unus est *Deus*, scilicet volens hunc esse mediatorem, qui *sese det pretium redemtionis pro omnibus.* Ubi simul *universalitas* subjecti, ad quod gratia Dei in ordine ad mediatorem ei dandum terminatur, observanda est.

c) De quibus actibus in cap. seq. agemus. Hic tantum, quatenus gratia Dei eo spectat, consideramus.

ANTITHESIS.

HOFMANNUS: „Zwischen ihr (der kirchlichen Lehre) und der meinigen bleibt der sehr wesentliche Unterschied, dass *nicht der Sohn* Gegenstand des Zornes des Vaters ist, *wenn auch nur stellvertretungsweise*, sondern die *Menschheit*, und dass *nicht die Strafe*, welcher die unerlöste Menschheit für ewig anheimgefallen wäre, an dem Sohn vollzogen worden, sondern ihm sein Heilandsberuf Ursache aller der Leiden geworden ist, welche derselbe in Folge seines Einkommens in die adamitische Menschheit mit sich brachte. *Nicht ihn, anstatt uns*, hat der Zorn Gottes betroffen, so dass die Strafe nun vollzogen ist und nicht mehr vollzogen zu werden braucht; sondern die *Uebel*, in welchen sich Gottes Zorn wider die sündige Menschheit vollzieht, hat er in der mit seinem Heilandsberufe gesetzten Weise erlitten." (Schutzschriften, Stück 2. p. 103.)

§ 7.

Est autem etiam gratiae divinae, salutem nostram[a] spectantis, movere Deum, ut, quod suum[b] est, conferre velit et conferat ad id, ut *satisfactione* aliena[c] mediatoris omnes *frui* queamus.[d]

a) Tanquam efficaci intentione promovendam, juxta § 4.

b) Non dico, ut nos irresistibiliter determinet ad recte utendum mediatore, sed, ut praestare velit ea, quae a sua, Dei, parte requiruntur, ne quisquam mediatore frui non possit.

HOLLAZIUS: „Assertioni nostrae sequentia obstare videntur dubia: . . . Si ideo homines non credunt, quia Spiritui S. fidem accensuro *resistunt,* nulli homines irregeniti fide donari possunt; consequens est falsum, ergo et antecedens. Consequentia majoris probatur ex Rom. 8, 7.: ‚Sensus carnis est inimicitia adversus Deum, legi enim Dei non subjicit se, neque enim potest.' At in omnibus irregenitis est sensus carnis. — *Resp.: Dist.* inter *resistentiam naturalem et malitiosam. Illam* Spiritus S. per gratiam praevenientem frangit et refrenat; *haec* in aliis hominibus minor, in aliis major et ferocior est, quae saepe impedit, quominus vera fides in corde hominis irregeniti accendatur. *Instantia* I.: Omnis resistentia mediis gratiae se opponens est malitiosa. *Resp.:* Malitiosa resistentia speciali sensu hic dicitur, quae provenit ex malitia sponte contracta; naturalis autem resistentia fluit ex ipsa naturae corruptione connata. *Instantia* II.: Quamvis resistentia malitiosa sit in potestate hominis, non-resistentia tamen malitiosae debetur gratiae divinae. *Resp.:* Sicut resistentia malitiosa vel opponitur externo mediorum usui, vel gratiae conversionis internae, ita et non-resistentia malitiosa denotat vel negationem resistentiae externo mediorum usui oppositae, vel negationem ejusdem gratiae conversionis internae oppositae. Illa viribus arbitrii subest, haec gratiae divinae, cor lapideum auferenti, debetur. . . *Instantia* III.: Deus omnipotentia sua omnem malitiosam resistentiam tollere potest, quod dum non facit, ipse

in causa est, quod multi in incredulitate perseverent, nec Spiritui S.
repugnare desinant. *Resp.: Si Deus per potentiam absolutam et irre-*
sistibilem fidem accendere vellet, utique omnem contumaciam tollere
posset. At cum ipsi *placuerit* nobiscum agere, tanquam cum hominibus,
non tanquam cum brutis aut lapidibus, ideo ordinavit media, per quae
fidem in cordibus hominum vult operari, quae qui negligit, non convertitur neque vera fide imbuitur. Neque tamen ideo tribuenda
est culpa Deo sanctissimo, quod homines fidei expertes manent; quia malitiosam repugnantiam, quae est impedimentum generandae fidei, non
tollit; propterea quod non statim, qui potest impedimentum tollere,
nec tollit, causa est impediti effectus, sed tunc demum pro causa is
habendus est, si etiam teneatur impedire vel impedimentum tollere.
Deus autem quo jure obligatus tenetur, ut iis, qui mediis gratiae obstinate resistunt, malitiosam repugnantiam adimat, vel fidem morose
reluctantibus infundat?" (Exam. theol. P. III. s. 1. c. 1. q. 9. p. 602.)

c) Quam Deus *non tantum*, quatenus pro nobis praestita est, *sed*
alio peculiari modo, vult *fieri nostram*, ut ejus intuitu jam absque im-
pedimento partim haeredes salutis constituamur, partim salutem ipsam
plene consequamur.

d) Speciatim 1) ut eam fide apprehendamus, nobisque uniamus;
2) ut ea a nobis apprehensa ad remissionem peccatorum nobis actu
imputetur; 3) ut ejus intuitu plura bona spiritualia in hac vita consequamur; 4) ut similiter propter eam vita aeterna donemur.

APOLOGIE DES CONCORDIENBUCHS: ,,Das christliche Concordienbuch verleugnet auch nicht, dass in Gott eine *Verwerfung* sei oder dass
Gott nicht sollte etliche verwerfen; gehet also auch nicht wider Lutheri
Spruch, da er in ,Servo arbitrio' wider Erasmum schreibet, dass dieses
die höchste Staffel des Glaubens sei, glauben, dass der Gott gleichwohl
der Gütigste sei, der so wenig selig macht. Sondern dahin siehet es,
dass es Gott die wirkliche Ursache solcher Verwerfung oder Verdamm-
niss nicht zuschreibe, dahin des Gegentheils Lehre gehet; und dass,
wenn es zu dieser Disputation kommt, alle Menschen den Finger auf
den Mund legen sollen, und erstlich sagen mit dem Apostel Paulo
Röm. 11.: ,Propter *incredulitatem* defracti sunt'; und Röm. 6.: ,Der
Sünden Sold ist der Tod.' Zum andern, wann aber gefragt wird, *war-*
um denn Gott der Herr nicht alle Menschen (das er doch wohl könnte)
durch seinen Heiligen Geist bekehre und gläubig mache u. s. w., mit dem
Apostel ferner sprechen sollen: ,Quam *incomprehensibilia* sunt judicia
ejus et *impervestigabiles* viae ejus!' mit Nichten aber Gott dem Herrn
selbst die willige und wirkliche *Ursache* der Verwerfung oder Verdammniss der Unbussfertigen zuschreiben. Dringen sie aber auf uns
und sprechen: weil ihr die *Wahl* der Auserwählten gestehet, so müsst
ihr auch das Andere gestehen, nemlich dass in Gott selbst eine *Ursache*
sei der Verwerfung von Ewigkeit, auch ausser der Sünde u. s. w.: so sagen
wir, dass wir keinesweges bedacht sind, Gott zum Ursacher der Verwerfung zu machen (die eigentlich nicht in *Gott,* sondern in der *Sünde*
stehet) und ihm selbst wirklich die Ursache der Verdammniss der Gottlosen zuzuschreiben; sondern wollen bei dem Sprüchlein des Propheten
Hosea Cap. 13. bleiben, da Gott spricht: ,Israel, *du* bringest dich in
Unglück, dein *Heil* stehet allein bei *mir.'* Wollen auch, wie droben aus
Luthero gehört, von dem lieben Gott, sofern er *verborgen* ist und sich
nicht geoffenbart hat, nicht forschen. Denn es ist uns doch zu hoch und
können's nicht begreifen; je mehr wir uns diesfalls einlassen, je weiter
wir von dem lieben Gott kommen und je mehr wir an seinem gnädigsten
Willen gegen uns zweifeln. Solchergestalt ist auch das Concordienbuch nicht in Abrede, *dass Gott nicht in allen Menschen gleicher Weise*
wirke; denn viel sind zu allen Zeiten, die er durchs öffentliche Predigt-

amt nicht berufen hat; dass wir aber darum mit dem Gegentheil *schliessen* sollten, dass er eine wirkliche *Ursache sei der Verwerfung* solcher Leute, und dass er's für sich *aus blossem Rath* beschlossen, dass er sie verwerfen und ewiglich verstossen wolle, auch ausserhalb der Sünde, sollen sie uns nimmermehr dazu bereden. Denn genug ist es, dass, wenn wir an diese Tiefe der Geheimniss Gottes kommen, mit dem Apostel Röm. 11. sprechen: ,Seine Gerichte sind unerforschlich', und 1 Cor. 15.: ,Wir danken Gott, der uns den Sieg gegeben hat durch unsern Herrn Jesum Christum.' Was darüber ist, wird uns unser Seligmacher Christus *im ewigen Leben selbst offenbaren.*" (Apologia F.C. [Ed. Chemnitius, Selneccerus, Kirchnerus.] Dresden, 1584. f. 206. sq.)

ANTITHESES.

CANONES DORDRACENI: ,,Quod autem aliqui in tempore *fide* a Deo donantur, *aliqui non donantur,* id ab aeterno ipsius *decreto* provenit. Omnia enim opera sua novit ab aeterno, Act. 15, 18. Eph. 1, 11., secundum quod decretum electorum corda, quantumvis dura, gratiose emollit et ad credendum inflectit, non-electos autem justo judicio suae malitiae et duritiae *relinquit.*" (c. 1. art. 6.) ,,Scriptura porro testatur, non omnes homines esse electos, sed quosdam non electos sive in aeterna Dei electione *praeteritos,* quos scl. Deus ex liberrimo, justissimo, irreprehensibili et immutabili beneplacito decrevit in communi miseria, in quam se sua culpa praecipitarunt, relinquere, *nec salvifica et conversionis gratia donare,* sed in viis suis et sub justo judicio relictos, tandem non tantum propter infidelitatem, sed etiam caetera omnia peccata ad declarationem justitiae suae damnare et aeternum punire." (art. 15.) ,,Synodus *rejicit* errores eorum . ., qui docent: ,Deum neminem ex mera justa sua voluntate decrevisse in lapsu Adae et in communi peccati et damnationis statu relinquere, aut in gratiae ad fidem et conversionem necessariae communicatione praeterire." (Reject. err. 8.) ,,Synodus *rejicit* errores eorum, . . qui impetrationis et applicationis distinctionem usurpant, ut incautis et imperitis hanc opinionem instillent: ,Deum, quantum ad se attinet, omnibus hominibus ex aequo ea beneficia voluisse conferre, quae per mortem Christi acquiruntur.'" (Rej. c. 2. art. 6.)

§ 8.

Finis, cujus obtinendi causa Deus ad procurandum salutem hominum movetur, est ipsa bonitatis divinae[a] gloria.

a) Prout Paulus dicit, εὐδοχίαν τοῦ θελήματος, *beneplacitum voluntatis* Dei de nostra salute, tendere εἰς ἔπαινον δόξης τῆς χάριτος αὐτοῦ, *Ephes. 1, 5. 6.*

§ 9.

Describi potest hoc loco gratia Dei, quod sit actus[a] bonitatis divinae, quo Deus,[b] spectata hominum miseria[c] per peccatum contracta, movetur, ut eos[d] omnes liberari atque ad salutem pertingere ideoque mediatorem, et quae ad fruitionem ejus necessaria sunt, omnium bono ipse procurare[e] serio velit, quibus eruantur ex illo exitio atque ad salutem aeternam perducantur, celebrandae gloriae bonitatis divinae[f] causa.

a) Hunc enim vox gratiae in casu recto hic significat; vid. § 2.

b) Qui per modum subjecti se habet, velut intra se per id, quod suum est, motus; vid. § 2.

c) Tanquam causa προκαταρκτική, seu impulsiva externa; vid. § 1. not. *c.* et § 3. not. *c.*

d) Qui sunt objectum gratiae hujus; vid. § 3.

e) Quos quidam *actus formales* hujus gratiae appellant; vid. de his § 4. 5. 6. 7.

f) Tanquam finis; vid. § 8.

Caput II.

DE CHRISTO, SALUTIS NOSTRAE PRINCIPIO AC FUNDAMENTO.

§ 1.

Cum homines peccatores, ad salutem aeternam perducendi, opus habeant mediatore,[a] cujus beneficio apud Deum consequantur felicitatem, qua ipsi ex se indigni sunt, considerari omnino debet hic mediator, qui non est alius, quam ille, quem Scriptura vocat *Jesum Christum.*[b]

GERHARDUS: „Quemadmodum in munita regionis alicujus arce ac metropoli oppugnanda vires hostium potissimum occupantur, sic diabolus omnes calliditatis et potentiae suae vires in mysterio de Christo, quod doctrinae coelestis metropolin esse novit, oppugnando jam inde a primo N. T. initio, imo a mundi usque exordio experiri voluit; modo enim divinam, modo humanam Christi naturam evertere, modo unionem personalem dissolvere, modo officium ejus labefactare conatus est ac viis dissimilibus ad eandem perpetuo contendit metam, videlicet ut sinceritatem ac puritatem hujus doctrinae corrumperet ac consequenter hunc salutis thesaurum hominibus eriperet." (Exeges. loc. IV. § 3.)

a) Vid. cap. praeced. I. § 5. et supra Proleg. cap. I. § 22. Vol. I. p. 41.

QUENSTEDTIUS: „Volunt Scotistae, in primo signo rationis divinae decretum fuisse independenter a praevisione peccati mysterium incarnationis ut sic, ita ut causa finalis *incarnationis* secundum substantiam fuerit excellentia mysterii et exaltatio naturae humanae, causa vero finalis, et quidem sola, *passibilitatis* fuerit hominum redemtio seu remedium peccati." (Th. did.-pol. P. III. c. 3. s. 2. q. 1. f. 162.)

IDEM: „Christus Col. 1, 15. *primogenitus omnis creaturae* dicitur non ratione humanitatis, sed deitatis i. e. genitus a Deo P. ante omnes creaturas, et sic ab aeterno." (L. c. f. 162. sq.)

IDEM: „Verba illa: ,*propter quem omnia* et per quem omnia', Ebr. 2, 10., sunt periphrasis ipsius Dei *Patris*, qui, ut finis est omnium, ita et omnium effector est et opifex. Certe τὸ ,per quem omnia' ad Christum secundum *humanitatem* commode referri nequit; τελειῶσαι vero non est accipiendum in significatione passiva, ut vult Rupertus, sed activa, ut sensus sit: .·. ut Christus per afflictiones consummaret i. e. ad aeternam gloriam perduceret." (L. c. f. 164.)

IDEM: „Si creationem hominis ordine praecessit forma humanae Christi naturae in mente divina praeconcepta, ad cujus similitudinem Adam creatus fuerit (Osiander), Christus *primus* potius Adam dicendus erat, quam secundus." (L. c. f. 167.)

ANTITHESES.

LUTHARDTIUS: „Vertreter jener andern Meinung von einer Menschwerdung des Sohnes auch ohne die Sünde sind (angeblich) *Irenäus*, im M. A. Mystiker, wie *Ruprecht* und *Johann Wessel* vom anthropol. Standpunkt aus: zur Vollendung der Menschheit und ihres Organismus; *Duns Scotus* vom theol. Standpunkt aus: Gottes Wille musste in jedem Falle verwirklicht werden; in der Reformationszeit *Osiander* mit wesselschen Gründen, und pantheisirende Schwärmer, die *Socinianer* und viele Reformirte mit scotistischen Gründen. In neuerer Zeit ist dieser Satz viel verbreitet, nicht bloss in der theosophischen Schule Baaders und bei Theosophen wie Steffens, Göschel, Chalybäus, Fischer, sondern auch bei sehr vielen Theologen, wie Nitzsch, Martensen, Liebner, Lange, Rothe, Dorner, Ebrard u. s. w., meistens auf Grund der schleiermacherschen Anschauung von Christo als dem zweiten Adam und Vollender der Schöpfung: die Menschheit wäre ohne das einigende Haupt. Dagegen aber Augustinus: tolle morbos, tolle vulnera et nulla causa est medicinae. Si homo non periisset, filius hominis non venisset." (Compendium p. 138. sq.)

b) Prout Petrus Act. *4, 12.*: *Non est*, ait, *in alio* (tanquam causa aut fundamento collocanda) *salus, neque aliud nomen datum* (nulla res, ullo nomine appellanda) *sub coelo, in quo* (cujus beneficio) *oporteat nos salvari*, nisi *Jesus Christus*, quem is praedicaverat inque ejus nomine sanaverat hominem claudum. Et *1 Tim. 2, 5.* dicit Paulus: *Unus* i. e. unicus *est mediator Dei et hominum*, hactenus divulsorum, sed illius opera conciliandorum, *homo Christus Jesus*.

GERHARDUS: „*Jesus* significat salvatorem, est enim a radice יָשַׁע in Hiphil הוֹשִׁיעַ salvavit, servavit, liberavit. Hanc etymologiam et etymologiae rationem monstrat angelus Matth. 1, 21.: ,Vocabis nomen ejus Jesum, quia salvum faciet populum suum a peccatis ipsorum.'" (L. c. § 6.)

IDEM: „*Christus* significat unctum a χρίω, quia salvator noster oleo laetitiae, plenitudine scl. Spiritus S., unctus est. Ut nomen Jesus ratione primae originis Hebraeum est, ita cognomen Christus est Graecum. Quod ergo salvator noster Hebraea et Graeca appellatione insignitur, per illud insinuatur, quod et Judaeorum et gentium, id est, omnium omnino hominum salvator sit. Nomen Christi respondet appellationi Messiae, ducta a radice מָשַׁח unxit; Joh. 1, 42. dicit Andreas: ,Invenimus Messiam', quod est interpretatum ὁ Χριστός. Joh. 4, 25. Messias dicitur Christus (Μεσσίας fit ex Chald. מְשִׁיחָא, mutato שׁ in σσ et ח in terminationem Graecam ας)." (L. c. § 13.)

IDEM: ,,Observa . . ., distinguendum esse inter *salvatorem media-tum*; talis est etiam Pater et Spiritus S., hi enim per Filium salvant, Hos. 1, 7.: ,Salvabo eos in Domino Deo ipsorum'; ac *immediatum;* talis est Filius; ubi iterum distinguendum inter salvandi efficaciam sive salutis *applicationem*, quae est communis tribus Trinitatis personis, et salvandi modum sive salutis *acquisitionem* per incarnationem, scl. passionem ac mortem, qui est Filii proprius." (L. c.)

§ 2.

Potest autem doctrina de Christo commodissime ita tradi, ut dicatur I. de *persona* Christi, qui mediator est; II. de ejusdem *statibus* exinanitionis atque exaltationis; III. de *officio* ejus mediatorio, et quae cum illo conjun-guntur. Sit ergo

Sectio I.

DE PERSONA CHRISTI.

§ 1.

In persona Christi spectanda sunt, I. quod Christus est verus, et Patri consubstantialis, coaeternus et coae-qualis *Deus;*[a] II. quod idem Christus est verus *homo,*[b] nobis consubstantialis.[c]

HOLLAZIUS: ,,Persona redemtoris nostri *hic* consideratur non ut ἄσαρκος, sive qualis ante incarnationem ab aeterno fuit, sed qua ἔνσαρκος, sive qualis esse coepit in plenitudine temporis per assumtionem naturae nostrae humanae in hypostasin suam divinam." (Exam. P. III. s. 1. c. 3. q. 6. p. 656.)

R. TELLERUS: ,,Quod ad *personam Christi* attinet, haec doctrina tota *ex tribus constat partibus:* 1. quod Christus verus sit *homo*, nobis ὁμοούσιος; 2. quod is idem sit verus et summus *Deus*, Patri ὁμοούσιος; 3. quod ambae naturae *unam personam* constituant, et ita quidem, ut non divina natura in humana, sed haec in illa subsistat. Hae veritates omnes uno comprehenduntur enuntiato Joh. 1, 14.: α) ὁ λόγος, β) σάρξ, γ) ἐγένετο; nec de humana natura dicitur: λόγος ἐγένετο, sed divinae hoc adsignatur: σὰρξ ἐγένετο, ut intelligamus, divinam personam esse, quae humanam naturam in suam ὑπόστασιν adsumsit." (Vid. Hollaz. Exam. theol. ed. Teller. p. 656.)

a) Vid., quae supra diximus Part. I. cap. I. § 29. quaeque nunc supponuntur.

b) Sic enim Scriptura eum expresse vocat *hominem 1 Tim. 2, 5. Joh. 8, 40. Filium hominis* octogies bis in Scriptura appellari, constat. Eo etiam pertinent appellationes de *semine mulieris Gen. 3, 15., semine Abrahae Gen. 17, 7. Gal. 3, 16., germine Davidis Jer. 23, 5.* Tribuun-tur etiam Christo partes essentiales hominis: *anima* quidem *Matth. 26, 38. Luc. 23, 46., corpus* humanum *Joh. 2, 21.*, caro, sanguis et ossa,

Ebr. 2, 14. Luc. 24, 39. Denique genealogia ejus recensetur, quoad lineam ascendentem quidem, *Luc. 3, 23. sqq.*, quoad descendentem, *Matth. 1, 1. sqq.*

R. Tellerus: „Haud abnuo, si dixeris, eo nomine (ὁ υἱὸς τοῦ ἀνθρώπου) designari *a.* veritatem humanae in Christo naturae, *β.* originem ejusdem ex matris semine, *γ.* amorem ipsius ardentissimum erga hominum genus, *δ.* praestantiam excellentiamque, quam ob rem ipse unus prae caeteris nuncupatur ὁ υἱὸς τοῦ ἀνθρώπου Ps. 45, 3. Sed dabis mihi etiam hoc, universas illas rationes non sufficere, nisi adjunxeris *ε.* statum miseriae, quod nimirum Christus, donec in terra versabatur, humanae naturae infirmitates omnes fuerit expertus et vice quidem omnium hominum." (Vid. Hollazii Exam. p. 652.)

H. Kromayerus: „Τὸ ἀπρόςληπτον ἀθεράπευτον i. e. quod Filius Dei non assumsit, non redemit.—Postquam Scriptura *finem* adduxisset, cur F. D. carnis et sanguinis particeps factus fuerit, ut sc. per mortem suam destrueret eum, qui mortis habebat imperium, nempe diabolum, subjungit: ‚Non angelos, sed semen Abrahae assumsit‘, Ebr. 2, 16., rationem quasi reddens, cur angeli non sint redemti, quia sc. D. F. eosdem non assumserit, participando sc. naturam eorum, ut carnis et sanguinis humani particeps factus est. Unde regula haec prolixi usus fuit exstructa: ‚Quod F. D. non assumsit, non redemit.‘ Non tantum enim inde concludimus, diabolos non esse redemtos, sed etiam Dei Filium carnem humanam veram, animatam et sentiendi facultate praeditam assumsisse. Si enim schema sive φάντασμα duntaxat humani corporis assumsisset aut carnem suam de coelo attulisset, per Mariam autem tanquam per canalem transiisset, . . . nos non essemus redemti. . . . Patrocinari quidem dictis haereticis videtur: 1. quod Deus Filium suum *‚in similitudine carnis‘* misisse dicitur Rom. 8, 4. Sed fallacia divisionis committitur, quia verba textus habent, quod missus fuerit in similitudine carnis peccatricis, propter infirmitates sc. assumtas, quae fluunt in nobis ex peccato, a Christo autem, qui segregatus fuit a peccatoribus, libere, κατ᾽ οἰκονομίαν fuerunt assumtae. Similitudo itaque *non ad ipsam carnem*, sed ad hoc accidens, quod propter assumtas infirmitates peccatrix visa fuerit. 2. Locus ad Phil. 2, 7., ubi repertus dicitur Christus ‚ἐν σχήματι ἀνθρώπων‘ i. e. in figura et schemate. Sed resp., vocabulum ἀνθρώπου *non pro ipsa specie humana, sed accidente hominis* sumi vel non pro ipso homine, sed vili et abjecto, sumi et opponi viro, prout apud Hebraeos אֱנוֹשׁ i. e. miser homo et אִישׁ i. e. vir vel heros sibi opponuntur. Id quod contextus docet, ubi cum forma servi conjungitur in eodem versiculo septimo. 3. Locus Joh. 6, 48. 50., ubi Christus vocatur panis vitae, ‚qui de coelo descendit‘. Sed respondemus, *non de humana*, sed *divina natura* haec verba esse accipienda. Sic, si carnem ἄψυχον tantum assumsisset, quod Apollinaristae volebant, totus homo non esset redemtus. *Animam* autem probant omnes facultates; *vegetativa*, quod nutritus et augmentatus fuerit; *sensitiva*, quod viderit, quod audiverit, gustaverit, tactu perceperit, de loco in locum motus fuerit; *rationalis*, quod voluerit, intellexerit et anima ipsius a corpore separata surperstes extiterit. Nec obstat, quod ὁ λόγος τὸ ἡγεμονικὸν i. e. facultatem gubernatricem suppleverit, quia subordinata non pugnant. Anima rationalis ut pars essentialis corpus gubernans requirebatur ad constituendum integrum hominem, licet hic homo a λόγῳ, per gratiam unionis personalis inhabitante, quoque gubernaretur." (Th. posit.-pol. II, 89. sq.)

ANTITHESIS.

Quenstedtius: „*Antithesis:* 1. *Marcionitarum, Cerdonianorum, Manichaeorum* aliorumque veterum haereticorum, somniantium, Filium Dei non assumpsisse veram naturam humanam, sed φάντασμα et nudam speciem quandam externam corporis... Dicti sunt hi haeretici δοκηταί.

2. *Valentinianorum, Appellitarum et hodiernorum Anabaptistarum, itemque Weigelianorum*, statuentium, Christum nullo unquam tempore habuisse carnem nobis consubstantialem, sed aliam, et quidem spiritualem, coelitus delatam et per uterum Mariae, instar aquae per canalem, transeuntem... Et hi haeretici dicuntur ἑτεροούσιοι... 3. *Nestorii et asseclarum . . .*, qui inprimis incarnationis τοῦ λόγου veritatem oppugnarunt. Christum enim dirimebant nudumque hominem ipsum dicebant, non Deum incarnatum, Mariam non Deiparam, sed Christiparam appellabant etc. 4. *Eutychianorum et Swenckfeldianorum*, docentium, Christum quidem ab initio habuisse carnem nobis consubstantialem, sed postea in unione vel glorificatione eam in divinam naturam fuisse commutatam. 5. *Arianorum*, asserentium, λόγον assumpsisse carnem πάντῃ ἄψυχον, h. e. omni anima, etiam sensitiva et vegetativa, destitutam; hi dicuntur ἄψυχοι. 6. *Apollinaristarum*, statuentium, τὸν λόγον assumpsisse quidem corpus vivens, h. e. anima vegetativa et sensitiva praeditum, sed anima rationali destitutum, cujus loco fuerit divinitas. 7. *Monotheletarum*, qui concesserunt, corpus et animam quidem assumpsisse Filium Dei, sed sine humana voluntate. 8. *Photinianorum* veterum et eorum traducis, *Socinianorum* et *Antitrinitariorum*, reprobantium et blasphemantium incarnationem Filii Dei. Nam illi omnes incarnationem pro mero commento habent." (L. c. q. 3. f. 179.)

LUTHERUS: „Wiewohl nun, gründlich zu reden, aus Nestorius Meinung folgen muss, dass Christus ein pur Mensch und zwo Personen sei, so ists doch seine Meinung nicht gewest. Denn der grobe, ungelehrte Mann sahe das nicht, dass er unmögliche Dinge fürgab, dass er zugleich Christum ernstlich für Gott und Mensch in einer Person hielt, und doch die Idiomata der Naturen nicht wollte derselben Person Christi zugeben. Das Erste will er für wahr halten; aber das soll nicht wahr sein, das doch aus dem Ersten folget. Damit er anzeigt, dass er selbst nicht verstehet, was er verneinet." (Von Conciliis und Kirchen, XVI, 2727.)

c) Hoc est, quod dicitur *Ebr. 2, 14.*: *Quemadmodum pueri participes sunt carnis et sanguinis*, ita ipsum quoque Filium Dei παραπλησίως, *eadem prorsus ratione* (quantum quidem ad substantiam attinet), *participem factum esse eorundem.*

QUENSTEDTIUS: „Dist. inter ὁμοουσίαν, quatenus notat unitatem essentiae tantum *secundum speciem*, et hoc sensu Christus secundum humanam naturam nobis est ὁμοούσιος, — et ὁμοουσίαν, quatenus notat unitatem essentiae *secundum numerum*, et hoc sensu secundum divinam naturam Patri est ὁμοούσιος, nobis vero secundum humanam naturam non est ὁμοούσιος." (L. c. f. 178.)

GERHARDUS: „Propter Svencfeldium, qui negavit, Christum quoad humanam naturam esse creaturam, in conventu Smalcaldico a. 1537. haec phrasis de Christo secundum humanam naturam fuit usurpata. ,Improbamus', inquiunt, ,Svencfeldii delirium, et dicimus, humanam naturam in Christo et manere et esse creaturam; ut Johannes inquit: Verbum caro factum est.' " (Exeges. loc. IV. § 98.)

HOLLAZIUS: „Ariani contendebant, λόγον secundum se, etiam non assumta natura humana, esse creaturam, factam ex nihilo. Ideo veteres propter Arianorum insidias rejecerunt hanc propositionem: Christus est creatura." (Exam. th. P. III. s. 1. c. 3. q. 13. p. 660.)

§ 2.

Ex eo autem, quod *idem* Christus[a] est, quem Scriptura nunc tanquam *Deum*, nunc tanquam *hominem* describit, colligitur, *unam* esse *personam* Christi[b] *in duabus naturis.*[c] Atque hoc est illud maximum *mysterium,*[d] quod hoc loco inprimis spectari oportet.

a) V. g. quando idem, qui est *factus ex semine Davidis,* dicitur esse *Filius Dei* Rom. *1, 3.*, idem ille, qui *ex Maria nascitur,* dicitur esse *Filius Altissimi* Luc. *1, 35.*, idem, qui est *Verbum* (ὑποστατικὸν) *Dei et Deus,* dicitur *caro factus* esse *Joh. 1, 14.*; confer. *cap. 20, 28. et 31. Gal. 4, 4.*

b) Voces enim *Filii Dei* et *filii hominis* in casu recto denotant personam, quae habet naturam, sive divinam, sive humanam.

c) Naturam enim persona in casu obliquo importat.

> GERHARDUS: ,,Persona Christi constat duabus naturis, divina et humana. Consideratio divinae naturae a veteribus appellatur θεολογία, humana vero vocatur οἰκονομία. Est in Christo *naturarum dualitas,* quia non homo tantum, et *personae unitas,* quia unus est Christus, qui constat ex duabus et in duabus naturis, et hae duae naturae personaliter unitae sunt unus Christus. Et in ipso ἄλλο καὶ ἄλλο, quia aliud est essentia sive natura divina, aliud essentia sive natura humana; non autem ἄλλος καὶ ἄλλος, quia non alius Deus, alius homo, sed unus est θεάνθρωπος, Deus et homo, ac proinde persona una." (Exeg. l. 4. § 34.)

d) Ita Paulus ipse vocat ὁμολογουμένως μέγα μυστήριον, *omnium confessione magnum mysterium, 1.* ad *Tim. 3, 16.* conf. *Matth. 16, 16. et 17.*

> E. HUNNIUS: ,,Quia λόγος assumendo carnem de coelis descendisse scribitur, cupio ejus *descensus* rationem ex Scripturis mihi explicari. — Primo, non ita descendit F. D. de coelo, ut naturam suam hum. sive carnem de coelo detulerit, sicut Valentiniani somniarunt. Deinde neque sic intelligitur is descensus, quasi λόγος juxta suam divinitatem, instante jam tempore illo incarnationis, de summo aliquo coelo motu locali vel descenderit vel devolarit et in uterum virginis se immiserit, ut ibi carnem assumeret. Etenim λόγος, ratione suae essentiae infinitus et cum Patre et Sp. S. essentialiter coelum et terram implens, de loco in locum moveri et transferri nulla ratione potest. Quemadmodum etiam, ut homo fieret, tali descensu e supremo aliquo coeli loco in infimum non indiguit; cum et ante incarnationem essentialiter in Maria, sicut et in caeteris creatis omnibus, fuerit et, ubicumque λόγος est, ibidem coelum suum regnumque coeleste secum habeat; sed hoc tantum ad illam ἐνσάρκωσιν opus ei fuit, ut, qui ante et extra incarnationem praesentissimus erat Mariae virgini, nunc in incarnatione humanam ex ea naturam assumeret sibique in personae unitatem inseparabiliter copularet. Tertio igitur, Filius eodem plane modo de coelo descendit, quo Joh. 16. a Patre *exiisse* scribitur, non certe, quod λόγος ratione divinitatis unquam vel *Patrem* deseruerit, in cujus sinu perpetuo residet; sicut inquit Philippo: ,Non credis, quod Pater in me est et ego in Patre'; nec quod λόγος divinitate sua *coelum* unquam deseruerit aut ab *administratione* coeli ad tempus recesserit; sed quemadmodum Deus ipse Gen. 11, 19. Exod. 19. et aliis in locis Scripturae descendere dicitur de coelo non deserendo locum, a quo nunquam essentia sua recedit, sed visibili aliquo et conspicuo signo seu revelatione in terris sese manifestando: sic Dei Filius de coelo in terras descendit, cum in terris humanam naturam assumit et in ea se manifestat, 1 Tim. 3." (Libelli 4. de persona Christi. 1590. p. 24. sq.)

> QUENSTEDTIUS: ,,*Objiciunt: Incarnatio Deum mutabilem reddit.* Resp.: Divinitas assumendo carnem *agit, non patitur* physice. Divini-

tas humanitatem sua hypostasi terminavit, humanitas Divinitatem non
alteravit. Mutatio hic facta non circa Deum, sed circa humanam naturam. *Obj.: Incarnatio tollit deitatem;* Deus enim homo factus non
amplius est Deus. Resp.: Non Deus caro *factus*, sed Deus in carnem
transmutatus Deus esse desinit. *Inst.: Nil fieri potest, quin desinit
esse, quod fuerat.* Resp.: Nil fieri potest per transmutationem et alte-
rationem, quin desinat esse, quod est, non vero per assumptionem, ubi
assumptum et assumens simul manent. *Inst.:* Aliud est carnem *assumere*, et aliud carnem *fieri*. Cum anima corpori unitur, quis dicat, animam factam esse corpus? Resp.: Anima ideo corpus non est facta,
quia materia ad *esse hypostaticum* formae non est tracta. Hic duo in-
completa, ibi completa uniuntur. Sufficit divinum oraculum, etsi natura non suppeditet exemplum, ideo enim est ὁμολογουμένως μέγα μυστήριον, 1 Tim. 3. ult." (L. c. f. 189.)

§ 3.

Admissa autem unitate personae,[a] necesse est, porro
fateamur, humanam Christi naturam *non* habere *subsistentiam propriam*,[b] sed subsistere subsistentia *aliena,*
nempe divinae naturae.[c]

a) Nam persona per subsistentiam in esse suo formaliter constituitur et ex unitate subsistentiae persona una aestimari debet.

b) Oportet enim naturam alterutram ex his, quae in unam personam coalescunt, carere sua propria substantia; cumque divina natura,
quae cum subsistentia sua simplicissime una est, carere eadem non
possit; patet, humanae naturae tribuendam esse carentiam propriae
subsistentiae.

> CHEMNITIUS: „Quia persona Verbi non assumpsit *personam* homi-
> nis, sed *naturam* hominis, item, quia natura divina est assumens, hu-
> mana vero natura non est assumens, sed assumpta, inde *recte* quidem
> dicitur: *Deus* factus est *homo; non* autem ita proprie dicitur: *Homo*
> factus est *Deus*, Deus assumpsit *hominem;* licet veteres aliquando ita
> loquantur." (De duab. naturis in Chr. c. 14. f. 70.)

> LUTHERUS: „Symbolum canit: ,Tu ad liberandum suscepturus
> *hominem'*; idem saepe facit Augustinus; cum regula (ut videtur) di-
> cendum dictet: Tu ad liberandum suscepturus humanitatem seu huma-
> nam naturam." (Disp. th., 1539. Tom. Jenens. lat. I, 530.)

> WINCKELMANNUS: „Sequitur, humanam naturam in persona Verbi
> subsistere vel suam habere subsistentiam; quod nisi sit, ipsam *per se*
> subsistere et personam esse, necesse est; quod esset Nestorianum."
> (Disput. in Academ. Giessena hab. Tom. II, 48.)

c) Neque per hoc natura humana Christi fit imperfectior, quam
est natura humana in nobis, cum perfectio rei ex essentia ipsa, non ex
subsistentia aestimetur ac praeterea personalitatis propriae carentia in
humana natura Christi suppleatur per subsistentiam divinam.

> QUENSTEDTIUS: „*Aliud* est carere *propria* hypostasi, et *aliud* ca-
> rere *omni* hypostasi; potest quidem natura completa subsistere sine
> *propria* hypostasi (haec enim non est de rei essentia, sed est modus
> subsistendi ultimus), non vero sine *omni* hypostasi. Λόγος naturam
> humanam propria personalitate destitutam in suam hypostasin assum-

psit; ideo recte Augustinus: ‚Verbum non suscepit personam hominis, sed naturam hominis.‘ Quia enim sine hypostasi vel propria vel aliena nihil subsistit, humana vero natura in Christo subsistit, non autem subsistentia propria, quia obstat personae unitas: ergo fatendum est, eam subsistere ἐν τοῦ λόγου ὑποστάσει, quae ἀμφοτέρων τῶν φύσεων ὑπόστασις Damasceno III. O. F. c. 9., ita tamen, ut divina natura τοῦ λόγου subsistat in sua persona κυρίως καὶ πρώτως. Licet enim post factam unionem λόγου ὑπόστασις sit etiam humanitatis ὑπόστασις, tamen divinae naturae πρώτως καὶ κατ' αὐτὸ, humanae vero naturae δευτέρως καὶ κατ' ἄλλο competit, adeoque perpetuo est et manet τοῦ λόγου propriissima, licet participetur ab humana natura.“ (L. c. f. 190. sq.)

§ 4.

Deinde, quia duae naturae sunt in una Christi persona, per quas idem Christus est Filius Dei et filius hominis, consideranda est duplex *generatio*,[a] *aeterna*[b] et *temporalis*.[c]

a) In generatione enim fundatur τὸ esse Filii. Per duplicem autem generationem et in illa fundatam filiationem duplicem *non* fiunt *duo Filii*, quippe uni subjecto duae illae relationes insunt, prout unus pater multorum filiorum, dominus unus multorum servorum esse potest et solet, ad quos singulos relationem peculiarem habet. Quod autem alii, *unam filiationem* Christo adscribentes, *duos* tamen *modos filiationis* agnoscunt, eodem, opinor, redit, si rem spectes; quamvis, anne commodius dicatur, non abs re dubitaveris.

QUENSTEDTIUS: „Dist. inter nativitatem Christi priorem et posteriorem; prior nativitas est sine initio, posterior sine exemplo; prior sine matre, posterior sine patre; prior incogitabilis, posterior ineffabilis.“ (L. c. q. 3. f. 178.)

b) Per quam habet, quod est Filius Dei.; vid. Part. I. cap. I. § 30. n. III. Vol. II. p. 50.

c) Per quam habet, quod est homo aut filius hominis; vid. *Gal. 4, 4.* et loca ad § 1. not. *b.* citata, quibus docetur, Christum naturam suam humanam trahere revera ex aliis hominibus antea existentibus, per generationem, licet non plane naturalem, veram tamen. Atque haec ad praesens maxime spectat.

DELITZSCH: „War denn, wie Mich. Baumgarten lehrt, Christus nach seiner Menschheit wirklich präexistenziell in Israel beschlossen?... Jene Präexistenz zerfällt in sich selbst, indem sie sich darauf reducirt, dass Israel das Volk ist, aus dem das Stoffliche, das der Geist Gottes zur menschlichen Natur bildete, einst genommen werden sollte; aber dieses Stoffliche pflanzt sich in Israel als massa corrupta fort und bedarf in der Fülle der Zeit einer übernatürlich heiligenden Geisteswirkung, um dem Zwecke der Menschwerdung des Logos zu dienen. Mit Recht haben somit die Dogmatiker unserer Kirche den Satz: Christum naturaliter extitisse in lumbis Adami, als einen irrigen bestritten. Vid. Fecht, Sylloge dispp. XXII, th. 9.; Sam. Schroeder, dissert. de sanctificatione seminis Mariae virginis (Lips. 1709.); J. Geo. Stoltz, diss. de praeservatione massae, ex qua Deus nasci debuit; J. Wolfg. Jaeger, lib. de Christo sponsore, c. 1. (gegen Pierre du Moulin, Poiret u. A.); Gotthard Guenther, scheda de Christi conceptione s. purgatione massae spirituali.“ (Biblisch-prophet. Theologie. Leipzig 1845. p. 301.)

§ 5.

Supposita Christi generatione aeterna, de temporali ita agendum est, ut *partim*[a] naturae humanae *productio*,[b] *partim* ejusdem cum divina natura *unitio*[c] exponatur.[d]

a) *Prius* sane concipit intellectus noster, naturam humanam *produci; deinde* demum eam, quasi jam existentem, naturae alteri *uniri;* licet, si recte attendas, simul et eodem tempore fiat utraque actio, aut forte quoad rem non nisi una sit.   Certe non incongrue dictum est illud: ἅμα σὰρξ, ἅμα λόγου σάρξ, *simul caro, simul Verbi (aut Filii Dei) caro.*

> KROMAYERUS: ,,Sensus hujus aphorismi (ἅμα σὰρξ, ἅμα λόγου σὰρξ) est, massam illam vel sanguinis guttam, ex quibus ὁ λόγος templum sibi construxit, ne ad momentum quidem per se substitisse vel suam hypostasin peculiarem habuisse, multo minus tum temporis demum, quando generationis terminus absolutus et forma hominis introducta fuit, a λόγῳ assumptam fuisse (ne concedere cogeremur, τὸν λόγον embryoni unitum fuisse), quod esset ipsissimus Nestorianismus, humanam naturam vel ad tempus αὐθυπόστατον faciens.   Sed potius uno actu, cum Spiritu S. separaret istam massam in utero Mariae virginis, a peccati labe ac tabe purgaret, defectum seminis virilis suppleret, uno, inquam, actu fuisse a Dei Filio assumptam.   Connectuntur haec arctissimo nexu Luc. 1, 35.: ,Spiritus S. superveniet in te, et virtus Altissimi' (Dei Filius, qui alibi etiam ,virtus Dei' appellatur 1 Cor. 1, 24.) ,obumbrabit tibi, *quapropter* quod nascetur ex te sanctum, Filius Dei vocabitur'.   Ubi particula διὸ rationem reddit, cur sanctum ex Maria natum Filius Dei dici debeat, propter unionem scl. personalem virtutis Altissimi, Filii Dei, cum humana natura sanctissima et ab omni peccato liberata.   Quodsi etiam Deo non fuit indignum, uniri cum infanti, nec ipso erit indignum cum embryone uniri. . .   Christus per omnes aetatis nostrae gradus venit, ut immundam nostram conceptionem et nativitatem radicitus curaret.'' (Theol. pos.-pol. II, 91.)   HUGO DE S. VICTORE: ,,Animam creando assumpsit, et assumendo creavit.''

b) Quae terminatur ad humanam naturam *in se* spectatam.

c) Quae ad eandem quidem naturam humanam terminatur, sed quatenus illa *cum divina unum suppositum* constituit.

d) Dicitur uno nomine *incarnatio*, ex verbis *Joh. 1, 14.*: ὁ λόγος σὰρξ ἐγένετο; item, *assumtio* humanae naturae, ex *Hebr. 2, 16.*, ubi *semen Abrahae assumsisse* dicitur Filius Dei.   *Incarnatio* autem illa et *assumtio*, etsi grammatice non eodem modo praedicentur de Filio, qui *incarnari* quidem passive, sed *assumere* active (scilicet *assumere* naturam alteram, non autem ab ea assumi) dicitur, *non* tamen revera *duae* sunt actiones, sed *una.*   Hoc ipso enim, quod Filius Dei fit caro, aut incarnatur, assumitur ab eo humana natura, sive assumit ipse humanam naturam, et contra, dum assumit naturam humanam, incarnatur.

> DANNHAUERUS: ,,Rationes, quod *secunda persona*, Filius Dei, non prima aut tertia incarnata fuerit, reddi solent istae: Ut 1., qui Filius Dei ab aeterno fuit, fieret filius hominis in tempore; 2. ut, qui Filius naturalis esset, faceret adoptivos; ut 3., per quem omnia facta sunt, ea, quae defecerunt, reficerentur ac per imaginem Dei ad amissam

imaginem reformarentur deformati; ut 4., quae media persona est in Trinitate, etiam mediatrix esset officio." (Hodos. phaen. 8. p. 308. sq. cf. Gerhardi Exeg. l. IV. § 104.)

LUTHERUS: „Fragst du nun die *Vernunft,* warum der Sohn und nicht der Vater sei Mensch worden, die wird dich's freilich nicht berichten können, ja, wird zur Närrin darüber. Darum höre, was dir der Heilige Geist durch St. Johannem sagt: das *Wort* sei Mensch worden und habe gelitten, und nicht der Vater u. s. w. Wie das zugehet, sollst du glauben und nicht wissen noch verstehen, sondern sparen bis an jenen seligen Tag unserer Erlösung. Die Vernunft stösst sich an diesen Artikel, wenn sie ihn messen und fassen will mit ihrer Klugheit; gedenket: In der Gottheit ist ein einig unzertrennlich Wesen; wie kann denn die mittlere Person allein Mensch werden, und nicht alle drei? Ich wollte wohl so klug sein, als irgend ein Ketzer, wenn ich diese Worte: ‚Das Wort ward Fleisch‘, meines Gefallens wollte meistern. Es heisst, geglaubet, nicht, gesehen, gemessen oder gegriffen. In der Gottheit sind drei Personen: der Sohn ist das Wort, das im Anfange war; dasselbige Wort oder Spruch, nicht der Sprecher, ist Mensch worden; darum lassen wir die andern zwo Personen nicht in die Menschheit mengen." (Auslegung über Joh. 1, 1—14., gepredigt Anno 1542. VII, 1840. sq.)

§ 6.

Causa *efficiens* productae humanae Christi naturae Spiritus S. est,[a] non tamen exclusis caeteris personis.[b]

a) Sic *Luc. 1, 35. Spiritus Sanctus* dicitur *superventurus super* Mariam, in respectu ad producendam in illa humanam naturam Filii Dei, seu, tanquam effecturus, ut ipsa concipiat foetum humanum. Et *Matth. 1, 18. et 20.* praepositio ἐκ in verbis ἐκ πνεύματος ἁγίου ἐστὶν causalis est, et causae efficientis signum.

GERHARDUS: „Spiritus S. dici non potest pater Christi, quia caro Christi non est ex essentia Spiritus S. genita, sed et substantia Mariae virginis; ἐκ τοῦ πνεύματος non notat materiam, sed causam efficientem et operationem. Cum dicimus *de Maria,* est ‚de‘ materiale; cum dicimus *de Spiritu S.,* est ‚de‘ potentiale. Justin. in ἐκϑ.: οὐ διὰ συνουσίας, ἀλλὰ διὰ δυνάμεως. Athanas. disp. c. Arium p. 51.: ‚Inventa est in utero habens de Spiritu S., non quod Salvatoris nostri pater dicendus Spiritus S., ut duo credantur patres, sed cum Patre et Filio idem Spiritus S. cooperarius et unius potestatis est.' . . Damascenus d. l.: ‚Ex Spiritu S. conceptus est Christus οὐ σπερματικῶς, ἀλλὰ δημιουργικῶς.' " (Exeg. l. IV. § 107.)

b) Est enim *opus ad extra.* Et huc pertinet, quod dicitur de *virtute Altissimi,* id est, omnipotentia tribus personis communi, quae *obumbratura* sit Mariam, *Luc. 1, 35.* Quamvis enim alias ipse Spiritus S. *virtus ex alto* appellari credatur, *Luc. 24, 49.,* negari tamen non potest, verbum ipsum δυνάμεως potentiam denotare et vocem ὑψίστου, sive *Altissimi* denotare Deum summum; unde ad literam *virtus Altissimi* est *potentia Dei* et in ordine ad effectum extra Deum realiter productum denotat utique potentiam tribus personis communem, etsi opus ipsum uni alicui personae et quidem Spiritui Sancto per *appropriationem* tribui et sic eadem persona *Spiritus Sancti* nomine *virtutis divinae* appellari possit.

§ 7.

Materia est massa sanguinea virginis Mariae,[a] ex qua facta est, seu producta, humana Christi natura.[b]

a) Hoc est nasci *ex muliere* adeoque substantiam suam trahere ex muliere, quippe quae aliquid de suo contulerit ad hanc generationem, *Gal. 4, 4.* Sic etiam *Luc. 1, 42.* notanter dicitur *fructus ventris* Mariae, velut inde substantiam, succum et sanguinem trahens.

b) Atque ita generationis nostrae et humanae naturae Christi, saltim ex parte, idem est subjectum seu materia, *Ebr. 2, 14.*

§ 8.

Ipsa vero impraegnatio Mariae et in ea facta *productio humanae* Christi *naturae* describi[a] potest, quod sit actio supernaturalis, qua[b] Spiritus Sanctus massam sanguineam b. virginis sanctificavit et ad consuetum generationis locum delatam disposuit atque elevavit, ut ex ea fieret foetus perfectus humanus.[c]

a) Juxta hactenus dicta § 6. et 7. Unde causam efficientem et materiam cum ipsa forma aut modo actionis hic statim conjungimus.

b) Scriptura vocat ἐπίλευσιν et ἐπισκιασμὸν *Luc. 1, 35.* Ἐπίλευσις enim illa, seu actus *superveniendi,* talis utique est, quo Spiritus S., alias quoad infinitatem et immensitatem suam omnipraesens, hic, in Maria, se esse praesentem, novo quodam et peculiari effectu manifestavit. Et ἐπισκιασμὸς, sive *obumbratio* ista, creditur analogiam habere ad eam actionem, qua Spiritus Sanctus in opere creationis, incubans aquis et quasi fovens eas, efficax fuit ad productionem creaturarum; de qua *Gen. 1, 2.*

c) An autem in *uno momento* corpus Christi organicum *plene* efformatum et anima illi unita fuerit, non disputamus.

KROMAYERUS: „Scholastici Filium Dei embryoni unitum fuisse negaverunt, et quidem hanc ob causam potissimum, quod embryo nondum sit animatus, consequenter non homo. Sed falsam hic praesupponunt hypothesin de animarum infusione immediata post absolutum generationis terminum. Verior autem est sententia de traduce.‟ (Th. pos.-pol. II, 92.)

§ 9.

Itaque patet, conceptionem illam esse ab ea, quae fit juxta cursum naturae, plurimum distinctam, seu *miraculosam,*[a] licet Christus Θεάνθρωπος per eam acceperit naturam nostrae *consubstantialem,*[b] *infirmitatibus* naturae *communibus,*[c] *non* aeque *personalibus,*[d] nedum *peccato,*[e] obnoxium, imo *praerogativis* quibusdam[f] insignem.

a) Vid. *Luc. 1, 34. 37.*, ubi Maria angelum, conceptionis Messiae in se virgine jamjam futurae nuncium, interrogat: πῶς ἔσται τοῦτο; *quomodo erit istud?* agnoscens, naturaliter impossibile esse hoc, ut ipsa, *virum non cognoscens*, concipiat tamen et pariat; angelus autem Mariae in eo consentit et simpliciter ad *Dei omnipotentiam* respiciendum esse docet.

b) *Ebr. 2, 14. et 17.* Conf. h. l. § 1. not. ult.

c) V. gr. fami, siti, somno, sudori, lassitudini, lacrymis, moerori, indignationi etc., de quibus in Sect. II. de statu exinanitionis videbimus.

DANNHAUERUS: „Τοῦτο μὲν πολλάκις, ait Chrysost. in homil. 6. in Matth., ἐστιν ἰδεῖν αὐτὸν δακρύοντα, γελῶντα δὲ οὐδαμοῦ (flentem quidem saepe est videre, ridentem nunquam). Similiter praeter alios Augustin. (vel alius potius serm. 35. de sanctis) et Salvianus Massiliensis lib. 6. de gubern. Dei: ,Tale nobis reliquit Christus exemplum, quem flevisse legimus, risisse non legimus.' Sed enim Christus an riserit, nihil scire interfuit nostra. ,Illud vero referebat scire, quam misericordem haberemus Dominum, qui propter nos miseros peccatores e coelis descenderit, forma servi assumpta, humiliando se, ut nos exaltaret, passioneque ac morte sua expiaret peccata nostra.' Ita non male Voss. I, 3. de orig." (Hodos. phaen. 8. p. 307.)

d) Talibus puta, quas assumi *nec* generi humano expediebat, et dignitati naturae derogasset, uti *Lombard. III.* Sent. dist. XV. et *Thomas* P. III. Q. IV. Art. IV. loquuntur. Quales sunt *morbi* varii, *coecitas, deformitas* etc.

HOLLAZIUS: „Christus assumsit infirmitates naturales, omnibus hominibus in statu naturali constitutis communes, non autem personales, e causis particularibus provenientes, multo minus moraliter vitiosos defectus adscivit. Infirmitates hominum naturales communes sunt, quae omnibus hominibus post lapsum insunt... Infirmitates personales sunt, quae e causis particularibus proficiscuntur et vel a vitio δυνάμεως πλαστικῆς sive virtutis efformativae in generante, ut phthisis, arthritis etc., vel a culpa particulari, nimirum ab ingurgitate nimia, venere aut aliis excessibus, ut febris, podagra, hydrops etc., vel a peculiari nemesi aut judicio divino, ut morbi familiae Joabi 2 Sam. 3, 20. etc., ortum trahunt. Haec a sanctissima Christi humanitate longissime absunt, quippe quas assumi nec generi humano expediebat et dignitati naturae derogasset, censente Lombardo lib. III. sentent. dist. X." (Exam. P. III. s. 1. c. 3. q. 11. p. 657.)

e) Scilicet *proprio*, actuali *vel* habituali, *sive* connato *sive* acquisito. Sic enim dicitur μὴ γνοὺς ἁμαρτίαν, *non cognoscens peccatum, 2 Cor. 5, 21.*, ἄκακος, ἀμίαντος, κεχωρισμένος ἀπὸ τῶν ἁμαρτωλῶν, *innocens, impollutus, segregatus a peccatoribus, Ebr. 7, 26.* Confer. *Joh. 8, 46. 1 Petr. 1, 19. cap. 2, 22. Alienis* autem peccatis per *imputationem* subjectum fuisse infra docebimus.

H. KROMAYERUS: „Nec reatus peccati adamitici Christum involvere potuit, quia non fuit in lumbis Adami ex sequela naturae, sed ex promissione, non φιλάνθρωπος, sed ut θεάνθρωπος et per consequens dominus legis, quem nulla lex obligare potuit." (Th. posit.-pol. II, 214.)

OSIANDER: „Christus est sacerdos impeccabilis... Libertas non infert potentiam peccandi, alias ipse Deus potentiae peccandi obnoxius esset... Si Christus homo posset peccare, ipsum Verbum quoque peccare posset, consequenter Deus ipse posset damnari." (Colleg. th. IV, 155. sq.)

f) *Pulchrior* nimirum *redditus est prae filiis hominis, Ps. 45, 3.*, omnibus gratiarum ac venustatum dotibus ultra aliorum sortem maxime exornatus, *partim* quoad externam corporis pulchritudinem, *partim* et inprimis quoad animae dona excellentia, sapientiam, justitiam, benignitatem, constantiam etc. Sed et *jus immortalitatis* huc referri potest. *Nisi enim sponte se exinanivisset Christus homo, duplici jure fuisset immortalis: primo ex integritate naturae, deinde ex beneficio et jure unionis, quia cum vita ipsa seu vivificante λόγῳ personaliter unitum fuit ejus corpus. Volens igitur mortalitatis sortem subiit; nostri causa immortalitatis jure se abdicavit; in ipsa tamen morte corruptionis immunis extitit:* verba sunt b. *Aeg. Hunnii* T. I. Opp. Qq. et Respp. de Persona Christi p. 171. 178.

> FECHTIUS: „Non est improbabilis Franc. Vavassoris sententia: Christum neque eximia aliqua et excellenti prae aliis forma neque etiam turpi et foeda, sed vulgari et communi praeditum fuisse; majoribus tamen argumentis nituntur, qui excellentiorem ipsi etiam prae Adamo formam, si in naturali sua constitutione consideretur, adscribunt." (Sylloge controvers. Disp. 22. th. 8. p. 167.)

§ 10.

Unitio autem naturae humanae cum divina in eo consistit, quod naturae illae ita sunt conjunctae, ut fierent *una persona*,[a] adeoque *terminus* unitionis est vel Christus Θεάνθρωπος,[b] *vel* unio ipsa,[c] *vel* natura humana, spectata, ut personaliter unita Filio Dei.[d]

> S. GESNERUS: „Quomodo duae naturae in Christo sunt unitae? Id docet D. Johannes hac propositione: ‚Verbum caro factum est.‘ Primum enim, quod Verbum et caro sint *unita*, ex eo patet, quia res et substantiae prorsus nullo modo unitae in propositione quoque ita jungi nequeunt, ut una de altera enuntietur, et dicatur, quod una res sit (vel facta sit) altera. *Dici* enim requirit *inesse.* Quamobrem cum λόγος sit factus caro et ita cum carne reipsa junctus, ut caro de λόγῳ vere possit praedicari, ac proinde cum caro de Verbo praedicetur, oportet, carnem et Verbum ἐνωθῆναι, *unita* esse. Deinde Johannes modum quoque unionis dupliciter ostendit: primum generaliter in verbo ἐγένετο, deinde addita specifica differentia, per quam unio definitur. — Quae est significatio verbi ἐγένετο hoc loco? Duae possunt esse hujus verbi significationes et non plures, ex principio contradictionis. Nam cum *unum* singulare fit et est *alterum*, id aut fit κατὰ μεταβολὴν, ita ut unum in alterum *mutetur*, sicut aqua fit vinum; ad quem modum pertinet naturalis generatio et mixtio corporum; aut ita fit, ut, nulla intercedente mutatione κατ' ἀμεταβλησίαν, nihilominus una res singularis cum altera *conjungatur et uniatur* quovis modo. Sic columba est Spiritus Sanctus, flammae in ore apostolorum sunt Spiritus Sanctus, panis benedictus est corpus Domini; sed diversis modis. Jam λόγος non fit caro, per *mutationem*, ita ut desinat esse λόγος et *in carnem mutetur*. Nam Johannes etiam post incarnationem dicit, λόγον manere et in nobis habitare et gloriam suam conspiciendam dare. . . Nec contra λόγος ita fit caro, ut *caro in* λόγῳ *absorbeatur* et post incarnationem non sit caro, sed merus λόγος. Nam Johannes diserte probat, humanam naturam etiam post incarnationem esse in Christo integram, iis argumentis, quae sunt exposita. Cum igitur nec λόγος in

carnem nec caro in λόγον sint mutata, et nihilo minus caro de λόγῳ vere dicatur: Ὁ λόγος σὰρξ ἐγένετο, necesse est, ut λόγος et caro sint unum, κατ' ἀμεταβλησίαν ita *conjuncta*, ut nec λόγος in carnem, nec caro in λόγον sit conversa." (Orthod. conf. de persona etc. 1595. p. 47. sq.)

a) Talis quidem, quam Graeci vocant σύνθετον, ubi natura una *non* quidem *ex* pluribus naturis, attamen una *cum* altera est *composita*.

N. HUNNIUS: „Hypostasis est ille modus existendi, quo quaevis persona seu natura singularis ratione praedita ut individuum perfectum non in alio, sive ad modum partis, sive accidentis etc., sed per se, ad modum totius, independenter subsistit. Iste personalis subsistendi modus (si exempli gratia de homine loquamur) originaliter est in anima, per communicationem in corpore; quando igitur anima et corpus uniuntur, ut fiant una persona, tunc anima suam hypostasin seu perfectam subsistentiam corpori communicat, nimirum recipiendo illud intra perfectionem suae personae; sic *anima* Abrahami in suo statu praesente est perfecta persona, quia nunc subsistit tanquam ens totum, plenum et perfectum, habet ergo suam hypostasin; at *corpus* Abrahami sic non existit, quod in resurrectione ex mortuis anima in suam hypostasin recipiet, ut particeps evadat perfectae illius existentiae, adeoque anima tunc non amplius sola, ut prius, sed cum suo corpore sit substantia rationalis, singularis, in alio non sustentata, hoc est, revera ac perfecta persona." (Διάσκεψις § 643.)

b) Vocatur terminus *qui*, sive *adaequatus*, et terminatur ad illum actus uniendi eo sensu, quo alias *actiones* et *passiones* dicuntur esse *suppositorum*.

c) Dicitur terminus *formalis*, sive *quo*.

d) Atque ita coincidit hic terminus unitionis cum unione ipsa, quae in humana natura est *subjective*. Haec enim tantum natura per unionem illam perficitur. Divina autem natura non aeque ab humana natura perfici aut recipere quicquam potest.

HOLLAZIUS: „ *Unitio* et *unio* stricte dicta differunt: 1. Unitio est *actus*, quo duae diversae naturae, divina et humana, conjunguntur; unio est *status* naturarum per unitionem conjunctarum. 2. Unitio est *causa*, per quam naturae in se divisae quandam in unitate personae nanciscuntur indivisionem; unio vero est *effectus* proximus unitionis et ipsa duarum naturarum personalis indivisio. 3. Unitio est *transiens* et momentanea, unio *permanens* et perpetua. 4. Unio est *reciproca*, nam Filius Dei est unitus carni assumtae et caro est unita Filio Dei; at unitio *non* est reciproca. Recte dicimus: Filius Dei sibi univit carnem; minus recte dixeris: caro sibi univit Filium Dei. 5. Aliae *propositiones* fluunt ex unitione, aliae ex unione. Illarum *subjectum* persona ἀσύνθετος sive λόγος ἄσαρκος; harum subjectum est persona σύνθετος sive λόγος ἔνσαρκος." (L. c. q. 18. f. 664.)

§ 11.

Unio denique illa, ex actu unitionis resultans,[a] *non* est qualiscunque duarum naturarum, divinae et humanae, conjunctio,[b] *sed* talis, qua natura divina, prout est Filii Dei natura, seu prout in hypostasi τοῦ λόγου subsistit, intra hanc ipsam hypostasin, citra commixtionem seu confusionem et conversionem, *arctissime* tamen simul et *indissolubiliter*^c sibi conjunctam habet naturam humanam et cum ea constituit unum *ὑφιστάμενον*, quod et *verus Deus* et *verus homo* est.

a) Quae est status sive modus extremorum, tanquam unitorum.

b) Nam et *Deus* cum hominibus *fidelibus* conjungitur, quando *in illis* velut *in templis habitat, 1 Cor. 3, 16.;* unde et *unus Spiritus* cum Deo dicitur, *qui agglutinatur Domino, 1 Cor. 6, 17.* Haec autem unio seu conjunctio a personali illa unione plurimum differt.

c) Veteres, occasione certaminum *Nestorii* et *Eutychis,* ita declararunt unionem illam, ut dicerent, duas naturas in Christo esse unitas 1) *ἀσυγχύτως,* aut *inconfuse,* ita ut excludatur unio per mixtionem, qua, quae uniuntur, esse desinunt, quod fuerunt, et inter se uniuntur ad constituendum tertium, quod mixtum vocatur; 2) *ἀτρέπτως, inconvertibiliter,* ut distinguatur ab ea unione, qua alterutrum extremorum absorbetur seu in alterum convertitur. Unde haec duo vocabula indicant, naturam utramque, etiam facta unione, retinuisse essentiam et proprietates suas. 3) *Ἀδιαιρέτως καὶ ἀχωρίστως, inseparabiliter,* quoad temporum et locorum intervalla. Qua ratione unio illa non solum *arctissima* dicitur, sed et *indissolubilis,* quippe quam *nec Deus* per absolutam suam potentiam destruere unquam *velit, nec* quicquam *aliud destruere possit.* Quare etiam in *triduo mortis,* cessante licet unione naturali corporis et animae, *personalem* tamen *unionem illibatam* mansisse credimus, ita ut *corpus* in sepulchro jacens *Filii Dei* corpus et *anima* a corpore separata *Filii Dei* anima revera fuerit.

GERHARDUS: ,,Modus unionis hujus est mirabiliter singularis ac singulariter mirabilis, omnium non modo hominum, sed etiam angelorum captum tanscendens, unde *ὁμολογουμένως μέγα μυστήριον* vocatur.'' (L. c. § 115.)

QUENSTEDTIUS; ,,Formale hujus unionis personalis in hac mentis nostrae caligine et infirmitate non potest plene a nobis vel cognosci vel explicari, adeoque facilius per *ἄρσιν,* quam per *θέσιν* determinari potest.'' (L. c. th. 33. f. 126.)

HOLLAZIUS: ,, *Unio* duarum in Christo naturarum *non est* 1. *mere verbalis,* exsurgens vel ex titulo sine re, ut cum consiliarius principis dicitur, qui nunquam ipsi fuit a consiliis, vel ex locutione impropria, ut cum Herodes vocatur vulpes. Christus enim non nominetenus tantum, aut improprie, sed vere proprieque Immanuel et *θεάνθρωπος* est. 2. *Non est notionalis, sive rationis,* qua plures conceptus per rationem distincti mentis ope ut indivisi concipiuntur. Talis unio datur inter genus et differentiam in specie. Neque enim natura divina Christi genus, neque natura humana ipsius differentia est, aut vice versa. 3. *Non est σχετικὴ,* habitualis aut respectiva, quae consistere potest, licet extrema hujus unionis reapse separata sint et distent. Datur enim varia unio respectiva, nempe *moralis* inter amicos, quorum etiam absentium unus animus est, *oeconomica* inter conjuges, *politica* inter cives, *ecclesiastica* inter membra ecclesiae. Longe quippe arctior est unio duarum in Christo naturarum, quam habitualis, quae importat quidem plurium rerum ad invicem habitudinem, sed sine reali earum conjunctione. Filius Dei particeps factus est carnis et sanguinis, sicut pueri, Heb. 2, 14. Est igitur unio duarum naturarum in Christo *realis,* quia datur inter extrema vere cohaerentia cum exclusione separationis alicujus aut distantiae.'' (Exam. III, 1, 3. q. 30. p. 679.)

QUENSTEDTIUS: ,,*Forma specifica unitionis* plane singularis est, ἐξαίρετος καὶ μονότροπος, prae ceteris unionum formis eximia et ab omnibus aliis exempta. Consistit autem 1. in totius naturae divinae cum integra natura humana in una τοῦ λόγου ὑποστάσει coalitione inconfusa et impermixta." (L. c. s. 1. th. 26. sq. f. 121.)

IDEM: ,,Haec unio nec V. est *commixtiva*, qualis est corporis ex elementis compositi aut mulsi ex aqua et melle. ,Talis enim potus (sunt verba Formulae Concordiae) non amplius aut aqua est mera aut mel merum, sed mixtus quidam ex utroque potus; longe certe aliter se res habet in illa divinae et humanae naturae unione', etc. Nonnulli quidem *patres* . . . vocabulum commixtionis de hoc mysterio usurparunt. Ast non confusionem naturarum Eutychianam, sed unionem summam et intimam penetrationem eo significare voluerunt, qua tota plenitudo deitatis in assumpta carne habitet. Sicut ignis unitur ferro non per attingentiam tantum, sed penetrat et permeat ferrum et undique ei, sine tamen confusione, miscetur, ut nulla pars ferri expers sit ignis. Hoc Damascenus lib. III. de O. F. c. 3. commutavit commodiori vocabulo περιχωρήσεως. . . Nec *VI. est nuda* παρουσία sive παράστασις (qua ὁ λόγος assumptae humanae naturae adest per assistentiam, quam actu secundo sustentet, ne in nihilum redigatur), ex qua παρουσία nulla oritur communicatio, quaeque vix meretur inter unionis species numerari." (L. c. s. 1. th. 30. f. 124.)

E. HUNNIUS: ,,Ut humanitas nunquam in divinitatem *vertitur* nec divinitas in humanitatem, sic et *propria* humanitatis, cujusmodi sunt: finitum esse, de loco in locum transferri, nasci, pati, crucifigi, mori etc., nunquam sunt divinitatis propria; vicissim divinitatis propria nunquam fiunt idiomata humanitatis, siquidem infinitum, increatum, aeternum spiritum esse, omnipotentia item, omniscientia et omnipraesentia humanitatis idiomata in aeternum non fiunt." (Libelli 4 de persona Christi, p. 28.)

KROMAYERUS: ,,Filius Dei, cum Patre et Sp. S. coelum et terram implens, animam in paradiso, corpus in sepulchro sibi habuit unitum. Ubi ὡς ἐν παρόδῳ monemus, nos illorum sententiam, qui corpus anima mediante cum F. D. unitum fuisse volunt, nostram non facere. Si enim res ita se haberet, in morte, soluto sc. hoc vinculo, corpus cum F. D. non fuisset unitum, quod nec pontificii nec Calviniani . . . concedent. Nec obstat nobis quaestio, an Christus tempore mortis fuerit verus homo, quia inter hominem materialiter et formaliter consideratum . . . est distinguendum. Christus in media morte mansit verus homo materialiter, quia partes hominis essentiales, corpus et anima, manserunt incorruptae, licet non formaliter, quia unio naturalis inter duas hasce partes desierat." (Th. pos.-pol. II, 96. sq.)

QUENSTEDTIUS: ,,Praesentiam illam naturarum intimam exponunt veteres voce ἀδιαστασίας, quae omne intervallum naturarum excludit, ita ut caro nunquam et nullibi sit extra λόγον et λόγος nunquam et nullibi extra carnem. Probatur haec intima naturarum praesentia ex Joh. 1, 14.: ,Verbum caro factum est.' Si enim ὁ λόγος totus est factus caro et est caro, ergo post factam ἐνσάρκωσιν nunquam et nusquam est extra et citra suam carnem, sed hanc sibi et secum et in sua infinita et immensa hypostasi ubique praesentem habet; sed verum prius; ergo. Deinde ex Col. 2, 9., ubi apostolus de divina natura Filii Dei et omni plenitudine ejus enunciat, quod habitet in Christo, in assumpta scilicet natura, σωματικῶς. Si autem tota τοῦ λόγου divinitas ubique inhabitat assumptam carnem, sequitur, τὸν λόγον vel totam divinitatem ejus nusquam esse extra carnem. Nam qui est extra οἶκον, ille, quatenus versatur extra οἶκον, non habitat ἐν οἴκῳ." (L. c. s. 1. th. 33. f. 126.)

ANTITHESES.

QUENSTEDTIUS: „*Antithesis*: 1. *Nestorii*, episc. Constantinop., qui non disertis verbis, attamen per consequentiam manifestam dissolvebat unionem personalem, statuens talem, ex qua neque naturarum neque idiomatum communicatio sequebatur, negavit enim, unum eundemque esse Mariae et Dei Filium, et Mariam non ϑεοτόκον, Deiparam, sed χριστοτόκον appellandam esse, ursit. . . 2. *Pontificiorum*, qui, si non directe, saltem oblique realem subsistentiae communicationem negant; 1.) enim omnium in universum propriorum communicationem negant et impossibilem pronunciant. Si autem repugnat creaturae, per illam divinam et hypostaticam unionem esse infinite potentem et sapientem, etiam repugnabit ei, esse infinite subsistentem. Non enim major repugnantia est inter creaturam et potentiam ac sapientiam divinam, atque inter creaturam et divinam subsistentiam. 2.) Actum personalem humanae naturae derogant. 3.) Totam λόγου subsistentiam ponunt extra humanam naturam. 4.) Humanam naturam unum cum λόγῳ constituere ὑφιστάμενον, negant. 5.) Unionem definiunt per nudam sustentationem; sicut utitur arbor (hac similitudine utitur Bellarminus), cui insertus est ramus alterius speciei, eundem sustentat, qui alias per se existeret. Ita Bellarm. lib. 3. de Christo c. 8. 15. et 17. § ad ult. inquit: ,Licet alicubi sit Verbum, ubi non sit humanitas, tamen etiam ibi Verbum est homo, quia Verbum ibi existens sustentat humanitatem, uti suam et propriam, licet alibi existentem.‘ . . 3. *Calvinianorum*, statuentium: 1.) humanam naturam, quatenus subsistit in λόγῳ, esse in loco localiter. . . 2.) Humanam naturam assumptam quidem esse in ὑπόστασιν τοῦ λόγου, ipsam vero ὑπόστασιν ei non esse communicatam. . . Et licet alii e Reformatis videantur quandoque verbis adstruere communicationem subsistentiae realem, plerique tamen inficiantur reipsa eandem, etsi non directe, saltem oblique per varias suas hypotheses. 3.) Plerique unionem per nudam παράστασιν, sustentationem, adjunctionem, gestationem carnis in λόγου ὑποστάσει definiunt." (L. c. s. 2. q. 4. f. 192. sq.)

KROMAYERUS: „In alterum scopulum impegit *Eutyches*, Archimandrita Constantinopolit., qui, vitaturus Nestorianismum, confusionem duarum naturarum introduxit. Naturam enim humanam a divina fuisse absorptam, ut gutta vini absorbetur a mari, docuit. Ex hoc errore Monophysitarum, Monotheletarum, Acephalorum, Theopaschitarum, Aphtharto-docetarum et aliorum promanavit. . . Theopaschitae propter illam ipsam commixtionem naturarum etiam deitatem passam fuisse, concesserunt." (L. c. p. 98.)

§ 12.

Et sic constat, unionem illam nec esse *naturalem* aut *essentialem*,[a] neque *accidentalem* proprie loquendo.[b]

a) Equidem *naturarum* duarum unio est, non autem *naturalis*, quia neutra natura ad alteram per se, aut per hoc, quod est talis natura, vel ad constituendam cum altero extremo unam naturam tertiam ordinatur. Unde nec *essentialis* est, quia extrema unita non sunt partes essentiales aut coalescunt tanquam ad constituendum unum essentiale seu unam essentiam.

GERHARDUS: „(Unio) *naturalis* (est), quando ex pluribus fit una essentia, v. g. ex materia et forma unum compositum, ex corpore et anima unus homo. Haec species unionis quodammodo accedit ad eam, de qua agitur, unde in symbolo Athanasii paradigmatos loco ad ejus qualemcunque delineationem adhibetur; interim tamen non est undiquaque similis, multo minus eadem. Proprie enim et accurate loquendo unio duarum naturarum in Christo nec naturalis nec essentialis statui potest. . . Quae naturaliter uniuntur, eorum plura dantur exempla in natura; at haec unio est μονότροπος et singularis, cujus nullum datur exemplum in tota rerum universitate. Quae naturaliter uniuntur, eo modo se habent, ut neutrum eorum sit perfectum absque altero; sed Christus est perfectus homo, perfectus Deus, ac λόγος ante incarnationem fuit perfecta persona. . . Unio *essentialis* unam constituit essentiam, at duae naturae in Christo nec in simplicem nec in compositam essentiam coaluerunt, cum nec humana natura in divinam, nec divina in humanam sit conversa, nec tertia quaedam species e duobus diversis composita." (Exeges. 1. IV. § 117.)

HOLLAZIUS: „Est unio *naturarum,* sed non *naturalis;* est *personalis,* sed non *personarum,* propterea, quod personalis dicitur non ratione termini a quo, *quasi ex duabus personis* esset facta, sed ratione termini ad quem, in unam personam." (L. c. p. 680.)

DANNHAUERUS: „Est unio non 1. *essentialis,* cujusmodi unio est (verius unitas) inter personas SS. Trinitatis, quia in Christo est ἄλλο καὶ ἄλλο." (Hodos. phaen. 8. p. 314.)

b) *Vinculum* enim et *ratio uniendi non* est aliquod *accidens,* sed ὑπόστασις seu *personalitas,* quae est modus substantialis.

HOLLAZIUS: „Unio duarum in Christo naturarum . . . non est 4. *accidentalis,* qua plura inter se divisa ad aliqualem indivisionem conjunguntur. Datur ejusmodi accidentalis unio: a) *inter duo vel plura accidentia* disparata, in uno subjecto copulata; sic albedo et dulcedo uniuntur in lacte; b) *inter accidens et substantiam,* qualis datur in homine docto; c) *inter duas substantias* ita inter se unitas, ut ex illis non unum per se, sed per accidens resultet. Huc pertinet unio physica κατὰ σύγχυσιν, *per confusionem vel mixtionem,* ut in mulso; κατὰ παράστασιν, *per assistentiam,* qualis est tum in contiguis sibi praesentibus, ut cum duo se complectuntur manibus, tum in continuis, ut cum duo asseres compinguntur. Pertinet ad accidentalem unionem *mystica,* quam triplicem faciunt: *sacramentalem, gratiosam* et *gloriosam.* Sacramentalis datur inter rem terrenam et coelestem sacramentaliter unitas; gratiosa inter Deum et credentes in ecclesia militante; gloriosa inter Deum et beatos in ecclesia triumphante. Unio duarum in Christo naturarum non est accidentalis, propterea, quod nulla species unionis accidentalis eidem applicari potest. Neque enim est haec unio inter duo accidentia, neque inter substantiam et accidens, sed inter duas substantias, quae unitae sunt non per mixtionem aut confusionem, eo, quod natura divina, quae spiritualis, simplicissima et infinita est, cum humana commisceri nequit; neque per parastasin, assistentiam aut appositionem, quippe quae nullam κοινωνίαν aut internam communionem infert. Caeterum haec unio gratiosam credentium et gloriosam beatorum conjunctionem cum Deo eminentia sua longissime superat. Nullus enim credens in hac vita, nullus beatus in vita coelesti est unum cum Filio Dei ὑφιστάμενον. In nullo peraeque, ac in Christo, tota plenitudo divinitatis habitat corporaliter." (L. c. p. 679.)

§ 13.

Ex unione personali *communicatio naturarum*[a] fluit,[b] per quam fit, ut humana natura Filii Dei et divina natura filii hominis natura sit.

a) Ad quam designandam vox περιχωρήσεως, quae nativa significatione *penetrationem* aut *alterius in altero existentiam* denotat, adhiberi coepit, ita quidem, ut divina natura active diceretur *penetrare* (*immeare*, *perficere*), humana natura passive *penetrari* (*immeari*, *perfici*). Quod tamen intelligendum est remotis imperfectionibus. Non enim ita penetrat natura divina humanam, ut *successive* unam ejus partem post alteram occupet et *extensive* se per eam diffundat, sed, quia spiritualis et indivisibilis est, *simul tota* actuat et perficit quamlibet naturae humanae partem et naturam totam, estque et manet tota in natura humana tota, et tota in qualibet ejus parte. Atque huc pertinet locus *Col. 2, 9.* Quando enim πᾶν τὸ πλήρωμα τῆς θεότητος, *omnis plenitudo deitatis*, σωματικῶς seu corporaliter in Christo *habitare* dicitur, intelligendum est, divinam naturam una cum suis perfectionibus omnibus sic esse in natura humana, ut eam nulla parte expertem sui esse permittat adeoque intime penetret, quodque *haec* deitatis habitatio in Christo ab *illa*, qua olim in *templo* habitabat et qua *in sanctis* est, maxime differat.

GERHARDUS: „Propter ὑποστάσεως ταυτότητα καὶ τῶν φύσεων εἰς ἄλληλα περιχώρησιν λόγος ita praesens est carni et caro ita praesens est τῷ λόγῳ, ut nec λόγος sit extra carnem, nec caro extra λόγον, sed ubicunque est λόγος, ibi etiam praesentissimam sibi habet carnem, quippe quam in personae unitatem assumsit, et ubicunque est caro, ibi praesentissimum sibi habet τὸν λόγον, quippe in cujus ὑπόστασιν est assumta. Quemadmodum λόγος non est extra suam deitatem, cujus est hypostasis, sic etiam non est extra suam carnem, essentia quidem finitam, in λόγῳ tamen personaliter subsistentem." (Exeg. l. IV. § 121.)

E. HUNNIUS: „Λόγος sane ἐκοινώνησε vel, ut apostolus ait, μετέσχε seu particeps admirando commercio factus est carnis et sanguinis Ebr. 2. Econtra idem hic λόγος seipsum *totum* (sicut *totus* incarnatus est) assumtae humanitati communicavit... Quae κοινωνία demum (et non nuda naturarum combinatio sine hac κοινωνίᾳ) praestat, ut homo, ex Maria natus, vere sit Filius Dei; quod verum esse non posset, si humana natura, qua Christus hominis determinationem sortitur, nullam haberet cum divinitate κοινωνίαν veram; nihil enim potest dici Deus sine deitatis κοινωνίᾳ." (Libelli 4 de pers. Chr. p. 34. sq.)

QUENSTEDTIUS: „Anima non assistit tantum corpori ut forma assistens, influens in solum motum, ut nauclerus assistit navi, aut angelus assumpto corpori, sed immeat, immigrat, informat corpus, suammet essentiam, vitam, facultates corpori largiendo; ita λόγος immeat carnem, suamque ei divinam naturam intime communicat... Anima rationalis ita se corpori insinuat, ut per naturam ab eo separari nullatenus potuisset, nisi, lapsu ex accidenti interveniente, divino judicio mortis violentia secuta esset. Ita λόγος a carne inseparabilis est εἰς τὸ διηνεκές, in perpetuum... Anima corpus informat absque omni utriusque turbatione, mixtione, mutatione. Ita λόγος permeat suam carnem, ita ut neutri in essentialibus quicquam decedat, neutrum alteri misceatur aut cum altero confundatur... Anima rationalis sic est in corpore, ut nuspiam sit extra aut ultra illud: ita λόγος in carne est nuspiam ut ultra, nuspiam ut extra... Si ὑπόστασις τοῦ λόγου vere et realiter est assumtae carni communicata, utique inter divinam et humanam naturam assumtam est vera et realis communicatio, cum ὑπόστασις τοῦ λόγου et divina natura τοῦ λόγου non differant realiter... Modus praedicandi sequitur modum essendi, et dici de aliquo requirit inesse. Quodsi ergo in persona Christi Deus vere et realiter est et dicitur homo, et homo vere et realiter dicitur Deus, utique inter divinam et humanam Christi naturam est κοινωνία." (L. c. s. l. th. 36. sq. f. 126.)

E. Hunnius: „Quia constat, humanam Christi naturam etiam in loco esse, num eodem illo modo, quo in loco est, sic etiam in λόγῳ? Minime! Siquidem in loco est Christi assumta humanitas naturaliter et localiter, in persona autem Verbi nequaquam vel naturaliter vel localiter existit, quandoquidem unio localis non est seu locali aut ullo alio physico ac terreno hujus saeculi modo facta. Adde, quod ea ipsa persona Verbi, in quam caro Christi assumta est, loco omni penitus exemta est, ad sui existentiam nec tempore nec loco nec ullis locorum spatiis egens, sicut ab aeterno fuit, priusquam locus esset ullus. Proinde, quia caro Christi non alibi, nisi in hac ipsa hypostasi, ad quam nulla locorum spatia pertingunt, personaliter subsistit: ex infallibili necessitate (hac ratione ac respectu) ipsa quoque caro Verbi extra et supra locum omnem erit in ipsa purissima divinitate et hypostasi Verbi." (Libelli 4 de persona Christi etc. p. 30.)

Gerhardus: „Quia λόγου ὑπόστασις facta est carnis ὑπόστασις, ideo caro per unionem modum subsistendi *illocalem* est sortita. Et quia λόγου ὑπόστασις eo modo facta est carnis ὑπόστασις, ut non desierit esse, quod erat, videl. vera humana natura, inde jam oritur distinctio inter actum naturalem et personalem. Quaedam enim de Christo homine praedicantur secundum *actum naturalem*, quae scl. ex principiis naturae humanae constitutivis oriuntur et quae cum omnibus hominibus habet communia; quaedam secundum *actum personalem*, quae scl. ratione unionis personalis ipsi competunt; *illa* naturaliter secundum essentiam, *haec* personaliter secundum existentiam ipsi competunt."*) (L. c. § 121.)

Mentzerus: „Quicunque dicunt, post factam incarnationem τὸν λόγον esse vel subsistere extra suam carnem, quocunque colore pingant, solvunt, quantum in ipsis est, unionem hypostaticam, quippe cujus definitionem tollunt. Si enim unio hypostatica est ,inhabitatio' totius plenitudinis divinitatis τοῦ λόγου in assumpta carne, sicut tota pia antiquitas dictum Col. 2, 9. interpretatur, consequens est, solvi unionem personalem, quam primum statuitur ὁ λόγος extra suam carnem." (Disp. theol. de praecipuis controv. in Academ. Giess. T. I. p. 36.)

ANTITHESES.

Quenstedtius: *Antithesis:* 1. *Calvinianorum*, qui contendunt, λόγον, qui humanam assumpsit naturam, non minus totum *extra* naturam humanam esse, quam *in* natura humana, totamque naturam divinam λόγου esse et intra et extra corpus suum post factam unionem. . . Porro unionem personalem nonnisi inadaequatam, partialem et impro-

---

B. Meisnerus: „An *duo actus primi* in ente realiter existente concedendi? — Per *actum primum* in genere intelligimus omne id, a quo profluunt et emanant certae operationes, quas philosophi actus secundos appellitant. . . *Duo* in unoquoque ente substantiali occurrunt, nimirum 1. οὐσία vel essentia, et 2. ὑπαρξις vel existentia. . . Sic ferrum non urit aut splendescit ratione οὐσίας; in ignitione tamen urere vel splendescere recte dicitur propter peculiarem subsistendi modum, quem tum habet. . . Quia igitur in omni ente duo ista reperiuntur, propterea de humanitate Christi negari neque debent, neque possunt. Nam et illa 1. habet *essentiam*, specie eandem cum nostra; 2. habet *subsistentiam* peculiarem et singularem. Unde oriuntur partim *duo actus*: *naturalis* ab essentia communi, et *personalis* a subsistentia singulari promanans; partim *duo attributorum genera*: quaedam οὐσικὰ et communia, quaedam ὑποστατικὰ et *propria*; id quod luculentissimis exemplis ad oculum demonstrari potest. Quando enim dicitur: ,Caro Christi subsistit, et non subsistit; excelsior angelis est, et non est; omnia scit, et multa nescit; Deus est, et Deus non est; adoranda, et non adoranda; ubique dominatur, et non dominatur; sedet ad dextram Patris, et non sedet etc.': tum *nullo modo effata haec* ἐναντιοφανῇ *conciliari possunt, nisi distinctio actus naturalis et personalis recipiatur* et priora membra de actu ὑποστατικῷ, posteriora de actu φυσικῷ exponantur. Sic caro Christi vere est cibus Joh. 6, 55. et sanguis ejus emundat nos ab omni peccato Hebr 9, 14. 1 Joh. 1, 7.; et tamen vicissim dici potest, carnem Christi non vivificare, non emundare a peccato. Illud enim verum est ob actum *personalem*, hoc ob actum *naturalem*, secundum quem humana natura in se et per se et ratione virium suarum naturalium consideratur." (Philosoph. sobr. I, 955—58.)

priam faciunt, quod patet ex similitudinibus, quibus unionem personalem explicant et ‚extra‘ illud Nestorianum stabiliunt.   Conferunt enim
λόγον humanae naturae unitum cum corpore solis, conjuncto orbi suo;
ita *Beza* resp. ad Brentii argum. tom. I. opp. p. 511.; item: cum
oceano alluente Antwerpiam, cum linea tangente circulum in uno
puncto, cum anima pedibus hominis unita etc., ut apud Bezam
aliosque passim videre est; cum radice conjuncta frondibus in arbore,
Massonius anat. univers. c. 2. p. 182., *Martyr* in dialog. c. 10. . .
2. *Pontificiorum*, juxta quorum sententiam Filius Dei olim tantum in
terris, nunc tantum in coelis sibi substantialiter et indistanter habet
praesentem suam humanitatem.   Sic *Lombardus* ait lib. 3. sent. d. 22.
§ 6.: ‚Christum non, ubicunque est, hominem fuisse vel esse, quia ubique est secundum deitatem, non ubique homo, quia non ubique homini
unitus.‘   Idem cum illo statuit tota cohors scholasticorum et Jesuitarum.   *Busaeus* in apolog. c. 7. p. 211. inquit: ‚Divinitas infinitis locis
est, ubi non est humanitas.‘   Illis itaque Christus tantum in uno loco
Christus est h. e. ex duabus naturis ibi inseparabiliter unitis constans;
in infinitis aliis locis non est ϑεάνϑρωπος, sed Verbum extra carnem,
quod alicubi duntaxat ϑεάνϑρωπος est. Cf. *Bellarmin.* lib. III. de incarn.
c. 17.“   (L. c. s. 2. q. 5. f. 199. sq.)

IDEM: „*Antithesis:* . . . 2. *Nestorii* . . . Anathem. 7. ‚hominem ex
Maria natum *appellatione sola* Verbi participem factum esse‘, asserit. . .
3. *Calvinianorum*, quorum nonnulli docent, solam *personam* τοῦ λόγου humanae naturae unitam esse, *non* vero simul divinam ejus *naturam*, nisi
consequenter et per concomitantiam propter identitatem cum personali-
tate, quae sola primo unita; sit atque ita duplicem fingunt unionem, mediatam et immediatam; naturas esse unitas non immediate, sed mediante
persona τοῦ λόγου. . .   Omnes vero veram et realem naturarum inter se
communicationem negant et *nominalem* ac *titularem* solum aguoscunt,
quicquid etiam toties protestentur. . .   *Beza* in colloq. Mompelg.
p. 294.: ‚Deitas‘, inquit, ‚humanitati non est communicata.‘   4. *Pontificiorum* et inprimis *Jesuitarum*, qui docent, *nec re, nec nomine* in persona Christi aut communicatas esse aut communicari potuisse naturas
earumque proprietates.“   (L. c. s. 2. q. 6. f. 205. sq.)

HOFMANNUS: „Weil er (Christus) bei Gott *gewesen*, ehe er Mensch
geworden, ist er, der Menschgewordene, υἱὸς ϑεοῦ im ausschliesslichen
Sinne und also auch ϑεός, aber ϑεὸς in der Welt als Mensch, nachdem
er es zuvor überweltlich bei Gott gewesen.   Hinwieder ist er in seiner
Auferstehung und Verklärung *Gott geworden*, nicht nur dass man ihn
dafür erkannte, sondern indem der Menschgewordene das wieder geworden, was er in seiner Menschwerdung *aufgehört* hatte zu sein.“
(Schriftbeweis. II, 1. p. 23.)

IDEM: „Er hat aufgehört, Gott zu sein, um Mensch zu werden.“
(L. c. I, 146.)

b) Dicitur autem communicatio naturarum *fluere* ex unione personali nostro *modo concipiendi*.   Quod enim *realiter* ab ea *differat, non*
apparet.

§ 14.

In unitate personae et communione naturarum fun-
dantur et eam declarant *propositiones*,[a] quas vocant *personales*,[b] quibus concretum[c] unius naturae enunciatur de
concreto alterius naturae; v. g. *Deus est homo, homo est
Deus*, et similes.[d] Et sunt propositiones illae *non verbales*
tantum, *sed* maxime *reales*.[e]

a) Sic enim modus praedicandi sequitur modum essendi.

REUSCHIUS: ,,Propositiones biblicae et ecclesiasticae, quae declarant hoc mysterium unitionis et unionis, itemque communicationis, duarum in Christo *naturarum*, vocantur *personales;* quae vero declarant communicationem *idiomatum*, dicuntur *idiomaticae.*" (Annotatt. etc. p. 557.)

b) Dicuntur alias *praedicationes inusitatae*, quia in universa natura nullum datur exemplum, in quo duo disparata in casu recto proprie de se invicem praedicentur, aut citra manifestam falsitatem de se praedicari possint. Unde nec satis tuto dicuntur *accidentales*, absolute loquendo. Quamvis enim ad modum praedicandi accidentalem *eatenus* referri posse videantur, quatenus in illis praedicatum est extra primum conceptum subjecti nec per modum proprii ex eo fluit, cavendum *tamen* est, ne, si praedicationes hae accidentales dicantur, unio ipsa, quam, tanquam modum essendi, modus ille praedicandi sequitur, accidentalis esse credatur. Vid., quae diximus ad § 12. not. *b.*

GERHARDUS: ,,Quaest. 3.: An in propositionibus personalibus *disparata* de se invicem praedicentur? Affirmat Luth. in disput. de dicto: ,Verbum caro factum est', tom. 1. Jen. Latin. p. 567. in 3.: ,Magis disparata est haec propositio', inquit, ,Deus est homo, quam illa, homo est asinus.' . . Haec Lutheri sententia probatur: 1. definitione disparatorum. Damascenus lib. de dial. c. 37. et 48. ἑτεροείδη definit, quod διαφέρει τῷ λόγῳ τῆς οὐσίας. Jam vero et deitas et humanitas differunt τῷ λόγῳ οὐσίας sive definitione. Ergo sunt oppositae sive disparatae species. 2. Ex collatione similium exemplorum. Ferrum et ignis manent disparata etiam in ferro ignito; corpus et anima manent disparata etiam in homine: sic duae naturae sunt et manent disparatae in unione." (L. c. § 170.)

QUENSTEDTIUS: ,,Obj.: Duo disparata (Deus et homo) non possunt simul unum et idem subjectum esse, nec unum disparatorum alterum esse, nec unum de altero univoce in casu recto praedicari potest. Resp.: . . . 3. Valet objectio de disparatis non unibilibus et extra unitatis statum. At talia duae in Christo naturae non sunt. . . 5. Quod caetera disparata non ita ut Deus et homo praedicantur, inde est, quia non sicut Deus et homo uniuntur." (L. c. s. 2. q. 3. f. 188.)

c) Per *concretum* intelligitur vox, quae suppositum in casu recto, naturam autem in casu obliquo significat. Sic *Deus* denotat suppositum, habens divinam naturam. *Homo* denotat suppositum, habens humanam naturam. Atque haec propter suppositi unitatem seu identitatem utique recte de se invicem praedicari possunt. *Abstracta* autem, quae significant naturas in se, non connotata hypostasi, non aeque de se invicem praedicari possunt, cum naturae, licet intra personam unam conjunctae, inter se tamen diversae sint. Non enim possum dicere: Divina natura est humana natura, aut vice versa.

GERHARDUS: ,,Quaeritur h. l.: An propter realem communicationem naturarum dici debeat vel possit: *natura divina est humana et humana natura est divina?* Ita sibi persuaserunt Calviniani et Jesuitae, quia, propterea quod divinitas de humanitate et humanitas de divinitate in abstracto praedicari nequeat, realem communicationem naturarum negant, sed perquam ἀπαιδεύτως. Nam 1. aliud est essentialis mutatio ac conversio, aliud vero realis communicatio. Si divinitas in humanitatem essentialiter mutata ac conversa esset, vel humanitas deitate ab-

sorpta, tunc demum recte et vere diceretur: divinitas est humanitas et humanitas est deitas; sed quia non naturarum conversionem, non essentiae mutationem, non alterutrius naturae abolitionem, sed realem naturarum *communicationem* ex personali unione resultantem statuimus, ideo Deum esse hominem, et hominem esse Deum dicimus. . .
4. Sicut ob unionem ferri et ignis κατὰ συνδύασιν non dico: ferrum est ignis, sed ferrum est ignitum; sicut propter unionem animae et corporis non dico: anima est corpus, et corpus est anima, sed corpus est animatum, ἔμψυχον, et anima est ἐνσώματος: sic propter unionem personalem λόγου et carnis non dico: humanitas est deitas, et deitas est humanitas, sed homo est Deus, non οὐσιωδῶς scl., sed ὑποστατικῶς, humana natura est deificata, uncta deitate, corpus est deificatum, deitate plenum, ἔνθεον, caro est θεωθεῖσα, deificata etc." (Exeg. l. IV. § 153.)

d) In Scripturis equidem propositiones illas totidem verbis expressas non legimus; sed quemadmodum idem quoad praesens significant nomina: *Deus* (intelligendo secundam personam Divinitatis), *Filius Dei, ὁ λόγος, Filius Altissimi;* similiter *homo* (intelligendo Jesum Nazarenum), *filius hominis, filius Mariae,* aut *natus ex Maria* etc.: ita recte dicuntur propositiones personales, quando *Matth. 16, 13. et 16.* (approbante Christo v. 17. seq.) dicit Petrus: *Tu, fili hominis, es Filius ille Dei viventis;* et *Luc. 1, 31.* dicitur: *Quod ex Maria nascetur* (filius Mariae), est *Filius ille Altissimi.*

HOLLAZIUS:: ,,*Fundamentum* hujus praedicationis: ,Deus est homo‘, *in unione personali et communione naturarum* consistit. Si *extra unionem* personalem spectentur divina et humana natura vel Deus et homo, disparata sunt nec unum de altero affirmari potest. Sicut enim non possum dicere: ,Leo est equus‘, ita dicere nequeo: ,Deus est homo.‘ Si autem *unio* intercedat inter Deum et hominem, et quidem realis unio, qualis intercedit in Christo inter divinam et humanam naturam, recte de se invicem praedicari possunt *in concreto.* Ratio est, quia per unionem duae naturae constituunt unam personam et quodlibet concretum naturae significat illam ipsam personam. Quoniam ergo Christus idem ille est, qui Deus est, vel haec persona, quae Deus est, illa ipsa persona est, quae homo est, recte etiam dicitur: Homo est Deus, et Deus est homo." (Exam. III. s. 1. c. 3. q. 34. p. 685.)

GERHARDUS: ,,Quia λόγου ὑπόστασις non tantum divinae suae naturae, sed etiam humanae est ὑπόστασις, ideo Deus est et dicitur homo; quia humana natura assumta ipsa τοῦ λόγου ὑποστάσει subsistit, ideo homo est ac dicitur Deus." (L. c. § 156.)

QUENSTEDTIUS: ,,Recte dico: Deus est factus homo, sed non recte et proprie dico: *Homo est factus Deus,* quia humana natura non est assumens, sed assumpta. Sic recte dicis: Socrates factus est albus; non recte: Hoc album factum est Socrates." (L. c. s. 1. th. 29. f. 124.)

e) Nam *quamvis* praedicatum *non* competat subjecto, *ut tali,* seu secundum eam naturam, a qua subjectum expresse denominatur, prout v. g. cum dicitur, Deus est homo, sensus non est, quod supposito seu personae illi, secundum divinam naturam, formaliter competat τὸ esse hominem, sufficit *tamen,* inter illud, quod in *subjecto* et quod in *praedicato,* utrinque, inquam, in casu recto denotatur, *realem identitatem* esse; ut recte dicam: Is, qui est Filius Dei, est revera idem ille, qui est filius Mariae, et contra. Nempe utrinque in casu recto significatur persona, quae una et eadem est, sive a divina, sive ab humana natura denominetur.

QUENSTEDTIUS: ,,Propositiones hae: ,Deus est homo, homo est Deus‘, non sunt *impropriae* ac *tropicae*, sed *propriissimae*, quia in nulla voce harum propositionum tropus vel improprietas invenitur. Non sunt, inquam, tropicae sive figuratae, quia neque per metonymiam, neque ironiam, neque metaphoram, neque synecdochen (qualis est illa: ,Homo est pulvis‘, Gen. 3., h. e., hominis corpus est pulvis) possunt explicari. Tolleretur sic etiam unio personalis, ... essetque unio personalis figurata et impropria; sic homo improprie esset Deus, Verbum esset tropice et improprie caro, quod Arianum.‘‘ (L. c. s. 2. q. 7. f. 211.)

ANTITHESIS.

QUENSTEDTIUS: ,,*Antithesis:* 1. *Nestorii*, qui propositiones personales penitus repudiavit, unde proverbii loco dicere fuit solitus: ,Noli gloriari, Judaee, non Deum, sed hominem crucifixisti.‘ 2. *Calvinianorum*, qui negant veritatem propositionum personalium, asserentes, illas esse 1) tantum *verbales*, h. e., nominetenus tantum fieri aut σχετικῶς, sine reali naturarum communicatione... Neostadienses admon. p. 70.: ,Praedicatio humanorum de Deo et divinorum de homine, quantum ad naturas, tantum est verbalis.‘ 2) Esse *tropicas* et figuratas; vide Bezam in coll. Mompelgart. p. 294., esse per Zwinglii ἀλλοίωσιν explicandas... 3) Esse *usitatas* et *regulares;* vide Fortun. Crellium partis communis logices l. II. c. 3. num. 2., ubi non magis hic inusitatum aliquid occurrere contendit, quam in propositionibus aliis impropriis. Rationem addit, quod in istis, quae sunt de Filio Dei, enunciationibus, sive Deus, sive homo subjiciatur, semper τοῦ λόγου ὑπόστασις supponatur et de eo praedicatum enuncietur, sed homo ratione carnis assumptae, Deus respectu Verbi assumentis... 3. *Scholasticorum* et *pontificiorum*, qui propositiones personales minus recte resolvunt et labefactant. .. Occamo lib. 3. sentent. q. 6. propositiones personales sunt ,accidentales, quia humana natura est extra essentiam τοῦ λόγου.‘.. 4. *Socinianorum*, qui propositiones personales prorsus rejiciunt.‘‘ (L. c. s. 2. q. 7. f. 211. sq.)

GERHARDUS: ,,Si Christus homo vere est Deus, utique etiam Christus secundum humanitatem vere est Deus, quia homo non est absque humanitate... Ubi tamen nota: τὸ *secundum non* exprimere *causam*, quasi scl. ipsa hum. nat. sit causa, propter quam Christus sit et dicatur Dei Filius; *nec modum*, quasi Christus ut homo sive secundum h. n. sit Deus essentialiter; sed *praedicationis subjectum*, quod Christus ut homo sit Deus i. e. quod non solum *deitate* sua sit Deus *essentialiter*, sed quod etiam *humanitate* sua sit Deus *personaliter*, quia scl. humanitas est in λόγου assumta et cum divina natura personaliter unita.‘‘ (L. c. § 167.)

FECHTIUS: ,,Christus secundum carnem est Filius Dei naturalis, non adoptivus, quia non existit extra Deum, sicut adoptans alias existit extra adoptatum.‘‘ (Syll. disp. 23. p. 173. sq.) Addit ROLLIUS: ,,Adoptivum filium Christum non dici posse secundum humanam naturam, inde patet, quia natura humana personae τοῦ λόγου, postquam in eam assumpta est, non est extranea, sed intra eam subsistit. Ad adoptionem vero requiritur, ut adoptans et adoptatus non solum quoad essentiam, sed et quoad existentiam differant, aliusque sit, qui adoptat, et alius, qui adoptatur. In Christo autem non est alius atque alius, licet in eo sit aliud atque aliud.‘‘ (Ib. p. 177. sq.)

GERHARDUS: ,,Cum secundum humanam naturam (Christus) dicitur Filius Dei *naturalis*, naturale ponitur pro eo, quod ab ipsa nativitate inest et est; perinde ac si dicas: Christus secundum h. n. est Filius

Dei *natus vel ab ipsa nativitate;* non enim *post* nativitatem fuit in Dei
Filium adoptatus, sicut nos, qui natura sumus filii irae, Eph. 2, 3., et
postea υἱοθεσίαν accipimus, Joh. 1, 12., sed ipse *natus* est Dei Filius,
non factus." (Exeges. l. IV. § 172.)

ANTITHESIS.

QUENSTEDTIUS: „*Antithesis:* 1. *Felicis Urgelitani* et *Elipandi
Toletani* episcoporum, qui statuerunt, Christum secundum humanitatem suam esse *adoptivum* Dei Filium. . . 2. *Quorundam scholasticorum,*
ut Durandi, qui in 3. sent. dist. 4. q. 1. existimat, ‚Christum non quidem simpliciter, sed cum addito, in quantum homo est, dici posse Filium Dei adoptivum'. . . 3. D. *Geo. Calixti,* qui eandem sententiam
tuetur in programmate in Festo Nativitatis, anno 1643. Helmstadii publice
proposito, in quo scribit: ‚Dico, probabiliorem esse sententiam eorum,
qui docuerunt, Christum secundum carnem non esse Filium Dei naturalem, sed adoptivum; imo ausim dicere, veram.'. . 4. *Socinianorum,*
ex quibus Smalcius de vero et naturali Filio Dei p. 19. 20. . . asserit:
‚Eundem adoptivum Filium Dei dici posse, quia non semper talis Filius
Dei fuerit, qualis postea fuit, cum munus suum obiit, et qualis nunc
est, postquam in coelis regnat.'. . 6. *D. Jacobi Martini,* qui in Colleg. II.
Syntagm. theol. disp. 8. has propositiones: ‚Christus secundum humanam naturam est Filius Dei naturalis; Christus secundum humanitatem est Deus personaliter' etc., ut novas et periculosas simpliciter rejicit. § 38. sqq. Quam sententiam etiam Dn. D. *Calovius* amplexus est
dispp. in Aug. Conf. art. 3. Rostochii habitis, in exegem. Aug. Conf.
art. 3. c. 4. § 21. et in system. theol. l. c. art. 3. q. 3. et 4. Jam
dictus D. Jacob. Martini th. 41. ait: ‚Se non videre, cur Christus ut
homo non possit dici *Filius Dei creatus,* cum aeque creatus sit ut caeteri homines' etc." (L. c. s. 2. q. 8. f. 216. sq.)

§ 15.

Illae etiam propositiones, in quibus de *concreto per-*
sonae[a] enunciatur *concretum*[b] *alterius* aut *utriusque*[c] *na-*
turae, suo modo huc referri[d] possunt; sed tamen a personalibus illis recte distinguuntur.[e]

a) Dicitur autem *concretum personae* vox aut nomen ejusmodi,
quod personam, utraque natura constantem, formaliter significat, v. g.
Christus, Messias, Immanuel, quae nomina in casu recto suppositum,
in casu obliquo neutram naturam solam, sed potius utramque significant.

b) V. g. *Christus est Deus* aut *Filius Dei. Christus est homo* aut
filius hominis.

c) V. g. Christus est θεάνθρωπος aut *est Deus simul et homo.*

d) Habent enim et ipsae aliquid *inusitati;* cum subjecti loco stet
individuum, duas naturas, divinam et humanam, aequaliter comple-
ctens, adeoque praedicatum *non* ita sibi vendicans, prout species de individuo (cujus totam essentiam sub se continet), *nec* ut genus de specie vel individuo, *nec* ut differentia specifica, proprium aut accidens
praedicatur; *sed* modo peculiari.

e) Nempe, quia utraque natura in formali conceptu Christi et
Messiae continetur, ideo praedicationes, quibus concretum naturae

unius, aut utriusque de tali subjecto enunciatur, *formales* esse judicantur. Sic b. *Menzerus* in Exeg. Aug. Confess. Art. III. § 10. monet, *praedicationes ejusmodi a propositionibus personalibus commode et utiliter discerni, prout ipsa earum definitio perspicue ostendat.* Conf. eundem T. V. Dispp. Giess. Disp. IX. p. 205. et 206.' § 17., ubi ait: *Quando dicitur: Christus est Deus, vel, Christus est homo, non est illa propositio, si exquisite loquaris, personalis, describens ipsam unionem, sed est descriptio totius personae compositae ab altera naturarum.*

> GERHARDUS: „Ad *personales* propositiones videri alicui possent referendae etiam illae, in quibus tota persona ab alterutra vel ab utraque natura describitur... Tamen a propositionibus personalibus proprie et exquisite sic dictis commode *discerni* possunt: 1. Quia hae propositiones non tam personae unitatem, quam naturarum in Christo dualitatem praecise et formaliter exprimunt... 2. Quia hae propositiones potius oppositae sunt negantibus vel divinam in Christo naturam, ut Arianis, Photinianis, Judaeis, vel humanam in ipso naturam, ut Marcionitis, Valentinianis, Manichaeis, quam unionis personalis mysterium evacuantibus. 3. Quia has propositiones omnes et singulas: Christus est homo, Christus est Deus, Christus est Deus et homo, Nestorius, personalis unionis hostis, concessit." (L. c. § 155.)

§ 16.

Ex communicatione naturarum porro fluit[a] *communicatio idiomatum*, per quam fit, ut ea, quae duabus naturis inter se comparatis ad unam earum per se et formaliter pertinent,[b] alteri etiam naturae revera competant.[c]

> LUTHERUS: „Cum nulla mens humana haec assequi aut intelligere suo ingenio aut sapientia possit, debet eis certo assentiri fide, quod ubi fecerit, tum demum sentiet (ut testantur pii et harum rerum periti homines), quod is articulus (de commun. id.) pariat consolationem in omnibus tribulationibus peccati et mortis. Item concipiet etiam, quantum lucis afferat Scripturae intelligendae. Et omnia in historia passionis videbuntur otiosa et frigida, nisi haec teneantur." (Brief an Franz Gros. Vid. de Wette VI, 294.)

a) Nostro modo intelligendi. Quoad rem enim communicatio idiomatum a communicatione naturarum differre non videtur.

b) *Alias* equidem vox *idiomatis strictius* accipitur pro eo, quod dicitur proprium in quarto modo; sed *hic latius* pro omni eo, quod alterutri naturae per se et formaliter, sed extra primum ejus conceptum, competit. Atque ita divinae naturae idiomata sunt, *esse omnipotentem, aeternum, immortalem* etc., humanae naturae, *nasci, pati, sitire, dormire, vulnerari, mori* etc.

> MEISNERUS: „Vulgo *proprium* quadruplex constituitur: 1. quod inest μόνῳ, sed non τῷ παντί, 2. quod inest τῷ παντί, sed non τῷ μόνῳ, 3. quod inest τῷ παντὶ καὶ τῷ μόνῳ, sed non ἀεί, 4. quod inest τῷ παντὶ καὶ τῷ μόνῳ καὶ ἀεί, recensente Porphyrio c. 4. Isag." (Phil. sobr. I, 55.)

> J. G. WALCHIUS: „Die Peripatetici berühren nur vier Arten des Proprium, welche man insgemein durch Exempel in folgenden Vers einzuschliessen pflegt: (Homo) est medicus, bipes, canescens, risibilisque... Die vierte Art wäre, wenn eine gewisse Eigenschaft bei allen

Individuis einer gewissen Art, und zwar theils nur allein, theils allezeit zu finden sei, z. E. dass ein Mensch lachen könne." (Philosoph. Lexik. s. t. Proprium, p. 2082.)

QUENSTEDTIUS: „Hoc loco in latiori significatu accipiuntur propria seu *idiomata*, ita ut praeter proprietates stricte sic dictas etiam *actiones* et *passiones*, ἐνεργήματα καὶ ἀποτελέσματα ambitu suo comprehendat, quia idiomata per ἐνεργείας et ἀποτελέσματα se exserunt." (L. c. s. 1. th. 53. f. 134.)

c) *Vel* respectu concretorum, *vel* in ordine ad naturam ipsam in abstracto spectatam; ut ex seqq. constabit.

GERHARDUS: „*Communicatio* fit vel κατὰ μέθεξιν, vel κατὰ συνδύασιν. Communicatio κατὰ μέθεξιν est participatio essentialis, qua unum in alterius essentiam ac definitionem transit. . . Communicatio κατὰ συνδύασιν, quae fit secundum consociationem duarum diversarum naturarum, per quam alterum unitorum cum altero ita connectitur, ut, essentia distincta manente, nihilo minus alterum alterius proprietatem, vim et efficaciam per et propter communionem factam sine omni confusione vere accipiat et induat. Exemplum est in ferro ignito et corpore animato. Communicatio idiomatum, quam hoc loco statuimus, . . . est communicatio vera et realis, hypostatica et supernaturalis, illi, quae κατὰ συνδύασιν vocatur, proxime accedens. Breviter, ut *unio* non est essentialis, nec verbalis tantum, nec per σύγχυσιν, vel ἀλλοίωσιν, vel μίξιν, vel παράστασιν, nec est προσωπικὴ vel sacramentalis, ita quoque *communicatio* talis non est." (L. c. § 175.)

N. HUNNIUS: „Quandoquidem *unio animae et corporis* est adeo arcta istarum naturarum conjunctio, ut anima suam hypostasin communicet corpori et utraque in unam personam transeat, ideo ex illa consequitur *propriorum communicatio*, quod anima corpori largitur *vitam et facultates* et vicissim a corpore sumit *quantitatem, extensionem* et alia: sic *unio* naturarum in Christo est tam arcta illarum combinatio, ut duae naturae fiant una hypostasis, divina etiam *communicet sua idiomata* humanae, ut omnes thesauri sapientiae ac scientiae divinae in Christo habitare dicantur σωματικῶς, Col. 2, 9." (Διάσκεψις, § 440.)

IDEM: „Unio animae et corporis infert communicationem propriorum; communicat anima corpori suam *vitam*, quae, ut est vera animae proprietas, sic corpus vere illius fit particeps. Similiter *facultates naturales et animales (suo modo etiam rationales)* communicantur corpori; summa: omnia idiomata ἐνεργητικὰ, et quorum est aliqua operatio, etsi propria maneant animae, attamen corpori quoque fiunt communia; cessante hac communione vitae, cessat unio personalis inter animam et corpus; similiter, deficiente communicatione reliquorum propriorum, deficit etiam unio. Ita vicissim: anima corpori unita recipit quasdam ejus proprietatas, extenditur enim ad sui corporis extensionem et sic, manens in se non-quanta, mutuaticiam quantitatem acquirit; quamvis etiam in sua natura sit impatibilis, nullis injuriis corporeis exposita, fit tamen quodammodo patibilis per conjunctionem cum corpore, ut, quando vulneratur humanum corpus, non solum corpus vulneratum sit, sed totus homo, constans anima et corpore. Quamprimum autem ea propriorum communicatio cessat, simul desinit naturarum copulatarum unio; ex quo sequitur, unionem hypostaticam non esse sine propriorum communicatione." (L. c. § 646.)

§ 17.

Solent autem communicationis idiomatum tria constitui genera, et *primum* quidem appellatur,[a] quo Deus sibi vendicat, quae sunt hominis, et homo, quae sunt Dei.[b]

a) Etsi enim *vulgo* per *praedicationes* describatur, ipsa tamen *formalis ratio* non in ipsis praedicationibus, sed *reali communicatione*, quae praedicationibus fundamentum praebet, constituenda videtur.

J. A. Osiander: „Tot sunt genera communicationis idiomatum, quot suppeditantur fundamenta communicationum et propositionum idiomaticarum a Scriptura. Atqui tria etc. Ergo. Major prob.: quia in hoc mysterio sola nobis Scriptura regula. Minor autem constat ex locis allegatis. Dicitur enim a. Dominus gloriae crucifixus; ergo humana idiomata attribuuntur divinae naturae; unde *primum* genus communicationis resultat. Dicitur b. omnis potestas in coelo et in terra Christo data; ergo divina idiomata tribuuntur hum. nat.; unde *secundum* genus resultat. Dicitur c. Deus proprio sanguine redemisse ecclesiam; concurret ergo Deus et sanguis, adeoque statuetur operatio Dei-virilis; unde *tertium* genus oritur." (Coll. th. IV, 78.)

Gerhardus: „Quaeritur: An rectius *quatuor*, quam tria, communicationis genera sint statuenda? Ita quidam existimant, quorum haec est sententia, quod praedicationes, in quibus propria humanae naturae tribuuntur Filio Dei, distinguendae sint a praedicationibus, in quibus *alterutrius naturae idiomata de tota Christi persona enunciantur*, ut hac ratione quatuor communicationis genera seu modi praedicationum statuantur. Sic ergo propositio illa: *Christus* est passus, pertineret ad aliam classem, quam altera: *Deus* est passus. . . Argumentis pro quaternario generum communicationis numero stabiliendo adductis non omnino nullum robur inesse, concedimus; interim, ne ab usitata docendi ratione in libro symbolico, Formula scl. Concordiae, praescripta discedamus, retinebimus tria communicationis genera." (Exeg. l. IV. § 184.)

b) Est enim communicatio haec *mutua*. Unde alias ἀντίδοσις et τρόπος ἀντιδόσεως appellari solet.

Hollazius: „*Fundamentum* primi generis communicationis idiomatum est tum *unitas personae* θεανθρώπου, tum divinae et humanae *naturarum* vera et realis *differentia*." (Exam. P. III. s. 1. c. 3. q. 41. p. 694.)

Idem: „Vocatur hoc primum genus a Damasceno lib. III. de O. F. c. 4. ἀντίδοσις, alternatio . . ., a Theodoreto appellatur ἐναλλαγὴ καὶ κοινωνία ὀνομάτων, permutatio et communicatio nominum, non nude verbalis, sed realis . . ., a Cyrillo nuncupatur ἰδιοποιΐα καὶ ἰδιοποίησις, appropriatio . . ., a Damasceno ἀλλοίωσις, qua de una eademque persona συνθέτῳ et divina et humana idiomata realiter praedicantur, κατ᾽ ἄλλο tamen καὶ ἄλλο, quia particulae distinctivae ostendunt, secundum quam naturam unum quodque idioma de persona praedicetur. Sed accurate distinguendum est inter ἀλλοίωσιν determinativam et distinctivam, et inter ἀλλοίωσιν segregativam et exclusivam." (L. c. q. 40. p. 693. sq.)

§ 18.

Praedicationes ad primum genus communicationis idiomatum pertinentes illae sunt, quibus de *concreto naturae divinae idioma humanum*,[a] et *contra* de concreto naturae humanae idioma divinum[b] *denominative*[c] enunciatur.[d]

a) V. g. quando ex *Act. 3, 15.* dicitur: *Auctor vitae est interfectus*, subjecti loco stat suppositum, habens divinam naturam, quae *a se vitam habet* et *vitam dat* aliis omnibus, atque inde hic denominatur; praedicatum est τὸ *interfici*, quod formaliter in divinam naturam non cadit (quae per se impassibilis est et immortalis), pertinet autem ad naturam humanam. Sic juxta *Rom. 8, 32.* de *Filio Dei proprio*, tanquam de subjecto a divina natura denominato, et *1 Cor. 2, 8.* de *Domino gloriae* praedicatur τὸ *crucifigi*.

GERHARDUS: ,,Fundamentum hujus (primi generis) communicationis est unitas personae. Cum enim post factam incarnationem una Christi persona in duabus et ex duabus naturis, quarum utraque suis proprietatibus quasi vestita est, subsistat, inde utriusque naturae, tam divinae, quam humanae, propria de una Christi persona συνθέτῳ praedicantur." (L. c. § 186.)

IDEM: ,,Quemadmodum propositiones *personales* sunt *reciprocae*: ,Deus est homo, homo est Deus', ita quoque propositiones in hoc primo genere *communicationis idiomatum* sunt *reciprocae*. Cum enim de *Deo* vere praedicetur homo, ideo de eodem etiam vere praedicantur attributa humana; cum de hoc *homine* vere praedicetur Deus, ideo de eodem etiam vere praedicantur divina attributa." (L. c.)

IDEM: ,,Quaeritur, qua ratione Filio Dei tribuatur passio? Resp.: Non παθητικῶς καὶ ἀλλοιώτως, quasi in ipsa natura divina mutationem ac passionem quandam sustinuerit; sed 1. ὑποστατικῶς, quatenus caro assumta, quae dolores et cruciatus sustinuit, in ipsam λόγου ὑπόστασιν evecta, unam cum eo constituit personam... 2. Ἰδιοποιητικῶς, appropriative... 3. Λογιστικῶς, σχετικῶς, objective ac relative. Blasphemiis, opprobriis et conviciis, quae in ipsum Filium Dei conjecta sunt, ejus aeterna divinitas praecipue fuit petita Joh. 10, 33. Matth. 26, 63. 65. 27, 40. 43... 4. Βουλητικῶς. Christus non passus est coacte, sed voluntarie; ergo ὁ λόγος per divinam συνευδοκίαν in passionem consensit. ... 5. Συγχωρητικῶς, permissive. Divinitas potuisset a carne repellere uno nutu omnes passiones; sed propter salutem generis humani permittit, eam modis tam indignis tractari, quam permissionem Christus vocat ,derelictionem' Ps. 22, 1. Matth. 27, 46. Irenaeus l. 3. adv. haeres. c. 21. et ex eo Theodor. dial. 3.: "Ὥσπερ ἦν ἄνθρωπος, ἵνα πειρασθῇ, οὕτω καὶ λόγος, ἵνα δοξασθῇ, ἡσυχάζοντος μὲν τοῦ λόγου ἐν τῷ πειράζεσθαι καὶ σταυροῦσθαι καὶ ἀποθνήσκειν; quae verba adducens Philippus Mel. in loc. subjungit: ,Hic Irenaeus usus est singulari consilio hac insigni descriptione: *quiescente Verbo*, i. e., tunc non exserente suam potentiam in repellenda passione et morte.' .. 6. Ἐνεργητικῶς, effective, et quidem dupliciter; primo, ratione humanae naturae patientis, eam sustentando; ... deinde, ratione ipsius passionis, divina sua et infinita virtute reddens easdem coram Deo preciosas ac pro totius mundi peccatis satisfactorias." (L. c. § 197.)

HOLLAZIUS: ,,Filius Dei vere, realiter et proprie passus, crucifixus et mortuus est... Actiones et passiones sunt suppositorum. Quam ob rem quando dico: ,Deus est passus', *subjectum* passionis *ut quod* est Deus, subjectum *ut quo* est h. n., in ipsa hypostasi Filii Dei subsistens... Passio solius carnis, quantumvis justissimae, pro se non satisfacit, pro aliis minus, pro toto mundo minime. — Dicis: Quicunque *realiter* patitur, is passionem *sentit;* atqui Deus passionem non sensit; ergo Deus realiter non est passus. Resp.: Quicunque realiter et *physice* patitur, is passionem sentit, concedo. At F. D., licet passus sit realiter, non tamen est passus φυσικῶς, sed ὑποστατικῶς s. personaliter et appropriative." (L. c. q. 44. p. 698. sq.)

GERHARDUS: ,,Calviniani propositionem illam: ,Deus est passus', ita resolvunt, ut ultima tandem analysis eo redeat: ,Humana tantum natura est passa', ... unde Cinglius propositionem illam explicat per ἀλλοίωσιν... Calvinus eo progreditur, ut scribat lib. 2. Institut. c. 17.

s. 1.: ‚Equidem fateor, si quis simpliciter et per se Christum opponere vellet judicio Dei, non fore merito locum, quia non reperietur in *homine* dignitas, quae possit Deum promereri.' . . Huic Nestorianae divulsioni *opponimus :* 1. *Dictorum Scripturae claritatem.* Scriptura nuspiam dicit: Sola caro est passa; sed: Deus est passus carne; princeps vitae est interfectus etc. 2. *Personae unitatem* . . . Christus in medio passionis actu se Filium Dei esse publice professus est, ne quis dubitaret, ipsum Dei Filium esse passum, Matth. 26, 63. 27, 54. Omnia opera, omnes passiones non tribuuntur naturis, sed personae. Quodsi ergo opera divelluntur, etiam persona separabitur. 3. *Appropriationis veritatem.* . . Passio et mors . . . propter intimam et ineffabilem naturarum communionem et propriorum carnis appropriationem non minus ad Filium Dei pertinent, ac si ea in ipsa natura divina sustinuisset; sicut vere et proprie dicitur homo vulneratus, etiamsi corpus ejus solum sit vulneratum... 4. *Philosophici canonis auctoritatem.* Aristoteles l. de anim. c. 3.: ‚Compositae substantiae insunt omnes actiones et passiones, sed propter naturas, ex quibus est composita.' . . Non proprie dicitur, quod manus percutiat, sed homo per manum, neque proprie dicitur, quod calor calefaciat, sed ignis per calorem. . . 5. Λύτρον *precium ac dignitatem* . . . 6. *Exemplorum paritatem.* Si vere et absque tropo ‚Deus est homo', utique etiam vere et absque tropo Scriptura asserit, Filium Dei esse natum ex Maria virgine. . . 7. *Tropi absurditatem.* . . Si sola humanitas est passa, consequens est, personam pro nobis esse passam, quia sola humanitas non est persona. Si persona pro nobis non est passa, neque Filius Dei pro nobis passus est, Filius Dei enim est persona. Consequens Scripturae repugnat Act. 20, 28. Rom. 8, 32. 1 Joh. 1, 7.'' (L. c. § 195.)

LUTHERUS: ,,Ob nun hie die alte Wettermacherin, Frau Vernunft, der Allöosis Grossmutter, sagen würde: Ja, die Gottheit kann nicht leiden noch sterben, sollst du antworten: Das ist wahr; aber dennoch, weil Gottheit und Menschheit in Christo Eine Person ist, so gibt die Schrift um solcher persönlicher Einigkeit willen auch der Gottheit alles, was der Menschheit widerfährt, und wiederum. Denn das musst du je sagen, die Person (zeige Christum) leidet, stirbt; nun ist die Person wahrhaftiger Gott; darum ist's recht geredet: Gottes Sohn leidet; denn obwohl das eine Stück (dass ich so rede), als die Gottheit, nicht leidet, so leidet dennoch die Person, welche Gott ist, am andern Stücke, als an der Menschheit. Gleich als man spricht: Des Königs Sohn ist wund, so doch allein sein Bein wund ist; Salomon ist weise, so doch allein seine Seele weise ist. Absalom ist schön, so doch allein sein Leib schön ist. Petrus ist grau, so doch allein sein Haupt grau ist. Denn weil Leib und Seel Eine Person ist, wird's der ganzen Person recht und wohl zugeeignet, alles was dem Leibe oder Seele, ja dem geringsten Glied des Leibes widerfähret. Dies ist die Weise zu reden in aller Welt, nicht allein in der Schrift, und ist dazu auch die Wahrheit; denn in der Wahrheit ist Gott der Sohn für uns gekreuzigt, das ist, die Person, die Gott ist; denn sie ist, sie, sage ich, die Person ist gekreuzigt nach der Menschheit. Also soll man der ganzen Person zueignen, was dem andern Theil der Person widerfähret, um desswillen, dass beide Eine Person ist. So reden auch alle alte Lehrer, auch alle neue Theologen, alle Sprache und die ganze Schrift. Aber die verfluchte Allöosis kehret solches stracks um und will wechseln und den Stücken zueignen, das der ganzen Person in der Schrift zugeeignet wird, macht eigene Tropos, die Schrift zu verkehren und die Person Christi zu zertrennen. . . Als wären die Apostel toll und thöricht gewesen, dass sie nicht hätten mögen reden von der Gottheit, sie müssten sie denn Menschheit nennen, und wiederum. Hätte Johannes wollen Allöosin ansehen, er hätte auch wohl sagen können: Das Fleisch ist Wort worden, da er sprach: Das Wort ist Fleisch worden. . . Sie schreien über uns, dass wir die zwo Naturen in Ein Wesen *mengen;* das ist nicht wahr. Wir sagen nicht, dass Gottheit sei Menschheit oder göttliche Natur sei menschliche Natur, welches wäre die Naturen in Ein Wesen gemenget. Sondern wir mengen die zwo unterschiedlichen Naturen in eine einige *Person,* und sagen: Gott ist Mensch und Mensch ist Gott. Wir schreien aber wieder über sie, dass sie die Person Christi *zertrennen;* als wären's zwo Personen; denn wo die Allöosis soll bestehen, wie sie Zwingel führet, so wird Christus zwo Personen müssen sein, eine göttliche und eine menschliche, weil er die Sprüche vom Leiden allein auf die menschliche Natur zeucht und aller Dinge von der Gottheit wendet; denn wo die Werke zertheilet und gesondert werden, da muss auch die Person zertrennet werden, weil alle Werke oder Leiden nicht den Naturen, sondern den Personen zugeeignet werden; denn die Person ist's, die alles thut und leidet, eins nach dieser Natur, das andere nach jener Natur; wie das alles die Gelehrten wohl wissen. Darum halten wir unsern Herrn Christum also für Gott und Mensch in Einer Person, non confundendo naturas, nec dividendo personam, dass wir die Natur nicht mengen und die Person auch nicht trennen." (Bekenntniss vom Abendmahl Christi. A. 1528. XX, 1181—1184.)

H. MUELLERUS: ,,Proprie loquendo Christus non est persona *composita.* Duarum enim naturarum compositio proprie dicta facit unam ex duabus compositam naturam, qualis est compositio hominis ex anima et corpore, et qualem in Christo unam ex deitate et humanitate compositam naturam impie adserebant Monophysitae. At in mera *unione* non fit una natura, sed manent distinctae naturae, ut si annulo aureo smaragdum inferas, fit isthic proprie loquendo non compositio, sed unio. Deus *unire* sibi potest naturam aliam, at cum ea *compositionem* stricte dictam non ingreditur. Nec talis est unio personalis, qualis est ea, quae cernitur in creaturis; ex iis enim aggregatis constituitur totum quoddam collectivum, quod aliquo modo majus est qualibet una earum rerum, quae totum illud constituunt. At in mysterio incarnationis, etiamsi facta sit vera semperque duratura unio hypostatica et duae distinctae naturae in una persona inveniantur, *non licet tamen dicere, deitatem partem esse hujus personae compositae.* Deitas enim nullius rei pars esse potest, quia nihil ipsa majus est, nec mole, nec virtute, nec dignitate, nec ulla alia perfectione; totum autem majus est parte et pars minor est suo toto, et omnis pars potest excedi et totum parte est perfectius; contra rationem autem infiniti est, posse excedi et admittere aliquid perfectius se ipso. ,Assumtione humanitatis non augetur aut perficitur Deus, qui non est, quo crescat divina perfectio', inquit Augustinus lib. 6. de trin. c. 8. Si quis tamen ad effandum aliquo modo et tuendum ineffabile illud pietatis mysterium, quo Verbum caro factum est, cum orthodoxa antiquitate *late et vulgariter loquendo* dicere velit, Christum esse personam σύνϑετον et unionem duarum naturarum esse ἕνωσιν κατὰ σύνϑεσιν, quia unita Verbo est nova creatura, nempe humana, manente etiam altera natura, non morose refragamur, modo dextrum sui ipsius agat, ubi opus est, interpretem." (Theol. scholast. Rostochii 1669. p. 280. sq.)

b) Ita quando *Joh. 6, 62.* dicitur: *Filius hominis ascendet eo, ubi erat,* nostrates hanc eliciunt propositionem: *Filius hominis* jam olim, ante ascensum humanae naturae in coelum, *erat in coelo;* ubi subjectum est concretum naturae humanae, praedicatum autem non competit ei secundum humanam naturam formaliter, sed pertinet formaliter ad divinam naturam.

c) Non *abstractive* aut ut praedicatum sit nomen ipsius formae denominantis et attributum, qualitatem, actionem aut passionem in casu recto significet. *Neque* enim v. g. dicimus: Filius Mariae est omnipotentia, Dominus gloriae est crucifixio, Filius Dei est passio, mors etc., sed, ut praedicatum sit nomen adjectivum aut participium (sive expressum, sive in verbo latens), ubi in casu recto suppositum significatur, attributum, qualitas, actio aut passio etc. in obliquo connotatur; v. g. filius Mariae est omnipotens, i. e. est suppositum habens omnipotentiam, Dominus gloriae est crucifixus, i. e. est persona, cui accidit crucifigi etc.

GERHARDUS: ,,Qu. 3.: An usurpandae sint in hoc genere *praedicationes abstractivae:* deitas est passa, divinitas est mortua? Quidam eas usurpari posse arbitrantur, ita tamen, ut addatur: deitas passa est carne. *Wirtenberg.* in exam. c. 6. p. 510.: ,ex quo apparet, divinam Filii naturam revera pati.' *Jac. Andreae* in disp. resp. Puchenio th. 248. 299. 301., Brentius c. Bulling. f. 11., Selnecc. in Widerlegung der Auflagen p. 192. repudiat phrasin Theodoreti: ,in quantum Deus, non fuit obnoxius passioni.' Quidam etiam sic loquuntur: Christus quoad utramque naturam est passus, licet non in divina natura vel secundum eam. Sed praestat ab hisce propositionibus abstractivis abstinere. . . Metuendum, ne propter usum harum proprositionum Theopaschitarum error, qui docuerunt, divinitatem in Christo doluisse et passam esse, cum caro ejus figeretur in cruce, nostris ecclesiis affricetur." (L. c. § 198.)

d) Et sunt hae praedicationes *reales*; licet, fatentibus nostratibus, *κατ' ἄλλο, non formaliter*, secundum eam naturam, quam subjectum in casu obliquo denotat, sed *secundum alteram* naturam, a qua subjectum non denominatur, intelligenda sit praedicatio. Quamobrem etiam crebro adduntur particulae *διακριτικαὶ*, sive *διὰ, ἐν, κατὰ* etc., indicantes, ad quam naturam praedicatum formaliter pertineat; vid. *Rom. 9, 5.*, ubi de eo, qui est *Deus super omnia*, adeoque de concreto divinae naturae, enuntiatur *τὸ nasci ex patribus* (quod est idioma naturae humanae), additur autem *προσδιορισμός, secundum carnem*, ut intelligas, praedicatum competere subjecto non secundum eam naturam, a qua subjectum hic denominatur, sed secundum naturam alteram, qua carne et sanguine constat.

REUSCHIUS: ,,Particulae *diacriticae*, quae in logica vocantur *reduplicativae* in *lato* significatu, in hoc primo genere communicationis idiomatum sumuntur *limitative*, ut alteram Christi naturam, cui praedicatum competit formaliter, determinent, eoque illam naturam, cui praedicatum competit formaliter, ab ea natura, cui competit idiomatice seu per communicationem idiomatum, distinguant. Quo respectu etiam istae particulae in hoc primo genere accipi dicuntur specificative, determinative seu diacritice, i. e. explicari debent per ,respectu', ,ex parte' etc. Possunt quidem illae particulae explicari quoque reduplicative in *stricto* significatu seu per *quia*; sed eo sensu non pertinent ad primum genus communicationis idiomatum." (Annotatt. in Baieri compend. p. 580.)

GERHARDUS: ,,Qu. 3.: An particulae distinctivae ad subjectum, an vero ad praedicatum referendae? Resp.: Scriptura eas refert ad *praedicatum*. Christus passus est σαρκὶ 1 Pet. 4, 1., mortificatus σαρκὶ 1 Pet. 3, 18., quod ipsum in reliquis exemplis omnibus observari potest. Calviniani, ut suam ἀλλοίωσιν statuminare possint, ad subjectum eas referre malunt, sed nondum propterea obtinent, quod quaerunt; aliud enim est dicere: Christus secundum carnem est passus, aliud vero: sola Christi caro est passa." (L. c. § 191.)

IDEM: ,,De hisce distinctivis particulis notandum, . . . quod ratione usus et Nestorianae unius personae *divulsioni* et Eutychianae
duarum naturarum *confusioni* opponantur. Quia enim de uno et eodem
Christo divina et humana praedicantur, ideo contra Nestorium asseritur *personae unitas;* quia per particulas distinctivas ostenditur, secundum quam naturam utraque de Christo praedicentur, ideo contra
Eutychen asseritur *naturarum dualitas;* quodque non semper actu et
expresse addantur, sed ex aliis Scripturae locis sint repetendae."
(L. c. § 186.)

ANTITHESIS.

QUENSTEDTIUS: ,,*Antithesis:* 1. *Antiquorum haereticorum,* Samo-
sateni, Sabellii, Nestorii, Eutychis, qui vel idiomatum communicationem penitus negarunt, vel eorundem essentialem confusionem intro-
duxerunt.   Inprimis hic notandus *Nestorius,* qui discrimen inducere
satagebat inter propositiones: ,Christus est passus et mortuus', quam
concessit, et: ,Deus est passus et mortuus', quam negavit. . . Uti
Eutyches deitatem passioni subjiciebat, sic *Nestorius Deum* a passione
excludebat. . . 2. *Calvinianorum,* qui 1.) statuunt, idiomatum communicationem esse quidem realem respectu personae a deitate vel humanitate denominatae, sed respectu naturarum eam verbalem tantum
esse, h. e. esse solum communicationem vocum et locutionum, non
proprietatum. . . 2.) Denominationes solum verbales dicunt, cum de
Deo humana, aut de homine divina efferuntur. Ipsasque propositiones
illas tropicas et improprias esse contendunt, quae ad primum genus
communicationis idiomatum pertinent. Sic admon. Neostad. p. 70.:
,Praedicatio humanorum de Deo et divinorum de homine, quantum ad
naturas, tantum verbalis est.' . . Imo nostram sententiam ut Eutychianam reprobant, cum Filium Dei vere proprieque passum asserimus.
Bremenses contra Hunnium p. 70.: ,Eutychianum est', inquiunt, ,cum
dicitur a Lutheranis, non sola humanitas, sed ipse Filius Dei pro nobis
passus est.' 3. *Papistarum,* inprimis Jesuitarum, qui omnem realem
idiomatum communicationem negant. Sic enim Bellarminus lib. 3. de
Christo, c. 9. §. Ex unione : ,Communicatio idiomatum, ex unione hypostatica secuta, non est realis respectu ipsarum naturarum, ut volunt
Lutherani, nec est plane verbalis, ut volunt Beza et Petrus Martyr; sed
est realis respectu hypostaseos utriusque naturae, non autem respectu
duarum naturarum.' "   (L. c. s. 2. q. 9. f. 222. sqq.)

§ 19.

Illae vero praedicationes, in quibus *vel* subjectum est
concretum ejus naturae, ad quam praedicatum formaliter
pertinet,[a] *vel* subjectum est concretum personae, et praedicatum est idioma alterutrius naturae,[b] differunt quidem
ab illis, quae proprie ad hoc genus communicationis idiomatum pertinent,[c] possunt tamen *suo modo* huc referri.[d]

a) V. g. *Filius Dei est immensus, est aeternus* etc.   *Filius hominis
est passus, est mortuus* etc.

b) E. g. *Christus est splendor gloriae Patris, Christus est natus ex
patribus.*

c) Solent enim praedicationes *per communicationem* contradistingui
praedicationibus *formalibus,* in quibus praedicatum est de ratione for-

mali subjecti, aut convenit subjecto secundum id, quod per illud significatur, vel secundum aliquam partem in ejus significatu comprehensam. Unde etiam b. *Hutterus* LL. CC. de Christo cap. III. p. m. 157.,
cum dixisset, *alios primum genus communicationis idiomatum sic describere: Primum genus est, quo unius naturae proprietas in Christo praedicatur de altera in concreto, alios vero paulo aliter in hunc modum: Primum
genus est, quando id, quod uni naturae proprium est, non soli ei naturae,
cujus proprium est, seorsim, sed toti personae, quae Deus simul et homo est,
tribuitur, et rursum per distinctivam particulam ostenditur, secundum quam
naturam id personae competat,* post paulo suam ἐπίχρισιν prolaturus: *Qui
priorem illam definitionem tenent,* ait, *magis proprie naturam communicationis idiomatum observasse et ad eas locutiones Scripturae respexisse videntur, quae ostendunt,* λόγον *sive Filium Dei humanam naturam una cum ejus
idiomatibus ita sibi appropriasse, ut jam unius naturae idiomata praedicentur
de altera in concreto.* Et praeced. p. 155., ubi itidem de *propositionibus*
illis, *quando de tota persona Christi utriusque naturae idiomata enuntiantur,* agit, quarum causa quidam *quartum genus* communicationis idiomatum constituerint, suam sententiam his verbis exponit: *Cum propositiones hae,* inquit, *non per communicationem aliquam unius naturae idiomata de altera natura, vel in concreto, vel in abstracto enuntient, sed de tota
persona praedicent id, quod respectu unius naturae toti personae tribuitur;
ideoque in his propositionibus proprie loquendo non videtur esse communicatio idiomatum.* Haec *Hutterus* ll. cc. Cui accedit b. *Scherzerus*
System. Th. L. VIII. p. 196. Quanquam enim Dn. D. *Olearius*
§ 12. 13. Disp. de propositione primi et tertii generis idiomatica ex
1 Petr. 4, 1. b. *Scherzerum* a nobis et b. *Huttero* discedere putet, eo
quod is etiam *in propositionibus illis, ubi de tota persona* (συνθέτῳ) *alterutrius naturae proprietates praedicantur, communicationem idiomatum involvi*
moneat, *propter subjectum ab utraque natura denominatum et communicatam* ὑπόστασιν, addita hac ratione: *Nisi enim illa esset communicata, subjectum nec ab utraque natura denominari, nec praedicatum divinum toti
personae a natura divina et humana denominatae tribui posset;* simul tamen
observari poterat, b. *Scherzerum* cum b. *Huttero* agnoscere et expresse
fateri, quod *ad communicationem idiomatum stricte loquendo requiratur,
ut unius naturae idiomata de altera natura vel in concreto, vel in abstracto
communicent;* sic enim ipse loquitur *l. c.* Agnoscit ergo discrimen inter
propositiones, in quibus communicatio idiomatum stricte loquendo et
expresse locum habet, et propositiones, in quibus communicatio idiomatum aliquo modo involvitur, aeque uti in nostra thesi notavimus
differentiam inter propositiones, quae ad primum genus communicationis idiomatum proprie pertinent, et quae suo modo huc possunt referri.
Scilicet, uti logici distinguunt inter ea, quae *directe,* et quae *reductive*
sunt in praedicamentis, ita alias et *h. l.,* ubi de formis praedicationum
agitur, non abs re discernitur inter ea, quae ad certum genus *proprie
et directe* pertinent, et quae *aliquid ejusmodi* involvunt. Quod autem
propositiones illae, ubi de tota persona praedicatur idioma alterius naturae, *ad* primum genus *recte et prae* aliis *reducantur,* statim apparebit
ex not. seq. et rationibus tribus additis; tantum abest, ut videri possimus, illas hic penitus exclusisse.

d) *Prioris* quidem generis propositiones huc referuntur, quatenus subjecti loco stat.nomen personae, quae revera est σύνθετος, seu praeter hanc, a qua denominatur, etiam altera natura constans; licet, ut talis, non distincte exprimatur.   Praecipue vero *posterioris* classis propositiones huc reducuntur, in quibus 1) quod duarum naturarum attributa de concreto personae Christi possunt praedicari, hoc inde est, quod subjectum nec est merus homo, nec tantum Deus, adeoque provenit modus ille praedicandi ex unione personali.   Et 2) si habitudinem praedicati ad utramque in subjecto ejusque significatu comprehensam naturam penitius consideres, apparebit, praedicatum tantum ratione unius in subjecto comprehensae naturae esse formalem, non ratione alterius.   Unde etiam 3) in propositionibus illis usus particularum discretivarum locum habet; v. g. *Christus est natus ex patribus secundum carnem, Rom. 9, 5.*   Confer. b. *Mus.* Ausführl. Erklärung Q. LIII. p. 528. 529.

§ 20.

Secundum genus[a] communicationis idiomatum est, quo perfectiones vere divinae[b] et hinc resultans auctoritas et potestas,[c] honor et gloria summa,[d] humanae Christi naturae[e] in abstracto communicantur.[f]

R. Tellerus: „*Abstractum* est aliud mente et cogitatione (*logice* sic dictum), aliud re ipsa (*realiter*); et *illud* quidem est ejusmodi modus cogitandi, quo mens nostra rem, quae in subjecto inest atque inhaeret, ab eo discernit; *hoc* autem est separatio, qua nimirum res a subjecto abest.   *Priori* modo hanc vocem theologi *hoc loco* usurpant, neutiquam vero posteriori ratione.   Humana enim Christi natura nunquam subjecto sejuncta *est*, neque unquam est extra ὑπόστασιν divinae in Christo naturae, quamvis nostra cogitatione seorsim in se ipsa *considerari* queat ac debeat.   Itaque non licet ita loqui: humana natura, a subjecto separata, per se est ubique praesens, omnia valens, omnia sciens (id enim esset abstractum *reale*).   Sed hoc est, quod profitemur: humana Christi natura, quae et quatenus in Christo inest; inest autem semper et ubique (id quod est abstractum *logicum*). . . Non prorsus nos abstinere debemus ab usu nominis ,abstractum‘, nimirum cum obviam eundum sit erroribus Calvini sectatorum, praesertim vero Crypto-Calvinianorum, quippe qui divinarum proprietatum perfectionumque communicationem veram ac realem humanae in Christo naturae denegant, et ea quidem mente, ut hanc ex eo consecutionem efficiant, corpus sanguinemque Christi in sanctissimo epulo non vere et re ipsa adesse.“   (Vid. Hollaz. l. c. not. ad q. 60. p. 722. sq.)

a) Ita cum theologis modernis secundo loco collocamus hoc genus communicationis idiomatum, quod alias *majestatis communicationem* appellant; licet olim *tertium* locum fere obtinuerit. Est autem declaratio primi generis; et huc redit, quod quemadmodum ex parte naturarum, etsi divina humanae, et humana divinae personaliter uniatur, hoc tamen intercedit discrimen, quod divina natura humanam intime penetrat et perficit, humana vero non vicissim penetrat ac perficit divinam, sed ab hac penetratur et perficitur, ita in communicatione idiomatum hoc ex parte naturarum intercedat discrimen, quod divina natura,

humanam penetrans, eandem etiam *abstractive* conceptam perfectionum
suarum divinarum suo modo participem facit, *non* autem *vicissim* humana natura, quae nec permeat aut perficit divinam naturam, hanc
abstractive conceptam suarum proprietatum participem aeque facere
possit, aut faciat. Unde, quod utraque natura in concreto sibi vendicat idiomata alterius naturae, hoc ad *primum* genus pertinet; quod
autem etiam divina natura suas divinas proprietates ipsi humanae naturae in se spectatae (intra unionem personalem tamen) largitur, id
ad *secundum* genus communicationis idiomatum refertur.

GERHARDUS: ,,Q. 2. An μεταδίδοσις illa (qua λόγος propriam suam
gloriam et majestatem assumptae carni communicat), rectius secundo,
vel tertio loco inter genera communicationis ponatur? Formula Concordiae ponit loco tertio, quia hoc genus ut maxime controversum
copiosius erat pertractandum et explicandum; sed si naturae ordinem
respicere velimus, secundo loco ponendum erit, quia natura humana in
operibus officii non solum secundum essentiales suas proprietates, sed
etiam juxta gloriam divinam per hypostaticam unionem sibi communicatam agit . . .; unde quidam ex nostris libri symbolici auctoritatem
secuti tertio loco, quidam vero naturae ordini et docendi perspicuitati
insistendo secundo loco illud ponunt; quae diversitas, cum non con-
cernat rem ipsam, neminem turbare debet." (L. c. § 185.)

HOLLAZIUS: ,,Graeci vocant hoc (secundum) genus C. I. 1. βελ-
τίωσιν, meliorationem, ob dona finita collata, quibus natura Christi
humana ad triplex obeundum officium perficitur; 2. προςϑήκην μεγάλην,
magnum augmentum, ideo, quod communicata omnipotentia, omniscientia etc. nullum datur augmentum majus; 3. ὑπερίψωσιν, exaltationem, quoniam per communicatam majestatem divinam caro Christi in
celsissimum statum evecta est; 4. μετάδοσιν, collationem, scl. infinitae
majestatis; 5. δόξασιν, glorificationem, siquidem caro Christi ea gloria
cumulata est, quam habet Filius Dei ab aeterno, Joan. 17, 5.; 6. μετά-
ληψιν ϑείας ἀξίας, participationem divinae dignitatis, quia ex donis divinis, quibus exornata est caro assumpta, illius dignitas divina relucet;
7. μετοχὴν ϑείας δυνάμεως, participationem divinae potentiae, e qua resultat gloria summa; 8. ϑέωσιν, ἀποϑέωσιν, ϑεοποίησιν, deificationem,
quam Damascenus lib. III. de O. F. c. 12. explicat, quod veteres nomine deificationis nequaquam intellexerint transmutationem, confusionem, conversionem, abolitionem aut exaequationem naturarum, sed,
quod primo oeconomiam hypostaticae unionis eo vocabulo notare vo-
luerint: a. quia propter hypostaticam illam unionem de homine Christo
praedicatur, quod sit Deus; b. quia veteres vocabulo hoc ,deificatio'
περιχώρησιν naturarum indicarunt. Latini appellarunt *communicationem
majestatis* propterea, quod divina et infinita dona sunt ipsa aeterni Dei
majestas et gloria. Occasio hujus denominationis sumta est a Graecis,
qui dona divina Christo in tempore data vocarunt ἀξιώματα, dignitates,
et αὐχήματα, excellentias. *In sacris literis* communicatio majestatis
appellatur *unctio*, i. e., donatio Spiritus S. praeter mensuram, Ps. 45, 8.
Joan. 3, 34. Act. 10, 38." (L. c. q. 47. p. 699. sq.)

GERHARDUS: ,,In hoc communicationis genere *reciprocatio non
habet locum*, ut in primo; ratio haec est, quia natura divina est simpliciter ἀναλλοίωτος καὶ ἀμετάβλητος, ideo per unionem nec perfici nec
minui nec evehi nec deprimi potuit, Malach. 3, 6.; humana autem natura, quia humilis est et ἐνδεὴς, ideo per unionem potuit exaltari, evehi
ac perfici." (L. c. § 201. n. 5.)

b) Et *omnes* quidem perfectiones divinae communicatae sunt humanae naturae, *quatenus* ex parte Dei simpliciter *unum* sunt; neque
adeo fieri potest, ut uno communicato non communicentur reliqua;

non tamen ideo *omnes* eodem modo *praedicari* possunt de humana natura; ut mox dicemus. Interim huc pertinet, quod *Col. 2, 9.* dicitur: πᾶν τὸ πλήρωμα τῆς θεότητος, *omnem plenitudinem deitatis,* adeoque totum complexum divinorum attributorum, *habitare* in Christo σωματικῶς, *corporaliter,* tanquam *in homine,* et per unionis gratiam. Conf. *Matth. 11, 27.,* ubi Christus ipse ait: *Omnia mihi tradita sunt a Patre.* Quae autem *Scriptura Christum in tempore accepisse affirmat, ea non dicit secundum divinitatem accepisse (secundum quam omnia ab aeterno possidet), sed quod persona Christi, ratione et respectu humanae naturae, ea in tempore acceperit,* juxta *communissimam maximo totius ecclesiae orthodoxae consensu approbatam regulam,* quam repetit Solida Decl. F. C. p. 776. Tradiderunt autem eam olim *Athanasius* Serm. II. contra Arianos, explicans dictum Pauli *Phil. 2, 7.,* p. m. 146. 149. et Serm. IV. tractans dicta *Matth. 28, 18.* et *Joh. 17, 5.,* et ex Athanasio *Theodoretus,* Dial. II. c. XXIX. p. m. 130. 131., alias etiam in Ps. 109. (110.) Tom. I. p. 176., et in Ep. ad Phil. cap. II. Tom. II. p. 90.; praeterea *Gregorius Nyssenus* Orat. II. de Resurrect. p. 157. et *Leo M.* Ep. LXXXIII. ad Episc. Palaest. c. VII. p. 443.

N. HUNNIUS: ,,Nudus homo non potest justitiae Dei satisfacere, diabolum vincere, infernum destruere, coelum aperire et Deo nos reconciliare; itaque, ut ὁ λόγος pateretur, Dominus gloriae crucifigeretur 1 Cor. 2, 8., princeps vitae interficeretur Act. 3, 15., necessarium fuit, naturam divinam venire in communionem patibilitatis, quae est proprietas humana; rursus, ut non nudus homo pateretur et tantum pondus passioni adderetur, necessarium fuit, carnem participem fieri omnipotentiae divinae, ut sic potentissimo actu et efficacissima passione per mortem diabolus destrueretur, nos livore ejus sanaremur, morte delicta expiarentur et resurrectione justitia redderetur; quae effecta omnia, ex actionibus et passionibus divinis humanisque mixta, certissime testantur communionem et concursum mutuum proprietatum divinarum humanarumque." (L. c. § 652.)

QUENSTEDTIUS: ,,Recte dicitur: Omnia attributa divina esse naturae humanae communicata, item, quaedam, nulla. *Omnia* communicata sunt *quoad inhabitationem et possessionem; quaedam* saltem *quoad immediatam praedicationem* et enuntiationem (ut ἐνεργητικὰ sive quae habent actum primum et secundum, ut omnipotentia, omniscientia etc.; non vero ἀνενέργητα, ut aeternitas, infinitas etc.). *Nulla* sunt communicata quoad e subjecto in subjectum transfusionem." (L. c. s. 2. q. 10. f. 228.)

REUSCHIUS: ,,Quiescentia Dei attributa de h. Chr. n., mediantibus operativis, praedicari possunt, non vero immediate; dicere enim non possum: H. Chr. n. est a se, independens, necessario existit, est aeterna, simplex etc.; dicere autem possum mediate: H. Chr. n. habet omniscientiam vel omnisapientiam etc., quae est a se etc." (Annotatt. etc. p. 588. sq.)

QUENSTEDTIUS: ,,Excipiunt Calviniani: *Aut omnia* idiomata deitatis sunt communicata, *aut nulla;* non omnia, ceu aeternitas, infinitas, immensitas, spiritualitas etc.: ergo nulla. Consequentiam majoris inde probant: Quia essentia divina est ἀμέριστος, ac proinde etiam idiomata divina, quae ab illa non differunt, divisionem non admittunt. *Resp.*: 1. negando disjunctum; nam communicatio idiomatum non est physica quaedam transfusio, sed libera εὐδοκίας divinae dispensatio. 2. Idiomata divinā, ut saepius dictum, alia sunt ἐνεργητικὰ, alia ἀνενέργητα; illa actum secundum admittunt sive per ἐνεργήματα et operationes ad extra progrediuntur, ut sunt bonitas, sapientia, omnipotentia, misericordia; ἀνενέργητα sunt, quae intra essentiam divinam quieta manent et per operationes exterius in creaturis se non exserunt, ut sunt aeternitas, immensitas, simplicitas etc. Illa ita sunt communicata, ut etiam de Christi carne ἀμέσως seu immediate praedicentur; haec vero de carne Christi non immediate, sed mediantibus attributis ἐνεργητικοῖς praedicantur; adeoque *omnia* communicata sunt *quoad communem possessionem et inhabitationem,* non vero omnia, sed *quaedam* saltem, *quoad immediatam praedicationem.* Uti anima corpori vitam et facultatem sentiendi etc. communicat, nec tamen immaterialitatem aut immortalitatem; et uti ferrum igne tenuissimo ac levissimo ignitur, nec tamen ab illis attributis levitatis et tenuitatis denominatur: ita caro Christi aeterna et infinita sapientia et potentia perficitur, nec tamen inde ἀμέσως aeterna et infinita dicitur. Licet in subjecto uno sint, ordo tamen est in κοινωνίᾳ et modus praedicandi diversus. 3. Hypostasis communicatur, quae tamen ab impertibili illa Dei essentia reipsa non differt." (L. c. q. 10. f. 235. sq.)

E. Hunnius: „(Objicitur:) At uno idiomate τοῦ λόγου non communicato humanitati nulla prorsus communicata dicentur, cum deitas sit ἀμέριστος seu impertibilis; ac vero infinitas, aeternitas, spiritualitas non sunt carni tributa; ergo nec idiomata reliqua. (Resp.:) Hic initio respondeo, nos in hoc mysterio nihil ultra praescriptum divini verbi vel affirmare, vel defendere. Quia igitur manifesta habemus testimonia, Christo homini communicatam omnipotentiam, infinitam sapientiam, virtutem vivificandi et praesentiam usque ad consummationem saeculi, propterea credimus. Rursum quia Scriptura nusquam dicit, humanitatem Christi esse ab aeterno, esse factam infinitam etc., ideo hoc etiam non asserimus. Praeterea non sequitur, si aeternitas non possit praedicari de humanitate Christi, ut propterea nec caeterae proprietates, velut omnipotentia, omniscientia etc., de ea praedicentur. Nondum enim probarunt adversarii, quae de uno idiomate dicuntur, ea protinus de reliquis etiam statuenda. Quanquam enim omnia Dei attributa et proprietates intra ipsius essentiam simplicissime et plane ἀδιαιρέτως unum sunt, attamen quando considerantur respectu naturae assumtae vel prout in creaturis operantur, ibi distincte de illis disseritur, ut non promiscue quidvis de quibusvis dicatur vel enuntietur. Si dicimus, Deum bonitate sua (quae est idioma Dei) nos salvare; non dicimus, ipsum salvare aut justificare nos sua infinitate aut aeternitate. Sic dicimus, Deum sua justitia damnare impios; num ergo juxta Zwinglianorum dialecticam dicemus, Deum sua bonitate, misericordia et caritate (quae itidem sunt idiomata) damnare? Hoc vero longe fuerit absurdissimum, siquidem, licet reprobi justitiam Dei experiuntur ac sentiunt, tamen a sensu caritatis bonitatisque Dei penitus sunt exclusi et projecti. Praeterea, ut maxime natura Christi humana infinita aut ab aeterno non sit, attamen potestas sive majestas ipsi communicata est infinita et aeterna, quemadmodum Danielis 7. filio hominis aeternam potestatem et, ut Christus ipse explicat, omnem potestatem in coelo et in terra esse traditam legimus. Qua ratione infinitas et aeternitas non quidem immediate, sed mediantibus caeteris ἐνεργητικοῖς ἰδιώμασι communicata sunt assumtae naturae. Ad haec tametsi aeternitas ratione *principii* de humana natura enuntiari non possit, tamen aeternitas ratione *finis* ex unione personali communicata est Christo homini." (Libelli IV. etc. p. 56. sqq.)

Ebartus: „Omnes proprietates divinae naturae sunt in natura assumta ratione κατοικήσεως παντὸς τοῦ πληρώματος τῆς θεότητος Filii Dei, licet non omnes ratione τῆς ἐνεργείας." (Enchirid. p. 118.)

Chemnitius: „Quod dicitur, carnem Christi non factam esse ex unione aeternam, infinitam, immensam et spiritualem essentiam, ideo non totam plenitudinem deitatis personaliter communicatam assumtae humanae naturae, facile solvitur. Neque enim ex reliquorum etiam attributorum personali communicatione humanitas Christi in se ipsa aut secundum se, essentialiter aut per essentiam, proprietate aut conditione aliqua naturae facta est omnipotens, omniscia, vivifica; sed quia assumta humanitas attributa illa divinitatis λόγου personaliter sibi unita habet ita, ut in illa et per illam operationes suas exserant, sicut de ferro ignito dictum est, ideo dicitur communionem cum illis habere." (De duabus naturis in Christo. c. 23. f. 122.)

ANTITHESES.

QUENSTEDTIUS: „Antithesis: 1. Pontificiorum, qui, realem hanc divinorum idiomatum communicationem carni Christi esse factam, negant. Sic Bellarminus lib. 3. de Christo c. 8. communicationem subsistentiae et attributorum deitatis sibi invicem opponit et priorem unioni concedit, posteriorem negat. . . 2. Calvinianorum, qui hoc secundum genus commun. idiom. prorsus negant; propositiones illas: Caro Christi vivificat, filius hominis est omnipotens etc., per ἀλλοίωσιν Zwinglii ita exponunt: Filius Dei, qui carnem assumpsit, vivificat; Filius Dei, qui idem filius hominis est, omnipotens est. . . Comminiscuntur autem novam quandam communicationem secundum analogiam et similitudinem, qua λόγος in humanam naturam similem, non aequalem divinae sapientiae sapientiam et potentiam efficiat seu effundat. . . 3. Novatorum, unum tantum communicationis idiomatum genus agnoscentium, illud scl., in quo proprietates uni naturae convenientes tribuuntur personae in concreto; item: humanam naturam Christi a nullo attributo divino posse denominari intrinsece. Ita D. Georg. Calixtus in disput. de praecipuis christianae religionis capp. anno 1611. Helmstadii habitis, quas filius, D. F. W. Calixtus anno 1658. iterum edidit, disp. III. th. 23. ait: ‚Quod ab Eutychianismo alieni non sint, quicunque divina attributa, quae reipsa idem sunt cum essentia divina, humanitati attribuant‘ etc. Interea cum Calvinianis dona summa, sed finita, largitur humanae naturae Christi." (L. c. f. 229. sq.)

GERHARDUS: „Realem divinorum idiomatum communicationem carni Christi factam negant tum pontificii tum Calviniani, vulpecularum Simsonianarum instar caudis invicem hic devincti, licet in aliis doctrinae partibus capitibus invicem dissideant." (L. c. § 242.)

LUTHARDTIUS: „Diesem genus majest. sollte nun eigentlich sowohl logisch als sachlich ein genus ταπεινωτικὸν entsprechen, d. h. Beschränkung der göttlichen Natur durch die irdisch-menschliche Natur und Seinsweise. Aber dies leugnen die DD. wegen der Unveränderlichkeit der göttlichen Natur. Allein dass hierin die alte Dogmatik weder der Consequenz des Grundgedankens noch dem christlichen Bewusstsein genüge, wird in der Lehre von der exin. offenbar." (Compend. p. 154.)

KAHNISIUS: „Wenn die communicatio idiomatum in dem Wechselverhältnisse besteht, nach welchem sich die beiden Naturen in Christo ihre Eigenschaften gegenseitig mittheilen (ἀντίδοσις), so zerfällt der Logik nach dies Wechselverhältniss in zwei Seiten: erstlich theilt die göttliche Natur ihre Eigenschaften der menschlichen mit (genus αὐχηματικὸν), zweitens theilt die menschliche Natur ihre Eigenschaften der göttlichen mit (genus ταπεινωτικόν). Allein die alte Dogmatik erkennt dies zweite genus gar nicht an. Dies ist, wie Thomasius geltend gemacht hat, eine offenbare Einseitigkeit der alten Dogmatik. Wenn die persönliche Einheit zur Anerkennung nöthigt, dass die menschliche Natur Theil hat an der göttlichen, so nöthigt dieselbe auch zur Anerkennung, dass die göttliche Natur Theil hat an der menschlichen. Die göttliche Natur in Christo, welche unendlich ist, hat sich in der menschlichen Natur die Schranke der Endlichkeit auferlegt." (Die luth. Dogm. 1868. III, 339.)

Speciatim omniscientiam Christo secundum humanam naturam communicatam esse, constat ex Joh. 3, 34., ubi dicitur, Christum, quem Deus, ut hominem ad homines, misit verba Dei loqui, addita ratione, quod

Deus huic spiritum sapientiae *non ad mensuram dederit*, quod idem est, ac sapientiam immensam seu infinitam ei secundum humanam naturam, in qua locutus est, esse datam. Conf. *Joh. 2, 24. 25.*

E. Hunnius: ,,Cum creverit sapientia (Luc. 2.), quomodo omniscientia (quae incrementi expers est) Christo, qua homo est, tributa dicitur? — Verissimum est, quod Lucas scribit, puerum Jesum sapientia crevisse, non simulate profecto, sed in rei veritate et, ut Lucas scribit, coram Deo et hominibus; unde Christus alibi profitetur, horam novissimi diei sibi in eo exinanitionis statu absconditam ignotamque fuisse. Quamvis enim jam inde a sua conceptione unctus sit spiritu scientiae, sapientiae et cognitionis sine mensura, adeo ut nunquam non in illo omnes thesauri sapientiae et scientiae essent reconditi: tamen *quia sapientia illa non erat naturalis proprietas humanitatis nec ei tamquam subjecto inerat*, fieri utique potuit, ut, tametsi humana natura Christi semper maneret unita cum λόγῳ omniscio, non absque ejusdem κοινωνία vera, tamen λόγος hanc suam propriam sapientiam, quae ipsius est idioma, non semper in humanitate exerceret, sed ejusdem usum sive usurpationem respectu humanitatis quasi retraheret sive, ut apostoli verbo utar, exinaniret.‘‘ (Libell. IV. p. 70.)

Idem: ,,Sed quia omniscientiae communicationem in ipso conceptionis puncto factam asseris: quomodo in statu exinanitionis quaedam dicetur ignorasse, siquidem et communicatio omniscientiae ignorantiam secludit et ignorantia vicissim elidit omniscientiam? — Humanitas omniscium λόγον sibi reali κοινωνία habuit unitum *actu primo*, licet actu secundo Christus qua homo tum non sciret aut nosset omnia . . . Quemadmodum etiam philosophus quispiam habitu scientiae *in somno* quoque informatus est et eruditionem cognitionemque suam dormiens etiam retinet actu primo, utcunque nihil actu secundo contempletur aut ratiocinetur. Sic ergo in Christo homine erant omnes thesauri sapientiae et scientiae, sed *latebant* quasi absconditi, ut apostolus inquit.‘‘ (L. c. p. 72. sq.)

Quenstedtius: ,,Licet omniscientia in deitate sit actus purissimus, in humanitate tamen Christi agnoscunt orthodoxi theologi actum primum et secundum. Proinde Calvinistarum et Jesuitarum argutatio est vana: Si Christo juxta carnem in unione hypostatica vere data est majestas omnisapientiae divinae, ergo illam statim et semper exseruit et omnia actu secundo scivit.‘‘ (L. c. q. 12. f. 248.)

Idem: ,,Etiam tunc, cum cresceret sapientia habituali homo Christus Jesus, erat πληρούμενος, plenus sapientia. Luc. 2, 40. et 52. Alia itaque fuit sapientia in Christo secundum humanam naturam, qua plenus fuit statim a primo conceptionis momento, sc. divina et infinita, per et propter unionem hypostaticam, et alia, in qua crescere potuit, quaeque augmentum admisit, nempe humana et finita. Patrum quidem sententia haec fuit de profectu Christi, quod videl. a primo hic conceptionis puncto sapientiam divinam per aetatis tamen incrementa, ob δούλου μορφὴν sponte susceptam, paulatim hominibus manifestaverit. . . Sic etiam quidam recentiorum orthodoxorum statuunt, Christum juxta carnem profecisse quoque scientia divina et infinita, scl. ratione usurpationis.‘‘ (L. c. s. 2. q. 11. f. 256.)

Kromayerus: ,,Respondemus: Christum sapientia crevisse non infinita, per unionem personalem communicata, verum habituali et experimentali. Praeter dona enim infinita in Christo, secundum h. n. spectato, etiam finita fuerunt.‘‘ (Theol. posit.-pol. I, 245.)

ANTITHESIS.

Quenstedtius: ,,*Antithesis:* 1. *Agnoëtarum* veterum, ubi observandum, Agnoëtas fuisse olim et Arianos et Nestorianos, et aliquos etiam Eutychianos. . . Tribuerunt autem Agnoëtae veteres Christo

homini ignorantiam perpetuam aliquarum rerum, inprimis diei novissimi, sine respectu aut discrimine status exinanitionis et exaltationis.
. . Sive docebant, Christum secundum humanam naturam in gloria sua non scire omnia. Vid. Nicephorum lib. 18. Hist. Eccles. c. 50. Damnati sunt in synodo Constantinopol. VI. act. 11. Caeterum haeresiographorum vel etiam aliorum scriptorum ecclesiast. saeculi 2. et 3. nemo Agnoëtarum disertam mentionem facit. . . 2. *Calvinianorum*, qui 1.) negant, humanae Christi naturae communicatam esse omniscientiam τοῦ λόγου eandemque esse vere omnisciam. . . 2.) Contendunt, solam scientiam et sapientiam quandam supernaturalem Christo secundum humanam naturam convenire, quam omnium angelorum et hominum sapientia superiorem et incomprehensibilem quidem dicunt, at creatam solum. . . 3.) Asserunt, Christum ratione humanae naturae etiam in statu exaltationis quaedam ignorare. . . 3. *Pontificiorum*, qui 1.) generaliter negant communicationem divinorum idiomatum, unde recte colligitur, eos etiam negare, communicatam esse naturae assumptae divinam omniscientiam. . . 2.) in specie Becanus. . . 4. *Socinianorum*, qui negant, Christum inde a nativitate sua perfectam scientiam habuisse, quodque ejusmodi scientia in infantem non cadat." (L. c. f. 240. sq.)

Omnipotentiam quoque eidem communicatam probat locus *Joh. 5, 19.*, ubi *vis faciendi omnia, quae Pater fecit, Filio* in tempore *data* dicitur. Et seq. *v. 21. et 28.* peculiariter *potentia vivificandi* homines, partim spiritualiter, partim corporaliter mortuos, ei tribuitur. Eodem quoque spectat, quod *Matth. 28, 18.* dicitur, *datam* esse Christo πᾶσαν ἐξουσίαν *in coelo et in terra;* quod quamvis formaliter denotat *summum jus, auctoritatem et potestatem omnem agendi*, qua alia superior non datur, quemadmodum tamen potestatem eam Christus exercere non potest secundum humanam naturam, nisi omnipotentia eidem sit data atque in ea et per eam sese exserat, ita hanc quoque humanae Christi naturae communicatam esse, recte intelligitur; quanquam et alias ἐξουσία ipsam δύναμιν aut vim effectivam denotare soleat.

E. HUNNIUS: ,,Humanitas Christi, sicut *non in se ipsa subsistit*, sed in persona Verbi, sic illa quoque *idiomata non in semetipsa*, velut in subjecto, *habet*, sed in persona Verbi, in cujus unitatem assumpta est, realiter ea sibi communicata obtinet. Quod adeo verum est, ut, nisi λόγος suam humanitatem intra complexum quasi unitatemque suae ὑποστάσεως assumpsisset, nunquam profecto *omnipotentiae* caeterorumque idiomatum, quae hypostasin illam Verbi non egrediuntur, consors sive particeps illa fieri potuisset; et *si eam desereret* λόγος *aut suam hypostasin illi subtraheret, tum una quoque suam majestatem omnem subduceret*, usque adeo humana natura majestatem illam non habet per sese sine unitae deitatis respectu." (Libelli IV. etc. p. 47.)

IDEM: ,,Quomodo vero infinita illa majestas inhabitat ὁλικῶς in humanitate, cum *finitum non sit infiniti capax?* (Resp.:) Non ignoro, quosdam hoc, quod Aristotelis est axioma physicum, pro gemma, nescio qua, in hujus negotii disceptatione venditare. Sed miseri illi homines non expendunt, eodem hoc axiomate, si in hoc negatio valere debeat, unionem ipsam enervari. Si enim humana natura Christi non potuit fieri particeps illa *omnipotentiae* caeterarumque proprietatum Verbi propter illarum infinitatem, certe propter eandem causam neque ipsius λόγου potuit esse capax; siquidem λόγος non minus, quam sua majestas, est infinitus. Proinde, etsi in natura inter finitum et infinitum nulla proportio sit, in hoc tamen sublimi mysterio, quod universam naturam transscendit ac supergreditur, tanta est facta inter finitum et infinitum, non dicam proportio, sed ineffabilis unio, ut finita humanitatis natura

vere particeps evaderet infinitae *hypostaseos* Verbi atque simul infini-
tissimae hujus *majestatis* divinae. Ad haec illud axioma, quod isti homines ceu Gordium nodum obtendunt, D. apostolus jam pridem ex hoc
mysterio seclusit, cum scribit, in Christo inhabitare omnem plenitudinem deitatis *corporaliter*, h. e., tanquam in proprio ipsius corpore,
ostendens sc., infinitam deitatis plenitudinem in finita humanitate summo
praesentiae et κοινωνίας gradu habitare posse. — Excipiunt autem adversarii, hunc locum apostoli sic accipiendum, ut nihil aliud hinc concludendum sit, quam, Christum plenum perfectumque Deum esse.
(Resp.:) His verbis aeternam quidem deitatem necessario praesupponi
atque per ineffabilem consequentiam hinc demonstrari, certum est.
Quia autem inhabitationis fit mentio, absurdissimum fuerit, dicere,
plenitudinem deitatis in deitate Christi habitare.“ (L. c. p. 50. sq.)

IDEM: „At si admittatur proprietatum communicatio, nonne caro
exaequabitur deitati? . . . (Resp.:) Quanquam λόγος suae humanitati
propriam suam majestatem communicavit, tamen haec ipsa una eademque majestas non aequali modo sese habet ad utramque naturam, sed
longe sublimiore modo divinitati tribuitur, quam humanitati. . . Λόγος
essendo, humana natura habendo; λόγος οὐσία, h. Ch. n. ἐξουσία; λόγος
per naturam, humana vero natura per gratiam; λόγος se ipso, humana
autem natura non in seipsa (sicut nec subsistit in seipsa), sed in persona τοῦ λόγου, in cujus κοινωνίαν assumitur, est omnipotens.“ (L. c.
p. 52. 53. 54.)

IDEM: „Sunt, qui sic ratiocinentur: Propria, si alteri rei communia evadant, non esse amplius propria; si igitur omnipotentia
communis evadit humanitati, quomodo propria manebit deitatis?
(Resp.:) Si omnipotentia sic communicaretur naturae assumtae, ut
hujus idioma evaderet, ita ut Christi humanitas non minus, quam divinitas, ex se suaeque propriae naturae conditione omnipotens esset,
dubium nullum est, quin solius deitatis proprietas esse desineret, siquidem etiam humanitatis facta esset proprietas. Jam vere omnipotentiam proprietatem esse dicimus solius divinitatis, et quidem in quarto
modo, perpetuo et immutabiliter, nec unquam fieri humanae naturae
idioma. Alias enim caro Christi ex proprietate suae propriae naturae
esset omnipotens, etiam sine deitatis respectu, nec omnipotentiam
accepisset aliunde (nempe ex unione cum λόγῳ), eamque in semetipsa
velut in subjecto, eique ex natura subjecti per sese attribuatur, . . .
attamen quod omnipotentia illa, humanitati communicata realiter,
idioma humanitatis facta sit, ut jam ex sese suaque virtute propria
omnipotens sit, id aperte inficiamur.“ (L. c. p. 48. sq.)

ANTITHESES.

QUENSTEDTIUS: „*Antithesis:* 1. *Calvinianorum*, qui ad unum
omnes negant, *omnipotentiam* divinam humanae naturae vere et realiter
communicatam esse. . . Confessio Palatina p. 205. asserit: ‚Non humanam naturam Filii Dei D. N. J. C., sed hominem Christum juxta
divinam suam naturam omnipotentem esse.‘ Tribuere autem solent Calviniani humanae naturae Christi tantum potentiam seu virtutem creatam, quae minor sit omnipotentia et major tamen robore et virtute omnium angelorum et hominum. . . 2. *Pontificiorum*, Christo homini communicatam esse omnipotentiam divinam, itidem negantium. Ita Bellarminus lib. III. de Christo c. 16.: ‚Potentia‘, inquit, ‚collata Christi
humanitati non est absolute omnipotentia.‘“ (L. c. q. 11. f. 240. sq.)

IDEM: „Vis vivificandi haec, ut divina est, ita etiam ad *triplicem*
vivificationem se porrigit: una ad regnum potentiae pertinet et est
vitae, quae per unionem animae et corporis fit, largitio, de qua Act.
17, 28., ad quam *corporalis* resurrectio pertinet, tam particularis, quam
universalis, Joh. 5, 28. 29.; altera ad regnum gratiae spectat et est
datio vitae *spiritualis* seu gratiae, de qua Joh. 5, 21. agitur; tertia vero

ad gloriae regnum pertinet, qua resuscitatos transfert in vitam *aeter-nam*, 1 Cor. 15, 22.   Vis haec vivificandi divina tribuitur carni Christi 1. non in abstracto *in se et per se*, 2. non formaliter et subjective *per effusionem* vitae vivificantis in carnem, sed 3. *unione*, quia virtus ista vivificatrix vi unionis personalis vere et realiter carni Christi commu- nicata est, et 4. quia divina natura *in* carne, *cum* illa et *per* illam opera- tionem vivificandi exserit, tanquam per organon εὐχρηστον operans et effi- ciens vitam, sicut ferrum ignitum ratione unionis et habet vim urendi et etiam urit." (L. c. s. 2. q. 13. f. 258.)

IDEM: „*Antithesis:* . . . 2. *Calvinianorum*, ut Theod. Bezae; in coll. Mompelg. p. 238. *vim vivificandi* ita dicit propriam esse deitatis, ut neque carni Christi, neque ulli creaturae communicari possit, nisi in deitatem convertatur. . . 3. *Jesuitarum*, qui, ut in genere negant, assumptae humanitati per unionem personalem realiter communicata esse divina idiomata, ita in specie inficiantur datam Christo homini potestatem θαυματουργικὴν, ζωοποιητικήν, καθαρκτικὴν, κριτικὴν etc. *Bellar- minus* lib. III. de Christo c. 16. ait: ,Christus, ut homo, remittebat peccata ut instrumentum divinitatis, quod non requirit infinitam vir- tutem.'" (L. c. q. 13. f. 259.)

ZWINGLIUS: „Cum Christus ait: *caro mea* vere est cibus, caro proprie est humanae in illo naturae; attamen *per commutationem* hoc loco pro *divina* ponitur *natura*." (Exegesis eucharistiae negotii. Opp. I, 1. f. 350. sq.)

Imo vero et *omnipraesentiam* humanae Christi naturae communicatam credimus, juxta illud, quod Christus ipse *Matth. 28, 20.* dicit: *Ecce ego* (cui *data est omnis potestas in coelo et in terra*, v. 18., quique nunc *misi* ministros ad *docendum* et *baptizandum*, v. 19.) *sum* (secundum eandem naturam, secundum quam mihi data est omnis potestas) *vobiscum* (ubi- cunque in hoc mundo futuri estis) *omnibus diebus*.   *Credimus* vero, *hoc Scripturae testimonio declarari*, quod Christus *secundum illam suam assum- tam naturam, et cum ea, praesens esse possit*, et quidem praesens *sit, ubi- cunque velit; praesertim vero sentimus, eum ecclesiae suae in terris, ut medi- atorem, caput, regem et summum sacerdotem praesentem esse;* quae sunt verba Solidae Decl. F. C. artic. VIII. p. 783., conf. n. IV., ac mani- feste describunt omnipraesentiam illam, non ut *absolutam*, pro nuda indistante propinquitate ad omnes creaturas, absque efficaci operatione, sed tanquam *modificatam*, seu cum efficaci operatione conjunctam, et pro exigentia dominii illius universalis, quod Christus secundum utram- que naturam exercet; prout etiam theologi electorales Saxonici in sua Decis. Solida ejusque Apologia declararunt. Conf. b. *Musaei* Ausführl. Erklärung, Q. LVI. sqq. p. 542. sqq.

QUENSTEDTIUS: „Non venit hic in controversiam praesentia hu- mana corporis Christi ex proprietate corporis, sive ψυχικοῦ sive glorifi- cati, resultans.   Concedimus, corpus Christi actu naturae *per circum- scriptionem* exteriorem fuisse in loco physico a prima inde conceptione usque ad resurrectionem, nempe tam diu, quamdiu fuit corpus ψυχικόν. Concedimus quoque, quod post resurrectionem et ascensionem in coelos illud ipsum, ut est glorificatum corpus, actu naturae non sit ubique, sed determinate in ποῦ suo coelesti, non quidem circumscriptive, sed *definitive*, sicut in suo ordine et gradu alia corpora gloriosa definitive in ποῦ suo sunt.   Sed hic unice quaeritur: jam humana natura Christi jam ad dextram majestatis divinae evecta in hoc ipso glorioso exaltationis ad dextram Dei Patris statu omnibus in universum creaturis *omniprae- senter* praesit.   Adeoque non quaeritur, an praesentia haec divina competat Christo, qua homo est, ex naturae humanae proprietate; hoc namque et nos negamus; sed an ei tribuenda sit per et propter unionem personalem, prout haec cum exaltatione humanitatis ad dextram Dei Patris indistracte copulata est. Ita ergo priores praesentiae modi ponendi, ut non negetur infinita in assumpta carne praesentia. . . Dist. ergo inter κτῆσιν et χρῆσιν; quoad κτῆσιν quidem obtinuit humana Christi natura majestatem omnipraesentiae per et propter unionem personalem etiam in ipso exinanitionis statu. Quantum vero ad χρῆσιν ac plenarium ejus usum, concernentem praesentiam *operationis* incessantis, admissa demum natura humana est post exaltationem per sessionem ad dextram Dei." (L. c. q. 14. f. 267.)

E. HUNNIUS: „Ergo censes, λόγον nullibi esse extra assumptam humanitatem? — Zwingliani quidem scribunt, λόγον extra suam carnem esse in terris; imo sentiunt, λόγον uno tantummodo in loco esse in humanitate, ubi nimirum ea est proprietate essentiae; praeter illum unicum locum vero in innumeris aliis esse extra illam. Sed haec opinio mysterium ineffabile illud unionis hypostaticae penitus evacuat, unionem solvit et naturas, extra loci considerationem ἀδιαστάτως unitas, per et propter locorum spatia ab invicem distrahit ac divellit. Quod hoc argumento quam solidissime demonstratur: Si enim λόγος alibi dicatur esse extra suam carnem, tum hoc necessario concedatur oportet, quod λόγος *totus* tota sua hypostasi sit extra eam (partem enim extra partem non habet), ut aliqua sui parte sit in ea, partim vero extra eam. At si *totus* λόγος hypostasi sua tota extra carnem constituatur, quomodo non incarnatio τοῦ λόγου et unio personalis negabitur, si persona Verbi tam vocatur tota esse extra carnem, quam extra Petrum, aut alium quemvis hominem? proinde παράστασις potius quaedam fuerit, quam hypostatica unio seu incarnatio? Quin et hoc sequetur, ut uno duntaxat loco unio illa sit terminata. Nam quia unio personalis *inhabitatione* plenitudinis deitatis τοῦ λόγου in humana natura definitur, certe, si uno duntaxat loco illo (ubi natura Christi humana est naturaliter) *in* illa habitat, in caeteris autem locis innumeris extra eam est, palam fit, in caeteris locis omnibus unionem esse solutam et proinde divinissimam illam unionem unius tantum istius loci spatio terminatam esse. Sequeretur hoc quoque, ut progrediente humana natura ex uno loco in alterum ipsa quoque unio secundum illa loca diversa subinde mutaretur; nam ubi non inhabitat λόγος *in carne*, ibi neque illi unitus est, siquidem unio non definitur existentia τοῦ λόγου *extra* humanitatem (sicut Zwingliani λόγον in omnibus reliquis infinitis locis, quibus humanitas non est proprietate suae essentiae, extra carnem esse dicunt), sed definitur hypostatica inhabitatione *in* carne." (Libelli IV. de persona etc. p. 81. sq.)

GESNERUS: „Supra et extra omnes creaturas nihil est, quam solus Deus. Haec autem humanitas est supra et extra omnes creaturas. Ergo necesse est, eam esse, ubi Deus est. Hoc infallibili consequentia conficitur. Naturaliter autem non potest esse Deus; quia vero supra et extra omnes creaturas ad ipsum usque essentialem Deum pertingit eique adhaeret, ideo oportet illam humanam naturam ad minimum . . . in omnibus etiam locis praesto adesse, ubi Deus est. Hoc argumento imprimis urgentur illae voces Graecae ecclesiae, quod unio facta sit ἀχωρίστως, ἀδιαστάτως, ἀδιασπάστως." (Orthodox. confess. de persona et officio Salvatoris. 1595. p. 176.)

DANNHAUERUS: „Ut tergeminum Christi regnum, ita *triplex praesentia*. I. Omnipraesentia *in regno potentiae;* non physica, localis, diffusa, expansa, sectilis, monstrosa, sed divina, illa ipsa impletio coeli et terrae, qua Dei omnipraesentiam supra delineavimus. Hanc Christo secundum humanam naturam vindicat S. S. in classico oraculo Ephes. 4, 10.: ,Christus ascendit super omnes coelos, ut omnia impleret';*)

---

*) Cum *in spatiis imaginariis extra mundum* nulla sit divina operatio, ibi quoque nulla praesentia juxta Scripturae stylum statuenda est; contradictioni sese implicat, qui Deum in spatiis imaginariis, *quae absolute nihil sunt*, praesentem esse voluit. (Dannh.)

impleret autem secundum humanitatem, ut secundum quam ascendit. Id quod vox *,ut' τελικὴ* satis innuit; finge enim, de deitate hoc dici, talis prodibit hinc abortus: Christus humana sua natura ascendit in coelos hoc fine, ut deitate omnia impleat; tanquam ascensione ideo opus habuisset, ut ea natura, qua jam ante ascensionem omnia impleset, omnia impleret! Ubi per τὰ πάντα omnes creaturas intelligi patet ex absoluta Pauli locutione sine restrictione: ex τῶν πάντων partitione v. 11., explicatione Ephes. 1, 22. 23.: πάντα ἐν πᾶσι. Est autem haec παυπλήρωσις 1. *non obsignatrix peregrinationis*, quia haec illico post resurrectionem contigit; quadraginta dies non fuerunt itinerarii, sed singularis οἰκονομίας. 2. *Non consummatrix vaticiniorum*, quia haec non sunt πάντα . . ., nec per ascensionem omnia vaticinia implevit, restat enim adhuc complementum reditus ad judicium. *Non* 3. *donatrix praecise*, e qua dona ecclesiae; nam nec τὰ πάντα sunt dona Sp. Sancti, nec τὰ πάντα donis Spiritus implentur. *Non* 4. *successiva*, omnium mundi partium perambulatrix; nam haec etiam angelis, imo satanae Job. 1, 7. competit. . . Denique 5. *non effectiva solum*, quia est impletio exinanitioni superiori opposita; sed verbo impletio divina Jer. 23, 24. descripta, quae est ipsissima omnipraesentia supra definita. Unde argumentum ἄλυτον: Natura impletrix omnium est omnipraesens; natura Christi humana est impletrix omnium; ergo omnipraesens. Eandem omnipraesentiam urget consequentia *e sessione ad dextram*. . . Omne ποῦ dextrae divinae est ποῦ omnipraesentiae; ποῦ humanae naturae in thronum divinum collocatae est πoῦ dextrae divinae; ergo πoῦ humanae naturae est omnipraesens. . . Eandem omnipraesentiam, ut idioma officiale in actione constitutum, requirit *ratio officii* secundum utramque naturam administrati, cum regii . . ., tum mediatorii . . ., denique officii judiciarii. . . II. Praesentia gratiosa *in regno gratiae*, consequenter solatiflua, quam Christo etiam homini competere patet ex potentia, voluntate, facto. *Potest* carnem suam nobis praesentem sistere, quia omnipotens; *vult*, quia id promisit . . .; denique gratiosam praesentiam etiam *actu* praestitit cooperatione Marc. 16, 20. et apparitionibus in historia sacra annotatis Act. 7, 56. 9, 27. Apoc. 1, 13. . . III. Praesentia *gloriosa*, descripta 1. *ex parte nostri* per ,esse cum Christo', idque sine aversione faciei divinae semper (1 Thess. 4, 17.), dum in hac vita a Domino peregrinamur (2 Cor. 5, 7.) . . .; per esse in manu Dei (Sap. 3, 1.) . . . 2. *Ex parte Christi* per habitare cum sanctis et super illos; per esse nobiscum (Apoc. 7, 17. 21, 3.) . . .; per denique esse omnia in omnibus (1 Cor. 15, 28.).'' (Hodosoph. Phaenom. VIII. p. 395—404.)

SCHERZERUS: ,,Cum *praesentia* divina partialiter ἀδιαστασίαν, totaliter praeter *indistantiam* simul *operationem* denotet, Christus dominio quidem se evacuavit, ἀδιαστασίαν vero retinuit. Fundamentum est, quia alias unio personalis fuisset dissoluta. — Urgent: Christus abdicavit se χρήσει et retinuit ejus κτῆσιν. Resp.: Sit ita. At vero χρῆσις non nisi a praesentia *totali sive modificata* respectu solius *dominii* abesse potest; non autem a praesentia *partiali*, quae in *sola propinquitate substantiali* consistit. Quid? quod in praesentia illa partiali distinctio inter χρῆσιν et κτῆσιν (quae ad sola attributa ἐνεργητικὰ pertinet) nequaquam locum inveniat. Et quid est abdicare se usu propinquitatis substantialis, et retinere possessionem propinquitatis, nec tamen esse propinquum?! Arguo: Quicunque *possidet* et retinet propinquitatem, ille omnino est propinquus.'' (System. th. Loc. VIII. p. 224. 237.)

LUTHERUS: ,,Weil unser Glaube hält, dass Christus Gott und Mensch ist und die zwo Naturen Eine Person ist, als dass dieselbige Person nicht mag zertrennet werden, so kann er freilich *nach der leibchen, begreiflichen Weise* sich erzeigen, an welchem Ort er will; wie er nach der Auferstehung thät und am jüngsten Tage thun wird. Aber über diese Weise kann er auch *der andern unbegreiflichen Weise* brauchen, wie wir aus dem Evangelio bewiesen haben am Grabe und ver-

schlossener Thür. Nun er aber ein solcher Mensch ist, der übernatürlich mit Gott Eine Person ist und ausser diesem Menschen kein Gott
ist, so muss folgen, dass er auch *nach der dritten übernatürlichen Weise*
sei und sein möge allenthalben, wo Gott ist, und *alles durch und
durch voll Christus* sei, *auch nach der Menschheit;* nicht nach
der ersten leiblichen begreiflichen Weise, sondern nach der übernatürlichen göttlichen Weise."*) (Bekenntniss vom Abendmahl. An. 1528.
XX, 1190.)

HUTTERUS: „De D. *Martino Chemnitio,* incomparabili theologo,
res expedita est. Et quamplurimum fallitur Hospinianus, qui ex sententia Helmstadiensium, *generalem* (absit autem somnium de absoluta
illa crassa, physica et locali ubiquitate) omnipraesentiam ipsum negasse vel certe improbasse, affirmat... Et ne hoc loco prolixiores
simus, unum ex multis producemus locum, et quidem petitum ex
epistola D. Chemnitii in Hassiam scripta, ... ubi inter reliqua sic
habet: ‚Wenn aber jemand weiter fragen wollte von andern Creaturen,
ausser der Kirche Gottes, da wissen wir ingemein, dass Christo auch
nach seiner angenommenen menschlichen Natur *alles* unter die Füsse
gethan, alles seiner Gewalt untergeben, dass ihm alles gegenwärtig sei
und er *gegenwärtig über alles* regiert. Wann man aber disputiren
wollte von Holz, Stein oder von andern unsaubern Orten und Händeln,
so ist's der sicherste Weg, dass solche Fragen eingestellt und solche
Disputationes abgeschafft werden, weil sie nicht bauen, sondern zu
Weitläuftigkeit und ärgerlichen Gedanken Ursach geben und wir das
Geheimniss der persönlichen Vereinigung in Christo in diesem Leben
nicht genugsam oder vollkömmlich verstehen; *allein, dass wir ingemein
den Grund behalten, dass keine Creatur, Ort, Stelle oder Zeit die beiden
Naturen in der Person Christi von einander absondere oder hinter sich
lasse, sondern allenthalben, wo er sei, dieselbe persönlich oder nach Art
der persönlichen Vereinigung in und bei sich habe.* Wann man in und
bei solcher Einfalt bleibet, achte ich, sei es am sichersten und einfältig-
sten und auch der Kirche erbaulich.' Habes, Hospiniane, mentem et
confessionem b. Chemnitii satis luculentam, quem si *generalem* ubiqui-
tatem Christi secundum assumtam humanitatem apud omnes creaturas
negasse, porro dixeris: nae omnem mihi pudorem et conscientiam perdidisse videberis." (Conc. concors. p. 1212. sqq.)

HUELSEMANNUS: „Ubiquitas, si quae ex *immensitate* Dei dependet,
non est communicata carni Christi, sed omnipraesentia, quae etiam in
Deo *voluntaria* est, ex suppositione rerum creatarum." (Extens. Bre-
viarii. Ed. 3. p. 94.)

BRENTIUS: „Finxerunt novum et prodigiosum *ubiquitatis* vocabulum, ut eo facilius rudibus et rerum nesciis imponant, et persuadeant,
nos etiam novum et prodigiosum dogma excogitasse, corpus Christi
tanquam alutam in omnia loca geometrice se extendere et diffundere."
(De personali unione duarum natur. in Christo. Witeb. 1578. praef.)

KROMAYERUS: „Absurda nobis objiciunt; secuturum inde, Christum esse in omnibus cloacis, cantharis, patibulis etc. Sed respondemus κατ᾽ ἔνστασιν: ita nec Deus ipse creaturis omnibus erit praesens,
quia verendum, ne sit in omnibus cloacis, patibulis, cantharis. Deinde
inter τὸ inesse et adesse omnibus creaturis distinguendum. Christus
potius adest omnibus creaturis, etiam illis, qui constituti sunt in locis
sordidis, qui elevantur in patibulum, qui laborant in flammis et flumini-
bus, quam *quod insit.* Si tamen phrasis inessendi retineatur, absque
omni συμμίξει cum creaturis intelligatur." (Theol. posit.-pol. I, 247.)

---

*) SCHERZERUS: „Et ait b. Feurbornius (Κενωσιγρ. Sect. I. fol. 9.) manifeste, verba Lu-
theri, ubi ‚omnia' dicuntur ‚plena esse Christi', loqui de statu exinanitionis juxta Ephes.
1, 4.'' (Syst. th. loc. 8. p. 238.)

HUELSEMANNUS: ,,Quemadmodum essentia Dei non inquinatur sordibus materialibus, etiamsi in inferno, in cloaca, in lupanari rectissime dicatur esse praesens, vi dictorum generalium Jer. 23, 22. 23. Ps. 139, 7. 8. etc. Act. 17, 27. 28., ita, si extarent ejusmodi testimonia, quae praesentiam carnis Christi extimam tam late extenderent, quam late extenditur praesentia essentiae divinae, nihil metuendum erat ab inquinatione seu contaminatione a praesentia rerum foedarum non magis, quam timendus erat ullus cruciatus, ullave ustulatio corporis Christi, si liberet illud praesens sistere in mediis flammis infernalibus." (Vindiciae S. S. Art. 20. p. 75.) cf. *Lutherus* de servo arbitrio. XVIII, 2095. sq. Vid. supra Vol. II. p. 23.

KROMAYERUS: ,,Contra omnipraesentiam opponunt: 1. *Ascensionem in coelum*. Sed respondemus, Christum per ascensionem suam non omnem praesentiam, sed visibilem duntaxat conversationem nobis subtraxisse, prout in coelum jamjam ascensurus promittit, se nobiscum futurum usque ad consummationem saeculi... Ideo abitus ille ad Patrem per non-visionem exponitur Joh. 16, 10. Nec per coelum, in quod Christus ascendit, intelligitur coelum istud empyreum, quod vocant, locorum intervallis a nobis remotissimum, supra coelum stelliferum positum, sed πoῦ beatorum, quod ubi est, nostrum inquirere non est. De angelis certe, parvulis in terra ministrantibus, dicitur Matth. 18, 10., quod faciem Patris coelestis semper videant. 2. *Sessionem ad dextram Patris* opponunt. Verum cum Luthero statim hoc argumentum invertimus: Imo quia Christus secundum hum. nat. consedit ad dextram Patris, ideo praesens est nobis in terris. Per sessionem enim ad dextram Dei non situatio vel collocatio Christi ad certum locum, sed totius hujus universi omnipotens et omnipraesens gubernatio intelligitur. Syllogismum nostrum, quem sacramentarii tantopere exagitant: ,Dextra Dei est ubique. Christus secundum hum. nat. sedet ad dextram Dei. Ergo Christus secundum h. n. est ubique', quod concernit, est crypticus vel oratio argumentosa, in qua loco praemissae majoris ipsius probatio ponitur. Sic autem integer haberet: ,Qui sedet ad dextram Dei, ille est ubique, quia dextra est ubique. Christus secundum h. n. sedet ad dextram Dei. Ergo.' 3'. *Reditum ad judicium* obvertunt. Sed respondemus, Christum rediturum ad judicium, quoad praesentiam visibilem. ,Videbit eum omnis oculus et qui pupugerunt eum', Apoc. 1, 7. Unde reditus iste per ἐπιφάνειαν vel apparitionem exponitur Tit. 2, 13. 4. *Humanam Christi naturam finitam* suisque dimensionibus circumscriptam objiciunt. Sed respondemus, hoc argumentum cum larvis pugnare, quia humanam Christi naturam nullatenus infinitam, sed finitam, interim tamen propter unionem personalem cum λόγῳ et sessionem ad dextram Dei omnipraesentem statuimus. Crassam istam, diffusam et expansam praesentiam, quam nobis affingunt Calviniani, toto pectore execramur; interim hum. Christi nat. praesentia divina praesentem esse creaturis omnibus, ductum Scripturae secuti, credimus. Praesentia ista divina Es. 40, 16. 17. describitur, quod omnes creaturae instar puncti eidem sunt objectae et expositae... 6. Locum Matth. 26, 11.: ,*Me non semper habetis*', obtendunt. Sed respondemus distinguendo inter rem et modum rei. Licet Christus neget, eo modo, quo sc. beneficiis affici possit, ut tum temporis factum fuerat, se in posterum praesentem futurum apostolis; praesentiam tamen ipsam non negat, sed potius promittit Matth. 20, v. ult. 7. *Quod omne corpus sit in loco*, ex philosophicis contendunt. Sed respondemus distinguendo inter phrases, esse locabile et esse in loco. *Locabile* quidem concedimus omne corpus physicum, sed non *actu in loco*, quia corpus extimum, quodcunque tandem sit, non est in loco, cum non circumfundatur alio corpore, nisi progressum statuere velimus in infinitum. Locus autem est περιέχοντος πέρας ἀκίνητον πρῶτον, id est, terminus continentis immobilis primo. Si corpus Christi *actu primo* semper est locabile, palpabile, visibile, sed non semper est *actu secundo* in loco, palpatur, videtur; ut post ascensionem in coelum nec locorum, nec temporum intervallis subjectum est, quemadmodum in diebus carnis, cum loco circumscribebatur, localiter erat in utero beatae virginis, in praesepio, in cruce, sepulchro etc., mensurabatur temporum articulis, ut cum Christus esset octo dierum, duodecim annorum, triginta annorum... 9. Quod sit contra *veritatem humanae naturae*, simul praesentem esse in pluribus locis. Sed respondemus negando : Contra naturam quidem *nudi* hominis, sed non *veri* hominis hoc est. Alii distinguunt inter hominem ψιλὸν i. e. nudum et ὑψηλὸν i. e. exaltatum; quod quidem non sit nudi hominis, esse praesentem in pluribus locis, hominem autem exaltatum, cum Deo personaliter unitum et ad dextram Dei sedentem, bene simul pluribus in locis esse posse... 11. Objiciunt, *doctrinam de ubiquitate novam esse*, theologiam Suevicam, a theologis Würtenbergicis, inprimis Jacobo Schmidelino (ut Jacobum Andreae, filium fabri vocant) fabricatam. Sed respondemus negando et provocando ad scripta Lutheri varia, in quibus majestas omnipraesentiae, carni Christi communicata, stabilitur. Videatur pupilla statuum Evangelicorum, Aug. sc. Conf., in cujus appendice loca ex Luthero quamplurima congesta reperiuntur.‘‘ (Th. posit.-pol. I, 248. sqq.)

ANTITHESES.

QUENSTEDTIUS: ,,*Anthithesis:* 1. *Calvinianorum*, qui majestatem omnipraesentiae carni Christi non tantum derogant, sed etiam variis horrendis criminationibus hoc dogma insectantur. Sic in *Confess. Helvetica*, quae est omnium communissima, negatur, Christum secundum hum. nat. adhuc adesse in mundo et ubique esse... In Orthodoxi Consensus praefatione appellatur ,ubiquitarium omnipraesentiae corporis Christi monstrum‘. *Beza* P. I. resp. ad act. p. 154. vocat ,chimaericam et futilem omnipraesentiam‘. *Danaeus* in Resp. ad Laconicum p. 1523. appellat ,Helenam ubiquitariam‘ etc. 2. *Pontificiorum*, easdem cum Calvinianis tibias inflantium... 3. *Novatorum*, eandem carnis Christi omnipraesentiam reprobantium et odioso ,ubiquitatis‘ nomine traducentium. Vid. D. *Georg. Calixtus* in der Widerlegung D. Welleri n. 125. sq., *Dreierus* in der Erörterung q. 1. de persona Christi. Asserit quoque D. G. Calixtus in Judicio de controversiis cum Reformatis ac alibi cum Tannero etc., ,esse hanc doctrinam novam et a Jacobo Fabro Stapulensi, Doctore Parisiensi, homine novitatis amante, excogitatam, quippe qui primus omnipraesentiam carnis Christi mentionem faciat in Comment. in ep. 2. ad Cor. ad c. 12. et ad cap. 10. Joh. Fabrum secutos postea esse Lutherum, Brentium, Jacobum Andreae etc.‘ ‘‘ (L. c. s. 2. q. 14. fol. 267. sq.)

c) Vid., quae modo diximus de ἐξουσία Christo secundum humanam naturam communicata ex *Matth. 28, 18.* Quo etiam referri potest, quod *omnia subjecta* dicuntur *sub pedes ipsius 1 Cor. 15, 27. 28. Ephes. 1, 22.* Speciatim huc pertinet *potestas remittendi* peccata, vere *divina* illa, sed tamen Christo, qua *homini*, communicata juxta *Matth. 9, 6.*, *potestas exercendi judicii*, data Christo, ὅτι υἱὸς ἀνθρώπου ἐστί, quatenus *filius hominis*, seu secundum eam naturam, qua filius hominis est, *Joh. 5, 22. 27.*

d) Ita ut *omnes honorare* debeant *Filium, sicut* (καθὼς) *honorant Patrem;* sive, ut plane tali honore, qualis Deo Patri exhibetur, propter divinae naturae et perfectionum summam excellentiam, non autem alio dissimili aut inferioris gradus cultu prosequi Christum, qua hominem, teneantur, *Joh. 5, 32.* Unde objectum cultus divini *quod*, sive *adaequatum*, dicitur ipsum suppositum, Christus; objectum *quo*, sive *inadaequatum*, dicitur natura non solum divina, sed etiam humana.

E. Hunnius: „Juxta humanitatem, ut apostolus disertis verbis asseverat, ‚datum est illi nomen, quod est supra omne nomen, ut in nomine Jesu omne genu flectatur coelestium, terrestrium et inferorum et omnis lingua ei confiteatur‘, Phil. 2. Quod nomen illi, ut magno consensu patres affirmant et contextus apostolici textus evincit, juxta carnem est datum. Quod in primis etiam ostendit Graeca vox, ab apostolo illic posita et usurpata, ἐχαρίσατο, donavit vel ex gratia dedit. Deitati enim Christi nomen adorabile illud ex gratia dari aut donari haud quaquam potuit, cum natura sit adorabilis.“ (L. c. p. 147.)

Scherzerus: „In Christo homine non est ἄλλος καὶ ἄλλος, sed tantum ἄλλο καὶ ἄλλο. Ergo gloria, humanitati Christi concessa, non est concessa alteri cuidam personae a Deo. Quare cultus ille, soli Trinitati adscriptus, humanitatem Christi non excludit, sed includit. Nam ‚in quem credimus, illum religiose adoramus‘, Rom. 10, 14. At in Christum hominem credimus Joh. 3, 16. Ergo. Pater enim ‚dedit Filio potestatem judicium faciendi, ut omnes honorent Filium, καθὼς, sicut, honorant Patrem‘, Joh. 5, 22. 27. Dedit autem potestatem judicandi Christo secundum humanitatem. Ergo etiam gloriam cultus ejusdem, quo ipse Pater adoratur. Ejusdem, inquam, quoad rem, non quoad modum habendi. Deus enim καθ᾽ αὐτὸ et φύσει, humanitas κατ᾽ ἄλλο et χάριτι sive per unionis gratiam adoratur, Phil. 2, 9—11. Quia caro Christi est caro τοῦ λόγου, non nudi hominis.“ (System. th. Loc. II. p. 81.)

Quenstedtius: „Hujus religiosi cultus objectum, prout in secundam personam divinitatis fertur eique exhibetur, est 1. non sola divina natura in Christo, sed 2. tota persona secundum utramque naturam, ita 3. ut terminetur hic cultus etiam in assumta natura Christi, non quidem 4. propter habitualem excellentiam, aut per accidens tantum, sicut purpura regis externa quadam osculatione honorari solet, sed 5. quia in persona τοῦ λόγου subsistit et essentiam τοῦ λόγου cum omnibus suis proprietatibus possidet et in ea, cum ea ac per eam tanquam per organum εὐχρηστον et personaliter sibi unitum λόγος omnia divina operatur et exercet.“ (L. c. s. 2. q. 15. fol. 287.)

Idem: „Aliud est, esse objectum adorationis adaequatum, et aliud, esse quasi partem objecti et per consequens adorandum, quatenus in objecto personaliter subsistit. Caro Christi non est adoranda seorsim aut ut persona quaedam separata, sed ut natura ὑποστᾶσα, subsistens in persona Filii Dei, particeps facta divinae majestatis per unionem personalem; quod resp. ad locum Gal. 4, 8.: ‚Cum ignoraretis Deum, serviebatis eis, qui non sunt natura Dei.‘ Ubi de adorationis objecto sermo est, non de eo, quod est veluti pars illius objecti. Quando nos Christum secundum hum. nat. adoramus, certo non eum adoramus, qui natura Deus est, sed naturam, quae cum Deo personaliter unita est, summo adorationis cultu dignamur.“ (L. c. f. 296.)

Idem: „Objiciunt: Deus ipse ait Es. 48, 8., ‚gloriam meam‘ i. e. adorationem religiosam ‚alteri non dabo‘; caro autem Christi Deus non est. Resp.: Quando λόγος gloriam adorationis per unionem personalem communicat naturae humanae, non dat illam alteri, sed propriae suae humanitati h. e. per unionem sibi appropriatae et in unitatem personae assumtae sine ulla multiplicatione, exaequatione et sui diminutione.“ (L. c. f. 297.)

Idem: „Calviniani urgent locum Jer. 17, 5., ubi ex ore Dei ‚maledictus est, qui carnem ponit brachium suum et fiduciam habet in homine‘. Ast resp. distinguendo inter ψιλὸν ἀνϑρωπον ex communi et promiscua hominum turba et cujus extra personam τοῦ λόγου sua est subsistentia, et hominem Christum Jesum, ϑεάνϑρωπον, in cujus nomen baptizamur et in quem credere tenemur. Non de hoc, sed de illo accipienda sunt adducta verba prophetae; ubi maledictus dicitur, non qui carnem deificatam sive cum λόγῳ personaliter unitam et ad consortium

S. S. Trinitatis evectam religiose colit, sed qui mero homini idololatrice confidit ac Dei auxilium non desiderat. Committunt insuper elenchum compositionis et divisionis; verba prophetae integra sic habent: ‚Maledictus, qui confidit in homine et ponit carnem brachium suum, et corde suo recedit a Domino.‘ Ast qui Christum hominem adorat, a Domino non recedit.“ (L. c. f. 296.)

ANTITHESIS.

QUENSTEDTIUS: „*Antithesis:* 1. *Calvinianorum* asserentium: ‚Dicere, quod caro Christi sit adoranda, esse horrendae idololatriae crimen.‘ Ita Theod. Beza Vol. 2. opp. apol. 3. ad Selnecc. p. 473... Plurimi Calvinianorum distinguunt inter cultum mere et absolute divinum, mere humanum, et denique mediatorium; illum soli divinae naturae reservant, mere humanum carni Christi tribuere non audent, itaque mediatorio Christum ϑεάνϑρωπον, seu ut mediatorem, secundum utramque naturam colendum esse tradunt. Ita Danaeus... Attamen in quo consistat ille cultus mediatorius, Calviniani ipsi inter se non conveniunt, linguamque saepius, mentem vero nunquam mutant. In quaestione vero: An Christus qua mediator sit adorandus vel adorabilis? negativam propugnat Gisbertus Voëtius inprimis... 2. *Pontificiorum*, qui, inter λατρείαν et ὑπερδουλείαν distinguentes, soli Deo λατρείαν, angelis et hominibus δουλείαν, humanitati vero Christi et b. Virgini ὑπερδουλείας cultum tribuunt... 3. *Socinianorum* sive Neophotinianorum. Photinus quidem, eorum antesignanus, Sirmiensis ecclesiae in Hungaria episcopus, qui circa annum Christi 370. blasphemias suas evomuit, etsi statuerit, Christum rem creatam prorsus esse, ei nihilominus religiosam adorationem tribui non tantum posse, sed etiam debere contendit, quod ipsum de hoc haeresiarcha non tantum, sed etiam de patruo suo Laelio Socinus ipse refert disp. de adorat. Christi p. 29. Circa annum vero 1569. *Franciscus Davidis* in solidum negavit, Christum adorari debere, quem secutus est *Christianus Francken*... *Socinus* in explicat. c. 6. Matth. tom. 1. opp. p. 61. inquit: ‚Verissimum est, ipsum (Christum scl.) et quidem semper et perpetuo invocari posse, et pro christiano minime is est habendus, qui hoc non agnoscit et confitetur.‘ Eadem fere habet Catech. Racov. p. 177. Ast varias hic adhibent Sociniani limitationes. Et 1.) distinguunt inter Christum glorificatum et nondum glorificatum, asserentes, Christo ante glorificationem suam hancce summam adorationis dignitatem competere haud potuisse, in glorificatione vero Patrem coelestem eandem Filio suo gratificatum esse... 2.) Distinguunt inter adorationem et invocationem, contendentes adorationem Christi mandatam quidem esse, sed non invocationem... 3.) Distinguunt inter has duas quaestiones: An Christus invocari queat et an invocari debeat, sive an ad invocandum Christum obligati simus. Est hoc Socini commentum, scl. posse quidem Christum invocari, non autem necessarium id esse, ut invocetur. .. 4.) Fundamentum hujus dignitatis adorabilis in Christo constituunt non ipsius divinitatem, non personalem utriusque naturae unionem et majestatis divinae communicationem, quoad humanam naturam, sed potestatem quandam, quam Deus Pater Filio suo gratificatus sit propter inculpatam suam obedientiam... 5.) Statuunt Sociniani, Christum in illis solum rebus invocandum esse, quae ad ecclesiam christianam spectant. Et hoc ipso inter invocationem Dei et invocationem Christi discrimen faciunt... 4. *Arminianorum*, qui Socinianorum hac in re hypotheses sequuntur, et 1.) quidem concedunt, Christum, qua mediator est, adorandum et religiose colendum esse. Vid. confess. c. 16. et apolog. conf. c. 50. Attamen distinctionem istam pontificio - Calviniano - Socinianam inter cultum summe divinum et inferiorem, at divinum quoque, approbant.“ (L. c. q. 15. f. 287—90.)

e) Ita ut non solum concreto, aut personae ab humana natura denominatae, et quoad divinam forte spectandae, verum *ipsi humanae naturae, non* tamen quatenus *praecise* et *extra unionem* hypostaticam, *sed vi unionis,* et quatenus *intra* unionem illam spectatur, competant.

> DANNHAUERUS: „In abstracto dici potest: Caro est vivifica, humana natura est omnipotens; non in abstracto separationis, sed praecisionis. ,Diligenter nota', ait D. Mentzerus in Elench. Sadeel. p. m. p. 325. 339. sq. Opp. T. I. p. 1218., ,quando hic nominatur natura humana, vel caro, tum in hoc argumento non intelligi humanitatem sive carnem εἰδικῶς, seorsim, et per se subsistentem et ex natura sui, sed quatenus illa est unita personaliter ipsi Filio Dei, et hinc analysis ejusmodi propositionum formanda: Caro Christi est vivifica, hoc est, Christus, qui secundum deitatem ipsa vita est, est vivificus secundum carnem, nempe quatenus personaliter habet illam unitam. Humanitas Christi est adoranda, hoc est, Christus non tantum secundum deitatem suam, sicut ante incarnationem, verum etiam secundum carnem personaliter unitam adoratur.' Cf. D. Gerh. Exeges. p. 1458. et seqq., it. p. 1359. § 261. Atque hinc particulae κατὰ, secundum, et similes in hoc communicationis genere non perinde, ut in primo, determinant naturae proprietatem, sed vel objectum Cui, vel causam Unde designant." (Hodos. Phaen. VIII. p. 330. sq.)

f) *Communicatio autem illa non facta est 1) per essentialem aut naturalem effusionem proprietatum divinae naturae in naturam humanam, quasi humanitas Christi eas per se et a divina essentia separatas habeat, aut 2) quasi per illam communicationem humana natura in Christo naturales suas proprietates prorsus deposuerit, vel 3) in divinam naturam conversa, aut 4) divinae naturae, communicatis illis suis proprietatibus in se ipsa, et per se, exaequata sit, aut 5) quod utriusque naturae eaedem aut certe aequales, naturales et essentiales proprietates et operationes sint. Vocabula* autem et *phrases illae (realis communicatio, realiter communicari)* adhibentur in oppositione ad *communicationem* mere *verbalem;* vid. Sol. Decl. F. C. p. 777. 778.

§ 21.

Pertinent itaque ad hoc genus communicationis idiomatum *praedicationes* illae, in quibus *perfectiones* vere divinae, *illae* quidem, quae in formali conceptu suo operationem aliquam respiciunt,[a] non autem aliquid, quod veritati humanae naturae prorsus repugnat, involvunt; et sic etiam potestas et gloria divina[b] *denominative*[c] atque *immediate* de Christo secundum humanam naturam[d] praedicantur; *reliquae* vero perfectiones divinae, quae ex se et formaliter non respiciunt operationem, involvunt autem aliquid humanae naturae repugnans,[e] *non* quidem immediate, *sed* tamen mediante alio prioris generis attributo,[f] de Christo secundum humanam naturam *denominative*[g] enuntiantur.

a) Dicuntur attributa ἐνεργητικά, et talia sunt v. g. *omniscientia, omnipotentia, omnipraesentia.* *Illa* enim actus sciendi seu intelligendi, *ista* actus operandi extra se aut in alio, *haec* (modificata inquam praesentia) dominium in creaturas praesentes exercendum spectat.

b) Haec enim resultant ex perfectionibus illis divinis; et qui harum particeps est et esse dicitur, non potest non etiam particeps esse et dici auctoritatis et gloriae divinae, inde resultantis.

c) *Non abstractive*, ut praedicatum sit ipsum idioma in se spectatum, seu forma denominans. Neque enim dicimus: Christus secundum humanam naturam est omnipotentia; aut, est omniscientia. Conf., quae ad § 18. not. *c.* diximus.

d) Ut v. g. dicam: *Christus, qua homo, est omnipotens.* De illis autem propositionibus, quarum subjectum est ipsum abstractum humanae naturae, quas peculiariter *abstractivas* vocant, quaeri solent v. g. *humana Christi natura est omnipotens; humana Christi natura est omnipraesens.* Sane fundamentum talium propositionum in Scripturis continetur ac videri inprimis potest *Joh. 6, 51. sqq.*, ubi fere in terminis habetur haec propositio: *Caro Christi est panis vivus,* aut *caro* Christi vere *est cibus,* habens virtutem conferendi *vitam;* quod idem est, ac si dicatur: *humana Christi natura* (cui vox *carnis* respondet) est *vivifica.* De *sobrio* autem et *tempestivo* usu propositionum abstractivarum vid. Theologi Smalcaldiae congregati anno 1578. apud *Hutterum* Conc. Conc. cap. XXI. p. m. 680., ubi monent 1) *se neminem cogere,* ut phrasibus hisce utatur, modo firmum maneat, Christum secundum naturam humanam divinae majestatis esse factum participem. 2) *Coram* indocta *plebe* se phrasibus illis *non* uti, *neque alibi* usuros, *nisi* ubi necessitas postulaverit.

> REUSCHIUS: „Indocti ac rudiores hisce propositionibus abstractivis facile hunc tribuunt sensum, ut solam intelligant humanam naturam, exclusa hypostasi τοῦ λόγου, atque tum sibi in humana Christi natura repraesentant idiomata divina ab iis perfectionibus divinis, quas habet divina Christi natura, plane diversa. Qui sensus harum propositionum est heterodoxus et falsus, quum mutationem naturae humanae in divinam inferat, ex qua praeter Deum aliud ens infinitum, eaque plura entia infinita, orirentur. Hinc cautiores suadent, ut ab hisce propositionibus inter plebem abstineamus atque iisdem modo inter eruditos utamur." (Annotatt. in Baieri Comp. p. 602. sq.)

e) Quales sunt: *simplicitas, aeternitas, immensitas;* quarum *illa* negationem compositionis, *ista* negationem initii, *haec* negationem mensurabilitatis importat, quae cum veritate naturae humanae stare non possunt, quippe quae per essentiam est compositum quid, habet initium existendi, est mensurabilis loco. Neque vero necesse est, talia attributa, aeque ac ea, quae prioris generis erant, immediate praedicari. Nam et in naturalibus, v. g. quod ferro communicatur ignis, ideoque recte dicitur: Hoc ferrum est calidum, urens, candet aut lucet, non tamen ideo aeque dicere licet: Hoc ferrum est leve; quamvis levitas ignis una cum calore et luce ignis sit ferro communicata.

f) Nempe quamvis dicere *non* possim: Christus secundum humanam naturam est aeternus, recte *tamen* possum dicere: Christus secundum humanam naturam est omnipotens omnipotentia aeterna et immensa etc. Conf. b. *Scherz.* System. L. II. p. 200., ubi docet, *ea tantum* idiomata esse *immediate communicata* humanae naturae Christi, *quae ad finem unionis* (*ex usu in officio aestimandum*) *sunt necessaria et originem ac veritatem humanae naturae non evertunt;* unde v. g. *aeternitas non sit* (immediate) *communicata* (seu ita, ut immediate de Christo secundum humanam naturam praedicari possit), *quia humanitatis originem tollit;* etc.

g) Non quidem in casu recto (neque enim dicere possum: Christus secundum humanam naturam est omnipotens, et sic aeternus, immensus), sed in casu obliquo, ita ut attributa illa ἀνενέργητα attributis ἐνεργητικοῖς apponantur, juxta notam *f.* praec.

Cf., quae addita sunt ad not. b. § 20.

§ 22.

Tertium genus[a] communicationis idiomatum consistit in eo, quod *operationes*[b] ad officium Christi pertinentes non sunt unius et solius cujusdam *naturae*, sed *utrique* communes, quatenus utraque ad illas, quod suum est,[c] confert[d] et sic utraque agit cum communicatione alterius.[e]

a) Ab aliis *secundo* loco ponitur et dicitur κοινοποιΐα aut κοινοποίησις, *communicatio* aut *communio operationum.* Quando autem communicatio *idiomatum* dicitur, certum est, vocem idiomatum *latius* accipi, ita ut opera officii, quae aliquid divinae naturae proprium et aliquid, quod humanae naturae proprium est, complectuntur, sub ipsis comprehendantur.

b) Dicuntur communiter ἀποτελέσματα seu opera ex duabus, utriusque scilicet naturae, actionibus ad unum finem coordinatis conflata. Item operationes θεανδρικαὶ, seu *Deiviriles*, quod Christus secundum utramque naturam, qua θεὸς et qua ἀνὴρ, operatur, ita ut unum suppositum seu persona Christi sit principium *quod* talis operis, principia *quibus* autem sint duae naturae, divina et humana, quae in opere isto *distincte, non* tamen *divise* agant.

c) Adeoque quatenus utraque natura suismet viribus ac proprietatibus, quoad illam communis operis partem, relinquitur. *Alias* enim etiam humana natura per majestatem sibi communicatam eadem agit, quae agit divina natura; sed hoc ad *secundum* genus communicationis idiomatum, seu ad communicationem majestatis pertinet.

KROMAYERUS: „Propter officium etiam requirebatur persona σύν-θετος, cum nudus Deus nec pati nec mori, nudus homo sufficienter pati et mori non poterant. Requirebatur itaque divina humanitas et humana divinitas. Pertinent huc omnes propositiones, in quibus de officio Christi prophetico, sacerdotali aut regio agitur. Es. 40, 10. Gal. 3, 13. 1 Cor. 15, 25. Quaedam propositiones biblicae, praesertim quae πρώτως sunt hujus generis, in pluribus generibus communicationis idiomatum considerari possunt... Propositio Johannis I. ep. c. 1. v. 7.: ‚Sanguis

Jesu Christi Filii Dei mundat nos ab omni peccato', in tribus generibus considerari potest. Si formatur ita: Jesus Christus, Dei Filius, emundat nos a peccatis, est in secundo (*tertio*) genere, quia praedicatur ἀποτέλεσμα de persona. Si sic: Filius Dei fundit sanguinem, est in *primo*, quia praedicatur ἰδίωμα i. e. proprietas humanae naturae de persona. Si vero sic: Sanguis Jesu Christi (pars humanae naturae) habet vim emundandi, est in tertio (*secundo*), quia praedicatur αὔχημα divinum de parte humanae naturae." (Theol. pos.-pol. I, 238. sq.)

N. HUNNIUS: „Est certum, si actiones divinae per naturam humanam fiunt, ita ut sint ϑεανδρικαὶ, h. e. divino-humanae et humanodivinae, etiam naturas communicare suas operationes invicem; sic erat humana vox: „Juvenis, tibi dico, surge', Luc. 7, 14., sed erat quoque divina vox, quia vox omnipotens mortuos ad vitam revocans; quis vero hic non agnosceret vocem humanam vehiculum actionis divinae, idcirco operationum conjunctionem et communicationem vel manibus palparet?" (Διάσκεψις. § 653.)

IDEM: „Communio *operationum* est consequens per se communicationis idiomatum ἐνεργητικῶν. Etenim si communicantur proprietates agentes, necesse est, illas operari, prout sunt, nempe non in solo subjecto primo et naturali, sed in eo per illud etiam, quod idiomata per communicationem possidet. Ita non anima hominis videt facultate optica absque oculo, sed visivam potentiam oculo communicatam exercet atque exserit per oculum et in oculo; nec potest hanc suam facultatem usurpare, quam unice per oculum, qui, ut potentiae, sic et operationis factus fuit particeps. Quando autem cessat anima suas operationes communicare corpori, rumpitur unionis hypostaticae vinculum." (L. c. § 647.)

d) Ita e. g. ad opus *satisfactionis* aut *redemtionis*, in quo includitur *partim* toleratio acerbissimae passionis et mortis, *partim* additio infiniti valoris (ut sit passio non nuda, sed satisfactoria), *prius* ad naturam humanam, *posterius* ad divinam naturam *per se* pertinet. Similiter ad opus illud miraculosum, quo Christus ad probandum suum, velut Messiae, officium homini coeco nato visum restituit, *Joh. 9, 6. sqq.*, *humana* quidem Christi natura, quod suum est, contulit, quoad actum *exspuendi in terram, faciendi lutum ex sputo, et illinendo lutum super oculos coeci, dicendo* denique *ei: vade, lava in piscina Siloae; divina* vero natura, quod suum est, contulit influendo videlicet virtute infinita ad effectum illum supernaturalem producendum.

FECHTIUS: „Duo extrema cavenda sunt: primo, *naturarum confusio*, ne nimirum operationes unius naturae alteri, quasi ei propriae sint, adscribantur aut oriantur ex commixtione utriusque naturae; secundo, *actionum separatio*, ne putentur actiones utriusque naturae separatim a naturis fluere, quemadmodum e. g. duo rivuli separatim fluunt ad unum fontem vel lacum constituendum sine ulla communione; sed potius utriusque naturae proprietates intime sibi invicem communicare credendae sunt, ut nulla sit particula *passionis humanae*, quin sit divinitatis quasi anima imbuta, nec ulla *divinitatis actio*, quin imbuta humano sanguine, ad eum modum, quo gladius ignitus et secat et urit, igne et ferro suum quodlibet conferente, et tamen ita actione communi agunt, ut nec ferrum extra ignem ita penetranter secaret, nec ignis extra ferrum ita penetranter ureret." (Compend. th. thet. c. 17. § 51. p. 469.)

OLEARIUS: „Irenaeus, dum lib. 3. c. 21. dicit, Christum crucifixum et mortuum esse ἡσυχάζοντος τοῦ λόγου, *conquiescente Verbo*, nequaquam excludit λόγον ab opere redemtionis, sed solum infert *potentiae retractionem* et inhibitionem exercitii per carnem, sine qua impossibile

fuisset, Christum pati et mori. Interim tamen sola humanitas non potuisset infinitum λύτρον in hac passione praestare, si λόγος excluderetur."
(Vid. Carpzovii Isag. in libb. symbol. p. 1515.)

LUTHERUS: „Das heisst er (Zwingli) *Allöosin*, wenn etwas von der Gottheit Christi gesagt wird, das doch der Menschheit zustehet, oder wiederum, als Luc. 24, 26.: ‚Musste nicht Christus leiden, und also zu seiner Ehre gehen?‘ Hie gaukelt er, dass Christus für die menschliche Natur genommen werde. Hüte dich, hüte dich, sage ich, vor der Allöosi, sie ist des Teufels Larven; denn sie richtet zuletzt einen solchen Christum zu, nach dem ich nicht gerne wollte ein Christ sein, nämlich dass Christus hinfort nicht mehr sei noch thue mit seinem Leiden und Leben, denn ein ander schlechter Heilige. Denn wenn ich das glaube, dass allein die menschliche Natur für mich gelitten hat, **so ist mir Christus ein schlechter Heiland, so bedarf er wohl selbst eines Heilandes.** Summa: es ist unsäglich, was der Teufel mit der Allöosi sucht. . . Insonderheit ist der Zwingel hinfort nicht werth, dass man ihm mehr antworten solle, er widerrufe denn seine lästerliche Allöosin. Denn wie man spricht: Eine öffentliche Lügen ist keiner Antwort werth; also ist auch der als ein öffentlicher Ketzer zu meiden, der einen öffentlichen Artikel des Glaubens leugnet. Nun leugnet der Zwingel nicht allein diesen höchsten nöthigsten Artikel (dass Gottes Sohn für uns gestorben sei), sondern lästert dasselbe dazu und spricht: Es sei die allergreulichste Ketzerei, so je gewesen ist. Dahin führet ihn sein Dünkel und die verdammte Allöosis, dass er die Person Christi zertrennet, und lässt uns keinen andern Christus bleiben, denn einen lautern Menschen, der für uns gestorben und erlöset habe. **Welches christliche Herz kann doch solches hören oder leiden? Ist doch damit der ganze christliche Glaube und aller Welt Seligkeit allerdings weggenommen und verdammt. Denn wer allein durch Menschheit erlöset ist, der ist freilich noch nicht erlöset, wird auch nimmermehr erlöset."** (Grosses Bekenntniss. XX, 1180. 1206. sq.)

LUTHERUS: „Ach, Herr Gott, von solchem seligen, tröstlichen Artikel sollte man ungezankt, ungezweifelt, im rechten Glauben immer fröhlich sein, singen, loben und danken Gott dem Vater für solche unaussprechliche Barmherzigkeit, dass er uns seinen lieben Sohn hat lassen uns gleich Mensch und Bruder werden. So richtet der leidige Satan durch stolze, ehrsüchtige. verzweifelte Leute solchen Unlust an, dass uns die liebe und selige Freude muss verhindert und verderbet werden. Das sei Gott geklagt! Denn wir Christen müssen das wissen: *Wo Gott nicht mit in der Wage ist und das Gewichte gibt, so sinken wir mit unsrer Schüssel zu Grunde.* Das meine ich also: Wo es nicht sollte heissen: *Gott* ist für uns gestorben, sondern allein ein *Mensch*, so sind wir verloren. Aber wenn *Gottes Tod* und *Gott gestorben* in der Wageschüssel liegt, so sinket er unter und wir fahren empor als eine leichte ledige Schüssel. Aber er kann wohl auch wieder emporfahren oder aus seiner Schüssel springen. Er könnte aber nicht in die Schüssel sitzen, er müsste uns gleich ein Mensch werden, dass es heissen könnte: Gott gestorben, Gottes Marter, Gottes Blut, Gottes Tod. Denn Gott in seiner Natur kann nicht sterben, aber nun Gott und Mensch vereiniget ist in eine Person, so heissets recht: Gottes Tod, wenn der Mensch stirbt, der mit Gott ein Ding oder eine Person ist. . . Ich habe wohl auch vor mir Nestorianos gehabt, die sehr steif wider mich fochten, dass die Gottheit Christi nicht könnte leiden, und zum Wahrzeichen schrieb auch Zwinglius wider mich über diesen Spruch: Verbum caro factum est Joh. 1, 14., und wollt schlecht nicht, dass Verbum sollt factum heissen, sondern wollte haben: Verbum caro facta est; Ursache: Gott könne nichts werden. Ich aber zu der Zeit selbst nicht wusste, dass solches Nestorii Dünkel wäre." (Von Conciliis u. Kirchen. XVI, 2728. sq. 2730.)

Idem: „Das dienet nun dazu, wie nun oft gesagt ist, dass wir können wider den Teufel bestehen und ihn im Todeskampf und andern Nöthen überwinden, wenn er uns schrecket mit der Sünde und Hölle. Denn wo er mir das angewönne, dass ich Christum als einen lautern Menschen für mich gekreuziget und gestorben ansähe, so wäre ich verloren; wenn ich aber den Schatz und das Gewicht daran hänge, dass Christus beide, wahrhaftiger Gott und Mensch, für mich gestorben ist u. s. w., das wiegt und schlägt weit über alle Sünde, Tod, Hölle und alle Jammer und Herzleid. Denn wenn ich das weiss, dass der, so wahrhaftiger Gott ist, für mich hat gelitten und gestorben ist, und wiederum, derselbige wahrhaftige Mensch von Todten auferstanden, gen Himmel gefahren u. s. w., so kann ich gewisslich schliessen, dass meine Sünd und Tod durch ihn getilget und überwunden ist, und nun bei Gott kein Zorn und Ungnade über mich ist, weil ich in dieser Person Nichts, denn eitel Gnaden-Zeichen und Werk, sehe und höre. Siehe, also lerne diesen Artikel fassen, dass man diese Person Christi ganz behalte und beider Naturen Werk in einander schliesse, obwohl die Naturen unterschieden sind. Denn nach der göttlichen Natur ist er nicht von einem Menschen geboren, noch etwas von der Jungfrau genommen. Und ist wahr, dass Gott ist der Schöpfer, der Mensch aber eine Creatur oder Geschöpf; hier aber sind sie zusammen kommen in Eine Person und heisst nun Gott und Mensch Ein Christus; dass Maria hat einen Sohn geboren und die Juden solche Person gekreuzigt, welcher ist Gott und Mensch. Sonst, wo er lauter Mensch wäre, als andere Heilige, vermöchte er mit aller seiner Heiligkeit, Blut und Sterben nicht Eine Sünde von uns zu nehmen oder ein Tröpflein des höllischen Feuers zu löschen. Das ist unsere Kunst, Lehre und Trost aus der Schrift, so wir von Christo haben, wiewohl es vor der Welt und spitzigen Vernunft für lauter Thorheit angesehen wird. Aber lass andere klug sein in ihres Gottes, des Teufels, Namen und das Herzeleid haben mit ihrer unzeitigen Grammatica und Rhetorica, so sie damit wollen die Schrift meistern und sie zerreissen oder je nichtig machen. Es sind arme Grammatici, die da wollen aus ihrer *Kunst* von diesen hohen Sachen reden und urtheilen. Es gehören andere Leute dazu, denn diese Vocabulisten und Grammatisten, nämlich, die etlichemal sich mit der Sünd und Tod gerauft und gefressen oder mit dem Teufel gebissen und gekämpft haben." (Ad Joh. 14, 16. VIII, 170. sq.)

e) Praeivit nostris *Leo M.* in Ep. X. his verbis: *Agit utraque forma* (i. e. utraque natura in persona Christi) *cum communicatione alterius, quod sibi proprium est, verbo scilicet operante, quod verbi est, et carne exequente, quod carnis est.*

Gerhardus: „Qui disputant, humanam Christi naturam in operibus officii et redemptionis agere tantum, quae sunt humana, sicut divina agit, quae sunt divina: committunt illi fallaciam compositionis et divisionis, dum insufficientem definitionem hujus generis proponunt. Verissimum quidem est, in operibus officii utramque Christi naturam agere, *quod cuique proprium est,* sed eo non absolvitur integra definitio, verum addendum etiam illud, quod canon concilii Chalcedonensis addit: *Cum communicatione alterius'.* . . Nisi haec περικοπὴ addatur, nulla in hoc genere esset idiomatum κοινωνία. Quare in hoc genere tria accurate sunt notanda, ut κοινωνία in eo sit illustrior. *Primo,* quod utriusque naturae operationes in uno apotelesmate et ad unum apotelesma concurrant. *Secundo,* quod una natura in officio mediationis ac redemtionis aliquid agente altera non sit otiosa et nihil agat, multo minus sit separata, sed agenti alteri personaliter unita maneat. Sic patiente humanitate non est otiosa divinitas, sed adest personaliter naturae patienti eamque corroborat et sustentat, ut possit immensum illud onus peccatorum totius mundi et irae divinae peccatis illis debitae sustinere, et efficit passiones illas salutares ac coram toto mundo pretiosas. *Tertio*, quod humana natura in operibus officii agit non tantum, quae sibi propria sunt, per essentiales suas proprietates, sed etiam quae vere divina, per communicatam sibi majestatem et virtutem." (L. c. § 283.)

ANTITHESIS.

QUENSTEDTIUS: "*Antithesis: Calvinianorum*, qui 1.) negant, κοινοποίησιν seu communicationem ἀποτελεσμάτων sive actionum officii ad κοινωνίαν ἰδιωμάτων referri posse... 2.) Docent, utramque naturam suum agere per se, solam et absque communicatione alterius, atque sic humanam Christi naturam in operibus officii humana tantum agere ex naturalibus suis proprietatibus, a divinis vero actionibus prorsus excludendam esse. 3.) Statuunt, carnem Christi ad miracula concurrisse ut nudum tantum et ἀεργον instrumentum... Carnem Christi non plus contulisse ad miracula facienda, quam fimbria vestis ad sanandam haemorrhoousam." (L. c. s. 2. q. 16. f. 300.)

§ 23.

Pertinent igitur huc *propositiones* illae, quarum *praedicatum* est operatio ad officium Christi pertinens; *subjectum* autem est nomen concretum, *sive* ab utraque,[a] *sive* ab una natura[b] personam Christi[c] denominans; imo et *istae*, in quibus de persona Christi ipsum nomen officii in concreto[d] praedicatur.

CASP. LOESCHERUS: "In genere primo praedicatum semper est ἰδίωμα alterius naturae; ... in secundo genere praedicatum semper est ἰδίωμα divinae naturae; ... in tertio autem genere praedicatum semper ἀποτελέσματα divina." (Theol. thetica. 1701. p. 104.)

a) Talis est illa: *Christus mortuus est pro peccatis nostris, 1 Cor. 15, 3.*, ubi subjectum, *Christus*, est nomen personae ab utraque natura denominatae praedicatum, τὸ *mori pro peccatis nostris*, est opus officii mediatorii, quod complectitur partim τὸ *mori*, quod est idioma humanae naturae, partim additionem infiniti valoris, ut mors illa haberet rationem λύτρου *pro peccatis*. Cui respondent illae: *Christus Jesus dedit se ipsum* (scilicet *in mortem*) *pro peccatis nostris, Gal. 1, 4. Christus dedit se ipsum pro nobis oblationem et victimam in odorem bonae fragrantiae, Ephes. 5, 2.*

J. WANDALINUS: "In *passionibus* subjectum *quod* est ipsa divina persona, subjectum *quo* natura humana: ,Christus morte fuit affectus carne', 1 Pet. 3, 18.; in *actionibus* principium *quod* tota persona, principium *quo* divina natura: ,Christus vivificatus Spiritu', ibid." (Ὑποτύπωσις sanor. verb. Havniae 1703. p. 102.)

b) Huc pertinent istae: *Filius Dei* (quod est nomen concretum divinae naturae) *dissolvit opera diaboli* (eruendo homines e potestate ejus per meritum obedientiae suae et colligendo eos ad regnum gratiae; ubi proinde includuntur actiones et passiones humanae naturae et simul vis illa infinita, destruendo regno satanae sufficiens, quae se una tunc exseruit) *1 Joh. 3, 8. Semen mulieris* (Messias, ab humana natura denominatus) *conteret caput serpentis* (antiqui illius, sive diaboli, cujus regnum et potentiam destruet) *Gen. 3, 16.*, *Filius hominis venit salvare animas Lucae 9, 56.*

> GERHARDUS: ,,Calviniani propositionem illam: ,Deus est passus', ita resolvunt, ut ultima tandem analysis eo redeat: Humana tantum natura est passa (Steinius in vindic. conc. irenicae f. 45. negat, Calvinianos a passionis et mortis κοινωνίᾳ excludere λόγον ὑπόστασιν; sed tamdiu illud verum manebit, quamdiu defendunt hoc suum axioma: Propria non possunt alteri subjecto, tametsi unito, realiter communicari; ac contra ipsos propria eorum verba testantur), unde *Cinglius* propositionem illam explicat per ἀλλοίωσιν. . . *Calvinus* eo progreditur, ut scribat lib. 2. instit. c. 17. s. 1.: ,Equidem fateor, si quis simpliciter et per se Christum opponere vellet judicio Dei, non fore merito locum, quia non reperietur in *homine* dignitas, quae possit Deum promereri.' Tilenus in notis ad lib. Bellarm. de Christo p. 13. sic ἀναλύει: ,Christus, in quo est deitas, conjunctam habens humanitatem, patitur.' Herborn. in rudim. lib. 2. p. 100.: ,Humana natura Christi tantum mortua est, non deitas, *non tota persona.*'" (L. c. § 195.)

c) Notanter dicitur, *personam* Christi stare subjecti loco, sive ab utraque, sive ab una natura denominetur. Nam quod de humana natura in abstracto, praeter ea, quae ipsi propria sunt, illa quoque, quae vere divina sunt, recte praedicatur, id ad secundum genus communicationis pertinere diximus.

d) V. g. Christus est noster *mediator, salvator, rex.* Perinde enim est, quantum ad praesens attinet, sive dicas, Christum secundum utramque naturam *operari* ex officio, sive, ei competere *functionem,* cujus vi certo modo operetur.

> GESNERUS: ,,Nomina officii: mediator, redemtor etc., sunt ἐνεργητικὰ, quibus operationes et actiones, earumque effectus et applicatio ad singulos homines significatur." (Orthod. conf. p. 302.)

Sectio II.

DE STATIBUS EXINANITIONIS ET EXALTATIONIS.

§ 1.

Quamvis unionem personalem indivulso nexu secuta sit communicatio idiomatum, adeoque et communicatio majestatis,[a] tamen majestas illa non eodem semper modo se exseruit, sed factum est, ut Christus primum *exinanitus,* deinde *exaltatus esset.*[b]

a) Vid. supra Sect. I. § 16. et 20. Unde patet, quod sicut divina natura humanae naturae inseparabiliter unita fuit, ita per eandem unionem perpetuo durantem majestas divina, in actu primo spectata, humanae naturae semper communicata manserit.

b) Vid. *Phil. 2, 6. sqq.*, praecipue v. 7., ubi expresse dicitur de Christo: ἑαυτὸν ἐκένωσε, *se ipsum inanem reddidit (inanivit, exinanivit)*, et v. 9.: ὁ Θεὸς αὐτὸν ὑπερύψωσε, Deus illum *valde exaltavit*, aut in summam sublimitatem extulit.

GERHARDUS: „Exinanitio Christi accipitur in sensu 1. ecclesiastico, 2. biblico. *Ecclesiastice*, i. e., secundum stylum ecclesiae doctorum sumitur, pro clementi inclinatione, qua ὁ λόγος se inclinavit ad miserendum nostri et ad succurrendum nobis, ac de coelo descendens humanam naturam assumere est dignatus. Haec exinanitio *improprie* et in sensu ecclesiastico sic dicta vocatur ‚humiliatio incarnationis‘. Item σχετικῂ, qua Filius Dei se humiliasse dicitur ‚inclinatione miserationis‘, Joh. 1, 14. 3, 13. 1 Tim. 3, 16.ˑ Heb. 3, 16. Explicandum hoc ϑεοπρεπῶς de ἐπιδόσει ex incorporali majestate ad vilitatem corporis. . . In sensu *biblico* sive secundum stylum apostoli Phil 2. exinanitio *proprie* accipitur pro ipsa Jesu Christi sive λόγου incarnati κενώσει.“ (Exeg. l. IV. § 293. sq.)

§ 2.

Pertinet itaque exinanitio Christi ad *humanam* ejus *naturam*,ᵃ atque *in eo* consistit, quod Christus *majestatis* divinae,ᵇ quam in unione personali humana natura communicatam accepit, *usu plenario*ᶜ aliquamdiu se *abdicavit* et tanquam *vilis homo*ᵈ sustinuit, quae longe infra divinam majestatem fuerunt.ᵉ

a) Nam quod *Filius Dei assumsit naturam humanam*, per hoc divina natura proprie loquendo exinanita non fuit, neque majestate sua ipsa se exuit aut inferior facta est, quippe prorsus immutabilis et perfectionibus suis incessanter utens.

FORMULA CONCORDIAE: „Rejicimus etiam damnamusque, quod dictum Christi (Matth. 28, 18.): ‚Mihi data est omnis potestas in coelo et in terra‘, horribili et blasphema interpretatione a quibusdam depravatur in hanc sententiam: quod Christo *secundum divinam suam naturam* in resurrectione et ascensione ad coelos iterum *restituta* fuerit omnis potestas in coelo et in terra, perinde quasi, dum in statu humiliationis erat, eam potestatem etiam *secundum divinitatem deposuisset et exuisset*. Hac enim doctrina non modo verba testamenti Christi *falsa* explicatione pervertuntur, verum etiam dudum damnatae *Arianae haeresi* via de novo sternitur, ut tandem aeterna Christi divinitas negetur et Christus totus, quantus est, una cum salute nostra amittatur, nisi huic impiae doctrinae ex solidis verbi Dei et fidei nostrae catholicae fundamentis constanter contradicatur.“ (Artic. VIII. Epit. p. 550.)

EADEM: „Quantum ad *divinam* in Christo naturam attinet, cum ‚in ipso nulla sit‘, ut Jacobus testatur (Jac. 1, 17.), ‚transmutatio‘, divinae Christi naturae per incarnationem nihil (quoad essentiam et proprietates ejus) vel accessit vel decessit, et per eam in se vel per se *neque diminuta neque aucta* est.“ (Art. VIII. Declar. p. 684.)

LUTHERUS: „Alles, was von Christi Niedrigung und Erhöhung ist gesagt, soll dem *Menschen* zugelegt werden, denn göttliche Natur mag weder geniedriget noch erhöhet werden. . . Obwohl die zwo Naturen unterschieden sind, so ist's doch Eine Person, dass alles, was Christus thut oder leidet, hat gewisslich Gott gethan und gelitten, wiewohl doch nur Einer Natur dasselbe begegnet ist. Als im Gleichniss: wenn ich sage von einem verwundeten Bein eines Menschen, spreche ich: Der *Mensch* ist wund, so doch seine Seele oder der ganze Mensch nicht wund ist, sondern ein Stück seines Leibes; darum, dass Leib und Seele Ein Ding ist. Wie ich nun von Leib und Seele reden muss unterschiedlich, also auch von Christo." (Kirchenpostille. XII, 210.)

CHEMNITIUS: „Exinanitio non fuit absentia, privatio, carentia, amissio, despoliatio, depositio aut exuitio attributorum divinitatis *in natura divina* λόγου, quasi illa tunc vel non habuerit *vel in se illa non usurparit;* ut divinitati ea reddenda vel restituenda fuerit; dicit enim imminente passione in summa exinanitione: ,Omnia, quaecunque Pater habet, mea sunt' Joh. 16. et Joh. 5.: ,Pater meus usque modo operatur et ego operor.' Sed dicitur se exinanivisse, quia majestatem suam divinam per assumptam carnem tempore humiliationis non semper exseruit. In exaltatione igitur post depositam exinanitionem datum fuit Christo, ut in carne, cum carne et per carnem assumptam plena usurpatione luceret ac se exsereret divinitatis majestas. Non ergo divinae naturae in se reddita, sed *humanae* eo modo data fuit illa gloria et exaltatio." (De duabus naturis in Christo etc. libellus. Francof. et Witteb. 1653. c. XXII. fol. 108. sq.)

QUENSTEDTIUS: „*Subjectum* exinanitionis est vel quod, vel quo. *Subjectum quod est persona* τοῦ λόγου, non qua ἄσαρκος et incarnanda, sed qua ἔνσαρκος et incarnata; dicitur enim expresse Phil. 2, 5. ,*Christus Jesus*', quae nomina sunt personae συνθέτου sive compositae ex utraque natura... Nec aliud subjectum admittunt *praedicata*, quae h. l. Christo tribuuntur, scl. fuisse in ,forma Dei', assumsisse ,formam servi', exinanitum, passum, mortuum, exaltatum' esse etc. Est quidem Verbi incarnatio humiliatio, sed non exinanitio. Per *exinanitionem* autem cum antecessoribus nostris intelligimus ,evacuationem divinae gloriae, assumtionem servilis formae et obedientiam ad mortem crucis' juxta definitionem apostolicam Phil. 2, 7. sqq.; incarnatio autem facta est sine tali evacuatione, ac proinde incarnatio non est exinanitio. *Humiliatio* autem est, quando, ,qui summa gloria et majestate constitutus est, in gratiam hominum abjectorum illustria opera peragit', qualis humiliatio certe est, quod λόγος ad redimendum genus humanum carnem assumsit, quod Athanasius Orat. c. Sabellianos vocat τοῦ λόγου ἐπίδοσιν, ,inclinationem Verbi ex incorporali majestate ad finitatem ipsius'. Sic et Deus Pater humiliatur, quando descendisse dicitur ad confundendas linguas hominum Gen. 11, 7., quando descendit, ut liberet populum suum Ex. 3, 8. Et Spiritus S. humiliatur, quando, a Patre et Filio missus, in hominum corda venit, preces causatur et efficit aliaque coelestis gratiae opera peragit. Interim nec Pater, nec Λόγος, nec Sp. S. exinaniri dicuntur. Errant ergo graviter v. g. Calviniani, pontificii, Weigeliani et Novatores non discernendo ταπείνωσιν, humiliationem, a κενώσει, exinanitione, quarum illa omnibus deitatis personis, haec nonnisi Christo et quidem in solo exinanitionis statu, a nativitate usque ad resurrectionis tempus versanti, competit. Vid. Consilia th. Witteberg. P. I. p. 536. n. 6. *Subjectnm quo est natura humana*, utpote quae sola deteriorationis capax est. Nec enim nisi secundum humanam naturam Christus in forma Dei fuit et habuit τὰ ἴσα τῷ Θεῷ et potuisset, si voluisset, se aequalem Deo gerere; nonnisi secundum carnem potuit pati, mori, deteriorari, meliorari et exaltari. Divina natura est ἀπαθής, impassibilis, inalterabilis et immutabilis, nec ullius deteriorationis aut meliorationis, exinanitionis vel exaltationis capax." (Th. did.-pol. P. III. c. 3. membr. 3. s. 1. th. 2. 3. fol. 475. sq.)

H. KROMAYERUS: „Sunt, qui statuunt ex Reformatis, ut nominari volunt, Christum etiam secundum divinam naturam exinanitum fuisse. Quae sententia cum Scripturis et orthodoxae antiquitati contraveniat, eandem rejicimus, sequentibus nixi fundamentis: 1. Quia secundum

quam naturam Christus servus factus est et mortem crucis sustinuit,
secundum illam fuit exinanitus et postmodum exaltatus. Sed secundum h. n. servus factus est et mortem crucis sustinuit. Major ex
cap. 2. ep. ad Phil. v. 7. probatur. Minor ex eo in propatulo est, quod
rex regum et dominus dominantium ἀπαθὴς καὶ ἀθάνατος 1 Tim. 6, 15. 16.
servire, pati ac mori non possit. Unde veteres dixerunt: ‚Altissimus
non potest exaltari; item: Non Altissimus, sed caro Altissimi exaltatur;
item: Non assumentis, sed assumti est provectio. 2. Quia divina
natura semetipsam evacuare non potest usu regiminis, quod ipsi per
naturam competit. Unde Joh. 5, 17. inquit: ‚Pater meus huc usque
operatur, et ego operor.‘ Jam si Christus cum Patre ac Sp. S. in diebus carnis secundum div. n. hoc universum gubernavit, exinanitio ipsi
secundum hanc ipsam naturam minime competit. 3. Quia ὑπερύψωσις
dicitur χάρισμα Phil. 2, 9.: ‚Deus ἐχαρίσατο, i. e., ex gratia ipsi Christo
dedit nomen super omne nomen.‘ Jam vero ut Deus per gratiam nihil
accipere potest. Christus ut Deus dat omnia, ut homo accipit omnia.
Quod si vero Christus secundum div. nat. non fuit exaltatus, ergo nec
secundum eandem fuit exinanitus. 4. Quia in Deum nulla mutatio
cadit, Ps. 102, 28. Mal. 3, 6., imo ne τροπῆς ἀποσκίασμα i. e. ne umbra
quidem mutationis, ut Jacobus loquitur ep. suae c. 1, v. 17. 5. Quia
sententia haec tanquam Arianismum sapiens ab antiquitate cana et sana
fuit rejecta. Sic enim Leo M. ep. 23. (ut circa finem citatur a Form.
Conc.): ‚Dicant adversarii veritatis, quando omnipotens Pater vel secundum quam naturam Filium suam super omnia evexerit vel cui substantiae cuncta subjecerit? Deitati enim ut creatori semper subjecta
fuerunt. Huic si addita potestas, si exaltata sublimitas, minor erat
provehente nec habebat divitias ejus naturae, cujus indiguit largitate;
sed talia sentientem in societatem suam Arius rapit.‘ Vide ibidem loca
plura. Antithesis: Exinanitio et exaltatio Christo secundum utramque
naturam competit. Ἐκδίκησις: Pro adstruenda hac sententia proferunt
Reformati: 1. Speciem istam exinanitionis, qua F. D. adhuc ἄσαρκος ex
coeli fastigio se demisit in has terras et humanam nat. assumsit. Sed
respondemus distinguendo inter exinanitionem proprie dictam, de qua
quaestio est, et catachresticam. Quando F. D. humanam nat. assumsit,
non fuit exinanitio proprie dicta (quia per incarnationem F. D. gloriam
divinam non deseruit nec usu regiminis hujus universi semet evacuavit),
sed catachrestica, commiscrationis scl. erga genus humanum inclinatio.
2. Quod Christus passus fuerit ἡσυχάζοντος τοῦ λόγου i. e. quiescente
Verbo. Sed resp.: illam Verbi quietem secundum quid intelligendam
esse, nim. quoad depulsionem injuriarum ab humana natura, non quoad
abstinentiam ab hujus universi regimine. Alias cum caro subjiceretur
hostium injuriis, divina nat. triumphavit miraculis, solem obtenebrando,
terram concutiendo, petras scindendo. 3. Quod hominum respectu
divina τοῦ λόγου gloria fuerit obscurata. Sed resp.: h. l. non de gloriae
divinae manifestatione vel obscuratione respectu hominum, sed de vera
divinae majestatis, quantum ad usum, evacuatione agi. Etiam ut
nomen Dei ἄσάρκου sanctificetur, Christus orare jubet Matth. 6, 9., licet
in se sanctum sit et maneat, sc. apud nos, in cordibus nostris. Quare
licet et ipsius Patris gloria non ab omnibus agnoscatur, propterea
tamen exinaniri non dicitur. 4. Quod F. D. servi formam assumserit.
Sed resp.: per servi formam non ipsam humanam nat., sed conditionem humanae naturae intelligi. Nec aliqua ignominia propterea in Dei
Filium redundavit aut minor factus est reliquis personis deitatis, quod
humanam nat. assumserit, quia unio facta est ἀτρέπτως καὶ ἀσυγχύτως
i. e. absque ulla conversione ac confusione naturarum. 5. Quia
Christus Joh. 17, 5. glorificari petit ea gloria, quam habuit ante jacta
mundi fundamenta; ergo illam ad tempus non habuit. Sed resp.: id
fieri propter identitatem personae. Imprimis autem attendenda sunt
verba in objectione omissa: ‚Glorifica me, Pater, apud te ipsum.‘ Ergo
non intelligitur saltem manifestatio gloriae respectu hominum. Tria
inprimis ex hoc aureo dicto eliciuntur: 1.) caruisse Christum, sc. se-

cundum hum. nat., gloria ista, qua glorificari petit; 2.) gloriam istam
esse infinitam, quam Filius habuit ante jacta mundi fundamenta;
3.) glorificationem illam fieri apud Deum, non saltem coram hominibus,
ut Calviniani respectu divinae, Tubingenses respectu naturae hum.
volunt. Tandem cum pro se adducunt simile istud patribus usitatum
de sole tecto nubibus, tenendum, id potius fieri propter humanam naturam, per quam, veluti densissimam nubem, radii communicatae divinae majestatis penetrare in statu κενώσεως non potuerunt, sole interim
de sua luce nihil perdente." (Theol. posit.-pol. I, 256—258.)

E. HUNNIUS: „Obtendunt adversarii, hunc locum ad Philipp. de
Christo secundum deitatem exponendum esse. — Quominus locum
illum directe ad λόγον *juxta deitatem* referamus, et analogia fidei obstat,
et textus ipse eam expositionem refellit. Non enim scribit in hoc loco
praesente Paulus, quod Filius Dei sive λόγος humanam naturam assumpserit, sed quod Jesus Christus (qui scl. jamjam Deus et homo erat)
servi formam assumpserit. Nec potest affirmari, quod humanitas
Christi sit illa ipsa forma servi, de qua Paulus loquitur. Nam *formam
servi* post resurrectionem *deposuit*. *Humanitatem* vero *retinuit*. Si
vero simpliciter unum idemque essent forma servi et assumta natura
humana, tum Christus aut deposita forma servili simul quoque humanitatem exuisset aut retenta humanitate formam servi retineret et adhuc
in gloria sua esset; quod adversa quasi fronte pugnat cum manifestis verbis Petri Act. 2., dicentis: Jesum crucifixum
dextra Dei exaltatum *Dominum* et Christum factum esse. Praeterea
nec verbum Graecum ἐκένωσε, quo is ipse status exinanitionis exprimitur, admittit, eum statum ad deitatis naturam accommodari, quae
ratione sui ipsius invariabilis existens se ipsam evacuare nequit, sed
cum Patre et Sp. S. coelum et terram eo etiam tempore λόγος gubernavit, quando respectu humanitatis se evacuarat; sicut Joh. 5. Christus
ait: ‚Pater meus operatur usque modo, et ego operor." (Libelli 1V.
de persona Christi etc. p. 61. sq.)

BALDUINUS: „Paulus loquitur non de λόγῳ, sed de Jesu Christo,
quod nomen est Filii Dei incarnati; de eo, qui est *in* forma Dei, λόγος
autem est ipsa Dei forma; de eo, qui servi formam deposuit, humanam
vero naturam, quam in incarnatione adsumsit, nunquam deponit; de
eo, qui se ipsum exinanivit seu juxta emphasin Graecae vocis evacuavit,
quod de λόγῳ dici nequit; de eo, qui Patri obediens factus est usque ad
mortem crucis, id quod Christus deitatis respectu non fecit; de eo
denique, qui exaltatus fuit, quod iterum λόγῳ non competit; de quibus
omnibus fusius suo loco egimus. Hic observetur tantum scopus apostoli nostri, cui propositum non est, docere, quomodo Filius Dei carnem assumserit, sed quomodo Jesus Christus in sua humanitate formam
servi assumserit et hoc ipso exemplum humilitatis suis reliquerit; quod
adeo verum est, ut Calvinus ipse scribat super hunc locum: ‚Paulus
hic non docet, quid fuerit Christus, sed qualiter se gesserit.'" (Disp.
de cap. 2. ep. ad Phil. Witteb. 1617. B. b.)

DANNHAUERUS: „Quem exinanivit? Ἑαυτὸν, non ratione deitatis,
sic enim ‚Filius ὁμοίως operatur' (Joh. 5, 19.), ‚filius hominis est in
coelo' (3, 13.), sed ratione humanitatis, quae sola exinanitionis est
capax." (Hodosoph. Phaenom. VIII. L. p. 351. sq.)

ANTITHESES.

GERHARDUS: „1. *Jesuitae* doctrinam de exinanitione et exaltatione
Christi multis modis pervertunt: 1.) exinanitionem et formae servilis
assumtionem absolute et immediate de opere incarnationis exponunt.
Cornel. a Lapid. in comm. Phil. 2. Salmeron ibid... 2. *Calviniani*
1.) Christum secundum utramque naturam exinanitum et exaltatum
esse statuunt. Beza P. I. resp. ad Coll. p. 96. Sohnius in exeg.

p. 246. Anhald. in apol. Germ. contra Elector. p. 417. et a. . . 3.) exinanitionem et formae servilis assumtionem de incarnatione simpliciter
definiunt." (L. c. § 313. sqq.)

THOMASIUS: „Als Annahme der menschlichen Natur ist die *Incarnation* zugleich *Selbstbeschränkung Gottes des Sohnes.*" (Christi Person
und Werk. Zweite Auflage. II. § 40. p. 144.) „In ihr (der *Erniedrigung*) wird die göttliche That des Anfangs zur gottmenschlichen That
seines ganzen Lebens. Der *Unterschied* zwischen ihr und zwischen der
in der *Menschwerdung* schon enthaltenen Selbstbeschränkung besteht
also darin, dass die Erniedrigung nicht wie jene den λόγος ἄσαρκος, sondern den λόγος ἔνσαρκος d. h. den ganzen einheitlichen Gottmenschen
zum Subjecte hat, sodann, dass sie als die gottmenschliche Fortsetzung
jener Selbstbeschränkung durch den Weg der Niedrigkeit und der Leiden, durch den Kreuzesweg hindurch, also immer tiefer in die einmal
eingeschlagene Richtung eingeht. . . Es (das irdische Leben des Erlösers) ist *Offenbarung der immanenten* göttlichen Eigenschaften, der
absoluten Macht, Wahrheit, Heiligkeit und Liebe. Denn so wenig sich
der Sohn dieser göttlichen Wesensbestimmtheiten, die als solche von
dem Wesen Gottes unzertrennlich sind, mit der Incarnation begeben
hat, so wenig hält er als der Menschgewordene ihren Gebrauch zurück.
. . . Nichts desto weniger ist die Erniedrigung zugleich *Entäusserung*,
fortgesetzte Entäusserung der göttlichen Seins- und Wirkungsweise,
deren er sich mit der Fleischwerdung begeben hat, und eben damit der
sogenannten *relativen göttlichen Eigenschaften*, in denen die immanenten
nach aussen hin sich manifestiren und zur Erscheinung kommen: der
*Allmacht, Allwissenheit, Allgegenwart. Auf den Besitz dieser Eigen-
schaften leistet er Verzicht.* . . Er war kein allmächtiger Mensch. Selbst
die Wunder, die er vollbrachte, beweisen dagegen nichts; denn das
sind die Werke, die ihm der Vater gibt.; er thut sie nicht aus eigenem
Vermögen, sondern in der Kraft, auf das Geheiss dessen, der ihn gesandt hat. . . Nicht anders verhält es sich mit seinem Wissen. . . Das
Wissen des Erlösers aber, auch das um Gottes Rath und Willen, entwickelt sich auf successive Weise, es reift mit den wachsenden Geistes-
kräften unter natürlichen Vermittlungen und Bedingungen, und hat
auch in dem gereiften Manne seine Grenzen. . . Der Mittler war kein
allwissender Mensch.—Was endlich die *Gegenwart* betrifft, so zerstörte
offenbar die Annahme, er habe während dieses Stadiums ausserhalb
der Beschränkung des Raumes existirt, die Wahrheit seines ganzen geschichtlichen Lebens. . . Hiernach ist uns also die Erniedrigung nicht
eine blosse Verhüllung, sondern eine wirkliche *Kenosis* der bezeich-
neten göttlichen Eigenschaften, und zwar nicht blos ihres *Gebrauches*,
sondern ihres *Besitzes.* . . Wir sagen also einfach: der Erlöser war
während seines irdischen Lebensstandes weder allmächtig, noch all-
wissend, noch allgegenwärtig. Das aber sagen wir von der *ganzen un-
getheilten Person desselben,* von dem menschgewordenen *Sohne Gottes.*
Nichts kann uns ferner liegen, als die Vorstellung: seiner *Menschheit*
nach habe er zwar jener göttlichen Eigenschaften, gleichviel ob ihres
Besitzes oder Gebrauches, sich begeben, seiner *Gottheit* nach aber sie besessen und gebraucht." (L. c. § 43. p. 236—240.) „Von der Forschung
der späteren lutherischen Dogmatiker . . . unterscheidet sich unsere
Lehre von der Erniedrigung in folgenden Puncten: *Erstlich* durch ihren
Begriff; denn während uns die Erniedrigung nur die zeitgeschichtlich
gottmenschliche *Fortsetzung* der mit der Incarnation zusammenfallen-
den Selbstbeschränkung des Logos ist, beruht sie ihnen auf einem besondern Act des Mensch*gewordenen*, den sie noch von der Incarnation
unterscheiden. . . *Zweitens:* während sie als das *Subject* der Erniedrigung den menschgewordenen Sohn Gottes, und zwar als das subjectum
quod die ganze Person, als das subjectum *quo* die menschliche Natur
desselben bezeichnen, so fällt uns diese Distinction ganz weg. Wir
sagen einfach, das Subject ist Christus. *Drittens:* während sie Chri-

stum seiner Menschheit nach nur auf den *Gebrauch* der ihr mitgetheilten göttlichen Eigenschaften verzichten lassen, statuiren wir eine Entäusserung auch des *Besitzes* —, eine Differenz, die sich jedoch durch
unsere Unterscheidung zwischen immanenten und relativen Eigenschaften gewissermassen wieder ausgleicht. . . Um so bedeutender ist
die *vierte* Differenz: denn jene beschränken die *Entäusserung* des Ge-
brauchs der göttlichen Eigenschaften auf die *Menschheit* Christi, lassen
ihn aber dabei *seiner göttlichen Natur nach allmächtig und allgegenwärtig Himmel und Erde regieren;* wir beziehen die *Selbstbeschränkung*
weil auf die ganze Person, auch auf die *göttliche* Seite derselben."
(L. c. p. 253. sq.)

LUTHARDTIUS: „Indem der Sohn Gottes irdisch-menschliche Natur
annahm, bewahrte er zwar seine göttliche Natur und die unveräusser-
liche Wesensherrlichkeit derselben, begab sich aber im Stande der Erniedrigung für sein Verhältniss zur Welt seiner göttlichen Existenz-
weise und ihrer entsprechenden Machtbethätigung, um erst mit der
Erhöhung in dieselbe, aber nun als Menschgewordener, zurückzutre-
ten." (Kompend. der Dogm. Dritte Aufl. p. 155.)

PHILIPPI: „Wir haben schliesslich noch diejenige Form der modern
gläubigen und zugleich speculativen Christologie zu betrachten, welche
als die in der Neuzeit am weitesten verbreitete bezeichnet werden kann.
Wir meinen die Lehre von der Selbstentäusserung des Logos. (Vergl.
Dorner, Ueber die richtige Fassung des dogmat. Begriffs der Unver-
änderlichkeit Gottes u. s. w. Dieser Artikel gibt eine Charakteristik und
Kritik der verschiedenen Formen der Kenose des Logos, in welchen
dieselbe bei *Sartorius, König, Gaupp, Delitzsch, v. Hofmann, Ebrard,
Liebner, Thomasius, Gess* auftritt. Sie findet sich ausserdem bei Lange,
Schmieder, Steinmeyer, G. L. Hahn, Kahnis u. A. m.)... Wenn aber die
Selbstentäusserung nur auf die relativen Eigenschaften beschränkt wird,
so ist dies schon deshalb eine unhaltbare Sistirung des kenotischen
Dogma's zu nennen, weil mit dem Aufgeben der *Allwissenheit* zugleich
das göttliche Selbstbewusstsein, welches doch gewiss als *immanente*
Eigenschaft zu betrachten ist, aufgegeben ist. Die Kenose des Logos
findet ihre *consequente* Vollendung nur in der Annahme, dass der Sohn
Gottes bei seiner Menschwerdung sich *sämmtlicher* göttlichen Eigenschaften, eben sowohl der immanenten, als der relativen entkleidet
habe. In dieser Vollendung vertritt sie *Gess*. . . Wir haben hier eine
völlige Umsetzung und Verwandlung der Gottheit in die Menschheit."
(Kirchl. Glaubenslehre. Zweite Aufl. IV. Erste Hälfte, p. 386. sqq.)

   b) Hanc enim intelligimus per μορφήν τοῦ Θεοῦ, seu *formam Dei,
in qua Christus fuisse* dicitur 1. c. v. 6. et additur: *Non duxit rapinam
esse,* id est, certo sibi persuasum habuit, hoc a se minime alienum, nec
raptum, sed sibi recte competens, ut sit *aequalis Deo;* et tamen se
ipsum inanivit.

QUENSTEDTIUS: „Μορφὴ τοῦ Θεοῦ *non πρώτως καὶ κυρίως,* formaliter
et praecise *ipsam divinam essentiam* et majestatem τοῦ λόγου immediate
notat, sed consignificat et connotat. Notat autem proprie *divinam conditionem gloriosam* sive gloriam et majestatis divinae usum universalem,
quae consistere non possunt absque vera deitate, sed eandem in eadem
hypostasi supponunt. Paucis: μορφὴ τοῦ Θεοῦ designat statum divinum
gloriosum cum connotatione essentiae divinae, non vero ἀμέσως. immediate et quidditative, ipsam divinam essentiam et naturam. Nam μορφὴ
Θεοῦ et μορφὴ δούλου sunt opposita, ut ipsi fatentur adversarii; jam vero
forma servi non est ipsa hum. natura; ergo nec opposita deiformitas
est divina essentia." (L. c. th. 4. f. 476. sq.)

SCHERZERUS: „Per ,*formam Dei*' non natura divina, per ,*formam
servi*' non natura humana intelligi potest. Alias in exinanitione naturam

divinam, in exaltatione vero naturam humanam deposuisset, adeoque in neutro statu ϑεάνϑρωπος esset, quod absurdum.   Male igitur exinanitio per incarnationem definitur; quo pacto exaltatio per excarnationem esset describenda." (Syst. L. VIII. p. 221.)

BALDUINUS: „Quanquam *patrum* aliqui formam Dei et servi de ipsa *natura divina* et *humana* exponunt, non tamen id praevaricari potest veritati.   Securius enim et liberius aliquanto locuti sunt, cum nondum essent, qui majestatem τοῦ λόγου assumtae carni communicatam esse, negarent." (Disp. de cap. 2. ep. ad Phil. Witteb. 1617. B. 2. b.)

c) Adeoque *non* ita, ut usus quidem majestatis *perpetuus* et *plenus* esset, *occulte* autem sive latenter fieret, *neque,* quasi *nulla* unquam majestatis divinae *specimina,* durante statu exinanitionis, Christus ediderit; *sed,* quod majestate illa *rarius* et quasi *extraordinarie* usus sit, non autem ordinarie et incessanter.   Quo pertinet, quod dicitur *Luc. 2, 52.,* Christum *crevisse,* sicut *aetate* et statura, ita et *sapientia.*

QUENSTEDTIUS: „*Objectum* exinanitionis, seu quo se exinanivit Christus, non est essentia aut majestas divina carni communicata.   Si enim communicatam divinam majestatem assumtae carni subtraxisset, ipsam unionem personalem rescidisset aut dissolvisset; ast semper a primo conceptionis momento Filius Dei fuit et mansit et inhabitantem totam plenitudinem deitatis secundum carnem perpetuo ἀχωρίστως retinuit et possedit.   Sed id, quo se abdicavit, *in genere* fuit μορφή τοῦ Θεοῦ i. e. status divinus gloriosus seu *deiformitas* h. e. divinae majestatis plenarius, universalis et non interruptus sive indesinens usus; non, quod nunquam ea uteretur, sed quod non semper et tum solum, quoties ex officii ratione expediret.   Phil. 2, 6. 7. . . *In specie* objectum exinanitionis seu id, quo se abdicavit homo Christus Jesus, est *usus plenarius et universalis:* 1) *Divinae gloriae,* eum enim a Patre rogat Joh. 17, 5.   2) *Omnis opulentiae* per paupertatem, Matth. 8, 20. 2 Cor. 8, 9.   3) *Omnipotentiae* per infirmitates libere assumtas, ita ut in agone confortatione angelica opus haberet, Luc. 22, 42. 43.   Passus quoque est, se comprehendi, ligari, illudi, crucifigi, ibid. v. 53. 54. 63. 23, 33. 35. 37.   4) *Omnisapientiae* per ignorantiam.   Es. 7, 15. 16.: ‚Donec sciat reprobare malum et eligere bonum‘; ergo non scivit ut homo a primo conceptionis puncto et statim in infantia discernere malum a bono.   Idem liquet ex graduali profectu sive proficientia sapientiae Luc. 2, 52.   Profectus autem aetatis et profectus sapientiae non divinae, sed humanae naturae est.   5) *Omniscientiae,* quod probamus ab ignoratione sterilis ficus Matth. 21, 19. Marc. 11, 13., extremi judicii Matth. 24, 36. et Marc. 13, 32., loci sepulchralis Lazari Joh. 11, 34. 6) *Omnipraesentiae;* neque enim universaliter in diebus carnis usurpavit omnipraesentiae majestatem apud creaturas, sed tum demum coepit omnes creaturas in toto mundo omnipraesenter et omnipotenter gubernare, quando fuit ad dextram Dei Patris exaltatus Ps. 110, 1. Ephes. 1, 20.   7) Denique *cultus adorationis religiosae,* utpote cujus plenario usu status exaltationis definitur Phil. 2, 9. 10. 11. cf. Hebr. 2, 7." (L. c. th. 4. 5. fol. 476. 480.)

HOLLAZIUS: „Exinanitio Christi non est nuda κρύψις seu occultatio majestatis divinae.   Nam exinanitio 1.) non cadit in Christum exaltatum, in quem tamen cadit majestatis occultatio; *expectamus* enim ἐπιφάνειαν καὶ ἀποκάλυψιν, apparitionem et revelationem, Jesu Christi 1 Cor. 1, 7. 2.) Quia Christus vere exinanitus est *coram Deo,* angelis et hominibus; sed si Christus tantum occultasset αὐχήματα sibi communicata, obscurus quidem fuisset coram *hominibus,* sed gloriosus coram Deo.   At petiit glorificari coram Deo Joh. 17, 5.   3.) Occultatio donorum non est vera exinanitio, sicut sol nubibus tectus non est vere obtenebratus; quamvis non diffiteamur, quod Christus τὴν κτῆσιν seu possessionem communicatae majestatis occultaverit nec ubique exseruerit.“ (Exam. th. P. III. s. 1. c. 3. membr. 3. q. 112. p. 765.)

GERHARDUS: ,,Κρύψις illa referri potest tum ad majestatis *communicationem*, tum ad communicatae majestatis *usurpationem*. Respectu priori recte ita vocari potest, quia majestas div. in assumta carne fuit abscondita, non autem ab ea penitus separata Col. 2, 3. Posteriori vero respectu non fuit tantum κρύψις, sed vera et realis κένωσις, ut ostendit assumtio formae servilis, quam in exaltatione Christus postmodum deposuit.“ (L. c. § 316.)

ANTITHESIS.

QUENSTEDTIUS: ,,*Antithesis:* theologorum Tubingensium D. L. Osiandri, D. Melch. Nicolai et D. Theod. Thummii, qui statuerunt, ,Christum secundum h. n. in ipso statu exinanitionis, quin et in ipsa morte coelum et terram potenter et omnipraesenter gubernasse, adeoque semper et incessanter majestatem omnipraesentiae et omnipotentiae, vi unionis personalis ipsi vere communicatam, *plenarie, occulte tamen* usurpasse‘... Docuerunt porro, quod, ,sicut antegressa exinanitio fuerit in officio sacerdotali *retractio* et occultatio, in officio vero regio sola occultatio ipsius χρήσεως divinae majestatis: ita subsecuta exaltatio fuerit quoad officium sacerdotale vera et realis exaltatio; quoad officium regium vero sola revelatio antegressae omnipraesentis, omnipotentis, omnisapientis, incessantis dominationis Christi, qua homo est‘... Asseverarunt..., ,quod Christus ut homo redivivus et ad dextram Dei exaltatus non pervenerit demum in plenariam divinae majestatis usurpationem in regimine mundi, sed acceperit tantum novum regiminis modum, nempe majestatice gloriosum et manifestum‘... Inculcarunt deinde, ,Christum etiam tum ascendisse in coelum, cum assumtus est in Deum‘.“ (L. c. s. 2. q. 1. f. 560.) ,,Agitata est haec quaestio... inter theologos Tubingenses... et Marpurgenses D. Balth. Menzerum et D. Just. Feurbornium anno 1619. sqq.“ (L. c. f. 557.)

d) Haec est illa *forma servi*, quam Christus assumsisse dicitur l. c. quodque ei tribuitur ὁμοίωμα καὶ σχῆμα τῶν ἀνθρώπων, *similitudo et species hominum*, nempe quoad externum statum.

e) Quo pertinet *humiliatio* illa *usque ad mortem*, et *mortem* quidem *crucis*, l. c.

§ 3.

Speciatim hic spectari debent[a] Christi *conceptio*[b] et *nativitas*,[c] *educatio*[d] et visibilis *conversatio* inter homines,[e] denique *passio*,[f] *mors*[g] et *sepultura*.[h]

a) Tanquam intra statum exinanitionis ejusque *argumenta*, licet etiam in se, velut *partes* curriculi vitae Christi in terris, considerari mereantur.

GERHARDUS: ,,Status exinanitionis incipit in primo incarnationis momento et durat usque ad tempus sepulturae inclusive, quod totum vitae Christi in his terris curriculum apostolus Hebr. 5, 7. vocat ,dies carnis‘, quibus per Hebraismum significatur illud tempus, quo Christus inter homines passibilis fuit versatus 2 Cor. 5, 16., quo fuit infirmitatibus carnis, absque tamen omni peccato, obnoxius.“ (L. c. § 304.)

GESNERUS: ,,Quando coepit haec evacuatio? — Statim ab ipsa incarnatione Filii Dei. Nam simulac in ,forma Dei' extitit, h. e., divinae majestatis usum hic homo Jesus Christus accepit, in eo ipso suam humilitatem ostendit, quod usurpatione tantae gloriae se sponte abdicavit, eaque gloria, quae ipsi ex unione revera contigerat, liberrima voluntate abstinuit.'' (Orthod. confess. de persona et officio Salvatoris nostri. 1595. p. 254. sq.)

E. HUNNIUS: ,,Comprehenditur sub exinanitione Christi totum illud tempus, quod inter primum ortum conceptionis et nativitatis ipsius et inter resurrectionem intervenit, *exceptis specialibus actionibus divinis et miraculis*, per quae majestatis illius divinae per unionem acceptae radii quidam sub illa forma servili emicabant. Num miracula per Christum facta deitati ipsius soli, an vero deitati et humanitati simul tribuenda putas? — Deitati quidem principaliter et tanquam primo principio miraculorum. Virtus enim edendi miracula solius deitatis est idioma, sicut scriptum est: ,Tu facis mirabilia solus.' Quia autem λόγος personaliter in assumpta carne habitat universa plenitudine sua deitatis, ideo hanc suam edendorum miraculorum potentiam exserit per humanitatem, quippe quod eam in potentiae suae κοινωνίαν assumpserit. . . Neque enim eorum blasphemia toleranda est in ecclesia Dei, qui dicunt et scribunt, sanctissimam Domini naturam humanam ad miracula plus non contulisse, nisi humanam suam vocem et externum ministerium, quod etiam prophetis et apostolis commune fuit. Quantum enim discrimen sit inter Christi et discipulorum miracula, luculenter nobis evangelica narrat historia; dum Christum quidem in miraculis suam propriam gloriam majestatemque declarasse confirmat, apostolus vero non suo proprio nomine et virtute prodigia fecisse memorat, sed in nomine Jesu Nazareni.'' (Libelli IV. de persona Christi etc. 1590. p. 64—66.)

b) Quam supra quidem Sect. I. § 5. et seqq. expendimus; jam autem consideramus *non* in se praecise, *sed* quatenus ad statum exinanitionis pertinet, *seu*, quatenus caro Christi, licet non ex virili semine, tamen in utero feminae et ex massa sanguinea ejus formata fuit; qua ratione certum est, *infirmitates* aliquas concurrere, quae poterant locum non habere, ut tamen Filius Dei verus homo fieret.

GERHARDUS: ,,Neque cuiquam mirum vel dubium videatur, quod ad exinanitionis statum referamus non solum passionem, crucifixionem, mortem ac sepulturam Christi, sed etiam ipsius *conceptionem* ac *nativitatem*, quia distinguendum inter *incarnationem* et incarnationis *modum*. Potuisset Dei Filius immediata creatione humanam naturam formare, eandemque in personae unitatem assumendo homo fieri, si vel maxime non fuisset in utero matris conceptus, quae fuit, ut sic loquar, *nativitas interna*, in utero matris per novem menses gestatus et ex utero in lucem editus, quae fuit *nativitas externa*. Constat enim, Adamum verum fuisse hominem, qui tamen nec in utero nec ex utero natus. Sed ,propter nos et nostram salutem' non solum homo fieri, sed etiam ex nostra carne humanam naturam assumere et infirmitatibus, quae in conceptione ac nativitate infantulis accidere consueverunt, sponte seipsum subjicere voluit, ut immundam nostram conceptionem et nativitatem sanctificaret ac ipsis infantibus utero adhuc conclusis salutem impetraret.'' (L. c. § 304.)

QUENSTEDTIUS: ,,*Deus nequaquam vices patris supplevit* aut sustinuit in generatione temporali Christi, nec id praestitit et adjecit, quod pater terrenus in procreatione filiorum praestare aut adjicere solet; *nec Filius Dei vocatur ob conceptionem e Sp. Sancto*. . . Ideo hoc opinionis monstrum invexit Socinus et propugnavit Smalcius, non abnuentibus caeteris de hac secta, ne admittere cogantur Christi, Salvatoris

nostri, deitatem consubstantialem et generationem aeternam ex essentia
Dei Patris. . . Opponimus sequentia argumenta: 1. Dicitur Christus
respectu *humanitatis* et temporariae nativitatis ἀπάτωρ, uti idem ἀμήτωρ
dicitur respectu *deitatis* et generationis Heb. 7, 3. 2. Generatio proprie
dicta nonnisi ex generantis substantia derivatur. . . At Christi humanitas ex Dei substantia non processit. . . Filius quidem *Mariae* virginis
Christus dicitur, non autem Spiritus Sancti. . . Ob conceptionem divinam Christum esse Filium Dei, ex particula διὸ καὶ Luc. 1, 35. obtinere
volunt. . . Resp.: . . . ,Virtus altissimi' h. l. non est Sp. S. vel virtus
Sp. S., sed ipse F. D., qui δύναμις Θεοῦ vocatur 1 Cor. 1, 24. . . Vult
dicere coelestis legatus: Διὸ καὶ, propterea etiam sanctum illud, quod
ex te, Maria, nascetur, vocabitur et vere erit F. D., quia substantialis
Dei virtus, ὁ λόγος, per mirabilem obumbrationem in te et ex te carnem
assumet." (L. c. s. 2. q. 2. f. 570—572.)

ANTITHESES.

QUENSTEDTIUS: *Antithesis:* 1. *Socinianorum*; sic enim Socinus in
Antiwieko f. 221.: ,Sp. S. superveniet, perinde est', inquit, ,ac si dixisset: quod viri opera in homine gignendo fieri solet, hic virtutis divinae
opera fiet.' Addit ibidem: ,A Dei in virginis uterum substantiam aliquam creatam immissam esse, ut Christus non matrem tantum, sed et
patrem habuerit.' In l. Quod regn. Pol. f. 36. scribit: ,Modum conceptionis. . . causam esse, ut ipse homo Jesus Nazarenus, qui Christus
est, D. F. appelletur.' 2. *Arminianorum;* sic enim eorum antesignanus novissimus Steph. Curcellaeus in Rel. christ. institut. l. 5. c. 3.
th. 5. asserit: ,quod Sp. S. in hac generatione id, quod ex parte viri
deerat, suppleverit, creando immediate in utero virginis substantiam,
ex qua, cum ejus sanguine conjuncta, corpus Jesu formatum fuerit.' "
(L. c. f. 570. sq.)

HOFMANNUS: „Demnach besagt die Stelle (Luk. 1, 35.), dass das
Kind, welches durch Machtwirkung Lebens Gottes in Maria seines Lebens Anfang gewinnt, *um dess willen Gottes Sohn heisst.* Wir stellen die giltige
Erklärung über den Sinn, in welchem Jesus Gottes Sohn genannt wird,
den Dogmatikern entgegen, welche leugnen, dass er *um seiner Empfäng-
niss aus dem heiligen Geist willen* so heisse, und welche vielmehr eine
doppelte generatio unterscheiden, eine generatio aeterna, per quam
habet, quod est F. D., und eine generatio temporalis, per quam habet,
quod est homo aut Filius hominis." (Schriftbeweis. Ed. prim. I,
114.) Cf. supra antithesis P. I. c. 1. § 39.

c) In qua praecipue consideratur, quod *fructus ventris* Mariae, per
consuetos menses gestatus, ita demum in lucem editus est, velut
juxta communem hominum sortem. Illud autem, quod quidam
putant, Mariam *clauso utero* peperisse filium, incertum est, magis autem
certa et manifesta *natalium tenuitas* et nascentis *contemtus* atque *egestas*,
Luc. 2, 7.

QUENSTEDTIUS: „Fuit partus Mariae virginis naturalis et ab aliis
partuum naturalium accidentibus minime diversus, adeoque Mariae
parturienti usu venerunt ea, quae alias in partu fieri et partum comitari
solent." (L. c. s. 2. q. 4. f. 576.)

LUTHERUS: „Es disputiren auch etliche, wie diese Geburt geschehen sei, als sei sie des Kindes genesen im Gebet, in grosser Freude,
ehe sie es innen worden ist, ohne allen Schmerzen. Welcher Andacht
ich nicht verwerfe; vielleicht um der Einfältigen willen also erfunden.
Aber wir sollen bei dem Evangelio bleiben, das da saget, sie habe ihn
geboren, und bei dem Artikel des Glaubens, da wir sagen: der geboren
ist von Maria, der Jungfrauen. Es ist keine Trügerei hier, sondern,
wie die Worte lauten, eine wahrhaftige Geburt. . . Ohne dass sie ohne

Sünde, ohne Schande, ohne Schmerzen und ohne Versehrung geboren
hat, wie sie auch ohne Sünde empfangen hat, 1 Mos. 3, 16. Der Fluch
Hevä ist nicht über sie gangen, der da lautet: ‚In Schmerzen sollst du
deine Kinder gebären'; sonst ist ihr geschehen allermassen, wie einem
gebärenden Weibe geschiehet." (Postill. eccles. Ed. Hal. Tom. XI,
169. sq.)

ANTITHESES.

QUENSTEDTIUS: „Antithesis: 1. *Plurimorum veterum ecclesiae
doctorum*, ut Cyrilli, Gregorii Nyss., Augustini, Bernhardi, aliorumque,
qui extraordinaria miracula in nativitate Christi quaerunt. . . 2. *Pontificiorum*, statuentium idem." (L. c. f. 575. sq.)

IDEM: „Qui per partum virginitatem Mariae destructam esse contendunt, merito suo inter haereticos referuntur." (L. c. f. 576.)

SCHERZERUS: „An virginitas Mariae asserta id postulet, ut Dominus *clauso* utero exierit, curiose quaeritur. Sufficit prodiisse salva
virginitate. . . Calviniani *aperto* utero prodiisse ideo docent, quod
clauso (ob negatam idiomatum communicationem) prodire non potuerit.
At nos communicationem idiomatum adeoque *possibilem* etiam clauso
utero transitum asserimus." (System. th. p. 179. 181.) „Post partum
(Mariam) virginem mansisse, negat cum Antidicomarianitis Helvidius."
(L. c. cf. *Lutheri* Schrift vom Schem Hamphoras. 1543: „So wollte
Helvidius, der Narr, auch Marien mehr Söhne nach Christo geben, aus
diesen Worten des Evangelisten: ‚Und Joseph erkannte seine Braut
Maria nicht, bis sie ihren ersten Sohn gebar'; solches wollte er verstehen, als hätte sie nach dem ersten Sohn mehr Söhne gehabt, der
grobe Narr. Dem hat St. Hieronymus fein geantwortet." Tom. Hal.
XX, 2617.)

IDEM: „Particula ‚donec' Matth. 1, 25. est infinita et exclusiva, ut
saepe. Sicut igitur non sequitur: Christus sedet a dextris, donec positi sint inimici ad scabellum pedum ejus, Ps. 110, 2.; ergo postea amplius non sessurus est, — ita non sequitur: Joseph non cognovit eam,
donec peperit; ergo postea eam cognovit. — Hieronymus hanc dat
instantiam: ‚Helvidius non egit poenitentiam usque ad mortem; ergone
poenitentiam post mortem egit?' Cf. 2 Sam. 6, 23.: ‚Michal, filiae
Saulis, non est natus filius usque in diem mortis suae.' Deut. 34, 6.:
‚Sepulchrum Mosis nemo cognovit usque ad hunc diem.' Es. 46, 4.:
‚Ego sum, donec consenescatis.' Ergone Michal post mortem peperit,
sepulchrum Mosis hodie cognitum est, et Deus, postquam homines
consenuerint, non amplius existit? Nequaquam. Filius autem ‚primogenitus' dicitur Christus Luc. 2, 7. *negative* respectu ab ante seu quod
ante eum nemo sit natus; non autem *positive* respectu post seu quod
post illum aliquis sit natus." (L. c. p. 179.)

d) In domo *fabri Matth. 13, 55.* atque ita, ut *obnoxius* esset intempestivae *animadversioni* matris, *Luc. 2, 48.*

e) *Subjectus* enim fuit *magistratui;* aliis *par* aut *inferior* habitus;
explendae *famis* ac *sitis* causa edit ac bibit; lassus *dormivit,* molestias
laborum atque *itinerum, pericula, tentationes, tristitiam, egestatem, contumelias* etc. pertulit.

f) Inprimis confluxus ille *afflictionum,* quas Christus biduo ante
mortem exantlavit; quo praecipue referenda est *desertio* illa, cujus
mentio fit *Matth. 27, 46.* Scilicet desertus est Christus *non* quidem,
quasi *vel* vinculum unionis personalis ruptum, *vel* ipse a facie Dei
penitus rejectus fuisset, nunquam recipiendus in gratiam, *neque* quod
revera et proprie loquendo desperaverit; *sed* quod in maximo concursu

malorum, propter peccata hominum sibi imputata, sic senserit iram
Dei, aut Deum a se, omnium peccatorum personam sustinente, alienum, ut nullum sentiret intra se ex plenitudine inhabitantis divinitatis solatium.   Qua ratione etiam intelligendum est, quod alias dicitur, Christum *dolores infernales* sustinuisse.

> DORSCHEUS: ,,Loquitur Christus (Matth. 27, 46.) de eo gradu di-
> vinae exinanitionis, qua sub universa mole peccatorum generis humani
> et in torculari irae divinae positus, *agnoscens, se esse verum et naturalem
> Filium Dei*, omni coelesti majestate plenum, non tamen ejus vim atque
> efficaciam et illam divini roboris cohabitantis jucunditatem sibi *sentire*
> visus est, quam alias sensit, sed *Deum Patrem velut aversum a sese* et
> indesinentem atque rigorosum peccatorum *vindicem* expertus est.   De
> ea enim derelictione *quoad rem* loquitur, in quam genus humanum in-
> cidisset suo merito, nisi divina intervenisset misericordia.   Ea vero
> non est sola ad externas poenas projectio, sed etiam internarum,
> spiritualium et supernaturalium animae poenarum inflictio. Diximus
> ,quoad rem'; nam adjunctum temporis quod attinet, quod apud homi-
> nes aeternum fuisset, ipsa majestate et excellentia personae compensa-
> tum est.'' (Theol. Zachar. P. I. c. 8. § 168.)

> WINCKELMANNUS: ,,Haec est ipsa poena *infernalis*, a Deo dere-
> lictum et clamantem ad tempus non exaudiri, id quod antithesis osten-
> dit Ps. 22, 2—7.'' (Disputatt. th. in academ. Giessena habit. T. I,
> p. 509.)

> QUENSTEDTIUS: ,,Sustinuit Salvator noster vere dolores et crucia-
> tus *infernales*, sed non *desperavit.* . . Si desperasset Salvator, nos redi-
> mere non potuisset. . . Bene Maldonatus in cap. 27. Matth.: ,Christum
> de salute sua desperasse, non solum impium, sed horrendum etiam
> auditu est et ipso Christi morientis facto refutatur: in manus, inquit,
> tuas commendo spiritum meum.' '' (L. c. s. 1. th. 51. f. 514.)

ANTITHESIS.

> QUENSTEDTIUS: ,,*Antithesis:* 1. *Pontificiorum*, qui statuunt, 1.)
> animam Christi in parte sui superiore h. e. in intellectu et voluntate
> mansisse ἀπαθῇ, a sensu irae divinae a peccatorum, quae portanda et
> expianda erant, onere liberam . . . fuisse et non nisi ex sensitivae po-
> tentiae doloribus per συμπάθειαν passiones sibi appropriasse.   Ita
> Thomas Aquinas, Bellarminus, Fevardentius etc.   2.) Contendunt,
> novam et inauditam impietatem esse (verba sunt Bellarmini), statuere,
> quod Christus in passione sua dolores *infernales* sustinuerit. . . 2. *Soci-
> nianorum*, qui etiam negant, Christum doloribus infernalibus fuisse ob-
> noxium. . . 3. *Novatorum*, qui absurdum esse dicunt, Christum susti-
> nuisse poenas damnatorum. . . 4. *Arminianorum* . . . Curcellaeus diserte
> negat, Christum dolores infernales sensisse. . . 5. *Calvinianorum*, ut
> Calvini l. 2. Institut. c. 16. § 12. et Marlorati in Matth., Christum
> desperasse, blaspheme asserentium.   6. M. *Flacii* Illyrici, qui statuit,
> animam Christi post mortem in inferno sustinuisse dolores, in Com. ad
> loc. Act. 2, 24. et in Clavi S. S. P. I. voce ,infernus'.'' (L. c. s. 2. q. 6.
> f. 588. sq.)

g) Hanc enim Christus revera subiit, ut anima a corpore, rupto
naturali vinculo, separaretur adeoque corpus vita privaretur, licet non
putrefierit. *Act. 2, 1. cap. 13, 35. 37.*

> QUENSTEDTIUS: ,,Quicunque habet animam et corpus unita in una
> ὑποστάσει, ille est verus homo; Christus tempore mortis habuit animam
> et corpus, unita in una ὑποστάσει; ergo Christus in tempore mortis
> verus homo fuit.'' (L. c. s. 2. q. 7. f. 599.)

DANNHAUERUS: ,,,Unus est mediator Dei et hominum, homo Christus Jesus.' Jam mediator est Deus et homo; Christus in morte vel maxime fuit mediator; ergo Christus in morte fuit Deus et homo.'' (Hodos. Phaenom. VIII. p. 317.)

QUENSTEDTIUS: ,,Philosophus, siquidem ex communi hominum statu de Christo mortuo judicare velit, aliter statuere vix potest, nisi quod intra triduum mortis homo non fuerit; nam ibi omnis homo est animal, est rationalis, est risibilis etc.; homo vero mortuus aequivoce homo dicitur. Sic illi. Verum hic in Christo aliquid singulare est, quod ad philosophiam non pertinet, nec ex naturae principiis dependet, videl. humanae naturae in persona τοῦ λόγου subsistentia, personalis duarum naturarum unio et περιχώρησις status mortis Dominicae et modus existentiae partium essentialium assumtae carnis in ipsa morte etc. Haec enim omnia singularia sunt, naturam superant et a singulari dispensatione Dei pendent, adeoque non ex natura, sed ex divina revelatione cognosci possunt. . . *Gerhardus* Harmon. evangel. c. 202. . . inter alia sic loquitur: ,Hoc mysterium omnem angelorum et hominum captum excedit, nullus enim finitus intellectus comprehendere potest, quomodo corpus Christi vere fuerit mortuum, ac nihilominus in media morte manserit Verbi, omnia vivificantis, proprium templum personaliter illi unitum, Joh. 2, 19. Col. 2, 9. Si negatur animae a corpore in Christi morte facta solutio, negatur veritas mortis; si negatur vel animae vel corporis cum λόγῳ in morte manens indivulsa conjunctio, negatur veritas unionis personalis. Sic igitur asserenda est dissolutio unionis essentialis corpori et animae Christi invicem intercedens, ut simul asseratur perpetua duratio personalis λόγῳ et animae, itemque λόγῳ et corpori Christi in ipsa morte nexu indivulso permanens.'" (L. c. f. 595. sq.)

ANTITHESES.

QUENSTEDTIUS: ,,*Antithesis:* 1. *Scholasticorum*, qui primi curiosae hujus quaestionis motores sunt. . . Lombardus nostrae adstipulatur sententiae. . . Etiam Hugo de S. Victore statuit, Christum in morte mansisse hominem. . . *Durandus* Lombardi sententiam expresse rejicit his verbis: ,Dicendum, quod Christus in illo triduo *non* fuit homo, et contrarium asserere, est error contra fidem.' *Alexander de Ales:* ,Materialiter loquendo Christus in triduo est homo, . . . formaliter vero non est homo'. . .*) *Thomas* Aquinas negat, Christum in triduo mortis fuisse hominem, . . .,eum in triduo mortis fuisse hominem, asserere, haereticum est'. . . *Gabriel Biel* . . . ponit hanc conclusionem: ,Christus in mortis triduo non fuit verus homo'; item: ,Triduo mortis persona Verbi non substitit in natura humana, et ideo non fuit verus homo.' 2. *Quorundam nostratium theologorum*, ut D. *B. Meisneri*, qui in Quaest. Vexat. 2. n. 19. sq. hanc thesin propugnat: ,Christum tempore mortis et sepulturae non mansisse aut fuisse verum et univoce dictum hominem.' Ast magnus ille theologus, a D. Hoe, D. Menzero, D. Gerhardo, aliisque nostratibus theologis admonitus, non perexit istam suam opinionem tueri; . . . item D. *Joach. Lutkemanni.* . . D. *Grawerus* Praelect. in A. C. art. 3. de hac quaest. in utramque partem disputat. 3. *Socinianorum*, qui contendunt, Christum in triduo mortis plane esse desiisse.'' (L. c. f. 596. sq.)

IDEM: ,,*Antithesis theologorum Wurtenbergensium*, ut D. *Thummii*, qui in ταπεινώσ. p. 471. negat, animam Christi triduo mortis a corpore mortuo localiter fuisse separatam. . . D. L. *Osiandri*, qui in Appendice disput. de omnipraes. th. 43. scribit, quod ,anima Christi in suo corpore (triduo mortis) personaliter fuerit'; et in Defens. p. 460. sq. asserit, ,mortuum Christi corpus cum latrone fuisse in paradiso.'" (L. c. q. 8. f. 607.)

---

*) Cf. dictum H. Kromayeri supra p. 33.

h) Qua veritas mortis probata et corpus exanimatum quieti datum fuit. Atque ita, si moram in sepulcro addas usque ad *resurrectionem*, clauditur status exinanitionis.

§ 4.

Exaltationis status est, quo Christus secundum humanam naturam,[a] *depositis infirmitatibus*[b] carnis, *plenarium* divinae *majestatis usum*[c] suscepit et exseruit.

a) Opponitur enim statui exinanitionis, et in *divinam* naturam *proprie* loquendo cadere *non* posse *exaltationem*, facile constat. Quod autem ipsa humanae naturae in hypostasin Filii Dei assumtio dicta fuit aliquibus exaltatio, id ad praesens non pertinet, ubi exaltationem post statum exinanitionis secutam spectamus.

GERHARDUS: „Quemadmodum de exinanitione diximus, quod accipiatur in sensu tum ecclesiastico, tum biblico, ita vi oppositionis de exaltatione idem omnino statuendum. *Exaltatio in sensu ecclesiastico* accepta est humanae naturae in ipsam λόγου ὑπόστασιν evectio, quae vocari potest *exaltatio incarnationis*. Sicut erat quaedam humiliatio, quando Filius Dei ex arcana majestatis suae sede prodiens in carnem nostram sese demisit, sic exaltatio vocari potest, quod assumta natura humana in ipsam λόγου hypostasin per unionem personalem est evecta, quodque in unione ac per unionem divinorum idiomatum divinae majestatis et gloriae vere ac realiter particeps est facta, unde in medio exinanitionis statu, antequam plenariam dominii in coelo ac terra usurpationem acciperet, vocatur rex et dominus Luc. 2, 11. Matth. 21, 5. Johan. 18, 37. *Exaltatio in sensu biblico* accepta respicit proprie dictam exinanitionem Philip. 2, 5. descriptam, quae vocari potest *exaltatio glorificationis*, exaltatio ad Dei dextram." (L. c. § 306.)

QUENSTEDTIUS: „Consistit *exaltatio* non in naturae humanae depositione (hanc enim a servili forma differre, supra monuimus), nec in occultae gubernationis universalis cum aperta et manifesta permutatione (quod Dnn. Tubingenses videntur voluisse), sed in formae servilis, adeoque omnium infirmitatum libere susceptarum depositione et in plenariae ac manifestae *usurpationis* majestatis divinae in humana et per humanam naturam collatione. Neque enim *data* est Christo in exaltatione *nova* potentia, virtus aut majestas, quam antea non habuit, sed collata tantum ei fuit plena facultas administrandi ejus regni, quod per ipsam unionem acceperat." (L. c. s. 1. th. 70. f. 527.)

IDEM: „Dicit D. Joh. Fr. Koenigius in Th. pos. § 354., terminum ad quem esse gloriam et majestatem *cum finitam, tum infinitam. . .* Ad evitandam autem ambiguitatem et majoris perspicuitatis gratia accipimus hic exaltationem *specialius*, quatenus illa pro termino ad quem habet *solam* gloriam ac majestatem *infinitam* quoad plenariam usurpationem, de qua Christus Joh. 17, 5. loquitur." (L. c. th. 69. f. 527.)

ANTITHESIS.

GERHARDUS: „*Antithesis:* 1. *Jesuitae* . . . 2.) sessionem ad Dei dextram, in qua Christi exaltatio praecipue consistit, ‚datam esse' dicunt ‚humanitati non in se, sed in supposito, neque enim factum esse, ut humanitas in se sedeat ad dextram Dei, sed ut sit humanitas illius *personae*, quae sedet ad dextram Dei.' Bellarm. l. 3. de Christo c. 15. 3.) Exaltationem et sessionem ad Dei dextram exponunt ‚definita quadam potentia et dominio absentis‘, sicut rex Hispaniae per vicarios suos in novis insulis dominetur, ac, ne quid desit impietati, disputat Bellarminus d. l., ‚sedere a dextris apud antiquos minus honorificum fuisse, quam sedere a sinistris.‘ . . *2. Calviniani* 1.) Christum secundum utramque naturam exinanitum et exaltatum esse statuunt. . . 2.) Exaltationem definiunt per donorum finitorum duntaxat communicationem. Sohnius Tom. I. opp. Disp. 7. th. 55.: ‚Exaltatio . . . genere seu specie non differt a glorificatione beatorum angelorum et hominum, sed quantitate, h. e., multitudine et magnitudine.‘“ (L. c. § 313—315.)

b) Ita *Rom. 6, 9. mortem Christo*, post finitum statum exinanitionis, *ultra dominari* negatur. Quae autem mortis, eadem et caeterarum infirmitatum, cum quibus humana natura Christi antea conflictabatur, ratio est; ut etiam his Christum amplius obnoxium esse aut premi posse negetur.

c) Adeoque *jam non tantum ut Deus, verum etiam ut homo omnia novit, omnia potest, omnibus creaturis praesens est, et omnia, quae in coelis, in terris et sub terra sunt, sub pedibus et in manu sua habet*, docente *Form. Conc. artic. VIII. § 11.* Unde etiam non obscure constat, *fundamentum adaequatum omnipraesentiae* Christi secundum naturam humanam, *actualis* scilicet et *modificata* (seu pro majestatico Christi secundum utramque naturam in res omnes dominio, quod praesentissime exercet, acceptae) in ipsa ejus *exaltatione* constitui. Conf. Ausführl. Erklärung p. 541. sqq.

§ 5.

Ad *initium* status exaltationis referendus est *descensus ad inferos,*[a] una[b] cum *resurrectione* vera[c] et gloriosa[d] ex mortuis.[e] Secuta est *adscensio* in coelos. Complementum denique dedit *sessio ad dextram Patris.*[f]

a) Quo Christus *non* quidem *luctam* aliquam difficilem aut cruentam dubiamve cum satana subiit, *verum* illi jam superato per passionem ac mortem *victoris* ac *triumphatoris* instar apparuit et secundum *animam* et *corpus* praesens diabolo et inferis omnibus se tanquam Dominum summa majestate pollentem exhibuit. Qua ratione *1 Petr. 3, 18. 19. 20.* de Christo dicitur, quod *mortificatus carne, vivificatus* autem *spiritu*, seu divina virtute, vi hujusdem virtutis *etiam abierit* aut revera se contulerit ad inferos, ibique *spiritibus, qui erant in carcere* (de quibus adde *2. Epist. 2, 4.* et *Judae v. 6.*), *praedicaverit*, sive coram et ipso opere ostenderit, se esse illum, qui jam contriverit caput serpentis ac dissolverit opera diaboli etc.

HUELSEMANNUS: ‚‚Quod ad veritatem essendi et differentiam specificam articuli hujus (de descensu) attinet, salvo aliorum judicio, putamus, testimonia illa, ex quibus veritas et definitio hujus articuli ita potest evinci, ut fidem divinam generet, esse haec duo: 1 Pet. 3, 18. sq. Eph. 4, 9. Rationes hae sunt: quia haec sola testimonia vacant ab allegoria sive connexione cum dictis allegoricis, vacant verbis et nominibus metaphoricis, cum contra Os. 13, 14. Col. 2, 15. Ps. 69, 15. 16. 86, 13. manifestam contineant allegoriam.‘‘ (Prael. F. C. p. 343.)

QUENSTEDTIUS: „Descensus Christi ad inferos accipitur vel improprie vel proprie. *Improprie* sumitur vel *metaphorice*, prout notat exquisitissimos illos et vere infernales dolores et cruciatus, quos tempore passionis Christus in sanctissima anima sua sensit ac sustinuit, Ps. 16, 10.; vel *metonymice* de virtute et efficacia passionis et mortis Christi, cf. Zachar. 9, 11. Neutra autem significatio est hujus loci.“ (L. c. s. 1. th. 77. f. 532.)

IDEM: „Descensus *subjectum quod* est Christus ϑεάνϑρωπος. . . *Subjectum quo* est natura non divina, sed humana, atque ea quidem tota, non anima tantum, 1 Pet. 3, 18. . . *Terminus ad quem* est φυλακὴ, carcer infernalis seu receptaculum et ποῖ damnatorum spirituum, 1 Pet. 3, 19. . . *Forma* est ipsa vera atque realis et secundum modum corporis glorificati ad ποῦ damnatorum facta abitio. . . *Temporis articulus* est juxta catenam actuum Petrinam l. c. momentum illud, quod intercessit inter ζωοποίησιν et ἀνάστασιν Christi stricte dictam. Et probabiliter veteres statuunt, descensum hunc factum esse in magno illo terrae motu, qui summo mane ante solis exortum die paschatos evenit. . . . Fuit hic descensus motus verus et realis, *non tamen localis et naturalis*, sed supernaturalis, *nec successivus*, quia in unico νῦν peractus, neque hypostasis carnis divina, quae ubique est, motu praegressivo indiget, sed praesentiae *demonstratione* vel operatione se adesse docet, atque eatenus etiam hic in inferno Christus praesto fuit.“ (L. c. th. 80—84. 87. f. 534. sq. 540.)

IDEM: „Non descendit Christus ad inferos post mortem ac sepulturam suam, ut aliquid ibi pateretur, nam in cruce omnia *consummata* esse pronuntiaverat; nec λύτρον aliquod satanae, qui captivum tenebat genus humanum, utpote carnifici et servo, sed soli Domino Deo persolvendum erat.“ (L. c. s. 2. q. 9. f. 622.)

HOLLAZIUS: „Corpus Christi eo temporis puncto, quo hic descensus contigit, non jacuit in sepulcro.“ (Exam. P. III. s. 1. c. 3. q. 141. p. 779.)

IDEM: „Non juvat Calvinianos, quod שְׁאֹל pro sepulchro in Scriptura sumatur, neque enim hoc fit ubique: ergo a particulari sophisticantur.“ (L. c. s. 2. q. 9. f. 620.)

IDEM: „Finis et effectus descensus indicatur simul verbo ἐκήρυξεν. Hoc ipsum vero κηρύττειν explicatur ex loco Col. 2, 15., ubi de Christo victore dicitur, quod ‚exspoliatos principatus et potestates traduxerit ἐν παῤῥησίᾳ‘. Ex quibus patet, per κήρυγμα h. l. innui actum singularem theatricum, adeoque praedicavit Christus diabolis et animabus damnatis non tam *verbaliter*, quam *realiter*, non tam *dictis*, quam *factis*, *signis*, *triumphis*, non more hujus, sed futuri saeculi, non *sono corporali*, sed modo *spirituali* et spiritibus conveniente, non ad eorum liberationem et salutem (ut quidam papistae volunt; ex inferno enim nulla redemtio; omne solatium damnatis Scriptura denegat Luc. 16, 25. sq.), sed ad eorum confusionem et refutationem. Verbum ergo ἐκήρυξεν reddendum est non cum Vulgari per ‚praedicavit‘, ita ut cohaerere et convenire putetur cum voce εὐηγγελίσϑη c. 4, 6. . . Illustri quadam patefactione et manifestatione gloriosae victoriae sese exhibitum *declaravit*.“ (L. c. th. 86. f. 538.)

SCHERZERUS: „Quando Petrus 1. Ep. 4, 6. mortuis praedicatum esse evangelium dicit, non de descensu Christi agit, nec alios per mortuos, quam eos solum, qui olim, antequam morerentur, evangelium audierant, intelligit.“ (System. p. 245.)

ANTITHESES.

QUENSTEDTIUS: „*Antithesis*: 1. *Antiquorum haereticorum*, ut 1.) *Marcionis*, somniantis, Christum ideo descendisse, ut animas omnium, etiam extreme impiorum ab inferis liberaret; contra autem justorum animas non liberasse. . . 2.) Eorum, qui cum *Origenistis* et *chiliastis*

faciebant, et statuebant, non tantum homines damnatos, sed etiam
diabolos ipsos beneficio descensus Christi ad inferos aliquando salvos
futuros (nim. post mille a die resurrectionis annos). . . 2. *Quorundam
patrum*. . . *Clemens Alexandr.* l. 6. Strom. asserit, ,Christum descendisse
ad inferos una cum apostolis, ut evangeliam praedicaret mentibus
damnatis et spem salutis adferret credentibus.' *Hieronymus* statuit,
Christum secundum animam tantum descendisse in infernum. . . Idem
docuit *Epiphanius*. . . Et *Nicephorus* Callistus. . . 3. *Scholasticorum et
pontificiorum*, qui contendunt, Christum *secundum animam tantum*, non
vero corpore simul, descendisse ad inferos. Ita Lombardus, Thomas,
Durandus, Bellarminus; Cornelius a Lapide in 1 Pet. 3, 18. sq., ubi
inquit: ,Probat apostolus, Christum mortificatum carne, vivificatum
tamen fuisse spiritu ex eo, quod spiritu i. e. quoad animam venerit in
carcerem inferni.' . . ,Christo mortuo', ait *Catechesis Romana*, ,ejus
anima ad inferos descendit, ibique tamdiu mansit, quamdiu ejus corpus
in sepulchro'. . . Joh. Duns Scotus docuit, ,descensum Christi ad inferos ex Scriptura probari neutiquam posse'. Eum sequitur Jesuita
Forerus et al. 4. *Calvinianorum*, qui descensum Christi ad inferos proprie ita dictum prorsus negant et vel *mortem* cum Zwinglio in expositione fidei christ. f. 512., vel *sepulturam* cum Bucero, Beza, Piscatore,
Wittakero, vel *effectum et fructum passionis* et mortis Christi, scil. destructionem regni satanici cum Bullingero, vel solum *metaphoricum*
descensum, scil. cruciatus animae Christi tempore passionis, cum Calvino l. 2. Institut. c. 16. § 10. et al., vel denique totum *humiliationis
statum* cum Sohnio intelligunt. Vel Christum tantum secundum *animam* descendisse in infernum, affirmant, ut Anhaltini. . . 5. *Socinianorum*, qui descensum de statu *mortis* interpretantur. . . 6. *Weigelii*, qui
descensum Christi ad inferos de *morte* Christi exponit P. 2. Postillae
p. 44. 7. *Novatorum*, qui descensum Christi proprie dictum cum Calvinianis in dubium vocant et pro articulo fidei non agnoscunt. Ita
D. Dreierus." (L. c. s. 2. q. 9. f. 616. sq.)

CALOVIUS: ,,E nostris etiam minus commode interpretati sunt
hunc articulum, qui de cruciatibus post mortem accepere, utpote
D. *Epinus*, Pastor Hamburg., a. 1553. et D. *Draconites* in Ps. 16., ut et
M. Flacius in Clav. Script. voc. ,inferni'." (System. T. VII. p. 686. sq.)

LUTHARDTIUS: ,,Descensus ad inferos. . . *Schriftlehre.* Jesu
Todeszustand Matth. 12, 40.: ἐν τῇ καρδίᾳ τῆς γῆς. Ap.-G. 2, 24. f. ὠδῖνες
τοῦ θανάτου (Ps. 18, 5.). Röm. 10, 7.: *Hades.* Eph. 4, 9. τὰ κατώτερα
μέρη τῆς γῆς (so Meyer und Hölemann, Bibelstud. II, 89. ff. gegen Har-
less, Hofmann u. A.). Aber auch Luk. 23, 43.: *Paradies.* Vgl. die
Zeichen, die seinen Tod begleiteten: Joh. 19, 34. f. Matth. 27, 53. f.—
Hievon zu unterscheiden ist 1 Pet. 3, 19. nach Augustin, Gerhard (?),
Hofmann zu verstehen von der noachischen Predigt; nach der gewöhnlichen und von den neueren Auslegern gerechtfertigten Erklärung von
einer Predigt Christi im Hades, aber in verschiedener Fassung."
(Compend. Ed. 3. p. 187. sq.)

KAHNISIUS: ,,Die Thatsache, dass Jesus Christus in den Hades
hinabgefahren ist, ruht auf Luk. 23, 43. AG. 2, 27. 31. 1 Pet. 3, 19.
Allein alle diese Stellen sagen nur, dass Christus a.) *als* Geist (1 Pet.
3, 19.), b.) nach dem Tode, vor der Auferstehung, c.) zu den Todten
und zwar sowohl in den Strafaufenthalt (1 Pet. 3, 19.) als in das Paradies (Luk. 23, 43.) gestiegen sei, um d.) das *Evangelium* zu verkündigen." (Die luth. Dogm. Zweite Ausg. II, 81.)

HOFMANNUS: ,,*Keine Lehre von Jesu Höllenfahrt.* Der Todeszustand ist für Jesus nur Uebergang in eine auch hinsichtlich
seiner Natur unbedingte Gemeinschaft mit Gott dem Vater. . . Man
meinte dort (1 Pet. 3, 19.) zu lesen, Jesus habe, sei es nun während
seines Todeszustandes oder nach der Wiedervereinigung von Seele und
Leib, den Verstorbenen gepredigt. Die Stelle besagt aber nichts der
Art. (Schriftbeweis. Der 2. Hälfte 1. Abth. p. 335. f.)

.

b) Tempus enim descensus ad inferos, etsi non satis clare constet, non tamen audemus momento resurrectionis e morte ad vitam anteponere, juxta ea, quae modo vidimus ex *1 Petr. 3, 18. 19.*, ubi Christus non solum ϑανατωϑεὶς, verum etiam ζωοποιηϑεὶς, adeoque, postquam recepit vitam ex morte, abiisse ad inferos dicitur.

CALOVIUS: „Antecedit quidem ζωοποίησις“ (descensum Christi ad inferos) „1 Pet. 3, 18., quia nonnisi vivificatus in spiritu πορευϑεὶς seu profectus est; sed ille proprie non est quidam gradus exaltationis, sed liberatio a morte; ideoque ad *subjectum* exaltationis proprie refertur, quod est non homo mortuus, sed redivivus.“ (Theol. posit. p. 370.)

c) Rususcitatus autem est non solum *a Patre*, verum etiam *a se ipso*, juxta id, quod dixit *Joh. 10, 17. 18.*, se habere ἐξουσίαν, potestatem cum potentia effectrice conjunctam, *rursus sumendi animam*, seu vitam, quam libere amiserit; cujus vi etiam animam a se positam ipse iterum sit *sumturus*.

QUENSTEDTIUS: „*Subjectum quod* est Christus ϑεάνϑρωπος, pastor ovium magnus, Hebr. 13, 20., Jesus Nazarenus, Act. 2, 24... *Subjectum quo* remotum est *natura humana*, proximum *corpus*, quod per mortem ceciderat. Nota: Sicut non secundum divinam naturam, quippe quae in se considerata passionis omnis expers est, sed secundum humanam naturam cruci affixus et in mortem traditus fuit: ita quoque non secundum divinam, sed tantum humanam naturam a Deo suscitatus est. Non tamen propterea divina natura ab hoc actu prorsus excluditur; illa enim naturae humanae communicavit potentiam resurgendi et resurrectionem ipsius nobis fecit salutarem, h. e., ut esset mortis, peccati et inferni victrix et nostrum justificatrix, Rom. 4, 25.“ (L. c. s. 1. th. 93. sq. f. 541.)

HOLLAZIUS: „Resurrexit Christus virtute divina omnibus tribus personis divinitatis communi... Speciatim Deo *Patri*, ut fonti divinitatis, tribuitur resuscitatio Christi ad consolationem conscientiarum, ut sciamus, Patri abunde satisfactum eundemque nobis reconciliatum esse, ceteroqui fidejussorem nostrum e sepulcro non dimisisset.“ (Exam. P. III. s. 1. c. 3. q. 143. p. 780.)

E. HUNNIUS: „Quaero, num Christus propria sua virtute resurrexerit? — Quidni? Dicit enim Judaeis: ,Destruite templum hoc (loquitur, Joanne interprete, de templo corporis sui), et in triduo reaedificabo illud.‘ Repetit id Christus Joh. 10.: ,Ego potestatem habeo ponendi vitam meam et potestatem habeo resumendi eam.‘ Ergone humanam naturam judicas semetipsam e mortuis excitasse? — Quia Christo in sepulchro existente profundissimus adhuc durabat exinanitionis status, nolim dicere, corpus Christi seipsum suscitasse, sed λόγον excitasse corpus suum ea virtute ac potentia, quae corpori Christi quidem realiter communicata, in morte autem et sepulchro (ratione *usus*) evacuata fuerat. Interim non dubitamus affirmare, animam quoque Salvatoris ut vivificam ad corporis sui vivificationem suo modo ex vi unionis ipsius cum λόγῳ concurrisse, ita ut in resurrectione denuo subeundo corpus suum efficaciter id vivificaret; tametsi principatus illius resuscitationis penes λόγον maneat. Atque his sane respectibus merito Christus propria virtute dicitur resurrexisse, praesertim quia λόγος, proprium suum corpus suscitans, alia persona non est a corpore separata.“ (Libelli IV. de persona Christi etc. p. 93. sq.)

SCHERZERUS: „Judaeis quaerentibus, quale σημεῖον sive miraculum (Joh. 2, 18.) ederet, respondit, se erecturum templum corporis sui tribus diebus, Joh. 2, 19. sq. At si seipsum non resuscitavit, nullum in erectione templi corporis sui morte destructi miraculum edidit ipse, sed solus Deus, qui ipsum excitavit.“ (Syst. p. 243.)

ANTITHESIS.

QUENSTEDTIUS: ,,*Antithesis:* 1. *Socinianorum*, qui ἀποτόμως negant, Christum sua virtute et morte resurrexisse. . . Catech. Racov. c. 12. de offic. Christi regio q. 4.: ,Falluntur vehementer qui ajunt, Christum seipsum a mortuis excitasse'. . . 2. *Calvinianorum*, qui negant, Christum ut hominem sive secundum h. n. sese resuscitasse. . . Zachar. Ursinus in Institut catech. de resurr. Christi p. 319 scribit: ,Christus resurrexit sua propria vi atque potentia, non quidem carnis, sed deitatis suae.' '' (L. c. s. 2. q. 10. f. 625. sq.)

d) Accepit enim corpus idem illud quidem, quod antea habuit, sed glorificatum, juxta *Phil. 3, 21.* Nam σῶμα τῆς δόξης per Ebraismum denotat *corpus gloriosum*, et tale quidem, cujus affectiones prolixius describuntur *1 Cor. 15, 40. sqq.* Unde etiam e sepulchro clauso potenter exivit; vid. *Matth. 28, 2. et 6.*, ubi recensetur, *angelum* Domini *removisse lapidem sepulchralem, non* ad recludendum exitum, *sed* ad monstrandum aliis locum, a Christo resuscitato jam derelictum.

GERHARDUS: ,,*Finis* resurrectionis Christi duplex est. *Finis* οὗ est *gloria* 1. *Dei Patris.* . . 2. Ipsius *Christi*, ut in resurrectione ac per resurrectionem sese ipso facto demonstraret: 1.) Verum Dei Filium, Rom. 1, 4. . . 2.) Verum hominem, adeoque θεάνθρωπον. . . 3.) Promissum Messiam, quippe de quo et vaticiniis et typis pronuntiatum fuerat, ipsum . . . ex mortuis resurrecturum. . . 4. Mortis, diaboli et omnium hostium victorem, quia propria virtute ex mortuis resurgere plenissimam victoriam ex morte reportabat arguit. . . 5. Aeternum regem et sacerdotem nostrum. . . 6. Nostrum mediatorem et salvatorem. . . *Finis* ᾧ nos homines concernit, qui complectitur fructus ex Christi resurrectione ad nos promanantes. Tales sunt: 1. Fidei nostrae confirmatio. . . 2. Nostra justificatio, Rom. 4, 25. . . 3. Nostra renovatio, Rom. 6, 4. 2 Cor. 5, 15. Col. 3, 1. Ideo vero renovatio nostra inter fructus Dominicae resurrectionis refertur, quia renovationis nostrae non tantum figura et exemplum, sed etiam causa in ea nobis proponitur. Eph. 2, 5. . . 4. Spei nostrae de conservatione ad salutem aeternam obsignatio, Rom. 5, 10. . . 5. Nostra ad vitam beatam resuscitatio.'' (Disputatt. th. p. 1440—1444.)

CALOVIUS: ,,*Non* resuscitatum dicit apostolus (Rom. 4, 25.) Christum a Deo, ut *doctrinae ejus auctoritas* conciliaretur, quae per miracula et per testificationem de coelis satis conciliari ipsi poterat, modo Judaei adeo indurati non fuissent; sed διὰ τὴν δικαίωσιν ἡμῶν, *propter justificationem nostram.* . . Non eadem omnino ratione Christus dicitur propter justificationem nostram *resuscitatus*, quemadmodum propter peccata nostra in mortem a Deo *traditus* est; quum hic *mors* Christi causa *meritoria* expiationis peccatorum nostrorum ipse in mortem traditus sit *nostri loco*, ut nos merito mortis ejus a peccato ejusque poena, morte, liberemur, de *resuscitatione* Christi vero id non adeo asseri possit, quod nempe Christus sua resurrectione nobis justitiam meruerit, cujus etiam meritum *morte consummatum* fuisse, exclamatio ejus in cruce: ,Τετέλεσται', consummatum est, Joh. 19, 30., confirmavit. Ideo diversimode de morte Christi et de resurrectione ejus loquitur Scriptura. Christum enim passum et mortuum dicit et *propter* nos et *pro* nobis, resurrexisse autem *non pro*, sed tantum *propter* nos. Quanquam ergo quandoque theologi *resurrectionem* Christi causam *meritoriam* nostrae justificationis dicunt, vocem meriti tamen intelligunt tantum *generaliter.* . . Quibus autem respectibus ad *justificationem* nostram requisita fuerit Christi resuscitatio, ita explicat b. *Gerhardus*: nimirum 1. ratione *manifestationis* ac *confirmationis*, quia resurrectio Christi est evidens testimonium, quod pro nostris peccatis plene sit satisfactum et justitia perfecta adducta. . . 2. Respectu *applicationis.* Si Christus in morte mansisset, non fuisset mortis victor nec potuisset nobis justitiam tam caro pretio partam applicare, Rom. 5, 10. 8, 35. 3. Respectu *actualis a peccato absolutionis.* Ut *punivit* Deus peccata *nostra* in Christo, quae ipsi ut sponsori nostro erant imposita atque imputata: ita quoque excitando eum a mortuis ipso facto *absolvit* eum a *nostris* peccatis ipsi imputatis, ac proinde *etiam nos in ipso absolvit;* quo refert dicta 1 Cor. 15, 17. 2 Cor. 5, 21. Eph. 2, 5. Col. 2, 12. 13. Phil. 3, 8—10. 1 Pet. 1, 3." (Bibl. illustr. ad l. c. Rom. 4, 25.)

QUENSTEDTIUS: „Rom. 1, 4. Si Christus non propria divina virtute ex sepulchro clauso, sed per angeli de coelo descendentis operam aperto resurrexit, tum ex illa sua resurrectione non potuit declarari, efficaciterque demonstrari ipse unigenitus Dei Filius." (L. c. s. 2. q. 11. f. 635.)

ANTITHESES.

QUENSTEDTIUS: „*Antithesis:* 1. *Socinianorum,* qui negant, Christum per januas clausas ad discipulos ingressum esse. . . 2. *Calvinianorum,* qui . . . uno ore docent: 1.) Christum tum demum resurrexisse, ubi lapis a sepulchro jam devolutus esset; 2.) contendunt, aut discipulos pulsanti Christo fores aperuisse, aut Christum sua potentia ingressum sibi procurasse, aut fores ultro se illi pandisse, aut per fenestram, aliave via ingressum esse, aut parietes ipsi pervios fuisse etc. Ita *Zwinglius* P. 2. resp. ad Luth. confess. f. 456. b. *Calvinus* Institut. l. 2. c. 17. § 11. *Petrus Martyr:* ,Forte cesserunt januae, forte Christus per fenestras aut tectum ingressus est.'" (L. c. s. 2. q. 11. f. 634.)

IDEM: „*Calviniani* de proprietatibus glorificati corporis Christi nimis tenuiter et exiliter philosophantur. 1. *Invisibilitatem* praecise negant. . Theoph. Mosanus . . . astruere conatur hanc thesin: ,corpus Christi non posse non videri, ubicunque praesens est'. . . Negant etiam *illocalitatem.*" (L. c. p. 1435.)

IDEM: „*Antithesis:* 1. *Photiniani* (secuti Apellem haereticum, de quo Philostr.) negant, Christum post sui glorificationem in coelo carnem et sanguinem habere. . . 2. *Calviniani* 1.) sanguinem Christi in ara crucis effusum computruisse, nec in resurrectione reassumtum fuisse asserunt. Calvinus in cap. 26. Matth. . . 2.) Quidam eorum Christum, ut secundum utramque naturam exinanitum, ita quoque secundum utramque naturam resurrexisse, asserunt. . . 3. *Pontificii* statuunt, partem aliquam sanguinis non fuisse in corpus Christi reassumtam, sed in terra relictam." (L. c. p. 1425. sqq.)

GERHARDUS: „*Antithesis:* 1. *Pontificii* statuunt, causam meritoriam Dominicae resurrectionis esse antegressam passionem, per quam Christum corporis sui gloriam et nominis exaltationem sibi *promeritum* fuisse asserunt. . 2. Idem probatur quibusdam *Calvinianis,* a magistro suo lib. 2. Institut. c. 17. § 6. hic discedentibus. . . Urgent utrique particulas לַ עַל ac διὸ Ps. 110, 7. Phil. 2, 9. Respondeo: Describitur hic non meritum, sed ordo et consequentia, sicut exponitur Luc. 24, 26.: ,Nonne oportebat Christum pati et *sic* intrare in gloriam?', ubi particula οὕτως non quidem in omnibus exemplaribus Graecis habetur, interim ex v. 46. optima ratione elicitur. 1 Pet. 1, 11.: Τὰς μετὰ ταῦτα δόξας. Particulae ergo illae non tam *causam meritoriam* exprimunt, quam ratiocinationem quandam continent. Graecum τὸ διὸ componitur ex praepositione διὰ et articulo ὁ, ut sit sensus: *proinde, quocirca.*" (Disputatt. th. p. 1422.)

e) *Vera* quidem et *realis,* corpore ex terris sursum elevato; vid. *Actor.* 1, 9. *Non* tamen *nimium scrutanda* aut juxta modum naturalem ita definienda, ut negetur corporis in coelum elati praesentia in terris. Non solum enim in coelum, sed et *supra omnes coelos ascendisse* legitur *Ephes. 5, 10.*

FORMULA CONCORDIAE: „Ex hac unione et naturarum communione humana natura habet illam *exaltationem post resurrectionem* a mortuis super omnes creaturas in coelo et in terra, quae revera nihil aliud est, quam quod Christus formam servi prorsus deposuit, humanam vero naturam non deposuit, sed in omnem aeternitatem retinet, et ad plenam possessionem et divinae majestatis *usurpationem* secundum assumtam humanam naturam evectus est. Eam vero majestatem statim in sua conceptione etiam in utero matris habuit, sed, ut apostolus loquitur (Phil. 2, 7.), ,se ipsum exinanivit', eamque, ut D. Lutherus docet, in statu suae humiliationis secreto habuit, neque eam semper, sed quoties ipsi visum fuit, usurpavit." (Art. VIII. p. 679. sq.)

GESNERUS: „Ubi versabatur Christus quadraginta dierum spatio ante ascensionem, quando cum discipulis non erat? — In coelestis vitae statu, ut ipse dicit Joh. 16. et 17., se mundum deserere et ad Patrem proficisci, hoc est, se relicta terrena et visibili hac conversatione ingredi coelestem et invisibilem; et Luc. 22, 16.: ,Dico enim vobis, quod non amplius bibiturus sim de fructu vitis, donec regnum veniat'; quod post resurrectionem Luc. 24. repetit: ,Hi sunt sermones, quos locutus sum, cum adhuc vobiscum essem.' Erat cum discipulis et non erat. Erat, pro liberrimae voluntatis οἰκονομίᾳ; non erat, pro conditione gloriosi corporis. . . In hac igitur coelesti conditione fuit, sive discipulis sese manifestaret, sive suum aspectum iisdem subtraheret. . . Aliud est, transire ad Patrem in coelestem et invisibilem conditionem, et aliud, ascendere ad coelum. Ascensio non est facta absque loci mutatione. . . Transitus autem ad Patrem non admittit localem motum, cum Pater sit in Filio et Filius in Patre, Joh. 14, 10. Et plura velle de hac re inquirere, ambitiosae est audaciae. Incognitum est, inquit Thomas, quibus in locis intermedio tempore corporaliter fuerit, cum hoc Scriptura non tradat et in omni loco sit dominatio ejus." (Orthod. confess. de persona etc. p. 296. sq.)

HOLLAZIUS: „*Subjectum quod* ascensionis est *totus* θεάνθρωπος. ,Idem, qui descendit, etiam ascendit', Ephes. 4, 10. Atqui totus θεάνθρωπος descendit; qui vivificatus, descendit, 1 Petr. 3, 22. E. — *Subjectum quo* ascensionis est *natura humana*, quae in altum est sublata, Act. 1, 9., quod in divinitatem, quae in altum ferri nequit (hoc enim solorum corporum est), non quadrat. — *Terminus, ad quem* Christus in ascensione sua pervenit, est tum communis, tum proprius. *Communis* est sedes et *domicilium beatorum*, ubi Christus beatis se ad faciem conspiciendum praebet. Evectus est Christus in *paradisum*, in quo cum ipso est conversus latro, Luc. 23, 43., ubi etiam est Jobus, c. 19, 27., ubi paratae sunt fidelibus mansiones, Joh. 14, 2., ubi redemtor gloriosissimus conspectu suo jucundissimo sanctorum animas exhilarabit. Terminus ad quem *proprius* est coelum Dei majestaticum, quod est super omnes coelos, Ephes. 4, 10. ,Habemus sacerdotem principem magnum, qui penetravit coelos, Hebr. 14, 4.; penetravit coelos non ratione distantiae, sed sublimissimae et divinae praesentiae. Coelum Dei majestaticum est ipsa dextra Dei, qua coelis excelsior factus est Christus, Hebr. 7, 26., de qua apostolus Hebr. 8, 1. Obs. Per *coelum* hic non intelligitur *coelum naturae aëreum vel aethereum*, quod cogitare impium est; neque *coelum gratiae*, quod est ecclesia militans in his terris, cui Christus visibilem praesentiam suam usque ad diem extremi judicii subtraxit. Ergo intelligitur *coelum gloriae*, vel finitae, vel infinitae. Qua *gloriam finitam* Christus in ποῦ beatorum se utique conspiciendum praebet angelis et beatis ad veri corporis glorificati modum; ita tamen, ut ipsi etiam communicata sit *gloria infinita* per sessionem ad dextram

Dei. Evectus igitur est Christus in coelum majestaticum, ut omnia impleret, Eph. 4, 10. — Ratione *modi* ascensio Christi non fuit ἀφανισμὸς sive disparitio, sed *motus verus*, realis, successive progressivus, Luc. 24, 51., et visibilis usque ad nubes, Act. 1, 9. At elevatus a nube modo invisibili ad dextram Dei exaltatus est. — *Visibilis* Christi motus usque ad nubes *localis* fuit, non secundum motum corporis *naturalis*, quod natura sua deorsum fertur, sed *glorificati* et supernaturalibus dotibus instructi. Neque per indigentiam naturae, sed per *liberam oeconomiam* Christus assumsit motum localem et visibilem, qui, si voluisset, in puncto temporis discipulis suis se potuisset subducere et coelum occupare. At placebat Salvatori sensim ferri sursum, ut discipuli de vera ascensione eo luculentius et confidentius testarentur. Ex quo colligimus, Christum ascendisse quidem usque ad nubes *per motum localem*, sed *non localiter* aut physice." (L. c. q. 148—153. p. 784. sqq.)

QUENSTEDTIUS: ,,Coelum, in quod Christus ascendit, non est . . . status gloriosus seu *infinitae* gloriae, qui ad sequentem articulum de sessione ad dextram Dei pertinet, seu *finitae*, quia in hoc statu fuit statim a resurrectione, sed πού, sedes et domicilium beatorum. . . Non uti clam e monumento prodiit, sic ascendere voluit, sed palam ac aperte." (L. c. s. 1. th. 106. 108. f. 547. sq.)

IDEM: ,,*Finis et effectus* ascensionis *ex parte Christi* est gloriosa de toto hostium choro triumphatio et regni coelestis occupatio; *ex parte nostri* clausi paradisi reseratio et permanentis in coelo habitationis comparatio. . . Passione et morte sua coelum nobis promeruit, ascensione vero sua illud nobis aperuit." (L. c. th. 109. f. 548. sq.)

SCHERZERUS: ,,*Errores:* Christum in eo, quo passus est, corpore *non* ascendisse, *Manichaeorum* et *Socinianorum* fabula est. Christus ascensurus et motu locali indiguit et in coelum locale atque creatum ascendit, nobisque ascensione humanitatis suae praesentiam substantialem penitus subtraxit juxta *Calvinianos*. . . *Papistae* inter fines ascensionis patrum e limbo in coelum reductionem referunt." (System. p. 248. sq.)

FORMULA CONCORDIAE: ,,Rejicimus igitur atque damnamus corde et ore: . . . quod Christus *propter adscensum suum* in coelos corpore suo in certo quodam coeli loco ita sit *comprehensus* et circumscriptus, ut suo corpore nobiscum in sacra coena (quae juxta institutionem Christi in terris celebratur) vere et substantialiter praesens esse neque possit neque velit, sed potius tam longe a sacra coena absit, quantum altissimum coelum a terris distat. Sic enim quidam *sacramentarii* verba illa in actis apostolicis (3, 21.): ,Oportet Christum coelum *accipere*', de industria malitiose (ad confirmandum errorem suum) depravarunt, et loco sincerae translationis haec verba reposuerunt: ,Oportet Christum coelo *capi*' (Beza), quae verba significant Christum in coelum receptum, ut coelo circumscribatur et comprehendatur, ut nobiscum in terris humana sua natura nullo prorsus modo praesens esse possit aut velit." (Artic. VII. p. 671. 672.)

f) Quae *dextra Dei non est certus aliquis locus, sed ipsa omnipotens Dei virtus, quae coelum et terram replet*, juxta Solidam Declarationem Form. Conc. Artic. VIII., adeoque *sedere ad dextram Dei* dicitur, qui *totum terrarum orbem, inprimis ecclesiam, potenter et provide gubernat omnibusque hostibus suis dominatur.* Conf. *Ps. 110, 1. 2. Actor. 2, 34. 35.*

LUTHERUS: ,,Zum ersten, nehmen wir vor den Artikel, dass Christus sitze zur rechten Hand Gottes, welchen die Schwärmer halten, er leide nicht, dass Christi Leib im Abendmahl auch sein könnte. Wenn wir sie nun hier fragen, was sie Gottes rechte Hand heissen, da Christus sitzt: achte ich, sie werden uns daher schwärmen, wie man den Kindern pflegt fürzubilden einen Gaukelhimmel, darin ein güldener Stuhl

stehe und Christus neben dem Vater sitze in einer Chorkappe und güldenen Krone, gleichwie es die Maler malen. Denn wo sie nicht solche
kindische, fleischliche Gedanken hätten von der rechten Hand Gottes,
würden sie freilich sich nicht so lassen anfechten den Leib Christi im
Abendmahl, oder sich so bläuen mit dem Spruch Augustini (welchem
sie doch sonst nichts glauben noch keinem andern), Christus muss an
einem Ort leiblich sein, aber seine Wahrheit ist allenthalben u. s. w. Aus
welchem kindischen Gedanken muss denn weiter folgen, dass sie auch
Gott selber an einem Ort im Himmel auf denselbigen güldenen Stuhl
binden, weil ausser Christo kein Gott ist, und wo Christus ist, da ist
die Gottheit ganz und gar, wie Paulus sagt Col. 2, 9.: Es wohnet in ihm
die ganze Gottheit leibhaftig. . . Die Schrift aber lehrt uns, dass Gottes rechte Hand nicht sei ein sonderlicher Ort, da ein Leib solle oder
möge sein, als auf einem güldenen Stuhl; sondern sei die allmächtige
Gewalt Gottes, welche zugleich nirgend sein kann, und doch an allen
Orten sein muss. Nirgend kann sie an einigem Ort sein (spreche ich):
denn wo sie irgend an etlichem Ort wäre, müsste sie daselbst begreif-
lich und beschlossen sein; wie alle dasjenige, so an einem Ort ist, muss
an demselbigen Ort beschlossen und abgemessen sein, also dass es dieweil an keinem andern Ort sein kann. Die göttliche Gewalt aber mag
und kann nicht also beschlossen und abgemessen sein. Denn sie ist
unbegreiflich und unmässlich, ausser und über alles, das da ist und sein
kann. Wiederum, muss sie an allen Orten wesentlich und gegenwärtig
sein, auch in dem geringsten Baumblatt. Ursach ist die: denn Gott
ists, der alle Dinge schafft, wirkt und erhält, durch seine allmächtige
Gewalt und rechte Hand, wie unser Glaube bekennet; denn er schickt
keine Amtleute oder Engel aus, wenn er etwas schaffet oder erhält,
sondern solches alles ist seiner göttlichen Gewalt selbst eigen Werk.
Soll ers aber schaffen und erhalten, so muss er daselbst sein, und seine
Creatur so wohl im Allerinwendigsten als im Allerauswendigsten machen
und erhalten. Darum muss er ja in einer jeglichen Creatur in ihrem
Allerinwendigsten, Auswendigsten, um und um, durch und durch, unten
und oben, vorn und hinten selbst da sein, dass nicht Gegenwärtigers
noch Innerlichers sein kann in allen Creaturen, denn Gott selbst mit
seiner Gewalt. Denn er ists, der die Haut machet; er ists, der auch
die Gebeine machet; er ists, der die Haare auf dem Haupt machet; er
ists auch, der das Mark in den Gebeinen macht; er ists, der ein jeglich
Stücklein am Haar macht; er ists, der ein jeglich Stücklein am Mark
machet; er muss ja alles machen, beide, Stücke und Ganzes: so muss
ja seine Hand da sein, die es mache, das kann nicht fehlen.'' (Dass
diese Worte Christi: Das ist mein Leib, noch feste stehen. Tom. Hal.
XX, 1000. 1002. sq.) Cf. supra *Kromayerus* p. 64.

IDEM: ,,Was kann ,zu meiner Rechten sitzen' (Ps. 110, 1.) anders
heissen, denn Gott gleich sitzen? Denn er sitzet ihm nicht zun Häup-
ten noch zun Füssen, weder höher noch niedriger, sondern zur Rechten,
ihm gleich, dass der Himmel eben sowohl sein Stuhl und die Erde seine
Fussbank ist; wie er spricht Matthäi am letzten v. 18.: ,Mir ist gegeben alle Gewalt im Himmel und Erden.''' (Ausleg. der letzten Worte
Davids. 1543. III, 2825.)

GERHARDUS: ,,De ipso Deo, nulli loco incluso, a nullo loco excluso,
dicitur, quod in altis habitet, quod sit *in coelis*, quod e coelo respiciat
super filios hominum; neque tamen quisquam inde colligit vel colligere
potest, quod tantum in certo aliquo coeli *loco* dominetur. Altitudinem
illam Dei et dextrae Dei Spiritus S. non loci sublimitate, sed *gloriae et
majestatis* coelestis inenarrabili celsitudine definit. . . (Excipiunt:)
Quod Stephanus uno tantum in loco videat Christum stantem a dextris
Dei. Act. 7, 56. Resp.: Non sequitur: Christus uno in loco videtur
sive conspicitur stans a dextris Dei; ergo uno tantum in loco sedet ad
dextram Dei. Agitur enim hic de peculiari quadam revelatione et visione, Stephano manifestata, quae majestatem Christi ubique potentis-

sime et praesentissime regnantis non labefactat nec limitat, sed potius confirmat. Quod si enim juxta adversariorum hypothesin corpus Christi est tantum in coelo, et coelum est proxime supra firmamentum, quomodo potuit Christus stans a dextris Dei a Stephano videri, cum corpus Christi quantitatem incomparabiliter minorem obtineat, quam minutissimae stellae? Visibiliter ergo Christus stans a dextris Dei in uno loco apparet, interim invisibiliter ubique ad dextram Dei sedet. Apparet autem *stans*, id est, paratus ad ferendum auxilium et hostes puniendos." (L. c. § 221.)

E. Hunnius: ,,*Persona* quidem, quae Deus et homo est, est exaltata et non altera natura seorsim absque persona; exaltata autem est ea persona non secundum deitatem, sed *juxta assumptam humanitatem*. Primo id hinc apparet, quia deitas Verbi prorsus immutabilis existens nec humiliari, nec exaltari, nec in meliorem, nec deteriorem statum transferri potest... In exprimenda Christi exaltatione apostoli dicunt et scribunt, Christum *factum* esse Dominum, Act. 2, 36... Annon autem sufficeret confiteri, Christum esse exaltatum ad d. D., ut maxime natura humana non exprimeretur? (Resp.:) Etsi in erudiendis simplicibus, qui veritati non obsistunt, licet hac quoque phrasi uti, attamen non satis constaret, cujus naturae causa hoc ei transcriberetur. Jam vero quia adversariorum insuper intemperies accedit et impietas, qua id, quod carni Christi tributum est, nefario ausu, quantum in se est, rapiunt atque hanc phrasin, qua Christum exaltatum dicimus ad infinitae potentiae dextram, vel ad deitatem Arianorum more referunt et de restitutione potentiae exponunt, vel (ut sunt Vertumno atque Proteo mutabiliores) de Christo juxta utramque naturam exponunt et ad officium restringunt, ita tamen, ut natura humana tantum agat humana, atque sic toti in hoc sunt, ut carnem nostram de solio divinae majestatis deturbent: requirit ecclesiae inevitabilis necessitas, ut ad detegendam illorum hominum fraudem dilucide monstretur, hanc exaltationem contigisse Christo juxta suam humanitatem." (L. c. p. 108. 109. sq. 116. sq.)

Quenstedtius: ,,Sedit Christus ad dextram Dei Patris *non a aeterno* nec a mundi initio. Ratio est, quia haec sessio ipsi non competit juxta deitatem, sed humanitatem; nec a momento conceptionis, quia haec sessio praecedentem habet exinanitionem, passionem et mortem, et consistit in ὑπερυψώσει, omnem κένωσιν excludente, sed in ultimo ascensionis termino." (L. c. s. 2. q. 12. f. 638.)

E. Hunnius: ,,Si ab *unione* dependet ea majestas, ad quam Christus in die ascensionis pervenit, cur Scriptura eam ut *praemium atque fructum* passionis praedicat Ps. 110.: ,De torrente in via bibet, *propterea* exaltabit caput', et Phil. 2.: ,Obediens fuit Patri usque ad mortem crucis; *propter* hoc extulit illum Deus in summam sublimitatem'? Causa haec est, quia propter passionem ipsa quoque incarnatio facta est. Propterea enim in mundum venit unigenitus Dei et incarnatus est, ut seipsum passione et morte sua victimam pro peccatis nostris sisteret. Quia igitur ob passionem ipsa incarnatio suscepta, quae alias nunquam futura fuisset: mirum non est, passioni ceu fructum eam exaltationem assignari. Nisi enim passurus et moriturus fuisset F. D., tum nec assumpsisset humanitatem neque juxta illam in tempore unquam potuisset exaltari." (L. c. p. 123.)

Kromayerus: ,,Dextra, de qua in Scripturis agitur, vel habet oppositam sinistram, vel non habet. Quando sinistram habet oppositam, *locum honoratiorem* denotat, et per sinistram vel *locus inferior*, ut Matth. 20, 21., vel *ignominiosus* intelligitur, Matth. 25, 33. Quando non habet sinistram, *potentiam* denotat, a brachio dextro, qui robore praepollet, metaphora sumpta, ... quod ex Ps. 118. versiculis pluribus et aliis Scripturae locis videri potest. Differunt stylo biblico sedere et sedere ad d. D. *Sedere* idem est, ac regnare vel judicare, prout ipse Deus sedere dicitur Ps. 9, 5. *Sedere ad dextram* est regere vel judicare communicata potestate, cujusmodi sessio posterior Christo secundum hum. nat. competit. Ut Deus enim non sedet ad d. D., sed est ipsa dextra Dei. Ubi thronus Dei et thronus Christi etiam venit distinguendus. Per thronum Dei potestas *infinita*, per thronum Christi potestas *finita* intelligitur. Solus Christus ad d. D. vel Patris sedet; ad dextram vero Christi etiam electi collocabuntur, prout Filius Dei Apoc. 3, 21. distinguit. Ut itaque judicantes et gubernantes *sedent*, pugnantes *stant :* ita Christus fortissimo militi Stephano adversus persecutores opem laturus ipsumque post pugnam coronaturus *stare*, gubernans hoc universum et aliquando judicaturus orbem terrarum *sedere* dicitur." (Th. posit.-pol. P. II. p. 115. sq.)

ANTITHESIS.

Quenstedtius: ,,*Antithesis :* 1. *Scholasticorum* et *pontificiorum,* quorum alii asserunt, 1.) intelligi per dextram Dei beatitudinem coelestem et aeternam creatam; ita Bellarminus. . . 2.) Contendunt, datam esse quidem humanitati sessionem ad dextram Dei, ast non in se, sed in supposito. Ita enim idem Bellarminus disputat: ,Cum enim rex induit purpuram et sedet in solio suo, evehit purpuram ad illud solium, non sic, ut purpura dicatur sedere aut regnare, sed ut dicatur vestis sedentis et regnantis et etiam ut dicatur purpuratus rex sedere aut regnare' etc. 3.) Statuunt nonnulli, sessionem ad dextram Dei inferre tantum proximum a Deo honorem. . . 4.) Alii contra volunt, sessionem ad d. D. inferre majoritatem et eminentiam quandam Filii supra Patrem; ita Maldonatus: . . . ,Quare sedere ad dextram est, esse quodammodo majorem quoad officium et administrationem ecclesiae; quia omne judicium fuit illi datum a Patre.' 2. *Calvinianorum,* statuentium, 1.) sessionem ad dextram inferre certam loci in coelo occupationem vel in certo quodam loco positionem, ad quem sit alligatus Christus, donec redeat ad judicium. . . 2.) Sessionem ad dextram Dei inferre non eundem, sed proximum a Deo honorem, adeoque Christo homini, qua homini, per illam sessionem ad d. D. non aliam collatam gloriam, virtutem et potentiam, quam finitam et creatam. . . 3.) Christum ad d. D. sedere secundum utramque naturam, adeoque etiam secundum deitatem; alii geminam ac duplicem fingunt sessionem ad d. D., alteram infinitam, quae Christo secundum deitatem, alteram vero finitam, quae ipsi secundum humanitatem competat. . . 3. *Socinianorum,* asserentium, 1.) inferre sessionem ad d. D. locum honoratiorem supra Deum. . . 2.) Sedere ad d. D. P. esse, Deum sibi habere a dextris vel Deo gaudere propitio. . . 4. *Arminianorum,* quorum antesignanus Episcopius l. 4. Institut. th. f. 342. . . Christo homini ad d. D. P. exaltato . . . finitam tantum potentiam tribuit. . . 5. *Weigelianorum,* cum Arianis et Valentinianis somniantium, sessionem ad d. D. non factam esse post ascensionem in coelum, sed in ipsa incarnatione." (L. c. f. 638. sqq.)

Sectio III.

DE OFFICIO CHRISTI.

§ 1.

Certum est, Filium Dei *non* ex necessitate quadam *neque* frustra assumsisse naturam humanam, *sed* alicujus *finis* gratia, et quidem, ut in assumta humana natura, et per eam, *salvos faceret*[a] *homines peccatores.*[b]

a) Vid. *Matth. 1, 21. et 25.*, ubi *nomen Jesu*, Filii Dei incarnati, ab actu aut officio *salvandi*, quo fungatur, desumtum esse dicitur. Salvare autem non tantum est *servare et liberare, sed dare salutem*, aut facere felicem. Unde constat, Jesum plus esse, quam servatorem, neque abs re salvatoris nomen christianis praeplacuisse. Ac notanter dicitur de Christo, σώζειν εἰς τὸ παντελὲς δύναται τοὺς προςερχομένους δι᾽ αὐτοῦ τῷ Θεῷ, *salvos facere ad plenum* (perfecte) *potest eos, qui per ipsum accedunt ad Deum, Ebr. 7, 25.* Praeterea vero ipsum nomen *Christi*, quod *unctum* denotat, simul indicat respectum aliquem ad *officium*, cujus suscipiendi et exercendi causa Christus homo ungatur. Scilicet prout in Vet. Test. atque in populo Dei *prophetae, sacerdotes* et *reges* ungi atque hac ratione ad munus quisque suum inaugurari consueverunt, ita Christum talium officiorum causa unctum fuisse docemur. Et *Joh. 4, 42.* junguntur ista: Ὁ σωτήρ τοῦ κόσμου, ὁ χριστός, *salvator mundi, Christus*, scilicet *ideo* unctus, *ut* salvaret.

KROMAYERUS: ,,Nomina praecipua, quibus Salvator noster insignitur, sunt *Jesus* et *Christus*, quae licet permutatim usurpentur vulgo et saepius conjungantur, ita tamen differunt: quod *illud* sit *proprium*, peculiaris impositionis, quod in circumcisione accepit et quo distinctus fuit ab aliis individuis; *hoc* autem *appellativum*, quod Messiae nomini respondet.'' (Th. posit.-pol. I, 83.)

IDEM: ,,Ἡ ϑεότης χρίσις τῆς ἀνϑρωπότητος... Dictum hoc Graecorum patrum aphorismi loco voluimus adducere, ut doceremus, Christum non secundum divinam, sed humanam naturam fuisse *inunctum;* divinam autem naturam potius ungentem fuisse, quam unctam. Qui enim per naturam habet omnia, illi dona non sunt conferenda... Cum vero Ps. 45, 8. dicitur, Deum esse unctum, propositio est idiomatica primi generis communicationis idiomatum, in quo propria naturarum communicantur personae in concreto. Proprietas haec c. l. est unctio vel donorum collatio, quae praedicatur de persona h. l. a divina natura denominata, prout dico: ,Deus fundit proprium sanguinem', Act. 20, 28. ... Usus hujus aphorismi polemicus est adversus Reformatos, nominatim Joh. Grabium, theol. Bremens., thesin hanc, quod unctio Christo secundum utramque naturam competat, acriter propugnantem.'' (Th. posit.-pol. I, 85.)

GERHARDUS: ,,Quidam duplicem *unctionis* rationem in Christo statuunt. Unam, qua λόγος ipse humanam naturam assumendo eandem proprii sui Spiritus plenitudine unxit Col. 2, 9.; de qua accipiunt vaticinium Dan. 9, 24.; alteram, qua Deus Pater Christum ut hominem unxit oleo laetitiae prae consortibus suis; de qua accipiunt dicta Ps. 45, 8. Es. 61, 1. Sed est una atque eadem unctio, qua Pater Christum secundum humanam naturam unxit S. S. et qua Christus carnem suam oleo deitatis et proprii Spiritus plenitudine unxit, sicut una eademque est communicatio, qua Pater dicitur Filium secundum humanam naturam collocasse ad dextram suam et qua Filius assumtam carnem ad dextram Dei evexit. Quamvis non Pater, non Spiritus S., sed solus λόγος carnem in personae unitatem assumserit, sicque terminus assumtionis non sit Patris vel S. S., sed λόγου persona, tamen trium personarum est una eademque actio.'' (Exeges. loc. IV. § 14.)

b) Quod autem Christus naturam humanam assumturus fuisset, etiamsi Adam non peccasset, probari non potest.

GERHARDUS: ,,An F. D. incarnatus fuisset, si vel maxime homo non peccasset? . . . Negantem quaestionis partem amplectuntur: 1. Plerique omnes ex veteribus, Athanasius, Nazianzenus, Augustinus et al. 2. Quidam ex scholasticis, Thom., Bonavent. et al. 3. Multi ex pontificiis, quamvis dubitanter. . . 4. Omnes ex nostris. Argumenta ducuntur: 1. Ex *Scripturae dictis*, quae 1.) finem incarnationis et adventus ubique statuunt redemtionem humani generis et restitutionem illius, quod erat amissum. . . 2.) Adamum ut fontem peccati et mortis ac Christum ut fontem justitiae sibi invicem opponunt Rom. 5, 12. 1 Cor. 15, 45. 47. 3.) Typis, parabolis ac similitudinibus. Nisi fuisset diluvium, non fuisset arca aedificata, Gen. 6. Nisi Israelitae ob peccatum a serpentibus igneis fuissent icti, serpens aeneus non fuisset suspensus, Num. 21. Nisi tempestas in mari oborta, Jonas non fuisset e navi projectus, Jon. 1. Nisi servi regis rejecti fuissent, filius non fuisset missus, Matth. 21. Nisi ovis et drachma periissent, lucerna non fuisset ad quaerendum accensa, nec pastor ad quaerendam ovem errantem abiisset, Luc. 15. 2. *Ex rationibus.* Ex hac hypothesi peccati foeditas, irae divinae atrocitas, immensa Dei bonitas magis elucescunt etc." (Exeges. l. IV. § 142. 143. 144.)

BROCHMANDUS: „Non licet ultra id, quod scriptum est, sapere. Testatur vero Scriptura, quod Christus non fuisset carnem humanam assumturus, si homo non peccasset." (Syst. P. I. f. 286.)

AMBROSIUS: „O beata culpa, quae talem meruit habere redemptorem!" (Cf. Lutherus cit. supra P. I, 293.)

ANTITHESIS vid. supra P. II. p. 19.

KROMAYERUS: „Saepius quaeritur, cur Deus hoc vel illud faciat; cur mundum non prius creaverit? cur non statim post lapsum et promulgatum πρωτευαγγέλιον, sed demum post quartum fere completum annorum millenarium promissum redemptorem miserit? . . . Licet autem a posteriori a nobis rationes afferantur, et quidem ad quaestionem primam, quod, etiamsi mundus prius conditus fuisset, nihilominus haec quaestio moveri potuisset; ad secundam, quod jugo legum ceremonialium populum suum prius exercere Deus voluerit, ut eo anxius ad promissum Messiam anhelarent, et ita methodum in conversione privatorum observari solitam, ubi contritio antecedit fidem, et hic imitatus fuerit, quia secundum tritum istud:

,Dulcia non sentit, qui non gustavit amara'.

. . . Licet, inquam, a posteriori rationes ejusmodi a nobis afferantur probabiles, tutius tamen in voluntate divina, quae tota facti ratio est, acquiescamus, Ps. 135, 7." (Th. posit.-pol. II, 64.)

§ 2.

Itaque salvandorum[a] hominum causa *tria* praecipue munia exequi voluit Christus Θεάνθρωπος: 1. ut ostenderet hominibus peccatoribus viam elabendi e statu peccati et consequendi salutem,[b] quod vocatur officium *propheticum;* 2. ut pretium redemptionis pro genere humano lapso ipse solveret Deo eumque reconciliaret,[c] quod est officium *sacerdotale,* seu mediatorium stricte sic dictum; 3. ut homines sibi adhaerentes[d] gubernaret, defenderet, denique beatos efficeret, quod officium *regium* vocari consuevit.

KROMAYERUS: „Per *munus* intelligitur jus ac debitum sic agendi, vulgo functio." (Th. posit.-pol. II, 529.)

QUENSTEDTIUS: „Doctrinam de persona Christi excipit tractatio de ejusdem *officio*, quod *generali* nomine *mediatorium* dicimus. Est autem hoc ipsum nihil aliud, quam functio, competens toti personae ϑεανϑρώπου, orta ex actionibus ϑεανδρικαῖς, qua in utraque, cum utraque et per utramque naturam Christus omnia perfecte executus est, tam acquirendo, quam applicando, et etiamnum exequitur, quae ad salutem nostram requiruntur." (Th. did.-pol. P. III, c. 3. membr. 2. s. 1. th. 1. f. 304.)

a) Qui jam obnoxii erant perditioni; prout *Filius hominis* dicitur *venisse* σῶσαι τὸ ἀπολωλὸς, *salvare, quod perierat, Matth. 18, 11. Luc. 19, 10.*

b) Qua ratione dicitur *unctus ac missus ad evangelizandum pauperibus, ut praedicaret captivis remissionem et coecis visum* etc., *Luc. 4, 18.*

c) Nimirum *cum inimici essemus, reconciliandi* fuimus Deo (uti jam reconciliati sumus) *per mortem Filii ejus, Rom. 5, 10.*

GERHARDUS: „Officium Christi consistit in opere mediationis inter Deum et homines, quod est finis incarnationis, 1 Tim. 2, 5.; ideo enim divinae et humanae naturae unio in Christo facta est, ut mediatoris ac redemtoris officio Filius Dei in assumta natura fungi posset, 1 Joh. 3, 8. Matth. 20, 28. Joh. 6, 38. Officium illud Christi vulgo *triplex* statuitur, propheticum, sacerdotale et regium, cujus distributionis sufficientia probatur: 1. *Ex dictorum Scripturae coordinatione.* Quot sunt classes, in quas referri possunt appellationes, quae ratione officii Christo tribuuntur, et dicta Scripturae, quae de Christi officio loquuntur, tot etiam partes officii Christi recte statuuntur. Jam vero tres sunt classes, in quas referri possunt appellationes, quae ratione officii Christo tribuuntur. Vel enim respectu officii prophetici, vel sacerdotalis, vel regii ipsi tribuuntur. 2. *Ex status nostri conditione.* Propter ignorantiam mentis, per peccatum introductam, indigebamus doctore seu propheta; propter peccata et peccatorum poenas indigebamus sacerdote, reconciliante nos Deo, satisfaciente pro nobis, et coram tribunali Dei intercedente; propter infirmitatem voluntatis egebamus rege, nos ducente ac defendente. 3. *Ex beneficiorum Christi enumeratione.* Christus peccatorum nostrorum reatum apud Deum expiat, maculas iniquitatum nostrarum tegit ac benedictionem a Deo nobis impetrat; quod est proprium sacerdotis. Christus consilium Dei de redemtione ac salute nostra nobis promulgat; quod est prophetae. Christus beneficium redemtionis et salutis, precioso suo sanguine partum, efficaciter nobis applicat; regit nos sceptro verbi et Spiritu Sancto, coërcet hostes nostros ac post novissimum judicium nos in regnum coeleste transfert; quod est regis." (Disputatt. isag. p. 406.)

d) Seu *populum suum, Matth. 1, 21.* Ut Davidis filius, haeres, antitypus, *Luc. 1, 31. sqq. Ebr. 1, 8. 9. 13.*

§ 3.

Quae ut distinctius intelligantur, sciendum est, Christum fuisse *prophetam* omnibus *excellentiorem*,[a] atque hominibus voluntatem Dei de ipsis salvandis clarissime manifestasse,[b] *docuisse* pariter et *arguisse*,[c] ita quidem, ut verbo praedicato *auctoritatem* atque *efficaciam* divinam ipse conferret.[d]

a) Sic Petrus *Actor. 3, 22.* juxta vaticinium Mosis *Deut. 18, 15.*
dicit, *Christum* esse *prophetam* illum *Mosi similem*, scilicet in hoc, quod,
quemadmodum Moses prae caeteris omnibus prophetis, quoad familia-
rius consortium cum Deo et quod non solum *doctor*, sed etiam *dux* populi esset, excelluit, ita Christus propheta sit κατ᾽ ἐξοχήν; quamvis
fatendum sit, Christum non ideo Mosi aequalem statui, verum et hunc
antecellere, quod ex sequentibus patebit; conf. *Luc. 7, 16.*, ubi Christus προφήτης μέγας, et *Joh. 6, 14.*, ubi ὁ προφήτης ὁ ἐρχόμενος εἰς τὸν
κόσμον appellatur.

DANNHAUERUS: „Deut. 18, 18.   Christus vere Mosis antitypus
erat regia eductione ex Aegypto, mediatione intercessoria et immediata
cum Deo collocutione.“ (Hodos. Phaenom. VIII. p. 413.)

AD. OSIANDER: „Ad officium suum propheticum (Christus) non
est doctus in coelo, neque per revelationem, sed per unionem personalem accepit infinitam scientiam, Joh. 3, 34.   Qui non ad mensuram accepit Spiritum et loquitur verba Dei vi missionis et Spiritus, ille per
unionem personalem accepit infinitam scientiam.   Atqui Christus etc.
Ergo etc.   Major prob.: Quia qui sine mensura, is ultra mensuram accipit, consequenter infinito modo.   In loco autem allegato missio et
Spiritus datio principium longe augustius dicunt, quam revelatio quaedam facta circa initium ministerii Christi.   Observa: missionem hanc
esse missionem in mundum i. e. incarnationem, ut ex v. 17. et parall.
probatur, hanc autem ut fundamentum substerni locutionis verborum
divinorum. . . De tali hic sermo est, qui dicitur missus in mundum et
verba Dei locutus est *originaliter e sinu Patris*, et quamvis in praesenti,
tamen per enallagen temporis vel per demonstrationem *actus continui*
est intelligendum.   Christus non tantum Spiritum non accepit sine
mensura *certa* adeoque indefinita, sed absque *mensura*, h. e., indefinite.
Praeterea ita accepit, ut habuerit *potentiam aliis largiendi* et dispensandi, ut ab ipso oleum defluxerit in ‚consortes‘ (Ps. 45, 8.), quod est
infinite accipere tanquam dispensans causa prima in alios.“ (Colleg.
th. systemat. P. IV, 142. sq.)

ANTITHESIS.

AD. OSIANDER: „*Antithesis* Socinianorum: Christus ad officium
propheticum tempore quadragesimalis jejunii in coelos raptus, ibique
informatus et inauguratus fuit.   Socin. instit. christ. relig. fol. 127.“
(L. c.)

b) *Non* amplius per *typos* et *obscura vaticinia, sed* verbis claris et
rem ab hominibus intelligendam ita proponentibus, ut, quid dicatur,
aperte et distincte percipi possit.   Nam *prophetam* esse, quem Ebraei
נָבִיא dicunt, est *interpretem Dei* esse *apud homines*, seu divinitus sibi
dicta aut revelata deferre ad homines.   Quod *olim* quidem in Vet. Test.
ita contigit, ut prophetae *cum* ipsi per somnia ac visiones, obscuritatis
aliquid habentes, docerentur, *tum* alios sub talibus signis res divinas
docerent, pro modulo cognitionis, quem Deus tunc impertiebat.   Pleniorem vero claritatem ipsis Messiae temporibus reservatam esse, jam
olim significatum fuit.

c) Homines enim de iis, quae creditu et factu necessaria erant,
informavit, *legem* Dei a corruptelis pharisaicis repurgavit, vid. *Matth.
5, 6. 7.* et alibi, impoenitentibus et incredulis peccatorum gravitatem

et iram Dei ostendit, *Matth. 23. Luc. 19, 41. sqq.*, contritis autem *evangelium* annunciavit de remissione peccatorum, *Luc. 4, 18. Marc. 1, 14. 15.*

KROMAYERUS: „Christus quidem fuit legis doctor, sed non legislator. . . Non autem de λόγῳ vel Dei Filio, priusquam fuit incarnatus (hunc enim una cum Patre ac Spiritu S. legem in creatione cordibus nostris inscripsisse, cumque sensus ipsius post lapsum obliteraretur, in monte Sinai repetiisse, facile concedimus), sed de Filio Dei ἐνσάρκῳ, propheta magno, quatenus in diebus carnis ecclesiam suam docuit, sermo est. Quod hic legem docuerit, a corruptelis pharisaicis purgaverit et verum ipsius sensum, praesertim quoad praeceptum quintum et sextum (a quibus ad reliqua collectio facilis est), monstraverit, vel quatuor, si essent, manibus largimur; sed quod novas leges tulerit et Mosaicis superadjecerit, negamus et pernegamus. Fundamentis autem nitimur sequentibus: Quod Moses legifer et Christus salutifer Joh. 1, 17. sibi opponantur. ‚Lex per Mosen data est‘, inquit Johannes, ‚sed gratia et veritas per Christum facta est‘. Ubi veritas non mendaciis aut falsiloquiis, quasi nulla veritas in V. T. fuisset, sed umbris opponitur. 2. Quod doctrina Christi, prophetae magni, debuerit esse alia, quam Mosis, amicabilis scl. et accepta, solatii plena, prout Deut. 18, 15—19. opponitur terribili voci legis, quam ferre non poterant Israelitae. Quam etiam ob causam, ad evangelizandum se missum esse, Christus Luc. 4, 18. ex Jes. 61, 1. dicit. Πρώτως nimirum evangelium, δευτέρως legem, et quidem propter evangelium docere debebat. Unde, cum vox evangelii pro tota doctrina coelesti supponit, ut Marc. 16, 15., a potiori fit denominatio. 3. Quod Christus de lege quaesitus non aliam, quam Mosis, proferat Matth. 22, 37—40.: ‚Diliges Dominum Deum tuum ex toto corde tuo et ex tota anima tua et ex tota mente tua. Hoc est primum et magnum mandatum; secundum autem est simile huic: Diliges proximum tuum, sicut teipsum. Ab his duobus mandatis tota lex et prophetae pendent.‘ Sed haec legis epitome Deut. 6, 3. et Lev. 19, 18. continetur. 4. Quod Deus additionem ad legem et ab eadem detractionem prohibuerit Deut. 4, 32. et 12, 32. 5. Quod novae leges, quas a Christo latas putant οἱ ἐξ ἐναντίας, in lege Mosis contineantur.“ (Th. posit.-pol. II, 275. sq.)

S. SCHMIDTIUS: „Neque *propterea* in mundum venit, ut legem suam veterem *explicaret* aut perficeret, sed ut evangelium adferret et ad hoc accipiendum homines per legis explicationem praepararet.“ (Articul. Form. Conc. Repetit. p. 308.)

ANTITHESIS.

QUENSTEDTIUS: „*Antithesis:* 1. *Scholasticorum* et *Jesuitarum*, statuentium, Christum fuisse novum legislatorem et venisse in mundum, ut novas quasdam leges et perfectiora consilia evangelica Mosaicis legibus adderet, ejusque praecepta Mosaicis esse longe perfectiora, excellentiora et severiora. . . Concil. Trid. sess. 6. can. 21.: ‚Si quis dixerit, Christum Jesum a Deo hominibus datum fuisse ut redemtorem, cui fidant, non etiam ut legislatorem, cui obediant, anathema sit.‘. . Bellarminus addit: ‚Multa esse vere et proprie dicta consilia evangelica, sed praecipua tria‘, continentiam, obedientiam et paupertatem. 2. *Socinianorum*, qui duplicia statuunt Christi mandata; nam 1.) dicunt, Christum decalogum vel legem moralem perfectiorem reddidisse et singulis decalogi praeceptis, quae ipsis deerant, addidisse; 2.) contendunt, Christum apostolis sigillatim quaedam mandata tradidisse. . . Hinc illa profana Crellii vox: ‚Virtutis officia tradidisse perfectiora philosophos, quam ipsum Mosen.‘ Πρῶτον ψεῦδος et scopus impiae hujus assertionis est, ut evincant, legis Mosaicae justitia, utpote imperfecta et adumbrata, neminem quidem justificari potuisse, at nunc in N. T.

justificari posse hominem ex operibus legis perfectioris. . . 3. *Arminianorum*, docentium, Christum omnino legislatorem et evangelium Christi novam legem esse." (L. c. P. IV. c. 1. s. 2. q. 8. f. 906. sq.)

d) Sic enim *Matth. 7, 29.* dicitur, quod Christus docuerit ὡς ἐξουσίαν ἔχων, *tanquam auctoritatem habens*, seu quod suo nomine et pro auctoritate, ut ajunt, credenda pariter atque agenda proposuerit hominumque animos obligaverit et moverit ad assensum et obsequium sibi praebendum, additis subinde miraculis, quibus mentes illorum percellerentur; conf. *Marc. 1, 27.*, ubi κατ᾽ ἐξουσίαν, et *Luc. 4, 32.*, ubi ἐν ἐξουσίᾳ fuisse sermo illius dicitur.

§ 4.

Deinde in officio prophetico Christi advertendum est, quomodo *humana* pariter et *divina* natura, quod cujusque proprium erat, contulerint. Nempe secundum humanam naturam Christus toto triennio et ultra viva voce docuit,[a] sacramenta in ecclesia celebranda indicavit[b] et ministros verbi ac sacramentorum sibi accersivit,[c] secundum divinam naturam autem, potentiam atque auctoritatem infinitam verbo et sacramentis a se institutis conjunxit.[d]

a) Vid. *Luc. 4, 21.* Actus *loquendi* enim viva et articulata voce per organa, ad formandam vocem naturaliter destinata, in substantia humanus est, quem alias Scriptura per phrasin *aperire os suum* describit, *Matth. 5, 1.* Spatium autem *triennii*, quod Christus impendit officio praedicandi, ex historia vitae Christi et numero paschatum, quae post baptismum suum celebravit, cognosci potest.

b) Vid. *Matth. 26, 26. cap. 28, 19.* Illic enim *s. coenae*, hic *baptismi* institutio habetur.

c) L. c., *Matth. 28, 19.* et *Joh. 20, 21.*, ubi missio apostolorum ad discipulos magistro colligendos et ad ministerium absolutionis recensetur.

GERHARDUS: „Pontificii contra officium propheticum 1. magisterium fidei romano pontifici tribuunt, . . . 3. nova sacramenta Christo et apostolis ignota introducunt, . . . 4. eucharistiae institutionem a Christo factam mutant." (L. c. § 327.)

d) Sic *Marcus* cap. *16, v. ult.* memorat, quomodo *egressis* apostolis *et praedicantibus ubique Dominus cooperatus* fuerit *et confirmaverit sermonem per subsequentia signa.* Et *Joh. 20, 23.* dicit Christus: *Quorumcunque peccata remiserint* apostoli, *ea remissum iri, et quorumcunque retinuerint, retentum iri.*

§ 5.

Nunc autem, sive in statu *exaltationis*, ubi Christus *non* amplius *ipse* coram visibiliter fungitur ministerio docendi, *sed per ministros* suos docet,[a] officium *propheti-cum* cum *regno gratiae* coincidere[b] videtur.

a) Certe voluntatem divinam nobis annunciari facit et ad agni-tionem veritatis per verbum et sacramenta homines deducit.

B. Mentzerus: ,,Quin et sancti patriarchae et prophetae in V. T. prophetarunt per Spiritum Christi, 1 Pet. 1, 11. Et piae sunt veterum cogitationes, quod per F. D. promulgata sit prima illa promissio de se-mine benedicto Gen. 3. et quod F. D. apparuerit patribus et illis fuerit locutus. Ex quibus colligitur, officium hoc propheticum Christo com-petere non tantum secundum humanitatem, verum etiam deitatem. Quamquam enim tempore V. T. nondum assumpserat F. D. humanita-tem; tamen decretum erat factum de illa certo tempore assumenda; quae sponsio Filii Dei de toto opere redemtionis tam fuit efficax, atque si jam omnia actu fuissent completa, quae ad officium ejus requiruntur. Quo pertinent dicta Ebr. 13, 8.: ,Jesus Christus heri et hodie, ipse et in saecula'; et Apocal. 13, 8.: ,Agnus occisus ab origine mundi', sub-intellige: ratione aeterni decreti et promissionis factae, et sacrificio-rum, quae erant typi Christi et vigoris atque efficaciae passionis Domini-cae, ex qua pii patres ab orbe condito per fidem fuere salvati, Act. 15, 11. Et par omnino ratio est in officio prophetico. In hoc officio prophetico *typi* Christi fuerunt Moses et caeteri prophetae V. T., sicut patet ex Deut. 18, 18. Joh. 1, 45. Act. 7, 37." (Disp. th. in academia Giessena hab. Tom. I, 97. sq.)

b) Commodior sane haec sententia videtur, quam si plane neges, Christum in statu exaltationis esse prophetam. Quicquid enim per ministros illos efficitur, id omne a Christo pendet, qui *cum ipsis est om-nibus diebus usque ad consummationem saeculi, Matth. 28, v. ult.* Conf., quae infra de regno gratiae dicentur.

§ 6.

Sacerdotale[a] officium in eo consistit, quod Christus inter *Deum* atque *homines*, a se invicem dissidentes,[b] *medias* partes tenet, ita quidem, ut pro hominibus cum Deo reconciliandis *sacrificium*[c] et *preces*[d] offerat.

a) Christum *esse* sacerdotem, constat inprimis ex epistola ad *Ebr.* cap. 3. et seqq. usque ad 10. Sic enim ἀρχιερεὺς τῆς ὁμολογίας ἡμῶν, *pontifex confessionis nostrae,* dicitur cap. 3, 1., ἀρχιερεὺς μέγας cap. 4, 14., ἱερεὺς εἰς τὸν αἰῶνα cap. 5, 6. cap. 6, 20. c. 7, 17. 21., ὅσιος, ἄκακος, ἀμίαντος, κεχωρισμένος ἀπὸ τῶν ἁμαρτωλῶν cap. 7, 26., ὃς ἐκάθισεν ἐν δεξιᾷ τοῦ θρόνου τῆς μεγαλωσύνης ἐν τοῖς οὐρανοῖς. Τῶν ἁγίων λειτουργὸς καὶ τῆς σκηνῆς τῆς ἀληθινῆς, ἣν ἔπηξεν ὁ κύριος καὶ οὐκ ἄνθρωπος cap. 8, 1. 2. 3., ἀρχιερεὺς τῶν μελλόντων ἀγαθῶν cap. 9, 11., ἱερεὺς μέγας ἐπὶ τὸν οἶκον τοῦ θεοῦ, cap 10, 21.

b) Coincidunt enim *mediatorium* Christi officium et *sacerdotale,* juxta *1. ad Tim. 2, 5. 6.,* licet alias non omnis mediator sit etiam sa-cerdos, cum etiam *arbitri, sponsores* ac *fidejussores,* aliique, nomen *media-toris* sibi aliquando vindicent, ipsi quoque prophetae hoc nomine appel-lari possint. Confer. *Gal. 3, 19.*

c) *Expiatorium* nempe pro hominum peccatis, tanquam *antitypum* veterum sacrificiorum piacularium; vid. *Ebr. 7, 27. cap. 9, 7. et 12. 13. 14. 15. 25. 26. 28. cap. 10, 4. et sqq. ad 14.*

d) Vid. *Ebr. 5, 7. cap. 7, 25.*

§ 7.

Praestat autem sacrificium Christi *prae sacrificiis* sacerdotum V. Test.,[a] quod *haec* illius typi atque umbrae fuerunt[b] ac saepius iterari debuerunt, *Christi* autem sacrificium antitypus est et virtutem expiatricem, eamque infinitam,[c] in se continuit, nec nisi semel peragi debuit.

a) Vid. inprimis *Epist. ad Ebr. 3. 7. 9. 10.*

b) Prout sacerdotes illi dicuntur serviisse ὑποδείγματι καὶ σκιᾷ, *exemplari* atque *umbrae*, cap. 8, 5., et sacra tabernaculi veteris fuisse παραβολή τις, *similitudo quaedam*, pro tempore tum praesente, cap. 9, 9. Confer. v. 23. et 24., ubi ὑποδείγματα et ἀντίτυπα sibi mutuo expresse opponuntur, et cap. 10, 1., ubi lex dicitur habuisse σκιὰν, umbram, *futurorum bonorum, non ipsam expressam formam* (αὐτὴν τὴν εἰκόνα) *rerum*. Adeoque non nisi in virtute perfecti sacrificii, a Christo suo tempore praestandi, profuerunt hominibus. Oportebat enim hominem, pro quo sacrificium piaculare in V. T. offerebatur, fateri reatum suum, quodque iram Dei et poenam promeritus fuerit, qui tamen sui loco animal quoddam ex divina ordinatione mactari faciat, ipse simul animo respiciens ad futurum Messiam, qui pro omnium hominum peccatis instar victimae mactandus ac moriturus sit, cujus intuitu Deus interim typicum istum actum, quo brutum mactabatur atque offerebatur, a se ipso institutum aut praescriptum, ita sibi placere patiatur, ut hominem, pro quo a sacerdote offerebatur sacrificium, propter valorem antitypi, gratia et misericordia dignaretur.

QUENSTEDTIUS: ,,*Finis ac usus* sacrificiorum duplex est: legalis et evangelicus. *Legalis* usus erat ἀνάμνησις ἁμαρτιῶν Ebr. 10, 3., ut scl. homines peccatores de peccati gravitate, atrocitate et reatu admoneretur, et sic medium excitandi contritionem erant. . . Usus *evangelicus* erat, ut unicum illud propitiatorium sacrificium in ara crucis pro nobis aliquando immolandum eminus ostenderent, Deoque peccatores poenitentes reconciliarent. Lev. 1, 2. 3. 9. 13. 17. 2, 1. 2. 9. 12. 6, 15. 21. 17, 11. Gen. 8, 21. . . Vim autem expiatricem et reconciliatricem habebant *typice*, quatenus nempe corpora quasi vicaria et repraesentativa erant victimae pro peccatis mundi in temporis plenitudine offerendae; non tamen habebant se ut nuda signa σημαντικὰ, sed ut organa divinitus ordinata, quae Messiam, Deum incarnandum, in assumta humanitate suo tempore pro peccatis totius mundi in sacrificium Patri se oblaturum peccatoribus proponerent, ipsiusque obedientiae cruentae fructus iis offerrent, applicarent et obsignarent. Quamvis sacrificiis leviticis non sit tribuenda vis et efficacia expiandi peccata *ex se* et *per se*, vel **ex** dignitate personae sacrificantis, vel ex opere operato seu propter solum externum opus sacrificatorium sine poenitentia et fide operantis; quo respicit Ep. ad Ebr. 10, 4., quando dicit, impossibile fuisse, sanguine taurorum et hircorum auferri peccata: tamen non neganda est sacrificiis vis et efficacia expiandi peccata sub ratione *typi* et *umbrae*, quatenus erant vicaria et repraesentativa victimae pro peccatis totius mundi in temporis plenitudine offerendae." (L. c. P. IV. c. 1. s. 1. th. 46—48. f. 943. sq.)

KROMAYERUS: „Φαινομένη contradictio inter Mosen et apostolum facile tollitur; cum enim Moses Lev. 17, 11. inquit: ‚Sanguis hircorum expiat peccata', Paulus Ebr. 10, 4. inquit: Sanguis hircorum non expiat peccata: non expiat *in se*, sed typice, quatenus Christi sacrificium ἱλαστικὸν pro peccatis mundi adumbrat." (Th. posit.-pol. P. I, 775.)

DANNHAUERUS: „Sacrificia levitica in se et per se non fuere salutaria sine fide; Christi sacrificium in et per se salutare est, nec vim salvandi a fide accipit, sed fidei largitur; quamquam salutis actu participes non fiant, nisi qui fide amplectuntur victimam Christi." (Hodos. Phaen. VIII, p. 341.)

ANTITHESIS.

QUENSTEDTIUS: „*Antithesis:* 1. *Socinianorum*, imprimis Socini, negantis, legi uspiam, victimas legales expiasse peccata, sed sacerdotem victimis peractis populum vel aliquem ex populo expiasse; item contendentis, solum peccata ignorantiae et infirmitatis expiata esse. 2. *Grotii*, socinizantis; v. Annot. ejus ad Ebr. 9, 7." (L. c. s. 2. q. 9. f. 1008.)

c) Vid. *Ebr. 9, 12. sqq. cap. 10, 14.* Atque ita illud jam olim in V. T., licet nondum peractum, praevisum tamen a Deo, movit illum, tanquam causa impulsiva seu meritoria, ad peccatores in gratiam recipiendos.

§ 8.

Deinde, cum in caeteris sacrificiis offerrentur victimae,[a] a sacerdotibus distinctae, *Christus semet ipsum*[b] *sacrificavit,* quando passioni et morti sponte se subjecit[c] atque ita Deo se obtulit[d] victimam *pro peccatis,* non suis, sed aliorum, ac totius *generis humani,* expiandis.

a) Ad sacrificium enim pertinet 1) hostiae destructio et mactatio quidem, si sit res animata; 2) ejusdem oblatio seu consecratio in honorem Dei.

b) *Non per sanguinem hircorum ac vitulorum; sed per proprium sanguinem ingressus semel in sancta, Ebr. 9, 12. Tradens semet ipsum victimam Deo in odorem bonae fragrantiae, Ephes. 5, 2.*

AD. OSIANDER: „Christus est sacerdos N. T. monadicus. Ebr. 7, 27. 10, 14. Qui unica oblatione consummavit in perpetuum eos, qui sanctificantur, ille est sacerdos etc., nec ejus sacerdotium repetendum est. *Exc. Pontiff.* distinguunt 1. inter sacrificium cruentum et incruentum; unica oblatione consummasse omnes sanctificandos, scil. cruenta, concedunt, incruenta, negant. 2. Disting. inter sacrificium propitiatorium et oblatorium; prius fuisse unicum, posterius esse repetendum, ut scil. hoc beneficium singulis applicetur. 3. Plus non dici, quam semel obtulisse se et unica oblatione consummasse; unicum tamen per vices posse repeti. *R.* 1. Distinctio nulla est, quia a) sacrificium requirit destructionem physicam oblati, agnoscente ipso Vasquez.; b) sine effusione sanguinis sacrificaria nulla fit remissio, Hebr. 9, 22., ergo

requiritur sanguinis effusio; c) nullibi Scriptura habet sacrificium incruentum, nisi metaphorice et improprie tale. 2. Nulla est adducta
distinctio, quia a) non datur sacrificium applicatorium; b) applicatio
sacrificii fit per verbum et sacramenta, non per aliud sacramentum;
nam ita et illud opus haberet sacrificio, et sic in infinitum; c) aliud est
applicatio fiducialis, aliud sacrificialis, prior est necessaria, de posteriori Scriptura tacet; 3. Tò ,semel' a) non notat tantum unitatem actus,
sed et perfectionem illius, ut Ebr. 6, 4. semel, i. e. perfecte, illuminati
dicuntur; b) quia τò ,semel' non excludit repetitionem repraesentativam
sacrificii; etiam cum Christus dicitur semel natus, semel tentatus in
deserto, non excludenda erit repetitio repraesentativa nativitatis etc.;
c) iteratio repraesentativa propria fuit Vet. Test., Ebr. 10, 2." (Colleg.
th. IV, 155.)

c) Licet enim violentas manus sibi ipsi non intulerit, tamen passionem et mortem suam ipse intendit, cum se hostibus traderet. Sponte
etiam mortuus est, quia nec vires passione debilitatas supernaturali
operatione restauravit neque cruciatibus mortem accelerantibus medicinam fecit; cumque diutius posset vivere, vitam tamen sibi non pro-
rogavit. Conf. *Joh. 10, 18.* Potuit autem Christus, etsi qua homo ad
conservandam vitam suam lege naturali obligatus videatur, ipse se in
mortem ab aliis violenter inferendam dare, quia 1) tanquam Deus,
summam in omnia potestatem, adeoque et potestatem vitae ac necis
suae naturae humanae habuit et quia 2) aeterno Dei consilio jam decretum fuit, ut ipse ad salvandum peccatores, vice illorum, mortem stato
tempore sustineret.

QUENSTEDTIUS: ,,Objiciunt, injustum esse alterum pro altero punire, multo magis innocentem pro nocente... Distinguendum inter poenae susceptionem voluntariam et impositionem violentam. Si quis
sponte et ultro se offerat ad satisfaciendum pro alio, illi non fit injuria, si
imponatur poena; quodsi vero imponeretur supplicium invito, qui et
recte fecit et illud modis omnibus recusat, tum iniquus foret judex, qui
ad poenam cogeret reluctantem et loco facinorosi plecteret innocentem.
A violenta itaque supplicii impositione, quae iniqua, ad voluntariam
susceptionem, quae judicis aequitatem et suscipientis amorem commendat, vitiosa est collectio." (L. c. c. 3. membr. 2. s. 2. q. 6. f. 438. 444.)

d) Vid. ll. cc. *Ephes. 5, 2.*, ubi dicitur, quod se tradiderit προς-
φοράν, *oblationem,* et *Ebr. 9, 12. 14.*: ἑαυτὸν προςήνεγκε, *se ipsum obtulit
Deo.* Et sic *occisio* Christi, quae, habito respectu ad Judaeos et gentiles, *crimen* horrendum fuit, nihilominus, respectu Christi, *actus sacerdotalis* et Deo acceptissimus fuit.

ANTITHESIS.

QUENSTEDTIUS: ,,*Antithesis:* 1. *Socinianorum,* qui 1.) statuunt,
sacerdotium Christi nihil fere aliud esse, quam regni spiritualis administrationem. Sic enim Crellius Com. in Ebr. 4, 14. T. 2. Com.
f. 112.: ,Munus Christi sacerdotale', inquit, ,in eo situm est, quod potestate sibi a Deo data poenas peccatorum a suis auferat, eorumque
salutem procuret. Proinde hoc munus idem est reipsa cum regio
Christi munere et ratione tantum quadam ab eo distinguitur.' 2.) Contendunt, mortem Christi tantum praeparationem fuisse ad sacerdotium
ejusdem, et sacrificium Christi non in terris peractum esse, sed in coelis demum peragi; vel oblationem in terris quidem coepisse, in coelis
vero perfectam fuisse. Volunt enim videri, mortem in cruce se non
excludere, sed revera excludunt; imo, prorsus negant, Christum in
cruce se obtulisse victimam expiatoriam pro peccatis nostris." (L. c.
P. III. c. 3. membr. 2. s. 2. q. 5. f. 410.)

§ 9.

Sacrificio illo sive passione et morte sua Christus *satisfecisse*[a] *pro nobis* vulgo[b] dicitur, licet ad satisfactionem Christi, praecisa notione sacerdotali spectatam,[c] pertineat etiam perfectissima totius *legis* divinae a Christo pro nobis facta *impletio.*[d]

a) Nempe propter summam dignitatem, vim et valorem adeoque sufficientiam passionis et mortis Christi ad expianda peccata nostra.

b) Apud scriptores ecclesiasticos; Scriptura autem *Rom. 3, 24. redemtionis,* et *2 Cor. 5, 13. sqq. reconciliationis* nomina adhibet. *Redemtio* enim illa solutionem pretii, quod satis est, pro captivo, denotat, et *reconciliatio* illa Dei cum hominibus ita describitur in Scripturis, ut constet, non sine λύτρῳ, quod divina justitia a mediatore seu conciliatore poposcerit, factam esse. Conf. *1 Tim. 2, 5. 6.*

QUENSTEDTIUS: „*Redemtio* est vi vocis nova sive iterata emtio et rei quondam possessae et in alterius dominium translatae pro certo pretio recuperatio. Hebraice dicitur נְאֻלָה, item פְּדוּת et פִּדְיֹן; Graece λύτρωσις, ἀπολύτρωσις, ἀγόρασις, ἐξαγορασμός. . . Non negamus, sumi quandoque vocem redemtionis in Scriptura *improprie* et *metaphorice* de simplici liberatione absque vero pretio interveniente; id vero negamus Socinianis, vocem illam ita accipi in Scripturis, quando redemtionis per Christum factae mentio fit. . . In significatione *propria* semper hae voces notant liberationem per interveniens pretium. Ita nomen נְאֻלָה vel in unico 25. c. Levit. octies accipitur, cf. Ruth. 3, 13., et verbum נָאַל, si vim vocis et usum biblicum spectes, notat proprie dictam redemtionem et subinfert λύτρον seu pretium redemtionis, quod intervenire oportet in ejusmodi redemtione; sive significat non nudam, sed pretiosam et e sanguinis communione ortam liberationem; nec solum designat redemtionem pretiosam, sed obligationem ad redimendum ex consanguinitate natam. Atque ita proprie significat rem abalienatam et ad alium quasi devolutam asserere et vindicare sibi jure propinquitatis seu consanguinitatis. Et inde ortum nomen נֹּאֵל, quod talem notat vindicem, qui tum redimendis consanguinitate est junctus, ac proinde potestatem redimendi habet, tum pretium aliquod pro redemtione interponit. Vide Num. 35, 12. Levit. 25, 29. 33. Ruth. 3, 9. 12. 13. 4, 1. 3. 6. 8. 14. In significatu redimendi per interpositum lytrum etiam occurrit verbum פָּדָה, quod significat redimere aliquid certo dato pretio, atque ita rem aliquam jure, non sola vi ex alterius potestate iterum retrahere; vide Ex. 13, 13. 15. 34, 20. et imprimis Ps. 49, 8.: ‚Fratrem non redimet vir, nec dabit pretium‘ etc., et Os. 13, 14., ubi Messias ait: ‚E manu inferni redimam eos‘ etc.; itemque verbum ἀγοράζειν et ἐξαγοράζειν. Ubi notanda regula: Emtio, ubi de liberatione usurpatur, sive verbum ἀγοράζω, sive ἐξαγοράζω adhibeatur, semper notat acquisitionem seu liberationem factam interventu pretii." (L. c. c. 4. s. 1. th. 2. 3. f. 646. sqq.)

IDEM: „*Redemtio,* qua Christus θεάνθρωπος genus humanum . . . liberavit, est vera et *proprie dicta* redemtio. . . Probamus thesin nostram argumentis desumtis: 1. *a propria vocis redemtionis significatione.* . . In tanto mysterio, quod solum ex Scripturae s. patefactione constat, sine urgente necessitate non est discedendum aut ad tropos et figuras recurrendum.   2. *A verborum hebr.* פָּדָה et גָּאֵל *de Christi redemtione adhibitorum emphasi et proprietate.* Os. 13, 14. . . 3. *A* λύτρον *et* ἀντιλύτρου *commemoratione.*   Matth. 20, 28.   Marc. 10, 45.   1 Tim. 2, 6. . . 4. *Ab* ἀγορασμοῦ *et* ἐξαγορασμοῦ *Christi descriptione,* ut 1 Cor. 6, 20. 7, 23.   Apoc. 5, 9.   Gal. 3, 13.,4, 5. . . 5. *A* περιποιήσεως *Christi depraedicatione* Act. 20, 28., ubi dicitur, Deum (ἴδιον αἷμα habentem i. e. Deum ἔνσαρκον, Christum Jesum) acquisivisse ecclesiam per proprium sanguinem.   Haec autem περιποιητικὴ, acquisitiva redemtio omnino est proprie dicta et satisfactoria; facta enim est interveniente λύτρῳ *sanguinis* Christi.   Eph. 1, 14. a Christo dicitur esse ἀπολύτρωσις τῆς περιποιήσεως, redemtio acquisitionis sive acquisita, asserta i. e. redemtio plenaria. 6. *A* λύτρον, *quo interposito redemti sumus, aperta determinatione.* Vocat illud S. S. modo ipsum Christum 1 Tim. 2, 6., modo ejus animam Matth. 20, 28. et Marc. 10, 45., modo ejus mortem et sanguinem 1 Pet. 1, 18. Sub duplici pecuniae specie, argento et auro, comprehenditur omne id, quo aliquid vel emi vel comparari solet, eique sanguis Christi, tanquam majus quiddam, eo ipso, quo pretium est, opponitur.   Uti vero aurum et argentum vere pretium emtionis sunt, non figurate, ita et sanguis Christi aeque aut multo etiam magis nostrae ἀπολυτρώσεως vere pretium sit, necesse est.   Cf. Eph. 1, 7. Col. 1, 20. 22. Apoc. 5, 9.   Ebr. 9, 15. dicitur nos Christus redemisse intercedente morte per oblationem corporis sui.   Ebr. 10, 10. 14." (L. c. c. 4. s. 2. q. 1. f. 653. sqq.)

IDEM: „In hac redemtione consideranda nobis erunt: 1. captivus, 2. captivum detinens, 3. detentum redimens, 4. redemtionis medium, 5. forma et modus, 6. finis, 7. affectiones. . . Captivum detinens est. . . Deus. *Deus,* ceu Dominus supremus et judex justissimus, nos sub peccato concluserat, Rom. 3, 19. 11, 32., et poenae aeternae mancipaverat ac vi justitiae suae poenam exigebat, Rom. 1, 32. Is ergo proprie et principaliter captivum genus humanum detinuit, quippe qui supplicium ultimum infligere potest et infligit αὐτεξουσίως et auctoritate propria. Ei itaque soli, non diabolo, λύτρον persolvendum erat. . . *Diabolus* in captivitate nostra nihil aliud erat, quam custos et minister carceris seu minister Dei, qui nos justo suo judicio in potestatem satanae tradiderat. Hic autem nos injuste detinebat sub tyrannico suo imperio, unde dicimur ,captivi detenti laqueo peccati et vinculis iniquitatum a diabolo ad ipsius voluntatem‘, 2 Tim. 2, 26. . . Huic autem, injuste nos detinenti, nullum debetur λύτρον, nulla satisfactio. Si enim Deus hominem principaliter captivum detinet ac diabolus tantum lictoris et carcerarii instar est, manifestum est, pretium redemtionis non diabolo, sed Deo solvendum fuisse." (L. c. c. 4. s. 1. th. 6. 7. 8. f. 648. sqq.)

IDEM: „Redemti sumus per Christi sanguinem, ut λύτρον pretiosum, non solum a peccatis nostris, sed etiam a poenis, peccatis debitis, scil. ab ira Dei, ab execratione et maledictione legis, a diabolo, inferno et morte aeterna. *A peccatis* redimi dicimur, ut quae nos servituti mancipabant, et irae Dei, condemnationi et morti obnoxios faciebant; a peccatorum *poenis,* ut supplicio, cui subjecti eramus." (L. c. th. 11. f. 652.)

ANTITHESIS.

QUENSTEDTIUS: „*Antithesis: Socinianorum,* qui contendunt, redemtionem a Christo factam non esse proprie dictam meritoriam et satisfactoriam, sed metaphoricam et simplicem.   Urgent, redimendi verbum in S. plerumque et ferme semper metaphorice sumi pro quavis liberatione, atque hinc inferunt, metaphoricam significationem obtinere debere etiam, quoties Christo tribuitur." (L. c. f. 654.)

QUENSTEDTIUS: „*Reconciliatio* cum Deo distinctis personis tribuitur, sed diverso modo 2 Cor. 5.: 1.) *Deo Patri* v. 18., tanquam causae principali et primo auctori; notanter enim dicit: ‚Nos sibi ipsi conciliavit‘, quia principium et origo reconciliationis hujus non reperitur in homine, utpote in peccatis mortuo, sed tantum in Deo, qui nostri misertus ex mera φιλανϑρωπίᾳ nobis misit Filium suum propitiationem pro nostris peccatis, 1 Joh. 4, 10. 2.) *Christo* v. 19., tanquam causae meritoriae. 3.) *Verbi ministerio* v. 19., tanquam causae instrumentali ex parte Dei offerentis. 4.) Denique *nobis* v. 20., tanquam causae instrumentali apprehendenti per fidem." (L. c. s. 1. th. 22. f. 322.)

CALOVIUS: „Excipiunt Sociniani, scriptum non esse, Christum nobis reconciliasse *Deum*, sed, *nos* per mortem Christi Deo reconciliatos esse. Resp.: 1. Eodem res recidit, sive dicatur, Christum nobis Deum reconciliasse, sive nos Deo; quia utrinque inimicitiam, quae inter nos et Deum erat, interemit. Nam ut homo erat Deo inimicus, ita Deus erat homini propter peccatum offensus, eaque inimicitia utrinque poni debuit, ut inter eos reconciliatio fieret. 2. Quod autem Deo potius *nos* reconciliati dicamur, quam Deus nobis, inde est, quod Deus est pars offensa, homo vero pars offendens. Qui vero alterum offendit, dicitur ei, quem offendit, reconciliari. Ita imperatur nobis, ut ei, quem offendimus, reconciliemur Matth. 5, 23., et mulieri, ut marito, quem irritaverat, reconcilietur 1 Cor. 7, 11., eoque pacto dicitur Christus nos, qui Deum offendimus et contra quorum impietatem ira Dei revelata est e coelo, reconciliare Deo. Quicquid vero sit, res, ut dixi, eodem redit; praesertim si id constet, quod utraque pars, non alterutra tantum, animum habuerit inimicum. Tunc enim non alterutrius tantum partis respectu, sed utriusque factam esse reconciliationem, ultro patebit. Partes dissidentes hic sunt Deus et homo, quae reconciliandae. Hominem fuisse Deo adversatum, priusquam reconciliaretur, nemo ambigit; Deum autem odisse hominem tanquam peccatorem, priusquam inter ipsos reconciliatio fieret, e divina sanctitate et justitia, ut et apertis Scripturae testimoniis alias probavimus. Vid. Ps. 5, 6. 45, 8. Rom. 1, 18. 32. Gal. 3, 13. Christum porro irae causam sustulisse h. e. peccatum expiasse, nosque ab ira servare, iterum e Scripturis evidentissimum est. Ideoque reconciliationem fecit non tantum, ut Deo hominem, sed ut Deum hominibus etiam reconciliaret." (Socinism. profligat. p. 496.)

QUENSTEDTIUS: „Vocabulum *satisfactionis* in ea, qua nos usurpamus, significatione totidem syllabis in Vulgata Bibliorum versione non extat; neque id necessarium est; sufficit, in hebraeo et graeco fonte tale quid inveniri aut illi aequipollens. Termini vero satisfactioni aequipollentes sunt solutio pro raptu divinae majestatis, Ps. 69, 5.: ‚Solvi, quod non rapui‘; portatio peccatorum nostrorum Es. 53, 4. sq., λύτρον Matth. 20, 28., ἀντίλυτρον 1 Tim. 2, 6., ἱλασμὸς, propitiatio pro peccatis nostris 1 Joh. 2, 2. 4, 10., ἱλαστήριον Rom. 3, 24. 25., καταλλαγὴ, reconciliatio Rom. 5, 10. 11. 2 Cor. 5, 18. sq., ἀπολύτρωσις, redemtio Eph. 1, 7. Col. 1, 14., λύτρωσις 1 Pet. 1, 18. 19., ἀγόρασις 1 Cor. 6, 20., ἐξαγόρασις, nostri emercatio et redemtio Gal. 3, 13., item oblatio, expiatio, sacrificium pro peccato etc. alibi." (L. c. membr. 2. s. 1. th. 25. f. 323.)

IDEM: „Falsum, quod remissio offensae cuilibet sit libera et licita. Eli remittens de jure paterno Deum offendit, 1 Sam. 2, 24. 29. Simile habemus in Achabo, 1 Reg. 20, 42. Remittere homo potest de jure suo, nisi jus alterius laedatur. Potest ac debet tantum quoad vindictam et satisfactionem privatam, non tamen quoad satisfactionem legibus debitam et interesse publicum. Summa: offensas homo privatus, sed salvo jure Dei, remittere potest ac debet; Deus, salvo aeterno suo ac immutabili jure, absque satisfactione non potest. Non igitur minus Deus, quam homo potest. Homo non potest semper injurias illatas condonare, quantum ad satisfactionem, licet possit ac debeat, quantum ad vindictae cupiditatem. Non posse condonare offensam citra satisfactionem, summae perfectionis, naturalis scl. sanctitatis ac justitiae, est, non alicujus impotentiae aut imperfectionis character est." (L. c. s. 2. q. 6. f. 436. sq.) Cf. Quenstedtii verba supra p. 12. sq. posita.

CALOVIUS: ,,2 Cor. 5, 14.: ,Si unus *pro* omnibus mortuus est, utique omnes mortui sunt.' Quodsi hoc, quod unus mortuus est pro omnibus, perinde est in judicio divino, ac si mortui essent omnes, utique unus ille substitutus est *omnium loco ac vice omnium* mortuus est." (Socinism. profligat. p. 386.)

IDEM: ,, *Utrum culpa peccatorum nostrorum translata fuerit in Christum sponsorem nostrum?* *Sociniani* hoc negant; Christum non propter imputationem *culpae* nostrae, sed *occasione* tantum nostrorum peccatorum afflictum fuisse contendentes. . . Nos autem . . . peccata nostra Christo imputata esse ceu vadi nostro, eundemque ultro illa in sese recepisse, asserimus, idque hisce ostendimus documentis: I. *E Christi innocentis passione.* Quicunque a culpa omni immunis est et nihilominus tractatur ut culpae obnoxius, eidem oportet alienam culpam imputatam esse; quum salva justitia divina nemo affligi aut poena affici possit, nisi vel ob propriam, vel ob alienam sibi imputatam culpam. At de Christo verum est prius, ut Esa. 53, 4. sqq. 2 Cor. 5, 21. et alibi passim videre est. . . II. *E peccatorum portatione.* Si enim peccata generis humani portavit Christus, necessum est eadem ipsi imposita seu imputata esse; quia non potuisset aliena peccata portare, nisi eadem illi forent imputata. . . III. *E peccatorum impositione.* Cuicunque peccata hominum omnium imposita sunt, ei culpam nostram imputatam esse, statuendum est. At Christo peccata hominum omnium imposita sunt, teste propheta Esa. 53, 6. . . IV. *E judicii Dei descriptione.* Quod Deus eum, qui peccatum non novit, pro nobis peccatum fecerit, 2 Cor. 5, 21., quodque Christus factus sit pro nobis maledictum et exsecratio Gal. 3, 13. Qui enim peccatum fit pro aliis et maledictum, illi oportet aliorum peccata et culpam imputari. . . V. *E causae passionis Christi meritoriae designatione.* Si enim peccata nostra causa fuerunt meritoria passionis Christi, isque mortuus est merito peccatorum nostrorum, necessum est, Christo fuisse imputatam culpam peccatorum nostrorum. At verum est prius, quia mortuus est propter peccata nostra et iniquitates nostras, Esa. 53, 5. Rom. 4, 25., et pro peccatis nostris Rom. 8, 3. 1 Cor. 15, 3. Ebr. 10, 25., itemque τῇ ἁμαρτίᾳ, peccato Rom. 6, 10., quae omnia causam meritoriam inferunt. VI. *E Christi in nostrum locum surrogatione.* Si enim Christus ceu mediator, vas et sponsor noster in nostri locum successit in passionibus et morte sua, necessum utique est, Christum non *occasione* tantum peccatorum nostrorum passum esse, sed culpam etiam peccatorum nostrorum in sese recepisse, ac proinde ita merito peccatorum nostrorum passum esse. . . VII. *E phrasi illa prophetica, quod Christus annumeratus sit peccatoribus,* Esa. 53, 12. Quomodo enim Christus praevaricatoribus potuisset annumerari, nisi eidem peccata nostra imputata essent, quae etiam tulisse dicitur? Nam annumeratus iis est vel propter peccata propria vel ob aliena seu nostra peccata. Non ob propria, quia nulli injuriam fecit, nec dolus inventus est in ore ejus, v. 9.; ergo ob peccata nostra. . . VIII. *E peccatorum onere.* Proponitur enim Christus quasi onustus peccatis Ebr. 9, 28., cum discrimen traditur adventus primi, quo apparuit ad destitutionem peccati per hostiam suam et oblatus est ad multorum exhaurienda peccata, et adventus secundi, quo sine peccato apparebit expectantibus se in salutem. Ut enim tum χωρὶς ἁμαρτίας appariturus est, ita vi oppositionis in adventu primo non sine peccato vel onustus peccato apparuit, quemadmodum etiam tum peccatum mundi tulit, Joh. 1, 29., et pro eodem offerri voluit in sacrificium. Quomodo vero illis peccatis onustus esse potuit, et quomodo non sine peccato apparuit, nisi peccatum mundi, quod tulit, eidem imputatum fuit? . . . IX. *E delictorum attributione.* Quum enim Christo assignentur delicta et stoliditas, h. e., peccata, quae e stoliditate ac caecitate animi proficiscuntur, necessum est, delicta ac peccata nostra eidem imputata esse. Illa namque ὄντως ac realiter, καθ' αὑτὸ et per se Christo non conveniunt, utpote qui expers est omnis delicti atque peccati; quapropter oportet, eidem assignata esse peccata λογιστικῶς, imputative, et σχετικῶς, quatenus ceu sponsor noster in se eadem suscepit. Ita enim Ps. 69, 6. Deus inquit: ‚Tu nosti stoliditatem meam, et delicta mea a te non sunt abscondita.‘ Idque comprobant verba immediate antecedentia v. 5.: ‚Quae non rapui, exsolvi‘, quibus debitorum non suorum, sed nostrorum, et rapinae majestatis divinae non suae, sed nostrae, qua per rapinam Deo similis esse volebat homo, seductus a diabolo Genes. 3, 5., persolutionem sibi tribuit mediator noster. . . X. *E condemnatione Christi pro peccato,* de qua Rom. 8, 3.: ‚Περὶ ἁμαρτίας κατέκρινε τὴν ἁμαρτίαν ἐν τῇ σαρκί.‘ Nam voce ἐν τῇ σαρκὶ denotari carnem Filii Dei, cum *Syrus* docet בבשרה, in carne ejus, tum manifestum est e verbis immediate praecedentibus: ‚Missus in similitudinem carnis peccati‘, quae phrasis adhibetur non tantum, quod caro Christi similis sit nostrae carni peccato corruptae, quantum ad substantiam, sed etiam, quod in ejus locum surrogata sit, quantum ad judicium Dei 2 Cor. 5, 21. Deinde vox κατέκρινε, condemnavit, infert actum judicialem, eumque punitorium et sententiam, nec non executionem condemnatoriam. . . XI. *E typorum praefiguratione.* Ut enim sacrificiis leviticis imputabantur peccata eorum, pro quibus illa offerebantur Lev. 4. et 5. c., ita vi analogiae typi et antitypi Christo, ceu sacrificio expiatorio unico N. T., imputari pariter oportuit peccata totius generis humani." (Socinism. profligat. p. 392. sqq.)

IDEM: „Socinus urget, quod hic (Rom. 5, 8.) *caritas Dei* commendetur in eo, quod Christus pro nobis mortuus sit; cujus laus imminuatur nostra de satisfactione, de reconciliatione sententia. Resp., nihil hinc decedere caritati Dei, quod doceatur, Deum iratum fuisse generi humano; sed cum utrumque perhibeat Scriptura, utrumque sancte credendum, et juxta analogiam fidei explicandum. *Caritas* Dei in eo sita est, quod nos dilexerit ut opus manuum suarum et imaginem suam olim conditum. *Ira* autem Dei erga nos in eo consistebat, quod nos ut transgressores legis suae sub peccato ejusque reatu, vi justitiae suae, constrictos teneret. *Caritas* Dei fuit, quod, cum nobis moriendum esset, Christum mediatorem nobis dederit, eundemque nostri loco mori voluerit. *Ira* Dei, quod peccata nostra vindicaverit in Filio suo, eumque tradiderit in mortem ignominiosissimam ad expiandum peccata. Distinguendum insuper inter caritatem Dei *generalem* erga humanum genus, et *specialem*. *Illa* fuit causa ordinandae mediationis et reconciliationis Christi; *haec* est velut effectus et consequens reconciliationis per Christum factae, quod utrumque apostolus hic clare innuit. Itaque optime haec secundum Scripturam consistunt, quod Christus Deum nobis reconciliarit et quod Deus ex amore erga nos Christum reconciliatorem constituerit." (L. c. 503.)

IDEM: „*Dilectio* Dei vel est *affectus commiserationis et benefaciendi voluntas,* citra tamen amicitiam; quomodo etiam inimicos diligere jubemur Matth. 5, 44., ita Deus dilexit nos, cum videlicet inimici essemus Rom. 5, 10. Vel est *affectus conjunctionis et benevolentis amicitiae;* qua ratione amicos, quos nobis junxit amoris affectus, diligimus, et Deus nos diligere dicitur, postquam ipsius amici sumus, eidemque per mortem Filii ipsius reconciliati. *Prior* dilectio conjuncta esse potest cum justa ira, ut Deus commiserationis affectu complexus hominem in peccata prolapsum, iratus tamen fuerit ejus peccatis. *Posterior* vero infert reconciliationem et placationem irae, sc. qua praecesserat offensio et ira; quomodo Deus non deposuit iram, neque nos gratia prosecutus est, nisi reconciliatione per Christum facta." (L. c. 560.)

QUENSTEDTIUS: „Non habet hic Deus unitrinus respectum nudi *creditoris*, ut Sociniani statuunt, sed justissimi *judicis*, secundum infinitae suae justitiae rigorem infinitum satisfactionis pretium exigentis. Ipsa enim redemtio, facta ,*εἰς ἔνδειξιν τῆς δικαιοσύνης*, *ad ostensionem justitiae divinae*‘, Rom. 3, 25., arguit necessitatem poenae exigendae vel ab ipso *reo*, scl. homine peccatore, vel ejus *vade*, videl. Christo. Si Deus absque satisfactione homini delictum condonare potuisset salva infinita sua justitia, tanto impendio Filii unici non fuisset opus. Infinitus Deus erat peccato offensus, et quia peccatum est offensa, injuria et violatio infiniti Dei atque, ut sic dicam, *deicidium*, hinc infinitam quandam malitiam habet, non quidem formaliter (sic enim in se consideratum suscipit magis et minus), sed *objective*, et infinitas poenas meretur, adeoque et infinitum satisfactionis pretium exigebat, quod solus Christus praestare potuit. — Distinguendum inter creditorem privatum et pecuniarium et creditorem publicum et judiciarium, h. e., legis suae vindicem et justitiae ex officio suo exactorem; hic si delinquentibus non indignetur et poenam exigat, hoc ipso *iniquus* est, non munificus.“ (L. c. c. 3. membr. 2. s. 1. th. 31. f. 327.)

IDEM: „Probatur thesis . . . 2. contra *pontificios*, satisfactioni Christi *nostram satisfactionem vel conjungentes vel subalternantes*, scl., Christi satisfactionem non admittere ullam aliam satisfactionem 1.) propter infinitatem valoris, quam habet; Christi enim satisfacientis persona est divina et ita infinitae dignitatis, unde quoque valor satisfactionis ejus erit infinitus, ac proinde etiam sufficiens et aequalis offensae, quamvis infinitae, imo et superabundans. 2.) Propter rigorem justitiae in satisfaciente et offenso intervenientem, qui duplicem solutionem, unam totalem et sufficienter compensatoriam, alteram partialem, non admittit. 3.) Propter gloriam redemtionis soli Christo competentem. 4.) Propter satisfactionum humanarum imperfectionem et debitum.“ (L. c. c. 3. membr. 2. s. 2. q. 6. f. 422.)

IDEM: „*Durationis* satisfactionis *terminus a quo* primum momentum exinanitionis, *terminus ad quem* triduum mortis est, utpote quo ultima *λύτρον* satisfactorii portio soluta.“ (L. c. c. 3. s. 1. th. 43. f. 363.)

ANTITHESES.

QUENSTEDTIUS: „*Antithesis:* 1. *Antiquorum haereticorum*, ut Photini et asseclarum, statuentium, Christum nudum hominem fuisse, et per consequens Deo Patri non satisfecisse. . . 2. *Petri Abaelardi*, qui contendebat, non alio fine apparuisse Christum in carne aut mortem subiisse, quam ad instructionem nostri per verbum et testificationem caritatis suae per mortem, satisfactione autem aliqua non fuisse opus. . . . 3. *Socinianorum*, qui negant, Christum nostri loco in passione sua fuisse substitutum, Christum morte sua justitiae divinae satisfecisse, peccata nostra expiasse et Deum morte sua nobis reconciliasse; satisfactionemque Christi pro peccatis et poenis debitis appellant dogma falsum, absurdum, foede summeque injustum et horribiliter blasphemum. . . 5. *Scholasticorum*, qui meritum ac satisfactionem Christi enervant docendo, Deum posse sine satisfactione homini peccata remittere, cum non habeat alium superiorem . . .; item, Christi actiones et passiones ex interna sua perfectione non fuisse aequivalentes et sufficientes ad satisfaciendum irae divinae . . . citra liberalem Dei acceptationem et promissionem. . . 6. *Pontificiorum*, qui Christum sic ab omnibus peccatis nos redemisse contendunt, ut nos ipsi quoque peccatorum post baptismum commissorum poena temporali et culpa veniali satisfacere debeamus, vel hic vel in purgatorio. Vide Concil. Trid. sess. 14. c. 8. . .; item: satisfactionem nostram propriam esse medium applicandae satisfactionis et redemtionis Christi. . . Docent quoque scholae pontificiae doctores plerique, homines per aliqualem satisfactionem potuisse consequi salutem sine Christo, per liberalem acceptationem a persona offensa. . . 7. *Calvinianorum*, qui per hypotheses suas meritum et satisfactionem Christi labefactant et, pro peccato in Sp. S. Christum satisfecisse, negant. . . Statuunt etiam Calviniani, satisfactionem Christi non fuisse sufficientem de rigore justitiae Dei vindicatricis, sed acceptilatam per ἐπιείκειαν. . . Ita *Calvinus* l. 2. Instit. c. 17. s. 1.: ‚Equidem fateor‘, inquit, ‚si quis simpliciter et per se Christum opponere vellet judicio Dei, non fore merito locum.‘ . . 8. *Arminianorum*, qui 1.) statuunt, potuisse Deum peccata omnia condonare sine satisfactione. . . 2.) In dubium vocant, an necessaria fuerit satisfactio mortis Christi. . . 3.) Non tam veram propriamque satisfactionem, qua scl. vere satisfactum sit justitiae divinae, quam acceptationem quandam asserere videtur Arminius.“ (L. c. c. 3. membr. 2. s. 2. q. 6. f. 418. sqq.)

HOFMANNUS: „Wir haben denjenigen Theil der neutestamentlichen Schrift, welcher vorzugsweise den Tod Christi als hohepriesterliche Leistung und Opferleiden darstellt, vollständig untersucht, ohne dasjenige darin zu finden, was der seit (!) Anselmus bräuchlichen Auffassung, im Unterschiede von dem Ergebnisse unsrer geschichtlichen Erörterung desselben, eigenthümlich ist. Auch dem Briefe an die Ebräer zufolge ist Jesu Todesleiden *nicht Strafe*, obwohl Folge der Sünde der Menschheit; *nicht dem Zorne*, sondern dem Gnadenwillen Gottes ist damit Genüge geschehen, nur freilich letzterm so, wie es geschehen musste, nachdem Sünde und Tod in der Welt war; *nicht an Stelle der Menschheit* hat Christus gelitten, sondern ihr zu Gute, indem sein Widerfahrniss Leistung des Heilsmittlers war; und nicht dass die Sünde jetzt entsprechend gestraft, aber auch nicht dass sie durch Jesu ethisches Thun im Leiden *gebüsst* ist, macht das Wesen dieser Versöhnung aus, sondern dass sich die um unsers Heils willen gewordene Gemeinschaft Gottes und Jesu Christi auch durch die äusserste Folge der Sünde hindurch bewährt hat. . . Allerdings ist es recht eigentlich eine Aufgabe des Briefes an die Ebräer, darzuthun, dass Jesus sterben musste. Aber diese Nothwendigkeit begründet der Verfasser nicht damit, dass *Gottes strafender Gerechtigkeit genuggethan* werden musste, sondern sie erwächst unmittelbar aus der für den Zweck unserer Erlösung von Christo eingegangenen Gemeinschaft mit der Menschheit Er hat als unser Heilsmittler nicht anders zu Gott eingehen können, als nachdem er auch das Aeusserste erlitten hatte, was er um desswillen erleiden konnte, weil die Menschheit in Sünden stand.“ (Der Schriftbeweis. Der 2. Hälfte 1. Abth. 1853. p. 320. sqq.)

IDEM: „Zwischen ihr (der kirchlichen Lehre) und der meinigen bleibt der sehr wesentliche Unterschied, dass *nicht der Sohn* Gegenstand des Zornes des Vaters ist, wenn auch nur stellvertretungsweise, sondern die Menschheit, und dass *nicht die Strafe*, welcher die unerlöste Menschheit für ewig anheimgefallen wäre, an dem Sohne vollzogen worden, sondern ihm sein Heilandsberuf Ursache aller der Leiden geworden ist, welche derselbe in Folge seines Einkommens in die adamitische Menschheit mit sich brachte. Nicht ihn anstatt uns hat der Zorn Gottes betroffen, so dass die Strafe nun vollzogen ist und nicht mehr vollzogen zu werden braucht; sondern das *Uebel*, in welchen sich Gottes Zorn wider die sündige Menschheit vollzieht, hat er in der mit seinem Heilandsberufe gesetzten Weise erlitten.“ (Schutzschriften für eine neue Weise, alte Wahrheit zu lehren. Stück 2 p. 103.)

c) Christus enim mediator noster pro nobis revera satisfecit, non solum quatenus *poenas* nostras in se suscepit, aut, nostro loco, sua passione solvit λύτρον, ut nos a poenis propter peccata tolerandis liberaremur, verum etiam, quatenus voluntati Dei legislatoris perfectum *obsequium* loco nostro praestitit nobisque, quasi ipsi legem implevissemus, praemia a Deo impetravit. Dicitur illa obedientia *passiva*, haec *activa*.

B. MENTZERUS: „Poena, quae peccatis infligitur in Dei justissimo judicio, merito consequitur violationem legis, sed tamen non est ipsa lex sive legis impletio, sed potius vindicatio legis in violatore. Unde judicari potest, quomodo recte accipienda sit vulgata illa distinctio inter obedientiam activam et passivam; nempe cum grano salis et diligenti distinctione. *Obedientia* enim *activa* est conformitas cum ipsa lege; ac proinde *proprie* et exquisite vocatur obedientia et per se. *Passiva* autem dici solet obedientia perpessio poenae, violatori legis inflictae; quae si obedientia dicenda sit, vocabitur ἐν πλάτει sive ex consequenti. Certe sola et sine concursu obedientiae activae conformitas non est cum ipsa lege, et plerique inviti poenas etiam justissimas perpetiuntur. Quod igitur dici solet: ,*Lex obligat vel ad obedientiam, vel ad poenam*‘, huc male trahitur. Quia 1. ibi distinguitur obedientia contra poenam, 2. et membrum prius intelligitur per se et immediate, posterius mediate, nempe propter violationem. Accurata igitur oppositio non est. Et comminatio, addita legi, ab ipsa lege distinguenda, tametsi cum ea arcte cohaereat... Quis damnatos in inferno angelos et homines dicit praestare obedientiam Deo? Idque hoc loco eo minus valere potest, quia passio Christi omnem meriti sui rationem habet a personae patientis dignitate et sanctitate.“ (Disputatt. th. in acad. Giessena hab. T. III. p. 441. sqq.)

d) Vid. *Matth. 5, 17.*, ubi Christus dicit, *venisse* se, *implere legem*, i. e., ut plene *faceret* omnia, quae lex tota *praecipit*, et plene aut penitus *abstineret* ab omnibus, quae lex *prohibet*. Atque huc pertinet *tota* Christi *vita* in diebus carnis, cum sanctissimis maximeque illustribus illius *operibus* ad legem divinam conformatis.

QUENSTEDTIUS: „*Agendo culpam*, quam homo injuste commiserat, expiavit, et *patiendo poenam*, quam homo juste perpessurus erat, Christus sustulit... Quia enim non tantum ab ira Dei, justi judicis, liberandus erat homo, sed et, ut coram Deo posset consistere, justitia ei opus erat, quam nisi impleta lege consequi non poterat; ideo Christus utrumque in se suscepit et non tantum passus est pro nobis, sed et legi in omnibus satisfecit, ut haec ipsius impletio et obedientia in justitiam nobis imputaretur.“ (L. c. c. 3. membr. 2. s. 1. th. 37. f. 350. sq.)

IDEM: „Objicit idem (Piscator): Christus ut verus homo tenebatur obedire Deo Creatori; pro se igitur activam obedientiam legi praestitit. Eodem modo Socinus l. 3. de Christo Servatore c. 5. ait, Christum ut verum hominem jure creationis pro seipso debuisse Deo obedientiam vitae totius plenam, quapropter illa nihil nobis promeruisse. Resp.: 1. Filius hominis est dominus sabbathi Matth. 12, 8. et sic etiam totius legis. 2. Si Christus esset ψιλὸς ἄνθρωπος, obstrictus fuisset legi, jam vero in unitate personae est verus Deus, proinde sui ratione non fuit legi obstrictus. Πρῶτον ψεῦδος hujus argumenti, adeoque erroris hujus universi consistit in eo, quod actiones et passiones Christi considerantur, ac si essent tantum naturae humanae actiones et passiones; atqui *persona* est, quae agit et patitur. Obedientia Christi non est naturae tantum humanae actio, sed Christi θεανθρώπου, qui ut nobis natus et datus Es. 9, 9., ita et pro nobis sub lege factus Gal. 4, 4. et est τέλος τοῦ νόμου, impletio legis, non pro se, sed ad justitiam omni credenti Rom. 10, 4.“ (L. c. c. 3. membr. 2. s. 2. q. 3. f. 407.)

GERHARDUS: „Quamvis in pluribus Scripturae dictis morti et effusioni sanguinis Christi redemptionis opus tribuatur, id tamen haudquaquam exclusive accipiendum, ac si sancta Christi vita ab opere redemtionis per hoc excludatur; sed ideo illud fieri existimandum, quia nusquam illuxit clarius, quod nos dilexit ac redemit Dominus, quam in ipsius passione, morte ac vulneribus, ut loquuntur pii veteres; et quia mors Christi est velut ultima linea ac complementum, τέλος, finis et perfectio, totius obedientiae, sicut apostolus inquit Phil. 2, 8. Quid? quod plane ἀδύνατον est activam obedientiam a passiva in hoc merito separare, quia in ipsa Christi morte concurrit voluntaria illa obedientia et ardentissima dilectio, quarum prior Patrem coelestem, posterior nos homines respicit." (Loc. de Justif. § 55.)

IDEM: „Sophismata Piscatoris potiora haec sunt:... 5. Si Christus pro nobis sive nostri loco legem implevit, nos non tenemur legi obedire; consequens est falsum, ergo et antecedens. Resp.: Argumentum hoc petitum ex schola Samosatenianorum, qui itidem verentur, ne per doctrinam de satisfactione Christi frigescat studium bonorum operum, quod ea potius accendi superius ostendimus. Distinguendum igitur inter obedientiam legis, quam requirit Moses, et quam Christus nobis praescribit. Moses imponendo nobis grave et intolerabile onus rigidae, perfectae, cum comminatione aeterni exitii conjunctae et ad aeternam vitam assequendam praestandae obedientiae; ab hoc onere et jugo Christus perfectissima sua obedientia nos liberavit, quam per fidem nobis donat; interim tamen non tribuit licentiam peccandi, sed cum fide datur Spiritus Sanctus, qui ad spontaneam obedientiam Deo Creatori, Redemptori et Sanctificatori praestandam nos impellit, quae, quamvis in hac vita non sit numeris omnibus perfecta ac proinde nec vitae aeternae meritoria, Deo tamen utpote ex filiali dilectione et fide in Christum profecta placet." (Loc. de Justif. § 63.)

ANTITHESES.

QUENSTEDTIUS: „*Antithesis:* 1. *Calvinianorum,* qui 1.) Christum per se legi obnoxium faciunt, adeoque obedientiam illam activam Christum juxta suam humanitatem praestare debuisse pro se, a.) jure creationis, ut filium Adami, b.) jure foederis divini cum populo israelitico initi, ut filium Israel, Luc. 2, 21., proindeque non potuisse illam activam obedientiam praestare pro aliis... 3.) Quidam ipsorum activam seu vitae Christi obedientiam ex ordine causae meritoriae excludunt, solaque passiva seu mortis obedientia Christum Deo pro nobis satisfecisse, contendunt, ut Piscator, ... qua in parte etiam a suae fidei asseclis discessit, cum contrarium diserte statuant Calvinus aliique... 2. *Socinianorum,* qui 1.) negant, unum pro omnibus legem Dei implere, eique satisfacere potuisse; ... 2.) negant, Christum pro nobis et nostri loco legem implevisse... 3. *Arminianorum,* qui in considerationibus suis, quas circa Catechesin Heidelberg. observare voluere, ad q. 36. hanc habent in script. Remonstrant. Synodic. p. 110.: ‚Quis Scripturae locus vel quae ratio inde desumta probet, Jesum Christum innocentia sua et perfecta sanctitate, in qua nim. conceptus et natus sit, peccata nostra, in quibus concipimur et nascimur, in conspectu Dei tegere?' Huc pertinet illa horrenda et impia Episcopii sententia, ‚Christum J. potuisse peccare, potuisse non obedire.' 4. *Weigelianorum,* qui 1.) negant, Christum pro nobis legem implevisse... 2.) Statuunt, *non* Christum, observando legem, eandem implevisse." (L. c. q. 3. f. 402. sq.)

KAHNISIUS: „Das Hauptargument Aller, welche den thätigen Gehorsam bekämpft haben, — des Parsimonius, des Piscator, der Socinianer, Töllner's — ist, dass der Gehorsam Christi nicht verdienstlich gewesen sei. In der That beweist der Grund der alten Dogmatik, dass Jesus als Sohn Gottes der Erfüllung des Gesetzes enthoben war, zu viel... Ein Verdienst kann Christus nur als Mensch (!) erwerben. Alles aber, wozu Christus als Mensch moralisch verpflichtet (!) war, involvirt kein Verdienst. Man kann Christo nichts zum Verdienst rechnen, dessen Unterlassung ihm Sünde (!) gewesen wäre. Es ist unzulässig, den Gehorsam, welchen Christus seinen Eltern leistete, mit Hilfe (!) der göttlichen Natur Christi zu einem Verdienste zu erheben, indem man sagt: Als Sohn Gottes war Christus zu diesem Gehorsam nicht verpflichtet. So kann man denn auch den Gehorsam Christi in Erfüllung des göttlichen Gesetzes nicht dadurch zum Verdienst erheben, dass man sagt: Der Sohn Gottes stand über dem Gesetze. Jesus Christus war als Mensch zur Erfüllung des göttlichen Willens verpflichtet. (!) Wozu er nicht verpflichtet war, das war die Erfüllung des theokratischen Gesetzes. Unterzog sich Christus diesem, so that er es nicht um seinetwillen, sondern anstatt der Menschheit, um ihr seine Gerechtigkeit zuzueignen." (Die luth. Dogm. Bd. III. 1868. p. 399. sq.)

§ 10.

Satisfecit autem Christus toti *SS. Trinitati*,[a] et *pro hominibus*[b] quidem *omnibus*,[c] *electis*[d] pariter et *reprobis*.[e]

a) Tanquam *parti laesae*, seu legislatori et domino hominum supremo, cujus majestas violata erat; adeoque et *sibi* quodammodo satisfecit Christus. Quatenus enim Christus *satisfecit*, spectatur praecise ut *mediator; q*uatenus autem ipse etiam *satisfactionem postulavit*, sic praecise ut *Deus*, auctor et vindex legis, per essentiam summe justus (aeque ac Pater et Spiritus Sanctus) intuendus est.

b) *Pro se ipso* autem, aut *pro angelis*, Christum satisfecisse, dici *non* potest. Ipse enim peccator non fuit, adeoque nec offendens. Angelorum autem, sive illos, qui non peccarunt, sive reliquos lapsos spectes, sicut naturam non assumsit, ita neque causam illorum, tanquam mediator, suam fecit. Conf. *Ebr. 2, 16.*

> KROMAYERUS: ,,Christus obedientia sua sibi nihil quicquam meruit. . . 1. Quia Christus, ut non sibi, sed nobis natus et datus est, ita et sibi nihil, nobis omne tam activa, quam passiva obedientia meruit. Id quod probant dicta Scripturae Es. 9, 6. Luc. 2, 11. Gal. 4, 4. 2. Quia futuram gloriam Christus ex gratia consecutus est, Phil. 2, 9.: ἐχαρίσατο, id est, ex gratia ipsi dedit nomen super omne nomen. Jam vero quod quis ex gratia consequitur, illud non meretur. 3. Si personalem unionem cum Filio Dei humana natura non meruit, nec istius consequens, futuram gloriam. Sed verum est prius. E. Antecedens probatur, quia nihil tritius in hoc articulo est, distinctione inter ea, quae Christus habet per naturam et quae habet per unionis personalis gratiam." (Theol. posit.-pol. I, 258. sq.)

ANTITHESIS.

> QUENSTEDTIUS: ,,*Antithesis:* 1. *Pontificiorum*, statuentium, Christum obedientia sua promeruisse sibi gloriosam nominis sui claritatem et exaltationem. . . 2. *Calvinianorum quorundam;* sic Zanchius . . . saepius in suis scriptis repetit: ,Christum sua obedientia sibi promeruisse vitam aeternam.' Piscator asserit, . . . ,obedientiam illam juxta naturam suam humanam praestare debuisse pro se, eaque sibi ipsi vitam aeternam promeruisse.' . . Calvinus vero negat, Christum sibi meruisse, l. 2. Institut. c. 17. n. 6. . . 3. *Socinianorum*, qui suae exaltationis causa Christum passum esse ac se ipsum pro seipso sacrificium obtulisse, contendunt. . . 4. *Arminianorum*, asserentium, Christum sibi per mortem et resurrectionem acquisivisse potestatem nos salvandi supremam." (L. c. s. 2. q. 8. f. 463. sq.)

c) Non solum quatenus satisfactionis *valor*, verum etiam quatenus *intentio* Christi satisfacientis ad omnes homines se extendit; vid. *1. ad Tim. 2, 6.* Qui enim se ipsum dedit ἀντίλυτρον ὑπὲρ πάντων, *pretium*

redemtionis pro omnibus, non solum electis, verum hominibus, pro quibus orandum est (juxta v. 1.), sane agnoscendus est, et potuisse et
voluisse solvere pro omnibus, sive vice et loco singulorum atque omnium
hominum, peccatorum, tanquam redimendorum.

QUENSTEDTIUS: „Satisfecit Christus pro hominibus peccatoribus,
non aliquibus tantum, sed *pro omnibus ac singulis,* nemine prorsus excepto... Patet hoc I. ex dictis S. S., quae extendunt meritum et
mortem satisfactoriam Christi ad *omnes omnino homines,* ut Es. 53, 6.
Matth. 20, 28. Rom. 8, 32. 2 Cor. 5, 14. 15. Ebr. 2, 6. 1 Tim. 2, 6.
II. Ex dictis S. S., quae meritum et passionem Christi extendunt ad
totum *mundum,* ut Joh. 1, 29. 1 Joh. 2, 1. 2. III. Ex dictis, quae extendunt Christi meritum et passionem ad ipsos etiam *reprobos* et sua
culpa pereuntes, Rom. 14, 15. 1 Cor. 8, 11. Ebr. 6, 4. 2 Pet. 2, 1." (L. c.
c. 3. membr. 2. s. 2. th. 36. f. 342. sqq.)

IDEM: „Objicit Wendelinus I.: ‚Scriptura restringit mortem Christi ad *multos'* Matth. 26, 28. 20, 28. Ebr. 9, 16. Resp.: 1. Laborat
consequentia: Multi, ergo soli electi; imo potius: Multi, ergo reprobi;
nam hi sunt multi, pauci electi. 2. Τὸ multum abstrahit ab universali
et particulari, nec formaliter omnes, nec *non* omnes notat. Fatetur
Rivetus ad Es. 57., multos pro omnibus in aliquo genere intelligi, quia
universalitas est quaedam multitudo. ‚Fateor', ait, ‚Rom. 5, 19. multi
pro omnibus accipiuntur: peccatores constituti sunt multi.' Sane, qui
hic πολλοὶ dicuntur, alibi πάντες audiunt... Nec se corrigit Scriptura,
sed explicat, quando multos nunc dicit, quos alibi omnes dixit; non
opponit multos omnibus, sed uni, vel paucis. Intelligitur autem ingens
multitudo, ut Dan. 12, 2... In oraculo autem Danielis multos stare
pro omnibus, liquet ex infallibili interpretatione Christi Joh. 5, 28...
Objicit II.: ‚Christus noluit *rogare* pro mundo, i. e., pro reprobis,
finaliter impoenitentibus Joh. 17, 9. Ergo nec mori pro eo voluit...
Resp. distinguendo inter precationem *generalem* et *specialem;* non de
illa, sed de *hac* loquitur Christus. Alias quoque Christus oravit pro
impiis et transgressoribus, Luc. 23, 34. Es. 53, 12." (L. c. s. 2. q. 7.
f. 459. sq.)

IDEM: „Num unica guttula sanguinis Christi ϑεανϑρώπου sufficiens
λύτρον aut fuerit, aut esse potuerit ad redimendum genus humanum? —
Affirmant quidam patres, scholastici ac pontificii et nunnulli doctores
orthodoxi... Ast in eo peccant pontificii, quando ex eo, quod una
gutta sanguinis Christi sufficiens λύτρον pro mundo redimendo,
pessime concludunt, reliquum sanguinem esse superfluum, qui thesauro
debeatur ecclesiae et nundinationi indulgentiarum. Hinc satisfactiones
Christi vocant superfluas, ut Baradius, et Cajetanus supervacaneas."
(L. c. q. 9. f. 467.)

LUTHERUS: „Welches ist nun der Schatz, damit wir erlöst sind?
Nicht vergänglich Gold oder Silber, sondern das theure Blut Christi,
des Sohnes Gottes. Der Schatz ist so köstlich und edel, dass es keines
Menschen Vernunft und Sinn begreifen kann, dass nur ein Tröpflein
von diesem unschuldigen Blut übrig genug wäre gewesen für aller Welt
Sünde; noch hat der Vater seine Gnade so reichlich über uns wollen
ausschütten und sich's so viel stehen lassen, dass er seinen Sohn,
Christum, hat sein Blut alles vergiessen lassen und uns den Schatz
ganz geschenkt." (Ausl. der 1. Ep. St. Petri. 1523. Tom. Hal. IX,
675.)

B. MEISNERUS: „Quod de una gutta sufficiente dicunt theologi,
non est intelligendum absolute de consummatione meriti et consilio
Dei, sed *respective* quoad dignitatem personae. Hujus enim sanguis
fuit ipsius Dei sanguis, Matth. 26, 28. 1 Joh. 1, 7. Act. 20, 28., ideoque
ex se dignus et idoneus satis, cujus vel unica gutta esset ἀντίλυτρον pro
peccatis mundi. Interim Deo placuit et placere sine crudelitate potuit,

Filium gravissime percuti et vulnerari, Es. 53., ideoque una gutta non fuit sufficiens *ratione totius meriti et consilii divini*, siquidem Deus multa sanguinis effusione T. N. sanciri voluit ad apertius demonstrandam justitiae et veracitatis gloriam." (Anthropol. Decad. 3. Disputat. 26. argum. 10. n. 70.)

SCHOMERUS: ,,Q.: An Christus etiam *pro populo V. T.* mortuus sit, eique salutem acquisiverit? Negant Sociniani, ut Smalzius, docens: ,Christum quidem salutem eorum, qui ante ipsum mortui sunt, in manu sua positam habere, ita ut potentia divina ipsos aliquando salvaturus sit, at minime gentium pro ipsis esse mortuum. Nos affirmamus: Quia 1.) liber vitae ab origine mundi est liber agni mactati, Apoc. 13, 8., unde nemo adeo vitam sperare potuit, nisi ad quem mactationis ejus fructus perveniret. 2.) Omnia V. T. sacrificia in typum Christi mactata sunt, quae per se peccatum auferre non potuerunt, sed promiserunt tantum eum, qui auferret, Ebr. 10, 1. sqq. cf. v. 14. ac c. 9, 23., qui, nisi una morte potuisset absolvere rem, saepius mactari debuisset ab origine mundi, v. 26. 3.) Mors Christi facta est in redemtionem transgressionum earum, quae in V. T. fuerunt, 9, 15., et ad demonstrandam justitiam Dei propter impunem praeteritorum peccatorum transmissionem, Rom. 3, 25. sq. 4.) Christus protoplastis in paradiso jam promissus Gen. 3, 15., aliisque patriarchis et V. T. fidelibus, Act. 3, 24. 25. 13, 32. etc., ab iisdem multo desiderio expectatus est, Luc. 10, 24. Ebr. 11, 39. cf. Gen. 49, 18. Es. 64, 1., eoque se consolati sunt, Es. 9, 6. 53, 4., cujus nullam rationem habuissent, nisi et ad se ipsius meritum pertinere scivissent. 5.) Fideles N. T. per gratiam J. C. salutem sperant, sicut et fideles V. T., Act. 15, 11. cf. 4, 12." (Colleg. Antisocinian. II, 142.)

ANTITHESIS.

QUENSTEDTIUS: ,,*Antithesis:* 1. *Quorundam Calvinianorum*, ut Calvini super Eph. 1, 10. et Col 1, 20. et Bucani, statuentium, ,*angelos sanctos* hoc sensu dici reconciliatos per Christi sanguinem, quia illorum justitia et integritas, utpote coram Deo manca, fuerit coram ipso tegenda perfecta et infinita Christi justitia'... 2. *Origenis*, qui affirmare non dubitavit, ,*pro lapsis angelis* sive daemonibus servandis et in integrum restituendis Dominum passum esse et mortuum'... 3. *Theodoreti*, de quo refert Suarez, ... quod ad Hebr. 2. scribat, ,Christum pro *omnibus omnino creaturis* passum esse et mortuum'... 5. *Godeschalci* presbyteri, qui circa medium saec. 9. p. Chr. n. inter alia docuit, ,Christum non fuisse crucifixum neque mortuum pro redemtione totius mundi, i. e., pro redemtione et salute omnium hominum, sed tantum pro his, *qui salvantur*'... 6. *Calvinianorum*, et quidem 1.) *rigidiorum*, qui apertis verbis pronuntiant, Christum non pro omnibus hominibus atque adeo etiam pro reprobis, sed pro *solis electis* merito suo satisfecisse. Ita Calvinus, Beza, Perkinsius, Piscator; imprimis Spanhemius particularitatem meriti Christi omnibus viribus propugnare annititur, et al... 2.) Illorum Calvinianorum, qui *mitiores* videri volunt, sed tantum terminis ludunt. Distinguunt enim inter mortis Christi *sufficientiam* et *efficaciam* sive efficientiam, ac docent, Christum quidem pro omnibus hominibus sufficienter passum esse ac mortuum, sed pro solis electis efficaciter. Ita Andr. Rivetus... Attamen inter se hac in re magnopere dissentiunt. Alii enim sufficientiam *potentialem* tantum admittunt, ut Pareus et Hassiaci, ... *actualem* vero efficaciam negant. ... Adeoque hi universi *intentionem* satisfaciendi pro non electis abstrahunt a sufficientia λύτρου... 3.) Eorum, qui *hypothetici* communiter dicuntur (cujus nomenclationis auctor est Rivetus), ut sunt Galli Salmurienses, Mos. Amyraldus et Joh. Camero, Bremenses et quotquot hodie ex illorum secta syncretismum cum Lutheranis inire satagunt, qui universalem etiam efficaciam mortis Christi concedere videntur, sed

pendentem ab hac *conditione:* ‚si singuli credant et resipiscant‘, . . .
ast hoc ut praestent, nec velle Deum in consilio et beneplacito suo in-
terno, nec velle ipsis dare tantam gratiam, qua sic moveantur, ut actu
vere credant. . . 7. *Quorundam pontificiorum,* qui in asserenda mortis
Christi particularitate a Calvinianis non discedunt, ut *Corn. Jansenius,*
Yprensis episc. in Flandria, qui docebat, ‚semipelagianum esse, dicere,
Christum pro omnibus hominibus esse mortuum‘, ut patet ex tomo 3.
‚Augustini‘. . . Sic quoque Guil. Estius. . . Idem docet Becanus.“
(L. c. c. 3. membr. 2. s. 2. q. 7. f. 447. sqq.)

d) Infra enim docebimus, electionem ipsam niti praevisa satisfactione Christi neque obstare acceptationem alienae satisfactionis, ut
tamen nihilominus et salvatio et electio maneat gratuita.

e) Qui tamen nihilominus a Deo juste rejiciuntur et damnantur,
cum propter alia peccata, *tum* praecipue, quod satisfactionem Christi
ipsi respuunt; Deus autem *nec* vult, *nec* tenetur, alienam satisfactionem
Christi ulli homini imputare actu ad remissionem peccatorum, qui in
Christum non credit.

§ 11.

Preces vero, sive *intercessionem,* Christus, sacerdos
noster, pro hominibus *omnibus* quidem praestitit, sed ita,
ut pro *impiis*[a] orans conversionem eorum procuraret,
pro *piis*[b] intercedens constantiam eorum et incrementum
in fide ac sanctitate promoveret.

a) Oravit autem non solum pro *illis,* qui deinde conversi, verum
etiam pro *his,* qui revera conversi non fuerint; vid. *Luc. 23, 34.,* ubi
Christus pro crucifixoribus suis *indefinite,* nullo excepto, oravit. Ac
sine dubio inter eos aliqui, forte non pauci, in impietate sua perstiterunt, Christus autem, pro illis orans, ostendit, quod, quantum in se
est, non velit illos fructu mortis suae privari, sed potius converti et
salvari.

b) Prout *Joh. 17, 11.* orasse legitur: *Pater sancte, serva eos per
nomen tuum, quos dedisti mihi, ut sint unum, sicut et nos.* Et v. 15.:
Non rogo, ut tollas eos e mundo, sed ut serves eos e malo. Porro v. 17.:
Sanctifica eos in veritate tua; sermo tuus veritas est. Adde v. 21. 23. 24.
Atque hoc sensu Christus negaverat ante cap. ejusd. v. 9., *se orare pro
mundo,* coetui fidelium opposito, sive pro improbis, ita ut negatio illa
intelligenda sit *non* simpliciter, *sed* secundum quid.

§ 12.

Concurrunt autem ad sacerdotium Christi, cum quod
ad sacrificium, tum quod ad intercessionem attinet, *duae*
Christi *naturae;* et ad *sacrificium* quidem *humana* natura,
quod suum erat, contulit, quando Christus hostibus suis
obviam ivit, passionem et mortem toleravit, *divina* vero,

quoad valorem et virtutem infinitam, passioni et morti additam, ut sufficeret ad expianda hominum peccata Deumque placandum. Quoad *intercessionem* Christi, actus ipsi orandi, in se spectati, ad *humanam* naturam formaliter pertinent, dignitas vero et valor eorundem ex *divina* natura resultat.

GERHARDUS: ,,Repetendae hoc loco causae, propter quas mediatorem nostrum Deum et hominem esse oportuit. I. *Deus* esse debuit ob magnitudinem mali abolendi et magnitudinem boni adducendi; puta: 1. *Ob λύτρου sufficientiam ac perfectionem.* Nisi Deus fuisset, ipsius obedientia ac passio non potuisset esse sufficiens λύτρον pro totius mundi peccatis. 2. *Ob irae divinae portationem.* Nuda creatura non potuisset immensum pondus peccatorum et irae divinae totius humani generis peccatis debitae portare. 3. *Ob malorum remotionem.* Nudo homini non fuisset possibilis peccati abolitio, capitis serpentis infernalis contritio, regni diaboli destructio, mortis absorptio. 4. *Ob bonorum reparationem.* Nudus homo et finita creatura non potuisset perfectam justitiam adducere, Spiritum Sanctum distribuere, vitam aeternam credentibus conferre. 5. *Ob decreti divini patefactionem.* Nuda creatura non potuisset scire decretum Dei de salute nostra, quod tamen per mediatorem debuit manifestari. Joh. 1, 18.: ,Deum nemo vidit unquam' etc. 6. *Ob ecclesiae defensionem.* Nuda creatura non posset ecclesiam adversus diabolum et omnes inferorum portas defendere, sed ad hoc requiritur divina et infinita potentia. 7. *Ob partorum donorum conservationem.* Mediator noster dona nobis parta melius conservare debuit, quam primus humani generis parens Adamus, qui non solum pro se, sed et pro omnibus posteris dona divinitus sibi concredita amisit; sed Christus ea fideliter conservat omnibus credentibus. 8. *Ob precum exauditionem.* Ad mediatoris officium requiritur, ut ecclesiae suae praesens ubique adsit, invocantes se audiat ac preces eorum velut intercessor ac mediator ad Deum deferat; utique ergo verum Deum ipsum esse oportuit. II. Vicissim etiam verus *homo* esse debuit: 1. *Ob divinae justitiae constitutionem.* Homo peccaverat, per hominem igitur satisfactio praestanda erat, ne quid justitiae divinae immotae prorsus ac invariabili decederet. 2. *Ob naturae humanae restitutionem...* Per peccatum totum genus humanum, adeoque tota natura humana misere erat corrupta, ita ut omnes homines essent servi peccati et mortis aeternae rei; voluit igitur Filius in humana natura assumta mortem superare et miseram naturam humanam ad coelestem gloriam iterum evehere. 3. *Ob nostram cum Deo reconciliationem.* Per peccatum Adae omnes eramus a Deo divisi, Esa. 59, 2. Christus igitur humanam naturam sibi personaliter univit, ut in ea ac per eam reduceret nos ad communionem cum Deo. 4. *Ob fidei nostrae confirmationem.* Voluit Dei Filius in et cum humana natura ac per humanam naturam opus redemtionis perficere, ut certi redderemur, beneficia illa Christi morte ac passione parta ad nos vere pertinere, nosque illorum bonorum participes fore. 5. *Ob naturae nostrae cognationem.* Voluit Christus omnia sua bona et partorum thesaurorum plenitudinem in humanam naturam assumtam quasi deponere, juxta quam est frater et cognatus noster, ut per eam ad nos deriventur et a divina natura per humanam ad nos deveniant. 6. *Ob sustinendam tentationem.* Filius Dei ideo assumsit naturam humanam, ut possit tentari tanquam alius homo verus et tentatorum affectus ipsemet experiri, Hebr. 2, 17. 4, 15. 7. *Ad confirmandam exauditionis promissionem.* Voluit Dei Filius per carnis assumtionem fieri noster frater, ut in omnibus periculis et adversis ad ipsum tanquam fratrem et cognatum nostrum fide confugientes certi simus, nos ab eo respici et exaudiri etc. 8. *Ob requisitam in lege redemtoris conditionem.* Cautum erat divina lege, ut Goel sive redemtor esset jure consanguinitatis redimendo proxime conjunctus et interposito certo precio redemtionem praestaret, Levit. 25. Christus igitur humanae naturae assumtione voluit fieri cognatus noster, ut jure nos liberare ac sanguine suo in peculium nos sibi emere posset. 9. *Ob nostram adoptionem.* Per peccatum eramus facti mancipia diaboli; ideo Filius Dei fieri voluit hominis filius, ut per ipsum nos homines redderemur Dei filii. 10. *Ob nostrae resurrectionis certificationem.* Voluit Dei Filius in assumta natura humana mortem non modo sustinere, sed et vincere, ut certi redderemur, etiam nostra corpora mortalia e terra suscitanda." (L. c. § 41.)

CALOVIUS: „Quod Christus secundum utramque naturam mediator noster sit, ita constat: I. De *deitate.* 1. Secundum quam naturam justitia nostra est, secundum eandem etiam mediator noster. At secundum divinam naturam est justitia nostra, Jer. 23, 6. 2. Secundum quam naturam nos reconciliavit Deo, secundum eam mediator noster est. At reconciliavit nos Patri ut Deus, Rom. 5, 11. 2 Cor. 5, 19. 3. Secundum quam naturam posuit animam suam pro nobis, secundum illam mediator noster est. At secundum eam quoque, secundum quam est Filius Dei, imago Dei inconspicui, morte sua reconciliavit nos, Col. 1, 15., qua inhabitavit omnis plenitudo in eo, v. 19. 20. 4. Quia eo fine advenit Filius Dei in mundum, ut salvaret nos, Esa. 34, 4. Matth. 18, 11. Luc. 19, 10. 1 Tim. 1, 15. 5. Ideo Jehovae tribuitur salus Os. 1, 7. et redemptio Os. 13, 14., acquisitio ecclesiae Domino vindicatur Act. 20, 28., oblatio sui ipsius per Spiritum aeternum Ebr. 9, 14. 6. Mediatoris id erat πρoςκείμενον vel requisitum, ut non minus esset Deus, quam homo, ut utrique parti cognatus pacem inter utrosque sancire posset. Amicorum enim est, dissidentes conciliare. 7. Quia humana natura ad placandam infinitam Dei iram, ad satisfaciendum essentiali Dei justitiae, ad reconciliandum mundum Deo, ad destruendum opera diaboli, peccatum, mortem et infernum, minime sufficiebat. „Ad hoc‘, inquit Anshelmus l. II. Cur Deus homo? c. 18., ‚in Christo valuit diversitas naturaram et unitas personae, ut, quod opus erat fieri ad hominum restaurationem, si humana non posset natura, faceret divina‘ etc. 8. Si opus non fuisset divinae naturae concursu ad opus mediationis, necessaria utique non fuisset divinae et humanae naturae unio aut donorum infinitorum per unctionem Spiritus S. communicatio; imo per nudum hominem obtineri potuisset peccatorum remissio, si non pro aliis, saltim a quocunque mortalium pro seipso: quae omnia sunt ἀϑεόλογα. 9. Si sola humana natura mediator esset, fiducia in hominem nudum collocari potuisset, imo debuisset, quod maledictum pronunciat Jer. 17, 5... Jam quod Christus mediator noster non tantum ut Deus, sed etiam ut *homo* sit, haec docent: 1. Quod diserte apostolus 1 Tim. 2, 5. id de homine tradat: ‚Unus est mediator Dei et hominum, homo Jesus Christus.‘ 2. Quod Filius Dei ideo voluerit homo fieri et incarnari, ut mediatoris munere fungi posset. 3. Quod ad mediationis opus requireretur, ut sanguinem funderet suum, ejusque pretio nos liberaret, animamque suam pro nobis poneret, Act. 20, 28. Matth. 20, 28. Marc. 10, 45. 1 Tim. 2, 5. 4. Quod sine sanguinis effusione nulla reconciliatio, Rom. 5, 9., nulla peccatorum remissio fieri potuerit, Ebr. 9, 22. 5. Quod ideo Christum pati oportuerit, Luc. 24, 26., et legem implere, cum id nobis impossibile esset, Rom. 8, 3., ut justitia a lege requisita impleretur in nobis, v. 4. 6. Quod frustranea fuisset incarnatio, si sola deitate Christus mediationem peragere potuisset. Quod 7. ad mediationem requiratur domesticitas, ut veteres loquuntur, ad utramque dissidentium partem. Ideo Augustinus homil. de ovibus c. 12.: ‚Divinitas sine humanitate non est mediatrix; humanitas sine divinitate non est mediatrix; sed inter divinitatem solam et humanitatem solam mediatrix est humana divinitas et divina humanitas. 8. Quod ad opera mediationis communio utriusque naturae necessaria fuerit. Nulla

enim actio ϑεανδρικὴ, qualis erat mediatio, satisfactio, passio pro
mundi vita, impletio vicaria pro toto genere humano, proficisci poterat
a solo homine, sed a ϑεανϑρώπῳ ortum habuit.   Proinde opus fuit, ut
Deus homo fieret, ut unaquaeque natura, quemadmodum concilium
Chalcedonense habet, sic ageret, quod suum est, cum communicatione
alterius." (System. Th. VII. 453. 456. sq.)

ANTITHESIS.

QUENSTEDTIUS: ,,Antithesis: 1. *Andreae Osiandri*, asserentis,
Christum tantum secundum divinam naturam esse nostram justitiam
et mediatorem nostrum. . .   Ast hac ratione necessitas incarnationis
F. D. ob opus reconciliationis et mediationis tollitur. . . 2. *Francisci
Stancari*, Hebraeae linguae in academ. Regiomont. prof., natione Man-
tuani. . . Hic a. 1551. contendit, Christum nostrum esse mediatorem
tantum secundum hum. nat.; item, ab officio mediationis et sacerdotii
divinam naturam prorsus esse excludendam. Occasionem erroris praebuit Stancaro fervidior cum Osiandro in eadem academ. Regiomont.
disputatio. Stancarus ad alterum extremum deflexit. . . 3. *Papistarum*,
imprimis *Jesuitarum*, qui Stancari haeresin amplectuntur et Christo secundum hum. nat. tantum mediatoris officium tribuunt.   Sic enim P.
Lombardus l. 3. sent. dist. 19. lit. G.: ,Christus mediator est, in quantum homo; nam in quantum Deus, non mediator, sed aequalis est
Patri, hoc idem, quod Pater.'   Bellarminus l. 5. de Christo c. 1. inquit:
,Principium, *quo* illa opera a mediatore fiebant, fuisse naturam humanam, non divinam.' . . 4. *Quorundam Calvinianorum*, ut Piscatoris,
negantis, hoc axioma verum esse: ,Nomina officii competunt Christo
secundum utramque naturam.'" (L. c. s. 2. q. 1. f. 392. sq.)

§ 13.

In statu *exaltationis*, fatendum est, Christum *non* amplius praestare pro nobis *sacrificium*,[a] sed tamen sacrificium olim peractum Deo[b] *exhibere* atque hodienum pro
nobis *intercedere;*[c] licet intercessio illa in *forma servili*
aut humili, quemadmodum in terris, *non* fiat.[d]

a) Non enim *amplius* mactatur aut *moritur*; vid. *Rom. 6, 9. 10.*
Et ad *Ebr. 9, 12. 25.* dicitur, Christum sacerdotem hoc ipso differre a
sacerdotibus V. T., quod illi saepe, ipse *semel*, quippe *per proprium
sanguinem, sacrificium* pro peccatis praestiterit; *semel*, inquam, *oblatus*,
ut multorum peccata tolleret, v. 28., quodque *una pro peccatis oblata victima
consederit ad dextram Dei* etc., cap. *10, 10. 12. 14.*

b) *Non* quasi oblatio ipsa *dilata* fuerit ad ascensionem in coelos,
quippe quae statim *in ara crucis* facta fuit, sed quod victimam illam
semel consecratam oblatamque Deo *semper* sistat Christus intuendam
et coram Deo valituram.

c) *Ebr. 7, 24. 25.* dicitur Christus *perpetuum* habere *sacerdotium*,
vivens, εἰς τὸ ἐντυγχάνειν, *ut interpellet pro nobis.*   Et dicitur Christus
peccantium παράκλητος, *advocatus, causam eorum agens apud Patrem*
1 Joh. 2, 1.

d) Fit enim ab eo, *qui sedet ad dextram Dei, Rom. 8, 34.* An autem
intercessio illa *verbalis* sit et in verbis ac precibus, seu sola *mente* seu

voce etiam factis, consistat; an tantum *realis* sit et in hoc consistat, quod Christus vi meriti ac satisfactionis suae olim praestitae et precum olim factarum Deum moveat ad remittenda nobis peccata, non necesse est definire; vid., quae ex Glossa Bibl. Germ. edit. Norimberg. et scriptis *Aegid. Hunnii, Balduini, Brochmandi* et *Gerhardi* collegit b. *Musaeus* in der Ausführl. Erklärung L. X. Q. IV. p. 535 sqq.

QUENSTEDTIUS: ,,Inter intercessionem Christi in statu praegressae *exinanitionis* et inter interpellationem in statu subsecutae *exaltationis* discrimen est. . . *Ibi* ista ipsius precatio (cum tota ipsius obedientia conjuncta) fuit pro nostris peccatis et poenis satisfactoria et nostrae salutis, vitaeque aeternae nobis acquirendae, meritoria, Hebr. 5, 7. 9. *Hic* non est satisfactoria et meritoria amplius (quia in cruce pendens dixit: ,Consummatum est', Joh. 19, 30. Hebr. 10, 14.), sed applicatoria, nempe ex parte Dei conjunctam sibi habet divinam beneficiorum θεανθρώπου Christi oblationem et, nisi homines obstinate resistant, collationem et hominum a Deo gratiose intentam receptionem. Intercedit enim Christus pro nobis, ut, a peccatis nostris ad Deum conversi, per fiducialem meriti sui apprehensionem justificemur et salvemur. Hebr. 7, 24. 25. Feurborn. Syntagm. I. P. 3. diss. 3. thes. 49. . . Intercessio Christi non est nudus ἐμφανισμὸς τοῦ προσώπου αὐτοῦ sive repraesentatio; describitur enim ut actus eam consequens Rom. 8, 34. Non nuda dilectio, ut explicat Chrysostomus; nam haec etiam Patri competit; procedit quidem intercessio e dilectione Christi, sed non ipsa est dilectio. Non intercessio tantum interpretativa per merita, sed realis et expressa; est enim τὸ ἐντυγχάνειν non mutum, sed expressum. Act. 25, 24. Rom. 11, 2. Non supplicatio genuflexione, manibusque expansis, ejulatu constans; ,neque enim Patris hoc est exposcere, aut Filii pati, nec de Deo hoc cogitare, pium' (Gregorius Naz. Orat. 36.); sed est ἔντευξις, ἐμφανισμὸς, παράκλησις θεανδρικὴ καὶ ἱλαστικὴ (ad differentiam παρακλήσεως illius θεϊκῆς, qua Pater et Spiritus S. dicuntur παρακαλεῖν 2 Cor. 5, 20. Joh. 14, 16.), interpellatio, apparitio et advocatio Dei hominis propitiatoria." (L. c. c. 3. membr. 2. s. 2. q. 10. f. 470. sq.)

IDEM: ,,Christus non est metaphoricus sacerdos, ergo nec metaphorice tantum interpellat. . . Objicit Smalcius, de satisfact. f. 253.: ,Cum nunc Christus habeat potestatem absolutam in negotio salutis, oportet interpellationem aut improprie accipi, aut Christum abnegare. Resp.: 1.) Si interpellatio improprie accipitur, Christus abnegatur; non enim proprie sacerdos est, si non proprie pro nobis intercedit, ob Ebr. 7, 24. coll. 9, 24. 2.) Proprie dicta interpellatio humilitatis tollit Christum, non interpellatio auctoritativa." (L. c. f. 472. 474.)

FEURBORNIUS: ,,Etsi Christus post ultimum universale judicium suas precationes, quas jam fundit, non sit repetiturus, tamen fructus et effectus, ut ipsius satisfactionis, ita et antegressae precationis manebit in aeternum." (Fascic. disp. IV. disp. ult. p. 561.) CALOVIUS affirmat, Christum post consummationem saeculi adhuc oraturum esse pro electis. Vid. Syst. Tom. VII, 539. sqq.

ANTITHESIS.

QUENSTEDTIUS: ,,*Antithesis:* 1. *Socinianorum*, statuentium, Christum in coelis pro nobis proprie non intercedere; sic enim Catech. Racov. c. 13. de mun. Chr. sacerd. qu. 11.: ,Cum Scriptura testatur, Christum pro nobis interpellare, non propterea fit, ac si ille preces pro nobis ad Deum proprie fundat, . . . verum eo fit, ut in mentibus nostris infigatur prorsus, potestatem omnem, quam Christus habeat, non ex se habere, verum Dei Patris dono.' . . 2. *Calvinianorum quorundam*, itidem negantium, Christum in dextra Dei sedentem proprie pro nobis intercedere. Ita Calvinus in c. 8. Rom. ait: ,Hanc intercessionem car-

nali sensu ne metiamur; non enim cogitandus est supplex, flexis geni-
bus, manibus expansis, Patrem deprecari' (hactenus recte), ‚sed quia
apparet ipse assidue cum morte et resurrectione sua, quae vice (NB.)
sunt aeternae intercessionis et vivae orationis efficaciam habent, ut Patrem nobis concilient atque exorabilem reddant, merito dicitur intercedere.' . . 3. *Pontificiorum nonnullorum*, qui metaphoricam solum
Christi intercessionem admittunt, proprie dictam vero negant, ut sanctorum intercessionem eo fortius adstruere queant, ut ait D. Feurbornius.   Distinguunt enim inter orationem expressam et interpretativam,
et hanc in meritorum Christi praesentatione collocant.'' (L. c. f. 471.)

§ 14.

Regium[a] Christi officium *triplex*[b] est: regnum *potentiae, gratiae* et *gloriae.*

a) Christum *esse* regem, constat ex *Ps. 2, 6. Luc. 1, 33. Ebr. 1, 8.*

> CALOVIUS: ‚‚Quanquam potestatem regiam, quoad plenius exer-
> citium, pleniorem nactus sit per resurrectionem vel ascensionem in
> coelum, eandem tamen, quoad jus et facultatem agendi, jam in terris et
> in diebus carnis sine ullo defectu habuit; adeoque rex tum fuit Chri-
> stus, idque ab ipsa conceptione, super omnia.'' (Syst. VII, 595.)

b) Pro *diversa* ratione eorum, quos rex Christus tanquam sibi
subjectos respicit et diversimode *gubernat.* Quamvis enim, si *voces* ipsas
spectes, regnum gratiae pariter et gloriae sub regno potentiae comprehendi videatur, quatenus revera utrumque a divina potentia humanae
Christi naturae communicata, dependet, tamen *usus loquendi* postulat,
ut regnum *gratiae* in ordine ad spiritualia bona, quae in hoc saeculo, et
regnum *gloriae* in respectu ad gloriam saeculi futuri dicatur, *potentiae*
regnum autem dominium universale significet.

> CALOVIUS: ‚‚An regnum *Christi* et *Dei* (Ephes. 5, 5.) distinctum?
> — Non diversa regna, sive finibus imperii, sive regnandi tempore, sunt
> regnum Christi et Dei.   *Nec in judicio*, sive gubernationem ecclesiae
> intelligas aut mundi universi, sive novissimum judicium, solus regnat
> aut regnabit Christus sine Patre, *nec post judicium* solus Pater sine
> Filio.   Christi autem et Dei regnum dicitur, quia Christo ut mediatori
> datum a Deo, vel potius quia Christus ut homo ad idem evectus est re-
> gimen et regnum, quod Dei est, hoc est, Patris, Filii et Spiritus Sancti,
> utpote qui in thronum majestatis divinae exaltatus est. ‚Ubi Deus est,
> tam Pater, quam Filius intelligi potest', inquit Hieronymus in hunc
> locum.   Porro quod de Patre et Filio dicimus, hoc idem et de Spiritu
> Sancto sentiamus.'' (Bibl. illustr. ad Ephes. 5, 5. Tom. II, f. 718.)

§ 15.

Regnum *potentiae* est,[a] quo Christus huic universo
potenter dominatur, idque conservat et providentissime
gubernat.[b] Ideoque *subditi* in hoc regno sunt *omnes
creaturae.*[c]

a) De hoc vid. *Daniel 7, 14.*, ubi *Filio hominis datus* legitur *domi-
natus, gloria et regnum, ut omnes populi, nationes et linguae ei serviant.*

Eodemque spectat illa πᾶσα ἐξουσία, *omnis potestas in coelo et in terra,* Christo collata, tanquam regi, gubernaturo omnia in hoc universo, *Matth. 28, 18.* Et ad *Ephes. 1, 20.* de Christo *ad dexteram* Patris *sedente in coelestibus, supra omnem principatum ac potestatem, virtutem et dominium, et omne nomen, quod nominatur non solum in hoc saeculo, verum etiam in futuro, omnia sub pedes illius subjecta* dicuntur.

b) Quo pertinent, quae de potentia, Christo non tantum ut Deo, verum etiam ut homini, tribuenda diximus Sect. I. § 20.

c) Seu *omnia opera manuum* Dei, ipsa quoque animantia *bruta* variarum specierum, *Ps. 8, 7.* Confer. *1 Cor. 15, 27. Ephes. 1, 20.*, ubi *omnia* in universum, nemine, nisi Deo, qui subjecit, excepto, *subjecta* ei esse dicuntur. Speciatim huc referuntur *hostes* Christi, quos Christus *sub pedibus* suis tenet, *in medio illorum* regnans, *Ps. 110, 2. Ebr. 1, 13.*

§ 16.

Regnum *gratiae* est,[a] quo Christus ecclesiam militantem per verbum et sacramenta[b] colligit, conservat[c] et bonis spiritualibus[d] abunde[e] donat. Adeoque subditi in hoc regno sunt homines fideles, qui ecclesiam militantem constituunt.

a) De quo *Jer. 23, 5. cap. 33, 15. 16.* praedixit, *excitaturum se Davidi germen justum,* qui *regnaturus* sit *rex,* et *felix* futurus, *exerciturus jus et justitiam in terra;* atque *hoc nomen ejus futurum, quo vocabit eum* (populus suus): *o Jehova justitia nostra.* Et *Zacharias cap. 9, 9.*, regnum illud gratiae praevidens, populum ad excipiendum regem excitat: *Exulta,* inquiens, *valde, filia Zijonis, clange filia Jerusalem, ecce, rex tuus veniet tibi, justus et salvator est.* Ipse vero Christus, habita hujus regni ratione, quae a terrena regiminis forma multum differt, *Regnum meum,* dixit, *non est ex hoc mundo, Joh. 18, 36. 37.*, aeque uti Paulus: *Arma militiae nostrae non sunt carnalia, 2 Cor. 10, 4.*

> HOLLAZIUS: „Respondit Jesus: ‚Regnum meum non est de hoc mundo.' Joh. 18, 36. Est quidem regnum Christi *in* mundo et *super* mundum, sed non *de* mundo; hoc est: non more principum hujus saeculi, non armis ferreis aut carnalibus gubernatur. Oblatam gubernationem politicam Christus recusavit, Joh. 6, 15., nec munere judicis civilis fungi voluit, Luc. 12, 14." (Exam. III, S. 1. c. 3. q. 104. p. 762.)

> AD. OSIANDER: „Locus Joh. 18, 36. plane profligat sententiam Hispanorum (Jesuitarum); si enim Christus annuisset de jure, et negasset solam affectationem, responsio illius non fuisset simpliciter liberativa metus, quem ex accusatione ceperat Pilatus. Utut enim affectatio fuisset remota, jus tamen Christi mansisset illibatum, quod consequenter tandem effloruisset, regnumque Romanorum oppressisset. Phrasis ‚ex mundo' notat id, quod est mundanae indolis, vel vitiosae, vel laudabilis, vel etiam indifferentis. Christus itaque, regnum a se removendo ex mundo, removet regnum mundanae indolis, consequenter non tam affectationem, quam jus regni seu dominii temporalis; patet hic sensus ex Joh. 8, 23. 15, 19. Constat ex addita explicatione.

Regnum enim suum Christus describit sub qualitate veritatis ex parte regis communicatae, et ex parte subditorum receptae, v. 37. At veritatis regnum non coactivum, sed persuasivum est, nec jus dicit in temporalia, sed in mores hominum; hinc videns Pilatus, Christum sibi non plus tribuere, quam Stoici suo sapienti tribuebant, de periculo nil timet, sed veritatis illud regnum ridet. Et notat Eusebius, agnatos Christi, interrogatos a Domitiano de regno Christi, respondisse: βασιλείαν ἐκείνην οὐκ εἶναι κοσμικὴν, ἢ ἐπίγειον, ἀλλ' ἀγγελικὴν καὶ ἐπουράνιον." (Colleg. th. IV, 188. sq.)

b) *Baptizando et docendo, Matth. 28, 19.*

c) *Usque ad consummationem mundi. Ibid.* v. ult. cap. 16, 18.

WALCHIUS: ,,Natalis Alexander observat, (Nicaeno symbolo) verba: ,*Cujus regni non erit finis*' (in Concilio Constantinopolitano), erroris de millenario Christi in his terris regno refellendi causa esse opposita." (Introd. in libros symb. p. 129. cf. Die symbol. BB. Besorgt von J. T. Müller. p. 30.)

LUTHERUS: ,,Und alsdenn (spricht Paulus) wird er, der Herr Christus, das Reich überantworten Gott, dem Vater u. s. w. Was ist das? spricht doch die Schrift allenthalben, dass er soll König bleiben in Ewigkeit, und seines Reichs soll kein Ende sein: wie reimet sichs denn, dass er hie sagt, er soll das Reich übergeben, und sich dem Vater unterthan machen, und ihm seine Krone, Scepter und alles in den Schooss legen? Antwort: Er redet von dem Reich Christi jetzt auf Erden, welches ist ein Reich des Glaubens, darin er regieret durch das Wort, nicht in sichtlichem, öffentlichem Wesen, sondern ist gleich wie man die Sonne siehet durch eine Wolke, da siehet man wohl das Licht, aber die Sonne selbst siehet man nicht; wenn aber die Wolken hinweg sind, so siehet man beide, Licht und Sonne zugleich, in einerlei Wesen: also regieret jetzt Christus mit dem Vater ungetheilet, und ist einerlei Reich; allein ist der Unterschied, dass es jetzt dunkel und verborgen ist, oder verhüllet und zugedeckt, gar im Glauben und ins Wort gefasset, dass man nicht mehr davon siehet, denn die Taufe, Sacrament, noch davon höret, denn das äusserliche Wort: das ist alle seine Kraft und Macht, dadurch er regieret und Alles ausrichtet . . . bis so lange das Stündlein kommt, da Christus wird dess ein Ende machen, und sich öffentlich darstellen in seiner Majestät und Herrschaft, da du wirst sehen und fühlen, was du jetzt gläubest, die Sünde ausgetilget und ersäuft, den Tod aufgehaben und aus den Augen genommen, den Teufel und Welt dir zu Füssen liegen, und wird ein offenbarlich Wesen sein bei Gott, und alles klar vor Augen, als ein aufgedeckter Schatz, wie wirs jetzt begehren und warten. Das meinet St. Paulus, als er spricht, dass Christus das Reich Gott dem Vater überantworten wird, das ist, er wird den Glauben und das verborgene Wesen beiseite thun, und die Seinen darstellen vor Gott dem Vater, und uns also offenbarlich setzen in das Reich, das er angerichtet hat und jetzt täglich treibet, dass wir ihn werden sehen ohn Deckel und dunkel Worte, aufs allerklarste, und wird denn heissen nicht ein Reich des Glaubens, sondern der Klarheit und öffentlichen Wesens; und wiewohl es einerlei Reich ist, beide, Christi (welcher um desselben willen ist Mensch worden, dass er den Glauben an ihm aufrichtete) und Gottes, denn wer Christum höret, der höret Gott den Vater selbst; doch heisst es jetzt eigentlich des Herrn Christi Reich, weil Gott jetzt in seiner Majestät verborgen ist, und Christo alles gegeben hat, dass er durch sein Wort und Taufe uns zu ihm bringe; dazu auch sich selbst in Christum verborgen, dass wir Gott nirgend, denn in ihm, suchen und erkennen sollen. . . Also deutet und verkläret ers selbst mit den Worten, die da folgen: wenn er aufheben wird alle Herrschaft und alle Obrigkeit und alle Gewalt u. s. w., das ist, er wird alles ein Ende machen, beide, des geistlichen Regiments, das er jetzt in der Welt führet, welches ist die Taufe, Predigtstuhl, Sacrament, Schlüssel oder Absolution u. s. w., und auch des weltlichen, mit seinen Ständen und Aemtern, als Vater, Mutter, Kind, Knecht, Magd, Herrn, Fürsten, Bauer, Bürger u. s. w., dass man der keines wird bedürfen... Er redet aber dennoch mit Unterschied von den zweien, dem geistlichen und weltlichen Reich. Denn vom geistlichen sagt er nicht: er wirds aufheben, sondern Gott übergeben, als das dennoch bleiben soll; aber das weltliche (spricht er) wird er gar abthun und zunicht machen. Denn dasselbe ist geordnet, nicht um der Frommen, sondern um der Bösen willen... Das scheinen eitel dunkele Worte; ist aber alles, wie ich gesagt habe, dahin geredet, dass er einen Unterschied setze des Reichs Gottes und Christi; wiewohl es doch an ihm selbst einerlei Reich ist. Aber darum heisset es jetzt Christi, dass wir hier darin leben im Glauben, und nicht ihn leiblich sehen und hören, wie man einen weltlichen König siehet vor Augen sitzen in seinem Reich, mit der königlichen Krone und grossen, herrlichen Pracht. Denn es ist noch nicht offenbar, was wir an ihm haben, und durch das Evangelium, Sacrament und Glauben erlangen sollen. Darnach aber wirds heissen Gottes Reich, wenn es nicht mehr verborgen, sondern vor allen Creaturen offenbar werden, und der Glaube aufhören soll; welches er heisset, das Reich dem Vater überantworten, das ist, uns und seine ganze Christenheit offenbarlich darstellen vor dem Vater, in die ewige Klarheit und Herrlichkeit, dass er selbst regiere ohn alle Deckel. Doch nichts desto weniger wird Christus in seiner Herrschaft und Majestät bleiben, denn er ist derselbige Gott und Herr, ewig und allmächtig mit dem Vater. Aber weil er jetzt so regieret durch sein Wort, Sacrament u. s. w., dass die Welt nicht siehet, so heisset es Christi Reich, und muss alles ihm unterthan sein (doch ausgenommen den, der ihm alles unterthan machet) bis an den jüngsten Tag, da ers alles wird aufheben, und sich alsdann mit seinem ganzen Reich dem Vater untergeben, und zu ihm sagen: Ich habe bisher mit dir regiert im Glauben, das gebe ich dir über, dass sie nun sehen, wie ich in dir und du in mir seiest, sammt dem Heiligen Geist, in Einer göttlichen Majestät, und alles in dir offenbarlich haben und geniessen, was sie bisher geglaubt und gewartet haben. Alsdann wird Gott sein alles in allem, das ist, ein jeglicher wird an Gott selbst alles haben, was er jetzt an allen Dingen hat, dass, wenn er sich offenbaret, werden wir alle genug haben an Seele und Leib, und nicht mehr so mancherlei bedürfen, wie wir jetzt auf Erden müssen haben." (Auslegung des 15. Cap. der ersten Ep. St. Pauli an die Cor. 1534. VIII, 1254. sq. 1256. 1257. 1258. 1279. sq.)

QUENSTEDTIUS: „Dicit quidem Paulus 1 Cor. 15, 24.: ‚Deinde finis, cum tradiderit regnum Deo et Patri.‘ Ast quae hic dicuntur de παραδόσει seu traditione regni, non de ipso regimine, sed de *modo regnandi* seu regiminis forma et qualitate tantum intelligenda sunt, quia scil. Christus non amplius regnabit per media, nempe per verbum et sacramenta, per crucem et inter hostes, sed hostibus omnibus prostratis, ultimo hoste, morte vid., destructo, impiisque ad tartara detrusis, tradet regnum Deo Patri, i. e., tradet hostes captivos et sistet electos, in quibus obtinet regnum suum spirituale. Erit ergo traditio triumphatoria hostium subactorum et repraesentatio fidelium liberatorum. Non deponet per hunc παραδόσεως actum regni sui spiritualis et coelestis administrationem, sed saltem alium modum gubernationis tunc Christus in suo regimine auspicaturus est, mutata conditione subditorum, non autem regis, qui regnabit cum sanctis suis in aeternum, quanquam non οἰκονομικῶς, sed gloriosissimo triumpho, imperio et dominio." (L. c. s. 1. th. 85. f. 387.)

DORSCHEUS: „Illa traditio (1 Cor. 15, 24.) non est actus depositionis, sed propositionis; *non deponet* regnum, quod usque ad consummationem saeculi gratiose et gloriose gubernavit Christus, in ista consummatione, *sed proponet* Deo Patri ad lustrationem quasi et gloriam. Sicut belli dux, destructis omnibus hostibus, regi, qui per ipsum hucusque bellum gesserat, victoriosum ac triumphabundum exercitum, servatos cives, populos liberos praesentat et exhibet, ut judicet et judicio suo comprobet praeclare et ad regis gloriam gesta, non tamen deponit potestatem, quam in exercitum habuit: ita multo magis Christus tamquam Filius, consummato saeculo et summotis hostibus universis, sistet exercitum suum ecclesiasticum coram Deo Patre immaculatum, Eph. 5, 27., qui revera est regnum ejus per gratiam partum, ad gloriam obviam sibi raptum, 1 Thess. 4, 17., sistet illum τῷ βήματι, tribunali, suo, Rom. 14, 10., dicetque: ,Hi sunt, qui a mulieribus non sunt contaminati, qui sunt virgines, qui me agnum secuti sunt, quocunque eram progressus, qui empti sunt ex hominibus, qui sunt primitiae tibi, Deus Pater, et mihi, agno', Apoc. 14, 4.'' (Theol. Zach. P. II. disp. 7. p. 256.)

d) Cum *sanctificantibus*, tum *ministrantibus, 1. ad Cor. 12, 4. sqq. ad 12. Rom. 12, 3. 4. sqq.*, ubi διαιρέσεις χαρισμάτων, *divisiones donorum*, et χαρίσματα διάφορα, *dona varia*, v. 6. indicantur. Confer *Ephes. 4, 7.*, ubi *unicuique nostrum* dicitur data esse gratia κατὰ τὸ μέτρον τῆς δωρεᾶς τοῦ Χριστοῦ, *secundum mensuram donationis Christi.* Itaque huc pertinet ministerii institutio, conservatio et cum labore ministrorum concursus; vid. *Ephes. 4, 11. 1 Cor. 3, 7. 9.* Plura dicentur in L. de ecclesia, ubi de capite ecclesiae agendum erit.

KROMAYERUS: ,,Etsi vero ministri boni hodie Christi in ecclesia militante sunt vicarii, constitutio tamen eorundem pertinet ad officium ejus regium, ad Ephes. 4., ubi datio pastorum ac doctorum v. 11. subjicitur proxime regali ejus adscensui supra omnes coelos v. 10. et Matthaei 28., ubi missio ad docendum et baptizandum v. 19. 20. connectitur cum potestate omni, quae data ipsi est in coelo et in terra, v. 18. Ut frustra quaestio magna contentione agitata sit in Anglia inter hierarchicos et Puritanos, an ad sacerdotale, regium aut propheticum officium pertineat.'' (Th. posit.-pol. P. II, 530.)

e) Sic enim dicitur *venisse* Christus, *pastor*, ut *oves* suae *vitam* simul *habeant* καὶ τὸ περισσὸν, *et quod abundat*; vid. *Joh. 17, 6. 14. 16.*, ubi Christus subditos hos suos dicit *non esse de hoc mundo*, sed *sibi datos de mundo.* Et cap. 10, 14., *agnosci* se ab *ovibus* suis (quae agnitio fidei est), *vocem* suam *audire* eas et *sequi* ipsum v. 27. Iidem *1 Petr. 2, 9.* appellantur *genus electum, regale sacerdotium, gens sancta, populus acquisitus.*

§ 17.

Regnum *gloriae*[a] est, quo Christus ecclesiam triumphantem gloriose regit[b] atque aeterna felicitate replet, adeoque subditi in hoc regno sunt homines beati.[c]

a) Sic Christo *thronus gloriae*, velut *regi*, tribuitur *Matth. 25, 31.*

b) *Ut et ipsi videant gloriam* Christi, *quam* ei Pater *dedit, Joh. 17, 24.* Atque huc refertur *resuscitatio* fidelium mortuorum ad vitam; horum etiam et superstitum in fine mundi solennis *introductio* in gloriam aeternam, *Matth. 25, 34. Luc. 22, 29. 30.*

c) Quia vero Christus in altera vita non solum *beatis*, verum etiam *damnatis* dominabitur, ideo quidam inter regnum *gloriae* et regnum *justitiae* distinguunt atque ad posterius referunt *impiorum resuscitationem* a mortuis et eorundem *condemnationem*, juxta *Matth. 25, 41. sqq.* *Alii*, utrumque ad idem regnum gloriae referentes, glorificationem electorum *per se* eo pertinere dicunt, damnationem vero reproborum (quae per se ad regnum potentiae pertineat) eum in modum istuc referunt, quo alias opposita ad eandem facultatem referri solent.

§ 18.

Et Christus quidem, licet inde *ab utero* vi unionis personalis rex *factus* sit,[a] tamen in statu *exaltationis* demum *plene uti* coepit regia majestate.[b]

a) Accepit enim majestatem divinam sibi tunc statim secundum humanam naturam communicatam; vid. supra Sect. I. § 20.

b) Conf., quae diximus Sect. II. § 1.

ANTITHESES.

GERHARDUS: ,,*Pontificii* contra officium regium 1.) naturam Christi humanam ab omnipraesente in coelis ac terra dominio excludunt; 2.) pontificem Christi vicarium statuunt; 3.) honorem, dignitatem, opera et nomina Christo regi propria ad Rom. pontificem transferunt; 4.) regnum temporale sub praetextu vicariatus Christi ad pontificem transferunt. . . *Calviniani* contra officium regium pugnant, quod humanam ejus naturam ab omnipraesente et omnipotente in coelo ac terra dominio excludunt. . . *Photiniani* contra regium Christi officium 1.) negant, Christum post suam in coelos ascensionem in terra praesentem dominari, ac potentiam Christo datam limitant et restringunt; 2.) statuunt, regni Christi fore finem." (L. c. § 326. 328. 329.)

SCHERZERUS: ,,*Judaei, papistae, chiliastae* (nobilis triga!), Christum esse regem mundanum, somniant. De *Judaeorum* fabulis vide Gersonem. . . De *papistis* vide Antoninum Summae P. III. tit. 3. c. 2. aliosque. Ipsorum enim interest, ut et ipsi clerici romanenses sint domini temporales. Quorsum ille metus cardinalis Juliani, scribentis ad papam Eugenium IV., qui volebat dissolvere concilium Basileense: ,Vereor, ne contingat nobis, sicut contingit' (Priscianus diceret: contigit) ,Judaeis, qui dixerunt: Si dimittimus hunc, venient Romani et tollent locum nostrum ac gentem: ita et nos dicimus: Si dimittimus, fieri concilium, venient laici et tollent *temporalitatem* nostram.' Apud Aeneam Sylvium, nondum Pium, Opp. f. 71." (System. p. 220.)

KAHNISIUS: ,,Endlich kann der Ausspruch 1 Cor. 15, 24—28. . . nicht anders ausgelegt werden, denn dass die relative Selbständigkeit, welche der Sohn als Haupt der Kirche einnimmt, indem er sie leitet, auferweckt, richtet, nachdem sie in der Ueberwindung des Gegensatzes ihren Zweck erreicht haben wird, aufhören wird, *damit der Vater das allein waltende Princip werde*. Sonach ist unzweifelhafte Schriftlehre, dass der Vater die göttliche Urpersönlichkeit ist." (Die Luth. Dogm. III. 1868. p. 208.)

HOFMANNUS: ,,Das Herrschen Christi hat in so fern eben so gut seine Zeit, wie sein Dienen zuvor sie gehabt hat, als es aufhört, wenn es seinen Zweck erfüllt hat." (Schriftbeweis. Zweite Hälfte. Zweite Abth. p. 604.)

Caput III.

DE FIDE IN CHRISTUM.

§ 1.

Ut homines peccatores per Christum mediatorem ad salutem aeternam pertingant, requiritur[a] fides in Christum[b] seu, ut in Christum, tanquam mediatorem, credant.[c]

a) Quamvis enim per *passionem et mortem* Christi revera *praestitum* fuerit, quicquid *satisfactionis* ab universis in mundo hominibus ad abolendum debitum per offensas illorum contractum, adeoque ad placandum Deum, eosque ipsi reconciliandos, exigi poterat; voluit tamen Deus, ut peccatores *satisfactionem* illam, pro se ipsi a Filio Dei praestitam, *agnoscant* et, *fide* apprehensam, *suam faciant;* et sic voluit, ut, quisquis mediatorem fide amplectitur, merito ejus fruatur Deumque actu sibi reconciliatum et plane faventem ad salutem conferendam habeat; ex adverso autem, si quis mediatorem fide non apprehendat, satisfactione pariter ejus et gratia Dei, sua culpa, privetur maneatque in offensa Dei, juxta illud *Joh. 3, 16. 18. 36.* Conf. b. *Mus.* de Convers. Disp. III. cap. II. § 91. p. 144.

LUTHERUS: „Es ist nicht unsers Thuns und kann nicht durch unser Werk verdienet werden, *es ist schon da, geschenkt und dargegeben;* allein, dass du das Maul, oder vielmehr das Herz aufthust, und stille haltest, und lassest dich füllen. Ps. 81, 11. Das kann durch nichts anders geschehen, denn dass du *gläubest* diesen Worten; wie du hörest, dass er hier den Glauben fordert und ihm solchen Schatz ganz und gar zueignet." (XI, 1489.)

IDEM: „So ist nun dies der Nutz des Leidens und Auferstehung Christi, dass er solches nicht für sich, sondern für die ganze Welt gethan hat, dass er den Teufel und meine Sünde, die am stillen Freitage an ihm hingen, unter die Füsse getreten hat, dass der Teufel auch fleucht vor dem Namen Christi. Willst du nun solcher grossen Güter brauchen: *wohlan, er hat dir sie schon geschenkt;* thue du ihm nur so viel Ehre, und nimm es mit Dank an." (XII, 2048.)

IDEM: „Es müssen doch die zwei Stück zusammen kommen, wie sie Christus an einander hänget und spricht: Wer da gläubet, der wird selig. An dem einen, selig werden, hat es freilich keinen Mangel noch Fehl; denn das ist gar *dargegeben und geschenket* im Wort oder Evangelio, welches ist Gottes unwandelbare Wahrheit; aber es mangelt noch viel an unserm *Glauben,* dass wir solches nicht auch fest genug fassen und halten können." (XI, 1311.)

IDEM: „An diesen Worten ist freilich kein Zweifel noch Mangel: Wer da gläubet, der wird selig u. s. w., *dass schon die Hölle zugeschlossen, der Himmel offen, ewiges Leben und Freude da ist;* aber da fehlets noch am ersten Stück, dass du nicht der Mann bist, der da heisst, qui credit, ein *Gläubender,* oder je noch schwächlich bist." (XI, 1327.)

CALOVIUS: „Accedit, quod Christi satisfactio ac redemtio non omnibus salutaris sit, sed illis demum, qui vera fide eandem sibi appropriant et applicant. Mortuus quidem Christus est pro omnibus 1 Cor.

5, 19. Ebr. 2, 9. Sed illi demum fruuntur beneficiis, morte Christi partis, qui eadem fide sibi applicant. Quemadmodum, cum λύτρον pro omnibus captivis vel in servitute detentis persolutum est, ut e carcere vel servitute exeant, qui libertate frui volunt ac beneficium oblatum suum faciant, de quibus dici potest, quod fiduciam collocent in liberatorem suum, cum liberationem ejus acceptant: ita pariter necessum est, ut λύτρον pro nobis persolutum vera fide amplectamur, eamque liberationem nostram faciamus, quo fructu satisfactionis Christi gaudeamus.“ (Socinism. proflig. p. 732.)

IDEM: „*Non sub conditione nos redemti, reconciliati* aut peccata nostra *expiata* sunt, sed *simpliciter, perfectissime, plenissime,* quantum ad *meritum et acquisitionem;* etsi quantum ad *actualem fructum et applicationem* fide opus sit, quae vero nihil aliud est, quam *appropriatio* illius expiationis et satisfactionis ac reconciliationis Christi. Quia si unus pro omnibus mortuus est, idem hoc est (in judicio Dei), ac si omnes mortui essent. 2 Cor. 5, 14.“ (Bibl. illustr. ad Rom. 5, 10.)

IDEM: „Liberati sunt omnes homines, quantum ad Dei et Christi *intentionem*, libertate per Christum omnibus *acquisita;* quod vero aliqui ea non fruantur *actu*, id inde non est, quasi, cum Christus mortuus est, id perinde non fuerit, ac si omnes mortui essent, *sed quod alia ratione postmodum sese morti obnoxios faciant.*“ (Socinism. profligat. p. 386.)

HOLLAZIUS: „Distingue a. inter *satisfactionem*, et ejus *effectum;* b. inter satisfactionem a Christo *praestitam*, et ab homine sibi *applicatam*. Satisfactio Christi dudum est *praestita;* sed ejus *effectum*, qui est remissio peccatorum, non habemus prius, quam satisfactionem Christi universalem nobis *applicamus* et nostram facimus per fidem. ‚Etenim ut *imputatio gratiosa* recte fieri possit, in *agente* quidem adesse debet *intentio*, alteri sua actione aliquid boni *conciliandi;* in *recipiente voluntas*, expressa aut praesumta, ab isto illud *recipiendi*. Nam operae, quae *invito* obtruditur, imputatio recte repellitur‘, ait Sam. Pufendorf. in L. de I. N. et G. p. 128.“ (Exam. P. III. s. 1. c. 8. q. 14. p. 917.)

CALOVIUS: „Ut ergo plenius explicetur, quomodo cum Christo *vivificati*, cum Christo *resuscitati*, cum Christo *in coelestibus constituti* simus in Christo Jesu (Eph. 2, 5. 6.): dicendum, quod id factum sit tum *ratione meriti*, quod *ipso*, ceu mediatore et redemptore nostro, vivificato, resuscitato et in coelestibus collocato, *nos* vivificati cum ipso simus et resuscitati cum ipso et in coelestibus cum ipso collocati. Quia ipse nobis, ceu mediator et redemptor noster, id promeruit, cum ipse tanquam vas et sponsor noster pro nobis in mortem traditus est, *quod perinde est, ac si nos mortem subiissemus*. Ideoque, resuscitato *ipso* e morte, *nos* resuscitati sumus non secus, atque, praestita satisfactione a sponsore, non solum *hic* liber est, sed etiam *ille*, cujus sponsorem se dederat. Tum *ratione applicationis*, quod fide apprehendamus, nobisque applicemus meritum Christi et satisfactionem; atque ea ratione *actu* spiritualiter vivificamur et a morte peccati excitamur, ut πολίτευμα nostrum in coelis habeamus, vivificandi etiam ac resuscitandi olim ad alteram coelestem vitam.“ (Bibl. illustr. ad Eph. 2, 4—6. f. 675. a.)

b) Vocatur a Paulo *fides in sanguine Christi, Rom. 3, 25.*, sive in merito et satisfactione ejus, quam effuso sanguine nobis praestitit, defixa, qua ratione etiam nobis sit propositum ἱλαστήριον sive *placamentum*. Confer. *Mus.* l. c. Dicitur etiam *fides Christi*, seu, cujus objectum sit Christus, *Gal. 2, 16.* Alias equidem ipsa quoque *doctrina fidei* fides appellatur; v. g. *Gal. 1, 23.* εὐαγγελίζεσθαι τὴν πίστιν, cap. 3, 2. 5., ubi ἀκοὴ πίστεως idem est ac praedicatio et auditus doctrinae fidei. Sed hic fides, non *quae* creditur, sed *qua* creditur, spectanda venit.

GERHARDUS: ,,Ad *tres* classes referemus, quotquot in Scripturis occurrunt fidei significationes. 1. Denotatur hac voce fides, ut ita loquar, *activa*, h. e., veritas et constantia in dictis et factis. Ps. 33, 4. Rom. 3, 3. Es. 11, 5. Jer. 7, 28. . . 2. Denotatur hac voce fides, ut ita loquar, *passiva*, qua credimus et assentimur verbo. . . 3. Denotatur hoc vocabulo (fidei) *objectum ac principium fidei*, videl. doctrina coelestis dívinitus revelata. . . Augustinus l. 13. de Trin. c. 2.: ,Aliud sunt ea, *quae* creduntur, aliud fides, *qua* creditur, et tamen nomine fidei censetur utrumque, et illud sc., quod creditur, et id, quo creditur.' Ad hanc classem pertinet: 1.) quando in genere vocabulum fidei pro *tota coelesti doctrina* accipitur, Gal. 6, 10.: ,Dum tempus habemus, operemur bonum ad omnes, maxime autem ad domesticos fidei', h. e., eos, qui eandem nobiscum profitentur religionem. Jud. 3. mentio fit ,semel traditae sanctis fidei', i. e., coelestis doctrinae praedicatae. 2.) Quando in specie usurpatur pro *doctrina evangelii*. Rom. 3, 27.: ,Per legem fidei gloriatio est exclusa', i. e., per doctrinam evangelii. Gal. 3, 2.: ,Ex operibus legis spiritum accepistis, an ex auditu fidei?' i. e., ex praedicatione evangelii. 3.) Huic affinis est significatio, quando accipitur pro *adventus Christi in N. T. praedicatione* ac plena manifestatione eorum, quae sub ceremoniarum obscuritate latebant. Gal. 3, 23.: ,Priusquam veniret fides, sub lege custodiebamur, conclusi in eam fidem, quae revelanda erat.' 4.) Quando accipitur pro praecipuis et fundamentalibus *doctrinae coelestis capitibus* perspicue in V. D. propositis. Rom. 12, 6.: ,Habentes prophetiam, secundum analogiam fidei.''' (L. de justific. § 66.)

c) Vid. inprimis *Joh. 3, 14. 15. 16. 36.*

§ 2.

Pertinet autem ad fidem in Christum primo *notitia*,[a] eaque *explicita*,[b] credendorum,[c] *inprimis*[d] de Christo ejusque merito, et gratia Dei seu remissione peccatorum ac salute, a Deo per illud impetranda.[e]

a) Credere enim non possumus, nisi quae mente apprehendimus aut apprehensione simplici cognovimus. Unde notitia vulgo *primus* fidei *gradus*, aut *pars prima*, seu *initium* fidei appellatur. Conf. Ausführl. Erklärung, p. 575. 576.

GERHARDUS: ,,Fidem esse *notitiam*, demonstramus: 1. Ab *etymologia*. Πίστις deducitur a πείθω, quod significat doceo ac persuadeo. Act 19, 8. 2. Ex *synonymia*. Ipsa Scriptura definit fidem per scientiam. Es. 53, 11. Joh. 7, 3. Luc. 1, 77. Job. 19, 25. Hebr. 11, 3. 3. Ex *conjugatis*. Homo vel animus fidelis vocatur illuminatus, intelligens, sapiens, illustratus. Eph. 5, 8. Os. 4, 10. Matth. 13, 23. Eph. 1, 17. 18. Col. 1, 9. 4. Ex *oppositis*. Incredulitas appellatur ignorantia Act. 17, 23. 30., tenebrae Es. 9, 1. Matth. 4, 15. Luc. 1, 79. Joh. 1, 5., coecitas Rom. 11, 25. Eph. 4, 18., insipientia, stultitia Rom. 10, 19. Luc. 24, 25. Ergo a contrario sensu fides erit scientia, sapientia et intelligentia. 5. Ex fidei *natura* et proprietatibus. Fides est assensus; ergo et notitia, quia rei ignotae non possumus assentiri. Fides est fiducia; ergo et notitia, quia in rem ignotam non potest ferri fiducia. Fides nos in corde certos, pacatos et quietos reddit; utique ergo requiritur, ut fundamentum, cui innititur, perspectum atque cognitum habeat. 2 Tim. 1, 12. Fide recumbimus in divinas promissiones; requiritur igitur, ut vim ac sensum earum pernoscamus. 6. A deductione ad *absurdum*

Si fides est ignorantia, quis erit usus ministerii? quis fructus praedicationis? quae necessitas institutionis? Si fides est ignorantia, quorsum jubemur probare spiritus, cavere pseudoprophetas, omnia probare et, quod bonum est, tenere, solius Christi vocem sequi, alienam vero negligere? 1 Joh. 4, 1. Matth. 7, 15. 1 Thess. 5, 21. Joh. 10, 4. 5. At nihil horum praestari poterit ab eo, qui veritatem in singulis fidei articulis non habet cognitam." (Loc. de justific. § 67.)

IDEM: „Bellarminus l. 1. de justif. c. 7. probare conatur, ‚fidem justificantem non esse notitiam‘, ac concludit: ‚Mysteria fidei, quae rationem superant, credimus, non intelligimus ac per hoc fides distinguitur contra scientiam.‘ . . Resp.: Quamvis fides non sit notitia ex principiis humanae rationis deducta vel illis superstructa (quam apostolus vocat ‚sapientiam hujus mundi‘ 1 Cor. 3, 19., ‚humanam‘ 1 Cor. 2, 13., ‚carnalem‘ 1 Cor. 1, 12.); ex eo tamen nondum sequitur, quod nullo modo sit notitia, sed ignorantia; . . . quinimo est notitia quaedam ex illuminatione Spiritus Sancti et revelatione evangelii, in mente hominis accensa. Deinde, quamvis fides non sit notitia intuitiva, omnes causas et proprietates objecti rationis lumine attingens, est tamen notitia spiritualis tantum de objecto sibi proposito cognoscens, quantum ad salutem in via hujus vitae requiritur. Denique quamvis notitia fidei suos habeat gradus, ut in quibusdam hominibus sit illustrior et clarior, in quibusdam vero obscurior et tenuior, tamen magis ac minus non variant speciem, proinde etiam infirma ac languida fides non est ignorantia, sed notitia quaedam." (Loc. de justific. § 68.)

b) Seu talis, qua res credenda, licet evidenter non cognoscatur aut omnia cognoscibilia, quae in ea sunt, actu cognitionis attingantur, distincte tamen, seu ita cognoscatur, ut ab aliis objectis discerni possit. Opponitur autem ei cognitio *implicita*, qua quis v. g. credere putatur, Christum esse mediatorem, quando credit, vera esse, quae credit ecclesia, licet, quaenam illa sint, quae ecclesia credit, ipse minime cognitum habeat. Conf. b. *Mus.* de Convers. Disp. III. c. II. § 96. sq. p. 146. 147.

KROMAYERUS: „Inter *distinctam* notitiam ratione *objectorum*, et inter distinctam notitiam ratione *causae* vel *modi* distinguendum. *Illam* esse fidem, concedimus; de posteriore dicitur: Σαφὴς τῆς ἀπιστίας ἐλεγχός ἐστι, τὸ πῶς περὶ Θεοῦ ζητεῖν, id est, manifestum incredulitatis argumentum est, quomodo res sit, de Deo quaerere. Quam ob causam inter notitiam *explicitam* et *distinctam* nonnulli discernunt; *illam* ad objectum vel etiam principium, unde hauritur notitia, sed *hanc* ad modum vel causam referentes. Ex his judicium ferri potest de fide *implicita* pontificiorum. Dicitur enim fides implicita vel in sensu sano, vel in sensu cacodoxo. In *sensu sano* fides *implicita* vocatur, cum res spirituales cognoscuntur non distincte, sed communi earum principio, quod est Script. S. Qui enim credit, Scripturam S. esse veram, ille implicite credit omnia, quae in illa continentur. Ps. 119, 66.: ‚Omnia praecepta tua sunt ipsa veritas.‘ Et hactenus fides implicita dicitur vel de rebus et quaestionibus *ad salutem non directe pertinentibus*, qualiter fidem implicitam habent simpliciores de circumstantiis quibusdam historicis, aut etiam apicibus controversiarum, quas citra jacturam salutis ignorare possunt, modo eas non negent; vel *de fundamentali doctrina*, cum non statim omnes articuli fidei explicite cogniti habentur cognito eorum principio communi, quod est Scriptura; et hoc posteriori modo dicitur fides implicita, quae bona quidem est et necessaria discenti, sed ita, ut reddatur postea distincta notitia, quae necessaria est ad apprehendendum bonum, ita, ut singuli articuli ad salutem necessarii explicite cognoscantur, Hebr. 6, 1. In *sensu* autem *cacodoxo* fides *implicita* dicitur: 1. ratione falsi principii communis, quod pontificii faciunt traditionem ecclesiae, et hoc vel illud credendum dicunt, quia credit ecclesia. Nam sola Sacra Scriptura est objectum fidei. Act. 24, 14.: ,Colo patrum Deum', inquit apostolus, ,credens omnibus, quae in lege et prophetis scripta sunt.' Deinde cum fides implicita, ratione quidem veri principii communis seu Scripturae sic dicta, existimatur esse sufficiens, etiamsi in particulari ignorentur ea, quae in communi principio creduntur capita ad salutem necessaria; quod iterum est pontificiorum placitum, idque testatur communis praxis in ecclesia papistica, dum fidem implicitam laudant in laicis, quando credunt sine notitia rei explicita, quod ecclesia et praelati credunt, qualis fides tollit ipsam religionem, quae sine notitia esse nequit." (Theol. posit.-pol. I, 655. sq.)

LUTHERUS: ,,Also sagen auch jetzt die Papisten, sie gläuben, was die Kirche gläubt; und wie man von den Polen sagt, dass sie sagen sollen: Ich gläube, was mein König gläubt. Warum nicht? Wie könnte ein besserer Glaube sein, der weniger Mühe und Sorge hätte, denn dieser? Also sagt man, wie ein Doctor habe einen Köhler zu Prag auf der Brücken aus Mitleiden, als über einen armen Laien, gefragt: Lieber Mann, was gläubst du? Der Köhler antwortet: Das die Kirche gläubt. Der Doctor: Was gläubt denn die Kirche? Der Köhler: Das ich gläube. Darnach, da der Doctor hat sollen sterben, ist er vom Teufel so hart angefochten im Glauben, dass er nirgend hat können bleiben, noch Ruhe haben, bis dass er sprach: Ich gläube, das der Köhler gläubt. Wie man auch von dem grossen Thoma Aquino sagt, dass er an seinem Ende vor dem Teufel nicht hat bleiben können, bis dass er sprach: ,Ich gläube, was in diesem Buch stehet', und hatte die Bibel in Armen. *Aber Gott verleihe uns solches Glaubens nicht viel.* Denn wo die nicht anders haben, denn also gegläubt, so hat sich beide, Doctor und Köhler, in Abgrund der Höllen hinein gegläubt. Da hinein gläuben auch solche Geister, die da sagen: Gläube den Leib, den Christus meinet; das ist gnug. O ja, es ist fein und wohl gegläubt; solcher Glaube schadet dem Teufel nichts." (Warnungsschrift an die zu Frankf. a. M. 1533. XVII, 2442. sq.)

ANTITHESIS.

QUENSTEDTIUS: ,,*Antithesis: Pontificiorum*, asserentium, fidem non tam per notitiam, quam per ignorantiam esse definiendam; ita Bellarminus de justific. l. 1. c. 7. § 2., ubi inquit: ,Probatur igitur, fidem non esse notitiam, sed assensum.' Sub finem capitis scribit: ,Mysteria fidei, quae rationem superant, credimus, non intelligimus, atque per hoc fides distinguitur contra scientiam, et melius per'ignorantiam, quam per notitiam definitur.' . . Negant autem, fidem justificantem proprie notitiam esse, ut fidei ,implicitae' sive carbonariae, in papatu commendatae, fundamentum poni possit, de qua Biel 3. sent. dist. 25. q. un., et Bellarm. l. c. Biel inquit: ,Fides implicita, qua fidelis credit, quicquid ecclesia credit, utilissima est fideli.'" (L. c. P. IV. c. 8. s. 2. q. 1. f. 1345.)

c) De quibus vid. Proleg. c. I. § 27. sqq. Vol. I. p. 45. sqq.

d) Vid. Proleg. § 31. 32. Vol. I. p. 52. 53. Unde constat, quod, quando fides in Christum denominatur ab objecto, *non* tamen excludantur, *sed* includantur gratia Dei et gratuitae promissiones divinae de remissione peccatorum et salute propter Christum. Conf. b. *Mus.* l. c. § 101. p. 148. § 142. sqq. p. 177. sqq.

e) Probatur, notitiam illam ad fidem in Christum requiri, ex *Joh. 6, 69.*: *Nos credidimus et cognovimus, quod tu sis Christus, Filius Dei,* et *Joh. 17, 3.*: *Haec est vita aeterna, ut cognoscant te solum illum*

verum Deum et, quem misisti, Jesum Christum. Sic etiam *Luc. 1, 77.*
fides salvifica describitur per *cognitionem salutis* etc. Et opposita incredulitas vocatur *ignorantia Act. 17, 23. 30. Ephes. 4, 18.* Fideles
vero ipsi γνόντες θεὸν, *Gal. 2, 9.* Conf. *Joh. 10, 14.*

§ 3.

Deinde ad fidem in Christum[a] pertinet *assensus,* seu
judicium[b] intellectus, quo ea, quae in Scripturis, inprimis[c] de Christo mediatore et per eum impetranda gratia
Dei et salute traduntur, vere enunciari[d] judicantur, idque
propter revelationem divinam seu veracitatem Dei revelantis, et gratiam interius in corde supernaturaliter sese
exserentem, seu cum verbo Scripturae concurrentem.[e]

a) Dicitur alias *secundus gradus* aut *pars altera* fidei. Ac certum
est, fidem in suo *formali* conceptu importare assensum, auctoritati
dicentis sive testificantis innixum.

b) Sic Paulus dicit, *ea, quae sunt Spiritus Dei, spiritualiter dijudi-
cari,* ἀνακρίνεσθαι, *1 Cor. 2, 14. 15.*

SELNECCERUS: „Qui Christo non credit, multo minus credit in
Christum.‟

QUENSTEDTIUS: „Assensus hic non perfunctorius, non dubius,
non vacillans, sed certus firmusque esse debet; unde ἔλεγχος μὴ βλεπομένων, certa persuasio de rebus etiam non apparentibus, dicitur Ebr.
11, 1. Nititur hic actus fidei non rerum evidentia aut causarum et proprietatum notitia, sed Dei dicentis infallibili auctoritate. Hinc Damascenus l. 4. de F. O. c. 12. fidem esse ait ἀπολυπραγμόνητον συγκατάθεσιν, inscrutabilem assensum. Per ἀπολυπραγμόνητον removet a fide sensum et rationem; per συγκατάθεσιν ipsam approbationem et assensionem exprimit. Objectum fidei est veritas, haec autem *cognita* elicit
assensum.‟ (L. c. s. 1. th. 7. f. 1337.)

HOEPFNERUS: „Non hoc volumus, quasi fides humana nunquam
tentetur quibusdam tentationibus, cum ei refragetur experientia.
Quare distinguimus hic inter dubitationem, quae fidem *vincit,* et eam,
quae fidem saltem *impugnat. Illa* nihil aliud est, quam stolida rationis
disceptatio, quae assensum omnem expellit, nedum fiduciam admittit;
et talis dubitatio non habet locum in fide, quum potius fidei est opposita. ‚Quid‘ enim ‚magis est contra fidem, quam credere nolle, quicquid
non possit ratione attingere?‘, ut ait Bernhardus ep. 190. Deinde est
dubitatio *infirmitatis,* quae non omnem omnino assensum et fiduciam
abjicit, sed luctatur saltem in tentationibus, fiduciamque languidam
facit. Et haec infirmitas est vel in *cognitione,* sicut apostoli multos
articulos non recte intellexerunt initio, vel in *fiducia,* Matth. 6, 30.
13, 31. 32. . . *Lucta,* sive in assensione, sive in fiducia, non est signum
incredulitatis, sed vera nota vivae ac efficacis fidei, quae captivat intellectum et voluntatem in obsequium Dei.‟ (Loc. th. loc. 33.
p. 449. 450.)

c) Quamvis enim homini salvando necessarium sit credere, vera
esse omnia, quae in Scripturis sacris continentur; *hoc loco* tamen,
quando de fide, ut causa salutis, agimus, consideranda ea est in ordine

ad *speciale* seu peculiare *objectum*, quod habet vim recuperandi salutem per peccatum amissam, et cujus intuitu ipsa fides inter causas salutis recenseri potest.

d) Prout eunuchus *Act. 8, 37.* Philippo, post sermonem, quo *Jesum illi praedicaverat*, quaerenti, *utrum crederet ex toto corde*, respondit: *Credo Jesum Christum esse illum Filium Dei.*

e) Scilicet ut doctrina ipsa Scripturae sit ἐν ἀποδείξει πνεύματος καὶ δυνάμεως, *in ostensione spiritus et virtutis*, juxta *1 Cor. 2, 4. 13.* Conf. Proleg. cap. II. § 32. 34. Vol. I. p. 53. 64.

§ 4.

Requiritur autem etiam ad fidem in Christum ex parte assensus spectatam, ut homo sub universalibus[a] propositionibus de Christo mediatore et gratia per ipsum impetranda ad se in individuo[b] descendat, et credat, Christum *pro se* esse passum et mortuum.[c] Unde etiam fides *specialis* appellari solet.[d]

a) V. g. *Christus dedit se ipsum* ἀντίλυτρον *pro omnibus, 1 Tim. 2, 6., mortuus est pro omnibus, 2 Cor. 5, 15., est propitiatio pro, totius mundi peccatis, 1 Joh. 2, 2.*

GERHARDUS: „At inquiunt: ‚Si Christus vere pro omnibus mortuus, sequetur ipsum *effectum et fructum* mortis ad omnes pertinere.‘ Resp.: 1. Ut eleemosyna accipiatur, non solum requiritur manus offerens, sed etiam oblata recipiens; ita quoque ‚tantum quisque de hisce bonis possidet, quantum vase fiduciae colligit‘, ut pulchre loquitur Bernhardus serm. 32. super Cant. col. 597. et serm. 3. in anunciat. col. 113. Non sufficit, beneficia Christi morte parta *offerri*, sed etiam fide ea oportet *accipi.* . . 5. Quomodo autem universalitas meriti Christi nihilominus consistat, licet quidam fructus illius non reddantur participes, id declarari poterit simili. Detineantur e. g. centum christiani captivi ab imperatore Turcico; princeps aliquis christianus pro omnium illorum redemptione certam pecuniae summam persolvat; si qui postea malint in illa captivitate diutius haerere, quam oblata et precio parta libertate perfrui, sibi illud imputent, neque hoc quicquam derogavit universalitati λύτρου pro omnibus captivis praestiti. Perinde se res habet cum hominibus, qui in regno satanae et peccati captivi detinebantur, pro quibus omnibus Christus pretiosum suum sanguinem dedit ἀντίλυτρον; quod *actu* ex illa spirituali captivitate non omnes liberantur, universalitati λύτρου nihil derogat.“ (L. th. de electione § 119.)

b) *Haec enim signorum universalium vis est, ut termino alicui communi (v. g. homo) addita, quae de termino communi dicuntur, omnibus sub eo contentis singularibus convenire significent; quae etiam in praesenti materia eo fine in Scripturis toties adjecta et inculcata leguntur, ut peccatores, de peccatis suis anxii et soliciti, universalitate satisfactionis pro omnium peccatis a Christo praestitae et hinc reparatae gratiae ac remissionis peccatorum sese erigere eaque ad se etiam in individuo pertinere tuto ac firmiter credere possint et credant. Absque hac universalitate si esset, peccator haud esset habiturus, unde in conscientiae terroribus et sensu irae divinae ob peccata sese erigeret. Neque enim a particulari argumentari, aut ex eo, quod pro quibusdam Christus mortuus sit et gratiam Dei ac remissionem peccatorum aliquibus promeruerit, de se determinate et in individuo subsumere peccator quispiam, et quod pro se etiam Christus satisfecerit etc., concludere potest.* Verba sunt b. *Musaei* Tract. de Convers. Disp. III. cap. II. § 107. 108. p. 153. 154. Conf., quae diximus in Proleg. cap. I. § 32. Vol. I. p. 53.

c) Sic *Jobus*, professionem fidei suae edens, dixit: *Scio, quod redemtor meus vivit, cap. 19, 26.*, et *Paulus Gal. 2, 20.: Vitam*, ait, *quam nunc vivo in carne, vivo per fidem illam Filii Dei, qui dilexit me et tradidit semet ipsum pro me.*

d) Atque ita constat, non dici fidem *specialem* a promissionibus aut revelationibus, quae cuique credenti specialiter et in particulari factae sint, sed cum ab *objecto speciali*, in quod fertur, scilicet Christo mediatore, et promissionibus de gratia Dei et remissione peccatorum ac salute propter Christum, tum ab ejus *speciali applicatione* ad credentem. Conf. b. *Musaei* l. c. de Convers. § 110. sqq. p. 155. sqq. et Tract. de Eccl. Part. I. Disp. I. § 61. p. 38. 39.

HOLLAZIUS: „Fides *generalis* est, qua homo salvandus credit, omnia vera esse, quae verbo divino revelata sunt, ... fides *specialis*, qua peccator conversus et renatus promissiones universales de Christo mediatore et gratia Dei, per ipsum impetranda, sibi in individuo applicat." (Exam. th. P. III. s. 2. c. 7. q. 2. p. 1164.)

LUTHERUS: „Obwohl diese Worte, daran sich der Glaube halten muss: ‚*Für uns* geboren, gelitten u. s. w.‘, nicht ausgedrückt da stehen, so muss mans doch aus andern hernach nehmen und durch alle diese Stücke ziehen; denn in dem dritten Artikel, da wir sagen: ‚Ich glaube die Vergebung der Sünden‘, glossirt er sich selbst, da er die Ursach und Nutz dieses Stücks setzet, warum er geboren, gelitten und alles gethan habe. Und rühret's zwar auch hier im Text, da wir sprechen: ‚*Unsern* Herrn‘; damit wir bekennen, dass alles, was der Mann ist und thut, *uns* geschehen ist, als der darum geboren, gelitten, auferstanden ist, zu Trost, dass er unser Herr sei. ... Darum gewöhne dich dazu, die Worte also anzusehen, dass du immer das Wort ‚*unser*‘ hindurch ziehest durch alle Stücke des Glaubens, dass es alles mir gilt (der ich an ihn gläube) und *mein* wird wider *meine* Sünde und böse Gewissen." (Ausleg. des andern Artikels. 1533. X, 1331. 1338.)

DANNHAUERUS: „‚*Par est*‘, inquit Chrysostomus in epist. ad Galatas, ‚ut quisque nostrum non minus gratias agat Christo, quam si ob ipsum solum venisset. Neque enim recusaturus erat, vel ob unum tantam adhibere dispensationem; ideo singulum quemque hominem pari caritatis motu diligit, quo diligit orbem universum.‘" (Hodosoph. Phaen. X. p. 670. sq.)

CHEMNITIUS: „Est fides quaedam *generalis*, quae complectitur in genere historicam *notitiam* eorum, quae in Scriptura a Deo proposita sunt, et generalem *assensionem*, qua statuimus, ea, quae in verbo Dei nobis revelata sunt, vera esse, non propter argumenta rationis, sed quia certi sumus, a Deo, qui verax et omnipotens est, illa tradita et proposita esse. Et haec quidem generalis fides, quia etiam in impiis esse potest, per se non justificat; *fides tamen justificans generalem illam fidem praesupponit et includit.* Quando enim generale illud fundamentum, statuens, vera et certa esse, quaecunque divinitus in verbo Dei patefacta sunt, non adfuerit vel vacillaverit: nec concipi potest, nec in lucta retineri fiducia promissionis divinae misericordiae remittentis peccata propter Christum. Articulus etiam redemtionis, justificationis seu reconciliationis non potest recte intelligi, nisi praecedente notitia reliquarum partium verbi Dei. Quando igitur dicimus, *proprium et principale objectum* fidei justificantis esse promissionem gratuitae misericordiae Dei propter Christum mediatorem, non subtrahimus fidem reliquis articulis seu partibus verbi Dei; sed sicut summa, finis et scopus totius Scripturae est Christus mediator, Luc. 24. Joh. 5. Rom. 10. Ebr. 10.: ita fides, quando universo verbo Dei assentitur, respicit ad scopum et finem Scripturae, Christum scl. in officio mediatoris." (Exam. Concil. Trid. Genevae 1641. f. 159.)

§ 5.

Praeter notitiam et assensum ex parte intellectus includit etiam fides in Christum ex parte voluntatis[a] *fiduciam*, seu actum ejusmodi, quo voluntas acquiescit[b] in Christo mediatore, tanquam bono praesente[c] atque nostro[d] et causa[e] alterius boni, nempe remissionis peccatorum et vitae aeternae[f] consequendae.[g]

a) Quemadmodum enim Christus mediator in Scripturis proponitur non nudae aut speculativae cognitionis causa, ut tanquam *vere* ita se habens intelligatur, verum, ut rationem *boni* nostri habeat ac taliter, sive ut causa impetrandae salutis, nobis exhibeatur; ita fatendum est, affici ea aut moveri posse ac debere voluntatem hominum ad prosecutionem ejus, seu, ut actu fiduciae in eo recumbat atque adversus iram Dei et conscientiae morsus ac pavores sese erigat ac soletur.

> S. Schmidtius: ,,Fiducia vel fiducialis apprehensio est fidei justificantis in hoc justificationis negotio propria, et ultimate, ut sic loquar, eam constituit; unde etiam D. Hoepfnerus de justif. disp. 12. th. 32. p. 1121. eam fidei salvificae *formam*, et quidem intrinsecam atque essentialem, dicere non dubitavit. Certe namque sine ea notitia et assensus nondum justificare possunt; quibus vero si accesserit, justificatio perficitur." (Art. F. C. Repetit. p. 229.)

b) Sic enim *fiducia* generaliter loquendo definitur et a *spe* distinguitur, quod *illa* pro objecto habeat bonum praesens, quo, tanquam causa alterius boni, voluntas nitatur, *haec* vero pro objecto habeat bonum absens, quod expetat voluntas et tanquam obtentu possibile atque obtinendum expectet. Conf. b. *Mus.* Tract. de Convers. Disp. III. cap. III. § 121. sqq. p. 164. sqq.

c) Dicuntur autem *bona praesentia* respectu fiduciae non tantum, quae *realiter et physice*, sed etiam quae *moraliter, ratione alicujus meriti et valoris* praesentia sunt aut tanquam praesentia apprehenduntur. Itaque *pii in Vet. Test.* recte potuerunt *fiduciam collocare in venturo Messia et in satisfactione pro peccatis ab ipso aliquando praestanda, et nos (in Nov. Test. post tot saecula a Christo passo viventes) confidimus in eadem satisfactione, olim per ejus passionem et mortem praestita. Christus enim ejusque passio et mors extendit se moraliter et ratione sui meriti ad omnia retro saecula, praesentia item et futura, fuitque omni tempore credentibus remissionis peccatorum et salutis obtinendae causa,* ut hoc etiam intuitu cum auctore epistolae ad Ebraeos dicere possimus, *Jesus Christus heri et hodie idem et in saecula, cap. 13, 8.*: verba sunt b. *Mus.* l. c. § 127. p. 166.

d) *Bona* enim, *utut praesentia, adjumento nobis futura haud sunt, ut confidere in illis queamus, nisi nostra sint, vel saltem ob amicitiam et pactum, quod cum eo, cujus sunt, nobis intercedit, ad nos quodammodo pertineant et hoc intuitu tanquam nostra aestimentur.* Et sic, *licet Christi meritum et satisfactio a nobis non sint praestita, sed a Christo; quia tamen ab ipso pro nobis et nostri loco praestita sunt, et Deus illa eodem, ac si a nobis ipsis praestita essent, loco habet, recte ea in nostris aut ad nos pertinentibus reputamus.* B. *Mus.* de Convers. Disp. III. cap. III. § 128. p. 167.

e) Nimirum *in hoc differt fiducia in Christum a dilectione Christi, quod haec Christum absolute, illa eundem cum relatione ad aliud bonum obtinendum, tanquam ejus causam, cognitum pro objecto habet.* B. *Mus.* l. c. § 129. p. 167. § 139. et 140. p. 174. 175.

f) Equidem prout *bona per Christum parta multa ac varia sunt,* juxta *Ephes. 1, 3. 2 Cor. 1, 20. Joh. 16, 23.,* ita *generaliter loquendo fiducia in Christum pro objecto habet Christum ad varia bona, cum corporalia, tum spiritualia, obtinenda per modum causae relatum*: hic tamen agimus non de quavis fiducia, sed de fiducia, qua homo peccator tendit ad gratiam Dei et salutem aeternam consequendam; quemadmodum et fatendum est, *fiduciam omnem, quae est in Christum, ut aliorum bonorum impetrandorum causam, resolvi tandem in ipsum, ut causam reconciliationis cum Deo et remissionis peccatorum.* Conf. *Mus.* l. c. § 141. p. 175. 176.

g) Probatur autem, fidem in Christum includere praeter actum credendi in intellectu etiam ex parte voluntatis fiduciam in Christum, ex *Rom. 3, 24. sqq.*, ubi objectum fidei constituitur Christus, ut ἱλαστήριον, seu *placamentum* irae divinae, *propositum in sanguine suo*, seu quatenus per effusum sanguinem suum, sive per passionem et mortem suam, placandae irae divinae et impetrandae remissionis peccatorum apud Deum causa meritoria est. Unde statim constat, fidem illam non esse nudum assensum, sine ullo voluntatis actu circa Christum (sic enim esset *fides mortua*), et quia conjunctum habet aliquem voluntatis actum circa Christum, hunc ipsum esse actum fiduciae, quippe occupatum circa Christum, ut causam impetrandi alicujus boni, nempe gratiae Dei. Conf. *Mus.* l. c. § 161. sqq. p. 194., ubi etiam exemplo *Abrahami, credentis in eum, qui justificat impium*, seu credentis in Deum, qui, licet justus ac vindex, tamen propter Messiam mediatorem peccatoribus gratiam concedat etc., idem prolixe ostendit. Sed et alias constat, τὸ πιστεύειν εἰς τὸν υἱὸν, quod dicitur in oppositione ad τὸ ἀπειθεῖν τῷ υἱῷ, *Joh. 3, 36.*, idem esse atque *confidere Filio*, seu fiduciam in illo collocare. Adde *Mus.* l. c. § 171. 172. p. 214. et seqq.

HOLLAZIUS: ,,Probatur, fidem in Christum formaliter et intrinsece includere fiduciam merito Christi innixam: 1) Quia fides in Christum non est tantum actus *intellectus* sive notitia et assensus, sed etiam actus *voluntatis*. Id quod confirmatur: a) *Ex ipsa phrasi: Credere in Christum*, quae vi praepositionis ,in', cum casu quarto constructae, insinuat actum quendam credentis in Christum tendentem, quo homo credens quasi extra se in Christum feratur aut ipsi adhaereat. b) *Ex consuetudine loquendi*, quam recte urget Augustinus tract. 29. in Joannem. Nam daemones dicuntur credere Christo, ut et Christum; nec tamen credere dicuntur *in* Christum. Et nos credere dicimur Paulo, credere

Petro; credimus etiam, Paulum et Petrum esse; nec tamen *in* Paulum et Petrum credere dicimur. Ergo credere in aliquem praeter actum credendi sive assentiendi importat actum aliquem circa objectum creditum, qui nec in daemones cadit, nec Petrum, Paulum aut ullam creaturam habeat pro objecto; nempe actum, quo credens in objectum sub certa quadam et peculiari ratione, quae in nullam cadat creaturam, cognitum et creditum tendit. Quem certe *voluntatis* actum esse oportet. Voluntatis enim est, extra se ferri in objectum; sicut contra intellectus est, objectum per species sibi impressas in se cognoscere. c) Idem evincit *objecti conditio.* Christus enim non proponitur in Scripturis prolapso in peccata mortalium generi cognoscendus speculationis causa, sed tanquam mediator et causa remissionis peccatorum et vitae aeternae. Vid. 1 Tim. 2, 5. Joh. 1, 29. 3, 16. Quae bona nostra, ex Christo in nos redundantia, proponuntur in Scripturis cognoscenda et credenda, non ut in illorum cognitione et assensu intellectus sistat, sed ut cognita et credita voluntati repraesententur et exhibeantur, ut voluntas in illa feratur, in iis recumbat et illorum fiducia peccator adversus iram Dei et conscientiae pavores sese erigat ac consoletur. Colligimus: Omnis actus voluntatis, circa bonum praesens ad obtinendum aliud bonum arduum et difficile per modum causae relatum, est formaliter fiducia; atqui actus ille, quem ex parte voluntatis fides in Christum includit, est actus voluntatis circa bonum praesens ad obtinenda alia bona ardua et difficilia, per modum causae relatum. Ergo.'' (Exam. P. III. § 2. c. 7. q. 16. p. 1180. sq.)

S. SCHMIDTIUS: ,,Fiduciam istam in fide justificante deprehendi, pro natura negotii justificationis hoc minus mirum est, quod in quavis fide, quaecunque illa sit, inprimis fide divina, aliqua fiducia inveniatur. Id quod vel origo hebraea docet. Vox namque hebraea אֱמוּנָה, cui in graeco N. T. textu nomen πίστις respondet, sicut ex collatione Gen. 15, 6. et Rom. 4, 3. manifestum est, a firmitate, robore, approbatione et acceptatióne firma dicta est. . . Fidei objectum semper est res non clara seu obscura. Adeo hoc verum est, ut etiam in fide humana verissimum deprehendatur; si namque res clara est et evidens, *scitur*, non creditur. Quod si quid possibile etiam cognoscitur, obscurum autem saltem est, num actu sit, ut sola dicentis auctoritate nitatur, tum vero creditur. Atqui si quis quid credit nixus dicentis seu revelantis verbis, nonne fiduciam omnem suae certitudinis in auctoritate ejus tanquam firma et non fallaci ponit? Stultus namque est, qui mendaci et fallaci, cujus in verbis nihil firmitatis est, credit. Ut maneat verum, quod omnis vera fides fiduciam includat.'' (L. c. p. 229. sq.)

GERHARDUS: (Excipit Bellarminus:) ,,,Actus fidei est credere, non confidere. Resp.: Fidei respectu *notitiae actus* est credere, *objectum* est omne Dei verbum nobis revelatum. Fidei respectu *fiduciae actus* est confidere sive fiducialiter apprehendere, *objectum* est promissio evangelica de Christo mediatore, sive, quod idem est, Christi obedientia et satisfactio in verbo evangelii nobis oblata. Ergo non est, quod Bellarminus dicat, si credere usurpatur in Scripturis pro confidere, nos cogi, ut absurdissime atque ineptissime loca plurima explicemus; exempli gratia Joh. 14, 10.: ,Non creditis, quia ego in Patre, et Pater in me est?' Act. 8.: ,Credo, Filium Dei esse Jesum Christum.' Rom. 10.: ,Corde creditur ad justitiam.' Et postea: ,Si in corde tuo credideris, quia Deus eum suscitavit a mortuis, salvus eris.' Haec et similia (ait Bellarminus) non possunt nisi ineptissime accipi pro fiducia. Resp.: Imo vero ineptissime est Bellarmini argumentum ex particulari ductum. Non enim sequitur: In quibusdam Scripturae dictis non potest credere per confidere explicari; ergo in nullis locum habet ista explicatio; et per consequens fides non est fiducia. Atqui ostendimus superius, Scripturam ipsam pluribus in locis credere pro confidere interpretari; neque hoc negare potest Bellarminus, qui lib. 1. de justif. cap. 11. concedit, diffidentiam Rom. 4. positam pro incredulitate; ex vi igitur oppositionis fiducia ponitur pro fide. Neque vero absurdum erit, si quis in allegatis locis fiduciam quoque *connotari* dixerit. Christus non solum simplici assensu vult hoc credi, quod Pater sit in ipso et ipse in Patre, sed et fiducia cordis per ipsum tanquam mediatorem ad Patrem accedere nos jubet; unde initio capitis dicit: ‚Creditis in Deum, etiam in me creditis‘, quod Stapletonus sic παραφράζει: ‚In Deum fiduciam habete et in me.‘ Eunuchus non solum credit, Jesum Christum esse Dei Filium, sed et *in* ipsum tanquam mediatorem promissum et exhibitum omnem cordis fiduciam collocavit. Nec historica illa fides, qua credimus, Christum esse a mortuis suscitatum, ad justitiam et salutem efficax est, cum et daemones hoc credant; sed requiritur, ut credamus, Christum ‚propter peccata nostra mortuum et propter justificationem nostram resurrexisse‘, Rom. 4, 25.“ (Loc. de justif. § 80.)

ANTITHESIS.

QUENSTEDTIUS: „*Antithesis:* 1. *Pontificiorum*, inprimis Bellarmini, qui l. l. de justif. c. 5. sq. multis argumentis probare conatur, fidem justificantem non esse fiduciam. Idem ex Thoma monet c. 4., fiduciam nihil aliud esse, quam spem roboratam, ideo fidem cum spe confundi, si per fiduciam definiatur. Concilium Trident. Sess. 6. Can. 12. sic habet: ‚Si quis dixerit, fidem justificantem nihil aliud esse, quam fiduciam divinae misericordiae, peccata remittentis propter Christum, vel eam fiduciam solam esse, qua justificamur, anathema sit.‘ . . 2. *Socinianorum*, negantium, fidei justificantis formam esse fiducialem Christi satisfactionisque ejus apprehensionem. . . Concedunt, quod fides sit fiducia in passionem, mortem et resurrectionem Christi, (at) non quod Christus morte et resurrectione sua expiarit peccata et eorum remissionem nobis impetraverit, sed ajunt, confirmasse saltem nobis morte et resurrectione sua promissionum divinarum certitudinem et exemplo suo ad obedientiam Deo praestandam excitare. . . 3. *Arminianorum*, negantium, fidem justificantem esse certam fiduciam remissi propter Christum peccati. . . 4. *Suenkfeldianorum et Weigelianorum*, qui statuunt, fidem non esse creatum motum aut fiduciam, sed ipsummet Christum, imo ipsam Dei essentiam; ac definiunt fidem justificantem per vitam, obedientiam et imitationem Christi.“ (L. c. P. IV. c. 8. s. 2. q. 2. f. 1348. sq.)

§ 6.

Haec itaque illa fides est, quae dicitur *apprehendere*[a] Christum aut meritum Christi, scilicet, ut est assensus cum fiducia, seu fiducia cum assensu conjuncta;[b] ex quibus actibus, velut unitis,[c] constat et nunc illius, nunc hujus nomine appellatur, altero semper connotato.[d]

a) Huc referri solet illud λαβεῖν τὸν Χριστὸν, Joh. 1, 11. 12. Col. 2, 6. Intelligitur autem haud dubie apprehensio *non* corporalis, sed spiritualis, quae fit mente aut animo, adeoque *metaphorica*, similitudine a manu, amictum aut rem aliam, v. g. eleemosynam, prehendente, petita. Vid. *Mus.* de Conv. Disp. III. cap. IV. § 189. p. 222.

b) Alias quidem apprehensio ad primam mentis operationem pertinet, ac fere cum apposito *apprehensio simplex* aut simplicium dicitur. Sed hoc loco apprehendere idem est atque ex parte *intellectus* cognoscendo rem ad se transferre, ex parte *voluntatis* autem ferri appetendo in rem cognitam, tanquam in suum bonum, et aliorum sibi obtinendorum bonorum *causam,* idque velut manu conclusum tenere, ne eripiatur. Vid. *Mus.* l. c. § 200. p. 220. et § 206. p. 233. 234. Et huc pertinet πληροφορία fidei, de qua *Rom. 4, 18. sqq.,* seu quod animus credentis *plene fertur* in objectum, id est, secundum omnem rationem, secundum quam ei objectum objicitur; *intellectu* quidem, in quantum sub ratione *veri, voluntate* autem, in quantum sub ratione *boni* et appetibilis objicitur. *Mus.* § 183. p. 207.

QUENSTEDTIUS: „*Apprehensio alia* intellectualis est et *theoretica,* quae nihil aliud est, quam rei cognitio (cognoscendo enim rem apprehendimus), et distinguitur a judicio apprehensa per intellectum discernente et dijudicante, verane sint an falsa; et haec ad fidem non sufficit. Ita enim etiam infideles possunt mysteria fidei apprehendere, qui nihilominus illis assensum non praebent. Quandoque vero haec apprehensio cum assensu conjuncta sive simul assensitiva est, quum quis aliquid non tantum apprehendit et cognoscit, sed etiam id in intellectu suo pro indubitato habet. V. g., Christum non solum pro omnibus, sed etiam pro se in individuo esse mortuum, etiam ipsi impii ex universali illa propositione inferre et subsumere possunt, qui tamen non desiderant vel ita se non gerunt, ut propter Christi meritum sibi obtingat salus. *Alia vero apprehensio* est voluntatis et *practica,* quae totius cordis et voluntatis in merito Christi recumbentiam involvit, notatque desiderium et accessum ad Christum, ejusque meriti applicationem et appropriationem fiducialem; et haec proprie est fiducia." (L. c. s. 1. th. 10. f. 1338. sq.)

CALOVIUS: „Gratia Dei et justitia Christi aliter nostra fieri nequit, quam per ejusmodi applicationem; ut enim in evangelio eadem nobis offertur, ita per fidem a nobis apprehendenda est, *cum fides et verbum relata* sint ac se mutuo respiciant. Quemadmodum mendicus, ut munus accipiat oblatum, non tantum assensum praebet, serio id sibi offerri, sed manum quoque extendit, ut eadem munus apprehendat: ita, cum oblatae Dei gratiae et justitiae Christi participes reddi volumus, non tantum assensus praebendus est, sed requiritur, ut manum fidei extendamus, eademque illam apprehendamus ac nobis applicemus." (Socinism. proflig. p. 731.)

c) Unde patet, quomodo fides sit *in diversis potentiis,* intellectu et voluntate, nempe tanquam aggregatum aut complexum quid *ex diversis* actibus ad idem objectum terminatis et *ordinem* quendam inter se atque ad unum illud idemque objectum habentibus. *Mus.* l. c. cap. III. § 179. p. 210.

d) Sic enim describitur, per τὸ credere, *Jesum esse Christum, Joh. 6, 69. 1 Joh. 5, 1. et 5.,* qua ratione formaliter assensus significatur, fiducia tamen subintelligenda est; alias autem per τὸ credere in *Christum,* i. e., actu fiduciae in eum recumbere, connotato tamen aut supposito assensu intellectus, *Joh. 3, 36.* Conf. h. l. § 5. not. *a.* et *g.* Similiter πεποίθησις, quae fidei adscribitur, nunc firmam mentis *persuasionem* significat, v. g. *Rom. 8, 38. 39. 2 Tim. 1, 12.,* nunc fiduciam in aliquo defixam, quando dicitur: πέποιθα ἐν κυρίῳ, *Phil. 2, 24.,* itaque *persuasionem mentis cum fiducia, aut fiduciam cum firma animi persuasione* significat.

QUENSTEDTIUS: „Fides materialiter considerata dispescitur in certas partes, late sumto termino partium, per quas nihil aliud intelligimus, quam diversos actus, se invicem consequentes et in fide justificante concurrentes. Harum autem partium seu actuum fidei tres sunt: *Notitia, assensus, fiducia*. *Prima* est, qua de Deo quaedam, *secunda*, qua Deo, ut Deo, *tertia*, qua in Deum, ut Deum, indubitato credimus. *Primam* habere possunt haeretici, *secundam* tantum orthodoxi, *tertiam* soli renati; adeoque *posterius semper includit prius, sed non contra*. Priores duae ad intellectum, tertia ad voluntatem pertinet; priores respiciunt omne Dei verbum, tertia promissionem gratiae et meritum Christi. Tres hae fidei partes exprimuntur Joh. 14, 10. 11. et 12., ubi v. 10. loquitur de *notitia*, qua aliquid de Christo sciendum fuit, v. 11. de *assensu*, qui Christi verbis praeberi debuit, v. 12. de *fiducia*, qua in Christum, tanquam mundi redemtorem, creditur. Sic quoque veteres, nominatim Augustinus tr. 29. in Joh. et Gregorius Nazianz. Or. 37., monent, quod notitiae sit, credere Deum, quod etiam credit diabolus; assensus, credere Deo, quod hypocritis quoque competit; fiduciae, credere in Deum. Quamquam haec differentia in objecto divino non sit perpetua, vid. Dannhauer. Hodos. p. 1323." (Th. did.-pol. P. IV. c. 8. s. 1. th. 5. f. 1335. sq.)

GERHARDUS: „Hoc loco agimus de fide justificante, quae complectitur notitiam, assensum et fiduciam. Respectu notitiae et assensus refertur ad intellectum atque objecti loco habet omne et solum D. V. in scripturis propheticis et apostolicis nobis revelatum; respectu fiduciae refertur ad cor sive voluntatem atque objecti loco habet promissiones evangelicas de Christo mediatore. Hinc profluit *regula theologica: ,Scriptura, quando de fide loquitur, interdum magis respicit ad notitiam, interdum magis ad fiduciam.'* Item: , *Quaedam de fide dicuntur magis respectu notitiae, quaedam magis ratione fiduciae.'"* (L. de justif. § 66.)

§ 7.

Patet autem simul, quomodo ipsum meritum Christi, remissio peccatorum ac vita aeterna, hominibus omnibus[a] a Christo acquisita, *applicentur*[b] credentibus per fidem, ut revera[c] eorum participes reddantur.[d]

a) Vid. supra cap. II. Sect. III. § 10. not. *c*.

b) Nempe sicut meritum Christi, ita promissiones de gratuita remissione peccatorum propter Christum *de se* indeterminatae sunt atque ad omnes homines se extendunt; quando autem homini huic aut illi actu ipso debent prodesse, necesse est, ut medium aliquod uniendi inter eum atque illa detur, quo meritum Christi ex se indeterminatum et promissiones gratuitae generales ad hunc illumve referantur, aut illius fiant. Conf. h. l. § 1. et b. *Mus.* de Conv. Disput. III. cap. IV. § 215. p. 240. Unde etiam ipsae promissiones gratiae et remissionis peccatorum includunt *fidem;* vid. *Joh. 3, 16. Actor. 10, 43.* Quamvis inde non sequatur, credentem in Christum oportere credere, quod credat in Christum; ut ostendit b. *Mus.* de Conv. Disp. III. cap. II. § 115. sqq. p. 159. sqq.

A. KNOESIUS: „Actus fidei existunt in anima vel cum perceptione et reflexione, quod adsint, vel sine hac perceptione et reflexione; in illo casu fides a theologis *reflexa* dicitur, in hoc *directa*." (Instit. th. pract. Holmiae 1768. p. 376.)

AD. OSIANDER: „Ad specialem applicationem sufficit actus fidei directus, nec opus est actu reflexo. Etiam actus reflexus in fidelibus obtinet. ‚Videt enim quisque fidem suam in corde suo, et certissima tenet scientia', teste Augustino." (Coll. th. P. V. p. 133.)

ZEIBICHIUS: „Aliud est *actus* fidei, aliud fidei *sensus;* ille hunc non semper simul infert, quia non omnis actus est statim reflexus." (De praedest. et reprob. infantium. Witeberg. 1709. p. 73.)

KROMAYERUS: „Cum sensum fidei nullum deprehendimus, non statim animum abjiciamus, cum et *desiderium* fidei jam sit ipsa fides, licet infirma. Phil. 2, 13." (Th. posit.-pol. II, 336.)

c) Alias enim valet illud Christi: *Nemo venit ad Patrem*, gratiam apud illum consecuturus, *nisi per me*, velut mediatorem Dei et hominum, agnitum atque creditum, *Joh. 14, 6.* Conf. b. *Mus.* Disp. de salute Gentilium, contra Curcell. § 22.

d) Interim aliter *Deus homini* applicat meritum Christi, aliter *homo* credens *ipse sibi.* Nam *haec* quidem applicatio, quae fit ab homine per fidem, quoad rem non differt ab ipsa fide in Christum seu actibus assensus et fiduciae, quibus fertur in Christum; *illa* vero, qua Deus homini applicat meritum Christi, in eo consistit, quod Deus meritum illud Christi, etsi non sit hominis meritum proprium, sed alienum, tamen ita accipit, ac si ejus proprium esset, nempe quod ejus loco praestitum et ab ipso per fidem apprehensum est; de quo in L. *de Justificatione* plura dicemus.

§ 8.

Fides in Christum itaque inter principia et causas salutis locum habet, non *per se*[a] et ut actus aut habitus credendi est, sed *ratione objecti,* in quod fertur[b] et quod apprehendit et credenti applicat.[c]

a) Neque enim ipsius fidei, in se absolute spectatae, tanta dignitas, vis et valor apud Deum est, aut esse potest, ut eo moveri Deum ad salutem nobis conferendam existimare queamus. Conf., quae diximus in Proleg. cap. I. § 23. nota *b.* Vol. I. p. 41., et b. *Mus.* Introd. cap. III. § 18. p. 138. 139. Plura dicentur in LL. de justificatione et de praedestinatione.

QUENSTEDTIUS: „In justificationem et salvationem fides non influit meritorie, ut est *opus.* (Nam 1. causa efficiens justificationis nostrae est Dei gratia, Eph. 2, 8. Si vero ex gratia, ergo non meritorie fides justificat. 2. Causa meritoria nostrae justificationis est sola Christi obedientia, adeoque simul fidei ea tribui nequit. 3. Nullibi Scriptura dicit, quod fides per modum operis justificet, sed potius id ipsum omnibus modis negat. 4. Fides 'perpetuo operibus opponitur, non quidem per se et simpliciter, cum opera sint fidei effectus et fructus, sed respectu effectus, qui est justificatio. Opera enim nullo modo justificant, neque per modum causae efficientis physicae, neque moralis, neque meritoriae, neque instrumentalis. Et respectu objecti, quod Christi meritum est, cum operibus nostris in hoc articulo simpliciter incompatibile sive stare non potest.) Sed per modum *organi,* ex parte hominis justificandi unice et solitarie requisiti. Causalitas ergo fidei in actu justificationis non alia est, quam organica. Justificat enim fides ὀργανικῶς sive per modum organi, id est, non ratione sui, sed ratione *objecti*, quod apprehendit sibique appropriat, scil. Christum cum omni suo merito. Fides, *quae* justificat, est notitia, assensus, fiducia, sed *qua* justificat, est nuda apprehensio beneficiorum Christi passiva, Joh. 1, 12. Rom. 9, 30. Phil. 3, 12., admissiva motuum Spiritus Sancti, recubitoria et requietoria in meritis Christi. Hinc veterum maxima theologica: Fides justificat non in praedicamento qualitatis, ut est opus aut virtus, sed *relationis*, in suo correlato seu per suum correlatum, id est, res credita, meritum Christi fide acceptum justificat. Sic manus mendici non ditat, sed thesaurus donatus ac eleemosyna manu apprehensa. Os non satiat stomachum, sed cibus apprehensus." (L. c. s. 1. th. 15. f. 1341. sq.) Vid. supra Proleg. I. § 23. *b.*

b) Objectum nempe illud est meritum ϑεανϑρώπου, et per hoc pretii, ponderis ac valoris infiniti meritum est sufficitque ad hoc, ut ejus intuitu voluntas divina se determinet ad nos in gratiam recipiendos ac salute donandos.

ANTITHESIS.

QUENSTEDTIUS: „*Antithesis:* 1. *Pontificiorum*, statuentium, objectum fidei justificantis proprium et adaequatum non esse specialem Dei misericordiam in Christo propositam, sed omne Dei verbum; ita Bellarminus l. 1. de justif. c. 4.: ‚Catholici‘, inquit, ‚tam late patere volunt objectum fidei justificantis, quam late patet verbum Dei.‘ Quin potius certam promissionem specialis misericordiae non tam ad fidem, quam ad praesumptionem pertinere contendunt. Idem Bellarminus libr. ejusd. c. 8. § 1. ait: ‚Fidei justificantis objectum non est specialis Dei misericordia, sed omnia, quae Deus revelare dignatus est. . . 2. *Socinianorum*, qui *Deum* fidei justificantis objectum faciunt primarium, *Christum* vero secundarium, negantque, Christi meritum esse fidei objectum. Socini Rubrica P. 4. de Serv. c. 9. est: ‚Credere per ea, quae passus est Christus, nostra peccata deleta fuisse, nullo modo eam fidem in Christum esse posse, qua justificamur.‘" (L. c. S. 2. q. 4. f. 1362. sq.)

c) Ratio igitur, quamobrem fidei itidem, ut merito Christi salus nostra tanquam causae tribuitur, haec ipsa est, quod fides cum Christi merito intime conjuncta est, non solum tanquam *actus* cum *objecto* suo, verum ita, ut *rem* ipsam, circa quam versatur, *uniat ad nos*, ut *nostra* fiat. Unde simul patet, quomodo fides sive fiducia assensualis hoc possit, dilectio autem aeque non possit. Conf. b. *Mus.* de Conv. Disput. III. c. IV. § 115. p. 240.

S. SCHMIDTIUS: „Non enim, ut fides justificans sit justificationis causa instrumentalis, sufficit, ut sit notitia; nondum etiam sufficit, ut iis, quae novit, assentiatur; neque vero etiam sufficit, ut insuper accedat fiducia in se, simpliciter et absolute talis; sed ut sit, quod esse debet, oportet eandem esse fiduciam ad gratiam Dei cum Christi merito remissionem peccatorum offerentem relatam et justa relatione illi respondentem, hoc est, id, quod liberalis Dei miserentis gratia offert, apprehendentem. *Fides* quidem enim esse potest, si notitiam, assensum fiduciamque habeat; *justificans* autem esse nequit, nisi e manu Dei liberali id, quod offertur, apprehendat et recipiat. Illa namque *naturam et essentiam* fidei justificantis in se et absolute absolvunt, sed hoc in officio *causae instrumentalis* justificationis eam constituit et relationem naturae superaddit. Quod simili manus eleemosynam recipientis uberius declarari posset." (Artic. F. C. Repetit. p. 234.)

CARPZOVIUS: „Remissio peccatorum duplici modo consideratur. Semel, ut a Christo acquisita est, et in verbo ac sacramentis tanquam bonum divinitus promissum et intentum peccatoribus quaerendum et habendum offertur. Deinde vero prout jam accepta est et per fidem applicata est atque habetur." (Isag. in libr. symb. p. 208.)

GERHARDUS: „Urgemus oppositionem apostoli Rom. 5, 19. Qui multi peccatores constituti sunt per Adami lapsum, illi etiam multi per Christi justitiam constituti sunt justi, id est, partum illis justitiae beneficium (non enim de applicatione agit apostolus): Jam vero omnes homines per lapsum Adami constituti sunt peccatores, vers. 12. et 18. Ergo etiam omnibus per Christum partum est justitiae beneficium." (Loc. de elect. § 118.)

KROMAYERUS: „Notetur obiter, fidem vel spectari, prout est in *corde*, vel, prout in *os* erumpit. Cum spectatur, ut est in *corde*, fiducialis apprehensio est gratiae Dei vel meriti Christi; cum *posteriori* modo, vel petit, peccata sibi remitti inque gratiam se recipi propter Christum, vel in objectis aliis semet exercet. Si *priori* modo, justitiam impetrat; si *posteriori*, justitiam indicat. Oratio siquidem remissionem peccatorum a Deo petens aut misericordiam divinam invocans nihil aliud est, quam fides forinsecus prodiens et in objecto suo principali sese exercens. Cum itaque Rom. 10, 10. inquit apostolus: ‚Corde creditur ad justitiam, ore fit confessio ad salutem', vel oralis illa confessio in objecto *primario*, gratia Dei et Christi merito, vel *secundariis* objectis, v. g. bonis ad vitam hanc tuendam necessariis aut avertendis calamitatibus aut beneficiis aliis occupatur. Si priore, salutem i. e. jus ad aeternam salutem per eandem *consequitur;* si posterioribus, jus ad salutem aeternam sibi collatum *indicat.*" (Th. posit.-pol. II, 334.)

§ 9.

Causa efficiens principalis [a] fidei in Christum est Deus [b] trinunus. [c]

a) Quae virtute propria et sufficiente in nobis producit actum et habitum credendi.

b) Sic Paulus ad *Rom. 1, 8.* et ad *Col. 1, 3. 4. 12. gratias agit Deo,* velut auctori, cum *de fide* suorum certus factus esset. Similiter ad *Philipp. 1, 3. et 5.* Deo gratias agit ἐπὶ τῇ κοινωνίᾳ eorum εἰς τὸ εὐαγγέλιον, seu *quod venerint in communionem evangelii,* quod per fidem contigit. Conf. *1 Thess. 2, 13.*

c) Scilicet *Pater* ἑλκύζει, *trahit* homines, ut *veniant ad Christum,* per fidem *Joh. 6, 44.; Filius* quoque appellatur ἀρχηγὸς καὶ τελειωτὴς τῆς πίστεως, *inchoator et consummator fidei, Ebr. 12, 2.; Spiritus S.* denique facit, ut *clamemus,* ᾽Αββᾶ ὁ πατήρ, *Rom. 8, 15.,* et *auxiliatur,* συναντιλαμβάνεται, *infirmitatibus nostris, v. 26.*

AD. OSIANDER: „Excipiunt: 1. Non sequitur: Fides est donum, ergo solius Dei opus; nam etiam in Scriptura liberi dicuntur donum Dei, ubi tamen homo causaliter concurrit. E. hic non excluditur concursus, sed saltem medium praevium; donum enim Dei et meritum sunt opposita, non vero donum Dei et concursus. R. Utique sequitur: Fides est donum Dei, ergo a solo Deo proficiscitur, 1.) quia dicitur: gratia salvati estis. Ut ergo soli *gratiae* tribuitur salus, ita etiam soli *fidei* tanquam instrumento apprehendenti tribuitur origo divina; si enim concurreret aliquid ex nobis, non tantum gratia salvaremur, fide se instrumentaliter habente. 2.) Ita dicimur salvari gratia, ut non ex nobis dicamur salvari et fides subjiciatur tanquam donum. Ergo fides removetur a nobis ratione originis et transfertur in solum Deum. . . Excipiunt 3.: Fides consideratur vel ratione virium, vel ratione actus. Quamquam sit et concedatur, ratione *virium* esse a solo Deo, ille enim dat vires credendi, neque illae a libero arbitrio oriuntur; *exercitium* tamen istarum virium est ipsius hominis et ab ipso homine. R. 1.) Non tantum vires credendi sunt a Deo, sed et ipsa fides actu, quia ante ultimum gratiae praevenientis effectum homo nondum est conversus; ultimus autem gratiae praevenientis effectus est fidei donatio. 2.) Quamvis fides tribuatur nobis, non tamen tribuitur nobis sub ratione actus vitalis et liberi, sed quatenus consideratur tamquam ultimus effectus Dei circa nos et in nobis operantis. . . Non concurrere hominem ad productionem fidei causaliter, inde patet, quia fides est vita spiritualis; nos autem per naturam in peccatis mortui, Ephes. 2, 5. Sicut autem mortuus non concurrit ad productionem vitae, sed recipit illam; ita quoque comparatum est cum spiritualiter mortuis. Non negamus, hominem concurrere ad fidei existentiam, sed non concurrit homo producendo et effective, sed admittendo et subjective, quia subjectum, quod credit, est homo." (Coll. th. P. V. p. 115. sq.)

QUENSTEDTIUS: ,,Est fides opus nulla ratione nostrum, nisi *subjective* propter solam receptionem et exercitium, quo fit, ut Spiritus S. non dicatur credere, sed homo, quia actus fidei active est a Sp. S. *terminatus* in homine." (L. c. s. 1. th. 17. f. 1343.)

CALOVIUS: ,,Quomodo capiendum illud, quod dicit (Latermannus): ,Deum sua parte hoc praestare, ut omnes, si velint, conditionem fidei implere, se convertere et ita salvari possent'? et quanta et quam φορτικὰ sunt haec ἀκούσματα! Deusne non praestat a sua parte, ut velimus? ut credamus? Praestatne tantum, ut *possimus* velle, ut *possimus* nos convertere, ut *possimus* credere?" (Facultatis th. Argentorat. Resp. 1646. Vid. Calovii Syst. T. X. p. 50.)

LUTHERUS: ,,Glaube ist nicht der menschliche Wahn oder Traum, den etliche für Glauben halten; und wenn sie sehen, dass keine Besserung des Lebens noch gute Werke folgen, und doch vom Glauben viel hören und reden können, fallen sie in den Irrthum, und sprechen: der Glaube sei nicht gnug, man müsse Werke thun, soll man fromm und selig werden. Das machet, wenn sie das Evangelium hören, so fallen sie daher, und machen ihnen *aus eigenen Kräften* einen Gedanken im Herzen, der spricht: Ich gläube. Das halten sie denn für einen rechten Glauben. Aber wie es ein menschlich Gedichte und Gedanken ist, den des Herzens Grund nimmer erfähret; also thut er auch nichts, und folget keine Besserung hernach. Aber Glaube ist ein *göttlich Werk* in uns, das uns wandelt und neu gebieret aus Gott, Joh. 1, 13., und tödtet den alten Adam, machet uns ganz andere Menschen von Herzen, Muth, Sinn und allen Kräften, und bringet den Heiligen Geist mit sich. O es ist ein lebendig, schäftig, thätig, mächtig Ding um den Glauben, dass unmöglich ist, dass er nicht ohne Unterlass sollte Gutes wirken. Er fraget auch nicht, ob gute Werke zu thun sind, sondern ehe man fraget, hat er sie gethan, und ist immer im Thun. Wer aber nicht solche Werke thut, der ist ein glaubloser Mensch, tappet und siehet um sich nach dem Glauben und guten Werken, und weiss weder, was Glaube noch gute Werke sind, wäschet und schwatzet doch viel Worte vom Glauben und guten Werken. Glaube ist eine lebendige, erwegene Zuversicht auf Gottes Gnade, so gewiss, dass er tausendmal darüber stürbe. Und solche Zuversicht und Erkenntniss göttlicher Gnade machet fröhlich, trotzig und lustig gegen Gott und alle Creaturen; welches der Heilige Geist thut im Glauben. Daher der Mensch ohne Zwang willig und lustig wird, jedermann Gutes zu thun, jedermann zu dienen, allerlei zu leiden, Gott zu Liebe und zu Lob, der ihm solche Gnade er-

zeiget hat. Also, dass unmöglich ist, Werke vom Glauben scheiden, ja
so unmöglich, als Brennen und Leuchten vom Feuer mag geschieden
werden.   Darum siehe dich vor vor deinen eigenen falschen Gedanken
und unnützen Schwätzern, die vom Glauben und guten Werken klug
sein wollen zu urtheilen, und sind die grössesten Narren. *Bitte Gott,
dass er den Glauben in dir wirke, sonst bleibest du wohl ewiglich ohne
Glauben, du dichtest und thust, was du willst oder kannst."* (Vorrede
auf die Ep. St. Pauli an die Römer. XIV, 114. sq.)

    IDEM: ,,Es (der Glaube) ist ein Werk Gottes, und nicht des Men-
schen, wie Paulus lehrt.   Alle andern Werke wirket Gott mit uns und
durch uns; allein dieses wirket er in uns und ohne uns." (Von der
babylon. Gefängniss der Kirchen. 1520. XIX, 71.)

ANTITHESES.

    LUTHARDTIUS: ,,Auf der andern Seite wird" (in der Schrift!)
,,Busse und Glaube vom *Menschen* gefordert als *seine Leistung: μετα-
νοεῖτε καὶ πιστεύετε* — auf allen Stufen der Heilsgeschichte. . . Der
Glaube ist freier Gehorsam, den der Mensch leistet." (Compend.
Dritte Auflage. p. 202.)

    IDEM: ,,*Nicht* das *Wollen* selbst wirkt er" (der Heilige Geist),
,,sondern so befreiend auf den gebundenen Willen, dass dieser dadurch
ein neues *Wollenkönnen* empfängt." (Lehre vom fr. Willen. 1863.
p. 441.)

    KAHNISIUS: ,,Der Glaube ist ein Thun unseres Ich. Des Glauben-
den Person ergreift Christum. Diesen Act kann der Heilige Geist
nicht für den Menschen verrichten. Der Mensch hat aber den Willen
und die Fähigkeit, Christum zu ergreifen, nur durch den Heiligen Geist.
Der Heilige Geist wirkt in der Wiedergeburt also näher die *Kraft* zu
glauben, nicht den *Act* des Glaubens." (Die Lehre vom Abendmahle.
1851. p. 431.)

    IDEM: ,,Was vom Heiligen Geist ist, ist die Kraft zu glauben.
Was aber vom Menschen ist, ist der Act des Glaubens. . . Indem aber
die strengen Lutheraner immer nur das Ziel in's Auge fassten, alles
menschliche Verdienst abzuschneiden, zerstörten sie die psychologische
und sittliche Grundlage im Werke der Heilsaneignung." (Die luth.
Dogm. II. Bd. 1864. p. 545.)

§ 10.

Causa impulsiva[a] interna est Dei bonitas seu gratuitus[b] favor; externa est meritum[c] Christi.

    a) Movens Deum ad excitandam (quanquam et conservandam
atque confirmandam) in nobis fidem.

    b) Cujus respectu dicit Paulus ad *Phil. 1, 29.*: ἐχαρίσθη ὑμῖν, *gratis
datum* aut donatum *vobis est,* τὸ εἰς Χριστὸν πιστεύειν, *credere in Christum.*
Et gratiarum actio illa apostoli pro fide suorum utique ad gratiam Dei
indebitam fidei originem refert.

    c) Prout Paulus, postquam generaliter dixisset, *omnem benedictio-
nem spiritualem,* qua *Pater* nobis *benedixit, a Christo* pendere, *Eph. 1, 3.,
omnia* quoque *per Christum instaurata, v. 10. 11.,* per *eum* etiam nos
κληρωθέντας, *in sortem adscitos,* i. e. fideles factos esse dicit, v. 11.

M. CHEMNITIUS: „Wie kömmts dann aber, dass *Judas* nicht wird aufgenommen, dass der nicht Vergebung der Sünde empfähet, da es ihm doch gereuet, was er gethan hatte? Und was mangelt an seiner Reue und Buss, dass er keine Gnade erlangen kann? Er hatte keinen Glauben an Christum, gläubet nicht, dass Gott gnädig sei und Sünde vergebe, das thut ihm den Schaden, dann wo der Glaube nicht ist, da ist auch keine Gnade Gottes, noch Vergebung der Sünde. Nun sagt aber unser Katechismus im dritten Artikel unsers christlichen Glaubens, der Mensch kann nichts aus eigener Vernunft noch Kraft an Jesum Christum gläuben oder zu ihm kommen, sondern der Heilige Geist müsse ihn zu solchem Glauben bringen, denn der Glaube ist eine Gabe Gottes; wie kömmt es denn, dass Gott dem Juda solchen Glauben nicht ins Herz gibt, dass er auch hätte glauben können, dass ihm könnte durch Christum geholfen werden? *Da müssen wir mit unsern Fragen wiederkehren*, und sagen Röm. 11.: ‚O, welch eine Tiefe des Reichthums, beide der Weisheit und Erkenntniss Gottes, wie gar unbegreiflich sind seine Gerichte und unerforschlich seine Wege!' Wir können und sollen dies nicht ausforschen und uns in solche Gedanken zu weit vertiefen, sondern dies also gebrauchen, dass wir uns nicht vorsätzlich in die Sünde begeben und Gott versuchen, auf dass Gott nicht die Hand von uns abziehe und uns sinken lasse; denn, wo das geschieht, so fallen wir immer aus einer Sünde in die andere, und gleiten allmählich so tief in die Sünde hinein, dass hernach kein Wiederkehren ist, und wir nicht wiederum zum Stande greifen können. Wie es mit dem Juda ist ergangen, der hebt erst gemach an, gehet mit den Almosen, die Christo von guten Leuten verehret und ihm zuvertrauet wurden, untreulich um, und als er darüber nicht alsbald von Gott gestraft wird, machet das ihn dreistig und kühne, dass er in Sünden fortfähret, und waget es immer ferner; da er's nu zu grob machet und Christus ihn fürnimmt, ihn ermahnet, warnet und straft, auch freundlich und väterlich ihn von seinem bösen Fürnehmen will abführen, gebrauchet auch endlich einen gebührlichen Ernst und sagt: ‚Es wäre dem Menschen besser, dass er nie geboren wäre', stellet sich hinwiederum gegen ihn so freundlich, wäschet ihm die Füsse, speiset ihn mit seinem Leib und Blut, vermahnet ihn mit freundlichen Worten zur Besserung; ja, das noch mehr ist: da er zu ihm kömmt mit der Schaar und Dienern der Hohenpriester, die ihn greifen wollten, und er unterm Schein der Freundschaft mit einem verrätherischen Herzen zu ihm tritt, gestattet er ihn zu sich und lässt sich von ihm küssen. Und als Judas, nachdem er so viel schwere Sünde begangen hatte, noch weiter in Sicherheit dahin gehet und achtet dies alles nicht, *da ziehet der Herr endlich die Hand von ihm abe*, und lässt ihn in Verzweiflung fallen. Daraus sollen wir dies lernen, dass wir nicht wider unser Gewissen muthwillig sündigen und der Gnade Gottes missbrauchen, denn Gottes Gerichte sind unbegreiflich und unausforschlich, Röm. 11. Derhalben soll niemand gedenken: Was schadet's, ob ich bereit sündige und die Busse lange spare? Gott ist gnädig und barmherzig, der wird's so genau nicht mit mir nehmen; wann ich ausgeraset habe, will ich mich dann einmal bekehren, so nimmt er mich bald zu Gnaden an. So gedenkt mancher und gehet darüber hin, und wann ihn Gott zur Busse ruft, meint er, es sei unverbeidet, er will noch wohl damit zu Masse kommen; *gerade als wenn wir's in unsern Händen hätten, dass wir uns könnten zu Gott bekehren, wann wir nur wollten*. Aber dafür warnet uns die Epistel an die Ebräer am 3. aus dem 95. Psalm und sagt: ‚Heute, so ihr hören werdet die Stimme Gottes, verstocket eure Herzen nicht', gedenket nicht, wir haben noch Zeit genug uns zu bessern, wie eure Väter thaten in der Wüsten, denen ich Zeit gab 40 Jahr lang zur Besserung, aber sie entrüsteten mich, dass ich auch schwur in meinem Zorn, sie sollten zu meiner Ruhe nicht kommen. Darum sagt die Epistel zun Hebräern: ‚Sehet zu, lieben Kinder, dass ihr nicht ein solches arges, ungläubiges und unbussfertiges Herz habt, sondern ermahnet euch unter einander, so lange es heute heisst, dass ihr itzt die gnadenreiche Zeit nicht versäumt', dass ihr nicht auch verworfen werdet, wie die Väter in der Wüsten. Wir sollen zwar uns nicht unterstehen, dass wir der Gnad und Barmherzigkeit Gottes wollten ein gewisse Mass und Ziel setzen, wie weit und ferne sich dieselbe erstrecke und wo sie wende; sondern das gebühret uns, dass wir fleissig Acht auf geben, so lang der Geist Gottes in uns sein Werk verrichtet mit Strafen, Warnen und Vermahnen, und in uns also arbeitet wider das Fleisch, so ist's eine gewisse Anzeigung, dass uns Gott zur Busse ruft und uns in Gnaden gewogen ist und wollte uns gerne bekehren; wann du aber dies nicht achtest, sondern gehest dahin ohne Busse und Besserung, in aller Sicherheit, trittst alle Vermahnung aus dem Gesetz und Trost aus dem Evangelio mit Füssen, so sollst du wissen, Gott hat seine heimlichen, schrecklichen Gerichte und lässt solche muthwillige Sünder in einen verkehrten Sinn gerathen." (Passionspredigten. IV, 17—19.)

HEERBRANDUS: „Cum fides peculiare Dei donum sit: cur hoc uni datur, alii vero non? — Deus multa sibi in hac disputatione reservavit, quae nobis non patefecit. Ideo nostris cogitationibus non indulgeamus, sed metam ponamus, ne ultra inquiramus, quam nobis est revelatum in verbo. Facit Deus, quicquid potest, salutis nostrae causa. Misit enim et donavit Filium suum mundi salvatorem. Instituit verbi sui ministerium, per quod Filium vult audiri. Et per verbi auditum fidem, mediante Spiritu Sancto, operatur. Hoc cum homines audire nolint, mirum est minime, quod etiam a Spiritu Sancto negligantur, et sic non credant, nec salventur. Qui enim animo discendi audiat, nostrum non est judicare. Et tamen recte apostolus dicit, non esse currentis, sed miserentis Dei. Major enim est humana mentis coecitas et stupor, quam ut possit ex sese mysteria illa regni Dei capere. Igitur etsi diu homo currat, velit, audiat, tamen nec doctor fidem dare potest, nec auditor eam in se excitare; sed motus Spiritus Sancti accedat necesse est, absque quo nihil est, qui rigat aut plantat, ita nec qui audit, sed qui dat incrementum, Deus; qui tamen externam illam requirit obedientiam currendi, volendi, audiendi, per quae ipse fidem operatur. Quodsi *diversitatis ratio* quaeratur, cur uni det fidem, alteri non det: certe in Deo reperiri non potest, qui aequaliter erga omnes est affectus. Recipit enim in gratiam omnes credentes in Filium, et damnat omnes incredulos; juxta illud ipsiusmet: ,Ut omnis, qui credit in Filium, non pereat, sed habeat vitam aeternam.' Et baptista ibidem: ,Qui credit in Filium, habet vitam aeternam. Qui autem incredulus est Filio, non videbit vitam, sed ira Dei manet super eum.' Ideo hic, quid respondeamus, aliud non habemus, nisi *quod aliter fieri non debeat;* quia nemini quicquam debet, sed quorum vult, miseretur; et non esse injustitiam apud eum. Et cum apostolo dicamus: ,O homo, tu quis es, qui ex adverso respondes Deo?' Num dicit figmentum fictori suo: Cur me ad hunc finxisti modum?" (Compend. th. 1582. p. 499—501.)

§ 11.

Causa instrumentalis[a] fidei nostrae sunt verbum[b] evangelii et[c] baptismus.

a) Qua Deus libere utitur in productione fidei, cum hanc etiam non mediante organo producere posset.

b) Quod propterea dicitur ἀκοὴ πίστεως, praedicatio et auditus fidei, non solum tanquam objecti, verum etiam ut *effectus, Gal. 3, 2. et 5.* Nimirum quod ἡ πίστις ἐξ ἀκοῆς, ἡ δὲ ἀκοὴ διὰ ῥήματος τοῦ θεοῦ, *fides ex auditu est, auditus autem per verbum Dei, Rom. 10, 17.*

Conf. Augustana: „Ut hanc fidem consequamur, institutum est ministerium docendi evangelii et porrigendi sacramenta. Nam per verbum et sacramenta tamquam per instrumenta donatur Spiritus S., qui fidem efficit, ubi et quando est visum Deo, in iis, qui audiunt evangelium, scl. quod Deus non propter nostra merita, sed propter Christum justificet hos, qui credunt, se propter Christum in gratiam recipi. Damnant (ecclesiae apud nos) Anabaptistas et alios, qui sentiunt, Spiritum S. contingere sine verbo externo hominibus per ipsorum praeparationes et opera." (Artic. 5. p. 39. sq.)

Articuli Smalcaldici: „In his, quae vocale et externum verbum concernunt, constanter tenendum est, Deum nemini Spiritum vel gratiam suam largiri, nisi per verbum et cum verbo externo et praecedente, ut ita praemuniamus nos adversus enthusiastas, id est, spiritus, qui jactant, se ante verbum et sine verbo Spiritum habere, et ideo Scripturam sive vocale verbum judicant, flectunt et reflectunt pro libito, ut faciebat Monetarius et multi adhuc hodie, qui acute discernere volunt inter spiritum et literam, et neutrum norunt nec, quid statuant, sciunt. Quid? quod etiam papatus simpliciter est merus enthusiasmus, quo papa gloriatur, omnia jura esse in scrinio sui pectoris, et quidquid ipse in ecclesia sua sentit et jubet, id Spiritum et justum esse, etiamsi supra et contra Scripturam et vocale verbum aliquid statuat et praecipiat. Hoc in universum antiquus est satanas et serpens, qui etiam Adamum et Evam in enthusiasmum conjiciebat et ab externo verbo Dei ad spiritualitates et proprias opiniones abducebat, id quod tamen et ipse per alia externa verba perficiebat. Perinde ac hodie nostri enthusiastae externum verbum damnant, et tamen ipi non silent, sed mundum garrulitatibus et scriptionibus implent, quasi vero Spiritus per scripta et vocale verbum apostolorum venire nequeat, sed per ipsorum verba et scripta primum veniat. Cur ergo non ipsi etiam omittunt suas conciones et scriptiones, donec Spiritus ipse ad homines sine ipsorum scriptis et ante ea veniat, quemadmodum gloriantur, Spiritum se accepisse sine praedicatione Scripturarum. . . Nam etiam ii, qui ante baptismum credunt vel in baptismo credere incipiunt, per externum praecedens verbum credunt, ut adulti; audiunt enim (Marc. 16, 16.): ,Quicunque crediderit et baptizatus fuerit, salvus erit', etiamsi primum increduli post decennium accipiant Spiritum et baptismum. Cornelius Act. 10, 1, sqq. longe ante audierat apud Judaeos de venturo messia, per quem justus coram Deo preces et eleemosynas Deo gratas praestabat ex fide (sicut Lucas eum nominat justum, pium et timentem Dei) et sine praecedente illo verbo atque auditu credere et justus esse non poterat. Petrus autem patefacere ei jubebatur, messiam (in quem venturum hactenus ille crediderat) jam advenisse, ut fides ejus de venturo messia eum apud induratos et incredulos Judaeos non captivum teneret, sed ut sciret, se salvandum esse per praesentem messiam, et hunc cum Judaeorum turba non negaret nec persequeretur etc. Quid multis? Enthusiasmus insitus est Adamo et filiis ejus a primo lapsu usque ad finem mundi, ab antiquo dracone ipsis veneno quodam implantatus et infusus, estque omnium haeresium et papatus et Mahometismi origo, vis, vita et potentia. Quare in hoc nobis est constanter perseverandum, *quod Deus non velit nobiscum aliter agere, nisi per vocale verbum et sacramenta et quod, quidquid sine verbo et sacramentis jactatur, ut Spiritus, sit ipse diabolus.*" (P. III. art. 8. p. 321. sq.)

c) Saltem respectu infantum, qui per baptismum concipiunt fidem (etsi non aeque nobis explicabilem, ut est fides adultorum, de qua hic maxime agimus); quod infra suo loco disertius docebitur. Quanquam et obsignandae atque confirmandae fidei adultorum, qui jam ex verbo conceperunt fidem, per modum organi efficacis destinatus est et prodest; de quo similiter infra videbimus.

Confessio Augustana: ,,De usu sacramentorum docent, quod sacramenta instituta sint, non modo ut sint notae professionis inter homines, sed magis ut sint signa et testimonia voluntatis Dei erga nos ad *excitandam* et *confirmandam* fidem in his, qui utuntur, proposita. Itaque utendum est sacramentis ita, ut fides *accedat*, quae credat promissionibus, quae per sacramenta exhibentur et ostenduntur. Damnant igitur illos, qui docent, quod sacramenta ex opere operato justificent, nec docent, fidem requiri in usu sacramentorum, quae credat remitti peccata.'' (Artic. 13. p. 42.)

Catechismus major: ,,Ad hunc modum cum puerorum baptismo quoque facimus. Puerum ecclesiae ministro baptizandum apportamus, *hac spe atque animo, quod certo credat*, et precamur, ut Deus eum fide donet.'' (IV. P. p. 494.)

Lutherus: ,,Hoc, quod maxime jactat Cocleus, parvulos, cum sint sine fide, per baptismum justificari, fortiter negamus. Sed dicimus cum Augustino: ,Non sacramentum, sed fides sacramenti justificat.' Et iterum: ,Justificat, non quia fit, sed quia creditur.' Quodsi Augustinus alibi contrarium dicit, sequimur eum, ubi cum scriptura sentit, et relinquimus, ubi citra vel contra scripturam loquitur. Frustra igitur corrasit tot patrum dicta, quasi nos in hominum verba coacturus, cum toties testati simus, nos in re conscientiarum nullius hominis, sed solius Dei verbum amplecti, quod soli Deo, nulli homini conveniat, conscientias regere et docere. Non tamen negamus, parvulos esse baptizandos, nec asserimus, eos baptismum accipere sine fide, sed dicimus, *ad baptismum eos credere per vim verbi, quo exorcisantur, et per fidem ecclesiae, eos offerentis et eis fidem orationibus suis impetrantis.* Alioqui mera et intolerabilia essent mendacia, quando baptisans a parvulo quaerit, an credat, non baptisaturus, nisi vice ejus respondeatur: ,Credo.' Ut quid interrogat, an credat, si certum est, eos non credere? ut Cocleus contendit. Esto, Augustinus sic aliquando dicat, sed Cocleo satis sit esse sic ab homine dictum, nos volumus hoc dictum divinis testimoniis probatum. Quin asserimus, parvulos prorsus non esse baptisandos, si verum est, eos in baptismo non credere, ne illudatur majestatis sacramenti et verbum. Debemus autem et hunc negatae in parvulis fidei errorem sophistis, qui hominum dicta, sicut animalia immunda, vocant sine judicio et simul contraria docent, dum negant parvulo esse fidem et tamen, ut baptisari possit, exigunt ab eo fidem.'' (Adversus armatum virum Cocleum. 1523. Opp. lat. varii argum. Francof. ad M. 1873. VII, 54. sq. Opp. germ. XIX, 701. sq.)

Idem: ,,Nun ist die Frage, wo die jungen Kinder bleiben, so sie doch noch keine Vernunft haben und für sich selbst nicht mögen gläuben, weil so geschrieben stehet, Röm. 10, 17.: ,Der Glaube kommt durchs Hören, das Hören aber kommt durchs Predigen Gottes Wort'? Nun hören noch verstehen ja die jungen Kinder Gottes Wort nicht; so mögen sie auch keinen eigenen Glauben haben. Auf diese Frage haben die Sophisten in hohen Schulen und des Pabsts Rotte eine solche Antwort erdichtet, dass die jungen Kinder werden ohn eigenen Glauben getauft, nämlich auf den Glauben der Kirche, welchen die Pathen bekennen bei der Taufe; darnach in der Taufe werde dem Kindlein *aus Kraft und Macht der Taufe* die Sünde vergeben und *eigener Glaube eingegossen* mit Gnaden, dass ein neugeboren Kind wird aus dem Wasser und Heiligen Geist. Wenn man sie aber fraget um den Grund solcher Antwort und wo das in der Schrift stehe, so findet mans im finstern Rauchloch, oder weisen uns auf ihre Birret und sagen: Wir sind die hochgelehrten Doctores, und sagen solches, darum ists recht, darfst nicht weiter fragen. . . Vor diesem Gift und Irrthum hüte dich, wenn es gleich aller Väter und Concilien ausgedrückte Meinung wäre; denn sie bestehet nicht, hat keinen Grund der Schrift für sich, sondern eitel Menschendünkel und Träume; darzu ist sie stracks und öffentlich wider die vorigen Hauptsprüche, da Christus spricht: ‚Wer gläubt und getauft wird‘ u. s. w., dass kurzum beschlossen ist, Taufe hilft niemand, ist auch niemand zu geben, er gläube denn für sich selbst, und ohn eigenen Glauben niemand zu taufen ist; wie auch St. Augustin selbst spricht: Non sacramentum justificat, sed fides sacramenti, das Sacrament machet nicht gerecht, sondern der Glaube des Sacraments. . . . Darum sagen wir hier also zu, und schliessen: Dass die Kinder in der Taufe selbst gläuben und eigenen Glauben haben, den selbsten Gott in ihnen wirket durch das Fürbitten und Herzubringen der Pathen im Glauben der christlichen Kirche; und *das* heissen wir die Kraft des fremden Glaubens; nicht, dass jemand durch denselben möge selig werden, sondern dass er dadurch, als durch seine Fürbitte und Hülfe, möge von Gott selbst einen eigenen Glauben erlangen, dadurch er selig werde. . . Dess haben wir starke und feste Sprüche Matth. 19, 13—15. Marc. 10, 13—16. Luc. 18, 15. 16.; da etliche dem Herrn Jesu Kindlein zubrachten, dass er sie anrührete, und die Jünger ihnen wehreten, strafet er die Jünger und herzet die Kinder und legt die Hände auf sie, und segnet sie, und sprach: ‚Solcher ist das Reich Gottes, u. s. w. Diese Sprüche wird uns niemand nehmen, noch sie mit gutem Grund widerlegen. Denn hier stehet es, dass Christus will unverboten haben, die Kindlein zu ihm zu bringen, ja, heisset sie zu ihm bringen und segnet sie und gibt ihnen das Himmelreich; das lasset uns wohl merken. . . Nun ist er in der Taufe so gegenwärtig, als er dazumal war, das wissen wir Christen gewiss: darum wir nicht dürfen wehren den Kindern die Taufe. So dürfen wir auch nicht zweifeln, er segne sie alle, die dahin kommen, wie er jenen that. So bleibt nun hier nichts mehr, denn die Andacht und der Glaube derjenigen, die die Kindlein zu ihm brachten; dieselbigen machen und helfen durch ihr Zubringen, dass die Kindlein gesegnet werden und das Himmelreich erlangen; welches nicht sein kann, sie haben denn eigenen Glauben für sich selbst, wie gesaget ist. Also sagen wir auch hier, dass die Kindlein zur Taufe gebracht werden wohl durch fremden Glauben und Werk, aber wenn sie dahin kommen sind und der Priester oder Täufer mit ihnen handelt an Christi Statt, so segnet er sie und gibt ihnen den Glauben und das Himmelreich; denn des Priesters Wort und That sind Christi selbst Wort und Werk.“ (Kirchenpostille. XI, 667. sq. 669. 672. 673. 674. sq.)

ANTITHESIS.

Carpzovius: ,,Quod regenerationem stricte dictam attinet, quae justificationi antecedit, et quidem prout in infantibus fit, ibi certe etiam absque fide operatur baptismus, atque se habet ut organum operans, operaturque per modum operis operati, ut scholastici loquuntur, istudque Bellarm. l. 2. de Sacr. c. 1. ex Sess. VII. Can. IIX. Conc. Trid. definit, quod non praesupponat, neque etiam requirat bonum motum in subjecto, sed introducat eum. In infantibus enim baptismus non ‚*excitat*‘ fidem, sicut in adultis jam ex verbo eam habentibus, sed *primitus operatur*. Ut autem baptismus fidem operetur, non requiritur fides, alias daretur progressus in infinitum.“ (Isagog. in libb. symb. p. 1091.)

§ 12.

Subjectum quod[a] fidei[b] in Christum est homo[c] peccator[d] regenitus[e] aut conversus;[f] nec solum adultus,[g] sed suo modo etiam infans.[h]

a) Sive suppositum, quod denominatur *credens* aut *fidele*.

b) Cum *actualis*, quae intra hominem elicitur et recipitur; tum *habitualis*, quae eidem inexistit per modum qualitatis perficientis suum subjectum.

c) Nam de fide, quae in angelis viatoribus fuit, jam non est locus dicere. Vid. supra P. I. cap. III. § 21. not. *c*. Vol. II. p. 120.

d) Sicut enim Christus hominibus, non integris, sed lapsis, datus est mediator; ita fides in Christum non in homine integro, sed peccatore, quaerenda est.

e) Irregeniti enim carent fide, quae per naturam nobis non inest, sed per gratiam a *Patre luminum* proficiscentem, a quo *progignimur*, *Jacobi 1, 17. 18.* Confer. *1 Pet. 1, 3. 5. 21. 23.* et quae *cap. seq. IV.* dicentur § 1. et 5.

> QUENSTEDTIUS: ,,Materia fidei salvificae duplex est, *in* qua et *circa* quam sive *subjectiva* et *objectiva.* Materia subjecta vel *subjectum fidei* iterum duplex est, totale vel partiale. *Totale subjectum* sunt non soli electi (ut volunt Calviniani; hinc Bucanus L. 29. qu. 19.: ,Fides non est omnium, sed electorum tantum'), sed omnes homines *renati* sive *viribus credendi* per gratiam regenerationis instructi, sive infantes illi sint, sive adulti; nam et infantes capaces sunt fidei directae (non reflexae) actualis (non nude potentialis)... *Subjectum partiale* seu inadaequatum est partim intellectus, partim voluntas, pro diverso fidei respectu.`` (L. c. P. IV. c. 8. s. 1. th. 12. f. 1340.)

f) Ante conversionem enim homines sunt *in tenebris, luce* fidei carentes, *Act. 26, 18. Ephes. 5, 8.* Confer cap. seq. § 1. et 17.

g) Adultis haud dubie competunt, quae hactenus de fide diximus.

h) Nimirum infantes quidem baptizati, uti quondam in V. T. circumcisi, revera quidem *credunt* in Christum, *Matth. 18, 6. Marci 9, 42.* Unde etiam *illorum* est *regnum coelorum, Marci 10, 14.* Neque fidem illam vel extra infantes in parentibus aut sponsoribus formaliter esse, *vel* in otioso habitu consistere, dici potest; *sed* actualis non minus quam habitualis fides infantibus adscribenda est. Attamen *natura* fidei illius nobis minus est explicabilis, cum fidem ex verbo praedicato et lecto ab adultis haustam, ac vulgo describi solitam, facilius assequa- ·mur. De fide infantum autem cum b. M. *Chemnitio* in Exam. Conc. Trid. Part. II. de Bapt. ad Can. XIII. p. m. 91. juxta *Formulam Concord. inter Theologos Saxoniae et superioris Germaniae 1536. constitu- tam* recte judicamus: *Quando dicitur, infantes credere, non esse imaginan- dum, infantes intelligere, aut sentire motus fidei; sed rejici errorem illorum, qui imaginantur, infantes baptizatos placere Deo et salvos fieri sine actione aliqua Spiritus Sancti in eis, cum Christus clare dicat, nisi quis renatus fuerit ex aqua et Spiritu etc. Ergo oportet Spiritum Sanctum in infantibus, qui baptizantur, efficacem esse et operari, ut regnum Dei, quod in baptismo offertur et donatur, accipere possint, suo quodam modo, nobis nec satis cognito, nec explicabili.* Vid. plura l. c.

> GERHARDUS: ,,Infantum per circumcisionem in V. et per baptis- mum in N. T. foedere divino insertorum *fidem* demonstramus ex se- quentibus fundamentis: 1. Scriptura disertis et expressis verbis fidem illis tribuit. Matth. 18, 6. Marc. 9, 42... 2. Positis proprietatibus et immediato alicujus rei effectu res ipsa ponitur. Infantibus circum-

cisis in V. et baptizatis in N. T. Scriptura tribuit proprietates et effecta fidei. Ergo. Ps. 8, 3. 22, 10. 71, 6. 115, 13. 14. 1 Joh. 2, 14. 5, 4. Apoc. 11, 18. . . 3. Infantes baptizati justi sunt ac Deo placent. Jam vero sola fide in Christum sumus justi ac Deo placemus. . . 4. Infantibus aut fides tribuenda, aut salus deneganda. Salutem illis denegare, crudele est et impium. Ergo nec fides eis deneganda. . . Excipiunt, de adultis solum intelligenda Scripturae dicta, quae testantur, nos fide in Christum fieri salvos. Resp.: Unus Christus, una fides, una salus, unus justificationis et salvationis modus teste tota Scriptura. Generalia sunt Sp. Sancti pronuntiata: ,Sine fide impossibile est Deo placere. Qui non credit, condemnabitur. Qui incredulus est Filio, ira Dei manebit super eum.' Ubi ergo Scr. non distinguit, nec nos distinguere debemus. Praeter fidem nullum dari potest medium, quo Christus, extra quem nemo salvari potest, apprehendatur." (Loc. de bapt. § 218—222.)

IDEM: ,,Arbor bona in media hyeme non destituitur proprietate bonos fructus proferendi, quamvis exterius id non appareat, et nos fidem infantibus ex eo negabimus, quod externos ejusdem fructus non proferant? Ut in seminibus et surculis arborum res se habet: quanquam non ferunt fructus, tamen inest eis vis et natura, ut fructus suo tempore producant: sic infantum fides ἐνέργειαν exteriorem suo tempore exserit et fert fructus Deo placentes." (L. c. § 220.)

CHEMNITIUS: ,,Marc. 10. Christus affirmat, adultos ita accipere regnum Dei, sicut parvuli illud accipiunt. Et Matth. 18. inquit: ,Qui scandalizaverit unum ex *pusillis* istis, qui in me *credunt*.' Et inter pusillos istos etiam παιδίον, puerulum, numerat. Praeterea circumcisio in genere vocatur ,signaculum justitiae fidei' Rom. 4. Quod si infantibus circumcisis tribuitur justitia fidei, ergo etiam ipsa fides illis tribuitur. . . Et Spiritum Sanctum in infantibus, nondum ratione utentibus, hoc efficere posse, licet modus et ratio a nobis nec comprehendi, nec explicari possit, non est dubium, sicut manifesto exemplo in Joanne baptista ostendit. De ejus enim exultatione angelus inquit: ,Replebitur Spiritu Sancto adhuc in utero matris.' Singulare sane illud exemplum non facit regulam communem, ostendit tamen, Spiritum Sanctum etiam in infantibus operari *posse*." (Exam. Concil. Trid. Ed. Genev. f. 246. sq.)

LUTHERUS: ,,Hierzu stimmet auch St. Johannes in seiner ersten Epistel Cap. 2, 14., da er spricht: ,Ich schreibe euch Vätern, ich schreibe euch Jünglingen, ich schreibe euch Kindern'; lässt ihm nicht begnügen, dass er den Jünglingen schreibet, schreibet auch den Kindern; und schreibet, sie haben den Vater erkannt. Daraus folget je, dass die Apostel haben auch die Kinder getauft, und dafür gehalten, sie *gläuben* und kennen den Vater, gerade als wären sie zur Vernunft kommen und könnten lesen. Wiewohl das Wort ,Kinder' allhier jemand möchte deuten auf die Alten, wie Christus seine Jünger etwa nennet, so ist es doch gewiss, dass er *hier* redet von denen, die jünger sind, denn die Jünglinge, dass es lautet, er rede von dem jungen Haufen, der unter funfzehen oder achtzehen Jahren ist, und nimmt niemand aus von den Jahren bis auf das erste Jahr; denn das heissen alle Kinder. Aber wir wollen doch sehen ihre Ursache, warum sie die Kinder nicht gläubig halten. Sie sprechen: Weil sie noch nicht zur Vernunft sind kommen, mögen sie Gottes Wort nicht hören; wo aber Gottes Wort nicht gehöret wird, da kann kein Glaube sein, Röm. 10, 17.: ,Der Glaube kommt durch das Hören, das Hören aber kommt durch Gottes Wort' u. s. w. Sage mir, ist das auch christlich geredet, also von Gottes Werken urtheilen nach unserm Dünken: Die Kinder sind nicht zur Vernunft kommen, darum können sie nicht gläuben? Wie, wenn du durch solche Vernunft wärest schon vom Glauben kommen, und die Kinder durch ihre Unvernunft zum Glauben kommen? Lieber, was Gutes thut die Vernunft zum Glauben und Gottes Wort? Ist's

nicht sie, die dem Glauben und Wort Gottes auf das höheste wider-
stehet, dass niemand vor ihr zum Glauben kann kommen, noch Gottes
Wort leiden will, sie werde denn geblendet und geschändet; dass der
Mensch muss ihr absterben, und gleich werden ein Narr, und ja so unvernünftig und unverständig, als kein jung Kind, soll er anders gläubig
werden und Gottes Gnade empfahen; wie Christus spricht Matth.
18, 3.: ‚Wenn ihr nicht umkehren werdet, und werdet wie die jungen
Kinder, so werdet ihr nicht in das Himmelreich kommen.‘ Wie oft
hält uns Christus für, dass wir zu Kindern und Narren werden müssen,
und verdammt die Vernunft! Item, sage mir, was hatten die Kindlein
für eine Vernunft, die Christus herzte und segnete und dem Himmel
zutheilete? Waren sie nicht auch noch ohne Vernunft? Warum heisst
er sie denn zu ihm bringen, und segnet sie? Wo haben sie solchen
Glauben her, der sie zu Kindern des Himmelreichs machet? Ja, eben
weil sie ohne Vernunft und närrisch, sind sie besser zum Glauben geschickt, denn die Alten und Vernünftigen, welchen die Vernunft immer
im Wege liegt und will ihren grossen Kopf nicht durch die enge Thüre
stossen. Man muss hier nicht Vernunft noch ihre Werke ansehen,
wenn man vom Glauben und Gottes Werken redet. Hier wirket Gott
allein, und die Vernunft ist todt, blind und gegen diesem Werke wie
ein unvernünftig Block; auf dass bestehe die Schrift, die da saget:
‚Gott ist wunderlich in seinen Heiligen.‘ Item Es. 55, 9.: ‚So viel der
Himmel höher ist, denn die Erde, so sind auch meine Wege höher,
denn eure Wege, und meine Gedanken, denn eure Gedanken.‘ .. Dazu
sage mir, wo bleibet die Vernunft des Christgläubigen, wenn er *schläft*,
so doch sein Glaube und Gottes Gnade ihn nimmer lässt? Kann *hier*
der Glaube ohne Zuthun der Vernunft bleiben, dass sie es nicht gewahr wird; warum sollte er auch nicht anfahen in den *Kindern*, ehe
die Vernunft darum etwas weiss? Item, so möchte ich auch sagen
von allen Ständen, darin ein Christ lebet, und etwas arbeitet oder zu
schaffen hat, dass er des Glaubens und Vernunft nicht gewahr wird,
und doch daur der Glaube nicht ablässet. Gottes Werke sind heimlich und wunderlich, wo und wenn er will; wiederum, auch offenbarlich gnug, wo und wenn er will, dass uns darüber zu urtheilen zu hoch
und zu tief ist." (Kirchenpostille. XI. p. 675—677. 678.)

ANTITHESIS.

QUENSTEDTIUS: „*Antithesis:* 1. *Pontificiorum*, qui nudum et
otiosum habitum fidei seu fidei *actum primum* infantibus tribuunt,
actualem autem fidem eis denegant. Proposita fuit haec opinio in Concilio Viennensi a. 1311., cujus decretum tradit Constit. Clement. 1. de
Summa Trinit. Eandem defendunt Thomas, Scotus, Durandus, Gabr.
Biel etc. in 3. dist. 23. teste Bellarmino l. 1. de baptismo c. 11. Eam ut
certam definivit Concil. Trident. sess. 7. can. 13. .. 2. *Calvinianorum*,
actualem et salvificam fidem infantibus detrahentium. Hi ipsi tamen
in varia sententiarum divortia abripiuntur. Quidam enim 1.) infantibus *omnem* fidem denegant, hancque doctrinam cum pontificiis pro
commento habent; ita Cunaeus l. 3. de Rep. Hebr. c. 9.: ‚Non ignoro‘,
inquit, ‚exstare scripta gravissimorum hominum, qui in infantibus, uti
captus eorum est, inesse quandam sacrae fidei vim, tradunt. Sed hoc
tam fatuum est, ut flagris castigari dignum sit. Apostoli enim vox est
Rom. 10, 17.: ὅτι ἡ πίστις ἐξ ἀκοῆς, ex auditione fidem esse; addamus
nos, etiam ab assensu. .. Piscator ad Matth. 21, 14. annotat: ‚Infantium potest esse regnum coelorum, *etiamsi non credant*, dummodo sint
electi. Fides enim in Scriptura nusquam requiritur, nisi ab adultis, ut
qui capaces sint auditus, per quem datur fides.‘ .. 2.) Alii τὸ ἐπέχειν
hic arripiunt, unde Wittakerus praelect. de Sacram. qu. 4. c. 5. laudat
prudentiam et modestiam Calvini, ‚qui nihil ausus fuit hic temere definire‘. Ast licet Calvinus l. 4. Instit. c. 16. § 19. in suspenso se relinquere malle dicit, quid de infantium in hac vita fide sit sentiendum,

quam temere aliquid affirmare, tamen mox § 20. et in Antidoto Conc. Trid. f. 280. sq. ita rem agit, ut non obscure veram iis fidem deroget. . . 3.) Alii infantibus nec ἐνεργείᾳ nec δυνάμει fidem tribuunt, salvari tamen illos dicunt fide *aliena*, piorum sc. parentum vel ecclesiae fide, utpote quae ipsis ex foedere Dei ad justificationem imputetur. Ita docet Beza in Coll. Mompelg. resp. 2. f. 49. . . 4.) Quidam contendunt, infantes credere *potentia* et *inclinatione*, *actu primo*, *non secundo*, in semente, non in messe. . . ,Fidem habent inclinativam, vel inclinationem ad fidem', ait Ursinus in Catceches. qu. 57. Semen fidei in infantibus etiam Calvinus agnoscit l. 4. Inst. c. 16. § 20. etc. . . Vide Altstedium in Methodo Theol. p. 330., ubi inquit, ,fideles infantes habere fidem existentia, non essentia', quod paradoxon est, tum in philosophia, tum in theologia. (Abstrahi quidem potest essentia ab existentia, non contra; separari vero non potest, videatur Combachius in Metaphys. c. 9. p. 138.) 3. *Anabaptistarum*, qui *simpliciter* infantibus fidem denegant, cum non sint doctrinae capaces. . . 4. *Socinianorum*, qui infantibus *penitus* fidem derogant, utpote qui ad fidem apti non sint. . . 5. *Arminiano-rum*, qui . . . non obscure infantum fidem *negant*, in Apol. f. 37. a. . . 7. *Novatorum*, qui aliquid *analogon* fidei, non ipsam fidem proprie dictam infantibus concedunt et parentum fidem cum quibusdam Calvinianis illis adscribunt. Sic Brand. Daetrius disp. de baptismo sub praesidio D. G. Calixti 1643. habita § 171. scribit, parentes et susceptores ,commodare quasi cor infantibus ad credendum'. . . D. Hornejus disp. theol. 2. sect. 1. de praedest. th. 21. p. 211.: ,Parentum', inquit, ,et qui baptismo eos offerunt, fides pro propria illorum fide deputatur.' Et Latermannus th. 54. de praedest., ,infantes ex *aliena* confessione credere, asserit." (L. c. c. 5. s. 2. q. 8. f. 1141—1143.)

§ 13.

Subjectum quo[a] est anima[b] humana ex parte intellectus et voluntatis.[c]

a) Seu pars illa hominis, cui fides formaliter inest et secundum quam homini competit.

b) Scriptura interdum καρδίαν, *cor*, metaphorice appellat, *Rom. 10, 10.*, ubi *corde credi ad justitiam* dicitur.

c) Utriusque, inquam, potentiae, juxta ea, quae de fidei assensu et fiducia dicta sunt cap. III. § 6. not. *c. d.*

QUENSTEDTIUS: ,,Ratione notitiae et assensus fides in intellectu est, ratione fiduciae in Christum in voluntate; quia cognitio et assensus ad intellectum pertinet, cujus objectum est *verum*, fiducia vero ad voluntatem, cujus objectum est *bonum*." (L. c. c. 8. s. 1. th. 12. f. 1340.)

APOLOGIA A. C.: ,,Si quis sophista cavillatur: justitiam in *voluntate* esse, quare non possit tribui *fidei*, quae *in intellectu* est: facilis est responsio, quia isti in scholis etiam fatentur, *voluntatem imperare intellectui*, ut assentiatur verbo Dei. Ac nos *clarius* dicimus: Sicut terrores peccati et mortis non sunt tantum *cogitationes intellectus*, sed etiam horribiles *motus voluntatis*, fugientis judicium Dei; ita fides est non tantum notitia in intellectu, sed etiam fiducia in voluntate, h. e., est velle et accipere hoc, quod in promissione offertur, videlicet reconciliationem et remissionem peccatorum." (Artic. 4. p. 139.)

§ 14.

Finis[a] et *effectus*[b] fidei *proximus* est justificatio;[c] *deinde* renovatio;[d] *denique* salus aeterna[e] credentium.

a) Quem et Deus, conferens fidem hominibus, intendit et ad quem homines ipsi tendunt, tanquam ad bonum obtinendum per fidem.

b) *Partim* quidem, tanquam causae impulsivae minus principalis, si de justificatione et salute; *partim* in genere causae efficientis, si de renovatione sit sermo; quod infra, suo quoque loco, ostendetur.

c) Sic enim dicimur *justificari fide, per fidem, ex fide, Rom. 3, 28. 30. Gal. 3, 24.* Plura in L. de justificatione dicentur.

d) Qua ratione fides dicitur ἐνεργουμένη, *efficax,* per caritatem *Gal. 5, 6.*

QUENSTEDTIUS: „Effectus fidei duplex est: immediatus et mediatus. *Immediatus* est peccatorum remissio Act. 10, 43., justificatio Rom. 4, 5. 10, 4., cum Christo unio, accessus ad Deum et conscientiae tranquillitas Rom. 5, 1. 2. Inter quos fidei effectus palmam tenet justificatio, ad quam omnes reliqui effectus referri possunt. *Mediatus* effectus sunt bona opera, patientia in adversis Rom. 5, 3., victoria mundi et satanae 1 Joh. 5, 4. Eph. 6, 16., caritas Dei et proximi. Est enim fides semper efficax per caritatem ἄνω καὶ κάτω Gal. 5, 6.“ (L. c. P. IV. c. 8. s. 1. th. 15. f. 1341.)

e) Juxta id, quod *Joh. 20. ult.* dicitur: *Haec scripta sunt, ut credatis,* Jesum esse *Filium Dei, et ut* credentes *vitam habeatis per nomen ejus.*

QUENSTEDTIUS: „Fidei τέλος seu *finis* est salus et vita aeterna. . . Credentes ,exultatis' (laetitia inenarrabili et glorificata), ,reportantes τὸ τέλος, h. e. finem fidei vestrae, salutem animarum 1 Pet. 1, 6. 9. Ubi vox τέλος exponi potest et per *finem,* sc. quoad *intentionem* salutis, et per *praemium* quoad *assecutionem* salutis; nam per fidem custodimur ad salutem paratam *revelari* tempore novissimo.“ (L. c. th. 16. f. 1342.)

§ 15.

Proprietas fidei in Christum prima est *certitudo,* tum ex parte *objecti,* quod creditur, cui falsum subesse repugnat;[a] tum ex parte *subjecti,* sive ejus, qui credit et promissionibus divinis, tanquam quibus deceptio subesse non possit, tenacissime[b] adhaeret atque innititur.[c]

a) Haec enim in assensum fidei derivatur ex objecto formali, quod est revelatio, in summa veracitate Dei fundata; de qua vid. Proleg. cap. I. § 35. Vol. I. p. 68.

b) Quam vocant *certitudinem* (alii *firmitatem*) adhaesionis quaeque in eo consistit, quod *intellectus* quidem, non obstante inevidentia objecti, tamen virtute divina, citra metum erroris ac sine haesitatione, promissionibus illis assentitur; *voluntas* autem cum fiducia iisdem inhaeret, atque ita, superatis dubitationibus, motibus carnis et tentationibus variis, adjuvante Dei gratia, hominis animus solatio efficacissimo fruitur.

c) Probant hanc fidei certitudinem loca illa Scripturae, quibus fidei tribuitur πεποίθησις, id est, firmissima animi ad divinas promissiones adhaesio, *Eph. 3, 12.*; πληροφορία, seu quod pleno animi motu in promissiones illas feramur, *Rom. 4, 18. sqq.* (unde et Abraham *contra spem sub spe credidisse, non haesitasse per incredulitatem,* sed *fide robustus* factus esse dicitur l. c. v. 18. 20.). Ipsa quoque fides ὑπόστασις ἐλπιζομένων appellatur, quatenus *quae sperantur,* tanquam futura, per fidem quasi *praesentia sistuntur,* et ἔλεγχος πραγμάτων οὐ βλεπομένων, quatenus *quae oculis non cernuntur,* tamen *per fidem* intellectui objiciuntur, *quasi per demonstrationem* certo *cognita essent, Ebr. 11, 1.*

LUTHERUS: „Ich halte, die Epistel Ebr. sehe hieher (2 Sam. 23, 1.) auf das Wort םָקֻם, da er spricht: ‚Fides est substantia, graece ὑπόστασις, welches wir verdeutscht haben: ‚Der Glaube ist eine gewisse Zuversicht.‘ Anderst kann mans einem Deutschen nicht sagen, so ers verstehen soll. Denn der Glaube ist und soll auch sein ein Standfest des Herzens, der nicht wanket, wackelt, bebet, zappelt noch zweifelt, sondern fest stehet und seiner Sachen gewiss ist. Desselben Worts gleichen hat man auch in dem Spruch Isaiä 40.: ‚Gottes Wort bleibt ewiglich.‘ Bleibt, d. i., es hält fest, ist gewiss, weicht nicht, lässt nicht feihlen. Wo nun dieses Wort ins Herz kommt mit rechtem Glauben, da machts das Herz ihm gleich, auch fest, gewiss und sicher, dass es so steif, aufrecht und hart wird wider alle Anfechtung, Teufel, Tod, und wie es heissen mag, dass es trötzlich und hochmüthiglich alles verachtet und spottet, was zweifel, zagen, böse und zornig sein will. Denn es weiss, dass ihm Gottes Wort nicht lügen kann. Solchs ist ein םָקֻם, stabilitus, substantiatus, substantificatus, hypostaticus, certus passive, sicut verbum Domini certum active; wie Paulus 2 Tim. 1.: ‚Ich weiss und bins gewiss‘ u. s. w.; 2 Pet. 1.: ‚Machet euren Beruf gewiss.‘“ (Von den letzten Worten Davids. 1543. Erl. Bd. 37, p. 7. sq.)

IDEM: „Spiritus Sanctus non est scepticus, nec dubia aut opiniones in cordibus nostris scripsit, sed assertiones ipsa vita et omni experientia certiores et firmiores.“ (De servo arbitrio. 1525. Opp. lat. var. arg. Francof. ad M. 1873. Vol. VII, 123. sq.) Cf. ejusd. praefat. ad ep. Pauli ad Rom. Vide supra § 9. c.

§ 16.

Possunt etiam et solent[a] homines credentes[b] *certitudine* infallibili[c] cognoscere, *quod* vere[d] *credant;* licet *nova* revelatione divina[e] id illis *non*[f] manifestetur.[g]

a) Si non semper et in omni statu (nam in casu *tentationis* fieri potest et fit, ut, qui vere fideles sunt, fidem suam in se non sentiant), *aliquando* tamen et cum animo liquidiore in se ipsi descendunt.

FORMULA CONCORDIAE: „Apostolus ait (Phil. 2, 13.): ‚Deus est, qui operatur in vobis et velle et perficere pro bona voluntate.‘ Quae Scripturae dulcissima sententia omnibus piis mentibus, quae *scintillulam* aliquam et desiderium gratiae divinae et aeternae salutis in cordibus suis sentiunt, eximiam consolationem affert. Certi enim sunt, quod ipse Deus initium illud verae pietatis tanquam flammulam in cordibus ipsorum accenderit, quodque velit eos etiam in magna infirmitate porro confirmare et juvare, ut in vera fide ad finem usque perseverent.“ (Sol. declar. art. 2. p. 591.)

L. Hartmannus: ,,Quando homo *serium desiderium* fidei et gratiae Dei habet, certe illud ipsum desiderium pro vera fide, quam infirma etiam esse videatur, habendum erit; siquidem, docente Augustino, ejusdem proprietas et operatio est serium illud desiderium et appetitus gratiae Dei in Christo, ut ea homini per fidem donetur; quis enim confugit ad gratiam, nisi cum a Domino gressus hominis diriguntur et viam ejus volet? ac per hoc et desiderare auxilium gratiae initium gratiae est. Potius ergo invertendum est argumentum et dicendum: Ego fidem habeo, quia sentio illam pugnam et illud desiderium gratiae. Aut negandum est antecedens: Tu fidem non sentis; ipsum illud desiderium est sensus et motus fidei. — Si vel maxime tentatus dicat, *se ne quidem desiderium illud in se deprehendere*, tamen ipsi respondeatur, has ipsas *externas querelas et anxias cogitationes de illo* esse desiderium fidei, imo ipsam fidem, per quam Christus in eo habitet et vivat, et in hoc ipso deveniri tandem ad gemitus istos inenarrabiles Sp. S. Rom. 8, 26. Praeterea non ipsa caro et sanguis operatur aut operari potest ejusmodi solicitudinem de fide, sed ipsa est opus Sp. S., quod ipse operatur in credentibus, quanquam sub actu tentationis vel maxime putent, se non habere fidem." (Pastorale ev. 1697. p. 1144.)

Lutherus: ,,Dices: Non possum credere, sicut multi hac tentatione vexantur; et memini, Torgae ad me venire mulierculam quandam et cum lacrymis queri, quod non posset credere. Ibi cum articulos symboli ordine recitarem et de singulis quaererem, statueretne, haec vera et ita gesta esse, an non, respondebat: Omnino sentio, vera esse; sed non possum credere. Illa erat satanica illusio. Dicebam igitur: Si statuis, ista omnia vera esse, nihil est, cur de tua incredulitate queraris. Si enim non dubitas, Filium Dei pro te mortuum esse, certe credis; quia credere nihil aliud est, quam habere ista pro certa et indubitata veritate." (Ad Gen. 26, 9. Exegetica opp. lat. Tom. VI. Erlang. p. 295.)

Hoepfnerus: ,,Etiam debilis ac temporaria fides potest certa esse ac firma quoad certitudinis fundamentum, quia merito Christi nititur, licet non ita fortiter vel etiam non perpetuo ei insistat. Ita pater lunatici, fidem suam veram esse, agnoscebat certitudine infallibili et quidem fidei divinae, et tamen respectu adhaerentis debilitatis fidem illam, de qua certus erat, vocat ἀπιστίαν, incredulitatem, Marc. 9, 24. Sic πρόςκαιροι, temporarii seu ad certum tempus credentes, habent veram fidem, quia ,accipiunt verbum cum gaudio', Matth. 13, 20., quae est descriptio fiducialis apprehensionis; sed ,non habent radicem', i. e., durabilitatem ac stabilitatem fidei seu, ut apostoli phrasis habet Col. 2, 7., ,non sunt in Christo radicati', et tamen de ista fide sua, ratione suae essentiae spectata, possunt esse infallibiles, quod sit vera. Similiter ergo et alius renatus potest vel imbecillam vel temporariam habere fidem, . . . et tamen de fide vel infirma vel non perseverante, deque justificatione potest esse certus divina certitudine tum objecti tum *subjecti*. Neque enim continuitas est de essentia fidei, sed ejus durationem spectat; neque fidei debilitas, quamdiu contra eam luctatur fidelis, tollit ipsam naturam fidei." (De justific. disputatt. p. 799.)

b) *Adulti* quidem; nam de infantum fide res obscurior est.

c) Citra omnem dubitationem aut formidinem oppositi.

d) *Divina*, inquam, non humana tantum, fide.

e) Quam pontificiorum aliqui *privilegiatam* vocant, alias *specialem*.

f) Sic enim admittendus foret progressus in infinitum.

g) Nimirum uti alii actus cognoscendi, ita et actus credendi in Christum, quamvis supernaturales sint, attamen in se ipsos reflexi se ipsos manifestant intellectui 1) *per suum esse*, quod supernaturale est, adeoque secundum esse suum supernaturale. 2) per supernaturalem *testificationem* Spiritus S., qua de actibus illis in se ipsos reflexis testatur in animo credentis, juxta *Rom. 8, 16.* 3) accedentibus actibus fidei *caritatis*, et similibus, tanquam *fructibus* fidei supernaturalis; qui de veritate ipsius fidei supernaturalis certo et infallibiliter testantur. Confer Disput. nostram Dialogis Ebermanni inter Arium et Lutherum oppositam § 102. p. 95. 96.

DANNHAUERUS: „De reflexione fidei (quae, ut in *intellectu* reflexio summa mentis perfectio est, ὁ νοῦς ἂν εἴη ὁ κύκλος, ait philos. l. l. de anima c. 3. f. 48., dum bestiae quidem sentiunt, sed, se sentire, nesciunt: ita *fidei* perfectio est et consummatio) testatur coecus, cum dicit: ‚Ego credo‘, Joh. 9, 38., h. e., ego scio, me credere... At vero, inquies, id infallibilitate divina est infallibile, quod est revelatum. Me credere, nuspiam est revelatum. E. ea infallibilitate non est infallibile, quae summa est. Resp.: Ejus naturae in quolibet argumento esse conclusionem, cujus est propositio major, quae continet principium credendi; ut in hoc nostro: Qui veritatem coelestem obsignat corde suo, is credit. Ego veritatem coelestem de remissione peccatorum, mihi in individuo facta, corde meo obsigno. E. credo. *Major* revelata est Joh. 3, 33.: ‚Qui accipit Dei testimonium, is obsignat, quod Deus verus est‘, i. e., credit. Obsignare enim, quod Deus verax sit, est definitio fidei. *Minor* est certissimae scientiae; ut loquitur Augustinus: ‚Quisque suam fidem in seipso videt‘; item: ‚Eam tenet certissima scientia.‘ L. 13. de trin. c. 1. Ergo et *conclusio* revelata est.“ (Hodosoph. Phaen. XI. p. 682. 684.)

LUTHERUS: „Dass wir Gottes Kinder sind und uns gewisslich dafür halten mögen, das haben wir nicht von uns selbst, noch aus dem Gesetz; sondern es ist des *Heiligen Geistes Zeugniss*, der wider das Gesetz und das Fühlen unserer Unwürdigkeit solches zeuget in unserer Schwachheit und uns dess gewiss macht. Solch Zeugniss gehet also zu, dass wir die Kraft des Heiligen Geistes, so er *durchs Wort* in uns wirket, auch *fühlen* und *empfinden* und unsere *Erfahrung* mit dem Wort oder Predigt übereinstimmt. Denn das kannst du ja bei dir fühlen, wo du in Noth und Angst Trost empfähest aus dem Evangelio und damit solchen Zweifel und Schrecken überwindest, dass dein Herz festiglich schliessen kann, du habest einen gnädigen Gott, und nun nicht mehr vor ihm fliehest, sondern in solchem Glauben ihn fröhlich anrufen kannst und Hilfe von ihm gewarten; und wo solcher Glaube bestehet, so folgt auch die Erfahrung, dass dir geholfen wird; wie St. Paulus Röm. 5, 4. 5. sagt. Das ist das rechte *innerliche* Zeugniss, dabei du erkennest, dass der Heilige Geist in dir wirket; daneben hast du auch *äusserliche* Zeugniss und Wahrzeichen, dass er dir gibt sonderliche Gaben, feinen geistlichen Verstand, Gnade und Glück zu deinem Beruf u. s. w., dass du Lust und Liebe hast zu seinem Wort, dasselbe vor aller Welt bekennest mit Gefahr Leibes und Lebens; item, dass du dem gottlosen Wesen und Sünden feind werdest und widerstehest u. s. w. Welches alles nicht thun noch vermögen die Unchristen, so den Heiligen Geist nicht haben. Wiewohl es wahr ist, dass auch noch dieses bei den Heiligen in grosser Schwachheit zugehet, aber doch der Heilige Geist in solcher Schwachheit die Christen regiert und solch Zeugniss stärkt; wie abermal St. Paulus Röm. 8, 26. sagt: ‚Der Geist hilft unserer Schwachheit auf.‘“ (Kirchenpostille. XII, 1045. sq.)

IDEM: „In seriis pavoribus et certaminibus conscientiae apprehendimus quidem Christum, et credimus eum salvatorem nostrum. Sed lex tum maxime terret, et peccatum conturbat nos, impugnat denique diabolus nos omnibus machinis ac ignitis telis suis, et conatur totis viribus eripere nobis Christum, et omnes consolationes excutere. Ibi parum abest, ne succumbamus et desperemus. Sumus enim tum

arundo illa contrita et linum fumigans (Matth. 12, 20.). Interim tamen
Spiritus Sanctus adjuvat infirmitates nostras, et interpellat pro nobis
gemitu inenarrabili, datque testimonium spiritui nostro, quod simus
filii Dei. Hoc modo in terroribus erigitur mens, suspirat ad salvatorem ac pontificem suum Jesum Christum, vincit infirmitatem carnis,
atque iterum consolationem concipit et dicit: Abba pater! Istum ergo
gemitum, quem nos vix sentimus, vocat Paulus clamorem et gemitum
inenarrabilem, qui replet coelum et terram. Deinde etiam clamorem
et gemitum Spiritus vocat, quia nobis infirmis et tentatis excitat Spiritus hunc clamorem in corde nostro. . . Exod. 14. (v. 15.) loquitur
dominus Mosi ad mare rubrum, dicens: ‚Quid clamas ad me?‘ Certe
Moses non clamabat, sed tremebat ac paene desperabat, erat enim in
summis angustiis. Incredulitas videbatur regnare in eo, non fides.
Videbat enim populum Israel ita montibus, exercitu Aegyptiorum ac
mari conclusum, ut nusquam posset aufugere. Hic Moses ne mutire
quidem audebat, quomodo igitur clamavit? Quare non debemus judicare secundum sensum cordis nostri, sed secundum verbum Dei, quod
docet Spiritum Sanctum ideo donari afflictis, conterritis, desperabundis
etc., ut eos erigat ac consoletur, ne in tentationibus et omnibus malis
succumbant, sed ea vincant, non tamen sine maximis pavoribus et laboribus. Papistae somniarunt sanctos ita habuisse Spiritum Sanctum,
ut nunquam senserint aut habuerint tentationem. Hi speculative tantum, ut hodie fanatici homines, de Spiritu Sancto loquuntur. Sed Paulus dicit virtutem Christi in nostra infirmitate perfici, item Spiritum
Sanctum adjuvare infirmitatem nostram, et interpellare pro nobis
gemitu inenarrabili etc. Ergo tum maxime habemus opus Spiritus
Sancti auxilio et consolatione, tumque maxime adest nobis, cum
maxime sumus impotentes ac desperationi proximi. Si quis forti ac
laeto animo mala perfert, in eo jam fecit officium suum Spiritus Sanctus. In his autem proprie exercet opus suum, qui vehementer con-
territi sunt et appropinquaverunt, ut Psal. ait, usque ad portas mortis.“
(Commentar. in ep. S. Pauli ad Gal. Erlang. 1844. II, 169. 172. sq.)

QUENSTEDTIUS: ,,Excipit Bellarminus l. 3. c. 9.: Hoc testimonium
non esse per verbum aliquod expressum, i. e., per revelationem, sed
per experimentum cujusdam suavitatis et pacis internae, quae non
gignat certitudinem, nisi conjecturalem. Respond.: Impium est Spiritus S. testimonium habere pro mera conjectura. Ipse enim nec fallit,
nec fallitur. Revelatio specialis non est necessaria, quia ipsum Spiritus S. testimonium internum est divinum et aequipollet revelationi.
Licet non sit revelatio externa, est tamen revelatio interna, eaque solis
credentibus propria; interna sc. Spiritus S. operatio in cordibus nostris,
quae non excludit, sed praesupponit revelationem externam in verbo
factam. Optime hoc internum Spiritus S. testimonium, ejusque cum
testimonio verbi convenientiam, exponit b. Hoepfnerus disput. 8. de
justif. c. 3. Aph. 7. Pontif. 21. 22. 23., ubi ait: ‚Non est aliud verbum,
ratione formae suae spectatum, quo Spiritus S. in cordibus nostris
testificatur, quam quo per enunciationem et scriptionem externam de
beneficiis divinis nos certos reddit, licet actus testificandi sint diversi;
actus autem testificandi, qui Spiritui S. competit, geminus est: Unus
foris, alter intus. Sed ipsum testimonium semper idem manet, nempe
sensus verbo divino contentus etc.‘“ (L. c. c. 8. s. 2. q. 9. f. 823.)

§ 17.

Altera proprietas[a] fidei in Christum est, quod habet
sibi conjunctas[b] *spem*[c] et *caritatem*,[d] idque[e] *necessario;*
licet hae *non* habeant rationem *causae* salutis.[f]

a) Quam fortasse *foecunditatem* aut fertilitatem fidei dixeris.

b) Tanquam ex se proficiscentes, aut velut *consequentia* et *fructus* suos.

c) Quamvis enim differant *fiducia* et *spes*, quod *illa* versatur circa bonum praesens, ac nostrum, quod sit causa boni alterius; *haec* vero circa bonum futurum aut absens, ut nostrum fiat, occupatur et nascitur ex voluntatis acquiescentia in bono praesente, quod ad obtinendum alterum causa aut adjumento esse potest (vid. *Mus.* de Convers. Disp. III. cap. III. § 130. p. 168.); tamen *quatenus fides in Christum respicit salutem per Christum obtinendam, est quaedam securitas voluntatis de salute per Christum obtinenda, quae non potest non cum spe ejus impetrandae esse conjuncta.* B. *Mus.* de Eccles. P. I. Disp. I. § 80. p. 55.

> GERHARDUS: ,,Duplex est fiducia, alia *spei*, alia *fidei*. *Illa* bonum promissum ut futurum respicit et expectat; *haec* vero idem ut praesens respicit et apprehendit. Spei fiducia consistit in certa expectatione boni *promissi*, fidei autem fiducia consistit in fiduciali apprehensione boni *oblati*. . . Inde etiam πληροφορια et fidei et spei tribuitur Ebr. 10, 22. 6, 11. Vere agentibus poenitentiam et in Christum credentibus promissa est Dei gratia, reconciliatio et peccatorum remissio, hanc promissionem *fide* recipimus et promissa bona nobis oblata ut praesentia amplectimur; *non speramus*, nos olim demum in gratiam Dei recipiendos ac peccatorum remissionem futuro tempore accepturos; sed fide statuimus, nos propter Christum mediatorem Deo placere et peccata propter eundem nobis remitti; haec igitur est fiducia fidei. Praeter haec bona vere poenitentibus et in Christum credentibus promissa est liberatio ex cruce, revelatio gloriae, translatio in ecclesiam triumphantem etc.; hanc promissionem itidem amplectimur, sed promissa illa bona, cum nondum sint praesentia, ideo fiduciali apprehensione ea non possumus apprehendere, sed *spe* eadem expectamus, quae spes, cum nitatur Dei verbo, itidem certa et immota est; unde dicitur ,non confundere' Rom. 8, 5.'' (Loc. de justific. § 77.)

d) Equidem fides, qua Christum et alia per ipsum impetranda bona nobis concupiscimus, actum alium importat ab eo, quo Christum diligimus, seu, quo ipsi Christo bonum volumus aut bene cupimus (v. *Mus.* de Convers. Disp. III. cap. III. § 140. p. 175. et § 158. p. 193. cap. IV. § 207. p. 235.). Fiducia tamen illa non est sine dilectione. Nam quando voluntas nostra Christum, tanquam bonum praesens, ac Deum propter Christum placatum nobisque propitium redditum respicit, non solum amore *complacentiae* eundem prosequitur, verum etiam amore *benevolentiae*, quatenus movetur, ut bene *velit* illi, seu cupiat praestare, quae ipsi bona aut grata sint futura. Conf. *Mus.* ll. cc. et de Eccl. P. I. Disp. I. § 76. p. 51. § 80. p. 55. Plura dicentur in L. de *renovatione*.

e) Ita ut fides vera non sit, nisi quae *per caritatem est efficax, Gal. 5, 6.*, scilicet alias *mortua* futura, *Jac. 2, 20. et 26.* Conjunguntur autem fides et virtutes christianae caeterae, quemadmodum arbor bona et fertilis cum suis fructibus. *Fides enim est divinum quoddam opus in nobis, quod nos immutat, ex Deo regenerat, Joh. 1, 13., veterem Adamum mortificat et ex nobis plane alios homines facit, et Spiritum S. nobis confert. Et est fides illa quicquam vivum, efficax, potens, ita ut fieri non possit, quin semper bene operetur. Neque fides quaerit demum, an bona opera sint faci-*

enda; sed priusquam de ea re inquiratur, jam multa opera effecit et semper in agendo est occupata, prout verba b. *Lutheri* Praefat. in Epist. ad Rom. latine reddita leguntur in Solid. Declar. Form. Conc. art. IV. p. 701. Conf. Disp. de Connexione Fidei et Operum sub praesidio nostro habitam anno 1686. § 8. sqq.

GERHARDUS: ,,Quaest. XII.: An fides vera et justificans a dilectione et reliquis bonis operibus possit separari? Nostrorum theologorum sententia in hac quaestione est, fidem quidem solam justificare, interim tamen non esse solam, hoc est, a dilectione et aliis bonis operibus separatam. E contrario quaenam adversariorum Romanensium mens sit, inobscure colligere licet ex verbis Stapletoni et Concilii Tridentini. Quibus suum ἐπιβάλλον μέρος Bellarminus l. 1. de justific. cap. 3. adjicit. ,Dissentimus‘, scribens, ,ab ipsis (Lutheranis) in eo, quo ipsi fidem, quam dicunt solam justificare, docent, nunquam esse posse solam; nos contradicimus, non *justificare* solam, sed tamen posse *esse* solam.‘ Haec vero diametraliter contrariantur: 1. *Scripturae dictis*, quae 1.) fidem et bona opera conjungunt, 1 Timoth. 5, 8.: ,Si quis suorum curam non habet, fidem negavit, et est infideli deterior.‘ Jacob. 2, 17.: ,Fides si non habeat opera, mortua est in semet ipsa.‘ Gal. 5, 6. 2.) Ex Deo natos non peccare asserunt, ut Joh. 5, 1. Joh. 1, 12. 13. 1 Joh. 3, 9. 10. 4, 7. 8. 3.) Christum per Spiritum Sanctum in credentibus habitare, docent, Ephes. 3, 17. 1, 13. Gal. 2, 20. 3, 2. 26. 4, 4. Ubi ergo Christus et Spiritus Sanctus habitant, ibi homines impelluntur ad omnis generis bona opera. 2. Aliis *rationibus* ex Scriptura petitis. Qui enim adhuc delectantur peccatis, in illis non est: 1.) vera poenitentia, 2.) Dei gratia, 3.) regeneratio, cui perpetuo conjuncta est renovatio, 4.) ad Christum accessio, 5.) Dei dilectio, 6.) suavitatis, quae in Deo est, perceptio, 7.) vitae aeternae fruitio. Ubi vero haec non adsunt, ibi quoque fides ut adsit, tam impossibile est, quam solem in meridie non lucere; ut enim sol non est sine luce, generosa arbor sine bonis fructibus, ita fides non est sine operibus sola, sola licet justificet, h. e., operibus, quae profert, non communicet vim justificandi.‘‘ (Explicat. ἐλεγκτικὴ ev. Dominic. p. 350. sq.)

BRENTIUS: ,,Fides, ut ita explicandi gratia dicam, duplices habet manus. Unam, quam extendit sursum et apprehendit Christum una cum omnibus beneficiis suis, et hac parte dicimus, nos justificari per fidem; alteram, quam protendit deorsum ad exercenda opera caritatis ac reliquarum virtutum; et hac parte testificamur quidem veritatem fidei, non autem justificamur.‘‘ (Apolog. Confess. Wurtemberg. p. 319.)

f) *Neque* enim *vel* ipsa spes et caritas vim meritoriam habent, ut sua quadam dignitate moveant Deum ad salutem homini dandam, *vel ita* uniunt nobis aut ad nos meritum Christi, ut fiat nostrum nosque juvet; *sed* hoc *sola* fides, prout apprehensionem meriti Christi per assensum et fiduciam importat, praestat. Conf. *Mus.* de Conv. Disp. III. cap. IV. § 215. p. 240. Plura dicemus in L. de justificatione.

LUTHERUS: ,,,Nam in Christo Jesu neque circumcisio aliquid valet, neque praeputium, sed fides per caritatem efficax.‘ Hunc locum sophistae trahunt ad suam sententiam, qua docent nos caritate seu operibus justificari. Dicunt enim fidem, etiamsi sit infusa divinitus (de acquisita taceo), non justificare, nisi sit informata per caritatem, quia caritatem vocant gratiam gratum facientem, hoc est, justificantem (ut nostro verbo, seu Pauli potius, loquar); caritatem deinde acquiri nostro merito congrui etc. Quin hoc affirmant, fidem etiam infusam stare posse cum peccato mortali. Adeo in totum transferunt justificationem a fide, et soli tribuunt (hac ratione) caritati, atque hoc volunt

hoc loco per s. Paulum demonstratum habere: ,Fides, quae per caritatem operatur', quasi Paulus velit dicere: Ecce, fides non justificat, imo
nihil est, nisi accedat operatrix caritas, quae fidem informet. Verum
haec omnia monstra sunt, per homines ignavos conficta. Quis enim
ferat doceri, quod fides, donum Dei per Spiritum Sanctum infusum cordibus, possit stare cum peccato mortali? Si de fide acquisita seu historica et naturali opinione ex historia concepta loquerentur, tolerari possent, imo de historica fide recte loquerentur. At de fide infusa sic sentire, hoc est plane confiteri sese prorsus nihil de fide recte intelligere.
Deinde hunc locum Pauli per coloratum (ut dicitur) vitrum legunt, et
textum deformant ad sua somnia. Non enim dicit Paulus: Fides, quae
per caritatem justificat, nec dicit: Fides, quae per caritatem gratum facit. Talem textum ipsi fingunt, et huic loco per vim in-
trudunt. Multo minus dicit: Caritas gratum facit. Non sic dicit
Paulus, sed sic dicit: ,Fides, quae per caritatem operatur.' Opera
fieri dicit ex fide per caritatem, non justificari hominem per caritatem.
At quis est tam rudis grammaticus, qui non ex vocabulorum virtute intelligat aliud esse justificari, aliud operari? Clara enim et aperta sunt
verba Pauli: ,Fides per caritatem operatur.' Quare manifestum furtum est, quod illi vero et germano sensu Pauli sublato pro operari intelligunt justificari, et per opera justitiam, cum etiam in morali philosophia fateri cogantur, opera non esse justitiam, sed a justitia fieri
opera. Porro, Paulus hic non facit fidem informem et rude velut chaos,
cujus nihil sit neque esse neque agere, sed operationem ipsam tribuit
fidei, et non caritati, non fingens rudem quandam et informem qualitatem, sed asserens efficacem et operosam quidditatem ac velut substantiam seu formam (ut vocant) substantialem. Non enim dicit: Caritas
est efficax, sed: ,Fides est efficax'; non: Caritas operatur, sed: ,Fides
operatur.' Caritatem vero facit fidei velut instrumentum, per quod
operetur. Jam quis nescit, quod instrumentum habet vim, motum et
actionem non a se ipso, sed a fabro, operatore seu agente? Quis enim
diceret: Securis dat vim et motum secandi fabro? Navis dat vim et
motum navigandi nautae? Vel, ut Esaiae exemplum adducam, quis
dicet: ,Serra trahit fabrum, et baculus levat manum'? Non dissimile
est, quod isti dicunt caritatem esse formam fidei, seu tribuere vim et
motum fidei, seu justificare. Cum Paulus nec opera caritati concedat,
quomodo concederet justificationem? Certum igitur est, injuria magna
non solum Pauli, sed ipsius quoque fidei et caritatis hunc locum pro
caritate contra fidem esse depravatum." (Commentar. in ep. S. Pauli
ad Gal. Erl. II, 321—323.)

IDEM: „Sophistae, ut parati sunt ad eludendum Scripturas, hunc
locum sic cavillantur: Justus vivit ex fide, scilicet, efficaci, operante
vel formata caritate. Si vero est fides informis, non justificat. Hanc
glossam ipsi finxerunt, eaque vim faciunt prophetae verbis. Si fidem
formatam vocarent veram et theologicam, vel, ut Paulus, ἀνυπόκριτον,
quam Deus fidem vocat, nihil me offenderet haec ipsorum glossa.
Tunc enim fides non distingueretur contra caritatem, sed contra vanam
opinionem fidei, quo modo et nos distinguimus inter fidem fictam et
veram. Ficta est, quae audit de Deo, Christo et omnibus mysteriis incarnationis et redemtionis, et apprehendit illas res auditas, et pulcherrime de eis novit loqui, et tamen mera opinio et inanis auditus manet,
qui tantum relinquit bombum in corde de evangelio, de quo multa
garrit, re vera tamen fides non est, quia non renovat nec immutat cor,
non generat novum hominem, sed relinquit eum in priori sua opinione
et conversatione, estque haec fides valde perniciosa, quam satius esset
non habere; et philosophus moralis melior est tali hypocrita, qui hanc
fidem habet. Itaque si formatam fidem distinguerent contra falsam
seu fictam fidem, nihil me offenderet istorum distinctio. Sed ipsi
loquuntur de fide formata caritate, faciuntque duplicem fidem, informem et formatam. Hanc pestilentissimam et satanicam glossam non

possum non vehementer detestari. Quamvis, inquiunt, adsit fides infusa, quae donum Spiritus Sancti est, et acquisita, quam nos ipsi pari-
mus nobis multis actionibus credendi, tamen utraque est informis, et
formatur caritate. Sic fides sine caritate, ut ipsi somniant, est quasi
pictura et res speciosa in tenebris, quae tum primum cernitur, cum lux,
id est, caritas accesserit. Atque hoc modo caritas est forma fidei, et
fides pura materia caritatis. Hoc praeferre est caritatem fidei, et tribuere justitiam non fidei, sed caritati, quia propter quod unum quodque est tale, et ipsum magis. Itaque cum non tribuunt justitiam fidei
nisi propter caritatem, fidei nihil omnino tribuunt. Deinde dicunt
eversores evangelii Christi fidem etiam infusam, quae non accipitur
audiendo, aut ulla alia operatione acquiritur, sed quam Spiritus Sanctus
creat in homine, stare in peccato mortali, eamque pessimos homines
posse'habere. Ideo si sola sit, otiosam et inutilem esse, etiamsi mirabilia faciat. Ita fidei suum officium prorsus auferunt, et tribuunt caritati, ut fides prorsus nihil valeat, nisi accesserit forma, id est, caritas.
Ergo juxta hoc pestilens figmentum sophistarum fides illa, misera virtus, erit quoddam informe chaos, nullius operis, efficaciae et vitae, sed
tantum passiva materia. Ista omnia blasphema in Deum et satanica
sunt, quae prorsus obscurant et evertunt fidei doctrinam, a Christo
mediatore et a fide apprehendente ipsum retrahunt. Nam si caritas est
forma fidei, ut ipsi nugantur, statim cogor sentire ipsam caritatem esse
principalem et maximam partem christianae religionis, et sic amitto
Christum, sanguinem, vulnera et omnia beneficia ejus, et inhaereo caritati, et diligo ac venio in facere morale, ut papa, gentilis philosophus
aut Turca. At Sanctus Spiritus, qui dat omnibus os et linguam, novit
etiam loqui. Bene potuisset dicere, ut sophistae impie nugantur:
Justus ex fide formata vivit. Sed consulto omisit hoc, et simpliciter
dixit, „Justus ex fide vivit.‘ Abeant igitur sophistae in malam crucem
cum sua impia et pestilente glossa.‘‘ (L. c. p. 1—4.)

ANTITHESIS.

QUENSTEDTIUS: „*Antithesis:* 1. *Socinianorum,* qui, fidem esse obedientiam praeceptorum Dei, et quidem ita, ut haec sit substantia et
forma fidei, asserunt, adeoque fidem justificantem formaliter in obedientia collocant, ita ut credere nihil aliud sit, quam ‚Deo obedire sub
spe vitae aeternae‘. Sic Socinus toto c. 11. 12. P. IV. de Servat.
docet: ‚Fidem justificantem esse obedire praeceptis Dei, et credere,
vera esse, quae Christus dixit.‘ .. Cf. Smalcium c. Franzium disp. 12.
f. 450., ubi ait: ‚Quemadmodum anima non est secundarium hominis,
sed essentiale et formale, ita opera vel pietas christiana ipsa sunt fidei
christianae forma et essentia.‘ 2. *Arminianorum,* docentium, obedientiam esse fidei, si non formam, attamen ejus genus vel causam. Vid.
Confessionem Remonstrantium c. 10. s. 2. 3. et in Apolog. Confess.
p. 110. 111. Arminiani certe obedientiam genus fidei justificationis,
qua talis, constituunt f. 111. Apol. Ergo omnino ad formam ejusdem
pertinet... 4. *Pontificiorum,* qui, fidem a caritate *formari,* contendunt; unde illis alia fides est *formata,* alia informata vel *informis,* quam
distinctionem ex scholasticis repetunt et propugnant... Cum Socinianis opera *formam* fidei faciunt papistae, quibus hoc tamen sunt meliores
Sociniani, quod, opera justificationis quidem causam, sed non meritoriam, esse asserunt. 5. *Weigelianorum,* qui fidem definiunt per imitari
Christum et per vitam Christi, ut et cor obediens Deo vel etiam per
ipsum Christum; vid. Weigel. P. I. Postill. p. 178.‘‘ (L. c. P. IV. c. 8.
s. 2. q. 3. f. 1354. sq.)

§ 18.

Accidit etiam fidei in[a] Christum, ut ab hominibus per peccata contra conscientiam *amitti possit*[b] et aliquando *amittatur*[c] non solum *ad tempus,*[d] verum etiam *finaliter,* sive ita, ut nunquam recuperetur.[e]

a) *Verae,* inquam, fidei, quae, cum adest, hominem vere cum Deo conciliat et justificat et, quamdiu adest, in statu gratiae eum conservat.

> HOEPFNERUS: „Solet etiam Scriptura et pia antiquitas quandoque *finalem* fidem appellare *veram* et non fictam fidem, eo sensu, quo veritatem rerum aestimamus ex duratione, amissionis vel interitus finalis experte; sicut jurisconsulti L. penultim. ad senatusconsultum Syllan. ajunt: ‚Nihil videtur factum, siquid superest, quod agatur.‘ Ideo Gratianus de poenit. dist. 2. verum exponit de perseverante. Ita Psalm. 105. Israelitae dicuntur credidisse Deo et Mosi v. 12., mox v. 24. *non* credidisse. Item Johan. 8, 31.: ‚Si manseritis in sermone meo, vere liberi eritis.‘ Et sic Augustinus de corrupt. et gratia c. 9. illud 1 Joh. 2, 19. explicat: ‚Non erant ex nobis (scil. quoad perseverantiam in fide), nam, si fuissent ex nobis, permansissent utique nobiscum.‘ Eodem sensu Tertullianus adversus Haereticos c. 3.: ‚Nemo christianus, nisi qui ad finem perseveraverit.‘ Et Ambrosius in 2 Cor. cap. 6.: ‚Vera fides non est, si non est perpetua, sed possit deficere.‘ Et Augustinus tract. 106. in Joh.: ‚Credere vere est credere inconcusse, firme, stabiliter, fortiter, ut jam ad propria non redeas, et Christum relinquas.‘“ (De justif. Disputatt. p. 565.)

b) Nempe ob demeritum peccatorum illorum Spiritus S. ex vi justitiae divinae subtrahere potest influxum illum indebitum, a quo habitus supernaturales in esse suo dependent. Itaque sicut gratia et caritas, ita fides etiam supernaturalis (cui connaturale est, ut sine gratia et caritate esse nequeat) *moraliter* ac *demeritorie* expelli potest. Conf. *Mus.* de Eccl. Part. I. Disput. I. § 82. sqq. p. 58. sqq.

c) Huc pertinent πρόσχαιροι illi, qui *ad tempus credunt,* ea quidem fide, quae ex *semine verbi,* adeoque supernaturali ac divina virtute, verbo divinitus conjuncta, nascitur adeoque non humana, sed divina fides est, *Luc. 8, 11. 13. Matth. 13, 21. 22. Marc. 4, 16. 17.* Conf. *1 Tim. 1, 19.* de his, qui περὶ τὴν πίστιν ἐναυάγησαν, *quoad fidem* (sive ipsius fidei) *naufragium faciunt* eamque amittunt.

d) Talia sunt exempla *Davidis,* qui per adulterium et homicidium *vir mortis* factus, irae videlicet Dei ad exitium usque suum obnoxius, postea tamen, acta poenitentia, in gratiam receptus est, et *Petri,* qui Christum ita tribus vicibus abnegavit, ut etiam exsecrationibus uteretur, remissionem tamen peccati poenitens obtinuit.

> GERHARDUS: „Notitia et fides historiae manere potest in illis, qui contra conscientiam peccant, ac mansit etiam in Petro Christum abnegante, sed fides salvifica non manet in illis, nec in *Petro* tempore abnegationis mansit. Quod ipsum immotis hisce argumentis probari potest. Qui Christum negat, iterum a Christo negabitur, Matth. 10, 33. Petrus negavit Christum. Ergo a Christo negatus fuisset, nisi vere iterum conversus fuisset. ‚Qui Spiritum Christi non habet, ille non est ejus.‘ Rom. 8, 9. Petrus, negans Christum, non habuit Spiritum

Christi, 2 Cor. 4, 13. Ergo non fuit Christi et per consequens tunc non habuit fidem salvificam. Vera fides et confessio sunt *ἀδαμαντίνως* invicem conjuncta, Ps. 116, 10. 2 Cor. 4, 13. Petrus Christum non tantum non est confessus, sed insuper etiam negavit. Ergo tunc veram fidem non habuit. Vera fides Christum recipit, Joh. 1, 12.; abnegatione Christum repudiat. Ergo vera fides non potuit cum abnegatione Christi in corde Petri simul consistere. Ubi conversione opus est, ibi aversio praecessit. Petrus conversione opus habuit, teste Christo: ,Tu conversus confirma fratres tuos.' *Ergo proinde quod Christus dicit, se pro Petro orasse, ne deficiat fides ipsius, id accipiendum de* ἐκλείψει *et* ἐκπτώσει *finali,* a qua Petrus Christi precibus fuit praeservatus, ne in aeternum periret, sed per poenitentiam ad Deum conversus salvus fieret. Rogavi et impetravi, ne post abnegationem incidas in desperationem, sed ut resipiscas, peccati condonationem impetres et salutis aeternae particeps fias.'' (Harm. ev. ad Luc. 22, 31. 32.)

LUTHERUS: ,,Petrus verleugnete Christum, und wäre beinahe verloren gegangen. Er fällt zwar aus der Gnade, aber er verliert doch nicht alles Nachdenken. . . Petri Fall ist also ein grober Fall und er ist ein grosser Missethäter. Aber weil er an dem Wort bleibet, so fällt er nicht in ewige Ungnade, sondern thut wahre Busse.'' (Andere Auslegung der 1. Ep. St. Johannis. IX, 1178.)

e) Sic enim dicitur, *fieri non posse, ut, qui semel fuerint illuminati gustaverintque donum coeleste, et participes facti fuerint Spiritus Sancti gustaverintque bonum Dei verbum ac virtutes futuri saeculi* (quo sane ita describitur fides divina, quae sensum spiritualium bonorum affert, ut non possit rectius), *si prolabantur, crucifigentes sibi ab integro Filium Dei et ludibrio exponentes, denuo renoventur ad poenitentiam, Ebr. 6, 4. 5. 6.* Conf. *2 Petr. 2, 20.*

ARTICULI SMALCALDICI: ,,Ob etliche Rottengeister kommen würden, wie vielleicht etliche bereit de fürhanden sind und zur Zeit der Aufruhr mir selbst für Augen kamen, die da halten, dass alle die, so einmal den Geist der Vergebung der Sünden empfangen hätten, oder gläubig worden wären, wenn dieselbigen hernach sündigten, so blieben sie gleichwohl im Glauben und schadete ihnen solche Sünde nicht, und schrieen also: Thu, was du willst, gläubest du, so ists alles nichts, der Glaube vertilget alle Sünde u. s. w. Sagen dazu: Wo jemand nach dem Glauben und Geist sündiget, so habe er den Geist und Glauben nie recht gehabt. Solcher unsinniger Menschen habe ich viel für mir gehabt, und sorge, dass noch in etlichen solcher Teufel stecke. Darum so ist vonnöthen zu wissen und zu lehren, dass, wo die heiligen Leute über das, so sie die Erbsünde noch haben und fühlen, dawider auch täglich büssen und streiten, etwa in öffentliche Sünde fallen, als David in Ehebruch, Mord und Gotteslästerung, dass alsdenn der Glaube und Geist ist weg gewesen. Denn der Heilige Geist lässet die Sünde nicht walten und Ueberhand gewinnen, dass sie vollbracht werde, sondern steuret und wehret, dass sie nicht muss thun, was sie will. Thut sie aber, was sie will, so ist der Heilige Geist und Glaube nicht dabei; denn es heisst, wie St. Johannes sagt: ,Wer aus Gott geboren ist, der sündiget nicht, und kann nicht sündigen.' Und ist doch auch die Wahrheit (wie derselbige St. Johannes schreibet): ,So wir sagen, dass wir nicht Sünde haben, so lügen wir, und Gottes Wahrheit ist nicht in uns.''' (P. III. artic. 3. p. 319.)

GERHARDUS: ,,Q. IX.: An per quodvis peccatum mortale fides excuti et amitti possit? — Stapletonus in promptuario catholico p. 60. statuere haud veretur: ,Ex hoc evangelio (Dom. IV. p. Epiphan.) evertitur magnum illud Lutheranorum et impium axioma, fidem per quodvis peccatum mortale excuti et amitti. Quod ideo fraudulenter dicunt, ut videantur, quum solam fidem justificare et salvare asserunt, fidem intelligere cum virtute et bonis operibus necessario conjunctam.' ... Huic errori adstipulantur Concil. Trid. Sess. 6. c. 15., Costerus Enchirid. cap. de fide, p. 178., Bellarminus l. 1. de justificatione cap. 15., statuentes, nullis, etiam gravissimis, peccatis fidem amitti posse. Πρῶτον ψεῦδος hujus erroris pontificii est: 1. quod fidem justificantem per nudam notitiam et assensum, non vero per fiduciam definiant, quodque fidem historicam, miraculorum et salvificam unam esse statuant; 2. quod etiam dicant, fidem posse esse solam sine bonis operibus, imo fidem cum horrendis et abominandis peccatis simul manere. Unde ,fideles fornicarios, fideles adulteros, fideles fures, fideles avaros, ebriosos, maledicos' etc., statuunt, Concil. Trid. Sess. 16. c. 15. Pro hujus quaestionis decisione h. l. dicimus, maximum discrimen esse inter fidem historicam et salvificam. Quamvis enim fides salvifica complectatur notitiam ac proinde sit etiam fides historica; non tamen omnis fides historica est etiam fides salvifica, siquidem fides salvifica praeter notitiam et assensum complectitur etiam fiducialem apprehensionem Christi. Quaestio itaque hic est de fide salvifica, an illa per peccata mortalia et contra conscientiam possit amitti." (Explic. ἐλεγκτικὴ ev. Dominical. p. 346. sq.)

ANTITHESES.

CANONES DORDRACENI: ,,Propter istas peccati inhabitantis reliquias, et mundi insuper ac satanae tentationes, non possent conversi in ista gratia perstare, si suis viribus permitterentur. Sed fidelis est Deus, qui ipsos in gratia semel collata misericorditer confirmat, et in eadem usque ad finem potenter conservat. Etsi autem illa potentia Dei, vere fideles in gratia confirmantis et conservantis, major est, quam quae a carne superari possit; non semper tamen conversi ita a Deo aguntur et moventur, ut non possint in quibusdam actionibus particularibus a ductu gratiae, suo vitio, recedere, et a carnis concupiscentiis seduci, iisque obsequi. Quapropter ipsis perpetuo est vigilandum et orandum, ne in tentationes inducantur. Quod cum non faciunt, non solum a carne, mundo, et satana in peccata etiam gravia et atrocia abripi possunt, verum etiam interdum justa Dei permissione abripiuntur. Quod tristes *Davidis, Petri,* aliorumque sanctorum lapsus, in s. Scriptura descripti demonstrant. Talibus autem enormibus peccatis Deum valde offendunt, reatum mortis incurrunt, Spiritum Sanctum contristant, fidei *exercitium* interrumpunt, conscientiam gravissime vulnerant, *sensum* gratiae nonnunquam ad tempus amittunt: donec per seriam resipiscentiam in viam revertentibus paternus Dei vultus rursum affulgeat. Deus enim, qui dives est misericordia, ex immutabili electionis proposito, *Spiritum Sanctum, etiam in tristibus lapsibus, a suis non prorsus aufert; nec eousque eos prolabi sinit, ut gratia adoptionis ac justificationis statu excidant,* aut peccatum ad mortem, sive in Spiritum Sanctum committant et, ab eo penitus deserti, in exitium aeternum sese praecipitent. Primo enim in istis lapsibus *conservat in illis semen* illud suum immortale, ex quo regeniti sunt, *ne illud pereat aut excutiatur.* Deinde, per verbum et Spiritum suum eos certo et efficaciter renovat ad poenitentiam, ut de admissis peccatis ex animo et secundum Deum doleant, remissionem in sanguine Mediatoris, per fidem, contrito corde, expetant et obtineant, gratiam Dei reconciliati iterum *sentiant*, miserationes per fidem ejus adorent, ac deinceps salutem suam cum timore et tremore studiosius operentur. Ita non suis meritis, aut viribus, sed ex gratuita Dei misericordia id obtinent, ut *nec totaliter fide et gratia excidant*, nec finaliter in lapsibus maneant aut pereant." (Cap. V. artic. 3—8.) ,,Rejecit synodus errores eorum, qui docent: ,Fidem temporariorum a justificante et salvifica fide non differre, nisi sola duratione. Nam Christus ipse Matth. 13, 20. et Luc. 8, 13. ac deinceps, triplex praeterea inter temporarios et veros fideles discrimen manifesto constituit, cum illos dicit semen recipere in terra petrosa, hos in terra bona, seu corde bono: illos carere radice, hos radicem firmam habere: illos fructibus esse vacuos, hos fructum suum diversa mensura, constanter seu perseveranter, proferre.'" (L. c. Rejectio 7. Vid. Corpus libror. symbol., qui in eccles. reformator. etc. Ed. Augusti. 1827. p. 230. sq. 237.)

CONFESSIO FIDEI PRESBYTERIANORUM: ,,They whom God hath accepted in his Beloved, effectually called and sanctified by his Spirit, can *neither totally* nor finally fall away from the state of grace; but shall certainly persevere therein to the end." (Vid. The Constitution of the Presbyterian Church. Philadelphia 1840. p. 91.)

§ 19.

Itaque quemadmodum homo per *actum credendi* in Christum Dei *gratiam* et *haereditatem* salutis *mox consequitur*,[a] sic, ut *actu* post hanc vitam ad aeternam salutem *pertingat*, oportet *fidem* esse *finalem*.[b]

a) Juxta ea, quae supra § 1. et 6. diximus et de quibus distinctius constabit ex dicendis in L. de *justificatione.* Interim vide *Rom. 8, 1. 16. 17. 24.*

b) Id est, ut fidem habitualem ex actibus credendi natam (quod in L. de *conversione* manifestius explicabitur) *vel* nunquam per omnem vitam amittat, *vel* forte per peccata amissam, tamen ante mortem recuperet ac servet; certe caveat, ne mors ipsum, fidei actu habituque carentem, obruat. Unde *Apoc. 2, 10.* dicitur: *Esto fidelis usque ad mortem, et dabo tibi coronam vitae.* Et cap. *3, 11.: Tene, quod habes, ut nemo auferat coronam tuam. Matth. 24, 13.: Qui perseveraverit usque ad finem, salvus erit.*

GERHARDUS: ,,*De variis fidei divisionibus.* — Fidem dicimus aliam historicam, aliam miraculorum, aliam justificantem. Fides *historica* est, qua credimus, vera esse, quae in verbo Dei revelata sunt. Fides *miraculorum* a quibusdam statuitur duplex: activa et passiva. *Activa* est peculiare donum Dei, per quam fiducia potentiae divinae miracula operantur, qui ea sunt instructi, 1 Cor. 13, 2.: ,Si habuero omnem fidem, ita ut montes transferam' etc. *Passiva* est confidentia illa, qua statuit quis, se participem fore beneficiorum, quae per miracula contingunt; Actor. 14, 9. quidam Lystrensis fidem habet, se a Paulo sanatum iri. Fides *justificans* est fiducialis apprehensio divinae misericordiae propter Christum promissae. Bellarminus libr. I. de justificat. cap. 4. hanc divisionem improbat ac, fidem historicam, miraculorum et promissionum unam et eandem esse, docet; cui opponimus hoc argumentum: quorum unum ab altero abesse potest, ea non sunt essentialiter unum. Atqui a fide historica et a fide miraculorum abesse potest fides justificans. Ergo ea non sunt essentialiter unum. Minoris veritas est manifesta quoad utramque partem; quamvis enim fides justificans praerequirat notitiam et assensum sive fidem historicam ac proinde a fide justificante non possit abesse fides historica, tamen a fide historica abesse potest fides justificans, ut patet exemplo hypocritarum, qui norunt et profitentur evangelii veritatem, nec tamen fiducialiter apprehendunt Christum. Sic a fide justificante potest abesse fides miraculorum; multi enim vere in Christum credentes dono miraculorum non sunt instructi; et vicissim a fide miraculorum potest abesse fides justificans, ut constat ex dicto Christi Matth. 7, 22.: ‚Multi dicent mihi in illa die, Domine, Domine, nonne in nomine tuo virtutes multas fecimus?‘ v. 23.: ‚Et tunc confitebor illis: Non novi vos; discedite a me omnes, qui operamini iniquitatem.‘ Itemque ex pronunciato apostolico 1 Cor. 13, 2.: ‚Si habuero omnem fidem, ita ut montes transferam, caritatem autem non habeam, nihil sum.‘ .. Divus apostolus 1 Tim. 1, 5. mentionem facit verae fidei, πίστεως ἀνυποκρίτου: innuit igitur, aliam esse fidem fictam sive hypocriticam. Fides *vera* est fiducialis apprehensio Christi, quae per caritatem efficax est, Gal. 5, 6., a qua tam non possunt separari bona opera, quam a sole lux, ab aqua humiditas; *hypocritica* igitur et ficta fides erit, quae, ab omni pietate remota, sola professione et jactantia definitur. Affinis est huic distinctioni inter fidem veram et hypocriticam Jacobi apostoli distinctio inter fidem vivam et mortuam. Fides *viva*, cum Christum vitae auctorem amplectatur, per opera spiritualis vitae exterius sese exserit; sed fides, quae non habet opera, *mortua* est in semetipsa, Jac. 2, 17... Ratione *graduum* fides alia dicitur *parva et modica*, quae cum dubitatione non mediocri adhuc conjuncta; qualis tribuitur discipulis Christi Matth. 8, 26. 16, 8., qui in marina tempestate animis fluctuabant, nec plena cordis fiducia sese ac salutem suam Christo credebant, quique, panum ex incuria obliti, de sui cibatione angebantur ac soliciti erant. Talis ὀλιγοπιστία tribuitur etiam illis, qui ex solicitudine dicunt: ‚Quid manducabimus, aut quid bibemus, aut quo operiemur?‘ Matth. 6, 31. Item Petro, qui, in mari ambulans et exorto vento valido mergi incipiens, clamabat: ‚Domine, salvum me fac.‘ Matth. 14, 31. Dicuntur autem ὀλιγόπιστοι, vel quorum fides est exigua, infirma et languida, vel qui Deo non multum, nec multa, nec magna, sed parum, pauca et exigua vix concredere et fidere possunt. Est igitur duplex fidei infirmitas: una *respectu graduum* (de qua hoc loco agimus), quando scimus, quae credenda sint, fide tamen non ita firma ac robusta illis adhaeremus; altera *respectu objectorum*, quando firmiter adhaeremus his, quae scimus et credimus, interim adhuc alia supersunt credenda, quae nondum percepimus; hoc pacto, qui adhuc servabant ciborum delectum et alias ceremonias legales una cum evangelio, dicuntur ab apostolo infirmi in fide, Rom. 14, 1. Huic infirmae et languidae fidei opponitur fides *magna*, quae cum insigni fiducia est conjuncta, unde in tentationibus subsistit et victoriam gloriosam reportat; talis erat mulieris Cananeae Matth. 15, 28., quae in gravissima lucta variarum tentationum victrix erat. Item centurionis Capernaitici, qui ad Christum dicebat: ‚Non sum dignus, ut intres sub tectum meum, sed dic verbum unum‘, et sanabitur puer meus‘, Matth. 8, 8., de quo Christus hoc elogium profert: ‚Non inveni τοσαύτην πίστιν, tantam fidem, in Israel, v. 10. Huc pertinet, quod Petrus nos fortes esse in fide jubet 1. Epist. 5, 9. Paulus meminit fidei supercrescentis 2 Thess. 1, 3. et apostoli precantur: ‚Domine, adauge nobis fidem‘, Luc. 17, 5. Ex parabola Christi de semine in quadruplicem terram projecto Matth. 13. Marc. 4. Luc. 8. colligi potest, quod quaedam fides sit πρόςκαιρος, *temporaria*, quaedam vero *stabilis et perseverans*, inde apostolus hanc praescribit regulam 1 Tim. 1, 19.: ‚Milita bonam militiam, habens (sive retinens) fidem et bonam conscientiam.‘ Et Filius Dei graviter monet Apocal. 3, 11.: ‚Κράτει, ὁ ἔχεις‘, fortiter tene, quod habes. Dicitur etiam fides alia *perfecta*, alia vero *imperfecta*. *Perfectio* tribuitur fidei vel ratione *generis*, videlicet perfectae notitiae, plenissimi assensus, firmae et omnem dubitationem excludentis fiduciae, vel ratione *objecti*, videlicet eorum, quae credenda proponuntur. Illam vocant intensivam perfectionem, ad quam in hac vita aspirare non possumus, hanc vero extensivam. In scriptis D. *Lutheri* occurrit illa distinctio, quod fides alia sit *concreta*, alia *abstracta*. Tom. 4. Lat. fol. 86.: ‚Distinguere solemus fidem hoc modo, quod fides aliquando accipiatur extra opus, aliquando cum opere. Ut enim artifex varie de sua materia et hortulanus de arbore vel nuda, vel gestante fructus loquitur, ita et Spiritus Sanctus in Scriptura varie de fide loquitur, jam de fide, ut sic dicam,

abstracta seu *absoluta;* jam de fide *concreta, composita* seu *incarnata.*
Fides *absoluta* seu *abstracta* est, quando Scriptura absolute loquitur de
justificatione seu *de justificatis,* ut cernere est in epistolis ad Romanos
et Galatas. Quando vero Scriptura loquitur de *praemiis et operibus,*
tunc de fide *composita, concreta* seu *incarnata* loquitur, ut: ‚Hoc fac, et
vives. Si vis ad vitam ingredi, serva mandata. Declina a malo et fac
bonum.‘ Tom. I. fol. 151.: ‚Dicta, quae de tota vita christiana seu de
fide *incarnata* loquuntur, non debent trahi contra partem, id est, contra
fidem solam justificantem.‘ *Neander* in Theolog. cap. de fide p. 546.:
‚Omnia dicta Scripturae, quae operibus aliquid tribuere videntur, de fide
composita, concreta seu *incarnata* intelligenda sunt; ubique solius fidei
est, operibus tamen tribuitur propter fidem in concreto etc. Et cuncta
dicta Scripturae, quae videntur aliquid tribuere operibus, praesupponunt fidem, ita ut ejus virginitas et divinitas illibata maneat et integra
et Deo soli universa detur gloria, et qui gloriatur, in solo Domino glorietur.‘ Haec divus Lutherus, quae petita sunt ex regula theologica:
Fides sola justificat, quamvis nunquam sit sola, hoc est, a bonis operibus
separata; cujus distinctionis et regulae usus in disputatione de justitia
fidei et meritis operum suo loco apparebit.‘‘ (Locus de justificatione
§ 109—112.)

§ 20.

Describi[a] potest *fides* in Christum *actualis,* quod sit
actus intellectus et voluntatis[b] humanae, quo homo doctrinam de Christo mediatore deque gratia Dei seu remissione peccatorum, per illius meritum a Deo impetranda,
ita[c] cognoscit, ut virtute[d] divina doctrinae illi[e] conjuncta
non solum plane persuasus judicet,[f] eam esse veram et
Christum sibi[g] promeruisse gratiam apud Deum, verum
etiam in Christo, tanquam causa impetrandae gratiae
apud Deum,[h] acquiescat consequendae ipsius remissionis
peccatorum[i] et salutis aeternae causa.

a) Eo modo, quo, quae aggregatum quiddam aut complexum (ex
diversis actibus) important, describi possunt. Vid. § 6. not. c.

b) Quo pertinet fides, tanquam actus vitalis et immanens in homine. Confer § 12. 13.

c) Sic indicatur notitia, tanquam primus actus fidei. Vid. § 2.

d) Seu Deo efficiente, per supernaturalem influxum; qua ratione
causa efficiens principalis fidei significatur. Vid. § 9.

e) Ita ut doctrina ipsa sit organon, seu causa efficiens instrumentalis accendendae fidei. Vid. § 11.

f) Sic assensus, seu actus alter fidei, denotatur. Vid. § 3.

g) Quibus denotatur assensus fidei *specialis,* juxta § 4. Et haec
hactenus dicta ad intellectum spectant.

h) Qui actus fiduciae est, ad voluntatem pertinens; quo absolvitur fides. Vid. § 5.

i) Ita finis fidei denotatur. Conf. § 1. et 14.

§ 21.

Fides *habitualis*[a] describi potest, quod sit habitus intellectus et voluntatis[b] cognoscendi ea, quae divinitus revelata[c] et credenda sunt praesertim[d] de Christo mediatore et gratia Dei ac salute per Christum impetranda eidemque per et propter revelationem[e] divinam assentiendi et fiducialiter in Christo acquiescendi[f] divinitus[g] collatus, consequendae ipsius remissionis peccatorum et salutis aeternae[h] causa.

a) Quae et ipsa complexum quiddam ex habitibus, ad distinctas facultates animae pertinentibus, significat.

b) Subjectum quo duplex hac ratione indicatur.

c) Nempe fides, in latiore significatione accepta, ad haec omnia se extendit.

d) Quod alias dicitur objectum fidei primarium.

e) Quod est objectum formale (juxta Proleg. cap. I. § 35. 37., Vol. I. p. 68. 74.), itemque causa efficiens instrumentalis.

f) Nempe habitus fidei est principium actuum illorum cognoscendi, assentiendi, confitendi.

g) Ita causa efficiens principalis indicatur; quae eadem est fidei actualis et habitualis.

h) Finis fidei habitualis aeque atque actualis hic est.

Caput IV.

DE REGENERATIONE ET CONVERSIONE.

§ 1.

Cum constet,[a] Christum nemini ad salutem prodesse, nisi qui credit in Christum, videndum est, *qua actione* fides in Christum conferatur hominibus; quam Scripturae *regenerationem*[b] aut *conversionem*[c] vocant.

a) Ex superioribus cap. III. § 1. et Proleg. ibi citatis.

b) Sic *Tit. 3, 5.* παλιγγενεσίας mentio fit in ordine ad *justificationem per gratiam Christi* consequendam, et ut *haeredes efficiamur juxta spem vitae aeternae.* Et Christus *Joh. 3, 3. sqq. nativitatem e supernis* (sive *ex Spiritu*), quae sequi debeat *nativitatem ex carne,* ita necessariam esse dicit, ut, *nisi quis* ea ratione *nascatur, non possit videre regnum Dei* aut *in* illud *introire.* Itaque cum *haereditas* illa et *ingressus vitae aeternae* non obtingat, nisi per fidem in Christum (quo etiam spectant verba *Joh. 3, 15. 16. 17. 18.*), facile constat, regenerationem in eo consistere, quod in hominibus generatur fides, adeoque homines ex non credentibus fiunt credentes. Porro *1 Joh. 5, 1.*: *Omnis, qui credit Jesum esse Christum, ex Deo natus* dicitur. Nasci ex Deo autem est renasci; et sic manifeste constat, hominem per hoc ipsum renasci, quod fides in ipso accenditur. Confer b. *Mus.* Dispp. de Convers. Halae edit. Disp. I. § 15. et Disp. II. § 9. 10. Disp. V. § 61.

QUENSTEDTIUS: „Forma *regenerationis* consistit in spiritualis vitae donatione, h. e., in virium credendi *fidei*que salvificae largitione." (Theol. didact.-pol. P. III. c. 6. s. 1. th. 17. f. 691.)

c) Ita *Act. 15, 3.* memoratur ἐπιστροφὴ τῶν ἐθνῶν, *conversio gentium;* quam deinde declarat Petrus, quod *gentes crediderint verbo evangelii, v. 5. 7.,* quodque *Deus fide purificaverit corda illorum, v. 9.* Confer *v. 19.* et *Act. 26, 18.*

QUENSTEDTIUS: „Forma *conversionis* consistit in hominis irregeniti e statu irae et peccati in statum gratiae ac *fidei* e regno tenebrarum in regnum luminis translatione." (L. c. c. 7. s. 1. th. 22. f. 706.)

§ 2.

Regenerationis vox[a] quidem, *latius*[b] accepta, praeter conversionem etiam justificationem et renovationem complectitur; *strictiore* significatione *nunc* solam[c] justificationem, *alias* renovationem[d] sive sanctificationem; *sed et* fidei donationem[e] praecise denotat. Postrema significatio hujus[f] loci est: cui respondent *nova creatio,*[g] *vivificatio*[h] *et spiritualis*[i] *resuscitatio.*

a) De cujus πολυσημίᾳ vid. Declar. Form. Conc. Art. III. p. 686. et Epit. Artic. Controvers. Artic. II. sub init. p. m. 578. Conf. b. *Kromayer.* Theol. Posit.-Pol. Artic. XVI. Thes. 15. p. m. 855. 856., b. *Joh. Olearius* in Contin. Isag. Carpz. in Libb. Symb. ad Form. Conc. Sect. II. Artic. II. M. II. Observ. VI. p. 1250., uti etiam b. *Carpz.* Disp. pecul. de Convers. ϑ. 5. Adde b. *Olearii* Indic. Balduin. Theol. Posit. Art. 92. § 6. p. 154.

HUELSEMANNUS: „De *differentia* vocabulorum justificationis, regenerationis, renovationis, vivificationis, adoptionis, salvationis et salutis jam olim fuisse inter orthodoxos controversum, patet ex tractatu J. Wigandi ‚de necessitate bonorum operum‘, Majoristis opposito, a. 1555. Magdeburgi excuso, mox ab initio, et tractatu alio ejusdem ‚de justificatione‘ a. 1580. hic Lipsiae edito p. 105. sq. Occasionem litigio dedit Apologia A. C., non quidem prima illa Augustae habita, sed a. 1531. excusa, in qua Philippus diversimode usurpat, non quidem justificandi vocem, sed vocabula vivificandi, regenerandi, renovandi. Ostendi autem supra, vocabula *regenerationis* et *vivificationis* in Apol. A. C. atque ipso Concordiae libro aliquando sumi *latius*,

prout includunt renovationem voluntatis et appetituum in relatione ad novam obedientiam; imo etiam renovationis vocem aliquando sumi pro regeneratione, ut Apologiae p. 90. (115.): „Justificatio est non solum initium renovationis, sed reconciliatio, qua
etiam postea accepti sumus apud Deum.‘ In eadem autem Apologia
p. 134. 138. 139. 73. 82. 109. et saepius tam regenerationis quam vivificationis vocabulum sumitur tam *late*, ut et renovationem affectuum et
absolutionem sive justificationem a peccatis comprehendat. Ad art.
vero 10. s. 1. § 8. ostendi, *conversionis* vocabulum semper usurpatum
fuisse in *latiore* significatu, quam ullum istorum vocabulorum, ita, ut
non solum ratione termini a quo primam hominis illuminationem, sed
etiam ratione termini ad quem profectus jam conversorum tam quoad
illuminationem, quam quoad renovationem quotidianam complectatur.
Regenerationis autem vocabulum differt a vocabulo justificandi non
ratione termini ad quem, sed intuitu termini a quo. Quanquam enim
subjectum adaequatum justificationis sit homo injustus, juxta illud
Rom. 4, 5. 17. : ‚Credenti in eum, qui justificat impium‘; impius tamen
ille necessum est, ut agnoscat impietatem suam. Subjectum vero
adaequatum *regenerationis* et *vivificationis* ratione termini a quo est
homo plane mortuus in peccatis; quod patet ex collatione Eph. 2, 1. 5.
1 Pet. 1, 3. 22. 23. 2, 2. Joh. 3, 5. 6. Subjectum adaequatum regenerationis dicitur caro nata de carne. *Renovatio* et *sanctificatio* fiunt de
die in diem, 2 Cor. 4, 16. Eph. 4, 23. 2 Cor. 7, 1. *Vivificatio* autem et
regeneratio nuspiam dicuntur fieri de die in diem et successive, aut recipere magis et minus, ut alter altero magis dicatur regenitus sive
magis vivus, sed in momento fit translatio de morte in vitam, spiritualem nempe, Joh. 5, 24. 1, 12. 1 Joh. 5, 11. 12. Vide Gerh. de justif.
n. 121. et 225. Proprie igitur et stricte loquendo justificatio supponit
in justificando agnitionem peccatorum, absolvit enim injustum legis
ministerio convictum, Rom. 3, 20. 23. 10, 4. 5. sq. *Regeneratio* autem
incipit a subjecto nulla agnitione, nullo sensu peccati praedito, loco
alleg. Eph. 2. Quoad terminum autem regenerationis ad quem fatendum est, non semper usurpari vocem illam pro solis viribus sive sola
facultate credendi et bene operandi, abstracto exercitio bonisque motibus tam internis quam externis, sed aliquando includere actum secundum, ut 1 Pet. 2, 2. : ‚Ὡς ἀρτιγέννητα βρέφη estote avidi lactis spiritualis‘,
et Matth. 19, 28., quando instauratio hominis gloriosa dicitur παλιγγενε-
σία, manifestum est, non restringi hanc vocem ad solam facultatem
activam vel passivam resurgendi ex mortuis. De vocabulo tamen cum
nemine contendemus, dummodo maneat, *justificationis* vocabulum ex
usu Scripturae, quando de Deo exigente peccatum usurpatur, nunquam
includere renovationem affectuum.“ (Praelectiones publ. in libr. Concordiae. Videantur Vindiciae S. S. etc. Ed. Scherzer. p. 550. sq.)

b) Qua ratione *filiorum irae* translationem in statum *filiorum gratiae, cum* quoad internam et realem eorum immutationem, *tum* quoad
externam sortem remissionis peccatorum et adoptionis, *sed et* translato-
rum ulteriorem perfectionem et confirmationem denotat.

c) Qua confertur ἐξουσία, *jus* illud aut dignitas, *filios Dei fieri, his,
qui credunt in nomen ipsius, Joh. 1, 12.*

d) Quae fidei justificationem sequitur; in qua significatione *D. Lutherus* hac voce tum in libro de Ecclesia ac Conciliis, tum alibi etiam
multum usus est; quod et Declaratio Form. Conc. agnoscit l. c. p. 686.

e) Hanc amplexus b. *Kromayerus* l. c. p. 856. : *Nos,* inquit, *cum
citerioribus plerisque regenerationem pro fidei donatione (quam consequitur
justificatio) sumemus.* Et b. *Hoepfnerus* Disp. X. de Justif. Aphor. VI.
§ 12. p. 936. : *Deus nos generat,* ait, id est, *vires supernaturales ad cre-*

dendum confert etc., ubi etiam similitudinem generationis carnalis et regenerationis pluribus tractat. Denique b. *J. Olearius* Isag. Libb. Symb. l. c. p. 1250. scribit: *Regeneratio stricte* accepta *non nisi conversionem sive ipsam fidei donationem significat.*

f) Conf. b. *Mus.* Disp. I. de Convers. (Edit. Halens.) § 15. et Disp. II. § 9. 10. Disp. V. § 61.

g) Sic enim *regenerati vocantur nova creatura 2 Cor. 5, 17. Gal. 6, 15.* et *Jacobi 1, 18. renati vocantur primitiae creaturarum Dei.* Confer. b. *Balduin.* Comm. *in 2. ad Cor. 5. P. II. Aphor. 16. p. m. 651.* et b. *Olearii* Indic. Bald. l. c. p. 154.

h) Vid. *Ephes. 2, 5.* Adde *Rom. 6, 11.*, ubi renati (de quibus v. 3. 4.) ζῶντες, *vivi,* dicuntur.

i) *Ephes. 2, 6.*, unde et renati *resuscitati* aut resurrexisse dicuntur *cum Christo, Col. 3, 1.*

§ 3.

Itaque cum regeneratio *mutationem* aliquam spiritualem, *non* quidem *substantialem,*[a] *sed*[b] *accidentalem,* importet, notandi sunt ejus termini: *a quo*[c] et *ad quem.*[d]

a) *Neque enim alia intellectus et voluntatis substantia introducitur per regenerationem, deleta et extincta praeexistente naturali substantia etc.* Vid. b. *Huelsem.* Prael. in Form. Conc. Art. VI. Sect. IV. § 3. p. 395.

b) Qua *novae qualitates introducuntur* in *intellectum* et *voluntatem* hominis, *non tantum praeexistentes illustrantur et excitantur.* Vid. b. *Huelsemannus l. c.*

c) Scilicet, a quo incipit mutatio.

d) Puta ad quem tendit, et in quo terminatur mutatio.

ANTITHESIS.

QUENSTEDTIUS: ,,*Antithesis:* 1. *Novorum fanaticorum,* qui, conglobatos (verba sunt D. Gerhardi Disp. th. p. 984.) et conglomeratos errores Valentinianorum, chiliastarum, Manichaeorum, enthusiastarum, Donatistarum, Suenkfeldianorum, Flacianorum, Osiandristarum, Weigelianorum, et anabaptistarum ex orco revocantes, statuunt: ,Per regenerationem aboleri corporis prioris substantiam ac, manente anima eadem, dari corpus novum essentialiter a priore differens.' Unus instar omnium hic nobis sit *Weigelius,* qui asserit P. 1. Postill. p. 62.: ,Gott vollbringet diese Schöpfung der neuen Creatur also, dass er Adams Fleisch und Blut dem Tode überlasse, und neue himmlisch Fleisch und Blut an die Stätte schaffe durch Christum, in welchem neuen Fleisch und Blut wir Menschen in das Reich Gottes müssen kommen, und nicht mit dem alten Leibe aus Adam'... Hinc porro statuit, ,renatos habere carnem coelestem, corpus immortale ex Christo, esse filios Mariae, non Evae, esse ex Christo, sicut Eva ex Adamo'; vid. P. 1. Postill. p. 10. 35. 39. P. 2. p. 11. P. 3. p. 81. Dialog. de Christianis. p. 12. Item: ,In regeneratione non animam, sed corpus tantum mutari', statuit, P. 2. Post. p. 111. 114. et Dialog. de Christianis. p. 36. inquit: ,Der Leib muss neue und anders geboren werden, die Seele darf nicht anders werden, sie wird wohl verneuert und erleuchtet.' Weigelium sequuntur, ut dictum, novi fanatici, *fratres roseae crucis* dicti, qui itidem ajunt, ,regenerationem esse substantialem abolitionem cordis, quod carnali generatione e parentibus accepimus'. . . *2. Flacii et Flacianorum*, statuentium: Deum in regeneratione et conversione novum cor, atque adeo novum hominem ita creare, ut veteris Adami substantia et essentia (imprimis vero anima rationalis) penitus aboleatur, et nova animae essentia ex nihilo creetur." (L. c. s. 2. q. 1. fol. 692. sq.)

§ 4.

Terminus *a quo* est carentia[a] virium spiritualium ad fidem aliosque actus spirituales,[b] adeoque ex parte *intellectus* impotentia ad cognoscenda[c] objecta spiritualia, ex parte *voluntatis* impotentia prosequendi[d] bona spiritualia, ex parte *appetitus sensitivi* ineptitudo obsequendi Spiritui et reprimendi desideria carnis.[e]

a) Prout alias per generationem a *non esse* (v. g. hominis) *ad esse* (hominis) tenditur. Hic autem illud, a quo incipit regeneratio et quod in ea tollitur, dicitur *mors peccati;* vid. *Ephes. 2, 1.* Conf. b. *Mus.* Disp. II. de Convers. (edit. Hallens.) § 5. 6. 12. Nec incongruum h. l. est *mortis* vocabulum, licet prius mortui spiritualiter, quam vivere dicamur. Sufficit enim, *partim*, quod in Adamo inque statu integritatis ad vitam spiritualem omnes conditi sumus (juxta doctrinam de imagine Dei), *partim*, quod nobis, cum nascimur, omnibus vita spiritualis actu inesse debebat; ideoque ejus absentia non importat negationem meram, sed privationem.

b) Unde patet, huc pertinere, quae supra de peccato orig. dicta sunt. Et notandum est, quod Christus ait *Joh. 6, 65.: Nemo potest venire ad me* (id est, nemo habet vires credendi in me), *nisi ei fuerit datum a Patre meo.*

c) Sic Ephesii, quales fuerunt, antequam renascerentur, *tenebrae* appellantur a Paulo *Ephes. 5, 8.*, id est, obtenebrati, carentes luce spirituali seu viribus cognoscendi spiritualia.

d) Seu, quod voluntas, qualis est per *carnalem* conditionem, *legi Dei non subjicitur, nec* subjici *potest, Rom. 8, 7.*

e) Nempe in eo statu nondum desiit *peccatum regnare in corpore;* unde homines potius *obediunt illi per concupiscentias ejus, Rom. 6, 12.*

§ 5.

Terminus *ad quem* regenerationis sunt *vires* spirituales seu *vita* spiritualis,[a] quae quidem ex parte *intellectus* importat lucem spiritualem[b] seu vires recte judicandi de objectis spiritualibus aut assentiendi illis,[c] ex parte *voluntatis* vires prosequendi bona spiritualia, inprimis confidendi in Christo,[d] ex parte *appetitus* sensitivi facultatem aliquam, per quam incipit redigi sub obsequium Spiritus.[e]

a) *In actu primo* spectata; quae ad vitam spiritualem· actualem per modum principii sese habet.   Unde et ipsam regenerationem alias *vivificationem* appellari diximus § 2. et not. *h.*   Conf. b. *Mus.* Disp. V. de Conv. (edit. Hall.) § 2. sqq.

b) Sic Ephesii renati dicuntur *lux in Domino*, id est, luce spirituali praediti, *Ephes. 5, 8.*   Alias renati dicuntur esse *in luce, 1 Joh. 2, 9.*, *illuminati, Ebr. 6, 4.*

c) Prout homo *spiritualis* dicitur *dijudicare* (et sic pollere viribus dijudicandi) spiritualia, aliter quam homo *animalis*, qui ea *pro stultitia habet, nec potest intelligere, 1 Cor. 2, 14.*

d) Vocatur *fiducia habitualis*, sive in actu primo.

e) Saltem eo usque, ne generatio fidei salvificae in intellectu et voluntate, per desideria carnis continuata, impediatur.   Plenior autem immutatio et perfectio appetitus sensitivi ad renovationem pertinet; de qua suo loco.   Vide interim b. *Mus.* l. c. Disp. II. § 19.

§ 6.

Causa *efficiens principalis*[a] regenerationis Deus[b] trinunus[c] est.

a) Quae opus supernaturale conferendae vitae spiritualis virtute propria eaque infinita perficit.

b) Ita *Patrem luminum, a quo omnis donatio bona descendit, nos genuisse* dicit *Jacobus cap. 1. v. 18.*

c) Est enim opus *ad extra* ac terminatur ad effectum intra hominem realiter productum per potentiam tribus personis communem; unde et *Patri Domini nostri Jesu Christi* tribuitur *1 Petr. 1, 3.* et *Filio*, qui ratione spiritualis hujus generationis multorum *filiorum* Pater appellatur *Es. 8, 18. Ebr. 2, 13.* et cum *Adamo*, carnalis generationis primo parente, confertur, quoad originem vitae spiritualis non minus, quam ipsius justificationis et glorificationis *Rom. 5, 14. sqq. 1 Cor. 15. 45. sqq.*, *Spiritui Sancto Tit. 3, 5.*, quando *lavacrum regenerationis Spiritus Sancti* seu, per quod Spiritus Sanctus homines regeneret, memoratur.

ANTITHESIS.

KAHNISIUS: „Was die strenglutherische Polemik gegen den Synergismus zu berechtigen scheint, ist die Furcht, dass, was der menschlichen Freiheit zugelegt, dem Werke des Heiligen Geistes und dem Verdienste Christi abgebrochen werde. Aber diesen Theologen begegnet es hier wie sonst, dass sie, einen richtigen Gesichtspunkt verfolgend, einen andern eben so richtigen und wichtigen fallen lassen. Wenn es Gott ist, der uns wiedergebiert zum seligmachenden Glauben, so kann dieser nicht ein Product der Freiheit sein (I, S. 605.). *Daraus folgt aber nicht, dass der Mensch sich bei der Wiedergeburt ganz unfrei verhält.* Sobald diess angenommen wird, hört ja die Wiedergeburt auf ein *sittlicher* Vorgang zu sein. Auch ist diess eine Abstraktion der Theorie, da ja die Einwirkung der Gnade auf den Menschen gar nicht denkbar ist ohne einen befreienden Einfluss auf denselben. Wenn es allein das Verdienst Christi ist, welches uns gerecht macht, so darf der

Glaube, welcher es ergreift, kein Verdienst einschliessen, weil dann zum Verdienst Christi das des Menschen kommen würde. Daraus folgt aber nicht, dass im Glauben der Mensch ein Automat ist, welchen nur der Heilige Geist regiert. Es giebt ein Thun, welches kein Verdienst einschliesst. Der Königssohn, welcher die Krone seines Vaters übernimmt, der Bettler, welcher eine Gabe empfängt, der Schuldner, welcher die Bürgschaft eines andern gerichtlich annimmt, der in Gefahr schwebende, welcher die rettende Hand ergreift, handeln ohne Verdienst. Solch ein verdienstloses Handeln ist der Glaube. Was vom Heiligen Geist ist, ist die Kraft zu glauben. *Was aber vom Menschen ist, ist der Act des Glaubens.* Wie der Wille, welcher wiedergeboren wird, dasselbe Subjekt ist, welches im natürlichen Zustande zwischen Gutem und Bösem wählen kann, so ist auch der Glaube, welcher Christum ergreift, dasselbe Subjekt, welches im natürlichen Zustande an Gott glaubt. Diese Subjekte ergreifen in Kraft des Heiligen Geistes einen Inhalt, der nicht vom Menschen ist, sondern göttliche Gnade. Indem aber die strengen Lutheraner immer nur das Ziel ins Auge fassten, alles menschliche Verdienst abzuschneiden, zerstörten sie die psychologische und sittliche Grundlage im Werke der Heilsaneignung. Schon Erasmus hatte Blick genug gehabt, um in Luther dieselbe sprunghafte Schlussweise zu bemerken, auf die wir bei Augustin hinwiesen (S. 141. ff.) ,Lutherus', sagt er in seinem Hyperaspistes, ,perpetuo sic rationatur: liberum arbitrium non potest totum, ergo nihil potest; non agit nisi cum auxilio gratiae, ergo nihil agit', und an einer andern Stelle: ,Lutherus non novit aliam rationem exaggerandi redemtoris gloriam, nisi ex homine faciat satanam aut si quid est satana magis impium, nec meminit, hoc ipsum, quod in homine residet boni, esse donum Christi, cujus tanta est benignitas, ut ingratis etiam et impiis non invideat munera sua.' Die evangelische Wahrheit, in welche der Augustinismus aufgelöst werden muss, fordert wohl zum Verdienste Christi die Unfähigkeit des Menschen, ohne Christum zum Heil zu kommen, und zur wiedergebärenden Gnade des Heiligen Geistes das Unvermögen des natürlichen Menschen das dargebotene Heil zu ergreifen, aber nicht die zum Manichäismus abschüssige Lehre, dass der natürliche Mensch nur zum Bösen Freiheit habe und darum der Gnade nur widerstreben könne: eine Lehre, welche gegen Schrift (I. S. 551.), Tradition (II. S. 112. ff.) und alle Erfahrung ist. Vielmehr sind die Wahrheit, die Gerechtigkeit und der Friede des Evangeliums dem Menschen nur dann zum Heile, wenn in ihm ein Streben nach Wahrheit, Gerechtigkeit und Frieden ist, das im Evangelium findet, was es ausser ihm vergebens erstrebt.'' (Die luth. Dogm. 1864. II, 544. sq.)

§ 7.

Causa *impulsiva*[a] *interna* est misericordia Dei.[b]

a) Qua Deus commotus nos miseros et in peccatis mortuos homines noluit perire, sed ex morte peccati in vitam spiritualem revocare voluit.

b) Probatur ex *1 Petr. 1, 3.*, ubi dicitur Deus κατὰ τὸ πολὺ αὐτοῦ ἔλεος, *secundum multam misericordiam suam, nos regenuisse; et Ephes. 2, 4. 5.*, ubi legimus, *Deum divitem in misericordia, propter multam caritatem suam, qua dilexit nos, cum essemus mortui per delicta, convivificasse nos Christo.* Add. *Tit. 3, 5.*

§ 8.

Causa *impulsiva externa* et *meritoria*[a] est Christus mediator.[b]

a) Nam ut, salva sua justitia, Deus nobiscum juxta misericordiam suam agere nosque in peccatis mortuos ad vitam spiritualem perducere posset, hoc non nostro, sed alieno merito et satisfactioni debetur.

b) Vi meriti, passionis et mortis suae pro nobis. Qua ratione *gratia*, per quam homines *filii Dei fiunt, credentes in nomen ejus,* tanquam *ex Deo nati, per Jesum Christum orta* dicitur *Joh. 1, 12. 13. 17., data nobis per Christum,* aut ex vi meriti ejus, *2 Tim. 1, 9.,* et nos κτισθέντες ἐν Χριστῷ Ἰησοῦ, *conditi in Christo Jesu,* tanquam *opus Dei, Ephes. 2, 20.*

§ 9.

Causa *efficiens minus principalis*[a] sunt *verbum,*[b] *baptismus*[c] et suo modo etiam ipsi *ministri*[d] ecclesiae.

a) Per quam Deus conversionem in homine efficit et cum qua concurrit ad effectum spiritualem producendum.

b) Sic *verbo veritatis regenerari* dicimur *Jac. 1, 18.* Et *1 Petr. 1, 23.* verbum *seminis* instar se habere dicitur, unde renascamur.

BRENTIUS: „Gentes (Act. 10.) jam ante baptismum per fidem regeneratas et per Sp. S. renovatas esse, manifeste comprobat donum Sp. S., mirabiliter in ipsas illapsum. . . Tametsi nunc non necesse habebant baptizari, ut regenerarentur et renovarentur a Sp. Sancto, necessarium tamen erat, ordinationi parere. Huc accedit, quod baptismus non solum sit organon, quo initio credentes regenerantur et renovantur, sed etiam symbolum, quo credentes palam declarantur esse populus Dei et quo variis afflictionibus tentati in fide regenerationis confirmantur. Non igitur otiosum et supervacaneum, quod hae gentes post regenerationem baptizentur." (Homil. in Acta apostol. Homil. 51. in cap. 10.)

GERHARDUS: „Quando illi baptizantur, qui per verbum tanquam spirituale semen jamdum regeniti sunt, illi non opus habent regeneratione per baptismum, sed baptismus ipsis est confirmatio et obsignatio regenerationis. ‚Sicut in Abraham praecessit fidei justitia, et accessit circumcisio signaculum justitiae fidei Rom. 4, 11.: ita in Cornelio praecessit sanctificatio spiritualis in dono Sp. S., et accessit sacramentum regenerationis in lavacro baptismi', scribit Augustinus l. 4. de Bapt. c. 24." (Loc. de sacramentis, § 106.)

IDEM: „Catechumeni fideles per verbum veritatis et fidem in Christum sunt ex Deo nati; ergo minus recte conferuntur embryoni nondum formato ac nato. Antecedens patet ex eo, quod non solum baptismatis sacramentum dicitur ‚lavacrum regenerationis', sed etiam verbum est ‚semen illud incorruptibile, ex quo renascuntur credentes' 1 Pet. 1, 23. Jac. 1, 18., et qui vera fide Christum recipiunt, ‚ex Deo nati sunt', Joh. 1, 12. 13." (Loc. de ecclesia. § 55.)

DANNHAUERUS: „Quid, inquies, baptismus operatus est in eunucho, Cornelio, Lydia, ante baptismum conversis, regeneratis verbo? Respondet D. Aegid. *Hunnius* p. 190. (Qq. de sacram.): ‚Est etiam his baptismus regenerationis lavacrum. Etsi enim primo conversi regeneratique fuerint per auditum verbi, tamen donum illud regenerationis per baptismum in eis mirifice auctum et locupletatum. Itaque fuit baptismus eis lavacrum regenerationis. Primo, quia illis conferebatur incrementum regenerationis, quae *respectu suorum internorum motuum* magis minusque recipit. Deinde, quia regenerationis beneficium, ut et reliqua spiritualia dona et bona, lavacro aquae eis obsignatione baptismi *confirmabantur*." (Hodosoph. Phaenom. X. p. 550.)

ANTITHESIS.

KAHNISIUS: „Aus dem Verstande geht also das Wort in's Herz (Apostg. 2, 37.). Dort wirkt das Wort nach der ihm einwohnenden Kraft des Heiligen Geistes Busse und Freudigkeit, das Heil zu ergreifen. Das ist der Anfang der Wiedergeburt, der Keim des Glaubens. Der Mensch nimmt das Wort an (Apostg. 2, 41.), nimmt Christum auf (Joh. 1, 12.). In diesem Zustande war Paulus, als Ananias zu ihm kam. In diesem Glauben ist der Mensch noch nicht gerecht, noch nicht rein von Sünden, noch nicht Kind Gottes, noch nicht eins mit Christo. Er ist nur in dem Zustand des Stillehaltens zu dem, was Gott an ihm thun will. Die Wiedergeburt wirkt nun der Heilige Geist negativ dadurch, dass er den alten Menschen tödtet, positiv dass er den Grund eines neuen Lebens legt, den Lebensanfang einer geistlichen Persönlichkeit setzt. Diese beiden Momente wirkt der Heilige Geist in der Taufe." (Die Lehre vom Abendmahl. 1851. p. 429. sq.)

c) Hoc est, quod ex *aqua* (et *Spiritu*) renasci dicimur *Joh. 3, 5.* Et baptismus dicitur *lavacrum regenerationis*, eo, quod haec per ipsum fiat, *Tit. 3, 5.*

d) Quatenus nimirum verbum et baptismum *in usu constituunt* et hominibus regenerandis auctoritate non sua, sed Dei, et juxta institutionem divinam *applicant*. Quo sensu Paulus *1 Cor. 4, 15.* dicit: *Ego in Christo Jesu per evangelium vos genui.*

GERHARDUS: „Quod verbi et sacramentorum ministerio in S. tribuitur, illud etiam ministris, verbi praeconibus et sacramentorum administris tribuitur, non ratione *personae*, sed ratione sui *ministerii*, quatenus scl. verbum praedicant et sacramenta administrant. Sic evangelium est potentia Dei ad salutem Rom. 1, 16. et Timotheus, praedicans evangelium, salvat se ipsum et eos, qui ipsum audiunt 1 Tim. 4, 16." (L. de minister. ecclesiast. § 253.)

DANNHAUERUS: „In magistratu est exusia principalis, organicae, quae est in ministerio ecclesiastico, contradistincta; sicut enim causa secunda principalis dependet quidem a prima, habet tamen propriam et nativam indolem, potentiam activam, qua per se suapte vi influit in effectus proportionatos (sic ignis urit suapte virtute): at causa instrumentalis non habet insitam virtutem ad opus, nec agit nisi mota ac elevata a causa principali; at ea, quae ministerio tribuitur, potestas ad effectus supernaturales edendos nonnisi organica est." (Lib. conscient. P. II. p. 856.)

HOEPFNERUS: „Cum ecclesia mater dicitur, hoc tantum fit ratione ministerii, quo verbum et baptismum dispensat." (De justif. disp. X. p. 936.)

QUENSTEDTIUS: „Regeneratio est vel *ordinaria*, quae fit per verbum 1 Pet. 1, 23. et sacramenta Joh. 3, 5. Tit. 3, 5., vel *extraordinaria*, quae sine externis illis mediis fit; qualis est regeneratio infantum christianorum, qui ante baptismum perceptum moriuntur." (L. c. s. 1. th. 7. f. 686.)

§ 10.

Subjectum *quod*[a] est homo carens[b] vita spirituali,
operationi autem Spiritus S. contumaciter non repugnans,[c] citra differentiam aetatis,[d] et *sive* vitam spiritualem nunquam habuerit,[e] *sive* per peccata mortalia rursus
amiserit, quam habuerat.[f]

a) Seu *denominationis*, quod in casu recto dicitur renasci.

b) Alias enim jam renatus erit, si habeat vitam spiritualem.
Conf. b. *Mus.* l. c. § 22. 23. et Disp. II. § 12.

> FECHTIUS: „*Subjectum* et justificationis et regenerationis et reno-
> vationis unum idemque, sed diversimode tantum spectatum: *justifica-*
> *tionis*, qua a peccatis post fide receptam gratiam absolvendus; *regene-*
> *rationis*, qua novis viribus, in quibus vita spiritualis consistit, donan-
> dus; *renovationis*, justificatus, qui a peccatis abducitur et ad bonorum
> operum exercitium deducitur.“ (Compend. univers. th. complex.
> p. 596.)

c) Nam qui secus agunt et malitiose repugnant (quod utique possunt et aliquando solent homines adulti), tamdiu non regenerantur;
atque ipsi quidem sunt in causa. Conf. b. *Mus.* Disp. II. de Conv.
(edit. Hallens.) § 2. 61. sqq.

d) Quae enim *Joh. 3, 3.* et ad *Tit. 3, 5.* dicuntur *de regeneratione*,
hominibus cujusvis aetatis sunt communia, cum et infantes omnes
baptizari queant; de quo infra in L. de baptismo videbimus. Conf.
b. *Mus.* l. c. § 18.   De adultorum autem, qui praedicationis evangelii
capaces sunt, regeneratione videri possunt loca *1 Petr. 1, 21. 22. 23.*
Jacobi 1, 18.

ANTITHESIS.

> QUENSTEDTIUS: „*Antithesis: Socinianorum*, qui contendunt, re-
> generationem tantum adultis convenire, nequaquam autem infantibus.
> . . . ‚Agnoscat‘ (inquit inter alia Smiglecius), ‚viam regenerationis,
> quae adultis tantum proposita est, infantum aetati non convenire. Nec
> enim eos animum voluntatemque ad normam Christi legis componere
> posse, constat.‘“ (L. c. s. 2. q. 2. f. 695.)

e) Prout *infantes*, in peccato originali concepti et nati, et *adulti*
gentiles ac *Judaei* renascuntur.

f) De his vero notandum est, quod, si *denuo* regenerandi sint,
non ideo iterandus sit baptismus, sed illi per *verbum* legis et evangelii
ad poenitentiam reduci et sic fides in ipsis rursus accendi debeat:
qua ratione etiam *fructus baptismi*, aliquamdiu interceptus, *restituitur.*
B. *Mus.* Disp. V. de Convers. (edit. Hallens.) § 58.

§ 11.

Subjectum *quo* est anima humana, quoad[a] intellectum
et voluntatem; denique suo modo[b] etiam appetitum sensitivum.

a) Nempe quoad eas facultates, in quibus, tanquam in subjecto, est fides. Confer., quae diximus § 4. et 5. Nam termini *a quo* et *ad quem* ipsum subjectum mutationis facile indicant. Adde b. *Mus.* l. c. Disp. II. § 3. et 18.

b) Juxta ea, quae dicta sunt § 5. nota ult.

§ 12.

Forma regenerationis in ipsa *fidei donatione*[a] consistit; ad cujus *modum*, quo Spiritus S. in hominis adulti[b] mentem agit, cum eam per verbum regenerat, pertinet, quod *successive*[c] per praevios actus supernaturales a se ipso excitatos[d] fidem habitualem confert.

a) Vid. § 2. sub finem et notas *e. f.*

> CALOVIUS: „Q. II.: Utrum regeneratio proprie sit *vitae et actionum* nostrarum mutatio? Moscorovius hanc tradit regenerationis definitionem 1. de bapt. c. 7. p. 121.: ‚Regeneratio est *vitae* ante actae secundum doctrinam Domini Jesu *reformatio.*‘ Ejusdem monetae quoque est definitio Smalcii 1. de natural. Dei Filio c. 2. p. 17.: ‚Regeneratio est integra animi et actionum mutatio.‘ At descriptiones hasce falsas esse, ex hisce liquet: 1. Quia nuspiam in S. definitur regeneratio per ‚reformationem‘ vitae ante actae. 2. Quia Sp. S. distinguit inter regenerationem et renovationem, ac regenerationem dicit, qua nos a Deo gignimur in filios Dei, eamque priorem esse renovatione, docet Tit. 3, 5. Joh. 3, 5. 1 Pet. 2, 3. Jac. 1, 17. 3. Quia ne renovatio quidem ipsa proprie est reformatio vitae, sed mutatio *consequens* est renovationis et fructus ejusdem, cum prius nos oporteat renovari, quam in novitate vitae ambulemus aut fructus Spiritus proferamus, Rom. 8, 12. 13. Gal. 5, 16. 17.“ (System. Tom. X, 10.)

b) Nam infantum regenerationem minus explicabilem esse, jam diximus cap. III. § 11. nota *c.* et § 12. nota *b.*

c) *Non* autem ita, ut *immediate* et *in instanti* facultatibus animae infundatur habitus fidei. Vid. b. *Mus.* Disp. I. de Fide, ubi contra *scholasticos* docet, quod, quemadmodum habitus naturales per actus naturales, sic etiam habitus animi supernaturales per actus supernaturales, a Spiritu Sancto per verbum excitatos, acquirantur. Confer, quae mox dicemus de Convers. § 24. *Nec obstat* nomen regenerationis, cujus vis et significatio ex analogia generationis sit aestimanda, haec autem fiat in instanti. *Neque* enim similitudo ista *ultra* suum *tertium* est extendenda, et regenerationis actu non novam substantiam, sed qualitates produci, monuimus ad § 3. et not. *a.* Qui autem regenerationem in instanti fieri dixerunt, illi *vel* justificationem, *vel* collationem initiorum fidei, quoad primam cogitationem sanctam et pium desiderium, intellexisse videntur. B. *J. Olearius* in Indic. Bald. l. c. § 17. p. 155. a. F. docet, *formam regenerationis* (quatenus haec cum conversione coincidit) *consistere in successiva gratiae communicatione et fidei atque vitae spiritualis collatione;* non esse eam *actionem subitaneam, sed certo ordine perficiendam.*

d) Naturales autem vires, atque hinc pendentes actus, ad fidei productionem aut acquisitionem aliquid efficienter conferre, neutiquam statuendum est.

> GERHARDUS: „Quemadmodum nihil quicquam est in homine, propter quod dicatur *generari* sive nasci, quin potius totum illud in generanti situm est: ita quoque non est in nobis causa spiritualis *regenerationis.*" (L. de justif. § 225.)

§ 13.

Finis,[a] qui et *effectus*[b] regenerationis, *proximus*[c] est[d] justificatio et[e] renovatio; *ultimus* hominum[f] salus Deique[g] gloria.

a) Quem Deus auctor regenerationis serio intendit, respectu omnium, quos regenerat.

b) Cujus haec causa causae est.

c) Quique posita regeneratione statim et ipse ponitur, *vel* quoad totalem suam rationem, *vel* quoad initium.

d) Prout *Tit. 3, 5.* facta mentione *lavacri regenerationis* mox v. 7. additur: *Ut, justificati illius gratia, haeredes efficeremur juxta spem vitae aeternae.* Et *1 Petr. 1, 3. 4.* dicitur, *Deum regenuisse nos in haereditatem immortalem* etc.

> FECHTIUS: „Qua vires illae credendi tendunt ad amplexum Servatoris fiducialem, Joh. 1, 12., regeneratio *ordine naturae* prior est justificatione; qua tendunt ad sanctimoniam vitae efficiendam, Gal. 5, 6., posterior." (Syll. p. 205.)

e) Quemadmodum baptizati, et sic *renati* dicimur, *ut in novitate vitae ambulemus, Rom. 6, 4.* Et *fides* ipsa, ubi vera et viva est, *efficax* est *per dilectionem, Gal. 5, 6.*, quamvis renovatio non illico tunc absolvatur, sed continuanda sit per omnem vitam.

f) Quando enim haereditas et spes vitae aeternae huc spectat, vita aeterna finis rationem habet.

g) *Ut laudetur gloria gratiae suae,* ratione cujusvis *benedictionis spiritualis (Ephes. 1, 3. 6.)*, etiam ratione regenerationis. Confer. *1 Petr. 1, 3.*

§ 14.

Affectiones regenerationis sunt I. *necessitas*[a] in ordine ad salutem; II. *efficacia* perennis,[b] quantum est ex parte Dei; III. *defectibilitas*[c] ex parte hominum; IV. *iterabilitas.*[d]

a) *Nisi* enim *quis*, quisquis fuerit, γεννηϑῇ ἄνωϑεν, *natus* fuerit *iterum*, idque e supernis, tanquam a Patre luminum, aut ἐx τοῦ πνεύμα-

τος, e *Spiritu, non potest* ullatenus *videre regnum Dei, Joh. 3, 5. et 6.*
Nec negari potest necessitas donationis fidei, admissa fidei, quae non
nisi donatione divina obtingit, necessitate ad salutem.

> LUTHERUS: „Daher ist das unsere Lehre, dass aller Menschen
> Werke nichts seien und vergeblich gethan werden, wenn man nicht zu-
> vor neu geboren ist, und darum heissen wir es auch das vornehmste
> Stück, daran die Leute sollen unterrichtet werden, wie sie müssen
> erstlich neu geboren werden; dass man also zum ersten sage, dass sie
> alle todt seien, und was noch von Leben, Orden, Fasten und Anderm
> sein mag, dass es nichts helfe, zu erlangen Vergebung der Sünden, bis
> dass sie wiedergeboren und neue Menschen werden." (Auslegung des
> ersten und zweiten Cap. Johannis. Erlangen, 1851. P. XLVI, 260.)

b) Seu quod Deus *vitam* spiritualem, quam in regeneratione contulit, *durabilem* dedit; quam sua gratia porro et ad finem usque vitae
conservaturus est, nisi homo ipse eam sua culpa excusserit. Confer.
Phil. 1, 6., ubi Paulus se *persuasum* esse dicit, *quod qui coepit in ipsis
opus bonum, perfecturus sit usque ad diem Jesu Christi,* ὁ ἐναρξάμενος ἐπι-
τελέσει; et *Joh. 10, 28.* Christus de *ovibus* (renatis et fidelibus) *suis:
nemo,* ait, *rapiet eas de manu mea.*

c) Scilicet, ut, qui spiritualiter *vivere* coeperunt *per Spiritum Dei
et Christi in se habitantem,* mox autem *secundum carnem vivunt, morian-
tur in peccatis,* neque adeo tantum gratiam justificationis et renovationis, sed et regenerationis excutiant, *Rom. 6, 13.*

d) Juxta § 10. et not. *f.* Quamvis non desint, qui hanc novam
fidei donationem conversionis nomine, quam regenerationis, appellare
malint.

> QUENSTEDTIUS: „Regeneratio quidem per sacramentum circum-
> cisionis (olim in V. T.) fuit irreiterabilis, at regeneratio et novi cordis
> creatio per verbum in totaliter lapsis absurda non est, inquit D. Dann-
> hauerus Hodom. Calvin. p. 2035. Unus quoque baptismus est, Eph.
> 4, 5., cujus actus repeti nequit; interim tamen cum unitate baptismi
> regenerationis iteratio bene stare potest. . . Regenerationis gratiam
> amitti posse ac recuperari, probamus . . . 3. Ex Gal. 4, 19., ubi Paulus
> ad seductos Galatas: ,Filioli, quos iterum parturio.' Hinc manifeste
> patet, regenerationem unius ejusdemque hominis non esse tantum
> unam numero, quia Galatae per Paulum erant regenerati, seducti vero
> a pseudo-apostolis, gratiam regenerationis amiserant. Unde πάλιν, de
> novo, sunt regenerati, v. 19. Hinc Theophylactus ait nomine Pauli:
> ,Corrupistis formam Christi, quam habebatis in vobis ipsis ex baptis-
> mate, estque vobis opus alia regeneratione reformationeque, ut rursus
> forma Christi in vobis sit, ut ex ipso figuremini vos.' 4. Idem probat
> exemplum parabolicum filii asoti Luc. 15, 19. et historicum Nicodemi.
> Nicodemus in circumcisione infantiae regeneratus erat, nova tamen re-
> generatione indigebat, Joh. 3.; adde exempla Adami, Lothi, Davidis,
> Petri, qui omnes regenerationis gratiam peccando amiserunt, eam ta-
> men non quidem per sacramentum circumcisionis, attamen per verbum
> Dei, quod etiam regenerationis medium est, recuperarunt. Sic omnes
> infantes per baptismum regenerantur; est enim lavacrum regeneratio-
> nis Tit. 3, 5., ,et quotquot baptizantur, Christum induunt', Gal. 3, 27.
> Multi autem, adultiores facti, perdunt hoc donum παλιγγενεσίας per pec-
> cata mortalia. . . Non valet consequentia: Baptismus non potest re-
> peti, ergo nec regeneratio iterari; neque enim solum baptismi sacra-
> mentum, sed etiam verbum est regenerationis medium ac principium.
> Non sequitur: Semen regenerationis est ἀφθαρτον, immortale, ergo non

potest migrare e subjecto.   Nam et solis radius et ἄφθαρτος, mundo
tamen se subducit et cedit tenebris.   Semen verbi auferri potest e
corde Luc. 8, 12.   Qui ex Deo natus est, scil. per spiritualem παλιγ-
γενεσίαν, peccatum non facit 1 Joh. 3, 9., quatenus scil. talis est et
manet et ductum supernae illius nativitatis sive Spiritus S. sequitur.“
(L. c. s. 2. q. 3. fol. 698. 699.)

LUTHERUS: „Die Schlüssel fordern den Glauben in unserm Herzen, und ohne Glauben kannst du ihrer nicht nützlich brauchen.   Glau-
best du aber an ihr Urtheil, so bringen sie dich wieder in die Unschuld
deiner Taufe, wirst von neuem wieder geboren und ein rechter neuer
Heiliger.“   (Schrift von den Schlüsseln. 1530. XIX, 1187.)

HOLLAZIUS: „Estne amissa regeneratio reiterabilis?   R.: Amissa
regeneratio a peccatore poenitente recuperari potest. Prob. ex Gal.
4, 19. . .   Dicis: Baptismus, ordinarium regenerationis medium, non
potest repeti; ergo nec amissa regeneratio potest recuperari.   Resp.:
Recuperatur regeneratio non per baptismum, sed per semen verbi
divini, ex quo iterum concipitur fides in Christum atque adeo peccator
conversus reviviscere incipit.“   (Exam. P. III. s. 1. c. 7. q. 18.
p. 886. sq.)

FECHTIUS: „Regeneratio ut amissibilis, ita et reiterabilis est, Gal.
4, 19.   Unde regenitus et is dici potest, qui aliquando vel per aquam
vel per verbum vi participii regeneratus est, vel qui pro praesenti vi nominis in statu est, in quo regeniti esse debent.   Nulla tamen ratio est,
cur regeniti voce prae aliis magis vulgaribus et idem significantibus,
utpote conversi, pii, fideles aliisque, in docendo delectemur, praecipue
cum ob metaphoram in illa latentem nescio quas fanaticas sibi chime-
ras saepius fingant simpliciores.“   Addit Rollius: „Notantur hic fanatici, qui instituto illo in thesi indigitato semper utuntur, cum tamen
ipsa scriptura frequentius piorum et fidelium, quam regenitorum, voce
utatur.   Nec tamen hoc ipso usus vocis regeniti moderatus proscribitur
aut eliminatur.“   (Controvers. Sylloge p. 206. 212.)

ANTITHESES.

QUENSTEDTIUS: *Antithesis:* 1. *Anabaptistarum,* statuentium, semel
justificatos Spiritum S. amittere non posse; vid. Aug. Confess. a. 12.
2. *Calvinianorum,* qui jacturam gratiae regenerationis et υἱοθεσίας impugnant, et regenerationis iterationem absurdam esse statuunt.   Sic
Beza P. 2. Colloq. Mompelgart. p. 74.: ‚Non fuit‘, inquit, ‚David regenerationis spiritu, quem prorsus amisisset, rursus donatus, sed qui
sopitus in ipso jacebat, fuit divinitus ministerio Nathanis excitatus.‘
Massonius P. 4. c. 9. p. 95. ait: ‚Die Wiedergeburt ist mit nichten eine
unbeständige wetterwendische Gnade, die Gott einem heute gebe und
morgen wieder nehme.‘   ‚Quomodo illi‘, ait Walaeus, p. 647., ‚qui dicunt, gratiam regenerationis semel vere acceptam tolli posse et revera
saepe tolli, unitatem baptismi defendant, non video. Quia nova regeneratio novo sacramento haberet opus, ut in Adamo ante et post lapsum
videmus.‘   Ast, annon et verbum regenerationis est principium, ut
adeo sacramento non sit opus?   Zwingerus in defens. Calvin. p. 323.:
‚Quod si David‘, inquit, ‚suis illis peccatis Spiritum S. totaliter ex-
cussit, nova ergo regeneratione opus habuit, sicque non una tantum,
sed multiplex erit hominis renascentia, prima, secunda, tertia etc.,
quales cum concione Christi ad Nicodemum minime conciliari poterunt,
Joh. 3.‘“   (L. c. f. 698. sq.)

KAHNISIUS: „‚Nur den lebendig Gläubigen mag man wiedergeboren nennen.‘   Das, erwiedern wir, ist allerdings der Sprach-
gebrauch des Pietismus.   Wie aber der Mensch nur einmal *geboren*
wird, so wird er auch *nur einmal wiedergeboren.*   Wenn Paulus an die
Galater schreibt (4, 19.), dass er sie abermals mit Schmerzen gebäre,
bis Christus Gestalt in ihnen gewinne, so spricht er hier nur von der

erneuernden Kraft seines Wortes, wie er die erste Wirkung seines Wortes *zeugen* nennt (Philem. 10.).... Ergreift nun der Getaufte nach langem Wandel im Fleische durch Gottes Gnade das Heil, so ist dies nicht Wiedergeburt, wie der Pietismus sagt, sondern Belebung jenes in der Taufe ihm eingepflanzten Keimes, Erneuerung, Erweckung. Wie sich aber auch das Leben des Getauften gestalten mag, jedenfalls ist er durch die Taufe eingepflanzt worden in den Leib Christi, ein Glied jener grossen Kette, durch welche der elektrische Strahl des Heiligen Geistes schlägt." (Die Lehre vom Abendmahle. 1851. p. 432. 433.)

§ 15.

Definiri potest regeneratio, quod sit actio[a] Dei, qua Deus[b] hominem[c] viribus spiritualibus carentem, sed contumaciter non repugnantem, ex mera gratia,[d] propter Christum,[e] per verbum et baptismum,[f] ex parte intellectus et voluntatis,[g] viribus spiritualibus[h] ad credendum in Christum vitamque adeo spiritualem inchoandam donat, aut eas in ipso[i] producit, justificationis, renovationis et salutis aeternae consequendae[k] causa.

a) Quanquam *non semper una* simplex actio, si regenerationem *adultorum* spectes, quibus *primum* initia quaedam fidei, *deinde* habitus fidei conferuntur. Conf. § 12.

b) Causa efficiens principalis; vid. § 6.

c) Causa materialis seu subjectum quod regenerationis; vid. § 10.

d) Quae est causa impulsiva interna; vid. § 7.

e) Tanquam causam impulsivam externam; vid. § 7.

f) Quae sunt causa efficiens minus principalis; de qua § 5.

g) Subjectum quo hoc est; vid. § 11.

h) Sic terminus ad quem indicatur, juxta § 12.

i) Quae est ipsa forma aut formalis ratio regenerationis § 12.

k) Tanquam finis regenerationis; de quo vid. § 14.

§ 16.

Conversionis vox[a] in Scripturis *dupliciter* accipitur: quatenus *nunc* Deus hominem,[b] *nunc* homo se ipsum convertere[c] dicitur; etsi *quoad rem* una et eadem sit actio.[d]

a) Per similitudinem a motu locali desumtam; prout etiam *reversionis* significatio obtinet in Scriptura; vid. b. *Mus.* Tr. de Conv. Jenae edit. Disp. I. cap. I. § 5. 6. p. 23.

b) Dicitur conversio *transitiva*, quia non in ipso agente, Deo, terminatur, sed ab illo in aliud subjectum transit, nempe in hominem peccatorem; unde Deus *convertere*, homo *converti* dicitur. Sic illud, quod *Jer. 31, 18.* dicitur: הֲשִׁיבֵנִי (quod ad literam sonat: *fac me re-*

verti) a Graecis interpretibus redditur: ἐπίστρεψόν με; a Vulgato: *converte me;* a Pagnino: *converti fac me.* Confer. b. *Mus.* Tract. de Conv. Ed. Jen. Disp. I. cap. I. § 2. et 11. p. 2. 11.

c) Dicitur conversio *intransitiva.* Quamvis enim actus, per quos homo se ipsum convertere dicitur, a Spiritu S. efficienter pendeant; quia tamen sunt actus intellectus et voluntatis, nec a potentiis, quarum actus sunt, in aliud subjectum transeunt, sed in illis ipsis terminantur, hoc respectu in *immanentium* seu *intransitivorum* actuum censum veniunt.

d) Semper enim importat spiritualem in homine mutationem, per quam homo peccator, viribus quidem non suis, sed gratiae, eo perducitur, ut peccata agnoscat, de illis doleat, et credat in Christum etc.

QUENSTEDTIUS: ,,Conversio spectata ratione sui accipitur vel late vel stricte. *Late sumta* indefinite ratione termini a quo omnem statum peccati et irae, in quem homo se ipsum praecipitat, indicat; ratione vero termini ad quem non tantum infert translationem ex statu irae et peccati in statum gratiae et fidei, sed etiam justificationem, tam activam a parte Dei, qua Deus nos a peccatis absolvendo justos declarat, quam passivam a parte hominis, qua per datam fidem illam declarationem acceptamus nobisque applicamus, ac renovationem hujusque continuationem, ad quam homo renatus active concurrit, complectitur. In hoc sensu sumitur vox conversionis Act. 26, 18. 20., ubi tria dicit apostolus Paulus se annuntiasse Judaeis et gentibus: 1. μετάνοιαν, 2. ἐπιστρέφειν ἐπὶ τὸν Θεὸν et 3. ἄξια τῆς μετανοίας ἔργα πράξασθαι, i. e., aversionem a peccato, conversionem ad Deum et studium bonorum operum. Eodem modo etiam *Form. Concord.* art. de lib. arb. p. 656. 663. et 675. sub conversionis voce renovationem comprehendit. Itemque b. *Chemnitius* in Exam. Conc. Trid. P. I. de lib. arb. § ,Longe enim aliud est' etc. et § ,Exagitant etiam illud' etc. *Stricte accepta* conversio justificationi et renovationi contradistinguitur. Prior acceptio, licet et Scripturae et scriptorum ecclesiasticorum veterum sit, post motas tamen a synergistis controversias *posterior* obtinuit et hic attenditur.'' (Theol. did.-pol. P. III. c. 7. s. 1. th. 4. f. 700.)

HUELSEMANNUS: ,,Secundum porisma: Poenitentiae et conversionis vocabulum latius patere sensu Scripturarum et scriptorum veterum, quam plerorumque scriptorum ecclesiasticorum. Bonos enim motus internos et propositum emendationis phrasi Scripturarum includi vocabulis ,poenitentiae, conversionis ab operibus mortuis, resurrectionis, resuscitationis, vivificationis' aliisque synonymis, negari certe non potest ob clarissima dicta, quae utrumque terminum a quo et ad quem includunt, Act. 26, 18. 11, 18. 2 Tim. 2, 25. 26. Ebr. 6, 1. Eph. 5, 14. Col. 2, 12. Post, motas autem controversias synergistarum coepit poenitentiae et conversionis vocabulum strictissime sumi pro conversione transitiva et activa solius Dei inchoantis in homine illuminationem intellectus et emendationem voluntatis ac affectuum; quo sensu Epitome Form. Conc. p. 680. 681. rejicit doctrinam illam de tribus causis efficientibus conversionem hominis non renati, docetque, conversionem hominis ad Deum esse opus solius Sp. S., ad quod hominis convertendi voluntas nihil confert, sed patitur, ut Deus in ipsa operetur, donec regeneretur. Unde apparet, *Formulam Concordiae alicubi* conversionem hominis iisdem terminis inclusisse, quibus regeneratio includitur, quae *nulla ratione efficientis est hominis, sed solius Dei;* quo sensu conversionis vocabulum transitive de solius Dei operatione aliquoties usurpatur p. 662. 663. 671. 674. et alibi. Negari tamen non potest, *eandem Formulam* conversionis vocabulum *alibi latius* sumsisse, et distinxisse inter inchoationem et continuationem conversionis p. 674.

656. 663. 675. 681. Quo sensu etiam *Chemnitius* in Locis c. 7. ,,De viribus hum.' P. I. LL. p. 214. 215. sqq. post distinctionem quatuor statuum hominis: 1. ante lapsum in natura integra, 2. post lapsum in natura corrupta ante renovationem, 3. post reparationem et renovationem per Sp. S., *de solo hoc tertio statu affirmat, quod in hoc statu voluntas hominis se non pure passive habeat*, et, quaecunque asserit de tribus causis *bonae actionis*, tantum restringit ad statum post renovationem in Spiritu S. inchoatam, et *in hoc statu primum oriri luctam* carnis et spiritus.'' (Praelect. Form. Conc. art. 10. s. 1. § 8. p. 500. sq.)

QUENSTEDTIUS: ,,Conversionis improprie descriptae, scl. ab effectu, *synonyma* sunt poenitentia, resipiscentia, resurrectio prima Col. 2, 12. Apoc. 20, 6. *Poenitentia* enim conversionem *sequitur*, estque ejus immediatus effectus.'' (L. c. th. 9. f. 702.)

§ 17.

Inprimis itaque[a] notandi sunt conversionis termini *puo*:[b] unus *a quo*,[c] alter *ad quem;*[d] quorum uterque vel *formalis*[e] est, vel *objectivus.*[f]

a) Nempe ad cognoscendam rationem conversionis *transitivae*, quae esse specificum accipit a suo termino, qui quoad rem in ipsa conversione intransitiva consistit; necesse est, hujus considerationem praemitti. Vid. b. *Mus.* de Conv. Disp. III. p. 97. 98.

b) Est enim conversio in communi sua notione et conceptu mutatio aut motus quidam spiritualis, sive animi; quod etiam docent appellationes in Scripturis, v. g. *reditus peccatoris, reditus a peccatis ad Deum.* V. b. *Mus.* de Convers. Disp. I. et II. Et quia conversio transitive et intransitive accepta una quoad rem mutatio est, necesse est, etiam terminos *a quo* et *ad quem* unos et eosdem quoad rem esse utrinque. *Mus.* Disput. III. § 21. p. 109.

c) Sive id, a quo *incipit* motus, et quod per eum *aboletur.*

d) Seu illud, *ad* quod *tendit* motus, et quod per eum *acquiritur* aut *obtinetur.*

e) Quo nomine appellatur is, quem conversio suapte *natura et intrinsece attingit.*

f) Ita appellatur *objectum termini formalis*, extra conversionis naturam et rationem intrinsecam constitutum. *Mus.* Disp. I. § 7. 8. 9. p. 3. 4. et Disp. III. cap. I. § 4.

§ 18.

Terminus *a quo formalis* sunt peccata, cum *actualia*,[a] sive *commissionis*, sive *omissionis;*[b] quatenus, postquam admissa sunt, *moraliter* manent[c] velut rata, aut non retractata,[d] Deumque offendunt et obligationem ad poenam[e] peccandi contrahunt; tum *habitualia*,[f] *originale* seu *connatum*,[g] et *acquisitum;*[h] non solum quatenus sunt habitus peccandi,[i] verum etiam ratione annexae culpae et reatus.[k]

a) Nam ad peccata etiam praeterita respectum important voces נחם, μεταμέλεσθαι, μετανοεῖν, *poenitere, resipiscere* etc., quae conversioni intransitivae respondent. Et sic *1 Reg. 8, 35.* conversio tribuitur illis, qui, cum *peccaverint* Deo, a peccato suo se avertunt. Et *Ezech. 18, 26. 27.* ei, qui avertit se ab *iniquitate* aut *praevaricatione, quam fecit.* Conf. *Mus.* l. c. § 9. p. 101. 102.

b) Par enim hic ratio est, et sufficit, quod in communi conceptu peccati conveniunt.

c) *Physice* enim aut *realiter* non supersunt nec abolenda sunt, quia jam praeterierunt; quanquam et *omissionis* peccata secundum se non sint aliquid positivum, sed negatio. B. *Mus.* l. c. § 31. p. 120. 121. § 59. 60. 61. p. 130. 131.

d) Quatenus enim sunt actiones contra legem et *jus tertii* concernunt, censentur tamdiu manere (instar contractus) et agentem sub statu ex actione resultante velut constrictum tenere, quoad usque non retractantur. Vid. b. *Mus.* l. c. § 42. sqq. p. 123. 124.

e) Ita enim reatus culpae et poenae conjunguntur. V. b. *Mus.* l. c. § 46. sqq. p. 124. sqq.

f) Scriptura certe conversionem describit per *remotionem cordis lapidei et donationem cordis carnei Ezech. 11, 19. cap. 36, 26. sqq.*, per *circumcisionem cordis Deut. 30, 6. Coloss. 2, 11.*, per *emollitionem cordis 2 Reg. 22, 19. sqq.* His autem phrasibus mutatio cordis aut animi, quoad malitiam habitualem tollendam, manifeste indicatur. Conf. b. *Mus.* l. c. § 15. sqq. p. 105. sqq. Disp. IV. cap. III. § 60. sqq. p. 287. sqq.

g) De quo vid. supra P. II. cap. II. Vol. II. p. 280. Hic autem etiam spectari debet *cum* carentia justitiae originalis, *tum* propensio habitualis facultatum omnium ad prava, quarum utraque *connata* est, utraque etiam suo modo per conversionem *tollenda;* ut mox patebit. Interim vide b. *Mus.* l. c. Disp. IV. cap. I. § 4. sqq. p. 244. sqq.

h) Quo nomine comprehenditur *non solum* habitualis propensio in malum, actibus peccandi contracta, *verum etiam* carentia justitiae vel gratiae, per Christum reparatae in renatis, sed per peccata graviora excussae. V. b. *Mus.* l. c. § 3. sqq. p. 243. sqq.

i) Seu quatenus secundum se spectantur et prout important *carentiam* habitualis perfectionis adesse debitae et *propensionem* habitualem ad prava; quarum haec atque illa tolli debet. B. *Mus.* l. c. et praeced. Disp. III. § 7. 8. p. 100. 101.

k) Quae quidem communia eis sunt cum peccatis actualibus (de quibus vid. notae *d. e.*). Competunt enim eis, quatenus peccata sunt; non praecise, ut sunt habitualia. Et quamvis culpa et reatus peccatorum ab homine peccatore formaliter tollantur in justificatione, quae conversionem naturae ordine sequitur, tamen in ipsa conversione homo sic mutari debet intrinsece et spiritualiter, ut peccata etiam ratione culpae et reatus ab ipso tolli possint, quia a parte hominis justificandi et ad justificationem sufficit conversio, neque plus requiritur, quam esse conversum.

§ 19.

Terminus *a quo objectivus* generaliter loquendo sunt res, quae peccatorum actualium objecta[a] sunt; *speciatim* vero illae, quibus peccatores prae caeteris animo et affectu addicti sunt seque, Deo posthabito, quasi manciparunt.[b]

a) Quod vel ipsum nomen indicat. Conf. b. *Mus.* de Conv. Disp. III. cap. I. § 34. p. 118.

b) V. g. *idola*, a quibus homines convertendi dicuntur *Es. 31, 6. 7. Ezech. 36, 25. Actor. 14, 15. 1 Thess. 1, 9. Apoc. 9, 20.*, satanas, aut *potestas satanae*, *Act. 26, 18.* Qua ratione etiam avari a *divitiis*, intemperantes a *scortis* avertere se jubentur. Conf. *Mus.* l. c. § 35. p. 138. 139. Fatendum enim est, variam esse rationem earum rerum, quae sunt objecta peccatorum; neque ab omnibus ejusmodi rebus eodem modo, certe non semper absolute et simpliciter aut prorsus, hominem averti debere, quando convertendus est. Aliter sane scorta, aliter divitiae deserendae sunt, aliter ipse satanas.

§ 20.

Terminus conversionis[a] *ad quem*, isque *formalis*,[b] est fides in Christum,[c] qua Deo, peccatis offenso, homo peccator reconciliatur.[d]

a) Quo acquisito aut obtento, homo *conversus* dicitur.

b) Seu ille, quem conversio suapte natura et intrinsece attingit, ut producatur.

c) Ita *Actor. 11, 21.* dicuntur peccatores converti ad Dominum, πιστεύοντες, *credentes*; seu formaliter per hoc, quod credunt, aut credentes fiunt. Et *Act. 26, 16.* legimus, quod Christus *miserit* Paulum *ad gentiles, ut aperiret oculos eorum, ut converterent se a tenebris ad lucem,* nempe lucem fidei; quod etiam apparet ex seqq., quando dicuntur illi *accepturi remissionem peccatorum et sortem inter sanctificatos, per fidem, quae est in Christum.* Conf. b. *Mus.* Disp. I. cap. III. § 44. p. 24. 25. Neque ab eo, quoad rem, differt, quod idem l. c. cap. I. § 8. p. 3. dicit: *Terminum ad quem formalem* (conversionis) *esse reparandam animi rectitudinem, quae sive vi primaevae creationis homini inesse debebat et in Adamo deperdita est, sive vi regenerationis olim reparata et per peccata contra conscientiam iterum excussa fuit.* Quam in rem addi possunt, quae habentur ib. § 9. p. 4., item Disp. III. cap. I. § 22. sqq. p. 109. sqq. Disp. V. cap. I. § 7. et 9. p. 295.

d) Juxta ea, quae modo diximus ex *Actor. 26, 16.*, ubi tamen observandum est, ipsam *remissionem peccatorum* proprie loquendo *non* esse *partem* conversionis, licet haec totaliter sumatur, quatenus contritionem et fidem complectitur; sed esse ejus *consequens et fructum*, atque ad justificationem formaliter pertinere. Conf. b. *Mus.* l. c. cap. IV. § 74. p. 39.

§ 21.

Terminus *ad quem* objectivus[a] est Deus.[b]

a) Sive objectum termini formalis, juxta § 17. not. *f*.

b) Sic enim dicitur μετάνοια εἰς τὸν θεὸν, *resipiscentia*, sive conversio *ad Deum Act. 20, 21.*, et jubentur homines ἐπιστρέφειν ἐπὶ τὸν θεὸν *Act. 14, 15.* et *cap. 26, 18.*, πρὸς τὸν θεὸν 1 *Thess. 1, 9.* Conf. b. *Mus.* Disput. I. cap. III. § 43. sqq. p. 24. 28. Quanquam enim fidei objectum vulgo constituatur Christus mediator, certum tamen est, fidem hanc recta ferri in Deum, tanquam suum objectum, et peccatoris animum cum Deo ipso redunire. Conf. b. *Mus.* cap. I. § 9. p. 4.

§ 22.

Itaque ad id, ut peccata *actualia* per conversionem aboleantur, requiritur *primum*,[a] ut retractentur[b] a peccatore et ut in intellectu quidem *agnoscantur*,[c] non solum judicio *speculativo*,[d] quod revera sint peccata, verum etiam *practico*, quod in abolitionem peccatorum incumbere et de modo ac mediis, quibus aboleantur, dispicere[e] oporteat; ex parte voluntatis requiritur *displicentia*[f] peccatorum, eaque *efficax*,[g] seu detestatio cum *dolore*[h] conjuncta.

a) Nempe *moraliter* tantum aboleri possunt, non *physice*, quae actu non existunt, sed pridem esse desierunt; ut diximus ad § 18. not. *c*.

b) *Retractatio* etiam opponitur *ratihabitioni*, per quam fit, ut peccata, etiamsi praeterita, moraliter maneant et hominem afficiant. Conf. § 18. not. *d*. Quamvis non ideo per solam retractationem aboleri possint. Conf. b. *Mus.* de Conv. Disp. III. cap. II. § 49. 50. p. 125. 126. § 62. sqq. p. 131.

c) Agnitio enim *conditio* necessaria est, sine qua retractatio fieri nequit, cum voluntas, tanquam potentia coeca, nihil irritum reddere possit, nisi prius ab intellectu fuerit cognitum. Scriptura autem etiam hanc nobis praxin monstrat, qua, cum homines per ministerium verbi ad conversionem perducendi essent, a manifestatione peccatorum initium fieri consueverit. Vid. exemplum Davidis *2 Sam. 12, 7. sqq. Ps. 51, 5.* Conf. b. *Mus.* l. c. § 64. p. 131. 132.

d) Quo peccata, *sive* per se animo obversantia (quando graviora sunt), *sive* inito diligentiore *examine* aut excussione vitae ante actae et *collatione* accuratiore cum norma legis divinae (qua ratione fit, ut, quae alias ob securitatem carnalem non animadvertuntur ipsaque peccata infirmitatis agnosci possint) cognoscuntur esse adversa legi divinae, Deo exosa et poenis temporalibus atque aeternis digna; prout *Rom. 3, 20.* dicitur, *per legem esse agnitionem peccati.* Conf. *cap. 7, 7.* et b. *Mus.* l. c. § 65. 66. p. 132. 133.

e) Alias enim locum habebit illud *Jacobi* de *homine faciem suam in speculo contemplante*, non autem de abstergenda macula cogitante, *Ep. cap. 1, 23. 24.* Constat autem exemplis poenitentium in Scriptura, quomodo, cognitis peccatis, solicite quaesiverint, quo pacto possent aboleri sua peccata: v. g. *Josiae, 2 Reg. 22, 11. sqq., Judaeorum* quorundam tempore Johannis Baptistae, *Matth. 3, 6. Marc. 1, 5.* Conf. b. *Mus.* l. c. § 67. p. 133. 134.

f) Nam si maxime intellectus peccata vel omnia cognosceret, et in iis non esse persistendum dictitaret, non tamen ea retractarentur, nisi voluntati displicuerint. Per displicentiam autem peccata desinunt esse voluntaria, et rationem actionum invitarum induunt. B. *Mus.* l. c. § 69. 71. p. 134. 135.

g) Scilicet *simplex displicentia*, qua peccata secundum aliquam rationem mali cognita voluntati displicent, sine intentione illa fugiendi, non sufficit ad retractationem peccatorum, sed necesse est, ut peccata prorsus aversemur, quippe ea, si fieri posset, infecta reddere volentes et a similibus patrandis abhorrentes. B. *Mus.* l. c. § 70. p. 134.

h) Seu, ut *passio, perturbatio* et *inquietudo* animi oriatur ex apprehensione peccati, tanquam mali praesentis et causae malorum plurium, in vita hac et altera luendorum. Atque hic quidem dolor tanto gravior est, quo magis ratio mali in peccatis, v. g. foeditas, offensa Dei, poenarum certitudo et copia atque gravitas, distincte et accurate apprehensa est atque cognita. Unde patet, *conscientiae morsus et pavores* sub isto dolore contineri. Exempla autem habemus, praecipue *Davidis, Ps. 6, 3. sqq. Ps. 32, 3. sqq. Ps. 38, 4. sqq. Ps. 88, 2. 17. sqq.*, et *Petri* πικρῶς κλαίοντος, *Matth. 27*, ult. *Luc. 22, 62.*

§ 23.

Deinde requiritur, ut in peccata actualia, etiam quoad *offensam*[a] Dei et obligationem peccantium ad satisfaciendum[b] Deo, abolenda tendat animus; quod quidem non aliter fit, quam per fidem[c] in Christum mediatorem ejusque meritum et satisfactionem pro peccatis nostris; quam cum apprehendit fides, simul tendit in Deum,[d] qui, licet peccatis nostris offensus, tamen amore et gratia sua nos complexus[e] et nunc per satisfactionem Christi plene reconciliatus sit.[f]

a) Sicut enim *causa*, cur peccata, postquam praeterierunt, moraliter maneant et hominem in statu peccati constituant, non est sola ratihabitio seu non-retractatio; sed quod peccata etiam legi divinae adversantur Deumque offendunt: ita, si maxime peccator serio apud animum retractet peccata praeterita, tamen adhuc reus culpae manebit ob violatam legem Dei et obligatus ad satisfaciendum pro offensa et injuria Deo illata; prout Servator ad abolendum peccatum, quo quis proximum laesit, non solum retractationem peccati, sed ut etiam proximo satisfiat, aut is inducatur, ut injuriam condonet, requirit, *Matth. 5, 24.* Conf. b. *Mus.* l. c. § 49. 50. p. 125. sqq.

b) Scilicet peccata per modum offensae, sive quatenus Deum offendunt, spectata, et obligatio seu debitum satisfaciendi Deo pro peccatis habent se ut fundamentum relationis et relatio ipsa; ac proinde iisdem actibus offensa pariter et obligatio ad satisfaciendum tollitur. B. *Mus.* l. c. § 76. p. 137.

c) Sane *contritio* hic *nihil* valet; cui praeter hoc, quod peccata admissa per eam retractantur, nihil adscribendum est.   Vid., quae b. *Mus.* contra scholasticos affert l. c. § 77. sqq. p. 137. 138. 139.   Sed nec offensa Dei, citra satisfactionem, sola condonatione peccatorum tollitur; verum juxta Scripturas abolitio offensarum et reconciliatio nostra cum Deo partim quidem adscribitur gratiae seu misericordiae Dei, nempe ut causae impulsivae internae, partim vero Christo mediatori, tanquam causae meritoriae, juxta *Eph. 1, 5. cap. 2, 4. sqq. ad Tit. 3, 4. sqq. Rom. 5, 8.* Et hoc est, quod *Rom. 8, 3. 4.* dicitur: *Jus legis* (quod in nos, aut adversus nos habet, obedientiam perfectam, aut, deficiente ea, poenam postulans) *compleri in nobis* per *Filium Dei,* quem ipse *miserit,* seu per impletionem legis et satisfactionem ab ipso pro nobis praestitam; et *Gal. 4, 4.,* Christum *legi obnoxium* esse *factum, ut redimeret* eos, *qui sub lege erant;* et *1 Joh. 2, 2.,* eum esse *propitiationem pro peccatis nostris ac totius mundi,* et *2 Cor. 5, 18.,* Deum reconciliasse *nos sibi per Christum.*   Itaque, cum praeter satisfactionem Christi aliam nullam Deo acceptabilem aut per se validam Scriptura tradat, ideo conversio etiam aliter in abolendam peccatorum offensam tendere non potest, quam per eos actus, quibus primo feratur in Christum mediatorem, et per eum porro in Deum, Christi merito reconciliatum. Conf., quae diximus cap. III. § 6. 7. 8.   Et b. *Mus.* l. c. § 81. sqq. p. 139. sqq.

d) Nam dum fides fertur in Christum, ut causam impetrandae gratiae apud Deum, fertur eadem simul in Deum, cujus gratia per Christum sit impetranda.   Conf. § 21. et not. *b.*

e) Volens *cunctos salvos fieri,* juxta *1 Tim. 2, 4.* (confer Disp. nostram super hunc locum habitam de *universalitate gratiae divinae*), et diligens nos, etiam cum *peccatores et filii irae* essemus, non quidem qua tales, sed qua creaturas. *Rom. 5, 8.*

f) Ita *2 Cor. 5, 18. 19.* dicitur, *Deum reconciliasse sibi nos et mundum in Christo;* quibus consonant verba *Col. 1, 20., Deum, pace per sanguinem crucis* [Christi] *facta, per eum reconciliare sibi omnia.* Intelligi autem debent de *reconciliatione* ex parte *satisfactionis* spectata, seu quod revera praestitum sit, quicquid satisfactionis ad reconciliandos Deo homines exigi poterat.   Alias autem certum est, Deum homini peccatori demum reconciliari *actu* per ipsam fidem, quae satisfactionem Christi apprehendit.   Conf. b. *Mus.* de Conv. l. c. § 91. p. 244.

§ 24.

Ad abolenda peccata *habitualia* tendit conversio per actus eosdem, per quos ad actualia peccata abolenda tendit,[a] ita tamen, ut illa non solum moraliter,[b] sed et *physice* ac *realiter*,[c] si non penitus,[d] saltem *secundum quid* et ratione *dominii* aboleri aut expelli debeant.[e]

a) Nempe ut homo illa agnoscat et cum dolore detestetur, credat autem etiam in Christum mediatorem, juxta ea, quae diximus § 22. et 23.

b) Debent utique peccata habitualia non minus, quam actualia, aboleri moraliter, quoad culpam et offensam, adeoque retractari debent, mediante agnitione ac displicentia seria et efficaci. Obligatio autem ad poenam, peccatis illis contracta, tolli debet per actus illos, qui feruntur in satisfactionem ac meritum illud, per quod Deus revera vult placari ac reconciliari.

c) Nam peccatorum *actualium* et *habitualium* ea est differentia, ut *illa* quidem, postquam patrata sunt, non sint aliquid peccatori intrinsecum, *haec* vero partim carentiam justitiae aut gratiae habitualis, quae inesse debebat, important et sic homini insint (prout alias privationes sunt in subjectis, in quibus oppositam perfectionem tollunt), partim habitualem propensionem in malum adeoque entitatem aliquam positivam important. Unde, licet actualia peccata tantum moraliter tollantur, habitualia tamen physice expelli possunt, prout alias privationes aut habitus e subjectis suis pelluntur.

d) Quamdiu enim in hac vita vivimus, fatendum est, *in nobis*, h. e. *in carne nostra, non habitare bonum, Rom. 7, 18.*, et *carnem*, etiam in conversis superstitem, *concupiscere adversus Spiritum, Gal. 5, 17.*, quod non fieret, si concupiscentia prava prorsus expulsa esset aut expelli posset. Non-entis enim non sunt affectiones. Confer, quae diximus de tenacitate peccati orig. Part. II. cap. II. § 14. Vol. II. p. 305.

e) Potest enim divina gratia in nobis quodammodo et *ratione dominii* tolli peccatum, etsi non *secundum se totum* aboleatur; vid. *Rom. 6, 12. sqq. cap. 7, 6. cap. 8, 1. sqq. 12. sqq. Gal. 5, 16. sqq.* et locis aliis. Quod autem illud in ipsa conversione et per actus istos, quibus peccatum moraliter tollitur, suo modo fiat, ex seqq. patebit. Vid. interea, quae b. *Mus.* affert de Conv. Disp. III. cap. I. § 15. sqq. ex *Ezech. 11, 17. sqq.* et cap. *36, 25.* de *ablatione cordis lapidei.*

§ 25.

Speciatim igitur ex parte *intellectus* carentia lucis et virium ad objecta spiritualia amplectenda et credenda, itemque habitualis propensio ad temere judicandum de illis,[a] aboletur in conversione per actus fidei, divina gra-

tia in nobis productos; et quidem simplex *ignorantia* credendorum[b] tollitur per simplicem credendorum apprehensionem,[c] *errores* autem aut falsae opiniones in doctrina[d] fidei ac morum tolluntur per actus assentiendi
verae doctrinae, divina revelatione nixos;[e] temeraria intellectus *propensio ad perverse judicandum* de his, quae
sunt Spiritus Dei,[f] cohibetur per voluntatis piam affectio-
nem[g] credendi, virtute verbi divinitus excitatam, et sic
denique *carentia lucis* habitualis seu virium credendi tollitur *efficienter*[h] per actus fidei, *formaliter* per habitum[i]
credendi, mediantibus actibus credendi efficienter productum.

a) Quam in rem vid., quae diximus § 18. not. *f. g.*

b) Qualis occurrit in *infidelibus*, gentilibus inprimis, ad fidem
christianam perducendis, qui dogmata fidei nondum audiverunt.

c) Prout *privative* opposita se invicem formaliter expellunt e subjecto. Conf. *Mus.* de Conv. Disp. X. cap. I. § 4. p. 293.

d) Quales sunt penes illos, qui, cum audierint dogmata fidei seu
mere supernaturalia seu naturaliter nota (quae tamen ad illa referuntur), praejudiciis occupati aliter judicant et *vel* ea, quae sibi proponuntur, pro fabulis habent, *vel* quovis modo diversam aut contrariam
opinionem tenent.

e) Quemadmodum opposita, quae *contrariam* ad se habitudinem
important, se quoque invicem ex subjecto formaliter expellunt; vid.
b. *Mus.* l. c. Et sic actus intellectus, quo mysteriis, tanquam divinitus revelatis, assensus praebetur, excludit perversum intellectus judicium, quo eadem pro stultitia habentur; et agnitio peccatorum ac
judicium practicum, quo intellectus jubet in abolitionem eorum, tanquam rerum foedarum Deoque exosarum et nobis exitiosarum, incumbere, tollit utique judicium illud corruptum, quo intellectus in peccatis, ut carni gratis, persistendum esse judicat.

f) Quae quidem hominibus per peccatum orig. connascitur,
postea vero per informationem pravam, aut voluntarium rationis abusum variaque praejudicia augetur.

g) In inevidentibus enim praesertim mysteriis agnoscendis intellectus subordinatur voluntati et ab hac, virtute supernaturali instructa,
captivari potest *in obsequium Christi, 2 Cor. 10, 4. sqq.*, seu ita, ut co-
hibitis cogitationibus, quae fidei obnituntur, suspensoque judicio et admissa ulteriori informatione, tandem per Dei gratiam plenum praebeat
assensum. Vid. *Mus.* l. c. § 6. p. 294.

h) *Actus credendi* enim, *ex praedicatione verbi profecti, relinquunt
post se in hominis convertendi animo dispositionem ad alios actus similes
eliciendos, quae iisdem iteratis aucta tandem in habitum fixum et firmum
abit, et quidem in habitum actibus credendi proportionatum et in substantia
supernaturalem.* Vid. b. *Mus.* l. c. § 6. p. 294.

i) *Qui cum intellectum ad actus credendi subsequentes eliciendos ultra suam naturalem conditionem elevet, sortitur ex parte intellectus appellationem luminis habitualis et virium credendi, a quo oculi mentis nostrae habent, ut sint habitualiter illuminati,* juxta *Eph. 1, 17.,* aut ut homo sit *lux in Domino, filius lucis, probans, quid sit acceptum Domino, cap. 5, 8. 10.* Unde patet, carentiam luminis habitualis per hanc ipsam lucem habitualem tolli formaliter; prout alias per habitus tolluntur privationes. B. *Mus.* l. c. § 6. 7. p. 295.

§ 26.

Similiter ex parte *voluntatis propensio* in malum et *carentia virium* ad spiritualia bona salutariter amplectenda tollitur[a] per actus displicentiae peccatorum seriae atque efficacis,[b] partim et inprimis per actus fiduciae, qui, sicut desiderium quoddam gratiae et remissionis peccatorum[c] in peccatore supponunt, ipsi vero securitatem ac certitudinem de impetranda Dei gratia et remissione peccatorum important,[d] simul etiam cum amore[e] Christi mediatoris ac Dei per ipsum placati cumque spe[f] consequendae gratiae et salutis conjunguntur, ita oppositos actus voluntatis formaliter tollunt et ad habitualia peccata expellenda *efficienter*[g] tendunt, donec ea per habitus spirituales inde natos *formaliter*[h] expellantur.

a) Nempe *secundum quid;* ut diximus § 24. not. *d.*

b) Quando enim voluntas hominis peccata habitualia agnita aversatur et fugere conatur, interim angitur et dolet de iis, quae penes se deprehendit; utique contraria complacentia et delectatio in peccatis privatisque desideriis et motibus concupiscentiae perseverandi inhibetur aut tollitur.

c) Hoc autem opponitur carnali securitati et desideriis carnis.

d) Adeoque timiditati et diffidentiae adversantur.

e) Qui contrariatur amori mundi et rerum terrenarum.

f) Quae desperationi opponitur.

g) Scilicet quod post se quidem mox relinquunt dispositiones, quae inclinant in actus et motus spirituales similes, porro autem, actibus pluribus Spiritus Sancti gratia accedentibus, tendunt in habitum spiritualem, eo modo, quo actus intellectus in habitus tendere diximus ad § 25. not. *h.*

h) Nempe carentia virium ad bona spiritualia amplectenda, velut *privatio,* per oppositam formam, propensio autem habitualis ad malum per habitum *contrarium* tollitur.

§ 27.

Sic autem facile intelligitur, quomodo conversio, dum in abolendo termino *a quo* occupatur, simul tendat[a] in acquirendum terminum *ad quem* formalem, seu fidem habitualem in Christum, nempe per ipsos *actus et motus fidei*,[b] qui in animo hominis convertendi et ad sensum ac dolorem peccatorum perducti[c] divina virtute excitantur, primum quidem languidiores aut tenuiores,[d] deinde, sicut crebrius iterati, ita fortiores aut firmiores,[e] donec auctis viribus *fides habitualis* producatur.[f]

a) Imo tendentia conversionis in terminum *ad quem* formalem acquirendum a tendentia ejus in terminum *a quo* abolendum *inadaequate* tantum differt et in hac includitur.

b) Quemadmodum enim conversio tendit ad hominis a Deo aversi redunitionem cum Deo, ita per ipsos fidei actus incipit conjungi cum Deo et magis magisque conjungitur, donec, abolita offensa, plene reconcilietur cum Deo et reduniatur per fidem.

c) Nam quod fides vera *contritionem* supponat in homine peccatore, partim ex dictis de abolitione termini a quo conversionis, partim ex mox dicendis de partibus poenitentiae facile constabit.

d) Sic b. *Chemnitius* Loc. de Lib. Arb. cap. VII. p. m. 199. b.: *In principio* conversionis (non pro renovatione fidelium, sed spiritualiter mortuorum ad vitam spiritualem perductione, qua fiant fideles, acceptae) *desiderium est obscurius, assensus languidior, obedientia tenuior.*

Cf. verba *Quenstedtii* et *Huelsemanni* super conversione late et stricte accepta, supra § 16. *d.* asscripta.

QUENSTEDTIUS: ,,D. Musaeus in der Jenischen Theologen Ausführl. Erklärung Loc. 8. p. 423., quando ex verbis ejus disput. 5. de conversione § 30. colligitur, quod ,homine nondum renato vel ante primam sui conversionem dentur boni motus, pium desiderium, sanctae cogitationes, σαρκοπνευματομαχία et initia fidei': regerit, ,se non loqui de homine nondum renato vel ante primam sui conversionem, sed de homine jam sub gratia convertente et in actu conversionis sive renascentiae suae constituto', propugnatque hoc ipsum ib. p. 430., sc. ,in homine jam sub gratia convertente constituto et in quo Spiritus S. conversionem per verbum praedicatum et auditu perceptum *inchoavit,* dari bonos motus, pium desiderium, sanctas cogitationes, σαρκοπνευματομαχίαν et initia fidei'. Sed recte resp. D. Calovius System. T. 10. a. 1. c. 4. qu. 5. p. 145.: ,Tali effugio etiam usos fuisse Latermannum et complices', praeced. qu. 2. obstructo. Additque: ,Sane, ubi adhuc *inchoatur* tantum conversio, ibi subjectum adhuc convertendum et regenerandum est, nondum vero jam conversum et renatum. Unde liquet, ante *absolutam* conversionem homini tribui bonos motus, sanctam cogitationem, pium desiderium etc., etiam συνέργειαν vel cooperationem ad actiones spirituales, ad minimum per vires gratia praeveniente excitatas, ut per easdem cooperari homo possit ad perficiendam sui ipsiusmet conversionem.' Certe ubi tales motus sunt, homo est excitatus a morte, et jam vivit vita spirituali, et per consequens *est conversus.*" (L. c. s. 2. q. 2. f. 729.)

e) Ita b. *Chemnitius* l. c. post verba modo hic allata addit: *Et illa dona oportet crescere,* nimirum in ipsa conversione, uti contextus docet. Atque hac ratione alias distingui solent in conversione τὸ *velle* et τὸ *perficere;* quorum tamen utrumque *Deus operatur,* juxta *Phil. 2, 13.*

f) *Non* tamen *in puncto aliquo mathematico ostendi potest, ubi voluntas liberata agere incipiat,* ait *Chemnitius* l. c. Caeterum quod conversio *non* fiat in instanti, *sed* successive, quodque fides *non* uno momento tota infundatur, *sed* demum ex antecedentibus actibus credendi proficiscatur, pluribus docuit b. *Chemnitius* l. c., ubi ita infit: *Conversio seu renovatio* (non autem renovatio eorum, qui jam fide habituali pollent; de hac enim non loquitur *Chemnitius* l. c., sed qua homines tendunt et perducuntur ad fidem habitualem consequendam, quam hactenus nondum habuerunt) *non est talis mutatio, quae uno momento statim omnibus suis partibus absolvitur et perficitur, sed habet sua initia, suos progressus, quibus in magna infirmitate perficitur* etc. Unde deinde inter prima *initia fidei* et fidem ipsam distinguit. Similiter b. *Hutterus* Prael. ad F. C. Art. II. de Lib. Arb. p. 175. 176. scribit: *Excitat Spiritus Sanctus bonos motus, cum cogitationes pias inspirat et boni propositi motum immittendo gratia sua hominem praevenit, movet et impellit voluntatem, ut quamvis ex serva nondum plene facta sit liberata et adhuc fluctuet quasi ac pendeat, tamen repugnare desinat et cum carne luctari incipiat, tamdiu, donec ex nolente volens et ex serva liberata fiat. Unde mox liquet illud alterum: Conversionem impii ad Deum non eo fieri modo, quo interdum generali divinae potentiae actione corda hominum mutantur et consilia impiorum intervertuntur, qui tale quid ne cogitant quidem, imo saepius etiam ignorant, quid secum agatur, imo interdum coguntur ad agendum, quod nolunt; quemadmodum Bileam cogitur benedicere populo Israelitico, Num. 23, 8. Sed gratia Dei ex nolentibus in conversione magis magisque volentes facit.* Conf. b. *Mus.* Ausführl. Erklärung Q. 47. p. 422. 429. sqq. et b. *Joh. Olear.* Indic. Balduin. Artic. XCII. § 17. p. 155., ubi *formam conversionis in successiva gratiae communicatione* consistere docet.

QUENSTEDTIUS: ,,*Forma* conversionis consistit in hominis irregeniti ex statu irae et peccati in statum gratiae ac fidei, e regno tenebrarum in regnum luminis translatione, quae *habet actus suos praeparatorios, respectu quorum successive fieri* dicitur *conversio.* Probe hic distinguenda praeparatio ab ipsa ex statu irae in statum gratiae translatione. Praeparatio suos habet gradus et fit successive; *ipsa vero ex statu irae in statum gratiae translatio fit in instanti et in momento,* cum impossibile sit, ut subjectum aliquod vel per momentum sit simul in statu irae et in statu gratiae, simul sub vita et sub morte. Conversio enim vel *late* sumitur, in quantum scil. comprehendit omnes motus a gratia Dei provenientes ad conversionem directos; vel *stricte,* quatenus notat ultimum tantum illum actum, videl. translationem ex statu irae in statum gratiae. *Illo* modo sumta, habet actus suos praeparatorios, qui fiunt successive: Primo enim gratia praeveniens offert verbum et mediante eo objectum salvificum ac naturalem incapacitatem et inidoneitatem quoad spiritualia tollit; deinde gratia praeparans per illud verbum agit, repugnantiam cohibendo, cor legis pulsu afficiendo, evangelium explicando. Ubi homo nondum renatus per assistentem Spiritus S. gratiam audire verbum ἰδίως Marc. 6, 20., sentire legis pulsum et contritionem etc. potest. Hancque suam operationem per gratiam praeparantem Spiritus S. continuat, quoad usque capacem hominem reddat

ad recipiendum summum illud bonum translationis e morte et statu
irae ad vitam et statum gratiae. *Haec* ipsa vero translatio e morte in
vitam, e statu irae in statum gratiae propriissime conversio est et dicitur, quam *solus Deus* operatur in instanti et in momento, uti diximus."
(L. c. s. 1. th. 22. f. 706. sq.)

IDEM: ,,Conversio denique alia ordinaria est, alia extraordinaria.
. . . Dicitur conversio *extraordinaria* respectu modi extraordinarii, quo
Deus quandoque utitur in quorundam conversione pro libera sua voluntate. Modus autem ille extraordinarius in eo consistit, *non quod prorsus absque Dei verbo fiat*, sed quod non fiat verbo Dei *per ministerium
ordinarium* vel ecclesiae ministros praedicato, sed verbo Dei ab ipso
Deo immediate, vel sine vel cum miraculis prolato, vel verbo per ministrum aliquem annunciato, certis tamen *miraculis et signis stipato;* ubi
tamen vis illa convertendi non miraculis ac signis, sed verbo Dei adscribenda est. Exempla extraordinariae conversionis sunt 1) *Abraham*, qui fuit idololatra. Nam Jos. 24, 2. 3. refertur inter patres Israelitarum, qui deos alienos coluerunt. Verbum enim plurale non sine
violenta trajectione ad Thare aliosque Abrahae majores torquetur a
Pererio et Bellarmino, praesertim cum ab Abrahamo genus suum
Israelitae potissimum deducant et de Nachore idololatria negari non
possit, Gen. 31, 53., imo ipsius Josuae illatio, ab extrema Israelitarum
indignitate ad summum beneficium ipsis a Deo collatum desumta, sic
prorsus nulla esset, nisi Abraham ab idololatria conversus dicatur.
Conf. Philonem lib. de Abraham, Lindanum l. I. Panopl. c. II. Is
autem immediate a Deo per alloquium externum vocatus et conversus
est, Gen. 12, 1. 2) *Magi*, qui per medium extraordinarium, videl.
stellam, ad Christum perducti, ad eumque conversi sunt Matth. 2, 1. sq.
3) *Latro* in cruce, qui immediate a Christo conversus, Luc. 23, 42.
Et 4) *Paulus*, cujus conversio |fuit extraordinaria, alloquente ipsum
ἀμέσως Domino Jesu in via Damascum versus et luce subito ipsum cir-
cumfulgente, Act. 9, 3. 4. Addimus in thesi cum D. Koenig.: ,Ejus-
modi conversionem fieri *potentia non simpliciter irresistibili.'* Ex
allatis enim exemplis patet, conversionem extraordinariam variis quidem modis esse factam, nulla tamen facta est irresistibiliter, sed omnes
fuerunt conversi ,necessaria voluntate et voluntaria necessitate', ut
loquitur B. Meisnerus, Anthropol. Dec. 2. disp. 2. qu. 3. § 24. Pharao
vero Exod. 5., quem Deus per ministerium Mosis et Aaronis adhibitis
plurimis miraculis convertere intendit, malitiose restitit Spiritui S.,
sicut et Judaei Matth. 11, 20. Haec extraordinaria conversio sicut post
ecclesiam plantatam verbumque in toto orbe praedicatum jam cessat,
ita etiam directe de ea hic non agitur." (L. c. s. 1. th. 6. 7. f. 701. sq.)

§ 28.

Interim, *quando*[a] *prima initia fidei et conversionis
homini dantur, statim*[b] *incipit lucta carnis et*[c] *Spiritus; et
manifestum est, illam luctam non fieri sine motu nostrae
voluntatis.*[d]

a) Verba haec sunt b. *Chemnitii* l. c., ubi etiam, cum monuisset,
dona illa, in principio conversionis collata, *oportere crescere*, addit:
*Crescunt autem in nobis, non sicut truncus violento impulsu provehitur, vel
sicut lilia non laborantia, non curantia crescunt, sed conando, luctando, quae-
rendo, petendo, pulsando; hoc non ex nobis, donum Dei est.* Sed et juxta
Formulam Concordiae Artic. II. de Lib. Arb. p. 675. *hoc certissimum
est, in vera conversione immutationem, renovationem et motum fieri oportere*

*in hominis intellectu, voluntate et corde, ut nimirum hominis mens peccata
agnoscat, iram Dei metuat, a peccato se avertat, promissionem gratiae in
Christo agnoscat et apprehendat* (NB. itaque sermo est de conversione,
qua tenditur ad fidem, non de sanctificatione fidelium), *pias cogitationes
animo agitet, bonum propositum habeat atque diligentiam in moribus suis
regendis adhibeat et contra carnem pugnet.* Et notanter addit: *Ubi enim
nihil horum fit, ibi procul dubio etiam non est vera ad Deum conversio.*
Plura in hanc rem vid. in Ausführl. Erklärung l. c. p. 429. sqq.
Sed et b. *Scherzerus* Brev. Hülsem. enucl. cap. IX. th. X. p. 515.
docet, *luctam carnis et Spiritus propriam esse eorum, qui vel* 1.) *jam actu
renati, vel* 2.) *in motu ad conversionem sunt, i. e. Spiritu Sancto gratiose
ad conversionem moventur.* Nec minus b. *Joh. Olearius* Contin. Isag.
Carpz. in Libb. Symb. p. 1245. *luctam in conversione hominis conspicuam*
describit et *in ipso fieri conversionis hominem luctari* docet.

b) Ita etiam b. *Joh. Meisnerus* in Disp. pecul. de *Pugna Carnis et
Spiritus,* ad locum *Gal. 5, 17.* § 22. scribit: *Tempus, quo coepit lucta*
isthaec, *illud momentum statui potest, quamprimum homo vires Spiritus
Sancti in regeneratione sentit, et durat usque ad vitae finem.* Quemadmodum autem haec loquuntur de homine *sub gratia convertente constituto,* et pro statu, quo conversionem Spiritus S. in eo operatur, ita non
inde concludendum est, quasi statuatur, *in homine nondum renato et
ante primam conversionem dari bonos motus, pium desiderium, sanctas cogitationes, σαρκοπνευματομαχίαν et initia fidei;* prout etiam b. *Mus.* monuit
in Ausführl. Erklärung p. 423. 424.

c) Quae quidem a lucta sive pugna *rationis et affectuum* solicite
distinguenda est; prout b. *Scherzerus* l. c. de *Naturali Pugna Honestatis Naturalis cum appetitibus inordinatis, Rom. 2, 15.,* ubi mentio fit
mutuae accusationis cogitationum; de lucta carnis et Spiritus autem *Rom.
7, 15. sqq. cap. 8, 6. Gal. 5, 16.* agi monet.

d) Unde tamen non sequitur, voluntatem habere vires naturales,
per quas ipsa se moveat ad volendum spiritualia contra inclinationem
carnis. Ac potius certum est, actus illos, qui in homine in ipso opere
et progressu conversionis fiunt, *non tam hominis* esse, *quam Spiritus
Sancti;* de quo infra suo loco.

AD. OSIANDER: „Excipit Hornejus distinguendo inter primum
initium conversionis et ejus progressum. In primo initio utique hominem esse mortuum, destitutum omni vita spirituali, at in progressu
non simpliciter mortuum posse dici; quod ipsum probat ex D. Chemnit. in Conc. Trid. Sess. VI. c. 2. ita scribente: ‚Quando Spiritus Sanctus per verbum coepit naturam sanare, accensa aliqua scintilla efficaciae et facultatis spiritualis‘ (haec scintilla est gratia excitans et adjuvans), ‚licet renovatio‘ (conversio) ‚non statim sit perfecta et absoluta, sed in magna infirmitate tantum inchoata, tunc tamen nec mens
nec voluntas est otiosa, sed aliquos motus habent novos, quos etiam
debent exercere meditando, orando, conando, luctando etc., atque hoc
est cooperari gratiae divinae.‘ Addit ex loco de viribus hom. c. 7.:
‚Post motum voluntatis divinitus factum voluntas humana se non
habet pure passive, sed mota et adjuta a S. Spiritu, non repugnat, sed
assentitur et fit σύνεργος.‘ Ergo Dei voluntas nostra fit sive divinae
gratiae cooperatur, non tantum cum homo jam renatus, conversus et
justificatus in fide et caritate crescit et opera pietatis per gratiam

justificantem et inhabitantem facit, sed et cum per auxilia gratiae praevenientis, praeparantis et adjuvantis ad Deum convertitur et primum
justificatur. Sicut enim homo renatus et justificatus cooperari gratiae
Spiritus S. jam inhabitantis dicitur, dum dono seu talento gratiae justificantis et sanctificantis semel accepto sedulo negotiatur: ita idem
etiam auxiliis gratiae S. Spiritus, adhuc corda nostra nondum inhabitantis, sed, ut ea intret atque inhabitet, pulsantis, cooperatur, dum
auxiliis illis praeventus, adjutus et praeparatus ad Deum convertitur,
ut justificatus atque renatus templum Dei et Spiritus illius fiat. Resp.:
1. Hominem non tantum in initio conversionis, sed etiam in progressu
adhuc esse mortuum; quia *α*) gratia divina etiam in progressu hominem saltem praeparat, ita ut non cooperetur, sed *passive disponatur* ad
majores gratiae motus successive suscipiendos. *β*) Quia homo, etiam
in progressu conversionis, ante ultimum instans fidei collatae et dona-
tae, nondum est vivificatus; carens autem principio vitali, quomodo
vitaliter cooperari potest? Quia *γ*) quicquid agitur in progressu conversionis, circa hominem *externe* sese habet, ut patebit in seqq. 2. Ad
primum testimonium b. Chemnitii: illum vocabulo conversionis usum
in tota sua latitudine, quatenus non tantum dicit traductionem ab infidelitate ad fidem, qua vere sic dicta conversio absolvitur, sed et quatenus dicit continuationem istius conversionis, supposita jam vivifica-
tione; adeoque vox conversionis tum transitive tum intransitive sic
dictam conversionem complectitur. Nec 3. concludit alterum, utpote
loquens de voluntate adjuta; adjuvari autem voluntas non potest, nisi
praesupponatur jam vivere et vitalibus viribus instructa, adeoque concurrere cum gratia, licet languide propter peccatum circumstans.‟
(Colleg. th. IV, 333. sq.) Cf. Quenstedtius et Huelsemannus supra
p. 192. sq.

RESPONSUM FACULT. THEOL. LIPSIENSIS *ad Qq. a Ministerio Regiomontano de Latermanno propositas* (1646): „Distinctionem vestram
inter *conversionem primam et secundam* admittimus quidem, sed ita
tamen, ut per *primam* intelligamus actionem Dei, qua solus movet animum, et per gratiam praevenientem, praeparantem et operantem, ut
Augustinus nominat, ita flectit voluntatem, ut ei assentiri incipiat et
obsequi, id quod constat exemplo Lydiae, cui, dum auscultaret Paulo,
Sp. S. cor aperuit, ut attenderet illis, quae dicebantur a Paulo, Act.
16, 14. Atque hoc sensu dicitur Deus operari τὸ velle, Phil. 2, 13.,
quando aufert cor lapideum de carne hominis et dat cor carneum et
novum, et Spiritum suum ponit in interiora illius etc. Ezech. 36, 26.
Haec est solius Dei actio et operatio, et *contradistinguitur cooperationi*
hominis; eodem Augustino teste, libro de Gratia et Lib. Arb. c. 17. et
lib. 2. contra duas Epistolas Pelagianorum c. 9. ,Ut ergo velimus‛, inquit, ,sine nobis operatur; cum autem volumus, et sic volumus, ut faciamus, nobiscum operatur.‛ Et Bernh. lib. de Grat. Dei et Lib. Arb. haut
procul a fine: ,Qui bonum neminem invenit, neminem salvat, quem non
praevenit. A Deo ergo sine dubio fit salutis nostrae exordium, nec per
nos utique, nec *nobiscum*.‛ Form. Conc. pag. 680.: ,Conversio voluntatis nostrae depravatae (quae revera nihil aliud est, quam ejusdem resuscitatio a spirituali morte) omnino solius Dei opus est, sicut etiam
resuscitatio in corporali carnis resurrectione soli Deo est tribuenda‛;
f. sq. 681.: ,Hominis nondum renati intellectus et voluntas *tantum sunt
subjectum convertendum;* sunt enim hominis spiritualiter mortui intellectus et voluntas, in quo homine Spiritus Sanctus conversionem et renovationem operatur; ad quod opus hominis convertendi voluntas nihil
confert, sed patitur, ut Deus in ipsa operetur, donec regeneretur.
Postea vero in aliis sequentibus bonis operibus Spiritui S. cooperatur
etc.‛ Per *conversionem* vero *secundam* intelligimus, quando homo post
illuminationem mentis et voluntatis motionem, qua Sp. S. excitavit in
corde hominis pium propositum, desiderium et conatum, uti Chemnitius loquitur, et homo ex nolente factus volens, incipit ipsi Deo *coope-*

rari, et nisi ex obstinata malitia perseveraverit in malo, gratiam oblatam per fidem a Sp. S. excitatam amplectitur, probare etiam incipit,
quae sit beneplacens voluntas Dei, Rom. 12, 2., et ex animo Deo obedire, Rom. 6, 17. Et quidem adjutus porro gratia Dei subsequente et
adjuvante, uti Aug. appellat, de qua simul Christus dicit Joh. 15.:
‚Sine me nihil potestis facere.‘ Habet enim illic sermonem ad discipulos jam regenitos de permansione et perseverantia palmitum in vita,
cui semel inserti erant. Et in hac *latitudine* seu amplitudine significatus accepit conversionis vocem Formula Conc. lit. *d*. f. 675., cum ait:
‚Hoc enim certissimum est, in vera conversione immutationem, renovationem et motum fieri oportere in hominis intellectu, voluntate et
corde, ut nimirum hominis mens peccata agnoscat, iram Dei metuat, a
peccato sese avertat, promissionem gratiae in Christo agnoscat et apprehendat, pias cogitationes animo agitet, bonum propositum habeat,
atque diligentiam in moribus suis regendis adhibeat, et contra carnem
pugnet.‘‘‘ (Dedek. Thes. Cons. App. Chr. Gruebelii (1671) f. 646. sq.)

§ 29.

Actus, qui negotium conversionis ingrediuntur et
constituunt, dicuntur et sunt *spirituales*[a] et ab *animalibus*[b] recte distinguuntur.   Sunt autem *animales*, qui pro
objecto materiali, proprie et per se, habent res sensibus[c]
subjectas, aut quae ad res sensibiles causae vel aliam
habitudinem[d] important, pro *formali* objecto habent
lumen naturae[e] et bonitatem[f] lumine naturae cognitam.
Spirituales ex adverso sunt *praecipue* quidem, quorum
objecta[g] excedunt naturae ordinem et lumen, sub revelatione autem divina[h] cognosci et sub ratione boni per revelationem cogniti[i] appeti possunt et solent; *pertinent*
tamen huc etiam actus, qui, licet circa res lumini naturae
subjectas occupentur, tamen sub aliqua ratione spirituali[k]
in eas tendunt, vel ad res luminis naturae captum ex-
cedentes tendunt et actus aliquos sublimioris ordinis includunt et connotant.[l]

a) Denominatione quidem *a causa efficiente*, quae est Spiritus S.,
petita (scilicet, quod non aliunde homini obtingunt, quam ex supernaturali operatione Spiritus Sancti), fundata tamen in ratione *objecti*,
ut postea in thesi docetur.   Sic in Scripturis dicuntur actus cognoscendi fieri πνευματικῶς aut *spiritualiter 1 Cor. 2, 14.* Alias *supernatu-*
rales appellantur.

b) Qui ab *anima* sibi relicta ejusque viribus naturalibus, citra
supernaturalem Spiritus S. gratiam, etiam in statu post lapsum proficisci possunt et proficiscuntur atque ita in hominem *animalem*, ψυχικόν,
cadunt, juxta l. c.   Suntque ideo *naturales* in substantia sua pariter et
productionis modo.   Alias quidem actiones *naturales* atque *animales*
strictius accipiuntur, quatenus non tantum supernaturalibus, verum

etiam *civilibus, moralibus* et *artificialibus*, quae tamen omnes viribus
naturae fieri possunt, contradistinguuntur, vid. b. *Meisneri* Anthropol.
Disp. XXI. Q. XII. § 107. p. m. 811. 812., b. *Gerhardi* Disp. Isag.
XXVII. cap. VI. de Lib. Arb. § 3. p. 961.; sed hic licebit nobis post
alios significationem paulo ampliorem retinere.

c) Unde naturalis nostra cognitio *incipit.*

d) Nimirum res sensibiles in suis phantasmatibus, ab intellectu
agente elevatis, cognitae naturaliter movent intellectum *per discursum*
etiam ad cognitionem aliorum objectorum, ad quae sese per modum
effectuum, aut accidentium, aut alio modo habent.   Et sic non tantum
res materiales, sed et immateriales Deumque ipsum, ratione existentiae, essentiae et attributorum, imo et aliquam cultus divini rationem
naturaliter cognoscunt homines, juxta *Rom. 1, 19. sqq. Psal. 19, 1.*
Voluntas autem, repraesentata sibi ab intellectu bonitate rerum, ad
appetitionem earum movetur, v. g. ut velint agere et *agant* quodammodo *juxta legem, Rom. 2, 13.*, ut *quaerant Deum, Act. 17, 24. 27.*
Confer. Aug. Conf. Artic. XVIII. ejusque Apolog. et quae de justitia
carnis aut *legali* vulgo docentur.

e) Tanquam *ultimam* rationem cognoscendi.

f) *Sive* suam, *sive* alterius rei, ad quam (ut media) ordinantur.
Tam late enim se extendunt actus animales ex parte voluntatis, ut ad
omnia, quae ex lumine naturae sub ratione boni cognosci possunt, referantur.

g) Et sic dicuntur esse *Spiritus Dei*, quod in Deo, qui Spiritus
est, latent, ita ut, quemadmodum *nemo hominum novit, quae sunt hominis, nisi spiritus hominis, qui est in eo,* sic et ea, *quae sunt Dei, nemo novit,
nisi Spiritus Dei,* docente apostolo *1 Cor. 2, 12. et 14.* Quo spectant
mysteria *trinitatis, incarnationis et satisfactionis Christi, visio Dei intuitiva* etc.

h) Tanquam ratione assentiendi *propria.* Conf., quae de objecto form. theol. in Proleg. cap. I. § 35. Vol. I. p. 68. deque Fide
ex parte assensus spectata Part. III. cap. III. § 4. diximus.

i) Prout meritum Christi nobis applicandum ipsaque remissio
peccatorum et vita aeterna appetuntur, Christus mediator diligitur,
in Christo Deoque reconciliato confiditur, quando intellectus lumine
revelationis illustratus ea repraesentat voluntati, ut homini bona.

k) V. g. cohibendi concupiscentias inordinatas, intuitu aeternae
poenae aut gehennae (quam revelatio divina monstrat), diligendi
Deum in Christo nobis faventem etc., quod utrumque est supra vires
naturales; sicut *ratio sub qua*, sive objectum formale, est aliquid spirituale.   *Alias* enim aliqua cohibitio motuum appetitus sensitivi, sive
affectuum, ex studio honestatis aut metu poenarum quarumlibet et
dilectio quaedam Dei ex creaturis cogniti, tanquam auctoris naturae
et bonorum naturalium, naturalis esse potest.

l) Conf. cum his, quae h. l. dicta sunt, b. *Musaeum* de Convers.
Disp. IV. cap. I. § 12. sqq. ad 38. p. 248. ad 267.

§ 30.

Actibus animalibus[a] accensentur etiam illi, quos *pae-dagogicos*[b] vocant; qui circa media[c] conversionis non solum ex parte corporis[d] et membrorum externorum, verum etiam ex parte intellectus[e] et voluntatis[f] exerceri debent.[g]

a) In latiore significatione (de qua vid. not. *b.* ad § 29.) acceptis; qui tamen a spiritualibus distinguuntur.

b) Quibus non quidem conversio intrinsece inchoatur aut perficitur, attamen homo convertendus velut via ordinaria eo perducitur, ut media penes illum in usu recte constituantur, et sic Deus per suam gratiam verbo suo alligatam citra malitiosam hominis repugnantiam in illius animo operari et conversionem inchoare ac perficere possit. Dicuntur ejusmodi actiones a quibusdam *ecclesiasticae,* vid. b. *Kromayer.* Theol. Pos.-Pol. Art. IX. de Lib. Arb. Thes. II. p. 537.; ab aliis, cum addito, *ecclesiasticae externae,* vid. b. *Hutter.* LL. CC. p. 273.; *actiones sacrae externae,* b. *Meisner.* Anthropol. Disp. XXI. Q. XII. § 108. p. 812.

c) Verbum legis, inquam, et evangelii verbique ministerium.

d) Quales sunt: *templum accedere, verbum Dei audire, legere.*

e) V. g. *mentis indagine aliqua* verbum praedicatum aut scriptum *prosequi, et pro captu humano meditari.*

f) Quo spectat ipsum *desiderium audiendi aut legendi* verbum et *carnale* illud *studium,* quod *Hutterus* et alii ll. cc. tradunt.

KROMAYERUS: „Inter actiones ecclesiasticas et spirituales distinguendum censemus. Actiones ecclesiasticae sunt, ut: legere verbum Dei, adire templum, audire conciones sacras et quidem cum attentione; spirituales, ut: credere verbo divino, credere, Christum pro se mortuum etc. Priores sunt adhuc in manu nostra positae; non autem posteriores. De prioribus exaudiendus est 1. locus Amosi 8, 11.: ‚Ecce dies veniunt, dicit Dominus, et mittam famem in terram, non famem panis, neque sitim aquae, sed audiendi verbum Domini. Et commovebuntur a mari usque ad mare et ab aquilone usque ad orientem; circumibunt quaerentes verbum Domini, et non invenient.‘ 2. Marc. 6, 20.: ‚Herodes (irregenitus) ἡδέως i. e. libenter et cum delectatione Johannem baptistam audiebat.‘ 3. Act. 13, 7.: ‚Sergius (irregenitus), accersito Barnaba et Saulo, ἐπεζήτησε i. e. desiderabat audire verbum Dei.‘ Aliud itaque est desiderium audiendi vel legendi verbum Dei, aliud est desiderium credendi. *Illud* est ἐφ' ἡμῖν et fieri potest vel pruritu novitatis, vel ad faciendum gustum facundiae, vel illusionis gratia, vel alias ob causas; *hoc* est opus Sp. Sancti, qui velle et perficere in nobis operatur, Phil. 2, 13. Quod de auditu verbi externo, non interno, qui jam est συγκεκραμένος τῇ πίστει Hebr. 4, 2., loca superius allegata sint accipienda, ex dictis patet. Hic auditus verbi externus non habet rationem *meriti,* sed *medii,* per quod Deus fidem in cordibus nostris accendit. Meritum enim *congrui,* quod fingunt hic pontificii, cum sc. homo facit, quod per naturam facere potest, quod tunc congruum sit, Deum ejusmodi homini dare gratiam, nos cum Scriptura ignoramus.“ (Th. posit.-pol. P. I. p. 537.)

g) Scilicet, quod *ordinarie Deus non nisi mediantibus illis coelestem suam gratiam ad salutem conferat*, licet *minime illis meritum vel congrui vel condigni sit adscribendum, quasi per istas actiones ad gratiam Dei vel ad conversionem aliqua in homine fiat praeparatio.* B. *Hutter.* l. c. p. 274. a.

> GERHARDUS: ,,Meriti *de congruo* et *de condigno* differentia haec a pontificiis constituitur: *illud* valet ad impetrandam *primam gratiam*, *hoc* vero ad *augmentum* gratiae et justitiae, adeoque ipsam vitam aeternam. *Illud* nititur liberalitate acceptantis, *hoc* vero in debito praemiantis; *utrique* vero commune esse statuitur, quod sit actus libere elicitus, quod ad retributionem praemii acceptetur et quod inter laborem et praemium quaedam sit aequalitas. Quando autem quaeritur, an *vitam aeternam* quis possit mereri de congruo, vel de condigno, quidam modestiores respondent, de congruo; plerique vero, de condigno vitam aeternam nos promereri posse, respondent.'' (Loc. de bonis opp. § 108.)

§ 31.

Caeterum cum conversio intransitiva idem sit ac *poenitentia*[a] aut *resipiscentia*,[b] manifestum est, partes ejus recte constitui[c] *contritionem*[d] et *fidem*.[e]

a) Sic b. *Mus.* de Conv. Disp. I. § 3. p. 2. Intelligitur autem poenitentia non qualiscunque, generatim loquendo, sed, *specialiter* sumta, pro ea, quae est *hominis peccatoris* et quae juxta scriptores ecclesiasticos, licet aliquando *strictius* accipiatur pro parte conversionis, quae *contritio* dicitur, saepe tamen pro *tota conversione* accipitur; prout etiam in Scripturis vocabulum μεταμέλεια quidem, aut μεταμέλεσθαι, quod formaliter significat solicitudinem, displicentiam ac dolorem post factum, ita ut *proprie* partem conversionis, nempe *contritionem*, significet, *synecdochice* tamen *totam conversionem* notat, vox μετάνοια autem seu μετανοεῖν, etsi et ipsa *formaliter* non significet fidem seu credere in Christum, *implicite* tamen et *materialiter* eam includit, quando conversionem totam in suo proprio significatu frequenter denotat. Vid. ll. a *Mus.* citata Disp. I. cap. IV. p. 29. sqq. et Disp. II. cap. III. p. 65. sqq.

> QUENSTEDTIUS: ,,Homini tributa vox poenitentiae sumitur apud theologos vel pro conversione transitive accepta, vel de conversionis transitive seu active sumtae *effectu*, et haec significatio est hujus loci.'' (L. c. c. 9. s. 1. th. 3. f. 834.)

b) Nempe ita significatio verbi μετανοεῖν Latine ad literam reddi solet. Conf. b. *Mus.* Disp. I. cap. I. § 3. p. 2. et cap. IV. § 56. et 59. p. 29. 30. 31.

c) Sane conversionis (sive poenitentiae) *essentiam* in his *duobus*, *contritione* et *fide*, consistere, agnovit etiam b. *Musaeus* Disp. I. § 3. p. 2. cap. IV. § 66. sqq. p. 34. Ausführl. Erklärung L. XII. Quaest. 63. p. 561. sq.

> QUENSTEDTIUS: ,,Disting. inter vocem poenitentiae *late* sumtam pro tota ad Deum conversione cum suis proprietatibus et *effectibus*, quo sensu poenitentiae partibus adjungitur *nova obedientia* in Apolog. A. C.

art. 12.: ‚Si quis volet addere tertiam partem, videl. dignos *fructus* poenitentiae, h. e., mutationem totius vitae ac morum in melius, non refragabimur‘; et poenitentiae vocem *proprie et stricte* acceptam, et sic *duae* tantum sunt essentiales verae et salutaris poenitentiae partes, contritio et fides; bona opera vero sunt poenitentiae fructus Matth. 3, 8. Act. 26, 20. Apoc. 2, 5. De his partibus dicit Aug. Conf. art. 12.: ‚Constat poenitentia *proprie* his *duabus* partibus, altera est *contritio* seu terrores incussi conscientiae agnito peccato, altera est *fides*, quae concipitur ex evangelio seu absolutione, et credit, propter Christum remitti peccata, et consolatur conscientiam et a terroribus liberat. Deinde *sequi* debent bona opera, quae sunt *fructus* poenitentiae.‘ Idem repetitur in Artic. Smalcald. P. III. art. 3., in Form. Conc. art. 5. etc.“ (L. c. s. 2. q. 2. f. 854. sq.)

DANNHAUERUS: „Si, inquit Gerhardus, *nova obedientia* statuitur pars essentialis conversionis, non erit firma promissio reconciliationis cum Deo et remissionis peccatorum, quia ex qualitate et quantitate novae obedientiae judicabitur de reconciliatione nostra cum Deo et remissione peccatorum. Consequens repugnat dicto apostolico Rom. 4, 16.: ‚Ideo ex fide, gratis, ut sit firma promissio.‘ Observa autem: quando nova obedientia *necessarium consequens* verae poenitentiae statuitur, tum nomine illo non solum exteriora bona opera, sed etiam, *adeoque cumprimis*, *interius* bonum propositum intelligi, cum quandoque exteriora quaedam opera non possint sequi, e. g. in articulo mortis, in extrema inopia etc.; ubi locum habebit illud Augustini: ‚Coronat Deus intus *voluntatem*, si non invenit bene operandi facultatem‘; itemque illud Remigii: ‚Si divitias Zachaei non habes, si desint tibi duo minuta viduae, si nec calicem aquae frigidae potes offerre, offer Deo bonam voluntatem.‘ Cf. Brochmand. p. 383., ubi Smalcii instantia refellitur... Uti fructus non est pars arboris, sed effectus, ita et scleragogia, satisfactio, nova obedientia, bonum propositum fructus est, non pars. ... Additio novae obedientiae ad partes poenitentiae est obturatrix Philistaea fontis solatiflui. Nam si latroni post absolutionem adhuc pars aliqua essentialis defuit, nimirum voluntaria σκληραγωγια, jam dubius de salute debuit metuere aliquod jejunium epulonis in purgatorio.“ (Hodosoph. Phaen. XI. p. 637. sq.)

ANTITHESES.

QUENSTEDTIUS: „*Antithesis:* 1. *Pontificiorum*, qui, 1.) contritionem sensu orthodoxo acceptam poenitentiae partem esse, negant. Sic enim Bellarminus l. 1. de poenit. c. 19. propos. 1.: ‚Terror animo incussus a lege, quem Lutherani contritionem sive mortificationem appellant, non recte inter partes poenitentiae numeratur. Haec propositio conformis est concilio Tridentino sess. 6. c. 6.‘ 2.) Fidem nullo modo poenitentiae partem dici posse, contendunt. Bellarminus l. jam alleg. propos. 2.: ‚Fides‘, inquit, ‚non est pars poenitentiae, licet ad eam efficiendam necessario requiratur. Haec propositio etiam conformis est concilio Trid. sess. 6. c. 6.‘ Catechism. Rom. f. 242.: ‚Fides nullo modo poenitentiae pars recte dici potest.‘ E contrario statuunt, poenitentiam his *tribus* partibus constare: *contritione cordis*, ad quam pertineat, ut doleat ‚de peccato commisso cum proposito non peccandi de caetero‘, ut habet Catechism. Rom.; *confessione oris*, ad quam requiratur, ut peccator omnia peccata mortalia, quorum memoriam habeat, sacerdoti confiteatur integraliter; et *satisfactione operis* secundum arbitrium sacerdotis, quae quidem *praecipue* fiat per *orationem*, *jejunium* et *eleemosynas*. Ita concilium Florentinum de sacramento poenitentiae et concil. Trid. sess. 14. c. 13. Bellarminus l. 1. de poenit. c. 19. propos. 5.: ‚Tres‘, inquit, ‚sunt partes poenitentiae: contritio, confessio et satisfactio. In hac propositione omnes catholici conveniunt.‘ ... 2. *Calvinianorum*, qui poenitentiae partes faciunt mortificationem carnis et vivificationem spiritus sive veteris hominis interitum et renovati-

onem spiritus sive novi hominis. Ita Catech. Palatin. p. 88.: ‚In wie
· viel Stücken stehet die wahrhaftige Busse oder Bekehrung des Menschen?
.In zwei Stücken, in Absterbung des alten und Auferstehung des neuen
Menschen.‘ . . . Contritionem vero et fidem partes poenitentiae esse,
negant. . . 3. *Philippistarum*, contritionem, fidem et *propositum emendandi vitam* partes poenitentiae facientium; vide libellum catecheticum
Chytraei; sed respiciunt indissolubilem verae poenitentiae et bonorum
operum nexum. . . 4. *Socinianorum*, qui cum pontificiis, fidem poenitentiae partem esse, inficiantur et novam obedientiam ac bona opera partem
ejus constituunt. ‚Ad naturam poenitentiae non pertinet fides‘, inquit
Smalcius disp. 2. de poen. c. Franz. f. 354., sed consequens ejus est,
quod ex divina benignitate accedit.‘ Quod vero nova obedientia pars
sit poenitentiae, idem Smalcius docet. ‚Hancque‘, ait f. 356., ‚solam
fere esse essentiam poenitentiae.‘ Contendunt quoque cum *Remonstran-
tibus* Apolog. c. 15.: ‚Poenitentiam nihil aliud esse, quam vitae correctionem.‘ 5. *Weigelianorum*, qui ‚essentiam poenitentiae‘ conflant ‚ex
contrito corde et imitatione Christi, quae fit mansuetudine, humilitate,
patientia et obedientia‘, ut apud Weigelium in omnibus fere tractatibus
videre est. Item Weigelio poenitentia, confessio, fides, oratio sunt
ταυτά.‘‘ (L. c. f. 855. sqq.)

HUTTERUS: ,,Puriori nostrae doctrinae de partibus poenitentiae
adversantur nonnulli φιλιππίζοντες, ἀλλ᾽ οὐ κατ᾽ ἐπίγνωσιν, tres constituentes poenitentiae partes: contritionem, fidem, novam obedientiam.‘‘
(Loc. th. art. 21. c. 7. f. 760.)

d) Nempe hoc nomine scriptores ecclesiastici *totam* peccatorum
retractationem denotare solent, appellatione desumta a *dolore* et *pavoribus* conscientiae, qui cum displicentia peccatorum agnitorum seria conjungi solent et quibus, velut malleo, cor peccatoris durum et in malo
obfirmatum frangitur aut conteritur, juxta ll. *Ps. 51, 19. Ps. 142, 3.
Es. 61, 1. cap. 66, 2. cap. 57, 15. cap. 38, 13.* Confer b. *Mus.* de
Conv. Disp. III. cap. II. § 74. p. 136.

HUELSEMANNUS: ,,Vox conversionis, quae Graece ἐπιστροφή, non
dicit, sed *supponit* effectum *doloris;* dicit autem terminum poenitentiae
a quo ad quem.‘‘ (Praelect. Form. Conc. p. 498.)

ARTICULI SMALCALDICI: ,,Solch Amt (des Gesetzes) behält das
neue Testament und treibets auch, wie S. Paulus Röm. 1. thut und
spricht: ‚Gottes Zorn wird vom Himmel offenbart über alle Menschen.‘
Item 3.: ‚Alle Welt ist für Gott schuldig.‘ Und: ‚kein Mensch ist für
ihm gerecht.‘ Und Christus Joh. 16.: ‚Der heilige Geist wird die Welt
strafen um die Sünde.‘ Das ist nu die Donneraxt Gottes, damit er
beide die offenbarliche Sünder und falsche Heiligen in einen Haufen
schlägt und lässt keinen Recht haben, treibet sie allesammt in das
Schrecken und Verzagen. Das ist der Hammer, (wie Hieremias
spricht): ‚Mein Wort ist ein Hammer, der die Felsen zerschmettert.‘
Das ist nicht activa contritio, ein gemachte Reu, sondern passiva contritio, das rechte Herzeleid, Leiden und Fühlen des Todes. Und das
heisst denn die rechte Busse anfahen, und muss der Mensch hie hören
solch Urtheil: Es ist nichts mit euch allen, ihr seid öffentliche Sünder
oder Heiligen, ihr müsst alle anders werden und anders thun, weder
ihr jetzt seid und thut, ihr seid, wer und wie gross, weise, mächtig und
heilig, als ihr wöllt, hie ist niemand fromm. . . Aber jetzt müssen wir
die falsche Busse der Sophisten gegen die rechte Busse halten, damit
sie beide desto bass verstanden werden. . . Mit der Reue war es also
gethan: Weil niemand alle seine Sünde kunnte bedenken (sonderlich
das ganze Jahr begangen), flicketen sie den Pelz also, wenn die verborgene Sünde hernach ins Gedächtniss kämen, müsste man sie auch be-
reuen und beichten u. s. w. Indes waren sie Gottes Gnaden befohlen.

Zu dem, weil auch niemand wusste, wie gross die Reu sein sollt, damit sie ja gnugsam wäre für Gott, gaben sie solchen Trost, wer nicht künnte contritionem, das ist, Reue haben, der sollte attritionem haben, welches ich mag eine halbe oder Anfang der Reu nennen; denn sie haben selbs alles beides nicht verstanden, wissen auch noch nicht, was es gesagt sei, so wenig als ich. Solche attritio ward denn contritio gerechnet, wenn man zur Beicht ging. Und wenn sichs begab, dass etwa einer sprach, er künnte nicht reuen noch Leide haben für seine Sünde, als möcht geschehen sein in der Hurenliebe oder Rachgier u. s. w., fragten sie, ob er denn nicht wünschte oder gern wollte, dass er Reue möchte haben? Sprach er denn, ja, (denn wer wollt hie nein sagen, ohn der Teufel selbst?) so nahmen sie es für die Reue an und vergaben ihm seine Sünde auf solch sein gut Werk. Hie zogen sie S. Bernhard zum Exempel an u. s. w. Hie siehet man, wie die blinde Vernunft tappet in Gottes Sachen und Trost suchet in eigen Werken nach ihrem Dünkel und an Christum oder den Glauben nicht denken kann. Wenn mans nu beim Licht besiehet, ist solche Reue ein gemachter und gedichter Gedanke aus eigen Kräften ohne Glauben, ohn Erkenntnis Christi, darin zuweilen der arme Sünder, wenn er an die Lust oder Rache gedacht, lieber gelachet, denn geweinet hätte, ausgenommen, die entweder mit dem Gesetze recht troffen oder von dem Teufel vergeblich sind mit traurigem Geist geplagt gewest; sonst ist gewis solche Reu lauter Heuchelei gewest und hat der Sünden Lust nicht getödtet. Denn sie mussten reuen, hätten lieber mehr gesündiget, wenn es frei gewest wäre." (Lib. Conc. p. 312. 313. 314. sq.)

APOLOGIA A. C.: „Darüber so lehren und schreiben sie noch ungeschickter und verwirreter Ding; sie lehren, man könne durch Reue Gnade verdienen, und wenn sie da gefragt werden, warum denn Saul und Judas und dergleichen nicht Gnade verdienet haben, in welchen gar ein schreckliche Contrition gewesen ist? — auf diese Frage sollten sie antworten, dass es Judas und Saul am Evangelio und Glauben gefehlet hätte, dass Judas sich nicht getröstet hat durchs Evangelium, und hat nicht gegläubet; denn der Glaube unterscheidet die Reue Petri und Judä. Aber die Widersacher gedenken des Evangelii und Glaubens gar nicht, sondern des Gesetzes; sagen, Judas habe Gott nicht geliebet, sondern hab sich für der Straf gefürcht. Ist aber das nicht ungewis und ungeschickt von der Buss gelehret? Denn wenn will ein erschrocken Gewissen sonderlich in den rechten grossen Aengsten, welche in Psalmen und Propheten beschrieben werden, wissen, ob es Gott aus Liebe als seinen Gott fürchtet, oder ob es seinen Zorn und ewige Verdammnis fleuhet und hasset? Es mügen diejenigen von diesen grossen Aengsten nicht viel erfahren haben, dieweil sie also mit Worten spielen, und nach ihren Träumen Unterscheid machen. Aber im Herzen, und wenn es zur Erfahrung kömmt, findet sichs viel anders, und mit den schlechten Syllaben und Worten findet kein Gewissen Ruhe, wie die guten, sanften, müssigen Sophisten träumen... Wenn wir aber de contritione, das ist, von rechter Reue reden, schneiden wir ab die unzähligen unnützen Fragen, da sie Fragen fürgeben, wenn wir aus der Liebe Gottes, item wenn wir aus Furcht der Strafe Reue haben? Denn es sind allein blosse Wort und vergebliche Geschwätz derjenigen, die nicht erfahren haben, wie einem erschrockenen Gewissen zu Sinne ist. Wir sagen, dass contritio oder rechte Reue das sei, wenn das Gewissen erschreckt wird und seine Sünde und den grossen Zorn Gottes über die Sünde anhebt zu fühlen, und ist ihm leid, dass es gesündiget hat. Und dieselbige contritio gehet also zu, wenn unser Sünd durch Gottes Wort gestraft wird... In denselbigen Aengsten fühlet das Gewissen Gottes Zorn und Ernst wider die Sünde, welchs gar ein unbekannte Sache ist solchen müssigen und fleischlichen Leuten, wie die Sophisten und ihres gleichen. Denn da merkt erst das Gewissen, was die Sünde für ein grosser Ungehorsam gegen Gott ist, da drücket erst recht das Gewissen

der schreckliche Zorn Gottes, und es ist unmüglich der menschlichen
Natur denselbigen zu tragen, wenn sie nicht durch Gottes Wort würde
aufgericht. Also sagt Paulus: ‚Durch das Gesetz bin ich dem Gesetz
gestorben.‘ Denn das Gesetz klaget allein die Gewissen an, gebeut,
was man thun solle, und erschreckt sie. Und da reden die Widersacher
nicht ein Wort vom Glauben; lehren also kein Wort vom Evangelio,
noch von Christo, sondern eitel Gesetzlehre, und sagen, dass die Leute
mit solchem Schmerzen, Reue und Leid, mit solchen Aengsten Gnade
verdienen, doch wo sie aus Liebe Gottes Reue haben oder Gott lieben.
Lieber Herr Gott, was ist doch das für ein Predigt für die Gewissen,
denen Trosts vonnöthen ist? Wie können wir denn doch Gott lieben,
wenn wir in so hohen, grossen Aengsten und unsäglichem Kampf
stecken, wenn wir so grossen schrecklichen Gottes Ernst und Zorn
fühlen, welcher sich da stärker fühlet, denn kein Mensch auf Erden
nachsagen oder reden kann? Was lehren doch solche Prediger und
Doctores anders, denn eitel Verzweifelung, die in so grossen Aengsten
einem armen Gewissen kein Evangelium, kein Trost, allein das Gesetz
predigen?“ (Lib. Conc. p. 168. sq. 171. sq.)

AD. OSIANDER: „Excipiunt: contritionem de se non esse salutarem,
cum etiam sit in desperantibus, imo in diabolis, Jac. 2., non ergo habere
rationem medii ad salutem, cum poenitentia sit salutaris ex toto.　R.:
Contritio spectatur dupliciter: *praecise* considerata non est pars poenitentiae salutaris, sed *ut pars poenitentiae* est salutaris, quia ita tem-
peratur spe eluctandi, divinaeque benignitatis fiducia.“ (Colleg. th. IV,
308.)

QUENSTEDTIUS: „Potest aliquid sua natura esse $\mu\acute{\epsilon}\sigma o\nu$ sive indifferens, quod certa demum utentis ratione fit salutare. Non ideo
statim salutaris est sua natura contritio, quia pars poenitentiae constituitur.“ (L. c. s. 1. th. 9. f. 702.)

H. KROMAYERUS: „Opus Dei ab accidentario effectu, quem satanas
est caro nostra ingerunt, est disterminandum. Contritio in se quidem
est opus Spiritus Sancti, nec peccatum, per accidens tamen ratione
nativae corruptionis nostrae est fremitus adversus Deum, via est ad
desperationem. Sicut timor servilis in se non est malus, licet sit hominum malorum, ita contritio in se non est mala, sed hominum malorum. Verumtamen, licet fuga Dei et fremitus adversus eum non sit
essentialis contritioni, sed per accidens superveniat, intrinsece tamen
inest subjecto contritionis, homini scl. peccatori. Uno verbo: extrinseca est ratione formae, intrinseca ratione subjecti.“ (Th. posit.-pol.
II, 315.)

IDEM: „Contritio justificationem antecedit, nec est personae placentis, sed adhuc in statu irae positae, antequam salvifica fides Christi
meritum apprehendens accedat.“ (L. c. p. 331. sq.)

IDEM: „Dolor, qui est in contritione, suos habet *gradus*, in aliis
major, in aliis minor existens. Nec enim est meritorius, ceu volunt
pontificii, sed eo nos adigit, ut indigentiam remissionis peccatorum
agnoscamus. Christus, qui vim legis et iram Dei ardentissimam adversus peccata sensit, nostro loco fuit contritus. Es. 53, 5. 10. Matth.
26, 38.“ (L. c. p. 314. sq.)

e) Intelligitur autem *fides in Christum* supra explicata, qua velut
sanantur aut eriguntur corda contrita quaeque conversionis pars praecipua et ejus quasi anima est; qua posita, ponitur conversio. Adde
b. *Mus.* Disp. I. cap. IV. § 76. p. 41. Ausführl. Erklärung p. 562.

ARTICULI SMALCALDICI: „Zu solchem Amt (des Gesetzes) thut das
neue Testament *flugs* die tröstliche Verheissung der Gnaden durchs
Evangelium, der man gläuben solle, wie Christus spricht Marci 1.: ‚Thut
Busse und gläubet dem Evangelio‘, das ist, werdet und machts anders

und gläubet meiner Verheissung. Und für ihm her Johannes wird genannt ein Prediger der Busse, doch zur Vergebung der Sünden, das ist, er sollt sie alle strafen und zu Sündern machen, auf dass sie wüssten, was sie vor Gott wären, und sich erkenneten als verlorne Menschen, und also dem Herrn bereit würden, die Gnade zu empfahen und der Sünden Vergebung von ihm gewarten und annehmen. Also sagt auch Christus Luc. am 24. selbst: ‚Man muss in meinem Namen in alle Welt predigen Buss und Vergebung der Sünden.‘ Wo aber das Gesetz solch sein Amt allein treibet ohn Zuthun des Evangelii, da ist der Tod und die Hölle und muss der Mensch verzweifeln, wie Saul und Judas, wie S. Paulus sagt: ‚Das Gesetz tödtet durch die Sünde.‘ “ (Lib. Conc. p. 312. sq.)

H. Kromayerus: „Contritionis et desperationis confinium per fidem est disterminandum. Hanc Taulerus, monachus Dominicanus, qui Coloniae concionator egregius floruit, poenitentiae saccharum vocat, quod scl. dolores ex agnitione peccati orti consolationibus evangelicis fide apprehensis edulcentur. Cum itaque contritio antecessit (nec enim causae, sed *antecessus* ratione praerequiritur, nisi quis causam fidei sine qua non, ut remotio puris est causa, sine qua non curari potest vulnus, nominare vellet) sequitur fides, altera poenitentiae pars, imo nucleus et anima quasi verae poenitentiae.“ (L. c. p. 315.)

B. Mentzerus: „Calvinus aliam admittit poenitentiam *legalem*, aliam *evangelicam* l. 3. Instit. c. 3. dist. 4. Et Bucanus contritionem aliam vocat legis, aliam vero appellat contritionem evangelicam, et hanc posteriorem dicit esse propriam evangelii. Illam vocari, ait, μεταμέλειαν, hanc vero μετάνοιαν, et inter utramque quasi mediam inserit fidem. Quae mirabilis futura est methodus praedicandi evangelii. Sic catechesis Casellis edita fidem priori loco ponit; quasi vero legis praedicatio, ex qua peccata, h. e., vulnera ista spiritualia agnoscenda sunt, non anteeat annuntiationi evangelii, medicinam peccatoribus ostendenti.“ (Exeges. August. Conf. Art. 12. p. 575.)

§ 32.

Cognita natura et partibus conversionis, jam porro observandum est,[a] causam *efficientem* ejus, eamque *principalem*,[b] esse Deum[c] trinunum,[d] eumque solum.[e]

a) Atque ita ingredimur considerationem conversionis *transitivae*.

b) Quae sua ac sufficiente virtute in homine operatur peccatorum agnitionem ac displicentiam seriam et dolorem de illis, itemque fidei initia et fidem ipsam, cum proposito vitam emendandi.

c) Nempe transitive spectata conversio formaliter est actio *Dei*, qui *hominem convertere* dicitur, aut *facere, ut homo se convertat*, vel ut *convertatur*. Conf. supra § 12.

d) Est enim opus ad extra. Speciatim autem *Pater* Christi dicitur homines *trahere, ut veniant ad* Christum, Joh. 6, 44. *Filius* de se ipso dicit, *se voluisse* Judaeos ad se *congregare* adeoque conversionem in illis operari, *Matth. 23, 37. Spiritus S.* dicitur *arguere mundum de peccato, et de justitia, et de judicio, Joh. 16, 8.*, et sic conferre aliquid efficienter ad conversionem eorum a peccatis ad Deum. Conf., quae diximus de Causa Effic. Fidei, cap. III. § 9.

e) In *oppositione* ad proprias et naturales hominis convertendi
vires, quanquam et angelorum et beatorum hominum vim et facultatem, quippe hic prorsus deficientem. Sic Paulus ad *Phil.* 2, *13.* et
τὸ *velle* nostrum et τὸ *perficere Deo operanti* in solidum tribuit, ut omnibus, qui non sunt Deus, adimat.

ANTITHESIS.

QUENSTEDTIUS: „*Antithesis:* 1. *Pelagii* et *Pelagianorum*, et quidem
1.) *crassiorum*, qui simpliciter negabant, gratiam Dei ad salutem consequendam esse necessariam, gentesque per naturae legem salvari posse,
affirmabant, aut per gratiam nihil aliud intelligebant, quam vel revelationem voluntatis divinae in verbo factam, vel ipsas animae potentias
gratis datas et concessas; quos sequuntur scholastici, imprimis Biel et
Andradius.   2.) *Calidiorum*, qui gratiae divinae adjutorium admittebant; . . . quos sequuntur Jesuitae, praecipue Bellarminus. . . 2. *Semi-*
pelagianorum s. Massiliensium, de quibus asserit Augustinus de Prae-
destin. Sctor. c. 2., quod statuant, ‚ex nobis esse fidei coeptum, ex Deo
fidei supplementum.‘ . . . 3. *Scholasticorum* et *pontificiorum*, qui hic
pelagianizant; constituunt enim duas partiales conversionis causas,
gratiam Dei et voluntatem hominis. . . Concilium Trid. Sess. 6. can. 4.
sic habet: ‚Si quis dixerit, liberum arbitrium a Deo motum et excitatum
nihil cooperari assentiendo Deo excitanti atque vocanti, quo ad obtinendam justificationis gratiam se disponat ac praeparet: anathema sit.‘
. . . 4. *Socinianorum*, qui negant peccatum originis ac proinde nullam
omnino conversionem agnoscunt a tenebris ad lucem, sed vitae per se
bonae quotidianam mutationem in melius conversionem et regenerationem appellant; ita Socinus in epist. 1 Joh. 4, 6. . . Quando autem
Sp. S. hic mentionem faciunt, objectivam praecipue evangelii oblationem, non internam et singularem operationem intelligunt. . ., 5. *Armi-*
nianorum, qui cum Socinianis praerequirunt in homine convertendo
animi quandam naturalem probitatem et insitum ardorem ad discendum
v. D., nec non docilitatem naturalem. . . Itemque non ὁλικὴν, sed μερικὴν
saltem ἐνέργειαν in homine convertendo gratiae divinae tribuunt, causam-
que fidei partim gratiae Dei in Christo, partim homini, ejusque libero
arbitrio adscribunt. . . 7. *Synergistarum lutheranorum*, qui συνέργειαν
aliquam seu cooperationem virium humanarum cum gratia in opere conversionis admittebant. 8. *Novatorum*, ut Latermanni etc.“ (L. c. s. 2.
q. 1. f. 719. sqq.)   Cf. supra Volum. II, p. 300. sqq.

§ 33.

Causa *impulsiva interna* est Dei misericordia; *externa*
seu meritoria est Christus mediator.

Juxta ea, quae de Regeneratione diximus § 7. et 8.

§ 34.

Causa *instrumentalis*[a] est verbum,[b] idque *legis*[c] et
evangelii.[d] Per *illud* in hominibus agnitio peccatorum[e]
et dolor[f] de illis, per *hoc* fides in Christum[g] excitatur aut
producitur. Quod autem et *crux*[h] dicitur ad conversionem aut poenitentiam nos perducere,[i] id *non directe,*[k] sed
indirecte[l] intelligendum est.

a) Seu *medium causale efficax* et operativum, cui Deus virtutem suam infinitam ad producendum talem effectum conjungit et per illud exserit.

b) Cui proinde *non* nuda *suasio moralis* tribuenda est, *sed* ob concursum Dei virtus multo nobilior et altior, quam quae alias doctrinae vel orationi, etiamsi maxime idoneae ad persuadendum, tribui potest. Conf. b. *Mus.* de Conv. (edit. Hall.) Disp. IV. § 56. sq.

c) Quo nomine h. l. intelligimus verbum Dei praecipiens aut prohibens aliquid, cum vi obligandi ad obsequium et transgressoribus iram Dei efficaciter denuncians.

d) Quod, cum legi opponitur, importat promissiones de gratia Dei et gratuita remissione peccatorum propter Christum mediatorem ejusque meritum fide apprehensum.

e) Juxta illud Pauli *Rom. 3, 20.: Per legem est agnitio peccati,* et *Rom. 7, 7.: Peccatum non cognovi, nisi per legem; nam et concupiscentiam non novissem, nisi lex dixisset: Non concupisces.* Confer. b. *Mus.* de Conv. (ed. Jen.) Disp. III. cap. II. § 65. 66. p. 133. Quod autem *legis,* in ordine ad agnoscenda peccata, *cognitio non* ex *solo lumine naturae* post lapsum, *sed* ex *Scriptura* peti debeat, ex ipsa corruptione intellectus nostri, quae ex lapsu orta est, patet. Hic autem observanda etiam est *vis* divina, quam Deus verbo *legis,* in Scripturis contento, addidit ad *assensum supernaturalem,* adeoque et agnitionem eorum, quae penes hominem legi disconvenientia occurrunt, in homine producendam. Qua ratione certum est, non raro homines audita *de suppliciis gehennae* doctrina *supernaturaliter* affici et ad credendum moveri. Confer. b. *Scherzer.* Brev. Huelsem. auct. c. IX. Thes. XI. p. 519.

f) Quando enim *intellectui* hominis, mediante lege, peccatorum foeditas et hinc orta offensa Dei ac reatus damnationis aeternae exhibetur, simul etiam *voluntati* ipsa formalis ratio, qua ad peccatorum detestationem et dolorem de illis metumque irae divinae ac damnationis moveatur, repraesentatur et sic lex ipsa, virtute divina, operatur in voluntate hominis, mediante cognitione intellectus, etiam displicentiam ac detestationem peccatorum, pavores conscientiae et horrorem quendam judicii, ut sit instar *mallei petram conterentis, Jerem. 23, 29.* Quo pertinent *horrores* ex meditatione *judicii extremi* aut *comminationum* divinarum *de poenis infernalibus* nati, quos homines audita doctrina sacra vel inviti patiuntur. Confer. b. *Scherz.* l. c.

g) Sunt enim promissiones *generales,* sub quibus homo *de se* in individuo recte *subsumere* et virtute divina ad assensum fidei eliciendum *concludere* potest (vid. supra *cap. III. § 4.*), unde evangelium simul ex parte voluntatis (praesertim postquam lex homines de medicina aut mediatore solicitos effecit, aut instar *paedagogi* terrentis, velut obliqua via, *ad Christum perduxit,* juxta illud *Gal. 3, 24.*) desiderium gratiae et mox pleniorem fiduciam excitat; prout antea indicavimus.

h) Seu *afflictio divinitus* immissa propter *peccata.*

i) Qua ratione etiam vulgo *concionem legis realem* vocant; nec male huc refertur exemplum *acolasti Luc. 15, 18.* et dictum *Esaiae 28, 19.: Vexatio dat intellectum.* Confer. *Ps. 119, 72.* Nimirum et lapsis (seu relapsis) et stantibus crux ad poenitentiam prodest.

k) Hoc enim tantum verbo competit.

l) Quatenus videlicet *suscitabulum* est *verbi* prius auditi et lecti, sed minus observati, quoad notitiam practicam, *vel* etiam ad *usum mediorum* salutis nos instigat aut compellit.

§ 35.

Homo autem per vires suas *naturales nihil* quicquam *active* confert aut conferre potest[a] ad sui conversionem *intrinsece*[b] inchoandam[c] aut perficiendam,[d] seu ad actus *spirituales*[e] exercendos; licet quoad externum mediorum[f] usum actus aliquos intellectus[g] et voluntatis[h] convenienter exercere possit.

a) Est enim in peccatis *mortuus*, *Eph. 2, 1. Col. 2, 13.* Confer., quae plura diximus de *termino a quo regenerationis et conversionis* § 4. et 18., ubi hominem ante regenerationem aut conversionem ex parte omnium facultatum animae prorsus carere viribus spiritualibus, ex adverso autem inclinari ad prava indicavimus. Adde § 32. et notam *e*.

KROMAYERUS: ,,Marc. 12, 34.: ,Non procul abes a regno Dei.' Quodsi jam unus altero propior et magis dispositus est ad regnum coelorum, sequitur, hominem semetipsum ad gratiam disponere posse. Comparativus enim positivum praesupponit. Sed respondemus: per particulam οὐ μακρὰν non majorem dispositionem, sed minorem indispositionem innui. Non enim unus irregenitus altero magis dispositus est ad gratiam, sed unus altero minus est indispositus, . . . quia peccatum, cui unus fraena magis permittit, quam alter, ad gratiam non disponit, sed eandem potius impedit." (Th. posit.-pol. I, 544.)

QUENSTEDTIUS: ,,De praerequisita a *Socinianis* et *Arminianis* probitate naturali altum in Scripturis silentium est. Vera Deoque placens probitas animi et bonum propositum ex purificatione cordis per fidem Act. 15, 9. oritur et consequenter ipsa *conversione posterius* est, conf. Phil. 2, 13. Ebr. 11, 6. Rom. 14, 23. Absque probitate tali conversi sunt latro Luc. 23, 42., centurio Matth. 27, 24., Saulus Act. 9, 6., carceris praefectus Act. 16, 21. Etiam ex iis, qui apostolos ridebant, h. e., exponente Wolzogenio, animo improbo erant, quidam conversi sunt Act. 2, 12. 13. 14. 37. 41." (L. c. s. 2. q. 1. f. 722.)

b) Quoad abolitionem termini a quo et tendentiam ad terminum ad quem.

c) Nam et prima sancta *cogitatio* et pium *velle*, seu desiderium, a Spiritu S. est, *non ex nobis*, *2 Cor. 3, 5. Phil. 2, 13.*

d) Is autem, *qui coepit in nobis opus bonum, idem illud perficere* debet, *Phil. 1, 6.*

e) De quibus vid. supra § 29. et notae *a. g. h.* et sqq. Cumque *duas* classes actuum spiritualium observaverimus, fatendum est, non solum ad *priorem*, verum etiam ad *posteriorem* classem, hominem animalem esse ineptum ac mortuum. Vid. b. *Mus.* l. c. § 38. 39. p. 265. 267.

f) V. g. ut *accedat* ad loca sacra, ubi verbum Dei docetur, arrigat *aures*, advertat *cogitationes* ad verbum audiendum ac meditandum, aut sumat ad *manus* codicem Scripturae, *legat ac meditetur*. Quales actus alias *paedagogicos* aut ecclesiasticos appellari supra diximus § 30.

g) Qua ratione dicuntur homines, *antequam per Spiritum Sanctum convertuntur*, posse *evangelium* non solum *audire et aliquo modo meditari*, verum *etiam de eo disserere*. Decl. Sol. Form. Conc. Art. II. p. 662. Unde etiam *notitiam simplicem* seu apprehensionem simplicem nudi sensus literalis Scripturae (citra tamen assensum salutarem) ad actus paedagogicos recte referri, ostendit b. *Mus.* in der Ausführl. Erklärung Qu. XLIV. p. 344. sqq. usque ad 397. Conf., quae diximus de Perspic. Scripturae Proleg. cap. II. § 41. not. *e.* Vol. I. p. 169.

h) *Cujus rei testis esse potest experientia, quae docet, homines etiam non renatos, ut anabaptistas et alios fanaticos, diligenter scripta biblica evolvere et quidem discendi studio; quamvis interim pertinacia sua in errore Spiritui S. et ejus operationi resistant:* verba sunt b. *Hutt.* Prael. in F. Conc. Art. II. c. II. Q. III. M. 2. p. m. 167., quo deinde refert *Judaeorum zelum* sive *studium Dei, Rom. 10, 2.; famem audiendi verbum Domini, Amos 8, 11. sqq.;* exemplum *Herodis, qui Johannem Baptistam libenter audiebat, Marc. 6, 20.; Sergii* proconsulis, *Act. 13, 7., qui desideravit audire Paulum; reginae Aethiopum, 1 Reg. 10, 1., quae ab intimis regni sui finibus Hierosolymam profecta est, ut audiret Salomonis sapientiam, cujus praecipua pars erat religio* etc. Quibus respondet, quod b. *Joh. Meisner.* in Comp. Theol. Disp. X. Th. VIII. adductis ll. cc. ex *Marc. 6, 20.* et *Rom. 10, 2.* ostendit, *hominem posse naturaliter verbum Dei audire, legere, meditari, idque non sine voluntate aut* προθυμία *aliqua.* Et b. *Andr. Kunadus* in suo *Colleg. Theol. Disp. VIII. thes. 16.* scribit: *Non imus inficias, quin homo non renatus proprio instinctu possit sacras literas legere, verbum Dei audire et quodammodo meditari, itemque alia paedagogica praestare; verum sicut instinctus naturae et instinctus gratiae tanquam diversa principia differunt, ita etiam diversus est hujus et illius finis. Nam naturalis operae finis est cognitio rei, tanquam novae, mirabilis aut delectabilis; gratiae vero instinctus parit desiderium salutis.* B. *Musaeus*, haec in gratiam discentium in scholis uberius declaraturus atque ostensurus, quomodo et quousque actibus conversionis externis seu paedagogicis accenseantur, qui tamen ipsum verbum Dei et ea, quae sunt Spiritus Dei, pro objecto habent, allatis distinctionibus inter *cognitionem* bonorum spiritualium *distinctam* et *confusam* et similiter inter *actus voluntatis, qui sunt simplicis complacentiae, et qui efficaces* sunt, docet, *circa bona spiritualia confuse tantum cognita posse voluntatem naturaliter habere actum efficacem* (hoc est, posse ea appetere et desiderare, ut acquirenda), *circa bona spiritualia* autem *distincte cognita* (id est, secundum rationem suam specificam et propriam) *posse voluntatem habere actum tantum simplicis complacentiae* (non efficacem); actus autem voluntatis *spirituales* oportere esse *efficaces*, ac tendere in res judicio intellectus spirituali dijudicatas, quod revera dentur, et qua ratione possint obtineri. Vid. Disp. de Convers. Anno 1649. hab. et Halae Sax. edit. Disp. II. § 38. sq. et Ausführl. Erklärung Qu. XLV. p. 401. sqq.

§ 36.

Atque hoc est, quod alias dicitur, hominem, qualis est per naturam,[a] non habere in conversione sui *liberum arbitrium.*[b]

a) Seu qualis ex se est, post lapsum et sibi relictus aut suis viribus naturalibus.

b) Vid. Aug. Conf. art. XVIII. et F. C. art. II. Sensus autem est, quod voluntas hominis convertendi circa bona mere spiritualia in particulari et distincte cognita non sit indifferens, neque quoad speciem, neque quoad exercitium actus. Conf. b. *Mus.* Disp. III. de Convers. (edit. Hall.)

Cf. supra posita P. II. c. 2. § 13.

§ 37.

Operatio autem illa Dei, qua conversionem in homine per verbum legis et evangelii operatur, *gratiae*[a] nomine appellari solet et distinguitur[b] in *praevenientem,*[c] *operantem*[d] et *cooperantem.*[e]

a) *Non,* quasi formaliter sit ipse gratuitus *favor* Dei, *sed* quod sit *donum* ejus actuale. Vid. b. *Mus.* Disp. IV. de Convers. (edit. Hall.) § 11. sq. Usi autem sunt nomine *gratiae* in hac doctrina veteres, illi inprimis, qui cum Pelagio certarunt, inter quos *Augustinus.*

b) *Varie* quidem a *variis* auctoribus hic distingui solet; prout etiam ipsi *termini* multiplicantur et *aliter* atque *aliter* accipiuntur, ita tamen, ut, quae *quoad rem* ipsam hic observanda sunt, ad membra heic indicata referri queant, ut ex seqq. patebit.

c) Quo nomine intelligitur inspiratio *primae* cogitationis sanctae et pii desiderii a Deo. Et dicitur gratia haec *praeveniens,* quod prior sit nostro libero consensu, seu quod ita praeveniatur hominis convertendi arbitrium. Quidam addunt gratiam *excitantem,* qua homo peccator ex somno aut potius morte peccati et securitate carnis excitatur; verum haec excitatio hominis per ipsam illam cogitationem sanctam et pium desiderium divinitus inspiratum fieri videtur. Unde et gratiae *praeparantis* nomen huc eodem referimus, quod cogitatio illa et desiderium sanctum ipsa utique praeparant quodammodo mentem et voluntatem ad amplectenda bona spiritualia, sive ad ulteriores motus sanctos,, ex quibus incrementa capiat conversio. Quanquam *aliis* gratia *praeparans* dicatur ea, qua homo jam praeventus a Spiritu S. ulterius movetur, ut vocationi paulatim consentire atque e dubitationibus eluctari incipiat.

QUENSTEDTIUS: „Probe hic distinguenda praeparatio ab ipsa ex statu irae in statum gratiae translatione. Praeparatio suos habet gradus, et fit successive; ipsa vero ex statu irae in statum gratiae translatio fit in instanti et in momento, cum impossibile sit, ut subjectum aliquod vel per momentum sit simul in statu irae et in statu gratiae, simul sub vita et sub morte. Conversio enim vel *late* sumitur, in quantum scil. comprehendit omnes motus a gratia Dei provenientes ad conversionem directos, vel *stricte*, quatenus notat ultimum tantum illum actum, videl. translationem ex statu irae in statum gratiae. *Illo* modo sumpta conversio habet *actus suos praeparatorios*, qui fiunt successive: Primo enim gratia *praeveniens* offert verbum et mediante eo objectum salvificum ac naturalem incapacitatem ac inidoneitatem quoad spiritualia tollit; deinde gratia *praeparans* per illud verbum agit, repugnantiam cohibendo, cor legis pulsu afficiendo, evangelium explicando. Ubi homo nondum renatus per *assistentem* Spiritus S. gratiam audire verbum ἡδέως Marc. 6, 20. sentire legis pulsum et contritionem etc. potest. Hancque suam operationem per gratiam praeparantem Spiritus S. continuat, quoad usque capacem hominem reddat ad recipiendum summum illud bonum translâtionis ex morte et statu irae ad vitam et statum gratiae. Haec vero translatio e morte in vitam, e statu irae in statum gratiae propriissime conversio est et dicitur, quam solus Deus operatur in instanti et momento, uti diximus." (L. c. sect. 1. thes. 22. f. 706. sq.)

IDEM: „Uti Deus unus est, ita quoque una est Dei gratia, sed distinguitur ratione *graduum* et *effectuum*, qui varii et diversi sunt, unde etiam quoad hanc diversitatem gratia Dei aliter atque aliter consideratur. Hinc orta est 1. distinctio gratiae in praevenientem et subsequentem. *Praeveniens* est, quae hominem ad adaequata conversionis media ducit, eidemque adhuc spiritualiter mortuo verbum, quod potentiam convertendi in se habet, Rom. 1, 16. Marc. 4, 27., offert, naturalem incapacitatem et inidoneitatem quoad spiritualia omnibus communem aufert." (L. c. s. 2. q. 1. f. 719.)

IDEM: „Gratia Dei duplex est: una *assistens*, quae *extrinsecus* circa hominem agit; altera *inhabitans*, quae ipsum hominis cor ingreditur, illudque spiritualiter immutando inhabitat. Distinctionis gratiae in assistentem et inhabitantem fundamentum est communis illa locutio, quod quaedam acti fiat *a* Sp. S., sed non *cum* Sp. S., quaedam autem *a et cum* Sp. S. Dicitur gratia *assistens extrinsecus* circa hominem agere, non quod tantum *objective* proponendo objectum et ostendendo in verbo, quid fieri debeat (ut Pelagius olim locutus est), circa illum versetur, ita ut ipse homo objectum propositum salutariter cognoscere vel seipsum huic gratiae divinae applicare possit; sed ideo, quia haec gratia tantum in iis, quae circa hominem *convertendum* requiruntur, occupata est, quo et fidem suscipere et sic, mediante fide, gratia ipsi inhabitare possit... Gratiae *assistentis* varii gradus sunt, quorum *primus* est gratia *incipiens* seu *praeveniens*... *Secundus* gradus est gratia *praeparans* (quae a nonnullis *subsequens* dicitur)... *Tertia* species est gratia *excitans*... *Quartus* gradus est gratia *operans*." (L. c. s. 1. th. 24—28. f. 707. sqq.)

d) Sic vocant operationem illam, quae *initium* conversionis *proxime* sequitur et ad ejus continuationem spectat; per quam fit, ut homo *conatu* quodam, quamvis *languido*, jam ad Christum mediatorem ac promissiones de gratuita remissione peccatorum propter Christum tendat et contra dubitationes luctetur. Juxta *alios* vero *operans* gratia ipsa quoque ad *initium* conversionis refertur et cum gratia praeveniente atque excitante quoad rem coincidit diciturque operans, quod *sine nobis* aut sine nostro libero consensu in nobis operetur.

e) Ita appellatur operatio illa, quae intellectum promissionibus gratiae jam quodammodo assentientem et voluntatem in Christo confidentem *adjuvat* et *confortat* seu corroborat adeoque *cum voluntate*, jam per acceptas ante, utut debiles, vires concurrente *operatur.* *Aliis* tamen cooperans gratia dicitur, qua *Deus* cum homine *jam converso* concurrit, vires collatas conservando, augendo et, ne deficiat a fide, adjuvando. Conf. b. *Mus.* de Conv. Disp. V. (edit. Hall.) § 32. 33.

> QUENSTEDTIUS: ,,*Cooperans* (gratia est), qua Deus *post* peractam conversionem efficax est et homini jam spiritualiter redivivo *cooperatur* ad productionem bonorum operum et motuum spiritualium, facitque, ut homo in coepto opere persistat. Paucis: operans in *conversione*, co-operans in *conversis* agit et operatur. *Obs.:* Quatenus nos Deus *sine nobis* convertit, gratia *operans* dicitur; quatenus nos *cum nobis* (jam novis viribus spiritualibus instructis) in illa conversione et coepto bono perseverare facit, gratia *cooperans* nuncupatur. *Dist.* inter gratiam, quae agit *ante* conversionem, *in* conversione et *post* conversionem; *ista* praeveniens, praeparans et excitans, *illa* operans et perficiens, *haec* cooperans et adjuvans, itemque perficiens in secunda significatione dicitur.`` (L. c. s. 2. q. 1. f. 719.)

§ 38.

Homo autem *in initio* conversionis *mere passive*[a] se habere recte dicitur, licet in *progressu* conversionis, per acceptas jam ante novas vires, *active*[b] se habeat.

a) Sic F. C. art. II. p. m. 582.: *Quod D. Lutherus scripsit, ho-minis voluntatem in conversione pure passive sese habere, id recte et dextre est accipiendum, videlicet respectu divinae gratiae in accendendis novis mo-tibus* etc. Conf. Sol. Decl. p. 680. 681. Atque hoc est, quod *Lutherus,* et cum eo *Formula Concord.* homini convertendo naturalem *vim activam,* aut *efficacem habilitatem, aptitudinem aut capacitatem* denegant, tribuunt autem *capacitatem passivam,* quod *scilicet verti potest* homo, secus atque truncus aut lapis, *ad bonum per gratiam et fieri revera liber, ad quod creatus est.* L. c. p. 662. Eandem sententiam de *capacitate passiva* (quae in hominibus irregenitis per naturam adsit, licet juxta metaphy-sicos *potentia obedientialis passiva* appellari possit, quodque non demum in conversione *novae vires passivae ad tollendam naturalem incapacitatem et inidoneitatem passivam* supernaturaliter conferri debeant) diligenter tradiderunt non solum bb. M. *Chemnitius, L. Hutterus, Joh. Gerhardus, D. Lobechius, G. Mylius,* quorum loca et verba adduxit b. *Mus.* in der Ausführlichen Erklärung p. 454. sqq., verum etiam theologi in colloq. Quedlinburg. apud *Hutterum* in Conc. Conc. c. XLV. p. m. 1056. 1057., *auctores Apologiae Form. Conc. cap. XII. p. 201.,* b. *Balthas. Meisnerus* Consid. Theol. Phot. cap. V. p. 708., b. *Steuberus* ad Aug. Conf. art. XVIII. p. 153., b. *J. Hannekenius* Synops. Theol. § 12. p. 20. et § 29. p. 24., b. *H. Kromayerus* in Theol. Aph. Loc. IX. Aph. IX. p. 256.

b) Ita b. *Kromayerus* Theol. Pos.-Pol. Artic. IX. Th. II. p. 537.: *Homo ad sui conversionem nihil potest conferre, sed in conversionis initio se mere habet passive; in progressu vero gratiae divinae incipit cooperari, non collateraliter, sed subordinate.* Adde p. 539. 541. Et Theol. Aph. L. V. Aph. X. p. 257. Praeivit autem eum b. *M. Chemnitius,* qui in Judicio de Controversiis sui temporis (quod Anno sup. 1676. luci publicae reddidimus) cap. V. p. m. 35. 36. scribit: *Ita subjectum illud (voluntatem* conversionis subjectum indicat) *recipit dona et operationes Spiritus Sancti, ut voluntas, quae coepit renovari, post primum impulsum et motum Spiritus non sit otiosa, sed tanquam nova creatura, cui Spiritus Sanctus dedit, ut incipiat operari desiderando, conando, luctando, assentiendo.* Et paulo post: *Cum prima initia conversionis per Spiritum Sanctum nobis donantur, statim oritur lucta carnis et spiritus, quam manifestum est fieri non sine motu voluntatis nostrae.* Et haec συνεργία *voluntatis, non veteris, sed quae coepit renovari, et initia illa in magna infirmitate crescunt et augentur, non sine motu nostrae voluntatis.* Et ita recte dicitur: *Praeeunte gratia, comitante voluntate.* Illa autem συνεργία *semper pendet a gratia Dei; a qua si deseratur, cessant et amittuntur etiam dona.* Et in LL. CC. de Lib. Arb. cap. VII. p. m. 200.: *Quae de gratia praeveniente, praeparante et operante traduntur, habent hunc sensum, quod non nostrae partes priores sint in conversione, sed quod Deus per verbum et afflatum divinum nos praeveniat movens et impellens voluntatem.* Post hunc autem motum *voluntatis divinitus factum voluntas humana non habet se pure passive, sed mota et adjuta a Spiritu Sancto non repugnat, sed assentitur et fit* σύνεργος *Dei.*

CALOVIUS: „Quod Formula Concordiae opere renovationis in nobis *inchoato* designat, id alii conversionem *primam* appellant, neque dubium est, ideo *inchoatam* dici, quia per totam vitam continuari debet, siquidem in hac infirmitate tantum inchoetur renovatio, in altera vita demum consummanda. Novae vires in nobis *inchoari* dicuntur, quia illae subinde perficiendae sunt. Non negatur autem, *post* conversionem demum hominem esse συνεργὸν, aut asseritur, *ante* ipsam conversionem hominem συνεργὸν esse et cooperari ad sui ipsius conversionem. Tale quid nuspiam docet F. C., quemadmodum synergistae novi contendunt." (System. th. T. X, 114.)

AD. OSIANDER: „Hornejus distinguit inter primum *initium* conversionis et ejus progressum. . . Respondeo: 1. Hominem non tantum in *initio* conversionis, sed etiam in *progressu* adhuc esse mortuum." (Colleg. th. IV, 333.) Vid. idem supra p. 205. sq.

CALOVIUS: „Quamquam extra controversiam sit, *hominem et voluntatem humanam requiri* ad conversionem, non concurrit tamen ut *causa efficiens vel cooperans*, sed ut *materia et subjectum*, in quo operatur Sp. S. Quandoquidem voluntas humana a Sp. S. convertenda sit, adeoque pure passive hic se habeat nec quicquam operetur ad sui conversionem, *sive in principio, sive in medio, sive consummatione* ipsius conversionis, quae unice et in solidum gratiae divinae accepta ferenda est, nulla admissa voluntatis humanae, quocunque ea nomine veniat, συνεργεία in actu conversionis." (Socinism. profligat. p. 673.)

QUENSTEDTIUS: „Praetendit quidem Latermannus disput. de praedest. th. 35., hominem cooperari gratiae divinae in conversione per vires a Domino concessas, voluntatemque a Deo praeparatam se supponere. Ast nihil dicit, quod non etiam Jesuitae, Bellarminus, Gregor. de Valentia, Becanus, Tannerus etc. dixerunt, qui tamen magno theologorum consensu pelagianismi aut semipelagianismi rei acti sunt; nihil, quod non synergistae asseruerunt. Nam et illi beneficium gratiae supposuerunt, et protestati sunt, se supponere voluntatem a Domino praeparatam, eamque libere se ad Deum convertere, asserere, non quod propriis id praestet viribus, sed quod virtute gratiae divinitus collatae ita se convertat, ut possit se etiam non convertere. Dicit Latermannus ibid. th. 42.: ‚Si conversio hominis‘ (loquitur sine dubio de primo conversionis actu) ,a parte Dei tantum pendet, omnes adhortationes ad conversionem fore frustraneas.' Sed hoc est argumentum ipsorum Pelagianorum, semipelagianorum, Socinianorum, pontificiorum et synergistarum, quo concursum nostrarum virium cum adjutorio gratiae confirmant. Notae sunt nostrorum theologorum assertiones: Deum ex parte sua non tantum praestare, ut *possimus* velle, sed etiam ut *actu velimus*, nullo modo conversionem hominis eo modo *liberam* esse, ut in ejus potestate sit, velle se convertere; non *vires* tantum, sed *actum* conversionis primae etiam a Deo auctore sine hominis cooperatione esse. *Cooperationem hominis sequi* primum conversionis actum. Hominis *conversi* esse cooperari, *non hominis convertendi*. Contrariatur Latermannus Formulae Concordiae; vide eam in Epitome, Art. 2. thes. affirm. 2. pag. 579. 583. et in Solida Declarat. pag. 681., in quibus locis cooperationem voluntatis humanae diserte removet ab ipso conversionis actu et converso duntaxat assignat, confer pag. 677. Vide Judicium Argentorat. in causa Latermanni s. 1. c. 2. Bene monet D. Huelsemannus in Considerandis collegio theologico Lipsiensi exhibitis, in Censuris theologor. orthodoxorum Dantisci A. 1648. editis, p. 99. 100.: ,Falsum et Pelagianum esse, quod in homine per gratiam praevenientem jam excitato et moto naturalis indifferentia ad utrumque oppositorum integra maneat, h. e., velle converti et non velle converti: Talis', inquit, ,indifferentia in nullo homine reperitur, non *irregenito*, quia ille nulla ratione liber est ab inclinatione in extremum deterius; non in *regenito* et sanctificato, qui hic tam liber non est ad eligendum bonum, quam liber et expeditus ad sectandum malum, Rom. 7.' Indifferentia significat *aequalem* latitudinem ad libertatem potestatis, qualis neque in convertendo, neque in converso existit. Recte Facultas theologica Jenensis in Censuris jam cit. p. 132.: ,Si dicas', inquit, ,hominem convertere se per vires gratiae, nec sic satis commoda est locutio. Nam quia convertere hoc significatu nihil aliud notat, quam novis viribus instruere, quod fit illuminando mentem et flectendo voluntatem, dici non potest, hominem convertere se per vires jam acceptas. Neque enim vires illae prius donantur, ut postea per eas homo convertatur, sed virium spiritualium donatio secundum rem est ipsa conversio.' " (L. c. s. 2. q. 2. f. 726. sq.)

CALOVIUS: ,,Drejerus: ,Ich halte nicht dafür, dass ein Verständiger sagen werde, ein Mensch sei ganz zu Gott bekehret, ehe er Busse thut, das Gute will und gläubet; so gehet demnach das Wollen des Guten und der Glaube dem ultimo complemento der Bekehrung vorher, saltem natura, si non tempore, und wo derowegen Wollen und Gläuben actiones sein, dadurch recht kann gesaget werden vom Menschen, er thue etwas, so folget richtig, dass der Mensch am Ende seiner Bekehrung etwas thue und so weit sich nicht mere passive habe.' Et postmodum: ,So ist der Mensch nicht blos subjectum patiens in seiner Bekehrung, sondern thut was Guts durch die Gnade Gottes, ehe er völlig bekehret ist.' Sed haec paradoxa sunt, siquidem de prima conversione ac regeneratione hic sermo sit. Velle bonum spirituale, de quo loquitur, vel voluntatem boni fidei ipsi, hoc est, foetum matri, siquidem fides bonae voluntatis genetrix sit, ac porro voluntatem boni, ut et fidem justificantem regenerationi ac conversioni *praeponit ordine naturae*, hominemque se habere mere passive negat, hominem boni aliquid agere (de spirituali bono, quod iterum monendum, res est), antequam plene convertatur, quum tamen hactenus κυρίαι δόξαι habitae sint in scholis et ecclesiis nostris, fidem bonae voluntatis genetricem esse, uti in Aug. Confess. Art. 19. ex Ambrosio docetur: per regenerationem conferri fidem, nec credere, nisi renatum et conversum, non autem regenerandum et adhuc convertendum, in conversione hominem se mere passive habere, nec quicquam boni facere posse, priusquam convertatur, cum sine fide impossibile sit Deo placere et peccatum sit, quicquid non est ex fide." (System. X, 108.)

AD. OSIANDER: ,,Dicit Drejerus, hominem nondum conversum per novas vires gratiae praevenientis vivificatum verbo divino demum plane consentire et conversionem suam absolvere. At qui potest esse vivificatus, qui adhuc est *convertendus*, non conversus, cum ipsa conversio, prout a gratia perficiente absolvitur, sit demum spiritualiter mortui vivificatio? . . . Qui hoc stet paradoxum, cum inter mortuum et vivificatum, conversum et inconversum, incredulum et credentem non detur *medium*, vi Joh. 20, 27. *Gratia praeveniens* non tribuit homini vim agendi vel cooperandi in conversione, sed *aptitudinem passivam*, qua, repressa repugnantia naturae corruptae, jam ulterioris gratiae capax fiat, donec conversio absolvatur. Ad quemlibet enim motum gratiae divinae homo sese habet *passive ;* ex quo patet, quod recipiens *hunc* motum non possit cooperari vi illius ad alium consequendum, neque cooperetur, sed post illum *alium* motum recipiat, et sese ad *tertium* motum habeat passive omnesque singulos antecedentes fidei, quousque conversio non est absoluta. Drejerus absurdus est, cum homini sub gratia divina *assistente* constituto tribuit *deliberationem ;* nam deliberatio de rebus spiritualibus sequitur demum conversionem, nondum libertatem illam habet, qua de rebus spiritualibus possit deliberare ; tum demum enim illam libertatem habet, cum spiritum libertatis consecutus est, cum vitam spiritualem habet. *Neque* in ista successione, *utut lucta fuit carnis et spiritus, non quidem inhabitantis, tamen pulsantis*, propterea deliberatio intercedit." (L. c. p. 337.)

ARGENTORATENSIS FACULTAS THEOLOGICA: ,,Latermannus dicit, quae ambigua sunt et intricata. Quae enim est illa potestas hominis, penes quam residet, *per* gratiam ea, quae ad conversionem necessaria sunt, praestare vel non praestare? In qua situm est velle se conver- tere et nolle se convertere? ut loquitur M. Latermannus. Non dicet, esse ipsas vires et facultatem a Sp. S. donatam. Quae enim haec esset asseveratio: *Penes novas vires et facultatem donatam* residet, ad con- versionem necessaria praestare vel non praestare, velle se convertere et nolle se convertere! Suntne illae novae vires indifferentes ad con- versionem vel aversionem, ad velle et nolle? Erit igitur potestas ali- qua in homine ante vires et facultatem a Sp. S. donatam existens, in qua *adjumento* gratiae supervenientis et donatarum virium praestantur necessaria ad conversionem, a qua perficitur velle conversionis. Atque hoc est ipse pelagianismus et synergismus." (Responsum, a. 1646. Regiomontano ministerio missum et a. 1650. emendatius divulgat. Vid. Calovii System. Tom. X. p. 50.)

EADEM: ,,Semper *determinatio voluntatis* nostrae in primo conver- sionis actu non potestati et cooperationi hominis, sed Spiritui S. per verbum in voluntate passive sese habentem operanti ab orthodoxis ad- scripta fuit. Neque tamen illa determinatio necessitatis est et irresisti- bilis potentiae, licet posito ordine divino infallibilis sit. Nimirum pro- missionibus certissimis sanctissimisque sese obstrinxit *Deus*, quod hominem in officina Sp. S. positum et mediis salutis nullam malitiosam resistentiam opponentem *determinare ipse ad conversionem velit*. Igitur infallibiliter, quanquam non ex vi irresistibilis virtutis, sequitur in illa τάξει ipsa *determinatio*, ut sic dicamus, *conversiva*." (L. c. p. 54.)

FACULTAS TH. JENENSIS: ,, *Velle* illud bonum, quod conversionem *praecedit* et pii *desiderii* nomine indigitatur, non est actus *deliberatus*, sed, cum Sp. Sanctus piam cogitationem inspirat, excitatur illud ab eodem in voluntate *subito*, nobisque nihil tale supplicantibus, ut com- muniter etiam Dd. scholastici docent. Hinc minus commode dicitur, in hominis potestate est *velle* se convertere, cum nullus actus volunta- tis, nisi deliberatus sit, proprie in hominis potestate esse dicatur." (Judicium d. 14. Jul. 1646. transmiss. Vid. Calovii System. T. X, 62.)

CALOVIUS: ,,Latermannus dicit: ,Homines si per gratiam volunt, per eandem possunt converti', th. 33. et 55.: ,Hominem gratiae Dei

auxilio, si velit, emergere posse e luto vitiorum' . . . ἐπίκρισις. Dicimus, si per velle notetur ipsa facultas volendi, certum est, in ea sic
operari Spiritum S., ut ei necessitatem non imponat, quod volunt Calviniani, et requiritur nostra voluntas ut subjectum παϑητικὸν, non ἐνερ-
γητικὸν, sed ἀεργον καὶ ἀχρηστον. ,Non potest velle sui conversionem',
praeclare scribit magnus theologus Dn. D. Gesnerus, disp. 4. th. 9. in
Form. Concord. Art. 2. Loquitur hic de velle per gratiam, sic enim
th. 33. ,non naturae viribus, sed virtuti gratiae velle' hoc attribuit.
Quo si notet actum spiritualem volendi circa objectum spirituale, quale
est conversio, id intelligendum est de homine *jam regenito* in statu
gratiae, in quo Deus operatus est hoc velle. Augustinus lib. de spiritu
et litera c. 34.: ,Profecto et ipsum velle credere Deus operatur in
homine, et in omnibus misericordia ejus praevenit nos.' Quare, sicut
non dico, Lazarus vivificatus, si per potentiam Christi velit, per eandem
potest vivificari, cum jam vivus sit, sic non dico: Homo, si velit, per
gratiam potest converti, cum jam ille conversus sit, qui sic vult per
gratiam. Rom. 7, 22. Phil. 2." (System. X, 68. sq.)

AD. OSIANDER: ,,Colligit Hildebrandus, quaerens: Unde fiat *determinatio* ad id, ut homo voluntate non simplicis complacentiae, sed
efficaci velit converti? Nam si dixeris, gratiam a *voluntate* determinari,
periculum est, ne vires libero arbitrio a nostris denegatas assignemus.
Respondet ille: non dicendum videtur, quod voluntas, cujus οἰκεῖον
munus est velle, a gratia determinetur; cum alias indifferentia in
agendo perimi videatur. Quicquid enim aliunde determinatur, ita, ut
hoc, quod agit, non possit non agere, id liberum dici non potest; *at
homo libere convertitur*, ita ut etiam potuerit non converti. Proin,
quemadmodum in generali concursu Dei cum causis secundis determinatio sit a causa secunda, sic in speciali gratiae concursu homo, qui
convertitur, gratiam, non gratia hominem determinat. Sed hoc peculiare est, quod, cum generalem illum concursum homo viribus naturae
insitis, specialem hunc concursum homo viribus non connatis, quas in
conversione nullas admittimus, verum ab ipsa gratia collatis determinet.
Voluntas igitur ad id, ut velit actu (non) converti, semet ipsam, at
non ex seipsa, liberrime determinat; quo ipso libertas arbitrii salvatur;
sed nihil virium voluntati conceditur. . . Respondeo: N. V. C.: Si
voluntas determinatur a gratia, necessitas conversionis asserenda videtur; dicendum erit, hominem non converti; indifferentia in
agendo tollitur. Nec enim sequitur *primum*, quia aliud est determinatio voluntatis *a gratia facta simpliciter* talis, aliud facta *a gratia
secundum vim omnipotentiae* modumque agendi irresistibilem; *prior*
nullam necessitatem habet comitem, nisi quae est ex hypothesi; homo
enim determinatus a gratia retinet tamen adhuc potestatem resistendi;
posterius autem necessitatem post se trahit, quam tamen determinationem nos in Calvinianis reprobamus. *Secundum* consequenter est absurdum; si enim libere homo convertitur juxta sensum Hildebrandi,
statuetur liberum arbitrium in spiritualibus ante conversionem, quia
tribuitur illi liberum velle conversionis. Hoc quidem certum est,
hominem *volentem* converti et aliquo etiam modo *libere*, non tamen
positive, sed *privative*, quatenus potest per naturam contumaciter repugnare gratiae et impedire, quominus non convertatur; sed hunc
modum praedictus auctor non intendit." (L. c. p. 336. sq. 339.)

IDEM: ,,Homo *non concurrit* ad sui conversionem, poenitentiam et
vivificationem; *neque per vires liberi arbitrii*, quod pontiff. est, quasi
scil. gratia praeveniens excitet vires nativas, quae partialiter concurrant; *neque per exercitium gratiae praevenientis*, quae Hornei et com-
plicum est opinio. Utrumque reprimit *mors spiritualis;* qui enim mortuus est, per vires proprias ad vivificationem concurrere nequit; qui
habet gratiam saltem praevenientem, is nondum habet vitam infusam,
sed infundendam ac expectandam, proin nullas operationes vitales
exercere potest, etiam vi praevenientis gratiae, quae saltem subjectum

passive praeparat; imo eopse, quo gratia praeveniens describitur sub
ratione *,auxilii'*, ab illis supponitur aliquid in *natura*, cui suppetias
feret gratia praeveniens, adeoque haec sententia pontificiis adhinniet. —
Absurde dicitur, vitam aliquam praecedere conversionem, in homine
nondum converso obtinere vivificationem spiritualem; nam per *fidem*
Christus vivit in nobis, Gal. 2, 20., fides autem est terminus conversionis; nondum potest vel vita vel vivificatio locum habere; imo cum ipsa
conversio non nisi spiritualiter vivificatio et resuscitatio sit, absurdissime asseritur, conversione nondum consummata hominem esse jam
vivificatum; hominem, ut ait Drejerus, deliberationibus spiritualibus,
actibus mentis et voluntatis concurrere ad poenitentiam et conversionem." (Colleg. th. P. IV. p. 322. sq.)

QUENSTEDTIUS: ,,Homo dicitur se convertere, ut navis se vertere
dicitur, cum a nauta aut vento agitatur, ut Memnonis statua dicitur
locuta, cum solis radio tangeretur." (L. c. s. 2. q. 1. f. 725.)

FORMULA CONCORDIAE: ,,Quod vero attinet ad phrases et dicta
Chrysostomi et Basilii: *Trahit Deus, sed·volentem trahit; tantum velis,
et Deus praeoccurrit;* item scholasticorum et pontificiorum: *Hominis
voluntas in conversione non est otiosa, sed agit aliquid* etc., quia dicta
illa pro confirmando naturali libero arbitrio in conversione hominis,
contra doctrinam gratiae Dei introducta sunt: ex proposita declaratione manifeste apparet formae sanorum verborum ea non esse analoga,
sed cum illa pugnare, et iccirco, cum de conversione ad Deum agitur,
merito vitanda esse. . . Quandoquidem enim juventus in scholis
doctrina illa de tribus causis efficientibus, concurrentibus in conversione hominis non renati, vehementer perturbata est, dum disputatum
fuit, quomodo illae (verbum videlicet praedicatum et auditum, Spiritus
Sanctus et hominis voluntas) concurrant: denuo repetitum volumus ex
supra posita explicatione, quod conversio ad Deum sit solius Spiritus
Sancti opus, qui solus est egregius ille artifex haec in nobis efficiens;
interim tamen praedicatione et auditu sancti verbi sui (tanquam ordinario et legitimo medio seu instrumento suo) utitur. Hominis autem
nondum renati intellectus et voluntas tantum sunt subjectum convertendum, sunt enim hominis spiritualiter mortui intellectus et voluntas,
in quo homine Spiritus Sanctus conversionem et renovationem operatur, ad quod opus hominis convertendi voluntas nihil confert, sed patitur, ut Deus in ipsa operetur, donec regeneretur. Postea vero in aliis
sequentibus bonis operibus Spiritui Sancto cooperatur, ea faciens, quae
Deo grata sunt, eo modo, qui jam a nobis in hoc scripto abunde satis
est declaratus." (Artic. 2. Solid. declar. p. 608. sq. 610.)

MUSAEUS: ,,An *causam discretionis*, cur alii convertantur, alii non
convertantur, Lutherani *unice penes hominem* esse statuant? — Wendelinus (lib. 1. Christian. th. c. 14. th. 7. expl. n. 10.) scribit, Lutheranos
docere quidem, hominem in sui conversione prima habere se mere passive, h. e., qui sui conversionem de suo nihil conferre per
modum principii activi; interim docere eosdem, causam discretionis,
cur alii convertantur, alii non convertantur, unice penes hominem esse.
Postea citatis quibusdam Eccardi verbis, subjungit: ,Hoccine est ad
sui conversionem active non concurrere? Quid evidentius pro hominis
irregeniti synergia dici possit?' Et post aliqua interjecta: ,Quid amplius Pelagius dicere potuisset?' Sed Wendelinus mentem nostratium
minus candide proponit, eamque studio ambigua locutione involvit, ut
habeat, quod cavilletur. Primum enim, *causam discretionis, cur alii
convertantur, unice penes hominem esse, dicere nostrates non solent, sed
uno ore dicunt omnes, causam, cur convertantur, quicunque convertuntur,
non esse penes hominem, sed unice penes Deum;* causam autem, cur *non*
convertantur, qui in impietate perseverant, non penes Deum, sed *unice
penes hominem* esse." (Colleg. controversiar. p. 390.)

B. MEISNERUS: ,,Quicquid in conversione hominis libero arbitrio adsignatur, hoc divinae gratiae detrahitur; juxta illud veterum: *,Patroni naturae fiunt inimici gratiae.'* Quo respiciens Augustinus lib. 2. de peccat. orig. c. 24.: *,Gratia'*, inquit, ,non est gratia *ullo modo*, si non *gratis* datur *omni modo.'* " ('Aνϑρωπολογ. disp. 21. A. 2.)

ANTITHESES.

QUENSTEDTIUS: ,,*Antithesis: Pelagianorum et semipelagianorum, scholasticorum et pontificiorum, Socinianorum et Arminianorum*, itemque *synergistarum et Novatorum*, qui omnes inficiantur, hominem in sui conversione habere se mere passive. Inprimis *pontificii* hanc loquendi formulam exagitant et liberum arbitrium non tantum patiendo, sed etiam agendo in conversione dicunt concurrere, h. e., gratiae divinae cooperari. Sic in Concil. Trid. sess. 6. can. 4. anathema esse jubetur, qui dixerit, ,liberum arbitrium a Deo motum et excitatum mere passive se habere'. . . *Novatores* quoque diserte negant, hominem sese mere passive habere in sui conversione, et liberum arbitrium excitatum a Sp. S. cooperari ad sui conversionem, asserunt. Vide *Latermannum* et D. *Hornejum*. D. *Dreierus* in ,der Erörterung' p. 522. expresse negat, ,hominem in sui conversione subjectum mere patiens' esse. D. *Georg. Calixtus* in Annot. ad jam adductum Concilii Trid. decretum n. 3. p. 13. hanc addit ἐπίκρισιν: ,Quatenus movetur et excitatur, ita sane se habet mere passive. Postquam vero motum et excitatum est, in virtute moventis et excitantis gratiae cum auditu et percepto evangelio divinitus datae operatur.' " (L. c. s. 2. q. 2. f. 729.)

F. H. R. FRANKIUS: ,,Man wird mithin sagen müssen, die von Gott dem Heiligen Geiste verliehenen Kräfte treten mit der vorhandenen Potenz des Erkennens und Wollens in eine solche Verbindung, wornach der Mensch als erkennender und wollender befähigt wird, den Gravitationspunkt seines Wesens in die ihm mitgetheilten, bewusstgewordenen Heilsgedanken Gottes fallen zu lassen: das, was Gottes ist, zu erkennen und zu wollen mit den von Gott verliehenen neuen Kräften seines, des Menschen, Erkennens und Wollens. So vermag der Mensch auf Grund der an ihn ergangenen Berufung wohl der Gnade zu cooperiren und für diese sich persönlich zu entscheiden *ex se ipso*, so dass er selbst der wirkende dabei ist und kein Anderer, aber doch nicht *tamquam ex semet ipso*, als hätte er dieses Selbstwirken aus und durch sich selbst. Es steht demnach allerdings so, wie es die Concordienformel beschreibt, dass zunächst ein Funke geistlichen Verständnisses in den *intellectus* des Menschen hineingeworfen und damit zugleich der *voluntas* eine Bewegung mitgetheilt wird, wodurch sie befähigt wird, in jenem Heilsgedanken Position zu nehmen und trotz des Widerspruches des alten an den Objecten der Creatur, an der Sünde hangenden Wesens in ihn den Schwerpunkt des Ichs zu verlegen. . . Wenn daher die Concordienformel auf den grossen Unterschied verweist, der zwischen den getauften und den ungetauften Menschen Statt finde, indem die ersteren als wahrhaftig wiedergeboren *arbitrium liberatum* haben und somit das Wort nicht allein hören, sondern auch demselben, wiewohl in grosser Schwachheit, Beifall thun und es annehmen können, so benennt sie damit nur den gewöhnlichen Weg, auf welchem innerhalb der Christengemeinde der vom Fleische geborne, natürliche Mensch in die Möglichkeit versetzt wird, für das geschenkte Heil in persönlicher Freiheit sich zu bestimmen, und der Satz hat überall und durchweg seine Giltigkeit, dass, wo immer der natürliche Mensch hinübergeführt wird in den Stand der Bekehrung, dies geschehe auf Grund des ihm vermittelst des Wortes oder der Taufe zuvor verliehenen *arbitrium liberatum*." (Die Theol. der Concordienformel. I, 163. sq. 164. sq.)

LUTHARDTIUS: „Auf jeder Stufe ist (nach Chemnitz) das aneignende Verhalten des Menschen bedingt durch die vorangehende
Wirksamkeit der Gnade, welche jenes dem Menschen erst möglich
macht. So auch die folgenden Dogmatiker. *Nur wird nicht immer genugsam anerkannt, dass dies schon i n conversione geschehe* (was besonsonders der Helmstädter Latermann, De act. Dei praedest. 1645. De
grat. et lib. arb. 1647. betonte), *sondern die Mitthätigkeit des menschlichen Willens wird erst post conversionem angenommen. . .* Zwar führt
Quenstedt die Stufen aus, durch welche die Bekehrung sich *vorbereitete,*
. . . aber die Bekehrung ist doch Sache des Moments, *so dass erst n a ch
diesem die cooperatio* eintrete — hominis conversi esse cooperari, non
hominis convertendi —, und Gott nicht blos wirke ut *possimus* velle,
sed ut *actu velimus* (wie Augustinus), obwohl er hinzufügt, die ersten
Einwirkungen der gratia praeveniens seien zwar inevitabiles, aber nicht
irresistibiles. Aber mit jenen Sätzen geht Quenstedt über Chemnitz
hinaus (?), welcher die cooperatio geleugnet hatte blos ut *inchoetur*
conversio, während Quenstedt hinzufügt: addo, et compleatur et absolvatur — *was wider die sittliche Natur dieses Vorgangs ist. . .* In
neuerer Zeit hat man mehrfach (bes. Jul. Müller, z. B. Union. S. 212.
Stud. u. Krit. 1856, 3. S. 553.) behauptet, dass man dem absoluten
Prädestinatianismus nur entgehen könne, wenn man dem natürlichen
Menschen die Möglichkeit eines selbständigen und selbstthätigen Verhaltens zu den Wirkungen der Gnade zuschreibe, wodurch erst alle
göttliche Gnadenwirkung im Innern des Menschen bedingt sei, und
die lutherische Lehre sei inconsequent, indem sie dieses verneine und
doch zugleich die absolute Prädestination ablehne. Dagegen hat man
lutherischer Seits (bes. Thomas. I, 445. III, 1. 466. sqq.) erwidert, dass
ein Unterschied sei zwischen dem Ergriffenwerden von der Gnade und
der eigentlichen Entscheidung für das Heil. Jenes geschieht ohne Zuthun des Menschen und übt durch das Wort eine Wirkung auf das persönliche Denken und Wollen des Menschen, der er sich gar nicht entziehen kann und die doch eine wirkliche Empfänglichkeit und die Möglichkeit einer Entscheidung für das Heil herstellt. Das andere aber ist
sein selbstthätiges Verhalten, welches durch jenes erst möglich gemacht ist. *Diese Beschränkung des altdogmatischen Satzes: in conversione homo se habet mere passive ist jetzt so gut wie allgemein anerkannt."*
(Compend. der Dogm. Dritte Aufl. 1868. p. 205. sq.)

IDEM: „Zwar lautet die Darstellung der Concordienformel öfter so,
als ob Gott allein alles wirke. (Hominis conversionem non tantum ex
parte, sed totam prorsus esse operationem, donum et opus solius Sp.
Sancti, p. 687, 89.) Aber diese Aeusserungen erhalten ihre nähere Bestimmung durch jenes *potest apprehendere* (!) und das früher besprochene quam primum inchoavit. (674, 65.) Man muss allerdings
anerkennen, *dass sich die Darstellung der Concordienformel nicht vorsichtig genug innerhalb der Grenzen des nöthigen Masses hält.* Das mag
wohl eine Nachwirkung der Weise der damaligen Streitliteratur sein,
welche die Entschiedenheit in die möglichst starke und *übertriebene*
Redeweise setzte, mit der man die Gegensätze darstellte und vertrat."
(Die Lehre vom fr. Willen. 1863. p. 276.)

IDEM: „Es mag die Gnade dem Menschen noch so nahe kommen:
die Thüre muss der Mensch selbst aufmachen, dass Jesus zu ihm eingehe." (Die Lehre vom freien Willen. 1863. p. 427.)

IDEM: „Nicht das Wollen selbst wirkt er (Gottes Geist), sondern
so befreiend auf den gebundenen Willen, dass dieser dadurch ein neues
Wollen*können* empfängt." (L. c. p. 441.)

IDEM: „Die Schrift bezeichnet die Bekehrung theils als ein Werk
der *Gnade,* theils als eine *Leistung des Menschen.* Als ein Werk der
Gnade schon im alten Testament . . . besonders aber im neuen Testament. . . Auf der andern Seite wird Busse und Glaube *vom Menschen*

gefordert als seine Leistung : μετανοεῖτε καὶ πιστεύετε — *auf allen Stufen der Heilsgeschichte.* Der Forderung der Busse soll und kann der Berufene alsbald nachkommen, Ps. 95, 7. sq. Hebr. 4, 7. sqq., und der Glaube ist *freier Gehorsam,* den der Mensch leistet, z. B. 1, 5. So ist also die *Bekehrung* — auch Jer. 31, 18. bekehre du mich u. s. w., die Hauptstelle unserer Alten — *des Menschen eigne That,* desshalb auch ἐπιστρέφειν nur im Activum und Medium, nie im Passivum gebraucht. — Die Vermittlung beider Aussagen liegt in der göttlichen *Berufung* zur μετάνοια u. s. w., welcher gegenüber der Mensch *Freiheit* der Abweisung oder der *Annahme* hat. . . Die älteren Dogmatiker (z. B. König und Quenstedt) handeln zuerst von der regeneratio, dann von der conversio, aber so, dass beide Begriffe der Sache nach im Wesentlichen zusammenfallen und mehr nur formell von einander unterschieden werden. . . Bei dieser Begriffsbestimmung von conversio fehlt das Moment der *sittlichen Selbstthat des Menschen,* was als ein Mangel (!) in der dogmatischen Fassung wird bezeichnet werden müssen." (Compend. p. 202. sq.)

KAHNISIUS: „Melanchthon hatte durch die Lehre von der *Mitwirkung des menschlichen Willens bei der Heilsaneignung (Synergismus)* den *rechten,* evangelischen und zugleich wahrhaft traditionellen Weg betreten, die Substanz der augustinischen Lehre festzuhalten ohne ihre Auswüchse. . . Der Satz, dass das *Verschmähen* des Heils seinen Grund im Menschen habe, neutralisirt nicht blos den Prädestinationsbegriff, sondern auch den Gnadenbegriff der Concordienformel. Dieser Satz nemlich fordert nach unwidersprechlicher Logik, dass der Mensch, der das Heil *zurückweisen* kann, beim *Ergreifen* desselben nicht willenlos ist. Denn wer widerstreben kann und nicht widerstrebt, der *will* nicht widerstreben. Und wer nicht *widerstreben* will, der will eben *empfangen.* Das hatte Melanchthon klar erkannt." (Die luth. Dogm. II, 539. 543.)

HOFMANNUS: „Wie der Apostel Röm. 7, 14—25. nicht gemeint ist, alles Gutesthun der alttestamentlichen Gläubigen zu verneinen, so sagt er an der vorliegenden Stelle sogar von einzelnen Fällen eines Gutesthuns der *Heiden ;* ohne damit Dem zu widersprechen, was unser kirchliches Bekenntniss vom Menschen lehrt, wie er Gotte gegenüber, an sich und abgesehen von allen Gnadenwirkungen beschaffen ist, dass er *unvermögend* sei zu einigem Guten und geneigt zu allem Bösen. Er weiss eben von einer *Gnadenwirkung,* nicht blos des Gottes, welcher Christum gesandt *hat,* sondern auch des Gottes, welcher Christum senden *wird,* und zwar weiss er von ihr nicht blos innerhalb des *alttestamentlichen Heilsgemeinwesens,* sondern auch *ausserhalb* desselben. . . Der *Geist Gottes,* welcher ihnen *einwohnt,* sie leben zu machen, lässt sie nicht ohne jene Bezeugung Gottes, durch welche sie beides, seine Heiligkeit und ihre Sünde, aber auch seine Güte wie ihre Nichtigkeit, zu erfahren bekommen. Hiedurch kann aber ein *Verhalten gegen Gott* in ihnen gewirkt werden, das er an dem Tage jenes Gerichts, welches Johannes nach der Auferstehung der Gläubigen geschaut hat, *mit dem Lohne ewigen Lebens erwiedern* wird. Aber dies ist Gottes Werk und nicht ihr eignes. Gottes Liebe ist es, welche sie leben lässt, und durch seinen Geist, den Geist ihres Lebens, bezeugt er sich ihnen." (Schriftbeweis. Zweite Aufl. p. 570. sq.)

Cf. Antitheses supra Vol. II, 300. sqq.

§ 39.

Observandum etiam est, gratiam illam, qua Deus conversionem operatur, *non* esse *irresistibilem,* sed *resistibilem,* [a] quatenus homines non solum *mediis* conversionis eorumque *usui* externo,[b] verum ipsi gratiae conversionis *intrinsecus* operaturae[c] *malitiose*[d] *repugnare* possunt et saepe solent, atque ita impediunt conversionem suam, seu inchoandam, seu perficiendam.

a) Etsi enim vis illa Dei, per quam hominis conversionem operatur, infinita sit; quia tamen ordinarie non nisi per certa media se exserit, non absurdum est, ei posse resisti. Vid. *Matth. 23, 37.* Conf. b. *Mus.* Disp. de Volunt. Dei Antec. et Conseq. sub finem et Disp. V. de Conv. (edit. Hall.) § 39. sqq.

QUENSTEDTIUS: ,,Quaestio orthodoxorum adversus Calvinianos haec est, inquit b. Huelsem. disp. 3. de auxil. gratiae, qu. 7. th. 1. § 34. p. 301.: ,An positis ex parte Dei omnibus ad conversionem requisitis, gratia praeveniente, excitante, efficaci et si quid porro ex parte causae superioris necessarium fuerit, homini convertendo *liberum maneat non converti?* an vero convertatur modo *irresistibili?* Haec quaestio non est aequipollens illi (inquit porro Huelsem.), an positis ex parte Dei omnibus ad conversionem requisitis homini *liberum sit converti?* Nam libertas non converti, et libertas converti, etiam positis divinis requisitis, manant ex diversis principiis. Libertas non converti manat ex principio homini connaturali; libertas autem converti manat ex principio supernaturali, praeveniente scil. gratia." (L. c. s. 2. q. 3. f. 730. sq.)

IDEM: ,,Non sequitur, nec verum est: Si primus motus gratiae praevenientis est *inevitabilis*, est etiam inevitabilis ejus eventus seu ipsa conversio, et sic convertimur *irresistibiliter.* Nam licet homo non possit impedire, ne primus motus oriatur, habet tamen in ipso primo motu libertatem resistendi, habet etiam in secundo et ultimo (licet *non indifferenter* i. e. aequaliter ad convertendum et non convertendum; semper enim facultas hominis jam moti a gratia praeveniente magis propendet ad hoc, quam ad illud) et potest per morosam voluntatem gratiae praevenienti obicem ponere, eam excutere et resistendo ipsam sui conversionem impedire." (L. c. sect. 2. q. 3. f. 735.)

IDEM: ,,Motus primi, a gratia praeveniente excitati, sunt quidem *inevitabiles*, i. e., non potest homo irregenitus, verbum Dei audiens, impedire, ne oriatur in corde suo motus spiritualis, scl. cogitatio de peccato admisso, de vitandis flagitiis etc.; non tamen *irresistibiles* sunt, potest enim illos motus, ne radices agant et in corde perdurent, impedire, eos suffocare, excutere etc., exemplo Judaeorum Luc. 4, 22. 28., Felicis Act. 24, 25., Agrippae Act. 26, 28." (L. c. s. 1. th. 31. f. 716.)

J. OLEARIUS: ,,Resistere potest homo omnipotenti non per modum omnipotentiae absolutae, sed per certa media gratiose agenti adeoque nequaquam ipsi infinitae potestati vel omnipotentiae, sed gratiae, ejusque ordini se opponere potest, scil. media salutis rejiciendo et ordinem divinitus constitutum perturbando, cum consilium Dei de salute sua spernit, Luc. 7., et se ipsum vita aeterna indignum judicat. Act. 13." (Vid. Isagog. Carpzovii, p. 1230.)

CALOVIUS: ,,Rom. 9, 18. Verum est, causas esse in hominibus, ut non credant, non tamen vicissim censendum est, in iis causas etiam esse, ut credant. Calvinianis autem hanc clavam Herculeam facile extorquebimus, si observatum fuerit, verba haec pertinere ad Judaeorum objectionem, adeoque nil probare. Sic enim regerebant Judaei: Si Deus indurat, quos vult, quid ergo succenset induratis, cum nemo ejus voluntati resistere possit? — q. d., Deum non posse jure succensere irresistibili ejus voluntate induratis. Responsio autem apostolica *non assumit*, sed *refellit* hanc objectionem, quae partim indirecta est et ob-

jurgatoria, quod homo non debeat respondere Deo ex adverso, partim
directa et informatoria, qua docet apostolus, tum quod Deus omnino
jure succensere possit induratis, quandoquidem non induret, nisi jam
culpa sua justissimae irae divinae vasa factos, tum quod Deus non induret voluntate irresistibili duritiem cordis positive immittendo, quod
et Judaei et Calviniani in ista objectione assumunt, sed perferendo
multa lenitate et patientia vasa irae ad interitum coagmentata. Qui
autem indurat, quem vult, ita tamen ut duritiei non sit auctor vel appro-
bator seu causa positiva, is non immerito accusat eos, qui indurescunt.
. . . Quamquam vero admittamus, voluntatem aliquam Dei esse irresistibilem, ea tamen, quae exserit sese in electione ad vitam aeternam
vel in fidei donatione ordinaria, irresistibilis non est, quemadmodum
hic docet apostolus. Quem certe objectio illa stringeret, si irresistibilis haec Dei voluntas foret. Quid enim conqueritur Deus de nobis,
quum non credimus, si fidem his dare, aliis negare absoluto decreto
constituit ejusque voluntati, secundum quam illam dare aut non dare
vult, nemo resistere possit." (Bibl. illustrata ad l. d.)

AD. OSIANDER: „*Absentia repugnantiae est quoque praevenientis*
gratiae beneficium. . . Excipiunt: Si homo non in sua potestate habeat
libertatem ad non-resistendum, fallere assertum nostrorum theol., hominem se non active habere in sua conversione, sed passive et non-
resistendo. Resp.: *Non-resistentiam* dupliciter considerari, aut ratione
paedagogiae externae aut ratione spiritualis operationis ex verbo;
priori modo est in potestate hominis, quatenus mediis paedagogicis non
resistendo potest adire templum, vel non, etc.; non autem modo posteriori, sed est primus effectus gratiae praevenientis et subsequentium
gratiae dispensationum." (Colleg. th. IV, 348. sq.)

HUELSEMANNUS: „Orthodoxa sententia haec est: . . . neminem
sese discernere neque gloriari posse adversus alterum non conversum,
quia nemo positive aliquid operatur ad receptionem primae gratiae;
quod autem gratiae, per se et sua natura conversionem operanti, *non*
resistit, hoc habet ex primae gratiae collatione, quae omnibus confertur, ut possint non resistere." (De auxiliis gratiae, p. 274.)

QUENSTEDTIUS: „Male Bellarminus ex allatis dictis colligit, frustra
reprehendi, quod noluerint converti aut venire, si in eorum *potestate*
non sit, venire aut se convertere. — Christus non simpliciter reprehendit Judaeos (inquiens Matth. 23, 37.: „Quoties volui te congregare, et
tu noluisti?'), quod noluerint converti, quasi noluerint cooperari fidem,
justitiam etc.; hoc namque sciebat Christus non esse in illorum potestate; sed incusat Judaeos, quod etiam *externa illa media noluerint usur-*
pare, quae erant adhuc in eorum potestate, scil. audire verbum Dei etc.
Non valet argumentum: *Possunt irregeniti nolle* venire, renuere obsequi
Deo vocanti, Spiritui S. ad salutaria invitanti resistere, ergo pariter
possunt velle venire, Deum vocantem sequi, Spiritus S. admonitionibus
locum relinquere. Nam *illud* prius est morbi et imperfectionis, illisque
hominibus in statu naturae lapsae proprium; *hoc* vero est restaurationis per gratiam. „Licet insit homini, *nolle* bonum, tamen, nisi donatum, non habet *velle* bonum. Illud contraxit natura per culpam, hoc
recipit natura per gratiam', inquit auctor lib. de voc. gent. A nolun-
tate ad voluntatem et a potestate gratiam repudiandi ad potestatem
eam amplectendi et amplexandi in statu servitutis et corruptionis argumentari non licet." (L. c. P. II. c. 3. s. 2. q. 2. f. 2015.)

b) *Partim* omittendo actus ad id, ut media in usu constituantur,
requisitos, v. g. auditus, lectionis, meditationis verbi etc., *partim* com-
mittendo actus usui mediorum legitimo e diametro adversantes, v. g.
contradicendi verbo Dei, cavillandi aut contumeliose insectandi vel
blasphemandi verbum, actus repellendi, infamandi vel persequendi

hostiliter praecones verbi etc.; vid. exemplum Judaeorum, *Act. 6, 10. sqq. cap. 7, 51. 54.*

c) Quando ex parte *intellectus* indulgetur praejudiciis seu praeconceptis opinionibus falsis, unde doctrina coelestis pro *stulta* aut *scandalosa* temere habetur, quod Judaeis et gentilibus accidisse memorat Paulus *1 Cor. 1, 23.*; ex parte *voluntatis* varii motus inordinati, motibus piis et sanctis contrarii, v. g. desideria carnis, curae divitiarum etc. *Luc. 8, 14.*

d) Distinguimus enim inter repugnantiam *malitiosam* (quam alii *morosam, voluntariam, habitualem, pertinacem* vocant) et *naturalem* (quae aliis *congenita* appellatur). Quarum *haec* quidem ex natura hominis corrupta proxime fluit et mortalibus omnibus communis est; *illa* vero peculiari hominis culpa et data opera accersita, et sic ex malitia sponte contracta, profecta est et in *aliis* major ac pertinacior, in *aliis* minor ac minus pertinax est, prout ipsa malitia acquisita variat. *Naturalis* illa repugnantia per gratiam verbo Dei conjunctam in ipsa conversione sensim *minuitur*, tandemque *vincitur*, neque adeo ipsa *praecise* sumta *impedit* conversionem. *Altera* vero seu *malitiosa* resistentia, quae naturali superadditur, sicut *non* omnibus irregenitis aeque *communis* est, ita ab ea *abstinere possunt* homines ex viribus liberi arbitrii, aut, si non nunc possunt post habitus vitiosos contractos, ante tamen, si educatio recta et assuefactio ad virtutes accessisset, carere quadantenus ea *potuissent.* Vid. pluribus de his differentem b. *Musaeum* de Aet. El. Decr. cap. XI. § 380. sqq. Conf. b. *J. Olear.* Contin. Isag. Carpzov. in Libb. Symbol. p. m. 1230.

ANTITHESES.

QUENSTEDTIUS: „*Antithesis:* 1. *Calvinianorum*, qui statuunt, Deum electos convertere per motum irresistibilem, ita, ut infallibiliter et absolute convertantur, nec resistere operosae gratiae queant aut eam repellere... Sic in judiciis Synodi Dordracenae Britanni p. 191.: ‚Ad hoc ipsum opus regenerationis habet se homo mere passive‘ (hactenus bene) neque est in volunte potestatis humanae, impedire Deum sic immediate regenerantem.‘ Sic Palatini p. 139.: ‚Deus operatur conversionem supereminente magnitudine virium suae et pro efficacitate roboris virium suarum, qua omnia sibi potest subjicere. Tam efficax, tam potens Dei operatio optimo maximo jure dici potest irresistibilis. Tum ex parte gratiae Dei, tum ex parte voluntatis. Ex parte gratiae, quia efficax Dei operatio est in actu posita, cui nemo potest resistere, Rom. 9, 19. Luc. 21. Act. 11, 17. Ex parte voluntatis, nam subdita gratiae efficaci jam non vult resistere, et quia non vult, necessario non vult, sicque resistere velle non potest salva sua libertate. Nam unumquodque, dum est, necessarium‘ etc. Et post: ‚Quasi omnipotentissimam Dei actionem impedire possit et eludere pulvis et cinis!‘... 2. *Scholasticorum et pontificiorum*, qui etiam asserunt, liberum arbitrium in sensu composito non posse resistere gratiae adjuvanti... Ubi insuper observandum: Licet papistae *irresistibilitatem* hominis adversus efficacem gratiam non tam evidenter et notorie propugnent, sicuti Calvinistae, *irresistentiam* tamen seu infallibilitatem subsequentis conversionis, quando admovetur efficax Dei gratia, plerique defendunt... 3. *Jansenii et Jansenistarum*, qui heterodoxe asserunt: 1) quod gratia conversionis effectu consummatae salutis nunquam careat. 2) Quod illa gratia irresistibiliter operetur. 3) Nullam agnoscunt gratiam sufficientem, nisi quae actu secundo beatitudinem infallibiliter consummat,

vide T. 3. ‚Augustini‘ ipsius L. 2. c. 24. 25. 1. 3. c. 1. sq. 1. 8. de Gratia
Christi c. 3. sq.   Nolunt quidem Jansenistae gratiam conversionis irresistibilem vocare cum Calvinianis, appellant vero eam invictissimam,
invincibilem, insuperabilem, ineluctabilem etc., quod eodem recidit.
4. *Anabaptistarum* seu *Mennonitarum, Waterlandorum* in Belgio, qui
statuunt, verbum Dei sine ulla resistentia in momento regenerationis
operari; vide Episcopii judicium de ordinario conversionis medio.“
(L. c. s. 2. q. 3. f. 732. sqq.)

§ 40.

Subjectum *quod*[a] conversionis est homo *adultus*,[b] per
peccatum *a Deo aversus*,[c] quique operationi Spiritus Sancti
contumaciter *non*[d] *repugnat*.

a) Sive suppositum, quod spiritualiter immutatur, seu in quo
Deus agnitionem peccatorum cum dolore de illis serio et fidem in
Christum operatur quodque adeo ipsum per gratiam Spiritus S. peccata
agnoscit, de illis dolet, promissiones de gratia Dei propter Christum
fide apprehendit etc.

b) *Infantes* enim, quando per baptismum fidem concipiunt, *regenerari* quidem, *non* autem aeque usitate *converti* dicuntur.   Neque etiam
verbi audiendi et hinc oriturae agnitionis peccatorum etc. per aetatem
capaces sunt.   Conf. b. *Joh. Olear.* Contin. Isag. Carpzov. in Libb.
Symbol. p. 1246.

c) Ita significatur conversionis terminus *a quo;* vid. supra § 18.
Dicuntur autem per peccatum aversi a Deo *cum* illi, qui fidem nunquam ante habuerunt, quales sunt homines extra ecclesiam in gentilismo, Judaismo aut Muhammedismo nati atque educati, quos *infideles*
appellant, *tum* qui fidem, quam olim habuerant, per peccata excusserunt, quos proinde *lapsos*, alii *relapsos* nominant.   *Illorum* conversionem
primam vocant, quippe quam alia nulla in subjecto illo antegressa est.
Horum conversionem *secundam* aut *iteratam* vel *iterandam* dicunt, quod
in eodem subjecto alia prior conversio (aut regeneratio) antecesserit.
Datur equidem et *poenitentia stantium*, seu hominum renatorum et fidelium, qui in statu renascentiae et gratiae adhuc persistunt; quia tamen
peccata habent, quae quotidie agnoscere, detestari et fide ad Deum
conversi deprecari debent, ideo et conversionis a peccatis ad Deum
hac ratione capaces esse recte dicuntur.   Sed fatendum est, conversionis vocem tunc accipi *generalius*, quae specialiore significatu pro subjecto habet solum hominem improbum, qui ad conjunctionem sui cum
Deo *in potentia* constitutus, *non actu* conjunctus est.

QUENSTEDTIUS: „Ratione subjectorum *triplicem* communiter faciunt conversionem; quarum *prima est infidelium,* nunquam renatorum
et extra ecclesiae pomoeria constitutorum; et sic notat conversionem
ab infidelitate ad fidem... *Altera* est *continuata et renatorum stantium,*
quae nihil aliud est, quam quotidiana poenitentia et carnis mortificatio
sive continua gratiae Spiritus S., quae in stantibus seu fidelibus est, resuscitatio; de hac conversione agitur Jer. 31, 18. 19. Thren. 5, 21.:
‚Converte me, Domine, et convertar, quia tu Deus meus es.‘ *Tertia*

est *reiterata*, quam alii *reassumtam* vocant, estque renatorum, in peccata contra conscientiam sive ex προαιρέσει lapsorum et per veram ac seriam poenitentiam vicissim ad Deum et saniorem mentem redeuntium. Haec Graecis dicitur μετάνοια, resipiscentia sive mentis mutatio. De hac agitur Deut. 30, 2., ubi lapsis, sed serio poenitentibus, promittitur Dei misericordia. Jer. 3, 7. 12.: ,Reverte, aversatrix Israel, et non avertam a vobis faciem meam'; quibus verbis revocat Deus rebellem Israelem ad conversionem, addita hac promissione: ,Non avertam faciem meam', i. e., non intuebor vos irata facie. Ezech. 18, 30.: ,Convertimini ad me'; v. 32.: ,Revertimini, et vivite.' Joel 2, 2.: ,Convertimini ad me in toto corde vestro' etc. Alii distinguunt conversionem in primam et secundam. *Prima* est, cum quis e statu irae in statum gratiae deducitur primum; *secunda*, cum aversus a Deo per peccata mortalia iterum ad Deum redit per veram ac seriam poenitentiam. Calviniani quidem Wetteravi in Actis Synod. Dordrac. P. I. p. 711. distinctionem hanc in conversionem primam et secundam etiam adhibent, sed in falsissima acceptione; per primam enim intelligunt irresistibilis gratiae operationem, qua habitus gratiae et principium bene agendi infunditur, qualis infusio irresistibilis gratiae a nobis in totum negatur; per *secundam* vero ipsius habitus exercitium et piorum actuum continuationem. Vide D. Huelseman. de auxiliis grat. c. 1. § 6. p. 9." (L. c. s. 1. th. 3. f. 699. sq.)

d) Nam qui contumaciter resistendo gratiae divinae obicem ponunt, quamdiu se ita gerunt, non solum non convertuntur, sed etiam ipsi in causa sunt, cur non convertantur. Vid., quae diximus ad § 39. not. *d.*

§ 41.

Subjectum *quo*[a] conversionis est *anima* humana ex parte *intellectus* ac *voluntatis*,[b] et suo modo quoad *appetitum sensitivum*.[c]

a) *Non* enim in *toto* homine recipitur conversio, *sed* quoad nobiliorem sui *partem*, tanquam subjectum proximum et immediatum, homo converti dicitur.

b) Quemadmodum constat ex dictis de terminis conversionis a quo et ad quem § 17. sq.

c) Quamvis enim plenior perfectio appetitus sensitivi ad renovationem pertineat, hic tamen certum est, saltem *eo usque* appetitum sensitivum subjici debere Spiritui, ne, per concupiscentias carnis, fidei salvificae productio impediatur. Conf., quae de Regener. diximus § 4. et 5. not. *e.*

§ 42.

Finis conversionis[a] *proximus* est justificatio;[b] *ultimus* ex parte hominum est salus aeterna,[c] ex parte Dei gloria[d] ejus.

a) Quem Deus ipse intendit et cujus gratia homines convertit.

b) Unde jubentur homines μετανοεῖν seu *poenitentiam agere,* εἰς ἄφεσιν ἁμαρτιῶν, *Act. 2, 38.*

c) Sic Deus dicitur *dedisse gentibus* τὴν μετάνοιαν εἰς ζωήν *Act. 11, 18.* et Paulus *2 Cor. 7, 9. 10.* docet, esse quandam μετάνοιαν εἰς σωτηρίαν. Conf. *Ezech. 33, 11.*

d) Vid. l. c. *Act. 11, 18.*

§ 43.

Consequens seu fructus conversionis est *nova obedientia*[a] adeoque *propositum non peccandi,*[b] sed *pie vivendi;*[c] quod quidem, si *habituale* sit, non tam ex contritione, quam *ex fide*[d] nascitur.

a) Ita *Johannes* jubet *facere fructus dignos poenitentia Matth. 3, 8.*

b) Juxta illud *1 Joh. 3, 9.*: *Qui natus est ex Deo (quatenus is est renatus, et quamdiu renatus permanet), peccatum certe non committit (peccatum scilicet contra conscientiam et ex deliberato animi proposito consilioque profectum). Imo non potest peccare (modo jam explicato), ut scilicet simul peccet, ac nihilominus renatus maneat. Quin potius, quam primum ex proposito sciens volensque peccat, confestim renatus esse desinit,* interprete b. *Aegid. Hunnio* in Comm. ad h. l.

c) Prout caritatem (matrem sanctorum operum) cum fide in Christum indivulso nexu conjungi ostendimus cap. III. § 17.

d) Nam *contritio* quidem seria et *propositum peccandi* consistere una nequeunt, cum *illa* importet seriam displicentiam peccatorum, *hoc* autem importet complacentiam in peccatis. Unde, ex vi oppositionis, quamdiu contritio durat, propositum peccandi in eodem subjecto locum habere non potest. Sed tamen fatendum est, propositum non peccandi constans, seu constantiam voluntatis in fugiendo peccato aut habituale odium peccati, pendere a viribus gratiae et *motivo* speciali *caritatis,* ex fide per evangelium accensa proficiscentis. Conf. b. *Mus.* Tract. Germ. de *Poenitentia,* contra *J. M. Stengerum.* Part. I. cap. I. p. 12. 13. P. II. p. 205. P. III. cap. IX. n. I. p. 709. sqq. 715. sqq.

§ 44.

Interim fieri potest et fit nonnunquam, ut homines *renati* et *conversi* non solum semel, sed *pluribus vicibus* renascentiae et gratiae statu per peccata[a] *excidant* et per *conversionem* toties *iteratam*[b] in eundem *restituantur.*

a) Nempe non solum post primam et secundam regenerationem, sed *semper* intra renatos est *prava concupiscentia;* quae, licet per conversionem infirmetur, ne regnet amplius, ut antea, non tamen vel per primam vel per secundam, tertiam aut quartam conversionem ita subigitur penitus, ut Spiritui se non opponat, aut dominium affectet.

Vid. *Galat. 5, 17. Rom. 7, 18.* Sic autem fieri potest, ut *concupiscentia concipiens pariat peccatum et mortem,* juxta *Jacobi 1, 15.* *Extra* renatos autem semper supersunt et insidiantur *mundus* et *satanas,* non minus post tertiam et quartam, quam post primam conversionem. *Voluntas* autem renatorum in hac vita non penitus in bono confirmatur, ut a periculo lapsus plane eximatur; quamvis fatendum sit, per ipsam gratiam convertentem habitum aliquem voluntati conferri, per quem ipsa potens reddatur ad sanctitatis studium, quoque magis homo in hoc studio se exercet, hoc magis eum per gratiam renovationis fieri firmum in bono, ut lapsibus, praesertim gravioribus, minus obnoxius sit, quam antea.

b) Deus enim gratiam et remissionem peccatorum *sine restrictione* omnibus offert peccatoribus, non habita ratione, utrum *una* an *pluribus* vicibus fuerint lapsi, ac jurejurando asseverat, se *nolle mortem* ullius *peccatoris, velle* autem, *ut omnes* acta poenitentia *vivant;* prout verba apud *Ezechielem cap. 18. et 33.* indefinite posita, sensu universali accipienda docent Paulus *1 Tim. 2, 4.* et Petrus *2. Ep. 3, 9.* Neque ergo dici potest, homines, qui post iteratam conversionem relabuntur, non converti, nisi per gratiam extraordinariam, ex arcano et inscrutabili Dei consilio, praeter communem verbi virtutem, collatam aut conferendam. Vid. omnino b. *Mus.* Tract. Germ. *de Poenitentia* contra *Stengerum,* P. II. cap. I. p. 126. sqq. et P. III. cap. VIII. p. 677. sqq. Sic autem et Chrysostomus: Χιλιάχις μετανοήσας, χιλιάχις εἴσελθε. Confer. b. *Kromayeri* Theol. Aph. L. XII. Aph. VII. p. 329.

GERHARDUS: „Fuerunt superioribus saeculis circa annum 220. *Novatiani,* a Novato, homine Afro et vafro, dicti, qui poenitentibus veniam negandam statuerunt... Socrates l. 1. Histor. c. 7. refert, imperatorem Constantinum Acesio Novatiano, dicenti, eos, qui post baptismum in peccatum ad mortem inciderint, ad poenitentiam cohortandos, sed remissionis spem non a sacerdotibus, sed a Deo expectandam, respondisse: ‚Θές, ᾿Ακέσιε, κλίμακα, καὶ μόνος ἀνάβηθι εἰς τὸν οὐρανόν.‘ ᾿Αφορμὴ erroris Novatiani fuit quorundam apostasia tempore persecutionis, contra quos severitate quadam utendum censuit Novatus. Quo pertinent etiam incommodae locutiones veterum. Clemens lib. 2. Strom.: ‚*Apparet,* sed non *est* poenitentia, saepe petere de iis, quae saepe peccantur.‘ Tertullianus l. de poenit. p. 557.: ‚Intinctionis‘ (baptismi) ‚sera obstructa, collocavit Deus in vestibulo poenitentiam secundam, quae pulsantibus patefaciat, sed jam semel, quia jam secundo; sed amplius nunquam, quia proxime frustra; non enim et hoc semel satis est?‘ ubi recte annotat B. Rhenanus: ‚Imo non solum semel, aut septies, sed septuagies septies.‘.. Variarunt Novatiani, ut solet haereticorum genus, aliquoties controversiae statum. Quandoque enim simpliciter negarunt, post baptismum esse poenitentiae locum; quandoque concesserunt, lapsos ad poenitentiam cohortandos esse, sed remissionis spem non a sacerdotibus, sed a Deo expectandam esse; quandoque distinctionem fecerunt inter peccata graviora, inter quae eminet crimen abnegationis in persecutione, et leviora sive quotidiana, horum quidem remissionem ecclesiae ministris concedentes, illorum vero soli Deo relinquentes. Sed damnati sunt haeretici isti in concilio Romano, quod Eusebius lib. 6. c. 33. dicit fuisse celeberrimum. ... Potissimum Novatianorum fundamentum fuit dictum Ebr. 6, 4—6. Et sane torsit hic locus veteres, ideo variae quaesitae sunt explicationes... Commodissima est eorum sententia, qui locum hunc accipiunt de peccato in Spiritum S., quod Christus ipse negat remitti vel in hoc

vel in futuro saeculo. . . Reliqua Novatianorum argumenta minoris sunt
momenti. . . ,Esau non invenit poenitentiae locum, quamvis cum
lacrymis eam quaereret', Ebr. 12, 17. Resp.: Poenitentiae vocula
passive accipitur pro poenitentia Isaaci. Esau non invenit locum
poenitentiae, hoc est, non potuit lacrymis ac precibus *parentis* animum
promovere, ut benedictionem Jacobo collatam revocaret, sed audire
coactus fuit: ,Benedixi ei, et benedictus erit.' Gen. 27, 33.'' (Loc. de
poenit. § 14. sqq.)

§ 45.

Vera quoque poenitentia, etsi *sera* sit et sub finem
vitae demum contingat, tamen[a] *salutaris* esse potest, licet
differre poenitentiam tamdiu *periculosissimum*[b] sit.

a) Deus enim poenitentibus sine restrictione offert gratiam. Et
sic veteres dixerunt, *veram poenitentiam nunquam esse* (nimis) *seram.*
Vid. b. *Krom.* l. c. Aph. V. p. 327. Conf. b. *Mus.* Tr. contra *Stengerum* P. II. cap. I. p. 145. sqq. cap. II. p. 185. sq. P. III. cap. IV.
p. 479. sqq.

J. G. WALCHIUS: ,,J. *Melchior Stengerus* (Erfurtensis, postea
Wittstockiensis, a. 1670. munere sacro remotus) statuit, *magnam poenitentiam* a fidelibus *vel nunquam, vel non nisi semel denuo* peragi: si quis
tertium per peccata malitiae a Deo deficiat, isque per poenitentiam in
pristinum gratiae ac sanctimoniae statum restituatur, illi contingere
quid extra ordinem; neminem salutem aeternam consequi posse, nisi
qui in studio vitae piae usque ad finem mortalitatis permaneat.''
(Bibliotheca th. selecta. Tom. II, 700. sq.)

IDEM: ,,Inter certamina ecclesiae Lutheranae, eaque magni momenti, locum etiam tenent controversiae *terministicae,* quae nomen
suum acceperunt a *termino gratiae ac salutis,* a Deo hominibus positis.
. . . Qui litis hujus auctor est aut praebuit primam illius materiam
occasionemque, is statuit, *Deum omnibus hominibus terminum gratiae
peremtorium ita constituisse,* ut, si isti resipiscant, antequam terminus
ille absolvatur, ab iis gratia ac salus sempiterna sint impetrandae;
minus autem, ubi praescriptum temporis spatium sine poenitentia con-
ficiatur. . . Deum omnibus hominibus terminum gratiae peremtorium
posuisse, statuit ac probare voluit *Jo. Georg. Boesius* in libello tituli
hujus: ,Terminus peremtorius salutis humanae, das ist, die von Gott
in seinem geheimen Rath gesetzte Gnadenzeit etc. Francof. 1698' *cum
censura facultatis theologicae Halensis,* ut inscriptio habet. . . *Adamus
Rechenbergius* defendit quidem terminum gratiae divinae, eo autem
modo, ut non penitus cum Boesio consentiret. Primum enim, non
omnibus hominibus, ut Boesius opinatus est, sed quibusdam tantum
terminum gratiae divinae constitutum esse, statuit. Quales isti sint,
nec accurate distincteque, nec perspicue semper definit, variumque se
hac in re praebet. Nunc, terminum gratiae divinae positum esse, dicit,
omnibus relapsis, apostatis, refractariis, obstinatis, excaecatis et induratis peccatoribus, quemadmodum ipse loquitur; nunc, terminum
gratiae divinae ad *solos plane induratos* spectare, scribit, ac quando
certa illorum genera constituit, eos huc refert, qui in Spiritum Sanctum
peccant, ac praeter hos, alios induratos, quorum rationem autem ac
statum non dilucide ac distincte satis ostendit. Deinde, *fundamentum
termini gratiae* divinae esse *voluntatem Dei,* addit, non liberam, ad
quam Boesius terminum hunc referre videtur, sed *consequentem, eamque judiciariam* esse, adfirmat. . . Scriptis his Rechenbergii confutan-

dis operam dedit *Ittigius*, princeps illius adversarius atque oppugnator termini gratiae divinae. . . Non solum inter Adamum Rechenbergium et Thomam Ittigium de termino gratiae divinae disceptatum est, sed etiam alii in idem certamen descenderunt, diverso tamen consilio. Inter hos nonnulli arma sumpserunt ad sententiam de termino gratiae divinae defendendam ac partes pro Rechenbergio susceperunt. . . *Plures in certamine hoc cum Ittigio se conjunxerunt* ac communem operam in eo collocarunt, ut dogma de termino gratiae divinae refellerent ac monstrarent, cunctos peccatores, cujuscumque illi sint conditionis, omni tempore usque ad vitae finem, Deum adire atque ab eo gratiam ac salutem aeternam consequi posse, si de noxis suis vere doleant atque in meritis Christi fiduciam ponant; nec ulli terminum gratiae, utpote quae universa atque a servatore omnibus hominibus reparata sit, constitutum esse." (L. c. p. 783. sqq.)

b) Quo pertinent illa dicta: *Sera poenitentia raro est vera. Quomodo in morte recordabitur Dei, qui non reminiscitur sui? Latet unus dies, ut observentur omnes. Qui veniam promisit, crastinum non promisit;* de quibus vide b. *Kromayer.* l. c. Aph. VI. p. 318. Conf. b. *Mus.* Tract. contra Stengerum P. II. cap. I. p. 150. 151. et P. III. cap. III. p. 408. 409. (et loca ibi citata ex *Matth. 24, 38. 42. 44. 50. cap. 25, 10. 13. Luc. 21, 34.*), item cap. IV. p. 479. sqq.

§ 46.

Definiri potest *conversio transitive* accepta,[a] quod sit actio Dei,[b] qua Deus in homine adulto, et vel nondum antea renato, vel post regenerationem per peccata a se (Deo) averso,[c] ejusque intellectu ac voluntate[d] ex mera gratia, propter Christum,[e] per verbum legis[f] peccatorum agnitionem cum serio de iis[g] dolore, verbo evangelii autem fidem in Christum cum proposito vitam emendandi[h] operatur, justificationis et vitae aeternae ipsi conferendae[i] causa.

a) Vid. supra § 16. et not. *b.*

b) Qui est causa effic. principalis conv.; vid. § 32.

c) Subjectum quod conversionis, simul etiam terminus a quo indicantur; vid. § 40. et § 18.

d) Quae sunt subjectum quo conversionis, juxta § 41.

e) Causa impulsiva interna et externa hic junguntur, juxta § 33.

f) Causa instrumentalis haec est; vid. § 34.

g) Quae pertinent ad abolitionem termini a quo, ipsumque terminum ad quem; vid. § 23. sqq.

h) Consequens conversionis et fidei proximum hoc est; vid. § 43.

i) In quibus finis conversionis consistit, juxta § 42.

§ 47.

Conversio intransitive sumta,[a] seu *poenitentia*, describitur, quod sit actio immanens[b] hominis, qua is, gratia divina praeventus et porro adjutus,[c] peccata sua ex lege agnoscit, de illis dolet eaque[d] detestatur, promissiones de gratuita remissione peccatorum propter Christum, in evangelio oblatas, fide[e] apprehendit et fiducia in Christi merito posita sese erigit, cum proposito vitae melioris,[f] remissionis peccatorum et salutis aeternae consequendae causa.[g]

a) Vid. § 16. not. c.

b) Loc. cit.

c) Vid. § 35. 36.

d) Quae pertinent ad retractationem peccatorum et partem priorem poenitentiae, quam contritionem vocant.

e) Spectant haec ad abolitionem non solum moralem peccatorum, ex parte offensae, verum etiam physicam, adeoque ad acquisitionem ipsius termini ad quem conversionis, et sic ad alteram poenitentiae partem; vid. § 20. § 23.

f) Juxta ea, quae diximus § 43.

g) Causa finalis conversionis et poenitentiae; vid. § 42.

Caput V.

DE JUSTIFICATIONE.

§ 1.

Justificatio, quae conversionem proxime[a] sequitur, forensem significationem[b] habet et actum illum denotat,[c] quo Deus judex[d] hominem peccatorem adeoque reum[e] culpae et poenae, sed in Christum credentem,[f] justum pronunciat;[g] de quo non ex ratione, sed Scriptura[h] evangelica[i] constat.

ARTICULI SMALCALDICI: „Von diesem Artikel kann man nichts weichen oder nachgeben, es falle Himmel und Erden oder was nicht bleiben will. ‚Denn es ist kein ander Name den Menschen gegeben, dadurch wir können selig werden‘, spricht Petrus Actor. 4, 12. ‚Und durch seine Wunden sind wir geheilet‘, Esa. 53, 5. Und auf diesem

Artikel stehet alles, das wir wider den Pabst, Teufel und Welt lehren und leben. Darum müssen wir des gar gewiss sein und nicht zweifeln, sonst ist es alles verloren und behält Pabst und Teufel und alles wider uns den Sieg und Recht." (P. II. artic. 1. p. 300.)

APOLOGIA CONF. AUGUST.: „Im vierten, fünften und sechsten, und hernach im zwanzigsten Artikel verdammen die Widersacher unser Bekenntniss, dass wir lehren, dass *die Gläubigen Vergebung der Sünde durch Christum ohne alle Verdienst allein durch den Glauben erlangen,* und verwerfen gar trötzlich beides. Erstlich, dass wir *nein* dazu sagen, dass den Menschen durch ihren Verdienst sollten die Sünden vergeben werden. Zum andern, dass wir *halten, lehren und bekennen,* dass niemand Gott versühnet wird, niemand Vergebung der Sünde erlanget, denn allein durch den Glauben an Christum. Dieweil aber solcher Zank ist über dem höchsten fürnehmsten Artikel der ganzen christlichen Lehre, also dass an diesem Artikel ganz viel gelegen ist, welcher auch zu klarem richtigen Verstande der ganzen heiligen Schrift fürnehmlich dienet, und zu dem unaussprechlichen Schatz und dem rechten Erkenntniss Christi allein den Weg weiset, auch in die ganze Bibel allein die Thür aufthut, ohne welchen Artikel auch kein arm Gewissen einen rechten beständigen gewissen Trost haben oder die Reichthümer der Gnaden Christi erkennen mag: — so bitten wir, kaiserl. Majestät wollen von dieser grossen, tapfern, hochwichtigen Sachen nach Nothdurft und gnädiglich uns hören." (Artic. 4. p. 86. sq.)

LUTHERUS: „Hoc donum Dei, prae caeteris, in te singulariter amo et veneror, quod justitiam fidei tam fideliter et sincere urges in omnibus scriptis tuis. Hic locus enim caput et angularis lapis est, qui *solus ecclesiam Dei gignit, nutrit, aedificat, servat, defendit, ac sine eo ecclesia Dei non potest una hora subsistere.*" (Joh. Brentii in prophet. Amos expositio. 1530. Praefat. Vid. Briefe etc. gesammelt von de Wette P. IV. p. 150.)

IDEM: „Darum *liegt es gar an diesem Artikel von Christo und hanget alles daran; wer diesen hat, der hat alles, und müssen die Christen darob im höchsten Kampf stehen und stetigs streiten, dass sie dabei bleiben mögen;* darum auch Christus und die Apostel nicht ohne Ursach allenthalben darauf dringen. Denn die andern Artikel, wiewohl sie auch in der Schrift gegründet sind (als: dass Maria eine reine Jungfrau Christum geboren habe), doch treibet sie solche nicht so hart, dass St. Paulus (da er über *diesem* Artikel streitet) auch nicht achtet, die Mutter zu nennen, noch die Ehre der Jungfrauen anzeuucht, sondern schlechts dahin sagt Gal. 4, 4.: ‚Natum ex muliere', d. i. von einem *Weibe* geboren. Aber in dem ist er gar und ganz, dass wir nicht durch Werk und Gesetz, sondern allein durch diesen Mittler, Christum, Gnade und Seligkeit bei Gott erlangen. *Denn das ist auch allein der Artikel, der da allezeit muss Verfolgung leiden vom Teufel und der Welt.* Wie denn davon verkündiget ist bald im Anfang in der ersten göttlichen Predigt, so zu dem Menschen nach dem Fall geschehen ist, 1 Mos. 3, 15.: Ich will Feindschaft legen zwischen deinem Samen und der Schlange, und derselbige Same wird dir den Kopf zertreten, du aber wirst ihn in die Ferse stechen u. s. w. Das ist eben die Feindschaft, davon Christus hier sagt, dass seine Christen um seines Erkenntnisses willen und dass sie von ihm predigen, müssen beide, in Bann gethan und getödtet werden. Andere Artikel haben auch Anfechtung gehabt, aber keiner so viel Blutvergiessen und Marter gemacht, als dieser. Denn es auch so bald angefangen hat in den zweien Brüdern Cain und Abel, dass der eine darum hat müssen sterben von des andern Händen, und wird nicht aufhören, so lange die Welt stehet. Wo dieser aufgehet, da ist der Teufel toll und thöricht und brennet die Welt in eitel Feuer und lichterlohe vor Zorn und Toben. Und *man siehet in allen Historien, dass alle Ketzerei und Irrthum entstanden sind, wo dieser Ar-*

tikel gefallen ist, da die Leute sicher worden, als könnten sie ihn sehr
wohl, und also von diesem auf andere Dinge gefallen und angefangen zu
disputiren von der Person Christi, ob er wahrhaftiger Gott, oder lauter
Mensch wäre, und mit solchem Speculiren und Fragen alles Unglück
eingeführet, da einer die Gottheit Christi, ein anderer die Menschheit,
item, etliche die Person des Heiligen Geistes, etliche die Jungfrau-
schaft Mariä verleugnet: aber alle zumal, so viel ihrer gewesen sind,
auch in diesem Hauptstück geirret und verführet haben. *Denn in die-*
sem hanget und stehet es alles und zeucht die andern alle mit sich und ist
alles um diesen zu thun, dass, wer in den andern irret, hat gewisslich
auch diesen nicht recht, und ob er gleich die andern hält, und diesen nicht
hat, ist es doch alles vergeblich. Wiederum hat auch dieser Artikel die
Gnade, wo man mit Fleiss und Ernst dabei bleibet, dass er nicht lässt in
Ketzerei fallen, noch wider Christum und seine Christenheit laufen.
Denn er bringet gewisslich den Heiligen Geist mit sich, welcher dadurch
das Herz erleuchtet und hält in rechtem gewissem Verstande, dass er kann
rein und dürre Unterscheid geben und richten von allen andern Artikeln
des Glaubens und dieselben gewaltiglich erhalten und vertheidigen. Wie
man auch wohl siehet in den alten Vätern: wo sie bei solchem Artikel
blieben und ihre Lehre darauf gegründet und daraus geführet, sind sie
in allen Stücken fein rein blieben; wo sie aber davon gegangen und
ausser diesem disputirt, sind sie auch irre gangen und weidlich ge-
strauchelt; wie auch den ältesten, Tertulliano und Cypriano, unter-
weilen geschehen ist. Und was mangelt noch nicht allein den Papisten,
sondern unsern Rottengeistern allen, so wider die Taufe und andere
Artikel schwärmen, denn dass sie, schon von diesem gefallen, sich nicht
damit bekümmert und dafür andere Dinge aufgeworfen, und damit den
Verstand verloren haben, dass sie hievon nichts Rechtes lehren und
keinen Artikel gewiss erhalten können? wie man in ihren Büchern wohl
sehen kann: darnach weiter von einem Irrthum in den andern fallen,
bis sie zuletzt sich und andere Leute ins Verderben führen. *Denn wo*
dies Erkenntniss Christi hinweg ist, da hat die Sonne ihren Schein ver-
loren und ist eitel Finsterniss, dass man nichts mehr recht verstehet und
kann sich keines Irrthums noch falscher Lehre des Teufels erwehren.
Und ob man wohl die Worte vom Glauben und Christo behält (wie sie im
Pabstthum blieben sind), so ist doch kein Grund einiges Artikels im Her-
zen, und was mehr da bleibt, das ist eitel Schaum und ungewisse Persua-
siones oder Dünkel oder ein gemalter, gefärbter Glaube. Wie sie selbst
ihren Glauben nennen Fidem acquisitam et informem, das ist, ein loser,
fauler, lediger Gedanke, der nichts thut noch taugt, weder hält noch
kämpft, wenn es zum Treffen gehet, dass er halten und sich beweisen
soll. Und zwar, dass ihr Rühmen vom Glauben und Christo ganz falsch
und erlogen ist, beweisen sie selbst mit der That, dass sie diesen Artikel vom Erkenntniss Christi und rechtem Glauben nicht leiden wollen, sondern dawider toben mit Bannen und Morden. *Wiederum, wo*
diese Sonne scheinet und leuchtet im Herzen, da ist ein recht gewisser
Verstand von allen Sachen, dass man kann fest stehen und halten ob allen
Artikeln, als: dass Christus wahrhaftiger Mensch ist, geboren von der
Jungfrau Maria, und auch wahrhaftiger allmächtiger Gott, vom Vater
in Ewigkeit geboren, Herr über Engel und alle Creaturen; item, also
gläubet und lehret er recht von dem Heiligen Geist, von der Taufe,
Sacrament, guten Werken, Auferstehung der Todten; gehet also ein-
fältiglich im Glauben, disputirt und klügelt nicht über Gottes Wort,
richtet kein Gezänk noch Zweifel an. Und wo jemand kömmt, der
solcher Artikel einen oder mehr anficht, so kann sich ein Christ wehren
und dieselben zurückschlagen: denn er hat den rechten Meister (den
Heiligen Geist), welcher allein diesen Artikel vom Himmel offenbaret
und allen denen gegeben wird, so dies Wort oder Predigt von Christo
hören und annehmen. Darum wird sich ein solcher nicht lassen ver-
führen in Ketzerei und Irrthum und ob er schon etwa fehlt oder strau-

chelt, doch, so er nur hiervon nicht fället, kommt er bald wieder auf
die Bahn; denn dies Licht die Wolken und Finsterniss verzehret und
vertreibet und ihn wieder weiset und aufrichtet. Verlieret er aber
dies Licht, so ist ihm nicht zu helfen. Denn wo diese Erkenntniss weg
ist, so nimmt sie es alles mit ihr, und magst darnach alle Artikel führen und bekennen (wie denn die Papisten thun), aber es ist kein Ernst
noch rechter Verstand, sondern wie man im Finstern tappet, und ein
Blinder von der Farbe höret reden, die er nie gesehen hat. Das thun
die, so unter ihnen die Besten und Frömmsten sind. Denn der andere
grosse Haufe müssen dies erfüllen, so hier Christus sagt, dass sie mit
dem Kopf dawider laufen, lästern und verfolgen, bannen und morden
die rechten Christen, aus keiner andern Ursache, ohne allein um dieser
Erkenntniss willen und werden also besessen, verblendet und verstockt, ja eitel Teufel aus denen, so dieses Artikels Erkenntniss nicht
haben (ob sie gleich sonst ernstlich trachten heilig und fromm zu sein),
gleichwie aus denen, die ihn erkennen und gläuben, eitel Gottes Kinder werden." (Ausleg. des 14. 15. u. 16. Cap. St. Joh. 1538. VIII,
502—506.)

IDEM: „Wo diese Lehre auf der Canzel bleibet, so hat es keine
Noth, man ist sicher vor allen Ketzern und Irrthümern; dieser Artikel
leidet keinen Irrthum bei sich; so ist der Heilige Geist auch dabei, und
die solches gläuben, dulden keinen Irrthum. Werden sie aber verführt,
so ist es ein gewisses Zeichen, dass sie den Artikel nicht verstanden
haben. Hätten sie ihn recht gefasset, so wären sie nicht betrogen
worden." (Ausleg. des 6. 7. u. 8. Cap. St. Joh. 1530—1532. VII, 2107.)

IDEM: „In corde meo iste unus regnat articulus, scilicet, fides
Christi; ex quo, per quem et in quem omnes meae diu noctuque fluunt
et refluunt theologicae cogitationes." (Praefat. in ep. ad Gal. Vid.
Commentar. in ep. S. Pauli ad Gal. Cur. Irmischer. 1843. T. I. p. 3.)
„In meinem Herzen herrschet allein und soll auch herrschen dieser
einige Artikel, nemlich der Glaube an meinen lieben Herrn Christum,
welcher aller meiner geistlichen und göttlichen Gedanken, so ich
immerdar Tag und Nacht haben mag, der einige Anfang, Mittel und
Ende ist." (Opp. ed. Walch. VIII, 1524.)

IDEM: „Und ob die überdrüssigen Heiligen ein unnöthiges Ding
achten, so fast und immerdar solches zu treiben (denn sie lassen sich
dünken, dass sie es fast wohl wissen, und habens längst ausgelernt);
so weiss ich doch wohl, wie weit solch ihr Dünkel fehlet, und wissen
nichts überall davon, wie viel an diesem Stück gelegen ist. Denn wo
dies einige Stück rein auf dem Plan bleibt, so bleibt die Christenheit
auch rein und fein einträchtig, und ohne alle Rotten; sintemal dies
Stück allein, und sonst nichts, macht und erhält die Christenheit. Alle
andern Stücke mögen bei falschen Christen und Heuchlern auch
gleissen: wo es aber nicht bleibt, da ists nicht möglich, dass man
einigem Irrthum oder Rottengeist wehren möge. Das weiss ich fürwahr, und habs versucht also viel, dass ich weder Türken- noch Juden-
Glauben könnte verlegen, wo ich ohne dies Stück sollte handeln. Und
wo auch Rotten aufkommen oder anfahen, da habe du keinen Zweifel,
dass sie gewisslich von diesem Hauptstück gefallen sind, unangesehen,
dass sie mit dem Maul viel von Christo plaudern, und sich fast putzen
und schmücken. Denn dies Stück lässt keine Rotten aufkommen,
sintemal es nicht kann sein, der Heilige Geist muss auch da sein, der
nicht Rotten lässt anfahen, sondern Eintracht gibt und erhält. Und
sonderlich, wo du einen unzeitigen und unreifen Heiligen hörest, der
sich rühmet, er wisse fast wohl, dass wir ohne unser Werk, durch
Gottes Gnaden selig werden müssen, und stellet sich, als sei es für ihm
eine schlechte Kunst, da zweifle du nichts überall, dass derselbige
nicht weiss, was er sagt, solls vielleicht auch wohl nimmermehr erfahren noch schmecken. Denn es ist nicht eine Kunst, die sich lässt

auslernen, oder rühmen, dass man sie könne: es ist eine Kunst, die
uns will zu Schülern behalten, und Meisterin bleiben. Und alle, die
sie recht können und verstehen, die rühmen sich nicht, dass sie es alles
können; sondern fühlen wohl etwas davon, als einen lieblichen
Schmack und Geruch, dem sie nachtrachten und laufen, verwundern
sich, und könnens nicht fassen noch zu Ende ergreifen, wie sie gern
wollten, dürsten, hungern und sehnen sich immer mehr und mehr darnach, und werdens nicht satt zu hören noch zu handeln; wie S. Paulus
selbst bekennet, dass ers noch nicht ergriffen habe; und Christus
Matth. 5. selig spricht, die solchen Hunger und Durst fühlen nach der
Gerechtigkeit. Und wen es gelüstet, der denke mein bei diesem Exempel, das ich hiemit bekennen will. Es hat mich der Teufel etlichemal
erwischt, da ich an dies Hauptstück nicht gedacht, und mit Sprüchen
der Schrift also zerplagt, dass mir Himmel und Erden zu enge ward.
Da waren Menschenwerk und Gesetze alle recht, und im ganzen Pabstthum kein Irrthum. Kürzlich, es hatte niemand jemals geirret, ohne
der Luther allein, alle meine besten Werke, Lehre, Predigt und Bücher
mussten verdammt sein. Auch wäre mir beinahe der schändliche
Mahomet zum Propheten, und beide, Türken und Juden, eitel Heiligen
worden. Darum, lieber Bruder, sei nicht stolz, noch allzu sicher und
gewiss, dass du Christum wohl kennest. Du hörest jetzt, wie ich dir
beichte und bekenne, was der Teufel vermocht hat wider den Luther,
welcher doch auch sollte schier ein Doctor sein in dieser Kunst: er hat
wohl so viel davon gepredigt, gedichtet, geschrieben, geredet, gesun-
gen und gelesen, und muss dennoch ein Schüler hierin bleiben, und
zuweilen wohl weder Schüler noch Meister ist. Darum lass dir rathen
und sprich nicht Hui. Du stehest; siehe aber zu und falle nicht. Du
kannsts alles; siehe aber zu, dass dir die Kunst nicht fehle. Fürchte
dich, sei demüthig, und bete, dass du in dieser Kunst mögest wachsen,
und behütet werdest für dem kündigen Teufel, der da heisst Klügel
oder Kündelin, der alles kann und alles im Flug lernet.'' (Ausleg. des
117. Psalms. 1530. Walch. V, 1698. sqq.)

CHEMNITIUS: ,,Hic unicus locus praecipue discernit ecclesiam a reliquis omnibus gentibus et superstitionibus, sicut Augustinus inquit:
,Ecclesia discernit justos ab injustis, non lege operum, sed lege fidei.'
Imo hic locus est tanquam arx et praecipuum propugnaculum totius
doctrinae et religionis christianae, quo vel obscurato vel adulterato vel
subverso impossibile est, puritatem doctrinae in aliis locis retinere.
Salvo autem hoc loco corruunt per se omnes idolomaniae, superstitio-
nes, et quicquid est corruptelarum in omnibus fere aliis locis; non dissimili exemplo, sicut 1 Reg. 5, 1. 2. 3. 4., cum arca Domini in templo
Philistinorum collocaretur juxta idolum Dagon, statim idolum illud
suo loco motum fuit, et licet saepius reponeretur, tamen, stante arca
Domini, consistere non potuit, imo tandem plane disjectum fuit. . .
Eo vero magis nobis opera danda est, ut genuinum sensum et apostolicam puritatem doctrinae de justificatione retineamus et ad posteritatem propagemus, nec ullis sophisticis praestigiis, nec vi, nec fraude
nobis illam vel excuti, vel adulterari patiamur. Idque eo facilius, Deo
juvante, praestare poterimus, quia in aliorum labores ingredimur, Joh.
4, 38. Immensi enim et plus quam herculei laboris fuit, ex densissimis
tenebris et foeditissimis antichristi sordibus et lacunis veram lucem
eruere et apostolicam puritatem fontibus Israel restituere; nec potuisset hoc fieri, nisi ipso Spiritu Sancto, accenso lumine verbi praeëunte.
Flagitiosa igitur et impia esset nostra ignavia, si haec, quae tanto
labore et mirando beneficio Dei ex fundamentis propheticis et apostolicis nobis in hoc articulo tradita et monstrata sunt, *vel negligenter
discendo, et frigide docendo amitteremus, vel in certaminibus mollitie quadam nobis eripi pateremur.* Nec cogitandum est, in hac tanta luce non
esse metuendas tenebras. Thesaurum enim illum gestamus non in
ferreis aut aheneis, sed in fictilibus vasis, 2 Cor. 4, 7., et in via hac, qua

ambulamus, multa hinc inde offendicula posita sunt, in quae facile (quae est nostra infirmitas) impingimus. *Saepe cohorresco, quod Lutherus, nescio quo omine, valde saepe in Galatis et in Genesi vocem illam repetit: ,Haec doctrina post mortem nostram rursus obscurabitur.'* " (Loc. theol. ed. Leyser., P. II, f. 200. sq.)

GERHARDUS: ,,Maxima hujus articuli *dignitas* est cum pari *utilitate* et *necessitate* conjuncta, siquidem pia et sincera ejus tractatio debitum *honorem Christo* asserit, firmam *consolationem* territis conscientiis ostendit, *discrimen legis et evangelii* communit, πληροφορίαν *fidei* in vera ac Deo grata invocatione necessariam excitat, et ad serium *bonorum operum studium* animas piorum inflammat. Quod igitur de *remissione* peccatorum Augustinus dicit in Enchirid. ad Laurent. cap. 64.: ,Per hanc stat ecclesia, quae in terris est; per hanc non perit, quod perierat et inventum est', idem de *justificatione* pronunciare possumus, quippe quae in peccatorum remissione consistit. Rom. 4, 7." (Loc. de justificatione, § 2.)

MEISNERUS: ,,Articulus hic quasi centrum theologiae est, ad quod omnia collimant; sacer oceanus est, in quem omnia confluunt; arca fidei est, quae omnia servat tuta et illibata. Hic si erretur cum pontificiis, mox Dei gratia mutatur in habitum infusum, Christi meritum extenuatur, fides pro sola dispositione habetur, justitiae evangelicae quiddam inhaerens substituitur, discrimen legis et evangelii confunditur, πληροφορία fidei tollitur, meritum operum stabilitur, satisfactiones urgentur, suffragia conquiruntur, missae celebrantur, sancti invocantur, purgatorium succenditur, monastice eligitur, multique alii cultus electitii introducuntur; ut rectissime pronunciarit Lutherus in enarratione argumenti super epistolam ad Galatas: ,Amisso articulo justificationis, amissa est simul tota doctrina christiana.' Quod si vero in hoc doctrinae capite vera sententia fuerit percepta, jam totus ferme papatus expugnatus et omne negotium confectum est, siquidem caetera ultra ruunt et diutius consistere haud queunt. Adeo verissimum est illud Lutheri proverbium, quo saepius fuit usus: ,Justificatio est articulus stantis et cadentis ecclesiae.'" ('Ανθρωπολογίας sacr. Disp. XXIV. p. A. 2. b.)

KROMAYERUS: ,,Locum de justificatione omnium fundamentalissimum, ad salutem cognitu extreme necessarium et vere ὀμφαλον τῆς θεολογίας esse (non ex physicis, sed architectonicis metaphora petita), quilibet in theologia non plane hospes ἀκονιτὶ dabit. Ut enim in umbilico vel tholo alicujus fornicis omnes lineae coëunt, ita reliqui articuli fidei ad hoc centrum, articulum scilicet de justificatione, tendunt. . . Quicquid enim de imagine Dei, peccato, libero vel potius servo arbitrio, paucis, de miseria nostra, et vicissim de remedio, Christi persona et officio, de poenitentia, de fide, scire nos convenit, ad hunc articulum, quo coram Deo justificamur et salvamur, fertur. Rursus, quae continentur in hoc articulo de miseria nostra et remedio, per omnes articulos late se diffundunt. Cedro digna sunt, quae de justificationis articulo pronunciavit Megalander Lutherus in c. 21. Gen.: ,Hic summus fidei articulus est, quem si tollas, ut Judaei, vel depraves, sicut Papistae, neque ecclesia consistere potest neque Deus retinere potest suam gloriam, quae est, quod sit misericors et quod propter Filium condonare peccata et salvare velit.' . . Si secundum ea, quae fidei definitionem ingrediuntur, quae praesupponuntur, quae consequuntur, articulum hunc examinamus, nucleus est et medulla eorum, quae fidei definitionem ingrediuntur: quod Deus propter Filii sui meritum peccatores in gratiam recipere, et aeternum salvare velit. Non necessitate duntaxat expedientiae, sed simplici, non quibusdam duntaxat christianis cibo solido gaudentibus, sed et lactis alumnis, non spatium cogitandi saltem habentibus, sed et in conversionis limine ac faucibus mortis constitutis articulus hic cognitu necessarius est. ,Quos enim justificavit, hos salvavit', Rom. 8, 30. Sed quomodo justificari possunt, quos latet, in quibus justificatio consistat? Quodsi articuli fidei *dividantur* in fundamentales, circumfundamentales et praeterfundamentales, hic omnium *fundamentalissimus* est, cujus ignorantia cum jactura salutis est conjuncta. Quodsi ad *ordinem analyticum* habetur respectus, hic articulus *finem theologiae internum*, per quem finem externum, salutem aeternam, obtinemus, constituit; nisi forsan medium ad salutem proxime ducens et proin extreme necessarium quis dicere velit. Ut enim justificandus et aeternum beandus est homo peccator, in theologia consideratur." (Theol. posit.-pol. P. I, 605. sq.)

a) Nam posita fide, et per fidem, quae in conversione accenditur, statim justificatur homo, ita ut *tempore* simul sint actus, quo homini confertur fides, et actus, quo homo justificatur; licet ille *natura* prior sit, hic posterior. Conf. b. *Mus.* Disp. de Justif. Hom. Pecc. coram Deo, Anno 1650. hab. § 12. Alias equidem vox justificationis latius nonnunquam accipitur, ita ut *omnia restaurationis* Christi *beneficia* (*regenerationem, justificationem, adoptionem, renovationem seu sanctificationem, salvationem, glorificationem*) *uno complexu quasi cumulata comprehendat*, uti loquitur b. *Hafenreffer.* praef. LL. Theol. p. 9. Sed hic strictiorem significationem, quae etiam usitatior est, sequimur.

b) Quamvis enim vox Latina *justificare* composita sit ex nomine *justus* et verbo *facere*, non tamen ex usu loquendi, praesertim in Scripturis, quando homo peccator coram Deo justificari dicitur, infusionem habitualis justitiae denotat, verum juxta indolem vocis הִצְדִּיק (vide *2 Sam. 15, 4.*, ubi Absolom, regnum affectans, promtum se offert ad *justificandum* quemvis. In ipsa vero lege divina *Deut. 25, 1.* statuitur, judices esse debere, qui *justificent* i. e. absolvant *justum et improbent* aut condemnent *improbum*. Unde ex adverso *abominabilis Jehovae* esse dicitur, qui *justificaverit*, i. e. absolverit, *improbum et qui condemnaverit justum, Proverb. 17, 15.*) et vocis δικαιοῦν apud LXX interpretes ll. cc. et Paulum *Rom. 3. et 4.*, etiam Latinum *justificare*, quod Lutherus recte vertit: rechtfertigen, a foro externo ad forum spirituale translatum est, in quo homines velut coram tribunali divino sistantur et cognita causa lataque sententia absolvantur. Quare autem Spiritus S. doctrinam justificationis verbo judiciali exprimere voluerit, graviter docet b. *Chemnitius* in Exam. Concil. Trident. Part. I. p. 239. Ac summa dictorum eo redit, quod *genuina* illa *proprietas verbi justificare puritatem doctrinae justificationis et a pharisaico fermento et ab Epicuraeis opinionibus conservet et defendat*, quodque *tota doctrina justificationis non possit simplicius, rectius et commodius intelligi et ad serium usum in exercitiis poenitentiae et fidei accommodari, quam ex vera observatione judicialis significationis verbi justificare.*

J. A. OSIANDER: „Sicut in judiciis aliis, si maleficus sistitur et justificatur, non *infunditur* ipsi habitus justitiae, sed *vel absolvitur vel condemnatur:* ita res se habet hoc loco." (Colleg. th. V, 64.)

IDEM: „Justificatur homo coram Deo *nullam habens propriam justitiam* (Phil. 3, 9.), ergo justificatur secundum acceptionem vocabuli forensem. Si enim nullam habet justitiam, tum non justificatur physice, sed sensu forensi, quia absolvitur, utut sit reus." (L. c. p. 64. sq.)

DANNHAUERUS: „Est justificatio *mutatio moralis, non actus physicus*, qualis est, cum opera medici ex aegro fit sanus, ex caeco videns, opera balneatoris ex aqua frigida fit calida per prioris formae ablationem ac novae inductionem aut infusionem; sed moralis ac forensis, qualis est, cum ex reo fit solutus, ex inimico amicus." (Hodosoph. Phaenom. IX. p. 445.)

IDEM: „Es. 5, 23. Prov. 17, 15., ubi τὸ Mazdik rascha non esse potest impio *infundere* justitiam; id enim si faceret judex, non esset abominabile." (Hodos. p. 445.)

SCHERZERUS: „Quo pacto Deus *Christum* fecit pro nobis *peccatum*, eo pacto *nos* efficimur *justitia* per Christum 2 Cor. 5, 21. At Christus factus est peccatum imputatione. Ergo et nos reddimur justitia per imputationem." (System. th. p. 417.)

REUSCHIUS: „Quemadmodum accusationis et condemnationis termini hic (Rom. 8, 33. 34.) sunt termini forenses atque judiciales: ita oppositus terminus justificationis erit forensis atque judicialis; quod etiam ex sede hujus dogmatis Rom. 3. et 4. patet. Sic si reum *condemnare* est sententiam |in judicio *contra* reum, quod illi opponitur, erit sententiam in judicio *pro* eo seu in favorem rei pronuntiare, i. e., illum absolvere; *quum opposita sint sub eodem genere*, vi regularum logicarum." (Annotat. in Baieri Compend. p. 750. sq.)

QUENSTEDTIUS: „Regerit Bellarminus (ad Rom. 5, 19.), ,*Adamum* nos condemnasse non modo forensi, nec judicando, sed imprimendo culpam originalem; ita quoque *Christum* nos justificare delendo peccatum et gratiam infundendo.' Resp.: . . . 6. Peccat Bellarminus extendendo dictum apostolicum ultra collationis tertium. Apostolica collatio talis est: ut condemnatio est ab Adamo per peccatum, ita justificatio est a Christo per obedientiam. Nec ulterius hic progreditur apostolus, cum applicationis modum in praecedentibus docuerit, videl. fide justitiam Christi nobis imputari, c. 3. et 4., peccatum vero Adae carnali generatione in nos propagari. Vide haec prolixius apud Gerhardum in LL. loco de justificat. § 11." (L. c. s. 2. q. 1. f. 763. sq.)

c) Sedes doctrinae habetur *Rom. cap. 3. et 4.*

d) Is enim est, qui *justificare* dicitur *Rom. 8, 33.*

e) Velut ὑπόδικος τῷ θεῷ, quod de toto *mundo* pronunciat Paulus *Rom. 3, 19. Lex* autem instar *actoris* se habet et reddit hominem ὑπόδικον, l. c. Conf. *Joh. 5, 45.* Imo non tantum simpliciter hominem accusat, sed causarum momentis adductis ac firmis probationibus vincit reum. Quod ex vi vocis γικιάσθαι (atque illo προηγιασάμεθα *Rom. 3, 9.*) ostendit b. *Dannhauerus* Hodos. Phaen. IX. p. 880. (643.) Conf. *Erasm. Schmid.* in Not. ad *Rom. 3, 9.* Nam et conscientia instar *testis* aut *chirographi* comprobat accusationem legis hominemque convincit, *Rom. 2, 15. Col. 2, 14.*

f) Quique adeo, licet non deprehensus fuerit innocens, habet tamen, qui pro delicto ipsius satisfecit et causam agit apud Deum judicem, *Rom. 3, 25. 1 Joh. 2, 1.*

g) Sic enim *justificatio accusationi et condemnationi* opponitur *Rom. 8, 33. 34.* Atque ita haud dubie significat sententiam a judice latam, in favorem rei, salva tamen justitia ipsius judicis. Fit autem ista absolutio hominis aut reputatio justi intra mentem divinam (non per actum externum, prout in extremo illo et solenni judicio fiet), ut ex seqq. patebit. Quanquam enim et *justificandi* voce aliquando significatur actus, quo in hoc saeculo *coram hominibus per signa externa declaratur* id, quod coram Deo factum est et continuatur, quemad-

modum verba *Jacobi* cap. 2. Epistolae v. 21. et 24. quidam exponunt,
fatendum tamen est, et agnoscunt auctores iidem, significationem eam
esse minus propriam.

QUENSTEDTIUS: ,,Hebraeum הִצְדִּיק et Graecum δικαιοῦν, quoties in
Scripturis occurrunt, significant vel 1. *justitiae divinae agnitionem* et
agnitae celebrationem, ut Ps. 51, 6. Luc. 7, 29... Vel 2. *innotescen-
tiam acceptae justificationis* ex operibus bonis, ut Jac. 2, 12.: ,Abraham
ex operibus justificatus est.' Ubi non loquitur apostolus de ea justificatione, qua a Deo censemur justi, sed de ostensione et demonstratione
fidei ex operibus, qua homo homini probat et declarat, se esse vere
justum et fidelem... Vel 3. *manuductionem ad studium justitiae sectandum*, h. e., doctrinaliter, pro informatione ad justitiam, ut Dan. 12, 3...
Vel 4. *justificationis continuationem*, ut Apocal. 21, 11... vel *actus reiterationem*... Vel 5. *probitatem comparativam* ad alios enormius peccantes, Ezech. 16, 51.: ,Justificasti sorores tuas in omnibus abominationibus, quas fecisti', i. e., tanta impietate contaminata es, ut sorores
tuae, si tecum conferantur, quodammodo justae et piae censeri queant.
.. Vel 6. *pharisaicam famae justitiae captationem* sive justitiae propriae
imaginationem et arrogantiam, Luc. 10, 29... Vel 7. *traductionem
et reprehensionem*, Matth. 11, 19. et Luc. 7, 35.: ,Justificata est sapientia a filiis suis.' Juxta b. Lutherum, Brentium etc. justificari h. l. est
corripi, argui, reprehendi, meistern, richten, Unrecht geben, mustern.
Vel 8. *liberationem a peccato*, Rom. 6, 7.: ,Qui mortuus est, justificatus
est a peccato', ubi vox δεδικαίωται posita est pro ἠλευϑέρωται, quo verbo
utitur apostolus v. 18. et 22., i. e., liberatus est a peccato. Qui enim
justificatur sive in judicio absolvitur, is a reatu peccati liberatur. Vel
denique 10. *actionem forensem judicis* et judicii, consistentem in rei absolutione, condemnationi opposita, sive actum judicialem, quo opus judicialiter justus declaratur et pronuntiatur. Deut. 25, 1. Prov. 17, 5.
Matth. 12, 37. Atque in hac significatione forensi vox ,justificandi' in
locis, ubi de justificatione hominis peccatoris coram Deo agitur, perpetuo usurpatur. Patet id ex opposita condemnatione (vide Rom. 5, 16.
8, 33. 34.)... Tum ex Christi et apostoli expositione, quibus δικαιοῦ-
σϑαι in hoc negotio est ,non condemnari, non judicari' Joh. 3, 18., ,non
venire in judicium' Joh. 5, 24., ,Deo reconciliari' Rom. 5, 10., ,justum
constitui per alienam obedientiam' v. 19., ,benedictionis participem
fieri' Eph. 1, 3., ,remissionem peccatorum accipere' Act. 10, 43. Concludimus ergo, verbum ,justificare' nunquam in Scripturis significare,
justitiae qualitatem alicui infundere, sed hoc loco nihil aliud notare,
quam justum constituere judicialiter seu justum facere actione homini
pure extrinseca atque extrinsece saltem subjectum suum denominante.
.. Unde etiam totus hic justificationis nostrae actus a Sp. S. forensi
processu et per verba forensia seu judicialia describitur. ,Reus' vel
ὑπόδικος est homo peccator, Rom. 3, 19. Actor sive ,accusator' Moses,
qua legislator, Joh. 5, 45., et diabolus, hic enim est κατήγορος, accusator
fratrum nostrorum, accusans illos ante conspectum Dei nostri die ac
nocte, Apoc. 12, 10. ,Testis' est conscientia, Rom. 2, 15. ,Advocatus'
Christus, 1 Joh. 2, 2., et Sp. S., Rom. 8, 26. ,Judex', sed sedens in
throno gratiae, est Deus, 1 Cor. 4, 4. 2 Tim. 4, 8. Exprimitur etiam
,judicium' Ps. 143, 2., ,tribunal Christi' Rom. 14, 20. 2 Cor. 5, 10.,
,chirographum' Col. 2, 14., ,debitum' Matth. 6, 12. et 18, 20., ,absolutio'
Ps. 32, 2." (L. c. s. 1. th. 3. f. 737—739.)

ANTITHESES.

QUENSTEDTIUS: ,,*Antithesis:* 1. *Pontificiorum*, statuentium, τὸ
justificare in hoc negotio duo notare: 1.) ex injusto justum facere, scl.
per mutationem internam qualitatum, qua inhaerens peccatum tollatur
et justitia infundatur. 2.) Ex justo justiorem efficere, habitum justi-

tiae adaugendo. Atque ita duplicem faciunt justificationem: *primam,* quae in expulsione peccati et infusione habitus justitiae, et *secundam,* quae in ejusdem augmento consistat. Sic Costerus in Enchirid. c. 8. p. 227.: ,Justificare significat justum facere seu justitiam dare, sicut calefacere significat calidum facere seu calorem dare.' Becanus P. II. Th. schol. t. 1. tr. 4. c. 2. de justific. scribit: ,Eam' esse ,mutationem, . . . sicut mutatio, qua quis ex aegroto fit sanus'. . . Bellarminus l. 1. de justif. c. 3.: ,Quemadmodum usitate dicitur calefieri, non solum, qui fit calidus ex frigido, sed etiam qui ex calido fit calidior: sic etiam justificari dicitur non solum is, qui ex impio fit justus, sed ille quoque, qui ex justo fit justior'. . . 3. *Anabaptistarum* et *Schwenkfeldianorum,* asserentium, verbum justificandi in hoc articulo non significare justum pronuntiare, sed hominem justum et probum facere renovando, regenerando, novum cor et novum spiritum dando." (L. c. s. 2. q. 1. f. 760. sq.)

h) Quamvis enim *ratio humana etiam sine Spiritus Sancti illustratione intelligat, Deum non nisi justorum commercio delectari eosque in coelestis gloriae societatem admittere et se hominibus justis et sanctis tanquam amicis suis fruendum communicare;* tamen, *quae sit vera hominis justitia coram Deo,* quam actu consequi ejusque intuitu absolvi contingat, *ex mentis humanae judicio sumi nequit.* Vid. b. *Rungii* Disp. Acad. VII., quae est de Justif. Hom. Pecc. coram Deo § 2. sqq.

i) Imo ex solo evangelio, si sermo sit de justitia, cujus intuitu coram Deo justi pronunciamur. Lex enim, licet nos ad tribunal judicis trahat et damnationis reos agat, non tamen viam elabendi aut absolutionem consequendi monstrat. Conf. b. *Rung.* l. c. § 12. sqq. ad 43.

§ 2.

Licet autem justificatio non importet realem et intrinsecam[a] hominis mutationem; quia tamen per eam homo ex injusto[b] fit justus judicialiter atque ita status[c] hominis revera mutatur, ideo non abs re[d] notandi sunt termini *a quo* et *ad quem.*

a) Haec enim in regenerationis seu conversionis et porro in renovationis negotio quidem fit, in justificationis actu non item.

b) Quod negari non potest, modo judiciaria vocum significatio retineatur. Praeivit certe *Apologia* A. C. p. 73. 74. 82. 125. Dictum autem est eo sensu, quo alias *reum fieri, reum effici et immunem* aut *liberum* a reatu fieri dicimus, aeque atque ex *servo libertum,* non tamen per intrinsecam subjecti mutationem.

c) Statum dico, qui *relationem* importat ad bonum aliquod aut malum subeundum; etsi formaliter *non* importet *qualitatem,* subjecto inhaerentem, bonam aut malam.

d) Per *analogiam* scilicet ad actus regenerationis et renovationis, sed *impropriam* et ratione valde diversa. Conf. b. *Hutteri* LL. Theol. de Causa Form. Justif. p. m. 474. b. in fine, ubi scribit: *In actu justificationis duo dantur termini: Unus est mali, a quo liberamur; alter vero est boni, ad quod transferimur.*

§ 3.

Terminus a quo est status seu[a] reatus irae[b] ac poenae[c] non tantum temporalis, sed aeternae,[d] privativae[e] et positivae;[f] qui per justificationem judicialiter[g] a subjecto[h] tollendus est.

a) Coincidunt hic omnino *status* et *reatus* irae; quamvis alias status irae in sua latitudine ipsam quoque corruptionem intrinsecam hominis denotet.

b) Alii terminum a quo justificationis dicunt esse *peccatum* tam *originale*, quam *actuale*. Intelligunt autem peccatum *relative* consideratum, videlicet respectu poenae, quam promeruit. Atqui hoc peccati meritum vulgo *reatus* nomine appellamus. Ira autem h. l. justitiam-Dei vindicativam denotat, cujus effectus est poena peccatoris. Et sic *filii irae* sunt homines irae divinae obnoxii, aut ad quos justitia Dei vindicativa, tanquam puniendos, terminatur. *Eph. 2, 3.: quibus nihil aliud debetur, quam odium divinum et a facie Dei aeterna rejectio*, uti loquitur b. *Quistorp*. Comm. in *Ep. ad Ephes. 1, 5.* p. m. 19.

c) Nimirum res eodem redit, si dicas, hominem esse obnoxium irae seu justitiae vindicativae judicis ad poenam infligendam, et eum esse obnoxium poenae, a judice ex justitia infligendae.

d) Quem esse consequens peccati ex supra dictis P. II. cap. 1. de peccato constat.

e) Quo referri solet ὑστέρησις illa τῆς δόξης τοῦ Θεοῦ, *carentia gloriae Dei*, *Rom. 3, 23.*, in quam per peccata incidimus, quaeque tollenda est per justificationem.

> QUENSTEDTIUS: ,,*Subjectum* justificationis *ratione termini a quo* dicimus esse hominem peccatorem. . . Describit apostolus subjectum justificandum: 1. A communi corruptionis statu, quando dicit, quod omnes peccaverint sine discrimine, sive Judaei, sive gentiles, Rom. 2, 9. 10. 3, 9. 2. A gloriae defectu, quando subjicit, quod sint ὑστηρούμενοι τῆς δόξης τοῦ Θεοῦ. Gloria autem Dei est justitia et sanctitas originalis, qua homo ad imaginem Dei conditus (Eph. 4, 24.) fulgebat, ut ita ὑστέρησις τῆς δόξης Θεοῦ seu gloriae Dei destitutio hic notet jacturam originalis justitiae et integritatis, quam excipit naturalis ἀδυναμία seu impotentia justitiam Deo dignam et amissae parem praestandi. Sic igitur apostolus subjectum justificationis θετικῶς et στερητικῶς describit, et quidem respectu termini a quo." (L. c. s. 1. th. 4. f. 739.)

f) Quae cum poenis privativis utique conjunguntur velut uno utrarumque reatu.

g) Nam quatenus homo intrinsece immutandus est, ut ex peccatore fidelis et sic *justificabilis* (si sic loqui licet) seu talis, qui a reatu peccatorum, salva justitia divina, absolvi possit, reddatur, id ad regenerationem seu conversionem pertinet. Hic autem judicialem actum considerare tenemur.

h) Ab *homine*, inquam, peccatore. Non enim reatus a peccato, sed a peccatore auferendus est.

§ 4.

Terminus ad quem justificationis est justitia,[a] non quidem nobis[b] inhaerens, nostra[c] tamen, qua justi coram Deo[d] habemur, ac si ipsimet legem Dei implevissemus et pro peccatis nostris satisfecissemus.

a) Juxta id, quod Paulus dicit *2 Cor. 5, 21.*: *ut nos efficeremur justitia Dei per illum* (Christum), id est, justi, ratione justitiae, quae in foro divino valet quaeque immunitatem ab accusatione et reatu poenarum privativarum et positivarum plenam importat, ita ut οὐδὲν κατάκριμα, *nihil damnationis*, reliquum sit. *Rom. 8, 1.*

b) Quo sensu iterum apostolus *Phil. 3, 9.* de se justificato dicit: Μὴ ἔχων τὴν ἐμὴν δικαιοσύνην τὴν ἐκ νόμου, *non habens meam justitiam, quae sit ex lege.*

c) Etsi *aliunde* in nos derivata, per imputationem scilicet alienae justitiae, cujus vi nos tamen ipsi justi reputamur aut pronunciamur et absolvimur; quemadmodum Paulus l. c. pergit, dicens, *se habere justitiam, quae per fidem Christi est, quae est ex Deo, justitiam in fide.*

B. MEISNERUS: „*Quintuplicem* dari imprimis *justitiam* hominis, secundum distinctos status considerati, asserimus. *Prima* est justitia *concreata*, quae alio nomine justitia *originalis* dicitur et nihil fuit aliud, quam ipsa Dei imago. . . Papicolae quidem autumant, Adamum in statu innocentiae per bona opera mereri potuisse salutem, sed falso. Nam 1. Adamus erat ad vitam conditus, ut primum illam mereri necesse non habuerit. 2. Bona opera jam ante erant debita, quippe quae creator in signum gratitudinis exigebat. 3. Et illa justitia pars fuit vitae beatae regnique coelorum, Rom. 14, 17. 18. Ergo non potuit esse causa salutis meritoria. . . *Secunda* justitia est *pharisaica*, quum ex operibus legis justificatio praesumitur. . . *Tertia* species est justitia *imputata* vel *evangelica*, quae non est quaerenda in nobis ob naturae depravationem et impossibilem legis impletionem, sed *extra nos.* . . Sequitur species *quarta*, nempe justitia *inchoata.* Quum enim a peccatis absoluti sumus ob Christi meritum nobis per fidem imputatum, subsequi debet nova obedientia et studium bonorum operum. Licet enim haec ad salutem necessaria non sint, requiruntur tamen ut fructus fidei. . . Et haec est justitia coram hominibus in foro soli, quae justificationis evangelicae coram Deo tessera et a Jacobo commendatur c. 2. Est autem justitia inhaerens tantum inchoata *non plena*, ut papicolae sibi imaginantur. . . Restat ultima *quinta* species, nimirum justitia *consummata*, qua decorabimur in altera vita post gloriosam corporum resurrectionem. . . Reatus aufertur per justificationem, dominium per renovationem, sensus per mortem, radix per cinefactionem et resurrectionem.“ (Meditationes sacrae in evangelia dominicalia. Witebergae, 1635. p. 576. sqq.)

DANNHAUERUS: „Gratia justifica . . . est gratia positiva per justitiae Christi imputationem, quae *justitia non* est I. *essentialis*, cujus inhabitatione homo et justificetur et justa agat, ad quam se omnia peccata habeant ut guttulae aquae ad magnum mare; nam 1. haec Christo cum Patre et Spiritu Sancto communis, 2. ad extra incommunicabilis, 3. damnat potius quam justificat, qua si justificaremur, non possemus justi esse, nisi dii efficeremur. . . Sed V. justitia (quae sola merito perfectissima, infinito valore preciosissima, statione in justificationis foro dignissima), justitia scl. Christi, a Christo praestita h. e. *obedien-*

tia Christi tam *activa*, Es. 9, 6. Luc. 2, 11. Rom. 5, 19. 10, 4., quam *passiva*, vice nostri praestita, alias ,justitia Dei', quia coram Deo valida; justitia evangelii, quia in solo evangelio revelata; justitia fidei, quia fide apprehensa (ita D. Mentzerus); justitia (omnibus acquisita, solis tamen fidelibus actu) imputata λογισμῷ." (Hodosoph. Phaenom. IX. p. 456. 459—461.)

AEG. HUNNIUS: ,,Sicut remissio peccatorum (in qua, teste Davide et Paulo, cum justificatio, tum beatificatio hominis consistit) fit et renovatur indies, siquidem quotidie peccamus etiam justificati, unde etiam quotidie nobis orandum: ,Remitte nobis debita nostra': sic et justificatio nostra, *non quidem augetur indies* (sicut sanctificatio), *sed innovatur indies*. Et fides justificans non tantum in primo momento nostrae cum Deo reconciliationis imputatur homini ad justitiam (quasi postea non amplius ad justitiam imputetur), sed semper et quotidie, praesertim quando justificam suam ἐνεργειαν, nempe fidelem intuitum in promissionem ac Christum, actu exserit, sicut Abraham faciebat, cum audiret Dei vocem: ,Sic erit semen tuum'. Cui verbo dum credit, Dominus fidem ejus, qua et prius erat justificatus, jam quoque ad justitiam illi imputare pergit." (Exposit. ep. ad Rom. c. 4. p. 365.)

KROMAYERUS: ,,Si per imputationem justitiae Christi meritoriae coram Deo justificamur, justificatio *non suscipiet magis et minus, sed omnibus credentibus erit aequalis, nec per gradus acquiretur, sed in instante peragetur*, perseverantibus tamen in fide *continuabitur*." (Th. posit.-pol. II, 356.)

LUTHERUS: ,,Ich hatte (1519) in der Wahrheit eine herzliche Begierde und Lust, St. Pauli Epistel an die Römer eigentlich zu verstehen, und *hatte mich bisher daran nichts anders gehindert, denn allein das einzige Wörtlein Justitia Dei (Gerechtigkeit Gottes*) im ersten Capitel Vers 17., da Paulus spricht: *Die Gerechtigkeit Gottes werde im Evangelio offenbaret*. Diesem Wort ,Gottes Gerechtigkeit' war ich sehr feind, und war nach Gebrauch und Gewohnheit aller Lehrer nicht anders berichtet und unterwiesen, denn dass ichs philosophischer Weise von solcher Gerechtigkeit verstehen müsste, in welcher Gott *für sich* gerecht ist, recht thut und wirket und alle Sünder und Ungerechten strafet, welche Gerechtigkeit man die wesentliche (formalem) oder wirkliche (activam) Gerechtigkeit nennt. Nun stund es um mich also: ob ich gleich als ein heiliger und unsträflicher Mönch lebte, befand ich mich doch einen grossen Sünder vor Gott und dazu eines ängstlichen und unruhigen Gewissens, getrauete auch nicht mit meiner Genugthuung und Verdiensten Gott zu versöhnen. Derwegen liebete ich diesen gerechten und zornigen Gott gar nicht, welcher die Sünder strafet, sondern ich hassete denselbigen und (so dieses keine Lästerung gewesen oder zu achten ist) züruete heimlich und mit rechtem Ernst wider Gott; sagete oftmals: Genüget denn Gott an diesem nicht, dass er uns arme, elende Sünder und durch die Erbsünde zum ewigen Tod allbereit Verdammte mit allerlei Jammer und Trübsal dieses Lebens neben des Gesetzes Schrecken und Bedräuung beleget, dass er noch muss durchs *Evangelium* dieses Jammers und Herzeleides mehr machen und durch desselbigen Predigt und Stimme seine Gerechtigkeit und ernsten Zorn ferner dräuen und verkündigen? Hier ergrimmete ich oftmals in meinem verwirreten Gewissen; hielt aber dennoch mit mehrerem Nachdenken bei dem lieben Paulo an, was er doch an demselbigen Orte meinete, und hatte herzlichen Durst und Begierde, dasselbige zu wissen. Mit solchen Gedanken brachte ich Tag und Nacht zu, bis ich durch Gottes Gnade merkete, wie die Worte an einander hingen, nämlich also: dass die Gerechtigkeit Gottes wird im Evangelio offenbaret, wie geschrieben stehet: Der Gerechte lebet seines Glaubens. Hieraus habe ich dieselbige *Gerechtigkeit Gottes*, in welcher der Gerechte durch Gottes Gnaden und Gabe allein aus dem *Glauben* lebet, verstehen lernen, und gemerkt, dass des Apostels Meinung diese wäre: *es würde durchs Evangelium die Gerechtigkeit offenbaret, die vor Gott gilt, in welcher uns Gott aus Gnaden und eiteler Barmherzigkeit durch den Glauben rechtfertiget,* welche man zu Latein Justitiam passivam nennet, wie geschrieben stehet: der Gerechte lebet seines Glaubens. *Hie fühlete ich alsbald, dass ich ganz und neu geboren wäre und nun gleich eine weit aufgesperrte Thür, in das Paradies selbst zu gehen, gefunden hätte;* sahe mich auch die liebe heilige Schrift nunmals viel anders an, denn zuvor geschehen war; lief derhalben bald durch die ganze Bibel, wie ich mich derselben erinnern konnte, und sammelte auch in andern Worten nach dieser Regel alle ihre Auslegungen zusammen, als: dass Gottes *Werk* dies heisse, dass Gott in uns selbst wirket; Gottes *Kraft,* damit er uns kräftig und stark machet; Gottes *Weisheit,* damit er uns weise machet; also die andern: Gottes Stärke, Gottes Heil, Gottes Herrlichkeit u. dgl. Wie ich nun zuvor dieses Wörtlein ‚Gottes Gerechtigkeit‘ mit rechtem Ernst hassete, so fing ich auch dagegen an, dasselbe als mein allerliebstes und tröstlichstes Wort theuer und hoch zu achten, und war mir derselbige Ort in St. Paulo in der Wahrheit die rechte Pforte des Paradieses.‘‘ (Vorrede über den ersten Theil seiner lateinischen Bücher. Anno 1545 ausgangen. Opp. Hal. Tom. XIV, 460. sqq.)

IDEM: ,,Ego id primum bene videbam, omnino opus esse gratuita donatione ad lucem et vitam coelestem consequendam atque anxie et sedulo laborandum de illa sententia intelligenda, Rom. 1, 17.: ‚Justitia Dei revelatur in evangelio.‘ Ibi diu quaerebam et pulsabam. Obstabat enim vocabulum illud: ‚Justitia Dei‘, quod usitate sic exponebatur: Justitia Dei est virtus, qua ipsa Deus est formaliter justus et damnat peccatores. Sic omnes doctores hunc locum interpretati fuerant, excepto Augustino: Justitia Dei, id est, ira Dei. Quoties vero legebam hunc locum, semper optabam, ut Deus nunquam revelasset evangelium. Quis enim possit diligere Deum irascentem, judicantem, damnantem? Donec tandem illustrante Spiritu Sancto locum Abacuc 2, 4. diligentius expenderem: ‚Justus ex fide vivit.‘ Inde colligebam, quod vita deberet ex fide existere, atque ita abstractum referebam in concretum, et aperiebatur mihi tota sacra Scriptura et coelum ipsum.‘‘ (In Genesin Enarration. Exeget. opp. lat. Erlangae. 1831. Tom. VII, 74.)

ANTITHESES.

QUENSTEDTIUS: ,,*Antithesis:* 1. *Pontificiorum,* contendentium, illud, propter quod vel cujus intuitu homo justificatur et haeres aeternae vitae constituitur, non esse nec dici posse justitiam Christi imputatam, sed infusum justitiae et caritatis habitum vel novitatem, sive justitiam nobis inhaerentem, per quam legem observemus. Sicque communiter hanc inhaerentem justitiam faciunt justificationis nostrae *formam,* ut nullam agnoscant justitiam Christi imputatam. Concil. Trid. sess. 6. c. 7.: ‚Unica‘, inquit, ‚formalis causa est justitia Dei, non qua ipse justus est, sed qua nos justos facit, qua videl. ab eo donati renovamur spiritu mentis nostrae et non modo reputamur, sed vere justi nominamur et sumus, justitiam in nobis recipientes, unusquisque secundum mensuram, quam Sp. S. partitur singulis, prout vult et secundum propriam cujusque dispositionem et cooperationem.‘ Canon 10. ita habet: ‚Si quis dixerit, homines per Christi justitiam formaliter justos esse, anathema sit.‘.. 2. *Socinianorum,* justitiam Christi nobis imputari negantium, sive statuentium, non Christi meritum, sed nostram obedientiam justificationis nostrae causam esse... 3. *Arminianorum,* qui phrasin illam de justitia Christi non modo non usurpant, sed etiam sugillant et cavillantur... 4. *Weigelianorum,* itidem imputatam Christi justitiam, quantum in ipsis est, cum pontificiis et Socinianis in totum evertentium. Sic enim Weigelius ... P. 3. Postill. p. 15.: ‚Soll uns nun nütze sein Christi Leiden, Sterben und Verdienst, so muss es nicht ausser uns bleiben und der erdichteten imputativae justitiae zugerechnet werden. Nein traun, Christus extra nos non salvat, d. i., Christi Tod ausser uns ist kein Leben, sein Tod muss in uns sein, so ist erst Christus in uns.' 5. *Schwenkfeldianorum* et *anabaptistarum*, asserentium, nos latam justificationis viam docere, . . . et e contrario statuentium, justificationem . . . esse formationem ad justitiam et pietatem. . . 6. *Andreae Osiandri*, qui docuit, ipsa Dei essentiali justitia in homine habitante formaliter nos justos esse coram Deo. In confess. et disputatione quadam, a. 1549. habita, contendit: ,Legis impletionem a Christo factam et obedientiam, remissionemque peccatorum esse praeparationem ad justitiam; ipsam vero justitiam, qua coram Deo justi censemur, esse divinam Christi naturam, ingredientem in nos per fidem et in nobis habitantem vel essentialem atque aeternam Dei justitiam, quae, in nobis habitans, faciat, nos justa agere.' " (L. c. s. 2. q. 5. f. 777. sqq.)

HOFMANNUS: ,,So meine ich schriftgemäss zu lehren, wenn ich den Glauben an das Wort, welches Gottes nunmehriges Verhältniss zur sündigen Menschheit zum Inhalt hat, des sündigen Menschen Gerechtigkeit oder, was dasselbe ist, den von ihm geforderten Gehorsam nenne." (Schriftbeweis. 2. Aufl. I, 651.) HASIUS: ,,Die Rationalisten stehen hier auf Seiten des Katholicismus. Auch *Hofmann* gefährdet durch seine Versöhnungslehre das Kleinod der protestantischen Rechtfertigung, da er sie nicht als Zurechnung des Verdienstes Christi fassen kann, sondern gleich als wirkliche Aufnahme in seine Gemeinschaft." (Hutterus redivivus. Elfte Aufl. p. 230.)

LUTHARDTIUS: ,,Auch die Auctorität eines *Hengstenberg* hat seiner angeblichen Verbesserung der gewöhnlichen kirchlichen Lehre von der Rechtfertigung, indem er durch die Annahme von *Stufen* der Rechtfertigung den Jakobusbrief mit Paulus in Einklang zu bringen suchte (Ev. K.-Z. 1866. No. 93. 94.) und diese Theorie dann aus der Geschichte der Sünderin exegetisch rechtfertigen zu können glaubte (Ev. K.-Z. 1867. No. 23—26.) in den Kreisen der kirchlichen Theologie keinen Beifall zu verschaffen vermocht." (Kompend. der Dogm. Dritte Aufl. p. 226.)

d) Sic aliqui huc referunt *jus filiorum Dei* et *haereditatem* vitae aeternae, quae nobis in foro divino conferatur sive adjudicetur. Quidam *dignitatem praemiorum justitiae*, quam in hoc justificationis actu consequamur, addunt. *Alii* tamen, et fere *plerique*, actum illum, quo fidelibus filiatio aut haereditas illa, aut jus praemiorum confertur, a justificatione distinguunt et inter consequentia ejus referunt. *Equidem* quemadmodum ex parte termini a quo occurrit hominis ad imaginem Dei vitamque aeternam primum conditi reatus talis, qui privationem gratiae gloriaeque, alias ipsi conferendae, una cum obligatione ad poenas positivas subeundas importat (juxta ea, quae ad § 3. notis *b. c. d. e. f.* diximus), ita non abs re est, quod ex adverso ipsa gratia Dei, tanquam reconciliati, paterna et simul ἐξουσία, jus ac dignitas filiorum Dei ipsumque jus haereditatis vitae aeternae uno actu et sententia judiciaria Dei fidelibus adjudicari videatur, ut, quemadmodum, cum ad Dei tribunal rei traheremur, peccatorum habitualium et actualium, omissionis et commissionis, reatu pressi, tanquam a vita aeterna excludendi, cruciatibus autem aeternis subjiciendi, comparebamus, sic in justificatione et per sententiam Dei judicis absolutoriam reputemur justi, seu tales, quasi non peccassemus, sed quasi ratione actuum commissorum atque omissorum habituumque, quibus pollere debebamus, legi divinae prorsus conformes essemus non amplius privandi, sed donandi vita aeterna, prout liberi ab obligatione ad cruciatus alias subeundos. Attamen Scriptura etiam non raro tanquam *duo* distinguit, *immunitatem a reatu* peccatorum et ἐξουσίαν *filiorum* Dei atque *haereditatem coelestem,* quarum *haec illam* supponat et justificatis *ulteriore* aut *novo* beneficio obtingat, scilicet, quod finito demum processu judiciali sequatur υἱοθεσία illa seu *adoptio in filios;* de qua *Rom. 8, 15. 23. Gal. 4, 5. et Eph. 1, 5.* videri possunt.

§ 5.

Itaque ad ipsum *processum*[a] justificationis pertinet, quod Deus, tanquam judex hominis a lege accusati et peccatorum convicti, simul tamen in Christum credentis causam sic[b] *cognoscit,* ut illum quidem propria justitia destitui et mortis ac damnationis aeternae reum esse[c] deprehendat, Christi meritum autem fide apprehensum ita ad eum pertinere[d] *judicet* seu ei *imputet,*[e] ut propterea non amplius pro peccatore[f] habeat, sed ab accusatione et obligatione ad poenam[g] *absolvat.*

a) Eum, inquam, quo homo ex statu irae in statum gratiae judicialiter transfertur.

b) Primum enim in processu judiciario est *cognitio causae.*

c) Hoc enim fixum ac firmum manet, quod homo, etiamsi credens, non habeat propriam justitiam, quae in tribunali Dei valeat.

d) Quae est illa *applicatio* meriti Christi ad hominem credentem, de qua, tanquam ad Locum de Justificatione spectante, aliquid diximus supra cap. III. de Fide in Christum § 7. nota *d.*

e) Dicitur *imputatio,* non quasi sit otiosa vel imaginaria, aut fundamento et fructu carens relatio meriti alieni ad alium, sed quod sit actus intellectus (velut practici) et voluntatis ejus, qui judicium exercet, quo judicat, meritum alienum, quod vice alterius praestitum et ab eo, pro quo praestitum fuit, fide apprehensum est, posse salva justitia acceptari, quasi illius proprium meritum esset, et vult illud hoc modo acceptare, quasi ille hoc, quicquid est, de suo praestitisset. Quem λογισμὸν Paulus ipse tradit *Rom. 4, 3. 4. 5. 6.,* alias autem declarat, si conferamus, quomodo is sibi *debitum,* quo *Onesimus Philemoni* obstrictus erat, *imputari* petiit, *Ep. ad Philem. v. 18.* Ac plura imputationis seriae atque efficacis exempla videri possunt *Marc. 15, 27. Rom. 8, 36.*

DANNHAUERUS: ,,Justitia imputata (est) λογισμῷ *non* 1. *ficto,* putativo et imaginario, uti calumniatur Bresser, qui fundamento terminisque caret, ad mathematicorum scholas relegando; *non* 2. *debitorio,* cujus et fundamentum et terminus in homine, repudiato a D. Paulo; *non* 3. *justi-habitorio,* ubi vel fundamentum sine termino, constans nuda justi censura sine actuali applicatione, vel terminus sine fundamento, cum justitia homini tribuitur sine praestita satisfactione; *nedum 4. iniquo*, qualis ille Christi inter latrones medii λογισμὸς ad hominum judicia relatus. Sed primo λογισμῷ (ex arithmetica petita phrasi) *serio* et *reali*, cujus fundamentum in Christo, terminatio ad nos; 2. λογισμῷ *gratioso*, κατὰ χάριν; 3. λογισμῷ *satisfactorio*, cujus fundamentum est praestitum pro nobis λύτρον; 4. λογισμῷ *vero, formali*, ad nos terminato per formalem appropriationem et applicationem, qua Christi justitia fit nostra justitia, qua ipse Christus nobis induitur." (Hodosoph. Phaenom. IX, p. 461. sq.)

f) Οὐ μὴ λογιζόμενος ἁμαρτίαν, *non imputans peccatum*, Rom. *4, 8.*

g) Lata velut *finali* sententia, accusationi et condemnationi directe opposita; ut locum habeat illud Pauli: Τίς ἐγκαλέσει; τίς ὁ καταχρίνων; Θεὸς ὁ δικαιῶν etc. *Quis accusabit? Quis condemnabit?* Nemo, inquam. *Deus est, qui justificat, Rom. 8, 33. 34.*

§ 6.

Causa *efficiens*[a] actus justificationis Deus[b] triunus[c] est.

a) Secundum *nostrum modum concipiendi* sic dicta, seu causa *virtualiter* causans, quia justificatio quoad rem *non* est actus *realiter* in Deo *productus*, prout nostrae voluntatis actus sunt, sed juxta indolem aliorum actuum Dei immanentium ipsa Dei essentia, ob connotatum objectum per modum actus concepta. V. b. *Mus.* l. c. § 16. et in der Ausführlichen Erklärung § 63. p. 584. 585.

b) Prout actus *imputandi* homini *justitiam* et *non imputandi peccatum* Deo adscribitur *Rom. 6, 6. 8.*

c) Sic actus *justificandi* tribuitur *Patri*, cujus *Filius* est Christus, *Rom. 8, 33.* De *Filio* dicitur, quod *peccata remittat, Luc. 7, 47. 48. 49. Matth. 9, 6.* De *Spiritu Sancto*, quod *in ipso*, tanquam causa et auctore, *justificamur, 1 Cor. 6, 11.* Et alias constat, actus divinos *immanentes* per hoc esse similes operibus ad extra, quod et ipsi sunt *indivisi.* Sed tamen de *Filio* observandum est, illum non solum tanquam causam efficientem ad justificationem se habere et uno actu cum Patre et Spiritu Sancto nos justificare, verum etiam per modum *causae meritoriae*, quatenus ut *mediator inter Deum et homines se ipsum redemtionis pretium dedit pro omnibus. 1 Tim. 2, 5. 6.*

QUENSTEDTIUS: „Christus sub tribus rationibus ad justificationem nostram concurrit: 1. *Meritorie*, merito suo gratiam justificationis nobis impetrando. 2. *Efficienter*, quatenus justificatio est opus ad extra, toti SS. Trinitati commune. 3. *Formaliter*, in ipsa applicatione; nulla enim alia re coram Deo sumus justi, quam justitia a Christo acquisita et nobis per fidem imputata." (L. c. s. 2. q. 3. f. 771.)

KROMAYERUS: „Meritum Christi profuit, antequam fuit; contemtus ejusdem obfuit, antequam fuit. . . Paulus c. 4. Rom. Abrahamum patrem credentium, etiam eorum, qui sunt in Novo Testamento, sistit et ab ipsius exemplo per inductionem didascalicam probat, omnes in Christum credentes, sive in V. sive in N. T. vixerint, justificari. Quod facere non posset; nisi unus idemque justificandi modus esset in utroque testamento post statum integritatis. Qui negant hoc, quasi conspecto Gorgonis capite turbantur axiomate philosophico, effectum sua causa non posse priorem esse. Sed inter causas physicas et morales isti distinguere deberent. Licet in causis physicis res ita se haberet (saepius autem causa et effectus temporum intervallis ne quidem in naturalibus disterminantur), in moralibus tamen fallit. Quoties enim, antequam actu solveretur λύτρον, captivum temporibus proximis bellicis dimissum fuisse vidimus, modo sufficienter cautum fuisset! Sed decretum et promissio divina sua certitudine nexum omnem, qui causas physicas et earum effectum intercedit, superat. Cur autem Deus non statim post lapsum messiam miserit, sed demum in plenitudine temporis (Gal. 4, 4.), voluntatem quidem facientis totam facti rationem putamus, interim a posteriori afferri possunt quaedam rationes, ut sc. expectata diu staret gratia et homines jugo legum ceremonialium pressi eo anxius ad futurum messiam anhelarent. Ut enim habetur in trito versiculo: ‚Dulcia non sentit, qui non gustavit amara.‘ Quantumvis itaque redemtionis *actus* in plenitudine demum temporis praestitus fuerit, *fructus* tamen ejusdem antrorsum et retrorsum fuit extensus. Quotquot itaque sive in V. sive in N. T. fuerunt salvati, per meritum Christi salvati fuerunt; et quotquot sive in N. T. sive in N. T. damnati fuerunt, propter contemtum meriti Christi vel, quod idem est, propter incredulitatem damnati fuerunt. Usus aphorismi hujus in didacticis est, ut de fructu passionis dominicae, de materia nobis ad justitiam imputabili, deque communi justificandi modo certi simus. In polemicis adversus pontificios, qui fructum passionis dominicae demum post prolatum in cruce verbum τετέλεσται, i. e., ‚consummatum est‘, Joh. 19, 30., coepisse volunt; adversus Socinianos et quosdam Remonstrantes, qui, patres tantum umbram futurorum bonorum (cum tamen non beneficia mortis Christi, sed ipse Christus exhibitus Hebr. 10, 1. per hanc vocem significetur) habuisse gratiamque Dei per transennam duntaxat adspexisse, contendunt; contra Calvinianos, qui contra suas hypotheses et contra conscientiam objiciunt, Christum non esse redemtorem universalem propterea, quod non potuerit pati pro illis, qui tempore mortis suae fuerunt in inferno, usus aphorismi hujus esse potest.‘‘ (Theol. posit.-pol. II, 369. 370. sq.)

SCHERZERUS: ‚‚Abutitur Coccejus loco apostolico, quasi Rom. 3, 25. ἄφεσις et πάρεσις ita distinguerentur, ut πάρεσις sit nuda tolerantia peccatorum, ἄφεσις vero perfecta remissio. Quod falsissimum est et falsa hypothesi nititur. Fingit enim Coccejus, in V. T. locum habuisse tantum tolerantiam peccatorum, quae remitti nondum potuerint propterea, quia Christus nondum esset passus. At Christi passio operatur ante et retro, tanquam agni mactati jam ab origine mundi, Apoc. 13, 8., qui morte sua expiavit et praevaricationes sub V. T., Ebr. 9, 15.; alias saepius debuisset pati, quod apostolus v. 25. sqq. pro absurdo habet, hoc ipso, mortem Christi satisfactoriam ac expiatoriam ad utrumque testamentum pertinuisse, concludens.‘‘ (System. th. loc. 16. p. 450.)

§ 7.

Causa *impulsiva*[a] *interna* est bonitas seu gratuitus favor[b] Dei.

a) Et ipsa quidem *virtualiter* causans, seu nostro modo concipiendi sic dicta, cui Scriptura se accommodat.

b) Quam χάριτα τοῦ θεοῦ, *gratiam* ipsius *Dei* (*non* donum a Deo in nobis efficienter productum, *sed* gratiam, quae sit in Deo), qua nos indignos prosequatur, appellat apostolus *Rom. 3, 24., divitias misericordiae et caritatem multam, qua Deus nos dilexerit*, ad *Eph. 2, 4. 5.*, χρηστότητα καί φιλανθρωπίαν *Tit. 3, 4.*

A. Osiander: „Pontificii dicunt: Justificatio non tantum contingit nobis per gratiam extrinsecam, gratuitum nempe Dei favorem, sed et per gratiam intrinsecam seu infusam, nimirum per bona opera, ex gratia in nobis profecta. . . Excipiunt: Gratia hic non opponitur operibus ex gratia factis, utpote quae eidem potius subordinantur, sed operibus naturae atque legis. . . Respondeo: Opera legis et naturae non dantur, sunt enim mera peccata, utpote quae ex arbore mala proficiscuntur et proinde sunt fructus mali Matth. 7. . . Omne id, quod gloriationem potest parere, excludit Paulus, cum dicit: ‚Gratia salvati estis, ne quis glorietur.‘ At si per gratiam intelligeret gratiam habitualem, non excluderetur omnis gloriatio; nam qui ex gratia habituali agit, ille potest gloriari, illos fructus non esse alterius arboris, sed proprios, prolatos scil. per formam propriam, utut a Deo inditam sibi.“ (Colleg. th. system. V, 69. sq.)

Quenstedtius: „Non diffitemur quidem, quandoque gratiam Dei metonymice accipi pro donis gratiae; eam tamen gratiam, qua justificamur, esse negamus, quam gratuitum Dei favorem et misericordiam. . . Disting. inter *gratiam gratis datam*, quam scholastici vocant dona sc. spiritualia, quae non tam ad propriam, quam aliorum salutem homini conceduntur, vide 1 Cor. 12, 4., et inter *gratiam gratum facientem*, per quam Deo grati reddimur, et haec vel *in Deo* ipso reperitur, benevolentia scil., qua nos in Christo sibi reconciliat, vel *in nobis*, ut fides et omnes virtutes theologicae, per quas renovamur et sanctificamur.“ (L. c. s. 2. q. 2. f. 766.)

ANTITHESIS.

Quenstedtius: „*Antithesis scholasticorum et pontificiorum*, qui gratiam justificantem donum et beneficium Dei sive qualitatem permanentem et habitum supernaturalem infusum faciunt, et illis, qui statuunt, gratiam, qua justificamur, esse tantum favorem et benevolentiam Dei, anathema dicunt. . . Concilium Trident. sess. 6. can. 11. anathema dicit illis, qui statuunt, gratiam, qua justificamur, esse tantum favorem Dei. Bellarminus l. 1. de gratia et lib. arb. c. 3.: ‚Theologorum communis sententia est‘, inquit, ‚gratiam esse habitum supernaturalem a Deo nobis infusum, quo anima exornatur et perficitur, adeoque justa Deoque grata et accepta redditur.‘“ (L. c. s. 2. q. 2. f. 766.)

§ 8.

Causa *impulsiva externa*,[a] eaque *principalis* ac *meritoria*,[b] est *Christus* mediator,[c] ratione obedientiae suae activae et passivae.[d]

a) Quae non tollit gratuitum Dei favorem in negotio justificationis, aut ab eo ipsa excluditur, cum potius hoc ipsum debeatur gratiae divinae, quod Deus Filium suum misit, qui pro nobis satisfaceret, ut justificari possemus, quodque hoc meritum alienum, ac si nostrum esset, accipit. Conf. b. *Mus.* Disp. cit. § 23. 24. 25.

b) Nempe sufficientem, adeoque infinitam habens virtutem sive dignitatem, pretium ac valorem, movendi Deum ad nos justos pronunciandos.

c) Prout *Rom. 3, 24.* dicimur *justificari per redemtionem, quae est in Christo Jesu*, seu, quod Deus in actu justificationis respiciat pretium redemtionis, quod Christus pro peccatoribus solvit, eoque motus aut impulsus Deus nobis remittat peccata. Et *2 Cor. 5, 21.* dicitur Deus Christum, *qui peccatum non noverit* (cum insons et summe sanctus esset), *pro nobis fecisse peccatum* (peccata nostra ei imputasse, tanquam causam nostram et vices in se suscipienti, atque ita eum spectasse velut hostiam piacularem, pro peccatis nostris mactandam et offerendam), *ut nos efficeremur justitia Dei* (justi coram Deo) *per illum.* Eodemque pertinet, quod Christus dicitur *nobis factus a Deo justitia,* scilicet, ut per ipsum justi fieremus coram Deo, *1 Cor. 1, 30.*

d) Cum enim non tantum obligati fuerimus *ad legem* Dei *implendam,* verum etiam ad *praestandam* pro legis transgressione *satisfactionem,* quam justitia divina postulat (quorum *neutrum* est in nostra potestate), Christus autem *utrumque* nostro loco in se susceperit ac praestiterit, jam *utrumque movet Deum* ad nos, quorum causa praestitum est, justos pronunciandos, aeque ac si nos ipsi legem implevissemus et satisfactionem pro peccatis debitam ipsi praestitissemus. Unde et meritum illud Christi *nostra justitia* dicitur.

GERHARDUS: ,,Quamvis in compluribus Scripturae dictis *morti* et effusioni sanguinis Christi redemtionis opus tribuatur, id tamen haud quaquam exclusive accipiendum, ac si sancta Christi *vita* ab opere reredemtionis per hoc excludatur; sed ideo illud fieri existimandum, quia nusquam illuxit clarius, quod nos dilexit et redemit Dominus, quam in ipsius passione, morte ac vulneribus, ut loquuntur pii veteres, et quia mors Christi est velut ultima linea ac complementum, τέλος, finis et perfectio totius obedientiae, sicut apostolus inquit Phil. 2, 8.: ,Christus exinanivit se, factus obediens Patri usque ad mortem, mortem autem crucis.' Quid? quod plane ἀδύνατον est, activam obedientiam a passiva in hoc merito separare, quia in ipsa Christi morte concurrit voluntaria illa obedientia et ardentissima dilectio, quarum prior Patrem coelestem, posterior nos homines respicit." (Loc. de justific. § 55.)

IDEM: ,,Certum igitur esto, obedientiam Christi activam et passivam esse meritoriam causam nostrae justificationis. Sed quid de *habituali humanae naturae Christi justitia* fiet? num illa a merito nostrae justitiae plane exulabit? Minime vero, cum obedientia et satisfactio Christi inde atque ideo cedat in commodum nostrum ac fit meritoria, primo, quia est ipsius Filii Dei obedientia, unde infinita dignitas et majestas personae conciliat infinitam vim, dignitatem atque efficaciam ejusdem merito. Joh. 6, 51.: ,Caro mea est, quam dabo pro mundi vita' (inde atque ideo Christi caro pro mundi vita dari potuit, quia est ipsius Filii Dei propria caro. . .). Deinde, quia est innocentissimae, sanctissimae ac purissimae personae obedientia. Hebr. 7, 26." (Loc. de justific. § 56.)

ANTITHESIS.

QUENSTEDTIUS: ,,*Antithesis:* 1. *Socinianorum,* asserentium, nos sola Dei gratia ac benignitate nullius interventu meriti justificari; principalem justificationis nostrae causam esse puram ac absolutam Dei gratiam, sine intuitu meriti Christi. Item, non Christi meritum, sed nostram obedientiam justificationis causam esse. . . 2. *Quorundam Calvinianorum,* ut Zach. Ursini, Casp. Oleviani, Joh. Piscatoris et al., qui meritum justificationis in sola passiva seu passionis et mortis Christi obedientia . . . ponunt. . . 3. *Pontificiorum,* qui merito Christi operum suorum lacinias assuunt, statuunt enim, 1.) hominem per praevias dispositiones, ex viribus liberi arbitrii elicitas, mereri primam gra tiam vel auxilia gratiae actualis, ipsamque justificationem ex congruo. Ita Bellarminus et al. 2.) Asserunt, hominem mereri ex condigno augmentum gratiae. Ita Alexander Pesantius et al. 3.) Contendunt etiam, hominem ipsam vitam aeternam mereri, de quo tamen merito vitae aeternae diversimode docent." (L. c. s. 2. q. 3. f. 771. sq.)

————

CHEMNITIUS: ,,Duplex est causa instrumentalis, 1. docens, patefaciens, offerens et exhibens beneficia justificationis, per quam Deus nobis communicat bona illa. Et haec est vox evangelii et usus sacramentorum vel, sicut veteres loquuntur, verbum vocale et visibile. 2. Recipiens seu apprehendens, qua nobis applicamus illa bona, quae in evangelio offeruntur, ita ut eorum participes reddamur. Est igitur quasi manus Dei tradens et hominis manus suscipiens id, quod traditur." (Loci th. Part. II. f. 294.)

GERHARDUS: *Instrumentalis causa ex parte Dei* sunt *verbum et sacramenta*, per quae et in quibus beneficia Christi hominibus offeruntur, *ex parte nostra fides*, quae oblata in verbo et sacramentis bona amplectitur sibique applicat; inde quidam causam organicam justificationis dicunt aliam esse *internam*, fidem scilicet, aliam *externam*, verbum scilicet et sacramenta. Si quis *accurate* velit loqui, causam instrumentalem respectu Dei vocaverit *ministerium verbi et dispensationem sacramentorum*, ut innuatur, verbum Dei in ministerio ecclesiastico praedicatum et annunciatum ac sacramenta, prout administrantur et dispensantur, hic intelligi, quae per media Spiritus Sanctus in cordibus hominum vult esse efficax et salutaria in illis accendere, augere et confirmare. Luc. 24, 47.: ,Sic oportebat Christus pati et resurgere a mortuis tertia die et praedicare in nomine ejus poenitentiam et remissionem peccatorum'; Act. 13, 38.: ,Per Christum annunciatur vobis remissio a peccatis et ab omnibus, quibus non potuistis in lege Mosis justificari'; Rom. 10, 17.: ,Fides ex auditu, auditus vero per verbum Dei'; 2 Cor. 5, 18.: ,Deus nos reconciliavit sibi per Christum et dedit nobis ministerium reconciliationis.' Verbum igitur tum ἀκουστὸν tum ὁρατὸν est causa instrumentalis justificationis, nimirum in legitimo usu divinitus constituto et ordinato, quod similitudine D. Brentii a sceptro regis Ahasveri non quiescente, sed contacto desumta in tract. de Evang. § 47. latius declaravimus." (Loc. de justific. § 64.)

B. MEISNERUS: ,,Duo in uno justificationis actu media occurrunt, alterum δοτικὸν ex parte Dei, quod verbum est cum sacramentis, alterum ληπτικὸν ex parte nostri, quod fides est et gratiae apprehensio. Sicut in omni alicujus muneris receptione requiritur et manus dantis et manus acceptantis, sic in spirituali justitiae δοχῇ utrumque etiam est necessarium, oblatio Dei per verbum et acceptatio hominis per fidem. Igitur quemadmodum proprie dicimur justificari verbo et sacramentis ut mediis offerentibus, ita et fide ceu medio apprehendente. Nunquam enim Deus peccata remitteret, nisi homo gratiam apprehenderet, ideoque fides vel fiducialis apprehensio, quia habet rationem medii, recte et proprie justificare dicitur. Non enim sunt opponendae causae instrumentales principalibus in negotio justificationis nostrae, sed omnes conjungendae. Justificat nos Deus, justificat Christi meritum, justificat verbum cum sacramentis, justificat fides, justificamur remissione peccatorum. Omnia dicuntur proprie, sed non eodem modo. Justificat Deus πρώτως et principaliter; Christus ἱλαστικῶς vel meritorie; verbum δοτικῶς vel oblative; fides ληπτικῶς vel apprehensive; remissio peccatorum οὐσιωδῶς et formaliter. Haec omnia adeoque totum salutis nostrae et christianismi fundamentum pii majores nostri complexi sunt brevi hoc, sed vere aureo aphorismo: 1. Gott gibts, 2. Christus erwirbts, 3. das Wort verkündigts, 4. der Glaub empfähets, 5. die Sacramente versiegelns, 6. der Heilige Geist bekräftigts, 7. die Werke bezeugens,

8. das Kreuz prüfts, 9. der jüngste Tag eröffnets, quae cum notatu sunt dignissima, memoriae causa his versiculis includi possunt:

1. Dat Deus, 2. acquirit Christus, 3. verbum exhibet, 4. haurit Vera fides, 5. firmant sacra symbola, 6. Spiritus arrha est, 7. Facta probant, 8. crux explorat, 9. lux magna revelat."

(Philosoph. sobr. I, 429. sq.)

CARPZOVIUS: „Hoc addi adhuc debet, Augustanam Confessionem de verbo et sacramentis hic (artic. 5.) agere, prout *operantia* media sunt et per modum operationis physicae agunt, cum quaestio sit hoc in loco, unde fides sit et an verbum et sacramenta eandem operentur. Praeter hunc enim operandi modum verbo et sacramentis alius competit, qui *moraliter* sese habet et in *datione, porrectione* seu *oblatione, collatione* et *obsignatione* boni justifici consistit. Neque enim confundi debent actio verbi et sacramentorum, quatenus fidem generant, alunt atque excitant, et actio verbi, prout ad justificationem concurrit proxime. Cum enim in priori actione verbum et sacramenta sese habeant ut organa tum *effectiva* virium supernaturalium ad credendum, tum *excitativa* motuum spiritualium fidei, in posteriori, sc. in justificatione, organa saltem *dativa* sunt, *collativa* et *obsignativa* boni justifici, quod est obedientia Christi. Unde, sicuti *priori* modo in doctrina de conversione et hoc in loco, ubi de origine fidei quaeritur, accipi debet modus operandi verbi et sacramentorum, ita *posteriori* modo in doctrina de justificatione accipitur, quatenus et in quantum proxime verbum et sacramenta ad eam concurrunt." (Isag. in libros symbol. p. 251.)

APOLOGIA A. C.: „Cum Deo non potest agi, Deus non potest apprehendi, nisi per verbum. Ideo justificatio fit per verbum, sicut Paulus inquit Rom. 1, 16.: ‚Evangelium est potentia Dei ad salutem omni credenti‘." (Art. 4. p. 98. sq.)

ARTICULI SMALCALDICI: „Wir wollen nun wieder zum Evangelio kommen, welches gibt nicht einerlei Weise, Rath und Hilfe wider die Sünde; denn Gott ist überschwänglich reich in seiner Gnade. Erstlich durchs mündliche Wort, darin geprediget wird Vergebung der Sünde in aller Welt, welches ist das eigentliche Amt des Evangelii. Zum andern durch die Taufe. Zum dritten durchs heilige Sacrament des Altars. Zum vierten durch die Kraft der Schlüssel, und per mutuum colloquium et consolationem fratrum Matth. 18.: *Ubi duo fuerint congregati* etc." (P. III. art. 4. p. 319.)

HOLLAZIUS: „Eucharistiam esse medium exhibitivum gratiae justificantis, liquet ex eo, quia effusio poculi eucharistici dicitur fieri in remissionem peccatorum, Luc. 22, 20. Obs.: Per sacramentum coenae continuatur potius, quam inchoatur justificatio, propterea, quod nemo cum salutari fructu corporis et sanguinis dominici fit particeps, nisi qui seipsum prius probaverit, sc. num sit in fide, 1 Cor. 11, 28., adeoque fidelis et jam ante justificatus et in statu reconciliationis fuerit; interim tamen fides justifica per sacramentum coenae confirmatur et conservatur atque adeo justificatio continuatur." (Exam. P. III. S. 1. c. 8. q. 8. p. 903.)

LUTHERUS: „Die Schwärmer heutiges Tages treiben auch alle das erste Gebot; sagen: Wir verkündigen auch Gnade und Barmherzigkeit durch Christum und verwerfen nicht den Artikel des ersten Gebotes, und sagen, ich, Lutherus, lüge sie an. Aber siehe ihnen darauf: *sie bekennen den gestorbenen Christum, der am Kreuz gehangen und uns selig gemachet, das ist wahr; aber sie leugnen das, wodurch wir ihn bekommen, das ist, das Mittel, den Weg, die Brücke und Steig, den brechen sie ein.* Die *Juden* glauben auch, dass ein Gott sei, aber den Weg, wie man zu Gott komme, nämlich durch Christi Menschheit, verleugnen sie. Der *Türke* bekennt auch Gott, aber verleugnet den Weg, das Mittel, die Brücke, darauf man zu Gott kömmet, das ist, die Gnade Gottes, Christum wollen sie nicht haben, auch keine Sacramente, dadurch man zu

der Gnade kömmet. Es ist gleich und gehet mit ihnen, als wenn ich
Einem predigte: Da habe ich einen Schatz; und hielt ihm doch den
Schatz nicht vor die Nase, gäbe ihm auch nicht die Schlüssel dazu, was
hülfe ihm dieser Schatz? *Sie schliessen uns den Schatz zu,* den sie uns
sollten vor die Nase stellen, und führen mich auf einen Affenschwanz:
*den Zutritt und die Ueberreichung, den Brauch und Besitzung des
Schatzes weigert und nimmt man mir.* Sagen darum die Schwärmer
auch viel von Gott, von Vergebung der Sünden und der Gnade Gottes,
auch dass Christus gestorben sei: aber wie ich Christum erlange und
wie die Gnade zu mir kömmet, dass ich sie kriege, dass wir zusammen-
kommen, da sagen sie: der Geist muss es alleine thun; führen mich
auf den Affenschwanz: sagen, das äusserliche und mündliche Wort, die
Taufe und Sacrament sei kein nütze, und predigen doch von der Gnade.
Das heisset mir den Schatz verkündigen und fein davon sagen; aber
den Schlüssel und die Brücke weggenommen, darauf ich zum Schatze
kommen soll. Nun hat es Gott also geordnet, dass dieser Schatz durch
die Taufe, das Sacrament des Abendmahls und äusserliche Wort uns
gegeben und dargereichet wird. Denn das sind die Mittel und Instru-
mente, dadurch wir zu Gottes Gnade kommen. Das verleugnen sie.
Das sage ich darum, dass der Teufel so geschwinde ist und *bekennet
diese Worte,* aber er verleugnet das *Mittel,* dadurch wir dazu kommen,
das ist, sie leugnen nicht den Schatz, sondern *Brauch* und *Nutz* des
Schatzes; sie nehmen und entziehen uns die Weise, Mittel und Wege,
wie wir dazu kommen und des Schatzes geniessen und wie wir zur
Gnade kommen sollen und mögen. Du musst, sagen sie, den *Geist*
haben; aber wie ich den Geist *haben* kann, das wollen sie mir nicht
lassen. Nun, wie kann ich den Geist überkommen und gläuben, wenn
man mir nicht prediget das Wort Gottes und die Sacramente reichet?
Ich muss das Mittel haben; denn der Glaube kömmet aus dem Gehör,
das Gehör aber durch das mündliche Wort, Röm. 10, 17. Summa
Summarum: Es kann keine Rotte aufkommen, sie muss wider das
erste Gebot laufen und an Christum Jesum sich stossen, *und werden in
diesem Artikel alle Ketzer in einer Summa gesammlet.* Darum lasset
uns bleiben bei dem Artikel: Du sollt nicht andere Götter haben; und
auf diesen Zweck und Scopum fleissig Achtung haben. Denn lassen
wir es uns aus den Augen thun, so ist allen Rottengeistern Thor
und Thür aufgesperret. Gott hat nie ohne äusserliche Mittel seinen
Gottesdienst in der Welt haben wollen. Im Alten Testament hat er
den Juden eine Weise gegeben, dabei man ihn sollte finden; da war
ein gewisser Ort des Tabernakels oder Hütten des Stifts, der Altar,
Leuchter, die Leviten, und liess Gott sich nicht finden ohne äusserliche
Mittel und Weise. Er hat ihnen allewege ein äusserliches Mittel vorgeschlagen, damit sie ihn ja finden sollten; er liess sie nicht ohne
Weise und äusserlich Mittel in der Irre herumgehen. Aber, wie unsere
Schwärmer jetzt laufen, und lassen von dieser Weise, welche uns Gott
gegeben hat im Neuen Testament, also verliessen die Juden auch dieselbige Weise und suchten andere Wege. Gott kann nicht unser Gott
sein, er gebe uns denn etwas Aeusserliches, daran wir ihn finden, als
das mündliche Wort und die zwei Sacramente. Wenn ich Gott nicht
ergreife durch äusserliche Dinge, wie kann ich ihn denn antreffen?
Darum sind alle Ketzer wider das erste Gebot gewesen und haben sich
daran vergriffen in allerlei Menschenwerken und schneiden aus die
Verheissung und Gnade Gottes, so darein gesteckt ist, ja, verleugnen
Gott selbst, verwerfen den Nutzen und Brauch, dass man zu der Gnade
nicht kommen möge." (Auslegung über etliche Capitel des 5. Buchs
Mosis. 1529. Hal. Tom. III. p. 2501. sqq.)

IDEM: „Das siehet man an allen Schwärmern und Rottengeistern
durchaus, dass sie alle in dem Irrthum sind, dass sie nicht verstehen,
wie die Sünden vergeben werden. Denn frage den Pabst und alle seine
Doctores, so werden sie dir nicht können sagen, was die Absolution

ausrichte; denn auf dieser Lehre bestehet das ganze Pabstthum: *die Gnade werde dem Menschen eingegossen durch eine heimliche Wirkung,* wer dazu kommen wolle, der müsse reuen, beichten und genugthun. So man aber fragt, was die Absolution und die Schlüssel thun, sprechen sie, es sei eine äusserliche Ordnung, die in der Kirche gehalten werde. Stellen also die Vergebung der Sünden nicht auf das Wort und den Glauben, da sie doch muss auf gestellet werden, sondern auf unsere Reue, Beichte und Genugthuung. Aber solches ist durchaus eine erlogene Lehre, dadurch die Leute verführet und auf den unrechten Weg gewiesen werden. Also sagen die *Wiedertäufer* auch: Was sollte die Taufe zur Vergebung der Sünden thun? Ists doch nur eine Hand voll Wassers! Der *Geist* muss es thun, so wir recht von Sünden sollen rein werden; das Wasser kann's nicht thun. Ziehen also Vergebung der Sünden auch vom Wort hinweg und wollens bei dem nicht lassen bleiben, wie die frommen Leutlein hier sagen, dass solche Macht den *Menschen* gegeben sei. Die *Sacramentsschwärmer* sagen auch also, es sei im Sacrament nur Brot und Wein, darum könne man Vergebung der Sünden da nicht finden, der *Geist* müsse es geben, das Fleisch sei kein nütz. In Summa: kein Rottengeist, kein Pfaff' noch Mönch hat das können sehen, dass Vergebung der Sünden sei eine Macht, den Menschen gegeben, wie es hie stehet im Evangelio. Darum lerne hie, dass du könnest von der Sache reden: Ich weiss wohl, bekenne auch, dass Gott allein die Sünde vergibt; aber ich muss auch dies wissen, wobei ichs *merken* kann, dass die Sünden mir vergeben werden. Da lehret die heilige Schrift mich und alle Christen, wenn ich Vergebung der Sünden will haben, müsse ich mich nicht in Winkel setzen und sagen: Mein Gott, vergib mir meine Sünde, und alsdenn warten, wenn ein Engel vom Himmel komme und mir sage: Deine Sünden sind dir vergeben. Denn Gott verheisset, er wolle sich zu mir herunter finden und selbst Vergebung der Sünden mir zusagen. Solches geschieht erstlich in der heiligen Taufe; denn daselbst ist sein Befehl, dass man mich taufen soll im Namen des Vaters und des Sohnes und des Heiligen Geistes. Und stehet ferner bei solchem Befehl die Zusagung: Wer da glaubt und getauft wird, der wird selig werden, Marc. 16, 16. Ja, sprichst du, ist doch die Taufe nur Wasser! Wahr ists; aber solch Wasser ists nicht allein, es ist Gottes Wort dabei. Also wenn du zu deinem Seelsorger gehest, der solches einen sonderlichen Befehl hat, oder sonst zu einem Christen, und begehrest, dass er dich tröste und absolvire von deinen Sünden, und er zu dir spricht: Ich, anstatt Gottes, verkündige dir durch Christum Vergebung aller deiner Sünden: hie sollst du gewiss sein, dass dir deine Sünden durch solch äusserlich Wort wahrhaftig und gewiss vergeben sind, denn die Taufe und das Wort werden dir nicht lügen. . . Darum haben die Wiedertäufer und andere Rotten zugleich Vergebung der Sünden, Taufe, Sacrament, die christliche Kirche und alle christliche Werke verloren, weil sie das Wort, so sie von ihrem Nächsten hören, wegwerfen und für anders nicht halten, denn so irgend eine Kuh bleket. Nun, wenn denn Gott gleich durch eine Kuh oder ander Thier redete, wie er einmal durch eine Eselin geredet hat, sollte man gleichwohl sein Wort nicht verachten, sondern gelten lassen; warum will mans denn verachten, dass es die Menschen aus Gottes Befehl und Ordnung reden? Denn ob du wohl eines Menschen Stimme hörest, so hörest du doch Gott und findest gewisslich Vergebung der Sünden dabei, wenn du es nur mit Glauben annimmst." (Hauspostille. Predigt Dom. XIX. p. Trin. Hal. Tom. XIII, 2078—2080.)

IDEM: „Darnach denke, dass die Schlüssel oder Vergebung der Sünden nicht stehet auf unserer Reue oder Würdigkeit, wie sie lehren und verkehren; denn das ist ganz pelagianisch, türkisch, heidnisch, jüdisch, wiedertäuferisch, schwärmerisch und endechristisch; sondern, wiederum, dass unsere Reue, Werk, Herz und was wir sind, sollen sich

auf die Schlüssel bauen und mit ganzem Erwägen getrost darauf verlassen, als auf Gottes Wort, und bei Leibs und Seelen Verlust ja nicht
zweifeln, was dir die Schlüssel sagen und geben, es sei so gewiss, als
rede es Gott selber; wie ers denn gewisslich selbst redet; denn es ist
sein Befehl und Wort und nicht eines Menschen Wort oder Befehl.
Zweifelst du aber, so lügenstrafest du Gott, verkehrst seine Ordnung
und bauest seine Schlüssel auf deine Reue und Würdigkeit. Reuen
sollst du (das ist wahr), aber dass darum die Vergebung der Sünden
sollte gewiss werden und des Schlüssels Werk bestätigen, das heisst
den Glauben verlassen und Christum verleugnet. Er will dir die Sünde
nicht um deinetwillen, sondern um sein selbst willen, aus lauter Gnaden, durch den Schlüssel vergeben und schenken. . . Christus spricht:
Was ihr bindet auf Erden u. s. w. Merke hie, dass er gewiss, gewiss
zugesagt, es solle gebunden und los sein, was *wir* auf *Erden* binden und
lösen; hie ist kein Fehlschlüssel. Er spricht nicht: Was *ich* im *Himmel* binde und löse, das sollt ihr auf Erden auch binden und lösen, wie
die Lehrer des Fehlschlüssels narren. Wann wollten wir erfahren, was
Gott im Himmel binde oder lösete? Nimmermehr, und wären die
Schlüssel vergebens und kein nütze. Spricht auch nicht: Ihr sollt
wissen, was ich im Himmel binde und löse; wer wollts oder könnts
wissen? Sondern so spricht er: Bindet ihr und löset auf Erden, so
will ich mit binden und lösen im Himmel; thut ihr der Schlüssel Werk,
so will ichs auch thun; ja, wenn ihrs thut, so solls gethan *sein*, und ist
nicht noth, dass ichs euch nachthue. Was ihr bindet und löset (spreche
ich), das will ich weder binden noch lösen, sondern es soll gebunden
und los sein ohne mein Binden und Lösen; es soll einerlei Werk sein
meines und eures, nicht zweierlei; einerlei Schlüssel meine und eure,
nicht zweierlei; thut *euer* Werk, so ist *meines* schon geschehen; bindet
und löset *ihr*, so hab *ich* schon gebunden und gelöset. Er verpflichtet
und verbindet sich an unser Werk; ja, er befiehlet uns sein selbst
eigen Werk; warum sollten wirs denn ungewiss machen, oder umkehren und vorgeben, er müsse vorhin binden und lösen im Himmel? Gerade als wäre sein Binden und Lösen im Himmel ein anders,
denn unser Binden und Lösen auf Erden, oder als hätte er andere
Schlüssel droben im Himmel, denn diese auf Erden, so er doch deutlich und klärlich saget, es seien des Himmels Schlüssel und nicht
der Erde Schlüssel. . . *Es kommen aber solche Gedanken von zweierlei
Schlüsseln daher, dass man Gottes Wort nicht für Gottes Wort hält, sondern weil es durch Menschen gesprochen wird, so siehet man es eben an,
als wärens Menschenworte,* und denkt, Gott sei hoch droben und weit,
weit, weit von solchem Wort, das auf Erden ist, gaffet darnach gen
Himmel hinauf und dichtet noch andere Schlüssel. . . Lass dich hie
nicht irren das pharisäische Geschwätz, damit sich Etliche selbst närren, wie ein Mensch möge Sünde vergeben, so er doch die Gnade nicht
geben kann, noch den Heiligen Geist. :Bleibe du bei den Worten Christi
und *sei du gewiss, dass Gott keine andere Weise hat, die Sünde zu vergeben, denn durch das mündliche Wort, so er uns Menschen befohlen hat.
Wo du nicht die Vergebung im Worte suchst, wirst du umsonst gen Himmel gaffen nach der Gnade oder, wie sie sagen, nach der innerlichen Vergebung.* Sprichst du aber, wie die Rottengeister und Sophisten auch
thun: Hören doch viel der Schlüssel Binden und Lösen, kehren sich
dennoch nicht dran und bleiben ungebunden und ungelöset, darum
muss etwas anders da sein, denn das Wort und die Schlüssel: *der
Geist, Geist, Geist muss es thun.* Meinst du aber, dass der nicht gebunden sei, der dem Bindeschlüssel nicht gläubet? Er solls wohl erfahren zu seiner Zeit, dass um seines Unglaubens willen das Binden
nicht vergeblich gewesen ist, noch gefehlet hat. *Also auch, wer nicht
gläubet, dass er los sei und seine Sünde vergeben, der solls mit der Zeit
auch wohl erfahren, wie gar gewiss ihm seine Sünden jetzt vergeben sind
gewesen und ers nicht hat wollen gläuben.* St. Paulus spricht Röm.

3, 3.: Um unsers Unglaubens willen wird Gott nicht fehlen. So reden
wir auch jetzt nicht, wer den Schlüsseln gläubt oder nicht; wissen fast
wohl, dass wenig gläuben; sondern wir reden davon, was die Schlüssel
thun und geben. Wers nicht annimmt, der hat freilich nichts; der
Schlüssel fehlet darum nicht. Viel gläuben dem Evangelio nicht, aber
das Evangelium fehlet und lüget darum nicht. Ein König gibt dir ein
Schloss: nimmst du es nicht an, so hat der König darum nicht gelogen
noch gefehlet, sondern du hast dich betrogen und ist deine Schuld, der
König hats gewiss gegeben. . . Denn es ist Gottes Befehl und Wort,
das jener spricht und dieser hört; sind beide schuldig, bei ihrer Seelen
Seligkeit, solches so gewiss und fest zu gläuben, als alle andere Artikel
des Glaubens." (Schrift von den Schlüsseln. 1530. XIX, 1172—1177.)

§ 9.

Causa impulsiva *minus* principalis[a] est fides[b] in
Christum.[c]

a) Quae quidem Deum *movet* ad hominem justificandum, verum
non sua propria dignitate, vi aut valore, *sed* virtute ac dignitate objecti, quod apprehendit. *In Solida Declar. Form. Conc.* hoc sic exprimitur: *Fidem non justificare, quod ipsa tam bonum opus tamque praeclara
virtus sit, sed quia in promissione evangelii meritum Christi apprehendit et
amplectitur*, de Justif. Fid. p. m. 684. Alii dicunt, fidem *instrumentaliter*
aut *organice*, alii, *relative* se habere ad justificationem, quae quidem,
quantum ad rem attinet, cum sententia de causa impulsiva minus
principali conveniunt; haec vero rem praesentem commodissime
declarat. Nam qui *instrumentalem causam* dicunt, si causam *physice*
efficientem intelligant, non tam exprimunt habitudinem fidei ad ipsum
actum justificationis (quem non esse actum realiter productum, nedum
talem, qui per causam instrumentalem physicam producatur, certum
est), quam habitudinem fidei *habitualis* ad actualem apprehensionem
meriti seu justitiae Christi (fides enim, pro ipso *actu* credendi accepta,
non est causa apprehensionis, sed ipsa apprehensio meriti Christi);
ubi tamen porro fatendum est, fidem, pro *habitu* credendi acceptam,
esse potius *causam principalem* suorum actuum, quam instrumentalem
(prout alii habitus supernaturales suorum actuum causae physice
efficientes ac principales sunt), ut adeo, quando fides dicitur causa instrumentalis apprehensionis meriti Christi, id eo sensu accipiendum
videatur, quo instrumentum dicitur quodlibet principium quo; prout
etiam vulgo fides, meritum Christi et gratiam Dei in promissionibus
evangelicis oblatam apprehendens, cum manu ad apprehendendam eleemosynam extensa comparatur. Quod si fidem *in ordine* ad *ipsum actum
justificationis* causam instrumentalem dicant, necesse est, intelligi causam *moraliter* moventem, idque *non sua* dignitate, bonitate aut merito,
sed bonitate, dignitate ac merito *alterius* causae principalis; ita vero
causa instrumentalis in genere morum idem est, quod *causa impulsiva
minus principalis*. Vid. b. *Mus.* Dissert. de Aet. Elect. Decr. cap. II.
§ 67. sqq. p. 48. sqq. Qui autem fidem dicunt justificare *relative* aut
correlative, intelligunt utique, fidem vi *correlati* sui, quod meritum
Christi est, ad nostri justificationem aliquid conferre, et quidem mora-

liter, movendo voluntatem *Dei*, vi meriti Christi, ad nostri justificationem. Unde iterum ratio, sub qua fides ad nostri justificationem concurrit, non alia esse potest, quam quae causae impulsivae convenit. Confer. b. *Mus.* l. c. § 78. p. 54. 55. Quod autem nostrates aliqui fidem causam impulsivam dicere *recusarunt*, inde factum est, quod persuasum haberent, causam impulsivam externam omnem importare meritum quoddam, vel certe bonitatem, dignitatem et perfectionem propriam, qua voluntas causae efficientis ad agendum moveatur; quippe quod distinctio causae in principalem et minus principalem in doctrina de causa impulsiva non ita, ut in doctrina de causa efficiente apud veteres metaphysicos inculcata reperiretur. Vid. b. *Mus.* l. c. § 62. 63. p. 43. 44.

QUENSTEDTIUS: ,,Causa media alia ex parte Dei et δοτικὴ, alia ex parte hominis et ληπτικὴ est. Δοτικὴ ex parte Dei sunt verbum et sacramenta; per ea enim fidei in regeneratione collatae apprehendenda offertur et credenti applicatur obedientia Christi justifica et salvifica, Luc. 24, 47. 2 Cor. 3, 9. 5, 18. Nota: Ὄργανα δοτικὰ et προσφερόμενα seu dativa et offerentia a parte Dei sunt *verbum et sacramenta*, et quidem 1.) quoad *annunciationem et oblationem* justitiae Christi et remissionis peccatorum, Luc. 24, 47., 2.) quoad *applicationem* et 3.) quoad *fidei generationem, confirmationem et augmentationem*. Hinc dicimus in thesi, quod obedientia Christi justifica et salvifica per haec media primum fidei apprehendenda offeratur, deinde credenti applicetur. Et propterea evangelii praedicatio vocatur διακονία τῆς δικαιοσύνης, ministerium justitiae, 2 Cor. 3, 9., διακονία τῆς καταλλαγῆς, ministerium reconciliationis, 2 Cor. 5, 18. Ληπτικὴ ex parte hominis est *fides* innixa Christi merito, Rom. 3, 22. 25. Phil. 3, 9. Col. 1, 23. 2, 7. Gal. 3, 7. 8. 9. 11. 12., et quidem sola, Rom. 3, 28. Gal. 2, 16. Eph. 2, 8. 9. Nota: Causa instrumentalis a parte hominis justificationis recipientis sive organon ληπτικὸν et παραληπτικὸν sive receptivum, quo mediante Christum cum suis beneficiis recipimus et amplectimur, est fides, Rom. 3, 22.: ,Justitia autem Dei διὰ πίστεως, per fidem, Jesu Christi', etc.; v. 25.: ,Quem proposuit Deus propitiationem διὰ τῆς πίστεως, per fidem, in ipsius sanguine.' Dicit autem fides formaliter, et qua justificat, apprehensionem appropriativam perfectissimae Christi obedientiae, quae proprium illius objectum est, insinuata per verba ἐν τῷ αὐτοῦ αἵματι, in ipsius sanguine. Notat autem sanguis hic (neque enim est, ut relicta propria significatione vocem αἵματος metonymice pro doctrina per sanguinem sancita cum Grotio accipiamus) per synecdochen Scripturae usitatam totum Christi cruentum sacrificium, non exclusa reliqua obedientia agendo et patiendo per omnem vitae cursum Patri coelesti praestita. Particula διὰ, per, indicat causam organicam, qua ex parte nostri sanguis ἀπολυτρώσεως καὶ ἱλαστηρίου applicatur. Hinc dicimur quoque justificari, gratiam percipere et vivere in Christo πίστει Act. 26, 18., ἐκ πίστεως Rom. 3, 30. Gal. 3, 7. 8. 9. 11. 12., διὰ τῆς πίστεως ibid. et v. 31., μετὰ πίστεως, cum fide 1 Tim. 1, 14., ἐπὶ τῇ πίστει Phil. 3, 9., ἐν πίστει, in fide 1 Tim. 3, 13. Col. 1, 23. 2, 7., κατὰ πίστιν, secundum fidem Hebr. 11, 13. . . Est itaque fidei in actu justificationis omnino sua *causalitas*, non tamen alia, quam organica, quatenus sc. apprehendendo Christi meritum justificat, *ratio causandi*, vis justifica est, competens fidei non in se et quatenus est apprehensio et actus noster, sive in se et sua natura, sive ex liberali Dei aestimatione seu acceptatione, dignitatem aliquam, sive parvam sive magnam, habens, sed unice ex objecto justifico apprehenso, Rom. 3, 25. Nota: Bene distinguenda est fidei in actu justificationis causalitas et ratio causandi; causalitas fidei consistit in apprehendendo et recipiendo, h. e., non est alia, quam organica et instrumentalis, apprehendendo enim seu potius recipiendo Dei gratiam et

Christi meritum apprehensumque sibi in individuo applicando et appropriando justificat. Apprehensionem designant sacrae literae verbis λαμβάνειν Joh. 1, 12. 17, 8. Rom. 5, 17. Gal. 3, 14., καταλαμβάνειν Joh. 1, 5., παραλαμβάνειν 5, 11. ibid., ἐπιλαμβάνειν Gal. 4, 12., δέχεσθαι Luc. 8, 13. Act. 8, 14. Jac. 1, 21., ἀποδέχεσθαι Act. 2, 41. 1 Tim. 1, 15. Appropriationem insinuant pronomina applicativa et possessiva ‚meus‘, ‚me‘, ‚mihi‘ etc., ut Jobi 19, 25. Esa. 45, 24. Cant. 2, 16. Joh. 20, 28. Gal. 2, 20. sq. Ratio causandi seu vis justifica competit fidei non in se et in sua natura, sive quatenus est apprehensio; posset enim apprehendere merita propria imaginaria vel justitiam humanam, neque tamen sic justificaret, nec competit ipsi ex liberali Dei aestimatione seu acceptilatione, quasi Deus tanti fidem aestimet, ut justificandi dignitatem et valorem ipsi tribuat, sed unice ex objecto justifico apprehenso sive ratione objecti, quatenus scil. apprehendit meritum Christi. Hoc S. Paulus expresse indicat Rom. 3, 25., scil. totam vim justificam dependere a re apprehensa, videlicet a cruento Christi merito, quod fidei justificantis, qua talis, objectum proprium est. Quemadmodum ex. gr. quando manus famelici oblatum panem apprehendit, apprehensio ista, qua talis, hominem non saturat, posset enim apprehendere lutum vel lapidem vel alia, quibus saturari non posset; sed tota saturatio pendet ab objecto apprehenso et manducato, nempe a pane; et veluti cum ossitibundi aquam aliunde, ex fonte scil., acceptam haurit per situlam, haustio ista, quatenus talis, sitim non sedat, posset enim per situlam haurire etiam arenam aut sanguinem; verum ideo sedat sitim, quia potus, quem haurit, habet vim sedandi sitim: sic esuriens vel sitiens justitiam Matth. 5, 6. apprehendit equidem fide, ceu manu mendicante, panem, qui de coelo descendit Joh. 4, 50. 51. et situla hac animae sitibundae haurit aquam salientem in vitam aeternam Joh. 4, 14., neque tamen apprehensio et haustio ista, qua talis, sive famem spiritualem pellit, sive sitim talem restinguit, posset enim ejusmodi homo aliud quippiam heterogeneum, quod divina hac efficacia non pollet, ex. gr. merita propria imaginaria et satisfactiones, quas synagoga Romana fingit, sanctorum apprehendere, sed tota apprehensionis vis dependet a re apprehensa per fidem, ἀπολυτρώσει scil. ac sanguine Jesu Christi, in quo fundari illam apostolus diserte innuit Rom. 3, 25.‘‘ (L. c. s. 1. th. 8—11. f. 742. sqq.)

IDEM: ‚‚Quando fides a nobis *instrumentum* appellatur (quia non vi propria, sed aliena justificat), non adeo haeremus in voce instrumenti, an sc. significatu famosissimo fides instrumentum sit. Nolumus enim ea de re cum quoquam contendere, quod per fidem unice accipiamus remissionem peccatorum, quodque fides sit medium apprehendens gratiam Dei et meritum Christi. Sumimus enim causam instrumentalem vel instrumentum in latiore significatione pro medio quovis aliquid recipiente et continente. Justificare ergo fides dicitur ὀργανικῶς, non quod fides remittat peccata aut absolvat a peccatis, non quod imputet nobis justitiam Christi instrumentaliter, uti Deus id facit principaliter, sed quod remissionem peccatorum et absolutionem, quam Deus per verbum et sacramenta nobis offert et conferre vult, fides apprehendat, quodque acceptet justitiam Christi, nobisque eandem applicet.‘‘ (L. c. s. 2. q. 2. f. 794.)

CARPZOVIUS: ‚‚Significanter dicimus, fidem esse *organum apprehensivum*. Non enim unius generis sunt instrumenta seu organa. Quaedam enim instrumenta sunt *operativa*, quae causae principali cooperantur seu quae cum agente suo operantur effectum, sicut serra instrumentum est in findendo ligno; quaedam autem *dativa*, per quae aliquid ab altero praestitum exhibetur, seu quae effectum ab alio productum aliis porrigunt, sicut manus divitis pauperi erogat eleemosynam; quaedam vero *apprehensiva* sunt, quibus res oblata accipitur et in nostram rem convertitur, sicut manus pauperis capit eleemosynam. Et ex ultimo hoc instrumentorum genere est fides, quia correlative ad objectum suum sese habeat, ad obedientiam scil. Christi, qui est finis legis ad justitiam omni credenti, Rom. 10, 4., quam recipit ad sese, unde vocatur ἀποδοχή, receptio, 1 Tim. 1, 15., et per verba λαμβάνειν, καταλαμβάνειν Joh. 1, 5. 11. 12. exponitur. Ad secundum genus enim referri fides non potest, quia hac ratione cum evangelio et sacramentis confunderetur, quae sunt organa offerentia et exhibentia justitiam Christi; multo minus vero ad primum. Nihil enim confert aut cooperatur fides ad justificationem, sed tantum justitiam ad salutem imputabilem apprehendit, nec alio fine requiritur et adhibetur, quam ut obedientia per evangelium oblata etiam nostra per imputationem fiat, sicut manus, qua mendicus eleemosynam apprehendit, nihil ad ipsam eleemosynam, v. gr. nummum vel panem, confert, quae jamjam a monetario aut pistore suum esse consecuta sunt, et sicut situla non est causa restinctionis sitis, sed aqua, et non alium in finem adhibetur, quam ut aqua etiam nostra fiat. Hinc *dubitari* potest, an fides recte dici possit instrumentalis causa justificationis nostrae, cum non sit operativum instrumentum justificationis nostrae." (Isagog. in lib. symbol. p. 206.)

GERHARDUS: ,,Fides non debet conferri manui *apprehendenti poculum*, in quo continetur salutaris potio, sed est spirituale illud *os*, quo ex fonte salutis bibimus, est spiritualis *pastus* animae, est ipsa spiritualis *bibitio*, coelestis *potus*, ut patet ex cap. 6. Johannis." (L. de justif. § 181.)

IDEM: ,,Aliud est διὰ τὴν πίστιν, aliud διὰ τῆς πίστεως justificari; illud causam meritoriam notat, hoc vero instrumentalem. Non justificamur *propter* fidem, tanquam meritum aliquod, sed *per* fidem, quae meritum Christi apprehendit." (L. de justif. § 179.)

IDEM: ,,Particula ,si' aut est αἰτιολογικὴ, aut συλλογιστικὴ, i. e., designat causam, vel consequentiam. In concionibns legalibus: ,Si feceris hoc, vives', particula ,si' est αἰτιολογικὴ, siquidem obedientia est *causa*, propter quam servantibus legem datur vita aeterna; sed in evangelicis promissionibus: ,Si credideris, salvus eris', particula ,si' est συλλογιστικὴ, denotatur enim *modus applicationis* divinitus constitutus, soli fidei competens." (L. de Ev. § 26.)

J. OLEARIUS: ,,Fides ad salutem relata non est *opus nostrum*, sed pertinet ad ordinem divinitus institutum, adeoque nequaquam est *conditio* proprie dicta, pendens ex homine, sed beneficium divinitus collatum sive requisitum subjecti *patientis* et organum salutem apprehendens, nequaquam vero principium *activum*, ab homine procedens aut in effectum salutis per modum causae proprie ita dictae influens." (Vid. Carpzovii Isag. in lib. symbol. p. 1361.)

HEERBRANDUS: ,,Fides non est *conditio*, neque ut conditio requiritur, proprie loquendo. Quia non propter ejus dignitatem vel meritum, aut quatenus est opus, promittitur aut offertur justificatio. Est enim fides quoque imperfecta; sed est *modus* quidam, oblatum beneficium et donatum per et propter Christum accipiens. . . Manus non conditio dicitur, sed medium et instrumentum, quo eleemosyna accipitur." (Compend. p. 379. sq.)

S. SCHMIDTIUS: ,,Equidem *conditio* vocata pridem etiam est fides justificans a nostratibus theologis. Sed conditio intelligenda est non moralis, sed physica, ut sic loquar, instrumenti necessarii. Quando namque dico: *Si* credideris, salvaberis, non *conditionem moralem*, sub qua salvandus sis, sed *necessitatem instrumenti*, per quod salvandus es, significo. Sic etiam rem in naturalibus deprehendimus. Si alas habueris, volabis, quo conditionem quidem ad volandum dico, non conditionem tamen moralem, sed necessarii instrumenti seu medii, sine quo volare tibi non licebit et volare frustra conaberis. Sola itaque fides justificat ex parte hominis, quod etiam vult apostolus in epistolis ad Romanos et Galatas, Rom. 3, 20. Gal. 2, 16. Habet quidem fides

justificans alios praeter appprehensionem fiducialem actus, quippe desiderat, quaerit, petit, instat, novam obedientiam promittit, et si quis
actus alius est. Verum enim vero neque hi actus sunt fidei justificantis formales, sed solus, quem supra diximus, actus ille apprehensionis,
receptionis seu applicationis fiducialis et appropriativus. Si namque
oblationem gratiae divinae et meriti Christi et cum his remissionis peccatorum consideraverimus, certe omnes isti actus relationem ad eam
debitam non habent, sed respectu ejus *absoluti* sunt; solus autem actus
apprehensionis fiducialis appropriativus eam ad oblationem habet relationem, ut quod in oblatione offertur, ille apprehendat et recipiat.
‚Inventus sum‘, inquit Dominus, ‚non quaerentibus me.‘ En, Deus
gratiam suam, meritum Christi et remissionem peccatorum offert etiam
non desiderantibus, quaerentibus, petentibus, instantibus, et invenitur
ab his certe per solam fiducialem apprehensionem, qua, quod ultro
offertur, acceptatur. In his mox fides operatur desiderium, precesque
indesinentes pro continuanda semel accepta gratia et remissione peccatorum, licet et hic exsatiari nequeat, nisi firma fiducia promissionem de
perpetua Dei gratia in Scripturis comprehensam applicet.“ (Articulor.
Form. Conc. Repetitio, p. 235.)

OSIANDER: „Fides non justificat, ut est *obedientia et sub praecepto;*
ita enim active se habet, est opus, adeoque legale quid; sed in quantum
recipit, adeoque per modum instrumenti *passivi* concurrit ad justificationem.“ (Colleg. V, 140.)

GERHARDUS: „Quemadmodum annulus, cui inclusa est gemma
pretiosissima, dicitur valere aliquot coronatis, ubi annulus non est
gemma et tamen propter gemmam annulus tanti aestimatur, ita fides,
quae apprehendit Christi justitiam, dicitur nobis imputari ad justitiam,
quippe cujus est organum apprehendens.“ (L. de justif. § 180.)

HOEPFNERUS: „Cum *fides* credenti dicitur *imputari,* vox fidei pertinet ad classem eorum vocabulorum, quae dicuntur μετὰ συμπλοκῆς, id
est, complexa sunt geminumque includunt conceptum. Nam fides h. l.
denotat et *rem creditam,* et *conditionem organi,* nempe fiducialis apprehensionis, qua justitia Christi (nobis non inhaerens, sed eo, quod vice
nostri legi divinae a Christo praestita est, nobis imputabilis) accipitur
et ista receptione fiduciali fit ac a Deo censetur nostra justitia. Proinde imputari fides ad justitiam dicitur, cum justitia aliena, nempe
Christo inhaerens, credenti imputatur, id est, a Deo, e tribunali gratiae
pronunciante, credenti adjudicatur pro justitia propria, non secus ac si
fidelis homo ipse illam justitiam coram Deo valentem praestitisset.
Similis significatus vocis fidei, objectum simul et actum credendi organicum includentis, habetur ad Gal. 3, 23. et 25.: ‚Priusquam venit *fides*‘,
id est, *Christus* fide apprehendendus, sicut paulo ante, nempe v. 9. illius
capitis, dixit apostolus: ‚Donec veniret *semen*‘, id est, Christus, in quo
secundum promissionem gratiae omnes gentes benedictionem adepturae
sint per fidem in illum. Falsa itaque est interpretatio, quod fides pro
actu credendi sumta nobis imputetur, quia imputationis hujus unicum
objectum est justitia. Fides autem est medium, per quod *res imputabilis* ad justitiam seu justifica nobis imputatur.“ (De justificatione
disputationes, pag. 1065.)

CALOVIUS: „Id est, quod ecclesiae nostrae volunt, fidem esse quidem actum nostrum, quum non Deus in nobis credat, sed nos, operante
Deo in nobis, credamus; non autem aestimari in judicio Dei, cum fides
imputatur ad justitiam, ceu actum nostrum atque vel dignitate sua, vel
etiam *exaltatione divina ultra virtutem propriam* id praestare, quod tribuitur, sed qua apprehendit gratiam Dei et meritum Christi; non propter vim apprehensionis aut actum ipsummet nostrum, sed propter objectum apprehensum, ut ita *omnis* dignitas, vis et virtus *unice* transcri-
batur objecto, Christi nempe merito; fides vero hoc ipsum tantum sibi

appropriet, suumque faciat vel potius credenti applicet, ita ut fidelis id
per fidem apprehendat sibique vendicet." (Consider. Arminianismi,
Disp. 13. p. 258.)

OSIANDER: „Paulus inepte disputaret, imo sibi ipsi contradiceret,
si statueret, nos justificari fide *formata*, nec tamen operibus. Nam si
ex formata fide justificamur, utique per opera justificamur partim et
partim ex fide, cum tamen fides in hoc negotio omnibus omnino operi-
ribus opponatur." (Colleg. V, 90.)

CALOVIUS: „Quomodo fides causa esset *impellens* vel impelleret
Deum ad justificandum et praedestinandum credentes, idque virtute
propria, quum fides hic nullam vel *virtutem* vel *activitatem* obtineat, sed
nude tantum *passive* sese habeat et gratiam Dei ac meritum Christi
solummodo recipiat, Deus autem nobis ex gratia illud imputet, ac si
proprium nostrum meritum esset? Magis ergo hic sese passive habet.
homo, recipiens Christum et admittens per fidem, qui per verbum in
cor nostrum sese insinuat, quam active; ut ita opus sit Dei proprie,
non vero nostrum, dum procreatur. Et quicquid est activitatis nostrae
in illa Christi receptione vel gratiae divinae oblatae et collatae apprehensione, *postquam* nempe fides per Sp. S. producta est in cordibus
nostris: id ipsum certe in censum non venit, cum de justificatione
nostra agitur, *adeo ut fides etiam ipsa, quatenus instrumentum est, recte
dicatur opponi non tantum operibus omnibus obedientiae et pietatis, sed
ipsi fidei, qua opus vel actus noster est, ejusque virtuti.* Quod nisi sancte
adseratur, facile Arminiana haeresis de fide ceu qualitate vel opere et.
actu nostro, nos justificante, subrepere potest." (System. X, 632. sq.)

ANTITHESIS.

QUENSTEDTIUS: „*Antithesis:* 1. *Pontificiorum*, contendentium,
fidem non per modum causae organicae seu instrumentalis sive per
modum instrumenti recipientis, sed ut qualitatem ac virtutem aliquam
nostram atque dispositionem nobis inhaerentem justificare, sive fidem
justificare dispositive, quia tanquam initium et prima radix justificationis disponat ac praeparet animum hominis ad accipiendam justitiam,
quod quasi fores aperiat ad spem et caritatem, quae opera sint ad consequendam et comparandam justitiam necessaria, ut inquit Andradius;
vide Bellarminum T. 4. l. 1. de justificat. c. 13., ubi ait: ‚Prima justificationis dispositio ex doctrina Concilii (Tridentini) fides est.‘ Idem
dicit c. 17. ejusd. lib. Idem asserunt, quod fides justificet, illam formam sive vim non habere ex Christo, quem apprehendit et possidet,
sed a caritate nostra. Vide Censuram Coloniensem pag. 92. et 114.
Notanda hic sunt verba D. Calovii, quae habentur T. 10. System. a. 2.
c. 2. qu. 3.: ‚Fides‘, inquit, ‚bifariam a pontificiis consideratur, tum
ante justificationem, atque ita dispositive justificare creditur, quatenus
praecedit et hominem disponit ad habitum justitiae, quam nemini, nisi
qui assensum evangelio praebuerit, infundi ajunt; tum in actu justificationis, ubi formaliter justificare dicitur, quatenus pars aliqua habitus
infusi justitiae vel caritatis statuitur.‘ De priori ait Becanus P. 2.
Theol. Scholast. tr. 4. qu. 3.: ‚Inter dispositiones primum locum tenet
fides, quae est fundamentum et radix salutis et justificationis, ut loquitur Concil. Trident. sess. 6. c. 8.‘ Bellarminus l. 12. de justific. c. 17.
contendit, per fidem imputari remissionem peccatorum et per hoc justificari hominem ex fide, non quia fides tantum respiciat promissionem
et illam credendo apprehendat, sed quia remissionem impetret et suo
quodam modo mereatur. 2. *Socinianorum*, qui etiam inficiantur, fidem
causam justificationis instrumentalem esse. Affirmant autem 1.) fidem
causam adjuvantem et sine qua non justificationis esse. . . 2.) Contendunt, fidem justificantem non esse credere, Christum pro nobis passum, aut fiducialiter ejus meritum sibi applicare, sed sub spe vitae

aeternae Deo obedire, ita ut haec obedientia seu observantia praeceptorum Dei fidei justificantis formam et essentiam absolvat. . . 3. *Arminianorum*, qui fidem justificantem medium et instrumentum nostrae justificationis esse negant et eandem pro conditione aliqua evangelico foedere praescripta habent." (L. c. s. 2. q. 2. f. 789. sq.)

LUTHERUS: „Also ist das Evangelium Gottes und Neue Testament eine gute Märe und Geschrei, in alle Welt erschollen durch die Apostel, von einem rechten David, der mit der Sünde, Tod und Teufel gestritten und überwunden habe, und damit *alle* die, so in Sünden gefangen, mit dem Tode geplagt, vom Teufel überwältigt gewesen, ohne ihr Verdienst erlöset, *gerecht, lebendig und selig* gemacht hat." (Auf das N. T. nach der Edition von A. 1522 u. 1527. XIV, 99.)

CATECHISMUS MAJOR: „Der Schatz ist wohl aufgethan und jedermann für die Thür, ja, auf den Tisch gelegt; es gehört aber dazu, dass du dich sein auch annehmest und gewisslich dafür haltest, wie die Wort geben." (Lib. Conc. p. 504.)

IDEM: „Darum ist hie abermal grosse Noth zu bitten und rufen: Lieber Vater, verlasse uns unsere Schuld. Nicht dass er auch ohne und vor unserm Bitten nicht die Sünde vergebe (denn er hat uns das Evangelium, *darin eitel Vergebung ist, geschenkt*, ehe wir darum gebeten oder jemals darnach gesunnen haben). Es ist aber darum zu thun, dass wir solche Vergebung erkennen und annehmen." (L. c. p. 478.)

FORMULA CONC.: „Weil der Gehorsam der ganzen Person ist, so ist er eine vollkommene Genugthuung und Versühnung des menschlichen Geschlechts, dadurch der ewigen unwandelbaren Gerechtigkeit Gottes, so im Gesetz geoffenbaret, genug geschehen, und also unsere Gerechtigkeit, die für Gott gilt, so im Evangelio geoffenbaret wird, darauf sich ·der Glaube für Gott verlässet, welche Gott dem Glauben zurechnet: wie geschrieben stehet Röm. 5, 19.: ‚Gleichwie durch Eines Menschen Ungehorsam viel Sünder worden sind, also auch durch Eines Gehorsam werden viel gerecht.'" (Artic. 3. Solid. Declar. p. 623.)

GERHARDUS: „Notandum, quod Christus sub tribus potissimum rationibus ad justificationem concurrat: 1. *meritorie*, ipse enim sanctissimo et perfectissimo merito suo *gratiam justificationis nobis impetravit;* 2. *efficienter*, neque enim a peccatis solum, morte ac diabolo nos liberavit et justitiam, quae coram Deo valet, nobis peperit, sed etiam pretiosa ista bona tam care acquisita in verbo evangelii nobis offert et per fidem applicat; 3. *formaliter*, in ipsa applicatione, siquidem nulla alia re coram Deo sumus justi, quam justitia a Christo acquisita et per fidem nobis imputata." (Loc. de justific. § 33.)

IDEM: „Urgemus oppositionem apostoli Rom. 5, 19.: Qui multi peccatores constituti sunt per Adam lapsum, illi etiam multi per Christi justitiam constituti sunt justi, id est, partum illis justitiae beneficium (non enim de applicatione agit apostolus). Jam vero omnes homines per lapsum Adami constituti sunt peccatores, v. 12. et 18. Ergo etiam omnibus per Christum partum est justitiae beneficium." (Loc. de elect. § 118.)

CARPZOVIUS: „Remissio peccatorum duplici modo consideratur. *Semel*, ut a Christo *acquisita* est et in verbo ac sacramentis tanquam bonum divinitus promissum et intentum peccatoribus quaerendum et habendum offertur. *Deinde* vero, prout jam accepta est et per fidem applicata est atque habetur." (Isag. in lib. symbol. p. 208.)

GERHARDUS: „Quomodo Rom. 5, 18. δικαίωμα Christi redundavit in omnes homines in justificationem, cum non omnes justificentur? Resp.: Apostolus non de *applicatione*, sed de *acquisitione* beneficii lo-

quitur. Si ad applicationem descendere velimus, universalitas illa restringenda ad eos, qui Christo per fidem inseruntur." (Annotationes
in ep. ad Rom. p. 177.)

AD. OSIANDER: „Utut diversimode hic locus (2 Cor. 5, 14.) explicetur, evictum tamen est, debere accipi, ac si scriptum esset: Si unus
omnium loco mortuus est, ergo perinde est, ac si *omnes* essent mortui,
morte scil. ea, quam erant meriti. Nec obstat opposita ratio (inde sequi, omnes homines ipso facto fuisse liberatos, cum Christus pro ipsis
fuerit mortuus). Aut enim intelligitur de *acquisitione*, aut de *applicatione;* si prius, utique omnes homines fuerunt actu liberati, cum Christus pro illis fuerit mortuus, pro omnibus solvens pretium; *applicatio*
autem cum fidem involvat et homines distinguantur in fideles et infideles, ideo de applicatione non procedit." (Colleg. th. IV, 167. sq.)

CHR. CHEMNITIUS: „,Multi' in Rom. 5, v. 19., quando dicitur:
,Per inobedientiam ünius hominis peccatores constituuntur multi',
significat totam hominum multitudinem; et in sequentibus itidem totam
hominum multitudinem, si intelligantur *justi constituti* multi respectu
acquisitionis salutis per meritum Christi." (Commentariolus in ep. ad
Rom. p. 86.)

CALOVIUS: „Ut plenius explicetur, quomodo cum Christo vivificati, cum Christo resuscitati, cum Christo in coelestibus constituti
simus in Christo Jesu (Eph. 2, 4—6.), dicendum: quod id factum sit
tum *ratione meriti*, quod ipso ceu mediatore et redemtore nostro vivificato, resuscitato et in coelestibus collocato nos vivificati cum ipso
simus et resuscitati cum ipso et in coelestibus cum ipso collocati. Quia
ipse nobis ceu mediator et redemtor noster id promeruit, cum ipse tanquam vas et sponsor noster pro nobis in mortem traditus est, quod
perinde est, ac si nos mortem subiissemus, ideoque resuscitato ipso e
morte nos resuscitati sumus, non secus, atque praestita satisfactione a
sponsore non solum *hic* liber est, sed etiam *ille*, cujus sponsorem se dederat. Tum *ratione applicationis*, quod fide apprehendamus, nobisque
applicemus meritum Christi et satisfactionem, atque ea ratione *actu*
spiritualiter vivificamur et a morte peccati excitamur, ut πολίτευμα
nostrum in coelis habeamus, vivificandi etiam ac resuscitandi olim ad
alteram coelestem vitam." (Bibl. illustr. ad Ephes. 2, 4—6. Tom. II.
N. T. f. 675.)

J. WANDALINUS: „Finis primarius" (resurrectionis Christi) „est,
ut suam de morte victoriam et plenariam satisfactionem (nam non
exivisset, nisi ultimum pro nobis solvisset quadrantem, Matth. 5, 36.),
adeoque *nostram justificationem declararet*. Ideo dicitur Rom. 4, 25.:
,Jesus, Dominus noster, suscitatus fuit ad nostri justificationem', et
2 Tim. 1, 10.: ,Servator noster Jesus Christus et mortem abolevit et
vitam atque immortalitatem in lucem produxit.'" ('Υποτύπωσις sanor.
verb. Havniae, 1703. p. 116. sq.)

J. J. RAMBACHIUS: „Christus wurde in seiner Auferstehung zuvörderst selbst für seine Person gerechtfertiget, Jes. 50, 5. 1 Tim. 3, 16., da
die Gerechtigkeit Gottes declarirte, dass sie von diesem unseren Bürgen vollkommen bezahlet und befriediget sei, und ihm gleichsam eine
Quittung darüber ausstellete, und das geschah in seiner Auferstehung,
da er aus seinem Schuldthurme gelassen und auf freien Fuss gestellet
wurde. Da nun aber der *Bürge* gerechtfertigt worden, *so sind in ihm*
auch alle Schuldner mit gerechtfertigt worden." (Ausführliche Erklärung der Ep. an die Römer, p. 322.)

IDEM: „Da Christus ist auferstanden, ist er nicht allein für sich
auferstanden, sondern auch meritorie; alle diejenigen sind mit erstan-
den, deren vicem er im Tode vertreten. Atqui omnis etc. etc. Ergo
omnes. In der Rechtfertigung aber tritt der Mensch ein in diese Gemeinschaft und wird aller Früchte der Auferstehung theilhaftig."
(Erläuterung der Grundlegung der Theologie, p. 328.)

G. Conr. Riegerus: „Mit und in Christo sind zugleich gerechtfertigt worden alle Menschen. Solches erhellet zuvörderst aus der
Verbindung und Beziehung, die Christus unsertwegen vor göttlichem
Gericht gehabt hat, nemlich als eines *Bürgen. . .* Ist Er losgelassen,
so sind wir mit ihm losgelassen. . . Wie wir in Adam alle sind des
ewigen Todes schuldig und verdammt worden, also sind wir alle in
Christo gerechtfertigt und vom Urtheil des ewigen Todes losgesprochen
worden. Wie das Urtheil des Todes und der Verdammniss über Adam
ausgesprochen uns alle mit betroffen hat, weil Adam uns alle vor Gott
vorstellte, so betrifft die Lossprechung, die über Christum durch seine
Auferstehung geschehen ist, uns alle mit, weil Christus uns eben auch
alle vorgestellt hat. Was Christo unserem Mittler widerfahren, das
wird auch so angesehen, als wäre es uns selbst widerfahren. . . Welches auch mit deutlichen Sprüchen der heiligen Schrift bestätiget wird.
So sagt Paulus Ephes. 2, 5. 6.: ‚Gott hat uns, da wir todt waren in
Sünden, mit Christo auferwecket‘; sonderlich spricht er Röm. 5, 18.:
‚Wie durch Eines Sünde die Verdammniss über alle Menschen gekommen ist, also ist auch durch Eines Gerechtigkeit die Rechtfertigung des
Lebens über alle Menschen kommen.‘ . . Wir sind alle mit dem sterbenden Adam gestorben, wir sind alle mit dem gerechtfertigten Christo
gerechtfertigt worden. Wie im Tode der Gerechte für die Ungerechten gestorben, also in der Auferstehung ist der Gerechte, der keiner
Rechtfertigung des Lebens für sich nöthig gehabt, gerechtfertigt für
uns Ungerechte, und also wir mit ihm gerechtfertigt. . . Was bisher
ist gesagt worden, das gilt von der *Erwerbung,* jetzt muss es auch von
einem jeden ergriffen und genutzt werden. . . Der Glaube ergreift alsdenn für sich insonderheit, was allgemein erworben ist.“ (Herzens-
Postille. Predigt am 1. heil. Ostertage, p. 653. sqq.)

Ph. D. Burkius: „Zwar ist nicht zu leugnen, dass die Schrift an
manchen Orten von der *Rechtfertigung* als einer *allgemeinen* Gnaden-
wohlthat Gottes über alle Menschen redet; z. Ex. Röm. 5, 18.: ‚Durch
Eines Gerechtigkeit ist die Rechtfertigung des Lebens *über alle Menschen* gekommen.‘ Item 2 Cor. 5, 19.: ‚Gott versöhnte die *Welt* mit
ihm selber und rechnete ihnen ihre Sünde nicht zu.‘ Und ein Zeuge
der Wahrheit hat in allewege das Evangelium also zu treiben, dass er
den allgemeinen Gnadenantrag Gottes an alle Menschen sein Haupt-
werk sein lasse. Und eine jede Seele, die zum Glauben kommen soll,
muss den Grund in der Erkenntniss dieser allgemeinen Rechtfertigung
über alle Menschen legen.“ (Die Rechtfertigung. Stuttg. 1763. p. 62. sq.)

Cf. quae dicta sunt supra P. III, c. 2. sect. 2. § 5. d. p. 94. c. 3.
§ 1. a. p. 134. sq.

b) Ita dicimur justificari *fide, ex fide, per fidem, Rom. 3, 28. et 30.
Gal. 3, 24.* Quando autem de *fide* dicitur in casu recto, quod *justificet,*
locutio videtur esse *metonymica.* Non enim sensus est, fidem absolvere
hominem a peccatis et reputare eum justum, sed dicitur *fides justificare,*
quia ejus intuitu Deus nos justos reputat, seu, quia fides (non sua quidem, sed meriti Christi dignitate) Deum movet, ut nos justificet.
Vid. b. *Mus.* Disp. cit. de Justif. § 38.

H. Kromayerus: „Non propter fidem, sed per fidem justificamur.
. . . Si qui forsan ex theologis orthodoxis usi fuerunt his locutionibus:
ob fidem vel *propter* fidem habemus justificationem, particulam ‚ob‘
latioris significationis loco praepositionis ‚per‘ usurparunt; *propter*
fidem autem nos justificari dicentes, fidem, quatenus cum objecto suo,
Christi scl. merito, concrescit, intellexerunt et propter hujus dignitatem fidem tanti fecerunt. Licet autem non *propter fidem* in se con-
sideratam justificemur et salvemur, *propter incredulitatem* tamen dam-

namur. Haec enim damnationem meretur, fides autem nihil meretur, sed tantum est medium vel instrumentum, quo Christi justitia fit nostra." (Th. posit.-pol. II, 376.)

IDEM: "Fides nec qualificative, ut virtus est, nec quantitative, ut magna vel parva est, sed relative, ut ad Christum, tanquam objectum suum, refertur ipsumque respicit, in articulo justificationis consideratur." (L. c.)

IDEM: ",Fides elevata deprimenda.' Videntes professores quidam Juliani, nominatim *Georg. Calixtus*, justificationem nostram fidei passim in sacris adscribi, eandem in comparatione ad reliqua opera *elevari* (vel extolli) et ad justitiam imputari nobis, statuit. Verumenimvero, licet in scripturis, ut Rom. 4, 5., phrasis haec legatur: ,fidem ad justitiam imputari', secundum analogiam fidei tamen esset explicanda. Distinguens in eodem capite Paulus inter imputationem secundum gratiam et secundum debitum viam interpretandi phrasin hanc nobis monstrat. Fides nimirum, quae alias in se considerata est admodum languida, *concretive* sumitur, quatenus cum objecto, quod apprehendit, Christi merito, concrescit." (L. c. p. 377.)

c) De cujus natura vid. cap. praeced. III.

§ 10.

Praeter hanc vero fidem aliud *nihil*[a] *nostra* parte[b] pro causa justificationis[c] haberi potest.

a) Vid. *Rom. 3, 28. Gal. 2, 16. Rom. 3, 2—6.*, ubi Paulus *fidem* operibus quibuslibet, non solum, quae juxta legem naturae ex viribus naturae fiunt, sed in genere *operibus* legis, quae ad praescriptum legis quibuscunque viribus fiunt, in hoc contradistinguit, quod per *illam* homo *justificetur*, per *haec non* item. Unde recte dicitur, *fidem solam justificare*, seu fidem ex parte nostra esse id, cujus intuitu Deus nos justificet, et quicquid non est ipsa fides (etsi cum fide conjunctum sit), id a nostra parte pro justificationis causa haberi non debere. Conf. b. *Mus.* Disp. cit. de Justif. § 38. et Tract. de Eccles. P. II. Disp. V. § 56. p. 377. sqq. § 75. sqq. p. 395. sqq. Vindic. Bibl. Gloss. contra Erberm. Disp. II. § 18. sqq. p. 96. sqq.

APOLOGIA A. C.: "Remissio peccatorum est res *promissa* propter Christum. Igitur non potest accipi, nisi sola fide. Nam promissio accipi non potest, nisi sola fide. Rom. 4, 13.: ,Ideo ex fide, ut sit firma promissio, secundum gratiam'; quasi dicat: si penderet res ex meritis nostris, incerta et inutilis esset promissio, quia nunquam constituere possemus, quando satis meriti essemus. Idque facile intelligere queunt peritae conscientiae." (Art. 4. p. 102.)

FORM. CONC.: "Wir gläuben, lehren und bekennen, dass zu Erhaltung reiner Lehre von der Gerechtigkeit des Glaubens für Gott über den particulis exclusivis, das ist, über nachfolgende Wort des heiligen Apostels Pauli, dadurch der Verdienst Christi von unsern Werken gänzlich abgesondert und Christo die Ehre allein gegeben, mit besonderm Fleiss zu halten sei, da der heilige Apostel Paulus schreibt: Aus Gnaden, ohne Verdienst, ohne Gesetz, ohne Werk, nicht aus den Werken, welche Worte alle zugleich so viel heissen als allein durch den Glauben an Christum werden wir gerecht und selig." (Art. 3. Epit. p. 529.)

LUTHERUS: „Ich habe eure Schrift empfangen mit den zwo Quä-
stionen oder Fragen, darin ihr meines Berichts begehrt; erstlich,
warum ich zun Römern am 3. Cap. die Worte St. Pauli: ‚Arbitramur,
hominem justificari ex fide absque operibus‘, also verdeutscht habe:
‚Wir halten, dass der Mensch gerecht werde ohne des Gesetzes Werk,
allein durch den Glauben‘. Und zeigt daneben an, wie die Papisten
sich über die Massen unnütze machen, weil im Text Pauli nicht stehet
das Wort sola, allein, und sei solcher Zusatz von mir nicht zu leiden in
Gottes Worten u. s. w. . . Ich habe hie Röm. 3. fast wohl gewusst, dass
im lateinischen und griechischen Text das Wort solum nicht stehet,
und hätten mich solches die Papisten nicht dürfen lehren. Wahr ists,
diesé vier Buchstaben, sola, stehen nicht drinnen, welche Buchstaben
die Eselsköpf ansehen, wie die Kuh ein neu Thor. Sehen aber nicht,
dass gleichwohl die Meinung des Textes in sich hat, und wo mans will
klar und gewaltiglich verdeutschen, so gehöret es hinein. Denn ich
habe Deutsch, nicht Lateinisch noch Griechisch reden wollen, da ich
Deutsch zu reden im Dolmetschen vorgenommen hatte. Das ist aber
die Art unsrer deutschen Sprache, wenn sich eine Rede begibt von
zweien Dingen, der man eins bekennet, und das andere verneinet, so
braucht man des Worts solum (allein) neben dem Wort ‚nicht oder
kein‘. Als wenn man sagt: Der Bauer bringt allein Korn, und kein
Geld. Nein, ich habe wahrlich jetzt nicht Geld, sondern allein Korn.
Ich habe allein gegessen, und noch nicht getrunken. Hast du allein
geschrieben, und nicht überlesen? Und dergleichen unzählige Weise
im täglichen Brauch. In diesen Reden allen, obs gleich die lateinische
oder griechische Sprache nicht thut, so thuts doch die deutsche, und
ist ihre Art, dass sie das Wort ‚allein‘ hinzu setzt, auf dass das Wort
‚nicht oder kein‘ desto völliger und deutlicher sei. Denn wiewohl ich
auch sage: Der Bauer bringt Korn und kein Geld, so lautet doch das
Wort ‚kein Geld‘ nicht so völlig und deutlich, als wenn ich sage: Der
Bauer bringt allein Korn und kein Geld; und hilft hie das Wort ‚allein‘
dem Wort ‚kein‘ so viel, dass es eine völlige deutsche klare Rede wird.
Denn man muss nicht die Buchstaben in der lateinischen Sprache fragen, wie man soll deutsch reden, wie diese Esel thun; sondern man
muss die Mutter im Hause, die Kinder auf der Gasse, den gemeinen
Mann auf dem Markt drum fragen, und denselbigen auf das Maul sehen,
wie sie reden, und darnach dolmetschen, so verstehen sie es denn, und
merken, dass man deutsch mit ihnen redet. . . Aber nun habe ich nicht
allein der Sprachen Art vertrauet und gefolget, dass ich Rom. 3.
(V. 28.) solum (allein) habe hinzu gesetzt; sondern der Text und die
Meinung St. Pauli fordern und erzwingens mit Gewalt. Denn er handelt ja daselbst das Hauptstück christlicher Lehre, nämlich, dass wir
durch den Glauben an Christum, ohne alle Werke des Gesetzes, gerecht
werden, und schneidet alle Werke so rein ab, dass er auch spricht, des
Gesetzes (das doch Gottes Gesetz und Wort ist) Werke nicht helfen
zur Gerechtigkeit. Und setzt zum Exempel Abraham, dass derselbige
sei so gar ohne Werke gerecht worden, dass auch das höchste Werk,
das dazumal neu geboten ward von Gott, vor und über allen andern
Gesetzen und Werken, nämlich die Beschneidung, ihm nicht geholfen
habe zur Gerechtigkeit, sondern sei ohne die Beschneidung und ohne
alle Werke gerecht worden durch den Glauben, wie er spricht Kap. 4.
(V. 2.): Ist Abraham durch Werke gerecht worden, so mag er sich
rühmen, aber nicht vor Gott. Wo man aber alle Werke so rein ab-
schneidet, da muss ja die Meinung sein, dass allein der Glaube gerecht mache. Und wer deutlich und dürre von solchem Abschneiden
der Werke reden will, der muss sagen: allein der Glaube, und nicht
die Werke, machen uns gerecht. Das zwinget die Sache selbst neben
der Sprachen Art. Ja, sprechen sie, es lautet ärgerlich, und die Leute
lernen daraus verstehen, dass sie keine gute Werke thun dürfen. Lieber, was soll man sagen, ists nicht viel ärgerlicher, dass St. Paulus

selbst nicht sagt, allein der Glaube, sondern schüttets wohl gröber heraus, und stosset dem Fass den Boden aus, und spricht, ohne des Gesetzes Werke? Und Galat. 1. (2, 16.): Nicht durch die Werke des Gesetzes, und dess viel mehr an andern Orten. Denn das Wort ‚allein
der Glaube‘ möchte noch eine Glosse finden; aber das Wort ‚ohne
Werke des Gesetzes‘ ist so grob, ärgerlich, schändlich, dass man mit
keiner Glosse helfen kann. Wie viel mehr möchten hieraus die Leute
lernen keine gute Werke thun, da sie hören mit so dürren starken
Worten von den Werken selbst predigen: keine Werke, ohne Werke,
nicht durch Werke. Ist nun das nicht ärgerlich, dass man ‚ohne
Werke, keine Werke, nicht durch Werke‘ predigt, was sollts denn
ärgerlich sein, so man diess ‚allein der Glaube‘ predigt. Und das noch
ärgerlicher ist, St. Paulus verwirft nicht schlechte gemeine Werke, sondern des Gesetzes selbst. Daraus möchte wohl Jemand sich noch
mehr ärgern, und sagen, das Gesetz sei verdammt und verflucht vor
Gott, und man solle eitel Böses thun, wie die thäten Roman. 3. (v. 8.):
Lasst uns Böses thun, auf dass es gut werde; wie auch ein Rottengeist
zu unserer Zeit anfing. Sollte man um solcher Aergernisse willen
St. Paulus Wort verleugnen, oder nicht frisch und frei vom Glauben
reden? Lieber, eben St. Paulus und wir wollen solch Aergerniss haben,
und lehren um keiner andern Ursache willen so stark wider die Werke,
und treiben allein auf den Glauben, dass die Leute sollen sich ärgern,
stossen und fallen, damit sie mögen lernen und wissen, dass sie durch
ihre guten Werke nicht fromm werden, sondern allein durch Christus
Tod und Auferstehen. Können sie nun durch gute Werke des Gesetzes
nicht fromm werden, wie viel weniger werden sie fromm werden durch
böse Werke, und ohne Gesetz? Darum folget es nicht: gute Werke
helfen nicht; darum helfen böse Werke. Gleich als nicht fein folgt:
die Sonne kann dem Blinden nicht helfen, dass er sehe; darum muss
ihm die Nacht und Finsterniss helfen, dass er sehe. Mich wundert
aber, dass man sich in dieser öffentlichen Sache so mag sperren. Sage
mir doch, ob Christus Tod und Auferstehen unser Werk sei, das wir
thun, oder nicht? Es ist ja nicht unser Werk, noch einiges Gesetzes
Werk. Nun macht uns ja allein Christus Tod und Auferstehen frei von
Sünden, und fromm, wie Paulus sagt Rom. 4. (v. 25.): Er ist gestorben um unserer Sünde willen, und auferstanden um unserer Gerechtigkeit willen. Weiter sage mir, welches ist das Werk, damit wir Christus Tod und Auferstehen fassen und halten? Es muss ja kein äusserlich Werk, sondern allein der einige Glaube im Herzen sein; derselbige
allein, ja gar allein, und ohne alle Werke, fasset solchen Tod und Auferstehen, wo es gepredigt wird durchs Evangelion. Was ists denn nun,
dass man so tobet und wüthet, ketzert und brennet, so die Sache im
Grunde selbst klärlich da liegt und beweiset, dass allein der Glaube
Christus Tod und Auferstehen fasse ohne alle Werke, und derselbige
Tod und Auferstehen sei unser Leben und Gerechtigkeit? So es denn
an ihm selbst öffentlich also ist, dass allein der Glaube uns solch Leben
und Gerechtigkeit bringet, fasset und gibt; warum soll man denn nicht
auch also reden? Es ist nicht Ketzerei, dass der Glaube allein Christum fasset und das Leben gibt; aber Ketzerei muss es sein, wer solches sagt oder redet. Sind sie nicht toll, thöricht und unsinnig? Die
Sache bekennen sie für recht, und strafen doch die Rede von derselbigen Sache für unrecht. Einerlei zugleich muss beide recht und
unrecht sein. Auch bin ichs nicht allein, noch der erste, der da sagt,
allein der Glaube macht gerecht; es hat vor mir Ambrosius, Aug. und
viele Andere gesagt. Und wer St. Paulum lesen und verstehen soll,
der muss wohl so sagen, und kann nicht anders; seine Worte sind zu
stark, und leiden kein, ja gar kein Werk. Ists kein Werk, so muss der
Glaube allein sein. O wie sollte es so gar eine feine, besserliche, un-
ärgerliche Lehre sein, wenn die Leute lernten, dass sie neben dem
Glauben auch durch Werke fromm möchten werden. Das wäre so viel

gesagt, dass nicht allein Christus Tod unsere Sünde wegnähme, sondern unsere Werke thäten auch etwas dazu. Das hiesse Christus Tod fein geehret, dass unsere Werke ihm hülfen, und könnten das auch thun, das er thut, auf dass wir ihm gleich gut und stark wären. Es ist der Teufel, der das Blut Christi nicht kann ungeschändet lassen. Weil nun die Sache im Grunde selbst fordert, dass man sage, allein der Glaube macht gerecht, und unserer deutschen Sprache Art, die solches auch lernt also auszusprechen, habe dazu der heiligen Väter Exempel, und zwinget auch die Gefahr der Leute, dass sie nicht an den Werken hangen bleiben, und des Glaubens fehlen, und Christum verlieren, sonderlich zu dieser Zeit, da sie so lange her der Werke gewohnet, und mit Macht davon zu reissen sind: so ists nicht allein recht, sondern auch hoch vonnöthen, dass man aufs Allerdeutlichste und Völligste heraussage, allein der Glaube ohne Werke macht fromm." (Ein Sendbrief vom Dolmetschen u. s. w. 1530. Luther's Sämmtliche Werke. Erlangen. Band 65, p. 104. 109. sq. 115—118.)

H. KROMAYERUS: „Quantumvis *exclusiva* in c. 3. ep. ad Rom. v. 28., ubi Lutherus eam in versione sua germanica posuit, κατὰ τὸ γράμμα non inveniatur, partim tamen ex oppositione, partim ex aliis scripturae locis probari potest. Oppositio tum in hoc, tum in aliis scripturae locis pluribus habetur. Loca parallela si conferimus, in ep. Gal. 2, 16. voces ἐὰν μὴ, nonnisi fide, quoad totidem apices leguntur. Marc. 5, 36. particula μόνον habetur, cum salvator ad principem synagogae dicit: Μόνον πίστευε, i. e., tantum crede." (Th. posit.-pol. II, 374.)

IDEM: „Notandum circa propositionem hanc exponibilem, quae ad classem exclusivarum a logicis refertur: ‚Fides *tantum* justificat‘, eandem a quibusdam nostratium pro exclusiva *subjecti*, a quibusdam pro exclusiva *praedicati* haberi. Qui ad exclusivam *praedicati* referunt, propositionem hanc ita resolvunt: Fides est, quae tantum justificat. Verumenimvero propius ad veritatis aequilibrium videntur accedere, qui ad exclusivam *subjecti* referunt. Non enim plura *praedicata* per exclusivam istam a participatione subjecti excluduntur, quia de fide longe plura praedicari possunt, quam justificatio, v. 9. quod Deo placeat, quod a Sp. S. accendatur, quod meritum Christi apprehendat, quod per caritatem sit efficax; sed plura *subjecta* potius a participatione praedicati excluduntur. Nihil enim est ex parte nostra, de quo justificatio dici et praedicari queat, quam fides, ut recte cum logicis elegantioribus notat dominus D. Hoepfnerus in disp. sua prima de justif. Si quis verbum et sacramenta, de quibus etiam justificatio dici potest, objiciat, canonem istum logicum reponimus: Exclusiva non excludit concomitantia." (Th. posit.-pol. I, 660.)

QUENSTEDTIUS: „Bellarminus l. l. de justif. c. 12.: ‚Si‘, inquit, ‚fides sola justificaret, id etiam faceret, si esset sola absque dilectione, et hoc modo fidem etiam mortuam justificare, quia fides sine operibus sit res mortua.‘ Resp.: 1. Fides justificat virtutibus illis absentibus *quoad actum* justificationis seu causae, quia proprium fidei officium est et actus proprius, applicare meritum Christi. Non autem justificat illis absentibus *quoad existentiam* seu actum effectum. 2. Idem est, ac si dicerem: Solus oculus videt, ergo etiam videt, si solus sit et revulsus a capite. Non sequitur; nam soli quidem oculo adscribitur visio, attamen non separato a reliquis corporis membris, quia tunc neque proprie oculus est. Ita fidei soli adscribitur justificatio, non tamen avulsae a caeteris pietatis studiis. Quoties Scriptura justificationem nostram tribuit fidei, sic intelligitur illa fides, quae non sola est, sed viva et per caritatem efficax, ut tamen caritas sit nota, adjunctum et consequens necessarium fidei justificantis, non vero concausa justificationis et quae socialiter cum fide concurrat ad justificationem. Sola fides apta nata est ad apprehensionem imputatae nobis justitiae Christi et remissionis peccatorum in sanguine ipsius, in qua nostra coram Deo justificatio sita 'est, et cum legis opera removeantur a justificatione ex fide, ab eadem etiam debet removeri caritas, quae legis est complementum, Rom. 13, 10." (L. c. s. 2. q. 7. f. 804.)

HOLLAZIUS: ,,Instantia: Quaecunque fides nunquam est sola, illa nuncquam sola justificat. Fides justificans nunquam est sola, ergo. Resp.: Neg. maj. et dist. inter fidei existentiam et officium seu ἐνέργειαν et vim justificam. Fides justificat sola, tametsi nunquam sit sola, sed cum caritate, spe et aliis internis motibus conjuncta. Sic solus intelligit intellectus, licet cum voluntate sit conjunctus; soli vident oculi, quamvis ipsis coexistant aures et nares; solus sapor pomi afficit gustum, quantumvis ipsum comitetur odor et color ejusdem pomi." (Exam. P. III. s. 1. c. 8. q. 9. p. 908.)

GERHARDUS: ,,Fides, quatenus justificat, *sola* ad illum actum *concurrit;* interim ipsa fides justificans non *est* sola, multo minus cum vitiis, h. e., peccatis contra conscientiam, consistit, quomodo ergo cum vitiis justificaret? Agere praesupponit esse; fides vera non consistit cum vitiis, ergo non justificat cum vitiis." (L. de justif. § 175.)

b) Nam gratiae divinae et merito Christi fides non opponitur, sed subordinatur. Vid. *Rom. 3, 24. 25.*

QUENSTEDTIUS: ,,Particula exclusiva ‚sola' in hac propositione: ‚Sola fides justificat', non excludit diversa causarum genera, sed eadem subordinat. Non enim 1. opponitur *gratiae Dei* seu, quod idem est, gratuito Dei favori, justificationis causae efficienti principali; 2. non *merito Christi*, causae ejusdem meritoriae; nec 3. *verbo et sacramentis,* quae causae instrumentales justificationis nostrae a parte Dei offerentis et dantis sunt; sed *nostris operibus*, utpote quae hac propositione excluduntur; sicut propositio haec: ‚Fides sola justificat', aequipolleat huic: Fides absque operibus justificat." (L. c. s. 2. q. 7. f. 795.)

GRAUERUS: ,,Plures quidem sunt causae *instrumentales* justificationis, nempe praedicatio verbi et sacramenta, per quas beneficia Christi nobis offeruntur; sed tamen est unica causa instrumentalis *apprehendens.* Ex quibus apparet, quo sensu dicatur a nostris ecclesiis, nos sola fide justificari, nempe sola fide tanquam causa instrumentali apprehendente. Manet tamen simul verum, quod *sola Christi obedientia* justificemur, nempe tanquam causa *meritoria;* manet et hoc verum, quod *sola misericordia Dei* justificemur, nempe tanquam causa *originali* et προκαταρκτικῇ. *Atque sic 'in quolibet genere causarum justificationis particula ‚sola' adhiberi seu usurpari potest sano sensu,* ut nulla fiat prorsus contradictio. Omnes hae tres causae comprehenduntur in usitatissimo illo Christi dicto Joh. 3.: ‚Sic Deus dilexit mundum' etc." (Grauerus redivivus, h. e., praelection. in A. C. p. 690. sq.)

c) *Sive* tantumdem conferre dicatur ad justificationem, quantum fides confert, *sive* aliquanto minus.

FORM. CONC.: ,,Demnach verwerfen und verdammen wir alle nachfolgende Irrthum: . . . 11. Dass der Glaube nicht rechtfertige ohne die guten Werke, also, dass die guten Werke nothwendig zur Gerechtigkeit erfordert, ohne derselben *Gegenwärtigkeit* der Mensch nicht gerechtfertigt werden könne." (Epitom. art. 3. p. 529. sq.)

C. LOESCHERUS: ,,Alia est operum *praesentia*, et alia eorum *operatio sive influxus* in effectum. Vera enim fides semper (ergo etiam in opere justificationis et glorificationis) secum habet bona opera, quae ipsi praesentissima sunt; at vero ut opera ea simul cum fide in justificationem influant, necesse non est; quemadmodum manus verberans praesentem secum habet calorem et colorem, qui tamen in effectum verberationis neutiquam coinfluunt aut aliquid ejus efficiunt." (Th. thet. Witeberg. 1701. p. 263.)

H. Kromayerus: ,,Sola fides justificat, sed solitaria non existit.'' (Th. posit.-pol. II, 374.)

Form. Conc.: ,,Manet, quod Lutherus recte dicit: ,Bene conveniunt et sunt connexa inseparabiliter fides et opera; sed *sola fides* est, quae *apprehendit* benedictionem sine operibus, *et tamen nunquam est sola.''* (Solid. Declar. Art. 3. p. 619.)

Eadem: ,,Aber hier muss mit sonderm Fleiss darauf gar gute Acht gegeben werden, wenn der Artikel der Rechtfertigung rein bleiben soll, dass nicht dasjenige, was vor dem Glauben hergehet, und was demselben nachfolget, zugleich mit in den Artikel der Rechtfertigung, als darzu nöthig und gehörig, eingemenget oder eingeschoben werde, weil nicht eins oder gleich ist von der Bekehrung und von der Rechtfertigung zu reden. Denn nicht alles, was zur Bekehrung gehöret, auch zugleich in den Artikel der Rechtfertigung gehöret, in und zu welchem allein gehöret und vonnöthen ist Gottes Gnade, der Verdienst Christi, der Glaube, so solches in der Verheissung des Evangelii annimmet, dadurch uns die Gerechtigkeit Christi zugerechnet wird, daher wir erlangen und haben Vergebung der Sünden, Versühnung mit Gott, die Kindschaft und Erbschaft des ewigen Lebens.'' (Art. 3. Sol. Declar. p. 615.)

Gerhardus: ,,Quod pontificii disputant, *gratiam* Dei tribuere nostris operibus vim justificandi, cum merito Christi concurrere operum nostrorum merita, illud ἄτερ γραφῆς asseritur nec convenit cum oppositionibus apostolicis inter gratiam et opera, inter credere et operari.'' (L. c. § 152.)

Idem: ,,Derogatur Abrahae justificatio ex operibus; jam vero tempore Abrahae leges ceremoniales nondum erant latae: ergo non possunt intelligi opera juxta leges ceremoniales facta... Si operibus accepta ferenda esset justitia, quomodo opera legis ceremonialis excluderentur, cum ceremoniarum observatio, ad primam decalogi tabulam pertinens, divini cultus pars fuerit non postrema?'' (L. de justif. § 151.)

Quenstedtius: ,,Disting. Luc. 7, 47. inter causam et effectum. Christus ad Simonem de Maria dicit: ,Remissa ei peccata multa, nam dilexit multum.' Hinc pontificii caritatis meritum inferunt, cum tamen satis manifeste liqueat, remissionem peccatorum causam fuisse et non effectum dilectionis. Lysis: Quia h. l. non est causa, cur res sit, sed causa, cur cognoscatur, non est causa consequentis, sed consequentiae, qualis est deductio ex praemissis. Sic dicimus: Ibi est ignis, quia est fumus, cum tamen fumus non est causa ignis. Sic ancilla dicebat Petro: ,Tu es Galilaeus, quia sermo tuus te prodit.' Sermo ille non erat causa, cur Petrus esset Galilaeus, sed indicium. Adeoque Christus non a dilectione ad peccatorum remissionem argumentatur, tamquam a causa ad effectum, sed potius ab effectu ad causam antegressam declarandam ratiocinando progreditur. Causam vero remissionis peccatorum ipse indicat subjiciens: ,Fides tua te salvam fecit', v. 50. Particula itaque ὅτι non est causalis, sed ratiocinativa, sive non notat causam rei, sed conclusionis. Idem respondendum ad locum 1 Joh. 3, 14.'' (L. c. s. 2. q. 7. f. 802. sq.)

Huelsemannus: ,,Dictum apostoli ad Rom. 10, 10.: ,Corde creditur ad justitiam, ore fit confessio ad salutem', nequaquam significat, *confessionem oris vel quodcunque aliud bonum opus*, contradistinctum fidei cordis, necessarium esse ad salutem, sive tanquam causam sine qua non, sive tanquam medium causale, sive tanquam meritum analogum, congruum aut condignum; neque significat, *salutem* distinctas causas habere a causis *justitiae* impetrandae, aut ad *justitiam* consequendam sufficere quidem solam fidem cordis, ad *salutem* autem consequendam requiri praeter fidem cordis etiam confessionem oris... Quoad significatum particulae *ad* manifestum est, eo qualemcunque

analogiam unius ad alterum notari, non causam, ut Phil. 1, 19.:
‚Tribulatio prodest ad salutem‘, 2 Cor. 7, 10. 2 Thess. 2, 11. Luc. 1,
35. Rom. 3, 26. Joh. 11, 4.: ‚Morbus non est ad mortem, sed ad gloriam Dei‘, aliisque locis infinitis, . . . unde sequitur, modum cohaesio-
nis, quo salus cohaeret cum confessione oris, quo justitia cohaeret cum
fide cordis, aliunde determinandum esse. . . Vera igitur solutio hujus
dicti ad Rom. 10. haec est: 1. Quod apostolus per confessionem oris
h. l. non intelligit confessionem laudis et gratitudinis, quae proprie
bonum opus dicitur, sed confessionem agnitionis et notitiae, i. e.,
signum acquisitae de Christo notitiae, quod probatur ex loco allegato
Deut. 30, 14.: ‚Prope est illud verbum in ore tuo et in corde tuo.‘ . . .
2. Quod apostolus consecutionem salutis et justitiae non voluerit partiri inter confessionem oris et fidem cordis tanquam distinctos effectus
distinctarum causarum, sed quod confessionem oris et fidem cordis
tanquam nudum *signum* notitiae et fidei praesentis allegaverit, ex occasione dicti Mosaici, quod antecedit, vel ex eo patet, quod in declaratione sententiae suae v. 11. et 13. salutem et gloriam aeternam atque
aversionem ignominiae aeternae soli fidei tribuit, quando per particulam ratiocinativam γὰρ v. 11.: ‚Dicit *enim* Scriptura: Quicunque credit‘ etc., rationem reddit, cur v. anteced. 10. dixisset, corde credi ad
justitiam, ore fieri confessionem ad salutem, quia nempe ex fide omnis
justitia et salus sit. Ex his, inquam, testimoniis, quibus apostolus
dictum v. 10. comprobat et salutem soli fidei tribuit, apparet, quod *confessionem* oris non tanquam *concausam* salutis posuerit, sed tanquam
signum verae causae . . . Ebr. 12, 14. Norunt pueri, praepositionis
cum aliquo et *per* aliquid non esse eandem vim. Quomodo non sequitur: Deum nemo videbit sine gaudio, diabolum sine terrore, ergo
gaudium est causa sine qua non videndi Deum, terror est causa sine
qua non videndi diabolum. *Attributa* sunt videntis, non *causae* nec
media videndi Deum, diabolum, quomodo damnati dicuntur visuri
justos cum magna confusione, Sap. 5, 2., quomodo crucifixores Christi
dicuntur visuri eum, quem confoderunt, cum magna consternatione,
Zach. 12, 10., atque ejusmodi sunt infinita. Particula autem *sine* cum
sit indefinita et vi indefinitudinis neget solum attributum, quemadmodum opposita particula *cum* ponit solum attributum, non autem est
nota causae, quod ex logicis addiscitur, particulae enim *ex*, *per*, *a* sunt
notae causales: ideo finiendum seu determinandum est ex σχέσει seu
habitudine, quae est inter subjectum et praedicatum, quod per particulam *sine* vel *cum* separantur vel connectuntur, ut e. g., quando Rom.
3, 28. dicitur: ‚Justificamur χωρὶς ἔργων, sine operibus‘; Ebr. 11, 22.:
‚Sine effusione sanguinis non fit remissio peccatorum‘; et rursus ibidem v. 28.: ‚Christus in secundo adventu videbitur χωρὶς ἁμαρτίας, sine
peccato‘; Ebr. 2, 6.: ‚Sine fide impossibile est placere Deo‘, manifestum sit, non esse utrobique particulae idem significatum, sed hoc
demum eruendum esse ex σχέσει, quam extrema, teste Scriptura Sacra,
inter se habent. Testatur autem Spiritus S., sanctimoniam et quaecunque alia sanctimoniae opera ad salutis aeternae acquisitionem non
habere ullam σχέσιν medii causalis, sive principalis sive minus principalis, eod. l. ad Rom. Unde relinquitur, ex sola particula *sine* nihil
omnino sequi, nisi solius attributi negationem, quemadmodum ex
opposita particula *cum* nihil omnino, quam sola attributi praesentia,
sequitur; modum autem et effectum attributi determinare non spectat
ad has praepositiones *sine* et *cum*, sed aliunde ista determinanda sunt.
Per modum autem nudi *attributi* praedicari sanctimoniam comprehen-
soris sive futuri visoris Dei, patet ex connexione hujus attributi cum
aliis praecedentibus, ut tolerantia afflictionum, studio et diligentia
emendationis, studio pacis, v. 12. 13. et 14. et parallelis Matth. 5,
8. 9. sq.: ‚Beati mundo corde, quia videbunt Deum; beati pacifici, quia
erunt filii Dei; beati, quia illorum est regnum coelorum.‘ Haec et similia
attributa salvandorum non possunt, nisi per manifestam violentiam

in scopum Christi de *causa sine qua non* aut *medio* consequendi salutem aeternam exponi, cum positus vocum grammaticus ostendat, esse nuda *attributa* salvandorum, non *causas.*" (Vindiciae S. S. per loca classica system. theol. p. 121. sq.)

FORM. CONC.: „Es ist auch das unrecht, wann gelehret wird, dass der Mensch anderergestalt oder durch etwas anders selig müsse werden, denn wie er für Gott gerechtfertiget wird, also dass wir wohl allein durch den Glauben ohne Werk gerecht werden, aber ohne Werk selig zu werden oder die Seligkeit ohne Werke zu erlangen sei unmöglich. Dieses ist darum falsch, denn es ist stracks wider den Spruch Pauli Röm. 4.: ‚Die Seligkeit ist des Menschen, welchem Gott die Gerechtigkeit zurechnet ohne Werk.‘ Und Pauli Grund ist, dass wir auf eine Weise, wie die Gerechtigkeit, also auch die Seligkeit erlangen, ja dass wir eben darmit, wenn wir durch den Glauben gerecht werden, auch zugleich empfangen die Kindschaft und Erbschaft des ewigen Lebens und Seligkeit; und derhalben Paulus die particulas exclusivas, das ist, solche Wort, dadurch die Werk und eigner Verdienst gänzlich ausgeschlossen wird, nämlich *aus Gnaden, ohne Werk*, ja so stark bei dem Artikel der Seligkeit, als bei dem Artikel der Gerechtigkeit setzet und treibet." (Art. 3. Sol. Declar. p. 621. sq.)

ANTITHESES.

QUENSTEDTIUS: „*Antithesis:* 1. *Pontificiorum*, qui . . . nec solum negant, solam fidem justificare, sed etiam inficiantur, fidem praecipue justificare, cum praecipuae partes caritati debeantur. Concil. Trid. anathema dicit iis, qui sola fiducia nos justificari ajunt, Sess. 6. can. 12. cf. can. 14. . . . Dicunt, fidem non solum justificare, sed una cum sex aliis actibus, nempe timore, spe, dilectione, poenitentia, proposito suscipiendi sacramenta et proposito novae vitae. . . 2. *Anabaptistarum*, asserentium, solam fidem in Christum sine suis propriis operibus et passionibus coram Deo neminem justificare. . . 3. *Socinianorum* et *Arminianorum*, qui, etiamsi concedant, nos sola fide justificari, eam tamen fidem per obsequiosum assensum seu propositum obediendi Deo vel per obedientiam ipsam describunt." (L. c. s. 2. q. 7. f. 797.)

IDEM: „*Antithesis:* 1. *Pontificiorum*, statuentium: 1.) Bona opera omnino justificare, non tamen formaliter, sed meritorie, h. c., bona opera esse causam justificationis non formalem, sed efficientem et meritoriam. . . 2.) Operibus legis ceremonialis tantum ab apostolo justificationem derogari, non vero operibus legis moralis. . . 3.) Vel si etiam opera legis moralis excludantur ab actu justificationis, excludi tantum ea, quae a non renatis fiant ante fidem, non vero, quae a renatis proficiscantur post fidem. 2. *Socinianorum*, qui etiam nostrae obedientiae sive nostris operibus justificationem adscribunt. ‚Fidem justificantem esse obedire praeceptis Dei, et credere, vera esse, quae Christus dixit‘, Socinus toto c. 11 et 12. P. 4. de Servat. docet. Idem Socinus de fide et opp. f. 55. T. 1. Op. f. 623 ait: ‚Opera ipsa justificant, quatenus executio sunt ac perfectio et tanquam forma ipsius fidei‘. . . Asserunt porro, excludi ab apostolo opera omnibus numeris absoluta et perfecta, non vero opera τὰ πρὸς δυνατὸν sive quae sunt possibilia. . . 3. *Arminianorum*, qui in Apolog. c. 10. p. 111 inquiunt: ‚Neque causa est aut ratio ulla est, quae Censores movere potest, cur hanc Remonstrantium sententiam de fide seu fidei obedientia, quod videl. in negotio justificationis consideranda veniat ut opus sive actus noster, censuerint Socinianam‘. . . 4. *Anabaptistarum*, qui suis operibus vim justificandi coram Dei tribunali tribuunt, vitaeque aeternae donum a justitia propria suspendunt. . . 5. *Novatorum*, qui docent: ‚Hominem justificari non tantum ex fide, sed simul ex operibus, applicare sibi et apprehendere salutem, dum in praeceptis divinis ambulat‘; item: ‚Bona opera homini cooperari ad justificationem; bonum propositum

praerequiri cum fide ad justificationem'; item: ‚Propositum diligendi
Deum et praecepta ejus observandi esse causam sine qua non et conditionem, sub qua justificemur'. Sic D. Hornejus asserit: ‚Hominem
quoque justificari ex operibus', P. 2. Disp. 4. s. 1. Ed. 1653. th. 51. et
in Disp. de summa fidei non qualislibet, sed quae per caritatem operatur, necessitate ad salutem th. 4. adstruit: ‚Propositum caritatis Dei
et proximi *ante* justificationem adesse debere'." (L. c. q. 8. f. 806. sq.)

§ 11.

Forma seu *ratio formalis*[a] justificationis est remissio[b]
sive non–imputatio[c] peccatorum.[d]

a) *Alias* enim fatendum est, justificationem non esse substantiam
ex materia et forma compositam. *Distinguendum* quoque est inter *rationem formalem totius processus* judiciarii (de quo vid. h. l. § 5.) et *formam
illius actus, qui in processu* condemnationi opponitur eamque tollit, quemque Scriptura justificationis nomine appellat. *Non* illam, *sed* hanc
h. l. consideramus.

APOLOGIA A. C.: „Consequi remissionem peccatorum est justificari, juxta illud (Ps. 32, 1.): ‚Beati, quorum remissae sunt iniquitates'." (Artic. 4. p. 100.)

ARTICULI SMALCALD.: „Auf solchen Glauben, Verneuerung und
Vergebung der Sünden folgen denn gute Werke. Und *was an denselben
noch sündlich oder Mangel ist, soll nicht für Sünde oder Mangel gerechnet werden* eben um desselben Christi willen, sondern der Mensch soll
ganz, *beide nach der Person und seinen Werken,* gerecht und heilig
heissen und sein aus lauter Gnade und Barmherzigkeit, in Christo über
uns ausgeschüttet und ausgebreitet." (P. III. art. 13. p. 324. sq.)

H. KROMAYERUS: „Peccatum in justificatione tollitur, non ut non
sit, sed ut non obsit." (Th. posit.-pol. II, 382.)

QUENSTEDTIUS: „Forma justificationis in genere non consistit in
mutatione quadam *physica*, qualis est calefactio, qua quis ex frigido fit
calidus, quod simile huc accommodat Becanus de Justif. c. 2. th. 2.
Neque enim fit justificatio nostra reali peccati expulsione et justitiae
infusione, vel ab injustitia ad justitiam inhaerentem mutatione; sed
consistit in mutatione *morali*, quae constituit hominem justum actione
judiciali et eidem pure *extrinseca*, h. e., tali, quae *non in homine, sed
circa et extra hominem* peragitur, indeque ipsum extrinsece saltem,
verissime tamen denominat." (L. c. s. 1. th. 12. f. 744.)

b) Ἄφεσις illa ἀνομιῶν; de qua vid. *Rom. 4, 7.* et *Luc. 11, 4.*
Dicitur alias ἄφεσις τῶν ὀφειλημάτων, *remissio debitorum, Matth. 6, 12.*,
et mox ἄφεσις τῶν παραπτωμάτων, *lapsuum,* erratorum aut delictorum,
v. 14. 15. *Neque* ergo est *totalis* expulsio peccatorum ex homine,
quemadmodum nec nos, qui proximo debita aut offensas remittimus,
hoc ipso aliquid in eo realiter tollimus; *sed,* locutione a contractibus
inter creditorem et debitorem petita, denotat obligationis ad solvendum
debitum, quasi vinculi cujusdam (moralis certe), relaxationem. A qua
non differt πάρεσις ἁμαρτημάτων, *Rom. 3, 25.*, quae sane *non* denotat
nudam *dilationem* exigentiae debiti, seu *praetermissionem* debitoris,
quem quietum sinat aut non compellet creditor. *Utroque* potius *verbo*
denotatur remissio debiti, qualis alias, cum inter homines fit, etiam

restitutionem chirographi importat, aut cum scribit creditor, se ἀπέχειν, ac debitori accepto fert aes solutum et declarat, ipsum a se nunquam compellatum iri. Sic profecto Deus dicitur *oblivisci peccatorum* nostrorum *Ezech. 18, 22.*, *projicere* ea *in profundum maris Mich. 7, 29.*, *post tergum rejicere Esaiae 38, 17.*, *elongare a nobis Ps. 103, 12.*, *abscondere faciem suam* ab *eis Ps. 51, 11.*, quae omnia ἀνθρωποπαθῶς sublationem reatus peccatorum significant. Interim bene observat b. *Gerhardus,* Deum *peccata non remittere temere, quasi illa non curet; non injuste, quasi amet; non inscienter, quasi ignoret aut in eorum aestimatione fallatur;* sed, ut *justitia* simul et *misericordia* eluceat, cum intuitu plenariae satisfactionis a Christo praestitae et per fidem a credentibus apprehensae remittit. *Annott.* in Ep. ad Rom. cap. III. v. 25. p. 216.

c) Sive quod Deus judicat ac vult, peccata hominis justificandi non ita ad illum pertinere, ut propterea poenis sit afficiendus. Vid. *Rom. 4, 7. 8. cap. 8, 1.* Vid. supra § 4. Atque ita reatus peccatorum, licet non tollatur ab ipsis peccatis (quae hoc ipso, quod peccata sunt, poena quoque digna sunt), tollitur tamen ab homine peccatore. Conf. § 2. not. ult.

d) Ita certe b. *Gerhardus* L. de Justif. § 202. p. 1037. scripsit: *Justificatio definitur per remissionem peccatorum et non-imputationem iniquitatum, Rom. 4, 6. 7. 8.*, *quae definitio* NB. *plena et perfecta est.* Eoque refert *parallela Scripturae loca Luc. 1, 77. cap. 18, 13. Actor. 13, 38. 1 Joh. 1, 7.* coll. cum *Rom. 5, 9.* Caeterum non negamus, *variationem* quandam, *extensionem vel etiam restrictionem justificationis in nostratium scriptis* deprehendi, quam etiam agnoscit et exemplis declarat b. *Huelsemannus* Praelect. in F. C. art. XI. Sect. II., ubi de *definitione, forma et differentia* Justif. agit, p. 545. 546. Atque ita certum est, quando formam justificationis dicimus esse remissionem aut non-imputationem peccatorum, non excludi *imputationem justitiae Christi* seu obedientiae, cum activae, tum passivae, neque *imputationem* ipsius *fidei* ad justitiam. Scilicet existimamus tantum, imputationem justitiae Christi ipsiusque fidei in signo rationis *priorem* esse actu illo forensi justificationis, quo homines absolvuntur a reatu peccatorum, quia ad quaestionem: Quare Deus hominem justificet? ratione a priori data respondetur: Quia Deus justitiam seu meritum Christi fide apprehensum homini imputat, seu ita judicat ad hominem pertinere, ut is propterea a reatu peccatorum absolvatur. Quod ad rem attinet, manifesta et gravis est sententia b. *Gerhardi* l. c. de Justif. § 198. p. m. 1034.: *Coram Dei justissimi judicio*, ait, *justificatio sine justitia non habet locum; proinde peccatorum remissio* NB. *fundatur in Christi justitia, propter quam fide apprehensam Deus nos in gratiam recipit et peccata nobis remittit.* Prolixius autem b. *Huelsemannus* rationem reddit, *cur imputationem meriti Christi ordine praeponendam* putet *non-imputationi peccatorum*, et causam 1) arcessit ex verbis apostoli *Rom. 3, 24. 25. cap. 4, 3. 4. sq.*; 2) *ex analogia fidei*, seu quod *oporteat praecedere applicationem alicujus causae meritoriae, antequam homini peccatori possit remitti peccatum; nisi dicere velimus, remissionem fieri ex plenitudine potestatis sine interventu alicujus satisfactionis aut meriti alieni, quod Sociniani volunt.* Sequitur eum b. *Scherzerus* in Brev. Huelseman. aucto, cap. XI. § 16. p. 671. 672. Quando autem

remissio peccatorum *fundatur in justitia Christi imputata* homini, cui
peccata sint remittenda, jam non immerito distingui potest inter *formam
hominis justi,* cujus intuitu in actu justificationis justus reputatur, et
inter *formam ipsius actus justificationis;* prout *Apologia Conf. Aug.* artic.
de Justif. p. m. 273. docet, vocem *justificari* accipi posse *dupliciter:
Uno* modo, prout idem est, atque *ex injustis justos effici* sive constitui per
justitiam, quae coram Deo valet, quae quidem non est alia, quam
justitia Christi obedientia activa et passiva nobis parta; *altero* modo,
prout idem est, quod *justos pronunciari aut reputari.* Nempe *priore*
sensu justificamur aut justi efficimur, quando justitiam Christi fide
apprehendimus, ut nostra fiat, et sic per justitiam Christi fide apprehensam coram Deo formaliter constituimur justi (qua ratione etiam
dici potest, *formale justificationis* esse *justitiam Christi fide apprehensam,*
quatenus in ipso processu justificationis fit, ut Deus homini imputet
justitiam alienam Christi); *posteriore* sensu fatendum est, *formale* justificationis esse *non-imputationem* seu *remissionem* peccatorum, justitiam
Christi autem fide apprehensam et a Deo acceptatam ut nostram, sive
a Deo nobis imputatam, esse ejus *fundamentum,* adeoque ordine naturae
priorem.   Vid. b. *D. Musaei* Ausführliche Erklärung L. XIII.
Qu. 73. p. 586. sqq.   Quibus respondet, quod b. *Th. Thummius* Tract.
peculiari, quo *terminos et distinctiones* in articulo de Justif. occurrentes
explicat, numer. CXLIII. p. 246. docuit his verbis: *Remissio peccatorum eadem est cum justificatione, et ab ea differt, diverso respectu. Remissio
enim peccatorum considerari potest vel solitarie, quatenus distincta et peculiaris nostrae justificationis causa est,* (NB.) *formalis scilicet, vel junctim, quatenus caeteras justificationis causas, gratiam scilicet Dei, meritum Christi et
fidem complectitur.   Priori modo differt a justificatione* (videlicet pro toto
processu accepta) *ceu pars a suo toto; posteriori vero justificatio cum remissione peccatorum est* ταὐτὸ *quiddam seu idem.*

   B. MEISNERUS: „Causa formalis vel notat ipsam totam rei quidditatem, vel causam quidditatis eam, per quam res est id, quod est.
Nam alia dicitur esse forma metaphysica, quae totam innuit quidditatem, ut humanitas, alia logica, quae praecise ponit causam quidditatis,
ut rationalitas. Si totam quidditatem notat, tunc dicimus justificationis formam esse remissionem peccati seu absolutionem a poena peccati et acceptationem in gratiam ad vitam aeternam propter Christi
meritum fide apprehensum. In his enim consistit omnis nostra justificatio juxta illud Rom. 3, 25.: ‚Ad ostensionem justitiae διὰ τὴν πάρε-
σιν τῶν προγεγονότων ἁμαρτημάτων‘, dass er die Gerechtigkeit darbiete,
indem, dass er die Sünde vergibt. Hic expresse δικαίωσις nostra in remissione peccatorum posita esse dicitur. Si per *formam* intelligis
praecise non totam quidditatem, sed id duntaxat, per quod res est id,
quod est, dico, hoc nihil aliud esse, quam meritum Christi per fidem
imputatum vel meriti fide apprehensi imputationem. Si enim quaeras:
Cur a poena peccati absolvimur et in gratiam acceptamur? respondet
universa Scriptura: Quia passio et obedientia Christi per fidem imputatur, ac si nos ipsi pro peccatis satisfecissemus. Atque haec distinctio
si rite teneatur, facile conciliari nostrates poterunt, quibus alias perpetua objicitur dissensio a pontificiis.“ (Anthropol. Disput. XXVII.
p. C. 1.)
   QUENSTEDTIUS: „Consistit itaque justificatio nostra coram Deo in
remissione seu non-imputatione peccatorum et imputatione justitiae
Christi. Hae ipsae vero (ut sic dicam) partes non sunt diversae aut

distinctae τῷ εἶναι, sed duntaxat τῷ λόγῳ. Imputatio enim justitiae Christi materialiter est ipsa remissio peccatorum, et remissio peccatorum est ipsa justitiae Christi imputatio, ita ut utraque vox seorsim sumpta totam justificationis naturam exprimere queat. Nota: Remissio seu non-imputatio peccatorum et imputatio justitiae Christi propter summam συγγένειαν se invicem complectuntur et necessario una alteram includit, nec una ab altera divelli aut separari unquam potest. Est enim unus *actus* imputationis, *modus* tantum est geminus, στερητικὸς et θετικὸς, consistens in imputatione justitiae alienae et non-imputatione iniquitatis propriae, et uterque reale Dei judicium importat, ut ita justificatio nostra formaliter nihil aliud sit quam peccati nostri in Christum et justitiae Christi in nos translatio per imputationem. Unde et apostolus Paulus Rom. 4. remittere peccata et imputare justitiam inter se commutat in descriptione justificationis, quam modo per remissionem peccatorum, modo per imputationem justitiae definit, non vero duas partes integrantes constituit. Ut enim uno eodemque tempore et actione recte dici potest, tenebrarum expulsionem ex aëre esse ipsius luminis in aërem introductionem, ita unus idemque homo impius uno eodemque tempore et actu justificationis plane individuo et a reatu absolvitur et justus pronunciatur, ut bene docet D. Wellerus Comm. in Rom. 4, 7. 8. p. 271. sq." (L. c. s. 1. th. 14. f. 753.)

J. OLEARIUS: „Sicut non nisi ratione differunt et respectu terminorum a quo et ad quem, *tegere* nudum corpus et *induere* vestimentum; quoad ipsum enim formale unus actus est, scil. vestitura; induendo enim nuditas tegitur et tegendo corpus induitur: ita etiam in justificatione tegendo peccatum induitur justitia et induendo justitiam tegitur peccatum, unoque posito semper etiam alterum ponitur." (Vid. Carpzovii Isag. in lib. symbol. p. 1301.)

CARPZOVIUS: „Circa *remissionem peccatorum* attendendum modo est, quatenus et in quantum pro *objecto fidei* justificantis illa habeatur atque ponatur ab Augustana Conf., ad diluendas sophisticas objectiones Bellarmini lib. 1. de justif. c. 10. Remissio enim peccatorum *duplici modo* consideratur. *Semel*, ut a Christo acquisita est et in verbo ac sacramentis tanquam bonum divinitus *promissum* et intentum peccatoribus quaerendum et habendum *offertur. Deinde* vero, prout jam *accepta* est et per fidem applicata est atque habetur. Sicut etiam *meritum* Christi *nunc* considerari potest, ut *offertur* in verbo et sacramentis, tanquam imputabile ad justitiam; *nunc* ut jam per fidem *imputatum* est ac fide possidetur. *Priori* modo remissio peccatorum *objectum* fidei justificantis est, *quatenus justificat* et apprehendit remissionem istam tanquam *beneficium* a Christo acquisitum et in evangelio nobis, tanquam bonum ad salutem nostram destinatum, oblatum; *posteriori* modo etiam objectum fidei justificantis illa est, sed non quatenus justificat, sed *in quantum circa objectum bonum*, remissionem scl. peccatorum acceptam, *occupatur* et in eo sese *delectat* atque gaudium habet. Quando igitur in artic. 4. Aug. Conf. et in Apologia aliquoties remissio peccatorum pro objecto fidei justificantis, quatenus justificat, ponitur et allegatur, tunc *non in posteriori modo*, sed *priori modo ac ratione* consideratur. Hoc significanter Apologia A. C. exprimit, quando dicit: ‚Objectum fidei justificantis esse misericordiam promissam‘, p. 96." (Isagog. in lib. symbol. p. 208. sq.)

§ 12.

Subjectum[a] justificationis est homo peccator,[b] sed conversus aut renatus.[c]

a) Quod non solum justificationis indiget, sed et justificabile aut, salva Dei justitia vindicativa, remissionis peccatorum capax est.

b) Vid. *Rom. 3, 23. 24.*, ubi haec duo junguntur: ἥμαρτον, et δικαιούμενοι, peccaverunt, et *justificantur autem* etc. Postea vero cap. 4, 5. expresse dicitur: δικαιοῦν τὸν ἀσεβῆ, *justificare impium.*

A. OSIANDER: ,,Impius hic (Rom. 4, 5.) ab apostolo non dicitur talis ampliative de statu praeterito, quomodo (juxta pontific. explicationem) vinum dicitur aqua; sed quo sensu mortui dicuntur, quos Deus vivificat, et omnia, quae sunt, nihil vocantur, c. 4, 17., eo sensu apostolus hic impium vocat, quem Deus justificat... Deus justificat impium in statu; probatur ex parall. Matth. 9., ubi Christus dicit: ,Non veni vocare justos, sed peccatores.' Si ergo peccatores qua tales vocantur ad poenitentiam, sequitur etiam, impium qua talem justificari. Sed aliud est impius, qua talis *reduplicative*, qui non justificatur; et aliud impius, qua impius *specificative* talis, qui justificatur utique.'' (Colleg. V, 188.)

c) Vid. h. l. § 1. Conf. *Epist. ad Tit. 3, 5. 7.* Unde simul constat, Deum *justificare impium (Rom. 4, 5.)* non, quatenus impius est et manet, sed impium, qui, poenitentia ductus, peccata admissa retractavit et Christi satisfactionem pro peccatis, fide apprehensam, velut λύτρον pro peccatis suis Deo exhibuit. Alias enim Deus *odit operantes iniquitatem, Ps. 5, 5.*, et qui *non credit Filio, super eum manet ira Dei, Joh. 3, 36.*

S. SCHMIDTIUS: ,,Subjectum recipiens aut accipiens sive objectum justificationis, quod hominem esse jam diximus, constituere possumus, imo debemus, duplex: remotum vel proximum. Subjectum quod *remotum* est *omnis homo peccator seu impius* et sub ira Dei atque condemnationis reatu adhuc constitutus, reconciliationis quidem capax, nondum tamen credens... Subjectum ... justificationis totalis *proximum* id esse dicimus, quod ita comparatum est, ut ad justificationis plenum actum nihil amplius in illo requiratur. Et hoc est omnis homo impius seu peccator *credens* in eum, qui justificat impium omnem.'' (Artic. Form. Conc. Repetitio, p. 159. 165. sq.)

HUELSEMANNUS: ,,Oportet, subjectum adaequatum justificationis *saltem ordine naturae* prius esse instructum fide justificante, quam ipsa absolutio sive justificatio sequatur, *etiamsi tempore simul sint.*'' (Praelect. Form. Conc. p. 506.)

ANTITHESIS.

THEOLOGI WITEBERGENSES (a. 1597.): ,,Es verdreusst ihn (Dr. *Huber*) sehr, dass wir ihm seine Phrasin nicht haben können lassen gut sein, da er thesi 59. Tubingensi geschrieben: ,Christus contulit redemptionem proprie, facto et opere ipso toti generi humano', das ist, Christus hat dem ganzen menschlichen Geschlecht übergeben (oder geschenket) die Erlösung *eigentlich und in der That selbst.* Dass wir diese Rede an ihm strafen, soll wider das Evangelium gehandelt sein, und daher beschuldigt er uns Calvinischer Lehre, aber mit lauterm Ungrund. Denn dass wir berührte Proposition ihm nicht passiren lassen, ist die Ursach, weil solch *conferre*, wie es in theologischen Schulen genommen wird, nicht eigentlich auf die *Erwerbung*, sondern vielmehr auf die *Application*, *Uebergab* oder *Zueignung* gehet, wenn durch die Predigt des Evangelii das Verdienst Christi uns angetragen und übergeben, auch empfangen und angenommen wird, welches ohne *Glauben* nicht geschehen kann; und doch *Huber* auch von denen, die nicht glauben, ja von allen Menschen thesi 270. ausdrücklich schreibet, ,quod remissionem peccatorum acceperint', dass sie die Vergebung der Sünden *empfangen* haben; damit er dann genugsam zu verstehen gibt, wie er sein *contulit* gemeint haben wolle. Wenn man nun fraget, ob

Christus dem ganzen menschlichen Geschlechte *eigentlich, im Werk und in der That* selber die Erlösung vom ewigen Tod *erworben, erlanget und zuwege gebracht*, antworten wir ohne alles Wanken, fest und unwiderruflich: Ja. Wenn aber gefragt wird, ob Christus die Erlösung dem ganzen menschlichen Geschlechte *conferirt*, und daher das ganze menschliche Geschlecht Vergebung der Sünden *empfangen* habe, da antworten wir lauter Nein und stellens zu aller Christen Urtheil, ob wir hierum Calvinisch sein. Denn solch *Conferiren* heisst so viel, als dieselbige im Wort des Evangelii uns Menschen schenken, zurechnen und *zueignen*, welches anders nicht als durch den Glauben geschiehet. Wie auch solche Erlösung und die daher entspringende Vergebung der Sünden durch kein ander Mittel als durch den Glauben angenommen wird. Wer an Christum nie gegläubet hat (wie denn alle verstockte Juden und Türken und viele andere nimmermehr gläuben), die haben freilich die Vergebung der Sünden niemals *empfangen*; wie könnte sonst wahr sein, das Johannes, der Täufer, sagt: ,Wer an den Sohn nicht gläubet, über dem bleibet der Zorn Gottes'? Joh. 3. So ist auch offenbar, wie St. Paulus die Vergebung der Sünden und unsere Rechtfertigung vor Gott durchaus für eins hält Röm. 4., und aus den Worten des 32. Ps., da von der Vergebung der Sünden geredet wird, erweiset, dass wir durch den Glauben gerecht werden. Noch soll nach *Hubers* Meinung Christus die Erlösung dem ganzen menschlichen Geschlecht *also conferirt und gegeben* haben, dass (wie der Context seiner Worte th. 270. Tubing. gibt) das ganze menschliche Geschlecht Vergebung der Sünden *empfangen* haben soll. Daher er auch das ganze menschliche Geschlecht (unter welchem freilich neben den Rechtgläubigen alle verstockte Juden, Türken und Mahometisten begriffen sind) durch Verkehrung des Spruchs St. Petri 1. Epist. 2. zum auserwählten Geschlecht (im Griechischen ist das Wörtlein ἐκλεκτὸν) und Priesterschaft Gottes geweihet hat in seiner Entdeckung der Calvinischen Lehr p. 163. So weit hat er sein *contulit* erstrecket, und weil wir mit solcher Pucci anischen Art zu reden nicht friedlich sein können, so sollen wir ihm Calvinisch sein, welche die allgemeine Erlösung des menschlichen Geschlechts (seinem falschen Zeugniss nach) verleugnen." (Bekenntniss von der ew. Gnadenwahl. Vid. Consil. Witeberg. I, 622. sq.)

THEOLOGI WUERTEMBERGENSES: ,,Secundum est, in quo a domi-nis collegis tuis et nobis dissentire videris (*in phrasi tamen magis ac loquendi modo, quam reipsa*), quod videl. justificationem quandam statuis universalem, quae lapsui universali generis hujus respondeat." (Scriptum theologorum Wurtembergensium ad D. Samuelem Huberum. Actum 8. Decemb. Anno 1593. Subscripserunt Heerbrandus, Gerlacius, Haffenrefferus, L. Osiander, F. Bidembachius et al. Vid. Fortgesetzte Sammlung von Alten und Neuen theol. Sachen. Leipz. 1730. p. 567.)

§ 13.

Finis justificationis ex parte *hominum*, qui justificantur, est salus aeterna eorum,[a] ex parte *Dei* justificantis est gloria[b] ejus.

a) Sic *Rom. 4, 6. 9.* justificatio ipsa dicitur μακαρισμὸς seu *beatificatio*, scilicet quod hominibus obtingat salutis aeternae causa, cujus haereditatem ipsa quoque conferat.

b) *Eph. 1, 6.*

LUTHERUS: ,,Ex hoc Evangelio nascitur vera *gloria Dei*, dum docemur, non nostris operibus, sed gratia miserentis Dei in Christo impletam legem et impleri, non operando, sed credendo, non Deo aliquid offerendo, sed ex Christo omnia accipiendo et participando, de cujus plenitudine participamus omnes et accipimus." (Resolutiones disputat. de indulgentiarum virtute. Conclus. 62. Vid. Opp. lat. varii argumenti. Francof. 1865. Vol. II, 275. sq.)

IDEM: ,,Operarii carentes fide multa quidem faciunt, jejunant, orant, sibi ipsis crucem imponunt. Quia vero his rebus existimant se placare iram Dei et gratiam mereri, *non tribuunt Deo gloriam,* hoc est, non judicant, eum esse misericordem, veracem, servantem promissa etc., sed iratum judicem, placandum operibus, atque hoc modo contemnunt Deum, arguunt eum mendacii in omnibus suis promissis, negant Christum et omnia beneficia ejus, in summa, *deturbant Deum e sede sua et sese in locum ipsius collocant.* Neglecto enim et contempto verbo Dei eligunt cultus et opera a Deo non praecepta. His Deum delectari somniant et se pro illis mercedem recepturos ab eo sperant. Itaque rationem, atrocissimum Dei hostem, non mactant, sed vivificant, auferuntque Deo majestatem et divinitatem et eam operibus suis tribuunt. Quare *sola fides tribuit Deo gloriam,* ut testatur Paulus Rom. 4, 3. de Abraham: ,Abraham', inquit, ,fide confortatus dedit gloriam Deo, certissime sciens, quod, quaecunque promisit Deus, potens est et facere. Ideo reputatum est illi ad justitiam'." (Commentar. in ep. S. Pauli ad Gal, Erlangae 1843. Tom. I, p. 330. sq.)

§ 14.

Effecta justificationis sunt pax conscientiae cum Deo,[a] adoptio in filios Dei,[b] donatio Spiritus Sancti,[c] sanctificatio et renovatio,[d] spes vitae aeternae.[e]

a) Seu quod animus, etsi peccatorum sibi conscius, non tamen angitur, aut Deum iratum formidat ac fugit, sed sorte sua contentus est et de Dei gratia securus acquiescit. Vid. *Rom. 5, 1.*

LUTHERUS: ,,Dieser Friede Gottes (Phil. 4, 7.) ist nicht zu verstehen von dem, damit Gott bei ihm selbst stille und zufrieden ist, sondern *den er uns gibet ins Herz, dass wir zufrieden sind.* Gleichwie das Wort Gottes heisset, das wir aus ihm reden, hören und gläuben. Es ist Gottes Gabe, darum heissets *sein* Friede; auch darum, dass er mit Gott Friede mache, ob wir bei den Menschen Unfrieden haben. Derselbige Friede überschwebet alle Sinne, Vernunft und Verstäudniss. *Das musst du nicht also verstehen, dass ihn niemand fühlen noch empfinden möge.* Denn sollen wir mit Gott Friede haben, so müssen wirs je fühlen im Herzen und Gewissen; wie könnte sonst unser Herz und Sinn bewahret werden durch ihn? sondern also sollst du es verstehen: Wenn Trübsal und Widerwärtigkeit kommt über die, so nicht wissen mit Gebet zu Gott fliehen und sorgfältig sind, so fahren sie zu und suchen auch Friede, aber nur den, den die Vernunft begreifet oder erlanget. Die Vernunft aber weiss von keinem Frieden, denn von dem, wenn das Uebel aufhöret. Dieser Friede schwebet nicht über Vernunft, sondern ist ihr gemäss. Darum toben und streben sie auch der Vernunft nach, bis dass sie denselbigen Friede durch Abthun des Uebels erlangen, es sei mit Gewalt oder mit List. Also wer eine Wunde hat, der verstehet und suchet die Gesundheit. Aber die an Gott sich freuen, lassen inhen begnügen, dass sie mit Gott Friede haben, bleiben männlich in Trübsal, begehren nicht den Friede, den die Vernunft stimmet, nämlich des Uebels Aufhören, sondern stehen fest und warten der inwendigen Stärke durch den Glauben, fragen nichts darnach, ob das

Uebel kurz, lang, zeitlich oder ewig sei und bleibe; denken und sorgen auch nicht, wie das Ende werden wolle, lassen Gott walten immerhin, wollen nicht wissen, wenn, wie, wo und durch welchen. Darum thut ihnen auch Gott wieder Gnade und schaffet ihrem Uebel ein solch Ende, mit so grossem Vortheil, dass kein Mensch hätte können gedenken [und wünschen. Siehe, das heisset der Friede des Kreuzes, der Friede Gottes, der Friede des Gewissens, der christliche Friede; der machet, dass der Mensch auch auswendig stille und mit jedermann zufrieden ist und niemand verunruhiget. Denn das begreifet noch thut keine Vernunft, dass ein Mensch sollte unter dem Kreuze Lust, unter dem Unfrieden Friede haben. Es ist ein Gottes-Geschenk, das niemand bekannt ist, denn dem, der es erfahren hat." (Tom. Hal. XII, 131. sq.)

IDEM: „Quando animus sensu peccati plene occupatus est, tunc ne justi quidem satis pacis habere possunt, sed manet cum auditu laetitiae mixtus dolor, qui non patitur, ut tantum de auditu laetitiae sumant, quantum satis est. Primitias enim habent et tanquam guttulam extremi digiti, qua refrigerantur animi; plenitudinem gaudii non habent, sed pendent ceu ex tenui filo, ubi bene crasso fune opus erat ad sustinendam molem corporis. Sic sancti incipiunt tantum sentire hunc auditum, nondum hauserunt enim ad ebrietatem." (Exeget. opp. lat. Erlangae 1847. Vol. XIX, 106. sq.)

Datur enim omnino *certitudo justificationis*, quatenus fideles, qui se serio dolere ob peccata sua sentiunt et in se deprehendunt certamen cum desperatione, hac vero superata, gaudium ex Christi justitia per fidem imputata. Quamvis enim simul reliquias concupiscentiae, cum quibus sibi in hac vita luctandum sit, agnoscant et deplorent, inde tamen colligunt, se habere fidem et esse justificatos coram Deo. Conf. b. *Hoepfner.* de Justif. Disp. VII. VIII. et IX., praesertim Disp. IX. Aph. V. § 3. sqq. p. 739. sqq.

CHEMNITIUS: „Verus controversiae hujus inter nos et pontificios status hic est, quod ipsi docent, peccatorem, quando in seria poenitentia vera fide, ex verbo Dei per Spiritum Sanctum concepta, apprehendit promissionem gratuitae misericordiae et in ea simul apprehendit ipsum mediatorem Filium Dei, qui est justitia nostra, nec posse nec debere certa fiducia statuere, peccata sibi remitti; posse quidem bene sperare et de Dei misericordia optima quaeque sibi polliceri, sed haec tamen sine certa fiducia in medio fluctuantis dubitantis suspensa esse relinquenda, quia fidei possit subesse falsum et spes possit fallere. *Et hanc dubitationem numerant non inter infirmitates et maculas carnis, sed inter virtutes fidei,* ut nisi dubitatio adsit, ornet et commendet fidem, sit inanis haereticorum fiducia, non fides justificans. Quia vero vident, duo haec manifeste esse pugnantia, credere et dubitare, fingunt, fidem *in genere* quidem statuere, promissiones divinas de misericordia Dei, de merito Christi et sacramentorum efficacia veras et certas esse, sed *de applicatione ad credentes* fidem debere in perpetua dubitatione suspensam manere: an sc. mea fides, quae promissione Dei nititur, certe juxta dicta evangelica statuere debeat: ‚Confide, fili, remittuntur tibi peccata tua‘; item: ‚Fides tua te salvum fecit.‘ Juxta pontificios igitur fides inter universalia, sive realia, sive nominalia, inter ideas Platonicas in aëre generali persuasione suspensa volitabit, de applicatione ad personam credentem vel non solicita, vel non certa. Quia vero utilis et necessaria est illa doctrina, quae evangelii propria est, quomodo conscientiae, quae pavore irae Dei propter peccata anguntur, possint habere certam et firmam consolationem, in qua certa fiducia de remissione peccatorum acquiescere possint, non prolixe sane rhetoricabimur, sed praecipua tantum *fundamenta ejus doctrinae* notabimus.

Primo, fundamentum firmum et manifestum sumitur ex natura et proprietate promissionis gratuitae.   Fiducia enim salutis nostrae non eo nititur, quasi ingenii nostri perspicacia acumine suo possit penetrare coelos coelorum et scrutari, quid de me in arcano consilio Trinitatis decretum sit, sed hoc fundamento nititur, quod Deus, ex arcana luce prodiens, voluntatem suam nobis in verbo patefecit, ut Paulus 2 Cor. 2. non dubitet affirmare, nos mentem Christi tenere.   Et in lege voluntas Dei ita patefacta est: ,Qui fecerit haec, vivet in eis.‘ Quod si per dubitationem apprehendi posset vita aeterna, nulla magis idonea esset promissio, quam legis; propter annexam enim conditionem perfectae impletionis conscientias relinquit in perpetua dubitatione, Rom. 4. Quia vero non dubitatio, sed fides justificat, nec qui dubitat, sed qui credit, habet vitam aeternam, ideo Deus proposuit gratuitam promissionem evangelii, quae nititur non nostris operibus, sed misericordia Dei propter obedientiam Filii mediatoris. Et quare haec promissio sit proposita, Paulus ostendit Rom. 4.: ,Ideo ex fide, ut secundum gratiam, ut sit firma promissio.‘ Num vero, ut tantum in genere et per se firma sit promissio? ,Imo‘, inquit Paulus, ,ut firma sit omni semini.‘ Quomodo vero? ,Scriptum est‘, inquit, ,propter nos, quibus imputabitur credentibus.‘ *In genere* enim et per se firma est etiam legis promissio. Ut vero nobis sit firma, ideo secundum gratiam et ex fide. Ita Hebr. 6. extat pulcherrima sententia, Deum in gratuita promissione interposuisse jusjurandum, ,ut per duas res immobiles, quibus impossibile est mentiri Deum, firmam consolationem habeamus, qui confugimus ad tenendam propositam spem.‘ Audis, non in genere tantum nec per se firmam tantum esse promissionem, sed ut nos, qui confugimus ad apprehendendam propositam spem, firmam consolationem habeamus.   Ex hoc fundamento Johannes ducit argumentum 1 Joh. 5.: ,Qui non credit Deo, mendacem facit eum.‘ Nec vero de generali assensione Johannes loquitur; subjungit enim: ,Haec scribo vobis, qui creditis in nomen Filii Dei, ut sciatis, quod vitam aeternam habetis.‘ Nam si credo in Filium Dei, et tamen dubito, an habeam vitam aeternam, non credo huic promissioni: ,Qui credit in Filium, habet vitam aeternam‘; juxta Johannem igitur facio Deum mendacem. *Secundo*, ex proprietate fidei justificantis. Tribuitur enim fidei πληροφορία, ὑπόστασις, ἔλεγχος, παῤῥησία, πεποίϑησις, quae certe non dubitationem, sed certam et firmam fiduciam significant, sicut exemplis probare possem, nisi vererer prolixitatem.   Joannes peculiari consilio de fide ita loquitur 1 Joh. 3.: ,Scimus, quod translati sumus a morte ad vitam‘, c. 5.: ,Ut sciatis, quoniam vitam habetis aeternam, qui creditis in nomen Filii Dei.‘ 1 Pet. 1.: ,Perfecte sperate in eam, quae ad vos defertur, gratiam.‘ Ebr. 3.: ,Si fiduciam et gloriationem spei ad finem usque firmam tenuerimus.‘ Ebr. 10.: ,Accedamus vero corde in plerophoria fidei, tenentes confessionem spei ἀκλινῆ.‘ Ebr. 6. extat dulcissima metaphora ancorae.   Quando enim ancora in terram fabulosam incidit, non potest navem firmiter retinere; quando vero in fundum firmum et tenacem jacta est, firmiter retinet navem contra omnes fluctus.   Ita, inquit, ancoram spei nostrae jactam esse in ipsum coelum, et quidem ubi Christus pro nobis pontifex est, qui apprehendit, fulcit et retinet ancoram illam; sicut inquit Joh. 10.: ,De manu mea nemo rapiet eas‘, et sicut Paulus inquit Phil. 3.: ,Apprehendi, imo magis apprehensus sum.‘ Ita Rom. 5.: ,Justificati fide, pacem habemus apud Deum.‘ Item: ,Stamus in gratia et gloriamur spe gloriae Dei.‘ Rom. 4.: ,Ideo ex fide, ut firma sit promissio.‘ Has dulcissimas consolationes scelerate nobis dubitatione sua depravare et eripere conantur pontificii academici. Quod si virtus esset dubitatio, non recte praeciperetur, esse luctandum contra dubitationem, nec juberemur petere: ,Adauge nobis fidem, adjuva incredulitatem.‘ Est et hoc valde firmum argumentum contra pontificiam dubitationem, quod 2 Cor. 13. Paulus inquit: ,Tentate et probate vos ipsos, an sitis in fide. Anne cognoscitis vos ipsos, quod

Jesus Christus in vobis sit? nisi forsan reprobi estis.' Audis, quemque
debere se ipsum probare, an sit in fide, et illos, qui non agnoscunt, Christum in se esse, reprobos esse. Haec copiosa oratione possent explicari,
sed nos tantum fundamenta nunc monstramus. Illud tantum addam,
quam variis artificiis locum Rom. 8. ludificare conentur pontificii, Pighius
ex Thoma dicit, Paulum ibi tantum de *suae* salutis certitudine, quam *ex
peculiari revelatione* habuerit, loqui, non vero affirmare, omnem Christi
fidelem ejusmodi certitudinem habere; sed hoc manifeste falsum est.
Paulus enim in tota illa sententia in plurali loquitur et fundamenta illius
certitudinis ponit: ,Christus mortuus est, imo sedet ad dexteram patris,
interpellans pro nobis.' Andradius igitur, videns, has ludificationes
non posse consistere, dicit, verbum πέπεισμαι significare non certam
fiduciam, sed verisimilem existimationem seu persuasionem, quae tamen falli possit, quia in quibusdam Scripturae locis ita usurpetur.
Atqui usurpatur etiam pro certa, firma et indubitata persuasione
2 Tim. 1.: ,Certus sum, quod potens est, depositum meum servare.'
Et ab hoc themate πεποίθησις deducitur. Quaestio jam est: Utra significatio conveniat Rom. 8.? Illud vero totus contextus tantum non clamat: ,Si Deus pro nobis, quis contra nos? Quomodo non omnia cum
Filio nobis donaret? Quis accusabit? Quis condemnabit? Deus justificat, Christus mortuus est. Quis separabit nos a caritate Dei, quae
est in Christo Jesu, Domino nostro? Num periculum, num gladius? etc.
Imo in his omnibus plus quam vincimus per eum, qui dilexit nos.' Et
post haec sequitur verbum πέπεισμαι. Manifestum autem est, eum cum
ratione (quod dicitur) insanire, qui totam illam orationem de *dubitatione* conaretur explicare. Et inter ipsos pontificios nemo hactenus
ausus fuit dicere, Paulum Rom. 8. de sua etiam salute incertum dubitare, nisi quod Jesuitarum impudentia hoc tentavit, quam Andradius
non aequare tantum, sed et superare contendit." (Examen Concil.
Trid. Ed. Genev. 1641. f. 168. sq.)

QUENSTEDTIUS: ,,Fontes et hypotheses papisticae, ex quibus fluit
dubitationis dogma, hae sunt: 1. Quod fidem habent tantum pro
assensu, non pro fiducia; 2. quod sacramentorum virtutem ab intentione ministri suspendunt, quae dubia; 3. quod remitti peccata non
censent, nisi enumerata sint confessionalia singula, quod incertum;
4. quod spem ponunt in meritis et operibus propriis, quae imperfecta;
5. quod dubitationes, quae sanctis nonnunquam ex infirmitate carnis
obveniunt, unice considerant; et 6. quod inter fidem et fiduciam distinguunt." (L. c. s. 2. q. 9. f. 818. sq.)

LUTHERUS: ,,Si in papatu etiam omnia salva essent, tamen istud
monstrum incertitudinis superat omnia monstra, et quanquam palam
est, inimicos Christi incerta docere, quia jubent dubitare conscientias,
tamen adeo satanica rabie pleni sunt, ut nos, qui ab ipsis dissentimus
et certa docemus, condemnent et occidant securissime tanquam haereticos, velut certissimi de sua doctrina. Agamus igitur Deo gratias,
quod liberati sumus ab hoc monstro incertitudinis, ac jam certo statuere
possumus, Spiritum Sanctum clamare et inenarrabilem gemitum edere in
cordibus nostris, hocque fundamentum est nostrum: Evangelium jubet
intueri nos, non benefacta et perfectionem nostram, sed ipsum Deum
promittentem, ipsum Christum mediatorem. Contra papa jubet respicere non Deum promittentem, non Christum pontificem, sed nostra
opera et merita. Ibi necessario sequitur dubitatio et desperatio, illic
vero certitudo et gaudium spiritus, quia in Deo haereo, qui mentiri non
potest. Dicit enim: Ecce trado filium meum in mortem, ut te sanguine
suo redimat a peccatis et morte. Ibi non possum dubitare, nisi velim
prorsus Deum negare. Atque haec est ratio, cur nostra theologia
certa sit, quia rapit nos e conspectu nostro, et ponit nos extra nos, ut non
nitamur viribus, conscientia, sensu, persona, operibus nostris, sed eo
nitamur, quod est extra nos, hoc est, promissione et veritate Dei, quae
fallere non potest. Hoc papa nescit, ideo impie nugatur cum suis

furiis neminem scire, ne justos quidem et sapientes, utrum digni sint amore etc. Imo si justi et sapientes sunt, certo sciunt se diligi a Deo, vel justi et sapientes non sunt." (Ad Gal. 4, 6. Commentar. in ep. St. Pauli ad Gal. Erlangae 1844. Tom. II, 177. sq.)

IDEM: „Wo sonst die Papisten in allen Sachen hätten gewonnen, sind sie doch in diesem Hauptstück verloren, da sie lehren, dass man *zweifeln* müsse an Gottes Gnaden, wo wir nicht zuvor würdig genug sind durch unsere eigene Genugthuung oder Verdienst und Fürbitte der Heiligen. Da sind ihre Bücher, Briefe und Siegel, Klöster, Stift und auch noch ihre jetzigen Platten und Messen. Weil sie aber dieses Stück lehren, dass sie auf ihren Werken und Zweifel stehen, wie sie nicht anders können: so ist es gewiss, dass sie des Teufels Kirche sein müssen; denn es sind und können nicht mehr Wege sein, denn diese zween: einer, der auf Gottes Gnade sich verlässt; der andere, so auf unser Verdienst und Werk bauet. Der erste ist der alten Kirchen und aller Patriarchen, Propheten und Apostel Weg, wie die Schrift zeuget; der andere ist des Pabsts und seiner Kirchen." (Wider Hans Wurst. 1541. Tom. Hal. XVII, 1681.)

ANTITHESIS.

QUENSTEDTIUS: „*Antithesis:* 1. *Pontificiorum*, qui justificationis et gratiae praesentis certitudinem negant, statuuntque, hominem absque peculiari patefactione non infallibiliter, sed conjecturali tantum certitudine certum esse posse de justificatione et gratia Dei praesente. ... Valde autem hac in causa discrepant papistae; alii enim omnibus justis, alii solis perfectis, alii nulli prorsus christiano certitudinem concedunt... Actum hac de re prolixe est inter patres Concilii Trident., et inprimis vehementer de ea disceptarunt Dominicus a Soto et Catharinus, quorum ille dubitationem, hic certitudinem defendebat... Conceptum quidem tandem post longam disceptationem decretum est pro incertitudine gratiae, sed ejusmodi, ut fluctuantis animi signa satis in eo proderentur et quilibet pro sua sententia decretum esse putaret. ... Decretum Concil. Trid. sess. 6. c. 9. ita habet: ,Quamvis necessarium sit, credere, neque remitti, neque remissa unquam fuisse peccata, nisi gratis divina misericordia propter Christum: nemini tamen fiduciam et certitudinem remissionis peccatorum suorum jactanti et in ea sola quiescenti, peccata dimitti vel dimissa esse, dicendum est, cum apud haereticos et schismaticos possit esse, imo nostra tempestate sit et magna contentione contra ecclesiam cathol. praedicetur vana haec et ab omni pietate remota fiducia.' (At non est quaestio, ut recte monet b. Gerhardus Confess. cathol. p. 727., de fide haereticorum, nec de superba fiduciae jactantia ab omni pietate remota, quae est spectrum fidei, non fides.) Et postea: ,Sed neque illud asserendum est, oportere eos, qui vere justificati sunt, absque ulla omnino dubitatione apud semetipsos statuere, se esse justificatos, neminemque a peccatis absolvi ac justificari, nisi eum, qui certo credat, se absolutum et justificatum esse atque hac sola fide absolutionem et justificationem perfici, quasi, qui hoc non credit, de Dei promissis, deque mortis et resurrectionis Christi efficacia dubitet.' ... Confer Andradium in defensione Concil. Trid., *Bellarminum* T. 4. 1. 3. de justific. c. 3—7. et 18. C. 3. inquit: ,Sententia communis fere omnibus theologis est, quod docent, non posse homines in hac vita habere certitudinem fidei de sua justitia, iis exceptis, quibus Deus speciali revelatione hoc indicare dignatur.' .. Porro Concil. Trid. sess. 6. can. 15. ita fulminat: ,Si quis dixerit, hominem renatum et justificatum teneri ex fide ad credendum, se esse ex numero praedestinatorum, anathema esto.' .. 2. *Latermanni*, qui in disputat. de praedestinatione th. 43. scribere non dubitat: ,Quia homo certus est, quod spe salutis excidere possit, propterea eum non posse non esse dubium de finali perseverantia.'" (L. c. s. 2. q. 9. f. 818. sq.)

Unde huc pertinet *liberatio illa a maledictione legis et damnatione aeterna,* quam aliqui *primum gradum libertatis christianae* appellant.

BROCHMANDUS: ,,Libertas christiana est e servitute spirituali liberatio, sanguine Christi acquisita, qua in unigenitum Dei Filium credentes a maledictione legis, a servitute peccati, a jugo ceremoniarum Mosaicarum et ab onere traditionum humanarum coram Deo in conscientia liberi sunt, liberandi tandem a sensu omni peccati et ab omni servitute corruptionis et ipsa morte ad laudem Dei et suam salutem... 1. Libertas haec dicitur *christiana,* tum quia ejus causa efficiens est Christus, teste ipso Christo Joh. 8, 36.: ,Si Filius vos liberaverit, vere liberi estis'; tum quia christianorum proprium est, monitore Paulo Gal. 5, 13.: ,Vos in libertatem vocati estis, fratres.' 2. Libertas christiana esse dicitur *e spirituali servitute liberatio* duabus potissimum de causis. *Una* est, quia non est e servitute civili liberatio; nam non impedit, quominus qui alteri paret ac ipsius servus est, in Christo vere liber sit, ita explicante Paulo 1 Cor. 7, 20—22.: ,Unus quisque maneat in ea vocatione, in qua vocatus est. Servus vocatus es, ne sit tibi curae, sed si potes etiam liber fieri, potius eo utere. Etenim qui in Domino vocatus est servus, libertus Domini est; similiter et qui liber vocatus est, servus est Christi.' *Altera* est, quia haec libertas non consistit in licentia faciendi pro arbitratu quaevis; nam qui operam dat peccato, servus est peccati, Joh. 8, 34. sq.; sed libertas christiana posita est in liberatione animae a pravis desideriis per Spiritum S., juxta illud Pauli 2 Cor. 3, 17.: ,Ubi Spiritus Domini est, ibi libertas.' 3. Universam libertatem christianam in solidum acceptam referendam esse Christo Jesu, diserte testatur Scriptura, ut quae refert, vere liberos esse, quos Filius liberavit, Joh. 8, 36. Gal. 5, 1. Quinimo non dissimulat sacra pagina, qua ratione Filius impetraverit nobis spiritualem hanc libertatem, videlicet redimens nos a peccatis et peccati poenis et vana in mundo conversatione, non auro et argento, sed pretioso sanguine; veluti legere est Es. 6, 33. 1 Pet. 1, 18. 19. Col. 1, 19. 4. *Materia* libertatis christianae seu vere liberi libertate christiana sunt *soli vere credentes* in Christum. Testantur id haec dicta: Joh. 1, 12.: ,Quotquot receperunt eum (Christum), eis dedit ἐξουσίαν, ut fierent filii Dei, iis, qui credunt in nomen ejus.' Et 8, 36.: ,Si Filius vos liberavit, liberi estis.' Rom. 8, 2.: ,Lex Spiritus vitae in Christo Jesu liberavit me a lege peccati et mortis.' Gal. 3, 26.: ,Omnes filii Dei estis per fidem in Christo Jesu.'" (Univers. theol. system. Tom. II, 520. sq.)

b) Equidem vi *regenerationis nascimur* filii Dei; renati autem et *remissis* peccatis, *adoptamur* in filios Dei, aut *jus filiorum Dei adoptione consequimur.* Quod est τὴν υἱοθεσίαν ἀπολαβεῖν, *Galat. 4, 5.* Conf. *Eph. 1, 5. et Joh. 1, 12.*

c) Scilicet ut ipse in justificatis *substantialiter* praesens, conferendo uberiora gratiae *dona, se* praesentem et velut inhabitantem *manifestet.* Vid. *Gal. 4, 6.,* ubi Spiritus S., *in corda* justificatorum *missus, clamare* dicitur; alias, in illis tanquam *in templo habitare, 1 Cor. 3, 16.* Eodemque spectat *unio* illa *mystica* credentium et justificatorum cum Christo; cujus *formale* explicaturus b. *Gerhardus* Part. III. Harmon. Evangel. cap. CLXXVI. p. 551. scribit: *Quamvis mystica ista unio certo modo sit reciproca, quia Christus se nobis unit et nos Christo unimur, tamen ex parte Christi est potius activa, ex parte nostra est potius passiva. Christus enim ea ratione est in nobis, ut in nobis vivat, Gal. 2, 20., ut omnium suorum bonorum, justitiae et vitae aeternae nos participes faciat, ut Spiritum Sanctum nobis impertiatur, ut verbo et Spiritu suo nos regat, ut nos tanquam oculi pupillam protegat et defendat. Nos vero ea ratione sumus in Christo, ut ab*

*ipso tanquam capite vitam spiritualem, justitiam et salutem percipiamus,
ut corpori ipsius mystico tanquam vera et viva membra inseramur, ut ab ipso
regamur, sustentemur, defendamur.* Approximationis substantiae Christi,
quoad alterutram aut utramque naturam, ad substantiam hominis credentis mentionem non facit.

QUENSTEDTIUS: ,,Quam primum homo peccator per fidem justificatus est, incipit ejus *unio mystica* cum Deo, Eph. 3, 17. . . Dicitur
unio *spiritualis :* 1. a *causa efficiente principali,* quia a Sp. S. proficiscitur, cui et peculiari ratione appropriari solet; 2. a *modo,* quia non carnali, sed spirituali modo perficitur; 3. ab *effectu,* quia homines facit
spirituales, Rom. 8, 9. Inprimis haec appellatio originem duxit ex
1 Cor. 6, 16. 17., ubi κολλώμενος τῷ κυρίῳ ἐν πνεῦμα, ,agglutinatus Domino', i. e. fidelis Deo adhaerens, ,unus cum Domino spiritus' dicitur.
Appellatur etiam unio *mystica,* quia haec unio magnum est mysterium,
cujus modus exacte sciri a mortalibus non potest, Eph. 5, 32. Apella-
tur etiam a quibusdam nostratium unio *substantialis,* non formaliter et
ratione modi, sed objective, a terminis scl. extremis unionis, quae substantiae sunt. Est itaque *substantiarum,* sed non substantialis, proprie
et accurate loquendo. . . *Extrema* seu termini mysticae unitionis sunt
ipsae uniendorum *essentiae ;* atque ex una quidem parte substantia
divina totius SS. Trinitatis, 2 Pet. 1, 4., et substantia humanae naturae
Christi, Joh. 15, 1. 2. 4. 1 Cor. 6, 15—17. Eph. 5, 30. Gal. 2, 19. 20.;
ex altera vero substantia fidelium quoad animam et corpus est, 1 Cor.
6, 15. 19. Eph. 5, 30. . . *Forma* unionis mysticae consistit in vera,
reali, intrinseca et arctissima conjunctione substantiae hominis fidelis
cum substantia SS. Trinitatis et carnis Christi sine extensione aut con-
tractione essentiae divinae aut humanae, extremis unitis essentialiter
distinctis manentibus etiam in medio unionis statu, Joh. 14, 23. Gal. 3,
27. . . *Finis* unitionis hujus est certioratio fidelis cum miseriis hujus
vitae colluctantis de perpetua Dei assistentia, influentia et favore, conservatio in statu gratiae, exauditio precum, obsignatio certitudinis de
praesente gratia et futura seu secutura gloria, Rom. 8, 10. 11. 16. 26. 35.
Joh. 6, 54—57. Unio fidelium inter sese in fide et caritate, . . . qui
enim capiti est unitus, non potest non etiam amare reliqua membra
corporis, eisque pro viribus succurrere, Joh. 17, 20. sq." (L. c. c. 10.
s. 1. th. 1. 5. 6. 14. 17. f. 886. sqq.)

IDEM: ,,Non venit hic in considerationem *communis* illa et *generalis* Dei adessentia, qua omnibus creaturis et sic etiam fidelibus praesto
est. . . Non consistit unio mystica in *sola harmonia* et contemperatione
affectuum, quomodo anima Jonathae dicitur agglutinata Davidi 1 Sam.
18, 1. . . Non consistit in sola gratiosa Sp. S. in credentibus *operatione.*
. . . Nec consistit in μετουσίᾳ seu *transsubstantiatione.* . . Neque in
συνουσίᾳ seu *consubstantiatione,* ut ex duabus essentiis unitis fiat una
essentia. . . Nec denique consistit in unione *personali.* . . *Lutherus*
quidem in Com. ad c. 2. Gal. inquit, fidelem per fidem sic conglutinari
Christo, ut ex ipso et illo fiat una ,quasi' persona, ut cum fiducia dicere
possit: ,Ego sum Christus'; sed statim se explicat, addens: i. e.
Christi justitia, vita, victoria est mea; et vicissim Christus dicat: ,Ego
sum ille peccator', i. e. ejus peccata, mors etc. sunt mea. . . Differt
quoque ab unione et communione *sacramentali* unio mystica. *Ibi* enim
extremum, participans substantiam sacramenti, latius se extendit,
quam hic, dum ibi indigni et hypocritae, *hic* soli fideles uniuntur; *ibi*
communio consistit in actu transitorio, *hic* in permanente etc." (L. c.
s. 2. f. 900. 901. 902.)

FECHTIUS: ,,Lutherus . . . unionem non mysticam et physicae
analogam, sed *moralem* intellexit h. e. fidei, in *justificatione* omnia
Christi per identitatem interpretativam nostra facientis." (Syllog.
Controversiar. p. 238. sq.)

Rollius: „Negari nequit, veteres theologos inde a Luthero usque ad Gerhardum unionem mysticam ita explicasse, ut, quae de accessu Dei ad hominem fidelem *propiore* dicuntur, de propiore accessu *quoad gratiam et operationem* intelligerent." (Vid. Fechtii Syllog. p. 242.) Cf. dictum *Quenstedtii* de approximatione Dei; vid. supra P. I, c. 1. § 12. *b.* p. 26.

Formula Conc.: „Demnach verwerfen und verdammen wir einhellig, über die fürgesetzte, auch nachfolgende und alle dergleichen Irrthum . . .: Da gelehret wird . . . 6. dass nicht Gott, sondern allein die Gaben Gottes in den Gläubigen wohnen." (Sol. Declar. art. 3. p. 623. sq.)

ANTITHESIS.

Quenstedtius: „*Antithesis:* 1. *Scholasticorum quorundam,* qui referente P. Lombardo lib. 1. Sent. dist. 14. lit. C. statuerunt, ,dari credentibus non ipsum Deum Spiritum S., sed tantum dona ejus, quae non sint ipse Sp. S.', adeoque habitare Spiritum S. in corde et corpore credentium, non, ut personam quoad substantiam suam, sed tantum ἐνεργητικῶς et effective; sicut sol in agro esse dicitur, quando radii et operationes ejus ibi sunt, non ipsum solis corpus. . . 2. *Pontificiorum,* qui contendunt, unionem fidelium cum Christo θεανθρώπῳ spiritualem consistere in donorum Christi communicatione et in singulari gratiosa operatione. . . Uti enim substantialem Christi secundum humanitatem praesentiam in terris, ita et fidelium cum carnis Christi substantia unionem inficiantur. . . 3. *Calvinianorum,* qui 1.) docent, in unione Dei cum fidelibus solam operationem, non vero substantiam divinam propius illis jungi. . . 2.) Ab hac spirituali unione substantialem carnis Christi praesentiam prorsus excludunt, illam enim a nobis longe dissitam residere et per canalem Spiritus sui spirituales proprietates in nos transfundere, fingunt. Ita *Calvinus* l. 4. Instit. c. 18. f. 12. . . 5. *Schwenkfeldianorum, Weigelianorum* et *Stifelianorum,* qui essentialem unionem, ἀποθέωσιν, substantialem μεταμόρφωσιν et χριστουσίαν hic somniant. . . Ex recentioribus enthusiastis huc pertinent Jacobus Boehmius et al." (L. c. c. 10. s. 2. f. 902. sqq.)

d) Vid. *Rom. 6, 22.,* ubi *sanctificatio nostra* (ἁγιασμὸς) expresse dicitur *fructus manumissionis a peccato.* Adde vers. 18. 19. Plura mox de Renovatione dicemus.

Lutherus: „Du musst den Himmel haben und schon selig sein, ehe du gute Werke thust; die Werke verdienen nicht den Himmel, sondern wiederum, der Himmel, aus lauter Gnaden gegeben, thut die guten Werke dahin, ohne Gesuch des Verdienstes, nur dem Nächsten zu Nutz und Gott zu Ehren, bis dass der Leichnam auch von Sünden, Tod und Hölle erlöset werde." (Tom. Hal. XII, 183.)

Apologia Aug. Conf.: „Christus saepe annectit promissionem remissionis peccatorum bonis operibus, non quod velit, bona opera propitiationem esse (sequuntur enim reconciliationem), sed propter duas causas. *Altera* est, quia *necessario sequi debent* boni fructus. Monet igitur, hypocrisin et fictam poenitentiam esse, si non sequantur boni fructus. *Altera* causa est, quia nobis opus est habere externa *signa* tantae promissionis, quia conscientia pavida multiplici consolatione opus habet. Ut igitur baptismus, ut coena Domini sunt signa, quae subinde admonent, erigunt et confirmant pavidas mentes, ut credant firmius, remitti peccata, ita *scripta et picta* est eadem promissio in bonis operibus, ut haec opera admoneant nos, ut firmius credamus. Et qui non benefaciunt, non excitant se ad credendum, sed contemnunt promissiones illas. Sed pii amplectuntur eas et gaudent, habere signa et testimonia tantae promissionis. Ideo exercent se in illis signis et testimoniis. Sicut igitur coena Domini non justificat ex opere operato sine fide, ita eleemosynae non justificant sine fide ex opere operato." (Artic. 4. p. 135.)

LUTHERUS: ,,Wie setzet er aber mit diesen Worten die Vergebung eben auf unser Werk, und spricht: Wenn ihr dem Nächsten vergebt, so soll euch vergeben sein, und wiederum u. s. w.? Das heisst ja nicht die Vergebung auf den Glauben gestellt? Antwort: Die Vergebung der Sünde, wie ich sonst oft gesagt habe, geschieht zweierlei, einmal, durchs Evangelium und Wort Gottes, welches empfangen wird inwendig im Herzen vor Gott, durch den Glauben; zum andern, äusserlich, durch die Werke, davon 2 Petri 1. sagt, da er von guten Werken lehret: Lieben Brüder, thut Fleiss, euern Beruf und Erwählung fest zu machen u. s. w. Da will er, dass wir solches sollen gewiss machen, dass wir den Glauben und Vergebung der Sünde haben, das ist, dass wir beweisen die Werke, dass man den Baum an den Früchten spüre, und offenbar werde, dass es ein guter und nicht ein fauler Baum sei. Denn wo ein rechter Glaube ist, da folgen gewisslich auch gute Werke. Also ist ein Mensch beide, auswendig und inwendig, fromm und gerecht, beide vor Gott und den Leuten. Denn das ist die Folge und Frucht, damit ich mich und andere gewiss mache, dass ich recht gläube; welches ich sonst nicht wissen noch sehen könnte. Also ist hier auch die äusserliche Vergebung, so ich mit der That erzeige, ein gewiss Zeichen, dass ich Vergebung der Sünde bei Gott habe. Wiederum, wo sich solches nicht erzeigt gegen den Nächsten, so habe ich ein gewiss Zeichen, dass auch ich nicht Vergebung der Sünde bei Gott habe, sondern stecke noch im Unglauben. Siehe, das ist die zweierlei Vergebung: eine inwendig im Herzen, die allein an Gottes Wort hanget; und auswendig, die heraus bricht, und uns gewiss machet, dass wir die innerliche haben... Wo die äusserliche Zeichen und Beweisung nicht ist, so kann ich jener nicht gewiss sein, sondern beide, mich und andere, betrügen. Wenn ich aber sehe und fühle, dass ich gerne dem Nächsten vergebe, so kann ich schliessen und sagen: Das Werk thue ich von Natur nicht, sondern fühle mich durch Gottes Gnade anders, denn zuvor... Das ist aber auch wahr, dass dies Werk, wie ers hier nennet, nicht ein bloss Werk ist, wie andere, so wir von uns selbst thun; denn es ist auch des Glaubens nicht dabei vergessen. Denn er nimmt solch Werk und stellet eine Verheissung darauf, dass mans mit guten Ehren möchte ein Sacrament nennen, den Glauben dadurch zu stärken. Gleich als, die Taufe ist auch wohl ein Werk anzusehen, das ich thue, der ich taufe oder mich taufen lasse; aber weil Gottes Wort dabei ist, ist es nicht ein schlecht Werk, als das für sich selbst etwas gelte oder schaffe: sondern ein göttlich Wort und Zeichen, daran sich der Glaube hänget. Also auch, unser Gebet, als unser Werk, würde nichts gelten noch schaffen; aber das thuts, dass es gehet in seinem Gebot und Verheissung, dass es auch wohl mag ein Sacrament, und mehr ein göttlich, denn unser Werk geachtet werden. Das rede ich darum, dass die Sophisten allein die Werke, so wir thun, so bloss ansehen, ohne Gottes Wort und Verheissung. Derhalben, wenn sie solche Sprüche hören und lesen, so auf die Werke lauten, müssen sie wohl sagen, dass der Mensch durch sein Thun solches verdiene. Die Schrift aber lehret uns also: dass wir nicht auf uns, sondern auf Gottes Wort und Verheissung sollen sehen, und daran mit dem Glauben haften, dass, wenn du ein Werk aus dem Wort und Verheissung thust, so hast du ein gewiss Wahrzeichen, dass dir Gott gnädig ist; also, dass dein eigen Werk, das Gott nun zu sich genommen hat, soll dir ein gewiss Zeichen sein der Vergebung u. s. w. Nun hat uns Gott mancherlei Weise, Weg und Stege vorgestellt, dadurch wir die Gnade und Vergebung der Sünde ergreifen; als, erstlich, die Taufe und Sacrament; item (wie ich jetzt gesagt), das Gebet; item, die Absolution; und allhier, unsere Vergebung: dass wir ja reichlich versorget wären, und allenthalben Gnade

und Barmherzigkeit finden können. Denn wo wolltest du sie näher
suchen, denn bei deinem Nächsten, bei dem du täglich lebest, und auch
täglich Ursache genug hast, solche Vergebung zu üben? denn es kann
nicht fehlen, dass du nicht solltest viel und oft beleidigt werden: also,
dass wir nicht allein in der Kirche oder bei dem Priester, sondern mitten in unserm Leben ein täglich Sacrament oder Taufe haben, ein Bruder am andern, und ein jeglicher daheim in seinem Hause. Denn wenn
du die Verheissung durch dies Werk ergreifest, so hast du eben das,
was du in der Taufe überkommst. Wie könnte uns nun Gott reichlicher begnaden, denn dass er uns so eine gemeine Taufe an den Hals
hängt, und ans Vater Unser bindet, die ein jeglicher an ihm selbst findet, wenn er betet und seinem Nächsten vergibt? dass ja niemand Ursache hat zu klagen oder sich zu entschuldigen, er könne nicht dazu
kommen, und sei ihm zu hoch und zu fern, oder zu schwer und theuer,
weil es ihm und seinem Nächsten heim vor die Thür gebracht, ja in
Busen gelegt wird. Siehe, wenn du es also nicht nach dem Werk an
ihm selbst, sondern nach dem Wort, so daran geheftet ist, ansiehest,
so findest du darin einen trefflichen, köstlichen Schatz, dass es jetzt
nicht mehr dein Werk, sondern ein göttlich Sacrament ist; und mächtigen grossen Trost, dass du zu der Gnade kommest, dass du deinem
Nächsten vergeben kannst, ob du gleich zu andern Sacramenten nicht
kommen könntest. Das sollte dich bewegen, dass du solch Werk von
Herzen gerne thätest, und Gott dazu dankest, dass du solcher Gnaden
werth bist: solltest du doch bis an der Welt Ende darnach laufen, und
alle dein Gut darum verzehren; wie wir zuvor um den erdichteten Ab-
lass gethan haben. Wer nun das nicht will annehmen, der muss ein
schändlicher, verfluchter Mensch sein, sonderlich, wo er solche Gnade
höret und erkennet, und dennoch so kropfisch und halsstarrig bleibt,
dass er nicht will vergeben, damit er beide, Taufe und Sacrament, und
alles andere auf einmal verliert. Denn sie sind alle an einander gebunden, dass, wer eines hat, der soll sie alle haben, oder keines behalten.
Denn wer getauft ist, soll auch das Sacrament empfahen; und wer das
Sacrament empfähet, muss auch beten; und wer da betet, auch vergeben u. s. w. Vergibst du aber nicht, so hast du hier ein schrecklich
Urtheil, dass dir deine Sünden auch nicht sollen vergeben sein, ob du
gleich mit unter den Christen bist, und der Sacramente und anderer
Güter mit geniessest: sondern sollen dir nur desto schädlicher und
verdammlicher sein." (Auslegung des 5. 6. u. 7. Cap. Matthäi. A. 1532.
Opp. Hal. Tom. VII, 751—55.)

GERHARDUS: „Ex fidei justitia oritur in renatis *operum justitia*,
quae itidem multis modis perfectior est in renatis, quam externa illa
pharisaica justitia (Matth. 5, 20.): cum procedat ex renovatione Spiritus et conjunctam habeat obedientiam interiorem cordis, cum sit
spontanea et voluntaria, non mercenaria, cum respiciat totam legem,
non tantum particulam quandam legis, cum ex sincero corde, non
autem hypocritico, ex sincera Dei dilectione, procedat et solam Dei
gloriam, non autem proprium commodum vel honorem quaerat. Et
justitia fidei et justitia operum in renatis perfectior est et abundantior,
quam pharisaica justitia; interim tamen, cum renati, licet mente serviant legi, tamen carne serviant legi peccati, Rom. 7, 25., cum ipsis renatorum operibus imperfectiones et sordes adhaereant, ideo per et
propter opera sua, quia imperfecta sunt et immunda, non possunt ingredi regnum coelorum, ac proinde in hac quaestione, ut ingredi possint regnum coelorum, non ad justitiam carnis pharisaicam, nec ad
spiritualem suam imperfectam obedientiam, sed ad perfectissimam
Christi justitiam fide confugiunt." (L. de Evang. § 22.)

e) Ita *Rom. 5, 2.* dicuntur *justificati gloriari sub spe gloriae Dei*,
videlicet nacti fundamentum spei spemque ipsam vitae aeternae et

gloriosae a Deo et in Deo consequendae. Et *cap. 8, 17. 23. 24. 25.*
non solum *haereditas*, sed et hinc nata *spes* atque *expectatio* salutis futurae illis tribuitur.   Conf. *Gal. 3, 29.*

  E. Hunnius: „Quae doctrina pugnat cum *spe* christianorum, est
necessario falsa et erronea, quandoquidem universa Scriptura tendit
eo, ‚ut per patientiam et consolationem Scripturarum spem habeamus.‘
At pontificiorum dogma de dubitatione adversatur spei christianae;
ergo falsum et a Scripturae mente atque scopo dissonum sit oportet.
Spem fidelium describit verbum Dei, quod non confundat sperantes,
secundum haec gravissima oracula et testimonia divini Spiritus:
Ps. 25.: ‚In te confido, non erubescam‘; ac mox: ‚Universi, qui expectant te, non confundentur‘; Ps. 31. et 71.: ‚In te, Domine, speravi,
non confundar in aeternum‘; et Rom. 5.: ‚Afflictio parit patientiam,
patientia vero probationem, probatio vero spem, porro spes non pude-
facit.‘ Hinc epistola ad Ebr. 6. comparat eam ancorae tutae ac firmae,
cui innixa navis adversus impetum ventorum tempestatumque consistit.
‚Qui‘, inquit, ‚huc confugimus, ut potiamur spe, quam velut ancoram
tenemus animae, cum tutam, tum firmam.‘ Hinc idem monet, ut fiduciam et gloriationem spei ad finem usque firmam teneamus.   Imprimis
ἀξιόλογον est, quod Hebr. 10. scribit: ‚Accedamus cum vero corde, in
certitudine fidei, aspersi cordibus ac depulsa conscientia mala et abluti
corpore aqua pura teneamus confessionem spei, non vacillantem, fidelis
enim, qui promisit.‘ Cui dicto paene tot sunt argumenta contra Papistarum dubitationem, quot verba, et imprimis illud, quod spei nostrae
confessionem vocat ἀκλινῆ, non vacillantem. Unde Petrus quoque refert, christianos regenitos a Deo in spem vivam. Et paulo post subjungit: ‚Succincti lumbis mentis vestrae, sobrii, perfecte sperate in
eam, quae ad vos defertur, gratiam.‘ At qui docent, debere hominem
dubitando adhuc secum disceptare, anne sit in gratia Dei, an sit haeres
vitae aeternae, hi non possunt cum prophetis et apostolis docere spem
non confundentem, spem firmam, spem tutam et firmissimae ancorae
similem, spem vivam, spem ἀκλινῆ seu non vacillantem, spem, qua perfecte speretur in Dei gratiam, sed, hac christiana spe indignissime
damnata et conculcata, substituunt spem, quae confundere possit,
fluctuantem, vacillantem et hominem ex dubitatione in desperationis
voraginem tandem conjicientem, cujusmodi spem dubiam et ancipitem
prorsus ignorat Scriptura prophetica et apostolica. — Cum autem spes
circa *ventura* vitae aeternae bona sit occupata, quis poterit esse certus,
quod per omnes tentationes sit eluctaturus, cum tot sint in mundo impedimenta, tanta sit potentia satanae, tanta vicissim carnis nostrae infirmitas? Si vel in carnis nostrae infirmitatem, vel satanae potentiam,
vel obstacula illa, quae piis in mundo objiciuntur, velimus oculos de-
figere, de salute non modo *dubitandum* nobis, sed plane *desperandum*
erit. Verum his omnibus opponendae sunt firmae consolationes Spiritus Sancti, puta, quod major sit is, qui in nobis, quam qui in mundo
est, utpote qui, teste Christo, judicatus et foras ejectus est; et quod
Salvator ait: ‚Confidite, ego vici mundum‘; atque rursum, quod legitur, eos, qui ex Deo nati sunt, vincere mundum, 1 Joh. 5.; imo in
universis hujus mundi malis longe esse superiores per eum, qui dilexit
illos; nec non illud Petri, dicentis, fideles virtute Dei per fidem custo-
diri ad salutem. Plane ut et Christus inquit: ‚Non rapiet oves meas
quisquam de manu mea. Pater meus, qui dedit mihi, major omnibus
est, et nemo potest rapere de manu Patris mei.‘ ‚Hic fidelis est‘, inquit Paulus, ‚qui non sinit nos tentari supra id, quod possumus, imo
dat una cum tentatione eventum,|quo possumus sufferre‘, 1 Cor. 10. Et
Phil. 1.: ‚Persuasum habeo, quod is, qui coepit in vobis opus bonum,
perficiet usque ad diem Jesu Christi.‘ 2 Thess. 3.: ‚Non omnium est
fides, sed fidelis est Dominus, qui stabiliet vos et custodiet a malo.‘
Si quis autem studio dataque opera se rursum avertat a Deo, cum qui-

dem virtute Spiritus, quo regeneratus et donatus erat, potuerit in bonitate perseverare et initium substantiae usque ad finem retinere, hic proprii exitii caput et causa est, neque hoc fraudi potest esse his, qui salutis suae seria tanguntur cura. Idcirco sicut hos Spiritus Sanctus propositis promissionibus facit de salute certos, adeo ut, si non sponte a bono deficiant, sed in gratia Dei perseverare cupiant, non possit eos ulla diabolica potentia a Deo et Christo avellere, sic quoque vicissim monet, ut crucifigant carnem cum desideriis illius, ut abstineant a carnalibus concupiscentiis, quae adversus animam militent, ut, cum stant, videant, ne cadant, ut teneant, quod habent, ne quis illorum coronam auferat aut palmam intervertat, ut in timore et tremore suam salutem operentur. *Quae admonitiones simul omnes nihil spectant ad dubitationem papisticam fovendam aut spem christianorum infirmandam, sed tantum ad carnalem securitatem et veternum excutiendum.*" (Artic. de justific. 1590. p. 81—85.)

§ 15.

Definiri potest justificatio, quod sit actus[a] voluntatis divinae, quo Deus trinunus[b] ex gratuito favore[c] suo propter Christi[d] meritum fide[e] apprehensum homini peccatori, renato aut[f] converso, peccata[g] remittit salutis aeternae consequendae causa.[h]

a) Qui generis locum obtinet.   Conf. § 1. not. *g*. et § 6. not. *a*.
b) Causa efficiens justificationis, juxta § 6.
c) Qui est causa impulsiva interna; de qua vid. § 7.
d) Quod est causa impulsiva externa, eaque principalis, juxta § 7.
e) Quae causa impulsiva externa minus principalis est; vid. § 9.
f) Tanquam subjecto, aut objecto justificationis, juxta § 12.
g) In quo ratio formalis justificationis consistit; vid. § 11.
h) Finis justificationis hic est, juxta § 13.

Caput VI.

DE RENOVATIONE ET BONIS OPERIBUS.

§ 1.

Renovationis vox aliquando ita *late* accipitur, ut ipsam quoque conversionem sive regenerationem, imo et justificationem cum sequente opere sanctificationis[a] complectatur; *hoc loco* autem *strictius*,[b] ut a conversione distinguatur atque ipsam etiam justificationem sequatur. Dicitur alias *sanctificatio*.[c]

a) Nempe renovatio *in genere* denotat quamlibet actionem, qua vetera, aut quae vetustate vel aliunde detrita seu infirmata aut corrupta sunt, restaurantur. Atque ita in renovatione hominis spirituali, latius sumta, *vetus homo* secundum omnem suam rationem, i. e. carentiam virium spiritualium omnimodam, reatum et dominium peccati, aboleri, et *novus homo* secundum suam latitudinem, id est, ipsas vires spirituales, absolutionem a reatu et donum habituale, quo supprimatur dominium peccati, produci intelligitur. Vid. *2 Cor. 5, 17. sqq.*, ubi homines, qui in Christo sunt, *nova creatura* esse dicuntur. Eo autem refertur ipsa *reconciliatio cum Deo et justificatio per Christum* v. 19. et 21. Conf. b. *Mus.* de Conv. (ed. Jen.) Disp. III. cap. I. § 29. p. 113., ubi ostendit, ipsam *conversionem* hominis esse revera nec inusitate dici *renovationem* quandam. Add. Ausführl. Erklärung L. XV. Q. 78. p. 653. sqq.

FECHTIUS: „Utraque vox renovationis et sanctificationis ita sua natura *generalis* est, ut *omnem gratiam ejusque operationem* in se complectatur. Nam et cum homo justus pronuntiatur, et cum divina virtute bene operandi instruitur, et cum vitam suam actu ipso ad legem divinam conformat, renovatur et sanctificatur, i. e., ex vetere fit novus et ex impuro sanctus." (Compendium, universam th. complex. Cap. XXII. § 1. p. 608.)

CATECHISM. MAJOR: „So lerne nun diesen (3.) Artikel aufs deutlichste verstehen. Wenn man fraget: Was meinest du mit den Worten: ‚Ich gläube an den Heiligen Geist?‘ dass du könnest antworten: Ich gläube, dass mich der Heilige Geist heilig machet (sanctificari), wie sein Name ist. Womit thut er aber solches oder was ist seine Weise und Mittel dazu? Antwort: Durch die christliche Kirche, Vergebung der Sünden, Auferstehung des Fleisches und das ewige Leben." (Liber Conc. p. 455. sq.)

J. B. CARPZOVIUS SEN.: „Non occurrit textus in Bibliis, ubi vocabulum sanctificationis cum justificationis vocabulo permutetur, sed semper discrimen inter justificationem et sanctificationem in S. S. sartum tectumve retinetur, etiam in appellationibus. Ut recte notaverit Chemnitius T. II. Loc. th. p. 621.: ‚Augustinum amplitudine vocabuli sanctificare et justificare deceptum praeter Scripturae mentem quandoque fuisse et inflexisse vocabulum justificationis et sanctificationis significatus.‘ Per justificationem nos esse sanctos, sanctitate scl. illa imputata, quae una numero est cum Christi obedientia et sanctitate, quam legi divinae loco nostri praestitit, in Scriptura legitur. Sub verbo sanctificare etiam justificatio quandoque ibidem comprehenditur, quod inter alia evincit textus Eph. 5, 26. 27. Ebr. 10, 29.; ast ipsa justificatio nunquam in Scriptura sanctificatio dicitur; quod per inductionem probari potest." (Disputatt. isagog. in Chemnitium. Ed. J. B. Carpzov. Lips. 1701. p. 1142.)

b) Sic enim inter effecta justificationis recensuimus renovationem cap. V. § 14. et not. *d.* Et hanc specialem significationem sequentia docebunt.

c) Vid. *Rom. 6, 22.*, ubi homines *manumissi a peccato, servi autem facti Deo, fructum habere dicuntur* εἰς ἁγιασμὸν, *in sanctificationem.* Et *1 Thess. 5, 23.* precatur apostolus suis, ut *Deus pacis eos sanctificet totos.* Intelligitur autem collatio et consecutio sanctitatis internae, cum alias in ipso justificationis actu sanctitatis alienae, nempe Christi, imputatio locum habeat; quo referuntur loca *1 Cor. 1, 30. Ebr. 10, 14.*, hic autem ipsi homines sint ἐπιτελοῦντες ἁγιωσύνην ἐν φόβῳ θεοῦ, *perficientes sanctitatem in timore Dei, 2 Cor. 7, 1.*

CARPZOVIUS: „*Statim ac eo ipso momento,* quo fides accenditur in nobis et per eam, quatenus rem justificam oblatam apprehendit, nos *justificamur,* etiam mente ac corpore *renovamur;* sed quicquid sit de hac *simultate temporis,* in sese tamen et *sua natura* manent *distincta* beneficia, prout non tantum apostolus id significat per *modum tractandi* doctrinam de justificatione et renovatione in epistolis ad Rom. et Gal., dum prius ac seorsim agit de justificatione Rom. 3. 4. 5. ac Gal. 1. 2. 3. 4., postea vero de sanctificatione Rom. 6. et 7. Gal. 5. et 6. Sed etiam ipsa *natura* beneficiorum apparet. Nam 1. *justificatio* est actus *forensis* et morali actioni respondet; *renovatio* vero ad actionem *physicam* accedit. 2. *Justificatio* in *remissione* peccatorum consistit; renovatio vero in *inhaerente justitia* et novae obedientiae habitu ac studio. 3. *Justificatio* a *reatu* peccati liberat; *renovatio* vero ab ejus *dominio.* 4. *Justificatio* est *aequalis* et nec actus nec justitia imputabilis augetur vel minuitur; *renovatio* vero *inaequalis* est ac incrementa accipit atque non tantum continuatur, ut justificatio, sed etiam *augetur.* 5. In *justificatione* justitia Christi consideratur ut *donum,* cujus imputatione nos justi constituimur; in *renovatione* autem Christus ut *exemplum* sistitur, ad et secundum quod inhaerens nostra justitia conformari debet.“ (L. c. p. 1135. sq.)

§ 2.

Renovatio *stricte* dicta importat realem et intrinsecam quandam in homine renato seu converso mutationem;[a] quae aliquando transitive,[b] aliquando intransitive[c] accipitur.[d]

a) Quam apostolus μεταμορφώσεως voce designat, qua homo *formam,* non externam, sed internam, licet accidentalem, *mutat.* Μεταμορφοῦσθε, inquiens, *transformemini spiritu mentis vestrae, Rom. 12, 2.*

b) Tanquam actio Dei producentis in nobis sanctos motus et actiones; prout *dare cor novum et spiritum novum* dicitur *Ezech. 36, 26.,* spiritum *innovare intra nos Psal. 51, 12.*

c) Quatenus *homines seipsos* renovare dicuntur, *facientes* sibi *cor novum et spiritum novum, Ezech. 18, 31.,* deponere veterem hominem, induere novum *Eph. 4, 22. 24.*

d) Confer. de hac duplici acceptione b. *Olear.* Indic. Balduin. Gener. Th. Posit. art. XCVII. observ. ad § 5. p. 165. a., et b. *Scherz.* Brev. Hülsem. auct. cap. XII. Thes. III. p. 684.

§ 3.

Utrinque[a] notandi sunt ejus termini: *a quo* et *ad quem.*[b]

a) Est enim *quoad rem* una actio, licet ex parte *principiorum* aut *causarum,* quarum altera alteri subordinatur, sit differentia.

b) Quod in omni mutatione occurrit; ubi terminus alter abolendus aut deserendus, alter producendus aut acquirendus est.

§ 4.

Terminus *a quo*[a] sunt reliquiae peccati,[b] quae post conversionem remanent;[c] nempe defectus aliquis[d] virium bonarum, ex parte *intellectus* quidem ad cognoscenda[e] spiritualia, ex parte *voluntatis*[f] ad prosequenda bona spiritualia, ex parte *appetitus*[g] *sensitivi* ad obsequendum superioribus facultatibus; simul etiam et pronitas[h] earundem facultatum animae ad prava.

a) Qui *abolendus* est, si non penitus et radicitus (quod in hac vita fieri nequit), saltem *secundum quid*, ut minuatur, infirmetur, aut opprimatur.

b) Seu *vetus vivendi* et peccandi *ratio*, quae includit cum ipsum peccatum connatum, tum vitia male vivendo contracta. Dicitur alias *homo vetus*, *Eph. 4, 22.*, non ratione substantiae, sed ratione *qualitatum et accidentium* vitiosorum ex antiquo lapsu, unde homo velut cariem vetustatis traxit. *Caro cum concupiscentiis suis, Gal. 5, 24.* Illud nimirum, quod in homine carnali, sive post lapsum per carnalem generationem, ad illum translatum est et quo a spiritualibus ad sensibilia inclinatur. Dicitur *corpus peccati*, quod sit complexus plurium peccatorum, velut partium aut membrorum, *Rom. 6, 6.*, unde et *membra terrestria* appellantur variae peccatorum species *Coloss. 3, 5.*

c) Vid. querela Pauli (renati utique et secundum interiorem hominem spiritualibus viribus instructi, juxta v. 18. et 22.), *quod non faciat bonum, quod velit; nec reperiat* (vires sufficientes), *ut faciat bonum; agat autem malum, quod non velit,* idque vi *peccati in se habitantis, sibi adjacentis* etc. *Rom. 7, 15. sqq.*

QUENSTEDTIUS: „Loqui eum (apostolum) *illo capite* (*Rom.* 7.) de se ut *renato*, omnes tenent orthodoxi theologi, nixi firmis rationibus... B. Huelsemannus in Vindiciis A. 9. § 33. p. 42. inquit: ‚Rom. 7, 15. 19. 23. non agitur de repugnantia purorum naturalium intellectus et voluntatis irregeniti, neque agitur de qualitate hominis aliquali legis Mosaicae cognitione imbuti, qualis apostolus erat sub statu pharisaismi κατ' ἀκρίβειαν doctus, Act. 22, 3., nondum tamen in statum adoptionis traducti, sive nondum regeniti sive renovati; sed omnino agitur de homine *regenerato et renovato*, et quidem *ex professo* de renovationis *imperfectione* in hac vita, ut art. 20. Aug. Conf. exponit.‘ Hocque quatuor firmissimis rationibus ibidem prolixe demonstrat theologus consummatissimus, quae legi omnino merentur. Summa rationum haec est: 1. Quod apostolus toto c. 6. exhortetur fideles jam regenitos de officio suo, idque patere ait ex omnibus et praecipue ultimis versibus c. et phraseologia ex c. 6. in septimum traducta, scilicet sermonem esse de liberatis v. 18. 20. 21. 22. c. 6. v. 1. 2. 3. 6. c. 7. 2. Quod statum *praeteritum* describat apostolus per verba praeteriti temporis: ‚Talis eram‘, et ‚tales eratis‘ etc., ‚illum fructum habebatis‘ c. 6, 18—22., atque eandem differentiam repetit c. 7, a v. 1. usque ad 14., ubi verbis praeteriti temporis utitur apostolus, sc. 4. 5. 9. 12., sed a v. 14. usque ad finem capitis loquitur Paulus verbis *praesentis* temporis, cui praesenti opponit non in hac, sed in aeterna vita futuram, v. paen. et ult. 3. Quod dicat apostolus in praeterito, se serviisse peccato, et de praesenti, servire. Serviisse tanquam mancipium ignarum melioris conditionis, nunc autem servire invitum cum lucta et repugnantia, tanquam detentum a tyranno; illic commisisse peccata spontanea et proaeretica, hic non nisi sub et obreptitia per infirmitatem et imprudentiam. *Prius* patet ex v. 4—6. c. 7. collato cum parallelis 1 Cor. 4, 10. 11. 11, 2. Eph. 2, 3. 11—13. 4, 17—19. *Posterius* ex periphrasi tum subjecti post regenerationem peccantis, tum peccatorum post regenerationem commissorum. Subjectum describitur, quod delectetur lege Dei quoad interiorem hominem, v. 22., qui interior homo exteriori oppositus semper significat statum regeneratum, Rom. 2, 29. 2 Cor. 4, 16. Eph. 3, 16. Attributa autem, qualia sunt, delectari lege Dei, odisse peccatum, fugere peccatum, quae apostolus de statu suo praesente commemorat v. 17—20. 22., non quadrant irregenitis; hi enim non delectantur lege Dei, sed exosa est ipsis etc. 4. Quod antiquitas et libri symbolici, ut Augustinus l. 1. Retract. c. 23. Apologia Aug. Conf. ad art. 4. p. 82. 84. et 117. subjectum, de quo praedicantur v. 18. 19. et seq. c. 7., exponant de subjecto jam justificato.‟ (Theol. did.-pol. P. III. c. 11. s. 2. f. 922. sq.)

d) *Non* quidem *omnimoda* illarum carentia (quia in ipsa conversione jam aliquid bonarum virium impetratum est), *aliqua* tamen.

e) Quamvis enim aliqua lux spiritualis post conversionem adsit, conjuncta tamen est cum defectu plenioris perfectionis, quam adesse oportebat.

f) Quae enim in conversione collatae fuerunt vires, tenues sunt, ita ut absit justa seu perfectior sanctitas, quae adesse debebat.

g) Vid., quae diximus cap. IV. de Regen. et Conv. § 5. not. ult. Unde constat, carentiam obsequii prompti, quod superioribus facultatibus debetur, per conversionem nondum esse sublatam.

h) Nempe etiam in renatis *caro* (de qua vid. not. *b*.) *concupiscit* (et concupiscendo reluctatur) *adversus spiritum* (seu adversus novas illas vires, quas Spiritus Sanctus in actu conversionis aut regenerationis conferri coepit), *Gal. 5, 17.* Ex quo apparet, in intellectu superesse pronitatem aliquam (licet non aeque fortem, sicut ante conversionem) ad temeraria judicia de rebus spiritualibus, in voluntate inclinationem quandam ad bona caduca, spiritualibus praeferenda, in appetitu sensitivo propensionem aliquam ad bona sensibus grata, etsi prohibita.

§ 5.

Terminus *ad quem*[a] renovationis sunt majores[b] illae vires spirituales,[c] quae post conversionem demum acquirendae[d] sunt; videlicet ex parte *intellectus* plenior cognitio[e] rerum spiritualium, *voluntatis* perfectior sanctitas,[f] et *appetitus sensitivi*[g] promptius et constantius obsequium superioribus facultatibus praestandum.

a) Qui *acquirendus* est et quem renovatio suis actibus *attingere* debet.

b) *Non* autem *plena* perfectio sine ullo defectu, quae in homines pro statu *hujus vitae* post lapsum et tenacitate peccati orig. *non cadit*, licet ad eam *enitendum* aut *aspirandum* sit per ipsam renovationem.

LUTHERUS: „Also ist es mit dem christlichen Leben beschaffen, dass, wer es angefangen hat, sich dünken lässt, als ob er nichts habe, sondern er strecket sich darnach und gehet immer weiter fort, auf dass er es ergreife. Daher spricht Paulus Phil. 3, 13. 14.: ‚Meine Brüder, ich schätze mich selbst noch nicht, dass ich es ergriffen habe. Eins aber sage ich: Ich vergesse, was dahinten ist, und strecke mich zu dem, das da vorne ist; und jage nach, dem vorgesteckten Ziel nach, dem Kleinod, welches vorhält die himmlische Berufung Gottes in Christo Jesu.‘ Denn es ist in der That einem Gläubigen nichts schädlicher, als wenn er sich einbildet, er habe es schon ergriffen, und es sei nicht nöthig, erst zu suchen. Denn daher kommt es, dass viele zurückfallen und vor Sicherheit und Faulheit verwelken und lass werden. Also spricht auch Bernhardus: ‚Wenn man auf dem Wege Gottes still steht, ist es ebensoviel, als wenn man zurück geht.‘ Derowegen, wer angefangen hat, ein Christ zu sein, der ist schuldig, noch dieses zu thun, dass er gedenke, er sei noch kein Christ, sondern er suche es noch dahin zu bringen, dass er ein Christ werde; dass er mit Paulo Phil. 3, 12. 15. 16. rühmen könne: Ich bin es nicht, sondern ich suche es zu sein; ‚nicht dass ich es schon ergriffen habe, oder schon vollkommen sei, ich jage ihm aber nach, ob ich es auch ergreifen möchte, nachdem ich von Christo Jesu ergriffen bin. Und wie viel unser vollkommen sind, die lasset uns bei dieser Regel bleiben.‘ Denn ein Christ ist im Werden, nicht im Wordensein. Denn es wird zu ihm gesagt: ‚Bittet, suchet, klopfet an‘; es heisst nicht: Ihr habt es bereits, ihr habt es gefunden, ihr seid schon eingegangen; sondern: ‚Bittet, suchet u. s. w.‘ Wer derohalben ein Christ ist, der ist nicht ein Christ; das ist, wer sich dünken lässt, er sei schon ein Christ worden, da er nur ein Christ werden soll, der ist nichts. Denn wir strecken uns nach dem Himmel, wir sind aber noch nicht im Himmel. Und gleichwie derjenige nimmermehr in den Himmel kommen wird, der sich einbildet, er sei schon im Himmel; also ist derjenige bereits im Himmel, der sich nach dem Himmel strecket, und da hinein zu kommen sucht. Denn Gott hält ihn dafür, als der schon im Himmel sei. In Summa: Man muss immer weiter fortgehen und zunehmen, und nicht still stehen, noch sicher schnarchen. ‚Unser alter Mensch muss‘, wie Paulus sagt, ‚verwesen, und der innerliche von Tage zu Tage erneuert werden.‘ 2 Cor 4, 16. Wehe demjenigen, der schon ganz erneuert ist, das ist, der sich einbildet, er sei schon erneuert. Selbiger hat ohne Zweifel noch nicht angefangen erneuert zu werden, und noch niemals geschmeckt, was da sei, ein Christ sein. Denn wer da angefangen hat, ein Christ zu sein, der hält sich nicht dafür, dass er ein Christ sei, sondern er verlanget sehr, ein Christ zu werden; und je mehr er wächst und zunimmt, desto mehr suchet er es zu werden, und desto weniger hält er sich dafür, dass er's sei. So gar wunderbar sind die Werke des Reiches Christi. ‚Wer stehet‘, sagt Paulus, ‚der sehe wohl zu, dass er nicht falle.‘ 1 Cor. 10, 12. Und abermal: ‚So sich jemand lässt dünken, er sei etwas, so er doch nichts ist, der betrügt sich selbst.‘ Gal. 6, 3.“ (Anmerkungen über den Evangelisten Matthäum. A. 1538. Tom. Hal. VII, 324—326.)

QUENSTEDTIUS: „Objicitur, quod renati dicantur ‚*perfecti*‘ Phil. 3, 15. 1 Joh. 4, 12.; et quidem ut Pater coelestis perfectus est Matth. 5, 48. Respond.: 1. Iidem, qui ‚perfecti‘ et sancti dicuntur in Scriptura, etiam ‚carnales‘ vocantur secundum alium considerandi modum, 1 Cor. 3, 3. 2. Dicuntur perfecti $\pi\alpha\rho\alpha\sigma\tau\alpha\tau\iota\kappa\tilde{\omega}\varsigma$, praeceptive, a praecepto autem ad posse non valet consequentia, vel $\lambda o\gamma\iota\sigma\tau\iota\kappa\tilde{\omega}\varsigma$, imputative, vel $\dot{\alpha}\nu\nu\pi\sigma\kappa\rho\iota\tau\omega\varsigma$, sincere et inchoative, vel $\tau\epsilon\lambda\iota\kappa\tilde{\omega}\varsigma$, consummate, respectu alterius vitae; vel dicuntur perfecti non $\nu o\mu\iota\kappa\tilde{\omega}\varsigma$, sed $\epsilon\dot{\nu}\alpha\gamma\gamma\epsilon\lambda\iota\kappa\tilde{\omega}\varsigma$, non juxta legis ἀκρίβειαν, sed juxta evangelii ἐπιείκειαν, non propter plenum effectum, sed pium affectum, non propter perfectam executionem, sed bonam intentionem, non propter integritatem, sed sinceritatem, non propter consummationem, sed inchoationem." (L. c. s. 2. f. 924.)

ANTITHESIS.

QUENSTEDTIUS: „*Antithesis:* 1. *Socinianorum*, qui contendunt, perfectam legis impletionem in hac vita esse possibilem. . . *Socinus* libro suasorio p. 60. c. 2. probabile esse affirmat, hominem Dei Spiritu adjutum vel Dei auxilio suffultum posse legi Dei perfecte obedire. Idem ad disp. de loco apostoli Rom. 7. ed. Racov. an. 1612. in resp. ad epistol. amici p. 56. certos gradus renatorum constituit, et addit: ‚Ego nihil dubito, quin in aliquibus ex Christi fidelibus in hac vita pugna illa inter carnem et spiritum cesset, jam plane spiritu dominante et carne cum ipso manus conserere non audente'. . . 2. *Arminianorum*, qui etiam fingunt in hac imperfectione perfectos et ‚adultos', ut vocant, inter renatos. *Arminius* in resp. ad 31 articulos sibi falso adscriptos p. 164. et in a. 9. p. 307., itemque Comm. in c. 7. Rom. tantam videtur regenitis in hac mortalitate tribuere perfectionem, ut affirmare non dubitet, bona ipsorum opera adeo perfecta esse, ut nullo carnis vitio sint inquinata neque ullis digna poenis. Cf. Apol. Remonstrant. c. 10. 11. p. 131. 3. *Anabaptistarum*, qui bonorum operum in hac vita perfectionem jactitant, eoque perfectionis assurgere posse putant renatos, ut sint sine omni peccato. . . 4. *Schwenkfeldianorum* et *Weigelianorum* contendentium itidem, renatos ad istam in hac vita assurgere perfectionem, ut legem Dei et facile et perfecte impleant. V. Schwenckfeldium tr. de abusu evangelii p. 75. sq., item de verbo Dei p. 135., cf. Wigandum tr. de Schwenckfeldian. p. 24., Weigelium P. 1. Postill. p. 35. et 73. P. 2. Postill. p. 240. et P. 3. p. 16. 5. *Pontificiorum*, qui perfectam legis impletionem vires hominis renati non excedere, ac proinde hominem renatum gratia Dei adjutum legem moralem perfecte implere posse, eorumque bona opera in hac vita absolute et simpliciter bona et perfecta esse contendunt. Ita Conc. Trident. sess. 6. c. 18.: ‚Si quis dixerit, Dei praecepta homini etiam justificato et sub gratia constituto esse ad observandum impossibilia: anathema sit!'" (L. c. s. 2. f. 921. sq.)

c) Dicuntur uno nomine *novus homo Eph. 4, 24.* significatione *accidentali*, eo, quod sint imaginis divinae, primo homini collatae, sed per lapsum amissae, nova velut facies, similis qualitas etc.

d) Ita ut *crescamus in Christo per omnia et perveniamus in virum perfectum, in mensuram aetatis plene adultae Christi, Eph. 4, 13. 15.*, i. e. *ut, quemadmodum ipse Dominus ab infantiae suae annis progressus quosdam fecit, corroboratus Spiritu, proficiens sapientia et aetate et gratia apud Deum atque homines, donec ab uno aetatis gradu ad alterum in plenam aetatem virilem suam processit, sic et christiani Spiritus incremento in fide et agnitione Christi in virum perfectum proficiant. Quod non de omnimoda perfectione Paulus intelligit. quae in altero expectatur saeculo, sed haec tantum notatur perfectio, qua jactis fidei radicibus homo neque haereticorum astutiis, neque ullis satanae fraudibus atque dolis a fundamento salutis Jesu Christo demoveri potest;* quae paraphrasis est b. *Aeg. Hunnii* in Comm.

e) Sic l. c. ad *Eph. 4, 13.* incrementum et perfectio illa refertur ad *fidem et agnitionem Filii Dei.* Et *Phil. 1, 9.* precatur Paulus conversis *exuberantiam in agnitione omnique intelligentia.* Conf. *Coloss. 1,*

10. et cap. 3, 10., quo postremo loco expresse jubemur *induere novum* (hominem), *qui renovatur ad agnitionem et sic ad imaginem ejus, qui condidit illum.*

f) Nempe *ut renovemur spiritu mentis nostrae, induentes novum hominem, qui juxta Deum conditus est in justitia et sanctitate veritatis* (id est, vera aut sincera), *Eph. 4, 24.* Intelligitur autem *justitia* velut *universalis*, seu complexus omnium virtutum, quae ad mores christianos pertinent et alias juxta *duas* decalogi *tabulas*, aut pro ratione methodi theologiae moralis juxta officia hominis circa *Deum*, quoad cultum *internum et externum*, circa *hominem* (renatum) *ipsum* et circa *proximum* ejusque *animam, corpus, famam, opes* etc. varie dispesci solent. Brevem virtutum christianarum syllabum videre licet *Gal. 5, 22. 23. 1 Tim. 6, 11. 2 Tim. 2, 22. 2 Pet. 1, 6. 7.*

g) In oppositione ad obsequium *cupiditatibus carnis* praebitum, *Rom. 6, 12.*

§ 6.

Aboletur[a] autem terminus a quo renovationis *partim*, quando homo, inito diligenti et accurato examine vitae suae, peccata post conversionem admissa aut relicta solicitius observat et retractat per seriam illorum displicentiam et dolorem,[b] *partim*, quando in exercitio actuum spiritualium quorumvis occupatur[c] juxta varia virtutum christianarum genera. Atque huc pertinet renatorum[d] *lucta spiritus* adversus *carnem.*[e]

a) Scriptura utitur phrasibus *deponere*, ἀποθέσθαι (velut vestimentum detritum, sordidum, lacerum) *juxta priorem conversationem veterem hominem Eph. 4, 22.*, *exuere veterem hominem cum factis suis Coloss. 3, 9.*, *crucifigere* (lento velut et doloroso cruciatu conficere) *carnem cum concupiscentiis suis Gal. 5, 24.*, *mortificare* (dare operam, ut vim et ἐνέργειαν suam amittant) *membra sua terrestria Col. 3, 5.* Quod autem peccatum in hac vita *nunquam penitus* et radicitus in homine *extirpetur*, *minui* autem, *infirmari* et, quantum fieri potest, *expelli* debeat, diximus ad § 4. not. *a.* Conf. b. *Mus.* Tractat. de Poenit. contra Stengerum P. III. cap. VII. p. 634. 635.

b) Juxta ea, quae cap. IV. de *Conversione* diximus. Unde huc pertinet, quod de *poenitentia stantium* dictum est, quodque *contritio* stare *non* possit cum *proposito peccandi*; vid. § 43. Quo saepius itaque et accuratius homo renatus occupatur in castigatione sui aut peccatorum suorum, eo frequentius inhibetur et sic minuitur dominium peccati, quanquam contritionem ejusmodi frequentiorem aut constantiorem ex motivo caritatis post conversionem nasci, itidem dictum est l. c. ex b. *Musaei* Tract. contra Steng. P. III. cap. IX. p. 709. sqq.

c) De quo mox dicetur. Sic autem, dum ad majores illas perfectiones tenditur, quibus terminus a quo renovationis partim privative, partim contrarie opponitur, fit omnino, ut in abolitionem oppositorum seu ipsius termini *a quo* una tendatur.

d) Postquam regeniti et conversi sunt. Nam de ea lucta, quae fit in ipso negotio conversionis, jam supra actum est, cap. IV, § 28.

e) Neque enim prava concupiscentia facile patitur se crucifigi, mortificari etc., semper potius dantur nisus aut connatus contrarii.

CARPZOVIUS: ,,Apostolus Rom. 7, 14. et 24. conqueritur, se *venundatum* esse sub peccatum et captivum. Quae non de *imperio* inhaerentis peccati ac corruptionis, sed de *sensu et primis ejus motibus* intelligenda sunt. Nam duplici modo quis venundatus et captivatus sub peccatum est: semel quando quis se vendit ac dedit in *obsequium*, 1 Reg. 21, 20. 2 Tim. 2, 26.; deinde quando quis suggestiones carnis *sentit*, dum in ipso excitantur pravae *cogitationes* in mente et *inclinationes* in voluntate ac reliquis viribus, ita ut cogitationes malae sint quasi tabellarii et inclinationes pravae edicta peccati inhabitantis, quibus tamen obedientia denegatur et adversus quae pugnatur. Non de priori autem, sed posteriori captivitate hic loquitur apostolus. *Quamdiu enim in lucta est renatus, tamdiu plenum dominium non habet caro*, sed spiritus illi repugnat et pullulantes surculos in herba, quod dicitur, reprimit atque carnem crucifigit, ita ut non tantum motus primos carnis refrenet et comprimat, nec agat, quomodo velit caro, sed etiam carnem subinde magis magisque debilitet, 2 Cor. 4, 26. Gal. 5, 24. Et renatus, quatenus renatus, semper non tantum repugnat, sed etiam *vincit*. Tot et tantis enim viribus atque armis instructus est, ut illorum ope victoriam de carne reportare semper possit, ac apostolus Johannes etiam propterea testetur 1 Joh. 3, 9.: ,Omnem, qui natus fuerit ex Deo, non committere peccatum nec posse peccare‘, scl. *quatenus renatus* est et *quamdiu* gratiam regenerationis possidet atque custodit et media ac arma sua fideliter usurpat. Si vero contingat, ut peccet et succumbat renatus in tentationibus carnis, vel per praecipitantiam, vel etiam ex proaeresi, tunc vel arma non rite usurpat, ut deberet, vel etiam *contristat Spiritum S.* atque, si non statim redeat, *excutit eum et gratia regenerationis excidit.*‘‘ (Disputatt. isag. p. 1167. sq.)

§ 7.

Atque *ita* simul *ad* acquisitionem termini ad quem renovationis *tenditur*, quando per crebriores actus[a] spirituales intellectus et voluntatis vires spirituales antea collatae augentur et incrementa capiunt, ut ad pleniorem perfectionem habitualem pertingant.[b]

a) Sic Paulus Timotheo scribit: Γύμναζέ σε, *exerce te ipsum*, instar athletae, *ad pietatem, 1 Ep. 4, 7.* Alias *cursoribus* comparat christianos, *1 Cor. 9, 24. sqq.* Et *Philippensibus cap. 3, 13.* exemplum suum imitandum propositurus: *Ego*, ait, *me ipsum nondum arbitror assecutum esse* (perfectionem debitam, de qua loquitur v. 12.), *unum autem illud* (ago), *ea quidem, quae a tergo sunt, obliviscens, ad ea, quae a fronte sunt, enitens* (ἐπεκτεινόμενος, velut prono aut praecipiti corpore protensus ad anteriora, instar currentium ad metam; nempe quod, *quae pridem assecutus est, in iis non subsistat, sed ad uberiores subinde profectus et ad perfectionem contendat*, exponente Aeg. Hunnio). Et *cap. 4, 8. 9.* scribit:

*Quaecunque sunt vera, quaecunque honesta, quaecunque pura, quaecunque
accommodata (προςφιλῆ), quaecunque bonae famae, si qua virtus et si qua
laus, haec cogitate.*

b) Huc pertinet parabola, qua Christus servos, talentis decem,
aut quinque, aut duobus, a domino suo acceptis, alia talenta totidem
acquisivisse memorat, i. e. donis gratiae primum collatis diligenter
usos homines ad majorem pertigisse perfectionem, *Matth. 25, 14. sqq.
Luc. 19, 12. sqq.*

§ 8.

Causa *efficiens principalis* renovationis Deus[a] trinunus[b] est.

a) Aeque ut regenerationis. Quemadmodum enim primae vires
gratiae per virtutem supernaturalem et infinitam Dei conferuntur, ita
et augmentum et confirmatio earum Deo debetur. Unde Paulus *Phil.
1, 6.* scribit: *Persuasum habeo, quod is, qui coepit in vobis opus bonum,
perficiet usque ad diem Jesu Christi.* Confer. *1 Thess. 5, 23.* et h. l. § 2.

b) Est enim opus *ad extra.* Quod tamen *per appropriationem* tribuitur Spiritui Sancto *Tit. 3, 5.*, qui etiam ideo *spiritus sanctificationis*
appellatur *Rom. 1, 4.*, qui in renatis tanquam *in templo habitat, 1 Cor.
3, 16.*, agit eos, *Rom. 8, 14.*, auxiliatur infirmitatibus eorum, *ibid. v. 26.*

§ 9.

Causa *instrumentalis* ex parte *Dei* sunt verbum *legis*[a]
et *evangelii,*[b] et sacramenta *baptismi*[c] et *eucharistiae.*[d]

a) Lex sane per omnem vitam dictat, quae sint facienda, etiam
renatis. Vid. *Psal. 1, 2. Psal. 119.* integer. Eadem concupiscentias carnis in renatis reliquas supprimit, vid. *Gal. 5, 15. 16.* Intelligimus autem legem *Mosis* et *Christi,* quae revera *una* est et renatis ad
renovationem sui observanda. Conf. b. *Mus.* de poenit. contra Steng.
P. II. cap. I. p. 160. cap. II. p. 199. P. III. cap. VI. p. 561. sqq.

b) Nempe evangelium non solum excitat fidem in actu conversionis, sed etiam excitatam conservat, confirmat atque auget. Unde
1 Pet. 1, 22. dicuntur *renati animas suas purificare obediendo veritati.*
Conf. b. *Mus.* Disp. de Renov. § 38. 39.

CARPZOVIUS: „De verbo Dei, qui istud instrumentum renovationis
nostrae sit, neminem ambigere sinunt clarissimi Scripturae textus, qui
verbo illuminationem, mutationem cordis etc. asscribunt, Ps. 19, 9. 12.
119, 105. Act. 26, 18. Jer. 20, 9. 23, 29. 1 Cor. 1, 6. 2, 4. 5. 3, 8.
2 Cor. 4, 4. 1 Thess. 1, 5. etc. In omnibus autem hisce textibus de
solo evangelio agitur. ‚Per evangelium‘, inquit Form. Conc. art. 2.
p. 605., ‚Sp. S. conversionem vel renovationem in nobis operari et perficere vult.‘ *Lex* quidem in renovatione dicitur ‚inscribi in corda‘.
Jer. 31, 33. Ebr. 8, 10., sed non inscribere. Inscriptio fit per *evangelium* solum. Ex quo solo renascimur, ex eo solo etiam renovamur.
Jam ex solo evangelio renascimur. Ergo ex solo evangelio etiam re-

novamur. Neque obest, quod lex *aliquem usum* in renovatione praestet et sit *norma*, ad et secundum quam nova obedientia institui debet.
Hic enim usus saltem *normalis* est in obedientia seu viribus et potentia
obediendi jamjam effectis per evangelium, et ad tertium illum legis
usum pertinet, quem in renatis et justificatis lex habet, prout in 6. art.
Form. Conc. p. 642. hoc declaratur. Lex inculcat quidem, esse voluntatem et mandatum Dei, ut in nova vita ambulemus, at vires et facultatem non donat, quibus novam obedientiam inchoare et praestare
possimus. Sp. S. autem, qui non per legis, sed per evangelii praedicationem datur et accipitur, cor hominis renovat. Deinde idem Spiritus
S. ministerio legis utitur, ut per eam renatos doceat. . . Aliud est, esse
organum renovationis, et aliud est, ad *aliquem* saltem *usum ab organo*
renovationis assumi." (Disputatt. isagog. p. 1146. sq.)

c) Vid. *ad Tit. 3, 5.*, ubi baptismus expresse dicitur *lavacrum renovationis*, nempe quia haec ab illo velut a causa pendet. Non solum
enim per baptismum, *quando actu suscipitur*, Spiritus Sanctus in corde
hominis, non ponentis obicem, operatur beneficium regenerationis et
renovationis, quod baptismus (tamquam id, cujus gratia institutus est)
exterius significat, adeoque homini, qui baptizatur, vires gratiae a
Spiritu S. per baptismum, velut organon efficax, efficienter conferuntur, atque hae vires ad actus sequentes spirituales utique aliquid praestant aut conferunt; verum etiam per baptismum *olim* susceptum, sed
memoria repetitum, Spiritus Sanctus similiter operatur et vires spirituales ulteriores confert, aut collatas auget. Conf. b. *Musaei* Disput.
de *Renov.* § 42.

d) In ea enim accipimus corpus Christi, quod est *panis vitae* seu
vivificus, Joh. 6, 54. 55. Atque arctius unimur Christo, velut *viti*, ut
in eo tanquam *palmites feramus fructum, Joh. 15, 1. 5.* Sic etiam dicitur, *multos unum Spiritum velut potando hausisse 1 Cor. 12, 13.* Conf.
b. *Mus.* l. c. § 43.

§ 10.

Ex parte *hominis* efficienter[a] concurrunt ad renovationem *vires gratiae*[b] in conversione acceptae.[c]

a) Sic enim homines jubentur ipsi *justificare corda 1 Pet. 1, 22.*,
deponere veterem hominem et induere novum Eph. 4, 22. sqq. Col. 3, 10.,
*expurgare se ipsos 2 Tim. 2, 21., sanctificare se ipsos 1 Joh. 3, 3., per-
ficere sanctitatem 2 Cor. 7, 1.* Quod tamen fit dependenter a Deo seu
gratia Dei, ut ex dictis constat. Conf. Ausführl. Erklärung L. XV.
Q. 79. p. 693. sqq. et h. l. § 2. nota *c.* Et hoc est, quod b. *Scherzerus*
in System. Theol. L. XVII. § 4. p. 458. docet, hominem *justificatum*
esse *causam* renovationis; dici enim *renovare se ipsum 1 Pet. 1, 22.*
Esse autem causam *secundariam, quia Deo subordinatur et gratia Dei
natura prius movet hominem, quam is per gratiam motus agat.* Conf.
eundem Brev. Hülsemann. auct. cap. XII. Thes. III. et V. p. 684.
688. sqq.

FORMULA CONC.: ,,Daraus denn folget: alsbald der Heilige Geist,
wie gesagt, durchs Wort und heilige Sacramente solch sein Werk der
Wiedergeburt und Erneuerung in uns angefangen hat, so ist es gewiss,

dass wir durch die Kraft des Heiligen Geistes mitwirken können und
sollen, wiewohl noch in grosser Schwachheit, solches aber nicht aus
unsern fleischlichen natürlichen Kräften, sondern aus den neuen Kräften und Gaben, so der Heilige Geist in der Bekehrung in uns angefangen hat; wie St. Paulus ausdrücklich und ernstlich vermahnet, dass
wir als *Mithelfer die Gnade Gottes nicht vergeblich empfangen,* welches
denn anders nicht, denn also soll verstanden werden, dass der bekehrte
Mensch so viel und lange Gutes thue, so viel und lange ihn Gott mit
seinem Heiligen Geist regiert, leitet und führet; und sobald Gott seine
gnädige Hand von ihm abzöge, könnte er nicht einen Augenblick in
Gottes Gehorsam bestehen. Da es aber also wollte verstanden werden,
dass der bekehrte Mensch neben dem Heiligen Geist dergestalt mit-
wirkte, wie zwei Pferde mit einander einen Wagen ziehen, könnte solches ohne Nachtheil der göttlichen Wahrheit keineswegs zugegeben
werden.'' (Declar. art. 2. p. 604.)

QUENSTEDTIUS: ,,Causa instrumentalis ex parte Dei sunt verbum
et sacramenta. . . *Causa media et subordinata* ex parte hominis est
fides justificans, per quam Deus purificat corda hominum non solum ab
errore mentis, sed etiam a vitiis affectuum et voluntatis, Act. 15, 9.
Causa *subalterna adjuvans* est *voluntas hominis* per fidem in Christum
sanctificata. Sic Epitome F. C. a. 2. p. 526.: ,Hominis nova voluntas
instrumentum est et organon Dei Sp. S., ut ea non modo gratiam apprehendat, verum etiam in operibus sequentibus Spiritui S. *cooperetur.'*
Et de fidei in renovationem influxu ait Declar. F. C. p. 626.: ,Est
fides illa quiddam vivum, efficax, potens; ita, ut fieri non possit, quin
semper bona operetur.' Gal. 5, 6. 2 Pet. 1, 5.'' (L. c. s. 1. th. 5. 6.
f. 915. sq.)

b) *Nequaquam* autem vires *naturales,* quae semper ad spiritualia
ineptae sunt ac manent. *1 Pet. 1, 23.*

c) Qua ratione *fides* dicitur ἐνεργουμένη, *efficaciter operans* (juxta
analogiam locorum *Eph. 3, 20. Col. 1, 29. Jac. 5, 16.*) per *dilectionem
Gal. 5, 6.* Unde speciatim notandum est, fidem in ordine ad renovationem *duplici* munere fungi. *Uno* quidem, quod *intellectum* determinat ad *assentiendum, tum* in genere omnibus, quae in Scripturis sacris
revelata sunt, *tum* in specie promissionibus de gratuita remissione peccatorum propter Christum. Sic enim, deductis conclusionibus prac-
ticis, praescribit, quae agenda, quaeque fugienda sunt, additis rationibus ac motivis, quibus voluntas ad sectandum pietatis studium
impellitur. *Altero* modo fides *voluntatem* ipsam (cui itidem subjective
inest) inclinat ad *resistendum* pravae concupiscentiae carnis et *agendum* id, quod intellectus circa quodlibet objectum spirituale, jam creditum, per modum judicii practici praescribit; ex quibus actibus fre-
quentatis voluntas in dies promtior redditur ad agendum et virtutes
christianae variae acquiruntur, quarum principium et radix est ipsa
fides. Conf. b. *Mus.* Disp. de Renov. § 21. sq.

HUELSEMANNUS: ,,Ex dicto apostoli Phil. 2, 13. solide conficitur,
divinam gratiam per Christum partam (non creatricem illam, ut aequi-
vocabat Pelagius contra Eph. 1, 3.) esse originem, causam efficientem
et perficientem omnis boni ad consequendam aeternam salutem ordinati
et apti, excluso concursu hominis non solum ab origine primi motus,
qui aptus est ad supremam beatitudinem consequendam, sed excluso
etiam a communione ejus causalitatis, qua Deus bonum inceptum perficit sive qua ad renovationem hominis concurrit. Ratio prima est,
quia apostolus hoc dictum adducit coram renatis in statu regenerationis et renovationis jam constitutis. . . Etiam in renatis ad quotidia-

nam renovationem suam cum Deo concurrentibus negari tamen eandem speciem causalitatis in concursu ad renovationem suam, patet ex oppositione Dei et hominis non solum ἐν τῷ θέλειν, sed etiam ἐν τῷ ἐνεργεῖν. Si enim Deus et homo eundem concurrendi modum ad hominis renovationem communem haberent, non potest sola εὐδοκία Dei pro ratione allegari, ob quam aequum sit hominem tremere et timere in via salutis suae sive eo ipso, quando salutem suam quaerit sive κατεργάζεται." (Vindiciae Scr. S. per loca class. p. 32. sq.)

§ 11.

Subjectum renovationis *quod*[a] est homo conversus ac justificatus.[b]

a) Seu totum suppositum, quod renovari dicitur.

b) Agimus enim de renovatione *stricte* dicta. *Alias* renovationis latius dictae subjectum quod coincidit cum subjecto regenerationis, quatenus idem homo, qui renascitur, dicitur etiam renovari. Loca Scripturae autem supra citata, praesertim *Eph. 4, 22. sqq. Col. 3, 10.*, de renatis manifeste loquuntur.

§ 12.

Subjectum *quo* est anima quoad facultates[a] suas, *intellectum, voluntatem* et *appetitum sensitivum;* secundario etiam[b] *membra* corporis.

a) Juxta ea, quae de terminis a quo et ad quem diximus § 3. 4. sqq. Hinc enim aestimandum est subjectum cujuslibet mutationis. Conf. b. *Scherzer.* Brev. Hülsemann. auct. cap. XII. Thes. VI. p. 692., ubi scribit: *Subjectum proximum et materia adaequata, in qua fit renovatio, sunt corruptae per peccatum facultates hominis, tam intellectus, quam voluntatis, ac appetitus sensitivi.*

b) Quatenus animae renovatae aut sanctificatae *instrumenta* sunt ad obeundas actiones sanctas necessaria. Huc referri potest illud *1 Thess. 5, 23.*, ubi Paulus optat suis, ut *Deus pacis* eos *sanctificet totos, ut integer ipsorum spiritus, et anima, et corpus inculpati serventur.* Conf. *Rom. 6, 12. sqq. et 19.*, ubi Paulus postulat, uti renati *membra sua sistant arma justitiae ad sanctimoniam.* Confer. b. *Mus.* Disp. de Renov. § 14. et Ausführl. Erklärung LXV. Q. 80. p. 665.

§ 13.

Forma itaque seu *ratio formalis* renovationis consistit in complexu[a] plurium actuum spiritualium, per quos homo magis magisque[b] tendit in domandam pravam concupiscentiam et acquirendum incrementum doni habitualis, quo aptior reddatur ad praestanda ea, quae divinae voluntati sunt conformia.

a) Juxta ea, quae diximus § 5. et seqq. Hoc est, quod Paulus *2 ad Cor. 6, 16.* docet, renovationem fieri debere ἡμέρᾳ καὶ ἡμέρᾳ, *in dies singulos.* Conf. ad *Eph. 4, 22. 25. sqq. 2 Petr. 1, 5. 8.* Nam quae ibi mandantur, non unius horae aut diei, sed prolixum et continuatum studium requirunt, ita ut quotidie in deponendo veteri et quotidie in induendo novo homine ac plurium virtutum exercitiis occupari debeamus. Sic et b. *Olearius* Indic. Balduin. Gener. Theolog. Pos. Artic. XCVII. § 5. docet, renovationem esse *veteris Adami successivam suffocationem, et virium intellectus, voluntatis atque appetitus restitutionem, ut justitiam imputativam ex justificatione ortam in dies sequatur etiam inhaerens, ejusque incrementa et fructus ex sanctificatione.*

b) *Neque* enim in hac vita *penitus* aboletur in homine *peccatum,* aut *sanctitas plene perfecta* acquiritur; vid. *Rom. 7, 14. sqq.* ad finem. *Gal. 5, 17.* Conf. b. *Mus.* Tract. de *Poenit.* contra Stengerum P. III. cap. VII. p. 634. Et hoc est, quod nostrates sanctitatem nostram, quae est hujus vitae nobisque inhaeret (ab *imputata,* quae a Christo in nos derivatur, distinctam), *inchoatam* dicunt, *consummatam* ad statum glorificationis in vita aeterna differri perhibent.

> CARPZOVIUS: „Si Deus absolute hic agere voluisset et potentiam suam demonstrare, uno momento corruptionem per lapsum attractam extinxisset et imaginem divinam restituisset, sicut Adamo concreaverat eam in momento. Sed placuit ei, hic per *gradus* agere et imaginem divinam, justo judicio subductam, ex gratia per *successionem* et incrementa in homine restaurare." (Disputatt. isagog. p. 1161.)

§ 14.

Finis renovationis *proximus* coincidit cum termino ejus ad quem.[a] Finis *ultimus* ex parte *hominum* est vita aeterna,[b] ex parte *Dei* gloria ipsius.[c]

a) Hujus enim acquirendi gratia fit renovatio.

b) Prout *Rom. 2, 7.* legimus, homines *perseverantes in bene agendo quaerere gloriam, et honorem, et immortalitatem,* atque ita *contendere ad propositum vitae aeternae scopum,* uti b. *Gerhardus* exponit in Annotat. p. 68. Cave autem, *ne* hinc inferas, renovationem esse *causam efficientem* aut *promerentem* vitae aeternae. Expresse enim dicitur, hanc esse χάρισμα τοῦ θεοῦ *Rom. 6, 23.*

> CARPZOVIUS: „Quamvis apostolus Rom. 6, 22. finem sanctificationis vitam aeternam appellet, tamen per finem non intelligit causam finalem, sed terminum saltem." (L. c. p. 1169.)
>
> QUENSTEDTIUS: „Finis ex parte nostri bona opera sunt, tum ratione propositi sui, tum ratione exercitii extrinseci spectata, Rom. 6, 2. 4. 6. sqq. Eph. 2, 10. 4, 22. sq. 5, 8. Gal. 5, 22. Col. 3, 9. sqq." (L. c. s. 1. th. 11. f. 918.)
>
> A. OSIANDER: „Renovationis finis non est salus aeterna, ad quam se habeat renovatio vel per modum medii vel meriti. . . Paulus Eph. 2, 8. 9. non dicit: gratia conversi aut justificati estis, sed gratia salvi facti estis, ut indicet, ultimam quoque salutem non dependere a renovatione, tanquam merito aut medio, sed in solidum pendere ab ipsa

gratia. **Finis renovationis** *subordinatus* est *a.* quotidianus noster *progressus* in studio pietatis, 2 Cor. 4, 16. . .; *β. confirmatio justificationis* nostrae a posteriore, 2 Pet. 1, 4. sq. . .; *γ. manifestatio* respectu aliorum, Jac. 2, 21. . . Renovationis etiam finis est, alios exemplo nostro invitandi et emendandi, 1 Pet. 2, 12." (Colleg. th. P. V, 221. sqq.)

c) Vid. *Phil. 1, 10. 11.*, ubi Paulus optat, ut illi renoventur et quoad mentem ac mores sanctificentur ad *gloriam* et *laudem Dei.* Conf. *Eph. 1, 13. 14. Col. 1, 9.* ad *12.*

§ 15.

Adjuncta renovationis sunt I. *Necessitas.*[a] II. *Difficultas.*[b] III. *Imperfectio.*[c] IV. *Utilitas.*[d]

a) Ex *praecepto* divino ll. cc. *Ezech. 18. Eph. 4. Col. 3.*, nostraque *indigentia*, qui deficimus, nisi proficiamus, fidemque ipsam facile amittimus. Imo quemadmodum *sine sanctificatione*, ita et sine renovatione, quae idem est, *nemo videbit Deum, Ebr. 12, 14.*

> LUTHERUS: „Meine Antinomer predigen sehr fein und (wie ich nicht anders denken kann) mit rechtem Ernst von der Gnade Christi, von Vergebung der Sünden und was mehr vom Artikel der Erlösung zu reden ist. Aber dies Consequens fliehen sie wie der Teufel, dass sie den Leuten sagen sollten vom dritten Artikel, der *Heiligung*, d. i. vom neuen *Leben* in Christo. Denn sie meinen, man solle die Leute nicht erschrecken noch betrüben; sondern immer tröstlich predigen von der Gnade und Vergebung der Sünden in Christo, und beileibe ja meiden diese oder dergleichen Worte: Hörest du es, du willst ein Christ sein, und gleichwohl ein Ehebrecher, Hurenjäger, volle Sau, hoffärtig, geizig, Wucherer, neidisch, rachgierig, boshaftig bleiben u. s. w.; sondern so sagen sie: Hörst du es, bist du ein Ehebrecher, ein Hurer, ein Geizhals, oder sonst ein Sünder — gläubest du nur, so bist du selig, darfst dich vor dem Gesetz nicht fürchten, Christus hats alles erfüllt. Lieber, sage mir, heisst das nicht Antecedens concedirt, und Consequens negirt? Ja, es heisst, eben in demselben Christum *wegnehmen* und zu nichte machen, wer er am höchsten *gepredigt* wird. Und ist alles eitel Ja und Nein in einerlei Sachen. Denn solcher Christus ist nichts und nirgend, der für solche Sünder gestorben sei, die nicht nach Vergebung der Sünden von den Sünden lassen und ein neues Leben führen. Also predigen sie fein auf Nestorianische und Eutychische Dialectica Christum also, dass Christus sei, und sei es doch nicht, *und sind wohl feine Osterprediger, aber schändliche Pfingstprediger.* Denn sie predigen nichts de sanctificatione et vivificatione Spiritus Sancti, von der Heiligung des Heiligen Geistes, sondern allein von der Erlösung Christi, so doch Christus (den sie hoch predigen, wie billig) darum Christus ist oder Erlösung von Sünden und Tod erworben hat, dass uns der Heilige Geist soll zu neuen Menschen machen aus dem alten Adam, dass wir der Sünden und der Gerechtigkeit leben, wie St. Paulus lehret Röm. 6, 2. ff., hie auf Erden anfahen und zunehmen und dort vollbringen. Denn Christus hat uns nicht allein Gratiam, die *Gnade*, sondern auch Donum, die *Gabe* des Heiligen Geistes, verdienet, dass wir nicht allein *Vergebung* der Sünden, sondern auch *Aufhören* von den Sünden hätten, Joh. 1, 16. 17. Wer nun nicht aufhöret von Sünden, sondern bleibt im vorigen bösen Wesen, der muss einen andern Christum von den Antinomern haben. *Der rechte Christus ist nicht da, und wenn alle Engel schreien eitel Christus! Christus! — und muss mit seinem neuen Christo verdammt werden.*" (Von den Conciliis und Kirchen. A. 1539. Tom. Hal. XVI, 2741. sq.)

HUELSEMANNUS: ,,Ex negativa (Ebr. 12, 14.), sine sanctimonia non visum iri Deum, hoc saltem sequitur, sanctimoniam esse necessariam ad non excidendum sive ad non privandum beatifica visione seu, quod perinde est, ad beneficium illud non amittendum, nequâquam vero ad beneficium illud consequendum. Non enim omne oppositum causae destructivae est constitutivum ejus, quod opposita privatio destruit seu corrumpit. Sine sanctimonia autem non videri Deum, dicit causam destructivam ejus visionis, non vero contrariam positivam; sic recte dicitur: Respiratio, victus, amictus etc. necessaria sunt homini, ne perdat vitam naturalem; sed perperam dicitur: Respiratio, victus, amictus necessaria sunt homini ad consequendam vitam naturalem.‘‘ (Praelect. F. C. art. 12. s. 5. p. 614. sq.)

AD. OSIANDER: ,,Uti non nisi verbum et sacramenta generant salvificam fidem, ita quoque *conservant*, Luc. 8, 15. Rom. 10, 17.; quam licet excutiant regnantia peccata, sine tamen ullo nexu dicetur, vitae novitatem seu *renovationem esse causam fidei* vel procreatricem, vel *conservatricem;* cum causa destruens unius rei, e. g. sanitatis, possit esse multiplex; proin ab uno negato ad affirmationem causae procreantis vel conservantis minus firmiter concluditur; e. g. homicida non haereditabit regnum Dei, nec tamen omnes, qui homicidae non sunt, regnum Dei et Christi haereditabunt.‘‘   (Colleg. th. V, 35.)

b) Ob acrem illam carnis *reluctantiam;* unde tam graves *querelae* sanctorum. *Psal. 13, 1. 42, 16.   Rom. 7, 24.*

c) Juxta ea, quae diximus ad § 4. not. *a.* § 5. not. *b.* et ad § 13. not. *b.*   Aestimatur enim perfectio aut imperfectio actionis ex ratione termini ad quem.

d) Non obstante imperfectione. Nimirum *pietas,* non solum, si quae perfecta detur, sed quae actu in hominibus fidelibus invenitur, *ad omnia utilis est, 1 Tim. 4, 8.;* ad quae *Balduinus* notat: *Deum colere ac timere, in mandatis ejus ambulare, et propter ipsum proximo inservire, hoc omni tempore et in omnibus usum habet.   Huic studio pietatis adjuncta est promissio amplissima praesentium et futurorum beneficiorum in hac et altera vita,* p. m. 1310. b.; conf. Aphor. pract. XV. et XVI. p. 1331. a. b., ubi etiam citantur dicta *1 Tim. 6, 6. Prov. 3, 4. 16. 14, 32. Deut. 28.*

§ 16.

Definiri potest renovatio, quod sit complexus[a] actuum spiritualium, quos homo renatus,[b] Deo[c] per verbum et sacramenta[d] gratiose concurrente viribus spiritualibus[e] sibi collatis, quoad[f] intellectum, voluntatem et appetitum sensitivum, ad abolendas reliquias peccati[g] et majorem sanctitatem[h] acquirendam in via salutis[i] exercet ad Dei gloriam.[k]

a) Vid. § 13.

b) Qui subjectum quod renovationis est, juxta § 11., ita tamen, ut etiam active seu efficienter se habeat, juxta § 10.

c) Qui causa principalis et prima est; vid. § 8.

d) Quae causae organicae aut instrumentales sunt; vid. § 9.

e) Quae sunt principium quo, ex parte hominis; vid. § 10.

f) Significatur subjectum quo, juxta § 12.·

g) Terminus a quo denotatur, juxta § 4.

h) Quae est terminus ad quem; vid. § 5.

i) Indicatur finis ultimus ex parte hominis; vid. § 14.

k) Finis absolute ultimus et ex parte Dei, l. c.

§ 17.

Ad doctrinam de renovatione pertinet doctrina de *bonis operibus*,[a] quae *partim* ut finis et effectus[b] ad renovationem sese habent, *partim* ad rationem formalem[c] ejus spectant.

a) Quorum natura mox explicabitur.

b) Si spectentur opera, viribus perfectioribus per renovationem acquisitis perficienda, atque hac ratione intenta ac praestita.

c) Renovatio enim formaliter consistit in actibus aut operibus bonis et sanctis, quae viribus gratiae perficiuntur et per quae ad incrementum virium spiritualium tenditur; unde etiam rationem principii vel causae habent in ordine ad terminum ad quem renovationis. Vid. b. *Mus.* de Renov. § 51. sqq.

§ 18.

Intelliguntur autem hoc loco per bona opera actiones[a] hominis renati[b] liberae,[c] quas ipse viribus gratiae[d] in conversione acceptis atque auctis juxta normam verbi divini[e] exercet ad gloriam Dei.[f]

a) Non tamen solum opera *positiva*, quae ad praescriptum praeceptorum affirmativorum fiunt, verum etiam *omissiones* actuum, praeceptis negativis prohibitorum; quae tamen et ipsae involvunt aut supponunt *internos actus* mentis et propositum quoddam de omittendis istis actibus.

QUENSTEDTIUS: „Alia sunt interna, alia externa; *interna* sunt interiores mentis cogitationes, voluntatis motus, cordisque affectus boni. . . . Est enim bonum opus, cum id fit, quod a Deo jubetur et eo affectu et modo ac fine, quo jubetur." (Th. did.-pol. P. IV. c. 9. s. 1. th. 4. f. 1371.)

b) Nam *alias* dantur plures motus sancti, qui a Spiritu Sancto in ipso negotio *conversionis* in homine perficiuntur, *neque* tamen *ex usu loquendi* in scholis theologorum *bona opera absolute* dicuntur.

LUTHERUS: „Darum sind die zwei Sprüche wahr: Gute, fromme Werke machen nimmermehr einen guten, frommen Mann; sondern ein

guter, frommer Mann machet gute, fromme Werke. Böse Werke
machen nimmermehr einen bösen Mann, sondern ein böser Mann
machet böse Werke.   Also dass allewege die Person zuvor muss gut
und fromm sein vor allen guten Werken und gute Werke folgen und
ausgehen von der frommen, guten Person. Gleichwie Christus sagt,
Matthäus 7, 18.: ‚Ein böser Baum trägt keine gute Früchte. Ein guter
Baum trägt keine böse Früchte.‘   Nun ist's offenbar, dass die Früchte
tragen nicht den Baum; so wachsen auch die Bäume nicht auf den
Früchten: sondern wiederum, die Bäume tragen die Frucht und die
Früchte wachsen auf den Bäumen. Wie nun die Bäume müssen eher
sein, denn die Früchte; und die Früchte machen nicht die Bäume
weder gut noch böse, sondern die Bäume machen die Früchte: also
muss der Mensch in der Person zuvor fromm oder böse sein, ehe er
gute oder böse Werke thut; und seine Werke machen ihn nicht gut
oder böse, sondern er machet gute oder böse Werke. Desgleichen
sehen wir in allen Handwerken. Ein gutes oder böses Haus macht
keinen guten oder bösen Zimmermann; sondern ein guter oder böser
Zimmermann macht ein böses oder gutes Haus. Kein Werk macht
einen Meister, darnach das Werk ist; sondern wie der Meister ist,
darnach ist auch sein Werk. Also sind die Werke des Menschen auch;
wie es mit ihm stehet im Glauben oder Unglauben, darnach sind seine
Werke gut oder böse. Und nicht wiederum, wie seine Werke stehen,
darnach sei er fromm oder gläubig. Die Werke, gleichwie sie nicht
gläubig machen, so machen sie auch nicht fromm. Aber der Glaube,
gleichwie er fromm macht, so macht er auch gute Werke.‘‘ (Sermon
von der Freiheit eines Christenmenschen. A. 1520. Tom. Hal. XIX,
1225. sq.)

    IDEM: ,,Die christliche Lehre unterrichtet uns also, dass wir erst-
lich müssen andere Leute werden, das ist, neu geboren werden. Wie
geschieht aber das? Durch den Heiligen Geist und durchs Wasser.
Wenn ich denn neu geboren bin, fromm und gottesfürchtig worden,
so gehe ich hin, und was ich in der neuen Geburt thue, das ist gut.
Als, Adam, wenn er in der Unschuld und in dem Stande, darinnen er
geschaffen war, geblieben wäre, so wäre er hingangen und hätte gethan, was er nur gewollt hätte, als irgends Schmirlen geflscht, Roth-
kehlchen gefangen oder Bäume gepflanzet: das wären eitel gute, heilige
Werke gewesen und keine Sünde; und Eva hätte die Kinder gesäuget,
sie gewaschen: das wären eitel köstliche, gute Werke gewesen. Denn
die Person war gut, rechtschaffen, rein und heilig geschaffen: drum
waren auch alle ihre Werke gut, sie esse oder trinke, so wars alles
recht. Aber nachdem nun der Mensch in die Sünde gerathen, thut er
nach dem Fall nichts Gutes, sondern sündiget in allen seinen Werken,
auch wenn er betet. Denn er thuts wie ein Sünder, alles, was er thut,
ist nicht recht, auch wenn er fastet, betet, ein gestrenges Leben führet
als ein Karthäuser, ein Mönchskleid an trägt, gehet barfuss. Denn
Solches ist alles sündlich darum, dass die Person böse ist und nicht
wieder neu geboren, und hilft sie alles nichts, was sie nur thut. Derhalben spricht Christus zu Nicodemo: Ich bin kommen, dass ich eine
andere Lehre predige, nämlich, wie ihr neu geboren werden müsset,
dass ihr gut werdet. Solche Predigt ist zuvor in der heiligen Schrift
auch begriffen und beschrieben, aber ihr leset nicht, und ob ihrs schon
leset, so verstehet ihrs doch nicht, nämlich, dass eher man gute Werke
thue, so müsse man neu geboren sein, denn aus Sündern werden eitel
andere Sünder gezeuget, die Person ist da verderbt. Der Herr Christus saget Matthäi am 7. Capitel: Wo der Baum böse ist, da trägt er
keine gute Früchte, Disteln tragen nicht Feigen, noch Dornen Trauben.
. . . So stehet nun des Heiligen Geistes Predigt in dem Wort: neue
Geburt, das er lehret und schreibet. Wer da gläubet an Christum, dass
er für uns geboren, gestorben und begraben, auch von den Todten wieder auferstanden sei, derselbige ist wiedergeboren oder neu geboren. .

Da ist einer ein neuer Mensch, denn du hast solche Gedanken, die sonst kein Papist oder Türke hat, nämlich, dass Christus für dich gestorben und von den Todten auferstanden sei, und jetzt zur rechten Hand Gottes sitze. Bleibest du nun in diesem Glauben, so ist der Heilige Geist da und taufet dich, stärkt und mehret dir den Glauben und gibt dir neuen Verstand ins Herz, er erweckt auch in dir heilige und neue Gedanken und Affekt, auf dass du anfähest, Gott zu lieben und ablässt von allen gottlosen Händeln, und thust von Herzen, was Gott haben will, liebest den Nächsten, meidest den Zorn, Hass und Neid. Solche Werke thun diejenigen, so zuvor neu geboren sind, nämlich durch die Taufe, darinnen dann der Heilige Geist ist und machet die Person neu. Wenn denn die Person neu geboren ist, so fähet der neue Mensch an zu gebrauchen allerlei Kleider, Speise und Trank, und ein Christ saget: Willst du nicht eine Kappe tragen, so ziehe einen Rock an; hast du nicht einen grauen Rock, so nimm einen rothen. Es liegt nichts dran, wie du dich kleidest, wie denn auch nichts dran liegt, ob du ein Weib oder ein Mann seiest. Denn das macht dich nicht neu geboren, sondern dass ich gläube an Christum, der für mich gestorben ist. Solches weiss ich aus dem göttlichen Wort durch den Heiligen Geist, auch aus der Taufe. Was bedarf ich hierzu der Kappen? Ein Christ bedarf dieser Ceremonien nirgends zu, sondern dass er sich nur taufen lasse durch den Heiligen Geist und durch ihn den Glauben erlange, das macht neu geboren werden; und darnach diene ich Gott in den dreien Geboten der ersten Tafel des Gesetzes Mosi; darnach in den andern Tafeln warte ich meines Amts und Berufs nach meinem Vermögen, liebe den Nächsten, und habe ein fein still Leben mit meinem Weibe. Kommt dann das Kreuz, so leide ichs auch mit Freuden, gehe dann zur Predigt und höre Christum, meinen Bischof, darf dann nicht gen Rom oder zu St. Jakob laufen. Das wird die neue Predigt sein, wie wir neue Menschen werden, und darnach als die Neugebornen auch gute Werke thun; und das ist das Hauptstück unsrer christlichen Lehre, dass die Menschen unterrichtet würden, wie man müsse durch das Wasser und den Heiligen Geist neu geboren werden, nicht dass sie eine Kappen anziehen und Platten tragen. Denn die Kappe decket nur die alten Schälke, und machet nicht neue Menschen." (Pred. über das 3. u. 4. Cap. Joh. A. 1537—1540. Luther's sämmtliche Werke. Erlangen, 1851. P. XLVI. p. 261. sq. 270. sq.) Cf. supra P. III. c. 3. § 9. not. c. p. 151. sq. c. 4. § 14. not. a. p. 189.

c) Voluntas enim post conversionem, in ordine ad actus spirituales et his respondentia opera externa, non solum *active*, verum etiam *indifferenter* se habet, ut possit agere et non agere, agere sic et aliter.

QUENSTEDTIUS: „Debent bona opera esse spontanea et voluntaria, non coacta, quatenus scil. vel ab invitis praeter animi sententiam aliquid externi operis extorquetur, vid. 2 Cor. 9, 7. A bono opere abesse debet omnis coactio; non modo enim indignus est laude, sed ne quidem dignus est venia, qui invitus officium facit. Damnat enim ipse actionem suam, aliter facturus, si daretur optio." (L. c. s. 1. th. 10. f. 1374.)

IDEM: „Bene Huelsemannus: ,Talis', inquit, ,*indifferentia* in nullo homine reperitur; non irregenito, quia ille nulla ratione liber est ab inclinatione in extremum deterius; *non in regenito sanctificato*, qui hic tam liber non est ad eligendum *bonum*, quam liber est et expeditus ad sectandum *malum*. Rom. 7.' Indifferentia significat aequalem latitudinem ad libertatem potestatis; qualis neque in convertendo, neque in converso existit." (L. c. P. III. c. 7. s. 2. q. 1. f. 726.) Cf. supra P. III. c. 4. § 27. et 38. p. 202. 223. sq.

d) *Ducente* videlicet aut *agente Spiritu, Rom. 8, 14.* Unde etiam *fructus Spiritus* dicuntur *Gal. 5, 22.*

e) Seu juxta *leges* divinas, cum *moralem* seu naturalem, omnibus hominibus communem, tum *positivas*, certis hominibus atque ad certum tempus latas. Quanquam huc etiam spectent opera, quae ad prae-scriptum legis humanae, *ecclesiasticae* aut *civilis*, divinis legibus non repugnantis ac potius ad aedificationem et utilitatem publicam tenden-tis, fiunt. Nam et mandata a Deo dicuntur non solum, quae *formaliter* et *immediate*, verum etiam quae *mediate* et *per consequentiam* fieri juben-tur. Alias autem, si neutrum habeat locum, opera *electitia* non sunt bona, juxta illud *Matth. 15, 9.*

QUENSTEDTIUS: ,,*Norma directrix*, secundum quam opera bona praestanda et dijudicanda sunt, non est dictamen rectae rationis aut lex naturae, sed unice *verbum Dei;* non autem verbum evangelii pro-prie sic dicti, hoc enim non est doctrina operum, sed *verbum legis divi-nae*, quod perfectissimam regulam justitiae et sanctitatis divinae con-tinet et tum facienda tum omittenda praescribit. — Quia *lex naturae* confuse tantum et obscure ostendit tum vitia tum virtutes, quaedam vero vitia enormia vel non ostendit aut extenuat, contra quasdam vir-tutes ignorat aut pro vitiis venditat planeque aversatur, hinc lex pecu-liariter a Deo promulgata genuina est operum moralium norma. — *Dist.* inter evangelium acceptum γενικῶς seu generaliter et improprie pro universa doctrina a Christo et apostolis tradita et scriptis prophe-tarum et apostolorum comprehensa, quo sensu concedimus, contineri in eo non tantum doctrinam de fide et gratuita peccatorum remissione, sed et praecepta morum; et evangelium sumptum εἰδικῶς seu specialiter et in propriissima sua significatione, quatenus legi Dei opponitur, et hoc modo non praescribit opera aut praecepta morum, sed unice fidem. — Norma bonorum operum non sunt, ut fingunt pontificii, vel ,*consilia evangelica*‘, ex quibus praestentur opera supererogationis et majoris perfectionis, quam teneamur, cum id ipsum, ad quod tenemur, nemo sit, qui perfecte praestet, et nemo vere possit dicere, se peccatum non habere, 1 Joh. 1, 8. Inepte se onerant auctariis et Deo offerunt non debita, qui in debitis deficiunt. Vel *ecclesiae traditiones et hominum mandata*, de quibus est constans regula: ,Frustra me colunt, docentes doctrinas, quae sunt mandata hominum.‘ Esa. 29, 13. Matth. 15, 9. Sed *Dei lex*, quandoquidem id demum e contrario per se, directe et ex natura rei peccatum est, quod in illam committitur, 1 Joh. 3, 4. — *Dist.* inter *cultus voluntarios* et *electitios*. Cultus voluntarios juxta prae-scriptum legis divinae factos Deo gratos esse, docent Scripturae dicta Ps. 54, 8. Ps. 110, 3. 2 Cor. 9, 7., sed ἐθελοθρησκείας sive cultus electi-tios, proprio arbitrio excogitatos, Deus minime probat. Non requiri-mus, ut opera dilectionis *in specie* praescripta in lege monstrentur, sed sufficere dicimus, si *ratione generis* in lege divina contineantur. — *Dist.* inter *regulam ordinariam* et *extraordinaria sive singularia exempla* san-ctorum, qui ex peculiari Spiritus S. instinctu et familiari ejusdem allo-quio hoc vel illud fecerunt; non de his, sed de illa hic est quaestio. — Quaestio inter nos et pontificios non est absolute haec, an nullum opus sit bonum, nisi cujus species a Deo sigillatim definita sit, sed an opus aliquod *cultus seu meriti*, ut pontificii vocant, a nobis juste Deo exhiberi possit, quod speciatim a Deo praeceptum non sit. — *Dist.* inter ipsam operis boni et divinitus praecepti *speciem* et inter varias ejus *circum-stantias* quoad tempus, locum, modum, ordinem, aliaque speciem ipsam non mutantia. Illa in verbo Dei praescripta est, hae vero non, sed ar-bitrio ecclesiae seu etiam cujusvis hominis regeniti relictae.‘‘ (L. c. c. 9. s. 2. q. 2. f. 1387. sq.)

IDEM: ,,Ea demum opera vere bona esse, non quae quisque *bona intentione* ipsemet excogitat, aut quae secundum *humanas traditiones* fiunt, sed quae *Deus ipse in verbo suo praescripsit* atque praecepit, probatur: *a.* ex illis Scripturae *dictis, in quibus ratio et mandata hominum rejiciuntur,* ut Deut. 12, 8.: ‚Non faciat quisque, quod in oculis ipsius rectum videtur.' Ezech. 20, 18.: ‚In praeceptis patrum vestrorum nolite incedere.' Esa. 1, 12.: ‚Quis quaesivit haec de manibus vestris?' In quibus dictis observandum est rejici 1.) judicium sensuum et oculorum, 2.) exemplum patrum, quibus nemo seduci debeat, 3.) omne illud, quicquid mandatis Dei affingitur et assuitur, 4.) de his omnibus dici, quod frustanea sint nec Deo placeant. .‘. *3. E dictis, quibus evidenter docetur, vere bonorum et Deo placentium operum normam unicam et solam esse verbum Dei seu legem.* . . Non effugiunt Jesuitae limitatione dictorum ad eam additionem, quae verbo Dei *directe contraria.* Nam *opponere* non est *apponere.* In cultu divino etiam, qui disparatus est, est contradictorius. Phrasis neque dextrorsum neque sinistrorsum omni exceptioni os obstruit; ut ignis peregrinus Lev. 10, 1. conf. Num. 3, 4. Jer. 19, 4., quem Deus non mandavit, ita cultus non mandatus a Deo peregrinus est. *γ. Ex rationibus,* desumtis 1.) a legis divinae perfectione . . .; 2.) a prohibitionis electitiis cultibus oppositae perspicuitate . . .; 3.) a peccati per cultus electitios commissi gravitate. . .; 4.) a rationis humanae coecitate, quae de cultu Deo placente nihil novit, 1 Cor. 2, 14. 2 Cor. 3, 5. Commentitio isti cultui pontificii dilutum *bonae intentionis* colorem allinunt; nam si qui ab eis fit contra aut praeter Dei mandatum, censent esse bonum opus, quia fit ex bona intentione. Ast perperam intentio bona appellatur, quod Dei intentioni adversatur. Sane ista qualiscunque bona intentio Uzam perdidit, quando nutantem in plaustro arcam injecta manu sustentavit. Bonam intentionem obtendebat Saul, quando jussus internecione delere Amalecitas et greges perdere, regi pepercit et opimas pecudes reservavit ad sacrificia, quae tamen bona intentio pessime ei cessit." (L. c. P. IV. c. 9. s. 2. q. 2. f. 1389. sq.)

LUTHERUS: „Ehe das Evangelium kam, predigte man also: Gute Werke wären, die wir selber aus eigner Andacht erdichteten und erwähleten; als, dass einer ginge nach St. Jacob, der andere zu einer andern Wallfahrt; dieser gab den Mönchen ins Kloster, und liess viel Messen halten; jener steckete Wachslichtlein auf, fastete zu Wasser und Brod, und betete so viel Rosenkränze u. s. w. Aber nun das Evangelium kommen, predigen wir also: Gute Werke sind nicht, die wir selber erwählen aus eignem Vornehmen, sondern die Gott geboten hat; als, wenn ein jeder thut, was ihm Gott befohlen und aufgelegt ist in seinem Stande hier auf Erden. Ein Knecht thut gute Werke, wenn er Gott fürchtet, an Christum gläubet, und in dem Gehorsam seines Herrn herein gehet. Zuerst ist er gerecht vor Gott durch den Glauben an Christum; darnach gehet er im Glauben dahin, führet ein gottselig Leben, hält sich mässig und züchtig, dienet seinem Nächsten, mistet den Stall aus, gibt den Pferden Futter u. s. w. Wenn er in solchen Werken herein gehet, so thut er bessere Werke, denn kein Carthäuser. Denn weil er getauft ist, an Christum gläubet und in gewisser Hoffnung auf das ewige Leben wartet, so gehet er unterdess hin, ist seinem Herrn gehorsam, und weiss, was er in seinem Beruf thut, dass es Gott wohlgefalle. Darum sind es eitel gute köstliche Werke, was er in seinem Stande thut. Es scheinet wohl nicht, dass es grosse, treffliche Werke sind, wenn er auf den Acker reitet, in die Mühle fähret u. s. w.; aber weil Gottes Gebot und Befehl da ist, so können solche Werke, wie geringe sie auch scheinen, anders nicht, denn eitel gute Werke und Gottesdienste sein und heissen. Also auch, eine Magd thut gute Werke, wenn sie im Glauben ihren Beruf ausrichtet, und thut, was sie die Frau heisset, wenn sie das Haus kehret, in der Küchen spület und kochet u. s. w. Obschon solche Werke nicht scheinen, wie eines Carthäusers Werke, welche eine Larve um sich haben, und den Leuten das Maul aufsperren; so sind es doch viel bessere und köstlichere Werke vor Gott, denn eines Carthäusers, der ein hären Hemde an hat, seine Früh-

stunden hält, des Nachts aufstehet und fünf Stunden singet, kein
Fleisch isset u. s. w. Denn obschon das gleissende und scheinende
Werke sind vor der Welt, so haben sie doch kein Gebot und Befehl
Gottes; wie können es denn gute Werke sein, die Gott gefallen? Desgleichen, wenn ein Bürger, Bauer seinem Nächsten behülflich ist, ihm
dienet, womit er kann, ihn warnet, wenn er siehet, dass er Schaden
leiden möchte an seinem Leibe, an Weib, Kind, Gesinde, Viehe und
Gütern, ihm hilfet, wo er seiner Hülfe bedarf u. s. w.: solche Werke
scheinen auch nicht; aber nichts desto weniger sind es eitel gute, köstliche Werke. Wenn weltliche Obrigkeit die Bösen strafet und die
Frommen schützet, wenn die Unterthanen ihrer Obrigkeit unterthan
und gehorsam sind, und thun solches im Glauben an Christum, und in
Hoffnung des ewigen Lebens, so sind es gute Werke, ob sie schon nicht
gleissen, noch scheinen vor der Vernunft. Denn was Gott auf Erden
thut durch seine Christen und Heiligen, das soll nicht gleissen noch
scheinen vor der Welt; sondern schwarz sein, verachtet und verdammet
werden vom Teufel und der Welt. Wiederum, was der Teufel durch
seine Heuchler und falsche Heiligen thut, das soll gleissen und scheinen, also, dass alle Welt Maul und Nasen aufsperret, und sich darüber
verwundert, als wäre es trefflich, köstlich Ding, so es doch eitel Teufels-
trug und Lügen ist. Wenn man die Vernunft zu Rathe nimmt, so sind
eines Knechtes, einer Magd, eines Herrn, einer Frauen, eines Bürgermeisters und Richters Werke gemeine, geringe Werke gegen dem, dass
ein Carthäuser wachet, fastet, betet, nicht Fleisch isset: wenn man
aber Gottes Wort zu Rathe nimmet, so sind aller Carthäuser und
Mönche Werke, wenn man sie gleich allesammt auf einen Haufen
schmelzet, nicht so gut, als einer einigen armen Dienstmagd Werk, die
durch die Taufe in Gottes Reich gesetzt ist, an Christum gläubet, und
im Glauben auf die selige Hoffnung wartet. Diese zwei Stücke wollte
St. Paulus in der Christenheit gerne erhalten: das Erkenntniss unsers
Heilandes Jesu Christi, und das Erkenntniss unsers befohlenen Amts;
auf dass wir unsern christlichen Stand recht erkennen lerneten; nämlich, zum ersten, dass wir durch die Taufe und durchs Evangelium berufen sind zu Erben des ewigen Lebens, darum wir auch auf die selige
Hoffnung und Erscheinung unsers Herrn Jesu Christi warten sollen.
Zum andern, weil wir nun Christen und Erben des Himmelreichs worden sind, dass alles, was wir aus dem Glauben thun in unserm Beruf
und Stande, eitel gute köstliche Werke sind; darum wir auch fleissig
sein sollen zu guten Werken. Und solche zwei Stücke wollen wir wohl
lernen. Das erste Stück, von der seligen Hoffnung, müssen wir haben
zu jenem Leben, auf dass wir wissen, wo wir bleiben sollen, wenn dies
Leben ein Ende nimmt. Das andere Stück, von guten Werken, müssen
wir haben zu diesem Leben, auf dass wir wissen, wie wir uns in unserm
Stande und Amte halten sollen. Darum weil wir gehöret haben, was
unsere selige Hoffnung sei, darauf wir warten sollen, sollen wir nun
auch lernen, was gute Werke sind, nämlich, die aus dem Glauben geschehen, in unserm befohlenen Amte, nach Gottes Gebot und Wort.
Obschon solche Werke nicht gleissen vor der Vernunft, so sind sie doch
köstlich vor Gott, und ist kein Carthäuser, noch Mönch werth, dass er
die sehen und erkennen soll. Als, ich bin ein Prediger, das ist mein
Amt; wenn ich nun an Christum gläube, und auf die selige Hoffnung
warte, und darnach hingehe, meines Predigens warte, und mein Amt
thue, obschon meine Arbeit ein geringes Ansehen hat; so wollte ich
doch nicht mit allen Mönchen und Nonnen, und mit allen ihren Werken, die sie im Kloster thun, beuten. Und habe also durch die Taufe
und durch den Glauben an Christum meinen Bescheid in jenes Leben,
und durch Gottes Wort einen Bericht für dies gegenwärtige Leben,
wie ich mich darinnen halten solle. Also auch, eine Ehefrau ist eine
lebendige Heilige, wenn sie an Christum glaubet, auf die selige Hoffnung und Erscheinung unsers Herrn Jesu Christi wartet, und darnach

hingehet, und aus demselbigen thut, was einer Ehefrau zuständig ist. Denn unsere Werke, die wir in unserm befohlenen Amte thun, ob sie schon für gemeine und geringe Werke angesehen werden von der Welt, werden köstlich vor Gott, wenn sie geschehen aus dem Glauben an Christum und in der Hoffnung des ewigen Lebens. Aber, wie gesagt, die Welt ist es nicht werth, dass sie ein einiges gutes Werk sehen und erkennen soll. Denn gleichwie die Vernunft nichts weiss von der seligen Hoffnung des ewigen Lebens: also verstehet sie auch nicht, was gute Werke sind. Sie denkt also: Diese Magd milket die Kühe, dieser Bauer pflüget den Acker: solches sind alles gemeine, geringe Werke, welche auch die Heiden thun; wie können es denn gute Werke sein? Aber dieser wird ein Mönch, jene wird eine Nonne, siehet sauer, zeucht eine Kappe an, trägt ein hären Hemde: solches sind sonderlich Werke, die andere Leute nicht thun; darum müssen es gute Werke sein. So denkt die Vernunft. Damit kommet man denn von dem Erkenntniss, beide, der seligen Hoffnung und der guten Werke." (Predigt von unserer seligen Hoffnung. A. 1531. Tom. Hal. IX, 615—619.)

ANTITHESIS.

QUENSTEDTIUS: ,,*Antithesis:* 1. *Pontificiorum*, qui 1.) hanc tenent hypothesin, posse verum bonum morale cognosci solis naturae viribus. Hinc postea inferunt, natura ita comparatum esse, ut appetitus feratur in bonum cognitum vel ab intellectu ostensum. V. Bellarminum in libris de grat. et lib. arb. 2.) Docent, evangelii propriam doctrinam esse: ,Si vis ad vitam ingredi, serva mandata'. . . 3.) In ἐθελοθρησκείαις sive cultibus electitiis et humanitus excogitatis plus fere temporis atque operae ponunt, quam in illis, quae divinitus praescripta sunt. Hinc Concilium Tridentinum, cum de bonis operibus a justificatis praestandis sancit, ,ad observantiam mandatorum Dei et ecclesiae nos teneri', edicit, sed et justificatos per observationem mandatorum, ut Dei, sic et ecclesiae, in ipsa justitia crescere et magis justificari asserit. . . . Imo, tota religio papaea, qua talis, ἐθελοθρησκεία est, nec promissi nec mandati divini verbo firmata, quae quidem ipsissima est superstitio. . . . 2. *Antinomorum*, ut Joh. Agricolae, qui docuit, poenitentiam docendam esse non ex *lege* seu decalogo, sed ex evangelio. Item *evangelium* immediate magnitudinem offensae et deformitatem peccati ostendere; legem non tautum non esse normam faciendorum, sed ne quidem apud christianos docendam et tolerandam, uti refert b. Lutherus T. 1. Jen. p. 533. 3. *Socinianorum* et *Arminianorum*, qui asserunt, Christum tria singularia praecepta lege non comprehensa, sed ad evangelium pertinentia, promulgasse, qualia sunt, se ipsum abnegare, crucem quotidie tollere, Christum sequi, Matth. 16, 24. Vide Smalcium lib. de divin. Christi c. 6. p. 22., Arminianos Apol. c. 12. et 13. 4. *Canonistarum* et *scholasticorum* (ut videre est ex Thoma ejusque commentatoribus et D. Georg. Calixto in Epitome Theol. Moral. a. 1634. Helmstadtii edita p. 40. sq.), ponentium bonitatem actionum humanarum in naturali convenientia modi agendi circa hoc vel illud objectum cum instinctu naturae intelligentis et liberae. Et notandum, quando D. Calixtus l. c., scholastici, item et moralistae hic disputant, in quo consistat formale bonae vel malae actionis, eos disputare non de bono *civili* aut *morali ethico* solum, sed etiam de formali bonitatis *supernaturalis* sive actionum supernaturalium, quarum regulam esse conformitatem vel difformitatem cum judicio rationis naturalis, plane falsum est, ut docet D. Huelsemannus in Prael. F. C. ad a. 12. sect. 3. § 5." (L. c. c. 9. s. 2. q. 2. f. 1388.)

f) Vid. *1 Cor. 10, 31. Col. 3, 17. ad 23.*

BROCHMANDUS: ,,Sunt qui nimium, sunt etiam qui minus, quam fas sit, tribuant *intentioni* in actione bona vel mala constituenda.

Regiam et rectam sequuntur viam, qui indubie persuasi sunt, *non suf-ficere* ad opus bonum *intentionem bonam.* Nam *primo,* Dei voluntas est, ne nostram, sed Dei voluntatem regulam constituamus bonorum operum, Deut. 12, 8. Num. 15, 39. Matth. 15, 9. Marc. 7, 7. *Deinde,* nihil est certius, quam opus, etiam sceleratissimum, intentione bona seu *finis* optimi intuitu patrari posse, cf. Gen. 19, 31. 32. Perhibet etiam Christus, crudelissimos christianorum persecutores intendere christianorum caede honorem Dei, Joh. 16, 2.; qui etiam in necem Pauli conjurant Judaei, zelo, sed praepostero, gloriae Dei aguntur, Act. 26, 9. An haec opera ob intentionem bonam pronuntiabimus bona? *Tertio,* cum ad opus vere bonum requiratur et mandatum Dei et efficacia operantis Sp. Sancti et viva fides et gloria Dei, tanquam ultimus operis finis: nemo non facile intelligit, non sufficere solam intentionem bonam, ut opus aliquod sit bonum. At secius se res habet de intentione *mala.* Non enim est ullum opus, ratione actus et substantiae adeo praestans, quod intentio mala non inficiat et ex optimo non faciat pessimum. In quam sententiam lege fuse et ex professo disserentem salvatorem Christum Matth. 6, 1. sqq." (System. univers. th. Artic. 25. c. 3. cas. 9. f. 258.)

ANTITHESIS.

H. Busenbaumius (Societatis Jesu theologus †1668.): „Reo, etiam-si *vere reus* sit, licet ante et post sententiam (quoad mortem, vel poenam morti aequivalentem, v. g. perpetuum carcerem) fugere. . . Regula-riter reo licet fugere, etiamsi custos carceris grave damnum inde pas-surus sit. . . Licet etiam saltem in foro conscientiae, custodes (prae-cisa vi et injuria) decipere, tradendo v. g. cibum et potum, ut sopian-tur, vel procurando, ut absint; item, vincula et carceres effringere: *quia, cum finis est licitus, etiam media sunt licita.* Et licet alii captivi per effractum parietem simul elabantur, non tenebitur de damno, quia tantum est ejus causa per accidens, cum jure suo utatur. . . Illis, qui non sunt ministri justitiae, licet non solum consilio juvare reum, ut fugiat, sed etiam suppeditatis instrumentis, v. g. funibus, lima etc., quia *finem* alteri licitum illi suadere et ad eundem media proponere licet." (Medulla th. moral. Antwerpiae, 1723. p. 447. sq.)

Institutum Societatis Jesu: „Visum est nobis in Domino, nul-las constitutiones, declarationes vel ordinem ullum vivendi posse *ob-ligationem ad peccatum mortale vel veniale* inducere, *nisi superior ea in nomine Domini nostri Jesu Christi vel in virtute obedientiae juberet;* quod in rebus vel personis illis, in quibus judicabitur, quod *ad parti-culare uniuscujusque vel ad universale bonum* multum conveniet; fieri poterit, ut loco timoris offensae succedat amor et desiderium omnis perfectionis, et ut major gloria et laus Christi, creatoris ac Domini nostri, consequatur." (Institut. soc. Jesu, auctoritate congregationis generalis 18. auctum et recusum. Pragae, 1757. Vol. I. f. 414. sq.) Cf. Index: „Superiores possunt obligare ad peccatum in virtute obe-dientiae, quando id multum conveniat, par. 6. c. 5. p. 414." (Vol. II. Index sub titulo: Obedientia.)

§ 19.

Opera *non-renatorum,* quae ad praescriptum legis moralis[a] quodammodo[b] fiunt, *non aeque* dici possunt *bona,*[c] uti opera renatorum; et licet *non per se et simpli-citer,*[d] tamen *quatenus* requisitis bonorum operum desti-tuuntur, *peccata*[e] recte appellantur.

a) Haec enim etiam lumini naturae nota est.

b) Sic dicuntur *gentes facere* τὰ τοῦ νόμου, *ea, quae sunt legis, Rom. 2, 15.* Et Apolog. Aug. Conf. Art. XVIII. p. m. 218. docet, *humanam voluntatem posse aliquo modo efficere justitiam civilem seu operum, posse loqui de Deo, exhibere Deo certum cultum externo opere, obedire magistratibus, parentibus in opere externo eligendo, posse continere manus a caede, ab adulterio, a furto.* Non autem possunt non-renati efficere opera moralia, legi exacte conformia, sine ullo defectu. Unde quidam dixerunt, *opera* illa non-renatorum, *etsi quoad substantiam actus important conformitatem cum lege et ratione recta, in circumstantiis tamen a rectitudinis regula multis modis deficere.* Vid. Ausführl. Erklärung L. VIII. Q. 62. p. 333.

KROMAYERUS: „Bona opera non praecedunt justificandum, sed sequuntur justificatum." (Th. positiv.-pol. II, 390.)

c) Non solum quod legi *non* sunt *simpliciter* et modis omnibus *conformia,* absque omni defectu (quod nec in homines renatos cadit), sed quod *non* aeque ut renatorum opera *ex fide* et cum delectatione *ad Dei gloriam* fiunt, quippe quae potius, *lege cogente, absque fide* et interiore complacentia fiunt, *hominum causa* magis, quam ut referantur in Deum; unde nec Deo aeque placent. Interim quatenus legi conveniunt, eatenus dici possunt bona, prout b. M. *Chemnitius* P. I. Exam. p. m. 200. dixit, eas *suo genere honestas et bonas esse.* Addit etiam hanc rationem: *Quae,* inquiens, *natura adhuc reliqua habet ex prima creatione, informatione, vita, sensibus, mente etc., per se sunt bona, sed per peccatum sunt sauciata, vitiata et contaminata.* B. *Josua Stegmannus* in Photinian. Disput. XL. Q. 2. p. 647. scribit: *Quod bona opera ethnicorum fuerint moraliter aliquo modo bona, concedimus, quia secundum rationis dictamen, qualiter etiam illud se habebat, facta sunt; quod autem spiritualiter sint bona, id inde non sequitur.* Et quia aliqui dixerunt, opera illa esse *bona quoad substantiam actus,* quod aliis displicuit (substantiae nomine comprehendentibus ea quoque, quae ad circumstantias pertinent), ideo Stegmannus loc. cit. p. 648. distinxit inter *substantiam* actus quoad *genus* et quoad εἶδος *seu speciem,* et ad posteriorem significationem refert *speciales causas,* unde actus proficiscatur.

d) Fluit hoc ex dictis. Atque utile sane est, distinguere inter actiones non-renatorum, *quae sunt genere suo vitiosae et lege Dei prohibitae,* atque illas, *quae suo genere non sunt vitiosae,* seu quarum *ipsa materia sive substantia non est mala, aut quibuscunque aliis verbis hoc exprimatur,* juxta b. *Chemnit.* l. c., cujus vestigiis insistens b. *Gerhardus* L. II. Conf. Cath. P. III. art. XXII. cap. 3. dicit: *Opera externa* non-renatorum, *utpote cooperire nudum, subvenire periclitanti etc., ex se et genere actus non sunt peccata.* Et rursus: *Quaedam hominum non-renatorum actiones per se et quoad substantiam actus non sunt vitiosae. Dicuntur peccata non quoad substantiam actus.* Conf. b. *Musaei* Ausführl. Erklärung L. VIII. Q. 42. p. 336. 337.

e) Prout alias dicitur *malum nasci ex quovis defectu.* Atque hic quidem defectus actionum non suppletur per imputationem justitiae alienae, quae fide apprehensa non est. Sunt autem actiones illae peccata, respectu *causae efficientis, formalis, finalis,* ut docent *Chemnitius* et *Gerhardus* ll. cc.

KROMAYERUS: ,,Bona opera non *nominibus*, sed *adverbiis* sunt dijudicanda, i. e., non tantum *bona* esse, sed et *bene* fieri debent. . .
Quisquis itaque facit opera cum lege congruentia, sed illa non ad *Dei*,
verum *suam* gloriam dirigit, is *bona* opera *bene* non facit.   Quare
Augustinus bona gentilium opera, quibus immortalitatis famam capta-
bant, per accidens, propter intermissum scl. debitum finem, *splendida*
i. e. in oculos incurrentia *peccata* vocavit." (Th. posit.-pol. II, 395.)

LUTHERUS: ,,Describit Moses patriarcham Jacob, quomodo venerit in Haran, invenerit ibi filiam avunculi, amaverit puellam, duxerit
uxorem, genuerit filios, paverit pecudes, quae omnia stulta et carnalia
sunt, ut non magis apud ethnicos ipsos carnalia inveniri queant. Quia
nemo videt differentiam essentialem, quae maxima est inter gentilem
et hunc patriarcham Jacob. Esau enim et Ismaël etiam colunt agros,
pascunt oves, mulgent vaccas, habent familiam, praebent pabulum pe-
cudibus, quae sunt similia opera sanctorum operibus: et tamen non
sunt sancta. Quare? Quia magna et incomprehensibilis differentia est
inter opera utriusque partis. Hic apud Jacob est fides et verbum: illic
nullum verbum est, sed incredulitas mera. Tantum igitur distant
opera Jacob ab operibus Ismaël aut Esau, quantum coelum a terra,
quantumvis sint eadem opera in speciem. Sic Erasmus magnifice
ethnicorum virtutes praedicat, Socratis, Ciceronis, Attici etc., et facit
comparationem: Vix, inquit, invenias apud christianos, qui praestite-
rint hoc, quod Pomponius Atticus aut alii; imo apud christianos multi
inveniuntur aperte mali et flagitiosi, quibus ethnici hi longe fuerunt
meliores. Respondendum est autem: Philosophice et in materia conveniunt, hoc est, in genere vitae; sed non in specie et differentia. Si
enim vel Cicero vel Socrates sanguinem sudasset, tamen propterea non
placeret Deo. Neque est quaestio, quae et quanta opera fecerint
Alexander magnus, Hannibal, Julius Caesar, Scipio, quos quidem majores res gessisse constat, quam ullum unquam christianum. Illud
enim robur militare, patientiam item et tolerantiam malorum et laborum non facile reperies in ullo rege christiano, imo ne quidem in
populi Israelitici regibus, Davide aut aliis. Quare igitur non extollis
eos, aut praefers omnibus christianis regibus, Davidi et aliis? Respondeo: Si daretur mihi optio, eligerem unius christiani rustici aut
ancillae sordidissimum et maxime agreste opus prae omnibus victoriis
et triumphis Alexandri magni, Julii Caesaris etc. Quare? Quia hic
est Deus, illic est diabolus, quae est differentia essentialis. Materia
operum est eadem, sed species et differentia in infinitum diversa est,
quia Deus dicit: Hujus mulierculae opera et officia domestica, quod
verrit domum, obtemperat matrifamilias, mihi placent; quia respexit
ad humilitatem ancillae suae, ubi etiam nihil magnorum et gloriosorum
operum est, nisi quod domi humiliter fungitur officiis ancillae, sive in re
culinaria, sive pecuaria. Tales erant istae duae, Lea et Rachel, quae pa-
scebant greges patris, agebant aquatum, mulgebant vaccas et capras:
haec opera placebant Deo. Hannibal autem, Alexander, Scipio, Cicero
non placent. Quare? Quia genere quidem conveniunt, vel superant potius, sed specie et differentia superantur. Hoc non omnes possunt cernere, ne Erasmus quidem vidit. Soli credentes cernunt pretium et pondus operum christianorum. Pondus autem et pretium maximum operum
est fides et verbum. Ibi enim Deus ipse est et Spiritus in operante.
Homines vero, qui sunt sicut equi et muli, vehementer moventur externa specie. Ego quoque olim in monachatu longe eram sanctior,
quam nunc sum, quoad externam larvam, plus orabam, vigilabam, abs-
tinebam, macerabam carnem meam: breviter tota vita mea erat spe-
ciosissima in aliorum oculis, tametsi in meis non item; quia valde contritus et afflictus eram. Jam vero comedo et vestio generali et usitato
modo, nihil praecipuum aut singulare prae aliis in vita mea eminet.
Tum cum essem monachus, nihil aliud feci, quam quod perdidi tempus,
afflixi meam valetudinem, quin etiam conscientiam meam sauciavi illis

justitiis operum, ut etiamnum aegre sanari queat. Quia praeter naturam, cui insita est gloriatio de operibus, etiam comparavi habitum et
consuetudinem respiciendi ad mea opera et dignitatem meam. Caeterum certo scio, jam unam lectionem, unum Pater noster plus valere et
Deo magis probari, quam omnes illas precationes, quas murmuravi
totis quindecim annis; quia scio, me exaudiri. Nec opus est ullis
vigiliis aut singularibus jejuniis et abstinentia, quia Deus dedit angelum satanae cum aliis difficultatibus et crucibus hujus mundi, quae
magis me, quam illa omnia, exercent." (Ad Gen. 29. Exeget. opp. lat.
Erlangae, 1831. Tom. VII. p. 212—214.)

GERHARDUS: ,,Per errores contra fundamentum directe pugnantes
et pertinaciter defensos non minus, quam per peccata contra conscientiam, excluditur Spiritus S. gratia. Ergo *haereticorum* vere et proprie
sic dictorum opera non possunt esse spiritualiter bona. Haeretici
,discesserunt a fide', 1 Tim. 4, 1.; ,fecerunt naufragium fidei', 1 Tim.
1, 19.: quomodo ergo opera eorum ex fide poterunt fieri? ,Si in sermone meo manseritis, vere discipuli mei eritis', dicit Christus Joh.
8, 31. Ergo a contrario sensu: ,Si quis aliter docet et non acquiescit
sanis sermonibus Domini nostri Jesu Christi et ei, quae secundum
pietatem est, doctrinae, inflatus est, nihil sciens', 1 Tim. 6, 3. 4., nec
potest esse verus Christi discipulus, quomodo ergo opera illius Deo
placere poterunt? Haeretici non amplius sunt vera et viva membra
ecclesiae, quae est corpus Christi mysticum; ergo non sunt participes
spiritualis vitae, quae est ,ex Deo', Eph. 4, 18.; non sunt ,palmites',
haurientes fructum ex vite salutis, Christo, Joh. 15, 4.; opera ergo
eorum coram Deo sunt mortua. Haeretici vere et proprie sic dicti
sunt idololatrae, quia nova dogmata V. T. allegorico sermone ,deos
alienos' appellare consuevit, eo sc., quod ,ab haereticis ipsorum opiniones, sicut a gentilibus dii sui observentur', ut scribit Vincent. Lyrinen-
sis adv. haereses; quomodo ergo opera eorum ad veram veri Dei gloriam
sunt directa?" (L. de bonis opp. § 9.)

ANTITHESIS.

QUENSTEDTIUS: ,,*Antithesis:* 1. *Pelagianorum*, apud Augustinum
l. 4. c. Julianum asserentium, etiam alienos a fide Christi posse habere
veram justitiam, eo quod naturaliter, quae legis sunt, faciant. 2. *Pontificiorum*, ut Concilii Trid. sess. 6. can. 7. anathematizantis: ,Si quis
dixerit, omnia opera, quae ante justificationem fiunt, quacunque ratione
facta sint, vere esse peccata'. . . Costerus in Enchir. c. 6. p. 276. inquit: ,Infidelium opera non ex infidelitate oriuntur, sed aliunde, velut
ex naturali instinctu et rectae rationis judicio, et haec nemo dixerit
esse peccata.' 3. *Socinianorum*, opera bona etiam non-renatos facere
posse, statuentium. ,Certum est', inquit Smalcius Disp. 6. de B. O. c.
Franz. f. 167., ,hominem etiam non-renatum natura et ratione duce
bona opera praestare, licet non ita perfecte, quemadmodum is, qui renatus est, nec ita perfecta, quemadmodum Deo etiam ita accepta, quemadmodum
ea sunt, quae quis facit amore Christi'; confer eundem f. 174. 4. *Arminianorum*, qui animi probitatem ante conversionem in homine cum
Socino requirunt; vide Remonstrantes in Apolog. ad Censur. f. 118."
(L. c. s. 2. q. 1. f. 1380.)

§ 20.

Causa *efficiens* bonorum operum eadem est, quae renovationis.

Juxta ea, quae diximus § 17.

HUELSEMANNUS: „An liberum hominis arbitrium etiam *renovatum*
dici debeat *causa proxima* continuatae sanctificationis et exercitiorum
ejus sive bonorum operum, non immerito *dubitatur*. . . Insignis locus
extat in Epitome lib. Conc. ad art. 2. p. 603., etiam renatos, postquam
jam renovati sunt, ‚tantum et tam diu‘ bene agere, ‚quantum et quam
diu‘ Spiritus in illis efficit. Proinde falsa est pontificiorum et Arminianorum opinio, voluntatem hominis renovatam determinare con-
comitantem Dei gratiam ad specificationem et exercitium cujuscunque
boni operis; uti et non uti praesenti Dei gratia, esse indifferens et perinde homini renovato. . . Contrarium est verum, nempe gratiam divinam determinare voluntatem hominis renovati ad specificationem et
exercitium cujuscunque boni operis; non vice versa, non perinde, non
aeque facile, ut homo etiam renovatus potest abuti divina gratia, ita
potest eadem uti; abutendi enim facultas sive imbecillitas potius naturalis est, utendi autem facultas determinatur ab ipsa gratia, sine qua
ut nihil facere, ita nec determinare possumus. Quamobrem hic error
recte damnatus est in Concilio Dordraceno ad artic. 3. et 4. in Rejectione errorum in artic. 9.“ (Praelect. F. C. p. 577. sq.)

§ 21.

Forma seu *ratio formalis* operum bonorum, quando
in se spectantur, est *conformitas*[a] *cum lege Dei;* quando
autem spectantur, *quatenus*, licet legi exacte non convenientia, tamen Deo *placent*, sic forma eorum[b] est *fides
in Christum.*[c]

a) Sic enim omnis operis, ad praescriptum certae normae faciendi,
bonitas in convenientia ipsius cum sua norma consistit.

b) Nempe hoc ipso, quod exacte non conveniunt cum lege, non
possunt Deo, velut ob convenientiam cum norma, simpliciter et absolute placere; adeoque forma, cujus intuitu Deo placent, non est
ἐννομία illa imperfecta.

c) Per hanc enim, dum Christi meritum apprehenditur, fit, ut infirmitates operibus fidelium adhaerentes tegantur.

§ 22.

Affectiones bonorum operum sunt: 1. quod *sponte*[a]
fiunt; 2. quod sunt *imperfecta;*[b] 3. quod sunt *necessaria*[c]
salvandis.[d]

a) Nempe lex comminationibus et maledictionibus suis renatos
non cogit, sed praeceptis suis dirigit tantum seu docet. Quo sensu
1 Tim. 1, 9. dicitur, *legem justo non esse positam* aut instar oneris incumbere invito, quem suis comminationibus premat. Et *Rom. 7, 6.* dicuntur renati *servire* (Deo) *per novitatem spiritus* (seu per vires novas,
a Spiritu Sancto acceptas, promte et cum quadam delectatione) et *non
per vetustatem literae* (i. e. non ex vi legis antiquae, suis comminationibus urgentis, et vel cunctantes aut invitos urgentis ac propellentis).
Scilicet renati servituri essent Deo, si maxime nulla vis coactiva aut

comminatio legibus annexa esset, cum ex dilectione Dei sibi propitii omnia libenter agant. Qua ratione *secundum gradum libertatis christianae* hic observant auctores (cum primus ad Locum de Justif. pertineat; de quo vid. h. l. cap. V. § 14. not. *a.* sub finem), scilicet, quod homines viribus novis ac spiritualibus a Deo donati et a servitute peccati dominantis liberati jam libero et spontaneo spiritu opera Deo grata praestant seu novam obedientiam.

> GERHARDUS: „Disputat Bellarminus, licitum esse operari bona intuitu mercedis aeternae... Non est quaestio, an promissiones de praemiis bonorum operum in renatis excitare debeant studium bene operandi. Cum enim ,spiritus quidem promtus, caro autem infirma' sit, Matth. 26, 1.; cum ,caro adversus spiritum concupiscat', Gal. 5, 17., ideo torporem illum carnis in nobis atque aliis renatis consideratione praemiorum et poenarum, quorum illa bonis, hae vero malis operibus propositae, excitare atque inflammare debemus; itemque cum in adversitatibus et persecutionibus propter carnis infirmitatem animo dejicimur, erigamus nos ipsos piis de gloria vitae aeternae afflictiones secutura meditationibus... Si vero quaeratur... de praemiis in hac et futura vita, an intuitu eorum bene operari debeamus (ita ut meritis nostris ea nos obtinere speremus), jubemus considerari sequentia fundamenta: 1. Filius non obtemperat parentibus intuitu mercedis, sed ex corde sincero et filiali. Renati sunt filii Dei. Ergo obtemperant coelesti parenti non intuitu mercedis, sed ex corde sincero et filiali. Major est satis manifesta. Si enim intuitu mercedis filialis obedientia praestaretur vel praestari deberet, nulla foret differentia inter filium et servum; item major obedientia deberetur parentibus illis, a quibus amplior speratur merces. Minor clarissimis Scripturae pronunciatis nititur. Joh. 1, 12. Rom. 8, 16. etc... 2. Quicunque spontaneo spiritu Deo obsequuntur, nec poenas nec praemia hactenus atque hoc respectu intuentur; quod enim comminatione poenarum extorquetur vel praemiorum promissione elicitur, id eatenus non proficiscitur ex spiritu spontaneo. At renati spontaneo spiritu Deo obsequuntur. Ps. 110, 3. 119, 108. Ergo nec praemia nec poenas hactenus atque hoc respectu intuentur... 3. Saniores philosophi ex lumine naturae agnoverunt, virtutem diligendam esse propter se ipsam, nulla spe mercedis; vitium detestandum et fugiendum esse propter se ipsum, non autem formidine poenae... 4. Matth. 6, 3. haec regula in bonis operibus observanda nobis proponitur: ,Te faciente eleemosynam, nesciat sinistra tua, quid faciat dextra tua.' Si bonorum operum oblivisci debemus, utique non sunt facienda intuitu mercedis... 5. Primae horae operarii in parabola Matth. 20., qui paciscuntur cum patrefamilias de mercede, nolunt prius laborare, quam merces constituta etc., ex illis fiunt novissimi et audire coguntur: ,Tolle, quod tuum est, et abi!'... 6. Electi, cum audiunt Matth. 25, 34.: ,Venite, possidete etc.', immensam praemiantis largitatem et munificentiam mirantur, atque eo ipso declarant, quod simplici corde, non autem mercedis intuitu benefecerint... 7. ,Caritas non quaerit, quae sua sunt', 1 Cor. 13, 5., non quaerit in suis operibus mercedem, sed libere obsequitur; ideo dilectio etiam inimicos amat, a quibus tamen nulla remuneratio speranda est. Jam vero bona opera piorum proficiscuntur ex caritate." (L. de bonis opp. § 126.)

b) Postquam enim peccatum introivit in mundum et hominibus etiam renatis tenaciter adhaeret, ita ut caro semper luctetur adversus spiritum, fit, ut *non, quaecunque volumus, eadem faciamus,* teste Paulo *Gal. 5, 17.* Et sic aliquando in ipsis *circumstantiis* bonarum actionum erramus ac cespitamus aut *non* ea, qua par est, *promtitudine* et alacritate, sed segnius operamur, aut *intercurrente* vel *comitante φιλαυτία in-ordinata* maculam aspergimus operibus nostris, utcunque bonis.

LUTHERUS: „Augustinus sagt nicht: Wehe *etlichem* guten Leben; sondern: Wehe dem *allerlöblichsten* Leben, so es ohne Gnade gerichtet wird. . . Ein gut Werk, aufs beste gethan, ist eine tägliche Sünde, nach der Barmherzigkeit; und eine Todsünde, nach dem strengen Gerichte Gottes." (Grund und Ursach aller Artikel, so durch die römische Bulle unrechtlich verdammt worden. Tom. Hal. XV, 1852. sq.)

IDEM: „Gleich als ein Feigenbaum oder ein anderer Baum, ob er zuweilen eine *wurmstichige* Frucht trägt, noch ist es eine gute Frucht *ihrer Art nach*, ohne Stachel oder Dorn; ja, ehe er sollte *ohne* Frucht sein, muss er eher wurmstichige Früchte haben, doch ohne ihre Schuld: also sind auch alle Werke eines Christen *von Art gut*, weil der Baum gut ist und so lebt, dass er gern wollte eitel gute Früchte bringen, obgleich zuweilen aus Schwachheit des Fleisches oder anderer Hindernisse etwas Böses mit *unterläuft*." (Ad Matth. 7, 20. T. Hal. VII, 934.)

ANTITHESIS.

QUENSTEDTIUS: „*Antithesis:* 1. *Pontificiorum*, quorum fervida assertio est (verba sunt Brochmanni l. c.), ‚bona opera justificatorum in hac vita absolute et simpliciter bona esse et perfecta‘, vel ‚opera justorum in hac vita posse esse perfecte bona, ita ut nihil omnino habeant vitii‘. Ita Bellarminus T. 4. 1. 4. de justif. c. 15. . . 2. *Socinianorum*, ut Smalcii c. Franz. p. 176. sq. disp. 6. ref. th. 9.: ‚Duplex‘, inquit, ‚datur consideratio perfectionis in pietate: altera est absolutissima, quando quis nunquam, ne semel quidem peccavit; altera est comparata, quando quis nullius peccati habitum contraxit vel in nullo peccato unquam haesit vel haeret. Prior perfectio, ut non est absolute necessaria ad salutem, sic etiam ab hominibus non necessario et absolute nunc sub N. T. exigitur. . . Altera vero, ut ad salutem necessaria est omnino, sic ab omnibus prorsus requiritur.‘ 3. *Arminianorum*, contendentium, a regenitis posse praestari opera, quae ita perfecta sint, ut nullo carnis vitio inquinentur nec poenis digna censeri possint, in Apolog. c. 11. p. 131. 4. *Swenkfeldianorum* et *Weigelianorum*, perfectionem bonorum operum propugnantium; vide Weigelium P. 1. Post. p. 35. 5. *Johannis de Labadie et sectatorum*, contendentium, ‚fideles non solum a peccatis mortalibus, sed et motibus inordinatis‘ sive prava concupiscentia ‚prorsus immunes esse‘, in Declaratione fidei p. 180. Cf. Schurmanniae εὔκληρ. p. 116. 141. 192." (L. c. c. 9. s. 2. q. 3. f. 1395.)

c) Causae enim variae sunt, quae vel *Deum* spectant, vel *proximum*, vel *nos ipsos*. *Deus* jure creationis, redemtionis, regenerationis et adoptionis, obligatos nos sibi habet, ut voluntatem suam faciamus. Sic *Malach. 1, 6.* dicit Deus: *Filius honorat Patrem, et servus dominum suum. Quod si Pater vester sum, ubi est honor meus? et si dominus sum, ubi reverentia mea? 1 Cor. 6, ult.: Emti estis pretio. Glorificate igitur Deum in corpore vestro, et in spiritu vestro, quae sunt Dei.* Porro ad *Eph. 2, 10.: Ipsius* (Dei, qui nos ex gratia sua per fidem salvat) *opus sumus, conditi in Christo Jesu ad opera bona, quae praeparavit Deus, ut in eis ambulemus.* Denique *Tit. 2, 11. 12.: Illuxit gratia illa Dei salutifera quibusvis hominibus, erudiens nos, ut abnegata impietate et mundanis cupiditatibus, temperanter, et juste, et pie vivamus in praesente saeculo.* Sed et glorificandi Deum occasionem aliis praebere jubemur, *videntibus nostra bona opera* et velut *lumen* nostrum *effulgens, Matth. 5, 16. 1 Pet.*

2, 12. Cavere autem, ne Deus offendatur, aut *nomen ejus male audiat,* *Rom. 2, 24. Tit. 2, 5.,* imitari potius ipsum, et Filium *Jesum Christum,* tenemur *Eph. 5, 1. 2. Matth. 11, 29.* *Proximo* obligamur, ut eum nostris officiis adjuvemus, quemadmodum *membra corporis* sibi invicem adjumento sunt, *Rom. 12, 4. sqq. 1 Cor. 12, 14. sqq. ad 26.*, alii aliorum *onera portare,* molestias vitae ejus sublevantes, *Gal. 6, 2. sqq.*, bono exemplo praeeamus, *Phil. 2, 15.*, scandala autem fugiamus, ἀπρόϛκοποι γενόμενοι, *1 Cor. 10, 23. sqq. ad 32.*, μηδεμίαν ἐν μηδενὶ διδόντες προϛκοπὴν, *2 Cor. 6, 3.*, calumnias malorum benefaciendo excludamus, *Tit. 2, 8. 1 Pet. 2, 12. cap. 3, 16.* Respectu *nostri opera danda est, ut vocationem et electionem nostram firmam efficiamus,* scilicet quod ex operibus nostris de nostra fide ex hac de vocatione nostra et electione certiores reddamur, *2 Pet. 1, 10.* Cavendum autem, ne male agendo aut securius vivendo *fidem excutiamus,* aut *Spiritum Sanctum contristemus et vita aeterna excidamus, 1 Tim. 1, 19. Eph. 4, 30. Rom. 8, 13.*, studendum potius, ut praemia *pietati promissa* consequamur, *1 Tim. 4, 8.*

> LUTHERUS: ,,Extra causam justificationis nemo potest bona opera a Deo praecepta satis magnifice commendare. Quis enim vel unius operis, quod christianus ex fide et in fide facit, utilitatem et fructum satis praedicare potest? Est enim pretiosius, quam coelum et terra. Ideo neque totus mundus in hac vita potest dignam mercedem reddere vel pro uno tali opere, neque mundus hanc gratiam habet, ut bona opera piorum magnifaciat, multo minus, ut ea compenset, quia ea non cernit aut, si cernit, non bona opera, sed pessima malefacta esse judicat et eos, qui talia faciunt, tanquam nocentissimas generi humano pestes e mundo exturbat.'' (Ad Gal. 3, 22. Commentar. in ep. S. Pauli ad Gal. Erlangae 1844. II, 100.)

> IDEM: ,,Siehe, wie fein sie von guten Werken lehren, sprechen, sie geben ihre guten Werke um einen Groschen. Damit wollen sie unsere Affen sein, und uns nachlehren, weil sie gehört haben, dass wir lehren, gute Werke machen nicht fromm, tilgen auch die Sünde nicht, versöhnen auch Gott nicht. Ueber solches thut hier der Teufel seinen Zusatz, und verachtet die guten Werke so gar, dass er sie alle um einen Groschen verkaufen will. Da lobe ich Gott, meinen Herrn, dass der Teufel sich selbst in seiner Klugheit so schändlich muss beschmeissen und bethören. Wir lehren also, dass Gott versöhnen, fromm machen, Sünde tilgen, sei so hoch, gross, herrlich Werk, dass allein Christus, Gottes Sohn, thun müsse, und sei eigentlich ein lauter, bloss, sonderlieh Werk des einigen rechten Gottes und seiner Gnade, dazu unsere Werke nichts sind noch vermögen. Aber dass darum gute Werke sollten nichts sein, oder eines Groschen werth sein, wer hat das je gelehret oder gehöret, ohne jetzt aus dem Lügenmaul des Teufels? Ich wollte meiner Predigt eine, meiner Lection eine, meiner Schrift eine, meiner Vater Unser eins, ja wie kleine Werke ich immer gethan oder noch thue, nicht für der ganzen Welt Güter geben; ja, ich achte es theurer, denn meines Leibes Leben, das doch einem Jeglichen lieber ist und sein soll, denn die ganze Welt. Denn ists ein gut Werk, so hats Gott durch mich und in mir gethan. Hats Gott gethan, und ist Gottes Werk, was ist die ganze Welt gegen Gott und sein Werk? Ob ich nun wohl durch solch Werk nicht fromm werde (denn das muss zuvor geschehen durch Christus Blut und Gnade, ohne Werk), dennoch ists Gott zu Lob und Ehren geschehen, dem Nächsten zu Nutz und Heil, welcher keines man mit der Welt Gut bezahlen oder vergleichen kann. Und diese feine Rotte nimmt einen Groschen dafür. Ah, wie fein hat sich der Teufel hier verborgen! Wer könnte ihn doch hier nicht greifen?'' (Vorrede zu Justi Menii Schrift: Der Wiedertäufer Lehre u. s. w. A. 1530. Tom. Hal. XIV, 281. sq.)

IDEM: „Dass wir dess etliche Gleichnisse geben, soll man die
Werke eines Christenmenschen, der durch seinen Glauben und aus
lauterer Gnade Gottes umsonst ist gerechtfertigt und selig worden,
nicht anders achten, denn wie die Werke Adams und Evä im Paradies
gewesen waren. Davon 1 Mos. 2, 15. stehet geschrieben: Dass ‚Gott
den geschaffenen Menschen setzte in's Paradies, dass er daselbst arbeiten und hüten sollte'. Nun war Adam vor Gott fromm und wohl-
geschaffen ohne Sünde, dass er durch sein Arbeiten und Hüten nicht
durfte fromm und gerechtfertigt werden; doch dass er nicht müssig
ginge, gab ihm Gott zu schaffen, das Paradies zu pflanzen, bauen und
bewahren. Welches wären eitel freie Werke gewesen, um keines Dinges willen gethan, denn allein Gott zu gefallen, und nicht um Frömmigkeit zu erlangen, die er zuvor hatte; welche uns auch allen natürlich
wäre angeboren gewesen. Also auch eines gläubigen Menschen Werk,
welcher durch seinen Glauben ist wiederum in's Paradies gesetzet und
von neuem geschaffen, bedarf keiner Werke, fromm zu werden; sondern dass er nicht müssig gehe und sein Leib arbeite und bewahre,
sind ihm solche freie Werke zu thun allein Gott zu gefallen befohlen.''
(Sermon von der Freiheit eines Christenmenschen. Tom. Hal. XIX.
1224. sq.)

FORMULA CONC.: „Was belangt Nothwendigkeit oder Freiwilligkeit der guten Werke, ist offenbar, dass in der Augsburgischen Confession und derselben Apologia gebraucht und oft wiederholt werden
diese Reden, dass gute Werke *nöthig* seien; item, dass es nöthig sei,
gute Werke zu thun, welche auch nothwendig dem Glauben und der
Versöhnung folgen sollen; item, dass wir nothwendig gute Werke, so
Gott geboten, thun sollen und thun müssen. So wird auch in der heiligen Schrift selber das Wort noth, nöthig und nothwendig, item,
sollen und müssen also gebraucht, was wir von wegen Gottes Ordnung,
Befehl und Willen zu thun schuldig sind, als Röm. 13, 5. 1 Cor. 9, 16.
Act. 5, 29. Joh. 15, 12. 1 Joh. 4, 21. Werden derhalben gemeldte
Reden oder Propositiones in diesem christlichen und eigentlichen Verstand unbillig von etlichen gestraft und verworfen, welche billig, den
sichern epikurischen Wahn zu strafen und zu verwerfen, sollen geführt
und gebrauchet werden, da viele ihnen einen todten Glauben oder
Wahn, der da ohne Busse und ohne gute Werke ist, dichten, als könnte
wohl zugleich in einem Herzen sein rechter Glaube und böser Vorsatz,
in Sünden zu verharren und fortzufahren, welches unmöglich ist; oder,
als könnte wohl einer wahren Glauben, Gerechtigkeit und Seligkeit
haben und behalten, wenn er gleich ein fauler und unfruchtbarer Baum
ist und bleibet, da gar keine guten Früchte folgen; ja, wenn er gleich
in Sünden wider das Gewissen verharret, oder wiederum sich auf
solche Sünden vorsätzlich begibt; welches unrecht und falsch ist. Es
muss aber auch die Erinnerung von diesem Unterschied hierbei gemer-
ket werden, dass nämlich verstanden werde solle necessitas ordinis,
mandati et voluntatis Christi ac debiti nostri, non autem necessitas
coactionis; das ist: wenn dies Wort *nöthig* gebraucht, soll es nicht von
einem Zwang, sondern allein von der Ordnung des unwandelbaren
Willens Gottes, dess Schuldner wir sind, verstanden werden, dahin
auch sein Gebot weiset, dass die Kreatur ihrem Schöpfer gehorsam sei;
denn sonst, wie 2 Cor. 9, 7. und in der Epistel St. Pauli an Philemonem
14., item 1 Petr. 5, 2., *aus Noth* genennet wird, was einem wider seinen
Willen, durch Zwang oder sonst abgenöthigt wird, dass er äusserlich
zum Schein, aber doch ohne und wider seinen Willen thue. Denn
solche Scheinwerke will Gott nicht haben, sondern das Volk des neuen
Testaments soll sein ein williges Volk, Ps. 110, 3., und willig opfern,
Ps. 54, 8., nicht mit Unwillen oder aus Zwang, sondern von Herzen
gehorsam sein, 2 Cor. 9, 7. Röm. 6, 17.; denn einen willigen Geber
hat Gott lieb, 2 Cor. 9, 7. In diesem Verstand und solcher Meinung
ists recht geredet und gelehret, dass rechte gute Werke willig oder aus

freiwilligem Geist von denen, die der Sohn Gottes gefreiet (hat), geschehen sollen; wie denn auf diese Meinung vornehmlich die Disputation von Freiwilligkeit der guten Werke von etlichen geführet ist."
(Declar. art. 4. p. 627. sq.)

ANTITHESIS.

QUENSTEDTIUS: „*Antithesis:* 1. *Antiquorum haereticorum*, ut Simonis magi, Gnosticorum, Valentinianorum, Aëtii etc., qui liberam
omnium scelerum licentiam olim permiserunt, ut legere est apud Ire-
naeum l. 1. c. 9. et 24. 2. *Libertinorum* inter anabaptistas, eandem licen-
• tiam permittentium. 3. *Antinomorum*, qui, partim vivente Luthero,
partim post ejus obitum, necessitatem bonorum operum impugnarunt;
docuerunt enim, bona opera non modo non necessaria esse, sed etiam
perniciosa, v. Formul. Concord. f. 591. sq. Cum autem Formula Concordiae inter coactionis et inter mandati atque ordinis necessitatem
distinguat, videntur antinomi de necessitate solum coactiva loqui, et
eam quidem ita negare, ut renatos ex spiritu spontaneo praestare
dicant, quod carnalibus a lege imperatur. Sic enim illi ipsi in sua novissima confessione loquuntur. ,Quaeritur, an justo seu novo homini
lex sit posita etc.; an lex novum hominem doceat bona opera, exigat
ab illo, requirat, postulet bona opera; an illi lex imponatur, propona-
tur, ut doceat facienda; an vero sine lege docente, urgente, mandante
faciat legis omnia conditus in Christo Jesu ad bona opera', Catal. hae-
retic. l. 4. p. 46. 49. Ex quibus apparet, eos, licet legi imperium βιαστι-
κὸν in hominem novum denegarint, ei tamen bona opera ita libera et
arbitraria non fecisse, ut perinde sit, sive bene, sive male operetur,
sed illa ex nova illius indole deduxisse et vi consequentiae naturalis
necessaria fecisse, ut, cum nova creatura sit in Christo Jesu, non possit
non ultro bona opera facere. Sed mirum non est, si homines fanatici
ἀσύστατα statuant et secum ipsis non minus ac cum veritate pugnent.
Ita b. Lutherus, rejecta falsa ipsorum hypothesi de officio evangelii
elenchtico, aut ut illi spontaneam renatorum obedientiam praedicarent,
accurate tamen ostendit, ex legis exauctoratione certissimam barba-
riem et pestilentissimam securitatem omnisque honestae disciplinae
convulsionem sequi, disp. 2. contra antinomos. Ubi vir Dei recte concludit a remotione legis ad remotionem peccati et ad licentiam vitae,
in hunc fere modum: Ubi non est lex, ibi nec peccatum damnans nec
obligatio ad obedientiam Deo praestandam nec necessaria bona opera,
sed mera securitas et licentia; jam vero secundum antinomos in ecclesia non est lex; ergo. Quod vero ex illorum sententia sequatur, quod
bona opera non sint necessaria, inde patet, quia intelligitur, uti dictum,
necessitas mandati. Mandatum autem consistit in lege. Quare sublata lege sublatum est mandatum, sublata necessitas vi mandati bene
operandi etc. 4. *Andreae Musculi*, contendentis, non ferendam illam
propositionem: ,Bona opera sunt necessaria'. Novam quippe obedientiam renatorum, bonaque eorum opera esse libera; quem tamen errorem agnovit et revocavit, quando Formulae Concordiae subscripsit."
(L. c. c. 9. s. 2. q. 4. f. 1400. sq.)

d) *Non* tamen *necessaria* sunt bona opera per modum *causae*, in
ordine *ad salutem*. Ac merito abstinendum est, sicut ab ea phrasi, qua
dicitur, *bona opera esse perniciosa ad salutem*, ita etiam ab hac, quae
dicit, *bona opera esse necessaria ad salutem*. Quicquid enim sit de interpretationibus aut explicationibus, quibus alterutra aut utraque in
commodum sensum trahi posse putetur, certum tamen est, *ambiguas*
ac pridem *suspectas* et, tanquam *dissidiorum et scandalorum semina*, re-
jectas fuisse. Conf. de posteriore phrasi b. *Musaei* Praef. Tract. contra
Stenger. quatern. fol. 4. b. sqq. Similiter nec illud proprie loquendo

dici posse, quod fides *per sanctimoniae studium conservetur* aut *vita* sive *acquisitum jus adeundae vitae aeternae per id ipsum custodiatur*, ostendit b. *Musaeus* Ausführl. Erklärung *Loc. XIII. Q. 70. p. 578.*

> FORMULA CONC.: „Hie muss man sich gar wohl vorsehen, dass die Werke nicht in den Artikel der Rechtfertigung und Seligmachung gezogen und eingemengt werden. Derhalben werden billig die Propositiones verworfen, dass den Gläubigen gute Werke zur Seligkeit vonnöthen seien, also, dass es unmöglich sei, ohne gute Werke selig werden. Denn sie sind stracks wider die Lehre de particulis exclusivis in articulo justificationis et salvationis, das ist, sie streiten wider die Worte, mit welchen St. Paulus unsere Werke und Verdienst aus dem Artikel der Rechtfertigung und Seligmachung gänzlich ausgeschlossen und alles allein der Gnade Gottes und dem Verdienst Christi zugeschrieben hat, wie in dem vorhergehenden Artikel erkläret. Item, sie nehmen den angefochtenen betrübten Gewissen den Trost des Evangelii, geben Ursache zum Zweifel, sind in viel Wege gefährlich, stärken die Vermessenheit eigener Gerechtigkeit und das Vertrauen auf eigene Werke, werden dazu von den Papisten angenommen und zu ihrem Vortheil wider die reine Lehre von dem allein seligmachenden Glauben geführt; so sind sie auch wider das Vorbild der gesunden Worte, da geschrieben stehet: ‚Die Seligkeit sei allein des Menschen, welchem Gott zurechnet die Gerechtigkeit, ohne Zuthun der Werke‘, Röm. 4, 6. ... Demnach und aus jetzt erzählten Ursachen soll es billig·in unsern Kirchen dabei bleiben, dass nämlich gemeldte Weisen zu reden nicht gelehret, vertheidigt oder beschönet, sondern aus unsern Kirchen als falsch und unrecht ausgesetzt und verworfen werden, als die zur Zeit der Verfolgung, da am meisten klare, richtige Bekenntniss wider allerlei corruptelas und Verfälschung des Artikels der Rechtfertigung vonnöthen war, aus dem Interim wiederum verneuert, hergeflossen und in Disputation gezogen sind. Zum dritten, weil auch disputirt wird, ob gute Werke die Seligkeit erhalten, oder ob sie nöthig seien, den Glauben, Gerechtigkeit und Seligkeit zu erhalten, und aber hieran hoch und viel gelegen; denn ‚wer verharret bis ans Ende, wird selig werden“, Matth. 24, 13.; item, Ebr. 3, 6. 14: ‚Wir sind Christus theilhaftig worden, so wir anders das angefangene Wesen bis ans Ende fest behalten‘: muss auch gar wohl und eigentlich erklärt werden, wie die Gerechtigkeit und Seligkeit in uns erhalten, dass sie nicht wiederum verloren werden... Dagegen aber hat es die Meinung nicht, dass der Glaube allein im Anfang die Gerechtigkeit und Seligkeit ergreife und darnach sein Amt den Werken übergebe, dass dieselbigen hinfürder den Glauben, die empfangene Gerechtigkeit und Seligkeit erhalten müssten, sondern, auf dass die Verheissung der Gerechtigkeit und Seligkeit, nicht allein zu empfangen, sondern auch zu behalten, uns fest und gewiss sein möge, gibt Paulus Röm. 5, 2. dem Glauben nicht allein den Eingang zur Gnade, sondern auch, dass wir in der Gnade stehen, und uns rühmen der zukünftigen Herrlichkeit, das ist: Anfang, Mittel und Ende gibt er *alles dem Glauben allein.* Item Röm. 11, 20.: ‚Sie sind abgebrochen um ihres Unglaubens willen, du aber stehest durch den Glauben.‘ Col. 1, 22.: ‚Er wird euch darstellen heilig und unsträflich vor ihm selbst, so ihr anders bleibet im Glauben.‘ 1 Petr. 1, 5. 9.: ‚Wir werden aus Gottes Macht durch den Glauben bewahret zur Seligkeit‘; item: ‚Ihr werdet das Ende eures Glaubens davon bringen, nämlich der Seelen Seligkeit.‘ Weil denn aus Gottes Wort offenbar, dass der Glaube das eigentliche einige Mittel ist, dadurch Gerechtigkeit und Seligkeit nicht allein empfangen, sondern auch von Gott erhalten wird, soll billig verworfen werden, das im Trientischen Concilio geschlossen und was sonst mehr auf dieselbige Meinung ist gerichtet worden, dass unsere guten Werke die Seligkeit erhalten, oder dass die empfangene Gerechtigkeit des Glaubens oder auch der Glaube selbst

durch unsere Werke entweder gänzlich oder ja zum Theil erhalten und
bewahret werden. Denn obwohl vor diesem Streit etliche viel reine
Lehrer solche und dergleichen Reden in Auslegung der heiligen Schrift
gebraucht, hiemit aber keineswegs gesinnet, obvermeldte Irrthümer
der Papisten zu bestätigen: jedoch, weil nachmals über solcher Weise
zu reden Streit entstanden, daraus allerlei ärgerliche Weiterung erfol-
gete, ist es am allersichersten, nach der Vermahnung St. Pauli, über
dem Vorbilde der gesunden Worte sowohl, als über der reinen Lehre
selbst zu halten, dadurch viel unnöthiges Gezänks abgeschnitten und
die Kirche vor vielem Aergerniss behütet werden mag.‟ (Declar.
art. 4. p. 628. sq. 629. sq.)

HUELSEMANNUS: „Necessarium *ad consequendum aliquid* communi
significatu notat necessitatem *medii* ad consequendum aliquid, quam de
bonis operibus ad salutem consequendam negamus.‟ (Praelect. F. C.
p. 572.)

QUENSTEDTIUS: „Bona opera non sunt nec dici possunt aut debent necessaria ad salutem, vel promerendam per modum *meriti*, vel
acquirendam per modum *medii*, vel consequendam per modum *conditionis* vel *causae sine qua non*, vel obtinendam per modum *perventio-
nis ad ultimam metam.*‟ (L. c. q. 5. f. 1403.)

IDEM: „*Dist.* inter necessitatem ad *fidem* veram ac vivam, et necessitatem ad *salutem.* Concedimus, bona opera dici quodammodo
posse necessaria ad fidem; partim quoad veritatem cognoscendi seu ut
fides inde cognoscatur . . . , partim quoad consecutionem sive ratione
consequentiae.‟ (L. c. f. 1404.)

ANTITHESIS.

QUENSTEDTIUS: „*Antithesis:* 1. *Pontificiorum,* docentium, bona
opera esse necessaria non solum ratione *praesentiae,* sed etiam ratione
efficientiae ad acquirendam, promerendam et conservandam salutem;
ita Bellarminus l. 4. de justificat. c. 7. th. 2. 3., quem sequuntur reliqui
pontificii. 2. *Calvinianorum,* ut Piscatoris in Luc. 2, 28. asserentis,
bona nostra opera esse beatitudinis *causas procreantes;* Jacobi ad Portum in orthod. fidei defens. 33. p. 432. 433., esse causas ejusdem *efficientes;* Parei in l. 4. Bellarmini de justific. c. 7., bona opera esse necessaria ad salutem necessitate *medii et conditionis,* sine qua non est justitia
et salus; Zanchii l. 5. de natura Dei c. 2. qu. 3. de praed. sanctor.
p. 630., bona opera esse causam *instrumentalem* salutis et possessionis
vitae aeternae; Molinaei in anatomia Arminianismi c. 17. § 10. p. 110.,
studium bonorum operum non minus esse *conditionem praerequisitam*
ad salutem, quam fidem. Sam. Maresius quoque, hanc propositionem,
bona opera esse necessaria ad salutem, non esse rejiciendam, arbitratur
in system. loc. 12. th. 11. Ludovicus Crocius in syntagm. p. 1213. inquit: ,Si (bona opera) in adultis omnibus ad beatitudinem habent rationem *viae, medii, conditionis, causae sine qua non* sive *antecedentis necessarii,* quomodo ad salutem necessaria non erunt?‛ 3. *Socinianorum,*
qui etiam bona opera a salvandis tanquam ad salutem necessaria requirunt. . . Smalcius disp. 2. de poenit. c. Franzium f. 356. ait: ,Absur-
ditas igitur Franzio est, quod ipsissima evangelica veritas et ejus praecipua pars censeri debet, bona opera esse necessaria ad salutem.‛
4. *Arminianorum,* contendentium quidem, fidem esse necessariam ad
salutem, quia vero per fidem cum Socinianis intelligunt obedientiam
mandatorum Dei, unde sequitur, eodem modo obedientiam mandato
divino praestitam esse necessariam, quo necessaria est fides; v. caput
praeced. de fide s. 2. qu. 3. 5. *D. Georgii Majoris,* Profess. Witteberg.,
b. Lutheri et Philip. Melanchthonis συγχρόνου et collegae, illius etiam
discipuli, qui post Lutheri mortem ex interimisticis et adiaphoristicis
contentionibus eo adductus fuit, ut bonorum operum necessitatem ad
salutem statueret et non solum illam unam propositionem defenderet,
quod bona opera ad salutem sint necessaria, sed et reliquas duas priori

deteriores apponeret, nempe, quod impossibile sit, sine bonis operibus quenquam salvari, nec unquam ullum hominem sine bonis operibus esse salvatum. Addidit quoque D. *Major*, se anathema judicaturum et pronunciaturum eum, qui aliter doceat ac sentiat, etiamsi sit angelus de coelo... Opposuit sese D. Georgio Majori et contra eum publicis scriptis disputavit *Nicolaus Amsdorfius*, theologus Luther., ast dum falsas D. Majoris propositiones evertere conatus est, in alterum extremum impegit, hancque absurdam sententiam defendit, bona opera ad salutem esse *perniciosa;* quae sententia non minus, quam D. Majoris, a sinceris theologis est improbata et rejecta, ut fusius docet D. Osiander in epitome historiae ecclesiasticae. D. Majorem secuti sunt *theologi Misnici* sive Saxonico-electorales contra Thuringicos sive ducales in colloquio Alteburgensi a. 1568... 6. *Novatorum*, imprimis D. *Corn. Horneji*, qui crambem hanc Majoristicam denuo recoxerunt et pro phrasi et doctrina illa propugnarunt, ut patet ex illorum scriptis. Vid. D. Horneji P. 2. disp. theol. disp. 4. s. 3. th. 173... D. *Georg. Calixtus* in historia Josephi p. 14. sq., ubi inquit: ‚Actus abstinentiae ab adulteriis, homicidiis et reliquis operibus carnis ad habendum vel obtinendum regnum coeleste sunt necessarii‘; p. 16.: ‚bona opera in ordine ad salutem acquirendam‘, dicit, ‚causam esse sine qua non‘; in theol. morali p. 3. 4. ait: ‚studium pietatis et sanctimoniae esse medium, a quo conservatio fidei et status gratiae ac consecutio finis, vitae sc. aeternae, pendeat.‘ Cf. ejusdem praefat. dissert. de Trinitatis in V. T. cognitione et Dreierum in der Erörterung p. 566.“ (L. c. qu. 5. f. 1406.)

APOLOGIA A. C.: „Docemus, operibus fidelium proposita et promissa esse praemia. Docemus, bona opera *meritoria* esse, non remissionis peccatorum, gratiae aut justificationis, haec enim tantum fide consequimur, sed aliorum praemiorum corporalium et spiritualium, in hac vita et post hanc vitam.“ (Art. 4. p. 120.)

LUTHERUS: „Christus redet in dieser Predigt (Matth. 5—7.) Nichts davon, wie wir Christen werden, sondern allein von den Werken und Früchten, die niemand thun kann, denn der zuvor ein Christ, und in der Gnade ist; wie die Worte zeigen, dass sie müssen Armuth, Elend, Verfolgung darüber leiden, dass sie Christen sein, und das Himmelreich haben u. s. w. Wenn man nun von solchen Früchten redet, so da folgen nach der Gnade und Vergebung der Sünde, so lassen wir wohl geschehen, dass mans einen *Verdienst* und *Lohn* heisse: aber da fechten wir, dass solche unsere Werke nicht das Hauptgut seien, welches zuvor muss da sein, und ohne welches sie nicht geschehen, noch Gott gefallen. Wenn wir nur das Stück rein erhalten, dass es nicht Verdienst, sondern eitel Gnade sei, so wollen wir nicht fechten, ob man den folgenden Früchten den Namen gebe; allein, dass man solche Sprüche nicht fälschlich verkehre, und wider die Schrift auf unser Verdienst der Gnade ziehe, sondern recht deute, dahin sie gehören, zu trösten die Christen sonderlich in Leiden und Widerstand, da sichs fühlet und scheinet, als sollte unser Leben, Leiden und Thun vergebens sein und Nichts schaffen; wie die Schrift allenthalben tröstet, wo sie vermahnet anzuhalten an guten Werken, als Jeremiä 31.: Est merces operi tuo, deine Arbeit ist nicht umsonst; item St. Paulus 1 Cor. 15.: Labor vester non est inanis in Domino, eure Arbeit ist nicht vergeblich in dem Herrn. Denn so wir den Trost nicht hätten, so könnten wir nicht ertragen solch Jammer, Verfolgung und Elend, dass wir so viel Gutes thun sollten, und unser Lehren und Predigen mit eitel Undank und Schmach bezahlen lassen; und müssten aufs Letzte von solchen Werken und Leiden, so uns unter Augen stosset, ablassen... Auf diese Weise lassen wir nun zu, dass die Christen Verdienst und Lohn bei Gott haben: nicht dazu, dass sie Gottes Kinder und Erben des ewigen Lebens werden, sondern den Gläubigen, die bereits solches haben, zu Trost, dass sie wissen, dass er nicht wolle unvergolten lassen, was sie hie um Christi willen leiden: sondern, wenn sie viel leiden und arbeiten, so wolle er sie am jüngsten Tage sonderlich schmücken, mehr und herrlicher, denn Andere, als sonderliche grosse Sterne vor Andern. Also wird St. Paulus vor Andern hell und klar daher leuchten aufs allerschönste. Das heisset nicht Vergebung der Sünde, noch den Himmel verdienet, sondern Vergeltung des Leidens mit desto grösserer Herrlichkeit. Aber da wollen wirs nicht leiden, da sie es hinsetzen; denn das ist Christum, Gott und den Heiligen Geist geschändet und gelästert, und Alles, was uns Gott durch ihn gegeben hat, und wollen lieber Ketzer und Buben gescholten und mit Feuer verbrannt werden, denn solchen Schatz verlassen oder verleugnen: sondern wollen uns auch dieses Trostes halten, ob wir wohl drüber leiden müssen alle Plage, Schmach und Verfolgung. Denn es wird doch nichts Anderes draus. Denn der Teufel wird uns solches nicht einräumen, noch mit uns eins werden; sondern will des Pabstes Lehre erhalten, und uns dazu bringen, dass wir glauben, wie er glaubt; und weil er siehet, dass wir nicht wollen, legt er sich wider uns mit aller Macht. Denn er weiss wohl, wenn der Artikel stehet, dass die Vergebung der Sünde und Christus ein lauter Geschenk ist, dass ein jeglicher darnach wohl an Fingern rechnen und schliessen kann, dass das Pabstthum mit seinen Messen, Möncherei, Fegfeuer, Heiligendienst u. s. w. Nichts sein muss, und Alles dahin fällt von sich selbst. So lerne nun auf solche Sprüche antworten, wo vom Verdienst und Lohn stehet. Ich höre wohl, dass Christus spricht: Selig sind die Armen, denn sie sollen das Himmelreich haben; und: Selig seid ihr, wenn ihr um meinetwillen Verfolgung leidet; denn euer Lohn ist gross im Himmel u. s. w. Aber damit lehret er mich nicht den Grund meiner Seligkeit bauen, sondern gibt mir eine Verheissung, was ich für Trost davon haben soll in meinem Leiden und christlichen Leben. Da musst du mir nicht ein Gemenge machen, und die zwei unter einander brauen, noch mein Verdienst machen aus dem, was mir Gott gibt in Christo, durch die Taufe und Evangelium. Denn es stehet nicht hie, dass ich Solches verdienen könne, und keines Christus und Taufe dazu bedürfe; sondern dass die, so Christus Schüler sind, welchen er hie gepredigt hat, und um seinetwillen Allerlei leiden müssen, wissen, wess sie sich zu trösten haben, weil man sie auf Erden nicht leiden will, dass sie dafür im Himmel desto reichlicher sollen Alles haben; und wer am meisten arbeitet und leidet, soll auch desto herrlichere Vergeltung haben." (Auslegung des 5. 6. u. 7. Cap. Matthäi. A. 1532. Tom. Hal. VII, 969. sq. 972. sq.)

GERHARDUS: „Cui non competunt proprietates *meriti*, illud non potest esse meritorium. Atqui bonis operibus nostris non competunt proprietates meriti, ergo non possunt esse meritoria. Assumptum probatur hoc modo: Meriti natura et ratio postulat haec quatuor: 1. Ut opus illud, quo meremur, sit *nostrum*. Quod enim non afferimus ex nostrarum virium phano ac luco, sed ex alterius liberalitate obtinemus, per illud non possumus dona ejus mereri, sed debitum obsequium tantummodo reddimus. 2. Ut sit opus *indebitum*. Quod enim jam ante debitum est, illud non obstringit ad nova beneficia eum, cui ex debito praestatur. Contradictoria haec sunt, opus debitum alicui exhibere, et opere illo jam ante debito aliquid mereri. Admodum impudens sit oportet, qui quasi bene meritus praemium ob id poscit, quod debita solvit. 3. Ut sit *utile* atque commodum illi, cui praestatur; si enim ex opere nostro nulla accedit alteri utilitas, nunquam id pro merito agnoscet. 4. Ut sit et pretio et dignitate *aequale* illi, quod pro opere nostro redditur. Si enim inaequalitas quaedam est inter laborem et mercedem, inter opus et praemium, tunc meritum ex condigno non habet locum. Minister principis nomine distribuens eleemosynam non meretur ea re quippiam, quia non dat de suo. Qui solvit mercedem laboranti, non meretur quippiam apud eum, quia nihil dat, quod nisi debet. Qui regi sitienti dat phialam aquae, si ab eo donaretur civitate, non posset dici liberalitate sua tantum donum meruisse, cum inter datum et acceptum nulla sit proportio. *Jam vero opera bona* 1. *non sunt nostra,* sed Dei per Spiritum suum in nobis efficaciter agentis opera. . . 2. Opera nostra bona *jam ante multis nominibus Deo sunt debita* jure creationis, conservationis, dominii, redemptionis, sanctificationis etc. Imo quicquid agimus, non est totum id, quod Deo debemus, sed nostri erga Deum officii pars duntaxat quaedam; proinde ‚si vel maxime omnia, quae praecepta nobis sunt, faceremus, tamen dicendum nobis foret, quod simus servi inutiles.‘ Luc. 17, 10. Ergo cum nostra opera sunt jam ante Deo debita, merces non redditur illis ex debito. Si opera sunt debita, merces est indebita; si merces est debita, opera sunt indebita. 3. Opera nostra *nullam utilitatem Deo afferunt,* Job. 22, 2. 3. Ps. 50, 12. . . 4. *Nulla est aequalitas inter opera nostra et vitam aeternam,* quae est bonum infinitum. ‚Passiones non sunt condignae (τὰ παϑήματα οὐκ εἰσιν ἀξια) ad futuram gloriam‘, Rom. 8, 18. Ergo nec opera sunt condigna. . . Primo homini pro sancto erga Deum obsequio et pro perseverentia in operibus bonis vitae aeternae possessio esset reddita; interim tamen, si proprie et accurate loqui velimus, illa primi hominis obedientia non fuisset vitae aeternae meritoria, cum fuerit jam ante debita, cum nihil commodi ex ea Deo accesserit, cum nulla inter obedientiam temporalem et aeternam beatitudinem proportio intercedat. Quae ergo praesumptuosa audacia est, homini post lapsum, qui, renovatus quidem Dei Spiritu, interim tamen ex parte adhuc carnalis est et sub peccatum venundatus, hoc adscribere, quod ne quidem in statu integritatis ipsi competeret?“ (L. de bonis opp. § 102.)

Formula Conc.: „Die Werke, so zur Erhaltung äusserlicher Zucht gehören, welche auch von den *Ungläubigen* und *Unbekehrten* geschehen und gefordert werden, obwohl vor der Welt dieselben löblich, *dazu auch von Gott in dieser Welt mit zeitlichen Gütern belohnet werden,* jedoch, weil sie nicht aus rechtem Glauben gehen, sind sie vor Gott Sünde u. s. w.“ (Declar. art. 4. p. 626.)

ANTITHESIS.

Quenstedtius: „*Antithesis:* 1. *Scholasticorum* et *pontificiorum,* qui, auxilia gratiae actualis ipsamque justificationem mereri posse ex congruo bonis operibus, asserunt. . . Itemque statuunt, bona opera justificati vere esse meritoria vitae aeternae. Concil. Trident. sess. 6. can. 16., cum fateatur, bona opera esse Dei dona, pertendit tamen, esse merita hominis justificati et contra sentientes ferit anathemate. . . De hoc tamen vitae aeternae merito diversimode loquuntur papistae. Quidam enim *modestiores* sunt, quidam crassiores. Illi vitam aeternam saltem ex merito de congruo haberi asserunt. . . Inde distinctio illa nata, qua dicitur, bona opera non ex se, sed ex merito Christi et quatenus sanguine Redemtoris tincta sunt, virtutem merendi habere. . . *Crassiores* sunt, qui dicunt, opera bona justorum esse meritoria vitae aeternae ex condigno ratione operis ex gratia praestiti ex intrinseco suo valore ita comparati, ut vita aeterna illi tanquam aequivalenti pretio debeatur, etiamsi Deus non fuisset stipulatus, se recepturum illa opera pro tali merito; ita Cajetanus. . . Atque hanc sententiam Vasquez probabiliorem judicat et catholicae doctrinae magis consentaneam. Jesuita hic (Vasquez) frontem omnem perfricuit et sic agit cum Deo, ut qui nihil ei debeat et solidam laudem sibi ipsi tribuat salutis suae. Verba ejus haec sunt loco jam citato: ‚Est catholicae doctrinae magis consentaneum, primum valorem et dignitatem vitae aeternae absque ullo pacto et favore operibus justorum adscribendam esse.‘ Et paulo post subjungit: ‚Operibus justorum nullam accessionem dignitatis provenire ex meritis Christi aut ex ejus persona.‘ 2. *Arminianorum,* statuentium, bona opera nullam habere proportionem cum vita aeterna, si ex se considerentur, habere tamen, si a Deo ex gratia acceptentur et κατ᾿ ἐπιείκειαν aestimentur, in confession. c. 18. P. 3.“ (L. c. q. 6. f. 1421. sq.)

Caput VII.

DE VERBO LEGIS ET EVANGELII.

§ 1.

Postquam dictum est, regenerationem[a] et conversionem,[b] imo et renovationem[c] fieri a Deo mediante verbo, jam de ipso hoc *verbo Dei* in ordine *ad haec opera*[d] distinctius agendum est.

a) Vid. cap. IV. § 4.

b) L. c. § 34.

c) Cap. VI. § 8. et 9.

d) Nam supra quidem in Prolegomenis cap. I. § 25. 35., Vol. I. p. 43. 68., et cap. II. integro actum est de verbo Dei, prout in Scripturis sacris continetur et theologiae revelatae principium cognoscendi primum constituit. Sicut autem *ibidem* cap. I. § 24. indicavimus, verbum Dei *peculiariter* spectari posse ut organon accendendae fidei salvificae, quae est in Christum, ita sub ea habitudine, et quoad ea, quae cognata sunt, utique penitius spectandum venit.

QUENSTEDTIUS: ,,Actum hactenus de *principiis* nostrae salutis, sequuntur jam *media*, per quae ad eam pervenitur, eaque tum magis proprie ita dicta, tum ὡς ἐν πλάτει nuncupata. *Media proprie ita dicta* a parte Dei sunt *verbum et sacramenta*, salutaria spiritualis nostri morbi alexipharmaca." (Th. didact.-polem. P. IV. c. 1. s. 1. th. 1. 2. f. 925.)

HOLLAZIUS: ,,*Media salutis* sunt media divinitus ordinata, per quae Deus acquisitam a mediatore Christo salutem omnibus hominibus, in peccatum prolapsis, ex gratia offert, veramque fidem donat et conservat, juxta atque omnes, meritum Christi finali fide amplectentes, in regnum gloriae introducit. — Media *stricte* dicta *ex parte Dei*, δοτικὰ seu salutem exhibentia, sunt verbum et sacramenta; *ex parte nostri*, medium ληπτικὸν seu oblatam salutem apprehendens, est fides merito Christi innixa. Media salutis *late dicta* sunt εἰσαγωγικὰ sive exsecutiva et in regnum gloriae introducentia, scl. mors, resurrectio mortuorum, extremum judicium et consummatio saeculi. — *Exsecutiva* dicuntur, quatenus per ea Deus sententiam glorificationis et damnationis exsequitur; *isagogica* vocantur, quatenus eorum proximo interventu homines in fide finaliter perseverantes in regnum gloriae introducuntur." (Exam. th. P. III. s. 2. c. 1. q. 1. 2. p. 991. sq.)

IDEM: ,,Verbum Dei hic non consideratur ut principium γνώσεως sive cognoscendi, sed ut medium πράξεως sive operandi, cujus interventu homo peccator a Deo ad aeternam salutem perducitur. V. D., consideratum ut *principium* cognoscendi, . . . pertinet ad prolegomena theologiae; in praesenti pensitatur ut *medium* vocandi, illuminandi, convertendi etc." (L. c. q. 3. p. 992.)

AD. OSIANDER: ,,Observandum, auditum verbi habere se per modum requisiti necessarii ad introducendam habilitatem suscipiendi gratiam; poenitentiam autem et *precationem* per modum *fructus* inseparabilis, qui *S. Spiritum jam inhabitantem supponit*." (Colleg. P. IV. p. 296.)

CALOVIUS: „Verbum Dei hic attenditur . . . ut principium operandi vel efficiendi seu ποιητικὸν vel effectivum, quatenus scl. est medium
convertendi, regenerandi, justificandi, salvandi.   Quae opera cum
nudae aëris percussioni vel venti sono tribui nequeant, necessum est,
ut V. D. quid amplius habeat, quod est ‚Spiritus et vita‘, Joh. 6, 63. . .
Effectus autem illi, etsi propter unionem cum Verbo hypostatico, quod
cum Patre et Spiritu S. unum est essentia, 1 Joh. 5, 7., verbo προφορικᾷ
conveniant, non tamen ita λόγῳ vindicandi sunt, ut verbo denegentur
cum Schwenkfeldio, sed ut verbo propter unionem illam tribuantur.‘‘
(System. Tom. IX. p. 2.)

J. OLEARIUS: „Deus nonnisi per verbum et sacramenta homines
ad aeternam salutem vocat, ad se trahit, convertit, regenerat et sanctificat. Probatur: 1. quia salvos fecit credentes per stultitiam praedicationis, 1 Cor. 1.; 2. quia verba, quae Petrus loquitur Cornelio, salvant ipsum et universam ejus familiam, Act. 10.; 3. quia fides est ex
auditu, Rom. 10.; 4. quia per verbum veritatis credunt et credituri
sunt salvandi, Joh. 17.; 5. quia de Salvatore nostro omnibus remissionem peccatorum desiderantibus coelitus dicitur et universis atque singulis mandatur: ‚Hunc audite!‘ Matth. 17. Unde concluditur: Per
quodcunque medium Deus nos salvos facit, ita, ut ex illo fides oriatur,
cujus effectus peccatorum remissio et aeterna salus, omnibus illud
organum audientibus promittitur: illud etiam ab omnibus velut unicum
divinae vocationis, conversionis, regenerationis et sanctificationis medium agnoscendum est. Atqui verbi praedicatio sacramentis conjuncta
est illud medium, per quod Deus nos salvos facit etc. Ergo.‘‘ (Vid.
Isagog. Carpzovii, p. 1249.)

LUTHERUS: „*Gott will nicht leiden, dass wir uns sollen auf etwas
anders verlassen oder mit dem Herzen hangen an etwas, das nicht Christus in seinem Wort ist, es sei, wie heilig und voll Geistes es wolle.* Der
Glaube hat keinen andern Grund, darauf er bestehen könne. . . Wir
müssen Christum suchen in dem, das des Vaters ist, das ist, dass wir
uns schlecht und bloss an das Wort des Evangelii halten, welches uns
Christum recht zeigt und zu erkennen gibt. Und lerne nur in dieser
und allen geistlichen Anfechtungen, so du willst andere oder dich
selbst recht trösten, also mit Christo sagen: Was ist es, dass du so hin
und wieder läufest, dich selbst so zermarterst mit ängstigen und betrübten Gedanken, als wolle Gott dein nicht mehr Gnade haben und als
sei kein Christus zu finden, und willst nicht ehe zufrieden sein, *du findest ihn denn bei dir selbst* und fühlest dich heilig und ohne Sünde; da
wird nichts aus, es ist eitel verlorne Mühe und Arbeit. Weisst du
nicht, dass Christus nicht sein will, noch sich finden lassen, denn in
dem, das des Vaters ist? nicht in dem, das du oder alle Menschen sind
und haben? Es ist nicht der Fehl an Christo und seiner Gnade; er ist
und bleibet wohl unverloren und lässt sich allezeit finden. Aber es
fehlet an dir, dass du ihn nicht recht suchest, da er zu suchen ist,
weil du deinem Fühlen nach richtest und meinest, ihn zu ergreifen mit
deinen Gedanken. Hieher musst du kommen, dass nicht dein noch
einiges Menschen, sondern Gottes Geschäfte und Regiment, nämlich
da sein *Wort* ist, da wirst du ihn treffen, hören und sehen, dass weder
Zorn noch Ungnade da ist, wie du fürchtest und zagest, sondern eitel
Gnade und herzliche Liebe gegen dir. . . Aber schwer wird es, ehe es
(das Herz) dazu kommt und solches ergreifet: es muss zuvor anlaufen
und erfahren, dass alles verloren und vergeblich Christum gesucht
heisset, und zuletzt doch kein Rath ist, denn dass du dich *ausser dir
selbst* und allem menschlichen Trost allein in das Wort ergebest.‘‘
(Kirchenpostille. Tom. Hal. XI, 623. sqq.)

GERHARDUS: „Cum inter verbum Dei scriptum et non-scriptum
nullum reale discrimen intercedat, ideo honorifica illa de verbi efficacia
ac fructu praeconia merito etiam ad Scripturam S. pertinere censentur.

Sicut per scriptionem verbum non desiit esse divinum, ita quoque non desiit esse efficax conversionis et salutis organum; proinde quod Rom. 10, 17. ‚fides ex auditu' esse dicitur, id non accipiendum est *exclusive*, ut auditus verbi praedicati opponatur lectioni verbi scripti, sed *inclusive*, ut per verbum non solum auditum, sed etiam lectum Deus ad fidem et salutem efficax statuatur, cum idem sit et maneat verbum, sive praedicetur et audiatur, sive scribatur et legatur; unde notanter dicit Johannes de historia evangelica in literas redacta, adeoque de tota Vet. et N. T. scriptura: ‚Haec scripta sunt, ut credatis', Joh. 20, v. ult. ‚Haec scribimus vobis, ut gaudium vestrum sit perfectum', 1 Joh. 1, 4. Ergo etiam ex scripto Dei verbo per lectionem et meditationem ad usum translato fides et spirituale gaudium, et consequenter salus aeterna hauriri potest." (Exeges. Loci de S. S. § 364.)

FORMULA CONC.: „Dass aber gesagt wird, niemand komme zu Christo, der Vater ziehe ihn denn, ist recht und wahr; aber der Vater will das nicht thun ohne Mittel, sondern hat dazu sein Wort und Sacramente als ordentliche Mittel und Werkzeuge verordnet, und ist weder des Vaters noch des Sohnes Wille, dass ein Mensch die Predigt seines Worts nicht hören oder verachten und auf das Ziehen des Vaters ohne Wort und Sacramente warten solle. Denn der Vater zeucht wohl mit der Kraft seines Heiligen Geistes, jedoch, seiner gemeinen Ordnung nach, durch das Gehör seines heiligen göttlichen Worts, als mit einem Netze, dadurch die Auserwählten aus dem Rachen des Teufels gerissen werden, dazu sich ein jeder armer Sünder verfügen, dasselbe mit Fleiss hören und an dem Ziehen des Vaters nicht zweifeln soll; denn der Heilige Geist will mit seiner Kraft bei dem Wort sein und dadurch wirken; und das ist das Ziehen des Vaters." (Artic. XI. Declar. p. 720.)

Cf. supra Prolegom. c. 2. § 39. Vol. I. p. 153—161. P. III. c. 3. § 11. Vol. III. P. 3. § 11. p. 154. sq.

ANTITHESIS.

CARPZOVIUS: „In antithesi, quae thesi (articuli V. Aug. Conf.) subjuncta est, separat sese Protestantium coetus a coetibus: 1. *Anabaptistarum, Enthusiastarum, Schwenkfeldianorum, Coelestium prophetarum*, qui partim sine verbo externo, partim per praeparationes suas, quarum certos gradus faciunt, fidem accipi et dari statuunt. 2. *Zwinglii et aliorum Calvinistarum*, qui partim negant, fidem ex verbo hauriri, partim, sine verbo fidem dari, docent, partim etiam operationem verbi circa fidem non recte exponunt, et vel plane operationem fidei a verbo separant, vel nonnisi praesentationem objecti et significationem nudam voluntatis divinae verbo tribuunt, ipsam autem fidei operationem verbo plane detrahunt. 3. *Papistarum*, qui etiam sine verbo Deum operari fidem volunt, et per suas praeparationes ac dispositiones fidem mereri merito de congruo volunt; prout id ipsum Joh. a Daventria in ‚Refut. Artic. 5.' et Joh. Hoffmeister. in ‚Judic. super Artic. 5.' aperte confessi sunt, et probe senserunt, in antithesi hac a nostratibus se fuisse notatos." (Isagog. in lib. symbol. p. 246.)

§ 2.

Verbum Dei dividitur[a] in *legem* et *evangelium*.[b]

a) Atque haec divisio *diligenter* cognoscenda ac tenenda est, cum confusionem legis et evangelii multos noxios errores genuisse constet.

FORMULA CONC.: „Wir glauben, lehren und bekennen, dass der Unterschied des Gesetzes und Evangelii als ein besonder herrlich Licht mit grossem Fleiss in der Kirche zu erhalten, dadurch das Wort Gottes

(nach der Vermahnung St. Pauli) recht getheilet wird." (Epitom.
artic. V. p. 533. sq.) „Nachdem der Unterschied des Gesetzes und
Evangelii ein besonder herrlich Licht ist, welches dazu dienet, dass
Gottes Wort recht getheilet und der heiligen Propheten und Apostel
Schriften eigentlich erkläret und verstanden: ist mit besonderem
Fleiss über demselben zu halten, damit diese zwo Lehren nicht mit einander vermischt oder aus dem Evangelio ein Gesetz gemacht, dadurch
der Verdienst Christi verdunkelt und die betrübten Gewissen ihres
Trosts beraubt, den sie sonst in dem heiligen Evangelio haben, wenn
dasselbige lauter und rein gepredigt, und sich in ihren höchsten Anfechtungen wider das Schrecken des Gesetzes aufhalten können." (Declar. artic. V. p. 633.)

LUTHERUS: „St. Pauli Meinung ist diese: Dass in der Christenheit soll, beides von Predigern und Zuhörern, ein gewisser Unterschied
gelehret und gefasset werden zwischen dem Gesetz und Evangelio,
zwischen den Werken und dem Glauben; wie er denn solches auch
Timotheo befiehlet, da er ihn vermahnet 2. Epist. 2, 15., ‚das Wort der
Wahrheit recht zu theilen‘ u. s. w. *Dieser Unterschied zwischen dem
Gesetz und Evangelio ist die höchste Kunst in der Christenheit*, die alle
und jede, so sich des christlichen Namens rühmen oder annehmen,
können und wissen sollen. Denn *wo es an diesem Stück mangelt, da
kann man einen Christen vor einem Heiden oder Juden nicht erkennen;*
so gar liegt es an diesem Unterschied. Darum dringet St. Paulus so
hart darauf, dass die zwo Lehren, nämlich des Gesetzes und Evangelii,
bei den Christen wohl und recht von einander geschieden werden.
Beides ist wohl Gottes Wort, das Gesetz oder die zehen Gebote und
Evangelium, dieses anfänglich im Paradies, jenes auf dem Berge Sinai
von Gott gegeben. Aber daran liegt die Macht, dass man die zwei
Wörter recht unterscheide und nicht in einander menge; *sonst wird
man weder von diesem noch von jenem rechten Verstand wissen noch behalten können, ja, wenn man meinet, man habe sie beide, wird man keines haben*. . . Darum ist hoch vonnöthen, dass diese zweierlei Worte
recht und wohl unterschieden werden; dass, wo das nicht geschieht,
kann weder das Gesetz noch Evangelium verstanden werden, und müssen die Gewissen in Blindheit und Irrthum verderben. Denn das Gesetz hat sein Ziel, wie weit es gehen und was es ausrichten soll, nämlich bis auf Christum, die Unbussfertigen schrecken mit Gottes Zorn
und Ungnade. Desgleichen hat das Evangelium auch sein sonderlich
Amt und Werk, Vergebung der Sünden betrübten Gewissen zu predigen. *Mögen darum diese beide, ohne Verfälschung der Lehre, nicht in
einander gemenget, noch eines für das andere genommen werden.* Denn
Gesetz und Evangelium sind wohl beide Gottes Wort, aber nicht einerlei Lehre. Gleichwie das Gottes Wort ist 2 Mos. 20, 12.: ‚Du sollst
deinen Vater und deine Mutter ehren.‘ Und wiederum Ephes. 6, 2.
3. 4.: ‚Ihr Väter, ziehet eure Kinder auf in Gottesfurcht‘ u. s. w.
Aber weil es nicht von einerlei Amt und Personen geredet ist, was
würde wohl für Unordnung draus folgen, wenn es mit dem Schein,
dass es alles Gottes Wort wäre, in einander geworfen werden sollte?
Da würde der Sohn wollen Vater, der Vater wollen Sohn sein; die
Mutter Tochter, die Tochter Mutter. . . Ist es aber in *Gesetzen* vonnöthen, dass man sie von einander scheide und die Personen, darauf
sie gerichtet sind, recht ansehe, wie viel mehr ist Unterschied zwischen
dem Gesetz und *Evangelio* zu machen? Darum, *welcher diese Kunst,
das Gesetz vom Evangelio zu scheiden, wohl kann, den setze obenan, und
heisse ihn einen Doctor der heiligen Schrift. Denn ohne den Heiligen
Geist ist es unmöglich, diesen Unterschied zu treffen.* Ich erfahre es an
mir selbst, sehe es auch täglich an andern, wie schwer es ist, die Lehre
des Gesetzes und Evangelii von einander zu sondern. *Der Heilige
Geist muss hier Meister und Lehrer sein; oder es wird kein Mensch auf
Erden verstehen noch lehren können. Darum vermag kein Pabst, kein*

falscher Christ, kein Schwärmer diese zwei von einander zu theilen, sonderlich in causa materiali et in objecto." (Sermon vom Unterschied zwischen dem Gesetz und Ev. A. 1532. IX, 410. sqq.)

IDEM: „Wie denn jetzt der Teufel durch die Schwärmer in einander gemenget Gesetz und Verheissung, Glaube und Werk, und zermartert die armen Gewissen, lässt sie weder Gesetz noch Evangelium recht unterschiedlich ansehen, treibt und jagt sie in das Gesetz, spannet ein Netz vor, das heisst: Das soll ich thun und lassen. Unterscheide ich hier nicht wohl Mosen und Christum, so bin ich und bleibe gefangen, kann nicht frei und los werden, sondern muss verzweifeln. Wenn ich aber das Gesetz und Evangelium recht wüsste zu theilen, so hätte es nicht Noth, so könnte ich sagen: Hat denn Gott nur einerlei Wort, als nämlich das Gesetz gegeben? Hat er nicht auch das Evangelium von Gnade und Vergebung der Sünden predigen heissen? Ja, spricht das Gewissen, wo nicht Glaube ist an die Verheissung, da dringet das Gesetz bald darauf: Diess und das ist dir geboten, das hast du nicht gethan, darum musst du herhalten. In solchem Kampf und Todesangst ist hohe Zeit und Noth, dass sich der Glaube ermanne und mit ganzer Macht hervor breche und dem Gesetz unter die Augen trete, und ihm getrost zuspreche: Ei, liebes Gesetz, bist du allein Gottes Wort? Ist das Evangelium nicht auch Gottes Wort? Hat denn die Verheissung ein Ende? Hat Gottes Barmherzigkeit aufgehöret? Oder sind die zwei, Gesetz und Evangelium, oder Verdienst und Gnade, nunmehr in einander gemenget und gekocht, Ein Ding worden? Wir wollen den Gott nicht haben, der nicht mehr kann, denn Gesetz geben, das wisse gar eben; so wollen wir auch das Gesetz mit dem Evangelio unvermenget haben. Darum lasse uns diesen Unterschied ungewehret und ungehindert frei gehen: dass *du* auf Pflicht und Recht dringest, das *Evangelium* auf eitel Gnade und Geschenk uns weise. Darum, wenn mich das Gesetz beschuldiget: Ich habe diess und das nicht gethan; ich sei ungerecht und ein Sünder, in Gottes Schuldregister geschrieben: muss ich bekennen, es sei alles wahr. Aber die Folgerede: Darum bist du verdammt, muss ich nicht einräumen, sondern mich mit starkem Glauben wehren und sagen: Nach dem Gesetz, welches mir meine Schuld rechnet, bin ich wohl ein armer, verdammter Sünder, aber ich appellire vom Gesetz zum Evangelio; denn Gott hat über das Gesetz noch ein ander Wort gegeben, das heisst das Evangelium, welches uns seine Gnade, Vergebung der Sünden, ewige Gerechtigkeit und Leben schenket, dazu frei und los spricht von deinem Schrecken und Verdammniss, und tröstet mich, alle Schuld sei bezahlt durch den Sohn Gottes, Jesum Christum selbst. Darum hoch vonnöthen, dass man beide Worte recht wisse zu lenken und handeln, und fleissig zusehe, dass sie nicht in einander vermenget werden.“ (L. c. p. 419—421.)

IDEM: „Discernimus legem tam longe a justitia, quam mortem a vita, infernum a coelo, et ut hoc statuamus, movet nos ille clarus Pauli locus: Lex non est data ad justificandum, vivificandum et salvandum, sed simpliciter ad damnandum, occidendum et perdendum, *contra opinionem omnium hominum*, qui naturaliter judicant, legem datam esse ad justitiam, vitam et salutem consequendam. Hoc *proprium discrimen officiorum legis et evangelii conservat in vero usu universam sinceram theologiam*, item constituit credentes super omnia vitae genera, super omnes hominum leges et dogmata judices, denique facultatem suppeditat probandi omnes spiritus.“ (Ad Gal. 3, 21. Commentar. in ep. S. Pauli ad Gal. Erlangae, 1844. Tom. II, 95. sq.)

IDEM: „Difficile et periculosum est docere nos fide justificari sine operibus, et tamen simul exigere opera. Hic nisi sint fideles et prudentes ministri Christi et dispensatores mysteriorum Dei, qui recte secant verbum veritatis, statim fides et opera confunduntur. Uterque locus et fidei et operum diligenter doceri et urgeri debet, sic tamen, ut uterque intra suos limites maneat. Alioqui si opera sola docentur, ut in papatu accidit, fides amittitur. Si fides sola docetur, statim somniant carnales homines, opera non esse necessaria etc." (Ad Gal. 5, 15. l. c. Tom. III, 5.)

b) Equidem aliquando *latius* accipiuntur voces, ita ut *lex* sub suo conceptu *evangelium* aut hoc illam quodammodo complectatur, v. g. quando *lex* sumitur pro *tota Scriptura, Psal. 1, 2.*, aut specialius pro *Scripturis V. T., Joh. 15, 25. 1 Cor. 14, 21.*, denique peculiariter pro *scriptis Mosaicis, Luc. 24, 44. Evangelium* quoque interdum latius accipitur pro *tota doctrina N. T.* a Christo et apostolis tradita, *Marc. 1, 14. cap. 16, 15. Luc. 9, 6.* Hic autem accipiuntur vocabula legis et evangelii, quatenus sibi *adaequate* contradistinguuntur.

> QUENSTEDTIUS: ,,Sortiuntur quidem haec duo coelestis doctrinae capita quandoque in Scripturis nomina communia, ut Es. 2, 3. Mich. 4, 2. Rom. 8, 2. etc. Illa tamen nominum legis et evangelii communicatio non est mutua sive ἀντίστροφος, sed tantum ἀναστρέφουσα, siquidem in Scripturis evangelio quidem assignatur saepius nomen legis, nunquam vero legi tribuitur appellatio evangelii." (L. c. c. 2. s. 2. q. 4. f. 1027.)
>
> S. SCHMIDTIUS: ,,In S. S. nullus ad hunc usque diem inventus aut productus est locus, in quo sive lex proprie dicta, praeceptis constans, sive comminatio, sive redargutio peccati dicatur evangelium." (Articulor. F. C. Repetitio, p. 297.)

§ 3.

Lex hoc loco *proprie*[a] denotat verbum Dei, quo aliqua[b] *praecipiuntur*, alia *prohibentur*, cum vi *obligandi*.[c]

a) Sic Paulus accipit vocem, quando negat hominem justificari per legem in Epist. ad *Rom.* et ad *Gal.* Speciatim appellat *legem operum Rom. 3, 27.*

b) Unde praecepta legis alia *affirmativa*, alia *negativa* appellantur.

c) Proxime quidem *ad obsequium;* deficiente autem obsequio, *ad poenas* gravissimas atque aeternas.

> FORMULA CONCORDIAE: ,,Demnach glauben, lehren und bekennen wir einhellig, dass das Gesetz eigentlich sei eine göttliche Lehre, darinnen der gerechte, unwandelbare Wille Gottes geoffenbaret [wird], wie der Mensch in seiner Natur, Gedanken, Worten und Werken beschaffen sein sollte, dass er Gott gefällig und angenehm sei, und dräuet den Uebertretern desselbigen Gottes Zorn, zeitliche und ewige Strafen. Denn, wie Lutherus wider die Gesetzstürmer redet: ,Alles, was die Sünde straft, ist und gehört zum Gesetz, dessen eigen Amt ist, Sünden strafen und zur Erkenntniss der Sünden führen', Röm. 3, 20. und 7, 7., und nachdem der Unglaube eine Wurzel und Brunnquell aller sträflichen Sünden ist, so straft das Gesetz auch den Unglauben. Es ist aber gleichwohl dies auch wahr, dass das Gesetz mit seiner Lehre durchs Evangelium illustrirt und erklärt wird, und bleibet dennoch des Gesetzes eigentlich Amt, die Sünde strafen und von guten Werken lehren. Also straft das Gesetz den Unglauben, wenn man Gottes Wort nicht glaubt. Weil nun das Evangelium, welches allein eigentlich lehret und befiehlet an Christum glauben, Gottes Wort ist, so straft der

Heilige Geist durch das Amt des Gesetzes auch den Unglauben, dass sie nicht an Christum glauben, welches Evangelium doch allein eigentlich lehret von dem seligmachenden Glauben an Christum." (Artic. V. p. 636. sq.)

LUTHERUS: „Es ist alles des Gesetzes Predigt, was da von unsern Sünden und Gottes Zorn predigt, es geschehe wie oder wenn es wolle. ... Ja, was ist für eine ernstlichere, schrecklichere Anzeigung und Predigt Gottes Zorns über die Sünde, denn das Leiden und Sterben Christi, seines Sohnes! Aber so lange dies alles Gottes Zorn predigt und den Menschen schreckt, so ist es noch nicht des Evangelii, noch Christi eigen Predigt, sondern Mosis und des Gesetzes über die Un-bussfertigen. . . Denn es ist dies Bild so schrecklich, dass auch die Verdammten in der Hölle keine grössere Pein und Fühlen Gottes Zorns und Verdammniss werden haben, denn von diesem Ansehen des Ster-bens des Sohnes Gottes, welches sie haben an ihnen lassen verloren sein; wie auch Judas, der Verräther, da er nicht wollte des Herrn Christi freundliche Vermahnung und Warnung hören, noch bedenken, was er an ihm thäte, zuletzt dennoch durch diesen Blick in solch Schrecken getrieben ward, dass er selbst ihm das Gesetz und Ver-dammniss predigte, da er sprach: ‚Ich habe das unschuldige Blut ver-rathen' u. s. w. Matth. 27, 4. Also predigt ihm auch allhier St. Petrus selbst das Gesetz von seiner Sünde und Gottes Zorn eben aus dieser grossen Wohlthat Christi; denn er kann auch nichts anders, denn Zorn und Schrecken um seine Unwürdigkeit gegen Gott daraus nehmen; denn er hat noch keinen andern Verstand in seinem Herzen, denn des Gesetzes, welches zeigt, dass Gott der Sünde feind ist und sie strafen will." (Postill. ecclesiast. XI, 1795. sq.)

§ 4.

Dividitur lex divina[a] in *moralem, ceremonialem* et *forensem.*[b]

a) *Non* quod *hodie* totuplex adhuc supersit et valeat, sed quia *olim* ita lata est a Deo et aliquamdiu viguit; ut ex seqq. patebit.

b) Huc refertur, quod *Deut. 6, 1.* dicitur: *Haec sunt praecepta et ceremoniae et judicia, quae mandavit Dominus.* Ratio autem divisionis ab *objecto* petita est, quod *vel* mores hominum in communi, *vel* ceremo-nias aut ritus sacros certae gentis, *vel* forum aut judicia ejusdem attinet.

§ 5.

Lex *moralis*[a] ea dicitur, qua, quae creaturis rationa-libus per se[b] conveniunt, praecipiuntur, et quae discon-veniunt, prohibentur; quae proinde omnes homines[c] obligat.

a) Dicitur etiam *lex naturae*, juxta ea, quae P. II. cap. I. § 3. not. *c*. habentur.

b) Seu *quatenus talis* est et *vel* Deum, *vel* creaturas alias, *vel* homi-nem ipsum spectat.

c) Sic enim a τῷ *quatenus* ad *de omni* valet consequentia. Conf.
P. II. cap. I. § 4. 5. et 6., Vol. II. p. 268. sqq., ubi ostendimus,
legem illam non solum *olim* in prima creatione omnibus implantatam,
verum etiam *post lapsum* aliquam ejus notitiam in mentibus hominum
omnium esse relictam.

§ 6.

Summa legis moralis in *decalogo*[a] comprehenditur,
cujus praecepta ad *dilectionem* Dei et *proximi*,[b] in qua
etiam dilectio *nostri* ipsorum[c] involvitur, redeunt.

a) Nempe Deus, post eductionem populi sui miraculosam, die
pentecostes in monte Sinai inter tonitrua ac fulgura decem praecepta,
publice proclamata ac praeterea tabulis duabus lapideis inscripta, per
Mosen obtulit hominibus. Vid. *Exod. 19. 20. 31. 34. Deuter. 4. 5.
9. 10.* Conf. h. l. P. II. cap. I. § 5. Vol. II. p. 270.

b) Juxta illud Christi *Matth. 22, 37. ad 40.*

c) Prout l. c. dicitur: *Diliges proximum sicut te ipsum;* ut dilectio
nostri sit mensura dilectionis proximi.

LUTHERUS: „Dess ist auch wohl hier acht zu nehmen, dass etliche
Väter aus den Worten dieses Gebots haben genommen den Wahn, dass
eine *geordnete Liebe sich anhebt von ihr selbst.* Denn (sprechen sie)
die Selbstliebe wird vorgeschrieben zu einer Regel, nach welcher du
sollt lieben deinen Nähesten. Ich will allhier auch meine Meinung
dazu sagen, und ist die: Ich verstehe das Gebot also, dass nicht darinnen wird geboten, sich selbst lieb zu haben, sondern die Liebe des
Nähesten allein. Zum ersten darum, dass die Liebe sein selbst zuvor
in allen Menschen allzu fest ist und regieret. Nachmals, wenn Gott
diese Ordnung hätte haben wollen, so hätte er also gesprochen: Liebe
dich, und darnach deinen Nähesten, als dich selbst. Aber nun spricht
er: ‚Liebe deinen Nähesten, als dich selbst‘; das ist, also liebe ihn, wie
du dich schon liebest, ohne alles Gebot. So gibt auch der Apostel
1 Cor. 13, 5. das der Liebe für ein eigen Prädicat, dass sie nicht suche,
was ihr zuständig ist, verneint mit diesen Worten gänzlich die Liebe
sein selbst. So hat auch Christus geboten sein selbst Verleugnung und
Hassung des eigenen Lebens Marc. 8, 35. Er sagt auch zun Philippern am 2. Cap. V. 4. klar, dass keiner soll suchen, was sein sei, sondern was andern Leuten dienet. Zum letzten, wenn der Mensch sein
selbst rechte Liebe hätte, so dürfte er jetzt der Gnade Gottes nicht.
Denn eben dieselbige Liebe, wenn sie recht ist, so liebet sie sich und
den Nähesten; denn das Gesetz auch will keine andere Liebe haben,
denn eben die. Aber, wie gesagt, das Gesetz setzt schon zuvor, dass
der Mensch sich lieb hat, und Christus, da er spricht Matth. 7, 12.:
‚Alles, das ihr wollet, dass euch die Menschen thun sollen‘, zeigt er
klärlich an, dass jetzt schon in ihnen ist der Wille und Liebe sein
selbst, und gebeut hier gar nichts nicht, wie du denn selbst siehst.
Darum däucht mich, nach meinem Verstande, dass das Gesetz rede von
der *verkehrten* Liebe, mit der ein jeder seines Nähesten vergisst und
allein die Dinge sucht, die ihm nützlich und förderlich sind, welche
Liebe alsdann recht geordnet wird, wenn einer sein selbst vergisst und
dem Nähesten allein dient. Das zeigen auch an die Glieder des Leibes,
unter welchen ein jedes dem andern dient, auch mit Gefährlichkeit.
Sintemal die Hand ficht für das Haupt und nimmt die Verletzungen an;

die Füsse gehen in den Dreck und Koth und Wasser, darum, dass sie den ganzen Leib erlösen. Es wird aber auch ganz gefährlich die Neigung und der Affect des eignen Nutzens ernährt unter dieser Ordnung der Liebe, welche doch Christus mit dem Gebot hat wollen gar niederlegen. Wenn ich aber je zugeben soll, dass sein selbst Liebe zum ersten hier geordnet wird, so will ich zwar höher hinauf steigen und sprechen, dass eine solche Liebe alleweg falsch und unrecht ist, so lange sie wird sein in ihr selbst, und dass sie nicht gut mag sein, sie sei denn ausserhalb ihr selbst, in Gott, das ist, dass mein selbst Wille und mein selbst Liebe ganz todt sei, und ich nichts anders suche, denn dass der pur lautere Wille Gottes in mir vollbracht werde und dass ich fertig sei zum Tode, zum Leben und zu einer jeden Form meines Töpfers, das ist, Gottes, welches schwer, sauer und unmöglich ist der Natur. Denn da habe ich mich lieb, nicht in mir, sondern in Gott, nicht in meinem Willen, sondern in dem Willen Gottes. Und also denn werde ich auch lieb haben meinen Nähesten, als mich selbst; wünsche und thue das allein, dass der einige Wille Gottes in mir geschehe, und nicht mein eigner Wille. Aber also schätze ich nicht, dass sie dies Gebot verstanden haben, und es wird auch das Gebot nicht dafür angesehen, als rede es von der Liebe. Derohalben ich einen jeden vermahnet will haben, dass er sich hüte vor solchen heidnischen Lehren und Sprüchen: Proximus esto tibi, Du sollst dir Näheste sein; und: Ein jeder für sich selbst, Gott für alle, und dergleichen; denn sie sind falsch und verkehrt, wie das Gebot anzeigt." (Kürzere Auslegung der Epistel St. Pauli an die Gal. a. 1519. Opp. Hal. Tom. IX, 303—305.)

§ 7.

Quod si vero suo *ordine* sigillatim spectentur,[a] *primum* quidem *formaliter* prohibet cultum deorum alienorum, seu omnium eorum, qui (vel quae) non sunt verus Deus;[b] simul autem *virtualiter*[c] praecipit unius veri Dei, qualem[d] ipse se revelavit, cultum[e] religiosum, in timore,[f] dilectione[g] et fiducia[h] sincera[i] consistentem.

a) Equidem, ut in *ordine* atque *enumeratione* praeceptorum decalogi magnopere contendatur, causa non est, modo praecepta ipsa, quoad genuinum sensum et vim, observentur; certum tamen est, hanc, quam Lutherani retinemus, distinctionem textui verborum decalogi et legibus interpretationis plane convenire; quod porro suis locis indicabimus.

QUENSTEDTIUS: „Distributio decalogi non est canonicae autoritatis, sed res media et indifferens. Calviniani in prima tabula quatuor praecepta collocant, ex appendice primi praecepti secundum praeceptum facientes, in secunda vero sex ponunt, prohibitionem de non concupiscendo repetitam in unum praeceptum conjungentes. Hanc suam distributionem decalogi tanquam necessariam ecclesiae obtrudunt. Nos illam ἐντολὴν, quae ab apostolo memoratur πρώτη ἐν ἐπαγγελίᾳ Eph. 6, 2., existimamus πρώτην in tabula secunda. Ita ut in secunda tabula ponendus sit praeceptorum septenarius, in prima ternarius. Et hanc distinctionem, ut rem mediam et indifferentem, et quia Scripturae est consentanea et ab orthodoxa vetustate approbata, retinemus. Ecclesia vero *Argentinensis*, hoc libertatis jure usa, distributionem Calvinianam sequitur, ita ut in prima tabula quaternarium, et in secunda senarium numerum praeceptorum ponat." (L. c. c. 1. s. 1. th. 29. p. 935.)

ANTITHESIS.

QUENSTEDTIUS: „*Antithesis:* 1. *Eorum*, qui quinque praecepta primae et quinque secundae tabulae attribuunt, ut *Josephi* Antiq. Jud. l. 3. c. 4. non longe a fine. *Philonis* Judaei in lib. de Decalog. (Hic tamen potius ad tertiam sententiam est referendus, utpote qui in distinctione sua cum Josepho non facit.) *Chrysostomi*, seu potius autoris operis imperfecti, hom. 52. in Matth. et *Athanasii* in Synopsi l. 2. et Epist. ad Eph. c. 6. 2. *Eorum*, qui quatuor primae tabulae adscribunt, quos sequitur *Hieronymus* super v. 2. c. 6. Epist. ad Eph., et *Alexander ab Ales* in Summa 3. P. qu. 29. a. 4., item *Aben Esra* et *Moses Gerundensis* etc. 3. *Calvinianorum*, qui textum Mosaicum de non formandis simulacris et sculptilibus peculiare et quidem distincte secundum praeceptum constituunt, et a primo de non habendis diis alienis distinguunt, atque ita in prima tabula quatuor praecepta collocant, itemque prohibitionem de non concupiscendo repetitam in unum praeceptum conjungunt. Et sic in secunda tabula sex tantum praecepta ponunt. Ita *Calvinus* Inst. l. 2. c. 8. § 12. sq., *Zwinglius* in Exegesi ad Lutherum, *Petrus Martyr* Class. 2. Loc. comm. c. 17., Zacharias *Ursinus* in Comp. doctr. christian. tit. De lege divina, *Musculus* in LL. p. 91. 92., *Beza* Vol. I. f. 256., *Neo-Marpurgensis* in respons. Apologi p. 111. 112. 143., *Keckermannus* in Syst. Theol. p. 484., *Piscator* in Antidromo contra Schaafman., *Wendelinus* Exerc. 134., *Maccovius* in L. C. c. 9. Ubi tamen distingu. inter Calvinianos *molliores*, qui nostram divisionem non omnino damnant, nec ob eam contentiose cum dissentientibus pugnandum esse statuunt, ut *Calvinus* l. c., *Ursinus* in Explic. Catech. p. 684., *Rivetus* in Explic. Decalogi in c. 26. Exodi, *Ursinus* in Tr. Theol. p. 273. Et *rigidiores*, qui suam distributionem mordicus defendunt, et contrarium sentientes nescio cujus sacrilegii accusant, ut *Musculus* l. c., ubi dicit (p. 92.): „Nostram divisionem magno ecclesiarum malo esse subintroductam postremis temporibus.‘ Et *Anhaltini* dicunt: „Omissionem praecepti de non faciendis sculptilibus esse horrendum sacrilegium et decalogi mutilationem.‘ Item sacrilegii convitium recoxit *Maresius* in Antichr. l. 2. c. 28. p. 647.“ (L. c. s. 2. q. 2. p. 962.)

b) Dum enim prohibentur coli *dii alieni*, prohibetur utique coli, quicquid est non-Deus, seu quicquid non est Deus. Sive *nos ipsi* (per φιλαυτίαν), sive *alii homines* sint, sive *creaturae aliae*, in quibus bonitas aliqua apparet, sive denique *diabolus* ipse. Unde recte colligitur, in hoc ipso primo praecepto prohiberi cultum *sculptilium et imaginum*, quia et ipsa sunt non-Deus; ita ut *appendix, Exodi 20, 3.* addita, sit *declaratio* uberior praemissi praecepti *potius, quam* praeceptum *novum*.

c) Nam juxta regulam explicatricem decalogi *praecepta negativa includunt contraria affirmativa* et *affirmativa includunt contraria negativa;* quod in omnibus praeceptis observandum. Conf. b. *Mus.* Tract. contr. Stenger. P. III. cap. VI. p. 593. 595. 605.

d) Adeoque ut trinunius, Patris, Filii et Spiritus Sancti.

e) Qui ab eo, quo *homines*, ut societatis humanae membra, etsi praestantiora, prosequimur, plane *differt*, ac *Deo, ut Deo*, enti perfectissimo, quod omnium causa est, *proprie* debetur.

f) *Filiali* quidem, in Dei majestate, potentia, bonitate et justitia, defixo; ita ut vereamur ullatenus eum offendere.

g) Qua Deum, *in se* et *nobis* summe *bonum*, *propter* ipsum diligimus.

h) In Deo summe potente, bono ac verace, tanquam causa omnium bonorum, defixa.

i) Ita ut *Deum diligamus* (metuamus et in eo confidamus) *ex toto corde, ex tota anima, tota mente et omnibus viribus, Matth. 22, 37. Luc. 10, 27.*, alia omnia Deo postponentes, nec a Deo ullatenus abstrahendi.

§ 8.

Secundum decalogi praeceptum[a] *prohibet* nominis[b] divini abusum quemvis[c] et sic *una* genuinum ac sanctum usum[d] ac celebrationem[e] ejus, invocationem[f] et gratiarum actionem[g] *praescribit.*

a) Quia enim appendix illa de sculptilibus et imaginibus noncolendis ad primum praeceptum adhuc pertinet, recte illud, quod hic notamus, *secundum* constituitur.

LUTHERUS: „Das *erste Gebot* müssen wir und alle Heiden auch schuldig sein zu halten, dass wir keine andere Götter, ohne den einigen Gott, haben sollen, so wohl als die Juden. Aber das Stück, damit er dies Gebot *schmücket* und allein an die Juden zeucht, nämlich: ‚Der dich hat aus Egypten geführet, aus dem Diensthause‘, müssen und können wir Heiden nicht brauchen… Von des ersten Gebots Stück und Schmuck, ‚der euch aus Egyptenland geführet hat‘, sagt auch Jeremias am 23. Capitel V. 5. also: ‚Siehe, es kommt die Zeit, spricht der Herr, dass ich dem David ein Gewächs der Gerechtigkeit aufrichten will, und soll ein König sein, der wohl regieren wird, Recht und Gerechtigkeit auf Erden anrichten‘, u. s. w. Und flugs hernach V. 7. 8.: ‚Siehe, die Zeit kommt, dass man nicht mehr sagen wird: So wahr der Herr lebt, der die Kinder Israel aus Egyptenland geführet hat, sondern: So wahr der Herr lebt, der den Samen des Hauses Israel‘ (merke, dass nicht das ganze Haus Israel, sondern ein Samen davon hie genennet ist) ‚hat ausgeführet, und brachte aus dem Land der Mitternacht und aus allen Landen, dahin ich sie verstossen hatte, dass sie in ihrem Lande wohnen sollen‘… So sind die Juden mit uns eins (wo sie ihre alte Lehre halten), dass Jeremias hie von des Messiä Zeit rede. Da spricht er dürre heraus, dass zur selbigen Zeit solle dies Stück, im ersten Gebot von Mose gegeben, aufhören, da er spricht: ‚Der euch aus Egypten geführet hat.‘ Denn da stehet der Text, man solle nicht mehr bei dem Gott schwören, der sie aus Egypten geführet hat, sondern bei dem Gott, der sie aus allen Ländern zu dem Gewächs David versammlet hat. Währet nun dies Stück im ersten Gebot nicht weiter, denn auf Messiam, so ist Mosis Gesetz nicht ewig, sondern hört in Messia auf, und bleibet allein das Gesetz der Zehn Gebote, so vor Mose von Anfang der Welt und unter allen Heiden gewest ist, dass man nicht mehr denn einen Gott haben soll, u. s. w., und ist also der Zehn Gebote halber gar kein Unterschied zwischen Juden und Heiden. Denn Gott ist nicht allein der Juden, sondern auch der Heiden Gott, wie St. Paulus sagt (Röm. 3, 29.) und droben im Exempel von den Königen in Egypten, Assyrien, Babylon, Persen u. s. w. bewiesen. Item, im *vierten Gebot* können wir Heiden das Stück nicht sagen: ‚Auf dass du lange lebest im Lande, das dir der Herr, dein Gott, gibt‘, und müssen doch alle das erste Gebot halten, nämlich: ‚Du sollst deinen Vater und deine Mutter ehren.‘ Denn Moses, oder vielmehr Gott selbst, redet hier mit dem Volk Israel, das er aus Egyptenland ins Land Canaan führt, und meinet auch in diesem Gebot dasselbe Land Canaan, das er

ihnen dazumal gab, dass sie drinnen sollten lange leben und gute Tage
haben, wo sie das vierte Gebot vom Gehorsam der Eltern hielten;
und wird abermal hie das gemeine Gebot allen Heiden eingepflanzt,
den Juden mit dem Lande Canaan sonderlich geschmückt und angezogen. Aber wir Heiden können nicht sagen noch glauben, Gott kanns
auch nicht leiden, dass er uns aus Egypten oder ins Land Canaan geführet habe, darinnen es uns wohl gehen solle, so wir Vater und Mutter
ehren; sondern müssen es lassen bleiben im gemeinen Verstand, dass
Gott einem jeglichen in seinem Lande wolle Glück und Heil geben, wer
Vater und Mutter ehrt; wie wir denn auch sehen, dass die Lande und
Herrschaften, ja auch die Häuser und Erbgüter sich so wunderlich
verändern oder bleiben, darnach man sich gehorsam oder ungehorsam
gehalten hat, und noch nie nicht anders funden ist, denn dass dem
nicht wohl gehet noch gutes Todes stirbt, der Vater und Mutter un-
ehret. Darum kann nicht dies vierte Gebot also ewig sein, das ist,
nach der Juden Blindheit dermassen auf uns Heiden gelegt werden,
dass wir das Land Canaan sollten haben und wohl drinnen leben, so sie
selbst nun bei fünfzehnhundert Jahren ausser demselben Land in allem
Unglück leben müssen, als die ihre Väter und Propheten verachtet, geschändet und verfolgt, auch noch nicht aufhören zu verfolgen; darum
auch die Strafe nicht aufhöret. Denn sie wollen den Messiam nicht
haben, den ihre Väter und Propheten verkündigt und geweissagt und
anzunehmen befohlen und geboten haben, und bleiben ihren Vätern
ungehorsame Kinder. Eben solches möchte ich vom *neunten und zehn-
ten Gebot* hie anzeigen, darinnen eines andern Weib und Haus zu begehren verboten. Denn bei den Juden der Scheidebrief ein Recht sein
musste, das bei uns Heiden nicht sein kann, vielweniger die Tücke und
Ränke, einem sein Weib und Haus abzuspannen, welches bei den Juden
ein grosser Muthwille gewest ist, wie der Prophet Malachias klagt,
u. s. w. Mal. 2, 14." (Brief wider die Sabbather, a. 1538. Opp. Hal.
XX, 2303. 2307. sqq.)

IDEM: ,,Möchtest du hie sprechen: Du wirst ja nicht sagen, dass
das erste Gebot aufgehaben sei; man muss ja einen Gott haben? Item,
man muss ja nicht ehebrechen, morden, stehlen? u. s. w. Antwort:
Ich habe von Mose Gesetz geredet als Mose Gesetz. Denn einen Gott
haben, ist nicht Mose Gesetz allein, sondern auch ein *natürlich* Gesetz,
wie St. Paulus Röm. 1, 20. spricht: ,Dass die Heiden wissen von der
Gottheit, dass ein Gott sei. . . Also ist auch das nicht allein Mosis Gesetz: ,Du sollst nicht morden, ehebrechen, stehlen' u. s. w., sondern
auch das natürliche Gesetz, in jedermanns Herze geschrieben, wie
St. Paulus Röm. 2, 1. lehrt. Auch Christus Matth. 7, 12. selbst fasst
alle Propheten und Gesetze in dies natürliche Gesetz: ,Was ihr wollet,
dass euch die Leute thun sollen, das thut ihr auch ihnen; denn das ist
das Gesetz und die Propheten.' Also thut auch St. Paulus Röm. 13, 9.,
da er alle Gebote Mosis in die Liebe fasst, welche auch natürlich das
Naturgesetz lehrt: ,Liebe deinen Nächsten als dich selbst.' Sonst, wo
es nicht natürlich im Herzen geschrieben stünde, müsste man lang Gesetz lehren und predigen, ehe sichs das Gewissen annähme; es muss es
auch bei sich selbst also finden und fühlen, es würde sonst niemand
kein Gewissen machen. *Wiewohl der Teufel die Herzen so verblendet
und besitzt, dass sie solche Gesetze nicht allezeit fühlen.* Darum muss
man sie schreiben und predigen, bis Gott mitwirke und sie erleuchte,
dass sie es im Herzen fühlen, wie es im Worte lautet. Wo nun Mosis
Gesetz und Naturgesetz ein Ding sind, da bleibt das Gesetz und wird
nicht aufgehaben äusserlich, ohne durch den Glauben geistlich; welches ist nichts anders, denn das Gesetz erfüllen, Röm. 3, 28. Davon
jetzt nicht zu reden und anderswo genug geredet ist. Darum ist Bilderei und Sabbath und alles, was Moses mehr und über das natürliche
Gesetz hat gesetzet, weil es natürlich Gesetz nicht hat, frei, ledig und
abe, und ist allein dem jüdischen Volk insonderheit gegeben. Nicht

anders, als wenn ein Kaiser oder König in seinem Lande sonderliche
Gesetze und Ordnung macht, wie der Sachsenspiegel in Sachsen, und
doch gleichwohl die gemeinen natürlichen Gesetze durch alle Lande
gehen und bleiben, als Eltern ehren, nicht morden, nicht ehebrechen,
Gott dienen u. s. w. Darum lasse man Mose der Juden Sachsenspiegel
sein, und uns Heiden unverworren damit. Gleichwie Frankreich den
Sachsenspiegel nicht achtet, und doch in dem natürlichen Gesetze wohl
mit ihm stimmt u. s. w. *Warum lehrt und hält man denn die zehn Ge-*
bote? Antwort: Darum, dass die natürlichen Gesetze nirgend so fein
und ordentlich sind verfasset, als im Mose. Drum nimmt man billig das
Exempel von Mose." (Wider die Himmlischen Propheten. 1524. Opp.
Hal. XX, 209—211.)

IDEM: „Wiewohl *Bilderei* ein äusserlich geringe Ding ist; wenn
man aber doch die Gewissen dadurch, als durch Gottes Gesetz, will
mit Sünden beladen, so wirds das allerhöchste. Denn es verderbet
den Glauben, schändet Christus Blut, verdammt das Evangelium, und
macht alles zunicht, das uns Christus erworben hat. Dass also dieser
Carlstadtischer Greuel nichts geringer ist, Christus Reich und gut Gewissen zu verstören, denn das Pabstthum gewesen ist mit seinem
Speise- und Eheverbieten, und was mehr sonst ohne Sünde und frei
war. Denn Essen und Trinken ist auch ein gering äusserlich Ding;
doch mordet es die Seele, wenn man mit Gesetzen die Gewissen drinnen verstricket. . . Das sage ich abermal, die Gewissen frei zu halten
für Frevelgesetzen und erdichteten Sünden, und nicht darum, dass ich
die *Bilder* vertheidigen wolle, oder die urtheilen, so sie zerbrechen,
sonderlich die, die Gottes und anbetische Bilder brechen. Denn die
Gedenkbilder oder Zeugenbilder, wie die Crucifixe und Heiligen-Bilder
sind, ist droben auch aus Mose bewähret, dass sie wohl zu dulden sind,
auch im Gesetze; und nicht allein zu dulden, sondern, weil das Gedächtniss und Zeugen dran währet, auch löblich und ehrlich sind, wie
der Malstein Josua 24, 27. und Samuel 1 Sam. 7, 12. . . Wohlan, wir
wollen an den rechten Grund, und sagen, dass uns diese Sündenlehrer
und Mosische Propheten sollen unverworren lassen mit Mose; wir wollen Mosen weder sehen noch hören. Wie gefället euch das, lieben
Rottengeister? Und sagen weiter, dass alle solche Mosische Lehrer
das Evangelium verleugnen, Christum vertreiben und das ganze Neue
Testament aufheben. Ich rede jetzt als ein Christ und für die Christen.
Denn Mose ist allein dem Jüdischen Volk gegeben, und gehet uns Heiden
und Christen nichts an. Wir haben unser Evangelium und das Neue
Testament: werden sie aus demselben beweisen, dass Bilder abzuthun
sind, wollen wir ihnen gerne folgen. Wollen sie aber durch Mosen
aus uns Juden machen, so wollen wirs nicht leiden. Wie dünkt euch?
Was will hie werden? Das will werden, dass man sehe, wie diese
Rottengeister nichts in der Schrift verstehen, weder Mosen noch Chri-
stum, und nichts drinnen suchen denn ihre eigenen Träume. Und wir legen hie den Grund aus St. Paulo 1 Tim. 1, 9.:
,Dem Gerechten' (wie denn ein Christ ist) ,ist kein Gesetz gegeben.'
Und Petrus Apost. 15, 10.: ,Was versucht ihr Gott, den Jüngern die
Last aufzulegen, welche weder wir noch unsere Väter haben mögen
tragen? Sondern wir glauben durch die Gnade des Herrn Jesu Christi
selig zu werden, gleicher Weise wie auch sie.' Mit diesem Spruche
(gleichwie Paulus mit dem seinen) hebt auf St. Petrus den ganzen Mosen mit allen seinen Gesetzen von den Christen. Ja, sprichst du, das
wäre wohl wahr von den Ceremonien und Judicialibus, das ist, was von
äusserlichem Gottesdienst und äusserlichem Regiment Moses lehret;
aber der Decalogus, das ist, die zehn Gebote, sind ja nicht aufgehaben,
darinnen auch von Ceremonien und Judicialibus stehet. Antworte
ich: Ich weiss fast wohl, dass dies ein gemeiner alter Unterschied geben ist, aber mit Unverstand; denn aus den zehn Geboten fliessen und
hangen alle andere Gebote und der ganze Moses. Denn darum, dass

er will Gott sein allein, und keine andern Götter haben u. s. w., hat er
so mancherlei und viel Ceremonien oder Gottesdienste gestellt, und
also das erste Gebot durch dieselbigen ausgeleget, und wie es zu halten
sei, gelehrt.   Item, darum dass er Eltern gehorsam, keinen Ehebruch,
Mord, Dieberei, falsch Zeugniss leiden will, hat er die Judicialia oder
vom äusserlichen Regiment geben, damit solche Gebote verstanden
und vollbracht werden.   *Darum ist das nicht wahr, dass keine Ceremonien in den zehn Geboten sind oder keine Judicialia; sie sind und hangen
alle drinnen und gehören hinein.*   Und dass das Gott anzeigte, hat er
selbst zwo Ceremonien mit ausgedruckten Worten hinein gesetzt, nämlich die *Bilder* und den *Sabbath*, und will beweisen, dass diese zwei
Stücke seien Ceremonien, auch auf ihre Weise aufgehaben im Neuen
Testament. . . Das ist wahr und kann niemand wehren: wer ein Gesetz
Mosis als Mosis Gesetz hält, oder zu halten nöthig macht, der muss
sie alle halten, als nöthig; wie St. Paulus Gal. 5, 3. schliesst und
spricht: ,Wer sich beschneiden lässt, der ist schuldig, das ganze Gesetz zu halten.'   Also auch, wer Bilder bricht, oder Sabbath feiert (das
ist, wer sie nöthig zu halten lehret), der muss sich auch beschneiden
lassen, und den ganzen Mosen halten; welches auch wahrlich (wo man
diesen Geistern Raum liesse) mit der Zeit sie gedrungen würden zu
thun, zu lehren und zu halten. . . Dass aber die Bilderei im ersten Gebot auch eine zeitliche Ceremonie sei, schliesset St. Paulus, und
spricht unter andern Worten 1 Cor. 8, 4. also: ,Wir wissen, dass ein
Götze nichts ist in der Welt.'   Gleichwie er von der Beschneidung
1 Cor. 7, 10. sagt: ,Die Beschneidung ist nichts', das ist, sie ist frei
und bindet keine Gewissen; wie er selbst am selben Ort durchaus von
der Freiheit redet.   Trotz aber sei beiden, St. Paulus und allen Engeln,
dass sie das nichts oder frei heissen, was Gott so streng gebeut, als die
Schwärmer vorgeben.   Denn Gottes Gebot soll man nicht achten für
unnütz oder für nichts, wie Mose im 5. Buch sagt, sondern es gilt das
Leben.   Er spricht sonderlich, ,in der Welt' sei der Götze nichts, 1 Cor.
8, 4., das ist, äusserlich.   Denn die Götzen vor Gott sind kein Scherz,
als da sind die Götzen im Herzen, falsche Gerechtigkeit, Ruhm von
Werken, Unglauben, und was mehr im Herzen an Christus und seines
Glaubens statt sitzet.   Als sollte er sagen: die Juden scheuen die
äusserlichen Götzen in der Welt, und sind im Herzen vor Gott voll
Götzen; wie er auch Röm. 2, 22. von ihnen sagt: ,Dir greuelt vor
Götzen, und nimmst Gott seine Ehre.'   Mit welchen Worten er das
erste Gebot fein auslegt, das da spricht: ,Vor mir sollst du keine andre Götter haben.'   2 Mos. 20, 2.   Als sollt er sagen: Götzen vor dir
oder vor der Welt sind nichts; aber vor mir, das ist, im Herzen, dass
du sie anbetest oder trauest auf sie, das soll nicht sein.   Weil nun
St. Paulus an die Corinther alle diese drei Stücke frei spricht, und für
nichts haben will, nämlich die Götzen, das Götzenhaus und Götzen-
speise, welche doch alle drei im ersten Gebot, und die draus folgen,
hoch verboten sind, ist freilich klar und gewaltig genug beweiset, dass
Bilderei im ersten Gebot eine zeitliche Ceremonie ist, im Neuen Testament aufgehaben.   Denn so ich mag mit gutem Gewissen Götzenopfer
essen und trinken, und im Götzenhaus sitzen und leben, wie St. Paulus
lehret 2 Cor. 8, 7. 8., so mag ich auch den Götzen dulden und sein lassen, als der nichts gilt noch hindert mein Gewissen und Glauben."
(Wider die Himmlischen Propheten, 1524.   Opp. Hal. XX, 201—207.)

b) Non solum ejus, quo Deus ipse, aut essentia divina, aut una
pluresve personae, velut *termino incomplexo* appellantur aut nominantur, verum etiam *verbi* a Deo profecti, *sive* scripto, *sive* praedicatione
vivae vocis exhibeatur.

c) *Seu* usum profanum, qui fit sine devotione, levem, temerarium,
pravae consuetudinis; *inprimis* prohibet execrationes, blasphemias,
incantationes, mendacia et fallacias in negotiis sacris etc.

d) In praedicatione, auditione, lectione, meditatione, confessione verbi.

e) Adorando et laudando Deum, intuitu perfectionum et operum ejus.

f) Qua beneficia petimus a divina potentia ac bonitate.

g) De beneficiis spiritualibus et corporalibus, quae nobis et aliis, quos amamus, exhibuit.

§ 9.

Tertium praeceptum *mandat* sanctificationem sabbathi[a] seu certae diei ad exercitium cultus divini,[b] praesertim publici,[c] consecrationem; *prohibet* autem ex adverso opera, quae a cultu divino temere abstrahunt[d] aut eum impediunt.

a) *Non* quidem *praecise* diei in ordine *septimae* in quavis septimana (hoc enim non ad morale, sed *ceremoniale* pertinet ideoque sub initium ecclesiae Nov. Test. post resurrectionem Christi libere mutatum est, ut *nunc* dies *prima* seu *dominica* celebretur), alicujus tamen *certi temporis* ac *diei*, cultui divino peculiariter destinandi.

AUGUST. CONFESSIO: „So zieht man auch das an, dass der Sabbath in Sonntag ist verwandelt worden wider die zehen Gebote, *dafür sie es achten*, und wird kein Exempel so hoch getrieben und angezogen, als die Verwandlung des Sabbaths, und wollen damit erhalten, dass die Gewalt der Kirche gross sei, dieweil sie mit den zehen Geboten dispensirt und etwas daran verändert hat. . . Was soll man denn halten vom *Sonntag und dergleichen andern Kirchenordnungen und Ceremonien?* Dazu geben die Unsern diese Antwort, dass die Bischöfe oder Pfarrherren mögen Ordnungen machen, damit es ordentlich in der Kirche zugehe, nicht damit Gottes Gnade zu erlangen, auch nicht, damit für die Sünden genug zu thun, oder die Gewissen damit zu verbinden, solches für nöthigen Gottesdienst zu halten, und es dafür zu achten, dass sie Sünde thäten, wenn sie ohne Aergerniss dieselben brechen. Also hat St. Paulus zu den Corinthern (1 Cor. 11, 5. 6.) verordnet, ‚dass die Weiber in der Versammlung ihr Haupt sollen decken‘; item, dass die Prediger in der Versammlung ‚nicht zugleich alle reden‘, sondern ordentlich, einer nach dem andern. Solche Ordnung gebührt der christlichen Versammlung *um der Liebe und Friedens willen* zu halten, und den Bischöfen und Pfarrherren in diesen Fällen gehorsam zu sein, und dieselben *sofern zu halten, dass einer den andern nicht ärgere;* damit in der Kirche keine Unordnung oder wüstes Wesen sei; *doch also, dass die Gewissen nicht beschweret werden*, dass mans für solche Dinge halte, die noth sein sollten zur Seligkeit, und es dafür achte, dass sie Sünde thäten, wenn sie dieselben ohne der andern Aergerniss brechen; wie denn niemand sagt, dass das Weib Sünde thue, die mit blossem Haupt ohne Aergerniss der Leute ausgeht. Also ist die Ordnung vom Sonntage, von der Osterfeier, von den Pfingsten und dergleichen Feier und Weise. *Denn die es dafür achten, dass die Ordnung vom Sonntag für den Sabbath als nöthig aufgerichtet sei, die irren sehr;* denn die heilige Schrift hat den Sabbath abgethan und lehret, dass alle Ceremonies des alten Gesetzes nach Eröffnung des Evangelions mögen nachgelassen werden; und dennoch, weil vonnöthen gewesen ist, einen gewissen

Tag zu verordnen, auf dass das Volk wüsste, wann es zusammen-
kommen sollte, *hat die christliche Kirche den Sonntag dazu verordnet*
und zu dieser Veränderung desto mehr Gefallens und Willens gehabt,
damit die Leute ein *Exempel hätten der christlichen Freiheit*, dass man
wüsste, dass weder die Haltung des Sabbaths *noch eines andern Tages*
vonnöthen sei. Es sind viele unrichtige Disputationen von der Verwandlung des Gesetzes, von den Ceremonien des Neuen Testaments,
von der Veränderung des Sabbaths, welche alle entsprungen sind aus
falscher und irriger Meinung, als müsste man in der Christenheit einen
solchen Gottesdienst haben, der dem levitischen oder jüdischen Gottesdienst gemäss wäre, und als sollte Christus den Aposteln und Bischöfen befohlen haben, neue Ceremonien zu erdenken, die zur Seligkeit
nöthig wären. Dieselben Irrthümer haben sich in die Christenheit ein-
geflochten, da man die Gerechtigkeit des Glaubens nicht lauter und
rein gelehrt und geprediget hat. *Etliche disputiren also vom Sonntage,
dass man ihn halten müsse, wiewohl nicht aus göttlichen Rechten* [**dennoch schier als viel als aus gœttlichen Rechten**]*); *stellen Form und
Mass, wie fern man am Feiertage arbeiten mag. Was sind aber solche
Disputationes anders, denn Fallstricke des Gewissens?* Denn wiewohl
sie sich unterstehen, menschliche Aufsätze zu lindern und epiciren, *so
kann man doch keine ἐπιείκειαν oder Linderung treffen, so lange die
Meinung stehet und bleibt, als sollten sie vonnöthen sein*. Nun muss dieselbige Meinung bleiben, wenn man nichts weiss von der Gerechtigkeit
des Glaubens und von der christlichen Freiheit." (Artic. 28. p. 65.
67. sq.) Cf. Apol. A. C. p. 212. § 38. 39. Catech. maj. p. 400—402.
§ 79—85.

LUTHERUS: „Das *dritte Gebot* vom Sabbath, darauf die Juden hoch
pochen, ist an ihm selbst ein gemein Gebot aller Welt, aber der
Schmuck, damit es Moses schmücket und seinem Volk zueignet, ist
niemands, denn allein den Juden insonderheit aufgelegt; gleichwie im
ersten Gebot niemand, denn allein die Juden sonderlich gläuben und
bekennen sollen, dass der gemeine Gott aller Welt sie aus Egypten geführet hat. Denn des dritten Gebots eigentliche Meinung ist, dass wir
des Tages Gottes Wort lehren und hören sollen, damit wir beide, den
Tag und uns selbst, heiligen. Wie denn auch allezeit hernach bis auf
diesen Tag bei den Juden am Sabbathtage Moses und die Propheten
gelesen und gepredigt sind. Wo man aber Gottes Wort predigt, da
gibt sichs selbst, dass man aus Noth muss zur selbigen Stunde oder
Zeit feiern und stille sein und ohne alle andre Geschäfte allein reden
und zuhören, was Gott sagt und uns lehret oder mit uns redet. Darum liegts auch gar und ganz an dem, dass man den Tag *heiligen* soll,
mehr, denn am *feiern*. Denn Gott spricht nicht: Du sollst den heiligen Tag feiern oder Sabbath machen; das findet sich wohl selber; sondern, du sollst den Feiertag oder Sabbath *heiligen*, dass ihm gar viel
mehr am Heiligen, denn am Feiern liegt. Und wo eins sollte oder
könnte nachbleiben, so wäre besser, dass Feiern, denn das Heiligen
nach bliebe, weil das Gebot allermeist aufs Heiligen dringt und den
Sabbath allergeist um sein selbst willen, sondern um des Heiligen
willen. Die Juden aber achten das Feiern höher, welches Gott und
Moses nicht thun, aus ihrem eignen Zusatz, denn das Heiligen. Dass
nun Moses den *siebenten* Tag nennt, und wie Gott die Welt in sechs
Tagen geschaffen hat, darum sie nichts arbeiten sollen, das ist der *zeitliche Schmuck*, damit Moses dies Gebot seinem Volk insonderheit zu
der Zeit anzeucht. Denn vorhin findet man solches nicht geschrieben,
weder von Abraham noch der alten Väter Zeiten, sondern ist ein zeit-
licher Zusatz und Schmuck allein auf dies Volk, so aus Egypten geführt ist, gestellt, der auch nicht ewig bleiben sollte, so wenig als das
ganze Gesetz Mosis. Aber das *Heiligen*, das ist, Gottes Wort lehren

---

*) Verba editionis principis.

und predigen, welches ist die rechte, lautere und blosse Meinung dieses Gebots, ist von Anfang gewest und bleibet für und für bei aller
Welt. Darum uns Heiden der siebente Tag nichts angeht, auch die
Juden selbst nicht länger angeht, denn bis auf Messiam; wiewohl die
Natur und Noth zwingt, dass, welches Tages oder Stunde Gottes Wort
gepredigt wird, dass man daselbst, wie gesagt, stille sein muss, feiern
oder Sabbath halten. Denn Gottes Wort kann nicht gehört noch gelehrt werden, wo man dieweil auf etwas anders gedenkt oder nicht
stille ist. Darum spricht auch Jesaias Cap. 66, 23., dass solcher siebenter Tag oder Schmuck Mosis, wie ichs nenne, solle aufhören zu
Messias Zeiten, wenn das rechte Heiligen und Gottes Wort reichlich
kommen wird: ‚Es wird sein‘, spricht er, ‚ein Sabbath am andern, ein
neuer Mond am andern‘, das ist, es wird eitel Sabbath und kein sonderlicher siebenter Tag ǀ oder sechs Tage dazwischen sein, denn das
Heiligen oder Gottes Wort wird täglich und reichlich gehen und alle
Tage zu Sabbathen werden.“ (Brief wider die Sabbather, a. 1538.‘
Opp. Hal. XX, 2305. sq.)

IDEM: „Wir wissen sehr wohl, wie man Ostern sollte nach Mosis
Gesetz halten, besser weder sie es wissen. Wir wollens aber und sollens nicht thun. Denn wir haben den Herrn über Mosen und über
alles, der spricht (Matth. 12, 8.): ‚Des Menschen Sohn ist Herr über
den Sabbath.‘ Wie viel mehr ist er Herr über Ostern und Pfingsten,
die im Gesetz Mosis geringer sind, weder der Sabbath, welcher in den
Tafeln Mosis, Ostern und Pfingsten ausser den Tafeln Mosis stehn?
Dazu haben wir St. Paulum, der verbeut stracks, dass man nicht solle
gebunden sein an die Feiertage, Feste und Jahrtage Mosis, Gal. 4, 10.
Col. 2, 16. Darum stehts und soll stehen in unsrer Macht und Freiheit,
dass wir Ostern halten, wenn wir wollen; und wenn wir auch den
Freitag zum Sonntag machten, und wiederum, dennoch soll es recht
sein, sofern es geschähe durch die Majestäten und die Christen (wie
gesagt) einträchtiglich. Denn Moses ist todt und begraben durch
Christum. Und Tage und Zeit sollen nicht Herrn sein über die Christen, sondern die Christen sind freie Herren, über Tage und Zeit zu
setzen, wie sie wollen, oder wie es ihnen eben ist. Denn Christus hat
alles frei gemacht, da er Mosen aufgehaben hat, ohne dass wirs wollen
lassen bleiben, wie es jetzt geht, weil da keine Gefahr. Irrthum, Sünde
noch Ketzerei ist und ohne Noth oder aus eigener einzelner Durst
nichts ändern wollen um der andern willen, die gleich mit uns an solchen Ostern hangen. Denn wir ohne Ostern und Pfingsten, ohne Sonntag und Freitag wissen selig zu werden und um der Ostern, Pfingsten,
Sonntag, Freitag willen nicht können verdammt werden, wie uns
St. Paulus lehret.“ (Von den Conciliis und Kirchen, a. 1539. Opp.
Hal. XVI, 2682. sq.) Cf. III, 1620—1623.

J. FECHTIUS: „*Lex positivo-moralis* a theologis antiquioribus merito ignoratur. . . ‚Jus morale tertii praecepti est, cultum Deo publicum praestare indefinite certo tempore. Nulla sufficiens ratio ex lege
divina elucet, quae indicet voluntatem Dei de uno praecise ex hebdo-
made dierum. Non in libertate nostra positum est extendere diem
sanctificationis ad vicesimum vel tricesimum, contra caritatem Dei et
proximi. Septimus dies, e permutatione septidui recurrens, non est
juris moralis positivi.‘ *Dorscheus.*“ — Addit *Rollius:* „Legibus moralibus et positivis quidam tertium genus positivo-moralium addiderunt.
Et *positivas* quidem vocarunt, quod a mera voluntate divina depen-
deant, non a naturali necessitate; *morales* vero, quia in perpetua omnium obligatione moralibus sint similes. Exempli loco allegarunt
gradus in Levitico prohibitos, itemque legem de sabbato, qualibet heb-
domade celebrando. Recte autem ab aliis oppositum est, legibus hisce
positivo-moralibus obstare perpetuum Scripturae silentium, quodque
non commemorentur ullibi aliae leges, quam quae vel ad morales sive
naturales, vel ad positivas pertinent. . . In eo conveniunt theologi om-

nes, quod in praecepto tertio habeatur morale et ceremoniale quid.
In definiendo autem utroque aliqua datur differentia. Plerorumque
tamen nostratium sententia est, morale esse, quod unus cujuslibet septimanae dies cultui publico destinandus sit; ceremoniale autem, quod
septimus a Judaeis, primus a christianis celebretur. Nonnulli solum
hoc morale esse agnoscunt, quod *tempus aliquod* cultui publico destinandum sit; pro ceremonia vero habent unum ex septem diebus. Ita
Dorscheus in thesi allegatus, ante eum *Jo. Brentius*, et post eum
Sebast. Schmidius, cum aliis quibusdam putans, liberum fuisse christianis, vel sextum vel octavum vel decimum diem ad cultum publicum
eligere, atque ita vel intra circulum hebdomadarium manere, vel eundem egredi." (Controvers. Sylloge. p. 262. 263. 268. 269.)

ANTITHESIS.

QUENSTEDTIUS: „*Antithesis:* 1. *Eorum*, qui tantum non omne
ceremoniale Sabbatho abjudicant, statuentes, omnia, quae in hoc tertio
praecepto habentur, esse moralia, ac proinde, sabbathum non potuisse
abrogari, colligunt. Ita *Sabbatharii, Ebionitae* apud Nicephorum 1. 3.
Hist. eccles. c. 13., Eusebium l. 3. H. E. c. 21., Epiphanium Haeres. 30.
(Sic et nonnulli *veteres christiani*, praesertim in oriente, sabbathum et
diem Dominicum una sanctificarunt, teste Socrate H. E. l. 6. c. 8. Et
pseudo-apostol. Constitutiones l. 7. c. 24. mandant, ‚ut festa sint cujusque septimanae sabbathum et dies Dom.‘ Hinc *Gregorius Nyss.* Orat.
adv. eos, qui castigationes aeque ferunt: ‚Quibus‘, inquit, ‚oculis diem
Dom. intueris, qui despicatus es sabbathum? An nescis, hos duos dies,
Dominicum et sabbathum, germanos esse, et si in alterum injurius sis,
te in alterum quoque impingere?‘ ... *Anastasius* Nicaenus ita: ‚Sabbathum et dies Dominica sunt dies festi et sancti, neque licet in eis jejunare‘ etc. Alii tamen christiani particulam tantum sabbathi, praeparationis ad divinum cultum causa, segregabant, uti ex Eusebio l. 4. de
vita Constantini c. 18. colligere est, qui mos etiam hodie in nostris
ecclesiis viget.) ... 2. *Eorum*, qui nihil moralitatis hic agnoscunt, sed
totum hoc praeceptum tertium ceremoniale esse et a Christo in N. T.
antiquatum esse asserunt. Sic *Sociniani*, ut Catechism. Racov. q. 69.:
‚Quid de hoc praecepto censes? Resp.: Esse sublatum sub novo foedere,
quemadmodum alias ceremonias, ut vocantur, censeo‘; cf. ib. q. 70.
et 71. ... 3. *Anabaptistarum*, idem statuentium. ... Conspirant hic, ut
in multis aliis, cum Socinianis amice, unde et ‚anabaptista indoctus
Socinianus, Socinianus‘ autem ‚doctus anabaptista‘ dicitur." (L. c.
c. 1. s. 2. q. 4. f. 978.) *Quenstedtius:* „Apostoli ... primum septimanae
diem, *divina*, qua pollebant, *auctoritate* sanciverunt et instituerunt in
sabbathum christianorum ordinarium." (L. c. f. 977.) „Hinc alii in
moralitate hujus praecepti de sabbatho ita erudite procedunt, ut ipsis
1. *juris moralis naturalis* sit cultus quidam externus ac tempus aliquod
cultus divini et vacatio a laboribus sacra impedientibus. Naturaliter
enim est impressum homini, habere statos et destinatos dies cultui
divino. 2. *Juris moralis positivi* circumstantia *septimi diei indefinite
in quovis orbe hebdomadario* post exactos sex laboris dies, undecunque
orbem hebdomadarium incipias. Et 3. *juris mere ceremonialis* sit
septimus h. e. *ultimus septimanae judaicae dies* in se et sua natura
mutabilis, ex hypothesi vero stantis adhuc politiae judaicae immutabilis,
qui actu in N. T. variatus et immutatus est. *Ita b. Dannhauerus* in
Coll. decal. disp. 8. § 4. p. 546." (L. c.) *Ph. J. Spenerus:* „Sonderlich wollte ich nicht gerne, dass solche quaestio de sabbathi obligatione
zu vieler öffentlichen Disceptation käme; indem ich versichert bin, dass
es eine *grosse Spaltung* in unserer Kirche geben würde, und daher nicht
gerne wollte, dass insgemein bekannt würde, *wie sehr different in solchen Punkten die Unsrigen selber sind.* Vor etlichen Jahren war es an
dem, dass ein solch Feuer aufgebrochen wäre, und haben sich schon

solche motus gezeigt, davor mir gegrauet, und Gott gedanket, als die Sache wiederum stille worden." (A. 1675. Vid. Letzte theol. Bedenken, herausg. von C. H. v. Canstein. II, 41.) *Idem:* ,,Die Nothwendigkeit der Sonntagsfeier *auf den ganzen Tag* gegen einen Widersacher zu erweisen, wird schwerer, als man glauben möchte. Wie denn nicht allein vor ungefähr 30 Jahren diese Controverse de moralitate sabbathi eine Weile stark getrieben worden, aber durch Gottes Gnade sich bald wieder geleget hat; da ich bemerkte, dass damals auf den vornehmsten Universitäten die Theologen in dieser Materia unter sich uneins waren und in *einem* Collegio einer der einen, der andere der anderen Partei zufiel. So haben die beiden berühmten Theologen Hr. Dr. *Seb. Schmidt* von Strassburg und Hr. Dr. *Wagner,* Canzler von Tübingen, als von der Stadt Augsburg erbetene Commissarien in der Sache eines dasigen Diakonus, der zum Theil wegen seines Eifers wider die, so die Sonntags-Jahrmärkte besuchten, in Anspruch genommen worden, *wider* ihn gesprochen. So entsinne mich noch zwei alter noch jetzt lebender Theologen auf Universitäten, die der sententiae de moralitate sabbathi widersprechen; und fürchte ich, wo das Feuer solches Streites wieder aufs neue ausbrechen sollte, es würde die Gegenpartei sich viel stärker weisen." (A. 1703. L. c. I, 476.) *Idem:* ,,Cum numeros eorum, qui non eandem nobiscum praecepti tertii religionem agnoscunt, nos vincat, et quae *ex vetustioribus nostris theologis ante b. Gerhardum* sententiae ipsorum auctoritatem concilient, vidi semper plerorumque animos illa disputatione ad *horum* facilius partem, quam ad nos, pertractos. Unde illud mihi utilius visum est, si a potestate civili saltem hoc obtineamus, ut extantiora duntaxat scandala aboleantur." (A. 1689. Vid. Consil. et judic. th. latina. II, 26.)

b) Nempe *ob eam rem potissimum* apud christianos sabbatum servatur, *ut die sabbati, quando alias ei rei vacare non licet, otium et tempus sumatur cultui divino serviendi; ita ut conveniamus ad audiendum et tractandum Dei verbum, ac deinceps Deum hymnis, psalmis, canticis et precibus laudemus. Et haec quidem quotidie fieri debebant, sed quando multitudo praepedita negotiis interesse nequeat, ad minimum unus aliquis dies per hebdomadam huic rei servandae eligendus est. Porro autem cum a majoribus nostris ad hoc dies dominica ordinata sit, non est immutanda temere haec innoxia veterum consuetudo jam recepta, ut unanimis et consentiens ordo consistat, ne quis sua non necessaria innovatione conturbet omnia.* Verba sunt Lutheri in Catech. Maj. explic. praec. III. p. m. 424. conf. § *Quare,* et § *Et profecto* p. 425.

c) Juxta ea, quae modo diximus; non tamen excluso aut neglecto exercitio privato, quo singuli fungantur, *sanctis verbis, operibus et vitae vacantes,* ut dicitur l. c. § *Quare.*

d) *Neque* enim *tam arcte et superstitiose colendae sunt feriae, ut earum gratia labores, qui vitari et intermitti non possunt, interdicantur;* prout dicitur l. c. § *Hujus.* p. 425. Conf. § *Quare adversus hoc.* p. 427. Unde vulgo nostri non solum opera, quae *formaliter* sunt cultus divini, verum etiam sunt *caritatis, necessitatis,* et quae *ad sustentationem vitae* pertinent, *licita* esse docent, *prohiberi* autem opera non solum alias *ex se peccaminosa,* verum etiam opera *functionis civilis ordinariae,* quae *vel* corpus fatigant, *vel* animum curis distrahunt et ad sacra ineptum reddunt; denique etiam opera *recreationis intempestivae* aut *inordinatae,* quibus devotio cultus publici aut privati impeditur.

§ 10.

Quartum praecipit honorem et obsequia, parentibus, et qui eorum[a] loco sunt, praestanda;[b] *vetat* contemtum[c] et offensas[d] eorundem. *Simul* parentes et his similes obligat ad procuranda commoda[e] liberorum ac subditorum etc. et cavendum, ne noceant[f] illis, aut se ipsos faciant[g] contemtibiles.[h]

a) V. gr. tutores et curatores, domini dominaeque, magistratus, ecclesiarum ministri, praeceptores, seniores aetate etc. *Praecepta enim aut prohibita specie aliqua praecipua, etiam cognatae species, sive totum genus praecipitur aut prohibetur,* juxta regulam veterem.

b) Salvo tamen honore et obsequio, quod Deo inprimis debetur.

c) *Sive* per signa externa declaretur, *sive* animo comprimatur.

d) Per inobedientiam aut contumaciam.

e) Nimirum, ut se dignos gerant *charactere* divinitus concesso et sint velut *instrumentum* bonitatis divinae erga inferiores suae curae ac fidei commissos quoad spiritualem et temporalem eorum felicitatem.

f) *Negligendo,* aut injustis imperiis, solicitationibus, promissis, minis, exemplis etc. eos *corrumpendo,* quaeque inferioribus parari aut relinqui debebant, ad se *rapiendo, perdendo* etc.

g) Modo memoratis aut aliis modis, quibus bonam de se opinionem statusque sui congruam aestimationem ipsi impediant.

h) *Scopus* enim hujus praecepti est, servare ordinem superiorum et inferiorum, generis humani bono institutum, et utrique parti sua officia assignare.

§ 11.

Quintum prohibet homicidium, *seu* facto commissum, *seu* animo intentum,[a] cum quibuslibet laesionibus[b] aut desiderio[c] laesionis, vitae aut corporis proximi;[d] *jubet* autem ei auxilium ferre in necessitatibus,[e] et opera misericordiae, humanitatis, mansuetudinis[f] studiose exhibere. Unde et quae ad *nostrae*[g] vitae atque corporis curam spectant, huc pertinere cognoscitur.

a) Unde *bella* pariter temeraria atque injusta, et *duella* privatorum omnesque actus, in quibus intentio, saltem indirecta, vim faciendi proximo involvitur. Supplicia *autem* capitalia, quae magistratus maleficis infert, et bella necessaria hic non prohibentur, cum nec ex usu loquendi sint homicidia.

b) *Non,* quas caritas imperat ac prudentia dirigit ad majus bonum proximi, quales sunt, quae a chirurgis fiunt; sed quae nocent proximo, *sive* opere ipso, *aut* gestu, *aut* verbis fiant, *sive* tantum animo concipiantur.

c) *Sive* signis externis, gestuum, imprecationis, minarum, proditionis etc. manifestetur, *sive* animo clausum prematur atque irae, odii, ἐπιχαιρεκακίας aliisve nominibus veniat.

d) *Sive* amicus sit, *sive* inimicus.

e) Juxta ea, quae diximus in nota *c.* ad § 7.

f) Quibus humana vita et conversatio melior aut suavior reddatur.

g) Vide, quae diximus in nota *c.* ad § 6., unde constat, prohiberi h. l. αὐτοχειρίαν, commendari autem curam animae, vitae ac valetudinis propriae.

§ 12.

Sextum vetat adulterium et cognatas[a] impuritates omnes, operis,[b] oris[c] ac gestuum,[d] et ipsius cordis,[e] quaeque praeterea cum fide conjugali[f] pugnant; *exigit* autem castitatem intra et extra[g] conjugium colendam, una cum officiis[h] conjugalibus.

a) Confer notam *a.* ad § 10.

b) Quales sunt scortatio, concubinatus, incestus, sodomia etc.

c) Cantica, aut carmina, aut joci obscoeni.

d) Quo pertinet lascivia oculorum, denudatio partium corporis ob vitandas libidinis illecebras tegendarum, oscula impudica.

e) Cogitationes obscoenae, et oblectatio in illis.

f) Desertiones malitiosae, divortia temeraria, jurgia, rixae et simultates conjugum.

g) Datur enim non solum virginalis ac vidualis, sed et conjugalis castitas, quarum *illa* abstinentiam a copula carnali et cognatis voluptatibus plenam, *ista* abstinentiam subducto usu priore, *haec* moderatum et sanctum illarum usum importat.

h) *Seu* plane mutuis, *seu* marito atque uxori propriis; de quibus suo loco plura.

§ 13.

Septimum prohibet furtum atque omnem[a] opum alienarum ablationem et injustitiam,[b] qua plus, quam decet nobis, minus proximo tribuimus. *Praecipit* autem, ut demus, quae et quibus oportet, sua cuique relinquamus et conservemus. Qua ratione et quae ad nostrarum opum[c] honeste acquirendarum ac tuendarum curam[d] pertinent, observanda sunt.

a) Adeoque et rapinam, peculatum etc. Conf. not. *c.* ad § 6.

b) In contractibus emtionis et venditionis, mutui, locationis et conductionis etc. Et alias, quando vel onera nimia magistratus imponit, vel debita subditi denegant, aut segnius praestant; quando operarii, aut servi, infideles aut negligentes sunt; vel merces illis ab his, qui debent (quocunque nomine veniant) non recte solvitur; quando inventa non restituuntur dominis; quando artibus inhonestis, aut temere mendicando, victus quaeritur; quando indigentibus eleemosynae vel prorsus denegantur, vel parcius atque aegre dantur etc. Conf. not. *c.* ad § VII.

LUTHERUS: ,,Wo man Geld leihet, und dafür mehr oder Besseres fordert oder nimmt, das ist *Wucher*, in allen Rechten verdammt. Darum alle diejenigen, so fünfe, sechs, oder mehr aufs Hundert nehmen vom geliehenen Gelde, die sind Wucherer; darnach sie sich wissen zu richten, und heissen des Geizes oder Mammons abgöttische Diener, und mögen nicht selig werden, sie thun denn Busse. Also eben soll man von Korn, Gersten und ander mehr Waare auch sagen, dass, wo man mehr oder Besseres dafür fordert, das ist Wucher, gestohlen und geraubt Gut. Denn Leihen heisst das, wenn ich jemand mein Geld, Gut oder Geräthe thue, dass ers brauche, wie lange ihm noth ist, oder ich kann und will, und er mir dasselbe zu seiner Zeit wiedergebe, so gut als ichs habe ihm geliehen; wie ein Nachbar dem andern leihet Schüssel, Kannen, Bette, Kleider, also auch Geld oder Geldeswerth, dafür ich nichts nehmen soll. Wir reden diesmal nichts von Geben oder Schenken, auch nicht von Kaufen oder Verkaufen, noch vom wiederkäuflichen Zinse; sondern von dem Leihen, darin der Wucher fast alle seine Geschäfte jetzt treibet, sonderlich im Geldleihen. Darum ist das Stück fleissig dem Volk einzubilden, und ist keine grosse, hohe Klugheit, sondern ist ganz leicht zu verstehen, und ein sehr grober Text, nämlich, wer etwas leihet, und nimmt dafür etwas drüber, oder (das gleich so viel ist) etwas Besseres, das ist Wucher. Denn Leihen soll nichts mehr wiedernehmen, sondern eben dasselbe, das geliehen ist, wie die Propheten, Christus selbs, auch die weltlichen Rechte lehren. . . . Zum Vierten, spricht Junker Wucher also: Lieber, als jetzt die Läufte sind, so thue ich meinem Nächsten einen grossen Dienst dran, dass ich ihm leihe hundert auf fünfe, sechse, zehen, und er dankt mir solches Leihens, als einer sonderlichen Wohlthat; bittet mich wohl darum, erbeut sich auch selbs, willig und ungezwungen, mir fünf, sechs, zehn Gulden vom Hundert zu schenken; sollte ich das nicht ohne Wucher mit gutem Gewissen mögen nehmen? Wer will ein Geschenk für Wucher achten? Hie sage ich: Lass du rühmen, schmücken und putzen, wer da will, kehre dich gleichwohl nichts dran, bleibe fest bei dem Text: man soll auf Leihen nichts mehr oder Bessers nehmen. Wer aber mehr oder Bessers nimmt, das ist Wucher, und heisst nicht Dienst, sondern Schaden gethan seinem Nächsten, als mit Stehlen und Rauben geschieht. Es ist nicht alles Dienst und wohlgethan dem Nächsten, was man heisst Dienst und wohlgethan; denn eine Ehebrecherin und Ehebrecher thun einander grossen Dienst und Wohlgefallen; ein Reuter thut einem Mordbrenner grossen Reuterdienst, dass er ihm hilfet auf der Strasse rauben, Land und Leute befehden. . . . Es kann geschehen, oder geschieht auch wohl oft dieser Fall: dass ich, Hanns, leihe dir, Balthser, hundert Gulden, mit solcher Masse, dass ich sie muss auf Michaelis wieder haben zur Nothdurft, oder werde (wo du säumest) drob zu Schaden kommen. Michaelis kommt, du gibst mir die hundert Gulden nicht wieder, so nimmt mich der Richter bei dem Halse, oder setzt mich in Thurm oder Gehorsam, oder kommt dergleichen ander Unrath daraus über mich, bis ich be-

zahle: da sitze oder bleibe ich stecken, versäume meine Nahrung und
Besserung mit grossem Schaden; da bringest du mich zu mit deinem
Säumen, und lohnest mir so übel für meine Wohlthat. Was soll ich
hie thun? Mein Schade wacht, weil du säumest und schläfest, und
gehet täglich Unkost oder Schaden drauf, so lange du säumest und
schläfest. Wer soll nun denn hie den Schaden tragen oder büssen? Denn
der *Schadewacht* wird zuletzt ein unleidlicher Gast in meinem Hause
sein, bis ich zu Grund verderbe. Wohlan, hie ist weltlich und juristisch
von der Sache zu reden (die Theologiam müssen wir sparen bis hernach). So bist du, Balthser, mir schuldig hinnach zu geben über die
hundert Gulden alles, was der Schadewacht mit aller Unkost drauf
getrieben hat, denn es ist deine Schuld, dass du mich so gelassen hast,
und ist eben so viel, als hättest du mirs genommen frevelich. Darum
ists billig, auch der Vernunft und natürlichem Rechte nach, dass du
mir alles wieder erstattest, beide die Hauptsumma mit dem Schaden;
denn ich habe dir die hundert Gulden nicht geliehen, dass ich mich
selbs, oder du mich damit solltest verderben, sondern ich habe dir
wollen ohne meinen Schaden helfen. Dies alles ist so klar und helle,
dass, wenn alle Jura und Juristenbücher verloren würden, so müsste
es doch die Vernunft noch setzen, wie schwach sie wäre. Solchen
Schadewacht heissen der Juristen Bücher zu Latein *Interesse*, und
solch Leihen ist freilich kein Wucher, sondern ein rechter löblicher,
ehrlicher Dienst und gut Werk, dem Nächsten erzeigt. Und wo die
Person dazu ein Christ ist, so ists auch ein christlich Werk, welches
Gott nicht allein hie auf Erden, wie er den weltlichen thut, sondern
auch in jener Welt belohnen will, wie David sagt Ps. 112, 6.: In memoria aeterna erit justus etc. Denn eines christlichen guten Werkes
will Gott nimmermehr vergessen; die weltlichen guten Werke bezahlet
er hie auf Erden, darnach sind sie vergessen; so können auch Jura und
weltliche Herrschaft nicht mehr, denn solche weltliche, vergängliche
gute Werke lehren und erhalten. Ueber diesen Schadewacht kann
nun noch einer vorfallen, und ist der: wenn du, Balthser, mir nicht
wiedergibest auf Michaelis die hundert Gulden, und stehet mir vor ein
Kauf, dass ich könnte kaufen einen Garten, Acker, Haus, oder was für
ein Grund ist, daran ich grossen Nutzen oder Nahrung möchte haben,
für mich und meine Kinder, so muss ichs lassen fahren, und du thust
mir den Schaden und Hinderniss mit deinem Säumen und Schlafen,
dass ich nimmermehr kann zu solchem Kauf kommen. Hätte ich nun
meine hundert Gulden dir nicht geliehen, sondern daheim behalten,
so könnte ich mit der Hälfte den Richter bezahlen, mit der andern
Hälfte den Garten kaufen; nun ich dir sie geliehen habe, machst du
mir einen Zwilling aus dem Schadewacht, dass ich hie nicht bezahlen,
und dort nicht kaufen kann, und also zu beiden Theilen muss Schaden
leiden; das heisst man duplex interesse, damni emergentis et lucri
cessantis, so gut sie es haben können reden. Hie muss man nun den
Juristen lassen die mancherlei Disputation, ob einerlei hundert Gulden
versäumet, zugleich beide Schaden oder den Zwilling bringen. Denn
ist Hanns hundert Gulden schuldig, so ist allein der eine Schadewacht
da; ist er fünfzig schuldig, so mögen beide Schadewacht da sein; denn
es kann niemand zugleich mit einem hundert Gulden bezahlen, und zugleich den Garten für hundert Gulden kaufen. So ists auch ein anderes, ob der Garten feil gewest, oder käuflich mit einbedingt ist, da
Hanns die hundert Gulden von sich geliehen hat; denn was noch nicht
feil ist, wenn schon baar Geld da ist, kann niemand kaufen. Item dass
Hanns die hundert Gulden wohl hätte mögen verlieren durch Diebstahl,
Räuber, Feuer und dergleichen, damit er weder bezahlen noch kaufen
könnte; denn es ist Geld ein ungewiss, wankelbar Ding, darauf man
kein Gewisses kann handeln. Solche und derselben unzählige Um-
stände oder Zufälle gebührt den Juristen zu rechnen und zu bewegen,
damit der Schadewacht oder Interesse nicht ein Schalk und Wucherer

werde; und können weise Leute hier wohl fehlen. Aber wie kann man alles so rein machen in dem unreinen Recht, so die Welt in diesem elenden Leben muss brauchen? Ist genug, dass es grob, schlecht, einfältig Recht sei; subtil und scharf kanns nicht sein, oder kriegt solche Scharten, dass es auch nicht Butter schneiden kann, da es wohl sollte Blöcke und Klötze scheitern. Es ist ein ander Ding mit Christo und seinem Evangelio. Aber du, Prediger, hast hieran genug, damit du könnest unterscheiden, was Wucher ist; nämlich, hat Balthser die hundert Gulden auf Michaelis nicht wiedergegeben, und Hanns hat drüber müssen bezahlen, und Schaden gelitten, so soll ihm Balthser den Bezahlschaden wieder erstatten nach weltlichem Recht. Hat er dazu damit verhindert, dass Hanns den Garten nicht hat können kaufen: will Hanns strenge fahren, so muss Balthser auch was nachgeben; oder lass es (das ist besser) gute Freunde vertragen und schlichten; denn es ist schwer und fährlich, denselben Kaufschaden eben gleich zu schätzen und treffen, weil der Kauf zuvor nie gemacht, noch beschlossen, wie theuer der Garten erkauft wäre worden, und vielleicht ein andrer Garten dagegen ja so gut konnte noch vorfallen. In dem andern Schaden der Bezahlung kann man die Unkosten leichtlich rechnen; das Evangelium aber wird viel einfältiger hierin richten; wie hernach. Darein siehe aber und merke wohl, mein Pfarrherr, dass solch Leihen, da Schadewacht oder Interesse innen regirt, in den Händeln jetzt nicht geschieht, sondern ist alles eitel Wucherei mit ihnen. Denn nachdem sie gehöret, dass Hanns mit seinen verliehenen hundert Gulden hat Schaden gelitten, und billige Erstattung seines Schadens fordert, fahren sie plumps einhin, und schlahen auf ein jeglich hundert Gulden solche zween Schadewacht, nämlich, des Bezahlens Unkosten, und des versäumten Gartenkaufs; gerade als wären dem hundert Gulden natürlich solche zween Schadewacht angewachsen: wo hundert Gulden vorhanden sind, die thun sie aus, und rechnen drauf solche zween Schaden, und nehmen davon Erstattung solcher Schaden, die sie doch nicht erlitten haben. Denn, dass du hundert Gulden hast, darum bist du nicht schuldig, dass du auf Michaelis bezahlen müssest, und ist darum kein Garten feil, den du auf Michaelis kaufen könntest; noch rechnest du solche nichtige beide Schaden auf deine gewisse sichere hundert Gulden, und nimmst dafür fünf, sechs, zehen Gulden jährlich, gerade als wärest du der Hanns, der von Balthser versäumt und verhindert ist. Nein, hörest nun es, du bist nicht derselbe Hanns; denn es ist kein Balthser da, der einen solchen Hannsen mache; du erdichtest dir selbs, dass du ein solcher Hanns seiest, ohne alle Balthser; darum bist du ein Wucherer, der du selbs deinen erdichteten Schaden von deines Nächsten Geld büssest, den dir doch niemand gethan hat, und kannst ihn auch nicht beweisen noch berechnen. Solchen Schaden heissen die Juristen non verum, sed fantasticum Interesse, ein Schaden, den ein jeglicher ihm selber erträumet. Ja, sprichst du, es ist möglich, und könnte gleichwohl geschehen, dass meine hundert Gulden solche zween Schaden litten dermaleins. Da bist du recht. Lasst uns nun gleich gegen einander handeln: deine hundert Gulden könnten vielleicht dermaleins solche zween Schaden leiden, so könnte ich dermaleins wohl dir fünf, sechs Gulden geben; lass gleich sein, und die Gulden stille liegen; so lange deine hundert Gulden solche zween Schaden nicht leiden, so lange will ich dir nichts geben; so sind wir der Sache eins, und ist das Leihen recht. Es gilt nicht also Sagens: es *könnten* die Schaden geschehen, dass ich weder bezahlen noch kaufen könnte; sondern es heisst: es *sind* die Schaden geschehen, dass ich nicht habe können bezahlen noch kaufen. Sonst heissts: Ex contingente Necessarium, aus dem, das nicht ist, machen das, das sein müsse; aus dem, das ungewiss ist, eitel gewiss Ding machen; sollte solcher Wucher nicht die Welt auffressen in kurzen Jahren? Summa, es ist nun genug gesagt, dass Leihen soll nichts drüber nehmen, und soll ge-

schehen dem Dürftigen zu Dienst oder Nutz. Den Text halte fest, und
ist auch leicht zu verstehen, dass den Schaden bezahlen, nicht sei über
das Leihen mehr geben oder nehmen; denn es ist zufälliges Unglück,
das dem Leiher widerfähret ohne seinen Willen, dess er sich erholen
muss. Aber in den Händeln ists umgekehrt, und gar das Widerspiel;
da sucht und erdichtet man Schaden auf den benöthigten Nächsten,
will damit sich nähren und reich werden, faul und müssig, prassen und
prangen von andrer Leute Arbeit, Sorge, Fahr und Schaden; dass ich
sitze hinter dem Ofen, und lasse meine hundert Gulden für mich auf
dem Lande werben; und doch, weil es geliehen Geld ist, gewiss im
Beutel behalte, ohne alle Fahr und Sorge. Lieber, wer möchte das
nicht? Und was vom geliehenen Gelde gesagt ist, das soll auch vom
geliehenen Getreide, Wein und dergleichen Waare verstanden sein,
dass solche zween Schaden mögen darinnen vorfallen; aber dass dieselben Schaden nicht sollen der Waare natürlich angewachsen sein,
sondern zufälliglich widerfahren mögen, und darum nicht eher für
Schaden zu rechnen, sie seien denn geschehen und überweiset, wo sie
ohne das gefordert und genommen werden, dass man wisse, es sei
Wucher und Unrecht. . . . Sie sagen: die Welt könne nicht ohne
Wucher sein. Das ist gewisslich wahr. Denn so steif und stattlich
wird kein Regiment in der Welt werden, ist auch nicht gewest, das
allen Sünden könnte wehren. Und wenn ein Regiment könnte allen
Sünden wehren, so wird dennoch die Erbsünde, die Quelle aller Sünden, sammt dem Teufel (davon die Jura nichts wissen), müssen bleiben, welchen man muss immer aufs neue wehren, so viel es möglich
ist. Darum kann die Welt nicht ohne Wucher, ohne Geiz, ohne Hoch-
muth, ohne Hurerei, ohne Ehebruch, ohne Mord, ohne Stehlen, ohne
Gotteslästerung und allerlei Sünden sein; sonst wäre sie nicht Welt,
und müsste Welt ohne Welt, Teufel ohne Teufel sein. Aber ob sie
damit entschuldiget sind, das werden sie wohl erfahren. Der Herr
spricht Matth. 18, 7.: Es müssen Aergerniss kommen, aber wehe dem
Menschen, durch welchen Aergerniss kommt. Wucher muss sein, aber
wehe den Wucherern. . . . Aber wie? Wenn der Fall vorkäme, dass
etwa alte Leute, arme *Wittwen* oder *Waisen*, oder sonst dürftige Personen, die bis daher keine andere Nahrung gelernt, hätten im Handel
ein tausend Floren oder zwei; und sollten sie davon lassen, so hätten
sie sonst nichts, und müssten die Hand am Bettelstab wärmen, oder
Hungers sterben. Hie wollte ich wohl gern, dass die Juristen eine
Linderung des scharfen Rechtes setzten; und wäre zu bedenken, dass
alle obgenannten Fürsten und Herren, die dem Wucher gesteuert, als
Solon, Alexander, die Römer, nicht haben alles rein können oder wollen machen, Nehemia auch nicht alles wieder stattet (Nehem. 5, 15.).
Und hieher möchte der Spruch gehören, der droben gesagt ist: die
Welt könne nicht ohne Wucher sein; doch dass es nicht stracks ein
Wucher, auch nicht ein Recht, sondern ein *Nothwücherlein* wäre,
schier ein halbes Werk der Barmherzigkeit für die Dürftigen, die sonst
nichts hätten, und den Andern nicht sonderlich schadet. Würde sich
auch disputiren, ob nicht hie ein Interesse oder Schadewacht sein
könnte, weil sie verführet und versäumet, dass sie nichts anders dieweil gelernt haben, und unfreundlich wäre, sie zu Bettlern zu machen,
oder lassen Hungers sterben, weil niemand damit beholfen, und ohne
Verderben des Nächsten solches geschähe, als ex restitutione vaga. . . .
Den *käuflichen Zins* habe ich hier mit nichten gemeinet; denn was ein
rechter, redlicher *Kauf* ist, das ist kein Wucher. So weiss man, Gott
Lob, wohl, was ein käuflicher Zins ist nach den weltlichen Rechten,
nämlich, dass da soll sein ein Unterpfand, und nicht zu viel aufs Hundert verkauft werde, davon jetzt nicht zu reden ist. Ein Jeglicher sehe
für sich, dass ein rechter, redlicher Kauf sei." (Vermahnung an die
Pfarrherrn wider den Wucher zu predigen. A. 1540. Opp. Hal. **X,**
1025. sqq.)

IDEM: „Dass ihr anzeiget, es sei euch seltsam, dass ein anderer mit euerm Gelde sein Gut soll bessern, und ihr nichts davon haben, ist wohl ein übriges, unnöthiges gutes Werk, wie ich einem möchte geben 100 Fl., der es nicht bedürfte. Aber damit ist kein Wucher entschuldigt, warum habe ich es nicht behalten oder nöthiger gebraucht? Zum *Wiederkauf* gehöret: Primo hypotheka, ein Unterpfand, als Acker, Haus, Stadt, Land, auf welchem die Zins gekauft worden. Denn was nichts trägt, das kann nichts zinsen. Und wo das Unterpfand verdirbt oder im Krieg von Feinden, als Türken, verloren würde, da verlieren alle beide das Ihre, der Käufer und Verkäufer. Darum auf bloss schlecht Geld, als auf hundert (oder wie viel dess ist) Gulden, ohne Unterpfand ausgedrückt und genannt, fünf oder mehr, ja auch 1 Gulden, einen Heller nehmen, ist Wucher. Secundo, dass der Käufer (der die Zins kauft) schuldig bleibt, dem Verkäufer (der die Summa des Geldes auf sein Gut nimmt) wiederum die Ablösung der Zinsen mit gleicher Summe zu gestatten, wenn er kann oder will. Darum wann der Käufer ihm vorbehält, die Summa seines Geldes, damit er die Zins kauft, wieder zu fordern über eins, zwei, drei u. s. w. Jahre, welches die Juristen heissen repetitio sortis, das ist auch Wucher, ein recht Hurkind, denn es will zugleich ein geliehenes Geld (das man wieder fordern mag), und doch auch ein Kaufgeld sein (das ich nicht mag wieder fordern nach der empfangenen Waare). Wiewohl man hier will disputiren, wenn der Verkäufer von ihm selber die Wiederforderung begehrt oder bewilliget, als der es nicht länger will verkauft haben, welches seltsam ist, und darf wohl gut aufsehen, dass nicht ein Schein sei an Licht." (Brief an S. Weller. A. 1543. Luthers sämmtliche Werke, Frankf. a. M. u. Erlangen. P. LVI. p. LVIII. sq.) Cf. Grosser Sermon vom Wucher. A. 1519. Opp. Hal. X, 1010—1015.

CHEMNITIUS: „Multa et varia de *usura* disputata sunt. Quidam enim contenderunt, societatem politicam, quales nunc sunt res humanae, non posse consistere sine usuris; ideo, si constitutiones politicae in exigendis usuris serventur, posse id fieri sine laesione conscientiae. Alii vero nomine usurarum omnes legitimos contractus rescindunt et honesta lucra damnant. . . Constituendum est ex certis et perspicuis Scripturae testimoniis, usuram non esse rem per se et suo genere bonam, nec ita mediam, ut ex usu vel abusu judicetur, et moderatio quidem probetur, excessus vero tantum damnetur; sed esse actionem per se et suo genere malam, vitiosam et damnatam. Multi enim cogitant, sicut in reliquis legitimis contractibus tantum excessus, vitia et abusus damnantur: ita etiam moderatam usuram non esse peccatum, sed tantum excessum damnari. . . Nunc vero tantum illum praetextum removebimus, quasi Scriptura probet aliquam usuram. Et primo dicemus de loco Deut. 23, 19. 20. . . Deus in Veteri Testamento fuit et theologus et legislator. Alibi enim tradit, quomodo serviendum sit Deo in justitia et sanctitate coram ipso. Alibi vero pro externa societate vitae civilis in republica Israelitica certas quasdam politicas constitutiones praescribit isti populo. Hoc est, sicut vulgo loquimur, tractat de jure *fori* et de jure *poli*, ordinat forum politicum et forum conscientiae. In legibus istis politicis, quas Deus populo Israel dedit, non semper justitia et sanctitas conscientiae coram Deo praescribitur; sed sunt accommodatae ad conservationem externae et civilis societatis in illa politia, pro conditione ingeniorum et morum istius populi, cui Deus ipse tribuit epitheton durae cervicis. Quia igitur leges forenses Deus praescribebat politico magistratui, quae vitia, quibus civilibus poenis punienda forent, vidit fieri non posse, ut effrenata hominum malitia ex toto compesceretur poenis civilibus per leges politicas. Ut igitur in societate civili istius populi pejora vitarentur, minora quaedam mala, non quidem approbavit, sed forensi et politico fine toleranda permisit hactenus, quod per magistratum civilem non puniebantur. Ita Exod. 21, 21.: ,Qui servum suum percusserit, ut inde moriatur', non punitur civiliter tanquam homicida, sed non ideo in conscientia coram Deo excusatus erat. Sic libellus repudii et usurae erga extraneos in foro politico reip. Israel permissa sunt hactenus, quod a magistratu civili non puniebantur. Quia vero Judaei de forensibus illis permissionibus judicabant, sicut de praeceptis, quae informant conscientiam coram Deo, hoc modo: Deus in lege Mosis permittit. Ergo probat. Ergo non pugnat cum voluntate Dei. Ergo etiam in conscientia coram Deo valet. Deus igitur per ipsum Mosen et postea per prophetas crebra repetitione tradidit explicationem, promissiones illas intelligendas esse politice, non theologice, in foro civili, non in foro conscientiae, coram magistratu, non coram Deo, quasi ideo coram Deo non sit peccatum, quia a magistratu non punitur. Ex hoc fundamento recte potest sumi explicatio sententiae Deut. 23. Deus enim tanquam legislator in politia Israel, praescribens magistratui formam externae disciplinae custodiendae, quae flagitia, quibus civilibus poenis (quantum quidem per politica judicia fieri potest) coërcere debeant, quia judicium magistratus et judicium Dei non consistunt in aequalibus gradibus, quae sine majori societatis politicae detrimento coërceri non possunt, permittit, ut tolerentur; non tanquam quae bona sunt coram Deo in conscientia, sed fine et modo politico, ne civiliter puniantur. Ita civiliter permisit usuram erga extraneos, ne erga domesticos fidei exerceretur. Ne vero illa permissio traheretur in forum conscientiae coram Deo, saepe repetita inculcatione Deus generaliter et expresse atrocibus verbis usuram damnavit. Haec explicatio ostendit causas, quare in prophetis toties repetita sit reprehensio usurarum verbis atrocissimis. Hoc modo usura in Veteri Testamento permittitur, scilicet civiliter; damnatur autem theologice, in conscientia coram Deo. In Novo vero Testamento haec distinctio clarius et manifestius tradita est ab ipso Filio Dei. Quia enim duae potissimum extant permissiones in Veteri Testamento, quae ita, sicut dictum est, depravabantur a Pharisaeis, de *repudio* scil. et *usura:* Christus utrique permissioni opponit perpetuam regulam justitiae in Deo Matth. 5, 32. 42., item cap. 19, 8. et Luc. 6, 34. 35. . . Δευτερωταί ita interpretabantur: Quia Moses in legibus de mutuo et usura facit differentiam inter proximos seu fratres et extraneos, ideo voluntati Dei satisfieri, si amici tantum officio mutui subleventur; non autem esse peccatum, si alii usuris exhauriantur. Christus vero, qui missus erat, non ut esset politicus legislator, sed ut conscientiam coram Deo patefactione aeternae et immotae ipsius voluntatis informaret, inquit, in foro conscientiae discrimen illud inter proximum et extraneum, quod in politica societate suum locum habet, non valere, sed: ‚Da omni petenti', sive amicus sit, sive inimicus. Et de illa generali datione mutui, sive pauperibus, sive divitibus, sive amicis, sive inimicis fiat, inquit, ‚nihil inde sperantes'. Sicut igitur lex *repudii* etiam politice abrogata est, ita eadem etiam debet esse ratio constitutionis de *usuris*, sicut ex his, quae diximus, manifestum est. . . Observandum est, Scripturam taxare *usuram*, non sicut lex Dei multos naevos etiam in sanctis in hac vita arguit; sed consideretur in singulis testimoniis atrocitas verborum, quibus damnatur usura; Deut. 23, 19.: ‚Non foeneraberis fratri tuo ad usuram' etc., sed absque usura, quo indiget, ‚commodabis, ut benedicat tibi Deus in opere tuo in terra' etc. Ergo usurae puniuntur maledictione Dei in operibus et ejectione ex patria. Ita Prov. 28, 8. . . Dignum autem admiratione, cum in hac naturae corruptione avaritia varios praetextus excogitet, quod etiam ab ethnicis sanioribus et philosophis et legumlatoribus usura atrociter damnata est. Et hoc luculentissimum testimonium est, eam pugnare non tantum contra Scripturam, verum etiam contra ipsam legem naturae, quam Paulus dicit esse veritatem Dei, inscriptam cordibus hominum. Patres detestationem usurarum recte sumunt ex septimo praecepto. *Hieron.*: ‚Usuras quaerere, aut fraudare, aut rapere nihil interest, quia septimum praeceptum haec omnia prohibet.' *Am-*

brosius: ‚Si quis usuram accipit, furtum facit: vita ergo non vivet.‘
Augustinus ad Macedonium: ‚Uter crudelior est, an qui aliquid aufert
diviti, aut qui usura trucidat pauperem?‘ Sicut ergo furtum, rapina etc.
per se mala sunt nec possunt bene fieri, ita etiam usura. Et quando
quaeritur de moderata usura, eadem est quaestio, an adulterium moderatum sit bonum. Et sicut magistratus officium est, rapinas, adulteria,
homicidia etc. punire, ita etiam debet usuras coërcere. . . Ad *definitionem usurae* pertinet: I. Quod fit *in contractu mutui,* Exod. 22, 25.
Deut. 23, 20. Et de substantia mutui sunt haec quatuor: 1. Quando
res ita transfertur, ut fiat accipientis. Mutuum enim inde dictum volunt, quia de meo fiat tuum. 2. Debet esse officium gratuitum; alias
enim esset vel venditio vel locatio. 3. Datur potestas utendi mutuo
non in perpetuum, sed ad certum tempus; alias enim esset donatio.
4. Additur obligatio, ut restituatur, non quidem eadem res numero,
sed alia ejusdem vel generis, vel quantitatis et aestimationis. Psal.
37, 21.: ‚Peccator mutuo accipit, et non solvit‘ etc. Et quidem de jure
periculum sortis pertinet ad accipientem, ut si vel casu, vel furto, vel
incendio amittatur. II. Ad definitionem usurae pertinet, quod *ultra
restitutionem sortis aliquid, vel pacto, vel intentione interveniente, exigitur.* Inde enim vocatur מרבית et הרבית, sicut supra dictum est.
III. Quando ultra sortem aliquid exigitur *propter mutuo datae pecuniae
usum vel propter officium mutuationis.* Nam legitima compensatio ejus,
quod interest, quando debitor efficacem causam damni dedit, non est
usura. Item, quando debitor usu mutuae pecuniae vel damnum aliquod evasit, vel lucratus est aliquid, et intelligens, se *gratitudinis ergo*
obligatum esse ad antidora, aliquid creditori ultra sortem *donaverit,* si
absque pacto, exactione et intentione usuraria accipiat, non est usura. . .
Quando Christus dicit: ‚Nihil inde sperantes‘, taxat *pactum* et *intentionem,* quod alias non esset mutuo daturus, nisi speraret, aliquid ultra
sortem se recepturum. Accommodanda est definitio ad usum in explicatione quaestionum, quae de hoc negotio multae et variae proponuntur.
Et ex definitionibus quidem fundamenta dijudicationum recte petun-
tur; sed saepe accidit, quod explicatio quaestionum non ita expedita
et cuivis obvia est, ut ex nudis definitionibus a simplicioribus primo
statim intuitu extrui possit. Animadverti igitur et observavi in *Luthero*
methodum quandam, qua usi postea *Aepinus* et *Brentius* plane et perspicue explicarunt hanc doctrinam. Et judico, inde rectissime posse
peti et sumi veram et solidam explicationem omnium quaestionum
hujus generis. . . Scriptura distribuit genus humanum in *aliquot ordines,* et singulis attribuit certos contractus seu modos communicationum. *Primo* enim sunt *mendici,* qui nec pecuniam, nec res, nec operas
habent, quarum commutatione aliquid possint acquirere; ut Lazarus
Luc. 16, 20. Actor. 3, 2. Luc. 18, 35. Joh. 9, 8. etc. Jam emptio est
contractus, qui Deo probatur; si igitur dives Lazaro offerat rerum suarum communicationem per emptionem, vel: Si dederis aut feceris,
dabo juxta contractus innominatos; vel si mutuum offerat hoc modo:
Si stipulatus fueris, te sortem redditurum, dabo; haec certe non legitima communicatio, sed illusio esset. Et contractus illi Deo non pro-
bantur, sed est discrimen personarum. Non enim instituit Deus emptionem, ut cum mendicis exerceatur, sed talium inopiam vult sublevari
largitione *eleemosynarum.* 2. Sunt *quidam, qui nec res, nec pecuniam
habent, sed possunt operas praestare, laborare, negotiari;* sicut Lev.
25, 35. textus pulcherrime inquit: ‚Si depressus fuerit frater et manus
ejus nutaverit‘ etc. Manum, inquit, habet, sed depressam et nutantem
paupertate, ut non possit operas seu labores suae vocationis exercere.
Illum, inquit textus, debes apprehendere et sustentare prius, quam ad
extremam inopiam seu mendicitatem redigatur. Sed num *emptione* vel
permutatione illud debet fieri? Certe Scriptura dicit esse attenuatum
et nutantem. Num *eleemosynis?* Respondet Paulus 2 Thes. 3, 12.:
‚Qui potest laborare, debet proprium panem manducare.‘ Et 1 Thes.

4, 12.: ‚μηδενὸς χρείαν ἔχητε.‘ Huic igitur hominnm ordini Deus praescribit duas formas et modos: ut vel *opera ipsorum conducatur;* nam in
eodem Levit. 25, 39. praecipit de mercenariis et de servis, qui propter
egestatem se vendunt aliis; vel, si vocatio ipsorum elocationem ope-
rarum non commode patitur, ut officio *mutationis* subleventur. Et
illud officium Deus vult esse *gratuitum,* ne is, qui sublevari debet, opprimatur et exhauriatur. 3. Sunt, qui Dei benedictionem *habent et res
et facultates, quibus acquirere et tueri possunt vitae necessaria.* Quia
vero etiam divitibus Deus non ita omnia contulit, ut possint carere
contractibus, vult igitur etiam, illos consociatos esse reliquis hominibus legitimis illis communicationibus et commutationibus in societate
civili. Manifestum autem est, cum hoc ordine, si qua nostra vel re vel
opera indigent, non faciendam esse communicationem per eleemosynas.
Et quando Scriptura praecipit, ut egentes et attenuatos gratuita mutatione sublevemus, ostendit, non praescriptum esse hoc officium propter
illos, qui per se abundant. Huic igitur ordini propositi sunt reliqui
legitimi contractus, ut *emptio, locatio, permutatio* etc. Haec adeo sunt
manifesta, ut etiam ex lege naturae intelligantur. Voluit enim Deus,
inter omnes ordines hominum esse talem communicationem, ut sit con-
sociatio, sicut in capite de contractibus dictum est. . . Quidam nolunt
usurarii videri, et pauperibus petentibus non dant mutuo, sed *merces
quasdam propter moram solutionis carius justo vendunt.* Hi blandiuntur
sibi, quia non exercent usuram. Sed magis opprimunt et exhauriunt
proximum, quam usuris. Et Paulus dicit: ‚Vindex est Dominus de his
omnibus‘, 1 Thes. 4, 6. . . Si talis mutuo det diviti, qui usu alieni aeris
potest lucrum facere, et paciscatur aliquid ultra sortem, cum quidem
alter sine suo incommodo et detrimento possit reddere, et alter inde
sustentationem suam habeat, num bona conscientia id fieri possit, an
vero sit usura, quam Deus tam atrociter in Scriptura damnat? . . . Si
Scriptura in descriptione usurae talem constitueret differentiam, quando
in mutuo a paupere aliquid ultra sortem exigitur, esse peccatum,
quando vero a divite, esse legitimam et piam negotiationem, tunc
plana esset responsio. Jam vero in genere et simpliciter damnat usuram et omnem superabundantiam, quae in mutuo ultra sortem exigitur,
sine discrimine, a quocunque accipiatur, Psal. 15, v. ult. Ezech. 18, 8.
Luc. 6, 35. Quia igitur Deus juxta verbum patefactum judicat, certe
conscientia non potest certa esse, si absque manifesto verbo Dei ipsa
sibi talem differentiam fingat. Qualescunque enim excogitentur ratio-
cinationes, semper obstrepent generales illae sententiae: ‚Qui pecuniam suam non dedit ad usuram‘ etc. Quod vero in quibusdam testimoniis *pauperum* fit mentio, eadem ratione fit, sicut in quinto et septimo
praeceptis plerumque nominantur viduae, pupilli, pauperes, ne illis inferatur injuria. Sed inde non sequitur: ergo injuria, quae fit conjugatis, adultis, potentibus, divitibus etc., non est peccatum. Item
officium mutui praecipitur praecipue propter pauperes et egentes, ideo
eorum etiam fit mentio in testimoniis Scripturae. Praeterea *ad definitionem et substantiam mutui pertinet, ut sit officium gratuitum et quod recipiens obligatur, ut restituat tantum idem in genere seu quantitate.* Ergo
quando mutuans *paciscitur* aliquid ultra sortem, hoc fit contra naturam
contractus mutui; igitur non valet. Quodcunque autem nomen ei imponatur, quando jus repetendae sortis manet penes creditorem, est
verum mutuum. Et quicquid in mutuo ultra sortem exigitur, est
usura. Et Scriptura ideo generaliter prohibet usuram, quia in communicatione societatis politicae non vult omnia esse venalia, sed vult
quaedam officia esse gratuita, quae certe deformantur et depravantur,
quando vel tanquam venalia venduntur, vel tanquam mercenaria locan-
tur. Et si Scriptura concederet, in mutuo erga divites usuram exercere, cito et facile gratuitum officium mutui aboleretur. Ne igitur
liberalitas deficiat, frequenter Scriptura simpliciter et in genere damnat
usuram. Num igitur evangelium jubet, ut in tali casu, de quo nunc

quaerimus, alter, qui non est attenuatus, mea pecunia ita utatur, ut cum meo damno locupletetur? Hoc certe non jubet, sicut manifesta est sententia 2 Cor. 8, 13. Duo igitur jam constituta sunt: 1. Quod in hoc casu hominibus tertii ordinis non debetur gratuita communicatio cum damno alterius. 2. Quod propter officium mutuationis supra sortem lucrum exigere, nec a pauperibus, nec a divitibus licet. Usura enim generaliter damnata est, ut in nullo casu bona conscientia exerceri possit. Quid igitur faciet is, qui ad sustinenda reipublicae onera et tolerandos sumptus oeconomicos usu suae pecuniae non potest carere? Responsio manifesta est ex fundamentis supra monstratis. Sunt enim multi alii legitimi contractus, qui in Scriptura approbantur, illis igitur utatur. Sed inquit: Non possum exercere negotiationes emptionis, locationis, permutationis etc. Respondeo: Qui legitimos illos contractus fugit hoc nomine, quia labores et pericula non vult subire, sed quaerit aliam rationem faciliorem, quae minori cum labore et nullo cum periculo conjuncta sit, is peccat contra doctrinam de communicatione rerum in societate civili. Regula enim est, ut in politicis illis officiis exerceatur caritas, at huic certe non convenit, ut alii tantum labores subeant et pericula sustineant, tu vero ociosus et indemnis aliorum laboribus et periculis sagineris. Sed si sit valetudinis, vel aetatis, vel conditionis (ut in viduis, vel qui privatis sumptibus rempublicam gerunt), vel imperitiae, vel alia honesta ratio, approbati sunt legibus etiam alii quidam *contractus*, ut qui habent pecuniam et non possunt ipsi negotiari, possint honesto et legitimo usu pecuniae acquirere, unde se sustentent, scilicet, contractus *redemptionis* et *societatis.*" (Loc. Theol. II. fol. 158—166.)

c) Vid. nota *c.* ad § VI.

d) Excluso otio ac prodigalitate.

§ 14.

Octavum prohibet falsum testimonium atque omne[a] mendacium, quod adversus proximum, in judicio[b] aut extra illud,[c] ferri solet, omnemque infamationem[d] iniquam; *praecipit* autem, ut famae ejus consulamus,[e] quoad possumus. Prout et *nostrae*[f] famae cura sic una nobis commendatur.

a) Juxta notam *a.* ad § 10.

b) Qua ratione non solum *testis* falsus, sed et *actor* injuste accusans; *reus* contra conscientiam negans; *advocatus* malam causam defendens, vel bonam artibus malis propugnans; *judex*, non satis cognita causa, aut secundum affectus, sententiam injustam ferens etc., peccant.

c) Quando *vel* finguntur, *vel* ficta ab aliis, aut incerta, cupide audiuntur et latius sparguntur, quae detrimentum famae alterius afferunt, *vel* cum ex adverso laudantur aut commendantur indigni.

d) Convicia, joci mordentes, carmina aut libelli famosi, etiamsi, quae de altero dicuntur, vera fuerint. Imo et judicia sinistra de altero contra leges caritatis.

e) Non solum libenter praedicantes, quae in laudem ejus cedant, verum etiam abstinentes ab iniquioribus suspicionibus; aequiorem in

partem interpretantes, quae dubia sunt; errores et infirmitates, quoad
licet, tegentes aut excusantes, atque emendationem ejus sperantes
eamque procurantes fraterne illum corripiendo, aut, ut ab aliis corri-
piatur, efficiendo.

f) Nam ut alias, ita et hic, *se quisque diligere* jubetur, et sic proximum; juxta not. *c* ad § VI.

§ 15.

Nono et *decimo* praeceptis[a] *concupiscentia* inordinata
domus, uxoris, servorum, jumentorum aliorumque bonorum proximi, non solum *actualis*, ad quam delectatio accedit, verum *omnis* omnino *prohibetur;*[b] ex adverso
autem[c] plena et constans desideriorum atque inclinatio-
num nostrarum circa ea, quae sunt proximi, rectitudo
et puritas *requiritur.*

a) Quae quidem *praecepta* recte nostrates *distinguunt*: prout in
Exodo vocabulum תַחְמוֹד bis positum extat, ut *verbo* prohibendi *repetito*
formaliter *duo praecepta* tradi intelligas; in *Deuteronomio* autem *cap.*
5, 21. semel adhibetur verbum תַחְמוֹד, semel etiam ejus loco substituitur vox תִתְאַוֶּה, scilicet quod non solum concupiscentia *actualis* cum delectatione conjuncta, sed peculiariter ipsa concupiscentia prava *in actu*
primo spectata cum suis *motibus primis* prohibeatur; *hi* quidem formaliter, expresse ac directe, *illa* vero virtualiter, implicite et indirecte.
Prout etiam certum est, inordinatos concupiscentiae actus aut motus,
qui in postremis praeceptis formaliter prohibentur, in prioribus praeceptis implicite esse prohibitos. Vid. b. *Mus.* Tract. contra *Steng.*
P. III. cap. VI. p. 593. 594.

b) Nempe certum est, declarari, quod sit contra legem, neque
adesse aut locum habere debere pravam illam concupiscentiam, quo
sensu *prohiberi* recte dicitur; quamvis, si connatum illud habituale
malum spectes, quod jam adest inevitabiliter, *accusari* potius ac *dam-*
nari, quam *prohiberi* videatur. Vid. b. *Musaei* Tr. contra *Stenger.*
P. III. cap. VI. p. 594. Conf. b. *Chemn.* L. de Lege cap. II. sub
initium, et Sect. de Praec. Nono et Dec., ubi frequenter monet, *accu-*
sari, argui, taxari concupiscentiam originalem, ut intelligamus, *prae-*
cipuum finem legis (post lapsum) *esse, ut agnitionem peccati patefaciat, et*
accuset nos, quod conformitatem illam cum lege non habeamus; quae sunt
verba p. 24.

c) Vid. iterum not. *a.* ad § 7.

§ 16.

Lex *ceremonialis* est, quae *sacrificia*[a] et *ritus* alios
sacros,[b] in populo Dei,[c] habito respectu ad Messiam[d] ven-

turum ejusque officium et beneficia, celebrandos, una
cum *personis*[e] et *rebus*[f] eo pertinentibus praescribit cum[g]
vi obligandi.

GERHARDUS: „Cum lex moralis tanto a reliquis secernatur discrimine, accurate observandum erit, quae mandata ad legem moralem
pertineant, quae vero sint tantum ceremonialia et forensia. Traduntur
autem duo potissimum κριτήρια, quibus deprehendi ac investigari
istud possit. *Prius est lumen naturae* in notitiis nobiscum natis adhuc
reliquum. Quaecunque enim conveniunt cum notitiis naturalibus, in
creatione mentibus hominum insitis et post lapsum κατὰ μέρος adhuc reliquis, ea pertinent ad legem moralem. Sic honor parentum a sanioribus ethnicis comprobatur et cum ipsa naturae lege congruit. Noti
sunt Euripidis versiculi:

> ὅστις δὲ τοὺς τεκόντας ἐν βίῳ σέβει,
> ὅδ' ἐστὶ καὶ ζῶν καὶ θανὼν θεοῖς φίλος.

Quisquis in vita sua parentes colit, hic et vivus et defunctus diis carus
est. Ergo praeceptum de honore parentum est morale. *Posterius*
κριτήριον *est lumen gratiae* in explicatione Mosis ac prophetarum,
praesertim vero Christi et apostolorum in N. T. propositum. Cum
enim notitiae naturales per peccatum valde obscuratae sint, ideo lumen
naturae ad dijudicationem hujus rei non satis clarum, sed accedat
oportet lumen gratiae in concionibus prophetarum et apostolorum nobis accensum; ideo additur haec regula: quae Moses et prophetae
ostendunt pertinere non tantum ad Israelitas, sed ad omnes gentes, ea
sunt legis *moralis* praecepta. Sic leges de reverentia sanguinis in conjugiis observandas ad legem moralem pertinere, colligitur ex eo, quod
Moses diserte addit Levit. 18, 24., propter transgressionem istarum
legum Cananaeos a Deo puniendos. Ita quoque quando prophetae ex
lege contra vitia inter gentes usitata concionantur, tum certum est,
mandata illa prohibentia pertinere ad decalogum. In N. T. clarior lux
hujus notitiae per Christum et apostolos tradita est; quaecunque enim
in N. T., quod ad omnes gentes pertinet, repetuntur et praecipiuntur,
illa ad legem moralem pertinent et omnes homines obligant. Ubi
tamen haec exceptio observanda est, quod abstinentiam a sanguine et
suffocato, itemque circumcisionis ritum in primo ecclesiae N. T. germine apostoli observarint ac observari jusserint Act. 15, 29. 16, 3.
21, 26., non quod, ad legem moralem et ad omnes omnino omnium temporum et locorum christianos ea pertinere, existimaverint, sed ut,
,synagoga judaica cum honore sepeliretur‘, neve intempestivo christianae libertatis usu infirmis scandalum praeberetur, hoc est, ne animi
Judaeorum ad Christum conversorum abalienarentur ac vinculum concordiae inter conversos ex Judaeis et gentibus disrumperetur. *Lyranus* in c. 15. Act.: ‚Suffocatum et sanguis erat quidem licitus cibus,
sed propter amicabilem societatem scriptum fuit gentilibus, ut absti-
nerent a talibus, sicut frequenter contingit, quod aliquis abstinet a
cibo, quem scit abominabilem socio suo.‘ Procedente autem tempore
cessante causa cessavit effectus, manifestata evangelicae doctrinae veritate.“ (Loc. de legibus ceremon. et forens. § 6.)

a) Seu oblationes certorum munerum Deo consecratorum ex
rebus *vel* inanimatis, *cum* solidis, v. g. pane, sale, thure etc., *tum* liqui-
dis, v. g. oleo, vino, *vel* animatis in honorem Dei mactandis seu im-
molandis; unde variae sacrificiorum species: *holocausta*, sacrificia *salutaria*, eaque *vel* votiva, *vel* voluntaria; denique *piacularia*, *vel* pro
peccato ignorantiae, *vel* pro noxa aut delicto graviore.

GERHARDUS: „De Abelis, Noahi ac reliquorum ante Mosen patriarcharum sacrificiis quidam dubitant, fueritne de illis offerendis *divinum quoddam mandatum* ipsis datum, cum tale κατὰ ῥητὸν in libro Geneseos non videatur expressum. Sed enim, quamvis Moses, tot saeculorum historias admiranda brevitate complexus, revelationis illius ac mandati de sacrificiis offerendis divinitus promulgati expressam mentionem non faciat: absit tamen, ut statuamus, sanctissimos illos patriarchas suo duntaxat arbitrio ac privata intentione sacrificandi ritum excogitasse. *Primo* enim historia ecclesiae omnium temporum testatur, ἐθελοθρησκείας Deo semper fuisse invisas ac adversas; ecquis ergo credat, in primo illo primae ecclesiae flore eas ipsi placuisse? Deut. 4, 2. cap. 12, 32.: ‚Quod praecipio tibi, hoc tantum facias, non addas quicquam, nec detrahas.‘ V. 8.: ‚Non facietis singuli, quod vobis rectum videtur.‘ Num. 15, 39.: ‚Non sequantur cogitationes suas et oculos, post quae soletis fornicari, sed magis memores praeceptorum Dei facient ea.‘ Es. 1, 12.: ‚Quis haec requisivit de manibus vestris?‘ Es. 29, 13. Matth. 15, 9.: ‚Frustra colunt me docentes mandata hominum‘ etc. Idipsum comprobant exempla μοχολατρείας Aaronicae, Theraphim Michae ac vitulorum Jeroboami. *Deinde* omnes sacrae historiae testatum faciunt, quod misericors Deus per superabundantem suam gratiam semper juxta verbum constituerit aliquod *externum et visibile gratiae suae signum*, ut homines, externo opere et signo admoniti, certius statuerent, Deum ipsis favere ac propitium esse. Ergo et patriarchae habuerunt tale signum divinitus constitutum, quod est argumentum b. *Luth.* in c. 4. Geneseos. *Tertio* quemcunque *Deus probat* cultum et respicit, ille ipse Deum auctorem habeat necesse est. Sacrificia patriarcharum Deus probavit et respexit. Ergo sacrificia patriarcharum Deum auctorem ac institutorem habent. *Major* probatur aphorismis illis apostolicis Rom. 14, 23.: ‚Quicquid non fit ex fide, peccatum est.‘ Hebr. 2, 6.: ‚Sine fide impossibile est Deo placere.‘ Jam vero fides et verbum tum mandati tum promissionis habent se correlate; proinde quicquid fit absque verbo, non potest fieri ex fide, et per consequens Deo placere nequit. *Minoris* veritas est indubitata. Gen. 4, 4.: ‚Respexit Deus ad Abel et sacrificium ejus.‘ . . Idem judicium esto de aliorum patriarcharum sacrificiis. *Quarto* ex eo, quod Gen. 7, 2. *Noahus jubetur* ex mundis animalibus septem, ex immundis vero bina tantum in arcam recipere, rectissime colligunt *Ambros.* lib. de Noah et arca c. 22., *Chrysost.* hom. 24. in Gen. et *Theodor.*, voluntatem Dei de sacrificandi ritu ex hoc mandato ipsi innotuisse. Τὰς μὲν τρεῖς συζυγίας φυλαχθῆναι προςέταξε εἰς τὴν αἴξησιν τοῦ γένους, τότε ἐν περιττὸν εἰς θυσίαν. *Quinto* quaecunque sacrificia *ex fide* offeruntur, ea divinam institutionem habeant necesse est. Atqui patriarcharum sacrificia ex fide sunt oblata. Ergo habuerunt divinam institutionem. *Majoris* veritas patet, ‚quia fides est ex auditu, auditus autem per verbum Dei‘, Rom. 10, 17. Vera fides non potest nisi ex verbo oriri, in quo voluntatem suam Deus revelavit; ἐθελοθρησκεῖαι non possunt conscientias certas et tranquillas relinquere, quod Deo probentur, semper enim cogitat mens hominis: quis scit, an hoc placeat Deo? Proinde ut ex fide aliquid fiat, necesse est adesse ac praelucere nobis Dei verbum; deinde requiritur, ut in Christum quis credat, quod per et propter ipsum Deo placeat. *Minoris* veritas est ἐγγράφος. Hebr. 11, 4.: ‚Fide majoris pretii sacrificium Deo obtulit Abel, quam Cain, per quam testimonium consecutus est, quod esset justus, testimonium perhibente de ipsius donis Deo.‘ Idipsum patet ex eo, quod patriarcharum sacrificia Deo fuerint probata et accepta, cujus rei causam *Chrysost.* in cap. 8. Gen. recte refert ad fidem in promissum Messiam, cujus sacrificium ἱλαστικὸν, in ara crucis offerendum, V. T. sacrificia praefigurabant. *Denique* ratio humana nullam invenire vel excogitare potuit ἀναλογίαν inter Deum, qui est spiritus, et inter externum sacrificiorum ritum.

,Non bove mactato coelestia numina gaudent,
Sed quae praestanda est et sine teste fide‘,

ait poëta. Gentilium sacrificia quod attinet, ea non tam ipsimet in-
corporei Dei placandi causa excogitarunt, quam ex prava quadam κακο-
ζηλίᾳ ab Israelitico populo mutuati sunt." (L. c. § 14.)

ANTITHESES.

QUENSTEDTIUS: „*Antithesis:* 1. *Quorundam Judaeorum*, qui, ut
praefigurationem Messiae typicam in sacrificiis factam eo fortius eli-
dant, naturali ratione, suoque arbitrio homines primum ad sacrificia
Deo offerenda inductos fuisse, asserunt; ut R. Levi Ben Gerson, Maimonides, Abarbanel. 2. *Pontificiorum*, qui vel ab ipsa naturae lege vel
a mero naturae instinctu, vel saltem a propria offerentium devotione,
quam ratio dictaverit, sacrificandi ritum derivant, ut exinde moralem
et perpetuum sacrificii proprie dicti in omni semper religione requisiti
et in specie sui missatici usum exsculpant aut, ab ἐθελοθρησκείαις Nu-
men haud esse alienum, ostendant. Sic *Thomas* P. 3. Summae q. 60.
a. 5. ad tert. inquit: ‚Sicut in statu legis naturae homines nulla lege
exterius data, sed solo interiori instinctu movebantur ad Deum colendum, ita etiam ex interiori instinctu determinabatur eis, quibus rebus
sensibilibus ad Dei cultum uterentur.‘ *Gregorius de Valentia* hoc divini cultus genus ex recta naturae inclinatione proficisci, eaque com-
pulsos patriarchas, tum gentiles sacrificasse, contendit l. 1. de missae
sacrificio c. 4., cui ὁμόψηφος est *Bellarminus* l. 1. de missa c. 20. § 2.
Idem docet *Becanus* et al. 3. *Sim. Episcopii*, Arminianorum ducis, qui
Instit. th. l. 1. c. 8. p. 18.b. T. 1. Opp. ait: ‚Abel sola fide, nullo praecepto divino adductus‘ (σιδηρόξυλον fides extra verbum), ‚i. e., rationis
rectae solius instinctu Deum judicavit colendum esse rebus, quas haberet in peculio suo, optimis, i. e., sacrificiis de primogenitis pecudum
suarum et de earum adipe. Gen. 4, 4. Ebr. 11, 4.‘ 4. *H. Grotii*, qui,
non ullo Dei jussu, sed dictante ratione. . . Cainum et Abelem sacrificasse, judicat in notis ad 4, 3. Gen., cf. eundem ad Ex. 15, 27. et l. 5.
de V. R. Chr. c. 8." (L. c. c. l. s. 2. q. 8. f. 1004. sq.)

HOFMANNUS: „Nicht um einem göttlichen Befehle nachzukommen,
sondern aus eigenem Antriebe haben Kain und Abel einen Theil des
Ertrags ihrer Beschäftigung dargebracht. Sie erwiederten die Gabe
Gottes mit diesem verkörperten Gebete." (Der Schriftbeweis. Der
2. Hälfte erste Abth. p. 140.)

QUENSTEDTIUS: „*Finis* ac *usus* legis ceremonialis alius principalis, alius minus principalis est. *Principalis* est tum *beneficiorum Christi
significatio et adumbratio*, Col. 2, 16. Ebr. 8, 4. 5. 10, 1., tum eorundem mediantibus sacrificiis et sacramentis *applicatio*. . . *Minus principalis* est: 1. *commonefactio de peccato*, Ebr. 10, 3.; 2. εὐταξία in conventibus et actionibus ecclesiasticis; 3. ecclesiae judaicae ab omnibus
idololatricis gentilium coetibus *distinctio*, Deut. 4, 8. Eph. 2, 14.;
4. *exercitium obedientiae* erga Deum; 5. *ministerii sacri* conservatio."
(L. c. s. 1. th. 58—60. f. 953. sq.)

IDEM: „Sacrificia V. T. non tantum peccata ignorantiae et infirmitatis sive ignoranter et involuntarie commissa, sed et reliqua
omnia *vere* expiarunt, non tamen sua vi et virtute neque ex opere operato seu propter solum externum opus sacrificatorium sine poenitentia
et fide offerentium; sed 1. *typice*, quatenus erant typi et figurae Christi,
agni Dei, pro peccatis mundi immolandi et in plenitudine temporis im-
molati, 1 Cor. 5, 7. Joh. 1, 29.; 2. *instrumentaliter et organice*, quatenus
ex ordinatione Dei Jesum Christum, agnum Dei, hominibus peccatoribus proponebant, fructus cruentae illius obedientiae futurae illis offe-
rebant et confitentibus peccata sua et in futurum Messiam credentibus
applicabant." (L. c. s. 2. q. 9. f. 1007.) Cf. supra P. III. c. 2. s. 3.
§ 7. p. 108. sq.

DORSCHEUS: „Dicitur (Ebr. 9, 9.), dona et victimas V. T. non potuisse conscientias offerentium purificare et consummare, non, quod non usus sit Spiritus S. istis donis victimisque V. T. tanquam instrumentis quibusdam, quibus gratia justificans et sanctificans applicaretur. Fuerunt enim nihil aliud, quam visibilis quaedam concio et propositio eorum mysteriorum, quae in N. T. repraesentanda fuerunt. Itaque eatenus habebant vim illam, quam et verbum audibile, erantque potentia ad salutem, Rom. 1, 16. Etiamsi enim ratione actus pertinuerint ad legem, tamen ratione imaginis, sive imaginis in actu, sive, ut supra c. 8, 5. Paulus loquitur, ratione ὑποδείγματος ad evangelium respiciebant, ab eoque stricturas quasdam accipiebant justificas, sed propterea, quod in ipso hoc sacrificiorum et donariorum apparatu et corpore, ut sic dicam, non fuerit ista virtus, qua conscientiis sauciis succurri poterat.“ (In ep. Pauli ad Ebr. commentarius. 1717. 4. Ad Ebr. 9, 9.)

ANTITHESES.

Antithesis 1. *Socinianorum*, imprimis *Socini*, et 2. *Grotii*, socinizantis, vid. supra p. 109.

LUTHARDTIUS: „Durch das Gesetz wurde eine priesterliche Mittlerschaft und stetige Versöhnungsordnung gestiftet, welche den ganzen Cultus durchdringt, da der Mensch nie ohne vorangegangene Sühne Gott soll nahen dürfen. Diese Sühne und Versöhnung wird im *Opfer* nicht bloss abgebildet, sondern vielmehr mittelst desselben vollzogen — aber nur eben *für das theokratische, nicht für das innerlich persönliche Verhältniss zu Gott* (Hebr. 9, 9. 13. 14. 10, 3. 4. *Thomasius* III. 1, 45.).“ (Compend. der Dogm. Dritte Aufl. 1868. p. 171.)

b) Quo pertinent ipsa *sacramenta* V. T., quatenus ut ritus externi, lege divina sanciti, frequentari debebant. Conf. b. *Gerhard.* L. XVI. de Legg. Cer. et For. Sect. II. § 11. (De quorum requisitis et administrandi ratione infra peculiariter dicemus.) Praeterea *festivitates, inaugurationes, lotiones* et *purgationes* variae.

c) Cujus etiam notae discretivae ab aliis gentibus esse ista debebant.

d) Sic enim dicuntur *umbra futurorum* (non certe ex accidenti, sed ex ipsa intentione auctoris), *corpus autem* (veritas et complementum rerum per umbras legis praefiguratarum) dicitur *Christus*, aut in ipso Christo quaerendum, *Col. 2, 16.* Qua ratione etiam *Ebr. 10, 1.* dicitur, *legem umbram habere futurorum bonorum, non ipsam imaginem rerum*, aut res adumbratas seu repraesentatas. Et pulchre *Augustinus* L. VII. de Civ. Dei cap. XXXII.: *Sacra, sacerdotia, tabernaculum sive templum, altaria, sacrificia, ceremoniae, dies festi, et quicquid aliud ad eam servitutem pertinet, quae Deo debetur et Graece proprie latria dicitur, ea significata et praenunciata sunt, quae propter aeternam vitam fidelium in Christo et impleta credimus, et impleri cernimus, et implenda confidimus.* Conf. h. l. P. III. cap. II. § 7.

e) Nam et de summo sacerdote et sacerdotibus reliquis et ministris sacrorum de tribu Levi constitutiones divinae extant.

f) Non solum, quae in sacrificiis certo modo tractandae essent, verum etiam vasa ac utensilia sacra, vestes, loca, tempora divinitus definita.

g) Et sub comminatione irae ac poenae; quod commune est omni legi divinae.

§ 17.

Lex *forensis* ea dicitur, qua constitutiones[a] civiles, formam publicorum[b] judiciorum et externae disciplinae[c] in populo Judaico[d] conservandae praescribentes, continentur.

a) Per hoc enim distinguuntur a ceremonialibus, quod *hae* ad ecclesiam, *istae* ad politiam Judaicam proprie spectarent.

b) V. g. de magistratibus, de processu judiciorum, de contractibus, de divisione haereditatum, de poenis.

c) Quo praeter istas pertinent, quae societatem *oeconomicam* ordinant, quales sunt leges de conjugiis, de servis, de parentibus et liberis, imo et illae, quae de advenis, de militia agunt etc.

d) Ad cujus statum plane accommodatae fuerunt, non aeque ad formas cujusvis reipublicae.

GERHARDUS: „Improbandus *Carolostadii* error, quem anabaptistae Monasterienses postea sunt secuti, qui strenue pugnarunt, jus romanum ex christianis rebuspublicis exterminandum ac secundum leges Mosaicas in causis civilibus pronuntiandum esse; quibus acriter se opposuit D. *Lutherus.*“ (Loc. de legib. ceremon. et forens. § 40.)

§ 18.

Abrogatae[a] sunt leges *ceremoniales,*[b] exhibito[c] Messia, et *forenses,*[d] sublata politia[e] Judaica; *moralis* vero *non*[f] item.

a) Neque enim voluit Deus, eas perpetuo, sed *ad tempus,* durare et obligare; unde, elapso tempore statuto, cessabat vis obligandi. Atque hic est *tertius gradus libertatis christianae* ex his, quos vulgo constituunt, nimirum quod fideles in N. T. ad legum ceremonialium et forensium Mosaicarum observationem non amplius sunt obligati.

b) *Ebr. 9, 10.* dicitur, impositas illas fuisse μέχρι καιροῦ διορθώσεως, *usque ad tempus correctionis,* quo perfectiora umbraticis substituerentur. Conf. *Ebr. 7, 22. 8, 6.*

c) Vid. *Actor. 10, 11.* de sublato discrimine ciborum. Et *Gal. 2, 3. cap. 4, 10. cap. 5, 2. Col. 2, 16.* de sublatis legibus circumcisionis, festorum, et similibus. Destructo autem templo Hierosolymitano ac tabernaculo, ad quod alligata erant pleraque illa sacra, ipsum hunc cultum expirasse, tanto clarius agnoscitur.

d) Quae etiam olim conversos ex gentibus non obligarunt, quippe relictos patriis avitisque legibus.

e) Nam et Christus et apostoli recens conversis necessitatem observandi leges istas non imposuerunt, verum legibus eorum magistratuum, sub quibus erant, obnoxios reliquerunt; vid. exempla *centurionis Matth. 8, 13., Cornelii Act. 10, 1. sqq., Sergii proconsulis Actor.*

13, 12. Et Paulus Romanos legibus imperatoriis subjectos esse vult *Rom. 13, 1. sqq.* Ipse juxta leges Romanas judicari se postulat *Actor. 25, 10. 25.* Conf. *Petri 1. Epist. 2, 13. 14.* Eversa autem republica, leges simul tolli manifestum est. Quanquam possint leges forenses Judaicae non paucae, quae et quousque rebuspublicis aliis conveniunt, a magistratu christiano libere introduci atque, ut observentur, proponi.

f) Neque enim vel ecclesiam aut synagogam, vel politiam Judaicam praecise spectat, sed homines, ut creaturas rationales. *Quamvis* itaque lex moralis ad justificationem invalida et inutilis sit, corrupta natura humana, *Rom. 8, 3.*, *quamvis* etiam maledictiones ejus non tangant homines, satisfactione aliena per fidem nixos, *Rom. 8, 1.*, non *tamen* ideo lex ipsa abrogata est, quippe quae non desinit obligare omnes ad exactam et constantem obedientiam; etiamsi qui hanc non ita praestant, propterea non damnentur, sed etiam imperfecta illorum obedientia placeat Deo. Vid. b. *Gerhard.* L. de Legg. Cerem. et For. cap. IV. § 43., b. *Mus.* Tract. contra *Stenger.* P. II. cap. II. p. 204. et P. III. cap. VI. p. 618.

QUENSTEDTIUS: ,,Inter adjuncta referunt nonnulli legis *abrogationem*, quantum ad *vigorem exactionis.* Lex enim moralis non ὁλικῶς, ex toto, sed μερικῶς, ex parte, est abrogata et abolita; sc. 1. quoad *justificationem*, ad quam inefficax est et invalida. Non enim est lex, quae possit ζωοποιῆσαι, vivificare, Gal. 3, 2. 21.; quod tamen accidit impotentia, non legis propria, sed vitio carnis accersita. 2. Quoad *maledictionem;* Christus enim nos a maledictione legis redemit, factus pro nobis maledictum, Gal. 3, 13. 3. Quoad *rigorem exactionis;* quia enim Christus pro nobis legem perfecte implevit, Deus remittit credentibus aliquid de rigore legis, et defectus renatis adhaerentes propter Filium non imputat. 4. Quoad *servilem coactionem,* quae apparet in nonrenatis, qui non nisi cum taedio faciunt, quae legis sunt, metu poenae. Hinc Paulus dicit Gal. 5, 18.: ,Illos, qui spiritu ducuntur, non esse sub lege', sc. damnante et execrante (sub legis enim *norma* manent renati). Nam ,non esse sub lege' non significat omnimodam a lege immunitatem et licentiam quidvis faciendi, sed significat, liberatum esse a maledictione et coactione legis; quia vero spiritu ducuntur renati, jam delectantur lege secundum interiorem hominem et sponte faciunt, quae legis sunt.'' (L. c. s. 1. th. 35. f. 939. sq.) Cf. Sententiae Lutheri et Fechtii, quae sequuntur.

LUTHERUS: ,,Christianus proprie definitus est liber ab omnibus legibus, et nulli prorsus nec intus nec foris subjectus. Sed significanter dico: in quantum christianus (non in quantum masculus aut foemina), hoc est, in quantum habet conscientiam imbutam, ornatam et ditatam illa fide, illo magno et incomprehensibili thesauro, vel, ut Paulus ait, inenarrabili dono, quod non potest satis magnifieri et laudari, quia facit filios et heredes Dei.'' (Ad Gal. 2, 16. Vid. Commentar. cur. Irmischer. Erlangae 1843. T. I. 197.)

IDEM: ,,Nec Paulus hic (Gal. 2, 19.) loquitur de lege ceremoniali, quia sacrificavit in templo, circumcidit Timotheum, rasit caput in Cenchraeis; ista non fecisset, si fuisset mortuus legi ceremoniali; sed loquitur de tota lege. Itaque simpliciter tota lex, sive sit ceremonialis, sive decalogi, abrogata est christiano, quia ei mortuus est; non quod lex pereat; imo manet, vivit et regnat in impiis; sed pius est legi mortuus, sicut et peccato, diabolo, morti, inferno mortuus est, quae tamen manent, et mundus ac impii ea habebunt. Ideo cum sophista intelligit legem abrogari, eamque ceremonialem, tu intellige Paulum, et quemlibet christianum universae legi abrogari et mori, et tamen legem manere.'' (Ad Gal. 2, 19. L. c. p. 229.)

Idem: „Das Gesetz wird nicht also aufgehoben durch die *Gnade*, dass auch die *Wahrheit* sollte nachbleiben (Joh. 1, 17.), dass man nicht sollte Gott lieben u. s. w.; sondern durch ihn wird es uns geschenkt, dass wir dem Gesetz nicht genugthun, und doch thun sollten, im Reich der Vergebung oder der Gnade. Aber dazu wird uns auch gegeben der Heilige Geist, welcher in uns eine neue Flamme und Feuer anzündet, nämlich Liebe und Lust zu Gottes Geboten. Das soll in dem Gnadenreich anfahen, und immer fortgehen bis an den jüngsten Tag, da es nicht mehr wird Gnade noch Vergebung heissen, sondern eitel Wahrheit und ganz vollkommener Gehorsam.“ (Postill. eccl. Tom. Hal. XI, 2274.)

Idem: „Wo nun Mosis Gesetz und Naturgesetz *ein* Ding ist, da bleibet das Gesetz, und *wird nicht aufgehoben äusserlich, ohne durch den Glauben geistlich;* welches ist nichts anderes, denn das Gesetz erfüllen.“ (Wider die himmlischen Propheten. 1524. Tom. Hal. XX, 210.)

Idem: „Der Spruch Joh. 10, 35. bleibet gleichwohl wahr, dass ‚die Schrift nicht kann aufgelöset werden‘, und Matth. 5, 18., dass ‚ein Buchstab oder ein Tüttel vom Gesetz nicht wird umkommen, bis dass alles erfüllet werde.‘ Darum, *wenn ich also sage: das Gebot, das Gesetze mag ich brechen, das ist so viel gesagt, seinen unrechten Verstand mag ich brechen* (wie David gethan) *und den rechten halten.*“ (Urtheil von den geistlichen und Klostergelübden. A. 1522. Tom. Hal. XX, 2025.)

Idem: „Es wird also das Gesetz auf eine zweifache Art erfüllt, nämlich durch den Glauben und durch die Liebe. Durch den *Glauben* wirds erfüllt in diesem Leben, indem uns Gott die durch Christum erworbene Gerechtigkeit oder Erfüllung des Gesetzes aus Gnaden zurechnet. Durch die *Liebe* wirds in jenem Leben erfüllt werden, da wir als eine neue Creatur Gottes vollkommen sein werden. Obwohl man eigentlich nicht sagen kann, dass dorten das Gesetz erfüllt werde, weil alsdann kein Gesetz, sondern vielmehr dasjenige selbst, was das Gesetz in diesem Leben erfordert, sein wird.“ (Fünf Disputat. über Röm. 3, 28. A. 1535. Opp. Hal. XIX, 1770.)

Fechtius: „Lex moralis neque quoad justificationem, neque quo ad maledictionem, neque quoad rigorem exactionis, neque quoad coactionem abrogata est, sed in Vet. Novoque T. eadem semper manet.“ Addit *Rollius:* „Quidam inter *Calvinianos* superiori saeculo, nominatim David *Pareus* et Andr. *Rivetus,* docuerunt, legem moralem, prout per Mosen tradita est, abrogatam esse penes christianos. Postmodum et quidam inter *nostrates* abrogatam dixerunt legem non omnino, sed modis illis in thesi indicatis. Verior autem haud dubie sententia est plerorumque nostratium, nullo horum modorum abrogatam eam esse, non quoad *justificationem,* cum nec in V. T. lex justificaverit, nec quoad *maledictionem,* cum nec maledixerit fidelibus in V. T., nec denique quoad *coactionem,* cum ea et hodie obtineat respectu illorum, qui extra statum gratiae positi sunt.“ (Syll. controv. p. 263. 269. sq.)

§ 19.

Lex moralis *Mosaica,* seu decalogi, eadem est cum[a] lege *Christi;* illam enim quidem a pharisaicis corruptelis purgavit[b] et rectius declaravit Christus, *non* autem praecepta moralia plane *nova*[c] dedit fidelibus.

a) Utrinque enim perfecta obedientia et omnium facultatum atque actionum humanarum rectitudo exigitur; et non solum peccata graviora ac proaeretica, verum etiam ea, quae vocantur humanae infirmitatis, ipsumque peccatum originis utrinque prohibetur. Confer. b. *Mus.* Tract. contra *Stenger.* Part. II. cap. I. p. 160. etc. cap. II. p. 199. P. III. c. VI. p. 561. sqq. p. 598. sqq.

b) Vid. *Matth. 5, 20.* sqq., ubi phrases: *audivistis, quod dictum sit veteribus: Ego autem dico* etc., habito respectu ad *justitiam scribarum et Pharisaeorum,* cortici legis, sensu vero neglecto, adhaerentium ideoque correctione opus habentium, intelligendas esse facile cognoscitur, praesertim si attendamus ad illud, quod v. 17. praemisit Christus: *Non veni solvere legem* (vim obligandi ejus relaxare aut tollere), *sed* (mea perfecta obedientia) *implere.*

c) Quae enim Christus inculcavit praecepta, si non expresse, implicite tamen in decalogo continentur.

LUTHERUS: ,,Fragst du aber, aus was Ursach sie solche Räthe draus machen, oder womit sie es beweisen, so sprechen sie: Ei, wenn man also sollte lehren, das heisse nimis onerativum legis christianae, das ist, es wäre die Christenheit zu hoch beschwert, wie die von Paris öffentlich und unverschämt wider mich geschrieben haben. Ja, wahrlich eine schöne Ursache und grosse Beschwerung, dass ein Christ sollte seinem Nächsten freundlich sein und nicht lassen in Nöthen, wie ein jeglicher wollte, dass ihm geschehe. Und weil sie es zu schwer dünkt, muss es nicht geboten heissen, sondern in freier Willkür stehen, wer es gerne thun will; wer es aber nicht thun will oder kann, soll nicht damit beschwert sein. So soll man Christo ins Maul greifen, sein Wort meistern und daraus machen, was uns gefällt. Er wird aber sich nicht so täuschen lassen, noch sein Urtheil widerrufen, das er hier gestellt und gesagt hat: Wer nicht eine bessere Frömmigkeit habe, dem soll der Himmel zugeschlossen, und verdammt sein; und, wie hernach folgt, auch der des höllischen Feuers schuldig sein, wer zu seinem Bruder sagt, du Narr. Aus welchem wohl zu rechnen ist, ob es gerathen oder geboten sei.'' (Ausl. des 5. 6. u. 7. Cap. Matthäi. A. 1532. Opp. Hal. VII, 641.)

GERHARDUS: ,,Nec Christus nec apostoli praescripserunt in evangelio *nova consilia perfectionis.* ᾿Εκθεσις: 1. Si consilia definirent opera indifferentia, quae pro ratione circumstantiarum bona vel mala, ac permitterent ea cujusque arbitrio, non negaremus, dari quaedam consilia. 2. Si doctrina de externis exercitiis hoc modo traderetur, quod per se non sint cultus vel merita, multo minus supra praecepta seu perfectio quaedam, sed pro diversitate donorum suscipiantur, ut liberius et expeditius iis, quae ad veram pietatem pertinent, vacari possit, utcunque tolerari posset. Sed pontificii intra terminos illos non consistunt, sed pugnant pro perfectione et supererogatione meritorum in talibus operibus. Statuunt, illos, qui observant consilia evangelica, plura acquirere merita, quam quae sibi ipsis sint necessaria, ideo aliis ad peccatorum remissionem et vitae aeternae meritum ea applicari posse. 3. Per consilium apostolus 1 Cor. 7, 25. non intelligit tale consilium perfectionis, quod sit supra Dei praecepta et cujus observatione supererogationis opus praestetur ac meritum quoddam aliis erogandum colligatur, sed in casu dubio, quid sequendum et eligendum sit, praescribit. In Graeco enim habetur vox γνώμη, quae sententiam proprie significat.'' (Conf. cath. L. II. P. II. art. 7. c. 3. f. 894.)

CHEMNITIUS: ,,Consilia vocant evangelica, quia fingunt, V. T. tantum habuisse exercitium in mandatis Dei, Christum vero in N. T. supra illa praecepta addidisse quaedam alia perfectiora, meliora, sublimiora, praestantiora. Ne autem illa essent nimis onerativa, quia scriptum est Matth. 11. vers. ult.: ,Jugum meum suave, et onus meum leve est',

dicunt, esse consilia, quae non simpliciter sub poena peccati mortalis
obligant. Numerum igitur consiliorum sumunt praecipue ex concione
Christi in monte, propterea, quia Christus ibi sic loquitur: ‚Dictum
est antiquis; Ego vero dico vobis‘ etc. Lutherus in disputatione quadam recitat, numerari a sophistis 12 consilia evangelica: 1. Matth. 19,
21. 29. paupertatem voluntariam; 2. Luc. 9, 23. abnegationem sui seu
obedientiam monasticam; 3. Matth. 19, 12. castitatem; 4. non vindicare Matth. 5, 39.; 5. patientiam injuriae: ‚Si quis te percusserit‘ Luc.
6, 29. etc.; 6. eleemosynas Luc. 6, 30.: ‚Omni petenti a te tribue‘;
7. non jurare Matth. 5, 34.; 8. vitare occasionem peccandi Matth. 18, 9.:
‚Si oculus te scandalizat‘ etc.; 9. Matth. 6, 1.: ‚Ne justitiam vestram
faciatis coram hominibus‘ etc., id est, in bonis operibus intentionem
recte formare; 10. facere, quod doces Matth. 23, 3.: ‚Dicunt et non
faciunt‘; Matth. 7, 5.: ‚Ejice primum trabem‘ etc.; 11. non esse solicitum de victu Matth. 6, 31.; 12. ‚Si peccaverit frater tuus, vade, cor-
ripe eum‘ Matth. 18, 15. Alii aliter numerant, ut: signa rancoris ante
reconciliationem dimittere; non aspicere mulierem ad concupiscen-
dum; inimico extra casum necessitatis officia dilectionis exhibere;
orare in cubiculo; jejunare; non judicare. . . Ex his enim locis, praecipue Matth. 5. 6. 7. Luc. 6. Matth. 18. 19. 1 Cor. 7. sumunt catalogum consiliorum. *Tria* vero vocant *consilia substantialia* perfectionis:
de *paupertate, castitate* et *obedientia.* Postquam vero semel recepta
fuit opinio, consilia esse supra praecepta et vitam secundum consilia
esse statum perfectionis, visus est numerus ternarius et duodenarius
nimis angustos facere limites religionis monasticae. Ut igitur terminos
proferrent, ex omnibus Scripturae testimoniis fabricarunt consilia, ubicunque legerunt vocabulum ‚perfectionis‘. Item, ubicunque illas particulas invenerunt: ‚Si vis, qui vult, si vultis‘ etc., quia illae particulae
videntur non praecipere, sed in arbitrio nostro relinquere, quod ad
consilia pertinet. Ut autem gravamen religionis et meritum adhuc
magis augeretur, numero consiliorum addiderunt octo beatitudines
Matth. 5, 3. sqq.‘‘ (Loc. theol. II. f. 104.)

ANTITHESIS.

HOLLAZIUS: ,,*Antithesis* est *Anabaptistarum, Socinianorum* et *Arminianorum,* asserentium, Christum esse novum legislatorem, qui legem
moralem perfectiorem reddiderit, et novis praeceptis compleverit.
Quorum potiora argumenta sunt: 1. Christus et Moses, tanquam duo
legislatores, sibi opponuntur Hebr. 3, 5. 6. Resp.: Opponuntur sibi
ut dominus et servus, ut filius in domo Dei et famulus. . . 3. Christus
dedit novam legem, Jo. 13, 34. Ergo fuit novus legislator. Resp.:
Dist. inter legem simpliciter novam et secundum quid seu comparate
novam. Lex Christi nova dicitur non absolute et simpliciter, quia est
eadem lex cum lege Sinaitica, sed dicitur nova secundum quid et comparate, quia est a Christo renovata, a falsis interpretationibus pharisaeorum vindicata, et novo Christi exemplo confirmata. 4. Qui praecepta sua Mosaicis praeceptis opponit, ille est novus legislator: atqui
Christus etc. Matth. 5, 21. 22. Resp.: Christus praecepta sua opposuit
non legibus Mosaicis, sed corruptelis pharisaeorum, qui putabant, homicidium tantum fieri opere externo, non corde, non gestu, non ore. . .
6. Christus tria dedit praecepta moralia, quae non exstant in lege Mosaica: 1. seipsum abnegare, 2. crucem suam tollere sive tolerare, et
3. Christum imitari, Matth. 16, 24. Resp.: Abnegatio sui pertinet ad
praeceptum primum, quod agit de Deo diligendo ex toto corde et ex
tota anima. Nam seipsum abnegat, qui amorem sui postponit amori
Dei. Crucis tolerantia est patientia, commendata nobis in praecepto
primo, quia fluit ex timore Dei filiali. Imitatio Christi (exponente catech. Racov. c. 2. de praecept. Christi, quaest. 8.) consistit in fiducia
erga Deum, caritate perfecta, humilitate ac perseverantia in precibus,
adeoque tum ad primum, tum ad secundum decalogi praeceptum per-

tinet. Ceterum imitationem Dei et Christi non fuisse ignotam patribus et prophetis, discimus ex Lev. 11, 44.: ‚Ego sum Dominus, Deus
vester; sancti estote, quia ego sanctus sum.‘ Quod repetitur Matth.
5, 48. 1 Pet. 1, 15. Et ne quis opinetur, aliam esse Dei, patribus praescriptam, et aliam esse Christi, nobis praescriptam, imitationem,
audiat Paulum Eph. 5, 1. 2.: ‚Estote imitatores Dei, sicut liberi di-
lecti, et ambulate in dilectione, sicut etiam Christus dilexit nos.‘“
(Exam. P. III. s. 2. c. 1. q. 38. p. 1019. sq.) Vid. antithesis Pontificiorum supra p. 105. sq.

LUTHERUS: „Man hat viel Bücher und Lehre gegeben, der Menschen Leben zu unterrichten, dass derselben weder Zahl noch Ende ist,
und ist noch kein Aufhören, Bücher und Gesetze zu machen, wie wir
sehen in geistlichen und weltlichen Rechten und geistlichen Orden und
Ständen. Und wäre das alles noch zu leiden und eine sondere Gnade,
wo solche Gesetze und Lehre alle würden gezogen und gehandelt nach
dem Hauptgesetz, Regel und Mass der *Liebe*, wie die heilige Schrift
thut, welche auch viel und mancherlei Gesetze gibt, aber allesammt in
die Liebe zeucht und fasset, der Liebe auch dieselben alle unterwirft.
Also, dass sie alle müssen weichen und nimmer Gesetz sein, noch etwas
gelten, wo es die Liebe trifft. Dess lesen wir gar viel Exempel in der
Schrift und sonderlich zeucht Christus selbst Matth. 12, 3. 4. 5. an,
wie David mit seinen Gesellen die heiligen Schaubrote ass. Denn wiewohl daselbst ein Gesetz war, dass solche heilige Brote niemand sollte
essen, ohne allein die Priester, so war doch die Liebe hier eine freie
Kaiserin über dasselbe Gesetz und zwang es unter sich, dass es zu der
Zeit musste weichen und aufhören, da David Hunger leidet, und
musste ein solch Urtheil leiden: David leidet Hunger, dem soll man
helfen, wie die Liebe spricht: Thue deinem Nächsten Gutes, wo ers
bedarf. Darum lass ab, du Gesetz, und wehre ihm nicht, solch Gut zu
thun, sondern selbst thue ihm das Gute und diene ihm in der Noth und
fange mir ihn nicht mit deinem Verbieten. Item, also saget er auch
daselbst, dass man am Sabbath solle Gutes thun dem Nächsten, der es
bedarf, wie hoch auch das Gesetz verbeut, etwas zu thun am Sabbath;
sondern weil da Noth ist dem Nächsten zu helfen, soll die Liebe vor-
gehen und der Sabbath nichts gelten. Wo nun die Gesetze also wären
in die Liebe gezogen und würden alle nach der Liebe gemeistert, so
läge nichts daran, wie viel ihrer wären. Denn wer sie nicht möchte
alle hören oder lernen, der könnte doch etliche, eins oder zwei, hören
und lernen, in welchen er doch dieselbe Liebe lernete, die in allen gelehret wird. Und wenn er sie alle höret und lernet: könnte er die
Liebe nicht in allen erkennen, so möchte er doch dermaleins in einem
Gesetz sie erkennen. Diese Regel und Weise, die Gesetze zu meistern
und zu verstehen, gibt auch hier St. Paulus, da er spricht: ‚Seid niemand nichts schuldig, ohne dass ihr euch unter einander liebet.‘
Item: ‚Wer den andern liebet, hat das Gesetz erfüllet.‘ Item: ‚Alle
Gebote werden in dem Gebot verfasset: Liebe deinen Nächsten, als
dich selber.‘ Item: ‚Die Liebe thut dem Nächsten kein Böses.‘
Item: ‚Die Liebe ist des Gesetzes Erfüllung.‘ Alle Worte dieser
Epistel schliessen und sagen, dass die Liebe Meisterin sei über alle
Gesetze. Wiederum, wo man die Gesetze lehret und treibt ohne Liebe
und ausser der Liebe, da ist kein grösser Unglück, kein grösser Unrecht, kein elenderer Jammer auf Erden. Denn daselbst ist das Gesetz
nichts anders, denn eine Plage und Verderben. Da ist das Sprüchwort
wahr: ‚Summum jus, summa injustitia‘, das strengste Recht ist das
allerstrengste Unrecht. Und Salomon Pred. 7, 17.: ‚Noli nimium esse
justus‘, sei nicht allzu streng gerecht. Ja, da lässt man den Balken in
unserm Auge stecken und kennen ihn nicht und gehen damit um, dass
wir das Spänlein aus unsers Nächsten Auge reissen; da macht man
blöde, erschrockene und verzagte Gewissen ohne alle Noth und Ur-

sache, dazu mit grossem Schaden an Leib und Seele. Und geschieht allda grosse Mühe und Arbeit, und ist doch alles verloren. Dass wir das mit Exempeln beweisen. Wo in dem obgesagten Fall, da David hungrig war (1 Sam. 21, 6.), der Priester ihm nicht hätte wollen die heiligen Brote geben und wäre so blind gewesen, dass er auf dem Gesetz gestanden wäre und die Liebe nicht erkennet und ihm die Speise versagt hätte, was wäre daraus worden? So viel, als an ihm gelegen wäre, hätte David musst Hungers sterben und hätte der Priester da einen Mord begangen um des Gesetzes willen; da wäre denn gewisslich nichts anders, denn summum jus, summa injustitia, das schärfeste Recht, das schärfeste Unrecht. Ueber das, wenn du in solches tollen Priesters Herz siehest, so findest du den greulichen Greuel, dass er Sünde und Gewissen machet, da keine Sünde und Gewissen ist; denn er hält, dass da Sünde wäre, das Brot zu essen, so es doch Liebe und ein gut Werk wäre. Wiederum hält er den Mord für keine Sünde, dass er David Hungers sterben liesse, sondern für ein gut Werk und Gottesdienst. Wer kann aber solche greuliche, blinde, verkehrte Thorheit genugsam erzählen? Denn mit solchem Handel thut er so übel, dass der Teufel nicht ärger thun könnte, nämlich damit, dass er Sünde machet und Gewissen, da keine ist, nimmt er dem Menschen weg Gnade, Heil, Tugend und Gott mit allen seinen Gütern, und das alles ohne Ursache und auch fälschlich und betrüglich, damit er Gott verleugnet und verdammt durch und durch. Wiederum, weil er ein gut Werk und Gottesdienst aus dem Mord und Unrecht machet, setzet er den Teufel und die Lügen an Gottes Statt und richtet die höchste Abgötterei an, die sein kann, und verderbet also Leib und Seele, mordet durch Hunger den Leib und durchs Gewissen die Seele, machet aus Gott einen Teufel und aus dem Teufel einen Gott, aus dem Himmel eine Hölle und aus der Hölle einen Himmel, aus Sünden Recht, aus Recht Sünden. Das heisset, meine ich, verkehrt, und das schärfeste Recht das schärfeste Unrecht werden. . . So sollten nun allerlei Gesetz *dazu* gegeben, verordnet und gehalten werden, dass sie nicht für sich selbst, noch um der Werke willen gehalten würden, sondern allein *um Uebung willen der Liebe;* welche auch ist die rechte Meinung des Gesetzes, wie hier St. Paulus sagt: ,Wer den andern liebet, hat das Gesetz erfüllet'; also, dass, wo man sähe, dass es nicht zum Nutz des Nächsten gereichet, sondern zu Schaden, sollte es nachbleiben. Denn es kann wohl einerlei Gesetz auf eine Zeit dem Nächsten nütze, auf eine andere Zeit schädlich sein. . . Also gehet es zu, wenn man die Leute nach dem Gesetz und Werk will regieren, und nicht die Gesetze nach den Leuten, eben wie der Fuhrmann den Weg nach dem Wagen richtet. Nun ist's wahr, dass der Weg sich oft schicket fein nach dem Wagen, gehet stracks vor sich, aber wiederum gehet er zuweilen krumm und ungleich, da will er wahrlich den Wagen nach sich gekrümmet und ungleich haben. Also muss es ja sein, dass die Leute sich nach dem Gesetz und Werk schicken, wo sie können und ihnen gut ist. Aber wiederum, wo es ihnen schädlich ist, soll wahrlich das Gesetz sich beugen und weichen, und der Regierer klug sein, dass er der Liebe Raum lasse und die Werke und Gesetze aufhebe.'' (Epistolische Kirchenpostille. Opp. Hal. XII, 488—497.)

§ 20.

Data est lex moralis *ad vitam* aeternam,[a] sed *sub conditione*[b] perfectae impletionis. Hanc autem *post lapsum* praestare nemo[c] potest, ideoque nec per legem salvari quisquam potest.[d]

a) Hinc dicitur ἡ ἐντολὴ ἡ εἰς ζωὴν Rom. 7, 10., ἐντολὴ ἀγαθὴ v. 12. 13.

b) Jnxta illud: *Fac hoc, et vives, Luc. 10, 28.* Et quod *Gal. 3, 12.* legitur: *Faciens ea homo vivet in eis.*

THEOLOGI WITEBERGENSES: „So finden sich auch sonsten allerhanden nachdenkliche (bedenkliche) Phrases und Assertiones darinnen (in scripto D. Gottfriedii Huberiani), wie leichtlich zu erweisen. Denn 1. so gibt er vor thes. 10. und 11., als hätte Gott dem Menschen im Stande der Unschuld das Gesetz gegeben, dass er mit Erfüllung desselben das ewige Leben erlangen sollte, ut praestando legi debitam obedientiam viverent, wie er redet; und dahin ziehet er die Sprüche Lev. 18, 5. Deut. 27, 26. Col. 3, 10; welches aber τύπον ὑγιαινόντων λόγων nicht hat; denn der Mensch ohne das zum ewigen Leben erschaffen war und es allbereit alio principio creationis hatte, also, dass es nicht vonnöthen gewesen, dasselbe erst mit Erfüllung des Gesetzes zu verdienen." (Censura, betr. Huberi Schwarm. A. 1612. Vid. Consil. Witeberg. I. f. 652. b.)

S. SCHMIDTIUS: „In statu integritatis hominis ad acquisitionem salutis nullo *rigoroso merito* opus erat, sed bonitas seu benignitas Dei per *meritum ex pacto* tantum homini legem et praecepta ipsius implenti vitam aeternam promittere et dare poterat. Cujus rei ratio haec est, quod justitiae Dei ibi non satisfaciendum, quippe quae nondum laesa erat. Cum contra benignitati locus esset ibi, ubi meritum rigorosum nullum dabatur, ideo, quod homo Deo, creatori et domino suo, jamjam omnia debebat; cum vero meritum rigorosum non nisi ex operibus indebitis oriatur. Pactum itaque benignitas Dei, non impediente ullo modo justitia ejus, cum homine integro fecit, ut, si legem et praecepta ipsius impleret, in vitam aeternam transferretur, etiamsi ex rigore eam non mereretur. Verum enimvero in statu lapsus non idem benignitati divinae locus relictus, idque propterea, quod offensa Dei justitia intercedit, cui satisfaciendum non potest, nisi per meritum rigorosum... Inter *personas* quoque *merentes* magnum discrimen est... *Christum* namque si cum hominibus etiam integris comparemus, dicendum est, quod omne Christi opus, legi divinae praestitum, sit *rigorose meritorium;* at hominis, etiam integri, nullum opus, legi divinae praestitum, dicitur rigorose meritorium. Ratio prioris est: quia omne opus Christi legi divinae praestitum est indebitum et sponte susceptum, simulque ob personae dignitatem infiniti valoris atque pretii est; nihil insuper homo operari potest, quod non prius ex alia ratione Deo sit debitum." (Articul. F. C. Repetit. 1696. p. 183. sq.)

c) Nam *rigor* ille, quo exacta obedientia postulatur, et naturalis *impotentia*, per lapsum contracta, cum habituali propensione ad malum sibi mutuo adversantur. Unde dicitur, τὸ φρόνημα τῆς σαρκὸς *legi non subjici, nec posse subjici, Rom. 8, 7.* Conf. v. 3. cap. 7, 15. sqq. Quod autem *praecepta* Christi dicuntur *non esse gravia, 1 Joh. 5, 3.*, id non intelligendum est simpliciter, aut ratione quorumvis hominum, sed ratione fidelium, qui viribus a Christo donatis non gravatim operantur, et quorum imperfecta obedientia propter obedientiam Christi perfectam, fide apprehensam atque a Deo imputatam acceptatur, quasi perfecta esset, ita ut praeceptorum onere non opprimantur. Conf. b. *Mus.* Tract. contra *Stenger.* Part. III. cap. VI. p. 588.

KROMAYERUS: „Lex in hac vita post lapsum impletu nobis est impossibilis.... (Quam) thesin superstruimus sqq. fundamentis, et 1. quidem dicto Petrino in concilio apostolico Act. 15, 10. : ‚Quid tentatis Deum, jugum imponendo super cervices discipulorum, quod neque nos, neque patres nostri portare potuimus?‘ Ubi non tantum de lege ceremoniali, sed tota lege Mosaica controvertebatur. Nec lex ceremonialis onus est portatu impossibile, sed tantum difficile. 2. Loco Act. 13, 38. : ‚Notum sit vobis, viri fratres, quod per hunc (Christum) vobis remissio peccatorum annunciatur, et ab omnibus, a quibus non potuistis per legem Mosis justificari.‘ Quodsi justificari per legem non possumus, utique a nobis in hac vita impleri nequit. 3. Loco ad Rom. 8, 3. 4. : ‚Quod impossibile erat legi, quia per carnem infirmabatur, id praestitit Deus proprio filio misso sub specie carnis peccatricis‘ (propter assumtas sc. infirmitates) ‚ac de peccato condemnavit peccatum in carne, ut jus legis impleretur in nobis‘, credendo sc. in Christum, qui $\tau \acute{\epsilon} \lambda o \varsigma$, id est, $\tau \epsilon \lambda \epsilon \acute{\iota} \omega \sigma \iota \varsigma$, perfectio legis. Rom. 10, 4. Unde novum nobis nascitur argumentum: Si perfectio legis in Christo per fidem quaerenda, sequitur, quod lex nobis impletu sit impossibilis. Admodum vero insipida est exceptio, quod Christus nobis impletionem legis promeruerit, ita ut nostris operibus eandem implere possimus. Quoties enim nobis etiam renatis denegatur impletio legis, toties veluti fulmine quodam hoc figmentum prosternitur. 4. Loco ad Rom. 3, 20. et ad Gal. 2, 16. : ‚Quod ex operibus legis non justificetur ulla caro.‘ Id quod dubio procul apostolus, bonus analyticus, ex Ps. 143, 3. desumsit, ubi David renatus, declinans tribunal Dei, ‚non justificari dicit in conspectu ejus omnem viventem.‘ 5. Loco ad Gal. 2, 21. : ‚Si per legem est justitia, Christus frustra mortuus est.‘ 6. Loco ad Gal. 3, 21. : ‚Si data fuisset lex, quae posset vivificare, vere ex lege esset justitia; sed conclusit Scriptura omnia‘ (omnes vires et actiones nostras) ‚sub peccatum.‘ Jam si vitam ex lege habere non possumus, etiam a nobis impleri nequit. ‚Qui enim fecerit ea, vivet in eis‘, Gal. 12. Non negamus, etiam legem, ut verbum divinum, esse vivificam; sed quod in statu transgressionis nos non vivificet, id fit per accidens, propter intimam et profundissimam naturae nostrae corruptionem. Quare vita spiritualis ex fide nobis quaerenda, secundum istud Habacuci 2, 4. : ‚Justus ex fide sua vivet‘, quod aliquoties in N. T. Rom. 1, 18. Gal. 3, 11. Hebr. 10, 11. repetitur. 7. Loco Rom. 7, 14. : ‚Quod lex spiritualis sit‘, homines autem renati, qualis erat apostolus Paulus, ‚carnales, venundati sub peccatum.‘ In quibus enim datur $\sigma a \rho \kappa o \pi \nu \epsilon \upsilon \mu a \tau o \mu a \chi \acute{\iota} a$, illi carnales adhuc ex parte sunt, nimirum quantum ad sensum peccati et primos concupiscentiae motus. Jam vero qui concupiscunt, legem implere non possunt. 8. Loco Luc. 10, 27., quod Deum ex toto corde diligere non possumus, propter reliquias sc. carnis, quibus ista dilectio contaminatur. Ubi pontificiorum explicationem, quod Deum super omnia diligere sit Deum praecipue diligere, nullatenus admittere possumus. Totum enim est, quod omnes suas habet partes et cui nihil deest. Nec etiam frustra particula illa toties repetitur: ‚Ex toto corde, ex tota anima, ex totis viribus et ex tota mente‘, sed ut $\pi a \nu a \rho \mu o \nu \acute{\iota} a$ omnium facultatum et virium nostrarum innuatur. 9. Loco Rom. 7, 19., quod renati ‚bonum, quod volunt implere nequeant‘, propterea se miseros agnoscant. 10. Loco Gal. 3, 10. et Jac. 2, 10. 3, 2., quod permanentia in omnibus praeceptis legis requiratur, ita ut continuus observantiae tenor ne una quidem cogitatiuncula contra legem turbetur et, ‚si quis in uno impingat, reus sit omnium‘.“ (Th. posit.-pol. I, 766 sq.)

ANTITHESIS.

QUENSTEDTIUS: „*Antithesis:* 1. *Scholasticorum*, docentium, per solas liberi arbitrii vires legis impletionem possibilem esse; ita Gabr. Biel in 2. sent. dist. 28. qu. unic. a. 3. et 1. sent. dist. 3. qu. 2. a. 3. 3. sent. dist. 27. qu. unic. a. 3. 2. *Pontificiorum*, perfectam legis impletionem vires hominis renati non excedere, adeoque hominem renatum, gratia Dei adjutum, legem moralem perfecte implere posse, statuentium. Ita *Concil. Tridentinum* sess. 6. c. 18.: ‚Si quis dixerit, Dei praecepta homini etiam justificato et sub gratia constituto esse ad observandum impossibilia, anathema sit.‘ *Bellarminus* l. 3. de R. Pontif. c. 23. antith. 6.: ‚Non timemus asserere‘, inquit, ‚posse hominem per gratiam Dei justificatum ejusdem gratiae adjutorio et legem implere et ea impletione vitam aeternam promereri.‘ Idem statuit l. 2. de monachis c. 13. et l. 4. de justific. c. 10. et tribus sqq. *Costerus* in Enchir. p. 244., *Alph. de Castro* adv. Haeres. l. 2. verbo ‚Praeceptum‘, haeresi 4., *Lindanus* Panopliae l. 3. c. 19., *Dom. a Soto*, de nat. et grat. l. 3. c. 3. 4., *Becanus* de justitia operum c. 1. 3. *Socinianorum*, perfectam legis impletionem in hac vita possibilem esse itidem asserentium. Ita Socinus libro Suasorio p. 60. c. 11., ubi probabile esse affirmat, hominem Dei spiritu adjutum vel Dei auxilio suffultum posse legi Dei perfecte obedire. Ita quoque catechism. Racov. p. 289. . . . 4. *Arminianorum*, qui etiam fingunt, in hac imperfectione perfectos et adultos, ut vocant, inter renatos; vide *Arminium* in resp. ad 31. a. p. 164. et ad a. 9. p. 176., *Apologiam* Remonstrantium c. 10. et 11., *Vorstium* in Apol. Exeg. p. 111. 112. 5. *Weigelianorum*, legem impleri posse, contendentium; vide *Weigelium* P. 2. post. p. 240. 6. *Anabaptistarum*, qui bonorum operum in hac vita perfectionem jactitant et sanctorum peccata ‚levicula vitiola et naevulos per se non maculantes, sed sub tenui admodum pluvia leviter vitam christianam rorantes‘ vocant; in Confessione, opposita Faukelio p. 210. sq. et Protoc. Embd. Act. 68. 7. *Labadistarum*, contendentium, legem a renatis perfecte impleri posse; ita cum Labadie in Protestatione p. 58. 62. *Schurmannia*, εὐκληρ. p. 64. 121. 129. 201. in Declar. Fidei p. 93. sq.“ (L. c. s. 2. q. 5. f. 984.)

d) Sic dicitur *Gal. 3, 21.*: *Non est data lex, quae posset vivificare.* Et *Rom. 7, 10. sqq.* dicit Paulus, *mandatum datum ad vitam cedere* sibi *in mortem* etc.

§ 21.

Evangelium proprie loquendo[a] est doctrina[b] de gratia Dei[c] et gratuita remissione peccatorum[d] propter Christum[e] mediatorem ejusque meritum fide[f] apprehensum, quae non solum in *N. Test.*,[g] verum etiam in *V. Test.*[h] suo modo[i] revelata fuit.

a) In oppositione ad legem et favente ipsa etymologia. Denotat enim vi nominis *bonum nuncium.* Sic *pauperibus evangelium annunciari* dicitur *Matth. 11, 5.*

b) Seu complexus promissionum, quae hominibus peccatoribus gratae, laetae ac salutares sunt; quarum summa habetur *Joh. 3, 16.*

c) Id est, de favore gratuito, amore et misericordia, qua Deus homines, licet peccatores, prosequitur et saluti eorum procurandae intentus est. Vid. *1 Tim. 2, 4.*

d) In qua justificationem hominis peccatoris consistere et hinc pacem cum Deo, adoptionem in filios Dei etc. manare docuimus Part. III. cap. V. § 11. et 14. Conf. *Rom. 3, 21. sqq.*, ubi *absque lege* (adeoque per evangelium) *justitia Dei* (seu qua coram Deo justi constituimur) *manifestata* esse declaratur.

e) Notetur vox angeli ad Josephum *Matth. 1, 21.: Liberabit populum suum ex peccatis ipsius;* ad Mariam *Luc. 1, 31. sqq.: Vocabis nomen ejus Jesum* etc.; ad pastores *cap. 2, 10. 11.: Natus est vobis hodie Salvator.* Conf. *Act. 4, 12.: Non est in alio salus* etc. *Joh. 1, 12. 14. 16. 18. 29. 36.* de ἐξουσίᾳ credentium, tanquam *filiorum Dei,* deque *gratia ex plenitudine ejus accipienda* etc.

f) Unde ipsum evangelium dicitur *lex fidei Rom. 3, 27.* et oritur phrasis πιστεύειν εἰς τὸ εὐαγγέλιον, *Marc. 1, 15.*

g) Quod patet ex locis hactenus citatis.

h) Huc enim pertinent promissiones de *semine mulieris, caput serpentis contrituro,* cujus *calcaneum* interim *serpens* sit *contriturus,* seu de venturo, ex posteritate Evae, vero homine, qui satanae, per serpentem peccatum persuadentis indeque in mortem homines praecipitantis et in potestatem suam redactos tenentis, regnum ac potentiam potentia sua majore, quae vere divina est, non tamen sine passione aut sanguine, destructurus et humanum genus liberaturus sit, *Gen. 3, 15.;* de *semine Abrahami, in quo benedicendae* (omni benedictione spirituali per fidem in ipsum donandae) *sint omnes gentes terrae, Gen. 12, 3. cap. 15, 6. cap. 22, 18.;* de Messia, *Siloh,* ex tribu Juda nascituro, *cui adhaesurae sint gentes, Gen. 49, 10.;* de *propheta Mosi simili, Deut. 18, 15. 18.* Conf., quae in *Psalmis, 2. 8. 22. 45. 48. 68. 110.* et apud *Esaiam cap. 7, 14. cap. 53, 4. sqq. cap. 61, 1. sqq.,* apud *Jeremiam cap. 23, 5. cap. 33, 15., Danielem cap. 9, 24., Hoseam cap. 13, 14., Michaeam cap. 5, 2., Hagg. 2, 8., Zach. 9, 9. cap. 13, 1., Malach. 1, 11. cap. 3, 1. cap. 4, 2.* habentur, ac certum est, ea, quae in legibus ceremonialibus continebantur, etsi, quatenus praecipiebant certas actiones ac ritus, vim legis haberent, quatenus tamen Christum mediatorem ejusque meritum fide amplectendum certis ritibus, velut typis aut umbris, repraesentabant, evangelio recte accenseri. Conf. b. *Mus.* Disput. contra Curcellaeum de salute gentil. § 46. 47.

i) Quamvis enim *unum idemque evangelium* sit *in V. et N. Test., tamen evangelicae promissiones subinde clarius expositae et illustratae sunt, donec tandem plena lux in N. Test. oriretur. Esaias certe tantam cognitionis lucem habuit, quantam in nemine antecessorum animadvertere possumus. Quinimo respectu ad lucem N. T. habito, doctrina de Messia in V. Test. confertur nocti et tenebris,* nimirum κατὰ σύγκρισιν, *fuit enim figuris et umbris tecta, quarum, involucris remotis, clarissimum cognitionis jubar in N. Test. effulsit, quae proinde diei comparatur:* verba sunt b. *Gerhardi* L. de Evang. § 37.

QUENSTEDTIUS: „*Testamentum divinum,* prout a V. et N. praescindit, nihil aliud est, quam dispositio liberrimae voluntatis Dei de cultu divino, mediisque salutis ac forma regiminis ecclesiae, confirmata et obsignata sanguine ac morte, vel pecuino typico, vel ipsius testatoris, qua Deus sua bona promittit hominibus certisque confert symbolis, homines vero vicissim se obstringunt ad praestandam Deo fidem cultumque ab eodem praescriptum, in gratiae et justitiae divinae laudem et hominum salutem. . . Terminus *veteris* testamenti sumitur: 1. vulgari loquendi consuetudine *systematice vel dogmatice* pro libris sacris canonicis ante Christi in carnem adventum consignatis sive pro scriptis Mosis et prophetarum, aut pro doctrina illis contenta, quo referri solet illud Pauli 2 Cor. 3, 14.: ‚Usque ad diem hodiernum id ipsum velamen in lectione παλαιᾶς διαϑήκης, V. T., manet non revelatum (quod in Christo aboletur).‘ Per V. T. intelliguntur libri Mosis, inquit Grotius in notis ad h. l., cujus pars potissima foedus Sinaicum. Et b. *Aeg. Hunnius* in h. l.: ‚In lectione V. T., nempe scriptorum Mosis et prophetarum, quemadmodum non solum singulis sabbatis publice, sed domi quoque privatim ea lectitabant, Act. 15, 21.‘ 2. Accipitur V. T. sensu et significatu, non quidem Scripturae, sed ecclesiasticis scriptoribus usitato, *chronologice*, pro statu ecclesiae ab exordio mundi usque ad Messiae in carnem adventum. Quo sensu patriarchae, Moses et prophetae dicuntur vixisse in V. T. Ast illa χροιόταξις distinctionem V. et N. T. proprie non efficit. Et illud, vixisse patres sub V. T., ambigue dicitur; *vel* enim notat, illos, qui ante Christum natum vixerunt, patres legale tantum pactum habuisse, evangelico vero sive bonis N. T. fuisse destitutos; *vel* eos vixisse vigentibus adhuc solum promissis et typis de Messia, complemento et corpore adhuc futuro. *Prior* sensus falsus est, ut ex sequentibus patebit; *posterior* admitti potest. 3. *Foederaliter*, pro solenni illa religionis et politiae judaicae in monte Sinai facta *oeconomia* seu *dispensatione*. Breviter, vox V. T. sumitur 1. pro *codice* et tabulis foederalibus seu libris canonicis isto tempore conscriptis. 2. Late, pro *tempore*, N. T. adimpletionem antecedente. 3. Proprie, pro *foedere* isto, legali cum Israelitis inito. Et haec tertia significatio est hujus loci. Hoc sensu etiam accipitur Jer. 31, 31. 32.: ‚Feriam domui Israel foedus novum, non secundum pactum, quod pepigi cum patribus vestris in die, qua apprehendi manum eorum, ut educerem eos de terra Egypti.‘ Hoc loco 1. opponit propheta N. T. seu factum priori seu veteri, ut patet ex Heb. 8, 7. sq. et 9, 15. 18., ubi differentia utriusque testamenti ex hoc vaticinio confirmatur. 2. Testatur, vetus pactum initum et promulgatum fuisse post eductionem ex Egypto, sc. in monte Sinai. Additur 3. Judaeos hoc pactum vetus irritum fecisse, sc. per frequentem idololatriam et rebellionem. Itemque Gal. 4, 24., ubi Paulus inquit: ‚Duo sunt testamenta: unum testamentum est a monte Sina in servitutem generans‘ etc. Differt hoc T. V. Sinaicum a foedere legali vetustissimo cum Adamo ante lapsum sancito, quia hoc non sub forma testamentaria (mortem testatoris, sive in typo, sive in veritate, includente), nec cum fine succedaneo ad gratiam respiciente, percussum est. In foedere enim divino ante lapsum nec Christo mediatori, nec remissioni peccatorum per illum obtinendae locus erat, quia nullum adhuc peccatum ibi existebat. Conf. b. Chemnitium P. 3. L. Comm. L. de V. et N. T. eorumque discrimine p. 86. et 90. Vocatur autem V. T. in Scripturis διαϑήκη πρώτη Heb. 8, 7., παλαιὰ 2 Cor. 3, 14.“ (L. c. c. 7. s. 1. th. 9. 11. f. 1301. sq.)

WINCKELMANNUS: „V. T. est *proprie* pactum legis in monte Sinai inter Deum et Israelitas mediatore Mose initum, quo populo benedictionem, bona corporalia, vitamque aeternam promisit ea conditione, si legem latam perfecte servaret, contra autem poenas et maledictionem temporalem et aeternam comminatus est omnibus legem transgredientibus, dedicatum et confirmatum sanguine taurorum et vitulorum.“ (Disput. Giess. P. IV. disp. 18. th. 16. p. 407.)

QUENSTEDTIUS: „Terminus *Novi Testamenti* accipitur: 1. *Systematice* vel *dogmatice* pro *libris* evangelistarum et apostolorum sive pro *doctrina* scriptis illorum comprehensa. 2. *Chronologice* pro toto ecclesiae statu a Christi nativitate usque ad mundi finem. 3. *Foederaliter*, et sic sumitur vel pro *foedere illo gratiae* seu evangelico, quod a Deo statim post lapsum in paradiso cum primis parentibus et deinde cum patribus sancitum, ac tandem per Messiae in carnem adventum atque actualem et victimalem satisfactionem et mortem confirmatum, stabilitum et consummatum est; vel pro *nova* et *solenni* illa doctrinae coelestis *per Christum primum revelata* et postmodum apostolorum ministerio per universum terrarum orbem promulgata *dispositione* et *dispensatione*, quam Christus proprio suo sanguine in ara crucis obsignavit, quaeque peculiare salutis nostrae ταμεῖον est. Et in hac postrema significatione vox N. T. a nobis hic accipitur, vocaturque in scriptura בְּרִית חֲדָשָׁה, foedus novum Jer. 31, 31., διαϑήκη κρείττων, testamentum melius Hebr. 7, 22. 8, 6. (in comparatione ad T. V.), cujus Christus ipse factus est ἔγγυος, sponsor Hebr. 7, 22., et μεσίτης, mediator Hebr. 5, 6. 9, 15. 12, 24, apostoli vero ministri 2 Cor. 3, 6., καινὴ ibid. et Heb. 9, 15., δευτέρα Hebr. 8, 7., ἁγία Luc. 1, 72., νέα Hebr. 12, 24., αἰώνιος Hebr. 13, 20., quia confirmationem habuit in eo, qui per spiritum aeternum semetipsum obtulit et αἰωνίαν λύτρωσιν, aeternam redemptionem, invenit Hebr. 9, 12. 14. *Peculiariter* dicitur N. T.: 1. Quia *inveteratum* et quasi antiquatum prius, Hebr. 8, 13. 2. Quia ad *novum hominem* pertinet, ut vetus ad veterem, juxta Augustinum lib. contra Adimantum Manich. c. 16. 3. Quia *semper duraturum* nec, ut vetus, aliud succedens habiturum; sive novum dicitur quasi ultimum. Imprimis 4. in *oppositione a. pacti legalis antiquissimi* et omnium primi, quod tempore praecessit προτευαγγέλιον, Gen. 3, 15.; *β. pacti legalis Mosaici*, quod eatenus N. T. dicitur, quia tempore longe antecessit publicam evangelii de Christo in carnem misso promulgationem, Jer. 31, 32. 33.; tum quoque *γ. respectu foederis evangelici veteris oeconomiae*, quae in ecclesia V. T. Abrahamica et Israelitica vigebat." (L. c. c. 7. s. 1. th. 21. f. 1309. sq.)

ANTITHESIS.

QUENSTEDTIUS: „*Antithesis*: 1. *Pelagianorum*, statuentium, homines ante Mosen sola lege naturae justificatos et salvatos esse, post Mosen sola lege Mosis, in N. T. lege evangelica; vide Augustinum l. 1. contra duas epist. Pelagii c. 1. Pelagianizant hac in parte, ut et in aliis multis, *Scholastici*, qui ob id naturalistae vocantur. 2. *Socinianorum*, affirmantium, evangelium seu praedicationem de gratuita peccatorum remissione per fidem in Christum coepisse primum cum Christo in carne manifestato; esseque solius N. T. propriam; justificationem et salvationem per fidem in Christum in V. T. locum non habuisse. Ita Catechism. Racov. p. 231. *Socinus* 1. Suasorio c. 5. p. 60. . . 3. *Arminianorum*, qui in Conf. c. 10. p. 21. et in Conf. Apol. c. 7. f. 157.: ‚Certum esse‘, ajunt, ‚praeceptum fidei in Christum nuspiam in V. T. clare traditum extare, uti nec in terminis promissionum vitae aeternae.‘ 4. *Anabaptistarum*, asserentium, patriarchas in V. T. de evangelio et vitae aeternae promissionibus nihil scivisse, aliterque in V. T., aliterque nos hodie salvari; vide Confessionem eorum Faukelio oppositam p. 43—48." (L. c. c. 2. s. 2. q. 1. f. 1014. sq.)

§ 22.

Conveniunt itaque lex et evangelium I. quoad *auctorem*, qui utrinque[a] Deus est; II. quoad *subjectum*, cui data sunt; quod sunt omnes[b] homines; III. quoad *finem* per se intentum, qui utrinque est salus[c] aeterna; IV. quoad *durationis* terminum, qui est finis[d] mundi.

a) Est enim utrumque *verbum Dei*, ut ex dictis constat.

b) Loquimur autem de *lege morali*, omnibus lata, qua obligarentur ad obedientiam; *evangelium* autem et ipsum, omnium bono destinatum, diversis vicibus, praesertim quoad *periodos* illas *insigniores*, 1.) in Adamo, 2.) in Noacho, 3.) per ecclesiam Israeliticam in toto orbe illustrem, 4.) per apostolos totum terrarum orbem sua praedicatione replentes, *Matth. 28, 19. Marc. 16, 15. Rom. 10, 18.*, toti humano generi obtigit. V. b. *Mus.* Disp. contra *Curcell.* § 37. sqq.

c) De lege dictum est § 20. nota *a.* De evangelio res vel manifestior est, et notandus locus *Rom. 1, 16.*, ubi *evangelium* dicitur *potentia Dei ad salutem omni credenti.* Per accidens autem est, quod *lex cedit in mortem* juxta *Rom. 7, 10. sqq.*, quodque evangelium aliquibus fit *odor mortis ad mortem,* 2 *Cor. 2, 16.* Conf. 1 *Cor. 1, 18. sqq.*

d) Sic legem moralem esse perpetuam, non autem abrogatam vel abrogandam, diximus § 18. et nota *f.* Evangelium autem usque *ad finem mundi* praedicandum esse, expresse dicitur *Matth. ult. v. ult.*

§ 23.

Differunt lex et evangelium 1. *patefactionis* et *cognitionis modo.* Lex enim natura nota[a] est etiam post lapsum[b] quodammodo; evangelium autem mysterium est, sola revelatione[c] supernaturali cognoscendum. 2. Ratione *objecti.* Lex enim circa agenda et omittenda[d] versatur; evangelium promissiones[e] gratuitas fide amplectendas tradit. 3. *Promissionum* diversitate. Legis enim promissiones[f] compensatoriae, evangelii prorsus gratuitae[g] sunt. 4. Diversitate *officii.* Lex enim praescribit[h] perfectam obedientiam, et delinquentes quosvis accusat, terret,[i] damnat, non autem confert novas vires[k] ad vitam spiritualem et sanctam; evangelium autem nec mandat[l] opera, nec arguit[m] peccatores, sed[n] mediatorem ostendit, solatur, promittit gratiam et salutem. Unde 5. lex *proponenda* est peccatoribus securis,[o] ut ad contritionem perducantur, evangelium contritis,[p] ut fidem concipiant.

LUTHERUS: „Hier bitte ich und ermahne ich alle Liebhaber der Gottseligkeit und sonderlich die, so mit der Zeit andere Leute lehren sollen, dass sie diesen Artikel, der da lehrt, was des Gesetzes rechtes und eigenes Werk sei, und wie man sein recht brauchen soll, aus St. Pauli Schriften mit allem Fleiss wohl lernen, welcher, wie ich grosse Sorge habe, nach unsern Zeiten wiederum wird verdunkelt und ganz und gar unterdrückt werden. Denn auch jetzund bereitan, da wir noch im Leben sind und aufs allerfleissigste anzeigen, wozu beide, das Gesetz und Evangelium, ein jedes insonderheit diene, ihrer sehr, sehr wenig sind auch unter denen, so sich zum Evangelio bekennen und gar herrlich davon zu rühmen wissen, die solches Amt des Gesetzes recht und eigentlich verstehen und wissen. Was meint ihr, dass werden wird, wenn wir nun das Haupt gelegt haben? Ich will jetzt der Wiedertäufer, der neuen Arianer und der Schwärmergeister, so das heilige Sacrament des Leibes und Blutes unsers lieben Herrn Jesu Christi lästern und schänden, geschweigen, welche allesammt auf einen

Haufen ja so wenig verstehen oder wissen, was des Gesetzes eigen
Werk sei und wozu es diene, als die Papisten selbst, ob sie sich mit
viel Worten wohl anders vernehmen lassen; *denn sie sind vorlängst von
der reinen Lehre des Evangelii zurückgefallen auf des Gesetzes Lehre;
darum lehren sie auch nicht Christum.* Das thun sie wohl, dass sie mit
grossem Geschrei rühmen und dürfen auch wohl theuer dazu schwören,
dass sie nichts anders lehren und mit ihrer Lehre nichts anders suchen,
noch meinen, denn Gottes Ehre, der Brüder Heil und dass Gottes Wort
möge rein und lauter ausgebreitet und erhalten werden; aber wenn
mans beim Licht und im Grunde besehen will, so befindet man, dass
sie Gottes Wort fälschen und verkehren in einen irrigen Missverstand,
dass es ihnen lauten und deuten muss, was sie träumen und wollen
ihres Gefallens. *Darum lehren sie unter Christi Namen ihre eigenen
Träume, unter dem Namen des Evangelii eitel Gesetze und Ceremonien,
bleiben also immerhin einen Weg wie den andern, wie sie von Anfang je
und je gewesen sind, nämlich, Mönche, Werkheilige, des Gesetzes und der
Ceremonien Lehrer, ohne dass sie ihrem Wesen neue Namen und auch
andere oder neue Werke erdichten. . .* Derhalben ist das *Gesetz* auch
ein Licht, das da leuchtet und sichtbar und offenbar macht, nicht Gottes
Gnade, auch nicht die Gerechtigkeit, dadurch man das Leben erlangt,
sondern die Sünde, den Tod, Gottes Zorn und Gericht. Denn gleichwie den Kindern Israel zu Sinne war, da sie unten am Berge Sinai stunden und hörten das grausame Donnern, sahen das Blitzen, die schwarzen
finstern Wolken, den Berg brennen und rauchen, und was schreckliche
Dinge sonst mehr da geschahen, das ihnen freilich kein lustig noch
fröhlich Schauspiel war, sondern erschreckte sie vielmehr, ja, machte,
dass sie vor grosser Angst schier gestorben wären, und lehrte sie, wie
sie mit aller ihrer Heiligkeit und Reinigkeit vor Gott nicht bestehen
könnten, noch seine Stimme hören, die doch aufs allerfreundlichste
und tröstlichste war, nämlich: ‚Ich, der Herr, dein Gott' u. s. w.: also
ist auch allen Heuchlern zu Sinne, wenn das Gesetz sein eigen Werk
oder Amt beginnt auszurichten, das ist, die Sünde offenbaren, Zorn
anrichten, die Gewissen verklagen, sie schrecken und in Verzweiflung
treiben. Das ist des Gesetzes eigen und recht Werk, dabei es bewen-
den und weiter nicht schreiten soll. Das *Evangelium* aber ist viel ein
ander Licht, nämlich, das die erschreckten Herzen erleuchtet, lebendig
macht, tröstet und ihnen aufhilft. Denn es zeigt an, wie Gott den un-
würdigen und verdammten Sündern gnädig sei um Christi willen, wenn
sie glauben, dass sie durch seinen Tod vom Fluch, das ist, von der
Sünde und ewigem Tod erlöst sein, und dass ihnen durch seinen Sieg
und Ueberwindung geschenkt sei der Segen, das ist, Gnade, Vergebung
der Sünden, Gerechtigkeit und ewiges Leben. Wenn wir das Gesetz
und Evangelium auf solche Weise unterscheiden, so geben wir einem
jeden sein recht eigen und gebührlich Werk und Amt, das ihm zusteht.
Aber von solchem Unterschied des Gesetzes und des Evangelii findest
du nicht einen einigen Buchstaben in allen Büchern aller Mönche, Ca-
nonisten und Sophisten, ja, auch der alten Väter dazu. St. Augustinus
hat diesen Unterschied zum Theil verstanden und angezeigt, Hieronymus aber und andere mehr haben wenig davon gewusst. Summa, es
ist in allen Schulen und Kirchen etliche hundert Jahre daher nichts
Rechtschaffenes von solchem Unterschied des Gesetzes und des Evangelii gelehrt oder gepredigt worden, dadurch denn die armen, elenden
Gewissen in grosse Gefahr und Schaden kommen sind." (Ausführliche Erkl. der Ep. an die Gal. A. 1535. Opp. Hal. VIII, 2257—60.)

IDEM: „Etliche lassen sich bedünken, sie verstehen diese Dinge
sehr wohl; ihr aber sollt euch vor der Vermessenheit hüten und gedenken, dass ihr *Schüler* des Wortes bleibt. Denn der Satan ist ein
solcher Meister, dass er den Unterschied sehr leichtlich aufheben und
anstatt des Evangelii das Gesetz, wiederum anstatt des Gesetzes das
Evangelium uns eindringen kann. Wie oft begegnet es den Leuten in

den letzten Todeszügen, dass die armen Gewissen etliche evangelische
Sprüche ergreifen, welche doch eigentlich zum Gesetz gehören, und
also den Trost des Evangelii verlieren? Wie dieser Spruch Matth.
19, 17.: ‚Willst du ins Leben gehen, so halte die Gebote Gottes‘; desgleichen auch dieser Matth. 7, 21.: ‚Nicht ein jeder, der zu mir spricht:
Herr, Herr, wird in das Himmelreich gehen.‘ Durch die und dergleichen Sprüche werden die Herzen oftmals so irre gemacht, dass sie
nicht sehen, denn nur allein was sie gethan haben und hätten thun
sollen, item was Gott fordert und verbeut. Wenn die Herzen solches
anschauen, vergessen sie alles dess, was Christus gethan und Gott verheissen hat durch Christum zu thun. Derohalben soll sich niemand
vermessen, als hätte er solches vollkömmlich erlangt. Mit Worten
kann man den Unterschied leichtlich machen, aber im Tode und in der
Gefahr befindet man, wie böse Dialectici wir sind, wenn eine Disputation einfällt von dem, was wir gethan haben und thun sollen, wenn uns
das Gesetz vorwirft, das hat dir Gott befohlen zu thun, du aber hast es
nicht gethan, sondern das Gegenspiel, darum musst du verdammt sein,
nach dem Spruch deines Gesetzgebers 5 Mos. 27, 26. Wer allhier ein
geschickter Dialecticus ist, der macht einen Unterschied zwischen dem
Gesetz und Evangelio und gibt nach, dass er das Gesetz nicht gehalten
habe, antwortet aber, dass auf das Vorgehende das nicht die Folge sei,
dass ich darum verzweifeln soll und muss verdammt sein; denn das
Evangelium heisst an den Herrn Christum gläuben und auf des Herrn
Christi Werke und Gerechtigkeit bauen." (Ausl. über die 15 Lieder
im höhern Chor. A. 1532. Ps. 131, 1. Tom. IV, 2881. sq.)

CHEMNITIUS: „Quae alia lux discussit densissimas tenebras regni
pontificii, nisi haec praecipue, quod demonstratum est verum discrimen legis et evangelii?" (Loc. th. II. De justif. f. 206. b.)
Cf. quae supra annotata sunt ad § 2.

GERHARDUS: „Causae, propter quas discrimen illud accurate constituendum et arcte tenendum, sunt complures. 1. Articulo justificationis sua non constabit, imo nec constare poterit integritas neglecto
harum doctrinarnm discrimine, id quod ecclesiastica superiorum temporum historia plus satis comprobat. 2. Beneficia Christi non mediocriter obscurantur, nisi doctrina evangelii a lege accuratis limitibus
secernatur. 3. Confusio legis et evangelii necessario secum affert per-
turbationes conscientiarum, siquidem in magnis et seriis conscientiae
pavoribus nulla superstes manet vera ac solida consolatio, si gratuitae
promissiones evangelii adulterentur. Quare cum totius doctrinae christianae haec duo praecipua constituantur capita, ad quae reliqua omnia
certo modo ac ordine referri possunt, haud immerito inter virtutes,
quas in fideli ecclesiae ministro requirit apostolus, primum locum tribuit artificio ὀρθοτομεῖν, recte secandi sermonem veritatis 2 Tim. 2, 15.
Metaphoram statuunt ductam ab officio sacerdotum Leviticorum in
V. T., quorum erat carnes sacrificiorum recte secare ac dividere. Quidam existimant metaphoram ductam a structoribus conviviorum, quia
ministri ecclesiae in N. T. sunt vel structores quidam spiritualis convivii. Esa. 25, 6." (Loc. de ev. § 52.)

IDEM: „Quamvis legis et evangelii discrimen ubique sit retinendum, cumprimis tamen illud observandum erit: 1. *In articulo justificationis*, siquidem justificatio nostra non est ex lege, cui propter carnis nostrae corruptionem et infirmitatem ἀδυναμία quaedam, accidentia tamen,
hac in parte tribuitur Rom. 8, 3., sed ex evangelio, in quo justitia Dei
sine lege revelatur Rom. 3, 21., quod est potentia Dei ad salutem omni
credenti, Rom. 1, 16. Monendi igitur, imo urgendi sunt homines ad
opera juxta legis normam praestanda, sed in theatrum justificationis
nostrae coram Deo non sunt inferenda, ibi enim perpetua est oppositio
inter operari et credere, inter gratiam et opera, inter legem et evangelium. 2. In usu clavium ecclesiasticarum. Impoenitentibus et se-

curis non est annuncianda peccatorum remissio, sed potius Dei ira ex lege. Rom. 2, 9.: ‚Tribulatio et angustia in omnem animam hominis operantis malum.‘ 1 Tim. 1, 9.: ‚Lex posita est injustis, impiis, sceleratis etc., quos accusationis et damnationis suae pondere premit. Contritis cordibus non sunt legis comminationes exasperandae, sed potius evangelicae consolationis oleum instillandum.‘ Esa. 66, 1.: ‚Quis est locus quietis meae?‘ v. 2.: ‚Respiciam ad pauperem et contritum spiritu et trementem sermones meos.‘ Matth. 11, 3.: ‚Pauperibus evangelium praedicatur.‘‘‘ (Loc. de ev. § 55.)

a) A Deo, ut auctore naturae, per creationem implantata et cordibus hominum inscripta. Conf. *Rom. 2, 14. sqq.*

b) Vid. Part. II. cap. I. § 4. 5. 6. Vol. II. p. 268. sqq. Plenior autem ejus notitia, ob corruptionem intellectus humani per lapsum, ex revelatione in Scripturis comprehensa peti debet. Conf. b. *Mus.* Tr. contra *Steng.* P. II. cap. I. p. 161.

c) Vid. *Rom. 16, 25. 1 Cor. 2, 6. 7. sqq.*

d) Vid. h. l. § 3.

e) Juxta § 21.

LUTHERUS: ,,*Gesetz* ist, wenn Gott heisst thun oder lassen und etwas von uns fordert. *Evangelium* ist, wenn er etwas Gutes verkündigt, das er selbst thun und uns geben will. So gehen die zwei gar wider einander: eines treibt, das andere gibt; das fordert, jenes schenkt. So soll man alle Sprüche, die Gottes Gnade und Huld verheissen, nicht anders heissen, denn Evangelium, welches soviel heisst, als eine gute Botschaft.‘‘ (Pr. über das 1. Buch Mose. A. 1527. Opp. Hal. III, 391.)

IDEM: ,,Durchs Gesetz soll anders nichts verstanden werden, denn Gottes Wort und Gebot, darinnen er uns gebeut, was wir thun und lassen sollen, und unsern Gehorsam oder Werk von uns fordert. *Solches ist leicht zu verstehen in causa formali, aber in causa finali sehr schwer.* Die Gesetze aber oder Gebote, so von Werken reden, die Gott von einem jeden insonderheit, nach Natur, Stand, Amt, Zeit und andern Umständen mehr, fordert, sind mancherlei. Daher sie auch einem jeden Menschen sagen, was ihm Gott seiner Natur und Amte nach aufgelegt hat und von ihm fordert, als: das Weib soll die Kinder warten, den Hauswirth regieren lassen u. s. w.; das ist ihr Gebot; ein Knecht soll seinem Herrn gehorsam sein, und was mehr zu eines Knechts Amt gehört; gleicher Weise hat eine Magd auch ihren Befehl. Das gemeine Gesetz aber, das uns Menschen alle betrifft, ist dies Matth. 22, 39.: ‚Du sollst deinen Nächsten lieben, als dich selbst‘, ihm in seiner Noth, wie die vorfällt, rathen und helfen; hungert ihn, so speise ihn; ist er nacket, so kleide ihn; und was desgleichen mehr ist. Das heisst das Gesetz recht abzirkeln und vom Evangelio abmessen; nämlich, dass das Gesetz heisse und sei, welches auf unsere *Werke* dringt. Dagegen das Evangelium oder der Glaube ist solche Lehre oder Wort Gottes, das nicht unsere Werke fordert noch gebeut uns etwas zu thun, sondern heisst uns die angebotene *Gnade* von Vergebung der Sünden und ewiger Seligkeit schlecht annehmen und uns schenken lassen. Da thun wir ja nichts, sondern *empfahen* nur und *lassen uns geben*, was uns durchs Wort geschenkt und dargeboten wird, dass Gott verheisst und dir sagen lässt: Dies und das schenke ich dir u. s. w. Als in der Taufe, die ich nicht gemacht noch mein Werk, sondern Gottes Wort und Werk ist, spricht er zu mir: Halt her, ich täufe dich und wasche dich von allen deinen Sünden, nimm sie an, sie soll deine sein. Wenn du dich nun so täufen lässt, was thust du mehr, denn dass du solch Gnadengeschenke empfähst und annimmst? So ist nun der Unterschied des Gesetzes und Evangelii dieser: Durch das *Gesetze* wird gefordert, was wir thun sollen, dringt auf unser Werk gegen Gott und den Nächsten; im *Evangelio* aber werden wir zur Spende oder zum reichen Almosen gefordert, da wir nehmen und empfahen sollen Gottes Huld und ewige Seligkeit. Dieser Unterschied ist leichtlich hieraus zu merken: Das *Evangelium* beut uns an Gottes Gabe und Geschenke, Hülfe oder Heil, heisst uns nur den Sack herhalten und uns lassen geben; das *Gesetz* aber gibt nichts, sondern nimmt und fordert von uns. Nun sind je die zwei, geben und nehmen, sehr weit von einander geschieden. Denn wenn mir etwas geschenkt wird, so thue ich nichts dazu, sondern nehme und empfahe es und lasse mir es geben. Wiederum, wenn ich in meinem Beruf ausrichte, was mir befohlen ist, item, rathe und helfe meinem Nächsten, so *empfahe* ich nichts, sondern *gebe* einem andern, dem ich diene. Also wird das Gesetz und Evangelium formali causa unterschieden: dieses *verheisst*, das andere *gebeut;* Evangelium gibt und heisst *nehmen*, Gesetz fordert und sagt: Das sollst du *thun.*" (Sermon vom Unterschied des Ges. und Ev. A. 1532. IX, 416. sqq.)

> IDEM: „Diejenigen irren gewaltig, die allhier das „Joch Christi' auslegen durch das evangelische Gesetz, das ist, durch die Gebote, insofern sie von Christo gegeben worden. Und haben sichs die Sophisten allhier sehr sauer werden lassen, zu zeigen, wie das Joch Christi leichter sei, als das Joch Mosis, da doch Moses nur allein das Werk verbot, Christus aber auch noch darzu nur ein jegliches unnützes Wort und das ganze Herz untersagte. Endlich haben diese blinden Leute den Schluss gemacht, das Gesetz und Evangelium verhielten sich gegen einander, wie excedentia und excessa, nämlich, das Gesetz sei in dem Stück leichter, als das Evangelium, weil es nicht das Herz, sondern die Hand (oder äusserliche grobe That) verbiete, hingegen das Evangelium sei darinne leichter, als das Gesetz, weil es die Beschneidung und die Ceremonien aufgehoben hätte. O Blindheit! welche sich wohl für solche Leute schickt, die das Evangelium aus Verachtung nicht lesen wollen." (Anmerk. über den Ev. Matthäus. A. 1538. VII, 214.)

f) Scilicet sub conditione perfectae obedientiae ac meritorum. Vid. § 20.

g) Excluso omni respectu ad opera nostra, juxta *Rom. 4, 4. et 5. cap. 11, 6.* Unde etiam nostri *negant, promissiones evangelicas esse conditionatas, non quamvis conditionem, sed in specie conditionem nostrorum meritorum excludentes, ut hac ratione conditionatum opponatur gratuito. Alia igitur est conditio fidei a conditione operum:* verba sunt b. *Gerh.* L. de Evang. § 26. Conf. ib. § 42.

> J. OLEARIUS: „*Promissiones evangelicae* non sunt *conditionatae.* Nam 1. *conditio* proprie dicta est suspensio futuri eventus, qua posita vel non posita ille vel sequitur vel non sequitur, ideo, quia is, in cujus potestate erat conditionem illam non solum repudiare, sed etiam ex propriis viribus illam adimplere, eandem non implevit. Sic donati erant Paulo omnes cum ipso navigantes Act. 27, 24., cum expressa tamen conditione, quam ipse fugam meditantibus nautis repetit v. 31.: ,Nisi hi in navi manserint, vos' (centurio et milites) ,salvi fieri non potestis.' 2. *Fides*, ad salutem relata, non est opus nostrum, sed pertinet ad ordinem divinitus institutum, adeoque nequaquam est *conditio* proprie dicta, pendens ex homine, sed beneficium divinitus collatum sive requisitum subjecti patientis et organum salutem apprehendens, nequaquam vero principium activum ab homine procedens aut in effectum salutis per modum causae proprie ita dictae influens." (Vid. Carpzovii Isag. in lib. symb. p. 1361.)

GERHARDUS: ,,Quintum argumentum Bellarminus petit ex ipsamet nostrum concessione. ,Fidem (inquit) in prom*iss*ionibus evangelicis requiri non negant adversarii; ex quo sequitur primo, falsum esse, quod promissiones evangelii negantur esse *conditionales*, cum aliqua in illis conditio, scilicet *fidei*, requiratur; secundo, falsum esse, quod non requiratur conditio legis implendae, nam quibus verbis Scriptura docet requiri conditionem *fidei* ad salutem, iisdem, ut etiam clarioribus, docet, requiri conditionem *legis* implendae; ut patet ex adductis locis.' Resp. 1. Quando, evangelicas promissiones conditionales esse, negamus, non quamvis conditionem, sed in specie conditionem nostrorum meritorum excludimus, ut hac ratione conditionale opponatur gratuito. . . Particula ,*si*' aut est αἰτιολογικὴ aut συλλογιστική, id est, designat *causam*, vel *consequentiam*. In concionibus legalibus: ,*Si* feceris hoc, vives', particula ,*si*' est αἰτιολογικὴ, siquidem obedientia est causa, propter quam servantibus legem datur vita aeterna; sed in evangelicis promissionibus: ,*Si* credideris, salvus eris', particula ,*si*' est συλλογιστικὴ, denotatur enim modus applicationis divinitus constitutus, soli fidei competens.'' (Loc. de ev. § 26.)

IDEM: ,,Quamvis bona in evangelio oblata *fide* recipiantur ac nonnisi fide recipi possint, ex eo tamen non desinunt esse *gratuitae;* duplici ratione: primo, quia illa ipsa fides est *donum Dei*, non opus nostrum, siquidem Spiritus Sanctus per verbum evangelii accendit in cordibus nostris fidem; deinde, quia fides non concurrit ut meritum quoddam, cujus dignitatem Deus respiciat, sed tantum ut *organum*, ut mendica manus, quae si vel maxime divitis eleemosynam recipiat, non tamen ex eo eleemosyna desinit esse gratuita.'' (L. c. § 42.)

QUENSTEDTIUS: ,,Quando promissiones evangelicas conditionatas esse negamus, non conditionem medii seu instrumenti, sed conditionem meriti seu operum ex parte nostra excludimus. *Fidem requiri dicimus, magis tamen ut organon apprehensionis et medium* τάξεως *divinae, quam ut conditionem.*'' (L. c. c. 2. s. 2. q. 2. f. 1019.)

IDEM: ,,Dist. inter conditionem *subjecti*, *cui* ipso actu vitae aeternae possessio contingit, et conditionem, *sub qua* vita aeterna in evangelio promittitur: studium bonorum operum et sanctimonia est conditio subjecti, cui possessio vitae aeternae actu contingit, non sub qua illa promittitur.'' (L. c. f. 1022.)

LUTHERUS: ,,Darum will er sagen: Ich lege euch keine schwere Bürden und Last auf, viel Opfer oder Gottesdienst oder andere Dinge, dazu grosse Kost oder Mühe gehört. Das Evangelium, Taufe und Sacrament habe ich euch aufgelegt; das ist kein *Gebot*, sondern euer *Schatz*, den ich euch umsonst geschenkt habe; und zwinge niemand dazu, wie Moses, mit Zwang und Strafe, sondern lasse jedermann die Wahl, wer es gern will annehmen. Es ist dir nicht geboten, dass du es müssest Gott zu Dienst thun, sondern dir selbst zu gut, dass du deine Seligkeit da holest, so du anders willst selig werden.'' (Ausl. des 14., 15. u. 16. Cap. Joh. A. 1538. Hal. T. VIII, 403.)

ANTITHESIS.

QUENSTEDTIUS: ,,*Antithesis:* 1. *Pontificiorum*, promissiones evangelicas requirere conditionem justitiae inhaerentis sive operum seu perfectae observationis mandatorum Dei, contendentium. Ita *Concilium Tridentinum* sess. 6. can. 20.: ,Si quis hominem justificatum et quantumlibet perfectum dixerit non teneri ad observantiam mandatorum Dei et ecclesiae, sed tantum ad credendum (quasi vero evangelium sit nuda et absoluta promissio vitae aeternae sine conditione observationis mandatorum): anathema sit.' *Bellarminus* l. 4. de justific. c. 2. §: ,Neque de hac', inquit, ,nos contendimus, evangelio contineri illa omnia, quae adversarii soli legi tribuunt, quae sunt praecipue tria: leges proprie dictae, comminationes et promissiones cum conditione obedientiae.' Idem statuit *Gregor. de Valentia* T. 2. Controv. disp. 7. q. 6. p. 992. 2. *Socinianorum* et *Arminianorum*, non quidem absolute, sed comparate perfectam obedientiam requirentium; ut *Socini* Comm. in Joh. f. 51., *Arminii* respons. ad q. 9. f. 176., *Apolog.* Arminian. c. 15. f. 152. 3. *Novatorum*, salutem sub conditione bonorum operum promissam esse, asserentium. Videatur *Hornejus* disp. de fidei non qualislibet necessitate, th. 37. et alibi passim. Idem in iterata assertione th. 53. inquit: ,Discrimen pacti legalis non in eo consistit, quod lex conditionem operum habeat, evangelium nullam habeat; utrumque enim, sed diversimode, habet; sed lex exactam obedientiam et omnibus numeris perfectam postulet, evangelium gratiam et remissionem praestet, sed poenitentibus et novam vitam, prout in hac fragilitate fieri potest, inchoare sibi proponentibus.' D. *Georgius Calixtus* vero doctrinam de discrimine legis et evangelii invertit, tum alibi, tum in Disp. de pactis. Pactum cum Mose et Israelitis initum vocat pactum evangelicum (verba sunt D. Hulsemanni in Praelect. ad Breviar. c. 8. p. 1176.), idque distinguit in vetus et novum. Vetus appellat postulata et promissiones per Mosen latas sub rigorosa impletione legis; novum vocat doctrinam Christi et apostolorum sub possibili impletione legis, n. 39. 40. 41. 45. 46. 55. 56. Quod iterum πρῶτον ψεῦδος est, per ea, quae apostolus tradidit de differentia legis et evangelii⊦ Rom. 10, 5. 6. sq. et Gal. 3, 18. 21. sq., ubi differentia inter legem et evangelium statuitur in hoc, quod lex operum praestationem requisiverit, tum per naturam, tum per gratiam faciendorum; evangelium vero non opera, sed solam fidem requirat. Vulgatum illud Scholasticorum discrimen constituit, quod lex et evangelium pariter requirant opera, solum autem evangelium conferat etiam vires praestandi etc." (L. c. c. 2. s. 2. q. 2. f. 1019. sq.)

h) Vid. § 3. 5. 6. sqq. et § 20.

i) Vid. *Rom. 4, 15.*, ubi dicitur: ὁ νόμος ὀργὴν κατεργάζεται, *iram operatur*, i. e. *reos irae divinae constituit et ex reatu isto conscientiis terrorem incutit*, ut exponit b. *G. Mylius* p. m. 205. Ipsam vero *maledictionem legis* vide *Gal. 3, 10.* ex *Deut 27, 26.*

LUTHERUS: ,,Was die Sünde, den Zorn oder Tod anzeigt, das übet und treibet des Gesetzes Amt, es geschehe im Alten oder Neuen Testamente." (Disput. wider die Gesetzstürmer. Opp. Hal. XX, 2041.)

IDEM: ,,Das *Gesetz* kann die Seelen nicht erquicken, denn es ist ein Wort, das von uns fordert, und gebeut, dass wir Gott lieben sollen von ganzem Herzen u. s. w., unsern Nächsten als uns selbst. Wer solches nicht thut, den verdammt es und spricht ein solch Urtheil über ihn: ,Verflucht sei jedermann, der nicht alles thut, was im Buch des Gesetzes geschrieben steht', 5 Mos. 27, 26. Nun aber ist es gewiss, dass niemand auf Erden solches thut, darum kömmt das Gesetz mit seinem Urtheil zu seiner Zeit, betrübt und erschreckt nur die Seelen, und wo nicht Rath geschafft wird, dringt es fort, dass sie verzweifeln und ewig verdammt sein müssen. Daher spricht St. Paulus Röm. 3, 20.: ,Durch das Gesetz kömmt nur Erkenntniss der Sünde.' Item Röm. 4, 15.: ,Das Gesetz richtet nur Zorn an', u. s. w. Das *Evangelium* aber ist ein selig Wort, fordert nichts von uns, sondern verkündigt alles Gutes, nämlich, dass Gott seinen einigen Sohn uns armen Sündern geschenkt habe, dass er soll unser Hirte sein, der uns verschmachtete, verlorne und zerstreute Schafe wieder suchte, sein Leben für uns liesse, auf dass er uns also von Sünden, vom ewigen Tod und des Teufels Gewalt erlösete." (Auslegung des 23. Psalms. A. 1536. Ib. V, 400.)

k) Nam *neque* angores aut morsus conscientiae, *neque* coecitatem intellectus in spiritualibus et hinc nascentem repugnantiam, per dubitationes de veritate revelationis, tollit, *neque* fidem aut caritatem accendit. Vid. b. *Mus.* Tract. contra *Steng.* P. III. c. IX. p. 712. 736.

l) Non enim est *lex operum*, sed *fidei, Gal. 3, 2.*

m) Nam, quamvis evangelium, in latiore significatione acceptum, dici possit *concio poenitentiae, non* tamen de *evangelio stricte* sic dicto id enunciandum est. Non enim per se directe tractat agenda et omittenda, neque adeo per se et directe revelat aut arguit peccata. *Passio Christi* autem, quae, *quatenus* est λύτρον pro peccatis et sic causa recuperatae gratiae divinae, *ad evangelium* pertinet, tamen *quatenus* ex peccatis nostris orta iram Dei ob oculos ponit, *ad legem* pertinet, velut realis concio poenitentiae. Vid. Form. C. Art. de Lege et Evang. p. 593.

FORM. CONC.: ,,Demnach, und auf dass beide Lehre des Gesetzes und Evangelii nicht in einander gemengt und vermischt und der einen zugeschrieben werde, was der andern zugehört, dadurch dann leichtlich der Verdienst und die Gutthaten Christi verdunkelt und das Evangelium wiederum zu einer Gesetzlehre gemacht, wie im Pabstthum geschehen, und also die Christen des rechten Trosts beraubt, den sie im Evangelio wider das Schrecken des Gesetzes haben, und dem Pabstthum wiederum die Thür in der Kirchen Gottes aufgethan werde: so muss mit allem Fleiss der wahre eigentliche Unterscheid zwischen dem Gesetz und Evangelio getrieben und erhalten, und was zur Confusion inter legem et evangelium, das ist, dadurch die beide Lehren, Gesetz und Evangelium, verwirrt und in eine Lehre gemengt, Ursach geben möchte, fleissig verhütet werden. Ist derhalben gefährlich und unrecht, dass man aus dem Evangelio, wenn es *eigentlich* also genennt, wie es vom Gesetz unterschieden wird, eine *Buss- oder Strafpredigt* machen wolle. Dann sonst, wann es ingemein verstanden wird von der ganzen Lehre, so sagt auch die Apologia etzlichmal, das Evangelium sei ein Predigt von der Buss und Vergebung der Sünden. Es zeigt aber darneben die Apologia auch das an, dass Evangelium eigentlich sei die Verheissung der Vergebung der Sünden und der Rechtfertigung durch Christum, das Gesetz aber sei ein Wort, das die Sünde straft und verdammt." (Art. V. p. 639.)

ANTITHESIS.

QUENSTEDTIUS: ,,*Antithesis*: 1. *Pontificiorum,* evangelium proprie acceptum non esse tantum concionem gratiae, sed etiam poenitentiae et terroris, affirmantium; vide *Bellarminum* T. 4. l. 4. de justific. c. 2., ubi inquit: ,Cum igitur Christus et omnes apostoli evangelizando terreant et in symbolo apostolico, quod evangelii summam contineat, sit etiam unus articulus de futuro judicio, falso docent Lutherani, proprium esse legis officium, terrere et ad evangelium non pertinere.' . . . 2. *Antinomorum,* ut *Johannis Islebii,* apostatae, et sociorum, asserentium, poenitentiam commodius et rectius addisci ex evangelio, quam ex lege. Item, evangelium in propriissimo suo, maximeque specifico usu ac officio esse concionem poenitentiae simul et remissionis peccatorum. Vide Catal. Haeret. Schlusselburgii l. 4. p. 39. et Confessionem Antinom. ib. p. 46., confer b. Lutherum T. I. Latin. Jen. f. 553. b. 3. *Philippi Melanchthonis,* qui post obitum b. Lutheri errorem istum Antinomorum haud obscure suum fecit in editione postrema Locorum, ubi errores Antinomorum in hoc quidem articulo satis manifeste reposuit; vide a. 4. 5. et 20. spuriae illius et mutatae ac variatae Confessionis August. Philippum secuti sunt *Paulus Crellius* et *Caspar Cruciger* jun.; ille in disp., adv. Joh. Wigandum A. 1571. Witteb. habita; hic in disp. de justific. hominis A. 1570. Witt. instituta th. 10. Vide D. Hutterum in F. C. ad a. 5. p. 559. sq. 4. *Crypto-Calvinistarum* Wittebergensium, qui ἀκυρολογίας antinomicas defendebant, ut apparet ex Catechesi et thesibus, A. 70. et 71. superioris saeculi Wittebergae editis, item ex scripto *Pezelii*, quod complectitur apologiam de definitione evangelii, quod sit praedicatio poenitentiae, A. 71. edito. Confer Hemmingium in Syntagm. vol. theol. p. 713. sq. Quos sequuntur Calviniani *Ursinus* P. 2. Cateches. p. 139., *Bucanus* L. 20. p. 193., *Pareus* in epist. ad Rom. p. 88., *Tossanus* in Not. margin. 1 Tim. 1, 11. 5. *Novorum Prophetarum*, evangelium concionem poenitentiae facientium, vide Vorhof praef. p. 17. et 18." (L. c. c. 2. s. 2. q. 3. f. 1023. sq.)

n) Vid. *Joh. 1, 17.*, ubi in oppositione ad *legem per Mosen datam* dicitur *gratia et veritas per Jesum Christum exorta* adeoque ex evangelio cognoscenda. Conf. *Rom. 3, 24. sqq.* add. *Es. 61, 1. Luc. 4, 18. 19. 20. Matth. 11, 5. cap. 12, 5.*

o) Quanquam *non solis*, ut mox docebitur; his tamen *vel maxime*, et ob finem adjectum. Vid. *1 Tim. 1, 9.*

p) Vid. *Matth. 11, 5. et 28.*

LUTHERUS: „Die Kunst ist gemein; bald ist es geredt, wie das Gesetz ein ander Wort und Lehre sei, denn das Evangelium, aber *practice* zu unterscheiden, und die Kunst ins Werk zu setzen, ist Mühe und Arbeit." (Sermon vom Unterschied des Ges. und Ev. 1532. Opp. Hal. IX, 422.)

IDEM: „Darum so ist das der Christen höchste Kunst und Weisheit, dass (wenn sie das Gesetz verklagt und erschreckt um der Sünden willen, sie sich schlechts an Christum halten, der für die Sünde bezahlt hat und) sie gar nichts wissen vom Gesetz, noch von Werken, noch von einigerlei Gerechtigkeit ihres eigenen Thuns. Gleichwie sonst ausserhalb der Christenheit dies die allerhöchste Weisheit ist, dass man das Gesetz, Werk und die Gerechtigkeit unsers eigenen Thuns aufs allerbeste wisse und allewege vor Augen habe. Darum ists wohl ein Wunder, seltsam und ganz unerhörte Sache in der Welt, dass man den Christen vorgibt und sie lehrt, dass sie des Gesetzes vergessen lernen und davon gar nichts mehr wissen sollen, sondern vor Gott also leben, als ob allerdings gar kein Gesetz wäre. *Denn wo du des Gesetzes nicht also allerdings vergisst, dich sein abthust, und denkst, als wäre kurzum gar kein Gesetz mehr, sondern eitel lauter Gnade, so vermagst du nicht selig zu werden.* Denn durchs Gesetz kommt nur Erkenntniss der Sünden u. s. w. Röm. 3, 20. *Wiederum muss man das Gesetz und Werklehre in der Welt also treiben, als wäre allerdings keine Verheissung noch Gnade nicht.* Und dies um der halsstarrigen, hochfahrenden und wilden Leute willen, denen man sonst nichts anders vor die Augen stellen und fürbilden soll, denn das Gesetz, auf dass sie auch erschreckt und gedemüthigt werden. Denn eben darum ist das Gesetz gegeben, dass es die Sichern und Verstockten erschrecken und tödten und den alten Adam nur wohl angreifen, flugs plagen und martern soll, und soll also beiderlei, Wort und Predigt der Gnaden und des Zorns, nach Rath des Apostels recht ausgetheilt werden. 2 Tim. 2, 2. Darum bedarf man hierzu wohl eines treuen und klugen Lehrers, der das Gesetz dermassen zu treiben und zu gebrauchen wisse, dass es nicht weiter gehe, denn sichs gebührt und gut ist. Denn wenn ich den Leuten das Gesetz also predigen wollte, als, dass sie dadurch vor Gott sollten gerecht und fromm werden, so hätte ich ihm schon bereits allzuviel gethan und über die Schnur gehauen und vermengte diese zweierlei Gerechtigkeit,

als nämlich die Gerechtigkeit, so aus dem Gesetz kommt und meines
eigenen Thuns ist, mit der andern Gerechtigkeit, so ohne Gesetz aus
Gnaden kommt und ohne alle meine Werke und Zuthun mir von Gott
(um Christi willen) gegeben und geschenkt wird.   Und wäre derhalben
allzugar ein grober, ungeschickter Lehrer, der ohne allen Unterschied
das Hunderte ins Tausende würfe und eins ins andere vermengte.
Wenn ich aber die Lehre vom *Gesetz* und Werken dem *alten Adam*, die
Verheissung aber und *Gnade* dem *neuen Menschen* vorhalte und predige, so theile ichs recht.   Denn das Fleisch oder alte Adam, Gesetz
und Werk gehören zusammen, gleichwie der Geist oder neue Mensch,
Verheissung und Gnade auch zusammen gehören.   Darum, wenn ich
merke, dass der Mensch mit dem Gesetz sich genugsam gebrochen hat,
darunter Noth leidet, sich mit seinen Sünden martert und der Gnaden
begehrt, ists wahrlich hohe Zeit und vonnöthen, dass ich ihm das Gesetz sammt der Gerechtigkeit seines Thuns aus den Augen hinwegreisse
und zeige ihm durchs Evangelium die andere Gerechtigkeit, die ihm
Gott ohne seiner eigenen Werke Verdienst und Zuthun allein aus Gnaden (um seines Sohnes willen) anbeut und schenkt, welche Gerechtigkeit denn den Mosen mit seiner Gerechtigkeit weichen heisst und hält
dem erschrockenen Menschen durchs Gesetz die Verheissung von
Christo für, als der um solcher elender Gewissen und der armen Sünder willen kommen ist.   Da wird denn dem armen Menschen recht auf-
geholfen, dass er eine rechte tröstliche Hoffnung und gute Zuversicht
schöpft, ist hinfort nicht mehr unterm Gesetz, sondern unter der Gnade.
Wie ist er aber nicht mehr unterm Gesetz? Antwort: Nach dem neuen
Menschen, welchen das Gesetz allerdings nichts angeht, sondern ist
allein auf Christum gerichtet, wie St. Paulus hernacher 3, 24. auch sagt:
,Das Gesetz währet bis auf Christum'." (Ausführliche Erkl. der Ep.
an die Gal. A. 1535. Ib. VIII, 1545—47.)

ANTITHESIS.

QUENSTEDTIUS: ,,*Antithesis:* 1. *Scholasticorum*, qui statuunt, legem
et evangelium differre: 1. tempore, 2. praeceptis, 3. promissis, 4. sacramentis; vid. *Lombardum* 3. sent. dist. 40. lit. A. et B., *Thomam* in c. 5.
Matth. et in summa P. I. 2. q. 91. a. 5., *Scotum* 3. sent. dist. 40., *Gabriel Biel*, ib. qu. unica. 2. *Pontificiorum*, inprimis *Bellarmini*, qui,
primum discrimen inter legem et evangelium esse, asserit, quod est
inter doctrinam inchoatam et perfectam, l. 4. de justif. c. 3. 4.   *Secundum*, quod lex veniat sola, evangelium vero simul cum gratia, sive quod
lex per Mosen data sit, qui fuerit tantum legislator, evangelium vero
per Christum, quem dicit fuisse non tantum legislatorem, sed etiam
redemtorem.   *Tertium*, quod lex Mosis uni tantum genti data sit, lex
Christi omnibus gentibus. *Quartum*, quod lex umbram et figuras rerum
futurarum magna ex parte complectatur, evangelium ipsum corpus et
veritatem habeat.   *Quintum*, quod lex Mosis, adveniente lege Christi,
mutanda fuerit, Christi autem legi nulla debeat succedere lex alia; ad
quae omnia respondet b. Gerhardus in L. de evangel. § 58. 59. 60. 61.
et D. Dannhauerus in Hodom. Papaea, phant. 6. p. 1031. sq., confer
b. Chemnitium ab initio loci de justif. T. 2. 3. *Socinianorum* et *Arminianorum*, ut et *Vorstii*, discrimen legis et evangelii ratione promissionum constituentium, quod sc. in illa tantum corporales, in hoc spirituales sint promissiones. Vide *Socinum* libro suasorio p. 63., *Ostorodum* in Instit. Germ. c. 5., *Smalcium* c. Franzium p. 220., *Arminium*
disp. de lege et evangelio th. 6., *Vorstium* de auctorit. Script. p. 58.
4. *Swenkfeldianorum*, legem tantum figuratam, umbratilem et externam
justitiam postulasse, fingentium; vide *Swenkfeldium* de V. D. p. 130.
5. *Anabaptistarum* et *Socinianorum*, itemque *Remonstrantium* sive Arminianorum, qui cum Dominicanis et Jesuitis veram legis et evangelii
differentiam pervertunt isthac hypothesi, quod evangelium sit nova lex
novi legislatoris Christi, quae successerit veteri legi Mosis, legislatoris

veteris. Ita *Petrus a Soto,* ‚credere‘, ait, ‚ecclesiam catholicam, a Christo esse novam legem datam‘. *Bellarminus* l. 4. de justif. c. 3. sq. passim N. T. vel evangelium appellat ‚legem Christi‘. *Greg. de Valentia* T. 2. disp. 7. q. 8. ubique ‚legem novam‘ appellat. Vide *Arminianorum* Apol. c. 13. 6. *Synergistarum,* qui vocabulum evangelii stricte sumtum etiam extendebant ad praecepta operum legalium, contra quos decretum est P. 3. Artic. Smalc. p. 329., F. C. in Epit. p. 591., in Declar. p. 709. 7. *Novatorum,* qui legem et evangelium confundunt, dum legem aliam veterem, aliam novam (per quam evangelium intelligunt) faciunt, nec solum credenda, sed etiam facienda ad evangelium revocantes, legem perfectam obedientiam requirere, ajunt; evangelium vero eam saltem, ne peccata regnare permittamus, neque cupiditatibus carnis obtemperemus. Vide D. *Georg. Calixti* Epitom. theol. mor. p. 7. 10. 70., *Hornejum* in iterata assert. th. 53.“ (L. c. s. 2. q. 4. f. 1027. sq.)

§ 24.

Quamvis vero ita differant lex et evangelium, *in praxi* tamen *conjunctissima*[a] esse debent, et quidem quod ad *conversionem*[b] hominum attinet, *lex,* quae agenda atque omittenda tradit et ad accuratissimam eorum observationem obligat,[c] gravissimum reatum transgressoribus quibuslibet denuncians, hoc ipso[d] homines ad agnitionem[e] peccatorum et dolorem[f] de illis perducit atque adeo de mediatore solicitos[g] reddit; *evangelium* vero mediatorem ipsum, et per eum impetrandam Dei gratiam et remissionem peccatorum[h] monstrat. Unde *lex* quidem hominum animos ad recipiendam fidem praeparat,[i] *evangelium* autem fidem ipsam[k] accendit, qua peccatores cum Deo reconcilientur.

a) Vid. b. *Mus.* Praefat. Tr. contra *Steng.* quatern. *B.* I. *a.*

LUTHERUS: „Hic iterum videmus, legem et evangelium, quae inter se longissime distincta et plus quam contradictoria separata sunt, affectu *conjunctissima* esse. . . Quamquam enim re ipsa remotissima sunt illa duo, tamen conjunctissima sunt etiam in eodem corde. Nihil magis conjunctum est, quam timor et fiducia, lex et evangelium, peccatum et gratia. Tam conjuncta enim sunt, ut alterum ab altero absorbeatur. Ideo *nulla mathematica conjunctio potest dari, quae esset huic similis.*“ (Commentar. in ep. S. Pauli ad Gal. ed. Irmischer. Erlangae II, 105. 113.)

b) Vid. l. c. et h. l. cap. IV. § 34.

c) Scilicet hoc *primum* et *perpetuum* atque *commune* est, quod lex praestat. Unde, quod vulgo *triplex* legis usus constituitur, ac *primum* locum obtinet is, quem *politicum* vocant, qui ad disciplinam externam et publicam in societate civili tranquillitatem spectat contra homines feros atque indomitos, quibus poenae suae constituuntur, conservandam, certum tamen est, etiam hic aliquem usum *didacticum supponi,* cujus vi lex instar normae aut regulae se habeat ad disciplinam illam conservandam. Nobis autem h. l. lex in ordine ad homines spiritualiter convertendos et renovandos spectanda est.

d) Est hic *alter* usus legis, quem vulgo constituunt et *paedagogicum* appellant, occasione petita ex *Gal. 3, 14.*, scilicet quod lex, instar paedagogi severioris, hominibus exprobrans suos lapsus eosque terrens atque anxios reddens, faciat, ut liberatorem desiderent et vias omnes, si qua liberari possint, spectent.

> LUTHERUS: „Also ist das Gesetz nicht gegeben, dass wir dadurch gerecht sollten werden, weil es weder Gerechtigkeit noch Leben zu geben vermag. Summa, so hoch der Himmel über der Erden ist, so fern soll das Gesetz von der Justification geschieden werden. Und man soll nichts lehren, sagen, gedenken in dem Artikel die Justification belangend, denn allein das Wort der Gnaden, uns in Christo erzeiget. *Daraus folget aber nicht, dass das Gesetz soll abgethan und in der Kirche von der Kanzel weggenommen werden.* Ja, eben darum ists desto mehr vonnöthen, dass mans fleissig lehre und treibe, dass es nicht allein unnöthig, sondern auch unmöglich ist zur Gerechtigkeit. Auf dass der Mensch, so stolz ist und sich auf seine Kräfte und Vermögen verlässt, daraus unterrichtet werde, dass er durch das Gesetz nicht könne gerecht werden. Denn die Sünde und der Tod sollen darum vornehmlich dem Menschen angezeigt werden, nicht dass sie vonnöthen sein zum Leben und Unschuld, sondern dass der Mensch erkenne seine Ungerechtigkeit und Verdammniss und also gedemüthiget werde. Wenn die Sünde unerkannt bleibet, ist der Mensch vermessen auf seine falsche, erdichtete Unschuld, wie solches an den Heiden und hernach auch an den Pelagianern zu sehen ist. . . Auch ist das falsch und erlogen, dass das Gesetz ohne den Heiligen Geist die Sünde strafe, so doch das Gesetz mit dem Finger Gottes geschrieben ist. 2 Mos. 32, 16. Und alle Wahrheit, wo sie nur ist, ist von dem Heiligen Geist, und das Gesetz verbieten, ist die Wahrheit Gottes verbieten. . . Darum wird das Gesetz nimmermehr in Ewigkeit aufgehaben, sondern bleibet entweder in den Verdammten zu erfüllen, oder in den Seligen erfüllet. Diese aber, des Satans Schüler, haben diese Gedanken, wie es scheinet, dass das Gesetz nur eine Zeitlang gegeben und nach Christi Zukunft aufgehaben sei, wie die Beschneidung. . . Und obgleich das Gesetze nach der Grammatik und dem todten Buchstaben könnte weggethan werden (denn das muss dieser Schwärmer Meinung sein), wie man etwas an einer Tafel geschrieben auslöschet: Lieber, wer will aber das lebendige Gesetz, so in die Herzen geschrieben, und eine Handschrift uns entgegen ist, die sich nicht austilgen lässt (welche eben der Art ist, wie Moses Gesetz), aus unserm *Gewissen* reissen?" (Zweite und dritte Disput. wider die Gesetzstürmer. 1539. XX, 2040 sq. 2043. 2044. 2048.)

e) Quod expresse dicitur *Rom. 3, 20.* Conf. c. VII. et h. l. cap. IV. § 34. not. *e.*

f) Vid. l. c. nota *f.*

g) Quamvis enim mediatorem ipsa lex nesciat neque ostendere aut polliceri possit, facit tamen terroribus suis, ut mens hominis de se juxta legem desperans alibi auxilium quaerat, undecunque illud affulserit.

> LUTHERUS: „Sie haben ihnen erdichtet einen neuen methodum, dass man solle zuerst die Gnade predigen, darnach Offenbarung des Zorns, auf dass man das Wort (Gesetze) ja nicht hören noch reden dürfe. Das ist ein fein Katzenstühlchen, gefället ihnen trefflich wohl

und meinen, sie wollen die ganze Schrift hinein und heraus ziehen, und damit lux mundi werden. Solches soll und muss St. Paulus geben Röm. 1.; sehen aber nicht, wie St. Paulus gerade widersinnisch lehret, fähet an und zeigt erstlich den Zorn Gottes vom Himmel und macht alle Welt zu Sündern und schuldig vor Gott, darnach, so sie zu Sündern worden sind, lehret er sie, wie man Gnade erlanget und gerecht werde, wie die drei ersten Capitel gewaltiglich und klärlich weisen.‟ (Wider die Antinomer. 1539. XX, 2024.) Cf. supra annotata ad P. III. c. 6. § 15. p. 313.

IDEM: „Es gehet uns die Kirche und Christus selbst, darzu auch die Gerechtigkeit nichts an, wo nicht erst die schädliche Vermessenheit überwunden und getödtet ist. Darum sind die *Antinomer* billig werth, dass ihnen jedermann feind sei, welche sich mit unserm Exempel aufhalten und vertheidigen wollen, so doch die Ursach am Tag ist, warum wir *im Anfang* also von Gottes Gnade gelehrt haben. Der verfluchte Pabst hatte die armen Gewissen mit seinen Menschensatzungen gar unterdrücket, hatte alle rechte Mittel, Hülfe und Trost, damit die armen verzagten Herzen wider die Verzweiflung hätten mögen gerettet werden, hinweg genommen; was sollten wir denn *dazumal* anders thun, denn die unterdrückten und beschwerten Herzen wiederum aufrichten und ihnen den rechten Trost vorhalten? Wir wissen aber auch wohl, dass man anders reden muss mit denen, die da satt, zart und fett sein. Wir waren dazumal alle verstossen und sehr geplaget. Das Wasser in der Flaschen war aus, das ist, es war kein Trost vorhanden. Wir lagen wie die Sterbenden, gleichwie Ismael unter dem Strauch. Darum waren uns solche Lehrer vonnöthen, die uns Gottes Gnade vorhielten und lehreten, wie wir uns erquicken möchten. Die Antinomer aber wollen haben, *dass man die Lehre von der Busse schlecht mit der Gnade anfangen soll,* ich aber habe den Process so nicht gehalten. Denn ich wusste wohl, dass Ismael erst ausgetrieben und verzaget worden war, ehe denn er vom Engel den Trost gehört hat. Derohalben habe ich dem Exempel nachgefolget und niemand getröstet, denn nur allein die, so zuvor Reu und Leid über ihre Sünde gehabt und an ihnen selbst verzaget hatten, welche das Gesetz erschrecket, der Leviathan· überfallen und gar bestürzt gemacht hatte.‟ (Ausl. des 1. B. Mose. A. 1536—1545. I, 2143—45.)

KROMAYERUS: „Notamus, *paedagogum* ad Christum, ut lex vocatur Gal. 3, 34., vel esse, qui directe vel qui per indirectum ad Christum nos adducit. *Directe* ad Christum nos ducit (quantum ad significationem), ut olim etiam in V. T., quantum ad observationem, *lex ceremonialis,* quae continebat σκιὰν τῶν μελλόντων, i. e., umbram futurarum ; *indirecte moralis,* quia tantum indicat morbum et quaerere jubet medicum, quicunque tandem sit ille. Hunc vero nobis evangelium ostendit.‟ (Th. posit.-polem. I, 771.)

h) Juxta ea, quae diximus § 21.

i) *Non* autem *efficienter* ad fidem generandam concurrit, *sed* tantum *removendo* impedimentum securitatis et contemtus, ex peccatis non-retractatis natum, adeoque hac ratione disponendo subjectum, quamvis *neque adaequate omnia impedimenta auferat* lex, ut constat ex nota *k*. ad § 23. Conf. b. *Mus.* Tract. contra *Steng.* p. 736.

k) Vid. supra cap. IV. § 34. nota *g.*

§ 25.

In *renovationis*[a] negotio *lex* docendo,[b] quae agenda quaeque omittenda sint, dirigit renatos ad opera vere bona^c efficienda et peccata^d cavenda. Eadem suis comminationibus^e facit, ut desideria carnis fortius reprimantur. Imo et imperfectionem novae obedientiae^f ostendens ad poenitentiam quotidianam^g ducit. *Evangelium* vero, sicut fidem in conversione collatam conservat^h. atque auget, ita ad actus caritatis aliarumque virtutum^i vires spirituales subinde majores confert et animum imperfectae obedientiae ac peccati sensu labascentem^k erigit.

a) Vid. h. l. cap. VI. § 9.   Conf. b. *Mus.* Praef. Tractat. contra *Steng.* quatern. *B. I. b.*

b) Quem vulgo *tertium* usum legis constituunt et *didacticum* appellant, nimirum *speciali* sensu, cum *alias* etiam in *primo* et *secundo* usu lex *docere* dici possit.

LUTHERUS: „Wie das Gesetz gegeben ist ohne Zweifel darum, dass es nicht verworfen, sondern gelehret solle werden, auf dass durch dasselbige die Leute beide Sünd und Tod oder den Zorn Gottes erkennen, also ists auch den *Gottseligen* gegeben, so ferne sie nicht gestorben und noch im Fleisch leben. In Christo, vom Tod auferweckt, ist gewisslich keine Sünde, kein Tod, kein Gesetz, welchen er doch im Leben unterworfen war. Aber derselbe unser Herr Christus ist noch nicht vollkömmlich auferweckt in seinen Heiligen, ja, fähet in ihnen als Erstlingen an vom Tode aufzustehen. In den Gottlosen aber, so in der Kirche mit eingemenget sind und ihre Zahl grösser, denn der Frommen ist, ist er noch aller Dinge todt, ja, er ist gar nichts in ihnen. Dieselbigen sind schlechts unter dem Gesetz und müssen durch das Gesetz, ja, wo es möglich wäre, mit leiblichen Donnerschlägen erschreckt werden. Sofern nun Christus in uns auferweckt ist, sofern sind wir ohne Gesetz, Sünde und Tod. Sofern er aber in uns noch nicht auferweckt ist, sofern sind und bleiben wir unter dem Gesetz, Sünde und Tod. *Darum muss das Gesetz (wie auch das Evangelium) ohne Unterscheid, beide den Gerechten oder Gläubigen und Gottlosen, gepredigt werden.* Den Gottlosen, dass sie dadurch erschreckt, ihre Sünde, den Tod und unvermeidlichen Zorn Gottes, durch welchen sie gedemüthigt werden, erkennen. Den Gottseligen, dass sie dadurch erinnert werden, dass sie ihr Fleisch kreuzigen und tödten sammt den Lüsten und Lastern, dass sie nicht sicher werden. Gal. 5, 24. Denn Sicherheit nimmt hinweg beide Glauben und Gottesfurcht und macht, dass das letzte ärger wird, denn das erste war.“ (Fünfte Disp. wider die Antinomer. 1539. XX, 2055. sq.) Cf. Artic. VI. Formulae Concordiae de tertio usu legis divinae.

ANTITHESIS.

HUTTERUS: *Antithesis:* „Sparsisse *Islebium et complices* hujusmodi placita, testis fide dignus est b. Lutherus, qui Tom. I. Jen. Lat. haec ipsis emblemata adsignat p. 554. et 555.: ‚1. Lex non est digna, ut vocetur verbum Dei. 2. Si meretrix es, si scortator, si adulter es, tantum crede, et es in via salutis. 3. Decalogus ad curiam pertinet, non ad suggestum. 4. Quibus cum Mose res est, ad diabolum tendunt, proinde Moses ad patibulum relegandus. 5. Homines non sunt praeparandi ad evangelium per legem, sed Deus illud facit‘ (scilicet sine lege). ‚6. Quamprimum talis cogitatio animum tuum subit, talem vel talem debere esse statum ecclesiae, sanctos item, justos, pios, castos oportere esse christianos, tum statim ab evangelio aberrasti. 7. Re sistendum est iis, qui docent, evangelium non praedicandum, nisi animis prius quassatis et contritis per legem. 8. Lex non docet bona opera, nec est praedicanda, ut bona opera faciamus. 9. Spiritus sanctus non operatur conversionem per legem, sed per seipsum sine ministerio legis hoc efficit, nec est Spiritus Sancti opus, arguere mundum de peccato. 10. Non est utendum hisce phrasibus in ecclesia Christi: Christiana vita, christiana obedientia, opera christianorum, quia ex operibus seu fructibus non agnosci possunt christiani.' — Sed quid opus est plura addere, cum ex istis furoris antinomici prodigiosa impietas plus satis elucescat? Hunc furorem patrum nostrorum, imo nostra quoque, aetate defendere conati fuerunt nonnulli *Anabaptistae*, qui se *Libertinos* appellabant, contendentes, haud opus esse, ut renatus vitam suam exigat ad normam legis divinae, siquidem ab illa sit liberatus et omne, quod proponit, cogitat, facit, illud sit ex spiritu; imo delirabant, in simplici libertate hominis renati positum esse, vel facere praecepta legis, vel eadem negligere, propterea quod renatus prorsus indifferens sit et liber in quodlibet. Affines huic furori sunt *Schwenckfeldiani*, qui uti simpliciter omne verbum Dei scriptum repudiant et arcanis raptibus sive enthusiasmis omnia tribuunt, ita legem etiam Dei universam aversantur." (Libri Concordiae explicatio. 1611. p. 503—505.)

c) In quae deinde renati spiritu spontaneo feruntur, habentes regulam et normam vitae recte instituendae. Vid. exemplum Davidis, *Ps. 119.* integro.

d) Nempe cognito per legem, quod sint peccata, ideoque ab agendis discernenda.

e) Quamvis enim renati, *quatenus tales* et quoad vires spirituales, valde ipsi cupiant bene agere neque minas, quibus cogantur, expectent; quia tamen in illis, praeter *spiritum*, etiam *caro* superest, terreri hanc oportet, ne spiritui reluctando praevaleat.

f) Semper enim lex plura et meliora poscit, quam praestare queamus. Vid. h. l. § 11.

g) Quam vulgo *stantium* vocant et qua renatos opus habere constat ex cap. IV. § 20. nota *c.*

h) Per easdem enim causas, per quas generatur fides, etiam conservatur. Vid. Ausführl. Erklärung L. XIII. Q. 70. p. 578.

i) Nam sicut, quando *fides* meritum Christi apprehendens in corde hominis contriti per evangelium accenditur, simul etiam *caritas* erga Deum propitium oritur, quae voluntatem hominis renati ad Deum super omnia amandum et omnia, quae Deo grata sunt, praestanda, quae autem adversa sunt, odio prosequenda ac fugienda, in Deo etiam *confidendum*, bona quaevis ab eo *speranda*, *proximum* propter Deum *diligendum* et juvandum etc. inclinat: ita, quando per usum evangelii fides augetur et roboratur, haec quoque simul per evangelium incrementa capere certum est.

k) Ostendit enim, defectus nostros suppleri et peccata tegi per obedientiam Christi perfectam, fidelibus imputatam.

Caput VIII.

DE SACRAMENTIS IN GENERE.

§ 1.

Cum, praeter verbum Dei, etiam *sacramenta* sint regenerationis,[a] conversionis[b] et renovationis,[c] atque adeo fidei conferendae, obsignandae et augendae *organa*, de his etiam distinctius agendum est.

a) Vid. cap. IV. § 9.

b) L. c. § 34.

c) Cap. VI. § 9.

GERHARDUS: „Misericordissimus Deus, et hominum saluti et fidei nostrae imbecillitati consulens, non contentus voluntatem suam plusquam paternam verbo evangelicae promissionis manifestare, externis insuper *signis* eandem confirmatam dedit, ut id, quod de salute nostra in verbo proponitur, externo signo confirmatum, firma et immota fide a nobis apprehenderetur, omnisque ex animis nostris dubitatio excluderetur. ‚Si incorporeus esses‘, scribit *Chrysost.* hom. 60. ad pop. Antioch. et hom. 83. in Matth., ‚nude tibi ipsa dona incorporea (Deus) tradidisset, quoniam vero conjuncta corpori est anima tua, in sensibilibus intelligenda tibi traduntur.‘ Ut ergo hominem, cum *in statu concreatae integritatis* adhuc consisteret, et verbo et signo externo ad debitum obsequium sibi praestandum astrinxerat; ita *post lapsum* et verbo promissionis eundem restituit et signo externo fidem ejus confirmavit, siquidem promissioni de semine mulieris, hoc est, de messia, caput serpentis contrituro, hoc est, opera diaboli destructuro ac sua obedientia et morte amissam justitiam et vitam restituturo, addidit signum externum, ritum scilicet *sacrificandi*, quem non humano arbitrio excogitatum, sed divinitus sancitum fuisse, immotis documentis in tract. de Legg. cerem. et forens. § 14. comprobavimus... *Post diluvium* proponit Deus Noae verbum promissionis et *arcum coelestem* addit in signum foederis Gen. 9, 13. Secuta deinde fuit institutio *circumcisionis* Gen. 17. et *agni paschalis* Exo. 12., quibus in N. T. successit *baptismus* et *coena dominica*, quae dicuntur ‚sacramenta sive mysteria, verba visibilia et invisibilis gratiae visibilia signa‘, *Aug.* 19. contra Faustum cap. 16. et in Levit. quaest. 84. Siquidem per ea oculis quodammodo subjicitur, quod auribus per verbum annunciatur." (Loc. de sacramentis, § 1. 2.)

LUTHERUS: „Gott hat nie ohne äusserliche Mittel seinen Gottesdienst in der Welt haben wollen. Im Alten Testament hat er den Juden eine Weise gegeben, darbei man ihn sollte finden; da war ein gewisser Ort des Tabernakels oder Hütten des Stifts, der Altar, Leuchter, die Leviten, und liess Gott sich nicht finden ohne äusserliche Mittel und Weise. Er hat ihnen allewege ein äusserliches Mittel vorgeschlagen, damit sie ihn ja finden sollten; er liess sie nicht ohne Weise und äusserlich Mittel in der Irre herumgehen. Aber, wie unsere Schwärmer jetzt laufen und lassen von dieser Weise, welche uns Gott gegeben hat im Neuen Testament, also verliessen die Juden auch dieselbige Weise und suchten andere Wege. Gott kann nicht unser Gott sein, er gebe uns denn etwas Aeusserliches, daran wir ihn finden, als, das mündliche Wort und die zwei Sacramente. Wenn ich Gott nicht ergreife durch äusserliche Ding, wie kann ich ihn denn antreffen? Darum sind alle Ketzer wider das erste Gebot gewesen und haben sich daran vergriffen in allerlei Menschenwerken und schneiden aus die Verheissung und Gnade Gottes, so darein gesteckt ist, ja, verleugnen Gott selbst, verwerfen den Nutzen und Brauch, dass man zu der Gnade nicht kommen möge." (Auslegung über etliche Capp. des 5. B. Mose. A. 1529. Opp. Hal. III, 2503. sq.)

IDEM: „Gott hat in allen seinen Zusagen gemeiniglich neben dem Wort auch ein *Zeichen* geben zu mehrer Sicherung oder Stärke unsers Glaubens. Also gab er Noä zum Zeichen den Regenbogen, 1 Mos. 9, 10. 13. Abrahä gab er die Beschneidung zum Zeichen, 1 Mos. 17, 16. Gideon gab er den Regen auf das Land und Lammfell, Richt. 6, 37. ff., und so fortan findet man viel derselben Zeichen in der Schrift neben den Zusagen geben. Denn also thut man auch in weltlichen Testamenten, dass nicht allein die Worte schriftlich verfasst, sondern auch *Siegel* und *Notarienzeichen* daran gehängt werden, dass es je beständig und glaubwürdig sei. Also hat auch Christus in diesem Testament gethan und ein kräftiges alleredelstes Siegel und Zeichen an und in die Worte gehängt; das ist sein eigen wahrhaftig Fleisch und Blut unter dem Brot und Wein. Denn wir arme Menschen, weil wir in den fünf Sinnen leben, müssen je zum wenigsten ein äusserlich Zeichen haben neben den Worten, daran wir uns halten und zusammen kommen mögen, doch also, dass dasselbe Zeichen ein Sacrament sei, das ist, dass es äusserlich sei und doch geistliche Dinge habe und bedeute, damit wir durch das Aeusserliche in das Geistliche gezogen werden; das Aeusserliche mit den Augen des Leibes, das Geistliche innerlich mit den Augen des Herzens begreifen." (Sermon von dem Neuen Testament. A. 1520. Ib. XIX, 1274.) Cf. Luthers sämmtliche Werke. Erlangen. P. XLVII, 82. sq.

GERHARDUS: „Sine ulla absurditate dici potest, *arborem vitae* primis parentibus fuisse instar sacramenti et symboli immortalitatis. Quamvis enim sacramentum illud non fuit peccati remedium (qualia sunt proprie dicta sacramenta post lapsum), tamen fuit gratiae divinae signum. Omissis ergo καιρικοῖς, temporariis atque analogice sic dictis veteribus sacramentis, qualia sunt, arbor vitae ante lapsum, transitus per mare rubrum, esus mannae, aquae de petra eruptio, quin et conservatio in arca tempore diluvii, ros in vellere Gideonis, umbra solis in horologia Achas retrograda etc., de ordinariis, perpetuis et proprie sic dictis V. T. sacramentis, videlicet circumcisione et agno paschali, agemus." (Loc. de circumcis. § 7.)

§ 2.

Vox sacramenti[a] *ecclesiastica* est, cum de ritibus sacris,[b] qui sunt signa[c] et media sive organa conferendae et obsignandae gratiae, accipitur.[d]

a) In *Scripturis* expresse *non* legitur; sed sicut origine latina est, ita in ebraeo atque graeco sermone, ac speciatim in libris V. ac N. T. non reperta est hactenus vox certa, quae illi exacte respondeat. Et *quamvis vox sacramenti in latina bibliorum versione occurrat, proprie tamen et specifice non usurpatur de externis illis ac visibilibus gratiae signis, de quibus hoc loco agimus, sed a scriptoribus ecclesiasticis ad ea demum translata est,* ait b. Gerh. L. d. Sacram. § 5.

GERHARDUS: „Absit, ut *Carolstadii* errorem probemus, qui sacramenti appellationem, cum sit ἀγραφος, simpliciter rejectam voluit; quem diligenter refellit D. Lutherus in lib. contra coel. proph. *Bellarm.* l. 1. de sacram. c. 7. probare conatur, *Lutherum* initio ab hoc nomine abhorruisse, cum in lib. de capt. Babyl. cap. de matrim. statuat, ,in Scriptura non haberi nomen sacramenti in ea significatione, qua hic usurpatur.' Atqui utrumque verum, utrumque a Luthero acceptatur; quamvis enim nomen sacramenti non habeatur in Scripturis, tamen res ipsa hoc nomine denotata in eis habetur. Alia ratio est appellationis ,*sacrificii*', cujus nec nomen, nec res sive propria requisita sacrae coenae in Scripturis tribuuntur. Rectius fecisset Bellarminus, si *Cinglio* Carolstadianam hujus vocabuli rejectionem asscripsisset; is enim in lib. de vera religione p. 2., Operum p. 197. sic scribit: ,Vocem istam *sacramenti* magnopere cupiam Germanis nunquam fecisse receptam, nisi germane esset accepta.' Rationem subjungit: ,Cum enim hanc vocem sacramentum audiunt, jam aliquid magnum sanctumque intelligunt, quod vi sua conscientiam a peccato liberet.' " (L. c. § 5.)

b) Apud *profanos* scriptores legitur significasse non solum *pecuniam*, a litigantibus apud judicem depositam, eo fine, ut, qui vicisset, suam reciperet, qui causa cecidisset, ejus pecunia fisco cederet, sed et *sponsionem* solvendae ab eo, qui judicio victus fuerit, pecuniae, imo et *juramentum*, praecipue *militare*. Postremam significationem respexisse videtur *Tertullianus*, qui primus Latinorum patrum ad denotandum actum, quo baptizandi Deo se obligant et fideliter ac strenue sub vexillis Christi contra satanam pugnaturos religiose promittunt, vocem adhibuit, L. de *Corona militis*. Unde factum est, ut non solum ritus totus *baptismi*, sed et *s. coenae* sacramentum diceretur, quamquam et *alias* hoc nomen *generalius* ad res sacras et secretas quasvis, itemque signa rerum sacrarum, etsi ab hominibus instituta, adhibitum sit. Conf. b. *Gerhard.* l. c. § 3. et 7.

GERHARDUS: „In usu *ecclesiastico* sacramenti vocabulum *tripliciter* potissimum usurpatur: 1. *Generalissime* pro re arcana et secreta, ut apparet ex latina bibliorum translatione 1 Tim. 3, 16. Apoc. 17, 7. et alibi passim. Hoc sensu *Tertullianus* lib. 4. contra Marcion. christianismum vocat ,religionis christianae sacramentum'. *Hieron.* tom. 9. p. 59. ,Sacramenta Dei sunt praedicare, benedicere ac confirmare, communionem reddere, visitare infirmos, orare.' *Augustin.* in enarr. Psal. 33. et alibi passim mysticam sive allegoricam Scripturae expositionem vocat ,sacramentum'. 2. *Specialius* accipitur pro quavis rei sacrae signo, si vel maxime non sit divinitus in N. T. institutum, sed vel ex veteri desumptum, ut *chrisma*, vel a piis viris excogitatum, ut *signum crucis*. *Aug.* lib. 2. contra lit. Petil. cap. 104. ,*unctionem*' appellat ,sacramentum', idque discernendum dicit ab invisibili unctione caritatis lib. 19. contra Faustum c. 14.; ,*signum crucis*' inter sacramenta numerat in enarr. Psal. 141., et addit rationem: ,quia in fronte erubescitur, ipsam ignominiam quodammodo et quam pagani derident, in loco pudoris nostri constituit, ne de cruce erubescamus'; lib. 4. de Symb. ad Catechum. c. 1. et in Ps. 65. omnes ,ritus', qui in actione ,baptismi' tunc temporis adhibebantur, vocat sacramenta. Inde *Lomb.* in genere definit lib. dist. 1. B.: Sacramentum est ,sacrae rei signum'. 3. *Specialissime et maxime proprie* accipitur pro solenni actione divinitus instituta, in qua per externum et visibile signum applicatur et obsignatur promissio evangelii propria, quo sensu duo tantum N. T. numerantur sacramenta, baptismus et coena domini. *Aug.* lib. 3. de doctr. christ. c. 9.: ,Pauca pro multis, eaque factu facillima et intellectu augustissima et observatione castissima ipse Dominus et apostolica tradidit disciplina, sicut est baptismi sacramentum et celebratio corporis et sanguinis Domini.' " (Loc. de sacr. § 6.)

c) Sic expresse appellantur in *August. Conf.* art. XIII., *partim* videlicet, quod *sint notae professionis inter homines, partim* et praecipue ex vi *divinae institutionis*, ut sint *signa et testimonia voluntatis Dei erga nos ad excitandam et confirmandam fidem in his, qui utuntur, proposita.* Et b. *G. Mylius ad cap. IV, 12. Epist ad Rom.* p. 200. scribit: *Sacramenta si proprio Scripturarum vocabulo appellare velimus, signa simpliciter appellabimus.* Sunt autem sacramenta signa, *non* ratione rei terrenae praesentis, ad rem coelestem absentem referendae (haec enim in s. coena etiam substantialiter praesens est), *sed* quod actio circa rem externam et subjectum seu hominem occupata significet actionem spiritualem, quam Deus mediante ritu externo praestiturus est, quando homo non repugnat. Quamquam et ipsa *res externa* seu materia terrena *signum* materiae *coelestis*, substantialiter quidem sed invisibiliter praesentis, esse potest.

d) Quod *omnino* observandum est. *Neque* enim sacramenta nihil aliud sunt, quam *signa nuda*, mere σημαντικὰ, sed simul *instrumenta, per* quae *donatur Spiritus, qui fidem efficit* aut confirmat, juxta Art. V. Aug. Confess. Et b. *Mylius* l. c. p. 199. de Sacramento Circumcisionis agens scripsit, *noluisse Deum verbo duntaxat agere cum patriarcha* (Abrahamo), *sed visibili etiam signo, ut non per auditum tantum, sed per visibilem etiam notam gratia coelestis animo patriarchae* NB. *influeret, adeo ut signi istius intuitu certior etiam et confirmatior redderetur ipsius animus de justitia per fidem gratuito accepta.* Quae quidem *nec* ad solum Abrahamum, *neque* circumcisionem solam, *sed* ad omnia sacramenta et sacramentis recte utentes homines similiter spectant.

GERHARDUS: „Apparet, *genus* in definitione sacramenti a Bellarmino constitui *signum*. Quamvis vero non inviti fateamur, sacramenta ratione officii et finis esse ac dici posse signa, quia significant, efficiunt, applicant et obsignant fide utentibus beneficia evangelii propria, tamen *proximum et adaequatum sacramenti genus negamus esse signum*. 1. Quia aliud est res ipsa, aliud ejus officium ac finis, aliud appellatio ejus ex officio, aliud definitio ex essentia. Definitio est λόγος οὐσίας, ergo genus in definitione peti debet ex rei definitae *essentia;* jam vero esse signum non pertinet ad quidditatem sacramenti, sed ad ejus finem et usum. Ergo non est genus verum et proprium. 2. Definitio debet constare ex prioribus et *notioribus*. Sacramenta esse signa et sigilla, non est ex prioribus et notioribus, quia ipsorum cognitio pendet ex actionibus et ceremoniis; hae enim cum fine, qui est signare, conjunctae dicuntur signa et sigilla. 3. Proprium genus debet esse *propinquum*. Signum autem est genus sacramenti remotum, tum quia a fine petita est haec denominatio, tum quia mediantibus actionibus certo verbo et externo elemento constantibus signant. 4. *Pars* rei non est genus rei ut totius. Signa in oculos incurrentia sunt pars sacramentorum, una terrena scilicet, cui adjuncta res coelestis invisibilis sacramentum proprie dictum constituit. 5. Genus non debet esse *ambiguum*. Atqui vox signi est ambigua, usurpatur enim a quibusdam in definitione sacramenti, ut denotetur sacramentorum totam *essentiam* in significando consistere; ab aliis vero, ut *finis* sacramentorum in significando et obsignando positus hac appellatione exprimatur. Qui *Calvinum* sequuntur, itidem sacramenta definiunt per signa. Duplicem autem significationem in sacramentis constituunt; unam, qua res terrena significet rem coelestem absentem; alteram, qua integrum sacramentum significet gratiam spiritualem. *Cingl.* lib. de peccato originis: ‚Signa nihil quam externae res sunt, quibus in conscientia nihil efficitur.' In Confess. ad Imp.: ‚Credo, imo certo scio, omnia sacramenta tam abesse ut gratiam conferant, ut ne afferant quidem et dispensent.‘ *Calvinus* in Catech.: ‚Sacramentum nihil aliud est, quam externa divinae erga nos benevolentiae testificatio, quae visibili signo spirituales gratias figurat.‘ . . . Aqua baptismatis nullibi dicitur signum spiritualis ablutionis, sed ‚ex aqua et spiritu‘ dicitur fieri regeneratio Joh. 3, 5. ‚Per lavacrum regenerationis et renovationis salvari‘ dicimur Tit. 3, 5. ‚Lavacro aquae in verbo mundari‘ dicitur ecclesia Eph. 5, 27. ‚Baptisma nos salvare‘ dicitur 1 Pet. 3, 21. Panis eucharisticus non dicitur signum, sed ‚communicatio corporis‘ et vinum eucharisticum non dicitur signum, sed ‚communicatio sanguinis Christi‘, 1 Cor. 10, 16.; utique ergo non in significando tantum, sed in conferendo et applicando signa sacramentalia consistunt. . . Sacramenta nos ponimus in praedicamento *actionis* et ex eodem genus definitionis petimus, cum definitum et genus definitionis in eodem oporteat esse praedicamento. Ceterum sacramentum esse actionem, probamus: 1. Ex institutione divina singulorum sacramentorum, in qua Deus expresse requirit et praescribit actionem. . . Cum autem varia sunt actionum genera, ideo addendum, quod sacramenta sint *actiones divinae, sacrae et solennes*, nimirum quia divinitus sunt institutae et quia Deus nobiscum in illis agit et vicissim cum Deo nobis in illis res est. . . Praeterea hoc προςδιορισμῷ, quod sacramenta sint actiones sacrae et solennes, restringitur quodammodo hoc genus et distinguitur a quavis actione politica naturali ac ludicra, cum tota haec actio ex Dei institutione dependeat, ideoque sacra sit et solennis ac reverentiam debitam requirat.“ (Loc. de sacram. § 22—25.)

§ 3.

Requiritur[a] vero ad sacramentum *proprie* et *stricte* sic dictum, 1. ut sit actio a Deo *mandata;*[b] 2. ut habeat *elementum*[c] *visibile* divinitus praescriptum; 3. ut habeat *promissionem* gratiae[d] evangelicae.

a) Equidem requisita sacramenti in genere, aeque ac nomen ipsum, *in Scripturis* expresse *non* leguntur, sed *generalis doctrina de sacramentis ex iis, quae in specie de singulis in Scriptura habentur, deducenda est*, monente b. *Gerhardo* L. de Sacram. § 11., ubi etiam hac ratione *primo omnium de requisitis verorum et proprie sic dictorum sacramentorum* tractat, et allegat verba b. *Chemnitii* P. II. Exam. Conc. Trid. p. 14.: *Baptismus et eucharistia omnium confessione vere et proprie sunt sacramenta: inde igitur colligemus, quae tanquam substantialia requirantur, ut aliquid vere et proprie sit sacramentum (N. Test.). Haec enim erit simplicissima et certissima demonstratio.* Sic ergo ex eorum, quae sine dubio sacramenta sunt, conceptibus communibus, in quibus ista conveniunt, cognoscitur, ea, quae forte dicuntur sacramenta, requisita autem illa communia non habent, non esse ejusdem rationis et quidditatis sacramenta cum his, quae proprie sic dicuntur, verum aequivoce sic dicta. Conf. b. *Mus.* Ausführliche Erklärung L. XVI. Qu. 81. p. 667. 668. et b. *D. Carpzov.* Disp. Inaug. de Sacram. in Genere, Aphorismi I. Pontificii Confutatione § 6., quem sequitur b. *Scherzerus* Brev. Hülsem. auct. cap. X. Thes. III. p. 549.

b) Et quidem *expresse* in Scripturis mandatum ejusmodi extare, necesse est.

c) Sive *rem* aut *substantiam* quandam, corpoream et sensibilem, circa quam sacro modo tractandam occupetur actus externus aut ritus sacramenti.

d) Quae est de *remissione peccatorum* et beneficiis spiritualibus connexis.

QUENSTEDTIUS: „Ab institutione et dispensatione sacramentorum N. T. assumta *humana natura Christi* non est excludenda. Secundum quam naturam enim Christo competit ‚omnis potestas in coelo et in terra‘, secundum eam etiam ipsi competit potestas instituendi sacramenta; sed secundum humanam naturam vi unionis personalis ipsi competit omnis potestas, Matth. 28, 8. Ergo. *Minor* probatur ex voce dationis; quod enim Christo in tempore datum est, id ei secundum *humanam* naturam datum est; sed omnis potestas etc. Ergo etiam potestas sacramenta instituendi. Non competit autem Christo haec potestas secundum humanitatem *organice et potestate delegata*, ut volunt Bellarminus l. 1. de Sac. c. 23. (ubi ait: ‚Christi humanitas est instrumentum conjunctum divinitati hypostatice, et ideo Christo, ut homini, tribuitur quaedam potestas ministerialis‘) et Becanus c. 5. de Sacram. q. 1. n. 2.; sed altiori modo et *communicative*, ob virtutem infinitam ex unione hypostatica acceptam." (Th. did.-pol. P. IV. c. 3. s. 1. th. 5. f. 1032.)

§ 4.

Causa *efficiens principalis*[a] sacramentorum Deus[b] trinunus[c] est, et Christus in assumta[d] carne.

a) Seu quae non solum sua auctoritate *instituit* ac *determinat*, quaenam actiones aut qui ritus, tanquam media gratiae, et quomodo aut qua ratione celebrari debeant, ac *mandat*, ut celebrentur (ita ut sit causa, cum quoad *speciem*, tum quoad *exercitium* actus), verum etiam sacramenta ipsa, tanquam organa, *elevat* ad gratiam spiritualem conferendam.

b) Et is quidem *solus;* qui solus auctor gratiae est, ideoque solus media, per quae gratiam illam, quam libere confert, conferre velit, definire potest, solus etiam vim infinitam, per quam sacramenta apta reddantur ad conferandam gratiam, communicare illis potest.

LUTHERUS: „Da der Teufel sahe, dass Gott eine solche heilige Kirche bauete, feierte er nicht und baute seine Capelle dabei, grösser denn Gottes Kirche ist, und thät ihm also: er sahe, dass Gott äusserliche Dinge nahm, als Taufe, Wort, Sacrament, Schlüssel u. s. w., dadurch er seine Kirche heiligte (wie er denn allezeit *Gottes Affe* ist und will alle Dinge Gotte nachthun und ein bessers machen), nahm er auch äusserlich Ding vor sich, die sollten auch heiligen, gleichwie er thut bei den Wettermachern, Zauberern, Teufelsbannern u. s. w.; da lässt er auch wohl das Vater-Unser beten und Evangelium über lesen, auf dass es gross Heiligthum sei. Also hat er *durch die Päbste und Papisten* lassen weihen oder heiligen Wasser, Salz, Kerzen, Kräuter, Glocken, Bilder, Agnus Dei, Pallia, Altar, Caseln, Platten, Finger, Hände; wer wills alles erzählen? zuletzt die Mönchskappen so heiligen, dass viel Leute drin gestorben und begraben sind, als wollten sie dadurch selig werden. Nun wäre das wohl fein, wenn man Gottes Wort, Segen oder Gebet über die Creatur spräche, wie die Kinder über Tische thun, und über sich selbst, wenn sie schlafen gehen und aufstehen, davon St. Paulus sagt 1 Tim. 4, 5.: ‚Alle Creatur ist gut und wird geheiligt durchs Wort und Gebet.‘ Denn daraus kriegt die Creatur keine neue Kraft, sondern wird bestätigt in ihrer vorigen Kraft. Aber der Teufel sucht ein anders, sondern will, dass durch sein Affenspiel die Creatur eine *neue* Kraft und Macht kriege. Gleichwie das Wasser durch Gottes Wort eine Taufe wird, ein Bad zum ewigen Leben, die Sünde abwäscht und selig macht, welches ist nicht des Wassers Natur noch Macht, und Brot und Wein Leib und Blut Christi wird, durch Auflegen der Hände Sünden vergeben werden nach Gottes Einsetzung, also will der Teufel auch, dass sein Gaukelwerk und Affenspiel kräftig sei und über die Natur etwas thue. Weihwasser soll Sünde tilgen, es soll Teufel austreiben, soll den Poltergeistern wehren, soll die Kindbetterin schirmen, wie uns der Pabst lehret u. s. w. Aquam sale; so soll Weihsalz auch thun; Agnus Dei, vom Pabst geweiht, soll mehr thun, weder Gott selber zu thun vermag. . . Darum hat nun ecclesia, das heilige christliche Volk, nicht schlecht äusserliche Worte, Sacramente oder Aemter, wie der Gottes Affe, Satan, auch und viel mehr hat, sondern hat sie *von Gott geboten, gestift und geordnet*, also dass er selbst (kein Engel) dadurch mit dem Heiligen Geist will wirken. . . Solch Stück fehlet in des Teufels Sacramenten und Kirchen; da kann niemand sagen: Gott hats geboten, befohlen, eingesetzt, gestift, er will selber da sein und selber alles thun; sondern so muss man sagen: Gott hats *nicht* geboten, sondern verboten, Menschen habens erdichtet, oder vielmehr der Gottes Affe hats erdichtet, und die Leute damit verführt. Denn er wirket auch nichts, denn was zeitlich ist, oder wo es geistlich soll sein, ists eitel Trügerei. Denn er kann damit nicht ewiglich Sünde vergeben und selig machen, wie er leuget, durchs Weihwasser, Messen und Möncherei, ob er gleich eine Kuh kann wieder lassen ihre Milch kriegen, die er selbst zuvor durch seine Prophetin und Pfäffin gestohlen hat." (Von den Conciliis u. Kirchen. 1539. Opp. Hal. XVI, 2807. sqq. 2811. 2812.)

c) Nempe ea, quae de institutione, mandato et concursu Dei diximus, habent se per modum operis *ad extra*.

d) Scilicet respectu sacramentorum N. Test., de quibus suo loco distincte videbimus.

§ 5.

Causa *impulsiva interna* est bonitas[a] Dei, *externa* seu meritoria est meritum[b] Christi.

a) Quod facile patet, si cogitemus, sacramenta esse *media* gratiae. Ac praeterea monent nostri, Deum infirmitatem nostram spectasse (quam ideo quidam causam προκαταρκτικήν vocant), ex qua fiat, ut de promissionibus evangelicis facile dubitemus; ideo pro suo in nos amore non fuisse contentum revelatione evangelii, sed signis externis confirmare voluisse, quod de salute nostra in verbo docetur. Conf. b. *Gerhard.* l. c. § 1. 2.

b) Sic enim ἐν Χριστῷ, *in Christo*, ut mediatore, et sic propter illum, *benedicimur omni benedictione spirituali* juxta *Eph. 1, 3.*, unde recte infertur, quod etiam *propter* eum mediis gratiae sacramentalibus donemur.

§ 6.

Causa *minus principalis*[a] *ordinarie* est minister[b] ecclesiae, in casu *necessitatis* autem laicus aut femina.[c]

a) Sive, quae sacramentum *in usu constituit* atque ad causandum *applicat*, *dependenter* quidem ab auctoritate, et exacte *juxta* institutionem causae principalis, Dei. Unde constat, actum illum non per ludum et jocum, sed tanquam *serium* et *sanctum* celebrandum esse, ut sit sacramentalis, licet *non* ideo ad sacramenti veritatem atque efficaciam requiratur administrantis *dignitas* aut *intentio*.

ARTICULI SMALCALDICI: ,,Und thut die Person gar nichts zu solchem Wort und Amt, von Christo befohlen; es predige und lehre es, wer da wolle; wo Herzen sind, die es gläuben und sich daran halten, denen widerfährt, wie sie es hören und gläuben." (Tract. de potest. et prim. papae, p. 333.) Cf. Conf. Aug. artic. VIII. p. 40. Apolog. A. C. art. 4. p. 162. § 47.

QUENSTEDTIUS: ,,De *intentione* ministri intricatior est disputatio. Εὐσχημοσύνης est, eum, qui sacramenta exhibet, ad aram offerre intentionem bonam faciendi, quod Dominus instituit, animum non peregrinantem, sed praesentem. Necessitatis est, observari actu externo intentionem Christi. Dico *actu externo*, nequaquam enim necessaria est intentio ministri interna faciendi, quod facit ecclesia. Nam (1.) si *nulla qualitas* ministri in genere addit demitque aliquid sacramenti integritati, nihil igitur eidem adimet in specie intentionis defectus, nihil addet praesentia; (2.) sic *infidelitas* humana Dei fidem posset in irritum revocare, contra Paulum l. c.; (3.) quo *major* intentio, hoc quoque major esset effectus sacramenti; (4.) uti *verbo audibili* nihil addit adimitve affectus ministri, Phil. 1, 17., ita nec verbo visibili. Concio sive prodeat ab intendente non concionari, sive ob malum finem concionari, aeque est efficax; (5.) quia nemo sic de accepto baptismo *certus* esse posset." (L. c. s. 1. th. 7. f. 1033. sq.)

ANTITHESIS.

QUENSTEDTIUS: ,,*Antithesis*: 1. *Donatistarum*, qui efficaciam sacramentorum ministrorum sanctitati et dignitati adscribebant. Vid. l. 7. Augustini c. Donatistas. 2. *Anabaptistarum*, qui etiam ministri sanctitatem ad sacramenti integritatem requirunt, quibus oppositus est aphorismus in A. C. a. 8.: ,Sacramenta et verbum propter ordinationem et mandatum Christi sunt efficacia, etiamsi per malos exhibeantur.' 3. *Pontificiorum*, docentium, ad sacramenti integritatem, veritatem et virtutem requiri ministri intentionem, quae non tantum respiciat externum actum conferendi sacramentum juxta formam institutionis, sed et ipsum finem et effectum sacramenti. Sic enim *Concil. Trident.* sess. 7. can. 11.: ,Si quis dixerit, dum sacramenta conficiunt et conferunt, non requiri intentionem, saltem faciendi, quod facit ecclesia, anathema sit.' . . . Obs. tamen, non omnes scholasticos et Pontificios eodem modo hic sentire et loqui. Miraque hic est contradictio in doctrina pontificia; volunt enim sacramenta conferre gratiam ex opere operato et infallibiliter gratiam operari, et tamen eorum non efficaciam modo, sed existentiam omnem a ministrorum intentione suspendunt. Certe circa naturam istius intentionis mire inter se digladiantur; alii enim actualem requirunt, alii habitualem tantum, alii, primam non necessariam et secundam insufficientem statuentes, tertiam omnino urgent, quam virtualem vocant. *Thomas* in habituali acquiescit P. 3. q. 64. art. 8. Sed *Scotus* mediam reperiit inter actualem et habitualem, quae dicatur virtualis, quam Jesuitae arripiunt. 4. *Novatorum*, intentionem baptizantis ad formam baptismi requirentium, vid. D. Georg. Calixti Annot. ad Concil. Trid. canonem praedictum p. 24. et in disp. de Bapt. th. 131., ubi intentio baptizantis ad formam baptismi requiritur. Obs. vero, verba Tridentinorum: ,Requiri intentionem faciendi, quod facit ecclesia' (quibus etiam quandoque D. Calixtus utitur), non solum de ipso actu, sed etiam de fine sacramenti intelligi posse, quod ipse Bellarm. non negabit, vid. ipsum c. 28. § 17. Ipseque Chemnitius l. citando neutram intentionem ministri ad integritatem sacramenti necessario requiri ostendit." (L. c. s. 2. q. 1. f. 1039.)

b) Vid. *1 Cor. 4, 1.* Nempe *dispensatores mysteriorum Dei* sunt dispensatores non solum verbi, sed et sacramentorum, in quibus abscondita sunt beneficia Dei. Caeterum ipse quoque *Christus* in statu exinanitionis sacramentum unum (s. coenae) *administravit*, cum institueret, prout officio docendi alias functus fuit.

c) Si enim sine periculo amittendae salutis homo carere non possit sacramento et absit ordinarius minister, satius est, ab alia persona fieri, quod omitti sine periculo nequit, quam ut homo sacramento donandus damnum ferat. Et Deus per sacramenta efficax est, quisquis sit, qui administrat, modo recte administret. Vid., quae de Circumcisione et Baptismo infra dicentur.

LUTHERUS: „Die heilige Stätte oder Kirche lehret also, dass weder Priester noch Christen ein einiges Sacrament machen, auch die heilige christliche Kirche selbst nicht. . . Also der Täufer macht keine Taufe, sondern Christus hat sie zuvor gemacht; der Täufer reicht und gibt sie allein. Denn da stehet Christus Ordnung, die ist, wie St. Augustinus spricht: ,Accedit verbum ad elementum et fit sacramentum', wenn man Wasser nimmt und thut sein Wort dazu, so ists eine Taufe, wie er befiehlt Matth. am letzten V. 19.: ,Gehet hin, lehret alle Heiden und täufet sie im Namen des Vaters und des Sohnes und des Heiligen Geistes.' Dieser Befehl und Einsetzung die thuts, die machen, dass Wasser und Wort eine Taufe ist, unser Werk oder Thun, ex opere operato, thuts nicht. Denn es heisst nicht darum eine Taufe, dass ich täufe oder das Werk thue, wenn ich auch heiliger denn St. Johannes oder ein Engel wäre; sondern darum heisst mein Taufen eine Taufe, dass es Christi Wort, Befehl und Einsetzung also geordnet hat, dass Wasser und sein Wort sollen eine Taufe sein. . . Also auch, dass Brot und Wein Christi Leib und Blut werde, ist nicht unsers Thuns, Sprechens, noch Werks, viel weniger des Chresems oder Weihe Schuld, sondern es ist Christi Ordnung, Befehl und Einsetzung Schuld; derselbe hat befohlen (wie St. Paulus sagt 1 Cor. 11, 23.): Wenn wir zusammen kommen und seine Worte über Brot und Wein sprechen, so soll es sein Leib und Blut sein; dass wir hier auch nicht mehr thun, denn reichen und geben Brot und Wein mit seinen Worten nach seinem Befehl und Einsetzung. Und solch sein Befehl und Einsetzung vermag und schafft, dass wir nicht schlecht Brot und Wein, sondern seinen Leib und Blut darreichen und empfahen, wie seine Worte lauten: ,Das ist mein Leib, das ist mein Blut'; dass nicht unser Werk oder Sprechen, sondern der Befehl und Ordnung Christi das Brot zum Leibe und den Wein zum Blut macht, von Anfang des ersten Abendmahls bis an der Welt Ende und durch unsern Dienst oder Amt täglich gereicht wird. . . Denn das müssen wir gläuben und gewiss sein, dass die Taufe nicht unser, sondern Christi sei; das Evangelium nicht unser, sondern Christi sei; das Predigtamt nicht unser, sondern Christi sei; das Sacrament nicht unser, sondern Christi sei; die Schlüssel oder Vergebung und Behaltung der Sünden nicht unser, sondern Christi sei.

Summa, die Aemter und Sacramente sind nicht unser, sondern Christi; denn er hat solches alles geordnet und hinter sich gelassen in der Kirche, zu üben und gebrauchen bis an der Welt Ende und leuget noch treuget uns nicht; darum können wir auch nichts anders daraus machen, sondern müssen seinem Befehl nach thun und solches halten. Wo wirs aber ändern oder bessern, so ists nichts, und Christus nicht mehr da, noch seine Ordnung; und ich will nicht sagen, wie die Papisten, dass kein Engel noch Maria könne wandeln u. s. w., sondern so sage ich: wenn gleich der Teufel selbst käme (wenn er so fromm wäre, dass ers thun wollte oder könnte), aber ich setze, dass ichs hernach erführe, dass der Teufel so herein in das Amt geschlichen wäre oder hätte sich gleich lassen, als in Mannsgestalt, berufen zum Pfarramt und öffentlich in der Kirche das Evangelium gepredigt, getauft, Messe gehalten, absolvirt und solch Amt und Sacrament als ein Pfarrherr geübt und gereicht nach dem Befehl und Ordnung Christi; so müssten wir dennoch bekennen, dass die Sacramente recht wären, wir rechte Taufe empfangen, recht Evangelium gehöret, rechte Absolution krieget, recht Sacrament des Leibes und Blutes Christi genommen hätten. *Denn es muss unser Glaube und Sacrament nicht auf der Person stehen, sie sei fromm oder böse, geweihet oder ungeweihet, berufen oder eingeschlichen, der Teufel oder seine Mutter, sondern auf Christo, auf seinem Wort, auf seinem Amt, auf seinem Befehl und Ordnung.* Wo dieselben gehen, da muss es recht gehen und stehen, die Person sei wer und wie sie wolle oder könne. Und so man die Person sollte ansehen, was ists für eine Predigt, Taufe und Sacrament, so Judas und alle seine Nachkommen nach Christi Befehl gethan und gereicht haben und noch thun, anders, denn des Teufels Predigt, Taufe, Sacrament, das ist, durchs Teufels Glieder uns gereicht und gegeben? Aber weil das Amt, Wort, Sacrament, Ordnung *Christi* und nicht Judas noch des Teufels ist, lassen wir Judam und den Teufel Judas und Teufel sein, nehmen gleichwohl durch sie die Güter Christi. Denn da Judas zum Teufel fuhr, nahm er sein Apostelamt nicht mit sich, sondern liess es hinter sich, und kriegts Matthias an seine Statt. Die Aemter und Sacramente bleiben immerdar in der Kirche, die Personen ändern sich täglich. Man berufe und setze nur drein, die sie können ausrichten, so gehen und geschehen sie gewiss. Der Gaul ist gezäumt und gesattelt, setze darauf auch einen nackten Knaben, der reiten kann, so gehet der Gaul eben so wohl, als wenn ihn der Kaiser oder Pabst ritte.'' (Von der Winkelmesse und Pfaffenweihe. 1533. Opp. Hal. XIX, 1547—1552.)

GERHARDUS: ,,Flagellat Bellarm. lib. 1. de Sacram. c. 24. et lib. 4. de Euchar. c. 16. D. *Lutherum*, quod docuerit, ,quemvis hominem baptizatum potestatem et jus habere administrandi sacramenta'. Sed novit Bellarminus, nos haudquaquam confusionem in ecclesia probare, neque cuiquam, nisi legitime ad ministerium vocato, potestatem administrandi sacram coenam concedere, ne quidem in casu necessitatis, cum dispar ratio sit inter baptismum et sacram coenam. Lutherum quod attinet, is non concedit omnibus baptizatis absolute et simpliciter potestatem administrandi sacramenta, sed loquitur de *generali quadam aptitudine*, quam christiani ad sacramenta respectu infidelium habent, quod per baptismum in foedus Dei recepti idonei et apti sint ad hoc officium, si scilicet legitime vocentur; hanc generalem aptitudinem opponit Lutherus *characteri sacerdotali*, de quo scholastici et pontificii disputant, quod per ordinis sacramentum in anima suscipientis causetur potestas quaedam spiritualis, per quam sacerdos fiat habilis ad conficiendam eucharistiam, ita ut sine illa nullo modo confici possit, et in hujus potestatis signum animae characterem imprimi dicunt.'' (L. de sacramentis § 29.)

TILEM. HESHUSIUS: ,,Im Fall der Noth, da man ordentlich beru⸗ fene Kirchendiener nicht haben kann, ist kein Zweifel, dass ein jeglicher Christ Macht habe aus Gottes Wort und nach christlicher Liebe

befugt sei, den Kirchendienst mit Verkündigung Gottes Worts und
Austheilung der Sacramente zu verrichten. . . Von dem Nothfall aber
reden wir hie, wenn man rechtschaffene und wahre Diener der Kirche
nicht haben kann, was alsdann einem Christen zustehe. Als wenn
etliche Christen an dem Orte sind, da überall kein bestellter Seelsorger
ist; wenn etliche Christen um der Wahrheit willen gefangen liegen
oder in Gefährlichkeit wären auf dem Meer; oder wenn etliche Christen unter den Türken sässen oder im Pabstthum, da keine rechten
Pfarrer sind; wenn etliche Christen unter den Calvinisten oder
Schwenkfeldianern oder Adiaphoristen oder Majoristen sässen, von
denen, als von falschen Lehrern, sich nach Gottes Befehl müssten
absondern; oder wenn etliche Christen unter solchen Pfarrern oder
Kirchendienern sässen, die öffentliche Tyrannei übeten und die rechten
Bekenner der Wahrheit grausamlich verfolgten, damit sie dann auch
genugsamlich an den Tag geben, dass sie nicht Gliedmassen der wahren Kirche wären, und derhalben gottselige Christen schuldig, sich
ihrer Gemeinschaft zu enthalten, auf dass sie ihre Tyrannei nicht stärken und die unschuldigen Christen nicht helfen verdammen: in solchen
und dergleichen Nothfällen, die denn gar oft sich zutragen, dass man
wahre Kirchendiener, deren Lehre und Bekenntniss rechtschaffen wäre
und mit Gottes Wort stimmte, nicht kann haben, ist auch einer einzelnen Privatperson und gläubigen Christen erlaubt, den bussfertigen
Sünder von Sünden loszusprechen, die Schwachen mit Gottes Wort zu
trösten, Kindlein zu taufen und *das Nachtmahl Christi auszuspenden*,
und darf sich ein solcher Christ in solchem Fall nicht befahren oder
Gewissen darüber machen, als griffe er in ein fremd Amt, sondern soll
wissen, dass er in rechtem, ordentlichem Berufe Gottes einhergehe,
und dass sein Dienst *ebenso kräftig* ist, als wäre er mit Auflegung der
Hände zum Predigtamt für der ganzen Kirche und für allen Engeln
Gottes bestätigt; welches denn, auch diesen Grund zu beweisen, im
Büchlein ,von Gewalt Prediger zu berufen' ist zur Nothdurft genugsam
ausgeführt und mit heiliger Schrift bestätiget: dass der ganze Kirchendienst, welcher stehet in Predigen, Vermahnen, Trösten, Sünden vergeben, Sünde behalten, Sacramente administriren, sei vom Herrn
Christo nicht einem besondern Stande, weder dem geistlichen noch
dem weltlichen, übergeben, sondern der ganzen Gemeinde Gottes, wie
der Spruch bezeuget: Was ihr auf Erden binden werdet u. s. w. Wer
denn nun ein rechtgläubiger Christ und ein lebendiges Gliedmass
Christi ist, der hat sein Theil und Gerechtigkeit zum heiligen Predigtamt und zu allem, was zum Kirchendienst gehört. Christus gibt der
ganzen Kirche Macht, nach Gottes Wort und Verheissung den Bussfertigen die Sünde zu vergeben, und dass solche Gewalt die berufenen
Prediger üben, thun sie nicht aus eigener Autorität, sondern in Kraft
und aus Befehl der Kirche, die solche Herrlichkeit, ihr von Christo verehret, den Predigern zu verwalten befohlen hat. Wenn nun die Kirchendiener nicht vorhanden sind, so ist ja ein *jeder Christ* berechtigt,
solche Gewalt zu üben. Denn wenn die Prediger ihr Amt nicht verrichten, wie sie schuldig sind, oder keine vorhanden sind, kommt je
das Amt wieder auf die Kirche, der es gebührt zu verleihen; als wenn
ein Lehenträger verstirbt oder das Lehen verwirkt, fällt das Lehen-Gut
wieder zum Lehen-Herrn. Was aber nun der ganzen Kirche zustehet
und eines jeden Christen ist, das mag auch ein jeder Christ im Fall der
Noth nach Gottes Wort in gemeinem Geist aller Gläubigen austheilen
und verrichten. . . Nicht sage ich, dass zween oder drei sich von der
wahren Kirche absondern sollen, die bestellten ordentlichen Prediger
fliehen und besondere Rotten anrichten, sondern auf den *Nothfall*, wenn
entweder keine Prediger fürhanden sind, falsche Lehre ausgiessen und
derhalben zu fliehen sind, dazu die Noth fürfället, dass man den Brauch
der Sacramente an andern Orten nicht kann suchen, dass alsdann ein
jeder Christ auf Eines oder Zweier Verwilligung die Sacramente zu

reichen und den Schwachen in Todesnöthen zu stärken befugt und berechtigt sei. Die Pabstesel sind in dem Wahn gesteckt, es möchte niemand taufen, noch confirmiren, noch die Absolution sprechen, noch
das Nachtmahl Christi ausspenden, er müsste ein geweihter Priester
sein; aber solcher Irrthum, der mancherlei Lügen in sich hat, ist längst
aus Gottes Wort widerlegt und umgestossen." (Vid. Bidembachii
consil. decad. 3. p. 135—140.)

§ 7.

Materia[a] sacramenti *duo* importat: primo *elementum*
quoddam[b] externum et visibile;[c] deinde[d] *actionem* quandam[e] circa elementum occupatam.

a) Equidem sacramentum *non* est *substantia* ex materia et forma
composita, sed ritus et actio. Itaque materia h. l. idem est, quod *materiale*, sive illud, quod sacramento et actionibus aliis, quae non sunt
sacramenta, commune est aut esse potest, ita ut per aliud quiddam,
quod accedat, determinari demum debeat ad esse actionis sacramentalis.

b) De quo vid. § 3. not. *c.* Alias *rem sacramenti* appellant, distinguentes inter rem, pro *materia circa quam*, ut ajunt, et inter rem,
pro *fructu* sacramenti acceptam; *non* hanc, *sed* illam pertinere ad praesens. Sed de hoc ex sequentibus constabit.

c) Quod autem quidam dicunt, in *quolibet sacramento esse materiam
geminam, terrenam et coelestem,* non caret difficultate, neque potest definiri, nisi ubi de singulorum sacramentorum natura et essentia ex
propria sede, hoc est, ex verbis institutionis ejus constiterit; quod
agnoscunt b. *Gerhardus* L. de Sacram. § 45. et b. *Himmelius* Synt.
Disp. XIX. § 38. Certe *si* cujusque sacramenti detur materia, praeter
terrenam, etiam coelestis, *oportebit* etiam *unionem* quandam esse inter
hanc et illam, atque adeo, cum de sacramento in genere loquimur,
etiam *de unione* duplicis materiae sacramenti *in genere* aliquid definien-
dum erit. Atqui b. *Menzerus*, Tom. II. Dispp. Giess. Disp. V. § 49.
p. 164. de materia coelesti ac terrena sacramentorum et unione utriusque contra Calvinianos disputans, scribit: *Generalem unionis illius
modum ac rationem omnibus et singulis sacramentis V. et N. Test. promiscue
communem definire velle, vere est pugnare cum ipsa institutione singulorum
sacramentorum.* Quibus admissis, satius erit, uti de unione generali
duplicis materiae, sic de ipsa materia coelesti sacramenti in genere
silere, quam dubia dicere. Nam et *antiquiores* ecclesiae nostrae doctores, cum doctrinam de sacramentis in genere traderent, non docuerunt, quod in omni sacramento oporteat esse materiam coelestem,
elemento terreno sacramentaliter unitam. Certe b. *Chemnitius* in Exam.
Conc. Trident. P. II. de Num. Sacram. p. 14., *substantialia sacramenti*
recensens, materiae coelestis non meminit. Confer. Ausführliche Erklärung b. *Musaei* L. XVI. Qu. 84. sqq. p. 683. Similiter b. *Aegid.
Hunnius* Lib. de Sacram. ad Quaest.: *Quot requiruntur ad substantiam
vel integritatem substantialem cujusque sacramenti?* respondet: *Duo, videlicet elementum, seu res in oculos incurrens, et verbum adjunctum, juxta
illud Augustini: Accedat verbum ad elementum, et fiat sacramentum.* De

materia coelesti tacet.   Sic autem etiam b. *Eras. Sarcerius* in Exam.
Ordin. f. CCLVI. *a. b.*, b. *Jac. Heerbrandus* Comp. Theol. L. de Sacram.
p. 511. 512., b. *Ambr. Reudenius* P. V. Catech. Theol. Cap. II. p. 178.
179., b. *Alb. Grauerus* in Supplem. Prael. in Aug. Conf. ad art. IX.
p. m. 78., b. *Matth. Hafenrefferus* in LL. Theol. L. III. Stat. III.
L. VII. p. 465., b. *Joh. Gerhardus* in Aph. Theol. L. XVI. Aph. 37. 38.
Quod autem *alii* alteram sacramenti partem, nempe *verbum institutionis*, ex quo et elemento, certa actione tractato, constat sacramentum,
materiam sacramenti *coelestem atque invisibilem* dicunt, fatendum est, hanc
potius esse *formam*, seu formale sacramenti, quam *materiam;* ut mox
videbimus.   Quodque *alii* nomine materiae coelestis *rem* aliquam *signatam*, elemento velut signo relative oppositam, *non* autem ipsum
fructum sacramenti, *sed* rem, a qua pendet operatio et fructus sacramenti, intelligunt, fatentur *tamen*, hanc ipsam rem, quam materiam
coelestem dicunt, aliquando *ne* quidem *realiter praesentem* esse; prout
de sacramentis Vet. Test. videbimus.   Difficile autem est, pro materia
et sic pro parte essentiali sacramenti habere aliquid, quod, sacramento
existente, non tamen et ipsum tunc existit.   *Alias* etiam, si maxime
id, quod pro materia coelesti habetur, praesens sit, tamen iterum
aliqui monent, *a praesentia ad materiam non valere consequentiam, requiri
autem, ut adsit per modum materiae*, quod materia appellari queat.
Quid autem sit, *adesse per modum materiae* in sacramento, ne ipsi quidem quoad sacramentum in genere satis declarant, sed quoad singula
sacramenta ex institutione cujusque discendum relinquunt.   *Unde* colligas, materiam coelestem sacramenti in genere agnosci non posse, nisi
in singulis sacramentis ea deprehensa fuerit.   Cumque in s. coena
corpus et sanguis Christi dicantur materia coelestis ideo, quod actus dispensandi, manducandi et bibendi non solum circa panem et vinum,
verum etiam circa ipsum corpus et sanguinem Christi vere et realiter
occupetur, ita ut, quando panis dispensatur et manducatur, simul
etiam corpus Christi vere et realiter dispensetur ac manducetur, et
quando vinum dispensatur et bibitur, simul etiam vere ac realiter sanguis Christi dispensetur et bibatur, fatendum erit, *materiam coelestem*
ejusmodi *non* aeque in *omnibus* sacramentis (praesertim his, ubi illud,
quod nomine materiae coelestis appellatur, realiter praesens non esse
agnoscitur) locum habere.   Itaque si maxime, cum de sacramento in
genere agitur, materiam aliquam coelestem statuamus, terminus materiae ita *ampliandus* erit, ut non ea ratione, qua aliquid per modum
materiae est in uno sacramento, etiam aliud quiddam in alio sacramento per modum materiae fuerit.   Unde *porro* sequetur, in uno sacramento aliquid esse per modum materiae proprie loquendo, in alio
improprie loquendo.   Qua ratione *utrum perspicuitati* et *soliditati* doctrinae *consulatur*, non difficile erit judicare.   Sunt profecto, quibus res
aut materia coelestis sacramenti idem est ac *signatum intelligibile*, quod
sacramenta tanquam *signa sensibilia* requirant.   Itaque unionem talem
habebimus, qualis est inter signatum et signum.   An vero ad rationem
materiae sufficiat τὸ *esse signatum*, praesertim quod signatum etiam realiter potest abesse a signo, ulterioris disquisitionis res erit.   *Interim*
dari in sacramentis omnibus suo modo *rem coelestem*, non solum pro
fructu sacramenti, verum etiam pro *re*, a qua tanquam *causa* pendet

fructus sacramenti quaeque a re terrena distinguenda sit, non negamus, sed libenter concedimus, licet nomen et rationem materiae ei propterea non tribuamus; prout de sacramentis singulis suo loco explicabimus.

d) Quidam hic utuntur distinctione inter materiam *remotam* et *proximam;* illo nomine *elementum,* hoc *actionem* circa illud occupatam appellant. Vocant autem materiam *remotam, non* quod localiter absit a sacramento, *sed* quod non habeat rationem materiae in sacramento, nisi quatenus actioni certae subest et per eam tractatur.

e) Intelligitur autem actio *communiter* considerata, quae per se *in-differens* est ad vulgarem et sacramentalem actionem, ad *esse sacramentalis actionis* autem aliunde demum (accedente verbo institutionis, de quo mox videbimus) determinatur, v. g. actus abluendi aqua, actus dispensandi, comedendi ac bibendi panem et vinum; de quibus suo loco. *Alias* autem actio, accedente verbo institutionis determinata, ipsam rationem formalem sacramenti constituit; ut statim dicemus. Interim vide b. *Gerhardum* l. c. § 46.

§ 8.

Forma[a] sacramenti est[b] verbum institutionis,[c] actioni circa elementum sensibile occupatae addendum.[d]

a) Sive *formale,* a quo ad actionem, circa elementum illud occupatam, accedente aut ei unito actio formaliter habet, quod est sacramentum aut sacramentalis actio.

b) Quidam formam sacramenti dicunt esse *actionem circa subjectum sacramenti proprium, verbo institutionis determinatum.* Et haec quidem est *forma totius,* seu tota ratio formalis sacramenti; quam etiam aliquando *essentiam* sacramenti appellant. Verum *h. l.* agimus de formali, quod materiali contradistinguitur.

c) Verbum, inquam, non *promissionis,* quod ad fructum aut effectum sacramenti spectat, sed *institutionis,* quod constitutionem sacramenti omnino ingreditur.

d) Itaque *quamvis* verbum institutionis suo modo ad causam efficientem pertineat, velut causalitas ejus, seu, quod Deus per verbum institutionis efficienter determinavit, quae ad naturam cujusque sacramenti pertinent; quatenus *tamen* verbum institutionis ipsi actioni sacramentali externae addendum est ita, ut hoc ipso actio illa ab aliis vulgaribus actionibus distinguatur et in esse sacramentalis actionis constituatur, sic ad formam sacramenti verbum institutionis omnino pertinet.

§ 9.

Finis *cui*[a] sacramentorum sunt homines[b] carnaliter nati[c] ac viventes.[d]

a) Sive *subjectum*, in cujus bonum institutum est a Deo sacramentum quodvis et *cui* proinde *applicari* debet. Quidam *objectum* appellant, intelligentes objectum *personale*, quod a reali, seu ipsa re, quam actio sacramentalis tractat, distinguunt.

b) *Non aliud* quidquam. Quod patet partim ex inductione singulorum sacramentorum eorumque institutione expressa, partim ex *fine cujus* communi, de quo § seq. agetur. Interim *non omnia* sacramenta aeque *omnibus* sunt destinata, ita ut indiscriminatim admitti queant; quod infra distincte patebit.

c) *Non* autem *foetus* in uteris matrum latentes; quibus etsi salus non denegetur, haec autem media, deficiente mandato, propterea applicari non debent; ut infra de baptismo dicemus. Quod autem *Christus ipse* sacramentis quibusdam usus fuit, id per eam *dispensationem* factum est, qua alias ea, quae ad homines infirmos pertinent, eorum bono libere suscepit.

d) Qui enim *mortui* sunt, non amplius sunt in via salutis, ut mediis gratiae juvari queant, sed *vel* beati, *vel* damnati sunt.

§ 10.

Finis *cujus*[a] sacramentorum, qui et *effectus*[b] rationem habet, *proximus* quidem est gratiae evangelicae[c] collatio aut[d] obsignatio; *ultimus* ex parte hominum est salus aeterna[e] eorundem.

a) Seu illud, cujus efficiendi aut obtinendi causa institutum est ab auctore Deo sacramentum ideoque applicari debet hominibus et ab iis suscipi.

b) Scilicet in quantum per sacramenta, tanquam organa ac media efficacia, hominibus confertur. Conf., quae diximus ad § 2. not. ult. Quod autem attinet ad quaestionem illam: *Num efficacia sacramentorum sit physica an moralis*, respondit *b. Musaeus*: *Si hoc maneat fixum et firmum, sacramenta esse organa efficacia conferendae gratiae, et Deum una indivisa actione operari per illa et conferre gratiam, quod Scripturae s. satis diserte docent, de modo operandi et conferendi gratiam ne simus nimis scrupulosi, sed eum potius divinae sapientiae relinquamus.* Vid. Ausführliche Erklärung L. XVII. Q. 83. p. 675. (Manifestum vero est, *non* ideo *probari* eam sententiam, qua sacramenta *ita* dicuntur esse *causa moralis*, *non* autem *physica*, conferendae gratiae, ut simul *negetur*, Deum et sacramenta *una et indivisa actione* operari ad conferendam gratiam evangelicam.) Sic autem etiam *b. Gerhardus* L. de Sacram. § 86., cum in quaestionem istam incidisset, indecisam reliquit. Conf. Eundem in Conf. Cathol. L. II. Part. II. Art. XI. cap. II. p. 813. et in Bellarmino Ὀρθόδ. teste, Disp. XVIII. § 39. Adde *b. Cundisium* in Notis ad Compend. Hutteri L. XX. Qu. IV. p. 1065.

APOLOGIA A. C.: „Corda simul per verbum et ritum movet Deus, ut credant et concipiant fidem, sicut ait Paulus (Rom. 10, 17.): ‚Fides ex auditu est.‘ Sicut autem verbum incurrit in aures, ut feriat corda:

ita ritus ipse incurrit in oculos, ut moveat corda. *Idem effectus est verbi et ritus*, sicut praeclare dictum est ab Augustino, sacramentum esse *,verbum visibile'*, quia ritus oculis accipitur et est quasi *pictura verbi*, idem significans, quod verbum. Quare idem est utriusque effectus." (Art. 13. p. 202. § 5.)

LUTHERUS: ,,Scimus quidem, externa non salvare, si accipias externa, id est, nostra, verum Deus etiam per externa salutem operatur, et sic ordinavit, quod nolit dare spiritum suum sine signis et externa re aliqua. Ideo instituit in ecclesia ministerium verbi, baptismum et coenam corporis ac sanguinis Filii sui. Sic in die pentecostes descendit et datus est apostolis Spiritus Sanctus non invisibiliter, sed vento valido et linguis igneis. Quare sacramentarii errant, et ponunt hic falsum principium, quod dicunt: Nulla externa res prodest ad salutem. Imo tu inverte, et dic: *Sine externa re nulla salus contingit.* . . Quemadmodum enim per *verbum* movet Spiritus Sanctus, ita etiam per *signa* movet, quae nihil sunt, quam *verbum, ut sic dicam, reale*, ubi re exprimitur, quod verbum sonat." (In Esajam scholia. Vid. Exeget. opp. lat. Erlangae, 1860. Vol. XXII, p. 185. sq.)

M. CHEMNITIUS: ,,Quomodo baptisma nos salvos facit, 1 Pet. 3., quomodo est lavacrum regenerationis, Tit. 3.? Hoc Paulus simpliciter declarat, cum Ephes. c. 5. inquit: ,Mundans ecclesiam lavacro aquae *in verbo.'* Et Augustinus idem colligit ex illa Christi sententia: ,Mundi estis *propter verbum meum*, quod locutus sum vobis.' Recte ergo Apologia Augustanae Confessionis dicit, eundem esse effectum, eandem virtutem seu efficaciam et verbi et sacramentorum, quae sunt sigilla promissionum; quae ideo etiam Augustinus vocat *verba visibilia*. Sicut igitur *evangelium* est potentia Dei ad salutem omni credenti, *non, quod magica quaedam vis characteribus, syllabis aut sono verborum inhaereat*, sed quia est medium, organon seu instrumentum, per quod Spiritus Sanctus efficax est, proponens, offerens, exhibens, distribuens et applicans meritum Christi et gratiam Dei, ad salutem omni credenti; ita etiam *sacramentis* tribuitur virtus seu efficacia, non, quod in sacramentis extra seu praeter meritum Christi, misericordiam Patris et efficaciam Spiritus Sancti quaerenda sit gratia ad salutem, sed sacramenta sunt *causae instrumentales*, ita quod per illa media seu organa Pater vult gratiam suam exhibere, donare, applicare, Filius meritum suum communicare credentibus, Spiritus Sanctus efficaciam suam exercere ad salutem omni credenti. Hoc modo manet Deo gratia sua, ut gratia non alibi quaeratur, quam apud Deum Patrem; pretium seu causa remissionis peccatorum et vita aeterna non alibi quaeratur, quam in morte et resurrectione Christi; efficacia regenerationis ad salutem non alibi quaeratur, quam in operatione Spiritus Sancti. Sacramenta vero illa beneficia in verbo nobis proponunt, afferunt et exhibent et obsignant, atque ita ducunt nos ad Christum, ad gratiam Dei, ad efficaciam Spiritus. Quia enim Deus in iis, quae ad salutem nostram pertinent, per certa media vult nobiscum agere, et hunc usum ipse ordinavit et instituit verbum promissionis evangelii, quod aliquando simpliciter per se sive nudum proponitur, aliquando vero vestitum seu visibile factum, certis a Deo institutis ritibus seu sacramentis. Verbum igitur et sacramenta monstrant nobis, ubi fides debeat quaerere et ubi possit invenire Christum mediatorem, Patrem et Spiritum Sanctum, ita ut nobiscum agant, exhibeant, applicent et obsignent beneficia, quae Christus promeruit et de quibus evangelium concionatur. Et in usu sacramentorum fides non quaerit aut respicit essentialem aliquam virtutem seu efficaciam *inhaerentem* ipsis externis sacramentorum elementis, sed in *promissione*, quae annexa est sacramento, quaerit, apprehendit et accipit gratiam Patris, meritum Filii et efficaciam Spiritus." (Exam. concil. Trid. De efficacia et usu sacram. Ed. Genev. f. 215.)

CARPZOVIUS: ,,Sacramenta non μερικῶς, sed ὁλικῶς spectata sunt signa, non signa nuda, quae σημειωτικὰ tantum sunt et rem aliquam vel repraesentant saltem aut per modum notificationis indicant vel de ea certum aliquem saltem faciunt, et objective movent atque assensum excitant; sed προϲφερόμενα, quae revera operantur ceu organa et instrumenta, et quidem semel *per modum physicae actionis*, quatenus fidem et divina charismata inhaerentia sive primitus conferant ac operentur, sive jam ante data augeant ac roborent. Deinde vero *per modum actionis moralis*, quoad justificum bonum, quod credenti non offerunt saltem, sed fide receptum etiam conferunt et obsignant. Hinc ab A. C. dicuntur instrumenta, per quae donatur Sp. S., art. IV. p. 10., et testimonia voluntatis Dei per illa propositae et oblatae. Dicuntur item excitare et confirmare fidem et promissiones exhibere atque ostendere, ibid." (Isagog. p. 406.) Cf. supra ad P. III. c. 5. § 8. annotata p. 260—265.

CHRIST. CHEMNITIUS: „Inquis *a.*: Quid prosunt sacramenta, cum omnia sint in *verbo?* Resp.: Sunt *necessaria* 1. *ex institutione divina* ut organa gratiae et verbum visibile. 2. *Propter fidei infirmitatem*, ut nobis specialiter gratiam Dei, in generalibus promissionibus contentam, offerant, applicent et obsignent. Sunt igitur sacramenta necessaria ad salutem tanquam *causa instrumentalis, sed non tam praecise, ac verbum et fides;* latro n. in cruce salvatus est sine baptismo et liberi, qui mortui sunt in deserto, aut ante octavam diem, salvati fuerunt sine circumcisione, vi illius promissionis: ‚Ero Deus tuus et seminis tui post te.‘ Unde et Bellarm. p. 100. fidem et sacramenta facit causas socias, sed errat in eo, quod sacramenta dicit magis esse necessaria, quam fidem. Inquis *β.*: Quid igitur acceperunt *Abraham* in circumcisione et *Cornelius* per baptismum? Resp.: *Eandem gratiam* Dei, quam antea habebant et quam sacramenta conferunt, *sed per alia media.* Unde eandem gratiam etiam antea habebant plenam, quantum erat ex parte Dei, sed quantum est ex parte sua, eo *certiores* reddebantur de gratia, quod *duplici medio* eam accepissent." (Annot. in Catechesin C. Dieterici. p. 141.)

c) Conferunt autem sacramenta aut obsignant gratiam evangelicam, quando fidem conferunt, aut obsignant et confirmant. Sic enim homines regenerantur, justificantur et renovantur; quod de sacramentis singulis infra ostendemus. Interim simul constat, quomodo sacramenta non prosint, nisi intercedat fides.

APOLOGIA A. C.: „Damnamus totum populum scholasticorum doctorum, qui docent, quod sacramenta *non ponenti obicem* conferant gratiam *ex opere operato, sine bono motu utentis.* Haec simpliciter judaica opinio est, sentire, quod per ceremoniam justificemur, sine bono motu cordis, hoc est, *sine fide.*" (Artic. 14. p. 204. § 18.)

AUG. CONFESSIO: „De usu sacramentorum docent, quod sacramenta instituta sint, non modo ut sint notae professionis inter homines, sed magis ut sint signa et testimonia voluntatis Dei erga nos *ad excitandam et confirmandam fidem* in his, qui utuntur, proposita. Itaque utendum est sacramentis ita, ut fides *accedat*, quae credat promissionibus, quae per sacramenta exhibentur et ostenduntur. Damnant igitur illos, qui docent, quod sacramenta *ex opere operato* justificent, nec docent, *fidem requiri* in usu sacramentorum, *quae credat remitti peccata.*" (Artic. 13. p. 41. sq.)

LUTHERUS: „Ea (sacramenta) prodesse dicunt omnibus etiam impiis et incredulis, modo non ponant *obicem;* quasi ipsa *incredulitas* non sit omnium obstinatissimus et hostilissimus *obex* gratiae, adeo ex sacramento praeceptum, ex fide opus facere moliti sunt. Nam si dat gratiam mihi sacramentum, quia *suscipio*, jam vere ex opere meo, non ex fide gratiam obtineo." (De captiv. babyl. eccl. Vide Opp. lat. ad reform. hist. pert. Francof. 1868. V, 64.)

d) Nempe aliter sese res habet circa *infantes*, aliter circa *adultos*. In *his* enim fidem jam adesse oportet, ut sacramentis salutariter utantur; in *illis* vero fides per ipsum sacramentum demum producitur.

Cf. supra annotata ad P. III. c. 3. § 11. *c.* p. 156. sq.

e) Semper enim Deus, gratiam evangelicam conferens, hac ratione intendit hominum salutem.

GERHARDUS: ,,Cum Deus optimus et sapientissimus nihil faciat aut instituat frustra, ideo etiam sacramentorum sunt certi ac divinitus constituti *fines;* iidemque vel principales vel minus principales. *Fines sacramentorum principales* duo sunt, prior, quod sint *organa*, media et ὀχήματα, per quae Deus offert, exhibet et credentibus applicat promissionem evangelii propriam de remissione peccatorum, justitia et vita aeterna... Succedit *finis principalis posterior*, quod sint σφραγίδες, *sigilla* et signacula, promissionem divinae gratiae credentibus exhibitam obsignantia. In sacramentis enim Deus gratiam suam offert, oblatam credentibus applicat et applicatam eisdem obsignat... *Secundarii et minus principales* sacramentorum fines enumerari possunt complures. Utpote 1. Quod sint *symbola confessionis, notae ac tesserae ecclesiae*, quibus populus Dei ab aliis coetibus distinguitur. Sicut Deus seipsum ab idolis gentilium distinguit, ita etiam ecclesiam suam a coetibus idololatricis vult esse distinctam. Sicut milites tesseris et oves ex notis impressis dignoscuntur, ita Deus ecclesiam certis notis voluit esse insignitam. 2. Quod sint *nervi publicorum congressuum;* ut enim praedicatio verbi, ita quoque administratio sacramentorum est pars publici ministerii, ideoque non nisi in casu necessitatis privatim peragi debet. Referendum huc, quod August. lib. 19. contra Faustum c. 14. scribit: ,Homines in nullum unquam religionis nomen absque sacramentis convenisse.' 3. Quod sint velut *oppignorationes*, quibus Deo ad fidem et obedientiam astringimur. 4. Quod sint *typi ac simulacra virtutum, praecipue dilectionis*. Sic baptismus significat mortificationem veteris adami et resurrectionem novi hominis, Rom. 6. Sacra Domini coena est symbolum concordiae, ,unum enim corpus sumus, qui de uno pane participamus.' 1 Cor. 11. etc." (L. de sacram. §§ 55. 87. 94.)

ANTITHESES.

QUENSTEDTIUS: ,,*Antithesis:* 1. *Calvinianorum*, statuentium, sacramenta esse nuda signa significantia gratiae divinae, vel jam ante collatae, vel postmodum conferendae; ita *Zwinglius* in Conf. a. 7., *Calvinus* l. 4. Instit. c. 14., *Bucanus* Loc. 46. Instit. Theol. p. 59., *Beza* resp. ad acta colloq. Mompelg. P. 2. p. 115., ubi ait: ,Palpabilem esse errorem, quo causativa, ut loquuntur scholastici, vis conferendae gratiae principalis quidem Deo, instrumentalis autem sacramentis tribuitur'; conf. p. 116. 118. *Aretius* P. 2. probl. p. 441. reprehendit eos, ,qui sacramenta appellant signa exhibitiva'; addita hac ratione, ,quia res ipsae non sint praesentes in sacramentis, quarum sunt signa exhibitiva'; *Wolfg.* Musculus Loc. p. 615. ait: ,Nullis Scripturis probari, sacramentum medium esse, per quod conferatur peccatorum remissio.' 2. *Pontificiorum*, negantium V. T. sacramenta fuisse efficacia gratiae divinae sive offerendae, sive conferendae aut obsignandae media. Ita *Bellarminus* l. 2. de Sacram. c. 13. ex Concilio Florentino et Tridentino statuit, ,hoc esse discrimen inter sacramenta Legis V. et N., quod nostra conferant gratiam, illa solum eam significaverint.' Vide Concil. Trid. sess. 7. can. 2... Negant quoque pontificii, sacramenta esse sigilla gratiam Dei obsignantia, ut *Bellarminus* l. 1. de Sacram. c. 14. 3. *Socinianorum*, negantium, per sacramenta gratiam Dei conferri aut ... obsignari... 4. *Anabaptistarum*, qui N. T. sacramenta negant esse sigilla gratiae, eademque non nisi nudas discretionis tesseras et signa memorialia, nostrique officii commonitoria esse volunt. Ita *Menno Simonis* adv. Gellium Fabrum p. 135... 5. *Swenkfeldianorum*, statuentium, ,sacramenta non esse gratiae conferendae media, sed tantum adumbrationes esse externae professionis et mortificationis carnis et similium rerum.' Vide *Swenkfeldium* Ep. 23. T. I. p. 177. et Ep. 89. T. I. p. 749. sq. 6. *Weigelianorum*, asserentium, ,sacramenta, quippe elementa sensibilia et visibilia, nec tantillum facere ad salutem.' Vide Weigelium P. 2. Phil. Myst. p. 184." (L. c. q. 2. f. 1043.)

LUTHARDTIUS: ,,Nachdem die *rationalistische* Theologie die Objectivität und den übernatürlichen Inhalt der Sacramente verneint und ihnen nur eine subjective Bedeutung übrig gelassen, zog sich die *Unionstheologie* auf den Begriff des Unterpfändlichen zurück, während die *moderne lutherische Theologie* eine *specifische Gabe und Wirkung des Sacraments im Unterschied von der des Wortes* zu gewinnen sucht. Vgl. *Höfling*, Sacram. der Taufe. I. § 13.: ,eine ganz concentrische unmittelbare göttliche Wirkung nicht blos auf den Geist und die geistliche *Persönlichkeit*, sondern auf die ganze dieser zum Grunde liegende geistliche und leibliche *Natur* des Menschen'; dies eine nothwendige ,*Fortbildung der kirchlichen Dogmatik*'; denn Niemand wird sich des Eindrucks erwehren können, dass zwischen der Lehre unsrer Dogmatiker von dem, was Sacrament *ist*, und der, was und wie es *wirkt*, keine rechte und befriedigende Zusammenstimmung herrscht." (Compend. der Dogm. Dritte Aufl. p. 281.)

THOMASIUS: ,,Während das *Wort* mit seinem Zeugniss sich an die *selbstbewusste Persönlichkeit* des Menschen wendet, um auf sie und mittelst ihrer auf den ganzen Menschen zu wirken, wendet sich das *Sacrament* an die menschliche *Natur*, unter der wir aber — was wir hier geflissentlich wiederholen — keineswegs blos die Leiblichkeit verstehen, sondern den ganzen geistleiblichen Wesensbestand des Menschen, welchen das Ich reflectirend eben so von sich unterscheidet, als es sich mit ihm zur Einheit zusammengeschlossen weiss. Auf diese Seite des menschlichen Seins, auf dieses Gebiet, das sich dem Bewusstsein nie völlig erschliesst und doch in einem innigen Rapport mit ihm steht, bezieht sich unmittelbar die Wirkung der Sacramente. . . Eben deshalb ist die *Wirkungsweise der Sacramente eine andersartige*, als die des Wortes. Das *Wort* wirkt, weil auf die selbstbewusste menschliche Persönlichkeit, *psychologisch*, d. h., sich anschliessend an den menschlichen Geiste eingeborne Gesetz, durch die Organe desselben, durch Intelligenz und Wille hindurch, auf das Herz; und es wirkt eben deshalb auch *successiv*, auf dem Wege allmählicher Entfaltung; nur so kann es einen reichen Inhalt der menschlichen Persönlichkeit erschliessen, vermitteln und sie zu einem neuen Verhalten (in Busse und Glaube) bestimmen. Das *Sacrament* hingegen wirkt, weil auf die Natur, *concentrisch*, *drastisch*, *mit einem Male ; mittelst Eines Aktes* pflanzt die Taufe den Menschen vollständig in Christum und in seine Gemeinschaft, in einem Momente theilt uns Christus im Abendmahle seine verklärte Leiblichkeit zum Genusse mit. Während sich dort, bei dem Wort, die Wirkung in die Breite auseinanderlegt, fasst sie sich hier in den Akt eines sacramentlichen Vollzugs zusammen, und während dort das Resultat ein neues *Verhalten* der Persönlichkeit ist, ist es hier ein neues *Verhältniss* zu Christus, in das der ganze Mensch versetzt, und welches ihm zu erfahren gegeben wird." (Christi Person und Werk. III, 2. [ed. 2.] p. 116—118.)

LUTHERUS: ,,Weil das Wort Gottes das grösste, nöthigste und höchste Stück ist in der Christenheit (denn die Sacramente ohne das Wort nicht sein können, aber wohl das Wort ohne die Sacramente, und zur Noth einer ohne Sacrament, aber nicht ohne das Wort könnte selig werden, als die so da sterben, ehe sie die begehrte Taufe erlangen),

hat hierin Christus auch desto mehr und grössere Wunder gethan,
nämlich dass sie (Pontificii) den Text des Evangelii haben müssen frei
öffentlich predigen, nicht allein in lateinischer, sondern auch in eines
jeglichen Landes Sprache, dass es ja vor aller Welt und in allen Sprachen kund bliebe bei den Auserwählten, so sie doch das Sacrament und
die Taufe in keiner andern, denn in lateinischer Sprache, mit heimlichen Worten, die niemand hören musste, handelten." (Schrift von
der Winkelmesse und Pfaffenweihe. 1533. Opp. Hal. XIX, 1537.)

§ 11.

Definiri[a] potest sacramentum in genere, quod sit[b]
actio divinitus[c] ex gratia Dei[d] propter meritum Christi[e]
instituta, circa elementum[f] externum et sensibile occupata, per quam, accedente verbo[g] institutionis, hominibus[h] confertur aut obsignatur gratia[i] evangelii de remissione peccatorum ad vitam aeternam.

a) *Definitio sacramenti generalis in Scriptura nuspiam extat. For-
manda autem est ex inductione omnium sacramentorum (exquisite dictorum),
quae sunt divinitus instituta, tum in Vet. tum in Nov. Testam. Ita b. Himmelius* Synt. Disput. XIX. § 18. p. 192.

b) Non tamen una simplex actio, verum *aggregatum* quid ex pluribus ad se invicem ordinatis actionibus. Conf. *b. Cundisium* Not. ad
Comp. Hutt. L. XX. Q. III. § 2. p. 1028.

QUENSTEDTIUS: „In hoc differunt sacramenta a verbo; sacramenta extra *usum* nulla sunt; verbum autem etiam ante et extra usum
intrinsecam habet vim et efficaciam ad spirituales effectus producen-
dos." (L. c. s. 2. q. 2. f. 1042.)

c) Ita non solum esse actionem seriam et sacram, verum etiam
quae sit ejus causa efficiens principalis, indicatur. Vid. § 4.

d) Quae est causa impulsiva interna, juxta § 5.

e) Tanquam ob causam impulsivam externam; de qua vid. § 5.

f) Materia, seu materiale, denotatur. Vid. § 7.

g) Quod formam actioni sacramentali largitur. Vid. § 8.

h) Finis cui significatur. Vid. § 9.

i) Finis cujus, qui et effectus sacramentorum, hic est. Vid. § 10.

§ 12.

Sacramenta alia[a] sunt *veteris*, alia *novi testamenti.*
Illa[b] dicuntur, *quae, ante Christi adventum instituta, eminus ipsum monstrarunt et quibusdam figuris adumbrarunt,
quo demum exhibito abrogata fuerunt; haec sunt, quae ab
ipso Christo instituta ipsum exhibitum testantur et praesentem offerunt, duratura in ecclesia usque ad finem.*

a) *Conveniunt* quidem, quod utraque *a Deo* sunt instituta, utraque constant *verbo et elemento* suntque *media* conferendae aut obsignandae gratiae.

LUTHERUS: ,,Error est, sacramenta novae legis differre a sacra‑ mentis veteris legis penes efficaciam significationis. Utraque aequa‑ liter significabant; idem enim Deus, qui nos nunc per baptismum et panem salvat, salvavit Abel per sacrificium, Noë per arcam, Abraham per circumcisionem et alios omnes per sua signa. Nihil itaque differt sacramentum veteris et novae legis quoad significationem, modo vete‑ rem legem appelles, quidquid in patriarchis et aliis patribus tempore legis operatus est Deus. Nam ea *signa*, quae in patriarchis et patribus facta sunt, longe sunt discernenda a figuris legalibus, quas Moses in lege sua instituit, quales sunt ritus sacerdotales in vestibus, vasis, cibis, domibus et similibus. Ab his enim non modo longissime diffe‑ runt novae legis sacramenta, sed et ipsa signa, quae pro tempore Deus patribus dedit, in lege viventibus, quale fuit Gedeonis in vellere (Judic. 13.), Manue in sacrificio, quale et Isaias obtulit Achas Isa. 7. In iis enim simul promittebatur aliquid, quo fides in Deum exigebatur. In hoc ergo differunt legales *figurae* a signis novis et vetustis, quod lega‑ les figurae non habent annexum verbum promissionis, quod fidem ex‑ igat, unde non sunt signa justificationis, quia non sunt sacramenta fidei, quae sola justificant, sed sunt sacramenta operis tantum; tota enim eorum vis et natura erat opus, non fides, qui enim ea faciebat, implebat ea, etiam sine fide operans. At nostra et patrum *signa seu sacramenta* habent annexum verbum promissionis, quod fidem exigit, et nullo opere alio impleri potest, ideo sunt signa seu sacramenta justi‑ ficationis, quia sunt sacramenta justificantis fidei et non operis, unde et tota eorum efficacia est ipsa fides, non operatio. Qui enim eis cre‑ dit, is implet ea, etiamsi nihil operetur. Inde proverbium illud: ,Non sacramentum, sed fides sacramenti justificat.' Sic circumcisio non justificavit Abraham et semen ejus, et tamen apostolus (Rom. 4.) eam appellat signaculum justitiae fidei, quia fides in promissionem, cui juncta fuit circumcisio, justificabat et implebat id, quod circumcisio significabat. Fides enim fuit circumcisio praeputii cordis in spiritu, quam figurabat circumcisio carnis in litera. Sic sacrificium Abel plane non eum justificabat, sed fides, qua se Deo totum obtulit, quam sacri‑ ficium externum figurabat.'' (De captivit. babyl. eccl. 1520. Vid. Opp. lat. ad reform. hist. pert. Francof. 1868. Vol. V. p. 62. sq.)

ANTITHESIS.

LUTHARDTIUS; ,,Die Gleichstellung der alttestamentlichen Sacra‑ mente (Beschneidung und Passah) mit dem neutestamentlichen (die‑ selbe oblatio, collatio, obsignatio gratiae evangelicae und die Applica‑ tion durch den Glauben als medium receptivum) beruht auf einer Verkennung des Unterschiedes des heilsgeschichtlichen Fortschritts.'' (Compend. der Dogm. Dritte Aufl. 1868. p. 281.) Vide supra h. l. § 10. *e.* antithesin 2. Pontificiorum.

b) Verba sunt *b. Himmelii* Syntagm. I. c. §§ 66. 68.

Caput IX.

DE SACRAMENTIS VETERIS TESTAMENTI.

§ 1.

Postquam genus humanum in *peccata* prolapsum fuit,[a] ac Deus *ante Messiae* adventum, inprimis cum *Abrahamo* et posteritate ejus, peculiare *foedus* inire eosque gratia sua donare voluit, placuit ei, non solum verbo revelato, sed etiam ritu singulari *circumcisionis*[b] instituto hominibus gratiam suam exhibere.[c]

> LUTHERUS: ,,Ihr habt gehört, dass Abraham der erste Patriarche ist, dem befohlen worden, die Knäblein zu beschneiden. Das war ein schändlich, schmählich, toll und unsinnig Gebot vor der Vernunft, dass sie sich selbst beschneiden sollten und an dem Orte, den man nicht gerne nennen und hören mag. Aber Abraham ist Gott gehorsam und lässt sich beschneiden, ob es wohl ein schmählich und schändlich Ding ist. Aber es ist darum geschehen, dass Gott unsern Sinn brechen und die menschliche Weisheit zur Thorheit machen wollte. Deshalben haben die Juden viel Hohn und Spott unter den Heiden hören müssen. Man hat spöttlich und höhnisch ihnen nachgeredet und die Beschneidung für ein närrisch Ding geachtet. Darum wollten viele die böse Nachrede nicht dulden noch leiden und liessen sich nicht beschneiden. Wie man denn auch unter uns Christen viel findet, die der Welt Lästerung, da man uns heisst Rotten, Secten und Ketzer, nicht ertragen können, und lassen eher das Christenthum darüber fahren. Also hat Mosis Weib auch gethan; da er mit ihr ein Gast im fremden Lande gewesen, hätte er für seine Person den Sohn wohl gerne beschneiden lassen, aber er hat nicht gekonnt, sein Weib hat nicht gewollt in diese Schmach treten, dass ihr Sohn beschnitten würde, sondern er sollte leben, wie man unter den Heiden lebte; sie wollte diesen Klick und Schandfleck nicht haben. Denn die Beschneidung war eine Schande unter den Heiden." (Ausl. über etliche Capp. des 2. B. Mose. 1524. III, 1137. sq.)

a) Nam in statu *integritatis* sacramenta proprie sic dicta locum *non* habuerunt, cum abessent a genere humano peccata, adeoque nec remissione peccatorum aut mediis ejus consequendae opus esset.

b) Quo homines *initiarentur* aut insererentur foederi divino; prout circumcisio ipsa dicitur בְּרִית, h. e. *foedus, pactum Gen. 17, 10.,* διαθήκη περιτομῆς *Act. 7, 8.*

c) Sedes doctrinae habetur *Gen. 17.*

§ 2.

Causa *efficiens principalis*[a] circumcisionis est Deus[b] trinunus.[c]

a) Quae actu institutionis quidem sua ac sufficiente auctoritate determinavit, quae ad naturam aut essentiam circumcisionis, sive ad *speciem actus*, ut ajunt, pertinent, simul autem *exercitium* actus mandavit ac non solum *promissionem gratiae* annexuit, verum etiam *gratiam* ipsam per hoc medium contulit.

b) Vid. *Gen. 17, 1. et 9.*

c) Est enim circumcisio opus *ad extra.*

§ 3.

Causa *impulsiva interna* est[a] bonitas et φιλανϑρωπία Dei;[b] *externa* et meritoria est meritum[c] Christi.

a) Deus enim intra se non nisi sua bonitate impulsus sacramentum hoc instituit, quo homines ita cum Deo jungerentur, ut renati et remissis peccatis adoptati Deo, velut suo, fruerentur. Confer., quae de fine cujus h. l. dicemus.

b) Ac *speciatim* quidem ad domum et posteros Abrahami terminata; quo pertinent, quae de fine cui aut subjecto tradentur.

c) Huc enim non solum pertinet, quod de sacram. in genere diximus ex *Ephes. 1, 3.*, verum etiam, quod ipsa circumcisio Christum ex hac gente nasciturum praefiguravit; unde colligas, *typum* illum *propter* hunc *antitypum* esse institutum ac Deum, habito respectu ad Messiam ejusque meritum, ideo etiam per circumcisionem esse voluisse efficacem.

§ 4.

Causa *ministerialis*[a] circumcisionis *primum* Abraham[b] fuit, *deinde* patriarchae[c] succedentes; *postea* sacerdotes[d] Levitici. *Extraordinarie* vero etiam a laicis et feminis[e] circumcisio peracta fuit.

a) De qua quidem expressum *mandatum nec* in historia institutae circumcisionis, *Gen. 17.*, *nec* in repetita institutione, *Levit. 12.*, ullum extat, *exemplum* autem primi actus circumcisionis merito habetur pro norma ministerii circumcisionis deinceps obeundi.

b) Vid. *Gen. 17, 25. sqq.*, *cap. 21, 4.* Spectandus autem est *Abraham non* praecise, ut paterfamilias, *sed* ut minister sacrorum in ecclesia domus suae. Ipse tamen Abraham *non* tam *se ipsum* circumcidisse, quam ab *Eliesare*, praefecto domus et sacrorum vicario, circumcisus esse videtur.

c) Ipsi quoque, *non* tam ut capita familiarum, *sed* magis ut ministri sacrorum ac doctores ecclesiae.

d) Prout caeteras ministerii ecclesiastici partes sibi vendicarunt ex institutione divina; ideo per omnes tribus Israeliticas distributi, ut ubique talibus officiis fungi possent. Conf. *1 Macc. 2, 46.*

e) Ita *Zippora* filium circumcidit (approbante quidem Deo et pla-
gam, quam propter omissum actum circumcisionis illaturus erat, aufe-
rente), *Exod. 4, 25.*, et feminae plures tempore persecutionis, *1 Macc.
1, 63. et 2 Macc. 6, 10.*, idem fecerunt.

§ 5.

Materiale[a] circumcisionis constituebat *praeputium,*[b]
tanquam elementum externum,[c] et *amputatio*[d] ejus, tanquam actio circa illud occupata.[e]

a) Seu quod circumcisioni illi sacrae aut sacramentali et aliis, **quae**
non sunt sacramentalis actio, commune erat, aut esse poterat.

b) Quod alii a *praeputando*, alii a Graeco προπόθιον dictum putant.
Estque pellicula anterior in membro virili, per circumcisionem amputanda. *Deus* autem hoc materiali ad circumcisionem destinato videtur
admonere voluisse Israelitas *partim* adventus Messiae ex Abrahae posteritate (licet non carnali modo) nascituri, *partim* peccati originalis, **per**
carnalem generationem propagati, *partim* regenerationis spiritualis,
quae per ipsam circumcisionem fiebat.

c) *Neque* enim ad materiam sive elementum sacramenti praecise
requiritur, ut utenti sacramento *extrinsecus* exhibeatur et dispensetur,
sed sufficit, si actione externa sacramentali *tractetur*, aut haec **circa**
illud, et cum relatione ad hominem, tanquam objectum personale,
directe occupetur.

d) Quae expresse, una cum re amputanda, traditur *Gen. 17, 11.*
Instrumentum vero, quo fieri debebat amputatio, definitum non legitur.
Ipsa interim amputatio praeputii *in se* spectata utique *indifferens est* ad
sacrmentalem et non-sacramentalem actionem, ut pro materiali hujus
sacramenti recte habeatur.

e) Materiam *coelestem*, quam aliqui praeter terrenam illam seu
elementum *externum* h. l. quaerunt eamque *corpus ac sanguinem Christi
esse* putant, *non* audemus asserere. Nam (1.) in confesso est, corpus
et sanguinem Christi in V. Test. (cum Filius Dei nondum factus esset
homo) non fuisse in administratione circumcisionis realiter praesentia.
Atqui difficile est materiam adeoque partem essentialem sacramenti
asserere, quae realiter nondum existat. (2.) Cum *de materia coelesti
sacramentorum non aliunde rectius judicari possit ac debeat, quam ex divina
institutione, sive, quod idem est, ex propria sede, in qua divina institutio
describitur*, juxta regulam receptam, in institutione circumcisionis nihil
habetur, unde materia illa coelestis colligi queat. (3.) *Unio* inter materiam terrenam hujus sacramenti et materiam illam coelestem, quae traditur, difficulter declarari potest, nisi ad σχετικήν illam, quae *relationem
signi* ad *rem signatam* importat et quod meritum passionis Christi futurae
per sacramentum hoc hominibus applicatum fuit, confugias; quae tamen an sufficiant ad materiam coelestem sacramenti asserendam, in
quaestionem venit. Ideo cum *b. Gerhardo* in LL. et *b. Himmelio* in
Syntagmate materiae coelestis in hoc sacramento mentionem omittere
maluimus.

QUENSTEDTIUS: „Conjuncta denique fuit cum circumcisione ὀνομαϑεσία seu *nominis impositio*, quae quidem mandatum divinum non habet, nec fuit perpetuum adjunctum; qui enim adulti cum Abrahamo circumcisionem admiserunt, sua nomina retinuerunt; fuit tamen antiquissima consuetudo. Abrahamum filio suo Isaaco nomen, quod prius Deus ipsi destinaverat, Gen. 17, 19., in ipsa circumcisione imposuisse, probabile est ex Gen. 21, 3., non tamen certum. Sed exempla Johannis Baptistae et Jesu Christi, Salvatoris nostri, Luc. 1, 59. et 11, 21., clara sunt." (L. c. s. 1. th. 17. f. 1062.)

§ 6.

Formale circumcisionis[a] erat ipsum *verbum* institutionis[b] ad actum circumcisionis adhibendum.[c]

a) Sive illud, a quo amputatio praeputii humani in esse actionis sacramentalis formaliter constituebatur.

b) Quod habetur *Gen. 17, 10.*: *Hoc est foedus meum, quod servabitis inter me et vos, et inter semen tuum post te:* (quod praecipit) *circumcidi vobis omnem masculum.* Praemissum autem erat v. 7. verbum promissionis.

c) Nam *sicut Deus per verba ista circumcisionem in sua specie, ut sic loquar, et in actu signato fecit sacramentum, ita in exercitio, per verba in institutione ista fundata, individualis quilibet actus faciendus est,* scribit Dn. D. *Sebast. Schmidt,* Tract. de Circumc. p. 395., qui etiam in seqq. p. 398. 399. inter plures *vetustas* benedictionum Judaicarum *formulas* hanc sacramentalem, quae inprimis ad verba institutionis respiciat, recenset: *Benedictus tu, Domine Deus noster, Rex mundi, qui sanctificasti nos praeceptis tuis, et praecepisti, ut initiemur eum foederi Abrahami, patris nostri.*

QUENSTEDTIUS: „Non fuit circumcisio sine verbo aliquo ἀκουστῷ sive *audibili,* quod ostendit cum conditio generica omnium sacramentorum, ad quae requiritur verbum institutionis et promissionis, tum diserta circumcisionis institutae et praeceptae descriptio, ubi annexa est promissio gratiae, Gen. 17, 7.: ‚Ero Deus tuus et seminis tui post te.‘ Accessit quoque sine dubio in ipsa dispensatione verbum applicationis et invocationis, quod vel formaliter, vel quoad vestigia saltem apud rabbinos reperitur; vide D. Schmidt l. c. p. 390. sq., ubi varias recenset benedictiones, et quidem: 1. circumcidentis, 2. patris, 3. adstantium." (Th. did.-pol. P. IV. c. 4. s. 1. th. 10. f. 1058.)

N. HUNNIUS: „*Actum signatum* dicunt philosophi actum a singularibus abstractum, *exercitum* in singularibus multiplicatum; ut res apprehenditur *in actu signato,* quando ita concipitur, prout communi definitione signatur nec sub proprio signo (quod *nomen* est) apprehenditur; in *actu* autem *exercito,* quando aliquid non in communi et indefinita notione, sed sub particulari nomine concipitur, qualiter homo *in actu signato* est species, *in actu exercito* est individuum, Socrates, Petrus etc." (Διάσκεψις, § 97. p. 63.)

§ 7.

Finis cui[a] circumcisionis erant masculi[b] Israelitici[c] eorumque domestici[d] ac proselyti,[e] et infantes quidem, cum octavum vitae diem agerent.[f]

a) Quorum bono circumcisio divinitus instituta fuit quique subjectum erant, cui ritus hic, tanquam medium gratiae, applicari debebat, seu uno verbo, subjectum *circumcidendum*.

b) Et quidem *soli*, quod patet ex ipsa hujus doctrinae sede; quamvis feminae non propterea gratia foederali privatae fuerint.

c) Nempe foedus illud, cum *Abrahamo* initum, inde ab eo ad *Isaacum*, ab hoc ad *Jacobum*, et sic ad *Israelitas* derivatum est, collateralibus non aeque in foedus receptis.

QUENSTEDTIUS: „1. Subjectum quod 1. fuit *omnis masculus in domo Abrahae*. Imperata erat ad foederis obsignationem circumcisio non uni Abrahamo et Isaaco, sed etiam Abrahamidis omnibus, sive ex Sara, sive ex Agar, sive ex Kethura originem traherent. Obligati inquam, erant ad circumcisionis sacramentum tum necessitate medii, tum necessitate praecepti non solum Jacobi patriarchae posteri, sed et Ismaëlitae, Idumaei, Kethuraei; quod contra Judaeos tenendum, qui contendunt, ad solos Jacobi posteros circumcisionis sacramentum pertinuisse; quibus adstipulantur Corn. a Lapide Com. in Gen. 17, 10. et Suarez. P. 3. q. 70. in Gen. 17, 20. 21. Prosapia messiae ad Isaacum restringitur, non foedus circumcisionis; confer Gerhardum Com. in Gen. ad h. l. p. 368. et D. Calov. in Com. in Gen. p. 882. Nec solum Abrahae semen, sed etiam ejus servi vernaculi et emptitii erant circumcidendi ex mandato Dei, Gen. 17, 12. 13.: ,Circumcidendo circumcidetur natus domus tuae' (i. e. verna seu servus in domo natus) ,et emptus argento tuo' (sive, qui non nativitatis, sed emptionis jure servus factus), ab omni alienigena, qui non de semine tuo ipse', h. e. servus, qui in potestatem tuam transierit, circumcidetur, etiamsi non a populo Israelitico, sed ab alienigena quodam emtus fuerit. Mercenariis et conductitiis liberum fuit, circumcisionem suscipere, Ex. 12, 45. Non erant autem servi ad circumcisionem cogendi, sed potius dimittendi et in domo non retinendi aut iterum vendendi. 2. *Proselyti*, qui sc. ad sacra Israelitica admitti cupiebant. Horum enim expressa mentio fit, non quidem Gen. 17., sed Ex. 12, 48., ex quo loco patet, non fuisse proselytos absolute obligatos ad circumcisionem, nisi vellent agno paschali vesci, ad quem non poterat admitti ἀπερίτμητος, incircumcisus, Ex. 12, 44. 48. Erant autem duo προσηλίτων genera in Israel: proselyti justitiae et proselyti domicilii; *proselyti justitiae* omnia sacra Judaica agnoscebant et ritus suscipiebant; non *proselyti portae* seu domicilii. Qui igitur religioni Judaeorum initiari cupiebant et ad cultum Dei Judaicum sese conferebant, illi lege circumcisionis obligabantur." (L. c. s. 1. th. 7. f. 1056. sq.)

d) Juxta *Gen. 17, 12.*, ubi expressa fit mentio *alienigenarum circumcidendorum*, si qui sint *nati domi*, aut *emti argento*; quamvis non ideo illi cogendi essent ad circumcisionem.

e) Si quidem illi ad sacra Israelitica caetera, imprimis sacramentum agni paschalis, accedere vellent.

f) Vid. *Levit. 12, 3.* Interim ante octavum diem *decedentes infantes* nihilominus salvari potuerunt. *Dilatione* autem illa circumcisionis videtur Deus consuluisse tenellis corporibus recens natorum; prout etiam solatio parentum illud dedisse creditur, quod longius differri noluit sacramentum initiationis, quo liberi eorum in foedus gratiae mox reciperentur. *Alias* autem, propter *morbum* periculosum atque *itinera*, licebat longius differri circumcisionem; sicut passus est Deus omitti per annos XL, cum populus Israelitarum iter faceret in terram Canaan.

Vid. *Josuae 5, 5. 6. 7. et 8.*   Proselytorum circumcisioni certum tempus assignatum non fuit.   Debuit autem circumcisio praecedere admissionem ad sacra reliqua Judaeorum.

QUENSTEDTIUS: „Adjunctum tertium erat *necessitas* circumcisionis in V. T. Exigebatur enim ea sub gravissima interminatione ἐξολοθρεύ-σεως ab omnibus Abrahamidis; Gen. 17, 14.: ‚Masculus, cujus praeputii caro non fuerit circumcisa‘, (ἐξολοθρευθήσεται LXX) ‚delebitur‘ (exscindetur) ‚anima illa de populo suo‘ (excisione non solum civili et temporali, sed aeterna quoque a consortio sanctorum in coelis), ‚quia fregit‘ (irritum fecit) ‚pactum meum.‘   Necessaria ergo fuit circumcisio *necessitate* tam *medii,* quam *praecepti,* si de *ordinario* salvandi modo et medio quaeratur, adeoque interpretandum hoc praeceptum non absolute, sed limitate 1. sub conditione possibilitatis, 2. extra casum inevitabilis necessitatis, 3. de modo salvandi ordinario.   Necessitas illa opponenda fuit supinae negligentiae, contemtui et incredulitati, non cuicunque casui.“ (L. c. s. 1. th. 17. f. 1062.)

§ 8.

Finis cujus sacramenti circumcisionis *proximus,* isque *principalis,*[a] erat gratiae foederalis[b] de remissione peccatorum collatio; *minus principalis* segregatio[c] Israelitarum a populis aliis atque admonitio de peccato originali deque venturo Messia;[d] *ultimus* salus aeterna circumcisorum.[e]

a) A Deo auctore *intentus* et re ipsa *per* circumcisionem, tanquam *organon, conferendus* aut *efficiendus.*

b) Vid. *Gen. 17, 7.,* ubi promittit Deus, *se fore Deum Abrahami* circumcidendi *et seminis ejus* circumcidendi; quod imprimis de *spiritualibus* beneficiis divinitus conferendis et adoptione in foedus gratiae exponi debet.   Unde etiam dicitur fuisse *sigillum justitiae, Rom. 4, 11.* Sic ergo, quemadmodum Deus in prima institutione circumcisionis simul promisit, se eos, qui circumciderentur, in foedus gratiae recepturum, ita etiam cum circumcisione in actu constituta ita concurrit, ut fidem promissioni illi praebendam in his, qui circumcidebantur, excitaret aut obsignaret ac de gratia foederis et justitia coram Deo impetrata certos redderet.   Quanquam enim per circumcisionem Abrahamus fidem suam apud alios testari debuit et ad credendum illos invitare, *tamen* etiam ipse per circumcisionem commonefieri debuit et excitari ejus fides, ita ut circumcisio rationem *medii* haberet ad augmentum fidei illius; quem *duplicem* finem circumcisionis etiam *Apologia A. C.* notavit p. 97. et 276.   Confer. C. *Hoepfner.* Disput. VIII. de Justif. c. IV. Aph. II. § 2. sqq. p. 637. sqq. et quae ex b. *Mylio* supra ad cap. VIII. § 1. not. ult. annotavimus.

c) Sic enim ipsa nomina *circumcisionis et praeputii* denotant et distinguunt populos, *Judaicum et alios, Rom. 3, 30.*

d) Vid., quae supra ad § 3. not c. diximus.

e) Nempe propter connexionem remissionis peccatorum et salutis aeternae.

§ 9.

Definiri potest circumcisio, quod fuerit actio sacra[a] divinitus instituta,[b] qua Deus in V. T. per amputationem[c] praeputii, accedente verbo[d] institutionis, masculis[e] Israelitis eorumque domesticis ac proselytis, infantibus quidem fidem[f] contulit, adultis vero credentibus eam obsignavit et confirmavit, remissionis peccatorum et salutis aeternae consequendae gratia.

a) Genus commune omnium sacramentorum.

b) Ita causa efficiens principalis indicatur. Vid. § 2.

c) Materiale circumcisionis hoc est. Vid. § 5.

d) Quod formale est. Vid. § 6.

e) Ita subjectum, aut finis cui, indicatur. Vid. § 7.

f) Pertinent haec et sequentia ad finem cujus circumcisionis; de quo vid. § 8.

§ 10.

Alterum sacramentum V. T. *paschatis*[a] aut *agni paschalis*[b] nomine appellatur.[c]

a) Ebraice פֶּסַח, quod a *transitu*, actu transeundi aut transiliendi, descendit, qualis erat, quo angelus percussor, primogenitos Aegyptiorum per omnes domos occidens, domos Israelitarum transiliit; unde sacramentum istud ideo, ut angelo transeunte servarentur Israelitae, et porro in memoriam hujus transitus celebrandam nomen habet. Vid. *Exod. 12, 11. 12. 13. 27.*

b) Nempe actio illa sacramentalis *circa agnum* certo ritu tractandum occupabatur; atque hinc factum est, ut nomen פֶּסַח et Graecum πάσχα aliquando ipsum *agnum* sacramentalem notaret per *metonymiam.*

c) Sedes ejus doctrinae habetur *Exod. 12.*

HOLLAZIUS: ,,Agnus paschalis non fuit *sacrificium proprie dictum;* *analogice* tamen ita dici potest. Obs. 1. Aliud est sacramentum, aliud sacrificium. In sacramento Deus offert et confert gratiam hominibus; in sacrificiis offerunt homines munus Deo ad consequendam ejus gratiam... *Probatio:* 1. Nullum sacrificium, proprie dictum, potuit fieri in Aegypto propter abominationes Aegyptiorum, Exod. 8, 26. 2. Omne sacrificium, proprie dictum, peractum est a sacerdote in altari, ritu sacrificiali, quem Levitici sacerdotii delineatio praescribit. Agnus paschalis ordinarie non a sacerdote, sed patrefamilias est mactatus, Exod. 12, 4., neque in altari solenni, sed in privatis aedibus. 3. Si agnus paschalis fuit sacrificium proprie dictum, vel fuit מִנְחָה, vel זֶבַח. Non mincha, quia illud erat sacrificium dapale, constans ex farina munda et placentis et frugibus cum sale, vino et oleo partim combustum, partim sacerdoti destinatum, Levit. 2., Num. 15. Sed tale non fuit agnus, animal vivum. Neque etiam sebach stricte dictum, quia neque

holocaustum, neque sacrificium pro peccato et delicto, neque hostia
pacifica erat; non erat holocaustum, quia totus agnus non combureba-
tur; neque sacrificium pro peccato, quia peccata populi illi non impo-
nebantur; neque hostia pacifica, quia non a sacerdotibus in ipso atrio
sancto comedebatur. Ergo non est חַבֶז, sub notione speciali sacrificii,
licet possit appellari חַבֶז sub notione mactationis." (Exam. P. III.
s. 2. c. 3. q. 40. p. 1075. sq.)

GERHARDUS: „Quamvis constituto Levitico sacerdotio agni pa-
schales *Levitis* adducerentur, ut probabiliter ostendimus superius, id
tamen non fuit perpetuum, ut ex prima agni paschalis celebratione
constat, nec factum fuit hoc fine, ut agnus paschalis sacrificaretur, sed
ut *inquireretur, an qualitates divinitus requisitae in eo praesto essent.*
Sacrificia proprie sic dicta ad altare Domini mactabantur. Agnus paschalis per familias et domus mactabatur. Proprium et essentiale
sacrificii est, quod vel totum vel certe pars quaedam ex illo Deo offertur atque igne absumitur; sed de agno paschali nihil fuit Deo oblatum
vel igne consumtum, sed potius totus fuit assatus et manducatus."
(Loc. de circumcis. § 50.)

QUENSTEDTIUS: „Neque necessum est, ut typus et antitypus etiam
in specialibus inter se conveniant. . . Quod de sacrificio paschatis alibi
dicitur a sacerdotibus administrato, non pertinet ad agnum mactatum
in usum paschalis convivii, sed ad alias victimas, quae paschatis tempore in templo offerebantur, quae etiam paschatis nomine intellectae
fuerunt; vide Deut. 16, 2." (L. c. s. 2. q. 2. f. 1078.) Cf. Lutheri
Ausleg. des III. Ps. V, 1569.

§ 11.

Causa *efficiens principalis*[a] hujus sacramenti Deus[b]
trinunus est.

a) Sua auctoritate illud instituens ac mandans et cum eo efficaciter juxta promissionem concurrens ad effectum spiritualem.

b) Vid. *Exod. 12, 1.*

§ 12.

Causa *impulsiva interna* est bonitas[a] et gratuitus favor
Dei; *externa* seu *meritoria* est[b] Christus mediator.

a) Hac enim permotus Deus, uti parcere Israelitis, licet peccato
non prorsus carentibus, voluit, ita medium gratiae, quo salutariter uterentur, ipse instituit et obtulit.

b) In quo *antitypum* agni paschalis contineri, mox dicemus; interim ejus intuitu sacramentum *praefigurativum* divinitus institutum
esse, facile intelligitur.

§ 13.

Causa *minus principalis*[a] *partim* Moses et Aaron,[b] *partim* patresfamilias[c] gentis Israeliticae,[d] *partim* Levitae[e]
fuerunt.

a) Quae Deo auctori ministerium praebuit, ut sacramentum hoc *vel* in ecclesiam primum introduceretur, *vel* porro in usu constitueretur.

b) Tanquam ministri promulgandae institutionis divinae. Vid. *Exod. 12, 1. 28.*

c) Administrantes haud dubie sacramentum, cum primum celebrandum esset in Aegppto. Vid. l. c. v. 3. 6. 21. 28. Postea autem instituto sacerdotio Levitico, si non mactantes, assantes tamen agnum paschalem.

d) Proselytis tamen circumcisis idem jus sacrorum cum patribusfamilias Judaeis fuisse, alias docetur.

e) Hos enim alias constat fuisse ministros sacrorum. Ac certum est, eo casu, quo patresfamilias immunditie legali laborarunt, Levitas apparasse pascha pro illis. Vid. *Esdr. 6, 20. 2 Chron. 30, 17. 18. Utrum* vero extra hunc casum, velut ordinarii ministri, opus mactationis peregerint, disputatur. Eo tamen referri solet locus *2 Chron. 35, 10. et 11.* Et *probabile* est, postquam Deus celebrationem hujus sacramenti ad eum locum, ubi templum esset, alligavit (de quo vid. *Deut. 16, 5. 6. 7.*), etiam operam ministerialem Levitarum et sacerdotum magis, quam antea, requisitam fuisse.

GERHARDUS: „*Locum* quod attinet, primum pascha celebratum est in Aegypto, alterum in deserto. Postea vero diserta lege ad certum locum, ut festivitates reliquae, ita quoque paschatis celebratio fuit alligata. Deut. 16, 2.: ‚Immolabis pesach Jehovae Deo tuo in loco, quem elegerit Jehovah, ut habitare faciat nomen suum ibi‘; vers. 5.: ‚Non poteris immolare pesach in aliqua urbium tuarum, quae Dominus Deus tuus daturus est tibi‘; v. 6.: ‚Sed in loco, quem elegerit Jehovah, Deus tuus, ut habitare faciat nomen suum ibi.‘ Ergo ad locum illum, in quo erat tabernaculum foederis, postea vero templum Domini, conveniendum erat omnibus masculis ex toto regno Israelitico, Exod. 34, 23.: ‚Tribus vicibus in anno conspicietur omnis masculus tuus coram Dominatore Jehovah Deo Israel.‘ Expressa illa loci determinatione 1. obviam ibatur cultibus electitiis, 2. concordia inter confessores unius verae religionis alebatur, et 3. sacrificium messiae in urbe Hierosolyma offerendum praefigurabatur.“ (L. de circumcis. etc. § 43.)

§ 14.

Materia hujus sacramenti erat *agnus*[a] integer et vitio[b] carens, masculus[c] et unius[d] anni, quippe circa illum occupabantur *actus*, nempe segregatio[e] de grege, mactatio[f] et assatio,[g] deinde[h] comestio, denique aspersio sanguinis[i] ad superliminare et postes aedium.[k]

a) Si non semper, frequentissime tamen, vel ejus loco etiam *hoedus*, ut colligitur ex *Exod. 12, 5.*, ubi nomen commune שֶׂה occurrit; deinde vero additur, posse sumi ex diversis pecudum minorum speciebus כְּבָשִׂים et עִזִּים, *agnis et hoedis*; ac certum est, non solum agnum, verum etiam hoedum fuisse typum Christi, quanquam non ita usitatum sit, Christum appellari hoedum, quam agnum (de quo videatur *Joh.*

1, 29., cujus verba ad *hircum emissarium* aeque atque agnos in Vet. Test. offerri solitos omnes spectare putantur; et Apocalypseos loca octo et viginti).

b) תָּמִים dicitur *Exod. 12, 5.*, quod LXX verterunt τέλειον.   Cui respondet antitypus *1 Petr. 1, 19.*, ubi Christus dicitur ἀμνὸς ἄμωμος καὶ ἄσπιλος, conf. *cap. 2, 22. Heb. 7, 26.*

c) Habito respectu ad *praestantiam*, quam sexus hic non unam prae altero habet.   Et convenit *antitypus*, filius hominis, in quo mascula vis et perfectio.

d) Id est, anno praeterito natus, ita ut annum aetatis primum *vel* mox impleturus fuerit, *vel* impleverit; *non* tamen ita excesserit, ut pro bimo haberi posset.   Respiciebatur autem ad florem aetatis *Christi*, quo is moriturus erat.

e) Actus hic et sequentes duo *praeparatorii* erant, necessarii tamen. Et *segregatio* quidem *captivitatem* Christi praefigurasse videtur.

f) Fieri autem debuit mactatio *inter duas vesperas*, l. c. v. 6., i. e. circa horam tertiam pomeridianam, aut paulo post, ante occasum solis. Quo *tempore* etiam *mori* voluit *Christus*.   Christum autem, tanquam *pascha nostrum, mactatum* esse docet Paulus *1 Cor. 5, 7.*

ANTITHESIS.

QUENSTEDTIUS: „*Antithesis:* 1. *Pontificiorum*, qui ut obtineant, sacramentum coenae seu missam etiam esse sacrificium proprie dictum, contendunt: ‚Agnum paschalem, utpote typum s. eucharistiae, per modum sacrificii cujusdam proprie dicti Deo oblatum fuisse.' Ita *Bellarminus* T. 3. Op. 1. 1. de missa c. 7. toto, ubi statim ab initio ita argumentatur: ‚Celebratio agni paschalis figura erat expressa celebrationis eucharistiae, sed illa immolatio quaedam erat victimae Deo oblatae; ergo celebratio eucharistiae immolatio victimae Deo oblatae esse debet, ut figura figurato respondeat.' *Becanus* T. 2. opusc. 11. c. 7., ubi ait: ‚Hoc sacrificium agni paschalis a Deo institutum est paulo ante egressum filiorum Israel ex Aegypto' etc.   *Gregorius* de Valentia libr. 1. de Messiae Sacrificio et *Suarez.* T. 2. Disp. 40. sect. 24. 50. etiam volunt, sacrificium esse agnum paschalem. 2. *Quorundam Nostratium* theologorum, qui pascha sacrificium proprie dictum esse asserunt, ut *Theod. Hackspanius* in Not. philologico-theol. P. 1. ad c. 12. Ex. p. 335., itemque *Dannhawerus*, qui pascha sacrificium fuisse extraordinarium statuit in Μυστηριοσοφ. sect. 2. a. 2. § 22. p. 261. 3. Media via incedunt, h. e. agnum paschalem diverso respectu et sacrificium et sacramentum appellari posse statuunt D. *Aeg. Hunnius* in qu. de Sacrament. c. 3. T. 1. Op. Lat. col. 996. et D. *Brochmannus* System. c. 4. de A. P. p. 270. sq." (L. c. s. 2. q. 2. f. 1074.)

g) *Non* enim in aqua coctus, *sed* assatus, comedendus erat, juxta *Exodi* loc. cit. vers. 8. et 9.   Assari quoque debuit *integer*, nulla parte fracta.   Qua ratione et *Christus partim* igne irae divinae erga peccata, quae ipse susceperat, *partim* igne amoris sui erga nos redimendos, velut assatus atque intime penetratus fuit.   Mansit autem quoad membra corporis *integer*; vid. *Joh. 19, 36.*   Juxta *praxin* Judaeorum, quam *Maimonides* memorat, assatus fuit agnus paschalis ad veru ligneum alligatus.   Et *Justinus Martyr* in Dialogo cum Tryphone, p. m. 74. et 75. edit. Paris. An. 1575., scribit: *Agnus ille* (paschalis) *in crucis for-*

mam expansus assatur. *Alter enim rectus paxillus ab imo usque caput tra-jicitur, alter item transversus per occiput, cui armi agni alligantur;* atque ita *Christum crucifigendum significatum* fuisse, recte monet.

h) Vid. loc. cit. v. 8. Et hic actus *principalis* sacramenti erat. Notandum autem, quod agnus *totus* comedendus, nihil autem de eo relinquendum fuerit. Certum quoque est, significatam fuisse *mandu-cationem Christi* cum *sacramentalem* in eucharistia, tum *spiritualem* seu fidei; utrobique totum Christum accipi constat. Adjungendus autem erat *panis azymus et salsamenta amara;* quibus respondet *partim,* quod Paulus *1 Cor. 5, 8.* monet de *expurgando fermento malitiae et azymis sin-ceritatis ac veritatis in paschate* christianorum *adhibendis, partim,* quod quotidiana poenitentia opus est illis, qui Christo salutariter sunt fruituri.

i) L. c. v. 7. Et hic actus *primum* quidem adhibendus fuit, ut viso sanguine praeteriret Dominus Israelitarum aedes neque illorum quenquam interficeret, v. 13. et 22. 23. *An* autem *postea* in memoriam eorum, quae tempore primi paschatis acciderunt, actus ille stato tem-pore una cum caeteris frequentandus fuerit, sunt qui colligunt ex l. c. v. 24. sqq. Si *praxin* Judaeorum videamus, constat illitionem aedium intermissam et omnem pecudum paschalium sanguinem ad funda-mentum altaris effusum fuisse. Interim *uterque* modus, sanguinem agni paschalis religiose tractandi, haud dubie *praefiguravit* effusionem sanguinis Christi, unde redemtio nostra et remissio peccatorum pendet. Vid. *1 Petr. 1, 19. Apoc. 13, 8. Ebr. 9, 22.*

k) Quaeri et hic solet de *materia coelesti* hujus sacramenti; quam quidem qui agnoscunt, *corpus et sanguinem Christi* esse perhibent. Ac certum est, esse ista *rem signatam* per materiam sacramenti terrenam, tanquam signum; ut ex dictis constat. Certum quoque est, esse rem altioris ordinis, quam illa est, quae terrenam materiam constituit, ut res *coelestis* appellari omnino mereantur; prout etiam in sacramento coenae sic vocantur. Certum denique, efficaciam sacramenti paschalis a Christi corpore in mortem tradendo et sanguine effundendo, velut antitypo suo, pependisse. *Sed* an ea, quae in actu sacramentali realiter non sunt praesentia, imo nondum existentia, nedum ut actu sacramen-tali vere et realiter tractata fuerint, materia sacramenti proprie lo-quendo dici queant, non immerito ab aliis dubitatur. Ac nos quidem cum b. *Gerhardo* contenti sumus *re terrena sive elemento externo hujus sacramenti et actione sacramentali circa illud occupata.* L. de Circumcis. et Agno Pasch. Cap. IV. S. II. § 31.

§ 15.

Forma[a] hujus sacramenti verbum institutionis[b] fuit.

a) Sive illud, a quo ad manducationem agni mactati et assati adhibito habebat ille, quod erat sacramentalis.

b) Sic enim habent verba *Exod. 12, 11.*: לַיהוָֹה פֶּסַח הוּא, *pascha hoc est Domino.* Ac jussit Deus his verbis etiam progressu temporis uti, ut distingueretur ritus hic ab aliis similibus actibus non sacramen-talibus, l. c. v. 27.

§ 16.

Finis cui,[a] qui et *subjectum,* ad agni paschalis comestionem admittendum, erant Israelitae[b] omnes, citra differentiam sexus aut aetatis,[c] servi quoque et proselyti mares circumcisi.[d]

a) In cujus bonum Deus sacramentum instituit.

b) Vid. *Exod. 12, 3. 4. 21.* Interim non negatur, *morbum,* aut alios *defectus,* propter quos carnem comedere homines non possent, imo et *legalem immunditiem* et legitimam a domo *absentiam* excusasse eos, qui sacramento non uterentur stato tempore. Vid. *Num. 9, 10.* Sed immundi mundificati et peregrinantes domum reversi sacramento nihilominus, etsi post alios et elapso tempore alias statuto, uti jubebantur.

c) Nam et *pueri puellaeque,* in quibus usus rationis se exeruerat, admitti consueverunt.

d) Vid. *Exod. 12, 43. 44. 48.*

§ 17.

Finis cujus[a] sacramenti paschalis erat *primum,*[b] ut homines sacramento utentes certiores redderentur de gratia Dei, peccata non imputantis, quique praeteritis ipsorum aedibus, cum alii occiderentur, damnum omne aversurus esset; *deinde*[c] ut memoria hujus beneficii secuturis temporibus conservaretur ac celebraretur, *utrinque* autem confirmatio[d] fidei in Messiam promissum, ac *denique* salus[e] aeterna.

a) Quem Deus, auctor sacramenti, serio intendit, ita ut et *fructum* aut *effectum* sacramenti dicere possis.

b) Scilicet quoad primam illam in Aegypto factam celebrationem. Vid. *Exod. 12, 13. 14.* Et constat ex vers. 11. et 24., quod ipsum nomen פֶּסַח huic sacramento propterea fuerit divinitus impositum, quod ejus intuitu Deus *praeteriturus* esset domus Israelitarum et gratiam suam ac remissionem peccatorum concessurus.

c) Quoad exercitium actus sacramenti quotannis post illud beneficium praeteritionis et miraculosam liberationem celebrandi, juxta vers. 24. sqq.

d) Erat enim ipsum sacramentum typus Messiae et beneficiorum per illum expectandorum ac fide amplectendorum, juxta ea, quae diximus ad § 12. not. *b.* et § 14. not. *a.* ad *i.* Ac certum est, Deum ipsum virtute sua concurrisse cum ritu isto sacramentali in usu constituto ad fidem in hominibus sacramento utentibus per illud excitandam et confirmandam, ita ut finis hic etiam rationem *effectus* haberet respectu sacramenti, tanquam medii aut organi efficacis.

LUTHERUS: „Passah heisst ein Gang darum, dass der Herr durch Egyptenland des Nachts ging und schlug alle Erstgeburt todt. Bedeutet aber Christi Sterben und Auferstehen, damit er von dieser Welt gangen ist und in demselben Sünde, Tod und Teufel geschlagen und uns aus dem rechten Egypten geführt hat zum Vater, das ist unser Passah, oder Ostern." (Glossa ad Exod. 11, 43. XXI, 427.*)

e) Juxta *nexum* fidei ac remissionis peccatorum et vitae aeternae.

§ 18.

Definiri potest pascha, quod sit actio[a] sacra divinitus[b] instituta, qua agnus[c] aut hoedus integer et aniculus, de grege segregatus, mactabatur, assabatur et ab[d] Israelitis et proselytis circumcisis comedebatur, sanguis autem ejus ad aedium postes et superliminare spargebatur ad excitandam[e] fidem in Messiam et impetrandam ac celebrandam gratiam Dei ac remissionem plagae et consequendam salutem aeternam.

a) Genus est, quod de paschate proprie loquendo et in casu recto praedicatur, juxta *Exod. 12, 11. et 27.*, ubi non tam ipse *transitus Domini*, quam id, quod intuitu transitus illius ab Israelitis celebrandum esset, aut actio sacra, quae exercenda esset, פֶּסַח dicitur.

LUTHERUS: „Wenn Mose sagt: ‚Esst eilend, es *ist* des Herrn *Passah*‘, kann Zwingel nicht beweisen, dass es das Osterlamm bedeute. Denn man hat bald geantwortet also: Esst eilend, es ist des Herrn Passah, wie wir auf Deutsch sagen: Iss Fleisch, denn es ist Sonntag; trink Wasser, es ist Freitag. Hier wird mir niemand heraus zwingen, dass Fleisch bedeute den Sonntag, oder Wasser bedeute den Freitag. Also auch hier: ‚Esst eilend, denn es ist des Herrn Passah‘, das ist, es ist der Tag, da der Herr in Egypten ging u. s. w." (Dass diese Worte Christi: Das ist mein Leib, noch fest stehen. 1527. XX, 979. sq.)

b) Indicatur causa efficiens; de qua vid. § 11.

c) His et sequentibus continentur, quae ad materiam sacramenti pertinent; de qua vid. § 14.

d) Finis cui, aut subjectum, denotatur; vid. § 16.

e) Quae cum seqq. pertinent ad finem cujus, juxta § 17.

Caput X.

DE BAPTISMO.

§ 1.

Inter *duo*[a] Novi Testamenti sacramenta *priorem* locum[b] obtinet *baptismus.*[c]

a) *Praeter duo haec* autem (baptismum et s. coenam) *non dari alia
ejusdem ordinis, naturae et quidditatis sacramenta; sed si quae alia sint,
quibus sacramenti vox tribui possit, iis tamen conceptum et rationem sacramenti non esse eandem communem atque adeo reliqua non esse univoce dicta
sacramenta;* et hoc *doceri posse ex Scripturis,* quatenus *duo illa specialia
sacramenta extant in Scripturis, et quae cujusque ratio, quidditas et definitio
sit, ex Scripturis doceri potest, nempe baptismus et sacramentum coenae Dominicae; ab his abstrahi posse conceptum aliquem, utrique univoce communem;* et sic, ostenso, quod reliqua, quae sacramentorum nomine veniunt, non tamen cum duobus istis quoad conceptum univocum et
communem conveniant, facile constare, quod non sint aeque proprie
dicta sacramenta, b. *Musaeus* etiam asseruit. Vid. Ausführl. Erklär.
L. XVI. Q. 81. p. 667.

QUENSTEDTIUS: ,,Distinguendum inter *latiorem et impropriam* vocabuli sacramenti significationem, et sic concedimus plura posse numerari sacramenta N. T., et inter significationem *strictam et propriam,* et
sic *duo* tantum dari sacramenta N. T. asserimus.'' (Th. did.-pol. P. IV.
c. 3. s. 2. q. 3. f. 1049.)

IDEM: ,,Accipitur vox sacramenti: 1. *generalissime* pro quavis re
ἀκαταλήπτῳ seu arcana et secreta. Sic Christi incarnatio 1 Tim. 3, 16.,
Christi et ecclesiae conjunctio Eph. 5, 32., gentium vocatio Eph. 3, 3.,
nostra redemtio Col. 1, 26. dicuntur μυστήριον, quod vetus Latinus interpres ,sacramentum' reddidit. Sic quoque s. patres quodlibet mysterium et quamlibet doctrinam sacram et non obviam sacramentum appellarunt, ut sacramentum trinitatis, sacramentum incarnationis et
fidei; 2. *specialius* pro signo externo rei sacrae et coelestis; sic semen,
granum, margarita etc. sunt sacramenta seu signa regni coelorum
Matth. 13, 23. 31. 46., quomodo etiam Augustinus signum crucis inter
sacramenta numerat, l. c. c. 143. Idem ait Epist. 5. ad Marcellinum,
,signa, cum ad res divinas pertinent, sacramenta appellantur'; 3. *specialissime* pro re sacra, arcana, symbolica, non significante tantum, sed
et conferente simul rem, quam significat, sive pro actione solemni divinitus instituta, mandata et praescripta, in qua per externum et visibile signum bona invisibilia gratiose offeruntur, conferuntur et obsig-
nantur.'' (L. c. s. 1. th. 3. f. 1031.)

GERHARDUS: ,,Perjurii Bellarminus nos accusat, quod ab Augustana Confessione, quae *poenitentiam sacramentis* accenset (in Apolog.
sub titulo de numero et usu sacram.), secessionem fecerimus. Resp.:
Sacramenti nomen poenitentiae tribuitur respectu finis, quem cum reliquis proprie dictis sacramentis communem habet, qui est fidei nostrae
de remissione peccatorum confirmatio; sic enim habent verba: ,Si sacramenta vocamus ritus, qui habent mandatum Dei et quibus addita
est promissio gratiae, facile est judicare, quae sint proprie sacramenta,

scilicet baptismus, coena Domini et *absolutio*.' Sed paulo post sequitur: ,Si omnes res annumerari sacramentis debent, quae habent mandatum Dei, et quibus additae sunt promissiones: cur non addimus
orationem, quae verissime potest dici sacramentum, habet enim mandatum Dei et promissiones plurimas' etc. Ex quo loco sic colligimus:
Non sufficit ad sacramentum propriissime dictum, habere mandatum
Dei et promissionem gratiae. Atqui ex hoc fundamento assertum
erat, absolutionem referri ad sacramenta. Ergo noluit Apologia eam
esse sacramentum propriissime sic dictum. Eo igitur respicit Apologia Confessionis, quod inter reliqua omnia, quae veris et proprie dictis
sacramentis, baptismo scil. et coenae Dominicae, conjunguntur, *absolutio* proxime ad eorum naturam accedat; per illam enim poenitentibus
ac vere credentibus juxta Dei mandatum dispensantur beneficia Christi,
evangelicae promissiones in specie ipsis applicantur et remissio peccatorum gratuita annunciatur; quid vero adhuc desit, quo minus formalis et specifica ratio sacramenti ei conveniat, statim expeditum dabitur.
Observa igitur, longe alio sensu ab August. Confess. Apologia numerari absolutionem inter sacramenta, quam fit a pontificiis; illi quippe
statuunt, verbum absolutionis vim sacramentalem conferre actionibus
hominis poenitentis, ut ad remissionem peccatorum causandam et promerendam effective concurrant atque una cum absolutione integrum
sacramentum constituant, quod auctoribus et confessoribus August.
Confess. ne in mentem quidem venit." (L. de poenitentia, § 22.) Cf.
Apolog. Aug. Conf. p. 202—204. §§ 2—17. et Catechism. Major. p. 496.
sq. §§ 74—76.

IDEM: ,,Bellarminus de Sacramento ordinis c. 1. scribit, Lutherum, Illyricum et Chemnitium negare, quod *ordinatio* sit sacramentum
proprie dictum, sed Philippum in Locis editis Ann. 36. 52. 58., item in
Apol. A. C. art. 13. satis aperte docere, ordinationem esse sacramentum proprie dictum, unde Chemnitium accusat, quod in hac controversia repugnet praecipuis Lutheranis, seque adjungat paucioribus et
obscurioribus. Resp.: Vox sacramenti a Philippo in Locis et in Apol.
sumitur in significatione laxiore. Verba Apologiae sic habent: ,Si
ordo de ministerio verbi intelligatur, non gravatim vocaverimus ordinem sacramentum. Nam ministerium verbi habet mandatum Dei et
habet magnificas promissiones Rom. 1. Esa. 55. Si ordo hoc modo intelligatur, neque impositionem manuum sacramentum vocare grava-
bimur. Habet enim ecclesia mandatum de constituendis ministris;
quod gratissimum esse nobis debet, quod scimus, Deum approbare ministerium illud et adesse ministerio' etc. (Ex his quilibet intelligit,
non tam de ritu ordinationis, quam de ipso verbi et sacramentorum
ministerio, nec de propriisima et specialissima significatione, sed de
generaliore quadam sacramenti significatione Apologiam agere. Unde
statim additur:) ,Si omnes res annumerari sacramentis debent, quae
habent mandatum Dei et quibus sunt additae promissiones, cur non
addimus orationem Dominicam, quae verissime potest dici sacramentum? Habet enim et mandatum Dei et promissiones plurimas. Possunt hic numerari etiam eleemosynae. Item afflictiones, quae et ipsae
sunt signa, quibus addidit Deus promissiones.' Inde sic colligimus:
sacramenti nomen Apologia eo modo accipit, ut complectatur orationem, eleemosynas et piorum afflictiones. Atqui sacramenti nomen, eo
modo acceptum, nondum obtinet propriissimam et specialissimam significationem. Ergo Apol. non accipit sacramenti nomen in propriissima et specialissima significatione." (Confess. cath. L. II. P. III.
art. 18. f. 1328.)

ANTITHESIS.

QUENSTEDTIUS: ,,*Antithesis*: 1. *Pontificiorum*, quorum primus Petrus *Lombardus* septenarium numerum sacramentorum N. T. determinavit, quem postea *Concilium Tridentinum* sub anathemate ad creden-

dum proposuit sess. 7. can. 1. ac hodie omnes tenent Pontificii; unde *Becanus* Manual. l. 1. c. 2. n. 39.: „Nos constanter docemus cum Concilio Tridentino, septem esse sacramenta Novae Legis: baptismum, confirmationem, eucharistiam, poenitentiam, ordinem, extremam unctionem, matrimonium.‘ . . Praeivit Tridentinis *Eugenius* IV., P. R., in Commonitorio ad Armenios, sed sine anathemate. *Bellarminus* inquit l. 2. de Sacram. c. 24.: „Sententia catholicorum una est ac semper fuit, septem esse sacramenta proprie dicta.‘ Ubi observandum, *Gregor. de Valentia* T. 4. disp. 3. q. 6. aliosque agnoscere, septem sacramenta e Scripturis probari non posse. Sed ἄτερ γραφῆς nullum agnoscimus sacramentum. „Quod septem sint sacramenta‘, ait Vasquez, „patrum testimoniis confirmare, supervacaneum est, quia nullus de eorum numero quicquam speciatim definivit.‘ 2. D. *G. Calixti*, qui in Responso maledicis theologorum Moguntinorum vindiciis opposito § 103. inquit: „Certum est, quid sacramentum sit vel quid proprie sacramentum constituat, et proinde, quot vere et proprie sacramenta sint, ex Scriptura non posse colligi.‘ Et in Considerat. doctrinae pontificiae juxta Concil. Trid. ad sess. 7. § 1.:„Definitus sacramentorum numerus nec Scriptura probari potest, nec consensu veterum.‘‘‘ (Loc. c. s. 2. q. 3. f. 1049. sq.)

b) Tanquam sacramentum *initiationis.*

c) *Ablutionem* vi vocis denotans, *sive* illa *immergendo*, sive *aspergendo* fiat. De *illa* vid. *Matth. 3, 16.*, de hac *Marci 7, 4.*, *Luc. 11, 38.*, ubi βαπτισμὸς *manuum* accessuris ad prandium usitatus memoratur; quem constat non minus affusione aut aspersione aquae, quam immersione manuum in aquam etiam apud Judaeos peragi consuevisse, ita ut ministro affundente et vase aspersorio uterentur et aliquando ne quidem locus esset immersioni. *Sedes* autem doctrinae de sacramento baptismi habetur *Matth. 28, 19. et Joh. 3, 5.*

QUENSTEDTIUS: „Accipitur vox haec (baptismus) vel *improprie* vel *proprie*. *Improprie* accepta sumitur vel metaphorice vel synecdochice. Et quidem *metaphorice* usurpatur 1. pro cruce, calamitate, martyrio seu baptismo sanguinis Matth. 20, 22. Marc. 10, 38. Luc. 12, 50.; 2. pro donorum Spiritus S. effusione seu *baptismo flaminis* Matth. 3, 12. Marc. 1, 8. Luc. 3, 16. Act. 1, 5. 11, 16.; 3. pro *miraculosa transitione* Israelitarum per mare rubrum 1 Cor. 10, 1. *Synecdochice* significat *informationem* in doctrina fidei Matth. 21, 25. Marc. 9, 30. Act. 18, 25. 1 Cor. 10, 2. Vocatur a nonnullis *baptismus luminis* seu doctrinae. *Proprie* accipitur vel *generaliter* pro quavis lotione Hebr. 9, 10. Marc. 7, 4. Luc. 11, 38., vel *specialiter*, pro sacramento primo N. T. seu *baptismo fluminis.* Quae significatio est hujus loci.‘‘ (L. c. c. 5. s. 1. th. 2. f. 1080.)

§ 2.

Causa *efficiens principalis* baptismi est Christus[a] una cum[b] Patre et Spiritu S., qui non solum, quae ad constitutionem[c] baptismi pertinent, determinavit, verum etiam ritum illum frequentari[d] praecepit atque efficacem[e] reddidit ad conferendum salutarem fructum.

a) Qua *Deus* et *qua homo.* Vid. *Matth. 28, 18. 19. 20.*, ubi Christus, baptismum instituens, provocat ad πᾶσαν ἐξουσίαν sibi in tempore adeoque ut homini datam, quam tamen, ut Filius Dei, ab aeterno habuit.

b) Auctoritatem enim et potentiam, qua Christus illic usus est, tribus personis communem atque unam earum sapientiam et voluntatem esse, alias constat, unde et Christus jussit baptizare *in nomine*, velut ex auctoritate, *Patris et Filii et Spiritus Sancti*, l. c. v. 19. Confer. *Joh. 1, 33.*, ubi Johannes Baptista *divinam missionem* sui ad baptizandum memorat, et *Luc. 7, 30.*, ubi, qui baptizari noluerunt, dicuntur *consilium Dei sprevisse.*

KROMAYERUS: „Baptismus Johannis fuit sacramentum N. T. et idem cum baptismate Christi. Ἔκϑεσις: Negativam ex falsis principiis de effectu mortis Christi et discrimine utriusque testamenti tuentur pontificii, quibus opponimus: 1. quod in baptismo Johannis omnia ea, quae in baptismo Christi occurrunt, contineantur. Videamus *causam efficientem principalem;* illa Deus erat, ut dicitur Luc. 3, 2.: ‚Factum est verbum Domini ad Johannem in deserto.‘ Joh. 1, 3.: ‚Deus misit me ad baptizandum aqua.‘ Matth. 21, 25. baptismus Johannis ‚e coelo‘ fuisse dicitur. Videamus *materialem;* illa erat aqua. Johannes enim baptizavit aqua in Jordane, ut Matth. 3. Marc. 1. Luc. 3. Joh. 1. Act. 1. dicitur, et prope Salem, ubi aquarum suppetebat copia, Joh. 3, 22. Videamus *causam formalem*, applicationem aquae ad baptizandum in nomine S. S. Trinitatis, nec illa Johannis baptismo erit deneganda. Quippe cui S. S. Trinitatis manifestatio, cum Christum in Jordane baptizaret, facta est. Quorsum et formula sua Matth. 28, 19. Christus respexisse videtur. Videamus *causam finalem*, remissionem peccatorum, irae divinae declinationem, regenerationem; nec Johannis baptismo finis hic est denegandus. Baptizabat enim Johannes in deserto, praedicans baptismum poenitentiae in remissionem peccatorum, Marc. 1, 4. Baptismum suscepturos Pharisaeos et Sadducaeos his verbis Johannes alloquitur: ‚Progenies viperarum, quis vobis monstravit, ut fugeretis a ventura ira?‘ Matth. 3, 7. De baptismo Johannis, super quo colloquium Nicodemus cum Christo instituebat (ante passionem et resurrectionem Christi colloquium hoc fuit habitum), Salvator inquit Joh. 3, 5.: ‚Nisi quis regeneratus fuerit ex aqua et Spiritu, non poterit ingredi regnum coelorum.‘ 2. Si baptismus Johannis non fuit idem cum baptismate Matth. 28, 19. a Christo instituto, sequitur, Christum alium suscepisse baptismum, quam ipse postmodum instituit, nec Christum suo baptismo nostrum sanctificasse. 3. Sequeretur, quod Christi discipuli, prius a Johanne baptizati, fuerint rebaptizati; de quo tamen ne apiculus quidem in Scripturis habetur; aut quod alium baptismum administraverint post ascensionem Christi, quam prius, et alium, quam quo fuerunt ipsi baptizati.“ (Th. posit.-pol. I, 826. sq.)

IDEM: „Color obduci potest huic sententiae: . . . 2. Quod Johannes in nomine Patris, Filii et Sp. S. baptizasse nullibi legatur. Sed respondemus distinguendo inter id, quod in Scripturis extat κατὰ τὸ γράμμα, et quod extat κατὰ τὸ πρᾶγμα. Etiamsi quoad totidem literas et apices non legatur in Scripturis, per bonam tamen consequentiam haut difficulter elicitur. Baptizavit enim in nomine istius, a quo missus fuerat ad baptizandum, nimirum veri Dei, qui est unus in essentia, trinus in personis, ut se revelaverat in baptismo Christi ad Jordanem, voce Pater, Natus corpore, Flamen ave. Nec enim ceremoniam hanc mutam fuisse, ut credamus, facile adducimur. 3. Quod a Johanne baptizati ab apostolis rebaptizati fuerint. Act. 19. . . Respondemus autem ad hoc argumentum distinguendo inter verba Pauli et Lucae historici. Verba: ‚His vero auditis baptizati sunt in nomine Domini Jesu‘, non sunt Lucae historici, sed Pauli, quod particulae suspensivae μὲν et δὲ, sibi respondentes, probant. Nec quaestio primum erat Paulo

de baptismo, sed de donis miraculosis Sp. S., quae per manuum impositionem etiam acceperunt postmodum isti discipuli. Cum autem Paulus secundo quaerit: ‚Quo baptismate baptizati estis‘, ad verba Christi
Act. 1, 5. respicit: ‚Johannes quidem baptizavit aqua, vos autem bap-
tizabimini Spiritu S. post dies hos non multos.‘ In verbis itaque hisce
non est oppositio baptismi fluminis, ut a Johanne fuit administratus et
prout ab apostolis post resurrectionem Christi administrabatur, sed
inter baptismum fluminis et flaminis, quatenus hic de donis miraculosis,
in ecclesia primitiva super credentes effusis, accipitur. Addo, quod
baptismum fluminis baptismus flaminis in ecclesia primitiva post ascensionem Christi in coelum saepius comitatus fuerit. Vox Spiritus S.
non de persona, sed donis his extraordinariis v. 2. accipitur, ut sumitur
Joh. 7, 39.: ‚Hoc autem dicit de Spiritu, quem accepturi erant credentes in ipsum; nondum enim erat Spiritus S.‘ (cum Scriptura V. T.
plena fuerit testimoniis de Sp. S.), ‚quia Jesus nondum erat glorifica-
tus.‘ 4. Quod Johannes baptizaverit aqua, Christus Spiritu et igni.
Matth. 3, 11.“ (L. c. p. 827. sq.)

GERHARDUS: ,,Bellarminus dissensiones nostrorum evincere conatur, quia Lutherus in disputatione de baptismo legis, Johannis et Christi
statuit, baptisma Johannis non esse sacramentum, nec remittere peccata ac baptizatos a Johanne iterum fuisse baptizandos. Resp.: Habita
est illa disputatio a. 1520., de ea igitur accipiendum, quod in praefatione
Tom. I. opp. Lutherus scribit: . . . Memor sis, me unum fuisse ex illis,
qui, ut Augustinus de se scribit, scribendo et docendo profecerint. . .‘
Quid Lutherus statuerit de baptismo Johannis, patet ex concionibus de
paedobaptismo habitis Dessaviae a. 1541.“ (Loc. de bapt. § 54.)

M. CHEMNITIUS: ,,In omnibus controversiis ea, quae necessarium
usum habet in exercitiis poenitentiae, fidei et pietatis, discernenda sunt
ab aliis disputationibus, in quibus opinionum diversitas, vel etiam levis
quaedam hallucinatio non infert jacturam fidei et saluti. Ita de baptismo Christi, quo nunc ecclesia N. T. baptizat, multa, quorum necessarius usus est, utiliter possunt dici, quid sit, quae sit ejus efficacia,
quomodo rite dispensetur et suscipiatur, quis sit ejus per totam baptizati hominis vitam usus etc. Disputatio vero de Johannis baptismo
non aeque est necessaria; nemo enim nunc vel baptizatur, vel baptizatus est Johannis baptismo; sed tantum quaestio est de ceremonia temporis jam dudum praeteriti et quidem exigui. Johanne enim in vincula
conjecto, baptismus ejus desiit. Detentum autem fuisse in carcere
ultra integrum annum, series historiae evangelicae non obscure indicat.
Ergo non per totum sesquiannum duravit baptismus Johannis. Non
igitur anathemate statim jugulandi erant, qui de hac quaestione, collatis Scripturae sententiis, paulo aliter, quam veteres quidam, disputant,
si id fiat salva veritate doctrinae de poenitentia, fide et pietate.“
(Exam. Concil. Trid. De baptismo. Ed. Genev. f. 230.)

CALOVIUS: ,,Quamquam ob dissensum in hac quaestione (de baptismo Johannis) *haereseos* notam inurendam vel *anathema* vibrandum
esse minime censeamus, quum ea quaestio salutem hodie non attineat,
minime tamen *libera* relinquenda opinio et in utramque partem disceptatio, ubi habetur ipsius Sp. S. decisio.“ (System. Tom. I, 953.)

ANTITHESIS.

QUENSTEDTIUS: ,,*Antithesis:* 1. *Quorundam patrum*, ut *Augustini*
et aliorum, existimantium, Johannis baptismum alium fuisse a Christi
baptismo, atque ita baptizasse Johannem in aqua poenitentiae in remissionem peccatorum, ut ab eo baptizatis in spe remitterentur peccata,
reipsa vero in Dei sacramento id fieret; ita August. l. 5. c. Donatistas
c. 10. 2. *Pontificiorum*, statuentium, ‚baptismum Johannis non fuisse
idem sacramentum cum baptismo Christi‘; ita *Bellarminus* l. 1. de bap-

tismo c. 19.; fuisse tantum praeparationem ad baptismum Christi ac proinde illos fuisse necessario ab apostolis baptizandos, qui a Johanne baptizati. Item, baptismum Johannis non habuisse eandem vim et efficaciam cum baptismo Christi; baptismum Johannis in poenitentiam, Christi autem in remissionem peccatorum exhibitum esse. Ita *Concil. Trident.* sess. 7. de baptismo can. 1.: ,Si quis dixerit, baptismum Johannis habuisse eandem vim cum baptismo Christi, anathema sit.' . . 3. *Socinianorum*, contendentium, diversum fuisse baptismum Johannis a baptismo Christi seu apostolorum: 1.) ratione principii, quia Johannes baptizarit e peculiari mandato, apostoli non item; 2.) ratione objecti, quia Johannis baptismus pertinuerit ad Judaeos, Christi vero etiam ad gentes; Volkelius l. 3. de V. R. c. 8. p. 49.; 3.) ratione adjuncti, sc. necessitatis baptismi, quod non omnes e populo Israelitico, qui Johannem audierunt, baptizari opus habuerint, sed solum, qui poenitentia et remissione peccatorum indiguerunt; *Socinus* de baptism. p. 239.; 4.) ratione finis, quod Johannes baptizarit, ut in studio pietatis homines contineantur per baptismum; Volkelius l. c. c. 9. p. 53.; 5.) ratione formae, quod Johannis baptismus tantum fuerit professio poenitentiae, apostolorum vero professio fidei, adeoque a Johanne baptizati tantum, qui nondum crediderunt in Christum; Socinus l. c. c. 64.; 6.) ratione auctoritatis et formulae in baptismo adhibitae, quod Johannis baptismus non fuerit administratus in nomine Christi; sic autem administrarunt baptismum apostoli; Socinus l. c. p. 72.; 7.) ratione efficaciae, quod non suffecerit baptismus Johannis, adeoque ἀναβαπτισμῷ opus habuerint baptizati a Johanne; 8.) denique ratione durationis, quod Johannis baptismus abrogatus sit, postquam Christus in coelum assumtus est... 4. *Quorundam Calvinianorum*, ut *Zwinglii*, qui lib. de vera et falsa R. cap. de Baptism. baptismum Johannis vocat elementari solum aqua constantem, quo se signarint, ut inter poenitentes censerentur, qui vitam et mores erant emendaturi." (L. c. s. 2. q. 3. f. 1108. sq.)

c) Et sic baptismi, quoad *speciem* actus spectati, causa est. Vid., quae de materia et forma baptismi mox dicentur.

d) Ita considerantur. tanquam causae baptismi quoad *exercitium* actus.

ANTITHESIS.

QUENSTEDTIUS: ,,*Antithesis:* 1. *Arminianorum*, qui affirmant, ,doctrinam de baptismo non esse necessariam, nec teneri nos, ex vi alicujus mandati Dei baptizare', in Apologia sua p. 247. 248. 2. *Socinianorum*, contendentium 1.) baptismum ab apostolis citra Christi institutionem et mandatum libere usurpatum esse; 2.) baptismum aquae non esse omnibus in perpetuum, qui christiani esse velint, peraeque praeceptum.' Ita *Socinus* praef. lib. de baptismo f. 4.: ,Unde constare videtur', inquit, ,baptismi illius ministerium ipsis apostolis a Christo non fuisse injunctum'; ibid. c. 2. p. 14. T. 1. Op. f. 712. Hocque per totum librum ostendere conatur, baptismum rem indifferentem esse ita, ut unicuique liberum sit relinquendum, an aquae baptismum accipere, num vero ab eo abstinere velit; f. 752. T. 1. Op. ait: ,apostolos vi mandati divini ad baptizandum impulsos, nihil plane constat. Probabilius est, eos Johannis imitandi studio incitatos baptizasse, Christo pro sua sapientia consentiente, in re praesertim indifferente.' Idem *Socinus* Ep. 3. ad Radecc. f. 128. T. 1. Op. f. 384.: ,Nos, baptismum aquae rem indifferentem esse, statuimus.' Idem docet Volkelius L. 3. de Ver. Relig. c. 9. f. 53.; et l. 4. f. 670. ait: ,Non constat, baptismum aquae a Christo institutum. . . Error est, Christum instituisse, ut baptismus aquae inter gentes vulgetur et usurpetur per apostolos.' Sententia ergo Socinianorum est: ‚baptismum aquae non esse a Christo institutum ac omnibus in perpetuum mandatum.‘ “ (L. c. s. 2. q. 2. f. 1111.)

e) De quo plura, cum de fine et effectu baptismi agendum erit, videbimus. Vid. interim *Marc. 16, 16.*

§ 3.

Causa *impulsiva interna* est bonitas[a] divina; *externa* est meritum[b] mediatoris Christi.

a) Ita Paulus ad *Tit. 3, 5. bonitati et amori erga homines ac misericordiae Servatoris nostri Dei* adscribit, quod *per lavacrum regenerationis et renovationis Spiritus Sancti salvamur.*

b) Prout Christus dicitur *tradidisse se pro ecclesia, ut illam sanctificaret, mundans lavacro aquae per verbum,* adeoque tradendo se in mortem meruisse, ut homines mundarentur lavacro baptismi, *Eph. 5, 26.* Confer, quae diximus de Sacramentis in genere, cap. VII. § 5.

§ 4.

Causa efficiens *minus* principalis[a] *ordinarie* est minister[b] ecclesiae; *extraordinarie* in casu necessitatis[c] etiam laicus aut[d] femina.

a) Sive quae baptismum auctoritate aliena, tanquam superioris, et juxta institutionem ejus in usu constituit et hominibus applicat.

b) Vid. *Matth. 28, 19.*, ubi Christus apostolos ut ministros ecclesiae alloquitur. Et constat, Johannem Baptistam missionis suae ut ministri mentionem fecisse *Joh. 1, 33.* Adde *1 Cor. 4, 1.* Christus autem ipse abstinuit a munere baptizandi. Vid. *Joh. 4, 2.*

c) Quando videlicet homini, praesertim infanti imbecilliori, deficiente ordinario ministro ecclesiae, absque baptismo moriendum esse apparet, satius est, ut alius eum baptizet, quam ut medium regenerationis et salutis tam necessarium (juxta *Joh. 3, 5.*) non sine periculo omittatur, praesertim quod, qui administrat baptismum, non largitur ei efficaciam, sed tantum in usu constituit medium, quod Deo concurrente est efficax, ministris ecclesiae autem peculiariter demandatum est, εὐταξίας causa.

d) Nempe hactenus aequipollent vir laicus et femina. Et cum Vet. Testam. circumcisio per feminas administranda fuerit potius, quam ut prorsus omitteretur (vid. cap. IX. § 4.), certum est, non minus in N. T. quoad baptismum idem licere.

GERHARDUS: „Quod ad quaestionem de *haereticorum* baptismo attinet, certis quibusdam distinctionibus ejus decisio innititur. 1. Quidam haeretici *substantialia baptismi* impugnant, utpote qui loco aquae aliud quippiam usurpant, vel *mysterium trinitatis praefracte et directe negant,* nec in Patris, Filii ac Spiritus Sancti nomine baptismum administrant. Quidam vero, quamvis alias doctrinae coelestis partes fermento suo corrumpant, tamen de *substantia* hujus sacramenti recte sentiunt et in substantialibus divinam institutionem sequuntur. Quod ad haereticos *prioris classis* attinet, illorum baptismus non est verus et efficax censendus, ideoque baptizati ab illis, si ad verae ecclesiae gremium confugiant, omnino baptizandi sunt, cum verum baptismum nondum acceperint. . . Quod de baptismo ab haeretico, *qui mysterium S. S. Trinitatis directe negat,* collato diximus, iterum cum quadam distinctione accipiendum. Vel enim *solus minister* haeresi illa infectus est, vel una cum eo etiam *ecclesia illa, cujus est minister.* Quod si haeresis substantialem aliquam baptismi partem impugnans totam aliquam ecclesiam occupavit, negamus, verum esse baptismum, quia ab ejusmodi haeretico in tali ecclesia administratur, cum definitio baptismi illi non conveniat. Si vero minister ecclesiae *privatim* et *occulte* haeresin institutioni et veritati baptismi contrariam foveat, ecclesia aperte diversum sentiente, statuimus, verum ibi conferri baptismum. Sacramenta enim sunt bona ecclesiae, ideo occultus ministri error baptismi integritati nihil detrahit, modo substantialia ejusdem observet nec in externo elemento vel verbo quicquam mutet. Tale quid patrum nostrorum memoria Heidelbergae in Palatinatu contigit; ibi enim Adamus *Neuserus,* pastor ecclesiae ad S.S. primarius, aliquot annis privatim haeresin Arianam fovit, qui Constantinopolin tandem profugiens abjurata religione christiana circumcisione suscepta Mahomethismo nomen dedit. Osiand. cent. 16. Hist. Eccles. l. 2. c. 22. Nec tamen baptismus pronunciatus est vel etiam pronunciari debuit irritus, quem ecclesiae in hoc articulo recte sentientis nomine administravit." (L. c. § 25. 26.)

P. TARNOVIUS: ,,Quaeritur, an haeretici verum baptismum administrent? Respondeo per distinctionem duplicem: unam haereseos, alteram subjecti, in quo haeret. Haeresis enim alia impingit in substantialia baptismi, ut Antitrinitariorum, Arianorum, Photinianorum, Macedonianorum, Manichaeorum, Valentinianorum et similium abnegantium et blasphemantium trinitatem, in cujus nomine dandus est baptismus. Alia finem et effectum baptismi, ut Calvinianorum, alia praeter hunc de fine et effectu baptismi errorem ejusdem ceremoniis humanas traditiones adjungit, ut Pontificiorum. Ex his posteriores, quia verum baptismum in substantialibus non mutant, legitime baptizare possunt; priores vero tum demum, si error et haeresis *privatim, occulte* a ministro tantum aut paucis foveatur; quod si *palam* et *publice* grassetur et totam ecclesiam occupet, nequaquam verum et legitimum baptismum ejus minister administrare potest. Argumentum, quo haec sententia nostra nititur, est tale: qualis est fides ecclesiae de hujus articuli substantialibus, talis quoque est baptismus, ut patet ex institutione Matth. 28, 19. et ex Basilii epistola 78. ,Δεῖ, inquit, ἡμᾶς βαπτίζεσθαι μὲν, ὡς παρελάβομεν· πιστεύειν δὲ, ὡς βαπτιζόμεθα· δοξάζειν δὲ, ὡς πεπιστεύκαμεν, πατέρα, καὶ υἱὸν, καὶ ἅγιον πνεῦμα. At fides ecclesiarum haereticarum illarum, de quibus dictum, non est in substantialibus vera. Ergo nec baptismus. Eadem argumentatio valet in contrarium de ecclesia orthodoxa et ministro haeretico. Baptismus enim bonum est ecclesiae, non ministri. Hic igitur, quantumvis infidelis et haereticus, dat, quod est orthodoxae matris ecclesiae publicum et commune, non quod suum est privatum et singulare." (De ministrorum verbi officio disput. 2. th. 11. Vid. Dedekenni thesaur. etc. II, f. 29.)

BALDUINUS: ,,Quod si maxime usitata verba institutionis retinent, *non tamen sonus verborum attendendus esset, cum nullam illis tribuamus vim magicam,* sed verus ille *sensus,* quem Christus in institutione baptismi intendit. In coetibus ergo *Arianorum,* convellentibus articulum de trinitate, non est verus baptismus; ideo pro non baptizatis habendi sunt, qui apud illos baptismum acceperunt. Unde Damascenus scribit l. 4. orth. fid. c. 5.: ,Quicunque non in sacrosanctam trinitatem baptiʐati sunt, illos oportet rebaptizari', eamque ob causam *Paulianistae* olim rebaptizabantur, quia in coetibus Samosatenianorum, negantium articulum de trinitate, baptizati erant, qua de re canon extat in Concil. Nic., in ordine decimus nonus, et in Concil. Arelanensi in ordine octavus." (Tract. de cas. consc. p. 200. sq.)

DEYLINGIUS: ,,Homo, qui minimum professione externa et publica Lutheranus est et ministri Lutherani personam sustinet, non dat suum, sed Dei et ecclesiae baptismum. Et ejus baptizatio non pro actione ministri privata, sed pro actu ecclesiae publico habetur. Aliter se res habet cum eo, qui baptismum suscepit in coetu *Arianorum* aut *Photinianorum* aut *Sabellianorum* similiumque, qui mysterium trinitatis convellunt. *Quamvis enim formulam a servatore praescriptam usurpent et infantem in nomine Patris, et Filii, et Spiritus S. adhibita aqua baptizent; tamen ex propria sua mente et suae ecclesiae nomine ac publica doctrinae professione substantialem sacramenti partem corrumpunt et evertunt.* Nam Arii sectator tres agnoscit trinitatis personas, essentia inter se diversas ac inaequales. Homo Sabellianus per Patrem, Filium et Spiritum S. non tot personas, sed tria dumtaxat unius personae nomina intelligit. Sic, si Socinianus ad nostram ecclesiam veniat, omnino sacro fonte abluendus est, etsi apud suos adhibita consueta formula jam baptismum accepit. Affirmat quippe Hornbeckius in Apparatu ad controversias Socinianas f. 78., hos sectarios in Transylvania principis jussu in nomine Patris et Filii et Spiritus S. suum baptismum administrasse. Verum non sufficit verborum institutionis recitatio, sed requiritur, ut id fiat in ecclesia orthodoxa, ad quam Christus sua beneficia alligavit, Matth. 16, 18. 19. Socinianorum autem secta non est ecclesia vera. Et quemadmodum nobiscum non unum Dominum et unam fidem habent, ita nec unum baptismum, Eph. 4, 4. Nec Sociniani veri sunt christiani, quia mysterium trinitatis, nec non Christi divinitatem et satisfactionem negant atque impugnant." (Institut. prud. past. Ed. 3. p. 347. sq.)

GERHARDUS: ,,Q.: An quis seipsum baptizare debeat? . . . Catechumenum in casu extremae necessitatis seipsum baptizare posse, in medio relinquimus. Q. 2.: An baptismus administratus ab eo, qui ipse non est baptizatus, ratus sit habendus? Gregorius II., pont. rom., irritum eum pronuntiat cap. ,Quos a paganis' dist. 4. de consecrat. Nicolaus I. ratum illum habet in rescripto, quod legitur inter decreta tom. 3. concil. Idem statuit Thomas part. 3. q. 67. art. 5. Augustinus lib. 7. de bapt. c. 53. et lib. 2. contra ep. Parmen. c. 13. in dubio relinquit. Pro affirmante quaestionis parte proferimus haec argumenta: . . . 4. Sicut verbum ab eo, qui nondum regeneratus et vere conversus est, praedicatum in aliis per Sp. S. gratiam et operationem est efficax: ita baptismus a non baptizato collatus judicandus est efficax et ratus." (L. c. §§ 66. 67.)

ANTITHESIS.

QUENSTEDTIUS: ,,*Antithesis*: 1. *Marcionis*, qui mulieribus etiam extra casum necessitatis et quidem in publicis coetibus baptizare permisit; ita Epiphanius haeres. 42. de Marcione scribit: ,Permittere eum mulieribus, ut baptizent'; cf. eundem haeres. 79. Collyrid. 2. *Socinianorum*, ut Volkelii c. Smiglecium p. 19., statuentium, baptismum a quovis administrari posse etiam extra casum necessitatis. 3. *Anabaptistarum*, qui, omnes promiscue christianos, nullo habitu respectu, an sint ministri ecclesiae necne, ordinarie baptismum administrare posse, contendunt. 4. *Calvinianorum*, qui contendunt, vocationem legitimam in baptizante necessario requiri, et baptismum in casu necessitatis a privata persona administratum simpliciter improbant. Sic *Calvinus* l. 4. Instit. c. 15. § 20. inquit; ,Est pars ecclesiastici ministerii, tam hujus (baptismi), quam coenae dispensatio; neque enim aut mulieribus aut hominibus quibuslibet mandavit Christus, ut baptizarent, sed quos apostolos constituerat, iis mandatum hoc dedit.' Ibid. §. 22. et 1. 2. def. c. Westph. ait: ,Satius esse, baptismum prorsus omitti, quam a muliere administrari'; Ep. 278. 326. baptismum feminarum vocat ,putidam ministerii profanationem'. Theod. *Beza* Ep. 12. appellat ,pseudobaptismum', et P. 2. qq. Qu. 139. ,fabulam'. Qu. 144. satanae baptismum mulieris baptismo in casu necessitatis administrato praefert... *Altingius* in Syllab. Controv. p. 261.: ,baptismi administratio', inquit, ,mulieribus nullo jure, quaecunque etiam ingruat necessitas, permitti potest.' Et ib. p. 263.: ,mulieres baptismum necessitatis et festinationis, Jachtaufe, administrantes et involant in ministerium ecclesiasticum, quia non vocatae baptizant, et rei externae salutem aeternam affingunt, quia actum de infante putant, si aquae baptismum mors praeveniat, ignorantes, salutem infantum ab electionis foederisque gratia pendere.' Chamier. 1. 5. de bapt. c. 14. n. 8. p. 137. ait: ,Nos dicimus, baptismi conferendi penes eos duntaxat jus esse, qui publicum munus gerunt in ecclesia. Itaque collati a quocunque, cujus praeter privatam nulla persona sit, nullam vim esse, id est, sacramentum nullum esse, sed temerariam ludificationem, nullo modo tolerandam in ecclesia.'" (L. c. s. 2. q. 4. f. 1115. sq.)

§ 5.

Materiale[a] baptismi est[b] *aqua* vera[c] et naturalis, et *actus*[d] abluendi, qui *vel*[e] immergendo *vel*[f] aspergendo, *semel* aut *tribus* vicibus[g] fieri potest.[h]

a) Quod commune est huic sacramento et actionibus aliis non sacramentalibus.

b) Velut *elementum* aut *res terrena* corporea et sensibilis, circa quam actio aliqua directe occupatur eamque tractat. Est autem aqua ad baptismum a Christo ipso determinata *Joh. 3, 5.*, ubi certum est, Nicodemum de baptismo aquae, per Johannem jam tunc introducto, solicitum, a Christo rectius informatum fuisse. Sed et apostoli, *aqua* baptizantes, institutionem Christi se sequi, non obscure testati fuerunt. Vid. *Act. 10, 47.* et conf. *Matth. 28, 19. Act. 8, 36. sqq.*

> HOLLAZIUS: ,,*Causa*, cur Deus sacramento baptismi aquam destinaverit, verbo Dei scripto revelata non est. Certum tamen est: a. Quod aqua sit medium τοὶ ἐγκοινον, omnibus nationibus obvium. Ubivis gentium tantum datur aquae, quantum baptismo sufficit. b. Quod nullum sit clarius symbolum Spiritus S. et efficaciae baptismi, quam aqua. Deus Pater est fons, fontis os Filius Dei, fluvius crystallinus ex utroque profluens est Spiritus S. Aqua emundat corpus; baptismus, vehiculum Spiritus S., purgat animam. Aqua recreat sitientem, vivificat plantas flaccidas arboresque foecundat; baptismus in memoriam revocatus sedat sitim animae, quam tristem vivificat, et fructus poenitentiae parit. Aqua refrigerat; baptismus praestat refrigerium contra concupiscentiae ardorem." (L. c. p. 1084. sq.)

c) *Non* liquor alius, aut res alia ulla, *ne* mutetur *substantia* baptismi. *Qualis* autem sit aqua, v. gr. fluvialis aut fontana, frigida aut tepida, nihil refert, quia Christus de eo nihil determinavit.

> DEYLINGIUS: ,,Nec refert, utrum aqua baptismalis ex fonte, fluvio, mari aut stagno hausta, an pluviatilis, rorulenta, calida, frigida aut

tepida sit, quia ea de re in Scriptura s. nihil legitur definitum. Sufficit, si aqua adhibeatur vera et naturalis et pura, quae vim baptismi purificantem repraesentet. Qui alium liquorem in ejus locum substituere, et e. g. aquam medicatam et muscatam aut rosaceam, quae stoliditas proceribus et ditioribus ex statu nonnunquam in mentem venit, adhibere, vel vino, lacte aut cerevisia, sub necessitatis praetextu, uti volunt, commonendi sunt, sacramentum hac ratione corrumpi, quia vera aqua requiritur ad substantiam baptismi, qui est 'lavacrum aquae in verbo', Eph. 5, 26. Joh. 3, 5. Act. 8, 36. et 10, 49. Hinc quum certus quidem adolescens Hebraeus ter effusa super caput ejus arena, quoniam aqua in solitudine deerat, olim baptizatus esset, Dionysius, episcopus Ascalonensis, rectissime judicavit, eum denuo baptizandum esse. Continuo igitur eum ad Jordanem misit et baptizari illic jussit. . . Videmus igitur, veteres ejusmodi baptismum tanquam illegitimum improbasse, quia aquam non habebat. Equidem in juris canonici collectionibus exstat decretum sub *Siricii* papae nomine, in hanc sententiam: 'Presbytero, qui in vino baptizet ex necessitate, ut aeger non periclitetur, pro tali re nullam culpam adscribi' posse. Verum Antonius Augustinus de Emendat. Gratiani p. 200. et Steph. Baluzius in notis p. 431. observarunt, non esse hoc decretum Siricii, sed *Stephani* II., qui octavo demum saeculo medio vixit. Vid. Jo. Harduini Diss. de baptismo in vino, quae inter Opera ejus Selecta extat f. 223. Primitiva ecclesia, sine aqua valide baptizari posse, constanter negavit. Negat et ecclesia nostra evangelica, sine aqua vera baptismum recte conferri posse. Sub emendatae religionis initium Kahlae ad Salam in Thuringia olim evenit, ut obstetrix aliqua infantes quosdam infirmiores ibi et in vicinia sub necessitatis praetextu absque aqua baptizaret, verbis solum pronunciatis: 'Ego te baptizo in nomine Patris, Filii et Spiritus S.' B. Lutherus et Bugenhagius, hoc de casu consulti, responderunt d. 26. Mart. 1542.: 'feminam haereseos suspectam esse, quae superioribus annis iis in locis grassata fuerit. Sperni et corrumpi aperte baptismum, qui sine aqua fieri non possit, neque sufficere, quod anus illa dicat: se verbo Dei baptizare. Verbum enim Dei non sufficere, sed simul aquam in sacramento illo adesse debere.' Videatur illustris Seckendorffii Historia Lutheranismi ad illum annum, l. 3. sect. 25. num. 101. f. m. 416., qui ex Bugenhagio narrat, quosdam in Holsatia etiam docuisse, baptismum sine aqua fieri posse. Neuter tolerare voluit abusum et uterque, tam Lutherus quam Bugenhagius, contendit, infantes istiusmodi denuo et legitime baptizandos esse. Miror igitur, scholasticos apud Jo. Gerhardum in loco de baptismo § 72. lixivium vel alium liquorem substituisse et Theod. Bezam Epist. 2. vol. 3. Tractat. theolog. p. 196. scribere potuisse: 'Ego quovis alio liquore non minus rite, quam aqua, baptizarim.' Non magis enim baptismum licet fingere sine aqua, quam sacram coenam sine pane et vino. Sublata quippe parte essentiali, non potest salva manere essentia totius. De reliquo, si aquae naturali nonnihil alieni liquoris, e. g. oleum vel chrisma, forte affusum fuerit, integritati tamen baptismi nihil decedit." (Institut. prud. pastoral. p. 338. sqq.)

HOLLAZIUS: ,,Materia terrestris est aqua naturalis, pura. . . Per aquam *puram* mixta, lutosa et faeculenta, qualis est lixivium, jusculum cum partibus panis et carnis mixtum, aqua salsa, similisque *excluditur*. Puritas autem non intelligitur exacta et *omnimoda*, cui nihil alieni elementi adhaereat, sed intelligitur puritas *communis* sive naturalis." (Exam. th. P. III. s. 2. c. 4. q. 7. p. 1084.)

GERHARDUS: ,,*Bellarminus* lib. 1. de baptismo c. 2. Lutherum graviter accusat, quod in colloquiis convivalibus, interrogatus, num deficiente aqua liceat baptizare in lacte vel cerevisia, primum quidem responderit, 'id divino judicio committendum', deinde vero subjunxerit: 'Quicquid balnei nomine appellari potest, illud esse aquam ad baptizandum, sive sit vinum, sive lac, sive cerevisia.' Resp.: 1. Liber ille convivalium colloquiorum talis est, qui Luthero nec visus, nec lectus, nec approbatus. 2. Contrarium habet Lutherus in concionibus de baptismo Dessaviae habitis, concione 2. T. 7. Jenensi Germ. p. 469.: „Esto (inquit), persona sit impia et incredula, dummodo institutionem Christi inviolatam servet, et *non vino, cerevisia, lixivio vel alia quapiam re*, sed aqua cum adjuncto verbo Dei utatur, tunc est et vocatur sacrum baptisma.‘“ (L. c. § 71.) Cf. Opp. Luth. Hal. T. VII, 1015. Erlang. P. XIX, 81.

d) Quem quidam *materiale proximum* vocant, prout aquam, *remotum*, juxta ea, quae de sacramentis in genere diximus cap. VIII. § 7.

e) Vid. *Rom. 6, 4. Coloss. 2, 12.*, ubi dicuntur homines *sepulti una cum Christo per baptismum*, scilicet quod baptismus, immergendo in aquam collatus, repraesentaret sepulturam Christi.

f) Quod non solum *vis* vocis *baptismi* admittit, ut ostendimus ad § 1. not. *c.*, sed et *institutio* sacramenti, quae neutrum modum determinavit. *Exempla* vero aspersionis, in baptismo adhibitae, ex iis locis adduci solent, ubi quidam intra aedes privatas baptizati leguntur, v. gr. *Saulus* sive *Paulus* in domo Judae, *Actor. 9, 11. 18.*, *Cornelius* centurio cum cognatis et necessariis amicis suis domi suae, cap. X, 24. 27. 44. 48., quos in aquam fuisse demissos, vix satis rationabiliter affirmari, certe non ostendi potest. In locis septentrionalibus autem ac tempore frigidiore, praesertim quoad infantum corpora tenella, aspersio loco immersionis merito adhibetur.

GERHARDUS: „Quaeritur: 3. An immersio vel aspersio debeat esse *totalis*, h. e., an totum corpus abluendum? Resp.: Et hoc ἀδιάφορον est, cum in verbis institutionis nullum de eo extet praeceptum, cum in actione sacramentali distinguendum sit inter δόσιν καὶ δόσεως τρόπον, inter λῆψιν καὶ λήψεως τρόπον; δόσις καὶ λῆψις necessaria sunt, τρόπος δόσεως καὶ λήψεως arbitrarius; denique cum finis baptismi non sit depositio sordium carnis, ut propterea totum corpus abluendum ac fricandum sit, sed regeneratio et ab omni immunditie peccati purificatio spiritualis. Quamvis autem regeneratio illa totum hominem spectet, non tamen necessarium est, ut totum corpus aqua baptismi abluatur, cum vis regenerandi non sit ab aqua, sed a Sp. S. per aquam verbo sanctificatam efficaciter agente, ideoque uno corporis membro aqua baptismi loto totius hominis regeneratio a Sp. S. perficitur, id exemplo circumcisionis declaratum fuit superius. Sanguine foederis aspergebatur populus, ita ut in omnes sparsus diceretur, etiamsi totum cujusque corpus non esset conspersum, Exod. 24. Scholastici quaerunt 4.: Quodnam *corporis membrum* sit aqua aspergendum? Resp. Richardus in 4. sent. dist. 4. q. ult.: Quod ‚principaliter caput seu facies, quia in ea vigent sensus, postea pectus, quod est sedes cordis.‘ Comp. theol. verit. l. 6. c. 9. p. 434.: ‚Ablutio fieri debet in digniore corporis parte, videlicet in capite.‘ Recte tamen addit summa angelica, in verbo *baptismus* c. 4. q. 2.: ‚Tenetur communius, quod qualitercunque quis tingatur, est baptizatus, et quod sufficit aspersio quantumcunque modica in casu necessitatis.‘“ (L. c. § 98. 99.)

QUENSTEDTIUS: „Objiciunt: ‚Apostolus instituit comparationem inter mortem ac resurrectionem Christi et inter baptismum Rom. 6, 3. 4. sive, quod per immersionem Christo consepeliamur, per emersionem vero consurgamus, quae adumbratio nullo modo per *aspersionem* paucula aqua fieri potest; vide Col. 2, 12.‘ Wolzogenius ad l. c. Matth. T. 1. Op. f. 152., Slichting. ad eundem l. T. 1. Op. f. 210. — Resp.: 1. Hoc immersionem *licitam* et in veteri ecclesia *usitatam*, non vero propterea *necessariam* aut etiam apostolis semper usurpatam esse (vide

Act. 2, 38.) probat. 2. Ipsa ecclesia jam tempore Cypriani, quod fatetur Slichtingius l. c., aspersione baptismum in *clinicis* et *infantibus* administravit; ergo baptismus per aspersionem peractus pro legitimo tunc est habitus. 3. Concedimus, immersionem respicere mortem Christi Rom. 6, 3., sed et aspersio significare potest, nos Christi sanguine in baptismo aspergi, 1 Pet. 1, 2., et mundari, 1 Joh. 1, 8. Sufficit hic aliqua similitudo, quae etiam in aspersione vel perfusione invenitur. Cujus enim caput aspergitur vel perfunditur, is aquis istis quasi sepelitur; ut recte ait Vossius de baptism. th. 9. f. 40. 4. Col. 2, 12. ita baptismus cum sepultura et resurrectione Christi comparatur, ut vers. praec. circumcisio ejusdem typus esse dicatur. Jam vero tam affusione, quam immersione hic finis, ut scil. et spiritualiter circumcidamur et Christo consepeliamur, obtinetur; quod nobis hic sufficit. Lavacro aquae in verbo salvamur, Tit. 3, 5.; lavacrum autem est, sive immergamur sive aspergamur aqua." (L. c. s. 2. q. 5. f. 1124.)

CYPRIANUS: ,,Quaesisti etiam, frater carissime, quid mihi de illis videatur, qui in infirmitate et languore gratiam Dei consequuntur, an habendi sint *legitimi christiani*, eo quod aqua salutari non loti sint, sed *perfusi*. Qua in parte nemini verecundia et modestia nostra praejudicat, quo minus unusquisque, quod voluerit, sentiat et, quod senserit, faciat. Nos, quantum concipit mediocritas nostra, existimamus, in nullo mutilari et debilitari posse beneficia divina, nec minus aliquid illic posse contingere, ubi plena et tota fide et dantis et sumentis accipitur, quod divinis muneribus hauritur. Neque enim sic in sacramento salutari delictorum contagia, ut in lavacro carnali et saeculari sordes cutis et corporis abluuntur, ut et sapone et nitris et ceteris quoque adjumentis et dolio et piscina opus sit, quibus ablui et mundari corpusculum possit. Aliter pectus credentis abluitur, aliter mens hominis per fidei merita mundatur. In sacramentis salutaribus, necessitate cogente et Deo indulgentiam suam largiente, totum credentibus conferunt divina *compendia*. Nec quenquam movere debet, quod *aspergi* vel *perfundi* videntur aegri, cum gratiam dominicam consequuntur, quando Scriptura sancta per Ezechielen prophetam loquatur et dicat: ,Et *aspergam* super vos aquam mundam et mundabimini ab omnibus immunditiis vestris et omnibus simulacris vestris, et mundabo vos et dabo vobis cor novum et spiritum novum dabo in vobis.' Item in Numeris: ,Et homo, qui fuerit immundus, usque ad vesperam hic purificabitur die tertio et die septimo, et mundus erit. Si autem non fuerit purificatus die tertio et die septimo, non erit mundus et exterminabitur anima illa de Israel, quoniam aqua asperginis non est super eum aspersa.' Et iterum: ,Et locutus est Dominus ad Mosen dicens: Accipe Levitas de medio filiorum Israel et purificabis eos. Et ita facies eis purificationem eorum, circumsperges eos aqua purificationis.' Et iterum: ,Aqua aspersionis purificatio est.' Unde apparet, *aspersionem* quoque aquae instar lavacri salutaris obtinere, et quando haec in ecclesia fiunt, ubi sit et dantis et accipientis fides integra, stare omnia et consummari ac perfici eos, salutari aqua et fide legitima Christi gratiam consecutos, non posse majestate Domini et fidei veritate. Porro autem quod quidam non christianos, sed *clinicos* vocant, non invenio, unde hoc nomen assumant, nisi forte, qui plura et secretiora legerunt apud Hippocratem vel Soranum, clinicos istos deprehenderunt. Ego enim, qui clinicum de evangelio novi, scio, paralytico illi et debili, per longa aetatis curricula in lecto jacenti, nihil infirmitatem suam obfuisse, quo minus ad firmitatem coelestem plenissime perveniret. Nec tantum indulgentia Dominica excitatum de grabato esse, sed ipsum grabatum suum reparatis et vegetatis viribus sustulisse. Et idcirco, quantum fide concipere et sentire nobis datur, mea sententia haec est, ut christianus judicetur legitimus, quisquis fuerit in ecclesia lege et jure fidei divinam gratiam consecutus. Aut si aliquis existimat, eos nihil consecutos, eo quod ab aqua salutari tantum *perfusi* sint, si inanes et vacui sunt, non decipiantur, ut, si incommodum languoris evaserint et convaluerint, non baptizentur. Si autem baptizari non possunt, qui jam baptismo ecclesiastico sanctificati sunt, cur in fide sua et Domini indulgentia scandalizantur? An consecuti sunt quidem gratiam Dominicam, sed breviore et minore mensura muneris divini ac Spiritus Sancti, ut habeantur quidem christiani, non sint tamen ceteris adaequandi? Quin imo Spiritus Sanctus non de mensura datur, sed super credentem totus infunditur." (D. Caecilii Cypriani Opp. repurg. per Des. Erasmum. Basil. 1530. p. 132.)

QUENSTEDTIUS: „Objiciunt: *Lutherus* T. 1. Jen. f. 186. censet, Germanicum vocabulum taufen derivari a voce Tiefe, i. e. profunditas, eo quod, qui baptizabantur, profunde in aqua immergerentur; ita Wolzogenius Com. ad Matth. 3, 6. T. 1. Op. f. 151. Resp.: Lutherus l. c. dicit quidem, es soll so sein, interim non negat, baptismum aspersione peractum esse legitimum. Vide T. 2. Isleb. f. 365., ubi baptismus infantum per aspersionem solius capitis approbatur." (L. c. q. 5. f. 1123. sq.) Cf. dicta sequentia Lutheri: „Ich wollte, man tauchte die, so da getauft sollten werden, gar in das Wasser, wie das Wort lautet und das Geheimniss bedeutet. *Nicht dass ich es als nöthig achte*, sondern, dass es schön wäre, wenn einem so ganz vollkommenen Dinge auch ein vollkommenes Zeichen gegeben würde. Wie es denn ohn Zweifel von Christo gestiftet ist." (Von d. babyl. Gef. d. Kirche. 1520. Opp. Hal. XIX, 80.) „Das Wörtlein ‚taufen' bringt mit sich Wasser, denn es heisst baden, oder eintauchen, oder nass machen mit Wasser." (Brief an Churf. Joh. Friedrich. a. 1542. Opp. Hal. X, 2615. sq.)

g) Scriptura enim nihil determinat. In ecclesia autem mos *uterque* olim viguit; *prior* quidem ad unitatem seu singularitatem essentiae divinae, quam adversus haereticos christiani veteres asserebant, indicandam, *posterior* vero ad personarum divinarum trinitatem denotandam et contra haereticos alias confitendam.

h) Omittimus mentionem *materiae coelestis* in hoc sacramento, quam aliqui h. l. addunt. Certum autem est, etiam antiquiores ecclesiae nostrae doctores mentionem ejus non fecisse, cum baptismi *substantiam* aut *partes essentiales*, sive *principales* (ut loquuntur), traderent. B. *Lutherus* in Artic. Smalc. P. III. art. V. p. 329. Libri Conc. scribit: *Baptismus nihil est aliud, quam verbum Dei cum mersione in aquam, secundum ipsius institutionem et mandatum, sive, ut Paulus inquit, lavacrum in verbo, sicut et Augustinus ait: Accedat verbum ad elementum, et fit sacramentum.* Ubi manifestum est, Lutherum totam essentiam baptismi docuisse absolvi (1.) aqua, (2.) actu mersionis sive ablutionis, (3.) verbo institutionis, ita quidem, ut aqua et actio, circa illam occupata, rationem sacramenti nanciscantur per verbum institutionis accedens; quod idem est, ac si dixisset, materiam sacramenti esse elementum aquae una cum actu abluendi, formam autem, quae dat esse rei (sacramento), esse verbum institutionis. Quibus respondent, quae in *Catechismo majore p. 537.* habentur: *Interrogatus, quid baptismus sit? ita responde: Non esse prorsus aquam simplicem, sed ejusmodi, quae verbo et praecepto Dei comprehensa et illi inclusa sit, et per hoc sanctificata, ita ut nihil aliud sit, quam Dei seu divina aqua; non quod aqua haec per sese quavis alia sit praestantior, sed quod ei verbum ac praeceptum Dei accesserit.* Conf. Catech. min. ad Quaest. *Quid est baptismus? p. 376.* In hac quoque simplicitate perstiterunt b. *Erasmus Sarcerius* in Exam. ordinand. fol.

CCLXI. b., b. *Joh. Wigandus* in Syntagm. Corp. Doctr. ex Nov. Test. P. I. p. 240. et P. II. p. 854., b. *Mart. Chemnitius* in LL. P. III. L. de Baptism. § IV. p. m. 161. a., b. *Nicol. Selneccerus* in Exam. Ordin. §. IV. p. 122. 124., b. *Tilem. Heshusius* in Examine, quod, cum visitationi ecclesiasticae, auspiciis *Johannis Wilhelmi, Ducis Saxoniae* etc., intentus esset, concinnavit et laudato principi primum, deinde filio *Johanni, Duc. Sax.* etc., dedicavit, b. *Jacob. Andreae* in volum. Dispp. (quas *Jacob. Heerbrandus* junctim edidit) Disp. XXXI. § 5. p. 452., b. *Jac. Heerbrandus* ipse in Compend. Theol. L. de Baptism. p. 534., qui omnes substantiam baptismi *aqua, actu* ablutionis tractata, et *verbo* institutionis absolvi, actioni autem illi, qua elementum aquae tractatur, rationem aut esse sacramenti per ipsum verbum institutionis conferri adeoque illud materiale, hoc formale hujus sacramenti esse docuerunt, mentionem materiae coelestis nullam facientes. Occasionem autem quaestioni de materia coelesti baptismi praebuerunt Calviniani, praesertim *Beza*, qui in Colloquio Mompelg. *sanguinem Christi ad baptismi substantiam*, tanquam *partem alteram*, eamque *principalem*, requiri statuit et *Jacobum Andreae* ac *Lucam Osiandrum*, qui in Thesibus de Baptismo (quas tanquam *extra controversiam positas* attulerant) primo loco hanc collocaverunt, *baptismum aqua et verbo constare*, accusavit et ad nauseam usque repetiit, quod *baptismum haud recte definiverint, quippe excludentes sanguinem Christi, qui substantialis pars baptismi sit.* Vid. Actor. Colloq. Mompelg. p. 428. 432. 437. 438. 442. 446. 448. Quia vero Beza simul attulit distinctionem inter baptismum *externum et internum, et illum* quidem *constare elemento et verbo, ad hunc* autem pertinere *rem* elemento tanquam *signo significatam*, et hanc quidem esse *sanguinem Christi* aeque atque in *sacramento coenae* asseruit p. 437. 438., ideo *Jacobus Andreae* ante omnia distinctionem illam duplicis baptismi impugnavit, *unum baptismum* esse ostendens ex *Ephes. 4, 5.* Et cum simul meminisset, sibi praecipue contra Bezam evincendum esse, quod *baptismus non sit signum duntaxat, sed lavacrum* (medium efficax) *regenerationis et renovationis* (ut constat ex thesi IV. et V. p. 429.), regenerationem autem ac renovationem baptismo efficenter tribui non posse, nisi dependenter a Spiritu Sancto, propterea ex *Joh. 3.* mox addit, *unum hunc baptismum aqua et Spiritu constare et Christum* l. c. *conjungere cum Spiritu aquam, et utrique regenerationem tribuere, quod videlicet Spiritus per aquam ad vitam aeternam regenerat* (ut loquitur p. 444.), aut quod *Spiritus sit causa efficiens regenerationis principalis, quam per aquam* (baptismi) *tanquam per instrumentum operetur* (prout se habent verba ejus p. 451.). Hac autem occasione, cum removeret sententiam Bezae, statuentis, *sanguinem Christi*, juxta exemplum *sacramenti coenae*, etiam ad *baptismi substantiam* referendum esse (quam in rem vid. p. 439. 442. 445. et 450.), et monstraret, quomodo *singula sacramenta suas certas et a se invicem distinctas rationes habeant*, simul autem *effectum baptismi, qui est regeneratio, a substantia baptismi* distinguere vellet, accidit, ut *substantiam baptismi aqua et Spiritu constare et haec esse substantialia baptismi diceret* (p. 439.), ita tamen, ut mox (p. 441.), idem repetens, quod *Spiritus S. sit principalis et substantialis pars baptismi*, notanter adderet verba: *Si ita loqui licet*, unde (1.) manifestum est, b. Doctorem non tam leges ἀκριβολογίας hic dare aliis voluisse, quam in eo solum occupatum fuisse, ut doceret, Spiritum Sanctum totamque sacrosanctam Trinitatem in baptismo esse substantialiter et ἀδιαστάτως praesentem ac suam, velut causae principalis, virtutem infinitam, cum aqua baptismatis, velut organo, intime conjungere ad unum eundemque effectum regenerationis ac renovationis, una indivisa actione producendum, ita ut effectus hic nec soli aquae, sine concursu Spiritus Sancti, aut Dei trinunius, neque Deo aut Spiritui Sancto, velut extra sacramentum separatim agenti, sed utrique conjunctim, tribui debeat; quae sane vera et orthodoxa sententia Calvinianae autem aut Bezianae sententiae de duplici baptismo e diametro opposita fuit. Confer. p. 442. 443. Deinde (2.) notandum est, b. Doctorem non solum termino *materiae coelestis* non fuisse usum, sed tantum *rem sacramenti*, et quidem *internam*, ab *externa* et visibili distinctam, licet cum ea suo modo conjunctam, asseruisse. Observandum quoque (3.) quod, cum *sanguinem Christi* nollet dicere partem substantialem baptismi, aut, baptismum constare aqua et sanguine Christi, rationem reddiderit hanc, quod *in verbis institutionis baptismi nulla prorsus mentio sanguinis Christi expressa, sed solius Trinitatis mentio facta sit, in cujus nomine sit baptizandum*, vid. p. 450., interim sanguinem Christi ad baptismum spectare docuerit, quatenus *virtute* ejus homines in baptismo *regenerantur*, p. 444., seu quatenus *per aquam* baptismi, *virtute sanguinis Christi, Spiritus Sanctus id operatur, quod nobis Christus suo sanguine meruit*, p. 445., aut quod *meritum effusi sanguinis Christi homini baptizato per aspersionem aquae baptismi applicetur, sine qua applicatione facta effusio sanguinis Christi infanti non baptizato et non regenerato ad purgationem a peccatis nihil prodesset*, p. 446. Denique (4.) quod, cum nunc *Spiritum Sanctum*, nunc totam *SS. Trinitatem* ad substantialia baptismi referret, ita se explicaverit p. 443.: *De singulis sacramentis*, inquiens, *et sentiendum et loquendum est, sicuti verbum Dei sonat. Neque inane verbum dicimus, sed continet hoc vere, quod sonat. Est autem verbum Christi in baptismo: Baptizate eos in nomine Patris, et Filii, et Spiritus Sancti. Hoc verbum praesentiam trium personarum Sanctae Trinitatis complectitur, Patris, Filii et Spiritus Sancti. Ideoque etiam opus regenerationis in baptismo opus totius Trinitatis est. Quia vero Pater et Filius per Spiritum Sanctum regenerationem et renovationem operantur, ideoque Christus regenerationis hoc opus peculiariter Spiritui Sancto tribuit, cum inquit: Nisi quis renatus fuerit ex aqua et Spiritu. Quapropter in baptismo rem sacramenti dicimus Spiritum Sanctum esse, qui virtute sanguinis Christi homines ad vitam aeternam regenerat.* Unde rursus constat, *rem sacramenti* a b. Jac. Andreae dici, a qua effectus sacramenti, qui est regeneratio ac renovatio, pendet, tanquam a causa, et dici, praeter aquam, etiam *Spiritum* aut totam *SS. Trinitatem* esse *rem sacramenti baptismi*, quia in baptismo et in ordine ad effectum, qui per baptismum producendus sit, conjunguntur *SS. Trinitas et aqua*, aut (quia opus regenerationis per appropriationem tribuitur Spiritui Sancto) *Spiritus Sanctus et aqua*, tanquam *causa efficiens principalis* cum suo *organo* aut *instrumento*; quemodmodum addit p. 444. *Aliud* autem est, Spiritum S. et aquam, aut S. Trinitatem et aquam conjungi in baptismo, ut causas efficientes subordinatas, principalem et instrumentalem, una, indivisa actione operantes et producentes eundem effectum; *aliud* est, conjungi, ut duplicem materiam, ex qua oriatur una completa materia baptismi. Certe *non hoc*, sed *illud* affirmavit ac de caetero, quoad istam phrasin, qua dixit conjungi ista ut *partes substantiales* baptismi, per adjectam formulam: *Si ita loqui licet*, sibi pariter cavit et lectores monuit b. *D. Andreae*. Interim data isthac occasione factum est, ut alii nostratium, cum doctrinam suam a Calvinianorum sententia de duplici baptismo distinguere vellent, *rei coelestis*, aliqui etiam *materiae coelestis* mentionem facerent, in ea vero tradenda seu explicanda vias varias inirent. B. *Aegid. Hunnius* cum in L. de Sacram. Tom. I. Op. fol. 1020. ad quaestionem: *Quae sunt ergo baptismi partes substantiales?* respondisset: *Duae; prior est verbum institutionis annexaeque promissionis, posterior est visibile elementum verbo additum*, mox equidem monuit, *Spiritum S.* pertinere etiam *ad substantiam baptismi*, et quidem non tantum, *quatenus in nomine SS. Trinitatis* baptismus *dispensatur*, verum etiam *sub illa peculiari ratione, quatenus est σφραγίς, pignus et arrha foederis inter Deum et homines, qui baptizantur*, l. c. fol. 1023. Patet autem, b. Hunnium non ideo docuisse, quod Spiritus S. sit proprie loquendo *pars substantialis*, et quidem *materialis*, baptismi. Non solum enim ll. cc. nihil in hanc rem apparet, verum etiam contra militat, quod fol. 1023. et 1024. *explicaturus sensum*, quo intelligendum sit, quod *asseruit*, Spiritum S. pertinere ad substantiam baptismi, docet, spectandam primum esse *formulam, Matth. 28.*, deinde, quod baptismus importet *foedus Dei cum homine, qui baptizatur; foedus Dei autem semper habere arrham adjunctam;* et hanc in baptismo esse *Spiritum Sanctum*, nempe in baptismo substantialiter praesentem, *quippe pactum aeterni favoris ad hominem baptizatum statuat*, cujus statim particeps fiat, qui credit; *hypocrita* autem, qui in *praesenti non percipit fructum*, possit tamen percipere, *quandocunque per fidem et poenitentiam redierit.* Itaque *ad substantiam baptismi* pertinere dicitur, quod, si maxime fructus actu non accedat, tamen cum baptismus administratur, revera simul locum habet, tanquam illud, a quo pendet fructus baptismi. *Alii* porro, terminum quidem *materiae invisibilis* a visibili distinctae adhibentes, eo nomine *verbum* intelligendum dixerunt, continens *mandatum, Matth. ult. vers. 19.*, et *promissionem, Marc. 16, 16.*: ita b. *Ambr. Reudenius* P. V. Catech. cap. VI. p. 283. et b. *P. Piscator* in XX. Dispp., quibus LL. CC. Theologicos complectitur, Disp. XIV. § 31. 32. Sed hi non ideo vel *sanguinem* Christi, vel *Spiritum S.* vel *SS. Trinitatem materiam coelestem* baptismi dicendam judicarunt, uti constat ex locis cit. et mox plenius constabit, ubi, quae b. *Joh. Himmelii* sententia fuerit, provocantis simul ad b. *P. Piscatorem*, indicaverimus. Interim in Academia *Witteb.* A: 1596. d. 30. April, b. *David Rungius*, habita peculiari Disp. de Bapt. thes. 4. 6. 32. 37. sqq., *partes* hujus *sacramenti* constituentes, *materiam et formam* baptismi, traditurus, *illam* quidem dicit esse *elementum visibile et externum*, nempe *aquam*, hanc vero, seu *formam*, esse *verbum institutionis.* Atque in hac antiqua simplicitate subsistit, nullam materiae coelestis faciens mentionem. Sed haec disputatio etiam altera vice prodiit, inserta disputationibus octo b. Rungii, junctim editis Anno 1606. p. 170. sqq. Jungi quoque meretur ex acad. *Tubingensi* b. *Matthias Hafenrefferus*, qui in LL. Theol. Lib. III. Stat. III. L. VII. p. 492., *substantialia baptismi* tradens, *elementum et verbum* tantum memorat et verbum institutionis ad *formam* baptismi refert p. 493., de materia coelesti prorsus silet. Caeterum alii quidem, paulo longius progressi, ipsum quoque *sanguinem Christi* materiam coelestem baptismi esse non concesserunt solum, sed propugnaverunt, quam in rem praecipue videri potest b. *Leonh. Hutterus*, qui in LL. suis, cum ad quaestionem de *parte altera essentiali baptismi*, quae sit *res coelestis ac invisibilis*, delatus esset, *quatuor sententias* recensuit ac *primam* quidem, qua *loco rei coelestis substituitur verbum*, aperte impugnavit (ratus, verbum *non* esse *principium* συστατικὸν, aut *partem substantialem*, sed tantum *principium* ποιητικὸν baptismi), reliquas vero, quibus *pars substantialis coelestis* dicitur esse *Spiritus S.* vel *sanguis Christi*, vel *ambo simul*, ita proposuit, ut liberum relinqueret, quam quisque ex tribus illis sequi velit, ipse tamen *sanguinem Christi*, vel solum, vel una cum *Spiritu S.* materiam coelestem baptismi esse, non obscure statuens; vid. l. c. p. 580. 636. 637. His autem non obstantibus, b. *Joh. Foersterus*, in eadem academia, cum in Thesauro Catechetico, Cap. de Bapt. Decade II. Problem. VIII. § 9. ad doctrinam de partibus substantialibus baptismi descendisset, § 31. scribit: *Partes* συστατικαὶ *vel essentiales baptismi duae in Scriptura expresse designantur: elementum et verbum.* Atque hoc quidem *in vado et ex voto* se habere; an autem, quemadmodum *eucharistiae sacramentum re non simplici, sed duplici constat: 1. terrestri et visibili, 2. coelesti et invisibili,* ita etiam in *baptismo* illud occurrat ac praeter rem terrestrem et visibilem *res* aliqua *coelestis*, v. g. *sanguis Christi*, aut *Spiritus Sanctus, aquae sacramentaliter unita* (sicut *corpus Christi pani et sanguis ejus vino*) σύστασιν ὑλικῶν αἰτιῶν *ingrediatur et absolvat,* hanc quaestionem *ita se ingerere,* ait, ut εὐπορίαν *in* ἀπορίαν *convertat,* id est, rem alioqui facilem expeditu intricatam et perplexam reddat; vid. § 34. et sqq. Speciatim problemate VIII. *Lutheranorum sententiam de sanguine Christi in baptismo* propositurus, § 41. dicit, *nullibi sacris in literis aperte et diserte tradi, quod sanguis Christi partem substantialem eamque coelestem* ὑλικῶς *in sacramento initiationis constituat,* et pergit § 42.: *Imo nulla plane ejus, in verbis institutionis baptismi, e quibus solis de substantia ejus judicandum, fit mentio, sicut in verbis institutionis coenae,* et § 43.: *Atqui nos tenemur omnes* ἔχειν ὑποτύπωσιν ὑγιαινόντων λόγων, *ea vero, quae ab hac discrepant, tota mente aversari. 2 Tim. 1, 13.* (§ 44.) *Cui adstipulantur haec Chrysostomi vere* χρύσεια *Hom. 49. in Matthaeum: Christianos volentes accipere firmitatem fidei, ad nullam rem confugere decet, quam s. Scripturam. Item in Homil. de profectu evangelii: Error est, quicquid contra Scripturam decernitur.* (§ 45.) *Neque etiam in scriptis b. Lutheri aut antiquorum patrum uspiam tales occurrunt sententiae, quibus sanguis Christi pro parte baptismi* ὑλικῇ (materiali) *venditetur.* Similiter in Problem. IX. *An Spiritus S. sit pars baptismi substantialis?* respondet Foersterus Thes. LXIII.: *Ad substantiam baptismi pertinet Spiritus Sanctus, non quidem proprie, ut pars* ὑλική (*materialis*) *coelestis,* ἑνώσει *sacramentali unita aquae.* (Et § 49.) *Quae enim pars illa vel res coelestis baptismi, in sacra Scriptura non diserte definitum est. Ideoque malumus cautam ignorantiam confiteri, quam falsam scientiam profiteri, monitore Augustino, Ep. 78.* (§ 65.) *Verum alia ratione eaque duplici, una communi, singulari altera* (§ 66.). *Et communi quidem ratione, quatenus baptismus in nomine sacro-*

sanctae Trinitatis dispensatur interque hujus personas, quarum tertia Spiritus Sanctus, et eos, qui baptizantur, foedus sancitur, quod ex sacrosanctae Trinitatis parte semper manet ἀμεταμέλητον et ἀμετακίνητον, Rom. 11, 29. 2 Tim. 2, 13. Lutherus Tom. IV. Jen. Germ. fol. 284. (§ 67.) Speciali autem ratione, ut σφραγὶς, pignus et arrha, υἱοθεσίας, quam foedus in omni baptismo semper adjunctam habet et retinet quoad praesentiam, licet ab illis, qui hypocritae baptizantur, in praesenti non percipiatur quoad fructum et efficaciam. Haec b. Foersterus: unde patet, credidisse eum, posse Spiritum S. totamque SS. Trinitatem in baptismo quoad istas rationes praesentem esse et pertinere ad substantiam baptismi, etsi non sit proprie pars substantialis ὑλική, aut materialis coelestis. Imo potius ille simul docet, ea, quae ex b. Hunnio vidimus (quibus ista Foersteri omnino respondent), sic intelligenda esse, ut non inde probetur sententia ista, qua Spiritus S. aut SS. Trinitas materia coelestis baptismi statuatur. Acquiescit autem ipse, ut vidimus, in partibus συστατικοῖς aut essentialibus baptismi duabus in Scriptura expresse designatis, elemento et verbo. Simili ratione in academia Lipsiensi rem tractavit b. Zacharias Schilterus. Nam adversus eam sententiam, quae statuit, sanguinem Christi ad substantiam baptismi, tanquam materiam ex qua, pertinere, aliquot argumentis disputat. Ad Spiritum Sanctum quod attinet, eum equidem ad substantiam baptismi refert, verum ea ratione, quam a Foerstero quoque tradi vidimus. Materiam coelestem esse, non dicit, licet verbum hoc nomine appellet. Notandum autem est, quod materiam ex qua cum partibus substantialibus plane congruere perhibet. Sed cum alias certum sit, partes substantiales esse materiam et formam (non materiam tantum, utut forte duplicem) et ex materia et forma, velut partibus, constare totum, quod vocatur essentiale, seu compositum ex materia et forma, quarum illa esse commune, haec esse proprium ac determinatum largitur, jam facile constat, verbum apud Schilterum dici materiam, id est, partem essentialem alteram, quam alii formam, seu formale appellaverint; unde pro materia coelesti, eo sensu accepta, quo Foersterus et alii eam negant, argumentum ex Schiltero peti non poterit. Vid. autem b. Schilteri Ἐξετ. Catech. Thes. de Baptism. p. 440. 446. 485. sqq. et Dispp. ejusdem ac b. Burch. Harbarti, junctim editae p. 464. sqq. Atque his observatis, intelligi possunt, quae b. A. Reudenius et b. P. Piscator ll. cc. de materia invisibili tradiderunt, praesertim si audiamus b. Joh. Himmelium, qui cum et ipse Disp. XXII. Syntagm. Theol. p. 220. et § 47. materiam baptismi distinxisset in visibilem et invisibilem, et illam quidem esse elementum aquae, hanc verbum Dei, docuisset, § 48. et 51., mox § 52. addidit: Aqua igitur et verbum, veluti partes hujus sacramenti συστατικὰς καὶ οὐσιώδεις, sacramentali unione ita conjungi certum, ut sine aqua verbum, et vice versa, baptismi rationem neutiquam obtineat, nec id nominis mereatur; sed aqua et verbum, ἑνώσει atque unione sacramentali simul juncta, baptismi τὸ εἶναι sive τὰς ὑλικὰς αἰτίας absolvunt et constituunt. Sane baptismus habet τὸ εἶναι sive esse suum per suam formam aut formale, materiae seu materiali conjunctum, et materia, licet sit pars οὐσιώδης seu essentialis, non tamen ea, licet fortasse duplex, sed sine forma, absolvit τὰς ὑλικὰς αἰτίας, sed cum forma demum. Itaque et hic non est, cur materiam coelestem apud Himmelium quaeras proprie loquendo et eo sensu, quo alii nostratium materiam coelestem as-

serere volunt. Inprimis vero observandum, quod *Himmelius* § 32. ita
pergit: *Sunt, qui partem συστατικὴν ac essentialem seu materialem baptismi*
statuunt vel totam SS. Trinitatem ex illo Matth. 28, 19. vel Spiritum S. ex illo
Joh. 3, 5. vel sanguinem Christi ex illo 1 Joh. 1, 7., sed utrum horum sententia
ex institutione (unde de quolibet sacramento judicandum) baptismi solide pro-
bari possit, subdubitamus. Vide Disp. de Baptism. publice hic anno 1616.
D. Pet. Piscatore p. m. habitam thes. 131. 132. Gerhard. § *82. 88.*
Credidit ergo b. *Himmelius,* verbum institutionis ita pertinere ad τὰ
οὐσιώδη et συστατικὰ seu essentialia baptismi, ut tamen non ideo *vel*
SS. Trinitas, *vel* Spiritus S. *vel* sanguis Christi sit pars essentialis seu
materialis baptismi, licet in verbo institutionis mentio fiat *Patris, Filii*
et Spiritus S., scilicet quod verbum institutionis non sit in casu recto
ipsa SS. Trinitas, aut Spiritus S. aut sanguis Christi; atque in his
etiam *P. Piscatorem* et *Joh. Gerhardum* sibi consentire affirmavit. Et
certe de b. *Joh. Gerhardo,* ut distinctius loquamur, constat, illum in
Aphor. Theol. de baptismo, etsi praesentiam efficacem totius SS. Trinitatis in baptismo ex verbis institutionis colligendam quodque etiam
Christus θεάνθρωπος suo sanguine adsit et hominem emundet, tradiderit, non tamen *materiae coelestis* appellationem adhibuisse. Similiter
cum in Harmonia Hist. Evang. de Resurr. Christi cap. XII. p. m.
461. sqq. de institutione baptismi prolixius ageret, non tamen docuit,
verbum institutionis aut sacrosanctam Trinitatem esse partem materialem baptismi alteram. In Locis autem T. IV. L. de S. Bapt. § 70.
materiam et externum elementum in baptismo pro iisdem habet, ut constat
ex lemmate marginali. Quamvis autem in illo capite, quod inscripsit
de materia baptismi, sectione I. *de re terrena,* et sectione II. *de re coelesti*
baptismi agat, tamen, cum rem coelestem tractat, abstinet ab appellatione *materiae* et tantum docet conjunctionem rei coelestis cum *re ter-*
rena, seu materia, rem autem illam coelestem dicit § 80. esse *verbum*
Dei, et quidem verbum *ordinationis divinae de baptismo administrando in*
nomine Patris, et Filii, et Spiritus Sancti. Unde porro infert § 83.,
quod *tota SS. Trinitas in baptismo gratia sua praesens sit,* et § 84., quod
Spiritus in, cum et per aquam efficaciter agat, ita quidem juxta § 85., *ut*
in omni baptismo juxta institutionem Christi administrato adsit Spiritus
Sanctus 1. ratione essentiae, ut et reliquae Trinitatis personae; 2. quoad
oblationem salutaris efficaciae et beneficiorum Christi; 3. quoad obsignationem
foederis inter Deum et baptizatum initi, quovis tempore ex parte Dei rati;
speciatim et praeter ista *in credentium baptismo concurrat ratione efficaciae*
salutaris in actuali regeneratione et renovatione, itemque ratione actualis et
reciprocae obligationis foederis inter Deum et baptizatum initi, in baptismo
hypocritarum autem *concurrat non solum quoad obligationem* (oblationem)
beneficiorum et obsignationem foederis ex parte Dei, sed etiam quoad judi-
cium, quod Spiritus S. per baptismum in incredulis exercet. Atque hoc
sensu tandem § 81. concludit: *Quamvis sacrosancta Trinitas sit causa*
efficiens ac ordinans hoc sacramentum, nihil tamen impedit, quo minus di-
camus, nomen sacrosanctae Trinitatis esse partem substantialem alteram, cum
verbum institutionis ac promissionis testatur, Deum Patrem, Filium et Spi-
ritum S. cum omnibus gratiae beneficiis in baptismo adesse. Quod autem
b. *Gerhardus* statuerit, Spiritum S. aut totam SS. Trinitatem esse in baptismo praesentem per peculiarem approximationem essentiae suae ad

substantiam aquae, aut esse proprie loquendo materiam baptismi
coelestem, ita ut vi unionis sacramentalis inter aquam et Spiritum
Sanctum dici possit, quod, qui baptizantur, non tantum aqua, sed et
Spiritu S. proprie loquendo perfundantur (prout in s. coena, vi unionis
sacramentalis, inter materiam terrenam et coelestem fit, ut communicantes omnes una cum pane et vino benedicto corpus et sanguinem
Christi, non metaphorice, sed proprie loquendo atque oraliter, licet non
naturali modo, manducent ac bibant), sane ex verbis b. Doctoris colligere non possumus.   Imo quod ad *sanguinem Christi* attinet, licet *Gerhardus* l. c. § 86. statuat, eum *a baptismo non esse excludendum*, quippe
praesentem 1. ratione substantiae, quatenus Christus θεάνθρωπος *totus
adest; 2. ratione meriti*, quia inde provenit fructus baptismi; *3. ratione
efficaciae*, sive efficacis applicationis meriti (*Christi sanguine parti*) per
fidem in baptismo collatam; *4. quia in mortem Christi baptizamur;*
tamen § 87. aperte probat sententiam illorum *gravissimorum theologorum, qui sanguinem Christi non satis commode partem baptismi materialem
alteram dici posse statuunt*, et in rationibus eorum, quas adducit, acquiescit.   Qua ratione etiam, quando agnoscitur, (1.) ad substantiam
baptismi praeter aquam pertinere etiam verbum institutionis, et (2.) ex
vi hujus verbi porro cognoscitur, Spiritum S. totamque SS. Trinitatem
esse auctorem hujus sacramenti, tanquam medii gratiae; quando
(3.) agnoscitur, Spiritum Sanctum Deumque trinunum, ubicunque et
quoties baptismus recte administratur, essentia sua immensa pariter
et (4.) gratia sua ita esse praesentem, ut non solum per hoc sacramentum beneficia spiritualia serio praesens offerat et (5.) cum homine baptizato foedus gratiae, a sua parte nunquam retractandum, ineat idque
per baptismum obsignet, verum etiam (6.) in homine, qui baptizatur,
non autem gratiae divinae repugnat, opus regenerationis aut renovationis, per sacramentum hoc, actu ipso perficiat, ita ut (7.) non seorsim et actione peculiari, sed conjunctim cum aqua baptismi et per eam
una atque indivisa actione fidem accendat aut confirmet, idque (8.) propter Christi θεανθρώπου, quoad utramque naturam realiter praesentis,
meritum et pro peccatis nostris effusum sanguinem: prout enim,
(9.) cum per baptismum fides confertur, hoc ipso sanguis Christi eo
sensu aspergatur, quatenus meritum ejus per fidem applicatur: quando
haec, inquam, agnoscuntur et traduntur, licebit de caetero, quoad nomen *materiae coelestis* et rationem ejus vix explicabilem, cum antiquioribus doctoribus tacere aut cum b. *Foerstero* εὐπορίαν et ἀπορίαν distinguere et *cautam ignorantiam confiteri potius, quam falsam scientiam
profiteri.* L. c. § 34. et 64.   Commode etiam accidit, quod b. *Scherzerus* Brev. Hülsemann. auct. cap. X. thes. XII. p. 588. notatum
reliquit: *Materiae coelestis vocem h. l. non in* ἀκριβείᾳ *philosophorum, sed
in latitudine quadam pro re coelesti accipi.   Stricte enim loquendo, ait,
neque Spiritus Sanctus, neque verbum, neque sacrosancta Trinitas causa
materialis esse aut dici potest.   Igitur per materiam rem intelligimus.   His
enim ita se habentibus, non est, cur erroris accusentur, qui rem coelestem
omnino et pridem tradiderunt, materiam* autem ut dicerent, causam
non habuerunt.   Plura hic non addimus.   Non enim disputare, verum,
quae ad theologiam positivam pertinent, proponere animus est.   Et
sicut alias in his, quae asseruntur, ita hic, ubi omittitur, quod asseren-

dum esse videri poterat, consensum nostratium paucis ostendere voluimus, quae tamen praeter opinionem in paginas excreverunt.

SCHERZERUS: De *materia baptismi coelesti* quaeritur, an et quae
sit? Dari enim una cum terrena, ex verbis Christi patet, quae utramque per voculam ‚ex‘ exprimunt: ‚Nisi quis renatus fuerit *ex* aqua et
(ex) spiritu‘, Joh. l. c. Sicut igitur τὸ ex ratione aquae denotat materiam seu rem terrenam, ita etiam eadem numero particula ‚ex‘ (nisi
duplicem sensum literalem in eadem propositione violenter fingas)
ratione Spiritus rem coelestem denotabit. Et dari quidem rem coelestem terrenae unitam, constans est inter orthodoxos sententia. Sed
quaenam res illa coelestis sit, discrepant. B. *Huelsemannus* nominat
verbum (id est, rem verbo promissam) Eph. 5, 26., *Spiritum*, Joh. 3, 5.
1 Cor. 6, 11., *sanguinem* 1 Joh. 5, 6., et totam SS. *trinitatem*, Matth.
28, 19. ‚Has‘, inquiens, ‚materiae internae denominationes non seorsim
aut singulas, sed simul et conjunctim, constituere materiam baptismi
coelestem, ex dictis allegatis recte demonstratur.‘ Breviar. c. 10. th. 8.
Alii cum *Dannhavero*, f. 351. Mysteriosoph., non omnia haec pro materia coelesti agnoscunt. Dannhaverus ipse pugnat pro solo Spiritu.
α. Ex aqua et Spiritu Joh. 3, 5. ‚ex‘ materiam denotat, uti Gal. 4, 4. etc.
Sicut enim recte colligo: Ex aqua; ergo aqua est materia: ita recte
infero: Ex Spiritu; ergo Spiritus (qui tamen Trinitatem non excludit)
est materia vel res baptismi. β. Sicut panis eucharisticus non est nudus panis, sed rei coelesti unitus, ita aqua baptismi non est nuda aqua.
γ. Aqua in casu recto nos salvat, 1 Pet. 3, 21. Atqui nuda et rei salvanti non unita id non praestat. Ergo utriusque unionem effectus sacramentalis postulat. δ. Deus ‚per aquam nos regenerat‘ Joh. 3, 5.,
mundat Eph. 5, 26. et salvat Tit. 3, 5. Ergo aqua est Dei instrumentum et consequenter non ut separata, sed rei salvanti conjuncta et sacramentaliter unita. ε. Ex aqua et Spiritu ita regeneramur Joh. 3, 5.,
ut ex his duobus fiat unum baptisma Eph. 4, 5. Atqui aqua et Spiritus
non sunt unum et idem. Ergo sunt unita in unum, alias baptismus
fieret geminus, quod ἀντίγραφον. ζ. Quicquid in baptismo super nos
effunditur, illud est ejus materia. Atqui et aqua Eph. 5, 26. et ipse
Sp. S. Tit. 3, 5. 6. in ipso baptismo super nos effunditur. Ergo et
aqua et Sp. S. (illa quidem terrena, hic vero coelestis) sunt materia
vel res baptismi. Et in hac quidem simplicitate nos acquiescere posse
existimamus. η. ‚Verbum esse partem in baptismo materialem et rem
coelestem, non asseveramus, quia sic etiam verbum in eucharistia esset
materia coelestis‘, inquit b. *Affelmannus* Disp. de baptismo, th. 3.
Addo ϑ. Verbum *institutionis* ad causam *efficientem*, *promissionis* (seu
res promissa) ad *effectum* sacramenti pertinet, et in eucharistia quoque,
quae hac ratione duplicem materiam coelestem haberet, locum habet.
Summa: Verbum non tam est ipsa materia coelestis, quam promittit
et offert materiam coelestem. ι. De sanguine censent ceteri, eum ad
causam meritoriam pertinere, materiae vero coelestis rationem in sola
eucharistia habere. Putant enim sanguinis nullo in loco, qui de baptismo ex professo agit, mentionem fieri. . . . Sacrosancta Trinitas
(cujus nomine, institutione et auctoritate baptizamur, Matth. 28, 19.),
quatenus ad efficientem refertur, non potest esse materia baptismi. . .
ϰ. B. *Wilhelmi Lyseri* in Summar. Theolog. num. 274., qui aquam ex
latere Christi fluentem substituit, sententiam, ut piam quidem, sed
minus certam agnoscimus. Nec enim Christus: ‚Nisi quis renatus
fuerit ex aqua et aqua‘ (id est terrena et laterali), dixit. Joh. 3, 5.‘‘
(System. th. Loc. XIV. § 16. p. 361. sqq.)

QUENSTEDTIUS: ,,Nos cum Menzero, Meisnero, Affelmanno, Gerhardo, Brochmando, Calovio aliisque statuimus, *rem coelestem* esse
SS. Trinitatem, in qua nec Christus ϑεάνϑρωπος nec sanguis ejus excluditur, *terminative* vero Spiritum S.‘‘ (L. c. s. 2. q. 6. f. 1085.)

HUTTERUS: „Quemadmodum in coena indigni manducant ipsum *corpus et sanguinem* Christi, neque tamen *virtutis* vivificae carnis Christi evadunt participes, obstante ipsorum incredulitate: ita hypocritae quoque perfunduntur in baptismo non sola aqua, sed et ipso *Spiritu S.*, neque tamen *fructus* salutaris sive operationis Sp. Sancti redduntur compotes; siquidem Sp. S., sic ipsis collatus, intendit quidem operationem illam salutiferam, sed ipso actu non perficit aut exserit propter infidelitatem ipsorum. Neque enim necessarium est consequens, ut, ubi substantialiter est Sp. S., ibi etiam esse debeat secundum salutarem regenerationis effectum." (LL. th. f. 636.)

HOLLAZIUS: „*Materiae coelestis* nomen h. l. non in ἀκριβείᾳ philosophorum, sed in latitudine quadam pro *re coelesti* accipimus. Stricte loquendo neque Sp. S., neque venerabilis Trinitatis causa materialis est aut dici potest." (L. c. q. 8. p. 1055.)

LUTHERUS: „Derowegen ist das eine gottlose Rede von der heiligen Taufe, dass Wasser Wasser sei und bleibe, dieweil bei diesem Wasser *Gottes Wort und der Befehl und die Verheissung* stehet, und einem feurigen Eisen gleich ist; welches wie es wahrhaftig *Eisen* ist, also ist es auch wahrhaftig *Feuer*, und thut alles, was Feuer zu thun pfleget. Das *Wort* aber in der Taufe sehen allein die Gläubigen, die Gottlosen aber, wie eine Kuh oder Hund, sehen nichts, denn das blosse Wasser. Mit solchen kühischen und hündischen Augen sehen diese Schwärmer die äusserlichen Ceremonien der Taufe an, richten und urtheilen allein nach ihrem kühischen Sehen, bringen aber keine Ohren mit sich, welche Gottes Wort, Befehl und Verheissung höreten, so in und bei dieser Ceremonie ist." (Auslegung über die 15 Lieder im höheren Chor. Opp. Hal. IV, 2488.)

IDEM: „Also bildet uns St. Johannes (1 Joh. 5, 6.) die liebe Taufe für, dass wir nicht sollen achten noch ansehen allein das weisse Wasser. Denn Christus (spricht er) ‚kommt nicht mit Wasser allein‘ (wie die Wiedertäufer lästern, es sei nichts mehr, denn Wasser), ‚sondern mit Wasser und Blut.‘ Will durch solche Worte uns vermahnet haben, mit geistlichen Augen in der Taufe anzusehen das schöne, rosenfarbene Blut Christi, so aus seiner heiligen Seite geflossen und vergossen ist. Und heisst also getauft werden nichts anders, denn in demselben rosenfarbenen Blute Christi gebadet und gereiniget werden. . . Darum ist solches Predigen und darauf Täufen ebensoviel, *als würde* das Blut Christi selbst über uns gesprenget. *Allein, dass es hier geistlich geschieht* (denn leiblich besprengen thäte es nicht), dass wir *gläuben* und sagen: Ich bin gewaschen von Sünden und Tod durch meines Herrn Christi Blut." (Zwei Predigten über das dritte Cap. des Evangelisten Matthäi. a. 1540. Ib. VII, 1019. sq.)

§ 6.

Formale[a] baptismi est verbum[b] institutionis,[c] seu quod ablutio sit in nomine[d] Patris, et Filii, et Spiritus Sancti.[e]

a) Sive illud, per quod cum actu abluendi conjunctum actus ipse formaliter habet, quod est sacramentalis aut sacramentum.

MUSAEUS: „Baptismus non est *substantia* ex materia et forma composita, sed *actio* circa certam materiam certo modo occupata, cujus *proprie non datur forma* interna, quae cum materia ens per se constituat. Dicitur autem forma baptismi id, a quo actio baptismi habet, quod baptismus est et ab alia quavis actione distinguitur." (Colleg. controversiar. p. 362.)

b) Prout b. *Lutherum*, et qui eum proxime secuti sunt, theologos orthodoxos sensisse indicavimus, not. ult. ad § praeced. sub initium. Expresse etiam b. *Aegid. Hunnius* Tom. 1. op. fol. 1016. 1020. *verbum institutionis* dicit esse *formam* baptismi, tanquam *partem substantialem,* et adducto loco *Ephes. 5, 26.* de *lavacro aquae per verbum: Vides,* ait, *et aquae et verbi, tanquam substantialium baptismi partium, meminisse divum apostolum. Aqua enim, sine verbo, virtutem sanctificandi non haberet. Per verbum autem instituentis Dei acquirit hanc supernaturalem sanctificandi facultatem.* Et b. *David Rung.* Disp. de Bapt. A. 1596. hab. § 37., ubi de *forma* baptismi agit eamque *ipsum verbum institutionis esse* statuit: *Hoc verbum* (addit) *illud est, per quod baptismi aqua vere sanctificatur et per quod Christus lavacro aquae ecclesiam suam mundat quodque vitam quasi et animam impertit, ut non immerito baptismi forma dici mereatur.* Atque eam in rem verba *Lutheri* ex Catech. min. ipse citat § 38. Quod autem *alii* verbum institutionis ad *materiam* baptismi referunt (uti ad § praeced. not. *h.* vidimus), observandum est, quod *materiam duplicem* et *partes substantiales* baptismi aeque late patere crediderunt (vidd. *Reudenius, Piscator, Schilterus, Himmelius* ll. cc.). Imo etiam illi, qui verbum illud principiis *ποιητικοῖς* accensent, tamen etiam ad *formam* baptismi referunt. Vid. *Hutterus* l. c.

> GERHARDUS: „Forma baptismi in actione consistit, videl. in mersione hominis baptizandi in aquam sive, quod perinde est, in affusione aquae, ac deinde in recitatione verborum institutionis: ‚Ego baptizo te in nomine' etc., ut in universum *tres substantiales baptismi partes* sint statuendae, quae non possunt divelli aut mutari, sc. *aqua, verbum et actio.*" (L. c. § 87.) Cf. supra, quae dicta sunt de forma sacramentorum P. III. c. 8. § 8.*b.*

c) Quidam verbum *mandati* aut *praecepti* appellant, intelligentes *non* tam istud, quo exercitium actus praecipitur, *sed* quo actus abluendi formaliter determinatur ad certam *speciem* actus. Unde alii malunt dicere *verbum ordinationis.*

d.) *Unum nomen, una deitas,* ait *Theophylactus* h. l., *quia in nomen Patris, et Filii, et Spiritus Sancti baptizare, est auctoritate et virtute harum trium personarum baptizare, quare, cum sit una auctoritas et virtus adeoque una essentia Patris, Filii, et Spiritus S., ideo non in nominibus, sed in nomine Patris, Filii, et Spiritus S. baptizare jubentur* (apostoli), interprete b. *Gerhardo* Harm. Evang. de Resurr. Christ. cap. XII. p. m. 463. et Tom. IV. L. de Bapt. § 81. 82.

> GERHARDUS: „Dicimus, hunc esse *verborum baptismi sensum :* Ego minister verbi non meo nomine aut privato auso vel arbitrio, sed mandato, auctoritate, institutione atque ordinatione, adeoque nomine et loco Christi, summi ecclesiae pontificis, Mediatoris et Salvatoris nostri unici, baptizo te, hoc est, aqua verbo Dei sanctificata te perfundo in nomine Patris, Filii et Spiritus Sancti, hoc est, *mandato* et *invocatione* veri Dei, unius in essentia ac trini in personis, videlicet Patris, Filii et Spiritus Sancti: illum *oro,* ut in gratiam te recipiat, peccata tibi remittat et salutem aeternam conferat, ac vere *testificor,* te in gratiam a Deo Patre recipi, sanguine Filii Mediatoris a peccatis ablui et Spiritu Sancto, ad vitam aeternam te regenerante ac renovante, obsignari, ac scias, te *εἰς ὄνομα* in nomen unius illius veri Dei baptizari, id est, *obligari* ad illius agnitionem, invocationem ac cultum etc. Hanc esse vim

hujus phraseos ‚in nomine Patris, Filii et Spiritus Sancti‘ baptizari, patet ex sequentibus Scripturae locis. Exod. 5, 23.: ‚Moses loqueba- tur in nomine Dei ad Pharaonem.‘ Deuter. 18, 7.: ‚Levitae serviunt in nomine Dei‘, v. 20.: ‚Quando propheta praesumserit loqui in meo nomine, quod non praecepi ei.‘ 1 Sam. 17, 45.: ‚Venio ad te in nomine Dei Zebaoth.‘ 2 Sam. 6, 18.: ‚David benedicebat populo in nomine Dei.‘ 1 Reg. 18, 32.: ‚Elias extruit altare in nomine Dei.‘ Matth. 18, 20.: ‚Ubi duo vel tres congregati in nomine meo.‘ Marc. 9, 39.: ‚In Christi nomine virtutes facere.‘ Joh. 16, 32.: ‚Quicquid rogaveritis Patrem in nomine meo‘ etc. Ex his et similibus locis apparet, in no- mine Dei aliquid loqui vel agere idem esse, quod *mandato* Dei, *loco* Dei, in vera *invocatione* Dei, *virtute* Dei, in vera erga Deum *fiducia*, *ad glo- riam* Dei etc. aliquid loqui vel agere.‘‘ (L. c. § 81.)

e) Atque hanc *plenam formulam*, sicut *olim* ab apostolis eorumque discipulis constanter observatam, ita *studiose* ac *necessario retinendam* esse agnoscimus. Christianae tamen libertati hoc relictum est, utrum, qui baptizat juxta morem ecclesiae *Latinae*, active dicat: *Ego baptizo te in nomine Patris, Filii et Spiritus S.*, an cum ecclesia *Graeca*, in per- sona tertia passiva: *Baptizetur hic servus Domini in nomine* Patris, Filii, et Spiritus S., an *denique* cum actu abluendi, qui jam per se in sensus incurrit, conjungat invocationem sanctissimae Trinitatis, seu verba: *In nomine Patris, Filii, et Spiritus Sancti*, modo intempestiva mutatione ecclesia non turbetur.

BRENTIUS: ,,Sunt, qui sentiunt, quod Christus hoc loco sic insti- tuerit baptismum, ut etiam his verbis: ‚Ego baptizo te in nomine Pa- tris et Filii et Spiritus Sancti‘, distribuendus sit et, nisi his verbis uta- mur, existimant non esse verum baptismum. Hi pro eo, quod dicitur ‚in nomine‘, putant intelligendum esse, ‚*his verbis*‘. Observandum igitur, quod in baptismo haec usitata verba ‚ego baptizo te in nomine Patris et Filii et Spiritus Sancti‘ *omnino retinenda* sunt, nec cuiquam permittendum est, ut haec verba pro sua libidine et temeritate mutet ac aliis verbis pro suo arbitrio in baptismo utatur. Sunt enim gravis- simae causae, quas supervacaneum est hoc loco commemorare, cur horum verborum usus diligenter retinendus sit. Et tamen hic usus recte est intelligendus. Nam Christus non collocavit fundamentum baptismi sui super certis literis, syllabis, aut dictionibus. Nec alli- gavit nos ad certa verba. Non enim instituit *magiam*, quae ad certam verborum formam et ritus alligata est, sed instituit coelestia sacra- menta, quae constant sua ipsius sententia et voluntate, his vel illis ver- bis nobis significata. Cum enim Christus baptismum inter gentes vul- gandum commendaret, locutus est cum discipulis suis hebraice aut syriace. Quid ergo? Si baptismus ad certas literas ac syllabas alli- gatus esset, certe non liceret, nisi hebraica aut syriaca lingua baptizare. Sed bene habet. Sicut Christus vulgavit evangelion suum in die pente- costes in omnes linguas gentium, ita etiam vult, ut sacramenta sua distribuantur his linguis, quae ab auditoribus et his, qui accipiunt sa- cramenta, intelligi possunt et quibus sententia evangelii ejus recte cognoscitur. Itaque si quis post recitationem symboli apostolici in baptismo diceret ad baptizandum haec verba: ‚Audivi jam ex te con- fessionem fidei tuae, quod credas in Deum Patrem omnipotentem, creatorem coeli et terrae, et in unigenitum Filium ejus, Dominum no- strum Jesum Christum, et in Spiritum Sanctum. In hanc igitur con- fessionem et fidem intingo te in aquam seu perfundo te aqua, ut hoc signaculo certus fias, te insertum esse in Jesum Christum et commu- nionem omnium bonorum ejus. Vade ergo in pace.‘ Hic certe bap- tismus esset verus baptismus, quia continet ea, quae ad baptismum necessaria sunt et recitata est sententia verborum Christi, etsi sonus ipse verborum paululum immutatus videtur. Hoc idcirco visum est addere, non quod permittenda sit mutatio usitatorum verborum: ‚Ego baptizo te in nomine Patris‘ etc.; sed ut verba Christi recte intelligantur et ut magiam a vera coelestium sacramentorum consecratione longe discernere discamus.“ (Catechismus illustrat. 1551. p. 55—57.)

LUTHERUS: „Cave, sic discernas baptismum, ut *externum* homini, *internum* Deo tribuas, utrumque soli Deo tribue, nec conferentis personam aliam, quam instrumentum *vicarium* Dei accipe, per quod Dominus in coelo sedens te in aquam suis manibus propriis mergit, et remissionem peccatorum promittit in terris, voce hominis tibi loquens per os ministri sui. Hoc et ipsa verba tibi dicunt, cum dicit: Ego baptizo te in nomine Patris et Filii et Spiritus Sancti, Amen. Non dicit: Ego baptizo te in nomine meo, quasi dicat: Id, quod facio, non mea auctoritate, sed vice et nomine Dei facio, ut non aliter habeas, quam si ipse Dominus visibiliter fecisset. Auctor et minister diversi sunt, sed opus idem utriusque, imo solius auctoris per ministerium meum. Sic enim ego arbitror, ‚in nomine‘ referre personam auctoris, ut non tantum sit, nomen Domini praetendere et invocare in opere, sed ipsum opus tanquam alienum alterius nomine et vice implere. Quo tropo Matth. 24. Christus dicit: ‚Multi venient in nomine meo‘; et Rom. 1.: ‚Per quem accepimus gratiam et apostolatum, ad obediendum fidei in omnibus gentibus pro nomine ejus.‘ Hanc sententiam ego libentissime sequor, quod sit plenissimum solatii et efficax fidei adjutorium, nosse, se esse baptizatum non ab homine, sed ab ipsa Trinitate per hominem, qui nomine ejus rem gerat apud nos. Quo cessat illa otiosa contentio, qua de *forma* baptismi (quam appellant ipsa verba) litigant, Graecis dicentibus: ‚Baptizetur servus Christi‘, Latinus: ‚Ego baptizo.‘ Item alii rigidissime nugantes damnant, sic dici: ‚Ego baptizo te in nomine Jesu Christi‘, quo ritu certum est apostolos baptizasse, ut in Actis apostolicis legimus, voluntque nullam aliam deinceps valere quam istam: ‚Ego baptizo te in nomine Patris et Filii et Spiritus Sancti, Amen.‘ Sed frustra contendunt, nihil enim probant, sua somnia duntaxat asserunt. Quocunque modo tradatur baptismus, modo non in nomine hominis, sed in nomine Domini tradatur, vere salvum facit.“ (De Captivitate Babylon. ecclesiae. 1520. Vid. Opp. lat. ad reformat. histor. pertin. Francof. ad M. 1868. Vol. 5, 60. sq.)

SCHERZERUS: „Notamus II., otiose quaeri, an dicendum sit ‚in nomen‘, an ‚in nomine‘ Patris, Filii et Spiritus Sancti. Unde et in nomen Matth. 28, 19. 1 Cor. 1, 13. et in nomine Actor. 2, 38. 10, 48. diserte legitur. Sed *usus ecclesiae* respiciendus, nec a ministro mutandus est. Notamus III., quod baptismus, ‚in nomine Christi‘ Actor. 2, 38. 10, ult. 19, 5. peractus, non excludat Sacrosanctam Trinitatem. Nam ‚Christi professio est totius Trinitatis confessio. Manifestat enim ungentem Deum, unctum Filium et oleum unctionis, Spiritum Sanctum‘, dicente Basilio M. de Spiritu Sancto. . . Quia tamen Christus expresse dicit, baptizandum esse in nomen, εἰς τὸ ὄνομα, Patris, Filii et Spiritus Sancti, Matth. 28, 19., nemo hanc formulam jure potest improbare. Quanquam rejiciamus sententiam eorum, qui cum Richardo IV. Dist. III. art. 2. q. 2. ‚in nomine Christi‘ baptizatum cum conditione rebaptizandum asserunt.“ (System. th. p. 356.)

CALOVIUS: „Errant, qui, cum Marcionistis, Paulianistis, Cataphrygibus, *in nomine Trinitatis* baptizandum esse negarunt; vid. Canon VII. Concil. Laodic. . . Neque admittendus *conditionalis baptismus:* ‚Si baptizatus es, non te baptizo; sed si nondum baptizatus es, ego te baptizo‘ etc., quem probat l. III. decretal. Greg. M. t. 42. c. 2. ex Innocentio; si scl. dubium sit, an quis baptizatus sit; quod reprobat merito b. Lutherus T. VIII. Jen. Germ. f. 50. . . Neque etiam reprobanda formula ‚in nomine Jesu Christi‘, modo non exclusive intelligatur; quem baptismum ratum agnoscunt Hugo et Lombardus. Non probanda tamen Calvinianorum sententia, quod baptizare liceat in *nomi-nibus*, quia nomen auctoritatem, majestatem et virtutem Dei infert, quae μονώτάτως μόνος est; neque illa, Bernhardo Ex. 740. ad Henric. probata, *,in nomine Dei et sanctae veritatis'* p. 3. Excusari forsan magis posset ritus ille Eunomianor. apud Socratem l. 5. c. 27., qui baptizarunt *,in mortem* Domini', quod etiam factum in primitiva ecclesia, si Can. apostol. fidem merentur, in quorum L. id legitur." (System. loc. th. T. X, 227. sq.)

GERHARDUS: ,,Quaeritur: Num baptismus ratus sit habendus, *si alia litera aut syllaba in verbis mutetur.* Resp.: Si sensus maneat integer et incorruptus, neque ex industria aliquid corrumpatur, baptismus ejusmodi pro legitimo habendus; neque enim tam de *sono*, quam *sensu* verborum institutio Christi accipienda. Aventinus lib. 3. annal. p. 297.: ,Circa annum Christi 745. presbyter quidam Bavarus, latinae linguae ignarus, baptizarat puerum ,in nomine Patria, Filia et Spiritua Sancta'; Bonifacius Moguntinus puerum jusserat rebaptizari. Salisburgensis episc. Virgilius et Sidonius, pontifex Laureacensis, apud Bojos baptismum ratum esse volebant; turbae excitatae maximae. Zacharias, Pontif. Rom., dissidium solvit et Virgilii opinionem confirmavit. Decretum extat c. Retulerunt. dist. 4. de consec. ad Bonifacium.: Retulerunt nuncii, quod fuit in eadem provincia sacerdos, qui latinam linguam penitus ignorabat et dum baptizaret, nesciens loqui latine, infringens linguam diceret: Baptizo te in nomine Patria et Filia et Spiritua Sancta, et per hoc tua reverenda sanctitas consideravit eos rebaptizare; sed, sanctissime frater, si ille, qui baptizavit, *non errorem introducens aut haeresin, sed pro sola ignorantia* romanae locutionis infringendo linguam hoc baptizans dixisset, non possumus consentire, ut denuo baptizetur.' Glossa addit rationem, ,quia error syllabae non nocet, maxime in *fine* dictionis.' " (L. c. § 93.)

ANTITHESIS.

QUENSTEDTIUS: ,,*Antithesis:* 1. *Gnosticorum*, qui baptizarunt in nomine ignoti patris omnium et in veritate matris omnium et in nomine descendentis Jesu ad unitionem et redemptionem et communionem virtutum; ut testatur Irenaeus l. 1. c. 18., Epiphanius haer. 34. et Eusebius l. 4. Hist. c. 10. 2. *Marcionitarum, Paulianistarum* et *Cataphrygum*, qui negarunt, in nomine trinitatis esse baptizandum; vide Concil. Laodic. can. 7. 3. *Arianorum, Aetianorum* et *Eunomianorum*, qui baptizarunt, in solo Patre, Jesu Servatore et creatura, et Spiritu S., ejusdem conservo'; item: ,In nomine Dei increati, Filii creati et Spiritus sanctificativi et a Filio creati'; apud Epiphanium haer. 76.; vel etiam: ,In nomine Patris per Filium in Spiritu S.'; ut refert Nicephorus l. 4. c. 36., Sozomenus l. 6. c. 26. 4. *Bernhardi* Ep. 348. et *Hugonis* de S. Victore l. 2. de Sacram. P. 6. c. 2., quia approbarunt baptismum administratum hac formula: ,Baptizo te in nomine Dei et sanctae crucis.' 5. *Quorundam Papistarum*, qui baptizarunt in nomine Patris, Filii, Spiritus S. et Mariae. Nam non tantum Guilhelmus de Baptis. c. 2. b. Mariam adjecit, ut et Fabius Incarnatus in scrutin. Sacerd. tr. 2. p. 1., sed etiam l. 1. Nov. Sacerd. p. 25. eandem formulam approbavit. 6. *Bellarmini* l. 1. de Sacram. c. 19. §: ,quod igitur' et l. 1. de Bapt. c. 3. negantis, formulam baptismi in ecclesiis nostris usitatam: ,Ego te baptizo in nomine Patris, Filii et Spiritus S.' ex solo evangelio demonstrari posse, sed necessario ad traditiones recurrendum esse et ecclesiae declarationem, §: ,Porro hanc.' Sed opponimus ipsi Christi mandatum Matth. 28. 7. *Socinianorum*, negantium, hanc formulam baptismi a Christo esse mandatam et ab apostolis usurpatam'; vide Ostorodum in Instit. Germ. p. 252. c. 39. Wolzogenius ad Matth. 28, 19. T. 1. Op. f. 449. scribit: ,Formulam certam in nomine Patris, Filii et Spiritus S. a baptizante usurpandam esse, nec ex Scriptura nec ullo scriptore ecclesiastico demonstrari posse.' . . . 8. *Calvinianorum*, fingentium duplicem formam verborum, qua in baptismo sit utendum, unam: baptizo te in nomine Patris, Filii ac Spiritus S., alteram: baptizo te in nomine Christi. Vide Sohnium in Methodo theol. p. 262., imo *Zwinglius*, ,non esse necessariam ullam certam verborum formam', asserit libro de vera et falsa relig. c. de baptismo." (L. c. s. 2. q. 5. f. 1121.)

GERHARDUS: ,,*Pontificii* aquam in baptismo adhibendam in vigilia paschatos et pentecostes certis ritibus et exorcismis prius *consecrant*, quam postea vocant benedictam. Catech. Rom. p. 308.: ,Aqua, qua ad baptismum utimur, prius paranda et addito mystici benedictionis oleo consecranda est, idque non nisi in vigiliis paschae et pentecostes fieri debet.' Resp: 1. Consecratio illa aquae destituitur verbo Dei. 2. Caret exemplo Johannis et apostolorum, qui obviam quamvis aquam baptismati adhibuerunt. *Justin.* Apol. 2. pro Christ. p. 73.: ,Credentes catechumenos eo adduci', ait, ,ubi est aqua, qua loti regenerantur', ex quo constat, simplicem et communem aquam ad baptizandum olim fuisse adhibitam. 3. Derogat elemento aquae, quae per se est bona Dei creatura, nullis indigens exorcismis, quin etiam per institutionem Christi baptismo consecrata, in ipso Christi baptismo sanctificata, imo in actu ipso baptizandi per verbum Dei, per preces et Spiritum S. fit aqua salutaris abluendis criminibus apta. August. serm. 37. de temp.: ,Omnes aquae a Christo in Jordane consecratae sunt.' 4. Consecrationem illam aquae Pontificii non habent pro ritu adiaphoro, sed necessaria divini cultus parte." (L. c. § 74.)

HOEFLINGIUS: ,,Im Sacrament. Gelasii heisst es: ,Die *Weihung* des Wassers' (welche ausdrücklich mit der zu Cana geschehenen Verwandlung des Wassers in Wein verglichen wird) ,befruchtet die ganze Substanz dieses Wassers mit der Kraft der Wiedergeburt', macht es wirksam, die Seelen zu reinigen." (Das Sacr. der hl. Taufe. I, 453.)

ANTITHESIS.

FECHTIUS: ,,Admonendi sunt diligenter auditores, ne, nisi his (verbis institutionis) *praeviis*, baptismum administrent; sed si interea, donec haec pronuncientur, infans moriatur, eundem Dei misericordiae committant potius, quam ut illotis, quod ajunt, manibus ad baptismum properent. Nisi enim illa praemittantur, *consecratio* non antecessit, adeoque sacramentum non est. Verba enim, quae, dum baptizatur infans, dicuntur: ,Ego baptizo te' etc., non sunt consecratoria, sed applicatoria. Quemadmodum in sacrae coenae distributione verba: ,Nehmet hin und esset' etc., non sunt consecratoria, sed necessario alia consecratio antecessit. Nec etiam consecratio in sola oratione Dominica consistit, sed in repetitione etiam verborum institutionis, idque exemplo Christi. Quare neutrum omittendum, et nisi utrumque *praecedere* possit, infans baptizandus non est." (Instruct. pastoralis. Ed. 2. p. 109.)

§ 7.

Finis cui,[a] qui et *subjectum*[b] baptismi, sunt homines[c] carnaliter geniti[d] editique in lucem;[e] atque hi omnes,[f] masculi pariter et femellae;[g] nec solum adultiores, verum etiam infantes.[h]

a) Seu illi, quorum bono baptismus a Deo institutus atque ita administrandus est.

b) Cui baptismus, tanquam medium gratiae, applicari debet. Alii *objectum* dicunt, quod quidam, cum addito, *personale* objectum vocant.

c) Non autem alia res ulla, cujuscunque rationis sit, ac ne foetus quidem humani omnes, nisi, eos vivos ac vere homines esse, constet.

GERHARDUS: ,,Improbandus baptismus *mortuorum. Cerinthiani,* referente Epiph. haeres. 28. contra Cerinth., mortuos baptizarunt, freti pravo intellectu verborum apostoli 1 Cor. 15, 29.: ,Quid faciunt, qui baptizantur pro mortuis, ὑπὲρ τῶν νεκρῶν, si omnino mortui non resurgent? cur igitur baptizantur pro mortuis?' Atqui haec consuetudo baptizandi mortuos apud quosdam in primitiva ecclesia usitata fuit, ut apparet ex Conc. Carthag. 3. cap. 6. Pontificii mortuos et sepulcra aspergunt aqua lustrali. Chrysost. homil. 1. in Act. refert, a quibusdam suo tempore etiam mortuis infusam baptismi aquam, quod ibi reprehendit ac docet, ,hoc nihil esse aliud, quam sancta in terram projicere.' *Marcionitae,* referente Tertull. lib. 5. contra Marc., habebant vicarium quendam baptismum, qui vivis conferebatur loco mortuorum non baptizatorum, in testimonium articuli de resurrectione mortuorum. Sed nec Cerinthianorum nec Marcionitarum νεκροβαπτισμός ex verbis apostoli probari potest, quorum ille pugnat cum institutione et fine baptismi, hic vero cum manifestis Scripturae dictis: ,Justus sua fide vivet; impossibile est Deo placere sine fide; lignum ubi ceciderit, permanebit' etc. Neque vero dicit apostolus: ,Si mortui non resurgunt, quare baptizantur mortui?' id quod specie quadam pro νεκροβαπτισμῷ urgeri posset; sed: ,Quid faciunt illi, qui baptizantur ὑπὲρ τῶν νεκρῶν, super mortuos?' . . . Amplectimur simplicissimam illam expositionem de ritu baptizandi christianos ad sepulcra mortuorum, qui symbolum fidei fuit et confessionis de resurrectione mortuorum ac de collectione et consociatione baptizatorum vivorum spirituali cum membris unius ejusdemque corporis mystici, quin et publica professio de morte pro Christi gloria et articulo resurrectionis obeunda. Hunc autem morem in primitiva ecclesia receptum fuisse, testatur epistola ecclesiae Smyrnensis apud Eusebium lib. 4. Hist. Eccles. cap. 15., August. lib. 20. de C. D. cap. 9. et Lutherus in explic. hujus loci." (L. c. § 165.)

QUENSTEDTIUS: ,,Objectum baptismi, cui is est administrandus, sunt I. soli homines; hi enim soli baptismi sunt capaces, non *campanae, naves* aut aliae *res inanimatae,* quae in papatu in nomine Patris, Filii et Spiritus S. tingi solent, impositis hominum nominibus, adhibitisque susceptoribus seu baptismi testibus; qui ritus in Caroli M. Constitutionibus a Busaeo editis p. 266. est prohibitus, ubi hoc habetur capitulum: ,Ne *clocas* baptizent.' Cf. Joh. Balaeum in Actis Rom. Pontificum in Johanne XIV., qui campanam magnam ad Johannem Lateranensem baptizari et de suo nomine nomen ipi imponi jussit." (L. c. s. 2. th. 11. f. 1092.)

GERHARDUS: ,,Tribuitur (a pontificiis) baptizatis campanis singularis quaedam virtus et efficacia ad expulsionem omnis diabolici insultus, ad fuganda tonitrua et fulmina, ad salutem defunctarum animarum etc. . . Ex descriptione (rituum baptizandi campanas) facile intelligitur, quid statuendum sit de exceptione Stanislai Hosii, qui campanas a suis non baptizari, sed consecrari dicit." (L. c. § 166.)

d) Ita, ut sint *caro de carne,* juxta *Joh. 3, 6.* Christus autem, baptismo opus non habens, per eandem οἰκονομίαν baptizatus, qua circumsisus est. Conf. *Matth. 4, 14. 15.*

e) Qui autem nondum perfecte *nati* sunt, *renasci* per baptismum non jubentur.

f) Universale enim est dictum Christi: *Nisi quis* (quisquis sit) *natus fuerit ex aqua et Spiritu, non potest introire in regnum Dei Joh. 3, 5.* et *Matth. 28, 19.* Christus *baptizare* jubet πάντα τὰ ἔθνη, non solum gentiles, Judaeis contradistinctos, sed omnes populos orbis terrarum, quos *Marcus* appellat *omnem creaturam, cap. 16, 15.* Nec solum ad ecclesiam plantandam haec spectabant, sed servari, prout doctrina aut praedicatio evangelii, sic baptismus debet *usque ad consummationem saeculi, Matth. 28, ult.*

g) Sic *Lydiam* baptizatam novimus ex *Act. 16, 15.*

h) Infantes baptizandos esse, recte colligitur ex locis *Joh. 3, 5.* et *Marci 10, 14.* conjunctis, hoc modo: Quoscunque Christus vult ad salutem pervenire, ipsi vero via ordinaria ad vitam aeternam pervenire non possunt, nisi mediante baptismo, illis baptismus, tanquam medium ordinarium, conferri, non autem denegari debet. Atqui infantes Christus vult salvos fieri (juxta *Marc. 10, 14.*), ipsi vero via ordinaria ad vitam aeternam pervenire non possunt, nisi mediante baptismo (vi dicti universalis *Joh. 3, 5.*). Ergo. Deinde etiam (2.) hoc modo: Quoscunque Christus vult sibi *offerri*, ut *benedictione* spirituali fruantur, illi per baptismum, velut medium ordinarium, sunt adducendi ad Christum. Atqui *infantes* Christus vult *sibi offerri*, ut *benedictione* spirituali fruantur (juxta *Marci 10, 14.*, quod *Lucas* explicans τὰ βρέφη, tenerrimae aetatis liberos, quales adhuc ab uberibus matrum aut nutricum pendent, designari docet). Ergo. Porro (3.) praeceptum *Matth. 28, 19.* de *baptizandis omnibus gentibus* ad infantes etiam, qui gentium complexu continentur, recte extenditur. Et (4.) exempla, quae docent integras *familias* fuisse baptizatas, v. gr. *Act. 16, 25. et 33. cap. 18, 8. 1 Cor. 1, 16.*, recte creduntur complecti infantes, qui partem familiarum haud dubie constituerunt. Accedunt (5.) analogia *circumcisionis*, infantibus collatae, et (6.) quod, sicut *promissio* gratiae foederalis, *Actor. 2, 39.*, ita et sigillum foederis, baptismus, ad infantes pertinet. Denique (7.) cum *ecclesia* tota *mundata* sit *lavacro aquae per verbum* (juxta *Eph. 5, 26.*), recte etiam hoc ad infantes refertur, quando et illi, natura immundi, tamen inseri debent in ecclesiam.

QUENSTEDTIUS: „Si istis, qui sub diluvii tempus servari voluerunt, arca necessario fuit ingredienda: etiam infantes extra casum necessitatis erunt baptizandi, ut salventur, quia ista servatio typus fuit baptismi, 1 Pet. 3, 21. Ast prius est. Ergo." (L. c. s. 2. q. 6. f. 1126.)

LUTHERUS: „Dass die Kindertaufe Christo gefalle, beweiset sich genugsam aus seinem eigenen Werk, nämlich, dass Gott deren viel heilig macht und den Heiligen Geist gegeben hat, die also getauft sind, und heutiges Tags noch viel sind, an denen man spüret, dass sie den Heiligen Geist haben, beide der Lehre und Lebens halben; als uns von Gottes Gnaden auch gegeben ist, dass wir ja können die Schrift auslegen und Christum erkennen, welches ohne den Heiligen Geist nicht geschehen kann. Wo aber Gott die Kindertaufe nicht annähme, würde er derer keinem den Heiligen Geist noch ein Stück davon geben; Summa, es müsste so lange Zeit her bis auf diesen Tag kein Mensch auf Erden Christ sein. Weil nun Gott die Taufe bestätigt durch Eingeben seines Heiligen Geistes, als man in etlichen Vätern, als St. Bern-

hard, Gerson, Johann Huss und andern, so in der Kindheit getauft
sind, wohl spüret, und die heilige christliche Kirche nicht untergehet
bis ans Ende der Welt, so müssen sie bekennen, dass solche Kindertaufe Gott gefällig sei; denn er kann je nicht wider sich selbst sein,
oder der Lüge und Büberei helfen, noch seine Gnade und Geist dazu
geben. Dies ist fast die beste und stärkste Beweisung für die Einfältigen und Ungelehrten. Denn man wird uns diesen Artikel: ‚Ich
glaube Eine heilige christliche Kirche, die Gemeine der Heiligen' u. s. w.
nicht nehmen noch umstossen.'' (Catechism. major. Vid. Lib. Conc.
p. 492. sq.)

MELANCHTHON: ,,Cum nulla sit causa, cur improbetur baptismus
infantium, nihil necesse est *denuo baptizari;* sed qui postulant, ut denuo baptizemur, hi cogitant, baptismum certi alicujus temporis opus
esse; videlicet, cum coeperis agere poenitentiam et credere, tum demum jubent baptismo uti, ut signum cum animo consentiat. Quid
facient isti? *Totiesne baptizabunt, quoties relapsi agunt poenitentiam?''* (De Anabaptistis. A. 1528. Vid. Corp. Reform. Vol. I, p. 968.)

GERHARDUS: ,,Excipiunt *Anabaptistae:* Mandatum esse, ut prius
doceamus, postea baptizemus; prius ergo infantes docendos esse, quam
baptizandos. Resp.: Ablegat Christus discipulos suos ad gentes, quibus nihil quicquam de baptismo constabat; utique ergo institutio et in-
formatio praemitti debebat; sed quando parentes de baptismo recte
instituti eundem susceperunt, etiam liberos eorum baptizandos esse,
exemplum apostolorum manifeste probat; ac proinde distinguendum
est inter ecclesiam constitutam et constituendam, uti et inter adultos
ac infantes. In ecclesia constituenda adulti prius docendi, quam baptizandi, sed in ecclesia jam dudum constituta infantes christianorum
prius baptizandi, quam docendi. Declarari hoc potest ex sacramento
circumcisionis, quae fuit figura baptismi. Cum Gen. 17, 10. omnes
familiae suae masculos Abrahamus vi mandati divini circumcideret,
adultos dubio procul de hac ceremonia prius instituit; sed cum Isaac
ipsi nasceretur, non expectat annos discretionis in ipso, sed octavo
statim die eundem circumcidit, Gen. 21, 4. Adde, quod in graeco textu
habeatur vocabulum μαϑητεύσατε, discipulos facite, id quod fit non solum praedicatione verbi in adultis, sed etiam administratione baptismi,
qui est sacramentum initiationis et primus in ecclesiam introitus in infantibus; unde haec duo media in verbis Christi postea exprimuntur:
‚Discipulos facite', vel ecclesiam mihi colligite, primo ‚baptizantes',
secundo ‚docentes servare, quae ego praecepi vobis'. Sic declaratur
verbum μαϑητεύσατε Joh. 4, 1.: ‚Pharisaei audiverunt, Christum plures
discipulos facere et baptizare, quam Johannem.' '' (L. c. § 185.)

IDEM: ,,Argumentum *Anabaptistarum* est: Christus trigesimo demum aetatis anno baptizatus est, Matth. 3, 16. Luc. 3, 22.; jam vero
omnis Christi actio est nostra institutio, Matth. 11, 29. 16, 24.; ergo
et noster baptismus ad annos discretionis differendus. Resp.: 1. Si
Christus usu baptismi sui certum tempus baptizandi praescribere voluisset, consequens fuerit, non nisi trigesimo aetatis anno baptismum
suscipiendum esse; id vero ne ipsi quidem Anabaptistae observant,
sed in primis statim discretionis annis homines baptizant. Quidam
tamen Anabaptistarum magistri contendunt, nonnisi 30. aetatis anno
propter hoc exemplum Christi baptismum suscipi debere, de quo prius
inter se transigant. Vide Calv. lib. IV. instit. cap. 6. § 29. 2. Ideo
Christus in infantili aetate baptizari noluit, quia baptismus tunc nondum erat institutus, siquidem Johannes Baptista anno Christi 29. primum baptismum administravit. 3. Quinimo in ipsa infantia Christus
est circumcisus, jam vero baptismus successit in locum circumcisionis,
Col. 2, 11. Ergo ut Christus in infantili aetate circumcisus, ita quoque
baptismus infantibus administrandus. 4. Magna est dissimilitudo baptismi a Christo et aliis suscepti, quam exponit Nazianzenus orat. in

s. bapt., quae est 40.: ‚Christus non opus habuit baptismo pro sua persona, cum fuerit innocens, impollutus et a peccatoribus segregatus; suo autem baptismo nostrum consecrare et sanctificare voluit; sed nos in ipsa infantia baptismo indigemus, cum in peccatis nati et concepti simus.' Christus baptismum sine ullo periculo differre potuit, mortis et vitae suae potestatem habens plenissimam, Joh. 10, 18.; nos autem sine periculo salutis praesentissimo differre eundem non possumus, cum ignoremus, quid die crastino futurum sit, Jac. 4, 14. Christus tum demum baptizari voluit, cum inchoaret ministerium propter causas paulo post exponendas; sed hoc tempore ministerium N. T. jamdudum inchoatum et gentes ad ejus communionem vocatae." (L. c. § 193.)

IDEM: Excipiunt *Anabaptistae:* Baptismum non prodesse, nec quemquam beneficiorum Christi participem fieri absque poenitentia. Jam vero infantes poenitere nesciunt. Resp.: Quomodo Spiritus Sanctus fidem operatur in infantibus, eo etiam modo poenitentiam in illis excitat; jam vero Spiritus Sanctus modo nobis incomprehensibili fidem in infantibus excitat, ut postea demonstrabitur. Ergo et poenitentiam." (L. c. § 188.)

LUTHERUS: ,,Quid mirum est, Spiritum Sanctum in infantibus esse efficacem eo modo, quem nos non intelligimus? Cum habeant vitam, carnem et ossa, non tamen aluntur in utero eo modo, quo nos, qui in hac luce vivimus, alimur. Vere igitur odiosum et impium *Anabaptistarum* dogma est, qui ideo pueris baptismum negant, quod sensu et mente careant, nec intelligant, quae cum eis agantur; *nobis* non intelligunt, *nobis* mente et sensu judicantur carere, sed *Deo* non sic, cujus opus sunt. Deus enim, sicut alio modo eos alit, quam nos, ita quoque alio modo movet eorum corda." (In cap. 12. Hoseae. Vid. Tom. IV. lat. f. 665.) Cf. supra dicta de fide infantum P. III. c. 3. § 12. not. *h*. p. 158. sqq.

ANTITHESIS.

QUENSTEDTIUS: ,,*Antithesis:* 1. *Socinianorum,* paedobaptismum quidem admittentium, sed pro insania habentium. ‚Ipsum baptismum infantum pro re puerili et adiaphora prorsus habemus', inquit *Smalcius* Exam. CLVII Err. f. 37. Err. 140... 2. *Anabaptistarum,* paedobaptismum magnis tumultibus impugnantium, utpote quem de jure divino nullum esse contendunt, qui et inde nomen sortiti sunt, quod quosvis in infantia baptizatos novo baptismo initiarent suae ecclesiae, qui ipsis nomen darent. Statuunt enim, solos adultos, qui christiana doctrina imbuti satis sint, fidemque suam ore profiteri et baptismum flagitare queant ipsi, baptismo dignos esse; baptisma infantili aetati datum non esse ss. baptisma Christi, sed profanum antichristi; omnesque in infantia tinctos grandiores et rationis compotes factos rebaptizandos esse. Paedobaptismum nec praecepto, nec exemplo Scripturae niti etc. Vide Colloqu. Embdan. Act. p. 82. 83. et Frankenthalense, item Confessionem oppositam Faukelio p. 263. 278.; conferatur *Menno,* dux et fax Anabaptistarum, in libro Fundamenti sive de fundamento religion. christ. c. de bapt. . . 3. *Calvinianorum,* negantium, infidelium liberos, etiamsi sint in potestate christianorum, esse baptizandos; vide *Bucanum* in Instit. theol. p. 624. . . 4. *Pontificiorum,* qui, paedobaptismum in Scripturis nec expresse tradi, nec evidenti ratione inde deduci posse, statuunt; vide Bellarminum l. 4. de Verbo Dei c. 4." (L. c. s. 2. q. 6. f. 1125. sq.)

§ 8.

Interim *infantes* parentum *fidelium, baptismo* forte *privatos, extraordinaria* Dei gratia[a] regenerari et salvari[b] credimus; *infidelium* autem infantes non baptizatos *divino judicio*° committimus, imo *neque* eos invitis parentibus *per vim* abripere et sic *baptizare* audemus.ᵈ

a) *Necessitas enim baptismi non absoluta. Ex parte nostra ad baptismi susceptionem obligati sumus; interim tamen non neganda est actio Dei extraordinaria in infantibus, Christo a piis parentibus et ecclesia per preces oblatis atque extinctis, priusquam baptismi copia illis fieri possit, cum Deus suam gratiam et salutarem efficaciam non ita alligarit baptismo, quin in casu privationis extraordinarie agere et velit et possit;* quae quidem verba b. *Gerhardi* sunt L. de Baptismo § 237.

AUGUSTINUS: „Contemtus sacramenti damnat, non privatio." (Contra Donat. IV, 22.)

KROMAYERUS: „Inter Scyllam Calvinianam, necessitatem medii negantem, et Charybdim Pontificiam, necessitatem baptismi absolutam fingentem, via media incedimus, summam quidem tum praecepti, tum medii necessitatem ex Joh. 3, 5. 6., non tamen absolutam, asserentes." (Theol. posit.-pol. II, 437.)

CARPZOVIUS ad verba Augustanae Conf. art. 9. „De baptismo": „Quod sit necessarius ad salutem", addit: „1. *Non absolute*, sed 2. *necessitate praecepti*, et quia Christus ita instituit ordinarie hominem salvare; et 3. *necessitate medii*, quia placuit ei hoc medio in applicatione salutis a se promeritae uti. Significanter dicitur: ,*Necessitate medii.*' Nam Calviniani, imprimis Alting. Exeg. Aug. Confess. p. 62., non nisi ad ,necessitatem ritus ac ceremoniae' adstringunt, quia non insit ulla vis salvandi baptismo, p. 63., ubi mutatam confessionem propterea etiam commendat. Tom. III. Opp., continente Explic. Catech. Palatinae, ,necessitatem praecepti' vocat in contradistinctione ac oppositione medii, p. 316." (Isag. in lib. symb. p. 332.)

b) Quanquam enim *determinatus modus agendi cum infantibus fidelium non baptizatis per gratiam extraordinariam et operandi in illis regenerationem et fidem, atque ita meritum Christi iis applicandi,* non sit expresse in Scripturis revelatus, tamen *rationibus theologicis,* ex Scriptura petitis, nixi, *spem piam neque dubiam* concipere possumus de *regeneratione* illa *extraordinaria* infantum illorum. Vid. b. *Musaeus* Ausführliche Erklärung Q. 61. p. 358. sqq. Sic autem etiam b. *Gerhardus* l. c.: *De infantibus in ecclesia natis,* ait, *melius speramus.* Et paulo post: *Infantes illos, qui vel in utero materno, vel repentino quodam casu ante baptismi susceptionem extinguuntur, temere damnare nec possumus, nec debemus; quin potius statuimus, preces piorum parentum, vel, si parentes in hac parte negligentes fuerunt, preces ecclesiae ad Deum pro his infantibus fusas clementer exaudiri eosdemque in gratiam et vitam a Deo recipi.* Atque hanc in rem quidem *argumenta* plura adducit § 238. 239. Determinatum *modum* agendi autem, quo Deus utatur per gratiam extraordinariam, non aeque tangit.

LUTHERUS: „Es lässt Christus daran genug sein, dass er im ersten Stück dieses Spruchs sagt: ,Wer da gläubet und getauft wird'; und im andern: ,Wer aber nicht gläubet' u. s. w., die *Taufe* nicht wiederholet; freilich darum, dass es mit dem ersten genug angezeiget und anderswo weiter davon befohlen, als Matth. 28, 19.: ,Lehret alle Heiden und taufet sie im Namen des Vaters' u. s. w. Und folgt nicht daraus, dass man darum die Taufe nachlassen möge oder genug sei; dass jemand wollte fürgeben, er hätte den Glauben und dürfte der Taufe nicht: denn wer ein Christ wird und gläubet, der wird gewisslich auch solch Zeichen gerne annehmen, auf dass er beide, solch göttlich Zeugniss und Bestätigung seiner Seligkeit, bei ihm habe und sich des stärken und trösten möge in seinem ganzen Leben und dass er auch solches vor aller Welt öffentlich bekenne. Wie denn zu einem Christen beide Stücke gehören, als Paulus Röm. 10, 10. sagt: ‚Mit dem Herzen vor Gott und bei ihm selbst gläuben und mit dem Munde vor der Welt bekennen.‘ Wiewohl es kann geschehen, dass einer auch mag gläuben, ob er gleich nicht getauft, und wiederum etliche die Taufe nehmen, die doch nicht wahrhaftig gläuben. *Darum muss man diesen Text also verstehen, dass hiemit die Taufe befohlen und bestätigt, als die man nicht soll verachten, sondern brauchen, wie gesagt ist, und doch darum nicht so gar enge spannen, dass darum sollte jemand verdammt sein, der zur Taufe nicht kommen könnte.* Und Summa, aus diesem Text gehen diese vier Sprüche: 1. Dass etliche gläuben und werden getauft; welches ist insgemein der Befehl Christi und die Regel, so man lehren und halten soll. 2. Etliche gläuben und werden nicht getauft. 3. Etliche gläuben nicht und werden doch getauft. 4. Etliche gläuben nicht, werden auch nicht getauft. Solchen Unterschied gibt der Text selbst. Und ist allezeit einträchtiglich gehalten, dass, ob jemand gläubte und doch ungetauft stürbe, der würde darum nicht verdammt, denn es mag etwa der Fall vorfallen, dass einer gläubet und, ob er wohl der Taufe begehret, durch den Tod übereilet würde (wie es zuweilen mit jungen Kindern geschehen kann, vor, oder in, oder auch nach ihrer Geburt, welche doch zuvor durch ihrer Eltern oder anderer Glauben und Gebet Christo geopfert und ihm befohlen sind, welche er auch, laut seiner Worte: ‚Lasset die Kindlein zu mir kommen‘ u. s. w., ohne Zweifel annimmt).‘‘ (Ev. Kirchenpostille. Opp. Hal. XI, 1332. sqq.)

DANNHAUERUS: ,,Quanta sit necessitas baptismi, Salvator docet ipse clara assertione: ‚Nisi quis renatus fuerit ex aqua et Spiritu, non potest introire in regnum Dei‘, quae exceptiva in hanc exponentem resolvitur: ‚Nullus ἀβάπτιστος introibit in regnum coelorum.‘ Ἀβάπτιστος, inquam, *privative*, qui cum posset ac deberet baptizari, tamen consilium Dei adversus semet ipsum aspernatur. Nam ut *negative* accipiatur ac *infinite* de omni non baptizato simpliciter, id non permittit: 1. Scopus Scripturae evangelicae generalis, qui est consolatio. 2. Scopus particularis colloquii Christi, qui est elenchticus Pharisaeismi contemnentis consilium Dei de baptismo. Agit enim cum principe Pharisaeorum, quasi dicat: Tu tuique similes baptismum Johannis contemnitis, ego vero dico, nullum ἀβάπτιστον contemptorem introiturum regnum coelorum. Igitur de illis loquitur Christus, qui debent, et qui possunt, qui contemnunt baptizari. . . 7. Instantiarum copia, depromptarum a *latrone converso*. Is sine dubio introivit in paradisum ἀβάπτιστος; baptizatus enim esset vel ante crucem, vel in hac, vel post hanc: non ante, quia sine poenitentia adultorum nemo debuit baptizari; non post crucem, quia tum fuit mortuus; non in cruce, quia, quod de effusa aqua a latere Christi quidam opinati sunt, refellit ipse Suarez: ‚Vix‘, inquiens, ‚credibile est, aquam tanto impetu e latere exiliisse, ut latronem attingeret, praesertim si verum est, hunc latronem dextram Christi tenuisse, aquam vero de latere Christi sinistro manasse.‘ Quod de baptismo sanguinis nugatur Gretserus, id et alienum est, et blasphemum; ‚neque enim latro ille‘, verba sunt Augustini, ‚pro nomine Christi crucifixus est, sed pro meritis facinorum suorum; nec quia credidit, passus est, sed dum patitur, credit.‘ Dices cum Augustino: In latrone non defuisse accipiendi voluntatem, sed adfuisse non accipiendi necessitatem. Idem dicas licet de infantibus non baptizatis, non deesse illis voluntatem, scilicet, ut distinguunt scholae, *virtualem*.‘‘ (Hodosoph. p. 504. sqq.)

CARPZOVIUS ad verba A. Conf. art. 9.: ,,Affirmant (Anabaptistae),
pueros sine baptismo salvari‘‘, addit: ,,Scilicet *ordinaria* ratione ac
via, saluti infantum destinata. Alias de *extraordinario* regenerationis
modo non negatur. Aliud enim est, sine fide salvari non posse; aliud,
sine baptismo salvari non posse. Prius absolute verum est; posterius
vero nonnisi de ordinaria ratione ac modo, quem Deus non sibi, sed
hominibus constituit, valet.‘‘ (Isagog. p. 335.)

ANTITHESIS.

QUENSTEDTIUS: ,,*Antithesis:* 1. *Antiquorum Patrum quorundam;*
communiter olim illi, qui ante susceptum baptismum expirabant, ex-
torres esse regni coelorum judicabantur. Multorum vox erat: ,Non
coronantur, si non initiantur‘; *Augustinus* T. 3. l. de fide ad Petr. Diac.
c. 27. scribit: ,Firmissime tene et nullatenus dubites, non solum homines jam ratione utentes, verum etiam parvulos, qui sive in uteris matrum vivere incipiunt et ibi moriuntur, sive cum de matribus nati sine
sacramento sancti baptismatis, quod datur in nomine Patris, Filii et
Spiritus S., de hoc saeculo transeunt, ignis aeterni sempiterno supplicio puniendos.‘ Interdum tamen ἀβαπτιστοις infantibus mitissimam et
levissimam damnationem assignat August., ut l. 1. de peccator. merit.
c. 15. et l. 5. c. Jul. Pelagianum c. 8. *Athanasius* T. 2. in Qu. ad Antioch. qu. 90. post citatum Christi dictum Joh. 3, 5. addit: ,Mani-
festum, quod nemo non-baptizatus in illud (regnum coelorum) ingres-
surus sit.‘ Ex *Cypriano* liquet, a stricta illa censura exceptos fuisse
illos catechumenos, qui *martyrium* subiissent, antequam tincti essent.
Dicit enim S. Martyr Epist. 73. ad Jubajan.: ,Non privari eos baptismi
sacramento, utpote qui baptizentur gloriosissimo et maximo *sanguinis
baptismo.*‘ Idem *Gennadius* l. de eccles. dogmatibus (qui perperam
Augustino adscribitur) c. 74. affirmat. . . *Theophylactus* etiam in c. 16.
Marci, ,Catechumenos‘, etiamsi credant, nondum tamen salvatos pronunciat, ,nisi quoque sint baptizati.‘ 2. *Scholasticorum,* qui non-bapti-
zatos infantes perire statuunt. Sic *Lombardus* l. 4. sent. dist. 1. lit. L.
ait: ,Si vero quaeritur de parvulis, qui ante diem octavum moriebant-
tur, ante quem non fiebat circumcisio ex lege, utrum salvarentur, vel
non, idem potest responderi, quod sentitur de parvulis ante baptismum
defunctis, quos perire constat.‘ *Thomas* P. 3. q. 65. a. 4. docet: ,bap-
tismum ad salutem *absolute* esse necessarium.‘ P. 3. qu. 68. inquit:
,Minime salvari possunt, qui nec re, nec voto baptismi sacramentum
susceperint.‘ Est autem Thomae sententia de infantibus sine baptismo
percepto demortuis, quod apud inferos damnentur aeterna morte, sed
tamen sic puniantur *carentia visionis* Dei, quae dicitur *poena damni,* ut
nullum omnino patiantur dolorem, neque internum, neque externum;
vide ipsius Quaest. 5. de malo, a. 1. 2. 3. . . 3. *Pontificiorum,* qui etiam
immitem hanc sententiam defendunt. . . *Bellarminus* l. de baptismi
sacr. c. 4.: ,Semper ecclesia credidit, infantes perire, si absque baptismo de hac vita recedant.‘ Et in fine istius capitis hanc gnomam
ponit: ,Omnes, qui in infantia moriuntur, si praedestinati sint, sine
dubio baptizantur, et contra, si reprobi sint, non baptizantur.‘ . . Fingunt autem tale supplicium infantum non baptizatorum, quo poena
damni, non sensus illis inferatur, h. e., statuunt, illos privari visione et
conspectu Dei, nullos autem sentire cruciatus.‘‘ (L. c. s. 2. q. 10.
f. 1166. sq.)

c) De his enim spem salutis aeque concipere ex revelatione divina
non possumus.

Cf., quae supra addita sunt ad P. I. c. 7. § 12. Vol. II. p. 213. sqq.

d) Nempe, quando liberi isti parentibus reddi debent, ac permitti,
ut ipsi eos educent, qui procul dubio in idololatria sua illos sunt edu-

caturi, verendum est, ne interim, liberos illos baptizando, sacra canibus projiciantur. Alias autem, si infantes infidelium modo legitimo
in potestatem christianorum pervenerint adeoque juste servari atque
in religione et fide vera educari possunt, sicut illis educatis et infor-
matis atque adeo conversis et baptismum petentibus conferri is potest,
sic in ipsa infantia, si mortis periculum immineat, baptizare eos licet.

HARTMANNUS: „Noluit sane Deus, fidem propagari et sacramenta
cuiquam administrari laeso jure paterno, cernens, alioquin magnam
rerum perturbationem secuturam et evangelium una cum sacramentis
invisum gentibus redditum iri; unde apostoli nunquam invitis parentibus liberos eripuerunt. Sicubi vero infans casu, naufragio aut alio
modo potestati parentum eximeretur et parentes vel prorsus ignorarent
aut desperarent de eorum restitutione, tum omnino infans est baptizandus." (Pastorale ev. p. 640.)

HUELSEMANNUS: „Falsum est, 1. quod baptizare parvulum contra-
dicentibus parentibus non sit injuria in potestatem patriam; est enim
omnino injurium, vi dicti apostolici 1 Cor. 5, 12. . . Est quippe et manet
ex parte rapientis ἀλλοτριοεπισκοπία, 1 Pet. 4, 15. Est et manet in parentibus omnibus sine conditione status facultas disponendi de religione et salute filiorum suorum, etsi erronea sit, quod patet ex coll.
Gal. 3, 28. cum Eph. 6, 1. Falsum, 3. quod in articulo mortis invitis
parentibus, etiam non subditis nostris, liceat rapere infantem ad baptismum." (Praelect. Form. Conc. p. 485.)

KROMAYERUS: „Quantumvis omnes homines (πάντα τὰ ἔθνη) jus
aliquod mediatum ad sacramentum initiationis habeant, immediato tamen jure christianorum liberi, qui non prius fieri debent catechumeni,
sed statim in hanc lucem nati ad baptismum admittendi sunt, prae gentium, Turcarum, Judaeorum liberis gaudent." (Th. posit.-pol. II,
430. sq.)

DANNHAUERUS: „Qui extra ecclesiae pomoeria a parentibus non
christianis nascuntur, illi non quidem decretoria aliqua rejectione sunt
exclusi ab hoc beneficio; nondum tamen habent jus ad rem; ,foris'
sunt, ,alieni a republica Israelis et hospites testamentorum', sunt ,im-
mundi' (phrasi e munditie levitica mutuo petita), 1 Cor. 5, 12. Eph.
2, 12. 1 Cor. 7, 14. Qui vero intra castra Israelis a christianis parentibus
nascuntur, ad illos jure quodam hoc beneficium pertinet, cujus juris respectu a Spiritu Sancto sanctitatis nomine, non internae, sed externae et
leviticae illi respondenti 1 Cor. 7, 14., nobilitantur, ac ideo gentiles vel
,Heiden' proprie non sunt vocandi. Gaudent eodem jure nati ex alterutro parente christiano, altero pagano; nati ex parentibus nuper Judaeis,
nunc conversis; asserti christiano domino quovis justo emtionis, donationis, belli, adoptionis titulo. Est enim haec nova foederis promissio
non tantum eorum, qui sunt filii foederis, Act. 3, 23., sed et τῶν μακρὰν
ὄντων, Act. 2, 39., hoc est, gentilium, quos Dominus qualibet occasione
advocarit." (Hodosoph. Phaenom. X. p. 526.)

GERHARDUS: „Quamvis quidam christianorum parentum ethnicis
sint deteriores propter vitae impietatem, interim tamen in aetate infantili susceperunt baptismum, per quem in foedus Dei sunt recepti, ac
profitentur adhuc fidem christianam; ideoque pro externis ecclesiae
membris adhuc habendi sunt. Quamvis vero propter impoenitentiam
et incredulitatem actu non fruantur beneficiis in foedere baptismi
ipsismet promissis ac collatis, tamen ex parte Dei foedus manet ratum
ac firmum, ut per veram poenitentiam ad illud perpetuo ipsis pateat
reditus, ut nullo alio baptismo vel alio foedere indigeant; inde etiam

liberi illorum gaudent adhuc ista praerogativa, quod ad baptismum ipsis pateat aditus, cum contra infidelium liberi eam non habeant, utpote alieni omnino a testamentis promissionis, Eph. 2, 11." (L. c. § 204.)

IDEM: ,,Apparet, non esse baptizandos liberos illorum *haereticorum*, qui palam protestantur, se liberos, in potestate patria sibi relictos, in haeresi illa educaturos esse. Nam 1. pari passu ambulant cum infantibus infidelium, cum parentes ipsorum itidem sint extra ecclesiam, a qua nefarium fecere divortium. 2. Baptizati renunciant diabolo et omnibus ejus operibus, inter quae haeresis non postremum obtinet locum. Adde, quod sacramenta sint symbola confessionis et doctrinae. 3. Nullum exstat mandatum de baptizando tali infante, quin imo contrarium mandatum institutioni baptismi est annexum. Matth. 28, 20.: ,Docete eos servare, quaecunque praecepi vobis.' Et cum baptismo vera poenitentia et fides in concionibus apostolicis conjunguntur Matth. 3, 1. Actor. 2, 38. Eph. 4, 5. 4. Ut nihil interim dicatur de abusu piarum precum, adeoque ipsius baptismi, de scandalo infirmorum, de perpetua baptizantis ministri dubitatione, rectene an secus faciat etc." (L. c. § 200.)

DANNHAUERUS: ,,Quid vero, si parentes (titulo) christiani foedus Dei aperte violant, *deficiunt ad Judaismum, Turcismum?* Quid, si sub *excommunicationis* ferula contumaces detineantur? Num jus ad beneficia ecclesiae eorum liberi amittunt? Ita quidem sentit Amesius lib. 4. cas. consc. c. 27., putat tamen, iisdem subveniri posse interventu sponsorum. At vero ne *apostatae* quidem ac *excommunicati* a reditu ad foedus divinum sunt absolute exclusi, qui igitur eorum liberi? . . . Sponsorum intentio accidentaria est; quid enim futurum fuisset de iis, qui, antequam sponsorum mos in ecclesia obtinuit, a parentibus apostatis fuerunt geniti?" (Hodosoph. Phaenom. X. p. 527.)

§ 9.

Finis cujus,[a] qui et *effectus*[b] baptismi, proximus est regeneratio[c] aut renovatio[d] baptizandorum; ultimus est salus aeterna[e] eorundem.

a) Ad quem baptismus, ex intentione auctoris, *medii* rationem habet.

b) Est enim baptismus medium *efficax* et *causa* consequendi finis; ut mox patebit.

c) Hoc est, quod dicimur *nasci ex aqua et Spiritu, Joh. 3, 5.*, ubi per *aquam* aqua baptismalis vera et proprie dicta intelligitur. *Regeneratio* autem (quae *non* est *baptismus* ipse, qui propterea ex aqua et Spiritu, tanquam duplici materia, constare dicatur, *sed* est *actio*, quae a Deo et per appropriationem a Spiritu S. *per baptismum*, tanquam organon divinitus institutum, perficitur) dicitur ἐξ ὕδατος καὶ πνεύματος, *ex aqua et Spiritu*, tanquam causis efficientibus, minus principali et principali conjunctis, proficisci. Conf. b. *Aegid. Hunnius* de Bapt. T. I. Op. fol. 1021. Similiter ad *Tit. 3, 5.* baptismus dicitur *lavacrum regenerationis*, denominatione ab effectu petita.

APOLOGIA AUG. CONF.: ,,Neque ulla litera ex veteribus scriptoribus proferri potest, quae patrocinetur hac in re scholasticis. Imo contrarium ait Augustinus, quod *fides sacramenti, non sacramentum justificet.* Et est nota Pauli sententia (Rom. 10, 10.): ,Corde creditur ad justitiam.'" (Artic. 13. § 23. p. 205.)

LUTHERUS: „Quod autem Petrus 1 Pet. 3. dicit, nos per baptismum salvari, quis non videt, hinc nihil contra me strui, quasi hinc falsum sit, sola fide justificari? Certe baptismus sine fide non justificat, fides autem sine baptismo justificat; ideo non potest ulla pars justificationis tribui baptismo; alioqui si ulla parte justificaret, non liceret negare, baptismum sine fide justificare. Cum autem ei denegetur, soli fidei recte relinquitur. Vult ergo Petrus per baptismum ceu signum externum fidem provocari et exerceri, quae salvet, sicut nec verbum ipsum, quod longe praevalet signo visibili, nullum tamen per sese justificat, nisi credentem. Sic epistola Ebraeorum Ebr. 3. dicit: ‚Nihil profuit eis sermo auditus non admixtus fidei in his, quae dicebantur.‘ Quod si qui sunt ex patribus, qui senserunt, sacramentum sua virtute justificare, esto etiam Augustinus, ut Cocleus contendit, nihil moror; hominum sunt dicta, sibi ipsis saepius pugnantium et pleraque humano sensu extra Scripturas docentium. Nos certissimam Scripturam sequimur, quae sine fide nec verbum nec signum prodesse dicit.“ (Adversus Cocleum. 1523. Vid. Opp. lat. ad ref. hist. pert. Francof. ad M. 1873. Vol. VII, 54.)

CARPZOVIUS: „Non dicitur ab Aug. Conf., quod sacramenta non habeant *efficaciam* absque fide, sed quod non *prosint* absque fide. Omnino enim sacramenta in se non tantum efficacia sunt actu primo, sed etiam certo modo agunt absque fide in hominibus, *offerendo* scil. bonum justificum ad justificationem et vires renovationis ad renovationis continuationem. Interea nihil commodi absque fide habet is, qui utitur sacramentis, utut impedire nequeat, quod sacramenta *offerant;* impedit tamen, ut non *conferant* id, quod offertur. Quando igitur in libellis catecheticis et passim ab orthodoxis dicitur, sacramenta non habere efficaciam absque fide, nec operari; tunc non nisi in sensu composito id intelligi debet et de salutari effectu ex parte hominis usurpantis sacramenta.“ (Isagog. in lib. symb. p. 408.)

QUENSTEDTIUS: „Regenerat *aqua* baptismi non in se et ex se, aut per se et virtute sua, sed quatenus conjunctum habet verbum, unde dicitur baptismus lavacrum aquae in verbo Eph. 5, 26. Non itaque adscribimus vim baptismi nudae aquae, ‚einer Handvoll Wasser‘, ut dicunt Calviniani, sed verbo Dei juxta et per aquam et una cum aqua operanti.“ (L. c. s. 2. q. 7. f. 1135.)

AUGUSTINUS: „Unde ista tanta virtus aquae, ut corpus tangat et cor abluat, nisi faciente verbo? Non quia dicitur, sed quia creditur.“ (Tract. in Joh. 80.)

ARTICULI SMALCALD.: „Die Taufe ist nichts anders denn Gottes Wort im Wasser, durch seine Einsetzung befohlen, oder, wie St. Paulus sagt Eph. 5.: lavacrum in verbo; wie auch Augustinus sagt: Accedat verbum ad elementum, et fit sacramentum. Und darum halten wirs nicht mit Thoma und den Predigermönchen, die des Worts (Gottes Einsetzung) vergessen, und sagen, Gott habe eine geistliche Kraft ins Wasser gelegt, welche die Sünde durchs Wasser abwasche; auch nicht mit Scoto und den Barfüssermönchen, die da lehren, dass die Taufe die Sünde abwasche aus Beistehen göttliches Willens, also, dass diese Abwaschung geschieht allein durch Gottes Willen, gar nicht durchs Wort oder Wasser.“ (P. III. art. 5. § 1—3. p. 320.)

CALOVIUS: „Universaliter (Gal. 3, 27.) sonat apostoli sententia: ‚Quotquot baptizati estis in Christum, induistis Christum‘, scilicet quod ad *intentionem* Dei salutiferam, qui sacramentum hoc voluit esse medium ad induitionem Christi, et quod ad efficaciam baptismi a Deo ipsi collatam, non quantum ad materiam tantum terrenam, quia non est nuda aqua, sed aqua verbo Dei comprehensa et lavacrum aquae in verbo, Eph. 5., sed qua totum sacramentum, utpote quod medium est regenerationis, Tit. 3, 5. Joh. 3, 6., et penes omnes efficaciam habet ex gratiosa Dei intentione, eodem utentes, modo non resistant gratiae et operationem Spiritus S. impediant. Quod quum in infantibus non fiat, eos omnes per baptismum regenerari ac Christum induere non dubitamus. Nulla ergo est instantia de Simone mago, utpote qui gratia salutari restitit, adeoque Christum non induit, quo facit illud Hieronymi: ‚Si quis hoc corporeum, quod oculis carnis aspicitur, aquae tantum accipit lavacrum, non est indutus Dominum Jesum Christum. Nam et Simon ille magus acceperat lavacrum aquae, verum quia Spiritum S. non habebat, non erat indutus Christum.‘ “ (Bibl. illustr. ad Gal. 3, 27.)

BRENTIUS: „Tametsi hae gentes (Act. 10, 47.) nunc non necesse habebant baptizari, *ut regenerarentur et renovarentur* Sp. Sancto, necessarium tamen erat, ordinationi Dei parere, qui praeceperat apostolis, ut baptizarent omnes gentes, et omnes credentes baptismo subjecerat, dicens: ‚Qui crediderit et baptizatus fuerit, salvus erit.‘ Huc accedit, quod baptismus non solum sit organon, sed etiam symbolum, quo credentes palam declarantur esse populus Dei, et quo variis afflictionibus tentati in fide regenerationis confirmantur. Non igitur otiosum et supervacaneum est, quod hae gentes post regenerationem baptizentur.“ (In acta apost. homil. Vid. homil. 51. in l. c.)

GERHARDUS: „Quando illi baptizantur, qui per verbum tanquam spirituale semen jamdum regeniti sunt, illi non opus habent regeneratione per baptismum, sed baptismus ipsis est confirmatio et obsignatio regenerationis, ‚sicut in Abraham praecedit fidei justitia et accedit circumcisio signaculum justitiae fidei, Rom. 4, 11., ita in Cornelio praecedit sanctificatio spiritualis in dono Spiritus S. et accedit sacramentum regenerationis in lavacro baptismi‘, scribit August. lib. 4. de baptismo c. 24.“ (L. de sacram. § 106.)

IDEM: „Adversarii objiciunt 4.: ‚Quandoque baptizantur illi, qui jam ante sunt per verbum et Spiritum S. renati, ut patet exemplo eunuchi Actor. 8, 38. et eorum, in quos jam ante acciderat Spiritus S., Actor. 10, 47.; illis cum baptismus non fuerit regenerationis medium, nec in reliquis hunc finem habere dicendus fuerit.‘ Resp. 1.: Quamvis hi aliique complures ante baptismi usum vere fuerint regeniti, ex eo tamen baptismi efficaciae nihil quicquam decedit, quo minus sit et dicatur ‚lavacrum regenerationis‘. 2. Id quod exemplo verbi divini declarari potest, quod a multis auditur, qui jam ante sunt regeniti; nihilo tamen minus verbum est salutare illud medium, per quod, ‚tanquam incorruptibile semen, renascimur‘, 1 Pet. 1, 23. Jac. 1, 18. 3. Ut ergo fides et dona Spiritus Sancti per auditum et meditationem verbi in renatis augentur, ita quoque idem fit per baptismum; quin et baptismus donum regenerationis in illis efficaciter obsignat. 4. Proinde in quaestione de usu baptismi distinguendum inter infantes et adultos. Infantibus baptismus *principaliter* est medium ordinarium regenerationis et mundationis a peccatis etc., *secundario* autem sigillum justitiae et fidei confirmatio, adultis credentibus baptismus principaliter praestat usum obsignationis ac testificationis de gratia Dei, υἱοθεσία et vita aeterna, sed minus principaliter renovationem et dona Spiritus Sancti auget.“ (L. c. § 123.)

IDEM: „Objiciunt: ‚2. Praepostere salutis fiducia sub signo includitur.‘ Resp.: Verbum et sacramenta sunt media salutis divinitus instituta; quisquis ergo id tribuit verbo et sacramentis, quod Deus ipse illis tribuit, non avertit cordis fiduciam a Deo, sed debitum potius honorem et reverentiam ipsi praestat; distinguendum enim inter causam salutis *principalem* et instrumentalem: *principalis* causa salutis soli Deo tribuenda, ideoque cordis fiducia in ipsum solum collocanda; *instrumentalis* vero causa salutis et efficacia spiritualis verbo et sacramentis nihilominus relinquenda, quod ipsum quisquis praefracte negat, ad Carolstadii et Swencofeldii castra transit. 3. ‚Tota Scriptura non elemento, sed Spiritu Dei regenerationis vim merito tribuit.' Resp.: *Subordinata* non sunt sibi invicem opponenda; Spiritui S. tribuitur vis regenerationis, ut causae principali, aquae vero ut causae instrumentali.'' (L. c. § 104.)

IDEM: ,,Objiciunt: ‚Multi in infantia baptizati, ubi adolescunt, pessime vivunt et fiunt malitiosi, ergo non fuerunt per baptismum regeniti.' Resp.: 1. Flagitiosi illi peccatores hac ratione ostendunt, non, quod nunquam fuerint regenerati, sed quod regenerationis gratia et beneficio exciderint.'' (L. c. § 125.)

Cf. annotata supra ad P. III. c. 8. § 10.

d) Sic enim baptismus etiam lavacrum *renovationis* dicitur *Tit. 3, 5.*

CARPZOVIUS: ,,Baptismus *organum* est non tantum *offerens atque conferens* gratiam justificam respectu justificationis, sed etiam medium *operans* respectu regenerationis et renovationis. *Priori* modo baptismus habet se per modum *actionis moralis*, quia non operatur in nobis aliquid, quod inhaereat; *posteriori* vero modo baptismus sese habet per modum *actionis physicae*, quia in nobis operatur id, quod inhaereat. Et quia hic posterior modus operationis inter papistas et Lutheranos tunc temporis non in controversiam veniebat, igitur priorem saltem memorare voluit Augustana Confessio.'' (Isag. p. 333.)

C. DIETERICUS: ,,Errant pontificii, qui baptismum peccata omnia radicitus sic tollere asserunt, ut neque poena, neque culpa sive reatus supersint (vid. Bellarm. l. 1. de baptis. c. 12. et 13. sqq. T. III. col. 289. c. et col. sq.); cum tollatur tantummodo reatus sive culpa damnationis, vitium autem sive depravatio naturae etiam renatis maneat residua, Rom. 7, 17. 24.; juxta illud Augustini de nupt. et concup. c. 6. T. VII. col. 824. D.: ‚Peccatum tollitur in baptismo, non ut non *sit*, sed ut in peccatum non *imputetur';* in baptismo enim concupiscentia tollitur, non ut non *sit*, sed ut non *obsit.*'' (Institut. catechet. p. 762.)

BALDUINUS: ,,In formula precum, quae baptismo praemittuntur, mentio fit peccatorum ab ipso baptizando perpetratorum: ‚Und die er selbst dazu gethan hat.' Quaeritur, an minister ecclesiae illa verba in baptismo infantum omittere possit, cum infantes actualiter peccare non videantur? Resp.: Non errant, qui in baptismo infantum istis verbis utuntur. Non enim omni actuali peccato infantes carent. Sed distinguendum est inter *actionem* $\pi\rho o\alpha\iota\rho\epsilon\tau\iota\kappa\dot{\eta}\nu$, quae cum deliberato proposito est conjuncta, et inter eam, quae peccato originis est propria, quam $\phi\upsilon\sigma\iota\kappa\dot{\eta}\nu$ nominare posses, quia a natura corrupta oritur et tanquam effectus vitiosus a peccato originali, tanquam a causa prava, profluit. *Actuale* peccatum, quod *ex proaeresi* et destinato proposito fit, non est in infantibus, quia destituuntur adhuc usu rationis; quam ob causam etiam ‚malum et bonum non intelligere, discrimen dextrae et sinistrae ignorare' dicuntur Deuter. 1, 39. Jon. 4, 11. *Actuale* autem peccatum, quale *in peccato originis* esse solet, cujus radix nunquam otiosa est, sed semper actiones vitiosas gignit, infantibus, licet insciis, inesse, negari non debet. Ejus enim indicium est ira, impatientia, reluctatio in bono, fastidium et similes pravi motus, quibus infantes etiam ante annos discretionis sunt obnoxii. Et huc respexerunt veteres potissimum, qui verba illa: ‚Und er selbst dazu gethan hat', precibus baptismalibus inseruerunt. Deinde respiciunt ista verba etiam ad actum proaereticum, qui in adultis post baptismum sequitur. Non enim in baptismo tantum peccati originalis fit remissio, sed omnium, quibus homo omni vitae suae tempore pollutus esse potest, ideo baptismus ‚stipulatio bonae conscientiae cum Deo' appellatur 1 Pet. 3, 21., quia nullum est peccatum, quod nos in conscientia angere possit, cujus remissio non sit facta in baptismo. His de causis verba illius precationis retinere

potius, quam omittere praestaret, sed obtinuit apud plerosque in-
veterata consuetudo, ut omittantur; ea vero nemini legem facere
potest." (Tractat. de cas. consc. p. 1066. sqq.)

LUTHERUS: „Summa, wenn dich Gott hiesse einen Strohhalm
aufheben, oder eine Feder reissen, mit solchem Gebot, Befehl und Verheissung, dass du dadurch solltest aller Sünde Vergebung, seine Gnade
und ewiges Leben haben, solltest du das nicht mit allen Freuden und
Dankbarkeit annehmen, lieben, loben und darum denselben Strohhalm
und Feder höher Heiligthum halten und dir lassen lieber sein, weder
Himmel und Erden ist? Denn wie geringe der Strohhalm oder Feder
ist, dennoch kriegst du dadurch solch Gut, das dir weder Himmel noch
Erde, ja alle Engel nicht geben können. Warum sind wir so schändliche Leute, dass wir der Taufe Wasser, Brod und Wein, das ist, Christi
Leib und Blut, mündlich Wort, eines Menschen Hände Auflegen zur
Vergebung nicht auch so hoch Heiligthum halten, als wir den Strohhalm oder Feder halten würden, so doch in denselben, wie wir hören
und wissen, Gott will selber wirken, und soll *sein* Wasser, Wort,
Hand, Brot und Wein sein, dadurch er dich wolle heiligen und seligen
in Christo, der uns solches erworben und den Heiligen Geist vom
Vater zu solchem Werk gegeben hat? Wiederum, wenn du denn gleich
geharnischt gingest zu St. Jacob, oder liessest dich von Kartäusern,
Barfüssern, Predigern durch so strenge Leben ermorden, damit du
selig werden möchtest, und Gott hätte solches nicht geheissen noch
gestiftet, was hülfe dichs? Er weiss doch nichts drum, sondern der
Teufel und du habens erdacht, als sondere Sacrament oder Priester-
Stände. Und wenn du gleich Himmel und Erde tragen könntest, damit
du selig würdest, noch ists alles verloren, und der, so den Strohhalm
(wo es geboten wäre) aufhübe, der thäte mehr denn du, und wenn du
zehn Welt tragen könntest. Warum das? Gott will, man solle seinem
Wort gehorchen, man solle seine Sacrament brauchen, man solle seine
Kirche ehren, so will ers gnädig und sanft gnug machen und gnädiger,
auch sänfter, weder wirs könnten begehren. Denn es heisst 2 Mos.
2, 3.: ‚Ich bin dein Gott, du sollt keine andere Götter haben‘; heisst
auch: ‚Diesen sollt ihr ehren‘ Matth. 17, 5. und keinen andern."
(Schrift von den Conciliis und.Kirchen. A. 1539. Tom. XVI, 2813. sq.)

QUENSTEDTIUS: „Licet concedant Calviniani, baptismum esse organon et ordinarium medium, per quod Deus efficaciter conferat et
applicet sua bona, verborum tamen tantum sunt tintinnabula; dicta
enim haec volunt vel solum de baptismo *interno*, vel etiam sacramentaliter h. e. significative de baptismo *externo*. . . Si Deus et minister in
conferendo baptismo se habent ut causa principalis et instrumentalis,
non erunt *duo baptizatores*, ita, ut homo sit tantum *externae* aspersionis
minister, *interna* autem aspersio sanguinis Christi fiat tantum per
Sp. S.; id quod Beza P. II. resp. ad acta coll. p. 437. asseruit; neque
erunt *duae actiones* separatae, ita, ut per *unam* fiat ablutio *sordium*
corporis, per *alteram* ablutio *cordis;* sed est *unica indivisa actio* causae
principalis, h. e. *Sp. Sancti, ministri* et *aquae* sanctificatae in ipso
regenerationis actu ex ordinatione Dei. Alia utique quoad naturam
est actio aquae, alia Sp. S., sed utraque, ratione inseparabilis communicationis, in ipso apotelesmate (quod est ablutio regenerativa)
unum inseparabilem actum constituit." (L. c. s. 2. q. 7. f. 1135. sq.)

AEG. HUNNIUS: „Cur Joannes ipse distinguit: ‚Ego quidem
baptizo vos *aqua*, ille vero baptizabit vos *Spiritu Sancto*‘? (Marc. 1, 8.)
Non certe, quod Joannis baptismus ille nuda sit ceremonia externa, per
quam Deus intrinsecus in corde hominum nihil fuerit operatus. . . .
Discernuntur in memoratis verbis Joannis et Christi personae *in una
eademque actione concurrentes*, quasi dicat Joannes: Quando ego baptizo, tum *ego* quidem plus praestare non possum, quam quod *aquam*
ministro, *virtutem* autem internam ministerio meo adjungit et largitur

Christus, qui per illum *baptismum a me dispensatum* efficax est. *Haec*
vis et facultas non est penes me, sed penes Christum; quod declarabit
ipse visibili et miraculoso baptismo ignis, effusione illustri Sp. Sancti
in die pentecostes, tanquam indubitato symbolo, quod penes se
resideat illa potestas baptizandi Spiritu S., sive invisibiliter mediante
baptismo aquae, sive visibiliter in baptismo ignis. *Sic eadem phrasi
posset uti Petrus* ac dicere: Ego quidem baptizo aqua, Christus autem
est, qui baptizat Sp. Sancto. Ubi non distraherentur actiones Christi
et Petri, quasi baptismus aquae, quem Petrus administrat, sit a baptismo
Spiritus separatus, sed distincte tantum indicaretur, quid in *una illa
et indivisa* actione praestent Petrus, quid Christus. Plane sicut de
ministerio *verbi* scribit D. Paulus 1 Cor. 3, 6. 7., ubi simili prorsus
ratione inter *ministros* verbi et ministerii *autorem,* Deum, sic discernitur, ut *incrementum* praedicati verbi nec Paulo, nec Apollo, sed Deo
feratur acceptum, atque nihilo minus Deus, qui solus dat incrementum,
ordinarie virtutem suam *non exserat, nisi per externum ministerium* et
operam concionatorum; sicut ibidem addit apostolus: ‚Quis igitur est
Paulus? Quis autem Apollo? nisi ministri, *per* quos credidistis.‘ Unde
se et Apollonem Dei *cooperarios* ibidem nominat.“ (Artic. sive Locus
de sacramentis. Francof. 1590. p. 120—123.)

e) Vidd. ll. cc. et *Marci 16, 16.*

HUELSEMANNUS: „*Externus* baptismi finis est coalitio baptizatorum
in unam societatem externam et visibilem, profitentium eandem fidem,
Eph. 4, 5.; quapropter damnantur per hunc finem *Photiniani* in libro
Quod Regni Poloniae etc. p. 15. et *Arminiani* Apolog. suae c. 23., nec
non in praefatione speciminum suorum, qui aperte profitentur, se non
requirere baptismum ad inaugurationem sociorum et fratrum suorum
in una fide, sed damnare potius eos, qui propter defectum baptismi
Anabaptistas et Photinianos renuunt agnoscere pro fratribus.“ (Praelect. F. C. p. 491.)

LUTHERUS: „Dass aber Christus zu dem ersten Stück, ‚wer da
gläubet‘, dazu setzet und meldet von der *Taufe,* das gehet auf den Befehl von dem äusserlichen Amt in der Christenheit, wie er Matth.
28, 19. solches auch in die beide Stück zusammen fasset: ‚Lehret alle
Heiden und täufet sie‘ u. s. w. Und zeiget erstlich, dass dennoch der
Glaube, davon dies Evangelium prediget, nicht muss heimlich und verborgen bleiben, als wäre es genug, dass ein jeder wollte hingehen,
wenn er das Evangelium höret, und für sich allein gläuben und nicht
dürfte vor andern seinen Glauben bekennen; sondern auf dass es offenbar wäre, nicht allein, wo das Evangelium *geprediget,* sondern auch *angenommen* und *gegläubet* werde, das ist, wo die Kirche und Christi
Reich in der Welt stehe, will er uns zusammen bringen und halten
durch dies göttliche Zeichen der Taufe. Denn wo es ohne das wäre,
und wir sollten zerstreuet sein ohn äusserliche Sammlung und Zeichen, so könnte die Christenheit nicht ausgebreitet, noch bis ans Ende
erhalten werden. Nun aber will er uns durch solche göttliche Sammlung also zusammen binden, dass das Evangelium immer weiter und
weiter gehe, und durch unser Bekenntniss auch andere herzu gebracht
werden. Und ist also die Taufe ein öffentlich Zeugniss der Lehre des
Evangelii und unsers Glaubens vor aller Welt, dabei man sehen könne,
wo und bei welchem dieser Herr regieret.“ (Kirchenpostille. Opp.
Hal. XI, 1330. sq.)

ANTITHESIS.

QUENSTEDTIUS: „*Antithesis:* 1. *Eorum,* qui in doctrina de fine et
effectu baptismi peccant καϑ’ ὑπερβολήν, *secundum excessum,* ut *Pontificii,* qui statuunt: 1. Per baptismum *penitus tolli peccatum,* ut nihil re-

maneat in natura hominis renati, quod peccati rationem habeat. 2. Conferre baptismum gratiam *ex opere operato*, i. e., ex vi ipsius actionis sacramentalis, ita ut fides ab efficientia gratiae sacramentalis excludatur. 3. Imprimere animae *characterem indelebilem;* vide Bellarminum l. 1. de baptismo c. 12. 13. et l. 2. de sacram. c. 18. 19. Contendit autem *Bellarminus*, sacramenta (N. T.) ,esse talia instrumenta, quibus virtus et efficacia conferendi gratiam essentialiter inhaereat, seu physicum quoddam accidens, sicut calor igni inhaeret, ac proinde inducere sacramenta gratiam ex opere operato, non interveniente fide.' Sic *Gabriel Biel* l. 4. sent. dist. 1. q. 3.: ,Sacramentum dicitur conferre gratiam ex opere operato, sic, quod praeter exhibitionem signi foris non requiritur bonus motus in suscipiente.' . . 2. *Eorum*, qui in hac doctrina ,peccant κατ' ἔλλειψιν, *in defectu*, collocantes vim et efficaciam baptismi tantum in *significando*, adumbrando seu repraesentando, non vero in exhibendo et conferendo bona coelestia', et quidem *a. Calvinianorum*, qui baptismum alium faciunt ,*internum*', alium ,*externum*'; externum, quem minister aqua nos abluens peragat; internum, quem Christus ipse per Spiritum S. et ignem in solis electis, prout ipsi visum, perficiat; quae omnia ita explicant, ut duplicem hunc baptismum ,specie, tempore, efficacia et subjecto' velint distractum. Vide *Bezam* in Coll. Mompelg. p. 453. 470. . . Docentque Calvinisequae, ,baptismum (quem vocant, externum) esse tantum nudum signum, symbolum et sigillum regenerationis, non autem ejusdem medium.' Adeoque virtutem regenerandi, peccata remittendi et salvandi baptismo simpliciter adimunt, totum ejus finem et effectum ponentes in significando, repraesentando, testificando etc. *Zwinglius* in Confess. ad Carolum V. a. 7. scribit: ,Credo, imo scio, omnia sacramenta tantum abesse, ut gratiam conferant, ut ne afferant quidem aut dispensent.' *Idem* ait t. 2. p. 96. ,Externum quiddam est (baptismus) et ceremoniale, quo, ut aliis rebus externis, ecclesia digne et honeste uti potest, vel idem hoc omittere et rite tollere, quatenus ipsi ad aedificationem et salutem omnium facere videtur.' *Confess. Belgica* p. 96. ita habet: ,Significat aqua, sanguinem Christi per Spiritum S. idem praestare et efficere interne in anima, quod aqua externe operatur in corporibus.' . . *Beza* in Actis Colloq. Mompelgart. P. 2. p. 115. vocat ,errorem palpabilem, ex foetidis Scholasticorum lacunis haustum, si vis conferendae gratiae *principalis* quidem Deo, *instrumentalis* autem sacramentis tribuatur.' *Johannes Gryneus* P. 1. Theol. Theorem. in praefat. ait: ,Evangelio, baptismo et eucharistiae tribuitur remissio peccatorum cohonestandi causa.' *Admonitio Neostadiens.* c. 2. p. 510.: ,Baptismus signum tantum est et testimonium regenerationis.' β. *Socinianorum*, statuentium, ,baptismum Spiritum S. non conferre, nec regenerationis et salutis medium, sed nudam externam humanam ecclesiasticam ceremoniam, omnis divinae operationis expertem esse.' . . γ. *Arminianorum*, qui de efficacia et usu baptismi non sentiunt honorificentius, quam praedicti Sociniani; vide eorum Confessionem cap. 23. sect. 3., *Episcopium* disp. 29. th. 8. Contendunt enim, quod ,baptismus ex parte Dei tantum sit gratiae quaedam significatio, ex parte nostri solum publica nominis Christi professio.' Sic enim Episcopius loc. jam alleg.: ,Effectus sive finis baptismi non est realis aliqua gratiae collatio, sed tantum sola divinae gratiae et professionis nostrae significatio.' δ. Ad peccantes in defectu referendi quoque *Pontificii*, qui baptismum appellant primam tabulam post naufragium, sicut lapsis post baptismum regenerationis illud lavacrum non prosit, sed eo tantum momento, quo baptizantur. Volunt ergo, quod gratiae foedere fracto alio indigeamus remedio et tabula alia, nostra nempe contritione et satisfactione, cujus ope ad salutis portum enatemus. Vide *Concil. Trident.* can. 20. de baptis., Bellarm. de baptis. l. 1. c. 18." (L. c. s. 2. q. 7. f. 1131. sqq.)

§ 10.

Hic autem, quod ad finem *proximum* attinet, *diversi-tas* occurrit, respectu *subjectorum* diversorum. Nam *infantibus* quidem aeque *omnibus*[a] per baptismum pri-mum[b] confertur et obsignatur[c] fides,[d] per quam meritum Christi illis applicetur. *Adultis* vero illis tantum, qui fidem ex verbo[e] conceperunt ante baptismi[f] susceptio-nem, baptismus eam obsignat et confirmat. Nec solum nunc, quando suscipitur, sed et postea, ac per omnem[g] vitam, fidelibus efficaciter prodest ad confirmationem[h] fidei et renovationem[i] ulteriorem.[k]

a) *Neque* enim per aetatem *possunt* obicem ponere aut malitiose *repugnare* gratiae divinae adeoque mediis gratiae in usu constitutis, neque impeditis, gratiam utique statim obtinent.

b) *Hactenus* enim natura immundi et *filii irae* sunt, *non* autem *sancti* coram Deo, velut jure nativitatis ex parentibus fidelibus. Huc enim se *non* porrigit *gratia foederalis*.

LUTHERUS: „Weiter spricht St. Paulus 1 Kor. 7, 14.: ‚Denn der ungläubige Mann ist geheiligt durch das [gläubige] Weib, und das un-gläubige Weib ist geheiligt durch den [gläubigen] Mann. Sonst wären eure Kinder unrein; aber nun sind sie heilig.‘ Das ist auf ebräische Weise, und nach St. Pauli Art geredt, dass dem, der da heilig ist, sind alle Dinge heilig, wie er spricht Tit. 1, 15.: ‚Dem Reinen ist alles rein‘; und Röm. 8, 28.: ‚Alle Dinge dienen den Heiligen zum Besten.‘ Und will also sagen: Ein Christengemahl darf sich nicht scheiden, sondern kann wohl bleiben bei seinem Unchristengemahl, und auch Unchristen-kinder zeugen und aufziehen. Ursach ist die: Wenn der unchristliche Gemahl seinem christlichen Gemahl nicht wehret, christlich zu leben, so ist der Glaube so ein mächtig Ding, dass ihm nicht schadet, bei Un-christen zu sein, und gilt ihm gleich so viel, es sei heilig oder nicht heilig, damit er umgehet. . . . Also sind die Kinder auch heilig, ob sie gleich nicht getauft, noch Christen sind. Nicht sind sie heilig an ihrer eignen Person; von welcher Heiligkeit St. Paulus hier nicht redet; sondern dir sind sie heilig, dass deine Heiligkeit mit ihnen kann um-gehen und sie aufziehen, dass du an ihnen nicht entheiliget wirst, gleich als wären sie ein unheilig Ding. Denn St. Paulus will also sagen: Wenn ein christlich Gemahl grosse Kinder hätte mit einem unchrist-lichen Gemahl (wie es dazumal oft geschah) und die Kinder sich noch nicht wollten taufen lassen, noch Christen werden; sintemal niemand soll zum Glauben gezwungen, sondern von Gott williglich gezogen werden durchs Evangelium; so soll darum die Mutter oder der Vater die Kinder nicht lassen, noch mütterliche oder väterliche Pflicht ent-ziehen oder versagen, als thäten sie Sünde daran und sich verunreinig-ten an den ungläubigen Kindern; sondern sollen ihnen leiblich vor-stehen und sie versorgen, ebensowohl, als wären sie die allerheiligsten Christen. Denn sie sind nicht unrein noch unheilig (spricht er), das ist, dein Glaube kann sich an ihnen üben, dass er rein und heilig bleibe.“ (Ausl. des 7. Kap. der 1. Ep. St. Pauli an die Kor. Anno 1523. VIII, 1111. sqq.)

KROMAYERUS: ,,Per indirectum peccatum originale labefactant quoque Calviniani, cum christianorum liberos ab utero matris, priusquam adhuc baptizentur, sanctos, in gratia et foedere cum Deo constitutos docent. Quantumvis autem corruptionem naturae per peccatum primorum parentum non negent, reatu tamen per hoc ipsum, quod filios irae, damnationis aeternae reos nasci negent. Differunt sanctitas spiritualis, foederalis et ecclesiastica. Sanctitas spiritualis est motuum bonorum a Sp. S. facta excitatio, ex qua progeminant fructus Spiritus ad Gal. 5. descripti. Hanc et nos et Reformati christianorum liberis, antequam baptizentur, denegamus. Sanctitas foederalis est in gratiam cum Deo recepto, vel in foedere cum Deo constitutio. Hanc Reformati christianorum liberis adhuc ante baptismum tribuunt, nos negamus. ... Notandum vero, non de omnibus christianorum liberis, sed tantum de absolute ad vitam aeternam electis, quod de sanctitate foederali diximus, Calvinianos intelligere.'' (Th. posit.-polem. I, 501. sq.)

GERHARDUS: (Calviniani regerunt:) ,,Infantes fidelium ante baptismum sunt in Dei foedere, vi divinae promissionis Gen. 17, 17.: ,Ero Deus tuus et Deus seminis tui.' Ergo non per baptismum in foedus gratiae recipiuntur, sed beneficii jam ante accepti sigillum ipsis datur. Resp. 1. Infantes fidelium non minus ac reliqui sunt ,natura filii irae' Ephes. 2, 3., ,concepti et nati in peccatis' Psal. 51, 7., ,ex immundo semine geniti' Job. 14, 4., ,sunt caro de carne' Joh. 3, 6.; quomodo ergo actu sunt in foedere gratiae ante baptismi usum? 2. Dictum Gen. 17, 17. continet insignem promissionem gratiae, quod Deus semen Abrahae, adeoque semen eorum omnium, qui sunt ex fide Abrahae, in foedus suum recipere velit, non sine certo quodam medio, vel ob carnalem ex fidelibus parentibus nativitatem, sed in V. Testamento per sacramentum circumcisionis, in N. Testamento per sacramentum baptismi, unde v. 10. diserte additur: ,Hoc autem foedus meum, quod servabitis inter me et vos et semen vestrum, circumcidetur in vobis omne masculinum', v. 14. additur comminatio: ,Masculus, cujus praeputii caro non circumciditur, ejus anima eradicabitur ex populo suo, eo quod foedus meum fecerit irritum.' 3. Actor. 2, 39. proponitur illustris hujus dicti explicatio: ,Poenitentiam agite', inquit Petrus v. 38., ,et baptizetur unusquisque vestrum in nomine Christi'; v. 39. αἰτιολογικῶς addit: ,Vobis enim facta est promissio et liberis vestris.' Si infantes Israelitarum vi illius promissionis ante circumcisionem in V. et ante baptismum in N. T. fuissent in Dei foedere, quomodo Petrus ad baptismum suscipiendum eos fuisset cohortatus adducta rationis loco hac ipsa promissione? 4. Ergo vi illius promissionis infantes fidelium habent aditum ad circumcisionem in V. et baptismum in N. T., ac si casu quodam contingat, ipsos ante susceptum initiationis sacramentum e vita decedere, divina gratia vi ejusdem promissionis extraordinarie in illis regenerationem et salutem operatur; ex eo tamen non potest inferri, quod baptismus non sit ordinarium regenerationis ac salutis medium.'' (Loc. de bapt. § 122.)

ANTITHESIS.

QUENSTEDTIUS: ,,*Antithesis:* Calvinianorum, qui docent, liberos fidelium parentum nasci sanctos, ab omni reatu immunes, Deo gratos, acceptos haereditario jure a matris utero, imo antequam nascantur, contineri in foedere et esse in populo Dei. Ipsam ex piis parentibus propagationem aperire ipsis aditum ad salutem, jus vitae aeternae ipsis acquiri ex piis parentibus nascendo. Sic *Calvinus* l. 4. Instit. c. 5. s. 20.: ,At, inquis, periculum est, ne is, qui aegrotat, si absque baptismo discesserit, regenerationis gratia privetur. Minime vero; infantes nostros, antequam nascantur, se (NB.) adoptare in suos, pronunciat Deus, cum se nobis in Deum fore promittit, seminique nostro post nos. Hoc verbo continetur eorum salus' etc. ... Idem *Calvinus*

l. 4. Inst. c. 16. sect. 24. docet: ‚Infantem, ex fideli parente progenitum, haereditario jure secundum promissionis formulam jam a matris utero in foedere contineri.' Item: ‚Quia a christianis originem ducunt infantes, in foederis haereditatem statim, ac nati sunt, a Deo excipiuntur.' Item l. 4. c. 15. s. 22.: ‚Non ideo baptizantur fidelium parentum liberi, ut filii Dei tum primum fiant, qui antea alieni fuerint ab ecclesia, sed solenni potius signo in ecclesiam ideo recipiuntur, quia promissionis beneficio jam ante ad Christi corpus pertinebant.' . . . Similia proponunt publicae reformatarum ecclesiarum Confessiones." (L. c. s. 2. q. 9. f. 1156. sq.)

c) Est enim *sigillum* foederis gratiae, prout olim circumcisio, in cujus locum successit.

d) Ac fides quidem infantibus *propria*, neque in habitu otioso, sed *actibus* et *motibus* spiritualibus, licet non satis explicabilibus, certis tamen, consistens. Conf., quae diximus cap. III. § 11. not. *c.* et 12. not. *b.* *Nec* sane putandum est, actuale regenerationis beneficium aut collationis fidei in infantibus usque ad annos discretionis differri, interim illos nihilominus in gratiam recipi, *sed*, cum baptismus eis confertur, simul eos regenerari et fidem in eis produci, credendum est.

FRANKIUS: „Zwar lässt sich nicht leugnen, dass über die Aneignung der Taufgnade an die zu taufenden Kinder auch unter den Verfassern des Bekenntnisses insofern Differenzen obwalteten, als *Andreä* auf Grund der Voraussetzung, dass die Taufe nichts nütze sei ohne den Glauben, letzeren *in* und *bei* der Taufe, aber nicht *durch* dieselbe den Kindern geschenkt werden liess, *Chemnitz* dagegen (?) der von Melanchthon vertretenen, aber auch von Luther in seiner spätern Zeit einmal ausgesprochenen (?), nachher in der lutherischen Theologie gewöhnlichen, Anschauung sich zuneigt, dass *mittelst* der Taufe selbst der Glaube, ohne welchen die Taufe allerdings nichts nütze, den Kindern verliehen werde. . . . Absichtlich sage ich nicht mehr, als dass Chemnitz sich dieser Anschauung *zuneige*. Denn noch in dem Examen Trident. Conc. II, 90. ff. begnügt er sich, den eignen Glauben der Kinder *bei* der Taufe (in baptismo, parvuli, qui baptizantur, dum baptizantur) zu behaupten." (Die Th. der Concordienf. IV, 211. sq. 304.)

LUTHERUS: „Aufs andere, wie ich von euren Geschickten höre, so ist die Taufe auch recht bei euch, ohne dass mir *das* eine grosse Bewegung gibt, dass ihr die jungen Kinder täufet auf zukünftigen Glauben, den sie lernen sollen, wenn sie zur Vernunft kommen; nicht auf gegenwärtigen: denn ihr haltet, die jungen Kinder gläuben nicht (wie sie mich bericht), und taufet sie dennoch. Da habe ich gesagt: Es wäre besser, gar überall kein Kind taufen, denn ohne Glauben taufen, sintemal daselbst das Sacrament und Gottes heiliger Name vergebens wird gebraucht, welches mir ein Grosses ist. Denn die Sacrament sollen und können ohne Glauben nicht empfangen werden, oder werden zu grösserm Schaden empfangen. Dagegen halten wir nach den Worten Christi: ‚Wer da glaubet und getauft wird' u. s. w., dass *zuvor oder je zugleich* Glaube da sein muss, wenn man täuft, oder ein lauter Spott göttlicher Majestät daraus werde, als die da gegenwärtig sei und Gnade anbiete, und niemand nehme sie an. Darum achten wir, die jungen Kinder werden durch der Kirchen Glauben und Gebet vom Unglauben und Teufel gereinigt und mit dem Glauben begabt und also getauft; weil solche Gabe auch durch Beschneidung der Juden den Kindern gegeben ward; sonst hätte Christus Matth. 19, 14. nicht gesagt: ‚Lasset die Kindlein zu mir kommen, solcher ist das Himmelreich.' Ohne Glauben aber hat niemand das Himmelreich. Und wo man solche unsere Meinung könne umstossen, als ich achte nicht um-

zustossen sei, wollte ich lieber kein Kind taufen lehren, denn (wie gesagt) dass man es ohne Glauben taufen sollte; denn Gottes Namen soll
man nicht umsonst brauchen, obgleich aller Welt Seligkeit daran läge.‘‘
(Vom Anbeten des Sacraments. A. 1523. XIX, 1625.) Cf. quae supra
adnotata sunt ad Part. III., c. 3. § 11. p. 156. sq.)

APOLOGIA A. C.: ,,*Confirmatio* et extrema unctio sunt ritus accepti
a patribus, quos ne ecclesia quidem unquam necessarios ad salutem
requirit, quia non habet mandatum Dei.‘‘ (Art. XIII. § 6. p. 203.)

CHEMNITIUS: ,,Nostri saepe ostenderunt, ritum *confirmationis*,
remotis inutilibus, superstitiosis et cum Scriptura pugnantibus traditionibus, pie et ad ecclesiae aedificationem, juxta Scripturae consensum,
hoc modo posse usurpari, ut scilicet illi, qui in infantia baptizati sunt
(talis enim nunc est ecclesiae status), cum ad annos discretionis per-
venissent, diligenter in certa et simplici catechesi doctrinae ecclesiae
instituerentur. Et cum initia mediocriter percepisse viderentur, postea
episcopo et ecclesiae offerrentur, atque ibi puer, in infantia baptizatus,
primo brevi et simplici commonefactione admoneretur de suo baptismo,
quo scilicet sit baptizatus, quomodo, quare et in quid sit baptizatus,
quid in illo baptismo tota Trinitas ipsi contulerit et obsignarit, foedus
scilicet pacis et pactum gratiae, quomodo ibi facta sit abrenunciatio
satanae, professio fidei et promissio obedientiae. *Secundo*, puer ipse
coram ecclesia ederet propriam et publicam professionem hujus doctrinae et fidei. *Tertio*, interrogaretur de praecipuis christianae religionis
capitibus, ad singula responderet, aut, si quid minus intelligeret, rectius erudiretur. *Quarto*, admoneretur et hac professione ostenderet,
se dissentire ab omnibus ethnicis, haereticis, fanaticis et profanis
opinionibus. *Quinto*, adderetur gravis et seria exhortatio ex verbo Dei,
ut in pacto baptismi et in illa doctrina et fide perseveraret et proficiendo
subinde confirmaretur. *Sexto*, fieret publica precatio pro illis pueris,
ut Deus Spiritu suo sancto illos in hac professione gubernare, conservare et confirmare dignaretur. Ad quam precationem sine supersti-
tione adhiberi posset impositio manuum. Nec inanis esset ea precatio,
nititur enim promissionibus de dono perseverantiae et gratia confirmationis. Talis ritus confirmationis valde multum utilitatis ad aedificationem juventutis et totius ecclesiae conferret, esset etiam consenta-
neus et Scripturae et puriori antiquitati.‘‘ (Exam. Concil. Trid. ed.
Genev. f. 258. sq.)

ANTITHESIS.

VILMARIUS: ,,Confirmatio, absolutio und ordo kann man *sacramentale* Handlungen nennen, d. h. solche, welche Vorbereitungen und Bedingungen der von Gott mitzutheilenden Kraft des ewigen Lebens sind,
von Gott ausgehen und mithin von den Menschen nicht unterlassen
werden dürfen. Die *Confirmation* (Firmung) ist in ihrer Grundlage
Act. 8, 14—17. und 19, 6. dargestellt. Sie ist eine Handauflegung zur
Mittheilung des Heiligen Geistes unter Gebet, folgt der Taufe als Kräf-
tigung des in der Taufe empfangenen Lebenskeims (gleichsam, um ein
apostolisches Bild zu brauchen, als das zum Pflanzen gehörige Begies-
sen), also nicht blos als äussere Bestätigung der Taufe, wohl aber besonders als Einpflanzung von Charismen, und kann mithin nur dem er-
theilt und dem empfangen werden, welcher die Aneignung der
Taufgnade zu bewirken bereit ist. So wurde sie denn auch in der
Kirche als Eintritt in das Streiterheer Christi (Ps. 110), die militia
Christi, betrachtet... Es gehört bei der Confirmation, wie gesagt, zur
Empfangnahme des Heiligen Geistes die Richtung des Willens, sich den
Heiligen Geist mittheilen zu lassen, so dass bei mangelnder Richtung
des Willens des zu Confirmirenden auf diese Empfangnahme hin der
Act (subjectiv) nichtig werden muss; aber es gehört auch das Erfüllt-
sein des Confirmirenden vom Heiligen Geist dazu, wenn nicht der Con-

firmirende sich einer Sünde wider den Heiligen Geist schuldig machen, wenigstens eine solche in sich anbahnen will. Dass jedoch die Mittheilung des Heiligen Geistes auch durch die Handlung eines Ungläubigen erfolgen könne, darf nicht unbedingt, und hier am wenigsten geleugnet werden, weil die Mittheilung des Heiligen Geistes auch durch Gebet, und zwar das Gebet der Gemeinde vermittelt wird." (Dogmatik. Gütersloh 1874. II, 227. sq.)

e) Vid. *Act. 2, 41. cap. 8, 12. 36. 37. 38. 16, 14. 15. 31. 33. 18, 8.*

GERHARDUS: „*Adultos* in christiana religione instituendos, eandemque amplecti et profiteri debere, antequam ad baptismum admittantur, demonstramus: 1. Ex serie verborum institutionis Matth. 28, 19.: ‚Euntes docete omnes gentes, et baptizate eos‘, ubi Christus primo jubet docere, postea demum baptizare; Marc. 16, 15. 16.: ‚Ite in orbem universum et praedicate evangelium omni creaturae. Qui crediderit et baptizatus fuerit, salvus erit.‘ 2. Ex Johannis baptistae et apostolorum exemplo; illi enim auditores suos primo docuerunt, postea eosdem baptizarunt. Matth. 3, 1. Luc. 3, 3.: ‚In diebus illis venit Johannes baptista, praedicans in deserto Judaeae; tunc exibat ad ipsum Hierosolyma et omnis Judaea etc. Et baptizabantur ab eo in Jordane.‘ Act. 2, 38. Petrus prius poenitentiam praedicat, postea demum eos, qui recipiunt sermonem ejus, baptizat. ‚Quotquot receperunt sermonem ejus, baptizati sunt‘, v. 41. Ergo a contrario sensu, qui sermonem ejus non receperunt, sed illi contradixerunt, non sunt baptizati. Conjunge Act. 8, 12. 13. 38. 9, 17. 10, 44. 16, 14. 15. 32. 18, 8., ubi perpetua praxis apostolorum ostendit, institutionem baptismo adultorum praemittendam esse. 3. Ex typo circumcisionis. Cum enim non solum Isaac, sed et reliqui domestici Abrahae circumcisi fuerint, nullum, quin de hoc ritu sanctus patriarcha eosdem prius informarit; alias circumcisionem, cum tanta dolorum acerbitate conjunctam, nunquam suscepissent. Gen. 18, 19.: ‚Scio, quod praecepturus sit Abraham filiis suis et domi suae post se, ut custodiant viam Domini, et faciant judicium et justitiam.‘ Sic de ritu agni paschalis liberi a parentibus erudiri jubentur Exod. 12, 26. 27.: ‚Cum dixerint vobis filii vestri, quae est ista religio? dicetis eis, victima transitus Domini est‘ etc. 4. Ex ipsa necessitate. Cum enim baptismus sit nova N. T. ceremonia, utique necessarium fuit, ut Johannes baptista et apostoli auditores suos de divina ejusdem institutione, usu et efficacia prius informarent. 5. Ex natura sacramentorum, quae sunt sigilla divinarum promissionum. Ut enim tabulae foederis et literae contractuum prius conscribuntur, postea demum sigilla appenduntur: sic de divinis promissis informandi prius auditores, antequam usu sacramentorum eadem in illis obsignentur. 6. Ex analogia verbi. Quemadmodum verbum Dei non est praedicandum illis, qui furenter et violenter illud repudiant; Matth. 7, 6.: ‚Nolite sanctum dare canibus.‘ Matth. 10, 14.: ‚Si quis non receperit vos, nec audierit sermonem vestrum, exite ab illa civitate.‘ Act. 13, 46.: ‚Quia repellitis verbum etc., ecce convertimur ad gentes‘: ita multo minus invitis obtrudenda sacramenta." (L. c. § 175.)

APOLOGIA A. C.: „Tertio Jacobus paulo ante dixit de regeneratione, quod fiat per evangelium. Sic enim ait (1, 18.): ‚Volens genuit nos verbo veritatis, ut nos essemus primitiae creaturarum ejus.‘ Quum dicit nos evangelio renatos esse, docet, quod fide renati ac justificati sumus." (Concord. ed. Mueller. p. 130.) Cf. quae adnotata sunt ad § anteced. de regeneratione verbo facta.

f) Alias autem, si fide careant atque adeo repugnent gratiae divinae, non recipient spiritualia bona neque regenerabuntur aut renovabuntur.

C. Dietericus: ,,Quodsi baptismus est lavacrum regenerationis, anne omnes baptizati eodem modo regenerantur? Non; distinguendum enim hic est inter infantes et adultos. Omnes quidem et singuli *infantes* regenerantur, qui juxta institutionem Christi baptizantur; *adulti* vero non omnes, sed ii tantum, qui credunt et operationi Spiritus S. non resistunt. De *istis* extant testimonia: ,Quicunque baptizati sumus in Christum' etc. (Rom. 6, 3.) ,Quicunque baptizati estis, Christum induistis.' (Gal. 3, 27.) De *his*: ,Qui crediderit et baptizatus fuerit' etc. (Marc. 16, 16.) Quid vero de adultis hypocritis baptizatis, qui non credunt, statuendum? Distinguendum hic est inter substantiam et fructum baptismi. Homo adultus hypocrita, si baptizetur, verum quidem baptismum suscipit quoad *substantiam*, salutarem autem *fructum* et *effectum*, qui non nisi fidelibus contingit, quamdiu in hypocrisi perseverat, nequaquam percipit.'' (Institut. catechet. p. 763.)

Theologi Witebergenses: ,,Wir verwerfen als irrig und falsch, dass D. *Huber* vorgibt, die Wiedergeburt gehöre zur Substanz und Wesen der heiligen Tauf, so doch der Heilige Geist in der Schrift, wie auch der Kinder Catechismus, dieselbe zum effectu, Frucht und heilsamen Nutzen der Taufe referiren thut. Fürs andere, dass auch die glaublosen Heuchler, wenn sie mitten in solchem Unglauben getauft werden in ihrem Alter, nicht allein die rechte Tauf empfahen (welches auch wir halten), sondern dass sie noch über das aus Gott neu geboren und wahrhaftig von Sünden gereiniget werden. Item, dass dieselbigen Heuchler, ob sie gleich, wenn sie die Tauf empfangen, nicht wahrhaftig bekehret sind, nichts desto weniger (vermög der Einsatzung) die Wiedergeburt und die Gnad (dass sie Gott zu Kindern angenommen) in der heiligen Tauf gewiss und wahrhaftig empfangen haben. Item, dass sie die Wiedergeburt empfangen ohne die Verneuerung des Heiligen Geistes, welches ein ungereimte, offenbare Contradiction ist, die sich selber widerlegt. Item, dass auch solche gottlose Heuchler in der Tauf für Kinder Gottes vermög der Einsetzung auch mitten in der Unbussfertigkeit angenommen und unter die Kinder Gottes gerechnet worden sein. Item, dass dieselbigen zugleich und zu einer Zeit, nach D. Hubers Lehr, Kinder Gottes sein, und doch, indem sie also Kinder Gottes sind, solche Gnad der Kindschaft ihnen zum Gericht gereiche. Welche Vermischung der Substanz und des Nutzens der Tauf, Trennung der Wiedergeburt und der Verneurung im Heiligen Geist, Empfahung der Wiedergeburt ohne Bekehrung, Aufnehmung ohne Glauben an Christum, zum Gericht gereichende Gnade der Kindschaft, wir als unerhörte Paradoxa und handgreifliche Contradictiones, davon kein Apostel ihm jemals hat träumen lassen, deutlich und rund verwerfen und verdammen.'' (Bekenntniss v. d. ew. Gnadenwahl. A. 1597. Vid. Consil. Witeberg. I, 642.)

ANTITHESIS.

Delitzschius: ,,Der Leib eines Getauften ist ein Glied Christi durch die That Gottes; treibt nun ein Mensch, an dem solche That Gottes geschehen ist, Unzucht, so ist sein Leib ein zum Hurengliede gemachtes Glied Christi . . . Wer einmal getauft ist, der ist ein Glied Christi, das lässt sich nicht ändern.'' (Vier Bücher von der Kirche. Dresden 1847. p. 43. sq.) (*Calovius:* ,,Illud Ambrosii est verissimum: ,Membra adhaerentia meretrici non possunt esse membra Christi.' Unde falsissimum est, quod hic ex mente concilii Trident. habet Cornelius a Lapide: ,Christi et ecclesiae membrum manet fornicator, quando veram fidem retinet (!) seu cognitionem de rebus fidei retinere potest.' Fidem veram retinere non potest.'' Bibl. illustr. Adnotat. ad 1 Cor. 6, 15. 16.)

g) Ipsum enim foedus gratiae, cujus sigillum baptismus est, a parte Dei semper ratum et firmum manet. Confer., quae diximus cap. VI. § 9. not. *c.* et b. *Hunnium* l. c. fol. 1024.

WANDALINUS: ,,Quaeritur: An baptismi efficacia ad remissionem peccatorum tantum praeteritorum, non item *futurorum* se extendat? Neg. cont. pontificios. Etenim in baptismo, ut foedere Dei 1 Pet. 3, 21., quod ex parte Dei est ἀμεταμέλητον Rom. 11, 21., promissio haec facta est, Deum ,condonare iniquitatem et peccati non recordari amplius.' Jer. 31, 34. Hinc apostolus Rom. 8, 1.: ,Nulla nunc est condemnatio iis, qui sunt in Christo Jesu, qui non secundum carnem ambulant, sed secundum spiritum.' Conf. Jer. 3, 14. Act. 3, 19. Tit. 3, 7." (Ὑπο-τύπωσις san. verb. p. 262.)

CALOVIUS: ,,Nisi efficacia baptismi sese in futurum extendat, quomodo hypocritae, ficte accedentes ad baptismum et postea prolapsi, erigere se possunt baptismo, abs se quondam suscepto, cui in casu verae poenitentiae, si nempe baptismus cum fide conjunctus sit, sine qua poenitentia vera nunquam est, Alensis et Rada largitur, quemadmodum et Galatas c. 3, 27. et Corinthios 1. ep. 6, 11. 12, 13. et Ebraeos c. 10, 23. sq. evergit apostolus?" (System. IX, 283.)

h) Dum enim certos reddit de foedere gratiae Dei per Christum, utique solatur et erigit animos, ut in Christo porro et securius acquiescant.

i) Nempe, quando fidem auget, simul etiam excitat ad majorem dilectionem, spem et virtutum caeterarum exercitia.

HOLLAZIUS: ,,Tollitur per baptismum reatus et dominium peccati, non radix aut fomes peccati." (Exam. th. ed. Tellerus, p. 1096.)

k) Imo etiam baptismus, *olim* collatus, *licet* intercedentibus peccatis contra conscientiam fides et gratia Dei expulsa fuerit, *tamen* redeuntibus ad poenitentiam efficaciter prodest ad confirmationem fidei. Conf. b. *Hunnium* l. c.

LUTHERUS: ,,Ubi virtutem baptismi in parvulis non potuit satan exstinguere, praevaluit tamen, ut in omnibus adultis exstingueret, ut jam fere nemo sit, qui sese baptizatum recordetur, nedum glorietur, tot repertis aliis viis remittendorum peccatorum et in coelum veniendi. Praebuit his opinionibus occasionem verbum illud periculosum divi Hieronymi, sive male positum, sive male intellectum, quo poenitentiam appellat secundam post naufragium tabulam, quasi baptismus non sit poenitentia. Hinc enim, ubi in peccatum lapsi fuerint, de prima tabula seu nave desperantes velut amissa, secundae tantum incipiunt niti et fidere tabulae, id est, poenitentiae. Hinc nata sunt votorum, religionum, operum, satisfactionum, peregrinationum, indulgentiarum, sectarum infinita illa onera, et de iis maria illa librorum, quaestionum, opinionum, traditionum humanarum, quas totus mundus jam non capit, ut incomparabiliter pejus habet ecclesiam Dei ea tyrannis, quam unquam habuit synagogam aut ullam nationem sub coelo. . . . Primum itaque in baptismo observanda est divina promissio, quae dicit: Qui crediderit et baptizatus fuerit, salvus erit. Quae promissio praeferenda est incomparabiliter uuiversis pompis operum, votorum, religionum, et quicquid humanitus est introductum. Nam in hac pendet universa salus nostra, sic autem est observanda, ut fidem exerceamus in ea, prorsus non dubitantes nos esse salvos, postquam sumus baptizati. Nam nisi haec adsit aut paretur fides, nihil prodest baptismus, imo obest, non solum tum, cum suscipitur, sed toto post tempore vitae.

Incredulitas enim ejusmodi mendacem arguit promissionem divinam, quod est summum omnium peccatorum. Hoc exercitium fidei si apprehenderimus, statim intelligemus, quam arduum sit credere promissioni huic divinae. Humana enim imbecillitas, peccatorum suorum sibi conscia, difficillime omnium credit se esse salvam aut salvandam, et tamen, nisi id credat, salvari non poterit, quia non credit veritati divinae promittenti salutem. Haec erat praedicatio sedulo inculcanda populo, assidue recantanda ista promissio, semper repetendus baptismus, jugiter excitanda fovendaque fides. Sicut enim semel super nos lata divina hac promissione usque ad mortem veritas ejus perseverat, ita fides in eandem nunquam debet intermitti, sed usque ad mortem ali et roborari, perpetua memoria promissionis ejusdem in baptismo nobis factae. Quare, dum a peccatis resurgimus sive poenitemus, non facimus aliud, quam quod ad baptismi virtutem et fidem, unde cecideramus, revertimur, et ad promissionem tunc factam redimus, quam per peccatum deserueramus. Semper enim manet veritas promissionis semel factae, nos extenta manu susceptura reversos. Atque id, ni fallor, volunt, qui obscure dicunt, baptismum esse primum et fundamentum omnium sacramentorum, sine quo nullum queat aliorum obtineri. Proinde non parum profuerit, si poenitens primo omnium baptismi sui memoriam apprehendat, et promissionis divinae, quam deseruit, cum fiducia recordatus, eandem confiteatur Domino, gaudens se tantum adhuc in praesidio habere salutis, quod baptizatus sit detestansque suam impiam ingratitudinem, quod a fide et veritate ejusdem defecerit. Mire enim cor ejus confortabitur, et ad spem misericordiae animabitur, si consideret divinam promissionem sibi factam, quam impossibile est mentiri, adhuc integram et non mutatam nec mutabilem ullis peccatis esse, sicut Paulus dicit 2 Timoth. 2.: Si non credimus, ille fidelis permanet; se ipsum negare non potest. Haec, inquam, veritas Dei eum servabit, ita ut, si cetera omnia ruant, haec tamen eum credita non derelinquet. Habet enim per hanc, quod insultanti adversario opponat, habet, quod turbantibus peccatis conscientiam objiciat, habet, quod horrori mortis et judicii respondeat, habet denique, quod universis tentationibus solatium sit, nempe hanc unam veritatem, dicens: Deus est verax in promissionibus suis, cujus signum in baptismo suscepi. Si Deus pro me, quis contra me? (Rom. 8.) Si enim filii Israel ad poenitentiam reversuri primo omnium exitum de Aegypto memorabant, et hac memoria ad Deum, qui eduxerat eos, revertebantur, quae memoria et hoc ipsum praesidium eis toties a Mose inculcatur, et a David repetitur, quanto magis nos nostrum de Aegypto nostra exitum debemus memorare, et ejus memoria redire ad eum, qui nos eduxit per lavacrum regenerationis novae, cujus memoria in hoc ipsum nobis commendata est? Id quod omnium commodissime fieri in sacramento panis et vini potest. Sic enim olim tria ista sacramenta, poenitentia, baptismus, panis, simul eodem officio frequentabantur, et alterum alterum juvabat. Ita legitur de quadam sancta virgine, quae, quoties tentabatur, non nisi baptismo suo repugnabat, dicens brevissime: Christiana sum; intellexit enim hostis statim virtutem baptismi et fidei, quae in veritate Dei promittentis pendebat, et fugit ab ea. Ita vides, quam dives sit homo christianus sive baptizatus, qui etiam volens non potest perdere salutem suam quantiscunque peccatis, nisi nolit credere. Nulla enim peccata eum possunt damnare, nisi sola incredulitas. Cetera omnia, si redeat vel stet fides in promissionem divinam baptizato factam, in momento absorbentur per eandem fidem, imo veritatem Dei, quia se ipsum negare non potest, si tu eum confessus fueris, et promittenti fideliter adhaeseris. Contritio autem et peccatorum confessio, deinde et satisfactio, et omnia illa hominum excogitata studia subito te deserent, et infeliciorem reddent, si oblitus veritatis hujus divinae in ipsis tete distenderis. Vanitas enim vanitatum et afflictio Spiritus est, quicquid extra fidem veritatis Dei laboratur. Simul vides, quam periculosum, imo falsum sit opinari, poenitentiam esse secundam tabulam post naufragium, et quam perniciosus sit error putare, per peccatum excidisse vim baptismi, et navem hanc esse illisam. Manet illa una, solida, et invicta navis, nec unquam dissolvitur in ullas tabulas, in qua omnes vehuntur, qui ad portum salutis vehuntur, quae est veritas Dei in sacramentis promittens. Hoc sane fit, ut multi e nave temere in mare prosiliant et pereant, hi sunt, qui deserta promissionis fide in peccatum sese praecipitant. Verum navis ipsa permanet, et transit integra cursu suo; quod si qua gratia ad navem reverti potest, nulla tabula, sed solida ipsa nave feretur ad vitam, hic est, qui ad promissionem Dei stabilem et manentem per fidem revertitur. Unde Petrus 2 Pet. 1. arguit eos, qui peccant, quod oblivionem accipiant purgationis veterum delictorum suorum, sine dubio ingratitudinem accepti baptismi et impietatem infidelitatis eorum taxans. Quid ergo prodest de baptismo tam multa scribere et hanc fidem promissionis non docere? Omnia sacramenta ad fidem alendam sunt instituta, et hanc ipsam adeo non tangunt, ut etiam asserant impii homines, non debere hominem esse certum de remissione peccatorum, seu gratia sacramentorum, qua impietate orbem totum dement, et sacramentum baptismi, in quo stat prima gloria conscientiae nostrae, funditus exstinguunt, nedum captivant, interim insanientes in miseras animas suis contritionibus, anxiis confessionibus, circumstantiis, satisfactionibus, operibus, et id genus infinitis nugis. Esto ergo prudens lector, imo contemptor Magistri sententiarum lib. 4. cum omnibus suis scribentibus, qui tantum de materia et forma sacramentorum scribunt, dum optime scribunt, id est, mortuam et occidentem literam sacramentorum tractant, ceterum spiritum, vitam et usum, id est, promissionis divinae veritatem et nostram fidem prorsus intactas relinquunt. Vide itaque, ne te fallant operum pompae, et humanarum traditionum fallaciae, ut veritati divinae et fidei tuae non facias injuriam. A fide sacramentorum tibi incipiendum est, sine ullis operibus, si salvus fieri voles, fidem autem ipsa sequentur opera, tantum ut vilem habeas fidem, quae opus est omnium operum excellentissimum et arduissimum, quo solo, etiam si ceteris omnibus carere cogereris, servaberis. Est enim opus Dei, non hominis, sicut Paulus docet, cetera nobiscum et per nos operatur, hoc unicum in nobis, et sine nobis operatur." (De captivitate Babylonica ecclesiae. A. 1520. Vid. Opp. lat. varii argum. cur. Dr. H. Schmidt. Francof. ad M. 1868. Vol. V. p. 56. 57—60.)

LUTHERUS: „Es ist klar: es möge niemand zu viel sich auf solch Bad und Wiedergeburt verlassen, es ist noch mehr da." (Epistol. Kirchenpostille. Tom. Hal. XII, 193.)

§ 11.

Ad significandam baptismi[a] efficaciam, qua e potestate satanae[b] in libertatem spiritualem transferuntur infantes, antiquus[c] *exorcismi*[d] ritus, cum signo *crucis*[e] et *abdicatione* satanae votiva,[f] indifferens[g] quidem, recte observatur,[h] quemadmodum etiam ad designandum foedus[i] gratiae, quod baptizati cum Deo ineunt, *sponsores*[k] seu *patrini* pio ritu adhibentur.

a) De qua vid. § 9.

b) *Non* dico *obsessione*, praesertim corporali, *sed* e potestate satanae, quam per peccatum in homines carnaliter habet, juxta *Eph. 2, 2.*

c) *Olim* quidem, locum habente dono miraculoso ejiciendi daemones ex obsessis. *Postea* autem servatus non solum in *adultorum,* sed et *infantum* quorumvis baptismo, testibus *Gregor. Nazianz.* Orat. XL., *August.* de Fide et Oper. cap. VI. et Lib. II. contra Pelag. cap. XL.

d) Verbis quidem *imperandi* modo conceptis, sed *precationis* ad Deum, cum fiducia atque hinc nata animositate adversus hostem depellendum sensu accipiendis.

e) Habito respectu ad vim meriti *Christi crucifixi,* unde ipsa baptismi efficacia pendet.

f) Qua baptizandi solenniter et expressis verbis *renunciant satanae* atque *omni pompae* ejus.

GERHARDUS: „Ceremonias ac ritus in baptismi administratione usitatos distinguimus in tres classes: 1. Quidam divinitus sunt mandati; 2. quidam ab apostolis libere usurpati; 3. quidam a viris ecclesiasticis additi. De singulis tenendae sunt hae regulae: 1. Ritus baptismi divinitus instituti accurate distinguendi sunt a ritibus ab apostolis usurpatis et a viris, ecclesiastici honesti decoris, ordinis et piae commonefactionis ergo additis; illi enim sunt substantiales et necessarii, hi vero accidentales et certo modo liberi. . . . 2. Ritus ab apostolis in baptismi administratione libere usurpati, licet non eo gradu necessarii sint, quo prioris generis ritus divinitus instituti, tamen a ritibus mere ecclesiasticis distinguendi ac diligenter sunt servandi. Ex historia apostolorum colligitur, quod in administratione baptismi explicationes doctrinae sacramentorum, exhortationes, preces, gratiarum actiones etc. adhibuerint, Actor. 2, 38. etc. Hos ritus etiam in nostris ecclesiis retinemus, quia sacramenta non sunt nuda et otiosa spectacula, sed instituta sunt, ut et fidem confirment et promissionem clarius explicent; ideo doctrina de substantia, usu et efficacia eorum praesentibus ex verbo Dei lingua ipsis nota proponenda est et explicanda, ut de legitima et salutari sacramentorum susceptione diligenter admoneantur. Notandum tamen, in Scripturis ostendi quidem fundamenta, unde sumi debeant explicationes, exhortationes, preces, gratiarum actiones ex institutione scl. et doctrina de baptismo, sicut in verbo Dei traditur, non tamen praescribi certam formam conceptis verbis, sed hoc pro ratione circumstantiarum ad aedificationem liberum permitti, modo fundamentum servetur. 3. Ritus a viris ecclesiasticis additi sunt adiaphori et indifferentes, proinde non sunt simpliciter repudiandi, nec tamen eo gradu necessarii sunt, quo ritus divinitus mandati." (L. de bapt. § 255.)

RUDELBACHIUS: „Was zur *kirchlichen* Giltigkeit erforderlich ist, begriff die Kirche von jeher unter zwei Stücken, nämlich: Die *Entsagung des Teufels* (abrenuntiatio) und das *Bekenntniss des christlichen Glaubens.* . . . Es ist wahr, die erste ausdrückliche Erwähnung einer *Entsagungs-Formel* kommt erst bei Tertullian in der bekannten Stelle seiner Schrift de corona militis c. 3. vor. Allein, wenn die ungläubigen Theologen weiter daraus folgern: Also ist die Entsagung bei der Taufe keine apostolische Einrichtung, so würden sie dadurch nur einen gänzlichen Mangel an Urtheilskraft verrathen, wenn man nicht wüsste, dass ein ganz anderes Interesse sie triebe, wider diese Formel — ein Zeugniss des lebendigen Christenthums — anzukämpfen. Vergegenwärtigen wir uns den Stand der Sache! Tertullian schrieb seine Schrift de cor. mil. nach seinem Uebergang zum Montanismus im Jahre 201. Er erwähnt die Entsagung bei der Taufe nicht als einer Sache, die weiterer Erklärung bedürfe, sondern die offenkundig vorliege, und woraus man also Schlüsse zu ziehen berechtigt sei. Nun wird man aber wohl nicht behaupten wollen, dass er die Sache erdichtet habe, sondern das, was

gegen das Ende des zweiten Jahrhunderts allgemeine kirchliche Giltigkeit erlangt hatte, musste unstreitig schon im ersten als apostolische
Einrichtung bekannt sein. So stehen wir an der Grenze des apostolischen Zeitalters, und wie wäre es wohl denkbar, dass irgend ein
Kirchenlehrer aus der ersten oder zweiten apostolischen διαδοχή
(Folge) solches erfunden hätte, in einer Zeit, wo noch unmittelbare
Apostel-Schüler (wie Polykarp, der Jünger Johannis) lebten — und
diese, ja die ganze Kirche hätte einer solchen Erdichtung oder unkirch-
lichen Privatmeinung nicht laut und feierlich widersprochen? Nein,
im Gegentheil, das Zeugniss Tertullians, wohl erwogen, muss alle, die
aus der Geschichte der Kirche den Grund der Kirche selbst unter-
graben, die Bollwerke des Christenthums niederreissen wollen, auf
den Mund schlagen. Aber auch bei noch älteren Kirchenlehrern wird
der aufmerksame Beobachter wenigstens Spuren der Entsagung bei
der Taufe als einer grundchristlichen Einrichtung finden. Wie wird
man, fragen wir, ‚das Gelübde eines christlichen Lebens‘ erklären,
welches, nach Justinus Martyr, alle Täuflinge in Verbindung mit dem
Glaubensbekenntnisse ablegen mussten (Apol. I, c. 61.)? Doch wir
brauchen wahrlich dieser Zeugnisse nicht, da die Sache als solche
schon durch das Zeugniss der Apostel selbst ins Licht gestellt ist, so
dass offenbar weiter nur von der Formel als solcher die Rede sein
kann." (Die Sakramentworte. p. 25. sqq.)

    g) *Non* certe *mandatus* a Christo, *sed libere* receptus ideoque *abro-*
gabilis, si ita res tulerit, aut aliquando citra culpam *omittendus.*

    GERHARDUS: „Cavendum, 1. ne haec ceremonia (*exorcismi*) pars
baptismi *essentialis ac necessaria* statuatur; 2. ne de *obsessione quadam*
corporali infantis cogitetur, cum spiritualem ejusdem in regno satanae
captivitatem solum-modo demonstret . . .; 3. neve usus exorcismi
statuatur *effectivus*, quasi vi verborum istorum infans ex regno satanae
liberetur, cum sacramento baptismi hoc sit in solidum tribuendum, sed
saltem significativus. . . . Quod igitur rem ipsam per exorcismum
adumbratam, itemque explicationem verborum in hac ceremonia adhibitorum attinet, quod videlicet sit commonefactio et testimonium de
spirituali captivitate infantis in regno satanae, de miserabili statu, in
quem per lapsum primorum parentum redacti sumus, de salutari
efficacia baptismi etc., ea cum fidei sit analoga, non potest simpliciter
improbari; interim tamen cum verba sint *duriora* ac, seposita illa
explicatione, prae se ferant *obsessionem* quandam infantis, a qua per
illam ipsam ceremoniam fiat liberatio, ideo, ut loquitur D. Chemnitius
parte 3. Locor. theol. p. 178., ‚habet ecclesia libertatem, ut doctrinam
illam de peccato originis, de potestate et regno satanae et de baptismi
efficacia aliis verbis, Scripturae magis consentaneis, proponat et ex-
plicet.' . . . *Hanc libertatem abrogandi ceremoniam adiaphoram ut ipso*
facto ecclesia in exorcismo demonstraret, forte non fuerit inutile propter
causas non contemnendas." (Loc. de bapt. § 264. sqq.)

    HUELSEMANNUS: „Neque negamus, utilius fore, si totius ecclesiae
consensu apostrophe illa imperativa converteretur in epiphonema sive
doctrinam de modo et mediis exeundi e potestate satanae." (Praelect.
Form. Conc. p. 495.)

    h) *Admonitionis* piae causa de insigni *operatione sacramenti* ipsius.
Unde in gratiam heterodoxorum libertati nostrae insidiantium, aut
sanctitatem infantibus christianis, velut haereditariam, qua jam sint
in statu gratiae, adscribentium abrogari aut omitti non debet.

    i) Vid. § 10. not. *c. g. h.*

    k) *Non* solum *testes* baptismi collati, *sed* et causam baptizandorum,
praesertim *infantum*, velut *persona* eorum in se suscepta, gerentes.

B. Meisnerus: „Quaeritur, num interrogatio patrinorum in ecclesiis nostris recte retineatur? — Retinetur haec ceremonia in nostris ecclesiis utiliter propter suos fines ususque, 1. quod non tam infantes, quam ipsos susceptores sua et infantum vice interrogamus, ut sic patrini fidem suam coram ecclesia profiteantur. 2. Ut sciant, quale testimonium baptizato, cum ad discretionis annos pervenerit, perhibere debeant. 3. Ut agnoscat, qua in fide baptizatus instituendus sit. Inter reliqua nonnulli illam rejiciunt formulam ‚credis?‘ ‚credo!‘ abrenuncias?‘ ‚abrenuncio‘, putantes, ceremoniam hanc a baptismo adultorum ad paedobaptismum perperam esse translatam.... *Menzerus* autem, altius hanc rem considerans, his utitur verbis: Quia servator disertis verbis testatus est, parvulos credere Matth. 18, 6. et illorum esse regnum Dei Marc. 10, 14. et adultos debere ipsis fieri similes, ut vitam aeternam consequantur Matth. 18, 3., proinde susceptores sive patrini sub responsione hoc ipsum repetunt apud baptismum infantis, quod Christus tanquam os infantum pro ipsis clare testatus est. Atque huc refert dictum Augustini, quod allegatur de consecrat. dist. 4. c. 139.: ‚Mater ecclesia os maternum parvulis praestat, ut sacris mysteriis imbuantur, nimirum repetendo et applicando illud, quod ipse Christus pro infantibus expresse testatus est et confirmavit.‘‘‘ (Colleg. adiaphorist. disp. VI. § 79—81. 83. 84.)

§ 12.

Baptismus juxta institutionem Christi[a] semel collatus[b] *iterari* circa idem subjectum[c] *non* debet.[d]

a) Scilicet, ut in substantialibus nihil fuerit mutatum, verum illa conformia institutioni fuerint. *Alias* enim non fuerit verus baptismus.

b) Etiamsi ab *haeretico*, aut *improbo*, modo recte administratum fuisse constat.

c) Licet per *abnegationem* apertam vel alia *scelera* defecerit a Deo et foedus gratiae violaverit.

d) Non solum enim *nullum* pro iterando baptismo extat *mandatum* aut *exemplum*, sed *nec* alias *necessitas* aut *ratio* solida apparet. Imo sacramenti *initiationis* ratio ipsa excludit magis iterationem, quam postulat.

§ 13.

Definiri potest baptismus, quod sit actio sacra[a] a Christo[b] instituta, in qua homines[c] sine sexus atque aetatis discrimine abluuntur aqua[d] in nomine[e] Patris, et Filii, et Spiritus Sancti, ut sic[f] regenerentur ac renoventur, salutis aeternae consequendae causa.

a) Genus commune sacramentorum hoc est.
b) Causa efficiens principalis ita indicatur, vid. § 2.
c) Subjectum seu finis cui denotatur, juxta § 7.
d) Materia baptismi haec est, vid. § 5.
e) Ita forma baptismi significatur, vid. § 6.
f) Haec pertinent ad finem cujus, juxta § 9.

Caput XI.

DE SACRA COENA.

§ 1.

Baptismo[a] succedit *alterum* N. T. sacramentum, quod *coenam Domini*[b] appellamus.[c]

a) *Non* quasi abrogato, *sed* tanquam sacramentum *confirmationis*, his demum conferendum, qui jam *initiati* sunt.

b) Praeeunte Paulo *1 Cor. 11, 20.* Alias autem recepta sunt nomina plura: v. gr. *mensa Domini*, juxta *1 Cor. 10, 21.*; *eucharistia*, habito respectu ad actum peculiarem ibi occurrentem, vid. *Marc. 14, 23. Luc. 22, 19. 1 Cor. 11, 24.*; *communio* ex *1 Cor. 10, 16.*; *synaxis* (σύναξις), habito respectu ad conventus sacros, in quibus celebrari solet, conf. *1 Cor. 11, 20.*; *missa*, vel a ritu *missarum rerum* sive donariorum, vel a formula *dimissionis* populi; *sacramentum altaris*, non quidem intuitu sacrificii proprie dicti, sed habito respectu ad mensam sacram, ubi donaria deponebantur.

QUENSTEDTIUS: „Appellatur (c. s.) porro κοινωνία seu *communicatio* corporis et sanguinis Christi 1 Cor. 10, 16., quippe in qua essentia hujus sacramenti consistit. Sumtus enim et manducatus panis sacramentalis est κοινωνία corporis Christi seu organon vel medium, cujus interventu manducantes corporis Christi participes redduntur. Est haec appellatio etiam patribus usitata... Hinc κοινωνεῖν apud veteres est ad s. coenam admittere vel ejus participem fieri. Item καινὴ διαϑήκη, *novum testamentum*, in ipsis verbis institutionis Luc. 22, 20. et 1 Cor. 11, 25.: ‚Hic calix N. T. est in meo sanguine.‘ Nam *testator* hic Christus est, morte sua testamentum obsignans; *haeredes* omnes credentes; *testes* apostoli; *notarii* evangelistae et Paulus; *bonum legatum* clavis aurea ad regnum coelorum et thesauros coelestes, ipsa nimirum remissio peccatorum; *sigillum* corpus Christi in pane, sanguis in vino. Est quidem s. coena N. Testamenti exequendi et organum et sigillum, et tamen ipsum etiam testamentum, nova tabula testamentaria institutum, docente B. Dannhawero Mysterios. s. 2. a. 4. § 64. et in Hodos. p. 1128. In verbis autem Christi: ‚Hic calix N. T.‘ etc., vox calicis sumitur μετωνυμικῶς pro eo, quod est intra calicem, ut sensus sit: calix sive quod e calice bibitur, est novum testamentum, h. e., causa, fundamentum et basis n. t., in meo sanguine sive per meum sanguinem constituti et sanciti.“ (Th. did.-polem. P. IV. c. 6. s. 1. th. 2. f. 1182. sq.)

c) Sedes doctrinae habetur *Matth. 26, 26. sqq. Marc. 14, 22. sqq. Luc. 22, 19. sqq. 1 Cor. 11, 23. sqq.*

CALOVIUS: „Verba institutionis Christi sedem propriam hujus articuli esse, quae Matth. 26, 25. sqq. Marc. 14, 22. sqq. Luc. 22, 19. sqq. leguntur et a. s. Paulo 1 Cor. 11. repetita ex ore Christi sunt v. 23. sqq. et declarata 1 Cor. 10, 16. 17., mirum, ab aliquo in dubium vocari. Sed Calviniani eadem non tam sedem hujus doctrinae esse negant, quam prorsus a probatione rejiciunt et despicatui habent. Ita Calviniani consideratores commonefacti et Witakerus nolunt amplius allegari verba Christi probationis ergo, quia sint τὸ κρινόμενον. Bullingerus et Tigurini libr. contr. J. Andr. f. 40. recusant admittere verba coenae, ‚quia de his, ipsorumque sententia controvertatur.‘ Lavater. in hist. sacr. p. 16. negat, ‚e verbis: hoc est corpus meum, probari posse realem praesentiam corporis Christi in eucharistia, esse enim petitionem principii‘... Alii admittunt quidem verba institutionis, sed non nisi δευτέρως, nec pro principali fundamento haberi volunt; quod faciunt non modo omnes isti, qui e 6. cap. Joh. verum sensum verborum Christi elicere conantur et proinde peregrino loco abutuntur ad depravandam sedem propriam, sed et ii, qui principaliter ad alios fidei articulos, puta de veritate humanae naturae in Christo, de ascensione Christi in coelum, de reditu ad judicium etc. respiciunt et postquam ex alienis Scripturae locis constituerunt, quod de coena Dom. sentire velint, tum demum ad verba institutionis accedunt, atque tunc hoc opus, hic labor est, ut aliunde concepta sententia in verba institutionis figurata et violenta aliqua interpretatione intrudatur. Hic ergo inter argumenta illa, quae ad constituendam et confirmandam de coena sententiam cumulant, verba institutionis proprie locum non habent, sed quando in refutatione ea, quae constitutae sententiae adversari videntur, amolienda sunt, ibi demum resonant haec verba: hoc est corpus meum, ut sc. non hoc, quod sonant, significent, sed ut aliunde praesumtae opinioni servire cogantur, docente b. Chemnit. c. 2. de fundam. coen.‘‘ (System. Tom. IX, 288. 289. sq.)

HUTTERUS: ,,Quod concio Christi Joh. 6., ad Capernaitas habita, non sit sedes propria sacramenti euchar., quantumvis in ea carnis Christi manducandae et sanguinis bibendi fiat mentio, his patet argumentis: Concio Christi Joh. 6. habita integro ut minimum anno prius est habita, quam Christus in mortem fuit traditus. Atqui, docente historia evangelica, sacramentum coenae ea nocte est sancitum, qua Christus in mortem fuit traditus. Hinc ergo sic evidenter colligitur: aut prius fuit fundatum sacramentum euchar., quam a Christo institueretur, aut sedes hujus doctrinae est in ipsa ejus institutione collocanda. Atqui prius illud longe est absurdissimum etc. . . . Evangelistae tres priores et apostolus talem describunt manducationem corporis Christi et bibitionem sanguinis ejus, cum qua stare potest aeterna damnatio, apud eos nimirum, qui manducant et bibunt indigne et sic ad judicium, 1 Cor. 11, 29. Atqui concio Christi apud Johannem de tali manducatione et bibitione loquitur, quae indigna esse non potest et sic *semper salutaris* est, Joh. 6, 54. 56. . . . Ergo sacramentalis manducatio et bibitio capite hoc 6. non traditur. — Concio Christi Joh. 6. de tali agit manducatione, quae salvandis omnibus est *necessaria*, h. e., sine qua nemo unquam vel salvatus fuit, vel salvabitur, quippe quae sola fide peragitur. Atqui sacramentalis manducatio non est necessaria, nisi iis, qui seipsos probare possunt, adultis sc. 1 Cor. 11, 25. Ergo. Manducatio sacramentalis requirit ad sui veritatem et essentiam *externum elementum*. Atqui ea, quae Joh. 6. describitur, nihil prorsus cum ullo externo signo sive visibili elemento habet negotii, siquidem panis non elementaris, sed metaphoricus ibi intelligitur. Ergo.‘‘ (Loc. theol. f. 685. sq.)

IDEM: ,,Quae in majore sua confessione magno spiritu contra Zwinglium disputavit b. Lutherus, tanquam ἀλλότρια nihilque ad rem facientia varie exagitant sacramentarii; clamitantes, ‚hoc pacto confundi duos articulos, de persona Christi, et de coena Dom., neque fas esse, ut ex illo fundamenta petantur pro hujus confirmatione.‘ Sed elumbe est hoc cavillum. Quodsi enim tantopere metuunt, ne aliqua oriatur articulorum fidei confusio, cur quaeso ipsimet hanc legem sibi non indixerunt, sed, eam multipliciter transgressi, vel ex sol oarticulo de persona Christi argumenta petierunt pro asserenda ἀπουσίᾳ corporis et sanguinis in coena, propterea quod horum praesentia pugnet cum *proprietatibus veri et naturalis corporis humani,* cum *ascensione,* cum *sessione ad dextram* Patris, cum *reditu ad judicium.* Hic ergo Lutherus, ab adversariis provocatus, ex eodem articulo purioris doctrinae firmamenta petere voluit, imo vero debuit. Sed et illud hoc loco animadvertendum est, quod in controversia hac euchar. non una, sed duae diversae agitantur quaestiones: quarum una est de *voluntate* et intentione Christi, an nimirum corpus suum in coena manducandum et sanguinem bibendum exhibere et sic corpore et sanguine suo pani et vino euchar. praesentissime adesse velit? Ubi sane quaestionis hujus decisionem non aliunde, quam ex solo articulo coenae Dom., petendam esse, statuit Lutherus, statuimus et nos cum ipso. Altera quaestio est de *potentia* Christi: an nimirum possit corpore suo et sanguine praesens adesse in omnibus locis, quibus sacramentum hoc dispensatur? an caro Christi sic manducata vitam nobis praestare possit? Ubi sane bardus fuerit, qui aliunde, quam ex articulo de persona Christi, quaestionum istarum decisionem petendam esse statuerit. Reprehensione ergo omni vacat b. Lutherus, qui duas istas quaestiones ex propriis suis sedibus explicare, illustrare et contra sacramentariorum φλυαρίας asserere voluit." (Loc. comm. th. Witteb. 1619. f. 716.)

§ 2.

Causa *efficiens principalis* hujus sacramenti Christus est, qui sacramentum hoc instituit[a] ac frequentari praecepit,[b] atque hodienum facit, ut actio circa symbola externa, juxta praescriptum ejus administrata, habeat rationem et vim[c] sacramenti.[d]

a) Et quae ad *substantiam* sive ad *speciem* actus sacramentalis pertinent, singula atque omnia determinavit. Vidd. ll. cc. Matthaei, Marci, Lucae et Pauli.

b) Ita ut causa sit etiam quoad *exercitium* actus, prout jussit celebrari *usque ad reditum* suum *ad judicium,* interprete Paulo *1 Cor. 11, 26.*

c) Nam et ipse corpus suum atque sanguinem conjungit cum symbolis benedictis, ut simul accipiantur, et sic fidem confirmat atque auget; ut infra videbimus.

QUENSTEDTIUS: „Et quidem Christus θεάνθρωπος, h. e., non tantum secundum divinam, sed etiam *humanam* naturam institutionis s. coenae autor et causa est. Instituere enim sacramenta N. T. est opus mediatorium, pertinet ad officium Christi, quod Christo competit juxta utramque naturam; fuitque is quidem tunc in statu, non tamen actu exinanitionis, sed majestatis suae splendorem luculentissime exseruit." (L. c. s. 1. th. 4. f. 1183.)

GERHARDUS: „Cum Christus, qui sacram hanc coenam instituit, sit verus *Deus,* aequum est, ut divinam hujus sacramenti institutionem miremur, non rimemur, veneremur, non scrutemur. Cum sit noster *mediator, salvator, redemptor, rex et sacerdos,* aequum est, ut testamentariam ipsius dispositionem summo loco habeamus, nihil quicquam ei vel addentes vel detrahentes, Gal. 3, 15. Cum sit *ejusdem cum Patre et Sp. S. potentiae et essentiae,* aequum est, ut certo statuamus, quicquid ordinavit, instituit et promisit, id praestare ipsum posse, siquidem

cumulate potest facere ultra omnia, quae petimus aut cogitamus, Eph.
3, 20., neque quicquam est ei difficile, Gen. 18, 14. Zach. 8, 36., nedum
impossibile, Luc. 1, 37.   Cum sit *fidelis et verax testis*, aequum est, ut
verbis ejus fidem habeamus, captivantes intellectum nostrum in obsequium illius.   2 Cor. 10, 5.   Cum sit *omniscius* et *omnisapiens*, aequum
est, ut statuamus, ipsum scire rationem ac modum, quo possit suas
promissiones implere, nec convenit, ut sapientia a filiis suis justificetur,
Luc. 7, 35.   Cumprimis vero obversentur oculis et animis nostris illa
duo pronunciata, quorum alterum est ipsius Christi, alterum vero
apostoli Pauli, quotiescunque de hoc mysterio cogitamus aut loquimur:
Joh. 12, 48.: ‚Sermo, quem locutus sum, ille judicabit vos in novissimo
die‘; 1 Tim. 6, 3. 4.: ‚Si quis aliter docet, ἑτεροδιδασκαλεῖ, et non quiescit sanis sermonibus Domini nostri Jesu Christi, ei, quae secundum
pietatem est, doctrinae, inflatus est, nihil sciens.‘ “ (Loc. de S. C. § 14.)

d) Qui vero auctoritatem et potestatem, itemque omnipotentiam,
qua usus est Christus in efficiendo hoc sacramento, cum Patre et Spiritu S. communem habet, ideo etiam *Deum trinunum* hujus sacramenti
causam efficientem principalem esse, recte dici potest.

§ 3.

Causa *impulsiva interna* instituti hujus sacramenti
est bonitas[a] atque amor Christi erga suos;[b] *externa* est
ipsum meritum[c] passionis et mortis ejus. *Speciatim*
quoad realem praesentiam corporis et sanguinis Christi
in qualibet administratione coenae, causae impulsivae
principalis rationem habet ipsa[d] *institutio* Christi; causa
impulsiva minus principalis est *consecratio*[e] symbolorum,
a ministro juxta institutionem Christi facta.

a) Qua Christus aliis bonus est, seu gratuitus favor ejus; ut ex
seqq. patet.

b) Huc spectat, quod *Joh. 13, 1.* legimus de *dilectione*, qua Christus *dilexerit suos, qui in mundo erant, usque ad finem*; cui etiam ea,
quae in *coena* ultima et post eam acta sunt, adscribuntur.

c) Quamvis enim in sacra coena ipsum corpus Christi, in mortem
pro nobis traditum, et sanguis Christi, pro nobis effusus, nobis exhibeantur; sicuti tamen Christus per illam corporis sui traditionem in
mortem et sanguinis effusionem beneficia spiritualia nobis meruit, ita
quoque meruit, ut beneficia illa per hoc signaculum novi foederis ap-
plicarentur, obsignarentur et confirmarentur.

d) Scilicet actus ille, quo corpus et sanguis Christi in s. coena
praesentia sistuntur et cum symbolis terrenis uniuntur, a potentia divina simul et libera voluntate Christi pendet.   Postquam autem Christus constituit, corpus et sanguinem suum cum pane et vino in s. coena,
quoties illa institutioni suae conformiter celebratur, praesentia sistere
et sacramentaliter unire, idque verbis istis: *Hoc est corpus meum; hoc*

est sanguis meus (de quibus mox distinctius videbimus), aperte declaravit, certum est, voluntatem Christi vi ipsius institutionis suae moveri ad illud ipsum efficiendum, quod verba: *Hoc est corpus meum; hoc est sanguis meus,* significant.

e) De qua statim ad §. seq. dicemus. Interim notandum est, verba consecrationis movere voluntatem Christi *non* vi propria, et ut a ministro proferuntur, *sed* vi ipsius institutionis a Christo profectae.

FORMULA CONCORDIAE: „Dieweil auch von der *Consecration* und von der gemeinen Regel, *dass nichts Sacrament sei ausser dem eingesetzten Gebrauch,* Missverstand und Spaltung zwischen etlichen der Augsburgischen Confession Lehrern eingefallen sind, haben wir auch von dieser Sache uns brüderlich und einträchtig mit einander auf nachfolgende Meinung erkläret, nämlich: dass die wahre Gegenwärtigkeit des Leibes und Blutes Christi im Abendmahl nicht schaffe einiges Menschen Wort oder Werk, es sei das Verdienst oder Sprechen des Dieners, oder das Essen und Trinken oder Glaube der Communicanten, sondern solches alles solle allein des allmächtigen Gottes Kraft und unsers Herrn Jesu Christi Wort, Einsetzung und Ordnung zugeschrieben werden. Denn die wahrhaftigen und allmächtigen Worte Jesu Christi, welche er in der ersten Einsetzung gesprochen, sind nicht allein im ersten Abendmahl kräftig gewesen, sondern währen, gelten, wirken und sind noch kräftig, dass in allen Orten, da das Abendmahl nach Christi Einsetzung gehalten und seine Worte gebraucht werden, aus Kraft und Vermögen derselbigen Worte, die Christus im ersten Abendmahl gesprochen, der Leib und Blut Christi wahrhaftig gegenwärtig ausgetheilet und empfangen wird; denn Christus selbst, wo man seine Einsetzung hält und seine Worte über dem Brot und Kelch spricht, und das gesegnete Brot und Kelch austheilt, durch die gesprochenen Worte, *aus Kraft der ersten Einsetzung,* noch durch sein Wort, welches er da will wiederholt haben, kräftig ist; wie *Chrysostomus* spricht (in serm. de pass.) in der Predigt von der Passion: ‚Christus richtet diesen Tisch selbst zu und segnet ihn; denn kein Mensch das vorgesetzte Brot und Wein zum Leib und Blut Christi macht, sondern Christus selbst, der für uns gekreuzigt ist. Die Worte werden durch des Priesters Mund gesprochen, aber durch Gottes Kraft und Gnade, durch das Wort, da er spricht: Das ist mein Leib, werden die vorgestellten Elemente im Abendmahl gesegnet; und wie diese Rede: Wachset und vermehret euch und erfüllet die Erde, nur einmal geredet, aber allezeit kräftig ist in der Natur, dass sie wächst und sich vermehret, also ist auch diese Rede einmal gesprochen, aber bis auf diesen Tag und bis an seine Zukunft ist sie kräftig und wirket, dass im Abendmahl der Kirche sein wahrer Leib und Blut gegenwärtig ist.' Und *Lutherus* tom. 6. Jen. fol. 99.: ‚Solch sein Befehl und Einsetzung vermag und schaffet, dass wir nicht schlecht Brot und Wein, sondern seinen Leib und Blut darreichen und empfangen, wie seine Worte lauten: Das ist mein Leib u. s. w. Das ist mein Blut u. s. w.; dass nicht unser Werk oder Sprechen, sondern der Befehl und Ordnung Christi das Brot zum Leib und den Wein zum Blut macht vom Anfang des ersten Abendmahls bis an der Welt Ende, und durch unsern Dienst und Amt täglich gereicht wird.' Item, tom. 3. Jen. fol. 446: ‚Also hie auch, wenn ich gleich über alle Brote spräche: das ist Christi Leib, würde freilich nichts daraus folgen; aber wenn wir seiner Einsetzung und Heissung nach im Abendmahl sagen: Das ist mein Leib, so ists sein Leib, nicht unsers Sprechens oder Thätelworts halben, sondern seines Heissens halben, dass er uns also zu sprechen und zu thun geheissen hat, und sein Heissen und Thun an unser Sprechen gebunden hat.'" (Solid. Declar. artic. VII. §§ 73—78. p. 663. sq.)

§ 4.

Causa *ministerialis* [a] est *minister* [b] ecclesiae [c] *ordinarius*, qui elementa externa [d] consecrat [e] et communicantibus [f] distribuit.

a) Seu quae auctoritate alterius, velut superioris, sacramentum in usu constituit.

b) Equidem *Christus* ipse, ea nocte, qua traditus est, eucharistiam *primus* administravit, servi forma tunc adhuc indutus, quamvis, ut ϑεάνϑρωπος, sua auctoritate uteretur. *Sed post* primam illam eucharistiae celebrationem ecclesiae ministris hoc munus tradidit et reliquit. Vid. *1 Cor. 4, 1. cap. 11, 23.*

c) *Non* aeque, ut in baptismo, etiam *laicus* aliquando, aut *femina*. Non enim eadem necessitas est utriusque sacramenti. Quando autem, deficiente ministro ordinario, homo fidelis anxie desiderat hoc sacramentum, satius *tamen* est, illi quoquo modo persuaderi sufficientiam manducationis spiritualis et ostendere periculum aliarum tentationum, quae nasci possent, si sacramentum ab alio, citra vocationem legitimam, adeoque dubia mente et eventu, administretur.

> Z. GRAPIUS: „Sacerdotes sunt laici, sed nonnisi interna ἱκανότητι apti ad quaevis ecclesiae munia et sic quoque ad eucharistiae administrationem; ne putemus, minus verum sacramentum fore, quod laicus dederit necessitate forsitan vel errore adductus. Vid. Schomer. in tr. de collegiatismo. Dissert. I. § 34.“ (System. novissim. controvers. Tom. IV. p. 89.) Cf. supra adnotata ad P. III. c. 8. § 6. p. 408. sqq.)

d) Panem videlicet et vinum; de quibus mox dicetur.

e) Id est, *precibus* ad Deum fusis, symbola externa ab usu vulgari segregat et ad usum sacrum destinat (quam alias *benedictionem* sive *gratiarum actionem* vocant, quaeque apud nos *oratione dominica* peragi solet), deinde *verbis Christi*, quibus ipse usus est in prima coenae institutione, in persona Christi pronunciatis, efficit, ut corpus et sanguis Christi, cum symbolis panis et vini unita, simul dispensentur, edantur ac bibantur (quae est *consecratio stricte sic dicta*). Efficit autem, *non sua* vi agendi physica aut intrinseca, principali vel instrumentali, *sed movendo* liberam Christi voluntatem, ut ipse per omnipotentiam suam tanquam causam efficientem physicam, seu realiter influentem, corpus suum et sanguinem in sacra coena realiter praesentia sistat ad veram cum symbolis terrenis manducationem et bibitionem. Imo verba illa consecrationis, sicut sunt verba omnipotentis Filii Dei, ita, simul ac proferuntur, divinam operationem habent conjunctam, qua, quod ipsa sonant, reapse praestetur. Confer. b. *Mus.* Dissert. de S. Coena, contra *J. Vorstium* § 75. et quae diximus in notis *d. e.* ad § 3.

> QUENSTEDTIUS: „Quia in institutione s. coenae non exprimitur, quibus verbis Dominus panem et vinum consecraverit, neque praescribitur peculiaris quaedam formula, hinc in primitiva ecclesia consecratio quidem fiebat per preces et gratiarum actiones, modus vero earum erat ἀδιάφορος et christianae libertati relictus. Primo autem

Dominicam eucharistiae institutionem recitatam esse in actu consecrationis a sacerdote, patet non solum ex Constitutionibus pseudoapostolicis Clementis l. 8. c. 12. et antiquis liturgiis, quae sub nomine Marci evangelistae, Petri et Jacobi apostolorum, Basilii, Chrysostomi etc. circumferuntur, sed etiam ex aliis certis ac indubitatis patrum monumentis, ut Justini Martyris Apolog. 2. prope finem, Ambrosii de his, qui initiantur, mysteriis c. 9. T. 4. Op. f. 381. et l. 4. de sacram. c. 4. ibid. p. 392., aliorumque, manifestum est. Cum verbis autem institutionis jungebantur in actu consecrationis preces et gratiarum actiones a veteribus, et quidem primis temporibus sola oratio Dominica.'' (L. c. s. 1. th. 11. not. 2. f. 1187.)

LUTHERUS: ,,Ich weiss fürwahr, dass alle Christen schuldig sind aus der Einsetzung und Gebot Christi, solche Worte im Abendmahl zu sprechen, und halte die Schwärmer selbst so kühne nicht, dass sie dieselbigen mit gutem Gewissen aussen lassen.'' (Bek. vom Abendm. A. 1528. XX, 1145.)

f) *Sive* in *manus* communicantium dando panem et poculum benedictum, *sive* utrumque *ori* communicantium admovendo. Nihil enim hic determinatum est; *utroque* autem modo fieri potest distributio.

QUENSTEDTIUS: ,,Christum salvatorem nostrum panem consecratum in apostolorum manus reposuisse, non vero in ora discumbentibus singulis ingessisse, contendunt plerique Calviniani. Colligunt id ex verbo λαμβάνειν, quod vertunt manu prehendere, manu accipere. . . . Ast verbum λαμβάνειν in genere sumtionis notat omnem, quacunque corporis parte factam, atque etiam de acceptione, quae ore fit, in Scripturis accipi, patet ex Marc. 15, 23. et Joh. 19, 30. Christus enim, jam in crucem actus, acetum myrrhatum, non per spongiam oblatum, non manibus, quae clavis affixae erant cruci, sed ore tantum accepit. Recte b. *Gerhardus* in L. de coena § 169.: ,Testantur evangelistae', inquit, ,Christum benedictum panem et calicem discipulis dedisse, sed an manui, an ori eorum admoverit, nuspiam exprimunt; facturi illud omnino, si alterutrum absolute et simpliciter foret necessarium.' In primitiva ecclesia per aliquot saecula in usu fuit ἐγχείρισις; ἁγίας enim μερίδας seu particulas illas sacras panis fideles de manu sacerdotis manu sua accipiebant, ut l. c. ex Dionys. Alexand., Tertulliano, Cypriano, Ambrosio, aliisque patribus ostendimus; ast quia consuetudo illa superstitionem invexit, conficiendi sc. ex auro vel alia materia pretiosa quaedam δοχεῖα, receptacula et linteamina, quibus pro manu utebantur communicantes (quae superstitio damnata et sublata est canone 7. Concilii Constantinopol., quod Trullanum vocatur, saeculo septimo), asportandique secum ac deferendi in domos suas particulas sacri panis in manus traditi, ideo judicavit pia antiquitas, ἐγχειρίσεως loco μετάδοσιν esse usurpandam. . . . Qui mos christianae libertati jure etiamnum passim servatur.'' (L. c. s. 1. th. 11. not. 4. f. 1188. sq.)

Unde neque *fractione* panis opus est in ipso actu administrationis, sed sufficit, si ad distributionem aptatus, fractus aut divisus afferatur. Nam et *Christum* in prima administratione non in alio consilio, nisi *distributionis* causa, panem *fregisse* novimus.

LUTHERUS: ,,Merke zum andern, dass Paulus ja redet vom Brot im Sacrament, welches Christus brach und hernachmals die Apostel auch brachen; welches Brechen nichts anders ist, denn Stück machen oder austheilen, auf ebräische Weise Jes. 58, 7.: ,Brich dem Hungrigen dein Brot'; Klagl. 4, 4.: ,Die Jungen hieschen Brot, und niemand brachs ihnen.' Auf dass wir hier nicht abermal von den Rottengeistern gescholten werden als Christus Verräther, dass wirs nicht mit Fingern

brocken oder brechen, sondern viel Partikel und Hostien nehmen.
Denn das heissen sie brechen, und haben nicht Genüge daran, dass es
sonst zu Stücken gemacht wird, es gesche mit Hand, Messer oder wie
es wolle, wie es in ebräischer Weise gebrochen heisst." (Wider die
himmlischen Propheten. A. 1524. XX, 314.)

AEG. HUNNIUS: „Certe quemadmodum ex eo, quod Christus et
apostoli scribuntur discubuisse, quod memorantur in palatio diversorii
celebrasse haec mysteria, quod vesperi, non licet colligere, nobis etiam
in diversoriis et vesperi tantum et discumbendo haec sacra esse per-
agenda; quantumvis Christus expresse dicat: ‚Hoc facite‘, sic quoque
vi hujus mandati (hoc facite) non adigimur ad illius panis *fractionem*
proprie sic dictam; sed ad sola illa, quae in actione hac divina sunt ad
κοινωνίαν sacramentalem vel ratione substantiae necessaria vel ratione
fructus salutaria. Praeterea constat, frangendi vocem phrasi hebraea
sumi pro distributione. Quo sensu filii Jacob leguntur audivisse, quod
frangeretur in Aegypto panis. Et Esaias 58. monet Dominus, ut
esurienti frangamus panem; nec tamen est quisquam tam rudis, qui ad
hujus mandati complementum putet esse necessariam dissectionem
unius massae panis in frusta plura. Quin obsecundat huic mandato
is etiam, qui integram massam panis dat pauperi. Imo hic propius
etiam accedit ad mandatum hoc Dei (frange esurienti panem), quia
plus largitur, quam alter, qui duntaxat partem aut frustum panis communicat." (Artic. s. locus de sacramentis, p. 332. sq.)

ANTITHESIS.

QUENSTEDTIUS: „*Antithesis*: 1. *Calvinianorum*, qui fractionem
panis in ipso coenae actu ut necessariam urgent.... Ursinus p. 117.
inquit: ‚Fractio panis est de essentia et forma coenae Dom., ideoque
non omittenda, eaque Christus est usus, non gratia dividendi et distri-
buendi, sed mortis suae repraesentandi gratia. ... 2. *Socinianorum;*
sic Ostorodus Instit. germ. c. 38. f. 344.: ‚Man soll das Brot brechen.‘
... Ideo etiam Calviniani fractionem propugnant, ‚dass dadurch der
abgöttische falsche Wahn vom Leibe Christi in oder unter dem Brot
am allerkräftigsten zerbrochen und dem gemeinen verirrten Volk aus
dem Herzen geräumet werde‘; sunt verba Parei lib. Vom Brot und
Brotbrechen, f. 198. Non ovum ova, non lac lacti similius esse potest."
(L. c. s. 2. q. 5. f. 1241 sq.)

FACULTAS THEOL. WITTEBERGENSIS: „Eure an uns geschickte
Frage: ‚Ob unter der Administration des heil. Nachtmahls diese oder
andere dergleichen Worte: Der Leib und Blut Jesu Christi bewahre
deinen Leib und Seele zum ewigen Leben, nothwendig müssen gesprochen und dahin, da Christus sagt: Solches thut zu meinem Gedächtniss, gezogen werden‘, beruht allerdings auf der Einsetzung des
heil. Sacraments, von Christo beschehen, insonderheit aber auf den mit-
angezogenen Worten: ‚Solches thut‘ u. s. w., als damit auf die End-
ursache dieser Administration gesehen wird. In Erwägung dessen ist
zuvörderst ganz gewiss, zu heilsamer und gebührlicher Administration
des heil. Abendmahls solle und müsse des Herrn Christi dankbarlich
gedacht und sein Tod verkündigt werden. Daneben aber stehet ausser
Zweifel, dass eine solche Commemoration und des Herrn Todes Verkündigung auch ohne dieses oder gleiches Formular, so zu jedem Communicanten repetirt werde, geschehen könne, als durch vorgehende
Admonition. Item, der Wort der Einsetzung Recitation, christliche
Gesänge, die unter Ausspendung verrichtet werden, auch wohl eines
jeden Christen rechte und gebührliche Andacht; deswegen man die in
der Frage gesetzte Worte nicht für ein Essential, das zum Wesen, auch
nicht für ein Integralstück, das zu rechter Vollkommenheit des Nacht-

mahls gehörig, wie imgleichen zum Nutz und heilsamen Gebrauch des Abendmahls nothwendig nicht halten kann. In sonderer Betrachtung, dass sie: 1. der ersten Einsetzung nicht einverleibet oder ausdrücklich darinnen befohlen; 2. von St. Paulo als nothwendig zum heil. Sacrament nicht angezogen; 3. nirgends gelesen wird, dass Christus, die Apostel oder erste apostolische Kirche eine gleiche oder auch diese Formulam gebrauchet, bei welchem jedoch alles dasjenige, so zum heil. Sacrament seiner Substanz und Nutzens halben nothwendig ist, verrichtet worden. Indessen mag nicht geleugnet werden, dass zu der Kirchen Wohlstand und Erbauung sehr dienlich, wenn man die Verrichtung der Communion nicht ein actionem mutam sein lässet, besondern einem jeden Communicanten des Herrn Christi Wohlthaten, auch dieses Sacraments Nutz und Wirkung absonderlich erinnert, die Einfältigen informiret und unterrichtet, auch sonsten manchen Menschen, der durch einer solchen formulae Recitation zu desto tieferer Betrachtung seiner Verrichtung angeführt wird, erwecket; geschieht auch endlich desto mehr Folge den Worten Christi: ‚Solches thut zu meinem Gedächtniss' und Pauli: ‚So oft ihr von diesem Brot esset und von diesem Kelch trinket, sollt ihr des Herrn Tod verkündigen'; dass also keine Gemeine angeregt und auch anderer Ursachen wegen unterlassen sollte, in des heil. Nachtmahls Verrichtung sich eines gewissen Formulars zu gebrauchen." (Anno 1619. Vid. Dedekenni thesaur. II, 267.)

GUERICKIUS: ,,So waren allerdings in den verschiedenen alten Liturgieen die *Spendeworte* nicht ganz gleich; die wahre Gegenwart aber des Leibes und Blutes Christi bezeugen alle, und die Einsetzungsworte selbst, *historisch referirt* (das neue Unionsformular), wurden in der alten Kirche *bei der Austheilung* nirgends und nie gebraucht. Das *referirte Wort des Herrn*, erkannte man ja klar (hier, wie analog bei der Taufe), gehört in die *Consecration*, das *Bekenntniss*, das offene, freie, unzweideutige der *Kirche* in die *Distribution;* und am allerentferntesten war man von dem Gedanken, den man als satanisch betrachtet und verabscheut haben würde, aus *Misstrauen* in die unbedingte Wahrheit des klaren Testamentsworts des Herrn, und um dessen Geltung oder Nichtgeltung aus menschlicher *Friedensliebe* in *Freiheit* zu stellen, das Bekenntniss zur Ehre des Herrn in der Distribution in eine offene Bekenntniss absichtlich umgehende *Relation*, also in ein Nichtbekenntniss zu Unehren, d. h. in eine Verleugnung, verwandeln zu wollen." (Lehrbuch der christl. Archäologie. 2. Aufl. 1859. p. 310.)

§ 5.

Materia[a] s. coenae duplex est, *terrena* et[b] *coelestis.*

a) Res illa, inquam, quae in hoc sacramento tractanda et hominibus applicanda est.

b) Ita nostrates communiter, praeeunte *Irenaeo*, qui Lib. IV. adv. haeres. cap. XXXIV. p. m. 363. edit. Feuard. scribit: *Qui est a terra panis, percipiens invocationem Dei, jam non communis panis est, sed eucharistia, ex duabus rebus constans, terrena et coelesti.* De quorum verborum genuino sensu vid. b. *Musaeus* Disert. de S. Coena § 81. sq. p. 73. 74. 75.

§ 6.

Materia *terrena*[a] sunt *panis* verus et *vinum* verum, quoad[b] substantiam; *azymus*[c] tamen panis aeque ac *fermentatus*,[d] et *subtilior* aut tenuior[e] aeque atque *crassior*, sive vulgaris et usualis; *triticeus* non solum, verum etiam *frumentarius*[f] *alius*. *Vinum* quoque *rubrum* perinde atque *album*,[g] et sive *merum* sit, sive aqua paulisper[h] *dilutum*.

a) Quae etiam per consecrationem *non aboletur*, sed *retinet substantiam* suam. Sic enim *1 Cor. 11, 26. 27.* communicantes dicuntur *edere panem*, utique jam benedictum aut consecratum; non, inquam, aliquid, quod fuit panis, et esse desiit, sed panem ipsum, adhuc existentem.

QUENSTEDTIUS: „1 Cor. 10, 16. vocatur panis euchar. a Paulo κοινωνία corporis et poculum euchar. κοινωνία sanguinis Christi. Κοινωνία autem sacramentalis involvit substantiae terrenae, communicantis cum communicanda re coelesti, praesentiam et evertit transsubstantiationem. Panis enim est κοινωνία corporis, vinum sanguinis Christi. Ergo non est ipsum corpus, ipse sanguis substantiali commutatione. Κοινωνία est inter duo unita existentia. Sublata existentia, tollitur relatio communionis." (L. c. s. 2. q. 6. f. 1249.)

HAFENREFFERUS: „Nequaquam valet: Christus vere dixit: Hoc est corpus meum; ergo substantia panis conversa est in substantiam corporis Christi. Quemadmodum enim non valet: Petrus vere dixit de Christo: Tu es Filius Dei vivi; ergo substantia Filii hominis conversa est in substantiam Filii Dei: ita nec prius illud valet: Christus vere dixit: Hoc est corpus meum; ergo substantia panis conversa est in substantiam corporis Christi. Ratio est: quia utrobique, videlicet et in hoc (de quo Christus pronunciat, quod sit corpus suum) et in Christo (de quo Petrus ait, quod sit Filius Dei) non una, sed duae res vel substantiae aut naturae comprehenduntur. Nam Christi persona duabus naturis constat, humana et divina, quae per unionem personalem unitae sunt. Vere igitur dici potest: Christus est Filius Dei. Et simili plane ratione illud hoc (de quo Christus ait: Hoc est corpus meum) non una tantum re, sed duabus constat, altera terrena, quae panis est, altera coelesti, quae corpus Christi est, illi pani, cujus medio exhibetur, sacramentaliter unitum. Ad veritatem igitur hujus enunciati: Hoc est corpus meum, papistica transsubstantiatio nequaquam requiritur. Panis enim est panis et manet panis, corpus Christi est corpus et manet corpus Christi, sine omni conversione aut transsubstantiatione. Sed propter sacramentalem illam unionem, qua panis et corpus Christi jam quoddam sacramentale unum sunt; quod per hoc demonstratur, planissime et verissime dicitur: Hoc est corpus Christi. — Annon haec res aliquando dilucidius declarari possit? Imo vero non tantum exemplis quibusdam, sed eleganti quoque regula illustrari potest. Nam familiare et usitatum est, non tantum in Scripturis s., sed etiam in omnibus linguis, ut cum duae quaedam res conjunctae porriguntur aut demonstrantur, id totum quidem, duobus constans, porrigitur aut demonstratur, atque alterum eorum, quod non ita sensibus expositum est, de illo vere enunciatur; ut, si marsupium porrigens, dicam: Hi sunt centum floreni; aut dolium monstrans, dicam: Hoc est vinum Rhenanum, hoc Italicum, hoc rubellum; aut vitrum tangens, dicam: Haec est aqua, haec cerevisia, hoc unguentum etc. Quibus omnibus exemplis apparet, particulam demonstrativam *hoc* utrunque sane et vas et potum complecti et propter istam unionem de illo *toto*, quod monstratur, verissime enunciari posse alterum, quod sensibus non ita obvium est, alterius autem, quocum unitum aut conjunctum est, interventu verissime monstrari aut exhiberi posse." (Loc. th. Tubingae, 1601. p. 347. sqq.)

HOLLAZIUS: „Dist. inter *mutationem* essentialem et accidentalem. Quando sancti patres scripserunt, quod panis et vinum in eucharistia per consecrationem mutentur aut transelemententur, non intellexerunt mutationem *essentialem*, sed *accidentalem*, nempe ratione officii et usus mystici, i. e., evectionem elementorum in nobiliorem statum, ita, ut panis sit et maneat ratione essentiae idem, qui ante consecrationem fuit, sed juxta institutionem atque promissionem Christi omnipotente ipsius virtute flat symbolum corporis Christi communicativum, cum ante consecrationem esset panis vulgaris. . . . (Pontificii objiciunt:) Si panis euchar. non mutatur essentialiter in corpus Christi, sequitur, quod illa propositio: *Panis est corpus Christi*, sit falsa. At illa propositio est vera et usurpata a sanctis patribus et Luthero. Ergo. Resp.: Dist. inter propositionem biblicam et ecclesiasticam. Propositio illa: panis est corpus Christi, non est biblica, sed ecclesiastica, ratione unionis sacramentalis intelligenda." (Exam. P. III. s. 2. c. 5. q. 14. p. 1129.)

QUENSTEDTIUS: „*Transsubstantiationem* pontificiam non esse substantialem conversionem, sed annihilationem, inde probatur, quia in substantiali conversione materia manere debet, tanquam subjectum conversionis utriusque termini a quo et ad quem, sed juxta pontificios materia panis non manet. In creatione fit, quod non erat; in annihilatione desinit esse, quod erat; in conversione transit aliquid de non esse ad aliud." (L. c. s. 2. q. 6. f. 1247.)

GERHARDUS: „Posita transsubstantiatione . . . sequitur, Christum habere duo corpora, alterum, quod ex Maria assumsit, alterum, quod ex pane formatur." (L. de s. c. § 130.)

ANTITHESIS.

QUENSTEDTIUS: „*Antithesis: Pontificiorum*, qui fingunt, substantiam panis et vini in s. coena post verba consecrationis transire in substantiam corporis et sanguinis Christi, ita ut nihil remaneat, nisi species et accidentia panis et vini, sive vi divinorum verborum transmutari naturam panis et vini, ut convertatur in corpus et sanguinem Domini, ut sententiam Romanae ecclesiae exponit Costerus Enchir. controv. p. 313. . . . Concilium Trid. sess. 13. c. 4. de transsubstantiatione ita decrevit: ,Quoniam Christus redemtor noster corpus suum id, quod sub specie panis efferebat, vere esse dixit, ideo persuasum semper in ecclesia Dei fuit, idque nunc denuo sancta haec synodus declarat, per consecrationem panis et vini conversionem fieri totius substantiae panis in substantiam corporis Christi, D. n., et totius substantiae vini in substantiam sanguinis ejus, quae conversio convenienter et proprie a s. catholica ecclesia transsubstantiatio est appellata." (L. c. s. 2. q. 6. f. 1247. sq.)

b) *Alia* autem elementa, cibos aut potus, substantialiter ab illis diversos, eorum loco adhibere *non* licet.

c) Qualem Christus adhibuisse creditur, cum agni paschalis sacramentum modo celebrasset.

d) Qualem ecclesia *Graeca* inde ab antiquissimis temporibus adhibuit, imo et *Latina* usque ad tempora Alexandri I. episcopi Rom.

e) Prout panes orbiculares seu placentulae, quas *hostias* et *oblatas* appellarunt, in nostris ecclesiis recte adhibentur. Sunt enim, quoad *materiam* et *formam*, adeoque quoad substantiam, *verus panis*, quia constant ex farina triticea puriore, aqua permixta et calore fornacis cocta; possunt etiam servire nutritioni corporis, si in majore quantitate sumantur, licet in eucharistia tanta quantitas non requiratur, ubi nec nutritio corporis quaerenda est.

ANTITHESIS.

QUENSTEDTIUS: „*Antithesis:* 1. *Graecorum,* quibus persuasum est, Christum ad pascha suum fermentata ἐνζυμα, non ἄζυμα adhibuisse, unde et ipsi pane fermentato in hoc mysterio utuntur atque rem sua natura ἀδιάφορον et indifferentem in dogma fidei convertunt; sed falsa nituntur hypothesi, sc. legitimum diem paschatis celebrandi a Domino esse anticipatum. . . . Negare vero, pascha fuisse legitimum, quod Christus solemniter in coenaculo paulo ante institutionem coenae celebravit cum discipulis, impietate sua non caret. Etiam *Abissini* fermentato pane in sacris utuntur, eodem die confecto. . . . 2. *Calvinianorum quorundam,* qui 1. abrogato pane azymo, quem ipse Christus usurpavit, necessitatem panis fermentati, cibarii seu usualis in s. euchar. propugnant; 2. panem grandiorem, qui possit in actu coenae frangi, urgent; et 3. panis sacramentalis a nostris ecclesiis adhiberi soliti incusant naturam, quantitatem, formam externam et efficaciam. Naturam, cum hostias nostras verum panem esse negant, easque spumam panis, spumam panis nomine indignam, antichristi inventum, nebulas azymas, nebulas nummulares, chartaceas crustulas, farinacea folia etc. . . . Antonius Praetorius ait, nos nummulariis his panibus non tam mortui Christi, quam prodentis Judae memoriam instituere. . . . 3. *Nonnullorum Calvinianorum,* ut Bezae, asserentis, ‚substantiam pani similem adhiberi posse in illis regionibus, ubi panis nullus sit usus‘. . . . Quo pertinet Innocentii VIII. decretum apud Volateranum l. 2. Georg.: ‚Iis in locis, quibus nullus est vel frumenti vel vini usus, loco panis alium cibum et loco vini aquam esse usurpandam. . . . 5. *Socinianorum,* hostiam pro pane accipi non posse, statuentium. Smalzius c. Franzium p. 349. inquit: ‚Defendi nullo modo potest, quod pro pane hostia usurpatur.‘ 6. *Pontificiorum,* statuentium, ‚usum panis azymi in eucharistiae administratione esse simpliciter necessarium.‘ . . . Licet Concil. Trid. azymi usurpationem praeceptum appellet ecclesiasticum, ast contra Jesuitae rejiciunt illud ad Christi et apostolorum institutionem; vide Bellarminum l. c.“ (L. c. q. 4. f. 1234. sq.)

f) Quamvis enim quoad species frumenti differant, tamen in esse panis conveniunt.

g) Vinum enim tantum, seu γέννημα τῆς ἀμπέλου, determinavit Christus *Matth. 26, 29.*, caetera libertati christianae reliquit.

h) Nempe in *illis* regionibus, ubi vina fortiora vix aliter, quam aqua temperata, ad communem usum adhibentur, etiam in eucharistia idem jam olim usu venisse constat. In *nostris* autem regionibus, ubi vina adeo fortia non sunt, cur aqua temperari debeant, causa non est. Certe Christus *vini*, non item aquae admiscendae, in institutione s. coenae mentionem fecit.

§ 7.

Habent autem panis et vinum rationem materiae in s. coena, quatenus[a] *dispensantur* et accipiuntur, *manducantur* et[b] *bibuntur.*[c]

a) Unde quidam hic quoque adhibent distinctionem materiae in *remotam* et *propinquam; illam* dicunt esse symbola ipsa, *hanc* actus memoratos, circa symbola illa occupatos.

b) Ita ut *seorsim* panis, vinum quoque *seorsim* sumatur, prout Christus administravit.

c) *Neque* vero actiones hae, ut tales sunt, *formae* rationem in hoc sacramento habent. Sunt enim actiones ex se *indifferentes* atque aliunde demum determinantur ad esse actionum sacramentalium, nempe accedente verbo institutionis, ut paulo post dicetur.

§ 8.

Materia *coelestis*[a] s. coenae est verum et substantiale[b] *corpus*, verus idem quoad substantiam[c] *sanguis Christi*, quorum *illud* cum pane, *hic* cum vino benedicto sacramentaliter[d] *unitur*, ita ut corpus Christi cum pane et sanguis Christi cum vino *vere* et *realiter*[e] *dispensentur* et *a communicantibus* aeque[f] *omnibus ore*[g] corporis accipiantur, illud *manducetur*, hoc *bibatur.*[h]

a) *Coelestis* materia dicitur, *non* quasi tantum in coelo haereat *aut* quod coelestis sive sidereae sit substantiae, *sed* quod *coelesti* sive supernaturali *modo*, *vere* tamen et *realiter* sit praesens et cum materia terrena conjuncta.

b) *Hoc* ipsum *corpus, quod pro nobis traditum est.* Vid. *Luc. 22, 19. 1 Cor. 11, 24.*

c) Is ipse, qui *pro nobis*, ac *pro multis effusus est in remissionem peccatorum. Matth. 26, 28. Marc. 14, 24. Luc. 22, 20.*

KROMAYERUS: „Ex epistola Phil. 3. v. ult., quod corpus nostrum humile conformaturus sit corpori suo glorificato, cum tamen corporibus glorificatis omnipraesentiam derogemus, objiciunt. Sed respondemus distinguendo inter corpus glorificatum et majestaticum. Christus humile corpus nostrum conformabit corpori suo *glorificato*, non *majestatico.* Corpus *glorificatum* et *spirituale* quid sit, ex corpore Christi post resurrectionem et quibusdam actibus particularibus ante resurrectionem ipsius, discimus; v. g. quando factum fuit ἄφαντον, quando fores clausas penetravit, quando fulsit instar solis in monte Tabor; corpus *majestaticum* Christus ex unione personali cum λόγῳ et sessione ad dextram Dei obtinet. Quod omnipraesens sit, ad majestaticum ipsius corpus pertinet.“ (Th. posit.-pol. I, 913. sq.)

FECHTIUS: ,,Pontificii, totum Christum esse materiam coelestem hujus sacramenti, contendunt, quia nolunt videri per communicationem sub una quicquam Christi communicantibus subtrahere. Dicunt itaque, sub una specie totum Christum perinde ac sub utraque sumi.'' (Compend. p. 706.)

LUTHERUS: ,,Siehe, die Glänze der Sonne sind dir so nahe, dass sie dich gleich in die Augen oder auf die Haut stechen, dass du es fühlest; aber doch vermagst du es nicht, dass du sie ergreifest und in ein Kästlein legest, wenn du gleich ewiglich darnach tappest. Hindern kannst du sie wohl, dass sie nicht scheine zum Fenster ein; aber tappen und greifen kannst du sie nicht. Also auch Christus, ob er gleich allenthalben da ist, lässt er sich nicht so greifen und tappen; er kann sich wohl ausschälen, dass du die Schale davon kriegest und den Kern nicht ergreifest. Warum das? Darum, dass ein anderes ist, wenn Gott da ist, und wenn er *dir* da ist. Dann aber ist er dir da, wenn er sein *Wort* dazu thut und bindet sich damit an, und spricht: *Hie* sollst du mich finden.'' (Dass diese Worte Christi: Das ist mein Leib, noch fest stehen. A. 1527. XX, 1015. sq.)

DANNHAUERUS: ,,In sacra coena praesens est totum Christi, non tamen totum Christi praesens est *sacramentaliter*, sed sola caro et sanguis. In fumos igitur abit fallacia Bellarmini l. 3. de incarn. c. 13.: ,Pugnat', inquit, ,ubiquitas cum ipso sacramento eucharistiae, pro quo stabiliendo est excogitata. Nam si caro Christi est ubique, certe non egemus eucharistia.''' (Hodos. phaen. 8. p. 400. not.)

LUTHERUS: ,,Das Allerfeinste aber in des Bischofs Zettel ist, dass die Pfarrherrn sollen das Volk lehren, wie unter der einen Gestalt der ganze Jesus Christus, Gottes Sohn, Gott und Mensch, dazu sein Leib und Blut sei, und von den Laien gegessen und getrunken werde. ... Hiezu schlägt nun die *Concomitantien*, das ist, die Folge. Weil Christi Leib nicht ohne Blut ist, so folget daraus, dass sein Blut nicht ohne Seele ist; daraus folget, dass seine Seele nicht ohne die Gottheit ist; daraus folget, dass seine Gottheit nicht ohne den Vater und Heiligen Geist ist; daraus folget, dass im Sacrament auch unter einer Gestalt die Seele Christi ist, die heilige Dreifaltigkeit gegessen und getrunken wird, sammt seinem Leib und Blut; daraus folget, dass ein Messpfaffe in einer jeglichen Messe die heilige Dreifaltigkeit zweimal opfert und verkauft; daraus folget, weil die Gottheit nicht ohne die Creatur ist, so muss Himmel und Erden auch im Sacrament sein; daraus folget, dass die Teufel und die Hölle auch im Sacrament sind; daraus folget, dass wer das Sacrament (auch einerlei Gestalt) isset, der frisset den Bischof zu Meissen mit seinem Mandat und Zettel; daraus folget, dass ein Meissnischer Priester seinen Bischof in einer jeglichen Messe zweimal frisset uud säufet; daraus folget, dass der Bischof zu Meissen muss einen grössern Leib haben denn Himmel und Erden, und wer will alle Folge immermehr erzählen? Aber zuletzt folget auch draus, dass alle solche Folger Esel, Narren, blind, toll, unsinnig, rasend, thöricht und tobend sind: diese Folge ist gewiss.'' (Bericht von beiderlei Gestalt u. s. w. A. 1528. XIX, 1688. 1689. sq.)

d) Quae quidem *unio sacramentalis* neque *substantialis*, neque *personalis*, neque mere παραστατιχή aut *localis*, nedum *mere significativa*, sed *talis* est, qua eorum, quae uniri dicuntur, *utrumque* in esse suo *permanet*, utrumque tamen etiam simul, vere et realiter, *uno actu* accipitur ab his, qui sacramento utuntur. Unde *impanationem* et *consubstantiationem*, quam Lutheranis affinxerunt adversarii, excludi potius manifestum est. Vid. Disp. nostra peculiaris de *Impan.* et *Consubst.* anno 1677. habita.

KROMAYERUS: (Calviniani objiciunt:) „Quod συνουσία, id est, *con-substantiatio* nobis sit statuenda. Sed respondemus, nos, inter μετουσίαν, id est, transsubstantiationem pontificiam et ἀπουσίαν, id est, absentiam Calvinianam, tamquam inter duos scopulos oppositos, media via incedentes, παρουσίαν, id est, praesentiam corporis et sanguinis Christi cum symbolis asserere. Συνουσίαν quod attinet, si per eandem duarum rerum disparatarum sacramentalis unio, qua simul praesentes in coena statuuntur, significaretur, vocem admittere possemus; verum quia Calviniani corporis Christi *localem inclusionem* in pane, *delitescentiam* parvi corpusculi sub pane, *impanationem*, artocreas, id est, eine Fleischpastete, per illam significari volunt, ab eadem non immerito abstinemus. — Instantia: Sed in, cum et sub symbolis corpus et sanguinem Christi praesentia in coena statuimus. Resp.:

In, cum, sub totum turbant monosyllaba mundum.

Non *modus* praesentiae, qui est ἀκατάληπτος, id est, incomprehensibilis (οὐ κατ' ἄρσιν, id est, non per remotionem, sed κατὰ θέσιν, id est, per certi modi positionem), verum ex una parte *substantialis* corporis Christi praesentia per hasce voculas adstruitur, ex altera figmentum *transsubstantiationis* pontificiae destruitur. Ad imitationem autem propositionum personalium ecclesiae doctores propositiones sacramentales hisce voculis explicarunt. De Christo dicitur 2 Cor. 5, 19.: ‚Deus erat *in* Christo‘, Act. 10, 38.: ‚Deus erat *cum* Christo‘, quibus intima praesentia innuitur; sic etiam in et cum pane corpus Christi praesens esse in coena doctores ecclesiae statuunt. Particula vero *sub*, qua Lutherus in catechesi minore utitur, non delitescentia parvuli corpusculi sub pane, sed summum mysterium innuitur. — Instantia: Sic eadem erit unio sacramentalis et personalis. Resp.: Distinguendo inter genus et speciem. Conveniunt genere, differunt specie. In hypostatica (denominationem siquidem uniones non a terminis a quibus, sed ad quem sortiuntur) duae naturae ad constitutionem unius personae, in sacramentali duae res, terrena et coelestis, visibilis et invisibilis, ad constitutionem unius sacramenti tendunt. Hypostatica est insolubilis; sacramentalis, postquam oralis manducatio peracta est, solubilis. V. g. cum contingit, ut ab aegrotis panis et sanguis eucharisticus evomantur, non corpus et sanguis Christi, sed nuda symbola evomuntur. Unionem hypostaticam sequitur κοινωνία φύσεων ἰδιωμάτων, in sacramentali nihil ejusmodi reperitur. — Instantia: Sed *impanationem* aut localem inclusionem fatemur in cantico, quod Lutherus ex Hussi cantilena transtulit in linguam germanicam: ‚verborgen im Brot so klein.‘ Sed respondemus:

Sit bonus interpres, nunquam mala verba nocebunt,
Sit malus interpres, nunquam bona verba juvabunt.

Sensus est: in parvo pane corpus suum mystice nobis comedendum dedit. ‚Im kleinen Brot gab er uns seinen Leib verborgener Weise zu essen.‘“ (Th. posit.-pol. I, 917. sq.)

GERHARDUS: „Quando veram, realem et substantialem corporis (et sanguinis) Christi praesentiam nos credere profitemur, nequaquam vel *impanationem*, vel *incorporationem*, vel *consubstantiationem*, vel *physicam inclusionem*, vel *localem praesentiam*, vel *delitescentiam corpusculi* sub pane, vel *essentialem* panis in corpus *conversionem*, vel *durabilem* corporis ad panem extra usum coenae affixionem, vel *personalem* panis et corporis unionem statuimus; sed credimus, docemus et confitemur, juxta ipsius Christi institutionem modo soli Deo cognito, nobis vero incomprehensibili, pani eucharistico tanquam medio divinitus ordinato corpus Christi vere, realiter et substantialiter praesens uniri, ut mediante illo pane verum Christi corpus in sublimi mysterio sumamus et manducemus; quae praesentia dicitur *sacramentalis*, non quod sit tantum σχετικὴ ac significativa praesentia, sed quia res coelestis mediantibus externis symbolis in hoc mysterio nobis confertur et exhibetur. Dicitur *vera* et *realis* praesentia ad excludendum figurativam, imaginariam ac repraesentativam praesentiam; dicitur *substantialis* praesentia ad excludendam opinionem de sola corporis Christi efficacia in hoc mysterio praesente; dicitur *mystica, supernaturalis* et *incomprehensibilis* praesentia, quia non modo aliquo hujus saeculi, sed mystico, supernaturali et incomprehensibili corpus (et sanguis) Christi in hoc mysterio adsunt, distribuuntur et accipiuntur." (Harm. ev. contin. cap. 171. f. 784.)

Idem: „Quidam ex nostratibus, secuti Cyrillum l. 10. in Joh. c. 13., *corporalem* praesentiam vocarunt respectu habito ad *objectum*, nequaquam vero ad *modum;* voluerunt hoc dicere, non solam virtutem et efficaciam, sed ipsam substantiam corporis et sanguinis Christi in sacra coena praesentem esse; opposuerunt enim hanc vocem praesentiae spirituali, prout ab adversariis ea definitur; nequaquam vero hoc voluerunt, quod *modo* corporali et quantitativo corpus Christus praesens sit. Sic Hilarius l. 8. de trin. p. 101. asserit: ‚Christi carnem naturaliter in nobis manere‘, quod ibid. sic exponit: ‚Per naturae veritatem Christum in nobis esse, non tantum per concordiam voluntatis.‘" (L. de s. c. § 98.)

Lutherus: „Wir sagen, dass die Jünger murreten beide wider den Verstand des Geistes und wider das leibliche Essen des Fleisches Christi; denn sie verstunden keines recht, *weil sie dachten, sie müssten sein Fleisch mit Zähnen zerreissen, wie ander vergänglich Fleisch.* Aber daraus folget noch nicht, dass ein Christi Fleisch, als ein unvergänglich geistlich Fleisch, nicht möge mit dem Glauben im Abendmahl leiblich zu essen sein. Solches sollte der Geist umstossen; so lehret er uns, wie die Jünger haben Christi Fleisch leiblich zu essen verstanden, gerade als wüssten wir solches nicht ohn seine Meisterschaft." (Bek. vom A. Christi, 1528. XX, p. 1225.)

Idem: „Darum ists allerdings recht geredt, dass, so man aufs Brot zeiget und spricht: Das ist Christus Leib, und wer das Brot siehet, der siehet den Leib Christi, gleichwie Johannes spricht, dass er den Heiligen Geist sahe, da er die Taube sahe, wie gehöret ist. Also fortan ists recht geredt: wer dies Brot angreift, der greifet Christi Leib an, und wer dies Brot isset, der isset Christi Leib, wer dies Brot mit Zähnen oder Zungen zerdrückt, der zerdrückt mit Zähnen oder Zungen den Leib Christi, *und bleibt doch allewege wahr, dass niemand Christi Leib siehet, greifet, isset, oder zerbeisset, wie man sichtlich ander Fleisch siehet und zerbeisset.* Denn was man dem Brot thut, wird recht und wohl dem Leibe Christi zugeeignet um der sacramentlichen Einigkeit willen." (Bek. vom Abendmahl Christi 1528. XX, 1294.)

e) Nempe licet *momentum* temporis, quo corpus et sanguis Christi cum pane et vino sacramentaliter uniri incipiunt, non necesse sit definire; certum tamen est, *unionem* sacramentalem ita spectare *ad usum,* ut juxta regulam veterem *nihil habeat rationem sacramenti extra usum, qui institutus est a Deo.* Unde et *symbola* post consecrationem *reservata* et *extra usum* constituta rationem sacramenti *non* obtinere, neque corpus et sanguinem Christi extra usum cum illis sacramentaliter unita esse, credimus.

Lutherus: „‚Accedat verbum ad elementum et fit sacramentum.‘ Diesen Spruch zu verstehen, ist desto nützlicher, jemehr die Papisten denselben gemissbraucht und daraus die grössten Irrthümer hergeleitet haben. Denn also schliessen sie: *Augustinus* versichert, dass ein Sacrament aus zwei Stücken bestehe, nämlich aus dem Wort und dem äusserlichen Zeichen (elemento). Folglich, sobald der Messpfaffe in Gegenwart des Brotes und Weines die Worte des Abendmahls hergeságt hat, muss sogleich der Leib und das Blut Christi da sein. Ferner, damit Christo die gebührende Ehre erzeiget werde, muss dieses Brot in ein festes Häuslein eingeschlossen werden, dass es nicht eine Speise der Würmer und Mäuse werde, und hernach muss es von Menschen angebetet werden. Also ist unter dem Pabstthum eine ähnliche Meinung den Gemüthern des Volkes eingepräget worden, dass sie gemeinet, ihre Gebete wären Gott nie angenehmer und würden nie leichter erhöret, als wenn sie an dem Orte beteten, wo benanntes Brot eingeschlossen ist. Damit man aber diese Irrthümer vermeide, muss man wissen, dass Augustinus nicht allein von der Aussprache der Worte Christi rede, sondern vielmehr den Befehl vom Nehmen und Essen des Brotes mit darunter begreife. Und hernach thut er hinzu: Hic est corpus meum, welches soviel ist, als: ausser diesem Gebrauche wird mein Leib und mein Blut nicht mit diesen äussern Zeichen verbunden. Denn man muss nicht denken, dass dieses Abendmahl magischen Gaukeleien gleich sei, darin Christus ohne Worte durch blossen menschlichen Aberglauben könne angebunden werden. Darum, gleichwie die Taufe, wenn kein Kind da ist, das getaufet werde, nichts anders ist, als blosses Wasser, also behaupten wir auch ganz gewiss, wo nicht essende und trinkende Menschen da sind nach der Einsetzung Christi, dass nichts anders als Brot und Wein da sei, wenn man auch die Worte tausendmal hersagen sollte." (Lutheri Meinung von den Worten Augustini: Accedat etc. XXI, 1588. sq.)

QUENSTEDTIUS: ,,In regula illa theologica: Nihil habet rationem sacramenti extra usum a Christo institutum, nomine usus intelligitur tota seu integra actio sacramentalis a Christo praescripta, videlicet consecratio, distributio, manducatio et bibitio; hi enim actus omnes et singuli conjunctim sumti absolvunt usum illum sacramentalem, de quo regula agit, h. e., non una aliqua actio particularis, sed omnes simul sumtae et conjunctae rationem sacramenti eucharistici constituunt, adeoque ἐν δόσει καὶ ἐν λήψει simul consistit. Unio sacramentalis corporis Christi cum pane et sanguinis ejus cum vino ex institutione Christi immutabili respicit usum et actionem: ,Hoc facite', ,quotiescunque feceritis'; cessante ergo usu et actione, cessat quoque unio sacramentalis. . . Objic. Bellarminus l. 4. de euchar. c. 2.: ,Verba Domini: hoc est corpus meum etc., prius dicta sunt, quam fieret actio manducandi et bibendi; ergo ante illam actionem fuit corpus Domini praesens in coena, et proinde etiam sacramentum eucharistiae confectum. Consequentia probatur: 1. quia si accedit verbum ad elementum, fit sacramentum; 2. verba Domini, mox atque prolata sunt, vera fuerunt.' Resp.: 1. Christus non prius dixit: Hoc est corpus meum, hic est sanguis meus, quam fieret actio manducandi et bibendi, sed in media actione sacramentali verba illa protulit: h. e. c. m. etc., ita ut distributio atque accepto panis et vini eucharistiae simul facta sit cum verborum prolatione. Bene Lutherus ait, quod dicendo dederit et dando dixerit: h. e. c. m. 2. Verba Christi verissima sunt eo demum sensu et ordine, quem ipse intendit et innuit, cum verba illa pronunciavit; in ordine autem verborum Christi illa praecedunt, quae acceptionem, manducationem et bibitionem praecipiunt; quae vero praesentiam corporis et sanguinis promittunt ea sequuntur. Horum ergo impletio illorum impletionem ratione ordinis praerequirit. 3. Nec Christus absolute pronunciat de pane consecrato, quod sit corpus Christi, sed de pane fracto et dato ad manducandum. Prius enim dixit: Accipite et manducate; deinde dixit: ,Hoc est corpus meum.' 4. Dictum Augustini: ,Accedat verbum ad elementum et fit sacramentum', intelligendum est de verbo et elemento in ipso actu et usu existente, alioqui, quod pontificii de sacramento eucharistiae hinc probare intendunt, de caeteris etiam sacramentis procederet." (L. c. s. 2. q. 8. f. 1265. 1268.)

KROMAYERUS: ,,Aphorismus theologicus (est): Unio sacramentalis fit, quando fit manducatio et bibitio. Instantia: Sic verba salvatoris dispositiva sua carebunt efficacia, si tunc demum elementa fiunt corpus et sanguis Christi, quando fit manducatio et bibitio. Sed respondemus distinguendo inter efficaciam in *actu primo* et *secundo* spectatam. Per verba institutionis elementa quidem vocationem hanc accipiunt, ut sint media exhibitiva corporis et sanginis Dominici, sed efficaciam suam actu secundo exserunt, quando fit manducatio et bibitio." (Th. posit.-pol. I, 968. sq.)

ANTITHESIS.

QUENSTEDTIUS: „*Antithesis: Pontificiorum*, qui I. eucharistiam non in sola actione h. e. usu vel sumtione, sed in re permanente, puta, in ipsa hostia consecrata, consistere contendunt, h. e., asserunt, unionem sacramentalem extra usum etiam perpetuo durare, ita ut panis benedictus extra usum sit sacramentum. . . II. Contendunt, panem eucharisticum consecratum in sacrario (in ciborio, ut vocat Johannes Fabri, in conopeo, ut Hardingus) esse reponendum, circumgestandum, adorandum. . . Concilium Trid. sess. 13. c. 5.: „Nullus dubitandi locus relinquitur, quin omnes Christi fideles pro more in ecclesia Christi semper recepto latriae cultum, qui vero Deo debetur, huic sacramento sanctissimo in veneratione exhibeant, neque enim ideo minus adorandum, quod fuerit a Christo Domino, ut sumatur, institutum. Bellarminus l. 4. de euchar. c. 29. §. Sed haec etc.: „Cultu latriae per se et proprie Christus est adorandus, et ea adoratio ad symbola etiam panis et vini pertinet, quatenus apprehenduntur, ut quid unum cum Christo, quem continent.' . . Quidam pontificiorum non diffitentur, cum non possint esse certi, Christum ibi praesentem esse, et hanc numero hostiam esse adorandam, eo quod nemini constare queat, an requisita omnia ad consecrationem ibi concurrerint, . . . ideo periculum subesse idololatriae saltem materialis, ut loquuntur, in hostiae quotidiana adoratione. Hinc plures, ut huic incommodo praeverterent (quos inter nominantur Bonaventura, Massilius, Alexander Halensis), cum non sit magis de fide, hanc numero hostiam esse adorandam, quam has numero reliquias esse adorandas, nullam hostiae cujuslibet in particulari concedunt adorationem, nisi conditionatam: Adoro te, si tu es Christus. Sed hanc rejiciunt hodierni Jesuitae, pertendentes, illam materialem idololatriam ab omni culpa fore immunem propter insuperabilem facti ignorantiam; ut videre est apud Bresserum l. 5. de consecr. c. 12." (L. c. s. 2. q. 8. f. 1266. sq.)

f) Non solum a *dignis* sive *credentibus*, verum etiam ab *indignis* sive *incredulis* et *impiis*, quos Paulus *1 Cor. 11, 27.* dicit *reos* esse non tantum symbolorum sacrorum, quibus abutantur, sed ipsius *corporis et sanguinis Domini*, idque ideo, quod *non dijudicent corpus* (et sanguinem) *Domini*, seu, quod ipsum corpus Domini indigne edant, dum videlicet ad hoc epulum, quo verum *corpus Domini* accipiunt, ita accedunt sine fide ac religiosa reverentia, sicut ad epulum vulgare. Confer. b. *Mus.* Dissert. de S. Coena, contra *Johan. Vorstium* § 10. p. 6. 8.

LUTHERUS: „Ich rechne sie alle in einen Kuchen, wie sie auch sind, die nicht gläuben wollen, dass des Herrn Brot im Abendmahl sei sein rechter natürlicher Leib, welchen der Gottlose oder Judas ebenso-wohl mündlich empfähet, als St. Petrus und alle Heiligen. Wer das (sage ich) nicht will gläuben, der lass mich nur zufrieden mit Briefen, Schriften oder Worten, und hoffe bei mir keiner Gemeinschaft, da wird nichts anders aus." (Kurzes Bek. vom h. Sacr. A. 1544. XX, 2212. Vid. Concord. ed. Müller p. 653.)

QUENSTEDTIUS: „Neque dicit Christus: edite, hoc tunc est corpus meum, cum creditis etc.; sed simpliciter ait, id, quod offertur cum pane, esse corpus suum; neque enim distribuitur cum pane corpus et cum vino sanguis Christi, *quia* creditur, sed *ut* credatur et remissionis peccatorum fides magisque stabiliatur; fides sacramento per accidens adhaeret.'' (L. c. q. 11. f. 1290.)

IDEM: ,,Loquitur apostolus 1 Cor. 10, 21. non de facto, sed de jure, non de bibitione simpliciter et ἁπλῶς considerata, sed digna et decente. Non potestis, sc. digne et decenter, ὡς προςήκει et ut juris est, non salutariter et bona conscientia, participes fieri mensae Domini et daemoniorum.'' (L. c. f. 1294.)

ANTITHESIS.

QUENSTEDTIUS: ,,*Antithesis*: 1. *Calvinianorum*, statuentium, indignos et hypocritas dimidium tantum sacramentum, sc. signa duntaxat externa, accipere, non vero integrum sacramentum, h. e., non fieri participes corporis et sanguinis Christi in s. coena, sed tantum nuda et inania signa percipere. Ita Danaeus in resp. p. 122.: ,Indigni et impoenitentes dimidium tantum sacramentum, videl. signa duntaxat, sumunt, poenitentes vero integrum sacramentum.' .. Calvinus epist. ad Jacob. Andreae scribit: ,Tantum abest, ut tuis argumentis dimovear, ut mirer, tibi non venisse in mentem, impios Christum respuendo magis, quam recipiendo, sibi accessere interitum.' Quidam Calvinianorum discrimen faciunt inter manducationem in s. coena indignam et indignorum. Persona digna i. e. homo credens in Christum interdum digne, indigne interdum sumit panem et vinum, semper vero percipit corpus et sanguinem per fidem. Ita in Supplem. Panstrat. Chamier. c. 3.: Indigne, qui non recte se praeparat ad hoc tantum convivium, id quod saepenumero accidit et credentibus, ut docet apostolus 1 Cor. 11.; contra indignus est, qui non est praeditus vera fide... 2. *Socinianorum*, *Arminianorum*, *Anabaptistarum*, *Svenckfeldianorum*, qui, uti omnem corporis et sanguinis Christi in s. coena realem praesentiam, ita omnem oralem perceptionem eorundem negant, reprobant, dirisque traducunt blasphemiis. 3. *Labadistarum*, asserentium, in s. coena non nisi credentes de corpore et sanguine Christi participare, neque dignitatem communicantium in fide quaerendam esse. Vide Declarat. p. 144.'' (L.c. s.2. q. 11. f. 1290.)

g) Nempe *sacramentalis* illa manducatio *uno* actu complectitur et manducationem *naturalem* ac *sensibilem* panis benedicti, et manducationem, *non* quidem *sensibilem* et *naturalem*, *veram tamen*, corporis Christi cum pane sacramentaliter uniti. Et *bibitio* sacramentalis, quae ore corporis peragitur, complectitur simul *bibitionem sensibilem* ac *naturalem* vini benedicti, et *bibitionem*, *non* quidem *sensibilem*, *veram tamen*, sanguinis Christi. Atque hinc manducatio et bibitio illa sacramentalis etiam *oralis* dici solet propter *unitatem* et identitatem *actus*, seu ut connotetur *organon* oris, quo manducatio panis et corporis, itemque bibitio vini ac sanguinis Christi peragitur; licet *cibus* et *potus* utrinque sit *diversus* et *modus* manducandi *panem* a modo manducandi corpus, ac modus bibendi vinum a modo bibendi sanguinem Christi plurimum *differat*; quemadmodum *nec* de ratione formali manducationis (*sed* tantum de ratione manducationis naturalis) est, ut cibus modo sensibili accipiatur, dentibus comminuatur et in ventriculum demittatur, *nec* de ratione formali bibitionis (*sed* tantum de ratione bibitionis naturalis) est, ut lingua et palato humorem saporemque potus experiamur; *hic* autem praesentia pariter et manducatio corporis ac bibitio sanguinis Christi est *insensibilis*, *supernaturalis* humanaeque menti *incognita* et *incomprehensibilis,* ita tamen, ut nemine cogitante *reapse* existat. Possumus autem quoad determinationem *modi,* quo corpus et sanguis Domini adsit et accipiatur in coena, ignorantiam nostram profiteri, etsi τὸ ὅτι firmiter teneamus. Conf. b. *Mus.* Dissert. de S. Coena contra *Johan. Vorst.* § 91. 92. p. 83. sqq.

LUTHERUS: „Darauf stehen, gläuben und lehren wir auch, dass man im Abendmahl wahrhaftig und leiblich Christi Leib isset und zu sich nimmt. **Wie** *aber das zugehe oder wie er im Brot sei, wissen wir nicht;* sollens auch nicht wissen. Gottes Wort sollen wir gläuben und ihm nicht Weise noch Mass setzen. Brot sehen wir mit den Augen, aber wir hören mit den Ohren, dass der Leib da sei." (Dass diese Worte u. s. w. XX, 968.)

ANTITHESES.

QUENSTEDTIUS: „*Antithesis:* 1. *Haereticorum antiquorum,* naturae humanae Christi veritatem negantium. . . 2. *Calvinianorum,* ex quorum verbis et hypothesibus patet, ipsos 1.) negare, corpus et sanguinem Christi esse alteram s. coenae partem substantialem. 2.) Negare, corpus et sanguinem Christi in s. coena esse vere et substantialiter praesentia; ubi tamen observa: alios Calvinianorum aperte ἀπουσίαν seu absentiam corporis et sanguinis Christi in coena profiteri, ut Calvinum l. 4. Instit. c. 17. th. 21., Zwinglium in expos. fid. christ., Zanchium in Confess. p. 177., Bezam vol. 1. f. 228., Polanum p. 269.; alios tecte et operte, qui sc. volunt, non de ipsa praesentia, sed de *modo* praesentiae quaestionem esse; vide Bezelium l. de coena p. 44., conf. Musculum Loc. Com. p. 822. . . Catechismus Palatinus nostram de corporali Christi praesentia doctrinam, fundamentum missae et idololatriae papisticae' proclamat. qu. 80. . . Non magis ergo corpus Christi praesens in s. coena credunt Calviniani, quam corpus solis praesens est in terris, h. e., ut Theodor. Beza ingenue professus est, ‚tam procul nunc abesse credunt corpus Christi a loco, in quo coenam Dom. celebramus, quam coelum abest a terra.' . . 3. *Socinianorum,* qui cibum et potum in s. coena tantum esse nudum panem et vinum statuunt, et realem corporis et sanguinis Christi praesentiam in s. coena inficiantur. . . Eadem habet Catechism. Racoviens. c. 3. de coen. Dom. Inquit enim: ‚Nativus et genuinus horum Christi verborum sensus est: haec actio frangendi et manducandi panis hujus est commemoratio et adumbratio quaedam ejus, quod corpori meo futurum est, et haec actio fundendi bibendique vini hujus commemoratio et repraesentatio quaedam est, quid sanguini meo fiet.' 4. *Arminianorum,* qui negant sacramentalem unionem panis eucharistici et corporis Christi et vini benedicti cum sanguine ejus, eamque idolomaniae papisticae impie arguunt in apologia f. 250. 5. *Schwenckfeldianorum et Anabaptistarum,* qui corpus Christi in s. coena vere negant, partim, quia ‚Christus, jam exaltatus, amplius non est corporaliter in terris', partim quia ‚corporalis Christi in coena et coetu ecclesiae praesentia est humiliationis, quae dudum desiit.' " (L. c. s. 2. q. 2. f. 1208. sqq.)

IDEM: „*Antithesis:* 1. *Calvinianorum,* qui *oralem* manducationem corporis Christi non tantum inficiantur, sed etiam blasphemant. *Zwinglius* T. 2. in Exeges. p. 372. non veretur eam ‚pestem' vocare. Beza tale ‚figmentum et commentum, cujus vel ipsum satanam pudeat', nosque ‚sarcophagos' et ‚Capernaitas' proclamat. Idem Beza in Creophagia f. 262. oralem manducationem vocat ‚brutum et cyclopicum esum'; vol. 1. f. 216. inquit: ‚In terris dari symbola dicimus a ministris, fide vero nos sacramentis tanquam scalis subvectos in coelum assurgere, ubi demum carnem Christi quaerimus.' Polanus l. 6. c. 56. distinguit inter ὁμοῦ et ἅμα. ‚Cum pane et vino', inquit, ‚exhibetur a Christo et perci-

pitur a vere fidelibus corpus et sanguis Christi, quod non intelligi debet
ὁμοῦ i. e. simul loco, ac si in vel sub pane corpus, item in vel sub vino
sanguis Christi in eodem loco hic in terris essent, sed ἅμα i. e. simul
tempore, ut sit sensus: Quando homo fidelis edit panem Domini, vinum
Domini ore corporis, tum eodem tempore simul edit corpus et bibit
sanguinem Christi ore animae.' Confessio Helvetica a. 21. p. 71. ait:
‚Corporaliter manducari non posse carnem (Christi) circa flagitium aut
truculentiam.' ‚Den gekreuzigten Leib Christi essen und sein vergossen
Blut trinken, heisst an Christum gläuben und im Glauben mit ihm vereiniget werden', inquit Catechis. Palat. qu. 76. 2. *Photinianorum seu
Socinianorum*, qui nullam, neque oralem, neque spiritualem manducationem et bibitionem admittunt in coena s. corporis et sanguinis Christi,
sed extra coenam largiuntur spiritualem." (L. c. s. 2. q. 3. f. 1224. sq.)

DELITZSCHIUS: ,,Wer nur immer getauft ist und theil nimmt an
des Herrn Mahle, der ist ein Glied am Leibe Christi. Der Leib Christi
ist die Gesammtheit aller derer, die zu einem Leibe getauft und zu
einem Geiste getränkt sind. Es sei Hengstenberg oder Wislizenus —
kraft der That Gottes, die der Glaube nicht hervorbringt und der Unglaube nicht vereitelt, sind sie beide Glieder eines und desselben Leibes." (Vier Bücher von der Kirche. Dresden 1847. p. 33. sq.)

h) *Probatur* autem vera et realis praesentia, manducatio et bibitio
corporis et sanguinis Christi praecipue *ex* ipsis *verbis institutionis*, ubi
·Christus, porrecto *pane*, ad discipulos dixit: *Accipite, comedite, hoc est
corpus meum*, et porrecto poculo, in quo vinum erat: *Bibite, hoc est sanguis meus.* Quae ut indubie de manducatione et bibitione *orali* loquuntur, ita, si in sua *nativa vi* et indole spectentur, clarissime significant,
hoc, quod accipere et ore corporis comedere Christus jubet atque adeo
reapse praesens esse testatur, esse suum ipsius corpus, et hoc, quod de
poculo benedicto itidem ore bibere jubet, esse suum ipsius sanguinem.
Nempe enunciationis, qua Christus porrecto pane et pronuntiatis verbis: *Accipite, comedite*, pergit: *Hoc est·corpus meum*, verbis proprie ac
sine tropo acceptis hic est sensus: *Hoc, quod vobis do, et quod vos accipere et comedere jubeo, est corpus meum.* Similiter verborum, quibus
Christus porrecto poculo, in quo vinum erat, additisque verbis: *Accipite, bibite*, porro dixit: *Hoc est sanguis meus*, sensus hic est: *Hoc, quod
vobis porrigo, et accipere ac bibere jubeo, est sanguis meus.* Ac licet non
nisi panis et vinum ad sensum monstrata fuerint, aliud *tamen*, et quidem ipsum corpus et sanguis Christi, sensibus non aeque obvium,
nihilominus cum eo, quod ad sensum monstratur, conjunctum et unitum, tanquam realiter praesens ac reapse exhibitum verbis adjectis
declaratur. Confer. b. *Mus.* l. c. § 109. sqq. p. 103. § 111. p. 134.
§ 144. p. 137. § 158. p. 153. Quod autem verba illa Christi *in sua
nativa vi* atque indole accipienda, *neque* a propria illorum significatione
ad tropum deflectendum sit, constat (1.) ex *communi* et in ipsa ratione
naturali fundata *regula interpretationis* de retinenda propria significatione, nisi urgens necessitas ad significationem impropriam descendere
cogat; quae quidem regula in iis, quae res supernaturales continent
atque ad fidem pertinent, inprimis solicite observanda est. (2.) Quod,
cum *tres evangelistae* atque *Paulus*, temporibus ac locis diversis, institutionem s. coenae commemorarent, *nemo* tamen verbo significavit,
tropicam significationem verborum *eatenus* amplectendam esse, ut, non
corpus, sed signum corporis edi, non sanguinem, sed signum sanguinis

bibi, credendum sit. (3.) Ex *consensu* LL. *1 Cor. 11, 27. 28.* et *cap. 10, 16.* Illic enim *indignus* conviva eucharistiae dicitur *reus* ipsius *corporis* et *sanguinis Domini*, tanquam indigne aut cum contumelia acceptorum, quia panis et vinum sunt κοινωνία, *communicatio, corporis* et *sanguinis* Christi, quod altero loco docetur. Communicatio autem haec non est nuda significatio, sed realis conjunctio. (4.) Ex indole *testamentorum*, in quibus verborum proprietas et perspicuitas maxime requiritur ac minime omnium putandum est, Christum sapientissimum ac veracissimum in testamento suo verborum improprietate litium ac rixarum materiam vel data opera vel imprudenter dedisse. Confer. b. *Mus.* l. c. § 4. sqq. ad 13. p. 2. sqq.

,,LUTHERUS: ,,Euch, als die Unsern, weiter zu unterrichten, sollt ihr wissen, dass ein lauter Gedicht ist, wer da sagt: Dass dies Wörtlein ,*ist*' so viel heisse, als ,*deutet*'. Es kann kein Mensch nimmermehr beweisen an einigem Ort der Schrift; ja, ich will weiter sagen: *wenn die Schwärmer in allen Sprachen, so auf Erden sind, einen Spruch bringen, darinnen ,ist' so viel gelte als ,deutet', so sollen sie gewonnen haben.* Aber sie sollens wohl lassen, es mangelt den hohen Geistern, dass sie die Redekunst, Grammatik, oder wie sie es nennen, Tropus, so man in der Kinderschulen lehret, nicht recht ansehen. Dieselbige Kunst lehret, wie ein Knabe solle aus einem Wort zwei oder drei machen, oder wie er einerlei Wort neuen Brauch und mehr Deutungen geben möge. Als, dass ich mit etlichen Exempeln beweise: das Wort Blume, nach seiner ersten und alten Deutung, heisst es eine Rose, Lilie, Violen und dergleichen, die aus der Erden wächst und blüht. Wenn ich nun Christum wollt mit einem feinen Lobe preisen und sähe, wie er von der Jungfrau Maria kommt, so ein schön Kind, mag ich das Wort Blume nehmen und einen Tropum machen, oder eine neue Deutung und Brauch geben und sagen: Christus ist eine Blume. Hie sprechen alle Grammatici oder Redenmeister, dass Blume sei ein neu Wort worden und habe eine neue Deutung und heisse nun nicht mehr die Blume auf dem Feld, sondern das Kind Jesus, und müsse nicht hie das Wort ,ist' zur Deutelei werden, denn Christus bedeutet nicht eine Blume, sondern er ist eine Blume, doch eine andere Blume, denn die natürliche. Denn so spricht der Poet Horatius: Dixeris egregie, notum si callida verbum reddiderit junctura novum (De arte poetica, v. 47. 48.), das ist, gar fein ists geredt, wenn du ein gemein Wort kannst wohl verneuen. Daraus man hat, dass einerlei Wort zwei oder vielerlei Wort wird, wenn es über seine gemeine Deutung andere neue Deutung kriegt. Als, Blume ist ein ander Wort, wenn es Christum heisst, und ein anders, wenn es die natürliche Rosen und dergleichen heisst. Item, ein anders, wenns eine güldene, silberne oder hölzerne Rosen heisst. Also, wenn man von einem kargen Mann spricht: Er ist ein Hund; hie heisst ein Hund den kargen Filz und ist aus dem alten Wort ein neu Wort worden; nach der Lehre Horatii muss nicht hie ,ist' eine Deutelei sein; denn der Karge bedeutet nicht einen Hund. Also redet man nun in allen Sprachen und verneuet die Wörter, als, wenn wir sagen: Maria ist eine Morgenröthe; Christus ist eine Frucht des Leibes; der Teufel ist ein Gott der Welt; der Pabst ist Judas; St. Augustin ist Paulus; St. Bernhard ist eine Taube; David ist ein Holzwürmlein, und so fortan, ist die Schrift solcher Rede voll. Und heisst Tropus oder Metaphora in der Grammatik, wenn man zweierlei Dingen einerlei Namen gibt, um deswillen, dass ein Gleichniss in beiden ist, und ist denn derselbige Name nach dem Buchstaben wohl einerlei Wort, aber potestate et significatione plura, nach der Macht, Brauch, Deutung zwei Wort, ein altes und neues, wie Horatius sagt und die Kinder wohl wissen. Wir Deutschen pflegen bei solchen verneueten Worten recht, oder ander, oder neu zu setzen und sagen: Du bist ein rechter Hund, die Mönche sind rechte Pharisäer, die Nonnen sind rechte Moabiter Töchter, Christus ist ein rechter Salomon. Item, Luther ist ein ander Huss, Zwingel ist ein ander Korah, Oecolampad ist ein neuer Abiram. In solchen Reden werden mir alle Deutsche Zeugniss geben und bekennen, dass neue Wörter sind und gleich so viel ist, wenn ich sage: Luther ist Huss, Luther ist ein ander Huss, Luther ist ein rechter Huss, Luther ist ein neuer Huss. Also, dass man es fühlet, wie in solchen Reden nach der Lehre Horatii ein neu Wort aus dem vorigen gemacht wird, denn es klappet noch klinget nicht, wenn ich sagt: Luther bedeut Huss, sondern, er ist ein Huss. Vom Wesen redet man in solchen Sprüchen, was einer sei, und nicht, was er bedeute, und macht über seinem neu Wesen auch ein neu Wort. So wirst du es finden in allen Sprachen, das weiss ich fürwahr, und also lehren alle Grammatici und wissen die Knaben in der Schule, und wirst nimmer finden, dass ‚ist‘ möge ‚deuten‘ heissen. Wenn nun Christus spricht: Johannes ist *Elias*, kann niemand beweisen, dass Johannes bedeute Elias, denn es auch lächerlich wäre, dass Johannes sollte Elias bedeuten, so viel billiger Elias Johannem bedeutet. Und nach Zwingels Kunst müsste es Christus umkehren und sagen: Elias ist Johannes, das ist, er bedeutet Johannem. Sondern Christus will sagen, was Johannes sei, nicht was er bedeute, sondern was er vor ein Wesen oder Amt habe, und spricht: er sei Elias. Hie ist Elias ein neu Wort worden und heisst nicht den alten Elias, sondern den neuen Elias, wie wir Deutschen sagen: Johannes ist der rechte Elias, Johannes ist ein ander Elias, Johannes ist ein neuer Elias. Eben so ists auch geredt: Christus ist ein *Fels*, das ist, er hat ein Wesen und ist wahrhaftig ein Fels, aber doch ein neuer Fels, ein ander Fels, ein rechter Fels; item: Christus ist ein rechter *Weinstock*. Lieber, wie klappets, wenn du solches also willt deuten nach Zwingels Dünkel: Christus bedeutet den rechten Weinstock? Wer ist denn der rechte Weinstock, den Christus bedeutet? So hör ich wohl, Christus sollte ein Zeichen oder Deutung sein des Holzes im Weinberge? Ach, das wäre fein Ding! Warum hätte denn Christus nicht billiger also gesagt: Der rechte Weinstock ist Christus, das ist, der hölzerne Weinstock bedeutet Christum? Es ist ja billiger, dass Christus bedeutet werde, denn dass er allererst bedeuten sollte, sintemal das da deutet, allemal geringer ist, denn das bedeutet wird, und alle Zeichen geringer sind, denn das Ding, so sie bezeichnen; wie das alles auch Narren und Kinder wohl verstehen. Aber der Zwingel siehet nicht auf das Wort vera in diesem Spruch: Christus ist der rechte *Weinstock*. Wenn er dasselbige ansähe, hätte er nicht können Deutelei aus dem ‚ist‘ machen. Denn es leidet keine Sprache nach Vernunft, dass man sage, Christus bedeute den rechten Weinstock. Denn es kann ja niemand sagen, dass an diesem Ort der rechte Weinstock sei das Holz im Weinberge. Und zwinget also der Text mit Gewalt, dass Weinstock sei hie ein neu Wort, das einen andern, neuen, rechten Weinstock heisse und nicht den Weinstock im Weinberge. Drum kann auch ‚ist‘ hie nicht Deutelei sein, sondern Christus ist wahrhaftig und hat das Wesen eines rechten, neuen Weinstocks. Wiewohl, wenn gleich der Text also stünde: Christus ist ein Weinstock, so lautets doch nicht, dass ich sagen wollte: Christus bedeutet den Weinstock, sondern vielmehr sollte der Weinstock Christum bedeuten. Also auch dieser Spruch: Christus ist das *Lamm* Gottes, Joh. 1, 29., kann nicht also verstanden werden, Christus bedeutet das Lamm Gottes, denn so müsste Christus geringer sein, als ein Zeichen, denn das Lamm Gottes. Welches will aber denn das Lamm Gottes sein, das Christus bedeutet? Solls sein das Osterlamm? Warum kehret ers denn nicht um und spräche billiger: Das Lamm Gottes ist Christus, das ist, Osterlamm bedeutet Christus, wie Zwingel deutet? Nun aber, weil das Wörtlein Gottes bei dem Wort Lamm stehet, zwingt es mit Gewalt, dass Lamm hie ein ander, neu Wort ist, heisset auch ein ander, neu und das rechte Lamm, welches Christus wahrhaftig ist, und nicht das alte Osterlamm. Und so fortan, was sie mehr vor Exempel führen, als: Der *Same* ist Gottes Wort, Luc. 8, 11. ff., der *Acker* ist die Welt u. s. w., Matth. 13, 38., können sie keine Deutelei aus dem ,ist' machen mit gutem Grunde, sondern die Kinder in der Schule sagen, dass Same und Acker seien tropi oder verneuete Wörter nach der Metaphora. Denn vocabulum simplex et metaphoricum sind nicht ein, sondern zwei Worte. Also heisst Same hie nicht Korn noch Weizen, sondern Gottes Wort, und Acker heisset die Welt, denn Christus (spricht der Text selbst) redet in Gleichnissen und nicht von natürlichem Korn oder Weizen. Wer aber in Gleichnissen redet, der machet aus gemeinen Worten eitel tropos, neue und andere Wörter, sonst wärens nicht Gleichnisse, wo er die gemeinen Wort brauchet in der vorigen Deutung. Dass gar ein toller, unverständiger Geist ist, der in Gleichnissen will die Worte nehmen nach gemeiner Deutung, wider die Natur und Art der Gleichnissen; der muss denn wohl mit Deutelei und Gaukelei zu schaffen gewinnen." (Bekenntniss vom Abendmahl. A. 1528. Tom. XX, 1131—1136.)

IDEM: ,,Hie wird vielleicht die andere Rotte sich brüsten und sagen: Hiermit wirst du bestätigen des *Oecolampadii Zeichelei*, weil derselbige, nach solcher Lehre Horatii, auch ein neu Wort und tropum machet aus dem gemeinen und spricht, ,mein Leib' heisse hie ,meines *Leibes Zeichen*'. Hierauf ist bald geantwortet: dass die Grammatici, dazu auch alle christliche Lehrer verbieten, man solle nimmermehr von gemeiner alten Deutung eines Wortes treten und neue Deutung annehmen, es zwinge denn der Text und der Verstand, oder werde aus andern Orten der Schrift mit Gewalt bewiesen; sonst würde man nimmermehr keinen gewissen Text, Verstand, Rede noch Sprache behalten. Als, wenn Christus spricht: Johannes ist Elias; hie zwinget der Text und Glaube, dass Elias ein neues Wort sein muss, weil das gewiss ist, dass Johannes nicht ist noch sein kann der alte Elias. Item: Christus ist ein Fels, zwinget abermal der Text selbst und der Glaube, dass Fels hie ein neues Wort ist, weil Christus nicht ist, noch sein kann ein natürlicher Fels. Dass nun Oecolampad hie aus dem Wort Leib macht Leibes-Zeichen, gestehet man ihm nicht, denn er thuts muthwilliglich und kanns nicht beweisen, dass der Text oder Glaube so erzwinge. Gleich als wenn einer muthwilliglich wollte also tropisiren oder Wort verneuen: Das Evangelium ist Gottes Kraft, Röm. 1, 16., sollte so viel gelten, das Evangelium ist des Rolands Schwert. Also möchte einer Christum Belial, Paulum Judas heissen oder deuten, wer wills ihm wehren? Aber man nimmts nicht an, er beweise es denn, und zwinge es aus dem Text. Also streitet Oecolampad auch nicht weiter, denn, dass er eitel Brot und Wein im Abendmahl mache. Aber wenn er dasselbige schon erstritte (als er nicht vermag), so kann er doch nicht erstreiten noch beweisen, dass Leib Leibes Zeichen heisse. . . . Ueber das, so ists auch ein verkehrter unartiger Tropus wider alle Tropos der Schrift, dass man greifen muss, es sei ein muthwillig Gedichte; das muss ich klar machen. Wo ein Tropus oder verneuert Wort wird in der heiligen Schrift, da werden auch zwo Deutungen, eine neue über die erste alte oder vorige, wie droben gesagt ist; als, das Wort ,Weinstock' in der Schrift hat zwo Deutungen, eine alte und neue. Nach der alten oder ersten heisst es schlecht den Strauch oder Gewächse im Weinberge, nach der neuen heisst es Christum, Joh. 15, 5.: ,Ich bin ein Weinstock'; oder heisst eine Kindermutter, Ps. 128, 3.: ,Dein Weib wird sein wie ein Weinstock', oder was desgleichen ist, darum, dass es mit dem Weinstock ein Gleichniss hat der Frucht halben, wie die Redenmeister lehren, quae transferuntur, secundum similitudinem transferuntur, das ist, alle Verneurung oder Tropi geschehen einer Gleichniss halben. Nun sind dieselbigen Tropi in der Schrift also gethan, dass die Worte nach der alten oder ersten Deutung zeigen das Ding,

so des neuen Gleichniss ist, und nach der neuen Deutung zeigen sie
das neue rechte Ding oder Wesen selbst und nicht wiederum zurücke.
Als in diesem Spruch: Ich bin der rechte Weinstock. Hie ist das
Wort Weinstock ein Tropus oder neu Wort worden, welches nicht
kann zurück deuten den alten Weinstock, der des neuen Gleichniss ist,
sondern deutet für sich den rechten neuen Weinstock selbst, der nicht
ein Gleichniss ist. Denn Christus ist nicht ein Gleichniss des Weinstocks, sondern wiederum der Weinstock ist ein Gleichniss Christi
u. s. w. Item, ‚der Same ist Gottes Wort‘, Luc. 8, 11., hie zeiget Same
nicht das Korn, welches ein Gleichniss ist des Evangelii, sondern (wie
ein verneuet Wort oder Tropus soll) deutet es das Evangelium, den
rechten neuen Samen selbst, der nicht die Gleichniss ist. Und so
fortan alle Tropi in der Schrift deuten das rechte neue Wesen und
nicht das Gleichniss desselbigen neuen Wesens. Solches aber kehret
Oecolampad um und macht einen solchen Tropum oder verneuet Wort,
das zurücke deutet die Gleichniss des neuen Wesens, und spricht, Leib
solle Leibes Zeichen oder Gleichniss heissen, in dem Spruch: das ist
mein Leib, so er doch, wo er der Schrift nachfolgen wollt, vielmehr soll
das Wort Leib also verneuen, dass es den rechten neuen Leib heisst,
welchem der natürliche Leib Christi ein Gleichniss wäre. Denn die
Schrift troppet nicht also zurücke und lautet auch nicht, wenn ich also
wollte troppen: Christus ist ein Weinstock, Joh. 15, 5., das ist, ein
Zeichen des Weinstocks. Evangelium ist ein Same, das ist, ein Zeichen
des Samens. Christus ist ein Lamm, Joh. 1, 29., das ist, ein Zeichen
des Lamms. Christus ist ein Fels, Matth. 16, 18., das ist, ein Zeichen
des Felsen. Christus ist unser Passah, das ist, ein Zeichen unsers
Passah. Johannes ist Elias, Matth. 11, 14., das ist, ein Zeichen Elias.
Summa Summarum, solcher Tropus ist keiner in der Schrift und taugt
auch keiner. Darum kann auch Oecolampads Tropus nicht gelten, da
er spricht: Brot ist mein Leib, das ist, meines Leibes Zeichen, denn es
ist ein rücklinger, verkehrter Tropus, macht aus dem rechten Wesen
ein Gleichniss oder Zeichen, welches der heiligen Schrift Art nicht ist,
darum ists ein lauter Gedicht. Wenn aber der Text also stünde: Nehmet, esset, das ist mein rechtes Brot, da könnt man einen artigen Tropum machen und gar fein sagen: Brot ist hie ein verneuet Wort, welches nach der ersten Deutung heisst schlecht Brot, das ein Gleichniss
ist des Leibes Christi, und nach der neuen Deutung heisst es das rechte
neue Brot selbst, welches ist der Leib Christi. Aber nun der Text
also stehet: Das ist mein Leib, und er will einen Tropum da machen,
muss er der Schrift nach also sagen: Das Wort Leib nach der alten
Deutung heisst den natürlichen Leib Christi, aber nach der neuen Deutung muss es einen andern neuen Leib Christi heissen, welchem sein
natürlicher Leib ein Gleichniss ist. Das wäre nach der Schrift Weise
das Wort recht und wohl verneuet, dass der neue Text also stünde:
Das ist mein rechter neuer Leib, der nicht ein Gleichniss ist, gleichwie
ich sage von Christo: das ist unser Weinstock, das ist, ein neuer rechter Weinstock, welches Gleichniss ist der alte Weinstock im Weinberge.
Ob nun jemand hie wollt vorgeben, man finde gleichwohl solchen Oeco-
lampadstropum in gemeiner Rede, als, wenn man von den Bildern saget:
das ist St. Peter, das ist St. Paulus, das ist Pabst Julius, das ist Kaiser
Nero und so fortan. In welchen Reden die Worte Petrus, Paulus,
Julius, Nero für Bilder genommen werden. Antworte ich erstlich: da
frage ich nichts nach; Oecolampad hat nicht für sich genommen zu
troppen in gemeiner Rede, sondern in der Schrift, da muss er auch in
bleiben und derselbigen Art und Weise folgen. Wo er aber mir ein
Exempel seines Troppens in der Schrift könnte zeigen, so sollt er gewonnen haben und ich wollt ihm in allen Stücken zufallen. Wo er aber
kein Exempel aufbringet, so hat er verloren und ist sein Tropus nichts
und ein lauter Gedicht. Denn die heilige Schrift hält sich mit reden,
wie Gott sich hält mit wirken. Nun schafft Gott allwege, dass die Deu-

tung oder Gleichniss zuvor geschehen, und darnach folge das rechte
Wesen und Erfüllung der Gleichnissen. Denn also gehet das alte Testament als ein Gleichniss vorher, und folget das neue Testament hernach
als das rechte Wesen. Eben also thut sie auch, wenn sie Tropos oder
neue Wort macht, dass sie nimmt das alte Wort, welches die Gleichniss ist, und gibt ihm eine neue Deutung, welche das rechte Wesen ist.
Denn wie sollts lauten, wenn ich spräche: Evangelium ist ein neu Testament, das ist, ein Gleichniss des neuen Testaments. Das wäre so viel
gesagt: Das Evangelium ist das alte Testament. Item, Christus ist
Gottes Lamm, das ist, ein Bild oder Gleichniss Gottes Lamms; das
wäre so viel gesagt: Christus ist das alte Osterlamm Mosis. Eben so
thut auch Oecolampad mit seinem rücklingen Tropo, da er aus dem
neuen Wort Leib ein alt Wort macht und spricht: Es soll heissen, das
ist meines Leibes Zeichen, das ist so viel gesagt, das ist Brot. Nun
soll hie billig Brot das alte Wort sein und der Leib das neue, und das
Wort Brot den Leib, nicht das Wort Leib das Brot bedeuten. Also
wird sein Tropus zu Wasser und kann nicht bestehen in der Schrift.
*Zum andern ists auch nicht wahr, dass solcher Tropus Oecolampads in
einiger gemeinen Rede oder Sprache sei in der ganzen Welt, und wer mir
des ein beständig Exempel bringet, dem will ich meinen Hals geben.* Sie
sagen wohl, dass ein solcher Tropus sei in dieser Rede: Hie ist St. Petrus, das ist, ein Bilde St. Petrus; ich sage aber nein dazu, und sie
könnens nicht beweisen, es ist ihr eigen falsch Gedicht. *Denn das ist
eine gewisse Regel in allen Sprachen: wo das Wörtlein ,ist' in einer Rede
geführt wird, da redet man gewisslich vom Wesen desselbigen Dinges und
nicht von seinem Deuten.* Das merke dabei: ich nehme eine hölzerne
oder silberne Rose vor mich und frage, was ist das? so antwort man
mir, es ist eine Rose. Hie frage ich nicht, was es *bedeute*, sondern
nach dem *Wesen*, was es sei; so antwortet man mir auch, was es sei,
und nicht, was es bedeute. Denn es ist viel eine andere Frage, wenn
ich sage, was bedeut das? und wenn ich sage, was ist das? ,Ist' gehet
immer aufs Wesen selbst, das fehlet nimmermehr. Ja, sprichst du:
es ist ja nicht eine Rose, sondern ein Holz? Antwort: das ist gut;
dennoch ists eine Rose, obs nicht eine gewachsen natürliche Rose ist
im Garten, dennoch ists auch wesentlich eine Rose auf seine Weise,
denn es sind mancherlei Rosen, als silbern, gülden, tüchern, papierern,
steinern, hölzern; dennoch ist eine jegliche für sich wesentlich eine
Rose in ihrem Wesen, und kann nicht ein blos Deuten da sein. Ja, wie
wollte ein Deuten da sein, das nicht zuvor ein Wesen hätte? Was nichts
ist, das deutet nichts; was aber deutet, das muss zuvor ein Wesen und
ein Gleichniss des andern Wesens haben. Darum ist an einer hölzern
Rosen beides von einander zu scheiden, das Wesen und das Deuten,
sicut actum primum et secundum, sicut verbum substantivum et activum; nach dem Wesen ists wahrhaftig eine Rose, nämlich eine hölzerne Rose; darnach, wenn das Wesen also stehet, mag man denn
sagen: diese Rose bedeut oder ist nach einer andern Rosen gemacht.
Denn dies sind zwo unterschiedliche Reden oder propositiones: das ist
eine Rose, und, das bedeut eine Rose; und wer *eine* Rede draus macht,
der thät so viel, als der propositionem hypotheticam und categoricam
für *eine* Proposition hielte, quod est impossibile. Wie ungeschickt
Ding das sei, wissen die Gelehrten wohl. Wie nun der Rosen Wesen
mancherlei ist, hölzern, silbern, gülden u. s. w., und doch eine jegliche
wahrhaftig für sich selbst eine Rose ist und heisst, also wird auch das
Wort Rose so oft ein ander neu Wort (obs wohl einerlei Buchstaben
bleibt) nach der Deutung, so oft das Wesen der Rosen anders und anders wird. Also, dass man nirgend darf des Oecolampads Tropos
brauchen, oder sagen: das ist einer Rosen Bilde. Denn es ist auch
nicht wahr, dass, wer da spricht: das ist eine Rose, dass er wolle gesagt oder verstanden haben, das ist einer Rosen Gleichniss, sondern er
will sagen, was es sei am Wesen. Und wenn er weiter sagen will, was

es bedeute, so macht er zwo unterschiedliche Reden und spricht: das ist eine Rose und bedeut eine Rose. Und jedermann muss bekennen, dass solche zwo Reden nicht gleich viel gelten, noch von einerlei Rosen reden, sondern eine jegliche für sich ein anders sagt, denn die andere. Das weiss ich fürwahr, dass diesem allem so sei, und niemand wirds leugnen können. Darum kann Oecolampad mit seinem Tropo nicht bestehen, dass er diese zwo Reden gleich viel will gelten lassen: das ist mein Leib, und das ist meines Leibes Gleichniss; denn das leidet keine Zunge noch Sprache. Gleich als nicht kann gleich viel gelten, wenn ich sage vom Bilde St. Pauli: das ist St. Paulus, und: das bedeut St. Paulus. Denn die erste Rede will sagen, was das Bild sei, dass es sei St. Paulus, nämlich ein hölzerner St. Paulus, ein silberner St. Paulus, ein güldener St. Paulus, ein gemalter St. Paulus. Kurzum, vom Wesen redet das Wörtlein ‚ist‘, es sei, was es auch für ein Wesen sei, und ist St. Paulus hie ein neu Wort worden, das nicht den lebendigen St. Paulus heisst. Darnach, wenn ich weiter frage: was *bedeut* es denn? da ist so balde eine andere Rede, die nun nicht vom Wesen, sondern vom Deuten redet. Dass also, gleich wie Wesen und Deuten nicht einerlei sind, also auch nicht mit einerlei Worten oder Reden mögen ausgesprochen werden; ein jegliches muss seine besondere Rede haben. Soll nun Oecolampad mit seinem Tropo bestehen, so muss er im Abendmahl auch zwo Reden machen, die eine vom Wesen, also: das ist mein Leib; denn es stehet ein ‚ist‘ da, das will und muss vom Wesen reden. Dieweil nun im Abendmahl nicht mehr denn die eine Rede stehet, so vom Wesen redet, nämlich: das ist mein Leib, so muss es von einem wesentlichen Leibe Christi geredet sein, Gott gebe, derselbige Leib sei hölzern, silbern, oder wie er will; denn es stehet ein ‚ist‘ da, das will einen Leib Christi haben, der da sein und heisse Christus Leib, wie gemeiner Sprache Art ist, dass ein Paulus da sein muss, wenn man vom Bilde sagt: das ist Paulus. Also muss Oecolampad einen Leib Christi im Abendmahl sein lassen, da mag er nachdenken, ob er denselbigen aus Brot, Holz, Thon oder Stein machen wolle; der Tropus muss einen Leib Christi haben, weil nicht die andere Rede dabei stehet, das bedeut, oder das ist meines Leibes Zeichen, sondern also: das ist mein Leib. Summa Summarum, wie ich von der Rose gesagt habe, wo etwa in einer Rede das Wort Rose soll ein neu Wort oder Tropus werden, da müssen zwo Rosen zukommen, die alle beide den Namen Rose mit Wahrheit führen, eine, die bedeute, die andere, die bedeutet werde, und eine jegliche der beiden Rosen muss wahrhaftig eine Rose sein und heissen, wiewohl eine jegliche auf ihre Weise, eine hölzern, die andere natürlich. Also auch, so das Wort ‚mein Leib‘ in der Rede des Abendmahls ein neu Wort oder Tropus werden soll, so müssen auch zween Leibe Christi darzu kommen, die alle beide den Namen: mein Leib, mit Wahrheit führen, einer, der da bedeute, der andere, der bedeutet werde. Also, dass ein jeglicher der beiden Leibe Christi wahrhaftig und recht ein Leib Christi heisse und sei wesentlich, er sei gleich hölzern, silbern oder brötern. Kann nun Oecolampad beweisen, dass Brot sei wahrhaftig ein Leib Christi und mag sagen, es sei ein brötern Leib Christi, der da sei ein Gleichniss des natürlichen Leibes Christi, wie die hölzern Rose wahrhaftig eine Rose ist und ein Gleichniss der natürlichen Rose, so hat er damit so viel ausgericht, dass seines Tropi Exempel mag funden werden, und sein Tropus sei dem gleich, so in gemeiner Rede gehet von Bildern, das ist St. Petrus, das ist St. Paulus u. s. w. Obs wohl noch nicht ein Tropus ist nach der Schrift Art. Wo aber nicht, so ist sein Tropus auch ausser der Schrift nichts. Wie will er nun solches beibringen, dass Brot Christi Leib sei und heisse, oder dass Christus einen brötern Leib habe, wie St. Paulus einen hölzern St. Paulus hat. Nun muss ers thun, oder ist Lurzsch; und wenn ers gleich fünde, was hilfts, so dennoch in der *Schrift* solcher Tropus nichts gülte? Weil denn sein

Tropus weder in der Schrift noch ausser der Schrift Exempel hat, ja wider der Schrift und aller Sprachen Art ist, so kann man ja wohl greifen, dass ein lauter unnütz Gedicht sei.'' (Ibid. p. 1137. sq. 1234—1242.)

CALOVIUS: ,,Calvinianorum sententiam refellimus . . . 15.) singulorum verborum inductione ac sententia nativa. In nullo enim reperitur figura, aut si statuatur, non invenietur, ubi pes figatur, merusque erit μετεωρισμός. Ex adverso autem omnia verba clamant, proprium sensum retinendum esse. Nam si cum Carlstadio τοῦτο δεικτικὸν ad corpus Christi mensae assidens accommodare velis, reclamat Marcus, idem pronomen etiam ad sanguinem Christi accommodans: τοῦτο ἐστι τὸ αἱμά μου, ubi nulla ostensio visibilis sanguinis Christi assidentis locum habere potest. Ne dicam, quod λεπτολογία fingatur verbis Christi inesse, inepta ista verborum detorsione: edite, hic cernitis corpus meum, bibite, hic enim sedet sanguis meus. · Ita, si cum Zwinglio tropum velis locare in copula est, non modo reclamat consensus evangelistarum, qui nil de esse significativo habent, sed et obstat Lucae locutio, qui verbum substantivum plane omittit, id vero quod non est, modificari nequit, multo minus propter id reliqua verba in alienam trahi debent sententiam. Ulterius: signis Oecolampadii, Zwinglio adversa fronte obloquentis, praesumat tueri sententiam et loco corporis in *praedicato* substituere figuram corporis, vel cum Johanne Calvino beneficia corporis Christi, reclamant Lucas et Paulus, asserentes illud ipsum corpus exhiberi, quod pro nobis in mortem est traditum, ut de ipsamet corporis substantia, urgente ipso Beza, intelligere necessario cogaris. Ita ergo consensus unanimis amanuensium Christi solidissime omnes tropos refutat, qui ad ista generalia capita reducuntur, quamvis caeteroquin innumeri sint. Hinc argumentor: Quae verba singula ita determinantur, ut omnibus tropis rimas obstruant, ea non tropice, sed literaliter intelligenda sunt, atqui essentialia coenae verba talia esse, jam evictum est. Ergo. Ὅπερ ἐδει δεῖξαι.'' (System. IX, 296.)

GERHARDUS: ,,Saepius etiam hoc ab adversariis nobis objicitur, quod ipsimet a ῥητῷ verborum discedamus, usi sc. in hoc mysterio hisce propositionibus: *in, cum* et *sub* pane benedicto datur corpus Christi, *in, cum* et *sub* vino benedicto datur sanguis Christi, unde propudiosum excogitarunt versum: ,*In, cum, sub* totum fallunt monosyllaba mundum.' . . *Resp*. 1.: Concedatur nobis vera realis et substantialis corporis et sanguinis Christi in s. coena praesentia; concedatur, verba Christi κατὰ τὸ ῥητὸν in genuino, nativo et proprio sensu accipienda esse, ac de usu harum particularum facile cum illis transigemus. 2. Praedicationes sacramentales: ,hoc est corpus meum', ,hoc est sanguis meus', sunt *comprehensivae* et *exhibitivae*, id est, duarum rerum distinctarum unionem et conjunctam exhibitionem notant, ut superius ostendimus, ideo non possunt commodius resolvi, quam per particulas: *in, cum, sub*, quibus unitorum conjunctio et conjuncta exhibitio exprimitur. Sicut haec exhibitiva propositio: accipe, hoc est vinum, non potest dexterius et commodius resolvi, quam eo modo: in vel cum hoc vase exhibetur vinum; quamcunque enim aliam proferas analysin, nugatoria erit et absurda; ita quoque praedicatio illa sacramentalis: hoc est corpus meum, commodissime resolvitur: in, cum, sub hoc pane exhibeo corpus meum, quia ex instituto Christi panis eucharisticus est organum, ὄχημα et symbolum, cum quo et sub quo datur Christi corpus. . . Τῷ ῥητῷ nihil derogat synonymia grammatica, paraphrasis oratoria, aequipollentia logica, interpretatio theologica, quae aliis eandem rem verbis effert, ut recte scribit D. Major in tractatu περὶ τῷ ῥητῷ tit. 3. c. 1. th. 17. . . Quod particularum istarum usus *localem inclusionem* denotet, ex eo falsitatis convincitur, quod in mysterio unionis personalis duarum naturarum in Christo Spiritus S. eisdem utatur, nemo tamen dixerit, divinam naturam τῷ λόγῳ in assumta carne localiter inclusam. Quod verbum dicitur caro factum Joh. 1, 14., id apostolus sic effert 1 Tim.

3, 16.: „Deus manifestatus est *in* carne.‘ Quod Christus dicitur verus Deus Rom. 9, 5., id Col. 2, 9. sic effertur: „*In* ipso habitat tota plenitudo deitatis corporaliter‘, 2 Cor. 5, 19.: „Deus erat *in* Christo, mundum reconcilians sibi ipsi‘; Joh. 3, 2. Actor. 10, 38.: „Deus erat *cum* illo.‘ Quemadmodum propter unionem personalem divinae et humanae naturae recte dicitur: Deus est homo et homo est Deus, sc. personaliter, ita propter unionem sacramentalem panis et corporis Christi recte dicitur: panis euchar. est corpus Christi, sc. sacramentaliter. Quemadmodum unio *personalis* exponitur per particulas *in* et *cum*: „Deus est *in* Christo, Deus est *cum* Christo‘, ita per easdem etiam unio *sacramentalis* declarari potest. . . Quandocunque invisibile quid in externo quodam symbolo corporeo visibili sese manifestat vel etiam datur, commodissime hae particulae adhiberi possunt. Sic Spiritus S. *in* corporali specie columbae super Christum descendisse Matth. 3, 16. Luc. 3, 21., *cum* flatu apostolis datus Joh. 20, 33., *sub* specie linguarum ignearum in apostolos descendisse Actor. 2, 1. rectissime dicitur, ubi tamen nemo somniat localem inclusionem Spiritus S. in columbam vel flatum vel linguas igneas, sed peculiaris tantummodo praesentia et per haec externa visibilia symbola invisibilis Spiritus S. manifestatio et collatio tantummodo exprimitur, ita quoque in articulo de coena usus particularum in, cum, sub nihil aliud, quam sacramentalem unionem et participationem denotat.“ (L. c. § 96.)

CHEMNITIUS: „Nonne hoc dogma pugnat cum articulis fidei nostrae: ascendit ad coelos, inde venturus est etc.? Minime. Nam Christus quidem corpore suo secundum verum et naturalem corporis modum seu proprietatem visibiliter et localiter ascendit ad coelos, sicut eodem etiam modo inde rediturus est ad judicium, Act. 1, 9. 11. Matth. 24, 30. Quod vero alium, coelestem et supernaturalem modum non norit aut in promptu habeat, quo juxta verba institutionis in coena corpore et sanguine suo adesse possit, hoc ipsum praedicti articuli non asserunt, sed contrarium potius docent et confirmant. Testantur enim articuli fidei nostrae, Christum corpore suo ad coelos ascendisse non eo modo, sicut aviculae, relicta superficie terrae, summa super arbore sidunt, neque sicut Elias in coelum assumptus est, sed ita ut consederit ad dexteram Dei Patris omnipotentis. Dextera autem Dei non est locus circumscriptus vel peculiaris sedes seu regio in coelo, qua Christus circumscriptus et conclusus teneatur, sed Scriptura vocat eam dexteram majestatis et virtutis Dei, quae implet omnia (Ps. 139, 7. et sqq.), ad quam Christus secundum humanam naturam exaltatus est, „super omnem principatum, potestatem, dominationem et omne nomen, quod nominatur, non solum in hoc saeculo, sed etiam in futuro‘, Ephes. 1, 20. 1 Pet. 3, ult.: „qui est ad dexteram Dei profectus in coelum, subjectis sibi angelis et potestatibus ac virtutibus.‘ Ita ut ipsi etiam secundum humanam naturam omnia sint subjecta, Ps. 8, 7. Ephes. 1, 22. Ebr. 2, 8. 1 Cor. 15, 27. Matth. 28, 18. Joh. 13, 3. Num igitur non posset corpore et sanguine suo hoc praestare, quod in testamento suo verbis expressis et perspicuis elocutus est et ordinavit? Imo praedicti articuli maxime comprobant veram et essentialem praesentiam corporis et sanguinis Christi in coena juxta verba testamenti ipsius. Licet enim hoc ipsum juxta naturales et essentiales veri corporis humani proprietates possibile non sit; quia tamen ille affirmat, qui corpore suo in coelum ascendit, ita ut consederit ad dexteram majestatis et virtutis Dei Patris omnipotentis, horrenda esset blasphemia, vel dicere, vel cogitare, impossibile idipsum esse et fieri nullo modo posse. Atque ex hac consideratione animadverti potest, cujus farinae sit factio sacramentariorum.“ (Enchiridion 1600. p. 326. sqq. Cf. supra annotata ex Kromayeri th. posit.-pol. P. III. c. 2. s. 1. p. 64. sq.)

LUTHERUS: „So ist nun ihr ander bestes Stück der Spruch Joh. 6, 63.: „*Fleisch ist kein nütze*‘, welchen Oecolampad rühmet, er sei seine eiserne Mauer. . . Christus, so oft er in der Schrift von seinem

Fleisch oder Leib redet, thut er das Wörtlein ,*mein*' hinzu und spricht: ,Mein Fleisch', ,mein Leib'; wie er in demselbigen Capitel, Joh. 6., spricht: ,Mein Fleisch ist die rechte Speise.' Item: ,Wer meines Fleisches isset' u. s. w. Item: ,Wo ihr nicht esset vom Fleisch des Menschensohnes' u. s. w. . . Also liegt die eiserne Mauer mit einem Wörtlein umgeblasen, das heisst: ,mea', mein. Denn weil da nicht stehet: *Mein* Fleisch nützet nicht, sondern schlechthin: Fleisch nützet nicht, haben wir *erstlich* also gewonnen, dass nicht mag von Christi Leib verstanden werden. Denn weil ers nicht selbst hinzusetzt und spricht: Mein Fleisch, so ists verboten, seine Worte zu bessern und etwas hinzuthun, sind auch gewiss und sicher, wenn wirs nicht von seinem Fleisch verstehen. *Zum andern* also, dass sie nicht mögen beweisen mit einigem Buchstaben, dass Fleisch hier Christi Fleisch heisse." (Dass diese Worte u. s. w. XX, 1027. 1028. 1030. sq.)

IDEM: ,,Aufs andere haben wir über diese vier gewaltige Sprüche noch einen andern, 1 Cor. 10, 16., der lautet also: ,Der Kelch der Benedeiung, welchen wir benedeien, ist der nicht die Gemeinschaft des Blutes Christi? Das Brot, das wir brechen, ist das nicht die Gemeinschaft des Leibes Christi?' Das ist ja, meine ich, ein Spruch, ja eine Donneraxt auf Doctor Carlstadts Kopf und aller seiner Rotten. Der Spruch ist auch die lebendige Arznei gewesen meines Herzens in meiner Anfechtung über diesem Sacrament. Und wenn wir keine Sprüche mehr hätten denn diesen, könnten wir doch damit alle Gewissen genugsam stärken und alle Widerfechter mächtiglich genugsam schlagen. O, wie hat D. Carlstadt den Spruch gefurcht! und fing an, ein gross stark Gewölb über sich zu bauen wider diese Donneraxt." (Wider die himmlischen Proph. A. 1525. XX, 313.)

IDEM: ,,Wir armen Sünder sind ja nicht so toll, dass wir gläuben, Christi Leib sei im Brot, auf die grobe sichtbarliche Weise, wie Brot im Korbe oder Wein im Becher, wie uns die Schwärmer gerne wollten auflegen, sich mit unsrer Thorheit zu kützeln; sondern wir gläuben stracks, dass sein Leib da sei, wie seine Worte drauf lauten und deuten: ,Das ist mein Leib' u. s. w. Dass aber die Väter und wir zuweilen so reden: Christi Leib ist *im* Brot, geschieht einfältiger Meinung darum, dass unser Glaube will bekennen, dass Christus Leib da sei; sonst mögen wir wohl leiden, man sage: er sei *im* Brot, er sei *das* Brot, er sei, *da* das Brot ist, oder wie man will. Ueber Worten wollen wir nicht zanken, allein dass der Sinn da bleibe, dass nicht schlecht Brot sei, das wir im Abendmahl Christi essen, sondern der Leib Christi." (Dass diese Worte u. s. w. XX, 1011. sq.)

ANTITHESES.

QUENSTEDTIUS: ,,*Antithesis:* 1. *Calvinianorum,* qui τὸ 'ῥητὸν in verbis coenae relinquunt et propositiones sacramentales: hoc est corpus meum etc., figuratas et tropicas esse volunt. Beza et socii in Colloq. Mompelg. ad dogma I. de coena Domini inquiunt: ,Existimamus, verba institutionis Domini κατὰ τὸ 'ῥητὸν accipi salva fidei analogia non posse.' Totum coenae mysterium tropis esse refertum, scribit P. Ramus l. 4. de relig. christ. c. 14. Tropos vero diversis viis quaerunt: *Calvinus* cum *Oecolampadio* tropum in *praedicato* constituit et corpus metonymice pro figura et symbolo corporis accipit. In praedicato etiam sedem tropi quaerere maluit Walaeus in L. Comm. de coena Dom. p. 989., sed absurditatem hujus tropi ostendit ipse Chamier. Panstr. cathol. l. 10. de euchar. c. 4. n. 5., quem vide. Quanquam Calvinus defens. 2. c. Westphal. corpus acceperit pro virtute et efficacia corporis, eo nomine reprehensus (at sine nomine) a Beza Ep. 5. ad Aleman. V. 3. p. 203. *Carolstadius* in *subjecto* tropum fovet, Christumque panem discipulis porrigendo corpus suum digito designasse et dixisse: Hoc (quod in mensa assidere cernitis) est corpus meum, affirmat. Ad quam classem pertinent illi, qui per δεικτικὸν, *hoc*, intelligunt solum panem, ut Calviniani Marpurgenses et Cassellani; quasi dixerit Christus: Hoc, panis, est corpus meum. Ulricus *Zwinglius* tropum et figuram quaerit in *copula* ‚est‘, eamque per significat exponit; vide Zwinglium ad Matthaeum Alberum f. 155. sq., ubi ait: ‚Nos cardinem hujus rei in brevissima syllaba versari arbitramur, vid. in hoc verbo *est*, cujus significantia non perpetuo pro esse accipitur, sed etiam significare.‘ Zwinglium sequuntur Polanus t. 2. Syntagm. p. 252., ubi inquit: ‚Tropus non est in subjecto, neque in praedicato, sed in copula est.‘ Musculus in Ll. p. 822. Beza in summa doctrinae de re sacram. q. 2. Danaeus in resp. ad Selnec. p. 199. Carolstadius in lib. de sacramentis. Zanchius de coena Dom. c. 4. Chamier. Panstr. l. 10. de euchar. c. 2. n. 3. Sic et Bucanus L. 48. q. 44. quaerit: ‚anne verbum est οὐσιωδῶς, essentialiter, seu ὑπαρκτικῶς, substantialiter, et nativa sua significatione accipiendum est? Resp.: Nequam; sed σημαντικῶς, significative, repraesentative, figurative‘, etc. Wendelinus l. 1. Christ. Theol. c. 23. ad objectionem: ‚Rhetores non collocant tropum, nisi in subjecto vel praedicato, neque quispiam unquam scripsit, tropum posse figi in copula seu verbo est?‘ resp.: ‚Atqui theologi, cum veteres, tum recentes, improprie quandoque copulam est accipi, saepissime dixerunt et scripserunt; horum major apud nos auctoritas est, quam rhetorum sive gentilium, sive christianorum, errori suo servientium.‘ Item τὸ *edere* in verbis institutionis illis est credere. Sic Zwinglius ad Matth. Alberum l. c.: ‚Sic ergo docebis, quid hic Christus per *edere* intelligat, nempe credere.‘ Et Musculus l. c., ‚verbum *manducandi* in hac causa accipiendum est sensu metaphorico, non proprio; quod nemo, opinor, negabit‘; idem docet Beza l. c. Keckerman. Syst. Th. l. 3. c. 8. p. 444. sq. diserte asserit et appositis argumentis confirmat: ‚Non transferri hic ullam vocem de sua significatione in alienam.‘ Ib. p. 443. propositiones has: ‚Panis est corpus Christi; vinum est sanguis Christi‘, vocat propositiones ‚relativas‘; item ‚extrinsecas et analogicas‘ praedicationes. Quas sic explicat: Panis est corpus Christi, i. e., summa est et sacra unio inter panem et corpus, nempe unio significationis et confirmationis. Vide D. Menzeri Exeges. A. C. p. 482. sq. ‚Absurdus denique etiam ille ille Keckermanni (quem repetit Combachius de eucharist. c. 2.) tropus‘ (inquit D. Dannhawerus Hodomor. Spiritus Calvin. p. 3147.) ‚in *tota propositione*, ita tamen, ut singula verba maneant propria, totum sc. enunciatum est tropicum, totum enunciati proprium, cujusmodi monstrum in nulla unquam rhetorica auditum est.‘ 2. *Socinianorum*, cum Calvinianis statuentium: ‚Verba coenae non esse proprie, ut sonant, accipienda, sed tropice exponenda.‘“ (L. c. s. 2. q. 1. f. 1196. sq.)

KAHNISIUS: „Die lutherische Kirche hat den unumstösslichen Grundsatz der Hermeneutik, dass die wörtliche Auslegung das erste Recht hat, welche bei Worten von so grosser Bedeutung (die dem Apostel Paulus besonders vom Herrn offenbart wurden 1 Cor. 11, 25. m. Lehre v. Abendm. S. 14 ff.) besonders in Betracht kommt, für sich, wenn sie, wo irgend möglich, das wörtliche Verständniss aufrecht hält. Dies ist aber nur möglich, wenn in dem Satze: Dies ist mein Leib (mein Blut), das Subject nicht = Brot (Wein) ist. Wo es sich um die Bestimmung eines Subjectes handelt, entscheidet einerseits der Zusammenhang, anderseits das Prädicat. Der Zusammenhang fordert als Subject Brot (Wein), das Prädicat Leib (Blut). Und so fand sich denn die Auslegung an ein Ineinander von Brot (Wein) und Leib (Blut) gewiesen, aus welchem das Prädicat die Hauptsubstanz herauszieht. So sagt der Arzt, indem er in Wasser eine Essenz gibt: Dies ist Lebensessenz. Das ‚dies‘ ist hier Essenz und Wasser, das Prädicat die Hauptsubstanz. Wenn Christus sagt: Meine Worte sind Geist und Leben, zieht er aus dem Subjecte Wort, welches theils Geist, theils Buchstabe ist, die wesenhafte Substanz heraus. Diese von Luther als Synecdoche bezeichnete Redeweise ist an sich zulässig. Die Frage kann nur sein, ob sie hier zulässig ist. Einer nach dem Grundsatz dies diem docet

erneuten Betrachtung haben sich die Schwierigkeiten dieser Annahme
in steigendem Grade herausgestellt. Nach dem Zusammenhange ist das
,dies' das, was Jesus nahm, brach, zum Essen gab, d. h. das Brot.
Beim Kelche aber wird als das Subject ausdrücklich τοῦτο τὸ ποτήριον bezeichnet. Nun steht der Kelch (Becher) nach der bekannten Metonymie
continens pro contento für das, was er enthält. Das aber, was der
Becher enthält, ist der Wein. Christus sagt nicht: Das, was ihr jetzt
esset, ist mein Leib, das, was ihr jetzt trinket, mein Blut, sondern das,
was ich euch zu essen, zu trinken gebe: also noch vor dem Genusse.
Das ποτήριον ist der Trank, wie er in dem Becher war, noch ehe die
Jünger tranken. Vor dem Genusse aber ist doch auch nach lutherischer Lehre Brot und Wein nicht Leib und Blut Christi. Dass ποτήριον
aber als der noch ungetrunkene Wein, der im Becher war, zu nehmen
ist, besagt die Auslegung des Paulus 1 Cor. 10, 16.: Τὸ ποτήριον τῆς
εὐλογίας, ὁ εὐλογοῦμεν, οὐχὶ κοινωνία τοῦ αἵματος τοῦ Χριστοῦ ἐστίν; τὸν ἄρτον
ὃν κλῶμεν οὐχὶ κοινωνία τοῦ σώματος τοῦ Χριστοῦ ἐστίν; — in welcher ohne
Zweifel das Brot als das zum Essen gebrochene, der Kelch als der zum
Trinken gesegnete die Gemeinschaft, d. h., was uns in Gemeinschaft
setzt mit Leib und Blut Christi (Abendm. S. 127 ff.), heisst: also noch
vor dem Genusse. Ist aber Brot (Wein) das Subject, so ist die eigentliche Fassung aufzugeben. Dazu nöthigt schon der Satz: Dieser Kelch
ist der neue Bund in meinem Blute, der, da ein Becher Weines unmöglich das von Christo in seinem Tode gestiftete Bundesverhältniss
zwischen Gottheit und Menschheit selbst sein kann, doch nur ausgelegt werden kann: dieser Kelch ist ein Zeichen des neuen Bundes in
meinem Blute. Die Annahme, dass Leib (Blut) für Zeichen des Leibes (Blutes) metonymisch stehe (Oecolampadius, Calvin), ist, da eine
solche Metonymie sich nicht nachweisen lässt (Abendm. S. 48 ff.), un-
statthaft. Der Satz ist, wie unzählige, ein Tropus, in welchem das
Prädicat uneigentlich steht. So sagt man von einer Statue: Dies ist
Blücher, und von einer in den Schwanz sich beissenden Schlange: Dies
ist die Ewigkeit. Zur Annahme eines Symbols aber berechtigt das
offenbar Symbolische der ganzen Handlung. Das Brot, welches gebrochen wird, ist der Leib, welcher für uns gebrochen (κλώμενον) wird;
der Wein, welcher aus einem grössern Gefässe in den Becher ausgegos-
sen ist, ist das Blut, welches für uns vergossen wird (ἐκχυνόμενον).
Dass das Brechen des Brotes eine besondere Bedeutung hat, beweist
die Bezeichnung des Brotes als des Brotes, welches wir brechen (1 Cor.
10, 16.), parallel dem Kelche, welchen wir segnen. So ist ja auch in
der Taufe das Untertauchen unter das Wasser ein symbolischer Act
(S. 615). Wäre es der verklärte Leib, welchen Jesus bei der Einsetzung im Brote böte, so liesse sich irgendwie, wenn auch immer in
geheimnissvoller und dunkler Weise, eine Mittheilung desselben denken. Der zu Tödtende aber, welcher vor den Jüngern stand, konnte
nicht Gegenstand des Genusses sein. Bis hieher reicht das Recht der
Auslegung Zwinglis." (Die luth. Dogm. 1861. I, 617. sqq.)

§ 9.

Forma[a] coenae consistit in *verbis*[b] *institutionis.*

a) Sive *ratio formalis*, per quam actio, qua symbola panis et
vini communicantibus dispensantur et accipiuntur, formaliter habet,
quod est *sacramentum* corporis et sanguinis Christi.

b) Nempe, quod *dispensatio* symbolorum est *sacramentalis* dispensatio corporis et sanguinis Christi, hoc inde habet, quod juxta institutionem Christi peragitur et cum verbo institutionis est conjuncta. Et

quod *manducatio* panis et *bibitio* vini formaliter est *sacramentalis* manducatio corporis et bibitio sanguinis Christi, hoc inde habet, quod est symbolorum manducatio et bibitio, juxta institutionem Christi peracta et cum verbo institutionis conjuncta. *Neque obstat,* quod verbum institutionis ex parte *causae efficientis* sese habet. Sicut *enim* alias in accidentalibus et entibus per aggregationem, ita et hic fieri potest et fit, us res (actio s. coenae) in esse suo specifico constituatur et *rationem formalem* accipiat *ab eo* (a verbo institutionis), quod suo modo etiam *ad causam efficientem* pertinet.

> LUTHERUS: „Ebenso rede ich auch und bekenne das Sacrament des Altars, dass daselbst wahrhaftig der Leib und Blut im Brot und Wein werde mündlich gegessen und getrunken, obgleich die Priester, so es reichen, oder die, so es empfahen, nicht gläubeten oder sonst missbrauchten. Denn es stehet nicht auf Menschen Glauben oder Unglauben, sondern auf Gottes Wort und Ordnung. Es wäre denn, dass sie zuvor Gottes Wort und Ordnung ändern und anders deuten, wie die jetzigen Sacraments-Feinde thun, welche freilich eitel Brot und Wein haben; denn sie haben auch die Wort und eingesetzte Ordnung Gottes nicht, sondern dieselbigen nach ihrem eigenen Dünkel verkehret und verändert." (Bek. vom Abendmahl. A. 1528. XX, 1381.)

§ 10.

Finis *cui,*[a] sive *subjectum,*[b] ad participationem sacrae coenae admittendum, sunt homines christiani,[c] qui se probare possunt.[d]

a) Quorum bono institutum est ab auctore suo hoc sacramentum.

b) Seu, cui sacramentum hoc, tanquam medium gratiae, applicari debet. Quidam *objectum* vocant, intelligentes *personale*, quod est correlatum personae administrantis s. coenam.

c) Fidem seu religionem christianam profitentes et sacramento initiationis donati, seu baptizati.

d) Vid. *1 Cor. 11, 28.* Est autem *probare se* h. l. examinare se ipsum, juxta ea, quae in homine sacra coena recte et utiliter usuro abesse aut adesse debent, ita ut peccata, quae salutari sacramenti usui adversantur, per *poenitentiam* retractentur, contra autem *fides* in corde contrito sese exserat et in corpus Christi ac sanguinem, ut praesentia, et causam remissionis peccatorum feratur.

§ 11.

Omnibus[a] illis, qui ad communionem s. coenae admittuntur, *symbolum benedictum utrumque*[b] dari omnino[c] debet.

a) Nulla differentia inter *clericos* et *laicos* admittenda; prout fatendum est, sacramentum hoc, tanquam medium gratiae, fidelibus, ut talibus, *citra differentiam status ecclesiastici ac saecularis* destinatum et in prima administratione *apostolos* ipsos, *non ut apostolos* aut *ministros eccle-siae*, sed ut *christianos* ac *fideles* spectatos fuisse. Vid. b. *Musaei* de Comm. sub utraque Disp. poster. § 15. sqq.

b) *Non* solum panis, *sed* etiam praeterea *vinum consecratum*, idque *non* ad ablutionem panis sive hostiae, *sed* tanquam ut *altera pars* sacra-menti. Vulgo *utramque speciem* appellant, *non* quasi externa tantum species, aut nuda accidentia symbolorum, sine substantia ipsa, aut in aliena substantia, adsint, *sed* quod symbola ipsa panis et vini inter se specie differant. Vid. b. *Mus.* l. c. Disp. prior. § 2.

c) Scilicet propter *institutionem* Christi, quae sua natura importat *praeceptum de specificatione actus;* neque relinquit ecclesiae eam liber-tatem, ut sic vel aliter administrare hoc sacramentum liceat. Vid. b. *Mus.* Disp. cit. prior. § 3. et seqq.

GERHARDUS: ,,Communio sub una specie decreta est primum in concil. Constant. sess. 13. A. 1415. et confirmata in concil. Trid. sess. 21. 22. A. 1562. Decretum concilii Constantiensis sic habet: ,Generale concilium declarat, decernit et definit, contra hunc errorem (de com-munione laicorum sub utraque specie), quod licet Christus post coenam instituerit et suis discipulis administrarit sub utraque specie panis et vini hoc venerabile sacramentum; tamen *hoc non obstante,* sacrorum canonum auctoritas et approbata consuetudo ecclesiae servavit et ser-vat, quod . . . in primitiva ecclesia hujusmodi sacramentum recipere-tur a fidelibus sub utraque specie et a laicis tantummodo sub specie panis suscipiatur, cum firmissime credendum sit et nullatenus dubitan-dum, integrum Christi corpus et sanguinem, tam sub specie panis, quam sub specie vini veraciter contineri.'" (L. c. § 48.) LUTHERUS addit: ,,Die löbliche Stadt hat einen feinen Namen: ,Constantia', das heisst Bestand oder fest männlich Gemüthe, daher sie es nennen Con-stantiense concilium. Aber ich, Dr. Martinus, täufe sie nach ihrem rechten Namen, den sie ihnen selber hierinnen gegeben, *obstantiense concilium;* obstantia aber heisst Widerstand. Denn hie haben sie nicht allein mit der That wider Christum und seine Kirche gehandelt, son-dern rühmen sich dazu und bestätigen, dass Christus wohl möge setzen, was er will; aber die Herren obstantiensis concilii wollen dawider setzen und ihn nicht ansehen, noch seine Kirche dazu. Non obstante Christo et ecclesia, sagen sie frei heraus; Christus sammt seiner Kir-chen soll uns nicht widerstehen, wir sind wohl ein höher und ander Christus und Kirche, denn jene sind." (Etliche Sprüche wider das Con-cilium zu Constanz. A. 1535. XIX, 1699.)

ANTITHESIS.

QUENSTEDTIUS: ,,*Antithesis: Pontificiorum,* communionem sub una specie cum anathematis denunciatione et sub legis necessitate de-crevit concil. Constantiense sess. 13. . . Denique concilium Trid. sess. 21., habita die 16. Julii anno 1562., capitulo 1. declaravit et docuit, ,nullo divino praecepto laicos et clericos non conficientes obligari ad eucharistiae sacramentum sub utraque specie sumendum, neque ullo pacto salva fide dubitari posse, quin illis alterius speciei communio suf-ficiat ad salutem. Si quis dixerit ex Dei praecepto, vel necessitate sa-lutis omnes et singulos Christi fideles utramque speciem sanctissimi sacramenti eucharistiae sumere debere, anathema sit.' . . Ut vero ca-licis Dominici imagine aliqua imperitam plebem fallant Romanenses, vinum ori abluendo illi porrigunt sacrificuli h. e. sumto pane sacro, calicem exhibent communicantibus laicis et non conficientibus, sed qui vinum simplex et non consecratum contineat, ut testatur Alphonsus Tostatus." (L. c. s. 2. q. 7. f. 1254. sq.)

§ 12.

Finis *cujus*,[a] qui etiam *fructus* aut *effectus*[b] hujus sacramenti, isque *intermedius*, est (1.) recordatio et commemoratio[c] mortis Christi, quae fide[d] peragitur; (2.) obsignatio[e] promissionis de remissione peccatorum, et fidei nostrae[f] confirmatio; (3.) insitio nostra[g] in Christum et spiritualis nutritio[h] ad vitam; (4.) dilectio mutua[i] communicantium, et similia[k] plura. *Ultimus* finis est salus[l] aeterna communicantium.[m]

a) Cujus consequendi gratia institutum ac celebrandum est hoc sacramentum.

b) Nempe sacramenta sunt media efficacia in ordine ad finem suum; quod etiam h. l. de S. Coena sigillatim ostendemus.

c) Ita Christus ipse apud *Lucam cap. 22, 19.*: *Hoc facite εἰς τὴν ἐμὴν ἀνάμνησιν.* Quae repetens Paulus *1 Cor. 11, 24. 25.* addit v. *26.*: *Quotiescunque enim comederitis panem hunc et de poculo hoc biberitis, mortem Domini annunciate, donec venerit.* Habet autem utique hoc sacramentum, quo Christus ipse suum corpus et sanguinem nobis realiter exhibet, *vim* ingentem *movendi* animos ad sui, qui tanta nobis praestitit et praestat, recordationem.

> LUTHERUS: „Ich hoffe, es sei nicht noth, hier lange zu lehren, was da heisse ‚*Christi Gedächtniss*‘, davon wir anderswo oft und viel gelehret haben, nämlich, dass es nicht sei das Betrachten des Leidens, damit etliche, als mit einem guten Werk, wollen Gott gedienet und Gnade erlanget haben, gehen um mit Trauren für das bittere Leiden Christi u. s. w. Sondern das ist Christi Gedächtniss: so man die Kraft und Frucht seines Leidens lehret und glaubt. Also, dass unsere Werk und Verdienste nichts sind, der freie Wille todt und verloren sei, sondern allein durch Christi Leiden und Tod von Sünden los und fromm werden, dass es sei ein Lehren oder Gedächtniss von der Gnade Gottes in Christo und nicht ein Werk von uns gegen Gott gethan." (Wie man sich zum Abendmahl zubereiten soll A. 1530. X, 2689.)

> GERHARDUS: „Christus non dicit: hoc facite in meorum dolorum ac cruciatuum pro vobis toleratorum recordationem, sed εἰς τὴν ἐμὴν h. e. τὴν ἐμοῦ ἀνάμνησιν, in mei recordationem, h. e., in gratam et fidelem memoriam immensae meae caritatis, ex qua pro vobis passus et mortuus sum, qua etiam paratus eram, plura pro vobis pati, si haec mea passio et mors non fuisset sufficiens pro peccatis vestris precium." (Harmon. ev. cap. 171. f. 788.)

d) Nempe ut expendamus et credamus, quod Jesus Christus, θεάνθρωπος, rex et sacerdos noster, ipse corpus suum Deo Patri victimam pro nobis obtulerit in ara crucis et sanguinem suum pro nobis effuderit, ut impetraret nobis Dei gratiam et remissionem peccatorum. Atque ita fides, quatenus fertur in corpus Christi pro nobis in mortem traditum, dicitur corporis Christi *manducatio spiritualis*, et quatenus fertur in sanguinem Christi pro nobis effusum, dicitur *spiritualis bibitio* sanguinis Christi; de qua utraque vid. *Joh. 6, 35. 53. sqq.*

e) *Quia enim illud ipsum Christi corpus pro nobis in mortem tradi-tum, mediante benedicto pane, manducamus et illum ipsum Christi sangui-nem, qui pro peccatis nostris effusus est, mediante vino bibimus, inde certi reddimur* (et Christus vult, ut hac ratione certi reddamur), *quod ex gratia per fidem nobis donentur, quaecunque traditione sui corporis et effu-sione sui sanguinis Christus in ara crucis promeruit, quae sunt remissio peccatorum, gratia Dei et vita aeterna.* Ita b. Joh. *Gerhardus,* finem et fructum s. coenae conjungens, T. V. L. de S. Coena § 212.

QUENSTEDTIUS: ,,Vere poenitentes ac credentes christiani per s. coenam, ceu divinum et efficax medium δοτικὸν, accipiunt suorum pec-catorum remissionem et aeternam salutem. . . Probatur thesis nostra: 1. *ex remissionis peccatorum in institutione s. coenae diserta mentione,* Matth. 26, 26. sq.: ,Accipite, manducate, hoc est corpus meum, quod pro vobis datur in remissionem peccatorum. Accipite, bibite, hoc est san-guis N. T., qui pro vobis effunditur in remissionem peccatorum; hoc facite, quotiescunque feceritis, in mei commemorationem.' Ac proinde per esum hujus pro nobis traditi corporis et per potum hujus pro nobis effusi sanguinis remissio peccatorum in individuo applicatur unicuique, cui dicitur: Ede, h. e. c. m., quod pro te traditum, et bibe, h. e. s. m., qui pro te effusus est in remissionem peccatorum, et certi de eadem reddimur, mediante hac benedicti panis et vini sacramentali fruitione; hinc Ambrosius l. 4. de sacram. c. 6.: ,Quotiescunque bibis, remis-sionem peccatorum accipis et inebriaris Spiritu S.' 2. *Ex novi testa-menti denominatione;* quicumque accipit carnem Christi pro se datam et sanguinem Christi pro se effusum in remissionem peccatorum, ita ut comestio hujus carnis et bibitio hujus sanguinis sit n. t. et applicet bona foederalia, ille accipit etiam remissionem peccatorum, vitam spiri-tualem, nisi ipse impediverit horum beneficiorum applicationem; at qui accedunt ad s. synaxin, accipiunt carnem Christi pro se datam etc. Ergo, qui accedunt ad s. synaxin, etiam accipiunt remissionem pecca-torum, vitam spiritualem ac aeternam, nisi ipsimet impediverint horum beneficiorum applicationem. Ipse Christus poculum euchar. nominat n. t. Luc. 22, 20. et Jeremias affirmat, in n. t. comprehendi hoc pactum; ,Propitius ero iniquitati eorum et peccati eorum non recordabor am-plius', Jer. 31. Quod poculum itaque est n. t. in sanguine Christi, eo novum gratiae foedus confirmatur atque obsignatur (alio enim sensu n. t. dici nequit); atqui poculum euchar. est n. t. in sanguine Christi l. c. Ergo. 3. *Ex cibi ac potus euchar. conditione;* qui actu accipiunt in s. coena illud ipsum corpus Christi, quod pro peccatis nostris in mor-tem traditum, et illum ipsum sanguinem Christi, qui pro peccatis nostris in ara crucis effusus est, illi certi redduntur, quod ex gratia per fidem ipsis donentur, quaecunque Christus traditione corporis sui et effusione sanguinis sui in ara crucis promeruit, quae sunt remissio peccatorum, gratia Dei et vita aeterna. Quod communicat solem (Mal. 4, 2.), com-municat etiam radios. 4. *Ex nostra in Christum insertione,* per quod medium Christo inserimur et ad unum spiritum potamur, eo medio re-missionis peccatorum et spiritualium beneficiorum participes reddimur. Atqui per eucharistiam ,Christo inserimur' 1 Cor. 10, 17., coll. ἀναλόγως Joh. 4, 56., ,et ad unum spiritum potamur', 1 Cor. 12, 13. Ergo. Hinc Hilarius l. 8. de trin. ex loco jam alleg. Joh. 6, 56.: ,Haec sumta et hausta faciunt, ut nos in Christo et Christus in nobis maneat.' (L. c. s. 2. q. 10. f. 1282. 1284. sq.)

LUTHERUS: ,,Darum hat der Luther recht gelehret, dass wer ein böse Gewissen hat von Sünden, der solle zum Sacrament gehen und Trost holen nicht am Brot und Wein, nicht am Leibe und Blut Christi, sondern am Wort, das im Sacrament mir den Leib und Blut Christi, als für mich gegeben und vergossen, darbeut, schenkt und gibt." (Wi-der die himml. Proph. A. 1524. XX, 364.)

IDEM: „Wir antworten also, dass diese Worte Luc. 22, 20.: ‚Das ist der Kelch, das Neue Testament in meinem Blut‘, nicht sollen noch mögen also zu verstehen sein, dass dies Wort ‚in meinem Blut‘ solle gehören zu dem Wort ‚das ist der Kelch‘, wie dieser Geist für grosser lauter muthwilliger Bosheit vorgibt, sondern zu dem Wort ‚ein neu Testament‘, wie sie auch nach einander natürlich stehen und folgen; dass also so viel sei gesagt: Dieser Kelch ist ein neu Testament, nicht durch sich selbst; denn er vielleicht in Glas oder Silber ist; sondern darum, dass mein Blut da ist; durch dasselbige Blut ist er ein neu Testament. Denn wer den Kelch also empfähet, dass er da Christus Blut, das für uns vergossen ist, empfähet, der empfähet das neue Testament, das ist, Vergebung der Sünden und ewiges Leben.‘‘ (Wider die himml. Pr. 1525. XX, 368.)

IDEM: „Was ist denn nun dies Testament oder was wird uns darinnen bescheiden von Christo? Fürwahr ein grosser, ewiger, unaussprechlicher Schatz, nämlich, Vergebung aller Sünden, wie die Worte klar lauten: Dies ist der Kelch eines neuen ewigen Testaments in meinem Blut, das für euch und für viele vergossen wird, zu Vergebung der Sünde. Als sollte er sagen: Siehe da, Mensch, ich sage dir zu und bescheide dir mit diesen Worten Vergebung aller deiner Sünde und das ewige Leben. Und dass du gewiss seiest und wissest, dass solch Gelübde dir unwiderruflich bleibe, so will ich darauf sterben und mein Leib und Blut dafür geben und beides dir zum Zeichen und Siegel hinter mir lassen, dabei du meiner gedenken sollt, wie er saget Luc. 22, 9.: ‚So oft ihr das thut, so gedenkt an mich.‘‘‘ (Sermon von dem neuen Test. 1520. XIX, 1273.)

f) Promissio evangelii, quod omnis, qui in Christum credit, non pereat, sed habeat vitam aeternam, est quidem universalis; interim tamen, quia anxie, et peccati, irae divinae et propriae indignitatis sensu territae conscientiae saepius dubitant, an ad se quoque in individuo haec promissio pertineat, ut vera fide coram Dei judicio eadem niti seque contra accusationem legis, peccati et satanae ea erigere queant, ideo Christus ipsis in individuo corpus et sanguinem suum distribuit, ut tanquam ὁ μάρτυρ ὁ πιστὸς, Apoc. 1, 5., contra omnes variarum tentationum insultus ipsos confirmet (sic rursus finis et effectus conjunguntur), quod vere ad ipsos quoque evangelii promissio et bona in eadem oblata pertineant, cum corpore Christi in mortem tradito et sanguine ejus pro peccatis effuso (quae sunt evangelicae promissionis fons et fundamentum) in sacra coena cibentur ac potentur: verba sunt b. *Gerh.* l. c.

g) Filio Dei nihil propius atque arctius est conjunctum, quam assumta natura humana, quippe quam personali foedere sibi univit. Vicissim nobis nihil propius conjungitur, quam quod manducamus ac bibimus, quippe quod in carnis nostrae substantiam convertitur. Christus igitur, arctissime sese nobiscum et nos sibi uniri desiderans, instituit hoc sacramentum, in quo mediante benedicto pane corpus ipsius manducemus et mediante benedicto vino sanguinem ejus bibamus, scribit iterum, ex *Tauleri observatione, Gerhardus* § 213. Monet autem, se non statuere, quod *cibus* ille *spiritualis* alteretur et transmutetur in nobis, sed quod nos *transmutet et alteret, ut divinae naturae consortes,* 2 Petr. 1, 4., *et membra corporis mystici, cujus caput est Christus, efficiamur, Ephes. 5, 30.* Et sic patet, non solum intentionem Christi auctoris huc, tanquam ad finem, spectare, verum etiam insitionem illam nostri in Christum per sacramentum ipsum efficienter conferri.

Gg. Koenigius: „An per rectam conscientiam statui queat, interventu communionis effici *unionem* Christi nobiscum *essentialem?* — Nolumus hic controvertere cum aliis, nisi cum solo *Weigelio*, qui putat, ex communione, h. e., usu coenae Dom., qua mediante pane corpus Christi, mediante calice ejusdem sanguis distribuatur, sequi essentialem corporis et sanguinis nostri cum corpore et sanguine Christi conjunctionem. Placeat propria illius audire verba. . . Clarissime mentem explicat part. I. postillae suae, p. 214.: ‚Christus‘, spricht er, ‚gibt uns das Himmelbrot nicht allein im Glauben geistlich ohne Brot und Wein, sondern auch im Nachtmahl mit Brot und Wein, nicht dass das sichtbare Brot und Wein sei Christi Leib und Blut augenscheinlich, sondern darinnen ist er uns gegeben. Denn das Himmelbrot ist sein Wort, und er ist das Wort, und das Wort ist im Brot und dies unsichtig Brot vom Himmel, oder *das Wort wird in uns Fleisch und Blut und legt sich an unser Fleisch und Blut.* Derhalben, wenn wir solche Speis der Gedächtniss empfangen, so werden wir vereiniget mit Christi gekreuzigtem Leib und sind mit ihm *leiblich* vereiniget.‘ . . Haec *Weigelii* assertio ita comparata est, ut bona cum conscientia nullum ei possimus praebere assensum propter sequentes rationes: 1. Quod nullum habet fundamentum in Scriptura. . . Ubi enim Christus dixit: accipite et bibite, ut corpus et sanguis meus in communem vobiscum transmutetur substantiam? Ubi dixit: accipite, edite et bibite; haec sumta et hausta efficient in vobis communem mecum essentiam? Ubi dixit: edite, hic est panis invisibilis de coelo, ex quo in vobis fiet caro et sanguis et agglutinabitur vestrae carni ac sanguini? Ubi dixit: edite, ut crucifixo meo corpori substantialiter uniamini? . . . 2. Id in sacramento nobis confertur, quod in verbo promissum est. Nam sacramenta sunt verbi sigilla, sigilla autem non plus confirmant, quam literae, quibus appensa sunt, continent. At verbis Scripturae nuspiam nobis promissum est, quod, vel intra communionem, vel extra eam, Christum nobiscum essentialiter uniri debeat. . . 3. Si communicantes nudo coenae Dom. usu uniuntur Christo essentialiter, etiam impii hujus unionis reddentur participes. Ratio est, quia et illi utuntur coena Dom., eaque integra. Nam nihil interest, cum de sacramenti integritate et sanctitate tractatur, quid credat aut quali fide imbutus sit ille, qui accipit sacramentum. Interest quidem plurimum ad salutis viam, sed ad sacramenti quaestionem nihil interest. Fieri enim potest, ut homo integrum habeat sacramentum, et perversam fidem, inquit Aug. l. 3. contra Donat. c. 14., vide eundem l. 4. c. 24. At consequens est absurdum. Etenim hac ratione 1.) coadunarentur essentia purissima et impurissima, Filius Dei et filius diaboli, Christus et Belial, contra manifestam Scripturam, 2 Cor. 6, 15. . . . Dices, an igitur praeter spiritualem non erit statuenda *sacramentalis quaedam unio inter Christum et fideles,* fluens ex participatione corporis et sanguinis Christi? Sunt, qui ita statuant etiam ex nostratibus, dari talem sacramentalem unionem, · quae promanet vi et efficacia communionis et tam dignis, quam indignis aeque communis sit? . . Mihi, ut dicam quod res est, aliter videtur et hoc salva veritate nec asseri nec defendi posse existimo: I. quia hoc modo terminus unionis in manifestum abusum trahitur. Nam unio sacramentalis simpliciter hactenus dicta fuit illa, quae intercedit rei terrenae cum coelesti, ex qua etiam deductae fuere propositiones sacramentales, uti personales ex unione personali. Jam nova accederet sacramentalis unio, quam tamen Scriptura prorsus ignorat, nec ullum ejus fundamentum suppeditat. Paulus sane 1 Cor. 10, 16. 17. duplicis saltem communionis facit mentionem, quae locum habet vi eucharistiae: 1.) sacramentalis, spectantis symbola euchar. collata cum re coelesti; 2.) mysticae, quae spectat corpus Christi mysticum, ejusque membra; uti vero hypocritae corporis illius mystici membra non sunt, nisi aequivoce, ita putandum non est, proprie dictam aliquam unionem, ex eucharistia oriundam, eosdem spectare aut ipsis cum Christo intercedere, sive illa jam sacramentalis vocitetur, sive aliter. II. Unio illa sacramentalis, sicunde potest ortum trahere, faciet id, non nisi ex manducatione corporis et bibitione sanguinis. At aliud est, impios manducare corpus Christi et bibere sanguinem Christi, aliud, eosdem uniri cum Christo mystice vi sacramenti. *Illud* necessario admittimus ob unionem vere sacramentalem, quae intercedit inter rem terrestrem et coelestem, et ab auctoritate instituentis, non a conditione manducantis dependet. *Hoc* contra necessario rejicimus ob deficientem conditionem, a manducante et bibente requisitam, quae est fides. In quem itaque non cadit fides, ad illum etiam effectus sacramenti salutaris, cujus circulo etiam includi debet unio cum Christo, nullatenus spectare potest, idque nisi concesserimus, sequetur, eucharistiae tribuendum effectum aliquem salutarem ex opere operato sine bono motu utentis; quae sententia scholasticorum quorundam veterum ab ipis etiam novellis Jesuitis ut plurimum deseritur. III. Obstat instituta collatio cum baptismo adultorum. Quem, quaeso, spiritualem effectum habet ille fidelibus et hypocritis communem? Nullum plane, qui quidem salutem respiciat; sed externam solum communionem ecclesiae, quod utrique per baptismum intra ecclesiae pomoeria sint recepti. Eadem et hic ratio est et non alia. Negare quidem non possumus, patres de effectu eucharistiae interdum duriuscule fuisse locutos, .. nam multa sic sunt comparata, ut facile ad ipsos hypocritas possint detorqueri, sed talia cum grano salis legi debent." (Casus consc. p. 484. sqq. 494. sq.)

h) Quando enim cum sacramentali manducatione et bibitione spiritualis manducatio et bibitio conjungitur, utique corpore et sanguine Christi, utraque ratione acceptis, cor contritum et peccatis oneratum reficitur, pavida mens erigitur, sustentatur et ad vitam aeternam nutritur, ita ut *non esuriat, neque sitiat*, sed *habeat vitam in se, habeat vitam aeternam*, juxta LL. Joh. *6, 33. 34. sqq.* Conf. b. *Gerhard.* l. c., ubi docet, quod ex ista *unione cum Christo proveniat, ut novas vires, tanquam palmites ex vite, consequamur pugnandi contra satanam, resistendi desideriis carnis, proficiendi in gratia* etc.

LUTHERUS: „Das Herz weiss wohl, was der Mund isset. Denn es fasset die Worte und isset das geistlich, welches der Mund leiblich isset. Weil aber der Mund des Herzens Gliedmass ist, muss er endlich auch in Ewigkeit leben, um des Herzens willen, welches durchs Wort ewiglich lebt, weil er hier auch leiblich isset dieselbige ewige Speise, die sein Herz mit ihm geistlich isset." (Dass diese Worte u. s. w. XX, 1037.)

ANTITHESES.

QUENSTEDTIUS: „*Antithesis: Pontificiorum*; concilium Trid. sess. 13. can. 5. anathema pronunciat adversus illos, qui statuunt, vel praecipuum fructum sanctissimae eucharistiae esse remissionem peccatorum, vel ex ea non alios effectus provenire. Bellarminus T. 3. l. 4. de euchar. c. 18. scribit: ,Nusquam docetur, eucharistiam institutam esse ad peccata remittenda, sed tantum ad vitam spiritualem agendam et conservandam.' .. 2. *Socinianorum;* sic enim Catech. Racov. c. 3. de coena Dom. q. 5.: ,Nonne alia causa' (praeter commemorationem mortis Domini), ,ob quam coenam instituit Dominus, superest? Resp.: Nulla prorsus.' .. 3. *Arminianorum*, qui Socinianorum perversis insistunt vestigiis, statuentes, ,sacramentum eucharistiae meram tantum facere mortis Christi commemorationem', in Confess. c. 23. s. 4. Alios usus aut fines spirituales eucharistiae non agnoscunt. .. 4. *Calvinianorum*, qui statuunt, ,sacramentum in genere esse nuda signa significantia gratiae divinae vel jam ante collatae, vel postmodum conferendae.' ..

,Fidem largiri, augere, confirmare, solius Sp. S. est, non corporis illius externi corporaliter manducati', scribit Zwinglius Tom. II. Resp. ad lib. Lutheri de sacram. p. 397." (L. c. s. 2. q. 10. f. 1283. sq.)

LUTHARDTIUS: „Die moderne lutherische Theologie versuchte eine Fortbildung des Dogmas durch stärkere Betonung des leiblichen Naturlebens Christi. *Sartorius*, Meditationen über die Offenbarung der Herrlichkeit Gottes, S. 222 f. auch für den Leib: ,die sinnliche Natur, das leibliche Leben soll dadurch geheiligt, vergeistigt, für die dereinstige Herrlichkeit zubereitet werden.', *Martensen*, § 265. S. 412.: ,Das Abendmahl ist die Vereinigung mit Christo als dem Prinzip der heil. Vermählung des Geistes mit der Natur, welche das Endziel der Schöpfung ist', daher ,eine Nahrung für den ganzen neuen Menschen, also auch für den künftigen Menschen der Auferstehung, der im Verborgenen schon keimt und sich entwickelt' (also ein Naturmysterium). *Hofmann*, Schriftb. I, 51.: ,im Abendmahl feiert die Kirche ihren (noch jenseitigen) Besitz der in Jesu verklärten Leiblichkeit menschlicher Natur.' II, 2, 244.: die Wirkung ist eine ,Erweisung des in Christi Tod beschafften, in seiner Verklärung vorhandenen Thatbestands der Sündenvergebung, welche dem im Fleisch lebenden Christen eine geistliche Naturkraft für sein Glaubensleben dargibt.' Auf derselben Bahn auch *Thomasius*, III, 2, § 76. Wogegen *Kahnis* die lutherische Auslegung der Einsetzungsworte ,aufgibt (I, 618. f.), und Brot und Wein als das sacramentliche Wort, d. h. als Zeichen und Medium zugleich, fasst, welches in Verbindung mit der geopferten Leiblichkeit Christi, d. h. mit seinem Opfertod und dessen Versöhnungsgnade setzt (I, 622. f.). ,Inhärirt nun das, was der Leib Christi im Tode erlitten, dem verklärten Leibe, so nimmt ebensomit, wer die dem verklärten Leibe immanente Sühnkraft empfängt, den verklärten Leib selbst, in und mit ihm den ganzen Christus in sich auf. — Dieses Aufnehmen ist freilich kein Essen und Trinken, sondern ein geistliches Empfangen durch das Medium des Glaubens.' " (Compend. d. Dogm. 3. Aufl. 1868. p. 278.)

KAHNISIUS: „Man muss sich offen sagen, dass die lutherische *Zweckbestimmung* des Abendmahles unbegründet ist. Wenn die Wahrheit ganz auf Luthers Seite ist in der Vertheidigung des Empfangs des wahren Leibes und Blutes Christi, so entzieht er dieser Grundthatsache ihre Kraft, wenn er in ihr nicht den *Zweck* des Abendmahles sieht, sondern nur eine Bürgschaft der Aneignung des Wortes von der Vergebung der Sünden. . . Es beruht dieser ganze Begriff, dass im Abendmahle die Vergebung der Sünden empfangen werde, auf der Umkehr des Verhältnisses des Wortes zum specifischen Inhalt des Sacraments im Allgemeinen, auf falscher Interpretation des Wortes: für euch gegeben, für euch vergossen, ins Besondere. Ueberhaupt ist der Sacramentsbegriff der lutherischen Kirche nicht zur vollen Entwickelung gekommen. Die Grundbegriffe Wort und Glauben sind zu unmitelbar ihm angelegt worden. Das Sacrament ist der Apologie nur ein qualificirtes Wort, verbum visibile (p. 200.), quasi pictura verbi seu sigillum (p. 267.), welches wie das Wort nur durch den Glauben die Kraft der Vergebung der Sünden hat (p. 267.). Vor dem Wort tritt das specifische Heilsgut jedes Sacraments ebenso in Schatten, wie vor dem Glauben die specifische Heilswirkung. . . Der *Zweck* des Abendmahles kann nur aus dem Wesen desselben entnommen werden. Wir geniessen im Abendmahle den verklärten Leib Christi, in und mit ihm Christi Geist und Leben. Welchen andern Zweck kann das Abendmahl haben, als Vereinigung mit Christi Leib und Leben? Auf diesen Zweck weist schon der Charakter des Abendmahles als Opfermahl; zweitens Joh. 6, 56.: ,Wer mein Fleisch isst und trinkt mein Blut, der bleibt in mir und ich in ihm'; drittens die Parallele mit der ehelichen Gemeinschaft, welche Eph. 5, 31. 32. gezogen ist." (Die Lehre vom Abendm. 1851. p. 327. 328. 470. sq.)

i) Scilicet huc inter alia spectat administratio s. coenae in publicis ecclesiae conventibus, tanquam nervus et *vinculum congressuum ecclesiasticorum, 1 Cor. 11, 20.* Et cum ad *caritatem* atque *concordiam* christianam, exclusis schismatibus et dissidiis, colendam hortatur Paulus, inter caetera argumenta: πάντες, inquit, εἰς ἓν πνεῦμα ἐποτίσθημεν. *1 Cor. 12, 13.*

k) Quae apud b. *Gerhard.* l. c. videri possunt.

GERHARDUS: „*Fines minus principales* (sacrae coenae) enumerari possunt complures. 1. Ut excitemur ad *gratias Christo agendas* pro opere redemtionis, 1 Cor. 11, 26. . . 2. Ut nostram erga Christi institutionem et ordinationem testemur *oboedientiam.* Neque enim liberum et arbitrarium nobis reliquit hujus sacramenti usum, sed expresso mandato eum nobis injunxit, dicens: ‚Hoc facite.‘ 3. Ut testemur, nos Christi exemplo velle patienter ferre *crucem* et paratos esse ad fundendum nostrum pro Christi gloria sanguinem, cum in s. c. bibamus sanguinem illius, qui pro nobis in ara crucis mortuus est, Luc. 14, 27. . . 4. Ut conservemus *publicos coetus* christianorum, quorum nervus et vinculum est sacrae coenae celebratio, 1 Cor. 11, 20. . . 5. Ut ipso facto comprobemus, nos peccatis agnitis seriam agere *poenitentiam* etc. 6. *Ut testemur, nos approbare doctrinam, quae sonat in ecclesia illa, in qua una cum aliis eundam panem eucharisticum manducamus et ex uno calice bibimus,* 1 Cor. 10, 17. 21. 7. Ut publice profiteamur, nos velle proximo *condonare* suos naevos, pro virili eidem inservire ac pro fratre et membro unius corporis mystici agnoscere, Matth. 5, 24.‟ (L. de s. c. § 214.)

l) Huc enim omnia sacramenta, tanquam media et organa gratiae evangelicae, tandem tendunt.

m) *Absentibus* autem et *mortuis* sacramenti hujus celebrationem, quae ab aliis fit ex *opere operato,* seu ex vi operis ipsius, aut per modum *sacrificii proprie dicti,* prodesse *negamus.* Nam neque sacrificium *commemorativum* dici potest celebratio s. coenae, *si* ab eucharistico sacrificiorum genere distinguatur. Vid. Ausführl. Erklärung L. XVIII. Q. 90. p. 695. sqq. Conf. b. *Chemn.* Exam. Conc. Trid. P. II. p. m. 250. sq., ubi docet, *quo sensu actio liturgiae juxta Scripturam recte possit sacrificium appellari,* et p. 275. sqq., ubi explicat, *quo sensu veteres liturgiam appellarint sacrificium.*

HOLLAZIUS: „*Missa* non est *sacrificium* proprie dictum, propitiatorium pro peccatis viventium et mortuorum. . . Probatur assertio nostra: 1. Quae res animata proprie sacrificatur, ea occiditur et per mortem destruitur; corpus Christi animatum in missa non occiditur, neque per mortem destruitur. E. corpus Christi in missa proprie non sacrificatur. Major liquet ex natura sacrificii proprie dicti. Minor claret testimonio Pauli Rom. 6, 9. 2. Quod sacrificium repeti debet, illud est imperfectum et arguit sacerdotium imperfectum; Christi sacrificium nec est imperfectum, nec sacerdotium arguit imperfectum. E. repeti non debet. Major et minor patet ex Hebr. 7, 27. 9, 25. 26. 3. Si missa esset sacrificium proprie dictum, esset institutum a Christo in ultima coena. Sed in ea institutum non est. E. non est sacrificium proprie dictum. Ratio consequentiae est, quia juxta pontificios missa ab eucharistia non differt quoad rem, eucharistia autem in ultima coena

demum fuit instituta. Consequens probatnr, quia institutio sacrificii
proprie dicti, quo res animata offertur, importat mandatum de mactando eo, quod offerendum est. De Christo autem mactando nullum
in institutione coenae mandatum, neque explicite neque implicite, continetur. 4. Ex mente adversariorum missa est sacrificium incruentum.
Ex quo colligimus: nullum sacrificium propitiatorium proprie dictum
fit sine sanguine, Hebr. 9, 22. At sacrificium missaticum fit sine sanguine. E. non est sacrificium propitiatorium proprie dictum. 5. Nullum sacramentum potest esse sacrificium; eucharistia est sacramentum.
E. Major probatur: quia in sacramentis Deus gratiam suam hominibus offert et confert; in sacrificiis autem homines quaedam munera
Deo offerunt.*)

> *) Est etiam in sacrificio missatico magnus cumulus errorum falsorum-
> que principiorum, quorum pessima haec sunt: quod Christus vicarias poenas
> duntaxat aeternas subierit; quod pro temporalibus homo ipse satisfacere debeat;
> quod igne purgatorio, nescio quo, expianda sint peccata ac poenae temporales
> perferendae, nisi aut ante discessum ex hac vita satisfactio pro iis praestita sit,
> aut indulgentiarum beneficio liberatio facta, quod eorum, qui adhuc in vivis
> sunt, opera, inprimisque sacerdotum officio, quo Christus quotidie immoletur,
> cruciatus mortuorum in illo igne commentitio et tolerabilior et brevior effici
> queat.

Antithesis est pontificiorum, statuentium, Christum in missa proprie,
sed modo incruento sacrificari. Quorum argumenta potiora sunt:
1. Si sacrificium novi testamenti debet esse quotidianum et universale,
sequitur, quod sacrificium missaticum in dubium non sit vocandum
(nam hoc est quotidianum et universale) ; antecedens est verum, teste
Malachia 1, 11. Ergo et consequens. Resp. L. c. non intelligitur sacrificium expiatorium proprie dictum, sed sacrificium spirituale, nempe
praedicatio evangelii in toto terrarum orbe, Rom. 15, 16., sacrificium
caritatis sive beneficentiae, sacrificium precum et hostia laudis. 2. Quicunque est sacerdos in morem Melchisedechi, illius officium offerendo
panem et sanguinem est peragendum; atqui Christus etc. Hebr. 5, 6.
E. Major probatur, quia Melchisedechus dicitur sacrificasse et obtulisse Abrahamo panem et vinum Gen. 14, 18. Resp. I. Melchisedechus
non sacrificavit, sed attulit panem et vinum ad reficiendum Abrahamum
et ipsius milites. 2. Christus semel sacrificavit et immolavit seipsum
in ara crucis, Hebr. 9, 12. Instantia: Sed sacrificium Christi debet
esse aeternum, quia est sacerdos in morem Melchisedechi aeternum.
Resp. Sacrificium Christi in ara crucis peractum est aeternum non ob
perennem reiterationem, sed ob perpetuum valorem, Hebr. 9, 10.
3. Nulla vera religio potest esse sine sacrificio constanti et perenni.
Atqui christiana religio est vera religio. E. Major prob., quia religio
Israelitica non erat sine sacrificiis quotidianis, quin immo gentiles
sacrificarunt. Resp. 1. Religio christiana nititur sacrificio Christi,
quod qua valorem aeternum est, Hebr. 10, 14. 2. Religio christiana
exercetur quotidianis sacrificiis eucharisticis sine hostiis laudis et precum.‟ (Exam. p. 1139. 1140. sq.)

ANTITHESIS.

QUENSTEDTIUS: „Antithesis: Pontificiorum ; Concil. Trid. sess. 6.
c. 1. missam vocat ‚sacrificium singulare, quo Christus in novissima
coena corpus et sanguinem suum sub speciebus panis et vini Deo Patri
obtulerit, quoque cruentum illud in cruce peractum repraesentetur,
atque illius salutaris virtus in remissionem eorum, quae a nobis quotidie committuntur, peccatorum applicetur.‘ Can. II. nominat ‚sacrificium divinum, quo idem ille Christus contineatur et incruente immo-
letur, qui in ara crucis semel seipsum cruente obtulit‘; nec non ‚sacrificium propitiatorium, cujus oblatione placatus Dominus crimina et
peccata etiam ingentia dimittat.‘ ‟ (L. c. s. 2. q. 9. f. 1271.)

§ 13.

Definiri potest sacra coena, quod sit actio sacra[a] a Christo[b] instituta, in qua cum pane[c] benedicto[d] corpus[e] ipsius manducandum, et cum vino benedicto sanguis ejus bibendus datur communicantibus[f] christianis, et ab his utrumque accipitur, corpus cum pane manducatur, sanguis cum vino bibitur, in[g] commemorationem mortis Christi, obsignationem remissionis peccatorum et confirmationem fidei ad vitam aeternam.

a) Denotatur genus commune sacramentorum.

b) Causa efficiens principalis indicatur. Vid. § 2.

c) Materia terrena haec est. Vid. § 6.

d) Seu consecratio, adhibitis verbis institutionis; quae est forma s. coenae. Vid. § 9.

e) Materia coelestis haec est. Vid. § 8.

f) Sic finis cui seu subjectum s. coenae denotatur. Vid. § 10.

g) Finis cujus hic est, juxta § 12.

Caput XII.

DE PRAEDESTINATIONE ET REPROBATIONE.

§ 1.

Quos homines et qua ratione Deus in tempore ad salutem[a] perducit, eosdem et eadem ratione ad salutem in tempore se perducturum, ab aeterno[b] decrevit. Atque huc spectant nomina *praedestinationis*[c] et[d] *electionis*.

FORMULA CONCORDIAE: „Die Lehre von diesem Artikel, wenn sie aus und nach dem Vorbilde des göttlichen Worts geführt, man nicht kann noch soll für unnütz oder unnöthig, viel weniger für ärgerlich oder schädlich halten, weil die heilige Schrift des Artikels nicht an *einem* Ort allein etwa ungefähr gedenket, sondern an vielen Oertern denselben gründlich handelt und treibet; so muss man auch um Missbrauchs oder Missverstandes willen die Lehre des göttlichen Worts nicht unterlassen oder verwerfen, sondern eben derhalben, allen Missbrauch und Missverstand abzuwenden, soll und muss der rechte Verstand aus Grund der Schrift erklärt werden." (Art. XI. de aet. praedest. Declar. p. 704.) Cf. p. 713. sqq. § 43—51.

LUTHERUS: „Paulus apostolus in epistola ad Romanos non in angulum, sed in publicum ac coram toto mundo, liberrimo ore, eadem etiam durioribus verbis palam disserit, dicens (Rom. 9.): ‚Quos vult,

indurat', et iterum: ,Deus volens notam facere iram suam' etc. Quid
durius (sed carni) illo Christi verbo (Matth. 20.) : ,Multi vocati, pauci
electi'? et iterum (Joh. 12.) : ,Ego scio, quos elegerim.' Scilicet haec
omnia talia sunt, te auctore, ut nihil possit inutilius dici, quod videl.
hinc ad desperationem et odium et blasphemiam prolabantur homines
impii . . . *Duae res exigunt, talia praedicari; prima est humiliatio
nostrae superbiae et cognitio gratiae Dei, altera ipsa fides christiana.*
Primum Deus certo promisit humiliatis, i. e., deploratis et desperatis,
gratiam suam. Humiliari vero penitus non potest homo, donec sciat,
prorsus extra suas vires, consilia, studia, voluntatem, opera, omnino
ex alterius arbitrio, consilio, voluntate, opere suam pendere salutem,
nempe Dei solius. Siquidem, quamdiu persuasus fuerit, sese vel tan-
tulum posse pro salute sua, manet in fiducia sui, nec de se penitus
desperat; ideo non humiliatur coram Deo, sed locum, tempus, opus
aliquod sibi praesumit, vel sperat, vel optat saltem, quo tandem per-
veniat ad salutem. Qui vero nihil dubitat, totum in voluntate Dei pendere, is prorsus de se desperat, nihil eligit, sed exspectat operantem
Deum, is proximus est gratiae, ut salvus fiat. Itaque propter electos
ista vulgantur, ut isto modo humiliati et in nihilum redacti salvi fiant;
caeteri resistunt humiliationi huic, imo damnant, doceri huius desperationem sui, aliquid vel modiculum sibi relinqui volunt, quod possint;
hi occulte manent superbi et gratiae Dei adversarii. Haec est, inquam,
una ratio, ut pii promissionem gratiae humiliati cognoscant, invocent
et accipiant. *Altera* est, quod fides (Ebr. 11.) est rerum non apparen-
tium; ut ergo fidei locus sit, opus est, ut omnia, quae creduntur, abs-
condantur, non autem remotius absconduntur, quam sub contrario
objectu, sensu, experientia. Sic Deus, dum vivificat, facit illud occi-
dendo, dum justificat, facit illud reos faciendo, dum in coelum vehit,
facit id ad infernum ducendo, ut dicit Scriptura: ,Dominus mortificat
et vivificat, deducit ad inferos et reducit', 1 Sam. 2.'' (De servo arb.
Vid. opp. lat. var. arg. Francof. ad M. 1873. Vol. VII, 151. 153. sq.)

U. RHEGIUS: ,,Esse praedestinationem, certum est, Eph. 1, 4.:
,Pater elegit nos in Christo, antequam jacerentur fundamenta mundi';
et Rom. 9, 11. 12.: ,Nondum natis pueris Esau et Jacob, cum neque
boni quippiam fecissent, neque mali, ut secundum electionem propositum Dei maneret, non ex operibus, sed ex vocante dictum est Rebeccae, major serviet minori', sicut Mal. 1, 2. 3. scriptum est: ,Jacob
dilexi, Esau vero odio habui.' Sed hoc mysterium praedestinationis
est *solidus cibus* adultorum, *non lac* infantium. Quare valde necessarium
est, *caute tractare* hunc locum et non apud quoslibet indiscriminatim de
eo loqui. Paulus enim jubet omnia fieri ad aedificationem. Videmus
enim, cum quanto Dei timore, quantaque reverentia hunc locum apostolus tractarit, Rom. 9. 10. 11.'' (Formulae caute loquendi. Ed.
Feustking. p. 36. sq.)

CHEMNITIUS: ,,Soll auch ein Prediger von diesem Artikel etwas
lehren? Oder darf ein Christ auch etwas hievon wissen? — Weil die
heilige göttliche Schrift dieses Artikels, dass Gott die Auserwählten
vor der Zeit der Welt in Christo zur Seligkeit versehen, erwählet und
verordnet habe, nicht an *einem* Orte alleine ohngefähr gedenkt, sondern
an vielen Orten denselbigen gründlich handelt und treibet, so kann
und soll man auch dieselbige Lehre nicht für unnütz, unnöthig oder
ärgerlich und schädlich halten, wenn sie aus und nach dem Fürbild des
göttlichen Worts, so viel darin geoffenbaret ist, geführt wird. Und
sollen die fürnehmsten Sprüche von diesem Artikel den pastoribus bekannt sein, als Matth. 20. und 22. Luk. 10. Joh. 13. und 15. Act. 13.
Röm. 8. 9. 10. und 11. 1 Kor. 1. Eph. 1. 2 Tim. 1. und 2. Gal. 1.
2 Thess. 2. Apoc. 20. Es wird aber oft von diesem Artikel gar unbe-
scheiden geredet; so fasset auch mancher hieraus gefährliche Gedanken, dadurch entweder Unbussfertigkeit gestärket, oder der Glaube in
Verzweiflung getrieben wird? — Um Missbrauchs und Missverstands

willen muss die Lehre des göttlichen Worts nicht unterlassen oder verworfen werden, sondern allen Missverstand soll man mit Fleiss absondern und verwerfen, auch für allem Missbrauch treulich warnen. *Wer
dann darüber der reinen Lehre missbrauchen will, des Verdammniss ist
billig.* Röm. 3.'' (Handbüchlein. 1574. Vid. Frank, Th. d. Concordienf. IV, 329. sq.)

HUTTERUS: ,,Ante Pelagianos docuerunt haeretici quidam, quod
neque mala opera hominibus a Deo electis et praedestinatis fugienda
vel obesse possint, neque reprobis studendum sit bonis operibus, quia
nullo modo iis confirmari juvarique possint; sed qui semel sint praedestinati, ii excidere, qui non praedestinati, illi in gratiam cum Deo
redire haud possint. Cujus erroris foeditas nomen haereticis istis
imposuit, ut praedestinatorii sive praedestinati dicerentur. Hunc igitur
errorem Pelagius refutari haud posse censebat, nisi homini liberum
arbitrium, per quod aeque ad bona atque mala eligenda perpetran-
daque ferretur, tribueret. Quin eo tandem impietatis progressus est,
ut totam doctrinam de praedestinatione calumniaretur, tanquam inutilem, imo noxiam ecclesiae, teste Augustino lib. 6. Hypognosticῶn.''
(Lib. Concord. explic. p. 1160. sq.)

GERHARDUS: ,,Extant epistolae Prosperi et Hilarii ad Augustinum,
quae praefixae sunt libris de praedestinatione sanctorum et de bono
perseverantiae Tom. 7., quae testantur, quosdam in Gallia tum temporis auctoritate conspicuos viros judicasse, praedestinationis definitionem utilitati praedicationis adversam esse. Sed . . . quod Sp. S. in
Scriptura ϑεοπνεύστῳ revelavit, de quo Christus et apostoli in suis concionibus egerunt, quod omnem spiritualis superbiae tumorem in nobis
deprimit, quod ad Dei amorem et gratias ipsi agendas excitat, quod ad
studium pietatis inflammat, illud utique silentio minime est involven-
dum. Sed, tale est praedestinationis mysterium, ut κατὰ μέρη ostendere
in proclivi est. Disserendum igitur in christianorum scholis de hoc
mysterio, sed modo debito.'' (Loc. de elect. §§ 19. 20. 21.)

IDEM: ,,Sobria et Scripturae consona mysterii hujus tractatio
monstrat nobis abyssum divinae misericordiae, cui soli electio nostrum
ad vitam aeternam in solidum tribuenda; deprimit omnem de nostris
meritis gloriationem atque in nobis ipsis confidentiam; confirmat salutis
nostrae certitudinem in omnipotente ac beneficentissima Dei manu
repositam; exstimulat nos ad sincerum Dei amorem, qui prior ante jacta
mundi fundamenta nos dilexit; alit mutuam dilectionem ac φιλαδελφίαν
erga eos, quos itidem ex mera gratia electos in aeterna vita speramus
habere socios; excitat nos ad verbi divini ardens studium et frequentem
sacramentorum usum, per quae media Sp. s. fidem in nobis vult accendere, conservare et augere; inflammat nos ad preces et serium pietatis
studium, electi enim sumus, ut sancti et inculpati simus, Eph. 1, 4.
Denique ad omnia adversa aequo animo perferenda nosmet munit,
,quos enim praescivit Deus, hos etiam praedestinavit conformes fieri
imagini Filii Dei; scimus, quod diligentibus Deum omnia cooperentur
in bonum iis, qui secundum propositum vocati sunt sancti.' Rom. 8,
28. 29.'' (Loc. de elect. § 216.)

B. MEISNERUS: ,,Beza in Colloquio Mompelg. m. p. 308. ed. Witteb. A. 1605. haec verba proposuit: ,Neque consultum est, ·coram omnibus de hoc articulo conferre, ne forte plures offendantur, quam erudiantur, qui illa capere non possunt.' Et p. 310.: ,In publico coetu
haberi haec disputatio non potest sine gravi eorum offendiculo, qui
tanti mysterii capaces non sunt, sive nostrae sive contrariae sententiae
assentiantur. Unde novum exoriri dissensionis seminarium possit, ut
haec disputatio potius in scholis, inter exercitatos theologos, quam in
publico quorumvis coetu disceptanda sit.' Nos autem statuimus, per-
niciosam et maxime suspectam esse illam meticulosam veritatis occul-
tationem, ideoque non solum in scholis a literatis ad literatos, sed in

templis etiam a pastoribus ad idiotas tractari atque explicari hanc doctrinam debere. . . . Objiciunt 1.: Si praedicetur, electos non damnari, reprobatos non salvari, tum prostratis adimetur conatus resurgendi, stantibus addetur torpor et segnities non progrediendi. Resp.: 1. Qui taliter offenduntur, aut sunt infirmi, aut contumaces. Si infirmi, erudiantur, sin contumaces, deserantur. 2. Propter improborum abusum et irrisionem non sunt hac doctrina defraudandi electi . . . 3. Haec objectio ipsi Spiritui S. opponitur. Si enim offendicula ista per se doctrinam electionis comitantur, cur in Scripturas relata et nobis commendata est? 4. Pro oppositis habentur, quae subordinata sunt. Electio enim studium bonorum operum et perseverantiam in fide non tollit, sed promovet, siquidem habent se, ut finis et media, quae subordinantur, non contrariantur. Nam qui ab aeterno electi sunt, illi in tempore poenitentiam agunt, in Christum credunt et in pietate perseverant; secus si fiat, electio falso praesumitur. Quare impia est haec ratiocinatio: si electus sum, etiam sine pietate vitam consequar. Invertendum enim est argumentum: Si electus sum, secularibus studiis renunciare debeo. Elegit enim nos Deus, ut essemus sancti et irreprehensibiles, Eph. 1, 4. . . . Objiciunt 2.: Electionis mysterium altius est, quam ut a vulgo capi possit. ,Quis enim cognovit mentem Domini?' Rom. 12, 33. Ergo potius silendum de illo, quam loquendum. Resp.: 1. Etsi non in totum, tamen in tantum cognosci potest, ideoque Christus coram vulgo etiam illud inculcavit. Scite Augustinus l. de bono persev. c. 15.: ,Numquid ideo negandum est, quod apertum est, quia comprehendi non potest, quod occultum est?' 2. Electio consideratur respectu vel causarum, vel specialium casuum. *Illae* cognosci possunt, quamvis de *his* omnibus ratio reddi nequeat. 3. Doctrina haec obscura est tardis et pereuntibus 2 Cor. 4, 3., non autem piis et devotis indagatoribus, quibus lux e tenebris exsplendescit, v. 6. 4. Operam adhibere debent praecones verbi, ut hunc articulum tractent tum sobrie, tum prudenter. Sobrie, ut ex solo Dei verbo, non rationis judicio, illum explicent. Prudenter, ut ad sanam doctrinam sana verba adhibeant, eoque rem dirigant, ut omnis occasio praeripiatur tum pharisaicae praesumptioni, tum Judaicae desperationi, ut in humilitate conserventur pii, a securitate detrudantur impii. Quod si fiat, doctrina haec convenienter proponetur, utiliter audietur, luculenter intelligetur." ('Ανϑρωπολ. Disp. XII, A 2. sq. A 3. sqq.)

Brochmandus: ,,Quando quaeritur, an tutum sit, doctrinam de praedestinatione populo in ecclesia Dei publice proponere ac tradere, nulli dubitamus in ajentem sententiam concedere. Licet enim agnoscimus, cum omni moderatione et spirituali prudentia sedulo curandum, ne, ubi de praedestinatione agitur, aut vanae quaestiones nec aedificationi servientes populo proponantur aut quidquam ultra id, quod scriptum est, temere urgeatur; attamen consultum, imo plane necessarium judicamus, ut populus de praedestinationis doctrina pie instituatur. Cum enim universa sacra scriptura eo fine nobis relicta sit, ut eam qua publice, qua privatim meditemur Rom. 15, 4. 2 Tim. 3, 16. 17., pars autem praecipua sacrae scripturae sit doctrina de praedestinatione seu aeterna electione, Marc. 13, 20. 27. Rom. 8, 30. Eph. 1, 3. 4. sq., nemo non de facili intelligit, quam graviter erraret, qui rudem populum hanc de aeterna electione doctrinam celare tentaret. Et ut adhuc magis eos premam, qui praepostera cura nec probanda circumspectione negant, tutum esse, doctrinam de aeterna electione populo rudi proponere, vide mihi, quantis commodis privent homines hac solicitudine temeraria. 1. Summe utilis est doctrina de aeterna praedestinatione seu ad vitam aeternam electione ad confirmandam salutis nostrae certitudinem. Cum enim electio ad vitam aeternam non in sapientia humana, non in voluntate aut operibus hominum, sed in mera Dei misericordia et εὐδοκία solide fundata sit, quis, haec audiens, non poterit non hinc concipere certam fiduciam de salutis suae indubitata et plane immota certitudine?

Et huc pertinent haec Literarum s. dicta Luc. 10, 20. 12, 23. Joh. 6, 37. 10, 28. 17, 14. 15. 2. Non est quidquam, quod potest vehementius accendere in nobis amorem Dei et proximi, quam seria et devota praedestinationis meditatio. Non enim potes non amare Deum, qui te, in peccatis mortuum et ob peccata aeternae morti adjudicatum, gratis ad vitam aeternam elegit. Eph. 1, 3. 4. sq. Et turpe fuerit odisse te fratrem, ejusdem tecum gratiae consortem. Audi Joh. 1. ep. 3, 16. 3. Praedestinationis doctrina recte tradita efficacissimum medium et remedium est ad retundendam superbiam, ne videl. quidquam arrogemus nobis aut viribus justitiaeve nostrae vel tantillum tribuamus. Joh. 15, 16. Rom. 5, 8. 2, 5. 6. 31. 32. sq. 1 Cor. 1, 28. 29. sq. 1 Cor. 4, 2—4. Ultimo, calcar est doctrina praedestinationis, quo ad studium bonorum operum excitamur Eph. 1, 4. 2, 8. 9. 10. Hos et consimiles fructus cum afferat doctrina praedestinationis, immane quam peccet in commoda auditorum, qui veram praedestinationis doctrinam auditores suos celat!" (System. I. f. 248. sq.)

a) Nempe huc redeunt, quae hactenus tractavimus de causis et mediis consequendae salutis.

b) *Nihil* enim *Deus facit in tempore, quod non ab aeterno decreverit, se in tempore facturum.* Et sic actus, quos Deus in tempore exercet, habent se, tanquam *executio,* ad aeternum Dei *decretum;* ideoque agnoscenda est exacta *convenientia* utriusque. Ac de decretis quidem aeternis, quae forte alias latere possunt, rectissime informari possumus, si, quid et qua ratione Deus in tempore faciat, juxta revelationem cognoverimus; unde h. l. cognita ratione et via, qua Deus homines in tempore ad salutem perducit, de decreto aeterno salvandi homines tanto facilius docebimur.

c) Graece προορισμός juxta *Eph. 1, 5. Rom. 8, 29. 30.* Denotatur autem hoc loco *destinatio* alicujus *subjecti,* et quidem vi particulae πρό aut *prae,* destinatio subjecti, antequam ipsum existat, ad certum finem. Ac nos, *insistentes vestigiis Scripturae, quae verbum* προορίζειν, *praedestinare, nuspiam de hominibus in malam partem adhibet, praedestinationem accipimus pro praedestinatione ad vitam tantum.* Conf. b. *Mus.* Dissert. Inaug. de Aetern. Praedest. Decret. cap. I. § 8.

ANTITHESES.

QUENSTEDTIUS: ,,*Antithesis:* 1. *Nonnullorum patrum,* qui praedestinationis vocabulum *generice* interpretati sunt, sumseruntque pro decreto, tum de damnandis electis, tum de damnandis incredulis ac reprobis. Quo sensu dixit *Isiodorus* 1. 2. de summo bono c. 5. 6.: ,Gemina est praedestinatio, sive electorum ad requiem, sive reproborum ad mortem.' Eadem navi vehuntur *Augustinus* 1. 15. de civ. Dei c. 1. et in Enchir. c. 100., *Prosper* in resp. 14. 15. ad Capitula Gallorum, *Fulgentius* 1. 1. ad Monimum c. 14. Multo rectius Leo in ep. ad Petrum Antioch.: ,Credo', inquit, ,Deum tantum praedestinasse bona, praescivisse autem bona et mala.' 2. *Calvinianorum,* in quorum logica praedestinatio est nomenclaturam generis, quod in duas species, electionem et reprobationem, dispescunt, h. e., vocem praedestinationis in propria significatione acceptam etiam ad reprobos extendunt et duas praedestinationis species constituunt, electionem, quae est praedestinatio ad vitam, et reprobationem, quae est praedestinatio ad mortem. Ita *Calvinus* 1. 3. Inst. c. 21. . . . D. Affelmannus 1. c. ad quaestionem: Num praedestinatio quaedam infidelium possit dici ad mortem seu num praedestinatio duas sub se contineat species, electionem et reprobationem? resp.: Negamus nos unanimi consensu. Affirmant Calvinistae Genevenses, Basileenses, Lausannenses, Angli, prae reliquis Matthaeus Archiep. Eborac. Quibus contradicunt Tigurini, Sedanenses, Gedanenses, Cantabrigiensium Wittakerus; fluctuant Marpurgenses, Lugdunenses, Herbornenses, Neostadienses; Heidelbergenses inter se de eo litigant. Haec ille." (Th. did.-pol. P. III. c. 2. s. 2. q. 1. f. 37. sq.)

d) *Ἐκλογή* graece, juxta *Ephes. 1, 4. Rom. 8, 33.* Habetur autem respectus ad numerum eorum, qui salvantur ac proinde aeterno decreto destinati sunt ad salutem; qui pauci utique sunt, *ex* magno hominum numero *lecti*, et a reliquis segregati. Quidam electionem hanc cum apposito *electionem ad gloriam* appellant, distinguentes illam ab ea, quam dicunt *ad gratiam*, sive ad media salutis. Sed, juxta receptam in ecclesiis nostris consuetudinem, vox *electionis* absolute sic dicta denotat eam, quae spectat ipsam vitam aeternam. Et sic *electio quoad rem* idem est, quod *praedestinatio;* licet *ob diversa connotata,* nempe hic *prioritatem ordinationis,* illic respectum ad *coetum hominum* peccatorum promiscuum, distinctio *rationis* aliqua admitti possit. Conf. b. *Mus.* l. c. § 11.

FACULTAS TH. WITTEBERGENSIS: „Συνώνυμα, quae περιφραστικῶς notant eos, quos *elegit* Dominus, sunt haec: dicuntur praedestinati, vocati κατὰ πρόθεσιν, Rom. 8., ordinati ad vitam aeternam, Act. 13., dati Christo a Patre, Joh. 6, 10. 17., empti ex hominibus, primitiae Deo et agno, Apoc. 14., empti de terra, ibidem." (Bek. von d. ewigen Gnadenwahl. A. 1597. Vid. Consil. Witteberg. I, 632. b.)

CHR. CORNERUS: „Ne quis putet, fideles sua dilectione hoc consequi, ut sal ventur, et tantum ex rebus duris percipiant fructum, recte Rom. 8, 28. additur correctionis sive explicationis loco, qui sint illi, de quibus hic verba faciat, nempe: qui sint κλητοὶ κατὰ πρόθεσιν, *vocati juxta propositum Dei,* hoc est, *consilio et benigna ejus voluntate electi ad salutem."* (In ep. ad. Rom. commentar. 1583. p. 110.)

B. MEISNERUS: „Datur aliquod discrimen inter voluntatem Dei, propositum Dei, ut et decretum Dei. VOLUNTAS terminus generaliter est et comprehendit eas etiam res, quae non fiunt. Sic Deus vult, omnes homines attente audire verbum suum, quod tamen nunquam fit. PROPOSITUM autem Dei tantum complectitur ea, quae certo fiunt. Quod enim Deus proponit, illud absque omni exceptione fit. DECRETUM Dei adhuc strictior gradus est; quando videl. Deus decernit, se certis mediis effecturum id, quod apud se proposuit. Ita ergo haec sequuntur: Deus aliquid *vult,* volitum *proponit,* propositum *decernit,* adeoque tria ista differunt, ut latiora et strictiora, antecedentia et consequentia. . . Nomen ELECTIONIS et verbum eligendi multa habet in Scripturis significata, quorum quinque sunt primaria. . . In *specialissima* significatione pro electione fidelium ad vitam aeternam facta, priusquam jacerentur fundamenta mundi, quam propterea salutarem indigitant. Atque in hac significatione ultima sumimus vocabulum electionis, a qua denominantur proprie et κατ' ἐξοχὴν ἐκλεκτοὶ vel ἐκλελεγμένοι, h. e., electi *nominaliter et principaliter.* Nam inter haec duo vocabula nihil esse discriminis, patet ex illo Marc. 13, 20.: διὰ τοὺς ἐκλεκτοὺς, οὓς ἐξελέξατο ὁ θεός. Ex omnibus vero his significationibus apparet, vocem eligendi 1. includere quandam *separationem,* qua res vel persona ab aliis secernitur et ad certum quid seligitur. Hinc isti termini permutantur invicem, ut, quod Moses vocat eligere Deut. 7, 6., Salomon reddit per separare 1 Reg. 8, 53. Sic electio discipulorum Luc. 6, 13. nominatur separatio, Act. 13, 2. Id quod observasse non parum proderit ad refutandam universalem et indiscretam electionem Huberianam; 2. praesupponere *gratuitam dilectionem*, a qua semper procedit. Innuitur hoc Deut. 4, 37. : ,Quoniam dilexit Jehovah patres tuos, elegit semen eorum post eos', quod reperitur Deut. 7, 6. 7. 8. Et ratio est in promptu, quoniam, quae eliguntur, prae aliis grata nobis et dilecta esse oportet, quod contra operum et meritorum propugnatores notari debet. . . Quod Latini dicunt praedestinare, unde PRAEDESTINATIO, Graeci προορίζειν nominant, unde προορισμός. Significat autem προορίζειν aliquid decernere et praefinire, antequam illud agas; ὅρος enim terminum notat, hinc ὁρίζειν terminare, et προορίζειν pro vel prius *determinare*, ut 1 Cor. 2, 7. : ,Loquimur Dei sapientiam in mysterio, quam προώρισεν ὁ θεὸς ante saecula', i. e., quam decreverat et praeordinaverat nobis revelare. Sic electi dicuntur προωρισμένοι, praedestinati, h. e., antequam existerent, ad vitam destinati." ('Ανθρωποϊ. Disp. XIV. p. A 3. b. A 4. b.)

§ 2.

Denotatur autem nominibus praedestinationis et electionis *nunc* decretum *de toto opere*[a] perducendi homines ad salutem, *nunc* peculiariter[b] decretum *de certis hominibus* sub certa ratione intellectui divino cognitis *certo salvandis*.

a) Atque haec quidem *latior* est vocabulorum acceptio, qua *totus*, ut sic loquar, *processus* Dei in negotio salutis, in tempore locum habiturus, ab aeterno decretus esse concipitur; qua ratione *praedestinatio, seu aeterna Dei electio, salutem filiorum Dei procurare et ea, quae ad ipsam pertinent, disponere* dicitur. Vid. F. C. artic. XI. n. IV. p. 618. Et *certi* quidam *gradus, in* quibus *consistat* electio aut praedestinatio, numerantur; vid. Sol. Decl. Form. Conc. art. XI. p. 802. Adde b. *Mus.* Dissert. de Aet. El. Decr. an. 1668. edita. § 266. sq. p. 205. 206.

FORMULA CONCORDIAE: ,,Erstlich ist der *Unterschied* zwischen der ewigen *Vorsehung* Gottes und ewigen *Wahl* seiner Kinder zu der ewigen Seligkeit mit Fleiss zu merken. Denn praescientia vel praevisio, das ist, dass Gott alles vorher siehet und weiss, ehe es geschieht, welches man die Vorsehung Gottes nennet, gehet über alle Kreaturen, gute und böse, dass er nämlich alles zuvor siehet und weiss, was da ist oder sein wird, was da geschieht oder geschehen wird, es sei gut oder bös, weil vor Gott alle Dinge, sie seien vergangen oder zukünftig, unverborgen und gegenwärtig sind. Wie geschrieben stehet Matth. 10, 29. : ,Kauft man nicht zween Sperlinge um einen Pfennig? noch fällt derselben keiner auf die Erde ohne euren Vater'; und Psalm 139, 16. : ,Deine Augen sahen mich, da ich noch unbereitet war, und waren alle Tage auf dein Buch geschrieben, die noch werden sollten, und derselben keiner da war; item, Jes. 37, 28. : ,Ich kenne deinen Auszug und Einzug und dein Toben wider mich.' *Die ewige Wahl Gottes aber vel praedestinatio, das ist, Gottes Verordnung zur Seligkeit, gehet nicht zumal über die Frommen und Bösen, sondern allein über die Kinder Gottes, die zum ewigen Leben erwählt und verordnet sind, ehe der Welt Grund gelegt ward*; wie Paulus spricht Eph. 1, 5. : ,Er hat uns erwählet in Christo Jesu und verordnet zur Kindschaft.' Die Vorsehung Gottes (praescientia) siehet und weiss zuvor auch das Böse, aber nicht also, dass es Gottes gnädiger Wille wäre, dass es geschehen sollte; sondern was der verkehrte, böse Wille des Teufels und der Menschen vornehmen und thun werde und wolle, das siehet und weiss Gott alles zuvor, und hält

seine praescientia, das ist, Vorsehung, auch in den bösen Händeln oder
Werken ihre Ordnung, dass von Gott dem Bösen, welches Gott nicht
will, sein Ziel und Mass gesetzt wird, wie fern es gehen und wie lang es
währen solle, wann und wie ers hindern und strafen wolle; welches doch
alles Gott der Herr also regieret, dass es zu seines göttlichen Namens
Ehre und seiner Auserwählten Heil gereichen und die Gottlosen darob
zu Schanden werden müssen. Der Anfang aber und Ursache des Bösen ist
nicht Gottes Vorsehung (denn Gott schafft und wirkt das Böse nicht,
hilft und befürderts auch nicht), sondern des Teufels und der Menschen
böser, verkehrter Wille, wie geschrieben stehet: ‚Israel, du bringest dich
in Unglück; aber dein Heil stehet allein bei mir.‘ (Hos. 13, 9.) Item: ‚Du
bist nicht ein Gott, dem gottlos Wesen gefalle‘, Ps. 5, 5. Die ewige *Wahl*
Gottes aber siehet und weiss nicht allein zuvor der Auserwählten Seligkeit, sondern ist auch *aus gnädigem Willen und Wohlgefallen Gottes in
Christo Jesu eine Ursache, so da unsere Seligkeit, und was zu derselben
gehöret, schaffet, wirket, hilft und befördert; darauf auch unsere Seligkeit
also gegründet ist, dass die Pforten der Höllen nichts dawider vermögen
sollen; wie geschrieben stehet: Meine Schafe wird mir niemand aus meiner Hand reissen; und abermals: Und es wurden gläubig, so viel ihrer
zum ewigen Leben verordnet waren.* (Matth. 16, 18. Joh. 10, 28. Act.
13, 48.)“ (Concordia. Ed. Muellerus. p. 704. sqq.)

FACULTAS TH. WITEBERGENSIS: „Bei diesem so hellen und unver-
neinlichen Ausspruch des Concordienbuchs sucht D. Huberus eine
solche nichtige Ausflucht, dass er schreibt: ‚Ich gebe solche Beschrei-
bung der Erwählung der Kinder Gottes nach‘, spricht er, ‚in dem Verstand, wie es daselbst das Concordienbuch gebraucht; denn daselbst
wird die Gnadenwahl particulariter gebraucht in der Application und
in dem Event oder Ausgang der Seligmachung. Wenn das Wort praedestinatio (Verordnung zum Leben) in dem Verstand gebraucht wird,
so lassen wir es‘, spricht er, ‚zu, dass die Praedestination allein die
Kinder Gottes angehöret.‘ Es soll aber der christliche Leser dargegen
wissen, dass dieser Schein Huberi alsdenn wird gelten, *wenn er zuvor
aus dem Concordienbuch wird erwiesen haben, dass das Concordienbuch
irgend einer andern Wahl gedenke, als eben nur allein dieser einigen,
welche allda geschrieben ist, dass sie nicht zugleich über Böse und Gute,
sondern allein über die gottseligen gläubigen Kinder Gottes gehe.* Darnach so ist es ein lauter Gedichte, damit die Einfältigen zu bethören,
dass er vorgibt, er lasse die Particular-Election, welche allein über die
Kinder Gottes gehet, zu und streite nicht wider dieselbe, da er doch
eben dieselbe Lehre, die wir nach Anleitung Gottes Worts und des Concordienbuchs führen, zum heftigsten anfichtet und als einen calvinischen
Irrthum verlästert.“ (Consil. Witeb. I, 606.)

AEG. HUNNIUS: „Jam si descendatur ad quaestionem, ad quos
haec gratuita Dei electio ante mundi jacta fundamenta in ipso consilio
Dei inita referenda sit, ibi sic respondet Concordiae liber: ‚Praedestinatio seu aeterna Dei electio *tantum* ad bonos et dilectos filios Dei pertinet.‘ In formula ipsa aeterna electio, seu praedestinatio Dei ad salutem, non simul ad bonos et ad malos refertur, sed tantum ad filios Dei.
Huberus econtra, haec libri Concordiae verba recensens, eidem sic oblo-
quitur suo dogmate: ‚Praedestinatio seu aeterna Dei electio nequaquam
tantum ad bonos et dilectos Dei filios est referenda (hoc enim extreme
Calvinianum est), sed aeque ad malos et infideles, quia simpliciter ad
omnes, sive in unigenitum Dei Filium fuerint credituri, sive non credituri. Imo Deus elegit tantum infideles, quales omnes natura sumus‘,
Rettung, p. 5. Si autem per electionem intelligatur *electionis applicatio*
(quae nihil aliud est, quam *justificatio*), in hac demum significatione
concedit Huberus, ad solos Dei filios pertinere electionem, i. e., justificationem. Ipsammet vero electionem, de qua Concordiae liber *ex*
Scriptura loquitur, non minus ad filios diaboli (quales sunt impoeni-

tentes omnes), quam ad Dei filios extendit, idque contra claram, expressam et irrefragibilem literam Formulae Concordiae." (Volum. Disputatt. 1598. p. 304. sq.)

PHILIPPI: ,,Nach der *Concordienformel* hat Gott von Ewigkeit das Heil aller Menschen beschlossen und zur Ausführung dieses Rathschlusses in der Fülle der Zeit seinen Sohn zur Versöhnung der Sünden der ganzen Welt in den Tod gegeben. Diesen allgemeinen, in Christo vollzogenen Gnadenrathschluss erbietet er ernstlich allen Menschen durch das Wort, welches als Träger des Geistes in sich selbst bekehrungskräftiges Heilsmittel ist. Alle diejenigen demnach, welche durch das Wort Gottes zum Glauben und damit zur Gerechtigkeit und zum Leben geführt werden, *verdanken dies lediglich dem göttlichen Erbarmen, das sie von Ewigkeit in Christo erwählet* und in der Zeit in ihm errettet hat; diejenigen hingegen, welche nicht zu diesem Heilsziele gelangen, haben es ihrem eigenen *Widerstreben* gegen Gottes Gnadenwillen und gegen sein Wort und seinen Geist zuzuschreiben. Die Concordienformel schliesst also durch die Art, wie sie die Bekehrung des Menschen rein als Wirkung der göttlichen Gnade fasst, jede pelagianische, semipelagianische und synergistische Anschauungsweise aus, ohne dadurch dem entgegengesetzten Extreme des Prädestinatianismus zu verfallen, indem sie Gottes Gnade, Christi Opfer und Gottes Wort als auf alle Menschen sich erstreckend darstellt." (Kirchl. Glaubensl. IV. Erste Hälfte. 1868. p. 62. sq.)

ANTITHESIS.

C. LOESCHERUS: ,,Quamquam, qui hanc doctrinam impugnant, non pauca objicere soleant; non tamen obstat, . . . 3. praedestinationem non peculiarem fidei et religionis articulum constituere, sed potius vagari per omnes articulos, e. g. de redemtione, vocatione, conversione etc. Atque id ipsum docere Formulam Concordiae art. XI.; erronee igitur ab iis articulis separari et disjunctum doceri. Nam regerimus: habet certe praedestinationis vox significationem aliquam *amplam, non in sacro codice, sed in libris symbolicis.* Unde denuo distinguimus inter significationem ejus vocis *symbolicam* et *biblicam: illa* est ampla, *haec* stricta et contracta. *Illa* hic nullum habet locum, nisi remotive; *haec* vero hic obtinet. Proponimus enim doctrinam hanc ex scriptura, ergo id praestandum quoque est verbis scripturae et in eo sensu, quem in scriptura obtinent." (Th. thet. 1694. p. 247. sq.)

b) Sic b. *G. Cundisius* Not. ad Comp. Hutt. L. XIII. Q. V. § 1. p. 797.: *Praedestinationis vocabulum sumitur vel late vel stricte. Late ubi accipitur, comprehendit universum mediorum salutis apparatum; in hoc sensu vocem eandem usurpat Formula Concordiae in solida Declar. Art. XI. Stricte usurpata haec vox significat ipsam ordinationem fidelium ad salutem, secundum Dei propositum institutam. Qua ratione πρόθεσις, seu propositum, et προορισμός, seu praedestinatio, ut distincta, hic considerari debent.* Eandem acceptionem strictiorem agnovit etiam b. *Balth. Meisnerus* in Anthrop. Dec. II. Disput. IV. Q. III. n. IV. § 31., cum scribit: *Primum media ordinavit* (Deus) *pro omnibus; quia vero non omnes accepturi erant, ideo non omnes elegit. Sic ergo decretum mediorum ordine prius est decreto electionis, ideoque meritum Christi fide apprehensum et ab aeterno consideratum non est medium decreti, sed causa.* Sed de his in seqq. plura dicentur. Add. b. *Mus.* l. c.

HEILBRUNNERUS: ,,Etsi per se verum est, quod verbum Dei docet, respectu multitudinis reproborum paucos esse electos, tamen falsa est Calvinistarum doctrina, quod absoluto, arcano et imperscrutabili Dei

decreto, nullo indignitatis respectu, major pars generis humani ad
aeternum exitium creata et destinata sit; idem quod in Apologia articulorum visitationis jure reprehenditur. In hac sententia aliquot ce-
lebres et orthodoxi theologi *electionem Dei universalem* esse docuerunt,
vocabulo electionis in *latiore* significatione usi. Unde fatetur liber
Concordiae in exordio istius articuli, quod theologi non similes semper
de hoc articulo locutiones usurpent, et in praedicta Apologia Saxonica
scriptum extat, quod doctores quidam ecclesiae orthodoxi in latiore
significatione vocem electionis ad omnes homines referant, quia (quoad
voluntatem Dei) nemo hominum a gratia vitae decreto vel proposito
Dei exclusus sit; sicut Calvinistae falso docent. Quia vero haud ita
pridem ex hac phrasi vel propositione lis quaedam orta est, dum una
pars *propriam*, altera vero eam *minus propriam* esse voluit, ac prior
illa in eam apud nonnullos venit suspicionem, quasi doceret, omnes homines, sive credant, sive non credant, actu electos esse: satius et con-
sultius, imo propter ecclesiae tranquillitatem necessarium fuerit, retenta mente vel sententia superius declarata, Calvinianae particularitati
Scripturae S. S. doctrinam de universali Dei *dilectione*, universali Christi
merito, *promissionibus* quoque evangelii universalibus, quam propositionem ambiguitatis nomine susceptam et in sacris oraculis nuspiam
expressam opponere et a praedicta phrasi pacis et concordiae studio
in posterum abstinere." (Theses de praedest. A. 1597. Vid. Consil. th.
Wittebergens. I, 649. sq.)

WINCKELMANNUS: „Ajunt praeterea, multos magni nominis theologos affirmasse universalem omnium hominum electionem. R.: Non
inficior; verum ante motam controversiam liberius locuti sunt (id quod
Augustino et aliis patribus ante mota certamina in aliis doctrinae capitibus accidit), usi vocabulo electionis *improprie* pro generali Dei
voluntate erga omnes homines. Jam igitur retinenda mens et corri-
genda lingua." (Disp. th. in academ. Giessena hab. P. V, p. 179.)

GERHARDUS: „Illis, qui omnes omnino credentes, etiam προϲϗαί-
ρους, electos esse statuunt, . . opponimus immotum hoc argumentum:
Omnes electi salvantur. Qui ad tempus credunt et postea iterum deficiunt, non salvantur; ergo qui ad tempus credunt et postea iterum
deficiunt, non sunt electi. . . Ad quartam classem pertinent dicta, in
quibus electio finem suum semper dicitur assequi, Rom. 11, 7.: ‚Quod
quaerebat Israel, non est consecutus; electio autem est consecuta; caeteri vero excaecati sunt.‘ Utique ergo electio fine suo nunquam fru-
stratur, ac proinde etiam electi finem electionis semper sortiuntur,
2 Tim. 2, 19.: ‚Firmum stat fundamentum Dei, habens signaculum hoc,
novit Dominus, qui sint sui.‘"(Disp. isagog. p. 754. sq.)

S. SCHMIDTIUS: „Christus praedestinationis causa meritoria est,
qui satisfactione sua eam pro nobis impetravit. Unde electi dicimur
in Christo Ephes. 1, 4., praedefiniti per Jesum Christum v. 5., praedefiniti secundum propositum Dei proprium et gratiam, datam nobis in
Christo Jesu 2 Tim. 1, 9. Ephes. 1, 11. *Ut neque eadem praedestinationis ratio sit, quae propositi Dei de redemtione hominum.* Nam hic
philanthropia Dei mota est ad *destinandum humano generi redemtorem*,
sed praedestinatio Dei solicita est de redemtionis beneficiis huic illive
homini juxta propositum istud *applicandis finaliter*, quam actualem
applicationem et solicitudinem Christus jam promeruit." (Aphorism.
th. p. 292.)

HANNEKENIUS: „Nec tantum finaliter credentes *in genere* sunt
electi, ut hoc sit totum electionis aeternae decretum, omnes finaliter
credentes salvabuntur, non facta applicatione ad *certa individua*, sed et
certae personae, v. g. Petrus, Paulus, David etc., sunt electi. Rom.
8, 35. Eph. 1, 4. 2 Tim. 1, 9. Vere F. C. art. 11.: ‚Et quidem Deus
illo suo consilio, proposito et ordinatione non tantum *in genere* salutem
suorum procuravit, verum etiam *omnes et singulas personas* electorum
(qui per Christum salvandi sunt) clementer praescivit, ad salutem

elegit et decrevit, quod eo modo (quem jam recitavimus) ipsos per suam gratiam, dona atque efficaciam, salutis aeternae participes facere, juvare, eorum salutem promovere, ipsos confirmare et conservare velit.'" (Verae th. Synops. p. 58. sq.)

CALOVIUS: „Decretum electionis non esse decretum de personis certis nominatim vitae aeternae destinandis, sed tantum decretum de conditione, qua Deus personas, id est, homines omnes saluti vult destinari, falso asserunt *Remonstrantes*. . . Et fatentur ipsi *Arminiani* f. 102. b., decretum istud Remonstrantium ‚de facto nullas certas personas praedestinare, segregare vel libro vitae inscribere (hoc enim fieri non posse, nisi intercedat divina scientia)‘. Quale vero illud decretum praedestinationis erit, quod nullas personas certas praedestinet? quale electionis decretum, quod nullas segreget, nullas libro vitae inscribat?" (Consideratio Arminianismi. 1657. p. 239. sq.)

ANTITHESES.

Antithesis Arminianorum: „Patet, falsum esse, quod electio facta sit *ab aeterno*; unus tantum in Scriptura locus est, qui id affirmare videtur, unde communis error iste natus est, locus videl. ad Eph. 1, 4." (Apologia Remonstrantium, c. 18. f. 190.)

J. FECHTIUS: „Dissentiunt in hoc argumento a caeteris Lutheranis theologis omnibus theologi *Tubingenses* hodierni, circa quorum sententiam observandum est: 1. Eandem in veterum Tubingensium theologorum scriptis non comparere, quippe qui uno nobiscum ore objectum electionis hominem finaliter credentem fecerunt. Testimonia ejus rei produximus in ‚apparatu ad epp. Marbachianas‘ c. 7. p. 276. 2. Esse hanc Tubingensium sententiam plane unam eandemque cum opinione *Arminianorum* . . . 3. Sententiam Tubingensium esse, electionem vel *late* sumi, et tum pro objecto habere omnes credentes, qua tales, id est, quatenus et quamdiu credunt; vel *stricte*, atque tum habere pro objecto tantum eos, qui finaliter credunt." (Compend. univers. th. complex. p. 426 sq.)

MELCH. NICOLAI: „Praedestinatio est aeternum Dei *decretum de humano genere*, in peccatum et mortem prolapso, per Christum, nullo suo merito aut praevisorum operum dignitate, quae non antecedunt, ut constituant, sed consequuntur, ut declarent, reparando et per verbum et sacramenta efficaci et tamen resistibili Spiritus S. operatione per fidem ad vitam et gloriam aeternam perducendo. . . Qui vocabulum electionis tantum ad *perseverantes in fide* restringunt et decretum electionis perseverantia, tanquam ultima et specifica differentia, definiunt, eos, quia discrepantibus vocabulis idem nobiscum veritatis dogma tuentur, non redarguimus, quia de vocabulis cum fratribus nostris litigandi consuetudinem non habemus. Capere tamen non possumus, salva maximorum virorum pace, quomodo perseverantia constituat electionem, quae nihil ponit, sed tantum, quod positum est, continuat. ‚Tenete, quod habetis‘, inquit Filius Dei Apoc. 2, 25. Perseverantes ergo non novum aliquod Dei donum, quod non habuerunt, acquirunt, sed quod habuerunt, conservant. Sicut non ideo non fuit in Christo, qui per incredulitatem excisus fuit e Christo, ita non ideo non fuit electus, qui incredulitatis vitio *desiit esse electus*." (Compend. did. et elencht. 1654. p. 157. 168. sq.)

HOFMANNUS: „Gegenstand dieses ewigen Willens Gottes sind nach der Schrift *nicht die Menschen als einzelne*, sondern der Mensch ist es, oder, was gleichviel sagen will, die Menschheit. . . Entschieden falsch wird es nun sein, von ‚Erwählt-werden‘ (ἐκλέγεσθαι) zu sagen, es bezeichne die ewige Bestimmung gewisser Individuen zur Seligkeit . . ., da es vielmehr zunächst die Gemeinde ist, und zwar die ganze Gemeinde Christi oder eine einzelne als Glied derselben, von welcher es heisst,

Gott habe sie erlesen. Von den einzelnen Christen ist es gesagt, weil
sie und in so fern sie Glieder der Gemeinde sind.'' (Schriftbeweiss. I,
193. 199. 201.)

THOMASIUS: ,,An sich betrachtet hat der göttliche Vorsatz keine
Beziehung auf einzelne Individuen (Personen), es ist kein Rathschluss
in Betreff der Erwählung Einzelner, wohl aber die geordnete Liebe.
Mit andern Worten: Gottes Liebe ruht auf Christo, dem Geliebten, und
in ihm auf allen, die sich im Glauben mit ihm zusammenschliessen,
durch den Glauben eine Person mit ihm werden. Welche diese sind,
das ist nicht Inhalt, nicht eine Bestimmung, die jener Rathschluss an
sich hat — er ist also nach dieser Seite hin nicht abgeschlossen, und
zwar deshalb nicht, weil es mit ihm auf das Verhalten der Menschen
abgesehen ist. . . . Und so erfüllt er sich, wenn ich so sagen darf, erst
allmählich mit den einzelnen Individuen; welche diese sind, weiss freilich Gott kraft seiner Praescienz voraus, aber es ist das nicht Inhalt,
nicht Bestimmung jenes allgemeinen Beschlusses über die Menschen,
welche selig werden sollen.'' (Christi Person und Werk. 1853. I,
400. sq.) ,,Der ewige Vorsatz . . . ist nicht *Einzelwahl*, sondern . . .
universaler, das ganze verlorne menschliche Geschlecht umfassender
Gnadenwille, jedoch kein schlecht-universaler, sondern in Christo beschlossen und gefasst, Eph. 1, 4., denn er besteht eben darin, dass Gott
die Menschheit in Christo, dem Gegenstand seiner Liebe und dem Er-
werber unsers Heils, und nur in Christo, d. h., sofern sie sich ihm im
Glauben hingibt, nicht ohne und ausser ihm selig machen will.'' (Das
Bekenntnis der ev.-lutherischen Kirche u. s. w. 1848. p. 219.)

VILMARIUS: ,,Fruchtbarer . . . hätten die lutherischen Dogmatiker
ohne alle Frage die Lehre der Formula Concordiae ausbilden können,
wenn sie sich die Frage vorgelegt hätten, ob denn nicht in der Apologie
Anlass dazu gegeben sei, die Erwählung als Darstellung der Gründung
der christlichen Kirche, als Heilsanstalt im Ganzen zu fassen, mithin die
Erwählung, als auf *einzelne Personen* bezüglich, gänzlich zu beseitigen,
d. h. die Erwählung für die Einzelnen nur zu behaupten, insofern diese
Einzelnen, in der Aussonderung der Christengemeinde aus der Welt,
unter den Heiligen mit begriffen seien.'' (Dogmatik. 1874. p. 16. sq.)

LUTHARDTIUS: ,,Der Grundfehler ist von Anfang an die zu unmittelbare Beziehung auf die *Einzelnen*, statt auf die Menschheit, wie sie
Gott in Christo will, in deren Gemeinschaft dann eben nur die Einzelnen durch den Glauben eintreten. Diese einzelnen Gläubigen sind aber
dann nicht Gegenstand einer speciellen und particularen Prädestination, sondern an ihnen verwirklicht sich eben nur geschichtlich der eine
und allgemeine Rathschluss der Liebe Gottes.'' (Compend. ed. 3. p. 95.)

§ 3.

Ad agnoscendum decretum praedestinationis, quatenus totum salutis humanae negotium spectat, diligenter observandus est *ordo*[a] actuum divinorum, prout in
signo rationis[b] juxta revelationem divinam[c] alii alios
sequuntur.

a) Huc pertinent gradus illi, quibus praedestinatio constat, juxta
F. C. l. c., et de quibus mox videbimus.

FORMULA CONCORDIAE: ,,Derwegen, wenn man von der ewigen
Wahl oder von der Prädestination und Verordnung der Kinder Gottes
zum ewigen Leben recht und mit Frucht gedenken oder reden will, soll

man sich gewöhnen, dass man nicht von der blossen, heimlichen, verborgenen, unausforschlichen Vorsehung Gottes speculire, sondern wie der Rath, Vorsatz und Verordnung Gottes in Christo Jesu, der das rechte wahre Buch des Lebens ist, durch das Wort uns geoffenbaret wird, nämlich, dass die ganze Lehre von dem Vorsatz, Rath, Willen und Verordnung Gottes, belangend unsere Erlösung, Beruf, Gerecht- und Seligmachung, zusammengefasst werde; wie Paulus also diesen Artikel handelt und erkläret Röm. 8, 29. f. Eph. 1, 4. f., wie auch Christus in der Parabel Matth. 22, 1. f." (Concordia, p. 707.)

QUENSTEDTIUS: „Decreta divina sunt aeterna, adeoque unum altero non est prius ratione temporis; ordinem vero si spectes, *decretum redemtionis . . . prius est electione*, puta in signo rationis divinae, respectu objectorum externorum, indeque juxta momenta conceptus nostri." (Th. did.-pol. P. III. c. 2. s. 2. q. 3. f. 51.)

b) Nam *quoad rem* ipsam fatendum est, non dari intra Deum *realiter distinctos* et sibi invicem succedentes actus intellectus aut voluntatis, propter summam simplicitatem et immutabilitatem Dei.

c) *Non* enim *fingere* licet *vel* actus ipsos, *vel* eorum seriem atque ordinem pro nostro ingenio, *sed* spectandum est, quid Deus ipse de actibus intellectus ac voluntatis suae nos doceat, et quomodo juxta Scripturas actus hic illum, non autem ille hunc praesupponat, praesertim, ut attendamus, ne actum aliquem Deo sic tribuamus, ut alium, qui non minus, imo ut prior, agnoscendus erat, excludamus aut pervertamus.

§ 4.

Itaque, quia Deus pro summa bonitate[a] sua homines non solum, cum in primo homine ad imaginem suam divinam crearet,[b] dilexit, verum etiam in Adamo lapso spectatos, tanquam peccatores, eo amore[c] prosequitur, ut procurandae salutis eorum causa Filium redemtorem[d] omnibus dederit; agnoscendum etiam est, quod, cum Deus ab omni aeternitate[e] praevidisset, homines peccato corruptum iri, tamen procurandae salutis illorum causa *decreverit dare Filium*, qui pro *omnibus*[f] solveret pretium redemtionis.

a) Qua bonus est non solum *in se*, verum etiam *aliis*, creaturis suis, easque ad suos fines, ad quos conditae sunt, perducere intendit.

b) Tanquam opus suum *valde bonum*, hactenus nulla labe foedatum aut corruptum.

c) Sic enim Paulus *1 Tim. 2, 4.* testatur, *Deum omnes* (homines, pro quibus orare debent fideles, omnes, inquam, et singulos, qui exsistunt, non in statu integritatis, sed post lapsum, adeoque peccatores, nemine excluso, ne quidem tyrannis, sub quibus vivebant, ipsoque Nerone, qui nunquam conversus fuit) *velle* (non tantum significare verbo externo, quasi velit, sed revera ac serio velle) *salvos fieri* (veram atque aeternam salutem consequi). Conf. Disp. nostram de *Univer-*

salit. Gratiae Divinae, ad h. l. habitam anno 1675. Caeterum voluntatem quidem illam, quae terminatur ad omnium salutem, non dicemus
decretum, proprie loquendo; *voluntatis* autem vox latius patet. Atque
huc etiam pertinet distinctio inter voluntatem *antecedentem* et *consequentem;* de qua vid. Disp. peculiaris b. *Musaei,* et quae inde attuli-
mus Part. I. cap. I. §. 19. 20. Vol. II. p. 34.

ANTITHESES.

CONFESSION OF FAITH: ,,By the decree of God, for the manifesta-
tion of his glory, some men and angels are predestinated unto everlasting life, and others *foreordained to everlasting death. — Neither are
any other redeemed by Christ, effectually called, justified, adopted, sanctified, and saved,* but the *elect* only.`` (The constitution of the Presbyterian church in the U. S. of A. Philadelphia. Presbyterian Board of
publication. 1840. p. 23. 25.)

d) Quo pertinet, quod Christus *Joh. 3, 16.* dixit: *Sic* (tali ac
tanto, serio atque efficaci amore) *Deus dilexit mundum* (totam incolarum
orbis multitudinem, seu universum genus humanum, quod complectitur
credentes et non credentes, prout deinde vers. 18. in illos et hos dividitur;
hic autem spectatur ut antitypus promiscuae multitudinis Israelitarum,
qui olim serpentum ignitorum morsibus ob rebellionem adversus Deum
petiti, morti vicini erant, juxta vers. 14. 15.), *ut filium suum unigenitum daret* (nempe ipsi mundo, seu generi humano alias perituro, daret
antitypum serpentis aenei, in cruce erigendum, juxta vers. 15.), *ne*
necesse esset homines peccatores *perire, sed ut* (potius) *mundus servaretur per eum,* seu, ut omnes in mundo contenti homines haberent, per
quem, ex intentione seria Dei, ipsorum amantissimi, servari possent et
servarentur, qui non respuerent, prout serpens aeneus omnium vulne-
ratorum bono erectus fuerat, ut omnes haberent, unde sanarentur,
juxta v. 14. 15. et 17. Conf. *Rom. 8, 2. 3.,* ubi dicitur, *Deum* vidisse,
quod homines per legem non possent salvari, quippe per *carnalem* generationem contractamque labem originalem inepti facti ad *legem implendam,* ideoque Deum, humanae *infirmitati* succurrere volentem, atque
ut defectus ille suppleretur, *misisse proprium filium,* qui loco hominum
miserorum impleret legem et in assumpta carne legi satisfaceret etc.
Add., quae diximus Cap. II. Sect. III. § 10., et b. *Mus.* Dissert. de
Insuffic. Lum. Nat. ad sal. contra *Ed. Herbert.* § 87. sqq. p. 54. sqq.

e) Cognovit enim Deus ab aeterno omnia, in tempore, licet contingenter, futura, et cognovit quidem ea immediate in se ipsis. Vid.
Part. I. Cap. I. § 15. not. *h.* Vol. II. p. 30. Ac certum est, voluntatem Dei de mittendo redemtore pro peccatis hominum supponere
cognitionem ipsorum peccatorum humanorum.

f) Neque enim actus voluntatis, qui terminatur ad missionem redemtoris, demum in tempore coepit in Deo, sed fatendum est, Deum,
qui mediatorem misit in tempore, misisse eum juxta decretum aeternum.
Et sic, quando constat, missum esse illum omnium hominum peccatorum
bono, fatendum est, ita olim decretum fuisse, ut non paucorum ex
mero quodam beneplacito praelectorum, sed omnium bono mitteretur.

Cf. supra dicta P. III. c. 1. § 3. p. 6. sqq. c. 2. s. 3. § 10. p. 120. sqq.

§ 5.

Deinde, sicut Deus in tempore declarat, quod per meritum Christi salutem actu consecuturi sint, qui[a] in Christum credunt; ut autem omnes in Christum credere possent, Deus ipse doctrinam[b] fidei ita promulgavit, ut ad omnium[c] aures mentesque posset pertingere, ita agnoscendum est, Deum ab aeterno *voluisse, ut[d] homines omnes crederent,* ac[e] *decrevisse, mediatorem,* quem mittere constituerat, promulgata doctrina de eo, *omnibus offerre amplectendum.*

a) Huc spectant, quae diximus P. III. cap. III. de *Fide in Christum* § 1. et quod l. c. *Joh. 3, 16. dilectio Dei* ita refertur ad omnes homines, ut tamen actualis liberatio ab *interitu* et consecutio *vitae aeternae* restringatur ad *credentes* prout in *seq. v. 18.* facta divisione hominum in *credentes* et *non credentes* de illis dicitur, quod *non condemnentur,* de his vero, quod vi ipsius *incredulitatis* obnoxii sint *damnationi.*

b) Juxta illud: *Quomodo credent, de quo non audiverunt? Rom. 10, 14. Fides ex auditu est, auditus autem per verbum Dei. Ibid. v. 17.*

c) Vid. supra cap. VII. § 22. not. *b.* et b. *Mus.* Dissert. contra *Ed. Herbert.* § 90. sqq. p. 55. sqq. et quae disseruimus in Tr. Germ. Gründliche Erweisung wider die Quäker § 25. et 49. p. 27. et 105. Unde simul constat, quod ad *vocationem universalem* non sit necessarium, ut doctrina evangelii omnibus et singulis coram et immediate per praecones peculiariter a Deo missos annuncietur; sed sufficiat, sic promulgari aut promulgatam esse doctrinam, ut omnes (qui ad veram et salutarem religionem scrutandam obligati sunt ac mediante usu rationis cognoscere possunt, extare alicubi religionem certam et salutarem, a Deo ipso revelatam) in illius notitiam pervenire possint, non autem aliqui a Deo, ex absoluto beneplacito (copiam doctrinae illius ipsis facere nolente et viam omnem, qua in notitiam illam pertingant, denegante) arceantur.

QUENSTEDTIUS: „*Late* sumta includit etiam *vocationem indirectam,* quae fit tum intuitu hujus universi, ejusdemque gubernationis et divinae in creaturas beneficentiae, Rom. 1, 20. 2, 14. 15. Act. 17, 27., tum per famam generalem et confusam de coetu quodam, in quo dicitur agnosci et coli solus verus Deus. 1 Reg. 10, 1. sqq. 2 Reg. 5, 2. 3. 1 Thess. 1, 8... Hae vocationis species sunt magis invitamenta et incitamenta quaedam ad inquirendum de vero Dei cultu et coetu, in quo ille viget, quam vocatio proprie dicta; ratio est, quia pro fine proximo et immediato non habent ipsam hominis aeternam salutem vel cognitionem Christi redemtoris et mysteriorum ad salutem aeternam adipiscendam necessariorum, sed saltem adductionem ad januam verae ecclesiae... Sicut lex in monte Sinai promulgata non solos Israelitas tunc viventes et praesentes obligabat, sed omnes etiam eorum posteros, imo ipsas quoque gentes, Deut. 1, 6. 4, 11., sic quoque *trina* illa vocatio (tem-

pore protoplastorum lapsorum, Noachi et apostolorum) non tantum
pertinebat ad praesentes seu eos, quibus immediate facta est, sed etiam
ad eorum posteritatem. . . Manet divina vocatio ex mente, voluntate,
proposito et intentione Dei *vere generalis et universalis*, licet alicui
apud reliquas gentes, qui gratiae Dei subtractionem et vocationis gratiosae intermissionem suis peccatis promeriti sunt, ipse solennis actus
non vigeat et Deus verbi sui depositum semel juste ablatum non restituat. Et quae vocatio per se et ex intentione Dei semper fuisset universalis, illa *per accidens* ob incuriam et contemtum hominum fit particularis, non quidem simpliciter, sed tantum hoc vel illo tempore. . .
Quod Deus uni nationi largitur evangelii lucem, altera neglecta; quod
Turcarum, Americanorum et aliorum barbarorum aliqui ad fidem convertuntur, reliqui, qui illis *aequales* sunt, in sua infidelitate relinquun-
tur, arcano et impervestigabili Dei judicio est adscribendum et exclamandum cum Paulo Rom. 11, 33.: ,ὡς ἀνεξερείνητα, quam inscrutabilia
sunt judicia ejus et inpervestigabiles viae ejus.' Agnoscendum quoque
est, Deum quaedam circa ordinem, modum, tempus et gradus vocationis ex absoluta voluntate agere." (L. c. P. III. c. 15. s. 1. th. 3. 13. 14.
f. 662. sqq.)

ANTITHESIS.

QUENSTEDTIUS: „*Antithesis:* 1. *Pontificiorum*, praecipue vero
Dominicanorum, qui, cum Calvinianis absolutum praedestinationis decretum amplectentes, gratiam Dei paucis tantum hominibus a Deo
destinatam asserunt, quos absolute et efficaci voluntate elegerit ad
gloriam certumque gloriae gradum. . . 2. *Quorundam patrum*, qui existimarunt, non fuisse evangelium per apostolos eorumque discipulos in
toto mundo praedicatum et consequenter plenitudinem gentium nondum intrasse, adeoque vocationem universalem a Christo mandatam
adhuc perficiendam esse ante extremum diem ab apostolorum in ministerio verbi successoribus; ita *Origenes* Tr. 28. in Matth. et *Augustinus*
ep. 89. ad Hesych. . . . 3. *Pontificiorum illorum*, qui, Origenem secuti,
evangelium Christi nondum omnes provincias pervasisse asserunt, ut
Bellarminus l. 3. de Pontif. Rom. c. 4. . . 4. *Calvinianorum*, qui catholicismum vocationis et praedicationis evangelicae, quia directe fig-
mento absolutae reprobationis adversatur, negant.   Docent enim communiter, Deum nunquam voluisse omnium et singulorum misereri,
nunquam voluisse omnibus ac singulis mittere Filium, nunquam voluisse omnibus et singulis suam benevolentiam offerre, ut ex collatione
Hagiensi, Synodo Dordrac. aliisque tum publicis tum privatis eorum
scriptis constat. . . Frequens in ore ipsorum distinctio vocationis
externae et *internae, efficacis* et *inefficacis*. Vide Molinaeum in sua ad
Synodum missa epistola p. 410. 411.: ,Assero', inquit, ,vocationem
externam posse esse sine interna Spiritus efficacia.' Embdani p. 595.
dicunt: ,Multos externe vocari et audire verbum, qui tamen vi Spiritus non trahuntur interne, neque sufficienter, neque efficaciter.' . .
Porro docent Calviniani, apostolos praedicasse evangelium omnibus
gentibus *non collective, sed synecdochice vel distributive*, h. e., magnae
orbis parti, his vel illis gentibus; unde vocationem istam non universalem, sed communem, sc. Judaeorum (qui soli juxta eos in V. T. et
initio N. T. vocabantur) et gentium (quibus aliquibus gratia vocationis
contigit, caeteris ex mero Dei beneplacito plane praeteritis) appellare
malunt. . . *Moses Amyraldus*, professor Salmuriens., c. 7. tr. de praedest.
A. 1634., gallica lingua editi, duplicem asserit praedicationem seu vocationem, unam per ministerium providentiae divinae tantum, quae
pariat fidem de misericordia Dei, destitutam quidem vera et dilucida
cognitione redemtoris, de quo evangelium nobis praedicat, nihilominus
tamen sufficientem ad salutem etc. . . . Ast illa opinio jam olim in Pe-
lagianis et Scholasticis explosa est, et ab ipso Amyraldo in Synodo
Alenconensi A. 1637. ejurata." (L. c. s. 2. f. 671. sqq.)

d) Quamvis enim recte dicatur, Deum voluisse omnes salvos fieri, *si* credant, fatendum tamen etiam est, Deum voluisse, *ut* credant omnes, seu *ut omnes* ad *agnitionem veritatis* (seu doctrinae verae, divinitus revelatae) *perveniant*, quod sese velle, testatur *1 Tim. 2, 4.* Conf. b. *Mus.* Diss. de Aet. El. Decr. § 279. p. 207.

e) Equidem voluntatem illam, qua Deus vult, ut omnes credant (aeque ut illam, qua Deus vult, ut omnes salvi fiant; de qua vid. not. *c.* ad § 4.), *non* appellamus *decretum;* hic tamen actus voluntatis divinae, quo Deus constituit, doctrinam de mediatore Dei atque hominum ita promulgare, ut ad omnium notitiam pervenire et fidem obtinere posset, *decretum* recte appellatur.

Cf. supra dicta P. III. c. 1. § 7. p. 15. sqq.

§ 6.

Et quemadmodum Deus in tempore verbo suo virtutem divinam[a] conjungit, per quam assensus fidei supernaturalis, verbo ipsi praebendus, atque ita fides in Christum excitari potest et excitatur, quoties homo absque malitiosa repugnantia[b] verbum ipsum admittit: ita certum est, quod Deus ab aeterno decreverit, *cum verbo* in tempore promulgando potenter et *gratiose* ad effectum fidei producendum[c] ita *concurrere,* ut *nemo fide cariturus sit, nisi qui media conferendae fidei gratiamve ipsam contemserit.*

a) Vid. Proleg. cap. II. § 39. et P. III. c. IV. § 29.

b) Proleg. cap. II. § 39. not. *l.* et P. III. cap. IV. § 34. 35. Atque huc pertinet, quod *1 Tim. 2, 4.* dicitur, *Deum velle omnes ad agnitionem veritatis,* per quam salvi fiant, adeoque ad fidem salvificam *pervenire.* Unde omnino sequitur, Deum, quantum in se est, vires perveniendi ad salutarem agnitionem illam, seu vires credendi, conferre paratum ac promtum esse, ita ut nemo a Deo, velut ex mero aut absoluto ejus beneplacito, excludatur; si qui vero ad eam non perveniant, causam atque culpam penes ipsos esse necesse sit. Et sic etiam Christus *Matth. 23, 36.* expresse docet, non esse absurdum, sed *saepe* admodum fieri (licet male fiat), ut, quos ipse serio *vult ad se colligere,* seu, quantum in ipso est, conferre ad ipsorum conversionem et fidem, qua cum mediatore suo jungantur et gratiam ac salutem obtineant, ipsi tamen homines *nolint converti* fidemque alias obtinendam impediant et excludant.

FORMULA CONCORDIAE: „Da aber ein Mensch die Predigt nicht hören, noch Gottes Wort lesen will, sondern das Wort und die Gemeine Gottes verachtet und stirbet also und verdirbt in seinen Sünden: der kann weder Gottes ewiger Wahl sich trösten, noch seine Barmherzigkeit erlangen; denn Christus, in dem wir erwählet sind, allen Menschen seine Gnade im Wort und heiligen Sacramenten anbeut, und ernstlich will, dass man es hören soll, und hat verheissen, wo zween oder drei in seinem Namen versammelt sind und mit seinem heiligen Wort umgehen, will er mitten unter ihnen sein. Da aber ein solcher Mensch verachtet des Heiligen Geistes Werkzeug und will nicht hören: *so geschieht ihm nicht unrecht, wenn der Heilige Geist ihn nicht erleuchtet, sondern in der Finsterniss seines Unglaubens stecken und verderben lässt,* davon geschrieben stehet: ‚Wie oft habe ich deine Kinder versammeln wollen, wie eine Henne versammelt ihre Jungen unter ihre Flügel, und ihr habt nicht gewollt.' Matth. 23, 37. Und in diesem Fall mag man wohl sagen, dass der Mensch nicht sei ein Stein oder Block. Denn ein Stein oder Block widerstrebt dem nicht, der ihn bewegt, verstehet auch nicht und empfindet nicht, was mit ihm gehandelt wird, wie ein Mensch Gott dem Herrn widerstrebet mit seinem Willen, so lang bis er bekehret wird. Und ist gleichwohl wahr, dass ein Mensch vor der Bekehrung dennoch eine vernünftige Kreatur ist, welche einen Verstand und Willen hat, doch nicht einen Verstand in göttlichen Sachen, oder einen Willen, etwas Gutes und Heilsames zu wollen; jedoch kann er zu seiner Bekehrung (wie droben auch gemeldet) ganz und gar nichts thun, und ist in solchem Fall viel ärger, denn ein Stein und Block; denn er widerstrebt dem Wort und Willen Gottes, bis Gott ihn vom Tode der Sünde erweckt, erleuchtet und verneuert. Und wiewohl Gott den Menschen nicht zwinget, dass er müsse fromm werden (denn welche allezeit dem Heiligen Geist widerstreben und sich für und für auch der erkannten Wahrheit widersetzen, wie Stephanus von den verstockten Juden redet Act. 7, 51., die werden nicht bekehret); jedoch zeucht Gott der Herr den Menschen, welchen er bekehren will, und zeucht ihn also, dass aus einem verfinsterten Verstand ein erleuchteter Verstand, und aus einem widerspenstigen Willen ein gehorsamer Wille wird. Und das nennet die Schrift ein neues Herz erschaffen.“· (Concordia, p. 602. sq.)

QUENSTEDTIUS: „Licet primum gratiae pulsum nemo possit effugere, potest tamen aliquis, postquam primos motus a gratia praeveniente excitatos sensit, illam gratiam malitiose excutere, Matth. 23, 27. sq. Luc. 7, 30. Quae vero excussio non fit a quavis repugnantia, . . sed ab *actuali repugnantia pertinaci et imprimis mediis salutis perseveranter opposita.* ‚Quandocunque‘, enim, ‚opponunt homines extremam malitiae proterviam et aperte reluctantur pertinaciterque tractui Spiritus S. resistunt, *non ex defectu roboris, sed ex justo judicio negligit rebelles et tractum efficacissimum ultra ordinem coelitus positum non extendit.*' Vide b. Huelsemannum de auxil. gratiae, p. 238., D. Dorscheum Pentadec. Disp. 9. p. 317. et diss. 3. ep. de gratia. . . Gratia praeparans, per verbum ad individuum convertendum applicata, efficaciter agit, repugnantiam naturalem et actualem cohibendo, ne resistat *morose,* sive ut cesset hic et nunc ab exercitio hujus naturalis repugnantiae (quae sane *cessatio seu mora ac spatium non resistendi pertinaciter* non est ab hominis voluntate, sed *a Spiritu S.*)“ (L. c. c. 7. s. 1. th. 25. 26. f. 709.)

HOLLAZIUS: „*Non-resistentia* est duplex, paedagogica et spiritualis. *Paedagogica* non-resistentia est penes hominem peccatorem in rebus externis, ad ecclesiam invitantibus. V. g. Quidam homines irregeniti renuunt ire pedibus in templum, quidam non recusant. *Haec* paedagogica non-resistentia, auditui externo respondens, est *liberi arbitrii. Spiritualis* autem non-resistentia, auditui interno sive assensui respondens, est *a gratia Sp. S. assistente et praeparante,* quippe quae repugnantiam naturalem et actualem simplicem frangit et inhibet, ne fiat malitiosa, affectata et morosa; quamvis per extremam hominum malitiam intentum hunc finem non semper assequatur.“ (Exam. th. p. 873.)

Cf. supra dicta P. III. c. 4. § 39. p. 230. sqq.

HUELSEMANNUS: „Utrumque asserit s. scriptura, tum quod verbum Dei in se habeat vivificam quandam vim, per dicta 1 Thess. 2, 13. Rom. 1, 16., tum, quod Deus intrinsecam illam vim *sive intendat et augeat, sive non intendat et non augeat; nunquam autem dicitur, quod vim vivificam plane auferat a verbo.* Cf. dicta Deut. 29, 3. 4. Ezech. 24, 12., nec non comparationem sufficientiae eorundem mediorum salutis ad convertendos Tyrios et Sidonios, cum insufficientia ad convertendos Bethsaidanos, Capernaitas etc. Matth. 11, 21. Luc. 11, 31. 32. Ubi notandum est, agi non tantum de majori indispositione subjecti passi, h. e. Chorazinorum, quam fuit indispositio Tyriorum, sed agi etiam de majori vel minori intrinseca efficacia mediorum conversionis. Itaque quanquam omni verbo Dei insit vis medicinalis, eaque nunquam plane auferatur, fatemur tamen eam a Deo augeri magis vel minus, vel non augeri, sed relinqui in statu ordinariae efficaciae. Vid. Ps. 86, 10. Jes. 5, 5. 6. 7. et sq.“ (Praelect. in lib. Con. p. 440.)

c) Si enim Deus in tempore, volens, fidem per verbum dat omnibus non repugnantibus et dat juxta decretum voluntatis aeternum, fatendum est, hoc ipsum decretum Dei aeternum terminari ad fidem in tempore omnibus non repugnantibus per verbum conferendam.

§ 7.

Porro sicut Deus in tempore omnes, qui in Christum credunt,[a] justificat et, nisi ipsi peccatis contra conscientiam fidem et Spiritum Sanctum[b] excutiant, magis magisque[c] renovat, aut sanctificat, fidemque ipsam conservat et confirmat usque ad finem vitae: ita agnoscendum est, quod Deus ab aeterno[d] decreverit, *omnibus,* qui in Christum *credituri* essent, in tempore *gratiam justificationis* et *renovationis conferre,* et mediis recte usuros *sanctificare* ulterius, *fidemque* eorum *conservare* et *confirmare usque ad finem vitae* illorum.

a) Vid. Part. III. cap. V. § 1. et 9.

b) Quod quidem possunt; uti constat ex Part. III. cap. III. § 17.

c) Vid. Part. III. cap. VI. not. *a.*   Conf. cap. VII. § 25.

d) Nam quando Deus in tempore credentes omnes justificat, sanctificat, et in omnibus, qui mediis gratiae porro utuntur, fidem conservat et confirmat, idque volens et juxta decretum suum aeternum, fatendum est, ipsum Dei decretum aeternum, sicut ad omnium credentium justificationem, ita ad justificatorum omnium, qui mediis gratiae porro recte usuri sunt atque ut tales praevidentur, renovationem fideique illorum omnium conservationem et confirmationem finalem terminari.

HUELSEMANNUS: „Quamquam non sit impium, dicere, electis esse peculiarem quandam gratiam a Deo praeparatam, qua infallibiliter convertantur et in fide conserventur: illam tamen gratiam, quae προς-καίρους convertit, *ex natura sua et ex Dei instituto satis efficacem esse efficacia intrinseca,* ut per eam, non excussam recidive, potuerint perseverare et salvari.“ (De auxiliis gratiae, p. 317.)

§ 8.

Denique, sicut Deus in tempore omnes finaliter[a] in Christum credentes actu salvat,[b] agnoscendum etiam est aeternum Dei decretum[c] *de omnibus finaliter credituris in tempore certo salvandis.*

a) Vid. Part. III. cap. III. § 19.

b) Seu, ut alii loquuntur, *glorificat*, ex *Rom. 8, 30.*

c) Nam Deus in tempore finaliter credentibus volens confert beatitudinem, idque vi decreti aeterni, juxta *Matth. 25, 34.*, ideoque ipsum ejus decretum aeternum de salvandis certis hominibus terminabatur ad eos, ut finaliter credituros.

§ 9.

Et quia Deus ab aeterno praevidit,[a] quinam homines finaliter credituri sint, atque hos, ut tales,[b] salvare constituit, sic *decretum* aeternum *de impertienda finaliter credituris salute aeterna, intuitu meriti Christi et praevisae fidei in Christum,* factum ac *praecise* spectatum *praedestinationis* aut *electionis* nomine speciatim[c] appellatur.

a) Vi *omniscientiae* suae, qua omnia, etiam contingenter futura, immediate in se ipsis cognoscit.

b) Juxta § praeced.

c) Et huc pertinent, quae diximus § 2. not. *b.*

Cf. infra ad §§ 15. et 17. adnotata.

§ 10.

Ex adverso autem, sicuti Deus in tempore homines, qui vel nunquam crediderunt, vel fidem rursus excusserunt ac sine fide vitam finiunt, aeterna damnatione[a] punit, ita fatendum est, decrevisse[b] Deum ab aeterno, eos, qui fide finali caruerint, aeternum damnare.

a) Vid. Part. I. cap. VII. § 1.   Part. III. cap. III. not. *a.*

b) Et ratione *oppositorum*, prout in negotio procurandae salutis, quoad decretum Dei, rem sese habere diximus.

§ 11.

Et sicut Deus praevidit[a] ab aeterno, quinam *homines absque fide in Christum* in tempore *decessuri* sint, ita eosdem, *ut tales* ac *distincte cognitos, aeternum damnare decrevit.* Atque hoc decretum dicitur[b] *reprobatio.*

a) Eadem hic ratio est, quae oppositae praedestinationis.

b) Id est, *abjectio et repudiatio* hominum. Graece ἀποδοκιμασίαν dixeris, quamvis vox haec in oppositione ad praedestinationem in Scripturis sacris non extet. Sufficit autem, extare sensum. Et *rectius* sane dicitur *reprobatio,* quam *praedestinatio ad mortem.*

§ 12.

Ad electionis *strictiore* sensu dictae[a] *causas virtualiter*[b] causantes pertinet I. *efficiens,*[c] quae est Deus[d] trinunus.[e]

a) Haec enim jam distinctius spectanda est. Et licet etiam electioni, latiore sensu acceptae, possint aliquae causae assignari, certum tamen est, in scholis, cum de causis electionis agitur, strictiorem potius significationem vocis attendi; quemadmodum ex sequentibus constabit.

b) Nam actus voluntatis divinae, qualis est electio, ab essentia divina realiter non differunt adeoque, sicut ipsa essentia divina, ita et illi non producuntur realiter, neque causas sui in rigore sic dictas, seu *formaliter causantes,* quae influant esse in aliud, agnoscunt. Vid. b. *Mus.* de Aet. Praed. Dec. cap. I. § 22. ct Diss. de Aet. El. Decr. cap. I. § 4. sqq. Sic autem et nostrates contra *Conr. Vorstium* pridem docuerunt, e. g. b. *J. Gerhardus* Exeg. L. II. de Not. Dei § 277. : *Deus non producit in se novas actiones intellectus et voluntatis, ut homines et angeli, quae sint accidentia ab ipsius essentia distincta, sed actus intellectus et voluntatis est ipsa Dei essentia.* Conf. b. *Christ. Scheibleri* Metaph. L. III. cap. III. § 264. sqq. Distinctione autem inter causam *formaliter* et *virtualiter* causantem in hoc negotio usus etiam est b. *Scherzerus* System. L. XVIII. p. 511. 512. Neque ergo praeter necessitatem subtiles esse putandi sunt, qui, terminum *causae,* juxta modum loquendi in ecclesia hactenus receptum, hic retinentes, simul tamen et ex necessitate distinguendi sanam doctrinam ab errore *Vorstiano* ac *Sociniano* itemque ad declinandos cavillos *Reformatorum,* sententiam nostram de causis electionis erroribus illis respondere fingentium, merito monent, non esse hic intelligendam causam ejusmodi, quae spectet causatum ab infinita et improducibili Dei essentia realiter distinctum, quod ad causam formaliter et in rigore sic dictam requiritur. Qui autem agnoscunt, quod *per se pateat, differentias causarum et effectuum simplicissimam Dei essentiam non admittere,* agnoscant etiam necesse est, inter actus illos, qui cum essentia Dei realiter idem sunt, et inter ipsum Deum non esse

talem differentiam causarum et effectuum, nec esse posse propter eandem simplicitatem.   Et quando vox causae *in sensu purificato* accipitur,
quatenus in Deo locum habere potest, redeundum sane est ad id ipsum,
quod de causa virtualiter causante dictum est.   Caeterum nec negligenda est distinctio inter actus *Dei immanentes*, qualis est praedestinatio, et *transeuntes*, quales sunt vocatio et glorificatio hominum.   *Hi*
enim, sicut aliquid extra Deum in creaturis realiter productum important, ita causam sui formaliter causantem utique agnoscunt; *illi* vero
non item.

c) Cui tanquam agenti electio seu praedestinatio tribuitur, ut proinde *praedestinantem*, seu *eligentem*, appellare possis.

d) Prout Deus actuum voluntatis suae causa alias dici solet.

e) Equidem *Ephes. 1, 5. Patri Domini nostri Jesu Christi* adscribitur, quod nos *praedestinaverit* seu *elegerit*; sed non excluduntur reliquae
personae, quarum sicut una essentia est, ita et actus voluntatis omnibus aeque competunt.   Habetur autem l. c. peculiaris respectus *eligentis* ad eum, *in quo* elegit; ut mox dicemus.

§ 13.

Causa *impulsiva*[a] *interna* est bonitas seu misericordia
et gratuitus[b] favor Dei.[c]

a) Non *formaliter*, sed *virtualiter* causans, seu *ratio a priori;* quae
juxta nostrum modum cognoscendi, in genere causae impulsivae, ad
actum illum voluntatis divinae instar causae se habet, ut si actus ille
causaretur seu realiter produceretur, ista vere et re ipsa, in genere
causae impulsivae, causa actus illius existeret.   Conf. b. *Musaeum* et
b. *Scherzerum* ll. cc.

b) Prout Paulus *2 Tim. 1, 9.* conjungit πρόθεσιν et χάριν Dei, in
oppositione ad *opera nostra*, atque illam *nobis datam* dicit *ante tempora
aeterna.*   Et quando ad *Ephes. 1, 5. et 6.* scribit, Deum *praedestinasse*
nos, *ut laudetur gloria gratiae suae*, manifeste indicat, ex *gratia* illa Dei,
velut causa aut ratione impulsiva, profectam esse aut originem ducere
praedestinationem.   Et quando actus, quo salvantur credentes in tempore, gratiam Dei tanquam causam impulsivam agnoscit, fatendum est,
etiam decretum de salvandis credentibus eadem ratione aut causa impulsiva niti.   Confer, quae ad § 1. not. *b.* diximus, et ad § seq. dicemus pluribus.

FORMULA CONCORDIAE: „Durch diese Lehre und Erklärung von
der ewigen und seligmachenden Wahl der auserwählten Kinder Gottes
wird Gott seine Ehre ganz und völlig gegeben, dass er aus lauter Barmherzigkeit in Christo, ohne allen unsern Verdienst oder gute Werke,
uns selig mache, nach dem Vorsatz seines Willens, wie geschrieben
stehet Eph. 1, 5.: ‚Er hat uns verordnet zur Kindschaft gegen ihm
selbst durch Jesum Christum nach dem Wohlgefallen seines Willens,
zu Lobe seiner Herrlichkeit und Gnade, durch welche er uns hat an-
genehm gemacht in dem Geliebten.‘ Darum es falsch und unrecht,
wenn gelehrt wird, dass nicht allein die Barmherzigkeit Gottes und

allerheiligste Verdienst Christi, sondern auch in uns eine Ursache der Wahl Gottes sei, um welcher willen Gott uns zum ewigen Leben erwählt habe. Denn nicht allein, ehe wir etwas Gutes gethan, sondern auch, ehe wir geboren werden, hat er uns in Christo erwählet, ja, ehe der Welt Grund gelegt war, und ‚auf dass der Vorsatz Gottes bestünde nach der Wahl, ward zu ihm gesagt, nicht aus Verdienst der Werke, sondern aus Gnaden des Berufers, also: der Grösste soll dienstbar werden dem Kleinern; wie davon geschrieben stehet: Ich habe Jacob geliebet, aber Esau habe ich gehasset.‘ Röm. 9, 11. Gen. 25, 23. Mal. 1, 2. sq.‘‘ (Concordia. p. 723. §§ 87. 88.)

LUTHERUS: ‚, ‚Nach der Versehung Gottes des Vaters.‘ Die sind erwählet, spricht er. Wie? *Nicht von ihnen selber,* sondern nach Gottes Ordnung (ordinatio = Verordnung. Hunnius). Denn wir werden uns selber nicht können zum Himmel bringen, oder den Glauben in uns machen. Gott wird nicht alle Menschen in Himmel lassen; die Seinen wird er gar genau zählen. *Da gilt nun nichts mehr Menschenlehre vom freien Willen und unsern Kräften; es liegt nicht an unserm Willen, sondern an Gottes Willen und Erwählung.* ‚Und der Heiligung des Geistes.‘ Gott hat uns versehen, dass wir heilig sein sollten, und also, dass wir geistlich heilig werden... Das will nun Petrus sagen: *Gott hat euch dazu versehen, dass ihr wahrhaftig sollet heilig sein*; wie St. Paulus auch spricht Eph. 4, 24.: ‚In Gerechtigkeit und Heiligkeit der Wahrheit‘, d. i., in einer rechtschaffenen und grundguten Heiligkeit.‘‘ (Ausl. der 1. Ep. St. Petri. A. 1523. IX, 631. sq.)

GERHARDUS: ‚,Huic sententiae pelagianae de praevisione meritorum, propter quam facta sit electio, graviter in plurimis· locis adversatur Augustinus, praesertim in libro de praedestinatione sanctorum et lib. de bono perseverantiae, in quibus: 1. Ostendit, ipsum initium fidei esse ex Dei gratia, perseverantiam esse donum Dei, imo ipsam vitam aeternam esse donum gratuitum. 2. Profert exemplum infantum, qui ex gratia per baptismum regeniti absque meritis salutis fiunt participes. 3. In Christo tanquam electorum capite et mediatore exemplar gratuitae electionis propositum esse docet. 4. Urget multa Scripturae loca contra pelagianam illam sententiam: 1 Reg. 19, 18.: ‚Reliqui mihi septem millia‘, non ait, reliquerunt se mihi, sed ego reliqui. Joh. 15, 16.: ‚Non vos me elegistis, sed ego elegi vos.‘ Rom. 9, 11.: ‚Cum nondum nati fuissent (Jacobus et Esau), aut aliquid boni vel mali fecissent, ut secundum electionem propositum Dei maneret; non ex operibus, sed ex vocante dictum est: major serviet minori.‘ Eph. 1, 5.: ‚Elegit nos Deus in Christo ante jacta mundi fundamenta, ut essemus sancti et immaculati‘ (non quia futuri eramus sancti). Augustinum sequuntur Prosper et Fulgentius. Possunt addi multa argumenta ex 1. c. Eph., quod est propria sedes hujus articuli. 1. Ipsa vox eligendi notat gratuitam dilectionem, ut ostendimus thesi 26. § 2. ‚Natura sumus omnes filii irae‘, Eph. 2, 3. 2. Elegit nos Deus in Christo, Eph. 1, 4. Ergo in nobis ipsis nihil invenit, ·propter quod nos eligeret. Si propter nostram dignitatem eligi potuissemus, quid opus fuisset Christo? 3. Finis non ingreditur rei actum; bona opera sunt ex parte finis electionis Eph. 1, 5.: ‚Elegit nos, ut essemus sancti.‘ 4. Elegit nos Deus ante jacta mundi fundamenta. Ergo opera nostra non moverunt eum, ut nos praedestinaret. 5. Deus praedestinavit nos ‚in se ipso‘ Eph. 1, 5., ergo in nobis ipsis nihil invenit, propter quod nos praedestinavit. 6. Praedestinavit nos secundum propositum voluntatis suae, Eph. 1, 5. Ergo illud est causa praedestinationis, non propositum voluntatis nostrae. 7. Elegit nos Deus in laudem gloriosae et praedicandae gratiae suae, Eph. 1, 6. Ergo non propter opera nostra; si enim ex gratia, jam non ex operibus Rom. 11, 6. 8. Illa Dei gratia est electionis causa, qua nos Deus sibi gratos habuit in dilecto Filio suo, Eph. 1, 6. Atqui ille Dei favor est plane gratuitus. 9. Elegit nos Deus ab aeterno καϑὼς, sicut in tempore nobis benedicit in Christo, Eph. 1, 4. Atqui benedicimur in tempore ex mera et gratuita Dei gratia. Justificatio non pendet ex operum merito; ergo nec electio. Nec opera ante justificationem, nec opera post justificationem possunt esse causa electionis; non illud, quia opera non placent Deo, antequam persona Deo placeat; nec hoc, quia illa opera sunt dona gratiae, non merita gratiae." (L. c. § 193.)

IDEM: ,,Confirmat et exaggerat Christus dilectionem suam a gratuita apostolorum electione. ,Non vos *me elegistis, sed ego elegi vos*, et constitui vos, ut eatis et fructum afferatis, et fructus vester maneat'... Quidam existimant, Christum hic loqui de electione *temporaria*, h. e., de ea electione, qua apostoli erant a Christo vocati tum ad ecclesiae consortium, tum ad summum ecclesiastici ministerii gradum... Quidam contra statuunt, Christum hic loqui de electione *aeterna*, h. e., de ea electione, qua apostoli erant ad *salutem aeternam* electi... Sed hae duae interpretationes non sunt oppositae, sed subordinatae. Utroque enim modo suam erga apostolos dilectionem demonstravit, tum ad ecclesiae consortium et apostolatum eos in tempore vocando, tum ad aeternam salutem ab aeterno eos eligendo. Utraque electio est gratuita, utraque facta est per Christum, Eph. 1, 4. 4, 11., utraque facta est fine eo, ut electi fructum afferant et fructus eorum maneat." (Harmon. ev. c. 177. f. 1022. sq.)

QUENSTEDTIUS: ,,Causa movens alia interna est, alia externa; interna est gratia Dei mere gratuita, excludens omne omnino operum humanorum meritum sive omne id, quod nomine operis vel actionis, sive per gratiam Dei, sive ex viribus naturae factae, venit. Elegit enim nos Deus non secundum opera, sed ex mera sua gratia. *Etiam fides ipsa huc non pertinet*, si spectatur tanquam conditio magis vel minus digna, sive per se sive ex aestimio per voluntatem Dei fidei superaddito; quod nihil horum decretum electionis ingreditur tanquam causa movens aut impellens Deum ad tale decretum faciendum, sed id purae putae gratiae Dei est adscribendum; ut docet b. Huelsemannus, Breviar. c. 15. ϑ. 6. Probatur haec positio ex Rom. 9, 15. 16.: ,Miserebor, cujus misereor. Non volentis, neque currentis, sed miserentis Dei est.'" (Th. did.-pol. L. c. s. 1. th. 10. f. 25.)

CALOVIUS: ,,Profitemur et docemus, falsum esse et cum verbo Dei pugnare, cum docetur, quod non sola Dei misericordia et unicum sanctissimum Christi meritum, verum etiam *aliquid in nobis* causa sit electionis divinae, propter quod Deus nos ad vitam aeternam praedestinaverit... Rejicimus eos, qui docent, *non citra intuitum operum misericordiae* aut immisericordiae, sed secundum ea et vitae aeternae et inferni locum a jacto mundi fundamento paratum et hominibus destinatum esse, ac *caritatem esse conditionem* aliquam, sub qua nos Deus salvare decrevit. Ita docet D. *Conradus Hornejus* parte II. disp. theol. disp. 2., quae agit de praedestinatione § 32. p. 225., hisce verbis: ,Nullatenus ergo citra intuitum operum misericordiae aut immisericordiae, sed secundum ea uterque locus a jacto mundi fundamento paratus et hominibus destinatus est. Spectat huc etiam parabola operariorum Matth. 20., quia vitam aeternam non absolute cuiquam decerni monstrat, sed *cum conditione, si in vinea Domini sedulo laborarit*.' Et ibidem § 42. seu ult. p. 237.: ,Sed nec ex fidei seu operum fidei dignitate facta est, veruntamen tantum *secundum praevisionem fidei, quae per caritatem efficax est*, ut *conditionem* aliquam, sub qua nos Deus gratis salvare decrevit.' Quo etiam videtur collineasse *Joh. Latermannus* in Exercitatione de aeterna Dei praedestinatione et ordinata omnes salvandi voluntate § 18., usus hisce verbis: ,Quae ut optime cohaerent, ita cum iis, quae scriptura tradit, pulchre consentiunt; in ea enim pauci prae multis electi dicuntur, *non ad officium faciendum, sed intuitu officii jam ante praestiti*.'" (Consens. repetit. Vid. Consil. Witteberg. I, 962.)

OLEARIUS: ,,Quaest. XVII.: An doctrina Lutheranorum de electione affinis sit pelagianismo? Neg., quia Deo tribuit omnia, homini nihil. Cum ille solus det velle et perficere, Philip. 2., uti patet ex supra explicatis fundamentis, ubi de libro vitae, certitudine electionis et finali perseverantia actum fuit. Cf. theologos Witteb. in dem Gründl. Beweis p. 617. sq., ubi Bergianis exceptionibus satisfactum est. *Neque obstat* 1. *auditus verbi externus*, quia actiones paedagogicae ab ipsa conversione et auditu salutari sunt distinctissimae; *neque* 2. *fides*, quae minime nostrum opus, sed Dei donum est, nec conditio a nobis implenda, sed requisitum divinitus, ex gratia, per media salutis ordinaria collatum; *neque* 3. *salutis desiderium*, quia et illud non est naturale, sed supernaturale, a Sp. S. donatum et ex verbo ortum; *neque* 4. *nonresistentia* homini supra assignata. Quia et haec ipsa Spiritus S. donum est, resistentiam, quae sola ex nobis est, per media salutis ordinaria tollentis et inhibentis. Nam τὸ non-resistere nequaquam est causaliter influere, sed solum agentis operationem non impedire, quemadmodum et leprosus Matth. 8. et Lazarus Joh. 11. Christo non resistens nequaquam miraculosae vel sanationis vel resuscitationis causa fuit. *Neque* 5. *preces*, earumque in agone continuatio. Nam et illas Sp. S. in nobis excitat. Rom. 8." (Vid. Carpzovii Isag. in lib. symb. p. 1684. sq.)

S. Schmidtius: „In homine praedestinato tam nulla est praedestinationis, quam in reprobo, causa, sed ex mera ordinatione divina, universali gratiae et merito Christi innixa, procedit, natura sua omnem ex parte hominis causam excludens." (Aphorism. th. p. 295.)

Ad. Osiander: „Praedestinatio est actus ex parte Dei non provocatus ex nobis, tanquam ex nobis; neque praedestinatus habet ex se, quo distinguatur a reprobo. Antithesis est Pelagianorum et pelagianizantium." (Colleg. th. VI, 134.)

Gerhardus: „Argumentum tertium, quo absolutam reprobationem stabilire cupiunt (Calviniani): ,Si causa reprobationis in homine, utique etiam causa electionis in ipso erit. Posterius falsum. Ergo et prius.'.. Resp.: Quamvis juxta modum agendi ordinarium Deus non convertat illos, qui verbum non audiunt, qui ministros verbi contemnunt et persequuntur, qui verbum blasphemant et Spiritui S. resistunt, tamen inde non sequitur, in homine situm esse, ut convertatur, siquidem quod homo per verbi auditum convertitur, Spiritus S. opus est, non autem humanarum virium." (L. c. § 188.)

ANTITHESES.

Quenstedtius: „*Antithesis:* 1. *Pelagianorum*, propter opera praevisa homines a Deo electos esse statuentium; vid. Augustinum de praedest. sanctorum c. 18. et ep. 105. 2. *Johannis Erigenae Scoti*, qui cum saeculo IX. in praedestinatianos, Godeschalcum inprimis, calamum stringeret, in oppositum, electionem nempe ex praevisione meritorum factam esse, declinavit, eaque propter a suismet discipulis stylis scriptoriis confossus periit. Vid. b. Huelsemannum Prael. in F. C. a. 14. s. 1. § 3. 3. *Scholasticorum*, qui ad Pelagii castra proxime accedunt et, Deum praeordinasse, se daturum gloriam ex meritis, contendunt; ita Thomas P. 1. q. 23. a. 5., Biel l. sent. distinct. 41. q. unic. 4. *Pontificiorum*, Scholasticorum vestigia presse sequentium... Quamvis alii e pontificiis negent, elegisse nos Deum ob praevisa merita, non possunt tamen ab isto errore sese liberare aut aliter statuere, salvis suis hypothesibus, dum sc. statuunt, justos operibus suis mereri vitam aeternam... Cornelius a Lapide com. in Matth. c. 20. p. 379., aliique duplicem constituunt praedestinatorum ordinem; unum commune eorum, qui ex praevisione meritorum electi sunt ad gloriam; alterum eorum, qui ad gloriam electi sunt ante praevisa merita, quos proinde vocant eximie praedestinatos, illosque censent notari, cum dicitur: ,Pauci vero electi.' Tales enim pauci sunt sc. b. virgo, apostoli et pauci alii; priores vero longe plures sunt, ideoque de illis dici: ,Multi

sunt vocati.' Ad posteriorem classem referunt etiam infantes baptizatos et ante discretionis annos e vita abreptos, ubi nulla possunt fingi
merita praevisa, nullusque usus bonus liberi arbitrii aut gratiae. Ita
Bellarminus l. 2. de grat. et lib. arbit. c. 12. §. Tertia ratio, sq.
col. 554. 5. *Socinianorum*, asserentium, praedestinationem esse factam
juxta praevisionem oboedientiae et operum. Sic Socinus Prael. c. 13.
f. 62. sq., ,firmitatem electionis a nostro studio nostraque diligentia
maxime pendere', asserit; item, ,electionem absque voluntatis nostrae
libera actione aliqua esse aut consistere nullo modo posse', ait p. 63...
Ubi observandum, Socinianos distinguere inter praedestinationem et
electionem; illam ab aeterno factam dicunt, hanc cum vocatione, quae
in tempore tantum facta est, perperam confundunt, illamque huic post-
ponunt... 6. *Arminianorum*, qui, Socinianos sequuti, 1) negant, electionem certarum personarum ad vitam aeternam ab aeterno factam
esse. Sic enim Apol. c. 18. f. 190.: ,Patet, falsum esse, quod electio
facta sit ab aeterno. Unus tantum in Scriptura locus est, qui id affirmare videtur, unde communis error iste natus est, locus videl. Eph.
1, 4. Cf. f. sq. et Episcopium P. 3. disp. 27. th. ult. 2) Causam
electionis in obedientia hominis collocant vel electionem ex praevisione operum factam esse, statuunt; sic Sim. Episcopius P. 3. disp. 7.
th. 8.: ,Scripturae', inquit, ,passim asserunt, Deum salutem decrevisse hominibus sub conditione obedientiae et fidei vel legi vel evangelio praestitae', et Apol. Cf. f. 74.: ,Nunquam Scriptura asserit,
quenquam Deo placuisse ad vitam aeternam, nisi per fidem et, quae fidei
conjuncta sunt, opera.' Cf. f. 76.'' (L. c. s. 2. q. 2. f. 40. sqq.)

AMBROSIUS: ,,Non ante praedestinavit, quam praesciret, sed quorum
merita praescivit, eorum praemia praedestinavit.'' (Ad Rom. 8, 29.)

HUTTERUS: Melanchthon ,,electionem non in sola Dei voluntate
et misericordia, sed partim in hominis voluntate ponit. Expresse enim
dicit: ,*In homine esse et esse oportere causam aliquam, cur alii ad salutem eligantur*, alii abjiciantur et damnentur.' Et rursus: ,Cum promissio sit universalis, nec sint in Deo contradictoriae voluntates, necesse est *in nobis* esse aliquam discriminis causam, cur Saul abjiciatur,
David *recipiatur*, h. e., necesse est esse *aliquam actionem dissimilem* in
his duobus.' In loc. de lib. arb.'' (Conc. concors, p. 345.)

PFEFFINGERUS: ,,Quia promissio gratiae universalis est et necesse
est, nos obedire promissioni: sequitur, aliquod *discrimen inter electos
et rejectos a voluntate nostra sumendum esse*, videl. repugnantes promissioni rejici, contra vero *amplectentes* promissionem recipi.'' (De
libertate vol. humanae qq. quinque. Lips. 1555. thes. 30.)

IDEM: ,,Voluntas si ociosa esset seu haberet se pure passive,
nullum esset discrimen inter pios et impios, seu *electos et damnatos*, ut
inter Saulem et Davidem, inter Judam et Petrum. Et Deus fieret
acceptor personarum et auctor contumaciae in impiis ac damnatis. Et
constituerentur in Deo *contradictoriae voluntates*, id quod pugnat cum
universa scriptura. Sequitur ergo, *in nobis esse aliquam causam*, cur
alii assentiantur, alii non assentiantur. Expresse autem scriptura dicit,
apud Deum non esse acceptionem personarum, ut Deut. 10. Act. 10.
Röm. 2. etc. Et non intelligatur acceptio personarum de iis, quae
conspicua sunt in homine, ut quidam interpretantur, sed *non esse omnino
aequalem aequalibus*. Est autem haec summa justitiae Dei laus, quod
sit aequalis aequalibus, secundum regulam, quam tradidit.'' (L. c.
Thes. 17—19.)

KAHNISIUS: ,,*Es hängt wesentlich vom Menschen ab, ob er bis ans
Ende im Heilsstand bleibt.* . . Wenn also nur der selig wird, der bis ans
Ende verharrt, das Beharren aber vom Willen des Menschen abhängt,
so folgt unwidersprechlich, *dass die Seligkeit nicht allein in der Gnade,
sondern auch im Willen des Menschen ihren Grund hat.*'' (Die luth.
Dogmatik. Leipzig 1875. II, 254.)

c) Seu ipsa *voluntas antecedens*, quam vocant, fons et origo nostrae salutis. Vid. b. *Musaei* Diss. Inaug. de aetern. Praed. Decr. cap. III. § 31. sq.

> PHILIPPI: „Schon Johannes Damascenus de fide orth. II, 26. 29. 30. unterscheidet zwischen ϑέλημα προηγούμενον, voluntas antecedens, und ϑέλημα ἑπόμενον, voluntas consequens; *nur ruht bei ihm diese Unterscheidung auf semipelagianischen Voraussetzungen.*" (Kirchliche Glaubenslehre. IV. Erste Hälfte. 1868. p. 64.)

§ 14.

Causa[a] *impulsiva externa*, eaque *principalis*,[b] est meritum[c] Christi.[d]

a) *Virtualiter causans*, ut indicavimus in notis ad § 12. 13.

b) Quae vi propriae dignitatis, perfectionis et valoris ad decretum praedestinationis sese habet, ut ratio impulsiva, cujus intuitu Deus vitam aeternam nobis ab aeterno decrevit. Vid. b. *Mus.* Dissert. de Aet. Elect. Decr. Ann. 1668. hab. cap. II. § 37. p. 23. 24. Dicitur alias *meritoria*, quia sub ratione *meriti* voluntatem Dei movet ad salutem nobis decernendam; quo ipso tamen agnosci debet ut causa vel ratio impulsiva, nempe relationem duplicem importans, *unam* quidem ad *rem meritam*, alteram ad *voluntatem causae efficientis* seu decernentis. Vid. b. *Mus.* l. c. cap. V. §§ 109. 110. p. 76. sqq.

c) Hoc enim quemadmodum *omnis benedictionis spiritualis*, quae nobis divinitus obtingit, ita et praedestinationis sive electionis nostrae ad vitam aeternam causa impulsiva esse docetur *Ephes. 1, 3. 4.*, ubi etiam expresse dicitur, Deum *nos elegisse* ἐν Χριστῷ, atque ἐν ponitur pro διά, uti alias frequenter; ut adeo dicatur Deus nos eligere *propter Christum*, seu intuitu Christi tanquam causae impulsivae. Quod autem sola haec explicatio contextui conformis, reliquae vero, quae circumferuntur, omnes vel contortae sint, vel recte intellectae cum ista tandem coincidant, prolixe ostendit b. *Musaeus* Dissert. Inaug. cap. V. § 74. sqq. Atque huc etiam praecipue pertinet argumentum ab executione petitum, h. m.: *Quod est causa* (impulsiva), *cur Deus in tempore nobis salutem conferat, id etiam causa est, cur ad salutem nos elegerit. Atqui meritum Christi est causa* (impulsiva), *cur Deus in tempore nobis salutem conferat. Ergo meritum Christi est etiam causa, cur Deus nos elegerit.* Cujus *major* propositio cum *a posteriori* probari potest, seu quod ita communiter de his, quae ex praeeunte decreto voluntatis aguntur, judicare solemus, neque de causa impulsiva decreti dubitamus, quando de causa impulsiva executionis certi sumus, quippe quod causas impulsivas utrinque easdem esse agnoscamus, tum *a priori*, seu ex natura ac ratione formali causae impulsivae, per quam ipsa importat habitudinem ad voluntatem causae efficientis alliciendo aut movendo eam (formaliter aut virtualiter) ad actum volendi seu decernendi, agere id, quod ejus impulsu agere dicitur, ita ut contradictionem incurrere necesse sit, si quis, causam impulsivam executionis admittens, eandem neget esse decreti causam, quando videlicet decretum executioni, et haec illi, accurate respondet, neque vel ex parte objecti, vel ex parte voluntatis ejus, qui decernit et exequitur, mutatio aliqua intervenit. Vid. b. *Musaei* Disp. Inaug. de Aet. Praed. Decr. cap. IV. § 51. sqq. et Dissert. de Aet. Elect. Decr. An. 1668. edita, cap. III. § 82. sqq. p. 59. sqq. et cap. VII. § 166. sqq. p. 123. sqq. *Minor* autem propositio argumenti confirmatur per ea Scripturae loca, quae nos *propter Christum salvari* docent; adeoque sicut meritum Christi esse causam *meritoriam* salutis actu conferendae, ita idem respectu voluntatis divinae rationem causae *impulsivae* habere, docent. Confer, quae ante diximus, et b. *Musaei* Dissert. de Elect. An. 1668. hab. cap. V. § 102. sqq.

d) Neque pugnat meriti alieni acceptatio cum eo, quod electio adscribitur gratuito favori Dei. Vid. *2 Timoth. 1, 9.* praesertim, si meminerimus, quomodo Deus ipse nobis dederit mediatorem, qui pro nobis praestaret, quod debebamus. *Rom. 8, 3. Joh. 3, 16.* Ac potuit meritum Christi, licet in tempore praestitum, tamen in ordine ad aeternum Dei decretum habere rationem causae impulsivae. Sufficit enim, fuisse objective praesens, seu praevisum a Deo, ut suo tempore praestandum. Conf. b. *Mus.* Dissert. de Aet. Elect. Decr. cap. VII. §§ 177. 178. p. 132. 133.

ANTITHESES.

QUENSTEDTIUS: „*Antithesis:* 1. *Calvinianorum,* qui ex causis electionis meritum Christi excludunt et ad media executionis in tempore suppeditata referunt, adeoque negant, Christum esse causam meritoriam nostrae electionis. Nihil in schola Calvinistica sonat, nisi *absolutum* decretum, in Synodo Dordracena auctoratum, in Synodo Aleziana Gallica jurisjurandi religione firmatum, teste Episcopio P. 2. partis primae Op. p. 388.: ‚Cor ecclesiae (Reformatae) et palladium est doctrina de absolutissima Dei gratia‘, juxta Genevenses. Actor. Synod. Dord. p. 212. ed. Hannov. juxta peremptorium decretum Dordrac. in judicio de primo art. ibid. p. 30.: ‚Electionis hujus causa impulsiva est solum liberrimum et gratuitum Dei beneplacitum; ideoque non Christi meritum, nec quicquam extra Deum. Praesertim cum Christi donatio sit medium electioni hominum ad salutem subordinatum. Ideoque salutis non est causa, sed electionis consequens effectum.‘ Juxta Ravanellum p. 523.: ‚Christus, consideratus ut ϑεάνϑρω- πος et mediator, non est fundamentum et causa electionis, sed medium exequendae electionis, seu ille, per quem ad finem electionis nostrae deducimur.‘ In Actis Synodi Dordrecht. f. 531. Hassiaci de a. 1. ‚ecclesiae reformatae docent‘, inquiunt, ‚Christum esse electionis (non decernendae, sed exequendae) medium, ... ita quidem, ut decretum de Christo mittendo et in ignominiosam crucis mortem tradendo ordine sit posterius decreto electionis seu electione.‘ 2. *Pontificiorum,* qui etiam absolutum praedestinationis decretum defendunt; sic enim Thomas Aquin. P. 1. q. 23. a. 5.: ‚Quare Deus hos elegit in gloriam et illos reprobavit, non habet rationem, nisi divinam voluntatem.‘ ... Bellarminus l. 2. de amiss. grat. et lib. arb. c. 8. § 2.: ‚Credimus, Deum absoluta voluntate velle salvare multos, tum parvulos, tum adultos, et absoluta voluntate alios non velle salvare, tum parvulos, tum adultos.‘ 3. *Socinianorum,* qui meritum Christi prorsus negant, idque, ut ex articulo justificationis, ita quoque electionis prorsus exterminant. 4. *Labadistarum,* qui absolutum decretum cum Calvinianis defendunt.“ (L. c. s. 2. q. 3. f. 46. sq.)

FORMULA CONSENSUS HELVETICA: „In gratioso autem illo electionis divinae decreto ipse quoque *Christus* includitur, non ut causa meritoria vel fundamentum, ipsam electionem praecedens, sed ut ipse quoque ἐκλεκτός, electus (1 Petr. 2, 4. 6.), ante jacta mundi fundamenta praecognitus, adeoque primarium ejus exequendae electus mediator, et primogenitus frater noster, cujus pretioso merito ad conferendam nobis, salva justitia sua, salutem uti voluit. Scriptura enim sacra non tantum testatur, electionem factam esse secundum merum beneplacitum consilii et voluntatis divinae (Matth. 11, 26. Eph. 1, 5. 9.), sed etiam destinationem et dationem Christi, mediatoris Christi, ab enixo Dei Patris erga mundum *electorum* amore arcessit." (§§ 14. 15. A. 1675. Vid. Collectio conf. in eccles. Reform. publ. ed Niemeyer. 1840. p. 731. sq.)

§ 15.

Causa[a] *impulsiva externa minus principalis*[b] decreti[c] electionis est fides[d] in Christum,[e] eaque[f] finalis.

a) *Virtualiter* causans, seu *ratio a priori*, uti in prioribus quoque vocem accipiendam esse diximus.

b) *Seu id, quod nostro modo concipiendi prius est decreto electionis atque ad illud sese habet, tanquam id, cujus intuitu simus electi, ita ut quaerenti, cur hi, qui salvantur* (praecise, *non alii*), *ab aeterno sint electi ad vitam?* adducendo aut exprimendo illud (nempe h. l. *fidem*, ut videbimus) *convenienter respondeatur: neque* tamen ipsum *habet meritum proprium, bonitatem, dignitatem ac perfectionem propriam, qua voluntas agentis*, sive *eligentis, ad agendum*, seu *eligendum, moveatur, sed alterius, tanquam causae impulsivae principalis, merito, bonitate, aut perfectione elevatum, seu vi alieni meriti, bonitatis, aut dignitatis se habet ut ratio, cujus intuitu voluntas Dei ad decernendam nobis salutem se determinet et ab aeterno se determinaverit.* Conf. b. *Mus.* Diss. de Elect. An. 1668. cap. II. § 18. sq. p. 24. 25. § 63. p. 45.

c) Ad *ipsum*, inquam, *decretum*, seu actum electionis, hic respicitur, quod ex ratione formali causae impulsivae patet. Vid. not. *c.* ad § 14. Intelligitur autem h. l. causa seu ratio impulsiva *non* in ordine ad decretum de *toto processu* seu negotio procurandae salutis, seu de praedestinatione *latius* accepta, sed *strictius*, uti jam monuimus § 12.

d) Nempe meritum Christi, *in se absolute* spectatum, citra respectum ad homines, qui illud sibi per fidem applicant, universale est et ad reprobos etiam se extendit, movet autem ad decernendam certis hominibus salutem, quatenus ab his *fide* apprehenditur. Atqui ita fides quoque h. l. consideranda est, *non in se*, ut est habitus vel actus supernaturalis (qua ratione etsi habeat aliquam *dignitatem propriam, non* tamen *per illam* NB. *ullatenus movet* Deum ad salutem nobis decernendam), verum *ex parte meriti* Christi, quod apprehendit et per modum objecti includit. Vid. b. *Musaeus* l. c. cap. II. § 40. ad 44. Caeterum fidem in Christum alii quidem nostratium *causam instrumentalem* decreti electionis, alii *conditionem* ejus, quidam *conditionem ex parte objecti eligendi*, alii *partem ordinis praedestinatorii* dixerunt, sed sensu eodem, inter se et cum his, qui causam *impulsivam minus principalem* appellant. Omnes enim agnoscunt, fidem neque nudam *condi-*

tionem esse, quae nullam causalitatem exerceat, sed prout ad actum salvandi, sic ad actum decernendi salutem per modum causae (saltem virtualiter causantis) se habere tanquam id, *cujus intuitu simus electi,* neque tamen ipsam sua dignitate movere potuisse Deum ad nos eligendos, ut esset causa principalis. Unde, quando fides alias dicitur habere se instar manus aut organi, quo gratia Dei eligentis et meritum Christi ut causa salutis apprehenditur, atque hac ratione etiam hic *instrumentum* dici consuevit, hic tamen indicandum est, quomodo fides ad ipsum decretum electionis sese habeat; ubi nostrates non dicunt, habere se per modum instrumenti, quo causa efficiens principalis, Deus eligens, utatur ad producendum reali influxu actum electionis. Qui vero *causam instrumentalem moralem* dixerunt, non possunt aliud quid, quam *causam impulsivam minus principalem* intelligere. Porro, quando fides *pars ordinis praedestinatorii* dicitur, addendum est, qualem respectum (intra ea, quae totus ordo actuum praedestinationis latius dictae continet) habeat ad ipsum actum decernendi certis hominibus, nempe finaliter credituris, salutem. Itaque superest tandem ea loquendi formula, qua fides *causa* seu *ratio impulsiva,* non tamen κατ᾽ ἐξοχὴν sive principalis, verum cum addito, vitandae ambiguitatis causa, *minus principalis* dicatur, in ordine ad ipsum electionis actum. Et qui quondam noluerunt dicere, fidem esse causam impulsivam electionis, respexerunt causam impulsivam principalem, de minus principali causa impulsiva non cogitantes. Vide omnino b. *Musaeum* l. c. § 50. sq. p. 32. sq., quem etiam in hoc toto negotio *omnino videndum* dicit eique plane accedit b. *D. I. A. Scherzerus* in System. LXVIII. p. 488. sqq., praesertim p. 510., ubi argumentum ab executione decreti electionis petitum eodem prorsus modo proponit atque urget, et *meritum Christi esse causam impulsivam externam principalem ac meritoriam decreti electionis, fidem vero esse causam impulsivam externam minus principalem et organicam,* in terminis docet. Confer. p. 512. 513. 514. Imo vero etiam b. *Balthas. Meisn. Anthrop. Dec. II. disp. IV. membr. III.* § *36.,* postquam dixisset: *Cum fides electionis causa dicitur, non intelligas principalem, impellentem aut meritoriam, sed tantum instrumentalem, et quidem non totius decreti, sed potius partis, nempe meriti Christi, quod fides apprehendit. Cum enim sit causa partis decreti, hinc populari modo loquendi causa dicitur ipsius decreti,* et addidisset: *Convenientius tamen est, fidem nuncupare vel conditionem electionis, ne fingatur esse absoluta, vel partem ordinis praedestinatorii, quam Deus ab aeterno non minus ut meritum Christi aspexerit,* denique notanter concludit: Convenientissimum *illud videtur, fidem non considerari seorsim, ut causam electionis peculiarem a Christi merito distinctam, sed conjunctim una cum ipso merito apprehenso, ut sic utrumque copulatum unam electionis causam impellentem constituat. Neque enim meritum sine applicatione, neque fides per se movit Deum ad eligendum, sed utrumque in praescientia divina conjunctum, hoc est, meritum fide apprehensum, vel fides meritum apprehendens.* Quae profecto cum b. *Musaei* sententia memorata prorsus conveniunt. Sic enim utique fidei habitudo ad electionem talis est, qualem habet causa vel ratio impulsiva ad id, cujus causa esse dicitur; nec tamen, quatenus ipsa seorsim, aut in se absolute, sed quatenus ex parte meriti Christi consideratur, ita ut *non* velut duae causae *sociae* aut *partiales* (si ita h. l. loqui licet), *sed* tanquam causae *subordinatae* et per modum causae *principalis* atque *instrumentalis* (quae sicut in genere causae efficientis uno influxu producunt effectum, licet inter se alias distinguantur, ita *in genere causae impulsivae* uno velut impulsu moveant voluntatem agentis ad volendum agere seu decernere) sese habeant *meritum Christi et fides* ad decretum electionis: quae est ipsa sententia hactenus explicata.

J. MUSAEUS: ,,Was der fides praevisa für eine habitudinem ad decretum praedestinationis importire, an causae, an conditionis ex parte subjecti praedestinandi requisitae, an aliam, darüber haben sie (unseres Theils reine Theologi) von langen Jahren her ungleiche Gedanken gehabt und auch über den terminis und phrasibus, womit dieselbe am füglichsten möchte beschrieben und exprimirt werden, sich nicht allerdings vergleichen können. Der fürtreffliche und um die christliche Kirche wohl verdiente theologus D. *Aeg. Hunnius,* der in Erklärung und Läuterung dieses Artikels für andern grossen Fleiss angewandt und denselben auch wider die Calvinisten gewaltig vertheidiget hat, ist in der beständigen Meinung gewesen, fidem esse praedestinationis *causam,* und hat seine Meinung darauf gegründet, dass der Glaub justificationis causa sei; denn die phrases scripturae, justificare fide, per fidem, ex fide importiren eine veram habitudinem causae, welche dem Glauben in ordine ad justificationem et salvationem, velut ad executionem decreti praedestinationis, dadurch zugeeignet werde. Nun aber sein decreti et executionis eaedem causae. Es wurde ihm aber alsobald nicht allein von Calvinisten, sondern auch von etlichen unsers Theils Theologen der Skrupel gemacht, dass wenn der Glaube causa decreti praedestinationis wäre, so müsste er causa *meritoria* desselben sein. Denn sie sahen wohl, dass cujusque causae impulsivae vis causandi bestehen müsste in merito, oder doch in propria quadam dignitate vel bonitate, cujus valore causa decernens vel agens ad decernendum vel agendum moveatur, und vermeinten daher, wenn der Glaube causa decreti praedestinationis wäre, so müsste er auch ein meritum oder dignitatem, perfectionem et bonitatem quandam in sich halten, cujus valore Deum ad condendum praedestinationis decretum ab aeterno permoverit. Worauf sich denn der sel. *Hunnius* weiter erklärte, dass wie der Glaube justificationis causa instrumentalis ist, nicht meritoria, denn er mache gerecht nicht ut qualitas vel habitus, ratione ullius suae dignitatis, perfectionis vel valoris, auch nicht ut actus meritorius, sondern nur in quantum meritum Christi apprehendit et nobis applicat, also sei er auch decreti praedestinationis causa *instrumentalis,* nicht meritoria. Denn er sei auch illius causa nicht ut qualitas vel habitus ratione suae cujusdam dignitatis vel bonitatis vel ut actus meritorius, sondern auch, alsfern er Christi Verdienst ergreift und uns zueignet, und Gott nach seiner Allwissenheit solches von Ewigkeit her gesehen hat, und sei also fides Christi meritum apprehendens, in Dei aeterna praevisione, decreti praedestinationis eben, wie justificationis, causa instrumentalis. Weil aber die phrasis, fidem esse decreti praedestinationis causam instrumentalem, *etwas hart lautet* und den Worten nach diese Meinung zu haben scheint, eam ex parte *Dei* praedestinantis esse causam instrumentalem condendi de salute nostra decreti aeterni, und auch des sel. Hunnii adversarii, sonderlich Samuel Huberus und Daniel Tossanus, dieselbe noch anders und also deuteten, fidem esse decreti praedestinationis causam instrumentalem, quod praedestinationem nostri apprehendat, wiewohl wider Hunnii ausdrückliche Protestation, dass diese seine Meinung nicht wäre: als haben etliche andere unsers Theils theologi derselben sich zu gebrauchen angestanden und lieber sagen wollen, fidem esse *conditionem* praedestinationis ex parte subjecti praedestinandi requisitam, et partem ordinis praedestinatorii, als, eam esse causam praedestinationis instrumentalem. Wenn man auch gleich des sel. Hunnii rechte Erklärung ohne Missdeutung hinzu thut, dass der Glaube sei, wie justificationis, also auch decreti praedestinationis causa instrumentalis, in quantum est causa instrumentalis apprehensionis meriti Christi, so bleibet doch bei den discentibus noch der Skrupel, was denn der Glaube für eine habitudinem causae cum ad actum justificationis, tum ad ipsum decretum praedestinationis in sich halte. *Denn ja ein anders ist die apprehensio meriti Christi, ein anders der actus justificationis und das decretum praedestinationis.* Die apprehensio meriti Christi ist ein actus fidei in nobis, und weil sie ein actus fidei ist, so ist kein Zweifel, dass der Glaube derselben causa sei in genere causae efficientis. *Der actus justificationis und das decretum praedestinationis aber sind actus Dei in Deo,* nostro modo concipiendi so zu reden, deren causa, wenn der Glaube ist, so bleibet noch der Skrupel, in quo genere vel ordine causae er derselben causa sei und worin desselben habitudo causalis ad actus illos bestehe. Dieser Difficultät aber scheinen nicht unterworfen sein die andern beide phrases: quod fides sit conditio decreti praedestinationis, ex parte subjecti praedestinandi requisita, oder quod sit *pars ordinis praedestinatorii* und scheinet auch wider der Reformirten absolutum praedestinationis decretum gnug sein, wenn man dieses erhält, dass das decretum praedestinationis den fidem praevisam in sich begreife velut conditionem ex parte subjecti praedestinandi requisitam, et ut partem ordinis praedestinatorii, und hielten auch wir fürs sicherste, dass man bei dieser einfältigen Redensart bliebe, wo uns nicht etwas anders im Weg läge. Es liegt uns aber im Wege, erstlich, dass die heilige Schrift den Glauben so beständig habitudinem causae in ordine ad justificationem et salvationem, velut ad executionem decreti praedestinationis, zueignet und so beständig lehret, nos justificari et fieri etiam salvos πίστει, fide, διὰ πίστεως, per fidem, ἐκ πίστεως, ex fide etc. Was aber causa executionis ist, das muss auch causa decreti sein. Darnach liegt auch uns im Wege, dass wir in dem Hauptstreit mit den Calvinisten de praedestinatione des allerwichtigsten und allerstärksten argumenti ab executione petiti, dessen wir uns wider der Calvinisten absolutum decretum zu gebrauchen pflegen, uns entweder von uns selber begeben müssen oder doch dasselbe mit keinem Nachdruck urgiren können, so lang wir leugnen, oder anstehen zu sagen, fidem esse decreti praedestinationis causam, und nur dabei bleiben, eam esse saltem conditionem ex parte subjecti requisita et partem ordinis praedestinatorii. Denn wenn man also schliessen wollte: quod est causa justificationis et salvationis, illud est conditio decreti praedestinationis ex parte subjecti requisita, so würden die Calvinisten mit vielen Ausflüchten und instantiis das Argument elidiren können. So will auch zum nachdrücklichen Gebrauch dieses Arguments nicht gnug sein, dass man sagt, fidem esse causam executionis, sondern man muss distincte erklären, in quo causarum genere vel ordine fides executionis, nempe justificationis et salvationis, causa sei. *Denn nicht von jedwedem genere causarum diese Consequentia: quod est causa executionis, est etiam causa decreti, richtig angehet,* und ist demnach nöthig, wenn man dieses Argument mit Nachdruck gebrauchen will, dass man vorher genau wisse und zeige, in quo genere vel ordine causarum fides justificationis et salvationis causa sei, und alsdann kann man kräftiglich schliessen und der studirenden Jugend erklären: an et in quo genere vel ordine causarum fides auch decreti praedestinationis causa sei. Dieser Difficultät nun abzuhelfen, und was der Glaub an Christum für eine habitudinem ad decretum praedestinationis in sich halte, an conditionis nudae, an causae, et cujus generis causae, denen discentibus deutlich und gründlich zu erklären, haben wir zum ersten und zuvörderst unser Absehen gerichtet gehabt auf die Sache selbst und befunden, dass durchgehend alle unserer Kirchen reine theologi und Lehrer, welche die Lehre de praedestinationis decreto erklärt und wider der Calvinisten absolutum decretum vertheidigt haben, in ihren Erklärungen, so viel die Sache selbst betrifft, endlich dahin kommen, fidem praevisam esse decreti praedestinationis *causam impulsivam minus principalem.* Denn was den statum quaestionis anlanget, kommen alle darin überein, dass der Hauptstreit zwischen uns und den Reformirten darin bestehe: An detur causa aliqua extra Deum, cujus intuitu Deus nos ab aeterno elegerit sive praedestinaverit ad vitam aeternam. Welche streitige Frage von keiner andern causa als de causa impulsiva kann verstanden werden, und ist causa, cujus intuitu Deus nos elegit sive praedestinavit ad vitam aeternam, nichts anders als causa, qua praevisa Deus ab aeterno permotus est ad praedestinandum nos ad vitam aeternam. Auf diese Hauptfrage nun antworten sie alle einmüthig: Deum praedestinasse nos ab aeterno intuitu praevisi meriti Christi fide apprehendendi oder eum praedestinasse nos intuitu praevisae fidei nostrae, und geben also alle einmüthig, so viel die Sache selbst betrifft, zu vernehmen, die causa impulsiva, qua Deus ab aeterno permotus est ad praedestinandum nos ad vitam aeternam, sei das meritum Christi, praevisum ut apprehensum fide, oder die causa impulsiva sei fides in Christum praevisa. Wenn aber weiter gefragt wird, quomodo fides in Christum ab aeterno moverit Deum ad nostri praedestinationem, an ut qualitas, habitus, vel actus, sua propria dignitate, bonitate, merito et valore, an modo alio, da antworten sie alle einmüthig, dass Gott den Glauben in condendo praedestinationis decreto nicht angesehen habe ut qualitatem, actum vel habitum, noch einiger seiner eignen Dignität, Würde oder Vollkommenheit, und bekennen also, dass der Glaube an Christum nicht causa decreti praedestinationis *principalis*, weniger aber causa *meritoria* desselben sei, sondern dieses komme einig und allein Christi Verdienst zu. Fragt man aber weiter, wie denn Gott den Glauben in condendo praedestinationis decreto angesehen habe, so antworten sie abermal einmüthig, Gott habe ihn angesehen, sofern als er Christi Verdienst ergreift und uns zueignet, und habe sich also Gott bewegen lassen, uns zum ewigen Leben zu verordnen, nicht aus einiger des Glaubens eigner Kraft, Würde und Gütigkeit, sondern einig und allein durch das vollgiltige Verdienst Christi, das er ergreift und uns zueignet. Welches nichts anders ist, als fidem esse causam decreti praedestinationis *impulsivam minus principalem*, quae moverit quidem Deum ad nostri praedestinationem, non tamen ulla sua dignitate, valore aut merito, sed solius meriti Christi, quod apprehendit et Deo Patri in sua aeterna praescientia velut λύτρον pro peccatis nostris sufficientissimum exhibuit, dignitate et valore. Es kann auch der Glaube, sofern er Christi Verdienst ergreift und uns zueignet, in keinem andern genere causae praedestinationis causa sein, als in welchem genere causae Christi Verdienst desselben causa ist. Christi Verdienst aber ist nach aller Bekenntniss desselben causa in genere et ordine causae impulsivae; drum muss auch der Christi Verdienst ergreift und Gott fürhält, in hoc genere vel ordine causae desselben causa sein. Darnach haben wir weiter gesehen auf die Ursache, warum denn unserer Kirchen theologi von der Sache selbst, worin sie durchaus einstimmig sind, so ungleiche terminos und phrases geführet, und dieselbe nicht mit ihren eigenen terminis exprimirt und gesagt haben, fidem in Christum praevisam esse decreti praedestinationis causam impulsivam minus principalem, sondern theils haben gesagt, eam esse decreti praedestinationis causam instrumentalem, andere, esse conditionem, ex parte subjecti praedestinandi requisitam et partem ordinis praedestinatorii, wodurch die discentes im Wachsthum in der gründlichen Erkenntniss in diesem Stück nicht wenig zurückgehalten und gehindert worden. In genauer Untersuchung solcher Ursachen haben wir befunden, dass die Hauptursachen dieser Ungleichheit in terminis und Redensarten diese gewesen, dass man zu selbigen Zeiten von der Distinction inter causas impulsivas principales et minus principales in nostris scholis nichts gewusst hat, sondern in dem Wahn gestanden ist, eine jede impulsiva causa müsse ein meritum oder eine dignitatem, bonitatem propriam in sich begreifen, cujus vi et valore causam efficientem moveat ad decernendum vel agendum aliquid, und sei also eine jede causa impulsiva eine causa principalis. Und weil dem Glauben an Christum an sich selbst kein meritum, keine dignitas, bonitas et perfectio propria zukommt, cujus valore Deus permotus fuerit ad nostri praedestinationem, *haben etliche theologi, wie gedacht, fidem in Christum gar nicht wollen causam decreti praedestinationis nennen,* weil sie wohl sahen, dass der Glaub in keinem andern genere causae könne decreti praedestinationis causa sein, als in genere vel ordine causarum impulsivarum, und wenn er sollte desselben causa sein, so müsste er causa impulsiva desselben sein, und darneben in denen festen Gedanken stunden, omnem causam impulsivam includere meritum vel aliam quandam vim motivam propriam et esse causam principalem. Und hierüber ist sich nicht zu verwundern. Denn zu selbigen Zeiten ist die metaphysika, wohin die doctrina de generibus causarum und in specie auch de causis impulsivis principalibus et minus principalibus gehöret, wenig bekannt gewesen und wird man nicht leicht eine lutherische Universität finden, worauf in statutis facultatis philosophicae metaphysicam zu profitiren vor Alters wäre verordnet gewesen. Zu dem sind die causae impulsivae minus principales in communi usu nicht so gemein, wie etwa die causae minus principales in genere causae efficientis zu sein pflegen, und wird daher in compendiis metaphysicis de causis impulsivis minus principalibus selten oder gar nicht gehandelt. . . So ist nun die hypothesis, dass alle causae impulsivae ein meritum proprium oder eine vim motivam propriam in sich halten und causae principales sein, falsch und nachdem dieser Skrupel gehoben ist, liegt nichts mehr im Weg und hindert weiters nicht, dass man die von allen unsern Theologen, so viel die Sache selbst betrifft, einhellig bekannte Lehre, dass praevisa fides in Christum decreti praedestinationis causa impulsiva minus principalis sei, nicht mit ihren eigenen Worten aussprechen und sagen möge, eam praevisam esse decreti praedestinationis causam impulsivam minus principalem.'' (Bedenken vom consensu repetito. 1680. Vid. Calovii Histor. syncretist. p. 1041—1046.)

N. SELNECCERUS: ,,*Estne praevisa fides causa electionis?* Si fides justificans esset *nostrum opus, nostra qualitas et virtus,* haec quaestio locum haberet. Sed quia fides illa est opus Dei in nobis, ideo non admodum opus est hac quaestione, ad quam tamen respondere non est difficile. Electio certe est aeternum Dei propositum de salvandis hominibus. Huic proposito Dei subjicitur fides in Christum, quam et ipsam Deus dat secundum ordinem a se institutum. *Praevisa igitur fides non potest causa esse aeternae electionis, cujus quasi consequens et effectus fides est in nobis in tempore natis et in tempore etiam cessat nobis morientibus.* *Quod si praevisa fides diceretur causa electionis, facile falsa opinio de praevisa nostra dignitate et de meritis non tantum fidei, tanquam qualitatis nostrae, sed etiam aliorum bonorum operum nostrorum, animos occupare posset.* Scit Deus, qui sint sui, et eos elegit ante jacta mundi fundamenta. Et hujus electionis causa nulla alia est, nisi misericordia et clementia Dei gratuita per et propter Christum mediatorem ejusque meritum, sola fide apprehendendum et applicandum. Haec fides cum sit manus seu instrumentum, quo apprehenditur gratia Dei et meritum Christi, non potest esse causa gratiae et electionis, sed est illud medium et organum, quo fit applicatio gratiae et meriti Christi ad nos.'' (In omnes epp. D. Pauli commentar. I, 213. sq.)

HUELSEMANNUS: ,,Docet Epitome libri Concord. et Declaratio uberior art. 11., *causam* impulsivam praedestinationis esse meritum Christi, *praevisam autem non rejectionem offerendi hujus beneficii et admissionem ejus per fidem non pertinere ad causas,* **nedum** impulsivas praedestinationis, sed ad conditionem sine qua non executionis. Impulsivam

vero causam decreti *perditionis* esse peccati et finalis in eo perseverantiae praevisionem, adeoque non solius executionis causam impulsivam
esse peccatum, sed ipsius etiam decreti." (Praelect. in lib. Conc.
p. 698. sq.)

HUTTERUS: „Non inviti largimur, neque fidem, neque praevisionem fidei esse causam electionis nostrae. *Fidem* quidem non, quia illa
in se et per se, quatenus est virtus, habitus aut qualitas, nihil quicquam facit vel ad electionem vel ad justificationem nostram; et hoc
casu eandem plane conditionem ea obtinet, quam opera sive merita hominum. Verum neque *praevisionem* etiam fidei causam electionis nostrae, proprie loquendo, esse largimur; si quidem jam ostensum fuit,
praevisionem, ut et praescientiam, non esse causam ullius rei praecog-
nitae sive praescitae, sed complecti duntaxat notitiam rerum praesci-
tarum omnium." (Libri Conc. explic. p. 1101.)

M. HANNEKENIUS: „*Fides non est causa efficiens principalis electionis*, sed Deus nos elegit in Filio fide apprehenso Eph. 1, 4.: ‚Non vos
me elegistis, sed ego elegi vos.‘ Joh. 15, 16. Unde gratis nobis opponitur a Polano l. 4. Synt. c. 11.: ‚Si fides est causa efficiens electionis,
sequetur, quod nos priores elegerimus Deum.‘ . . . *Fides non est causa
instrumentalis consilii sive decreti divini de electione.* ‚Stolidus foret‘,
scribit b. Menzerus in resp. ad defens. 2. part. conversat. Pruten. Crocii c. 2., ‚qui diceret, fidem esse causam evangelii, at longe stultius est,
fidem hominis vocare instrumentum consilii sive decreti divini de electione. Decreti divini causa est sapientissima et omnipotens voluntas
Dei, est autem fides organum sive instrumentum et quasi quaedam spiritualis manus, oblatam in evangelio gratiam Dei in Christo mediatore
apprehendens.‘ " (Verae th. Synops. p. 54. sq.)

CALOVIUS: „An *fides*, quatenus ingreditur decretum electionis, per
modum *causae impulsivae*, propria etiam vi aliquid conferat ad decretum? — Affirmativam tuetur Scriptum Jenense (*Musaei*). . . . Quamquam vero aliqua ratione ista explicari commode possint, non tamen
admittenda phrasis ejusmodi facile est. . . . Nullo testimonio Scripturae
solide haec assertio probari potest. Non enim electi dicimur *propter*
fidem, sed *per* fidem in Christum, quorum illud est causae impulsivae
σημαντικὸν, hoc causae organicae. Unde aversantur nostrates terminum
causae impulsivae. ‚Cum fides electionis causa dicitur, non intelligas
impellentem‘, monet b. *Meisnerus* l. c. ‚Neque enim electio pendet a
fide tanquam causa impulsiva sive meritoria‘, ait b. *Hutterus*, Comment.
in F. C. art. 11., p. 1103. . . *Gerhardus* ‚ἀλογον‘ hoc esse dicit, ‚fidem
esse causam electionis impulsivam‘. Quo de Dn. D. *Musaeus* dissert.
de decr. elect. c. 2. th. 62.: ‚Causae autem‘, inquit, ‚*impulsivae* terminum in praesenti, quae est de fidei ad electionis decretum habitudine,
controversia nostri olim non minus, quam causae *meritoriae* terminum,
aversati sunt et fidem aeque impulsivam ac meritoriam electionis causam dicere formidarunt, imo recusarunt.‘ Addit rationem, quae non
frivola vel vana est, si communem loquendi modum spectes. ‚Cujus
rei causa est (ipsomet Dn. D. Musaeo ibidem docente), quod persuasum habuerunt, causam impulsivam omnem importare meritum quoddam vel certe bonitatem, dignitatem et perfectionem propriam, qua
voluntas causae efficientis ad agendum moveatur. . . Quod cum fidei
non conveniat, nobis etiam religio sit, eam ita absolute et simpliciter
electionis causam impulsivam dicere. Assertio enim foret falsissima,
scripturis s. adversa. Sicut enim nuspiam scripturae nos justificari
dicunt διὰ τὴν πίστιν, propter fidem, quae phrasis causam impulsivam
absolute dictam vix denotat; sed διὰ πίστεως, per fidem,
ἐκ πίστεως, ex fide, πίστει, fide, quae loquendi formulae patent latius et
causae etiam impulsivae minus principali conveniunt, ita nec electi
recte dici possumus διὰ τὴν πίστιν, propter fidem, sed intuitu fidei, vel
ex fide praevisa, vel fide praevisa electi dicendi sumus.‘ . . *Menzerus* in

resp. ad defens. sec. part. conversat. Pruten. D. Joh. Crocii p. 92. ait: ‚stultissimum esse, fidem hominis vocare instrumentum consilii seu decreti electionis‘. . . Et quomodo fides causa esset impellens vel impelleret Deum at justificandum et praedestinandum credentes, idque virtute propria, quum fides hic nullam vel virtutem vel activitatem obtineat, sed nude tantum passive sese habeat et gratiam Dei ac meritum Christi solummodo recipiat, Deus autem nobis ex gratia illud imputet, acsi proprium nostrum meritum esset? Magis ergo hic sese passive habet homo, recipiens Christum et admittens per fidem, qui per verbum in cor nostrum sese insinuat, quam active, ut ita opus sit Dei proprie, non vero nostrum, dum procreatur et quicquid est activitatis nostrae in illa Christi receptione vel gratiae divinae oblatae et collatae apprehensione, postquam nempe fides per Sp. S. producta est in cordibus nostris, id ipsum certe in censum non venit; cum de justificatione nostra agitur, adeo, ut fides etiam ipsa, quatenus instrumentum est, recte dicatur opponi non tantum operibus omnibus obedientiae et pietatis, sed *ipsi fidei*, qua opus vel actus noster est, ejusque virtuti. Quod nisi sancte adseratur, facile Arminiana haeresis de fide ceu qualitate vel opere vel actu nostro nos justificante subrepere potest." (System. T. X, 629. sq. 631. 632. sq.)

GERHARDUS: „Sonora voce profitemur, nos statuere, quod Deus nihil boni in homine ad vitam aeternam eligendo invenerit, quod nec bona opera, *nec liberi arbitrii usum, neque adeo ipsam etiam fidem* ita respexerit, ut hisce motus vel propter ea quosdam elegerit." (Loc. de elect. § 161.)

FACULTAS TH. WITTEBERGENSIS: „Wenn in dem Handel und Artikel von der Gnadenwahl der Glaube eingeführt wird, hat es nicht die Meinung, dass uns Gott *um des Glaubens willen*, als wegen unsers Verdienstes, erwählet hätte, oder dass wir von Gott *darum* erwählet wären, *dieweil* er zuvor von Ewigkeit gesehen, dass wir an Christum glauben und also der Gnaden und Erwählung Gottes uns würdig erzeigen würden." (Gründliche Widerlegung. 1596. Vid. Consilia th. Witebergensia. I, 569. a.)

EADEM: „Derwegen es ein unehrbar Gedicht ist, dass wir Wittenberger lehren sollen, Gott habe nur *die* erwählet, *welche ihm Ursach dazu gegeben.* Wie dieser Mann den Hauptstreit (p. 18 seiner Lästerschrift) hierauf setzen darf. Demnach ist auch ungezweifelt *falsch,* dass der Mensch *um des Glaubens willen erwählet* werde, wie D. Huber von uns fabulirt. . . *Demnach wird von uns ferner also falsch und gottlos verworfen, wenn von jemand gesagt oder gelehrt würde, dass die Gläubigen erwählen durch den Glauben Gott, ehe dass er sie erwähle, und geben ihm Ursach, dass er sie hernach erwähle.* Welches D. Huber mit unerfindlichem Ungrund uns Wittenbergern schuld zu geben und den statum oder Hauptstreit darauf zu setzen, sich weder scheuet noch schämet, und noch sprechen darf, hierauf stehe unser ganzer Grund. p. 69. *So doch der Glaub selber von der ewigen Wahl Gottes ursprünglich herkommet, auch nicht von uns, sondern allein durch Gottes Kraft in uns gewirket wird.*" (Bek. von der ewigen Gnadenwahl. Vid. Consil. Witteb. I, 616.)

EADEM: „Darnach gibt er uns schuld, gleichsam sollten wir die Worte S. Pauli also deuten, dass, wenn der Apostel sagt: Gott hat euch erwählet *im Glauben*, solches den Verstand haben müsste, dass uns Gott *um des Glaubens willen* erwählet hätte. Solches ist abermal eine erdichtete falsche Anklage, sintemal D. Hubero unmöglich ist zu erweisen, dass wir jemals in unsern Büchern sollten geschrieben oder auch sonsten gesagt haben, Gott habe uns um des Glaubens willen erwählet. . . Wenn man nur der Sachen eins ist, dass nämlich Gott nicht *blos dahin*, sondern in gnädiger Ansehung des Glaubens an Christum *die Gläubigen und nicht auch die Glaublosen* in Christo zum ewigen

Leben erwählet habe, wollen wir mit niemands hierüber zanken, ob der Glaube eine causa, συναίτιον, oder nothwendiges Stück, membrum und requisitum oder Eigenschaft, Proprietät und Attributum der Auserwählten und also auch der Gnadenwahl solle genennet werden. Nur alleine, dass der Glaube nicht ausgesetzt und die ewige Prädestination ohne den Glauben an Christum nicht im blossen Willen Gottes und Verdienst des Herrn Christi, ob derselbe schon nicht durch wahren Glauben ergriffen wird, vollkömmlich gesucht werde, wie D. Huber thut; sondern dass man mit dem christlichen Concordienbuch lehre und also sage, wie im summarischen Begriff stehet: ‚Dass Gott in seinem ewigen göttlichen Rath beschlossen habe, dass er ausserhalb denen, so seinen Sohn Christum erkennen und wahrhaftig an ihn glauben, niemand wolle selig machen.'" (Gründliche Widerlegung. 1596. Vid. Consil. Witteb. I, 589. sq.)

E ADEM: „Dr. *Huberus* schreibt also: ‚Es wird im Visitationbuch gelehret, dass ein jeder Mensch ihm solle die Gnadenwahl *zueignen*, welches nicht geschehen kann, es sei denn, dass eine *allgemeine* Election und Versehung aus Gott über alle Menschen vorhergehe.' Antwort: Dass ihnen die Menschen die Gnadenwahl sollten zueignen und appliciren, stehet im Visitationbuch nirgend geschrieben. Es lauten aber die Wort vom angezogenen 299. Blatt also: ‚Also wird der Glaub in der Gnadenwahl erfordert, dass wir die *Gnade* der ewigen Wahl, so uns in Christo bescheiden und um seiner Erlösung wegen allein begegnet ist, mit wahrem, lebendigem Glauben annehmen und ein jeglicher ihm appliciren und zueignen solle.' Da hören wir zwar, dass wir uns die *Gnade* der ewigen Wahl appliciren und durch wahren Glauben zueignen sollen; dass wir uns aber die Election und *Gnadenwahl selbst*, wie Dr. Huberus redet, sollten durch den Glauben zueignen, das ist allhier und sonsten im Visitationbuch nirgend zu finden. Nun ist aber viel ein anders, die *Gnade oder Barmherzigkeit Gottes*, welche der Gnadenwahl mit eingeschlossen wird und über alle Menschen gehet, welche wir auch mit dem Glauben ergreifen und uns zueignen müssen, dann auch ein anders die vollkömmliche *Gnadenwahl* und Election oder Erwählung Gottes an ihr selbst." (L. c. I, 608.)

THEOLOGI ELECTORALES: „Ew. fürstl. Gnaden wird in keinem unserer Bücher finden, dass je einer von uns gelehrt, Gott habe uns erwählt *um des zuvor gesehenen Glaubens willen*. Hunnius würde einen offenen Widerruf thun, wenn er je so den Glauben zum Verdienst gemacht hätte, um dessen willen wir erwählt seien." (Gründl. Widerlegung des zu Staffort etc. Wittenberg. 1602. S. 568.)

S. SCHMIDTIUS: „Omnino praedestinatio haec Dei facta est ex gratia mera, sine ullo merito operum, sive haec ex viribus naturalibus, sive ex supernaturalibus fieri dicantur; sine etiam ullo respectu ad eadem opera, imo ipsam *fidem*, tanquam *conditionem* ex sua dignitate, sive propria atque naturali, sive imputata, Deum ad praedestinationem *impellentem*." (Aphorism. th. p. 294.)

FORMULA CONCORDIAE: „Demnach glauben und halten wir, welche die Lehre von der gnädigen Wahl Gottes zum ewigen Leben also führen, dass sich die betrübten Christen derselben nicht trösten können, sondern dadurch zur Kleinmüthigkeit oder Verzweiflung verursacht, oder die Unbussfertigen in ihrem Muthwillen gestärkt werden, dass solche Lehre nicht nach dem Wort und Willen Gottes, sondern nach der Vernunft und Anstiftung des leidigen Satans getrieben werde; weil alles, was geschrieben ist, wie der Apostel zeuget, ‚uns zur Lehre geschrieben (ist), auf dass wir durch Geduld und Trost der Schrift Hoffnung haben'. (Rom. 15, 4.) Demnach verwerfen wir folgende Irrthümer: 1. Als wenn gelehret wird, dass Gott nicht wolle, dass alle Menschen Busse thun und dem Evangelio glauben. 2. Item, wann Gott uns zu sich berufe, dass es nicht sein Ernst sei, dass alle Menschen zu ihm kommen sollen. 3. Item, dass Gott nich wollte, dass jedermann selig werde, sondern unangesehen ihre Sünde allein aus dem blossen Rath, Vorsatz und Willen Gottes zum Verdammniss verordnet, dass sie nicht können selig werden. 4. Item, dass nicht allein die Barmherzigkeit Gottes und allerheiligste Verdienst Christi, sondern auch in uns eine Ursache sei der Wahl Gottes, um welcher willen Gott uns zum ewigen Leben erwählet habe. Welches alles lästerliche und erschreckliche irrige Lehren sind, dadurch den Christen aller Trost genommen, den sie im heiligen Evangelio und Gebrauch der heiligen Sacramente haben, und derwegen in der Kirche Gottes nicht sollten geduldet werden." (Concordia, p. 556. sq. § 16—21.)

ANTITHESIS.

HOLLAZIUS: ,,Fides in Christum, non obstante, quod Dei donum sit, *causa est, cur* in tempore Deus nos justificet et salvet, quidni etiam ab aeterno, cur ad salutem nos elegerit, causa esse potuerit?" (Exam. p. 625.)

e) Probatur autem, fidem esse causam impulsivam minus principalem decreti electionis, argumento ab executione petito, hoc modo: *Cujus, tanquam causae aut rationis impulsivae minus principalis, intuitu Deus nos in tempore salvat, ejus, tanquam causae aut rationis impulsivae minus principalis, intuitu decrevit ab aeterno, nobis in tempore conferre salutem.* Atqui *fides in Christum est illud, cujus, tanquam causae aut rationis impulsivoe minus principalis, intuitu Deus nos in tempore salvat.* Ergo *fides in Christum est illud, cujus, tanquam causae aut rationis impulsivae, intuitu Deus decrevit ab aeterno, nobis in tempore conferre salutem.* *Major* nititur eadem probatione, qua argumentum pro causa impulsiva principali electionis niti ostendimus nota *c.* ad § 14. Nam quoad convenientiam decreti et executionis non solum impulsivae principalis, sed et minus principalis causae seu rationis, rationem eandem utrinque esse oportet. *Minor* autem propositio probatur ex illis Scripturae locis, quibus dicimur *salvari fide, ex fide, per fidem, Rom. 3, 28. Ephes. 2, 8.,* ubi fidei causalitas quaedam in ordine ad salutem nostram adscribitur, eaque *non* causae principalis, efficientis aut impulsivae, *sed* minus principalis, *nec* tamen physice efficientis, *sed* impulsivae, *seu,* quod Deus, qui salvat, ad id, ut velit salvare, moveatur per fidem, non quidem ratione suae dignitatis spectatam; non enim dicimur salvari propter fidem, sed quatenus apprehendit meritum Christi, ut sic ejus intuitu Deus salvare velit et salvet. Confer. b. *Musaeum* et *Scherzerum* ll. cc. Habet autem fides rationem causae impulsivae in ordine ad decretum electionis *aeternum,* non quod ab aeterno *extiterit, sed* quod in Dei praescientia ab aeterno *praevisa* fuerit. Quo pertinet illud *Rom. 8, 29.* οὓς προέγνω, καὶ προώρισε, *quos praescivit* (futuros in Christo Jesu per fidem, juxta vers. 1.), *eos etiam praedestinavit.* Unde alias dicitur, *praevisionem* meriti Christi fide apprehendendi, aut praevisionem fidei in Christum, esse *rationem* aut *causam impulsivam* decreti electionis. Confer. b. *Mus.* Disp. Inaug. de Aet. Praedest. Decr. cap. III. § 50.

SELNECCERUS: ,,Ea actio habet fundamentum in Deo: 1. πρόθεσιν, id est, certum et immotum propositum ac voluntatem seu decretum aeternum et immutabile de salvandis hominibus, ὡρισμένην βουλὴν Act. 2.' definitum consilium, βουλὴν τοῦ θελήματος τοῦ θεοῦ καὶ εὐδοκίαν, ἣν προέθετο ἐν αὐτῷ, beneplacitum, quod proposuit Deus in se ipso, Eph. 1. Deinde habet πρόγνωσιν, *praenotionem seu praescientiam, qua Deus novit eos, quos salute dignatur, habetque eosdem in conspectu suo paterno.*" (Ad Rom. 8, 28. 29. Vid. In omnes epp. D. Pauli apost. commentar. Lips. 1595. I, 178.)

CHR. CORNERUS: ,,Salvantur Judaei, quos Deus *praecognovit*, hoc est, pro sua benigna voluntate *elegit* in filios et praescivit salvos fore." (Ad Rom. 11, 2. Vid. In ep. D. Pauli ad Rom. script. Heidelbergae 1583. p. 139.)

L. OSIANDER: ,, ,*Nam quos praescivit*': quos etiam, antequam nascerentur, pro immensa et aeterna sua sapientia praevidit, qui ipsi ex gratia placent, ut fiant haeredes regni coelestis (die er *ersehen* hat), hos ,*et praedestinavit*' seu ordinavit (er hat sie dahin geordnet und dazu gewidmet), ,*conformes fieri imaginis Filii sui*', id est, ut sanctificentur et cum ipso patiantur adversa et postea cum eodem aeternae gloriae participes fiant." (Ad Rom. 8. 29. Vid. Epp. S. Pauli apost. omnes. Tubingae 1583. Tom. I. p. 90.)

IDEM: ,, ,*Non*' ergo in universum ,*repulit*' seu abjecit ,*Deus plebem suam*' Judaicam: eam autem plebem dico non rejectam, ,*quam praescivit*', id est, eos Judaeos, quos ab aeterno ad vitam *praedestinavit*.' (Ad Rom. 11, 2. L. c. p. 118.)

P. LYSERUS: ,,Dicit (Christus Joh. 10, 14.): ,Ego cognosco oves meas et cognoscor a meis.' Ubi verbum ,*cognoscere*' non nudam notitiam significat, sed simul *diligentem curam et custodiam* comprehendit; *non affectum tantum* denotat, sed *effectum*. Unde etiam addit: ,Sicut novit me Pater et ego novi Patrem.' Ubi certe novit Pater Filium, quod eum pro naturali suo Filio agnoscit, amplectitur, amat et omnia ejus intime curat atque approbat, etiam quando ponit animam suam pro ovibus, h. e., quando cruce pressus animam efflat etc. Vicissim Filius Patrem novit, quod agnoscit se habere et accepisse omnia ab ipso, seque ipsi carum curaeque esse, si maxime totus mundus eum persequatur. Haec est notitia inter Patrem et Filium; talis etiam est inter Christum et oves. Christus oves suas *ita cognoscit, quod scit*, eas a Patre ab aeterno esse praedestinatas et sibi ad redimendum ac salvandum datas. ,Novit enim Dominus, qui sint sui', 2 Tim. 2, 19.; ideo etiam *suos amando solicite ipsis procurat, quaecunque ad ipsorum salutem pertinent.*" (Ad Joh. 10, 14. Vid. Harmon. ev. I, 2162. sq.)

MEISNERUS: ,,Per ,*nosse*' Domini (2 Tim. 2, 19.) non nuda intelligitur notitia, quam in scholis vocant theoreticam vel generalem, sed potius Dei beneficia electis conferenda, quam vocant notitiam practicam vel specialem. Habent enim theologi regulam: Verba scientiae et notitiae saepe non notitiam nudam, sed effectus notitiam insequentes denotant. Ita sumitur Ps. 1, v. ult.: ,Novit Dominus viam justorum'; ubi Beda intelligendum esse scribit notitiam 1. approbationis, 2. promotionis, 3. remunerationis. Ita sumitur Matth. 7, 23.: ,Nunquam novi vos.' Luc. 13, 27.: ,Nescio vos, unde sitis'; quae dicta de generali tantum notitia explicata sensum pariunt falsissimum. Similiter in hoc dicto 2 Tim. 2. γνῶσις πρακτικὴ intelligitur, quae consistit potissimum in tribus gradibus: 1. in speciali dilectione; 2. in dilectorum consolatione; 3. in conservatorum glorificatione. Hic ergo sensus est: novit Dominus, qui sint sui, i. e. Dominus suos et a se electos specialiter diligit, ab omni malo et finali lapsu conservat, tandemque glorificabit. . . Matth. 7, 22. Dominus hypocritis et credentibus προςκαίροις dicit: ,Nunquam novi vos', nimirum notitia electionis, nunquam fuistis inscripti in librum viventium. Ergo jam non poteritis salvari. Multi certe ex iis erunt baptizati, et tamen dicetur illis: ,Nunquam novi vos" nimirum notitia speciali ad electos tantum pertinente." (Ἀνθρωπολ. Disp. XVI. B. 1.

THOMASIUS: „Die Vermittelung, welche die späteren Dogmatiker versuchten, die Unterscheidung zwischen einer voluntas antecedens et consequens, halte ich für keine glückliche, ihre Bestimmung, dass die Erwählung ex praevisa fide geschehen, geradezu *für verfehlt.*“ (Das Bekenntniss der ev.-luth. Kirche in der Consequenz seines Princips. 1848. p. 222.)

FRANKIUS: „Das *später* beliebte theologische Auskunftsmittel einer *praevisa fides* im Zusammenhang mit der *voluntas Dei antecedens* und *consequens* will, scheint es, deswegen nicht verfangen, weil einerseits der Glaube selbst als Wirkung der Gnade betrachtet werden soll, so zwar, dass ehe sie gewesen und etwas Gutes gethan, vor Grundlegung der Welt, die Erwählten nach Gottes Vorsatz aus Gnaden in Christo zur Seligkeit erwählt seien, und weil andrerseits das Bekenntniss an keinem Ort von jenem Auskunftsmittel Gebrauch macht. Antwortet doch Chemnitz in dem Enchiridion auf die Frage, ob solche Wahl Gottes allererst in der Zeit geschehe, wenn die Menschen Busse thun und glauben, oder ob sie geschehen in Betrachtung ihrer zuvor ersehnen Frömmigkeit: die Wahl Gottes folge nicht nach unserm Glauben und Gerechtigkeit, sondern gehe als eine Ursach dieses alles voran, die Gnadenwahl sei eine Ursache von dem allen, was zur Seligkeit gehöret.“ (Th. der Concordienf. IV. p. 266. sq.)

f) Prout non salvamur, nisi per fidem finalem. Vide supra cap. III. § 19.

§ 16.

Objectum[a] praedestinationis sunt homines[b] peccatores, sed finaliter credentes, iique omnes[c] et soli.[d]

a) Alii *subjectum* electionis appellant. Et coincidit cum fine *cui*.

b) Nempe *angelorum* praedestinatio, sicut non facta est in Christo, ita ad praesens non pertinet. Confer. P. I. cap. III. § 32.

GERHARDUS: „Monemus, vocem praedestinationis καταχρηστικῶς ita usurpari; quod enim Rom. 1, 4. *Christus* dicitur praedestinatus Dei Filius, id ex graeco rectius vertitur, quod certo demonstratus ac declaratus sit Dei Filius.“ (Loc. de elect. § 159.)

ANTITHESIS.

QUENSTEDTIUS: „*Antithesis:* 1. *Augustini*, qui multis locis, inprimis de praedest. sanctorum c. 15., Christum hominem, qui a Verbo assumtus est, praedestinatum dicit, ut esset Filius Dei et exemplar praedestinatorum omnium. 2. *Calvinianorum*, qui Christum et angelos ingredi electorum numerum statuunt; ut Bucanus Loc. 36. q. 6. . . Huc pertinet Contra-Remonstrantium quorundam in Belgio (Drentanorum P. 2. Actor. ad a. 3. 4. Remonstrat. th. 12. p. 342.) impudentia et blasphemia, statuentium, ,Christum esse corruptae massae Adamiticae particulam, quam Deus ex mera benevolentia praedestinaverit ad gratiam et gloriam, adeoque hanc particulam a reliqua perdita massa discreverit‘ etc. . . 3. *Scholasticorum* et *Pontificiorum*, qui itidem Christum et angelos inter objecta praedestinationis referunt; ut Thomas P. 1. Summae q. 23. a. 1. . . 4. *Quorundam Scholasticorum et Pontificiorum*, asserentium, objectum electionis esse hominem ante lapsum, in concreata integritate adhuc constitutum. . . 5. *Calvinianorum Supralapsariorum*, qui hominem in statu naturae institutae vel perfectionis (sicut e contrario *Sublapsarii* in statu naturae destitutae seu defectionis) constituunt electionis objectum; vide Remonstrant. Acta P. 2. declarat. sent. circa a. 1. de praedest. p. 11. et 17. Caeterum *directe* homo integer statuitur objectum praedestinationis a conditore hujus gentis, Calvino... Opinioni huic *indirecte* suffragium impertitur a Leidensibus, aliisque plurimis contendentibus, decretum creationis in signo rationis divinae posterius esse decreto electionis, h. e. Deum prius concepisse hominem eligibilem, quam creabilem, sive determinationem creaturae rationalis ad finem salutarem vel perditivum in signo rationis divinae praecessisse decretum creandi hominem et creatum in peccatum detrudendi. Statuunt itaque, Deum, antequam ullos homines creare decrevisset aut homines creatos vel in peccatum prolapsos praevidisset, constituisse secum, misericordiam et justitiam suam declarare; misericordiam quidem in salvandis quibusdam, justitiam vero in perdendis aliis. Hunc finem autem ut assequeretur, creare voluisse homines, ut ex iis quosdam eligeret, reliquos omnes reprobaret, nulla habita ratione, sive Christi mediatoris et fidei in illis, sive peccati ullius in his, sed hos absolute reprobasse, illos absolute elegisse, ideo tantum, quia sic placuit illi suam gloriam illustrare... Contrarium ex recentioribus Calvinistis defendit Sam. Maresius, theol. Groening., sc.: ,Objectum divinae praedestinationis non esse hominem creabilem, sed creatum et lapsum, sive creandum et lapsurum'.‟ (L. c. s. 2. q. 5. f. 63. sqq.)

c) Prout causa seu ratio impulsiva electionis ad hos omnes se extendit.

d) Quia enim meritum Christi non movet ad nos salvandos aut salutem nobis decernendam, nisi quatenus fide finali apprehensum aut apprehendendum est, ideo ad homines fide finali carentes praedestinationis decretum non terminatur.

§ 17.

Finis[a] electionis *proximus* est salus ipsa,[b] electis in tempore conferenda; *ultimus* autem gloria bonitatis[c] divinae.

a) Sive illud, cujus gratia decretum electionis factum est, nostro modo intelligendi, ab aeterno.

b) Vid. *Matth. 25, 34.*, ubi jubentur fideles *occupare regnum sibi paratum*, seu divino decreto destinatum, *ab exordio mundi*, adeoque *propterea* destinatum, *ut* aliquando consequerentur.

FORMULA CONCORDIAE: „1. Anfänglich ist der Unterschied zwischen der praescientia et praedestinatione, das ist, zwischen der Vorsehung und ewigen Wahl Gottes, mit Fleiss zu merken. 2. Denn die Vorsehung Gottes ist anders nichts, denn dass Gott alle Dinge weiss, ehe sie geschehen, wie geschrieben steht: ‚Gott im Himmel kann verborgene Dinge offenbaren; der hat dem König Nebucadnezar angezeigt, was in künftigen Zeiten geschehen soll. (Dan. 2, 28.) 3. Diese Vorsehung gehet zugleich über die Frommen und Bösen, ist aber keine Ursache des Bösen, weder der Sünde, die man unrecht thue (welche ursprünglich aus dem Teufel und des Menschen bösem verkehrtem Willen herkommt), noch ihres Verderbens, daran sie selbst schuldig, sondern ordnet allein dasselbige und steckt ihm ein Ziel, wie lang es währen, und alles, unangesehen, dass es an ihm selbst böse, seinen Auserwählten zu ihrem Heil dienen solle. 4. Die Prädestination aber oder ewige Wahl Gottes gehet allein über die frommen, wohlgefälligen Kinder Gottes, *die eine Ursache ist ihrer Seligkeit, welche er auch schafft, und was zur selbigen gehört, verordnet, darauf unsere Seligkeit so steif gegründet [ist], dass sie die Pforten der Hölle nicht überwältigen können.* (Joh. 10, 28. Matth. 16, 18.)" (Concordia, p. 554.)

EADEM: „Und hat Gott in solchem seinem Rath, Vorsatz und Verordnung nicht allein ingemein („in genere") die Seligkeit („salutem *suorum*") bereitet, sondern hat auch *alle und jede Personen der Auserwählten* (omnes et singulas personas electorum"), so durch Christum sollen selig werden, in Gnaden bedacht, zur Seligkeit erwählet, auch *verordnet* („decrevit"), *dass er sie auf die Weise, wie jetzt gemeldet, durch seine Gnade, Gaben und Wirkung darzubringen* („salutis aeternae participes facere"), *helfen, fördern, stärken und erhalten wolle.*" (L. c. p. 708.) FRANKIUS: „Wenn es in dem lateinischen Texte von den einzelnen Erwählten heisst ,clementer *praescivit*, ad salutem elegit et decrevit, quod' etc., so folgt daraus nicht, dass hier gemäss der *späteren* Fassung der Lehre die electio von der praevisio bedingt gedacht werde, da jenes ,*praescivit*' nur ein ungenauer Ausdruck ist für den deutschen ,Gott ,habe in Gnaden bedacht', wie denn die zu Grunde liegende Aussage bei *Chemnitz*, ,Gott habe in seinem ewigen Rath, nach seinem gnädigen Vorsatz bedacht', jene Missdeutung ausschliesst." (Th. der Concordf. IV. p. 167.)

EADEM: „Und sofern ist uns das Geheimniss der Vorsehung in Gottes Wort geoffenbaret, und wenn wir dabei bleiben und uns daran halten, so ist es gar eine nützliche, heilsame, tröstliche Lehre; denn sie bestätigt gar gewaltig den Artikel, dass wir ohne alle unsere Werke und Verdienst, lauter aus Gnaden, allein um Christus willen, gerecht und selig werden; denn vor der Zeit der Welt, ehe wir gewesen sind, ja, ehe der Welt Grund gelegt [ward], da wir ja nichts Gutes haben thun können, sind wir nach Gottes Vorsatz aus Gnaden in Christo zur Seligkeit erwählet, Röm. 9, 11. 2 Tim. 1, 9. Es werden auch dadurch alle opiniones und irrige Lehren von den Kräften unsers natürlichen Willens ernieder gelegt, weil Gott in seinem Rath vor der Zeit der Welt bedacht (decreverit) und verordnet hat, dass er alles, was zu unserer Bekehrung gehört, selbst mit der Kraft seines Heiligen Geistes durchs Wort in uns schaffen und wirken wolle. Es gibt auch also diese Lehre den schönen herrlichen Trost, dass Gott eines jeden Christen Bekehrung, Gerechtigkeit und Seligkeit so hoch ihm angelegen sein lassen und es so treulich damit gemeinet, dass er, ehe der Welt Grund gelegt, darüber Rath gehalten *und in seinem Vorsatz* (in illo *arcano* suo proposito) *verordnet hat, wie er mich dazu bringen und darinnen erhalten wolle; item, dass er meine Seligkeit so wohl und gewiss habe verwahren wollen, weil sie durch Schwachheit und Bosheit unsers Fleisches aus unsern Händen leichtlich könnte verloren oder durch List und Gewalt des Teufels und der Welt daraus gerissen und genommen werden, dass er dieselbige in seinem ewigen Vorsatz, welcher nicht fehlen oder umgestossen werden kann, verordnet, und in die allmächtige Hand unsers Heilandes Jesu Christi, daraus uns niemand reissen kann, zu bewahren gelegt hat,* Joh. 10, 28. Daher auch Paulus sagt Röm. 8, 28. 39.: ,Weil wir nach dem Vorsatz Gottes berufen sind, wer will uns denn scheiden von der Liebe Gottes in Christo?' („Ideo Paulus certitudinem beatitudinis nostrae super fundamentum propositi divini exstruit, cum *ex eo*, quod *secundum propositum* Dei vocati sumus, *colligit*, neminem nos posse separare a dilectione Dei, quae est in Christo Jesu, Domino nostro, Rom. 8, 28. 39.) Es giebt auch diese Lehre in Kreuz und Anfechtungen herrlichen Trost, nämlich dass Gott in seinem Rath vor der Zeit der Welt bedacht und beschlossen habe, dass er uns in allen Nöthen beistehen, Geduld verleihen, Trost geben, Hoffnung wirken und

einen solchen Ausgang verschaffen wolle, dass es uns seliglich sein
möge. Item, wie Paulus dies gar tröstlich handelt Röm. 8., dass Gott
in seinem Vorsatz vor der Zeit der Welt verordnet habe, durch was
Kreuz und Leiden er einen jeden seiner Auserwählten gleich wollte
machen dem Ebenbilde seines Sohnes, und dass einem Jeden sein Kreuz
zum Besten dienen solle und müsse, weil sie nach dem Vorsatz berufen
sind, daraus Paulus für gewiss und unzweifelhaft geschlossen, dass
,weder Trübsal noch Angst, weder Tod noch Leben u. s. w. uns scheiden könne von der Liebe Gottes in Christo Jesu'." (L. c. p. 713—715.)

EADEM: „Dass sie wissen, *dass ihre Seligkeit nicht in ihrer Hand
stehe*; sonst würden sie dieselbige viel leichtlicher, als Adam und Eva
im Paradies geschehen, ja, alle Stund und Augenblick verlieren; *sondern in der gnädigen Wahl Gottes*, die er uns in Christo geoffenbart hat,
aus dess Hand uns niemand reissen wird, Joh. 10, 28. 2 Tim. 2, 19."
(Concordia, p. 724.)

Cf. verba Formulae Concordiae citata supra § 2. a.

LUTHERUS: „Nullo ergo modo praedestinatio facit, ut aliqui ex
filiis Dei fiant filii diaboli, aut ex templo Spiritus S. fiat daemoniorum,
aut ex membris Christi membra meretricis, 1 Cor. 6.; sed potius *praedestinatio facit, ut ex filiis diaboli filii fiant Dei et ex templo daemonum
templum fiat Spiritus S. et ex membris meretricis fiant membra Christi*;
quia ipse alligat fortem et vasa ejus rapit, eruens eos de potestate tenebrarum et transferens de contumelia in gloriam. Hi autem, de quibus
dicitur: ,Ex nobis exierunt' etc., voluntate exierunt, voluntate cecide-
runt. Et quia praesciti sunt casuri, non sunt praedestinati. Essent
autem praedestinati, si essent reversuri et in sanctitate et veritate man-
suri. *Aspice, haec praedestinatio Dei multis est causa standi, nemini
causa labendi*." (Briefe etc., ges. von de Wette. VI, 428. sq.)

IDEM: „Quam falsum igitur est, justos propter opera futura *praedestinari*, tam falsum est, propter opera fidei futura *justificari*. Sed
sicut *praedestinationis gratia postea efficit opera sola sine operibus,
eligens et vocans justificandum et operaturum*, ita fides efficit opera ipsa,
sine operibus justificans et peccata delens ante opera." (Briefe etc.,
gesammelt von de Wette. VI, 433.)

IDEM: „1 Pet. 1, 2.: ,Nach der *Versehung* Gottes, des Vaters.'
(Petrus) will also sagen: Dass ihr erwählet seid, das habt ihr nicht
erlangt durch euer Kräfte, Werk oder Verdienst, denn der Schatz ist
zu gross, dass aller Menschen Heiligkeit und Gerechtigkeit viel zu gering ist, ihn zu erlangen; dazu seid ihr Heiden gewesen, von Gott
nichts gewusst, keine Hoffnung gehabt und den stummen Götzen ge-
dient; *darum kommt ihr ohn all euer Zuthun, aus lauter Gnade zu solcher unaussprechlicher Herrlichkeit, nämlich dadurch, dass euch Gott, der
Vater, von Ewigkeit dazu versehen hat*, macht also die Versehung Gottes
ganz lieblich und tröstlich, als sollt er sagen: Erwählete seid ihr und
bleibets auch wohl, denn Gott, der euch versehen hat, ist stark und gewiss gnug, dass ihm sein Versehung nicht feihlen kann, doch so fern
ihr auch seiner Verheissung gläubet und ihn für ein treuen Gott haltet.
Daraus sollen wir kurz diese Lehre nehmen, dass die Versehung nicht
auf unser Würdigkeit und Verdienst, wie die Sophisten fürgeben, gegründet sei, da sie der Teufel könnte alle Augenblick ungewiss machen
und umstossen, sondern in Gottes Hand stehet sie und auf seine Barmherzigkeit, die unwankelbar und ewig ist, ist sie gegründet, daher sie
auch Gottes Versehung heisst und derhalben gewiss ist und nicht feihlen kann. . . ,Durch die Heiligung des Geistes.' Gott, der Vater, saget
er, hat euch *versehen, dass ihr seine auserwählte Kinder sollet sein und
geheiliget werden*, nicht durch äusserliche, leibliche Heiligkeit des Gesetzes, welches mit aller seiner Heiligkeit niemand je hat künnt nach
dem Gewissen vollkommen machen, Ebr. 7, 9. Philipp. 3.; viel weniger aber durch eure heidnische Weise und abgöttische Gottesdienst

u. s. w. Wodurch denn? Durch die Heiligung des Geistes, denn euer Herzen sind *durch den Glauben* vom Unflath der Abgötterei und des Aberglaubens geheiliget und gereiniget." (Die 1. Ep. S. Petrus ausgel. Ed. Erlang. P. LII. p. 5. sq. 7.)

U. Rhegius: „Wer zum ewigen Leben *versehen* ist, der *gläubet* dem Evangelio und *bessert* sein Leben, denn Gott beruft ihn zu seiner Zeit, einen in der Jugend, den andern im Alter, nach seinem Willen; *es bleibet kein Erwählter im Unglauben und sündigen Leben endlich;* welcher aber immer hin Böses thut und darauf beharrt, der wird verdammt, denn er hat keinen christlichen Glauben; gläubete er, so lebete er christlich und besserte sein Leben; darum, wer endlich keine Busse thut, der ist gewisslich der Verdammten einer. Darum ist es gewiss, welcher versehen ist, der thut nicht immerdar, was er will, sondern wird bekehret und thut darnach auch, was Gott will; wer Böses thut, der kann und soll verdammt werden, wenn er im Bösen verharret. Gleichwie Gott Petrum, Paulum und uns andere Christen zur Seligkeit versehen hat: *also hat er auch zuvor verordnet und versehen ihre Bekehrung, ihren christlichen Wandel, Busse und gute Werke, darinnen sie wandeln und ihren Beruf und Glauben bezeugen müssten.*" (Formulae caute loquendi. 1710. Ed. Feustking. p. 37. sq.)

Chemnitius: „Geschicht solche Wahl Gottes allererst in der Zeit, wenn die Menschen Busse thun und glauben? Oder ist sie geschehen in Betrachtung der zuvor·ersehnen ihrer Frömmigkeit? St. Paulus spricht Eph. 1.: Wir sind erwählet in Christo, ehe der Welt Grund geleget ward. Und 2 Tim. 1.: Er hat uns selig gemacht und berufen nicht nach unsern Werken, sondern nach seinem Fürsatz und Gnade, die uns gegeben ist in Christo Jesu vor der Zeit der Welt. *So folget auch die Wahl Gottes nicht nach unserm Glauben und Gerechtigkeit, sondern gehet fürher als eine Ursache dessen alles;* denn die er verordnet oder erwählet hat, die hat er auch berufen und gerecht gemacht, Röm. 8. Und Eph. 1. spricht Paulus nicht, dass wir erwählet sind, *weil* wir heilig waren oder heilig sein werden, sondern spricht: Wir sind erwählet, *auf dass* wir heilig würden; denn *die Gnadenwahl ist eine Ursache des alles, was zur Seligkeit gehört,* wie Paulus sagt: Wir sind zum Erbtheil kommen, die wir zuvor verordnet sind nach dem Fürsatz des, der alles wirket nach dem Rath seines Willens, auf dass wir etwas sein zu Lob seiner Herrlichkeit, und nach der Wirkung glauben wir u. s. w. Und ist dieselbige Wahl geschehen nicht aus Betrachtung unserer gegenwärtigen oder künftigen Werk, sondern aus Gottes Fürsatz und Gnade. Röm. 9. 2 Tim. 1." (Handbüchlein u. s. w. 1574. Vid. Frank: Die Th. der Concordienf. IV, 336.)

Idem: „Ist denn Gottes ewige Versehung allein auf den Handel der Seligkeit und nicht auch auf die *Personen* derer, so da selig sollen werden, gerichtet? In diesem Artikel fasset die Schrift allwegen auch die *Personen* der Auserwählten mit; denn *die Meinung hats nicht, dass Gott allein in gemein die Seligkeit bereitet, die Personen aber, die da selig wöllen werden, für sich und durch ihre eigene Kräfte und Vermögen darnach trachten müssten und könnten, wie sie dieselbige erlangeten, sondern Gott hat jede und alle Personen der Auserwählten, so durch Christum sollen selig werden, in seinem ewigen Rath, nach seinem gnädigen Fürsatz bedacht und zur Seligkeit versehen und erwählet, auch verordnet, wie er sie durch seine Gnade, Gaben und Wirkung darzu bringen, befördern und erhalten wölle.*" (Handbüchlein der fürnehmsten Hauptstücke u. s. w. 1574. Vid. Frank: Die Th. der Concordienf. IV, 335. sq.)

Idem: „Praedestinatio dicitur de speciali actione Dei in electis, qua vocat, justificat et salvos facit." (Loc. th. Ed. P. Lyser. P. I. f. 148.)

L. Osiander: „Nono, decimo et undecimo capite" (ep. Pauli ad Rom.) „monstrat nobis *verum fontem nostrae salutis,* aeternam videlicet Dei praedestinationem, qua ad aeternam vitam nos praedestina-

vit, priusquam mundi fundamenta jacerentur; quam doctrinam opponere debemus gravissimis tentationibus, quae videntur nobis fidem in
Christum excussurae; ut certo statuamus, nullam creaturam separare
nos posse a dilectione Dei." (Epp. S. Pauli apost. omnes. Tubingae
1583. Tom. I. p. 1. sq.)

P. LYSERUS: „Est ergo fides vera *effectus* praedestinationis divinae, et simul donum Dei per auditum verbi collatum." (Harmon. ev.
ad Joh. 10, 26. 27. Tom. I, 2187.)

ARCULARIUS: „‚Credidisse‘ dicuntur (Act. 13, 48.), ‚quotquot ordinati erant ad vitam aeternam‘; quo causa notatur eorum, quae tum
de gaudio, tum celebratione sermonis divini paulo ante dixerat Lucas,
nempe *fides, ex aeterna Dei praedestinatione ceu fonte dimanans.*"
(Comment. in acta apost. Ed. Menzer. p. 319.)

GERHARDUS: „Novimus, Augustinum scribere lib. de praedest.
Sanct. 17., ‚elegisse Deum fideles, sed *ut* sint, non *quia* jam erant; non
credere homines, *ut eligantur,* sed potius eligi, *ut credant‘;* c. 19. ‚non
quia credidimus, sed *ut* credamus, elegit nos; ne priores eum elegisse
dicamur‘ etc. Sed haec et similia opposita sunt Semipelagianis sive
reliquiis Pelagianorum; illi enim statuebant, fidei initium esse ex nobis, ac proinde fidem esse meritoriam electionis causam; quam genui-
nam fuisse ipsorum sententiam, patet ex epistolis Prosperi et Hilarii
ad Augustinum, quae extant, Tom. 7. Illis igitur *merito* sese opposuit
Augustinus et fidem esse electionis causam negavit; quin etiam quod
in expositione quarundam propositionum ep. ad Rom. scripserat: ‚Deum
elegisse fidem in praescientia, ut, quem sibi crediturum esse sciverit,
illum elegerit‘, illud *retractat* 1. retract. c. 23. et de praedest. Sanct.
c. 3." (L. c. § 166.)

S. SCHMIDTIUS: „*Finis* praedestinationis *ultimus* gloria Dei est,
sive, ut apostolus Ephes. 1, 6. 12. loquitur, gloria gratiae ejus et laus
gloriae ejus; *subordinati et intermedii salus* praedestinatorum aeterna,
victoria et non-separatio ab amore Dei in Christo et *consolatio* Rom. 8,
28. 31. 35. 38. 39., nec non vitae *sanctimonia,* Eph. 1, 4. Nequaquam
autem vel securitas vel desperatio hominum, Rom. 11, 20. 23. 24. Optima est distinctio *effectuum* in *communes* et *proprios. Hi* sunt *finalis
perseverantia et vita aeterna* (modo inter fines relati); *illi* vero, qui non
ex sola praedestinatione promanant nec solis praedestinatis conceduntur, sed ex causis aliis, etiam exclusa hac praedestinatione, et ipsis reprobis obveniunt, ex universali sc. gratia et ejus mediis, vi voluntatis
antecedentis, Matth. 20, 16. Ebr. 6, 4. 5. Ubi quemadmodum perseverantia, etsi voluntate consequente praedestinatorum propria facta, serio
tamen voluntate antecedente ipsis reprobis promissa et oblata fuit, ita
vocatio, justificatio, aliique effectus communes, licet reprobis quoque
offerantur et conferantur, *quoad praedestinatos nihilominus ex praedestinationis decreto simul procedunt,* tum ratione reflexionis affectus, tum
ratione amplioris gratiae, quae nonnunquam superadditur gratiae communi, non ut hanc efficacem reddat, sed ut magis illustrem faciat. Atque sic *praedestinari* homo dici potest cum b. Luthero *ad ipsam fidem,*
non in notione tantum vocis *generali,* qua quicquid Deus facit aut dat,
prius facere aut dare decrevit, sed hac quoque hujus loci *speciali,* Rom.
8, 29. 30. Ephes. 1, 4." (Aphorism. th. p. 297. sq.)

IDEM: „Supra jam judicavimus, quod *praedestinatus ad fidem, ad
justificationem, ad sanctificationem* etc. dici possit etiam πρόςκαιρος et is,
qui in fide et sanctimonia non perseverat, adeoque finaliter condemnatur." (Articul. F. C. Repetitio, p. 517. sq.)

IDEM: „Quod Joh. 15, 16. de electione ad vitam aeternam sermo
sit, postrema verba evincunt. Quorumcunque enim fructus *manet,* illi
salvantur. . . Eandem mox repetit electionem v. 19.: ‚Ego elegi vos e
mundo‘." (Repet. Artic. F. C. p. 492.)

Aeg. Hunnius: ,,Neque hic (Joh. 15, 19.) de electione ad apostolatum agitur; alias etiam Judas, quem ad apostolatum electum fuisse Lucas perhibet, non esse de mundo, i. e., ex impiis, diceretur, quod absurdum et evangelicae historiae manifeste contrarium est. Disseritur autem hic de electione *ex mundo*, ratione cujus homo de mundo esse desinit, ex infidelium quippe turba selectus et segregatus.‘‘ (Volum. disputatt. p. 288. b.)

Facultas theologica Wittebergensis: ,,Der klare Kontext Röm. 8., daher solche Worte (,die nach dem Vorsatz berufen sind‘) genommen sind, unwidersprechlich bezeuget, es rede daselbst St. Paulus von den gläubigen und auserwählten Kindern Gottes allein und nicht ohne Unterschied von allen Menschen, sie sein gleich gläubig oder ungläubig, wie Huber will. Sintemal des Apostels Wort also lauten: ,Wir wissen aber, dass denen, die Gott lieben, alle Dinge zum Besten dienen, die nach dem Fürsatz berufen sind. Denn welche er zuvor versehen hat, die hat er auch verordnet, dass sie gleich sein sollten dem Ebenbild seines Sohnes, auf dass derselbige der Erstgeborne sei unter vielen Brüdern; welche er aber verordnet hat, die hat er auch berufen, welche er aber berufen hat, die hat er auch gerecht gemacht, welche er aber hat gerecht gemacht, die hat er auch herrlich gemacht.‘ *So sind nun nach dem Fürsatz ewiger Prädestination berufen, welche auch nach dem Fürsatz Gottes zur Seligkeit verordnet sind*; wie die daran sobald hangenden Worte lauter bezeugen. Die aber also nach dem Fürsatz verordnet sind (spricht das Concordi-Buch), die hören das Evangelium, glauben an Christum, beten und danken, werden geheiliget in der Liebe, haben Hoffnung, Geduld und Trost im Kreuz, Röm. 8. So nun wir darum, dieweil wir halten, der Fürsatz göttlicher Verordnung und Berufs zur Seligkeit, davon Röm. 8. handelt, sei im apostolischen Text notanter auf die Gläubigen gerichtet, für Calvinisten zu achten wären, so müsste das Concordie-Buch selber calvinisch sein, welches diesen Fürsatz, dessen an gemeldtem Ort gedacht wird, deutlich, hell und klar auf die auserwählten Kinder Gottes richtet.‘‘ (1595. Vid. Consil. Witteberg. I, 627.)

S. Schmidtius: ,,Neque eadem fides apprehendit praedestinationis beneficium, ut apprehendit beneficium justificationis, sanctificationis etc., ut praedestinationem faciat suam per fidem, quemadmodum per fidem consequitur justificationem suam; sed ex praedestinatione suam consolatur et confirmat fidem fidelis, ut cum apostolo dicat: ,Si Deus pro nobis, quis contra nos?‘‘‘ (Aphorism. th. p. 295.)

ANTITHESES.

Catechesis Racoviensis: ,,*Praedestinatio* Dei in Scripturis aliud nihil notat, quam Dei ante conditum mundum de hominibus decretum ejusmodi, quod iis, qui in ipsum crederent, eique obedirent, daturus esset vitam aeternam, eos vero, qui in eum credere et ei parere recusarent, aeterna damnatione puniturus esset. Quod hinc apparet, quod Christus, divinae voluntatis perfectus interpres, ita hoc Dei consilium atque decretum nobis exposuerit, eum, qui in ipsum crederet, vitam aeternam certo habiturum esse, qui vero non crederet, eum certo condemnatum iri.‘‘ (Ed. Oederus 1739. Quaest. 440. p. 913. sq.) Crellius: ,,*Electio* ex praedestinatione, posita conditione, quam illa postulavit, necessario consequitur; ita, ut electio sit veluti conclusio ex majore propositione, quam praedestinatio ponit, et minore, quam praebet hominum fides ac pietas, deducta. Praedestinationis enim decretum est: Omnem credentem salvatum iri. Quod autem Paulus v. g. credat, assumtio est. Unde conclusio sequitur: Paulum servatum iri; quod quamdiu in *decreto* consistit, electio est, quae justificationem complectitur; cum ad *effectum* perducitur, glorificatio est. Majorem sola Dei proponit gratia; minorem Dei gratia et hominum voluntas ac probitas, per illam excitata illique subserviens.‟ (Loc. de Deo et attrib. div. c. 32. Vid. Scherzeri Colleg. antisocin. p. 745.)

PH. J. SPENERUS: „Es ist unmöglich, dass die Auserwählten beharrlich verführt werden, Matth. 24, 24. Indessen ist die Wahl nicht Ursach, dass solche Leute in der Gnade beständig bleiben, sondern *weil* sie beständig bleiben werden, hat gemacht, dass sie der Herr erwählet hat.‟ (Katechismuspredigten. 1689. p. 355.)

IDEM: „*Calviniani* addunt plurimos (*effectus praedestinationis*): omnia nimirum ad salutem media, ipsumque Christi meritum; imo supralapsarii creationem quoque praedestinatorum ad effectus praedestinationis referunt.‟ (Articul. F. C. Repetit. p. 515.)

c) Vid. *Ephes. 1, 5. 6.*, ubi dicimur electi a Deo, ideo, seu hujus finis causa, *ut laudetur gloria gratiae suae.*

§ 18.

Electionis decretum, juxta hactenus dicta, constat esse (1) *particulare,*[a] (2) *immutabile.*[b]

a) Scilicet, quod non omnes homines sint praedestinati seu electi ad salutem; prout ex § 16. et not. ult. manifestum est. Quamquam et vox *electionis*, qua pauci *ex* pluribus *lecti* aut segregati denotantur, particularitatem illam denotet.

B. MEISNERUS: „Matth. 20, 16. 22, 14.: ‚Multi vocati, pauci electi‘; hoc brevi aphorismo, quasi fulmine quodam, ad orcum usque relegatur indiscreta illa universalitas Huberiana. Si enim pauci tantum electi, utique omnes non erunt electi. Alias vocatio et electio aeque late paterent, ita, ut, quot sunt vocati, tot essent electi. Salvator autem evidens facit discrimen quoad numerum inter vocatos et electos, dum multos quidem vocatos, paucos vero dicit esse electos. Quid ad haec Huberus? Duas affert responsiunculas, quarum unam petit ex grammatica, dum *distinguit inter* ἐκλελεγμένους et ἐκλεκτούς; se fateri, paucos esse ἐκλεκτούς, omnes autem ἐκλελεγμένους; quam distinctiunculam nonnulli hoc simili declarant: in ludo literario omnes pueri sunt docti participialiter, quia omnes docentur a praeceptore, sed non sunt omnes docti nominaliter, quia non apprehendunt omnes, nec memoriae infigunt illa, quae a praeceptore discunt. Alteram desumit a *distinctione electionis in generalem et specialem;* esse hic de speciali, non autem generali electione sermonem. Resp. ad 1.: *Distinctio illa inter* ἐκλεκτούς et ἐκλελεγμένους *nulla est.* Nam destituitur omni scripturarum auctoritate. Nullibi enim legitur, quod omnes indiscrete homines sint ἐκλελεγμένοι, electi participialiter, pauci autem ἐκλεκτοὶ vel electi nominaliter; sed sine ullo discrimine his vocibus utitur scriptura, ita, ut qui sint ἐκλελεγμένοι, illi sint etiam ἐκλεκτοὶ et contra. Praesertim vero huc referatur illud Salvatoris Matth. 13, 30.: ‚Propter ἐκλεκτοὺς, οὓς ἐξελέξατο ὁ θεὸς‘ etc.; ubi sane illi, quos Deus elegit, dicuntur electi, ita ut nullum relinquatur discrimen inter ἐκλεκτοὺς καὶ ἐκλελεγμένους; quod ipsum etiam sonus vocabulorum arguit. Nam participium ἐκλελεγμένος aeque componitur cum praepositione habente vim segregandi aut seligendi, atque nomen verbale ἐκλεκτός. Qui igitur a Deo eliguntur, illi sunt electi; et qui non est electus, illum Deus non elegit; ideoque, dicere, Deum omnes elegisse, non autem omnes esse electos, σιδηρόξυλον est. Ad 2. Est petitio principii; hoc enim quae-

ritur, an sit praeter illam electionem particularem, cujus scriptura meminit, alia aliqua universalis. Passim quidem legimus, multos esse
vocatos, paucos electos, Deum non elegisse omnes omnino homines etc.
Nullibi vero dicitur, quod omnes sint electi sine ulla discretione. Cur
non igitur plus crederemus scripturae, quam nudae assertioni Hube-
rianae? . . . *Vox electionis*, cum de personis sermo est, separationem
semper denotat, ita quidem, ut primum innuatur aliqua universitas, deinde quorundam ex illa separatio, quae vocatur electio. Jam vero, si
omnes homines dicantur ad vitam electi, perit nativa illa significatio.
Qui enim separatio locum habet, si omnes sunt praedestinati? Et quomodo ex mundo homines, ex hominibus aliqui sunt electi, si omnes
decreto ἐκλογῆς sunt inclusi? . . Quicunque sunt electi, *libro vitae sunt
inscripti*. At vero non omnes sunt inscripti. Ergo nec omnes electi.
Major negari nequit, si quis Formulam Conc. sequi velit, quae phrases
illas pro synonymis habet. Minor probatur, quia scriptura tanquam
singulare beneficium praedicat, quod aliquorum nomina scripta sunt
,in coelis‘, Luc. 10, 20., ,in libro‘, Dan. 12, 1., ,in libro vitae‘, Philip.
4, 3., ,in libro vitae agni‘, Apoc. 21, ult. v. Unde et perituri dicuntur
omnes ii, ,quorum nomina non fuerint libro vitae adscripta‘, Apoc.
13, 8. 17, 8. 20, ult. . . Si *multi sunt reprobati ab aeterno*, non omnes
erunt electi. At vero multi sunt reprobati, quod, praeter scripturae
testimonia, Rom. 1, 28. 2 Tim. 3, 8. Tit. 1, 16., arguit vel ipsa vox
electionis. Si enim *quidam* duntaxat sunt electi, oportet. utique, caeteros esse reprobatos. Et quaerimus hic, annon Deus ab aeterno decretum fecerit de fine hominis, quinam salvandi sint, qui vero damnandi?
Si neget Huberus, Deum effinget otiosum, qui nihil certi de salute vel
damnatione hominum decreverit. Sin affirmet, mox cadet electionis
universalitas. . . Omnes electos *novit* Deus, 2 Tim. 2, 19. Incredulos
vero nunquam novit, Matth. 7, 23. Ergo increduli nunquam sunt electi.
Pro majoris confirmatione addimus dicta de προγνώσει divina, secundum
quam electi sumus, agentia, ut Rom. 8, 29.: ,Quos praescivit, eos praedestinavit‘, c. 11, 2.: ,Non repulit Deus populum ὅν προέγνω‘, 1 Petr.
1, 2.: ,Electis secundum πρόγνωσιν Dei Patris.‘ Ex hisce perspicuum
fit, omnes electos ab aeterno fuisse praescitos et specialiter notos Deo.
De impoenitentibus vero dicitur, quod nunquam noti fuerint. Qui ergo
electi sunt et quidem electione propriissima secundum πρόγνωσιν facta? . .
Regula theologica, quae in scholis decantata et semper usitata fuit, sic
habet: *Extra coetum vocatorum non sunt quaerendi electi.* Fundamentum regulae desumitur ex dicto Christi: ,Multi vocati, pauci electi.‘
Si quis ergo exclusus sit e numero vocatorum, multo magis exclusus
erit e numero electorum. Sed Huberus rem plane invertit, regulamque
illam penitus tollit, dum non minus extra ecclesiam in Turcia et Tar-
taria propriissime electos et quidem non nisi electos reperiri statuit,
quod annon absurdum et scandalosum sit, variisque calumniis ansam
suppeditet, omnes recte sentientes judicent.“ (’Ανϑρωπολ. Disp. XVII,
B. 1. 4. c. 1. 2.)

PETRUS PISCATOR: ,,Patet, quid de Huberi verbis sentiendum sit,
ubi ita scribit: ,Quaero, num omnes eligi possent ad vitam?‘ ,Hoc concedit adversa pars ultro. At si omnes eligi possent, ubi tunc vis sepa-
randi in vocabulo eligere?‘ (Modo ineundae Concordiae th. 39.)
Distinguimus enim inter locutionem ἔγγραφον καὶ ἄγραφον, propriam et
impropriam, latam et strictam, exquisitam et popularem, receptam a
libris symbolicis et ab iisdem rejectam et improbatam. Quodsi credituri fuissent omnes et sic per fidem in Christum salvandi, neque
ullus hominum in impoenitentia ac incredulitate permansisset, jam
non terminus *electionis* a Sp. S. usurpatus fuisset, sed vel *adoptionis*
vel acceptationis, vel alius aliquis ab omni sejunctione separationeque
alienissimus.“ (Commentar. in F. C. 1610. p. 540. sq.)

J. OLEARIUS: ,,Quid prodest, de universali electione catachrestica,
sive actuali (cum Hubero), sive possibili (cum Thummio, dicente:

‚Deum omnes voluisse electos‘), disputare, postquam ex infallibili scripturae revelatione satis constat, Deum omnes quidem voluisse et *velle salvos, elegisse* tamen non nisi in Christum credentes Eph. 1, 4., adeoque in respectu ad non credentes nequaquam omnes, sed *paucos?"* (Vid. Isagog. Carpzov. p. 1681.)

B. Meisnerus: „Notetur, quod per κοινοποίησιν de toto coetu loquatur apostolus (Eph. 1, 4.), cum tamen epitheta ista solis conveniant electis, in coetu vocatorum existentibus." (Anthropol. Disp. XVI. D. 4. b.) „Recurrit hic (1 Tim. 1, 9.) eadem *synecdoche,* quam alii vocant κονοποίησιν, cum ad multos sermo dirigitur, id tamen, quod dicitur, non omnibus accommodatur." (L. c. Disp. XVII. 1. 3.)

Calovius: „Utut crediderit (apostolus), non omnes inter eos electos esse ad aeternam vitam, *a potiori ac meliori parte* tamen eo libentius omnes denominabat, quo ardentius omnes in electorum numero inveniri exoptabat; quemadmodum hodieque pro concionibus publicis auditores omnes communiter gratiosissimo electorum in Christo Jesu nomine compellantur, quod inter ipsos tales esse sperentur, omnesque tales esse exoptentur. Recte Augustinus l. de unit. eccl. c. 12.: ‚Prophetae et apostoli sic arguere solent reprehensibiles in aliquo populo, quasi omnes arguantur, et sic alloqui laudabiles, quasi omnes ibi laudentur.'" (Consider. Arminian. p. 434.)

ANTITHESIS.

Quenstedtius: „*Antithesis: Sebastiani Castalionis,* qui in dialogo suo de elect. erroris de electione universali architectus est, eumque adversus Calvinum et Bezam publice defendit; eum secutus est *Samuel Huberus,* Helvetius, theologiae professor in acad. Witteb. sub finem superioris saeculi (A. 1593.), qui absurde statuit: ‚Electionem esse universalem; Deum elegisse omnes homines vere, proprie et univoce ad salutem.'" (L. c. s. 2. q. 6. f. 72. sq.)

Formula Concordiae: „Es muss aber mit sonderm Fleiss Unterschied gehalten werden zwischen dem, was in Gottes Wort ausdrücklich hievon offenbaret oder nicht geoffenbaret ist; denn über das, davon bisher gesagt, so hievon in Christo offenbaret, *hat Gott von diesem Geheimniss noch viel verschwiegen und verborgen, und allein seiner Weisheit und Erkenntniss vorbehalten, welches wir nicht erforschen, noch unsern Gedanken hierinnen folgen, schliessen oder grübeln, sondern uns an das geoffenbarte Wort halten sollen;* welche Erinnerung zum höchsten vonnöthen. Denn damit hat unser Vorwitz immer viel mehr Lust sich zu bekümmern, als mit dem, das Gott uns in seinem Wort davon offenbaret hat, weil wirs *nicht zusammenreimen können,* welches uns auch zu thun nicht befohlen ist. Also ist daran kein Zweifel, *dass Gott gar wohl und aufs allergewisseste vor der Zeit der Welt zuvor ersehen habe und noch wisse, welche von denen, so berufen werden, glauben oder nicht glauben werden; item, welche von den Bekehrten beständig, welche nicht beständig bleiben werden; welche nach dem Fall wiederkehren, welche in Verstockung fallen werden.* So ist auch die *Zahl,* wie viel derselben beiderseits sein werden, Gott ohne allen Zweifel bewusst und bekannt. Weil aber solches Geheimniss Gott seiner Weisheit vorbehalten und uns im Wort nichts davon offenbaret, viel weniger solches durch unsere Gedanken zu erforschen uns befohlen, sondern ernstlich davon abgehalten hat, Röm. 11, 33. f.: sollen wir mit unsern Gedanken nicht folgern, schliessen, noch darinnen grübeln, sondern uns an sein geoffenbartes Wort, darauf er uns weiset, halten. *Also weiss auch Gott ohne allen Zweifel und hat einem jeden Zeit und Stunde seines Berufs, Bekehrung bestimmet;* weil aber uns solches nicht geoffenbaret, haben wir Befehl,

dass wir immer mit dem Wort anhalten, die Zeit aber und Stunde Gott
befehlen sollen, Act. 1, 7.   Gleichfalls, wenn wir sehen, *dass Gott sein
Wort an einem Ort gibt, am andern nicht gibt, von einem Ort hinweg-
nimmet, am andern bleiben lässt; item, einer wird verstockt, verblendet,
in verkehrten Sinn gegeben, ein anderer,* so wohl in gleicher Schuld,
wird wiederum bekehrt etc.: in diesen und dergleichen Fragen setzt
uns Paulus ein gewisses Ziel, wie fern wir gehen sollen, nämlich *dass
wir bei einem Theil erkennen sollen Gottes Gericht;* denn es sind wohl-
verdiente Strafen der Sünden, wenn Gott an einem Lande oder Volk
die Verachtung seines Worts also straft, dass es auch über die Nachkommen gehet, wie an den Juden zu sehen; dadurch Gott den Seinen
an etlichen Landen und Personen seinen Ernst zeiget, was wir alle wohl
verdienet hätten, würdig und werth wären, weil wir uns gegen Gottes
Wort übel verhalten und den Heiligen Geist oft schwerlich betrüben;
auf dass wir in Gottes Furcht leben, und *Gottes Güte ohne und wider
unser Verdienst, an und bei uns, denen er sein Wort gibt und lässt, die
er nicht verstockt und verwirft, erkennen* und preisen.   Denn weil unsere
Natur durch die Sünde verderbt, Gottes Zorn und der Verdammniss
würdig und schuldig, *so ist uns Gott weder Wort, Geist oder Gnade
schuldig,* und wenn ers aus Gnaden gibt, so stossen wir es oft von uns
und machen uns unwürdig des ewigen Lebens, Act. 13, 46.   *Und solch
sein gerechtes wohlverschuldetes Gericht lässt er schauen an etlichen Ländern, Völkern und Personen,* auf dass wir, wenn wir gegen ihnen gehalten und mit ihnen verglichen, desto fleissiger *Gottes lautere unver-
diente Gnade an den Gefässen der Barmherzigkeit* erkennen und preisen
lernen.   Denn denen geschieht nicht Unrecht, so gestraft werden und
ihrer Sünden Sold empfangen; an den andern aber, da Gott sein Wort
gibt und erhält und dadurch die Leute erleuchtet, bekehret und erhalten werden, preiset Gott seine lautere Gnade und Barmherzigkeit ohne
ihren Verdienst.   Wenn wir sofern in diesem Artikel gehen, so bleiben
wir auf der rechten Bahn, wie geschrieben steht Hos. 13, 9.: ,*Israel,
dass du verdirbest, die Schuld ist dein; dass dir aber geholfen wird, das
ist lauter meine Gnade.*'   *Was aber in dieser Disputation zu hoch und
aus diesen Schranken laufen will, da sollen wir mit Paulo den Finger
auf den Mund legen, gedenken und sagen: ,Wer bist du, Mensch, der du
mit Gott rechten willst?'*   Denn dass wir in diesem Artikel nicht alles
ausforschen und ausgründen können noch sollen, bezeugt der hohe
Apostel Paulus, welcher, da er von diesem Artikel aus dem offenbarten
Wort Gottes viel disputirt, so bald er dahin kommt, dass er anzeigt,
was Gott von diesem Geheimniss seiner verborgenen Weisheit vorbehalten, drückt ers nieder und schneidets ab mit nachfolgenden Worten: ,*O welch eine Tiefe des Reichthums, beide der Weisheit und Erkenntniss Gottes! Wie gar unbegreiflich sind seine Gerichte und unerforschlich
seine Wege! Denn wer hat des Herrn Sinn erkannt?'* nämlich ausser
und über dem, was er in seinem Wort uns offenbaret hat." (Concordia,
p. 715—717.)

Cf. supra citata P. III. c. 1. § 7. p. 16. sq. c. 3. § 10. p. 153. sq. 154.

LUTHERUS: „Da hebt sich ein sonderlich Unglück, dass jedermann
aus schändlichem und schädlichem Fürwitz will *am ersten anheben mit
der Versehung* dieses und jenes. Weil Gott alle Dinge gewusst: warum
er des Menschen Fall nicht vorkommen habe? warum er noch in der
Welt zusehe und lasse sie ihre eigne Verdammniss fördern, *so er
doch wohl dafür sein und sie bekehren könnte, dass sie müsste fromm
sein?* u. s. w. Wer mit solchen Fragen will anheben, Gott zu erkennen,
der wird eigentlich den Hals brechen, denn das ist Lucifers Fall, der
wollte auch oben hinaus und nirgend an. Aber es thuts nicht." (Hal.
Tom. XIII, 332. sq.)

IDEM: „*Tria* mihi *lumina* pone, lumen naturae, lumen gratiae,
lumen gloriae, ut habet vulgata et bona distinctio. In lumine *naturae*
est insolubile, hoc esse justum, quod bonus affligatur et malus bene-

habeat. At hoc dissolvit lumen gratiae. In lumine *gratiae* est insolubile, quomodo Deus damnet eum, qui non potest ullis suis viribus aliud facere, quam peccare et reus esse; hic tam lumen naturae, quam lumen gratiae dictant, culpam esse non miseri hominis, sed iniqui Dei, nec enim aliud judicare possunt de Deo, qui hominem impium gratis sine meritis coronat et alium non coronat, sed damnat, forte minus vel saltem non magis impium. At lumen *gloriae* aliud dictat et Deum, cujus modo est judicium incomprehensibilis justitiae, tunc ostendet, esse justissimae et manifestissimae justitiae tantum, ut interim id credamus, moniti et confirmati exemplo luminis gratiae, quod simile miraculum in naturali lumine implet." (De servo arbitrio. 1525. Vid. Opp. lat. var. argum. Francof. ad M. 1873. Vol. VII, 365. sq.)

J. ANDREAE: „Fides, qua oblatam hanc gratiam, universaliter omnibus 2 Thess. 3. promissam, accipimus, gratuitum Dei donum est; mera Dei misericordia nullo operum nostrorum respectu data; sicut scriptum est: ‚Vobis donatum est in Christo, non solum ut in eum credatis, sed ut etiam pro illo patiamini‘, Phil. 1. Quod autem haec gratia sive hoc donum fidei non omnibus a Deo datur, cum omnes ad se vocat et quidem pro sua infinita bonitate serio vocet: ‚Venite ad nuptias, omnia parata sunt‘, arcanum est, soli Deo notum, nulla ratione humana pervestigabile mysterium tremendum et adorandum, sicut scriptum est: ‚O altitudo divitiarum sapientiae et scientiae Dei, quam incomprehensibilia sunt judicia ejus et inpervestigabiles viae ejus!‘ Rom. 11. Et Christus agit gratias Deo Patri, quod haec absconderit a sapientibus et prudentibus et revelarit ea parvulis, Matth. 11. Interim afflictae conscientiae hac Dei abscondita divinae voluntatis ratione non offendantur, sed voluntatem Dei in Christo revelatam respiciant, qui omnes peccatores ad se vocat. Neque vero propterea dicendus est Deus peccatum velle, dum peccatoris voluntatem et viam non semper impedit, sed permittat eos in peccatis perseverare; vere enim Deus odit peccatum, cujus auctor est diabolus, qui in veritate non permansit, Rom. 8. Deus enim, quia horribiliter peccato irascitur, prohibet illud et iram suam omnibus transgressoribus legis suae minatur. ‚Non es Deus volens iniquitatem; odisti omnes, qui operantur iniquitatem‘, Ps. 5. Ea autem est Dei bonitas, ut malo, quod permittit, bene ad nominis sui gloriam uti possit, sicut scriptum est: ‚In hoc excitavi te, ut ostendam in te virtutem meam et ut annuncietur nomen meum in universa terra‘, Rom. 9. Exod. 9. Idem fit, quando peccatum peccato punit. Rom. 1." (Form. Conc. Argentoratens. A. 1563. Vid. Historia motuum Loescheri. II, 287. sq.)

N. SELNECCERUS: „Cur scriptum est: ‚Crediderunt, quotquot erant ordinati ad vitam aeternam‘? Hoc ideo scriptum est, quia sic se res habet. Novit enim Deus suos ab aeterno et quos praedestinat ad vitam aeternam, eos per verbum, quod audiunt, fide donat et justificat. Quod autem non omnes praedestinat et fide donat, culpa est hominum, non Dei. Homines enim multi frustra audiunt verbum et respuunt gratiam Dei in verbo oblatam. *Etsi vero Deus ex omnibus nolentibus facere posset volentes, tamen hoc non facit, et cur non faciat, suas habet justissimas et sapientissimas rationes, quas inquirere velle, nostrum non est.* Gratias potius toto pectore agere debemus, quod nos per praedicationem evangelii ad participationem vitae aeternae vocaverit et fide corda nostra illuminaverit." (In omnes epp. D. Pauli commentar. I, 213.)

IDEM: „Annon Deus ipse *excaecat* et *indurat* impios, ut Scriptura loquitur? Omnino. Quando enim gratia Dei abest, tunc semper Deus excaecare et indurare homines dicitur, relictos sc. sibi et secundum desideria cordis sui euntes in adinventionibus suis. Haec poena est et judicium Dei in contemtores gratiae evangelicae... Haec excaecatio et induratio est, h. e, remotio gratiae, non vero efficax operatio et proposito et decreto voluntatis divinae facta ad malum culpae, sed poena contemtus verbi Dei, qua Deus dimittit seu permittit (ut Ps. 81.

loquitur), ingratos et impios ferri suae carnis, naturae et rationis impetu, qui fit, ut de peccato in peccatum ipsi suamet culpa et in exitium se ipsos praecipitent. Dicitur autem Deus eos excaecare, indurare, praecipitare et decipere (Ezech. 14.) ratione justissimae poenae et irae. Ubi enim gratia per et propter Christum non est, ibi necesse est locum dari indurationi et excaecationi. Esa. 6. Joh. 12." (In omnes epp. D. Pauli commentar. I, 214.)

CORNERUS: ,,Rom. 9, 22. 23. Est haec ratio ex causis finalibus, ut defendatur justitia et aequitas Dei, vel in reproborum interitu, vel in electorum salute. *Non autem Paulus expresse explicat causam, quare Deus nonnullos recipiat, multos vero rejiciat. Hoc enim ad mysteria et arcana consilia Dei pertinet, quod nos in hac caligine vitae et judicii assequi non possumus.* Non est enim dicendum, Deum injuste agere, si quid vel misericordiae, vel declarandae potentiae suae causa agit; sed justitia Dei est defendenda, non culpanda; nihil enim facit sine causa, quamvis illam nos interdum ignoramus." (In ep. ad Rom. comment. p. 124.)

KIRCHNERUS: ,,Ist denn Gott die Ursache, dass etliche verdammt werden? Keineswegs; denn er schwört und spricht selbst, er wolle nicht den Tod des Sünders, sondern dass er bekehret werde und lebe, Ezech. 18. Darum sollen wir nicht sagen, dass die Verwerfung der Gottlosen Gottes Wille oder Ordnung sei, sondern vielmehr bekennen, dass Sünde ein Ursach derselben sei, denn der Sünden Sold ist der Tod. Röm. 6. — Er könnte sie aber wohl alle mit einander bekehren? Da ist kein Zweifel an, wenn er seine Allmächtigkeit brauchen wollte; dass ers aber nicht thut, haben wir ihn nicht darum zu besprechen. Paulus Röm. 9. schreibt: Er erzeige Zorn und thue kund seine Macht und trage mit grosser Geduld die Gefässe des Zorns u. s. w. In denen, die er also in ihrem Unglauben bleiben lässt, erzeigt er seine Gerechtigkeit und Zorn wider die Sünde. Er ist ja unser keinem nichts schuldig, sondern was er gibt und thut, das thut er aus lauter Gnaden, um Jesu Christi willen, dem haben wir alles zu danken und zuzuschreiben. — Weil denn der Glaube an Christum ein sonderliche Gabe Gottes ist, warum gibt er ihn nicht allen? Dieser Frage Erörterung sollen wir ins ewige Leben sparen, unterdess uns daran genügen lassen, dass Gott nicht will, dass wir seine heimlichen Gerichte erforschen sollen. Röm. 9.: ,O welch eine Tiefe des Reichthums, beide der Weisheit und Erkenntniss Gottes; wie gar unbegreiflich sind seine Gerichte!' — Es hat aber das Ansehn, als sei Gott ungerecht, dass er nicht allen Menschen, Türken, Heiden und Unbussfertigen sein Erkenntniss und Glauben gibt? Antwort: Wie kann er ungerecht sein, weil er keinem Menschen nichts schuldig ist? Matth. 20., und hätte sie wohl alle in ihren Sünden können sterben lassen. Darum auch der Apostel Röm. 9. spricht: ,Lieber Mensch, wer bist du, dass du mit Gott rechten willst? u. s. w. Es scheinet auch Gott in dem ungerecht sein, dass ers hie auf Erden den Frommen übel und den Bösen mehrertheils lässt wohlgehen, und kann sich die Vernunft hierein gar nicht schicken. Das Evangelium aber zeigt Ursach an, warum Gott den Seinen hie mancherlei Kreuz auflegt und die Herrlichkeit dorthin sparet. Also dünket uns auch hie, Gott sei ungerecht in dem, dass er nicht allen Menschen sein Wort und den Glauben an Christum gibt, und vermag sich unsere Vernunft hieraus in diesem Leben nicht zu finden. Wenn wir aber dorthin in jenes Leben kommen werden, alsdann werden wir sehen und verstehen, dass Gott nicht ungerecht ist, ob er wohl nicht allen Menschen das Wort und den Glauben gibt. Lumen gloriae wird diese Frage alsdann fein und leichtlich auflösen; welche Auflösung wir in lumine gratiae nicht allerdings sehen können, Gottes Strafen und Gericht über die Sünde müssen ebensowohl erkannt werden, als seine Gnade. Aller Menschen Natur ist durch die Sünde verderbt. Derwegen ist uns Gott nichts als die Verdammniss schuldig. Da er auch

gleich zuweilen sein Wort und Gnaden gibt, stossen wir dieselbige aus
und machen uns des ewigen Lebens unwürdig, wie Act. 13. von den
Juden steht. Darum kann Gott, dem Herrn, diesfalls keine Ungerech-
tigkeit billig zugemessen werden. — Dennoch wollte ich gern wissen,
was dieses doch für Ursach hätte. Hierauf antworte ich mit Augustino
de verbis apostoli, serm. 20.: ‚Nemo quaerat a me occultorum rationem. Ille dicit, inscrutabilia sunt judicia ejus, et tu scrutari venisti?
Ille dicit, investigabiles sunt viae ejus, et tu investigare venisti? Si
inscrutabilia scrutari venisti et investigabilia vestigare venisti, crede,
jam periisti. Tale est velle scrutari inscrutabilia et investigabilia investigare, quale est velle invisibilia videre et ineffabilia fari. Ergo
aedificatur domus, cum pervenerit ad dedicationem, tunc invenies istorum occultorum apertissimam rationem.‘ Summa, in diesem Leben
können wir nicht mehr sagen, denn wie zun Römern 9. stehet: ‚Dass
Gott wolle kund machen den Reichthum seiner Herrlichkeit an den Gefässen der Barmherzigkeit, seinen Zorn aber an denen, die verdammt
werden, erweisen.‘ Dabei sollen wir es bleiben lassen.“ (Enchiridion. 1583. p. 142. b. sqq.)

HEERBRANDUS: „Cum fides· peculiare Dei donum sit, cur hoc uni
datur, alii vero non? — Deus multa sibi in hac disputatione reservavit,
quae nobis non patefecit. Ideo nostris cogitationibus non indulgeamus, sed metam ponamus, ne ultra inquiramus, quam nobis est revelatum in verbo. Facit Deus, quicquid potest, salutis nostrae causa. Misit
enim et donavit Filium suum mundi salvatorem. Instituit verbi sui
ministerium, per quod Filium vult audiri. Et per verbi auditum, fidem,
mediante Spiritu S., operatur. Hoc cum homines audire nolint, ut supra dictum est, mirum est minime, quod etiam a Sp. S. negligantur et
sic non credant, nec salventur. Qui enim animo discendi audiat, nostrum non est, judicare. Et tamen recte apostolus dicit, non esse currentis, sed miserentis Dei. Major enim est humanae mentis caecitas
et stupor, quam ut possit ex sese mysteria illa regni Dei capere. Igitur
etsi diu homo currat, velit, audiat, tamen nec *doctor* fidem dare potest,
nec *auditor* eam in se excitare; sed motus Sp. S. accedat necesse est,
absque quo nihil est, qui rigat aut plantat, ita nec, qui audit, sed qui
dat incrementum, Deus; qui tamen externam illam requirit obedientiam currendi, volendi, audiendi, per quae ipse fidem operatur. Quodsi
diversitatis ratio quaeratur, cur uni det fidem, alteri non det, certe in
Deo reperiri non potest, qui aequaliter erga homines est affectus. Recipit enim in gratiam omnes credentes in Filium et damnat omnes incredulos, juxta illud ipsiusmet: ‚Ut omnis, qui credit in Filium, non
pereat, sed habeat vitam aeternam‘: et baptista ibidem: ‚Qui credit in
Filium, habet vitam aeternam. Qui autem incredulus est Filio, non
videbit vitam, sed ira Dei manet super eum.‘ Ideo hic quid respondeamus, aliud non habemus, nisi *quod aliter fieri non debeat*. Quia nemini
quicquam debet, sed quorum vult, miseretur. Et non esse injustitiam
apud eum. Et cum apostolo dicamus: ‚O homo, tu quis es, qui ex adverso respondes Deo? Num dicit figmentum fictori suo, cur me ad
hunc finxisti modum? An non habet potestatem figulus luti, ut ex eadem massa fingat aliud quidem vas in honorem, aliud vero in ignominiam?‘ Et exclamemus cum eodem: ‚O profunditatem divitiarum
sapientiae et cognitionis Dei, quam inscrutabilia sunt judicia ejus et
impervestigabiles viae ejus? Nemini quicquam debet. Aut quis prior
dedit illi et retribuitur ei?‘ Item: ‚An non habeo potestatem de meo
dandi et faciendi, quod volo?‘ Matth. 20, 15. — Sed cur id facit Deus?
— Ut divitias *misericordiae* suae declaret erga *electos*, et *justitiam* suam
erga *reprobos*. Rom. 9.: ‚Quod si Deus volens ostendere iram et notam facere potentiam suam, sustinuit in multa patientia vasa irae, ap-
parata in interitum, et ut notas faceret divitias gloriae suae erga vasa
misericordiae, quae praeparavit ad gloriam.‘ *Deus non facit, sed invenit vasa irae; vasa gratiae vere non invenit, sed facit.*“ (Compend.
th. 1578. p. 499. sqq.)

P. Piscator: ,,Hunc in sensum ante annos XL eruditus quidam et in scriptis Lutheri theologus versatissimus: ‚Dass aber etliche solch kindisch und gar bachantisch Ding fürgeben und sagen dürfen: Wenn es allein an Gottes blosser Gnade und Erwählung und nicht auch zum Theil an des Menschen Willen gelegen sei, oder wenn es allein bei Gott stehe, dass der Mensch gläubig werde und die Seligkeit im Wort annehme, und nicht bei des Menschen freier Willkür, so sei Gott ein Anseher der Person, cum non aequalibus acqualia dividat, weil er nicht einem sowohl als dem andern den Glauben dazu gibt. (Idem facit Puccius cum synergistis.) Darauf sollte man solche Lappen mit Ruthen hauen, dass sie unsern Herrn Gott darum der Unbilligkeit zeihen, weil sich seine unbegreifliche Gerichte nicht mit ihrer närrischen Vernunft reimen.'" (Commentar. in F. C. 1610. p. 577.)

Quenstedtius: ,,Quod dicitur, causam, quod quidam credunt, non esse in hominibus, sed in Deo, fidem pro beneplacito suo iis largiente, id verbo est consentaneum Eph. 2, 8. Phil. 2, 13. Quod vero infertur, causam sc., cur alii in incredulitate perseverent, similiter in Deo esse, id, sicut S. Scripturae 1 Tim. 2, 4. 2 Petr. 3, 9. etc. contrarium, ita nec ex antecedente sequitur. Defectus enim fidei est a solo homine, qui contumaci repugnantia et mediorum rejectione impedit, quominus eam in voluntate hominis Deus producat. Causa igitur, quod aliqui non credunt, non in Deo, sed in ipsis hominibus incredulis residet. Instant iterum: ‚Deum esse omnipotentem, ergo posse illorum, qui reprobi sunt, malitiosam contumaciam tollere et sic facere, ne repugnent amplius; dum autem hoc non facit, ipse in causa est, quod in incredulitate reprobi perseverant, nec Spiritui S. repugnare desinunt.' *Resp.*: Licet Deus *possit* omnipotentia sua reproborum contumaciam tollere et sic efficere, ne repugnent amplius; *non tamen tenetur*. Qui enim per ordinaria media in cordibus hominum operari pro liberrima voluntate sua decrevit, is nullo jure tenetur, ut iis, qui media illa contumaciter rejiciunt, per omnipotentiam suam vel incredulitate adimat vel fidem infundat." (L. c. s. 2. q. 4. f. 59. sq.)

Facultas theologica Wittebergensis: ,,Ueber das alles wissen wir sehr wohl, dass dieses *grosse Geheimniss* von der ewigen Gnadenwahl Gottes in dem Abgrund der göttlichen Weisheit so tief verborgen, dass wir es mit unserm menschlichen Verstand und Vernunft nicht ergreifen und erforschen können. Dannher es auch kommen, dass man bis anher in unsern Kirchen und Schulen sparsam und wenig von diesem Artikel geschrieben und sich vielmehr der christlichen Einfalt, denn des hohen und scharfen Disputirens, beflissen hat." (Gründl. Widerlegung. 1596. Vid. Consil. Witteb. I, 550.)

Huelsemannus: ,,Confitendum est, esse in oeconomia et mediis vocandi seu administratione mediorum salutis *arcana* quaedam, occulto Dei judicio permittenda et exclamandum cum apostolo: ‚O altitudo!' ex Rom. 11, 33. Non quasi absolutae *reprobationis* decretum sit inscrutabile, uti nemo non Calvinistarum exponit (falsum est enim, apostolum applicare hoc dictum ad inevidentiam causarum *reprobationis;* connexio ostendit, illud applicari ad inevidentiam causarum vocationis missae gentilibus, aeque indignis ac Judaei erant, v. 30. 31. 32. 33. sqq.), sed quia stante evidenti voluntate Dei de salvandis omnibus, stante Christi et ecclesiae communi intercessione pro non conversis, *dispensatio tamen mediorum salutis inter aequales tam inaequalis est,* ut ex parte hominis neque a priori, neque a posteriori causam proximam et infallibilem deprehendere possimus. Id quod universus patrum chorus ingenue confessus est. *Hieron.* in c. 40. Jes., *Ambros.* 4. de fide c. 6. B. *Augustinus* imprimis, qui hoc dicto apostoli velut aegide se tegit, non ad absolutum reprobationis decretum vestiendum, sed ad defendendam *imparitatem gratiae paribus in eadem perditione constitutis collatae...* Libr. 4. contra duas ep. Pelag. in medio: ‚Sed quare illos homines oves facit et istos non facit? Ipsa est quaestio, quae ad eam pertinet altitudinem, quam perspicere volens apostolus, quodammodo expavit et exclamavit: O altitudo divitiarum etc." (De auxiliis gratiae, p. 156. sq.)

THOMASIUS: „Wir sind an einer der grössten, vielleicht gar nicht zu lösenden Schwierigkeit angekommen: Auf der einen Seite der ewige Liebeswille Gottes in Christo, dass *allen* ohne Ausnahme geholfen werde, auf der andern Seite die Thatsache, dass dieser Wille *nicht an allen* erreicht wird, in der Mitte die Bestimmung, dass seine Verwirklichung an den Einzelnen das entsprechende gottgewollte Verhalten derselben zur Bedingung hat. Dieses Problem ist freilich leicht gelöst, wenn man mit Augustin und Calvin einen zwiefachen absoluten Rathschluss annimmt, einen (absoluten) Rathschluss der Erwählung und der Verwerfung, oder wenn man mit Pelagius den ewigen Gnadenrath durch das göttliche Vorherwissen und das Wohlverhalten der menschlichen Freiheit bedingt sein lässt. Beides ist eben so einfach und leicht — als *schriftwidrig.*" (Christi Person und Werk. Zweite Aufl. I, 456.)

b) Seu *irrevocabile*, ita tamen, ut non sit asserenda *immutabilitas* absoluta, sed tantum *hypothetica*. Nam, qui electi sunt intuitu fidei finalis praevisae, sicut poterant non credere finaliter, ita poterant non salvari, sed reprobari. Quando autem, tanquam finaliter credituri, a Deo praevisi et sic electi sunt, sicut non possunt simul esse credentes finaliter et non credentes finaliter, ita, cum electi sunt, necessitate hypothetica non possunt esse non electi. Et propter immutabilitatem voluntatis divinae, quando objectum non mutatur, Deus autem praevidit, illud non iri mutatum, fit, ut electi necessario salventur, quamvis absolute loquendo possent excidere salute. Unde licet electi non solum possint gratia Dei excidere, sed et excidant aliquando, non tamen finaliter ea excidit quisquam electorum.

FORMULA CONCORDIAE: „Die ewige *Wahl* Gottes aber siehet und weiss nicht allein zuvor der Auserwählten Seligkeit, sondern ist auch *aus gnädigem Willen und Wohlgefallen Gottes in Christo Jesu eine Ursache, so da unsere Seligkeit, und was zu derselben gehöret, schaffet, wirket, hilft und befördert; darauf auch unsere Seligkeit also gegründet ist, dass die Pforten der Höllen nichts dawider vermögen sollen; wie geschrieben stehet: ,Meine Schafe wird mir niemand aus meiner Hand reissen'; und abermals: ,Und es wurden gläubig, so viel ihrer zum ewigen Leben verordnet waren.'* (Matth. 16, 18. Joh. 10, 28. Act. 13, 48.)" (Concordia, p. 705. sq.)

EADEM: „Es gibt auch also diese Lehre den schönen herrlichen Trost, dass Gott eines jedes Christen Bekehrung, Gerechtigkeit und Seligkeit so hoch ihm angelegen sein lassen und es so treulich damit gemeinet, dass er, ehe der Welt Grund gelegt, darüber Rath gehalten *und in seinem Vorsatz verordnet hat, wie er mich dazu bringen und darinnen erhalten wolle; item, dass er meine Seligkeit so wohl und gewiss habe verwahren wollen, weil sie durch Schwachheit und Bosheit unsers Fleisches aus unsern Händen leichtlich könnte verloren oder durch List und Gewalt des Teufels und der Welt daraus gerissen und genommen werden, dass er dieselbige in seinem ewigen Vorsatz, welcher nicht fehlen oder umgestossen werden kann, verordnet, und in die allmächtige Hand unsers Heilandes Jesu Christi, daraus uns niemand reissen kann, zu bewahren gelegt hat,* Joh. 10, 28. Daher auch Paulus sagt Röm. 8, 28. 39: ,Weil wir nach dem Vorsatz Gottes berufen sind, wer will uns denn scheiden von der Liebe Gottes in Christo?'" (L. c. p. 714.)

EADEM: ,,Es gibt auch dieser Artikel ein herrlich Zeugniss, dass die *Kirche Gottes* wider alle Pforten der Hölle sein und bleiben werde." (L. c. p. 715.)

HOLLAZIUS: ,,Quando decretum praedestinationis haud dicitur *absolutum*, eo ipso non statuendum est *conditionatum*. Neque enim sententia est, quod hunc vel illum ad salutem ab aeterno elegerit Deus, *si* is in Christum crediturus esset, inque fide vera hinc decessurus, sed quia (?) crediturus et perseveraturus erat." (Exam. P. III. s. 1. c. 2. q. 12. p. 632.)

IDEM: ,,Decretum *non-absolutum* dicitur *respectivum* ob respectum causarum impulsivarum externarum, quarum intuitu a Deo formatum est; v. g. ‚Deus elegit nos *in Christo* ante jacta mundi fundamenta‘, Eph. 1, 4. Sunt nonnulli theologi, qui non admittunt decretum *conditionatum* (quum *decernere* proprie dicatur, qui consideratis omnibus circumstantiis aliquid simpliciter et sine conditione vult)... Si τò absolutum dicatur in oppositione ad τò conditionatum, decretum electionis absolutum sive inconditionatum esse, intrepide statuimus, nec alio sensu id absolutum esse *negamus*, quam quo absolutum dicitur ad excludendum respectum causae impulsivae extra Deum sive externae." (L. c. P. I. c. 6. q. 9. p. 431. sq.)

LUTHERUS: ,,Caeterum, si divino captu (quantum ad immutabilitatem Dei attinet) loquendum fuerit, firma sit sententia: *quem Deus ante conditum mundum elegerit, eum non posse perire: ‚Nemo enim rapiet oves de manu pastoris.‘ Quem vero rejecerit, eum non posse salvari, etiamsi omnia opera sanctorum fecerit. Usque adeo immutabilis est sententia Dei.* Tu igitur et in solam Domini eligentis majestatem respice, ut salutem per Dominum nostrum Jesum Christum assequaris. Recte Augustinus: ‚Praedestinatio Dei, etsi apud nos, qui dum in praesentibus vitae periculis versamur, victa est, tamen apud illum, qui fecit, quae futura sunt, immutabilis permanet, nec quae illuminavit, occoecat, nec, quae aedificavit, destruit, nec, quae plantavit, evellit. Dona enim et vocatio Dei sunt sine poenitentia (Rom. 11.) et firmum fundamentum stat, habens signaculum hoc: Dominus novit suos (2 Tim. 2.)." (Briefe etc., gesammelt von de Wette. VI. Theil, ges. von Seidemann, p. 428.)

IDEM: ,,Si etiam donemus, aliquos electos Matth. 24. in errore teneri in tota vita, tamen ante mortem necesse est ut redeant in viam, quia Christus dicit Joh. 10.: ‚Nemo rapiet eos de manu mea.‘" (De servo arb. 1525. Opp. lat. var. argum. VII, 172.)

IDEM: ,,Matth. 24, 24. Hier ermahnet er uns, es werde künftig sein, nicht dass die Auserwählten nicht irren möchten, sondern dass sie nicht verführet sollen werden in den Irrthum. Das ist so viel geredt, als, der Irrthum wird nicht herrschen über sie, wird sie auch endlich hicht halten mögen, sondern sie müssen daraus erlediget werden und wenn es schon erst im Tode und Sterben geschähe." . (Offenb. des Antichrists. 1521. XVIII, 1932.)

IDEM: ,,Es ist wahrlich wohl möglich, dass die Auserwählten verführet werden, wie ich denn wahrlich im Pabstthum bis über die Ohren bin verführet gewesen. Wie ists denn nun möglich? Sie können verführet werden, aber endlich kommen sie doch wieder heraus, eher denn sie noch abscheiden aus diesem Jammerthal; wie ich denn oft das Exempel von Sanct Bernhardo pflege zu gebrauchen. Der hält auch dafür, dass der Pabst Gott wäre, aber do er itz sterben sollte, do wendet er die Augen vom Pabst, von seiner Kappen und Möncherei und kehret sich zu Christo, seinem Heiland, und vergass des Pabsts und seines gestrengen Ordens gar und sprach: Ich habe böslich gelebet, aber ich weiss, dass mein Herr Christus zweierlei Recht zum Himmelreich hat, erstlich von Natur, als der eingeborne Sohn vom Vater, do hat er den Himmel von Ewigkeit; zum andern, so hat er den Himmel als Marien Sohn, und do hat er den Himmel mit seinem bittern Leiden und Sterben erworben und mir geschenkt. Er rühmet sich nicht seines päbstisch Gelübde, sondern spricht: Christus hat den Himmel erblich und käuflich durch sein Blut erlangt. Also predigen wir auch. Er ist im Irrthum gewesen und dennochs herauskommen." (Predigt über Matth. 18—24. A. 1539. Ed. Erlang. P. XLV, 148. sq.)

IDEM: „Also gläube ich auch, dass unser lieber Gott in der grossen Finsterniss des Pabsthums viel unserer Vorfahren erhalten hat. Denn in derselben Blindheit und Finsterniss ist dennoch überblieben, dass man den Sterbenden vorgehalten hat das Crucifix und dass etliche Laien ihnen vorgesagt haben: Siehe an Jesum, der für dich am Kreuz gestorben ist. Dadurch hat sich mancher Sterbender wieder zu Christo gekehret, ob er schon zuvor den falschen Wunderzeichen auch geglaubt hat und der Abgötterei angehangen ist. *Das sind Auserwählte gewest*, welche auch sind mitgeführet worden in das Gefängniss des Irrthums und *wären darinnen blieben, wo es wäre möglich gewest*. Also können wir uns trösten über denen, die im Pabstthum gestorben sind, dass Gott zuletzt ihnen Gnade gegeben hat, dass sie durch Erinnerung des Crucifixes auf Christum verschieden und dahin gefahren sind. Dieselben sind auch im Irrthum gesteckt, *aber es ist nicht möglich gewest, dass sie darinnen bleiben sollten*." (XIII, 2313. sq.)

IDEM: „Die Auserwählten werden nicht in Irrthum geführt werden; nicht, dass sie nicht irren würden; ja, die Fährlichkeit wird (vielmehr) so gross sein, dass sie mit den Gottlosen irren werden: aber sie werden nicht darinnen *verharren* noch bleiben, wiewohl sie schwerlich, mit Mühe und Arbeit entgehen werden." (XIX, 1384.)

IDEM: „Wir lassen Jonam hier (Jon. 1, 5.) eine grosse schwere Sünde gethan haben, dadurch er ewiglich verdammt wäre, wo er nicht in der Auserwählten Zahl im Buch des Lebens geschrieben gewesen wäre." (Ad Jon. 1, 5. VI, 2607.)

CHEMNITIUS: „Hieraus ist gewiss, dass kein Auserwählter in Unbussfertigkeit und Unglauben endlich bleibet und verharret." (Handbüchlein u. s. w. 1574. Vid. Frank: Die Th. der Concordienf. IV, 338.)

IDEM: „Das ist aus Grund der Schrift klar und gewiss, dass *diejenigen, so zum ewigen Leben auserwählet sein, alle selig werden,* denn Gottes Versehung kann nicht fehlen und die ewige Gnadenwahl Gottes ist unwandelbar, kann nicht geändert oder umgestossen werden, wie das aus der Schrift genugsam kann bewiesen werden." (A. 1576. Antwort an den Herzog Wolfgang von Braunschweig-Lüneburg über einen zu Osterode vorgefallenen Streit: „ob praedestinatio et electio universaliter zu verstehen sei, oder particulariter". Vid. Rehtmeyer, Braunschweig. Kirchenhist. III. Beilagen S. 240.)

THEOLOGI WUERTEMBERGICI: „Die heilige Schrift redet lauter von einer solchen Election, die *proprie* allein die auserwählten Kinder Gottes angehet, die Gott ewig selig machen *wird*, wie solches die nächstfolgenden klaren Sprüche bezeugen. Röm. 8 (29. 30.). schreibt Paulus: ‚Denn welche er zuvor versehen hat‘ u. s. w. In welchem hellen Spruch der Apostel lehrt, dass die Auserwählten allein unter dem Haufen derer, die berufen sind, zu suchen, und zeigt an, dass die Verordneten oder Erwählten auch gerecht und herrlich, das ist, *ewig selig* gemacht werden." (1594. Acta Huberiana I, 266. Vid. Frank: Theologie der Concordienf. IV, 285.)

FACULTAS THEOLOGICA WITTEBERGENSIS: „Die Schrift hält durchaus für eins: die, welche Gott zum Leben erwählet, und die, welche endlich solch Leben ergreifen und in den Himmel kommen; in Ansehung, dass die Wahl nicht stocken bleibt, sondern wird zur Seligkeit und Glorification ausgeführt (Röm. 8, 29. 30.), wie Paulus sagt: ‚Die

Wahl erlangt es' (Röm. 11, 7.), nämlich der Seelen Seligkeit." (Be-
scheidentliche Antw. auf das Bek. Huberi. 1595.   Vid. Consil. Witteberg. I, 547.)

B. Meisnerus: ,,Per *mutabilitatem* vero nil aliud intelligitur,
quam evacuationis possibilitas, cum electione quis excidere et ex electo
potest fieri reprobus.   Tum enim ratione nostri mutatur praedestinatio
sic, ut, qui ante per fidem catalogo electorum adscriptus fuit, ob peccata inde expungatur, si vero poenitentiam agat, vicissim inscribatur,
atque sic alternis vicibus pro ratione vel fidei vel impoenitentiae jam
reprobus sit, jam electus.   Talis igitur mutatio reciproca num concedi
debeat, numve in decreto electionis locum habeat, in controversiam
vocatur.   Quid vero respondendum sit, non adeo obscurum erit, si
C. F. consulatur.   Sic autem in Epitome legitur art. 2. p. 618. edit.
Lips. anno 1606.: ,Praedestinatio seu aeterna Dei electio tantum ad
bonos et dilectos filios Dei pertinet et haec est causa ipsorum salutis;
etenim salutem procurat et ea, quae ad ipsam pertinent, disponit.
Super hanc Dei praedestinationem salus nostra ita fundata est, ut inferorum portae eam evertere nequeant.' Rursus in solida decl. p. 799.:
,Aeterna electio seu praedestinatio Dei ad salutem non simul ad bonos
et ad malos pertinet, sed tantum ad filios Dei, qui ad aeternam vitam
consequendam electi et ordinati sunt.' Paulo post: ,In ea divina praedestinatione aeterna nostra salus ita fundata est, ut etiam inferorum
portae adversus eam praevalere nequeant, scriptum est enim: Oves
meas nemo rapi et de manu mea.' Et p. 803.: ,Ille idem in aeterno
consilio suo decrevit, quod eos, quos elegit, vocavit, justificavit, in
altera aeterna illa vita salvos facere et aeterna gloria ornare velit.'
Mox infra: ,Decrevit, quod eo modo (quem jam recitavimus) ipsos per
suam gratiam, dona atque efficaciam salutis aeternae participes facere,
juvare, eorum salutem promovere, ipsos confirmare et conservare
velit.' Ex istis Concordiae verbis sequentes aphorismos deducimus:
1. Quod electio proprie dicta tantum *fideles* attineat, non omnes vocatos in genere, multo minus omnes homines.   2. Quod electi omnes
certo salventur, quia dicitur, 1) electionem esse causam salutis et hanc
ipsam procurare; 2) portas inferorum non posse evertere; 3) factam
esse ad vitam consequendam; 4) sic, ut oves electae nequeant rapi e
manu Dei, h. e., gratia finaliter excidere et damnari; 5) quia·Deus
electos suos certo vult salvare et propterea in fide ad finem vitae usque
conservare.   Qui ergo non conservantur, non perseverant, adeoque
non salvantur, ii vere proprieque secundum Scripturae phrasin et Concordiae explicationem electi vocari nequeunt.   3. Quod praedestinatio
sit immutabilis, adeo ut ex electo non fiat reprobus, vel contra.   Si
enim omnes praedestinati conservantur et certo salvantur, utique praedestinatus nunquam fuit, qui damnatur, licet ad tempus crediderit et
gratiam Dei persenserit.   Eandem sententiam tenent *theologi Wittebergenses* in explic. brevi contra Huberum A. 3. fac. 2. B. 2. fac. 1. B. 3.
fac. 1. et 2. D. 3. fac. 2. E. 4. fac. 2. E. 1. fac. 2., *theologi Tubingenses*
P. I. Act. Huber. p. 38. 182. 195. 200. 266. 270. 303. 304. P. II. Act.
p. 33. 36. 107. 217. sqq., *Chemnitius* in Enchiridio p. 266., *Hunnius* de
praedest. p. 357. 358. sqq. edit. Francof. 1603. Tom. 1. disp. 10. Marp.
th. 88., *Gesnerus* disp. ult. in Dan. th. 142., *Gerlachius* disp. de aeterna
salvandorum electione th. 11., *Rungius* disp. 10. in ep. ad Rom. p. 179.,
Dn. D. *Hutterus* in Form. Conc. p. 1121. 1163. 1124. 1177. et Dn. D.
Menzerus Tom. 1. disp. Giess. disp. 14. th. 10. 40. 78. 109. 129. 131. 171.
192. sqq. Hi omnes docent et fatentur: 1. Decretum electionis, ut
aeternum, sic *immutabile et certum* esse.   Quae enim Deus semel decrevit facere, ea certo exequitur, et nisi faceret, fine suo frustraretur,
ejusque veritati, sapientiae et omnipotentiae detraheretur.   Quem igitur elegit, h. e., salvare decrevit, illum certo salvat et contra.   2. Hinc
sequitur, quod *electus semper maneat electus, nec unquam fiat reprobus*,
vel contra, h. e., quod electio nequeat irrita reddi vel evacuari.   3. *Licet*

igitur electi quidam mortaliter peccent, eo tamen ipso tempore vere sunt et dici possunt electi ob decretum divinum et certum electorum numerum, cui in aeterna praenotione semper manent inclusi. 4. Pari modo, quamvis nonnulli ad tempus vere credant, tamen si ab aeterno viventium libro non sunt inscripti ob praevisam incredulitatem finalem, *eo ipso fidei tempore, vi decreti divini, vere sunt et dici possunt in divina praescientia reprobati.* 5. Magna proinde *differentia est inter renatos et electos,* adeo ut pro synonymis haberi nequeant, cum distinguantur tanquam latius et angustius, si quidem omnes electi sunt quidem renati, si non omni, tamen mortis, tempore; sed non contra omnes renati simul sunt electi, nempe ii, qui fidem amittunt et cum finali impoenitentia decedunt." ('Ανϑρωπολ. Disp. XVI. A. 2. b. — A. 3. b.)

IDEM: ,,Matth. 24, 24. Marc. 13, 22.: ,Surgent pseudo-christi et pseudoprophetae et dabunt signa magna et prodigia, ita ut in errorem inducantur, *εἰ δυνατὸν,* si possibile esset vel fieri posset, etiam electi.' Hinc ita inferimus: si ex electo posset *fieri reprobus,* tum simul possibile foret, electos *seduci finaliter;* atqui juxta Christi assertionem possibile non est, electos seduci finaliter; ergo nec possibile erit, ex electo fieri reprobum. Neque valet exceptio, per *impossibilitatem* esse intelligendam *difficultatem,* eo, quod impossibile saepe idem sit, quod difficile. Etenim ut nihil dicam, quod haec explicatio sit principii petitio et ex solis particularibus procedat, vel illud solum studiose considerari velim, Christum non dicere, impossibile est electos seduci, sed ita format stylum: ,Facient signa adeo magna, si possibile esset', quibus certe verbis non modo difficultatem, sed omnimodam prorsus impossibilitatem seductionis intellectam vult. Nam etiam seducitur, qui difficulter seducitur. Christus autem omnino negat, seductum iri ullum electum, quia hoc non sit possibile. Qualis autem et quam absurda foret paraphrasis: in errorem propter signa et prodigia inducerentur etiam electi, si possibile foret, i. e., nisi difficile foret. Imo inverti posset: Licet sit difficile, tamen induci poterunt, quoniam etiam ea, quae difficulter contingunt, tamen quandoque contingunt et contingere possunt. Nisi ergo verba Christi omnino invertere placeat, necesse est, ut fateamur, Christum potius de impossibilitate, quam difficultate seductionis locutum esse. Hic autem exoritur quaestio: annon hoc pacto absolutum statuatur decretum, vel num alia dicta impossibilitatis causa assignari queat? *Nos distinguimus inter absolutum et infallibile;* statuentes non *ex absoluta et fatali necessitate* electos conservari et salvari, quasi simpliciter impossibile sit, ut pereant, quicquid etiam agant; sed duntaxat *infallibilitatem* intellectam volumus. Ipsorum quidem conditio talis est, ut peccare et perire possint; *nunquam tamen hoc contingit aut contingere potest,* quia infallibiliter conservantur. Atque sic infallibilitatis istius causam constituimus non fatale decretum Calvinisticum, non perfectionem summam electorum, sed potius: 1. virtutem Dei, custodientis electos in fide ad salutem, 1 Pet. 1, 5.; 2. precationem Christi efficacem pro perseverantia et salute electorum Joh. 17, 11.; 3. potestatem Christi, cui nemo potest oves rapere ex manibus suis Joh. 10, 28.; 4. firmitatem decreti divini 2 Tim. 2, 19.; et denique 5. infallibilitatem praescientiae." ('Ανϑρωπολ. Disp. XVI. C. 1. b. sq.)

IDEM: ,,2 Tim. 2, 18. et 19. ,Hymenaeus et Philetus a veritate exciderunt, dicentes, resurrectionem esse jam factam; sed firmum fundamentum Dei stat habens signaculum hoc: Novit Dominus, qui sunt sui.' In quo dicto diligentissime observanda est ista *ἀντίϑεσις* excidentium et electorum a Domino cognitorum. Quia enim Hymenaeus et Philetus ad tempus quidem crediderant, post autem a fide defecerant, ne quis offenderetur, ac si electi etiam finaliter excidere et perire possent, statim subjungit apostolus: ,Sed firmum stat fundamentum', q. d., ne offendamini, quod isti duo, primum fideles, post apostatae facti sint, nec putetis, electos etiam perire posse, quoniam isti, licet

crediderint ad tempus, non tamen fuerunt vere electi, quod eventus
docet, cum ,firmum sit fundamentum Dei, habens signaculum hoc:
Novit Dominus, qui sunt sui'." ('Ανϑρωπολ. Disp. XVI. B. 1.)

IDEM: ,,Statuimus, aliquem minus posse erigi et confirmari de
electione, si hujus mutabilitas defendatur. Nam si quis se electum
crederet, et tamen dubitaret de sua perseverentia et salute, quia audiret, multos electos excidere et aeternum perire, nescio, an satis posset
hic scrupulus ipsi eximi, stante aliorum sententia. Ita enim instaret:
non omnis electus perseverat et salvatur, sed multi finaliter excidunt
electione et damnantur. Etiamsi igitur jam sim electus, non tamen ex
hac electione certitudinem perseverantiae et salutis ob dictam causam
firmiter concludere possum. Contra vero si τὸ ἀμεταμέλητον electionis
astruatur, invicte quis concludere potest: omnis electus a Deo prae-
servatur et in errorem finalem induci nequit, sed certo salvabitur et
glorificabitur. Atqui ego credo et testimonium praebet Spiritus Sanctus, quod sim electus. Quare certus sum et credo firmiter, Deum me
esse conservaturum, ab omni malo praeservaturum et tandem infallibiliter salvaturum atque glorificaturum. Ita videmus, quanta πληροφορία
et certitudo fidei oriatur et deducatur ex immutabilitate electionis;
quae si negetur, et istam si non negari, certe tamen magna ex parte
labefactari necesse est." ('Ανϑρωπολ. Disp. XVI. D. 2. a. b.)

GERHARDUS: ,,Ex hypothesi et suppositione rectissime dicitur,
electorum numerum nec augeri nec minui posse; ibi enim consideratur
numerus, ut actu est; omne autem, quod est, eo ipso, quod est, impossibile est non esse vel aliter esse, juxta Boëtii regulam." (L. de
elect. § 213.)

CALOVIUS: ,,Si electi perire possent, praevisio Dei falsa foret et
electio mutabilis; cum Deus contra falli in praevisione sua non possit.
Si incerta ac mutabilis esset electio, ab aeterno facta ųon esset; quod
enim ab aeterno est, mutabile non est. At facta est ab aeterno, Matth.
25, 34. Eph. 1, 4. 2 Tim. 1, 9. Apoc. 17, 8. etc. (Socinism. proflig.
p. 744.)

B. MENZERUS: ,,Sane verum est, electorum fidem finaliter everti
non posse. Secus enim non forent electi. Quippe omnes et soli in
fide perseverantes ad finem sunt electi, et *omnes et soli electi* in fide
perseverant ad finem." (Disp. th. in academ. Giessen. hab. Tom.
VII, 499.)

S. SCHMIDTIUS: ,,Hoc certum nobis esse debet, merae divinae in
Christo gratiae esse, quod electi seduci non possunt. Probatur, quia
electi, abstracta electionis gratia, possunt seduci, imo certe futurum
esset, ut seducerentur, ut textus noster (Matth. 24, 24.) clare significat.
Posse autem illos seduci, excludit omne eorum meritum, omnes eorum
vires hactenus, ut inseducibiles illos facere nequeant. Finge namque,
eos saltem tales per merita esse, ut Deus non possit eos seductioni
permittere, sed cogatur eos facere inseducibiles, sane in se considerati
et extra electionem positi erunt inseducibiles. Atqui noster locus ab
electione inseducibilitatem suspendit. Oportet itaque, electionem esse
gratuitam et inseducibilitatem inde oriundam merae gratiae." (Colleg.
bibl. poster. Ed. 3. p. 242.)

SCHERZERUS: ,,Objiciunt (Sociniani): 1 Cor. 9, ult.: ,Corpus
meum in servitutem redigo, ne, aliis praedicans, ipse *reprobus fiam.'*
Ex quo dicto apertissime constat, Paulum, qui ad vitam aeternam electus fuerat, potuisse fieri reprobum. Quod si ipse Paulus reprobus
fieri potuit, quanto magis caeteri? Slicht. post Socin. qq. contr. Meisn.
f. 40. Resp.: Non agitur de reprobatione electioni, sed improbationi
opposita. Ἀδόκιμος est a δοκιμάζω, probo, notatque *inutilem,* nonnunquam ad tempus tantum, 2 Cor. 13, 7. At, electum ad tempus inutilem,
imo noxium ecclesiae (qualis Paulus ipse ante conversionem fuit) esse
posse, concedimus. Inde non sequitur, aeternum reprobari ullum elec-

torum. Si Paulus reprobus fieri sive damnari potuisset, qui, se ab aeterno non reprobatum esse, Rom. 8, 38. 2 Cor. 13, 6., certus fuisset?‘‘ (Colleg. antisocin. p. 769.)

DANNHAUERUS: ,,Fieri omnino potest, ut electus non sit membrum ecclesiae actuale, non sit ,de hoc ovili‘ (Joh. 10, 16. Rom. 8, 9. Gal. 5, 24.), cum *nondum* habeat spiritum Christi, ac ideo non sit ejus. ,Secundum praescientiam et praedestinationem quam multae oves foris, quam multi lupi intus!‘ Augustin. Tract. 45. in Joh.‘‘ (Hodosoph. p. 62.)

HOLLAZIUS: ,,Nonnulli theologi Tubingenses vocem ,electio‘ adhibent non in sensu generali, neque etiam strictissimo, sed *in sensu strictiori et medio*, ut notet ordinationem omnium credentium, sive usque ad finem vitae, sive ad tempus credant, ad aeternam salutem; quo sensu *omnis credens* est electus et extincta per peccata mortifera fide ex electo fit reprobus. Cf. D. Ad. Osiandri Colleg. th. VI, 110.‘‘ (Exam. p. 641.)

ANTITHESES.

QUENSTEDTIUS: ,,*Antithesis:* 1. *Socinianorum*, electos excidere sua electione et perire posse, statuentium. Ita Socinus in Praelect. c. 12. et 13. . . 2. *Arminianorum*, qui etiam electionem ad gloriam variabilem faciunt, electionem ad gloriam aliam peremtoriam, aliam non peremtoriam constituentes. Tres enim assignant credentium ordines. Primum novitiorum, qui recens ad fidem convertuntur, sed ortis tentationibus statim languescunt et deficiunt. Alterum eorum, qui in viva fide et proposito sancto aliquanto tempore quidem constantes manent, sed tandem tamen, sive mundi sive carnis sive satanae illecebris aut violenta tyrannide victi fractique, a fide deficiunt ac desciscunt. Tertium eorum, qui finaliter perseverant. Priores duos ordines credentium eligi vere, at non prorsus absolute, nec nisi ad tempus; tertium ac postremum solum finaliter ac peremtorie eligi asserunt, Confess. c. 18. s. 6. 3. *Huberi*, qui acriter sese thesi nostrae opposuit. Electionis enim universalitas obtineri nequit, nisi salus plurimorum electorum impugnetur.‘‘ (L. c. s. 2. q. 8. f. 90.)

KROMAYERUS: ,,*Arminiani* electionem aliam *incompletam*, quam τοῖς προςκαίροις adscribunt, aliam *completam*, quam perseverantibus in fide tandem salvandis assignant, faciunt Confess. c. 5. s. 7.‘‘ (Scrutin. relig. p. 194.)

AD. OSIANDER: ,,Electi gratia Dei penitus excidere atque reprobari possunt.‘‘ (Colleg. th. VI, 110.)

QUENSTEDTIUS: ,,*Antithesis:* 1. *Anabaptistarum*, in quibus gratiam totaliter inamissibilem damnavit Aug. Conf. a. 12. his verbis: ,Damnant (nostrae ecclesiae) Anabaptistas, qui negant, semel justificatos posse amittere Spiritum S.‘ 2. *Calvinianorum*, qui contendunt, electos, quomodocunque lapsi fuerint, non amittere tamen fidem, sed, quasi deliquium passos, retinere illius habitum, semen, scintillam, etiamsi actu non sentiant etc. Sic conditor hujus gentis, Calvinus, l. 3. Instit. c. 2. f. 12.: ,Hoc interim tenendum est‘, inquit, ,quantumvis exigua sit ac debilis in electis fides; quia tamen spiritus Dei certa in illis arrha est ac sigillum suae adoptionis, nunquam ex illorum cordibus deleri posse ejus sculpturam; reprobos vero tali luce aspergi, quae postea dispereat.‘ Piscator contra Schaffm. p. 160. scribit: ,Ne Davidem quidem adulterio homicidioque nec Petrum Domini sui abnegatione Spiritum S. perdidisse.‘ . . Bucanus loco 29. q. 27.: ,Fides‘, inquit, ,accipere potest detrimentum et veluti deliquium pati, ut nonnunquam varietur et tentationum procellis concutiatur, obscuretur, obruatur, languida fiat. Imo etiam in sanctis haud aliter, quam in ebriis et infantibus, ratio sopiatur et sepeliatur. Sicut in Davide, cum admisit adulterium, et in Petro, cum ter abnegavit Christum, sed tamen nunquam penitus excutitur.‘‘ (L. c. s. 2. q. 7. f. 77. sq.)

QUENSTEDTIUS: ,,*Attributa sive adjuncta*, alia electionis, alia electorum sunt. *Electionis attributa* sunt: 1. *aeternitas;* Matth. 25, 34.: ,Possidete regnum paratum vobis a mundi constitutione.' Eph. 1, 4.: ,Elegit nos in ipso ante constitutionem mundi.' cf. 2 Tim. 1, 9. 2 Thess. 2, 13. 2. *Particularitas;* Matth. 20, 16.: ,Multi vocati, pauci electi.' 3. *Immutabilitas*; 2 Tim. 2, 19.: ,Firmum stat fundamentum Dei, habens signaculum hoc: Novit Dominus, qui sunt sui.' . . *Attributa electorum* sunt: 1. *paucitas;* Matth. 20, 16. 22, 14.: ,Multi vocati, pauci electi.' 2. *Possibilitas excutiendi ad tempus totaliter gratiam inhabitantem.* Hinc David Ps. 51, 13.: ,Spiritum S. tuum ne auferas a me.' 1 Cor. 10, 12.: ,Qui sibi videtur stare, videat, ne cadat.' 3. **Certitudo** electionis; Luc. 10, 20.: ,Gaudete, quod nomina vestra scripta sint in coelis.' cf. Rom. 8, 38. sq. 2 Tim. 4, 8., ex parte hominis non absoluta, sed ordinata; Phil. 2, 12.: ,Dilecti, cum metu et tremore operamini vestram salutem. 4. *Persistentia in fide finalis;* Matth. 10, 22.: ,Qui perseverat usque ad finem, salvus erit.' cf. Apoc. 11, 10.'' (L. c. s. 1. th. 20. sq. f. 29. sq.)

FORMULA CONCORDIAE: ,,Es gehöret auch dies zu fernerer Erklärung und heilsamem Brauch der Lehre von der Vorsehung Gottes zur Seligkeit: *weil allein die Auserwählten selig werden*, deren Namen geschrieben stehen im Buch des Lebens, *wie man das wissen, woraus und wobei erkennen könne, welche die Auserwählten sind*, die sich dieser Lehre zum Trost annehmen können und sollen. Und hievon sollen wir nicht urtheilen nach unserer *Vernunft*, auch nicht nach dem *Gesetz*, oder aus einigem *äusserlichem Schein*; auch sollen wir uns nicht unterstehen, den *heimlichen verborgenen Abgrund göttlicher Vorsehung zu forschen*, sondern auf den *geoffenbarten* Willen Gottes Acht geben. Denn ,er ist uns offenbaret und wissen lassen das Geheimniss seines Willens, und hat dasselbige hervor gebracht durch Christum, dass es gepredigt werde', Eph. 1, 9. f. 2 Tim. 1, 9. f. Dasselbige aber wird uns also geoffenbaret, wie *Paulus* spricht Röm. 8, 29. f.: ,Die Gott versehen, erwählet und verordnet hat, die hat er auch *berufen*.' Nun berufet Gott nicht ohne Mittel, sondern durch das Wort, wie er denn ,befohlen hat, zu predigen Busse und Vergebung der Sünden'. . . Und solchen *Beruf* Gottes, so durch die Predigt des Worts geschieht, sollen wir für kein Spiegelfechten halten, sondern wissen, dass dadurch Gott seinen Willen offenbart, dass er in denen, die er also beruft, durchs Wort wirken wolle, dass sie erleuchtet, bekehrt und selig werden mögen. Denn das Wort, dadurch wir berufen werden, ist ein Amt des Geistes, das den Geist gibt oder dadurch der Geist gegeben wird, 2 Cor. 3, 8., und eine Kraft Gottes selig zu machen, Röm. 1, 16. Und weil der Heilige Geist durchs Wort kräftig sein, stärken, Kraft und Vermögen geben will, so ist Gottes Wille, dass wir das Wort annehmen, glauben und demselben folgen sollen. Daher werden die Auserwählten also beschrieben Joh. 10, 27. f.: ,Meine Schafe hören meine Stimme, und ich kenne sie, und sie folgen mir, und ich gebe ihnen das ewige Leben'; und Eph. 1, 11. 13.: ,Die nach dem Vorsatz verordnet sind zum Erbtheil, die hören' das Evangelium, glauben an Christum, beten und danken, werden geheiligt in der Liebe, haben Hoffnung, Geduld und Trost im Kreuz, Röm. 8, 25.; und ob dies alles gleich sehr schwach in ihnen ist, haben sie doch Hunger und Durst nach der Gerechtigkeit, Matth. 5, 6. Also ,gibt der Geist Gottes den Auserwählten Zeugniss, dass sie Kinder Gottes sind, und da sie nicht wissen, was sie beten sollen, wie sichs gebührt, vertritt er sie mit unaussprechlichem Seufzen', Röm. 8, 16. 26. So zeugt auch die heilige Schrift, dass Gott, der uns berufen hat, so getreu sei, wenn er das gute Werk in uns angefangen hat, dass ers auch bis ans Ende erhalten und vollführen wolle, wo wir uns nicht selbst von ihm abkehren, sondern das angefangene Wesen bis ans Ende fest behalten, dazu er denn seine Gnade verheissen hat, 1 Cor. 1, 9. Phil. 1, 6. 2 Petr. 3, 9. Ebr. 3. Mit diesem geoffenbarten Willen Gottes sollen wir uns bekümmern, demselben folgen und uns desselben befleissigen, weil der Heilige Geist durchs Wort, dadurch er uns beruft, Gnade, Kraft und Vermögen dazu verleihet, und den Abgrund der verborgenen Vorsehung Gottes nicht forschen, wie Luc. 13, 24. geschrieben, da einer fraget: ‚Herr, meinest du, dass wenig selig werden?‘ antwortet Christus: ‚Ringet ihr darnach, dass ihr durch die enge Pforte eingehet.‘ . . Derhalben auch Christus die Verheissung des Evangelii nicht allein lässt ingemein vortragen, sondern dieselbige durch die *Sacramente*, die er als Siegel der Verheissung angehänget, versiegelt und damit einem jeden Gläubigen insonderheit bestätigt. Darum behalten wir auch, wie die Augsburgische Confession articulo 11. sagt, die *Privatabsolution*, und lehren, dass es Gottes Gebot sei, dass wir solcher Absolution glauben, und für gewiss halten sollen, dass wir so wahrhaftig, wenn wir dem Wort der Absolution glauben, Gott versöhnt werden, als hätten wir eine Stimme vom Himmel gehört, wie die Apologia diesen Artikel erkläret: welcher Trost uns ganz und gar genommen, wenn wir nicht aus dem Beruf, der durchs Wort und durch die Sacramente geschieht, von Gottes Willen gegen uns schliessen sollten.“ (Concordia, p. 709—712.)

LUTHERUS: ,,Initio quidem statim voluit Deus occurrere huic curiositati. Sic enim suam voluntatem et consilium proposuit: Ego tibi praescientiam et praedestinationem egregie manifestabo; sed non ista via rationis et sapientiae carnalis, sicut tu imaginaris. Sic faciam: *Ex Deo non revelato fiam revelatus et tamen idem Deus manebo.* Ego incarnabor vel mittam Filium meum; hic morietur pro tuis peccatis et resurget a mortuis. Atque ita implebo desiderium tuum, *ut possis scire, an sis praedestinatus, an non?* ‚Ecce, hic est Filius meus, hunc audito‘ (Matth. 17, 5.), hunc adspice jacentem in praesepio, in matris gremio, pendentem in cruce. Vide, quid is faciat, quid loquatur. Ibi me certo apprehendes. ‚Qui enim me videt‘, inquit Christus (Joh. 14, 9.), ‚videt et Patrem ipsum.‘ Si hunc audieris et in nomine ejus baptizatus fueris et diliges verbum ejus, tum certo es praedestinatus et certus de tua salute. Si vero maledicis aut contemnis verbum, tum es damnatus, quia, qui non credit, condemnatur. Alias cogitationes et vias rationis aut carnis occidito, quia Deus eas detestatur. Id unum age, ut suscipias Filium, ut placeat in corde tuo Christus in sua nativitate, miraculis et cruce. Ibi enim est liber vitae, in quo scriptus es. . . Deus enim non ideo de coelo descendit, ut faceret te incertum de praedestinatione, ut doceret te contemnere sacramenta, absolutionem et reliquas ordinationes divinas. Imo ideo instituit, ut redderet te certissimum, et auferret morbum dubitationis ex animo tuo, ut non solum corde crederes, sed etiam oculis carnalibus adspiceres et manibus palpares. *Cur igitur rejicis ista et quereris, te nescire, an sis praedestinatus?* Tu habes evangelium, es baptizatus, habes absolutionem, es christianus, et tamen dubitas, ac dicis, te nescire, utrum credas, an non, num pro veris habeas, quae de Christo in verbo et sacramentis praedicantur. . . Deus dicit tibi: En, habes Filium meum, hunc audias et acceptes. Id si facis, jam certus es de fide et salute tua. Sed nescio, inquies, an *maneam* in fide. Attamen *praesentem* promissionem et praedestinationem suscipe, et non inquiras curiosius de arcanis Dei consiliis. Si credis in Deum revelatum et recipis verbum ejus, *paulatim etiam absconditum Deum revelabit,* quia, ‚qui me videt, videt et Patrem‘, Joh. 14, 9. Qui Filium rejicit, amittit cum revelato Deo etiam non revelatum. Si autem firma fide revelato Deo adhaeseris, ita ut cor tuum sic sentiat, te non amissurum Christum, etiamsi omnibus spoliatus fueris, *tum certissime praedestinatus es,* et absconditum Deum intelliges, imo jam de praesenti intelliges.“ (Ad Gen. 26, 9. Vid. exeget. opp. lat. Erlang. T. VI, 293—296.)

IDEM: ,,Audi Filium incarnatum et sponte se offeret praedestinatio. *Staupitius* his verbis me consolabatur: Cur istis speculationibus te crucias? Intuere vulnera Christi et sanguinem pro te fusum; ex istis fulgebit praedestinatio. Audiendus igitur est Filius Dei, qui missus est in carnem et ideo apparuit, ut hoc opus diaboli dissolvat et certum te faciat de praedestinatione. Ideoque tibi dicit: Tu es ovis mea, quia audis vocem meam. ‚Nemo rapiet te ex manibus meis.‘ (Joh. 10, 29.) .. Haec studiose et accurate sic monere et tradere volui, quia post meam mortem multi meos libros proferent in medium, et inde omnis generis errores et deliria sua confirmabunt. Scripsi autem inter reliqua, esse omnia absoluta et necessaria, sed simul addidi, quod aspiciendus sit Deus revelatus, sicut in psalmo canimus: Er heisst Jesus Christ, der Herr Zebaoth, und ist kein ander Gott, Jesus Christus est Dominus Zebaoth, nec est alius Deus; et alias saepissime. Sed istos locos omnes transibunt et eos tantum arripient de Deo abscondito. Vos igitur, qui nunc me auditis, memineritis, me hoc docuisse, *non esse inquirendum de praedestinatione Dei absconditi, sed ea acquiescendum esse, quae revelatur per vocationem et per ministerium verbi.* Ibi enim potes de fide et salute tua certus esse, ac dicere: Ego credo in Filium Dei, qui dixit: ‚Qui credit in Filium, habet vitam aeternam.‘ (Joh. 3, 36.) Ergo in eo non est damnatio aut ira, sed beneplacitum Dei Patris. Haec eadem autem alibi quoque in libris meis protestatus sum, et nunc etiam viva voce trado; ideo sum excusatus.“ (L. c. p. 296. sq. 300.)

IDEM: „Wiewohl der Beruf und die Erwählung vor sich stark genug ist, so ist sie doch nicht bei *dir* stark und fest, weil du noch nicht gewiss bist, dass sie dich betreffe. Darum will Petrus, dass wir uns solchen Beruf und Erwählung mit guten Werken fest machen. . . Das meinet nun St. Petrus, dass man den Glauben nicht soll lassen ruhen und stille liegen, weil er also geschickt ist, dass er von Treiben und Ueben immer mehr und mehr kräftig wird, so lange bis er der Berufung und Erwählung gewiss wird und nicht fehlen kann. Und hier ist auch ein Ziel gesteckt, wie man mit der Versehung handeln soll. Es sind viel leichtfertige Geister, die nicht viel vom Glauben gefühlet haben; die fallen herein, stossen oben an und bekümmern sich *zum ersten* mit diesem Ding und wollen durch die *Vernunft* ergründen, ob sie versehen sind, auf dass sie gewiss werden, woran sie seien. Davon stehe nur bald ab, es ist nicht der Griff dazu. Willst du aber gewiss werden, so musst du durch den Weg dazu kommen, den dir hier St. Petrus vorschlägt. Nimmst du einen andern vor dich, so hast du schon gefehlet; es muss dichs deine eigne Erfahrung lehren. Wenn der Glaube wohl geübt und getrieben wird, so wirst du zuletzt der Sache gewiss, dass du nicht fehlest.“ (Ausl. der andern Ep. St. Petri. 1524. IX, 846. sq.)

IDEM: „Fichtet dich deine Sünde und Unwürdigkeit an und fället dir darüber ein, du seiest von Gott nicht versonnen, item, die Zahl der Auserwählten sei klein, der Haufe der Gottlosen gross, und erschrickest über den greulichen Exempeln göttliches Zorens und Gerichts u. s. w., so disputire nicht lange, warum Gott dies oder jenes also mache und nicht anders, sondern sei er doch wohl könnte u. s. w. Auch unterstehe dich nicht, den Abgrund göttlicher Versehung mit der Vernunft zu erforschen, sonst wirst du gewiss drüber irre, verzweifelst entweder, oder schlägest dich gar in die freie Schanz; sondern halt dich an die Verheissung des Evangelii, die wird dich lehren, dass Christus, Gottes Sohn, in die Welt kommen sei, dass er alle Völker auf Erden segnen, das ist, von Sünde und Tod erlösen, gerecht und selig machen sollt, und dass er solches aus Befehl und gnädigem Willen Gottes, des himmlischen Vaters, gethan habe, der die Welt also geliebet hat, dass er seinen einigen Sohn gab, auf dass alle, die an ihn gläuben, nicht verloren werden, sondern das ewige Leben haben, Joh. 3. Folgest du dem Rath, nämlich, erkennest du zuvor, dass du ein Kind des Zorens von Natur bist, des ewigen Todes und Verdammniss schuldig, daraus dich keine Kreatur, weder menschlich, noch englisch, erretten könne, und ergreifest darnach Gottes Verheissung, gläubest, dass er ein barmherziger, wahrhaftiger Gott sei, der treulich halte (aus lauter Gnade, ohn alle unser Zuthun und Verdienst), was er geredt habe, und habe darum Christum, seinen einigen Sohn, gesandt, dass er für deine Sünde sollt genugthun und dir seine Unschuld und Gerechtigkeit schenken, dich endlich auch von allerlei Noth und Tod erlösen, *so zweifel nicht daran, du gehörest unter das Häuflein der Erwählten* u. s. w. Wenn man auf solche Weise (wie denn S. Paulus auch pfleget) die Versehung handlet, ist sie über die Massen tröstlich. Wers anders fürnimmt, dem ist sie schrecklich." (Die 1. Ep. S. Petrus ausgel. Ed. Erlang. P. LII. p. 6.)

IDEM: „Hier ist den freveln und hochfahrenden Geistern ein Mal zu stecken, die ihren Verstand *am ersten hieher führen und oben anheben;* zuvor den Abgrund göttlicher Versehung zu forschen und vergeblich damit sich bekümmern, ob sie versehen sind. Die müssen sich denn selbst stürzen, dass sie entweder verzagen, oder sich in die freie Schanze schlagen. Du aber folge dieser Epistel in ihrer Ordnung, bekümmere dich *zuvor* mit Christo und dem Evangelio, dass du deine Sünde und seine Gnade erkennest; darnach mit der Sünde streitest, wie hier das 1. 2. 3. 4. 5. 6. 7. 8. Kapitel gelehret haben. Darnach, wenn du in das achte Kapitel kommen bist, unter das Kreuz und Leiden, das wird dich recht lehren die Versehung im 9. 10. und 11. Kapitel, wie tröstlich sie sei. *Denn ohne Leiden, Kreuz und Todesnöthen kann man die Vorsehung nicht ohne Schaden und heimlichen Zorn wider Gott handeln. Darum muss Adam zuvor wohl todt sein, ehe er dies Ding leide und den starken Wein trinke.* Darum siehe dich vor, dass du nicht Wein trinkest, wenn du noch ein Säugling bist. *Ein jegliche Lehre hat ihre Masse, Zeit und Alter.*" (Vorr. zum Br. an d. Römer. XIV, 125. sq.)

IDEM: „In der Disputation von der Versehung ists nützlich und das Beste, *unten*, an Christo, anfahen, so findet und höret man den Vater; denn alle, die *oben* angefangen haben, die haben den Hals gestürzt." (Tischreden. XXII, 1289.)

IDEM: „Und ist nicht befohlen, *vorhin* zu fragen, ob wir auserwählt sind; sondern es ist genug, dass wir wissen, wer endlich verharret in seiner Busse und Glauben, der ist gewisslich auserwählt und selig, wie Christus spricht: ‚Selig sind die, so beharren bis an das Ende.‘" (Bedenken vom J. 1536. X, 2001.)

U. RHEGIUS: „Wir sollen den tiefen Abgrund göttlicher Versehung nicht mit menschlichem Fürwitz handeln, sondern thun, was uns Gott heisst und befiehlet, nämlich dem Evangelio gläuben; wer ihm gläubt, der ist der Erwählten einer, Röm. 8. Joh. 8. Wer ihm noch nicht gläubt, der ist entweder nicht aus der Zahl der Auserwählten, oder aber es ist die Stunde seines Berufs noch nicht kommen. Wer hie nicht greulich fallen will, wie Lucifer, der soll mit den heimlichen Gerichten Gottes unverworren bleiben." (Formulae caute loquendi. Ed. Feustking. p. 38.)

CHEMNITIUS: „Illud tantum addam, quam variis artificiis locum Rom. 8. ludificare conentur pontificii. Pighius ex Thoma dicit, Paulum ibi tantum de *suae* salutis certitudine, quam ex peculiari *revelatione* habuerit, loqui; non vero affirmare, omnem Christi fidelem ejusmodi certitudinem habere; sed hoc manifeste falsum est. Paulus enim in tota illa sententia in plurali loquitur, et fundamenta illius certitudinis ponit: Christus mortuus est, imo sedet ad dexteram Patris interpellans pro nobis. Andradius igitur videns, has ludificationes non posse consistere, dicit, verbum πέπεισμαι significare non certam fiduciam, sed verisimilem existimationem seu persuasionem, quae tamen falli possit, quia in quibusdam Scripturae locis ita usurpetur. Atqui usurpatur etiam pro certa, firma et indubitata persuasione, 2 Tim. 1.: ‚Certus

sum, quod potens est depositum meum servare.' Et ab hoc themate
πεποίϑησις deducitur. Quaestio jam est, utra significatio conveniat loco
Rom. 8. Illud vero totus contextus tantum non clamat: ‚Si Deus pro
nobis, quis contra nos? Quomodo non omnia cum Filio nobis donaret?
Quis accusabit, quis condemnabit? Deus justificat, Christus mortuus
est. Quis separabit nos a caritate Dei, quae est in Christo Jesu, Domino nostro? Num periculum, num gladius? etc. Imo in his omnibus
plus quam vincimus per eum, qui dilexit nos.' Et post haec verbum
πέπεισμαι. Manifestum autem est, eum cum ratione (quod dicitur) insanire, qui totam illam orationem de dubitatione conaretur explicare.
Et inter ipsos pontificios nemo hactenus ausus fuit dicere, Paulum
Rom. 8. de sua etiam salute incertum dubitare, nisi quod Jesuitarum
impudentia hoc tentavit, quam Andradius non aequare tantum, sed et
superare contendit.'' (Exam. Trid. concil. Ed. Genev. f. 169. a.)

IDEM: ,,Quarto objiciunt etiam sententias de *perseverantia*. Ut
maxime de praesenti gratia certi sint credentes, neminem tamen certum
esse, an sit perseveraturus in finem. Et quia illi soli salvi fiunt, qui
usque in finem perseverant, non igitur posse certam fiduciam esse de
salute credentium. Resp.: Multos non perseverare, sed gratia excidere, et Scriptura et experientia docet. Sed hoc fit non inde et ideo,
quasi Deus nolit credentes, quos semel in gratiam recepit, ad finem
usque conservare; sed ideo fit, quia multi securitate, diffidentia et operibus carnis, Spiritum S. effundunt et fidem excutiunt. Non igitur docendi sunt homines, quomodocunque se gerant, non posse ipsos excidere gratia Dei. Scriptum est enim Romanor. 11.: ‚Si permanserit
in bonitate Dei.' Hebr. 3.: ‚Modo fiduciam retineant usque ad finem.'
Sed monendi sunt, ut actiones carnis spiritu mortificent et fide firmiter
inhaereant Christo, illique per usum verbi et sacramentorum magis
magisque uniantur et petant a Deo donum perseverantiae; luctentur-
que, ne carnis petulantia donum perseverantiae excutiant. Et hoc
modo non debent dubitare de perseverantia, sed statuere, juxta promissiones Philip. 1.: ‚Qui coepit in vobis, perficiet usque in diem Jesu
Christi.' Vocati enim sumus ad consortium Christi sempiternum, non
ut mox iterum abjiciat, quos sibi adjunxit, sed (sicuti inquit) ‚non
peribunt in aeternum.' ‚Nemo rapiet eas de manu mea.' 1 Cor. 1.:
‚Confirmabit vos usque in finem sine crimine in die adventus Domini.'
Ita David inquit: ‚Non confundar in aeternum.' Et Johannes dicit:
‚Haec scribo vobis, ut sciatis, quod vitam habetis aeternam.' Item:
‚Scimus, cum apparuerit, quod similes ipsi erimus.' Rom. 8.: ‚Quis
separabit? certus sum enim, quod nec praesentia, nec futura nos sepa-
rabunt.' 2 Tim. 4.: ‚Reposita mihi est corona justitiae, quam reddet
mihi Dominus in illa die.' Rom. 5.: ‚Gloriamur spe gloriae Dei.' Hae
sententiae manifeste ostendunt, spem fidelem de perseverantia non esse
inter coelum et terram in ambigua dubitatione suspensam.'' (Exam.
Trid. concil. Ed. Genev. f. 172. b.)

IDEM: ,,Es ist auch das gewiss, dass alles, was Gott zuvor ersehen
hat und weiss, nicht anders sein kann noch feilen. Weil aber solch
Geheimniss Gott verborgen und seiner Weisheit vorbehalten und uns
im Wort darvon nichts offenbaret, viel weniger solches durch unsere
Gedanken zu erforschen uns befohlen, sondern ernstlich davon abgehalten hat, Röm. 11., sollen wir mit unsern Gedanken, Folgern und
Schliessen darin nicht grübeln, sondern uns an sein offenbartes Wort,
daran er uns geweiset, halten; wie droben dasselbige erkläret.''
(Handb. 1574. Vid. Frank l. c. p. 343.)

FACULTAS THEOLOGICA LIPSIENSIS: ,,Wir lehren, dass die Gläubigen *gewiss* sein können der Gnade Gottes und der ewigen Seligkeit,
auch daran nicht zweifeln sollen. Hingegen lehren die *Helmstädter*,
ein Mensch könne nicht gewiss sein der ewigen Seligkeit, er müsse
nothwendig zweifeln an seiner endlichen Beständigkeit im Glauben und
an dem ewigen Heil. Sankt Paulus wäre selbst nicht darin gewiss ge-

wesen. Laterm. exerc. de praedest. th. 34. — Widerlegung: Solche
Lehre streitet wider Gottes Wort, Röm. 8. 2 Tim. 1., hebet auf das
Vertrauen des Glaubens und also den Glauben auch und *ist eine rechte
verzweifelte Lehre*, dadurch, wie in den Schmalkaldischen Artikeln gelehret wird, von der Gewalt u. s. w., die Gewissen des rechten und gewissen Trosts beraubet werden." (Kurze Verfassung der reinen
Lehre. Vid. Thesauri consil. appendix nova. Ed. Gruebel. f. 19.)

B. MENZERUS: „Pistorius . . . nunc disputare pergit p. 197.: tametsi doctrina illa papistica longe sit certissima (falsum), tamen *perpetuo esse dubitandum* p. 199. de salute, et neminem hominum posse
esse certum de sua salute; subintellige ex aliis papistis: sine speciali
revelatione. Rationes affert has: 1. quia certitudo illa non habetur in
Scripturis, p. 199.; 2. quia nemo certus esse potest de perseverantia
ad finem usque. . . Haberi in Scripturis certitudinem fidei et salutis;
itemque perseverantiae ad finem usque, et quemvis vere pium certo
scire posse, se vere in Christum credere, contra impudentissimam
antichristiani hominis negationem perspicue et firmiter demonstrabo.
Esto hic syllogismus: Si promissiones evangelicae de remissione peccatorum per et propter Christum credentibus factae et de perseverantia in fide et de consecutione vitae aeternae sunt omnibus modis certissimae et firmissimae et divino juramento stabilitae, et sacramentis,
tanquam coelestibus sigillis, confirmatae et a Spiritu S. in animis
piorum obsignatae, et fides illas promissiones apprehendens est basis
atque fundamentum salutis et certissima demonstratio atque scientia,
quae omnia vincit, ut nihil nos possit separare a dilectione Dei, quae
est in Christo Jesu, et propter eam fiduciam commendantur fideles,
quorum exempla ad imitationem nobis proponuntur; consequens est,
quemlibet christianum, vera fide praeditum, certum esse debere et
posse de gratia et favore Dei, de remissione peccatorum, in fidei perseverantia et aeterna salute. At prius affirmat Scriptura. Ergo et
posterius esse verum necesse est." (Disp. th. et scholast. p. 288. 290.)

B. MEISNERUS: „Statuimus, quod duo imprimis scopuli vitandi
sint: 1. dubitatio, 2. praesumtio. In *illam* si impingas, pontificios
sequeris, tandem angeris et desperas; in *hanc* impingens, ad Calvinianos transis et in carnalem securitatem incidis. Quare cogites primum promissiones Dei infallibiles, et sic liberaberis a dubitatione; post
exhortationes minasque, et sic liberaberis a securitate. Sit hic mixtura
spei et timoris, non quidem servilis, sed filialis. Ita enim inter scyllam
perpetuae dubitationis et inter charybdin absolutae securitatis medium
tenebit navicula fidei, cynosuram verbi secuta." ('Ανθρωπολ. Disp.
XVIII. C. b.)

GERHARDUS: „Non *absoluta* quaedam certitudo electionis et salutis asserenda est, ita enim fores patefierent carnali securitati, nec
incertitudo et dubitatio propugnanda, ita enim fores patefierent desperationi, sed media insistendum est via; de salute nostra certos nos
fecit Deus, non autem securos (intellige securitatem carnalem)." (L. c.
§ 175.)

IDEM: „‚Studete, fratres‘, ait Petrus 1. ep. 1, 10., ‚firmam facere
vocationem et electionem vestram‘; utique ergo ea nobis firma fieri
potest." (L. c. § 208.)

IDEM: „Quando veteres praedestinationem cognosci posse negant,
loquuntur de cognitione *a priori*, ut est in mente divina, sine revelatione, sine verbo, extra Christum etc.; interim cognosci ea potest *ex
verbo Dei* generatim, *ex effectis* speciatim; de *nobis*, fidei et spiritus
testimonio *infallibili;* de *aliis* fidelibus, caritatis judicio *probabili.*"
(Conf. cath. f. 1425.)

BALDUINUS: „Numquid Paulus nos de salute nostra dubitare jubet,
quando eam cum timore ac tremore operari jubet? Phil. 2, 12. Resp.:
Perniciosum hoc dogma est pontificiorum, quod nemo de salute sua

certus esse possit seu, ut concilium Trid. loquitur sess. 6. c. 9., ‚quod nullus scire valeat certitudine fidei, cui non potest subesse falsum, se gratiam Dei esse consecutum‘, et c. 12.: ‚quod nemo, quamdiu in hac mortalitate vivitur, certo statuere debeat, se omnino esse in numero praedestinatorum.‘ Ideo certitudinem salutis nostrae ‚temerariam persuasionem‘ vocant. Quem errorem prolixe defendit Bellarminus l. 3. de justific. c. 2. 3. 4. 5. 12. et inter caetera hoc quoque dicto Paulino abutitur in rem suam, quia Paulus in operatione salutis hortatur omnes fideles ad timorem et tremorem, ideo neminem de salute sua certum esse posse. Verum enim vero sanctissimus apostolus haud dubie sibi-ipsi non contradixit. In ep. Rom. 8, 38. magna πληροφορία fidei scribit, se ‚certum‘ esse, ‚quod neque mors, neque vita, neque angeli, neque principatus, neque virtutes, neque instantia, neque futura, neque fortitudo, neque altitudo, neque profundum, neque creatura alia nos separare possit a caritate Dei, quae est in Christo Jesu, Domino nostro‘; quomodo ergo hic nos dubitare jubeat de gratia et salute nostra? Neque est, ut dicas, Paulum id de *sua* tantum salute scribere, illamque certitudinem ex *peculiari revelatione* habuisse. Expresse enim scribit, *nos* a caritate Dei separari non posse, h. e., fideles omnes; neque opus erat, ut Paulus suam certitudinem Romanis jactaret, sed alios suo exemplo animare et de salute sua certos reddere voluit; ideo enim gratiam sibi exhibitam scribit ad informationem eorum, qui credituri essent in vitam aeternam 1 Tim. 1, 16. Hinc Bernhardus ista verba Pauli in genere ad omnes fideles transfert serm. 3. in Pentec.: ‚Sitis certi‘, inquit, ‚quia neque mors, neque vita, neque caetera alia, quae apostolus tam multipliciter, quam audacter, enumerat, poterunt nos separare a caritate Dei, quae est in Christo Jesu.‘ Quod autem certitudinem illam ex *revelatione* habuerit, neque ipse dicit, neque ulla litera probari potest; aliud fundamentum suae certitudinis monstrat, nimirum doctrinam evangelii de morte et resurrectione Christi, de sessione ejus ad dexteram Patris, ejusque pro nobis intercessione, ex quibus infert suam et fidelium omnium de gratia Dei ac salute certitudinem. Quod autem ad Philippenses nobis timorem et tremorem commendat, sciendum est, Paulum non intelligere timorem *servilem*, qui Deum fugit et horret, nullamque de misericordia ejus fiduciam habet, sed timorem *filialem*, qui revereretur Deum ut Patrem, ne quoquo modo offendat; ideo repagulum injicit carni nostrae, ne dominetur in nobis gratiamque Dei excutiat. Oppositus ergo est hic timor a Paulo nobis commendatus 1. epicureae securitati, qua fides suffocatur, Spiritus S. contristatur et gratia Dei deperditur; 2. spirituali superbiae et arrogantiae, ne fiducia donorum insolescamus, sed toti a gratia misericordiaque Dei pendeamus, operam dantes, ne illa excidamus. Contra haec Bellarminus l. 3. de justific. c. 12.: ‚Haec omnia locum habent in illis, qui praedestinationem suam ignorant, non autem in illis, qui de illa certissimi sunt. Nam qui certo persuasi sunt, se omnino salvandos, non possunt timere, ne excidant salute, imo nec debent timere, si id certo credunt certitudine fidei, quomodo credunt Christum esse Deum; nam isto suo timore injuriam fidei facerent‘, et addit: ‚Spiritus S. hortaretur electos ad infidelitatem, cum hortatur ad timorem amittendae salutis.‘ Haec ille; quae vera sunt de timore *servili*, in quo nulla est fiducia in Deum, quaeque meram facit infidelitatem. Eum a fidelibus abesse jubemus. Non enim acceperunt spiritum servitutis iterum in timore, sed spiritum adoptionis, in quo clamant: Abba Pater, Rom. 8, 15. *Filialis* autem timor non caret fide, sed est fructus ejus; nam ideo timent atque reverentur pii Deum, ne fidem amittant et gratia Dei excidant, quod fit operibus contra conscientiam; semper ergo timor hic conjunctus est cum certitudine fidei, quia, quamdiu pii peccata mortalia fugiunt, non habent, cur de gratia Dei aut salute sua dubitent. Idcirco servire Deo jubemur in timore et exultare cum tremore. Ps. 2. Exultatio est certitudinis, servitus timoris filialis, de quo hic loquimur. Rejicimus ergo dogma pontificium de dubitatione, tanquam perniciosum et horrendum, cui opponuntur promissiones et juramenta Dei. ,Hoc enim Deus dixit', inquit Augustinus in Ps. 88., ,hoc promisit; si parum est, hoc juravit; quia ergo non secundum merita nostra, sed secundum illius misericordiam firma est promissio, nemo debet cum trepidatione praedicare, de quo non potest dubitare.'" (Disp. de cap. 2. ep. ad Philipp. Witteb. 1617. Q. VI. c. 2. sqq.)

BROCHMANDUS: ,,An de electione et perseverentia sua *infallibiliter certi* reddi possint electi? *Arminiani* seu Remonstrantes Belgae, quid statuant de certitudine salutis, his verbis enunciarunt ipsi art. 8. sententiae suae de vere fidelium perseverantia: ,Quomodo vero fidelis', inquiunt, ,certus esse possit, se in fidei, pietatis et caritatis actionibus, ut fideles decet, perseveraturum, non videmus.' Vide acta synodalia Dordr. Remonstr. p. 176. 177. sq. Ab Arminianorum assertione non multum abit sententia *pontificiorum;* pontificii enim docent, neminem citra specialem Dei revelationem posse in hac vita certum esse, utrum ipse sit ex numero electorum. Legatur Concilium Trid. sess. 6. c. 12. 13. Cui Arminianorum et pontificiorum dogmati longe periculosissimo varia opponimus argumenta: 1. Haec dubitatio de salute *Deum arguit mendacii;* nam ut est 1 Joh. 5, 10. sq.: ,Quicunque non credit Deo, mendacem facit eum.' Deus vero credentibus certo promittit aeternam salutem Joh. 3, 18. 1 Joh. 5, 11. 12. 1 Pet. 1, 5., et quidem juramento interposito Joh. 5, 24. Ezech. 3, 11. Hebr. 6, 17. 2. E diametro *pugnat cum fine revelatae doctrinae de praedestinatione aeterna ad salutem,* qui est, ut de salute nostra *certi* simus. Monstrat hoc conclusio Rom. 8, 28. ad finem usque capitis. Hoc ipsum etiam evincunt verba haec Pauli Rom. 11, 29.: ,Dona et vocatio Dei sunt ἀμεταμέλητα, id est, quorum poenitudine Deus non ducatur. Eodem etiam faciunt haec divinarum litterarum dicta: 2 Tim. 2, 19.: ,Solidum stat fundamentum Dei, habens hoc signaculum: novit Dominus, qui sint sui.' Joh. 10, 27. 28.: ,Oves meas nemo rapiet e manibus meis, nec peribunt aeternum.' Phil. 1, 6.: ,Qui coepit in vobis bonum opus, perficiet usque ad diem Jesu Christi.' Et c. 2, 13.: ,Deus est, qui efficit in vobis et ut velitis, et ut perficiatis.' 1 Petr. 1, 5.: ,Virtute Dei custodiemini ad salutem.' 1 Joh. 3, 19. 20.: ,In hoc cognoscimus, quoniam ex veritate sumus et coram ipso πείσομεν τὰς καρδίας ἡμῶν. Quoniam si reprehenderit nos cor, major est Deus corde nostro, qui novit omnia.' 3. *Dubitatio de salute ortum trahit e naturae corruptione, et Deo quam maxime displicet, et signum est hominis, qui ad exitium aeternum properat,* Jac. 1, 6. 7.: ,Postulet homo in fide μηδὲν διακρινόμενος· ὁ γὰρ διακρινόμενος similis est fluctui maris a ventis agitato et jactato. Non ergo existimet homo ille, quod accipiat quidquam a Domino.' 2 Cor. 13, 15.: ,Vos ipsos tentate, anne sitis in fide, vos ipsos probate. Annon cognoscitis vosmetipsos, quod sc. Jesus Christus in vobis sit? nisi forte reprobi estis.' 4. *Pii, qui ad imitandum nobis proponuntur in codice sacro, commendantur a fiducia, dubitationi de salute extreme opposita.* Testis est sacra pagina Matth. 8, 8. 9. 10. sq. et c. 15, 22. 28. Rom. 4, 18. Hebr. 11. per totum caput. Valeat ergo pontificia et Arminiana de salute dubitatio, et res suas sibi habeat. Sed pontificii pariter ac Arminiani variis modis suam de salute dubitationem propugnant. Summa argumentorum, quibus auctores superius citati pugnant, huc redit: 1. Scripturas admonere passim, ut semper *trepidemus* ob salutis incertitudinem Prov. 27, 1.: ,Ne glorieris in crastinum, ignorans, quid superventura pariat dies.' Et c. 28, 14.: ,Beatus homo, qui semper est pavidus.' Eccles. 9, 1.: ,Nescit homo, an odio, an amore dignus sit.' Rom. 11, 29.: ,Tu per fidem stas, noli altum sapere, sed time, ne et tibi non parcat.' 1 Cor. 10, 12.: ,Qui stat, videat, ne cadat.' Phil. 2, 12.: ,Cum timore et tremore salutem vestram operamini.' Apoc. 3, 11.: ,Tene, quod habes, ne forte alius accipiat coronam tuam.' 2 Joh. 8.: ,Videte, ne perdatis, quae operati estis.' 2. Certitudinem electionis et salutis pendere a certitudine *perseverantiae* in fide Christi et obedientia mandatorum Dei, Matth. 10, 22. 19, 17. Hanc autem in fide et operibus bonis perseverantiam mutabilem esse et plane incertam. Rom. 10, 20. 1 Cor. 10, 12. Apoc. 3, 11. 2 Joh. 8. 3. Hanc certitudinem, quam nos urgemus, *in Scripturis nuspiam inveniri* traditam. 4. *Scripturam ipsam arcere* nos ab hac certitudinis persuasione, locis illis, in quibus salvandi difficultas exaggeratur, Matth. 7, 13. 14. Act. 14, 2. 1 Pet. 4, 18. Quorum argumentorum, primo intuitu speciosorum, solidam subjungemus solutionem, sed succinctam. 1. Pios salutem suam cum *timore* et *tremore* operari debet, non invitus concedo, sed hinc inferre, dubitandum esse ipsis de salute, plane nego. Et ut nemo non intelligat, vere negari istam illationem, moneo, meminisse Scripturam duplicis timoris, unus est *servilis*, qui est trepidatio, orta ex conscientia peccati non remissi et justi judicii divini, conjuncta cum fuga et odio Dei. Qui sane timor veluti electorum non est, ita cum fiducia salutis obtinendae neutiquam consistere potest, Rom. 8, 15. Alter timor est mere *filialis*, qui est solicitus metus offensae Dei et serium studium vitandi lapsus cum humilitate, religiosa sollicitudine et amore atque invocatione Dei conjunctum. Qui timor quemadmodum piorum proprius est, Phil. 2, 12. Prov. 1, 7. Ps. 128, 1., ita immotam de salute certitudinem conjunctam habet. Audi Scripturas. ‚Non accepistis spiritum servitutis ad timorem‘, Rom. 15. ‚Dabo eis pastores, qui pascent eas, et non timebunt‘, Jer. 23, 4. ‚Noli timere, grex pusille‘, Luc. 12, 23. ‚Nec hili est instantia Bellarmini, urgentis, his non timendum esse, qui de salute sua sunt certi, quinimo his non opus esse hortationum stimulis ad pietatem et perseverantiam in fide atque sanctis operibus, qui de salute sua indubie certi sunt. Nugae! Utrumque cum tradat Scriptura, utrumque indubitata fide credendum est. Paulus de sua electione certus erat, Rom. 8, 28., ad finem capitis, 2 Tim. 1, 12., et tamen salutem suam singulari sollicitudine operabatur, 1 Cor. 9, 27. Nec est, quod Pistorius objiciat, Paulum non proposuisse aliis suum exemplum ad imitandum. Nam hoc esse falsum, docetur 2 Cor. 1, 21. 4, 13. 1 Tim. 1, 16. 2. Hominem certum esse posse de sua in fide et obedientia *perseverantia*, verbis rotundis monstrat Dei Spiritus. Audi Christum Joh. 6, 37.: ‚Omne, quod dat mihi Pater, ad me veniet, et venientem ad me non ejiciam foras.‘ Audi Paulum Phil. 1, 6.: ‚Qui coepit in vobis bonum opus, perficiet usque ad diem Jesu Christi.‘ Et 1 Cor. 1, 8. 9.: ‚Fidelis est Deus, per quem vocati estis in societatem Filii ejus, qui confirmabit vos usque ad finem sine crimine ad diem Domini nostri Jesu Christi.‘ Et Heb. 13, 5.: ‚Non te deseram, neque relinquam, ut confidentes dicamus, Dominus mihi adjutor, quid faciat mihi homo?‘ Audi Petrum, 1 Pet. 1, 5.: ‚Virtute Dei custodimur per fidem ad salutem.‘ Et diligenter notandum est, testari adducta loca, certitudinem salutis nostrae non nostris viribus, sed certissimae promissioni, efficaci operationi et fideli custodiae Dei superstrui. Unde etiam tuto concluseris, quod, qui de perseverantia in fide et salutis certitudine indubie persuasi sunt, non stolido humanae mentis judicio, sed immotis Dei promissionibus nitantur. 3. Certitudinem salutis, quam urgemus, *in Scripturis fundatissimam* esse contendimus. Nam, licet Dei Spiritus nominatim non dicat, te aut me salvatum iri, tamen rotunda oratione affirmat, omnes et singulos vita aeterna donandos esse, qui credunt in Filium, Joh. 3, 18., et fidelem esse Deum, per quem vocati sumus in societatem Filii ejus, qui confirmabit nos usque ad finem sine crimine ad diem Domini nostri Jesu Christi, 1 Cor. 1, 8. 9., et fideles hac de re certos et persuasissimos esse debere, adeo ut, qui Deo, salutem credentibus certo promittenti, credere nolet, Deum mendacii arguat, 1 Joh. 5, 10. sq. 4. Viam, qua itur ad vitam aeternam, impeditam esse et non adeo facilem calcatu, facilis concedo, at hinc inferre vagam de salute dubitationem, justo liberalior illatio est. Nam veluti Spiritus Dei adductis locis exaggerat difficultates, quae his objiciuntur, qui ad vitam aeternam recta contendunt, ita certitudinem salutis urgenter inculcat, omnibusque istis *difficultatibus opponit potentiam Christi et fidei eminentem virtutem.* Audi Christum Marc. 9, 23.: ‚Omnia credenti possibilia sunt.' Joh. 16. ult.: ‚Confidite, ego vici mundum.' Audi Paulum Rom. 8, 37. sq.: ‚Plusquam victores sumus per eum, qui dilexit nos' etc. Audi Johannem 1. ep. 5, 4.: ‚Haec est victoria, quae vicit mundum, fides nostra.' Atque ita electionis salutisque nostrae certitudinem ab impugnationibus pontificiis et Arminianis vindicavimus." (Syst. universae th. Tom. I. f. 270. sq.)

ANTITHESES.

CONCILIUM TRIDENTINUM: „Nemo quoque, quamdiu in hac mortalitate vivitur, de arcano divinae praedestinationis mysterio usque adeo praesumere debet, ut certo statuat, se omnino esse in numero praedestinatorum; quasi verum esset, quod justificatus aut amplius peccare non possit, aut, si peccaverit, certam sibi resipiscentiam promittere debeat; nam, nisi ex speciali revelatione, scire non potest, quos Deus sibi elegerit." (Sess. VI. c. 12. Ed. Smets. p. 29.)

IDEM: „Si quis dixerit, hominem renatum et justificatum teneri ex fide ad credendum, se certo esse in numero praedestinatorum: anathema sit." (L. c. can. 15. p. 34.)

CALOVIUS: „Rejicimus eos, qui docent, hominem de finali perverantia in fide et, quae ab ea dependet, salute aeterna, non posse non esse dubium. Ita docet *Joh. Latermannus* in Exercitat. de aeterna Dei praedestinatione et ordinata omnes salvandi voluntate § 43. hisce verbis: ‚Quid? quod res aliter se habere non possit; cum enim homo ea de re certus sit, quod spe salutis, quae pro praesenti indubitata esse potest, posthac excidere queat, *de finali perseverantia non potest non esse dubius,* ex qua tamen de certitudine *salutis* unice judicandum. Id quod nemini mirum videri debet, cum ipse Deus de eo, num ille vel iste ad salutem certo perventurus sit, ac finali in fide perseverantia judicium ferat.' Hinc idem *Latermannus* c. l. addit, Guilielmum Estium bene ex Cajetano et Toleto ad caput epistolae ad Rom. 8. observasse, Paulum de custodia sanctorum a parte Dei verba fecisse. Et mox de S. *Paulo* haec addit: ‚Nonnulli, verbis apostoli inducti, existimarunt, Paulo suam in bono perseverantiam divinitus revelatam fuisse, sed falsum id est; quia enim se reprobum fieri posse clare statuit, de electione sua certus non fuit." (Consens. repetit. Vid. Consil Witteb. I, 965.)

§ 19.

Definiri potest electio seu praedestinatio *latius* sic dicta,[a] quod sit decretum Dei[b] aeternum, quo Deus[c] ex immensa sua misericordia[d] hominibus omnibus, quos in peccatum lapsuros praevidit, mediatorem mittere et per praedicationem universalem amplectendum offerre, omnibus etiam, qui non repugnaturi essent, fidem per verbum et sacramenta conferre, credentes omnes justificare ac mediis gratiae porro utentes renovare fidemque usque ad finem vitae in illis conservare, ipsos denique finaliter credentes salvare[e] constituit ad bonitatis suae[f] gloriam.

a) Quod totum negotium seu processum nostrae salutis spectat, juxta § 2.

b) Genus hoc est definiti.

c) Qui causa efficiens est.

d) Causa impulsiva haec est.

e) Sic actus ipsi, ad quos decretum praedestinationis terminatur, ac simul objectum, quod pro ratione actuum variat, indicatur.

f) Quae causa finalis est.

§ 20.

Strictius dicta[a] praedestinatio aut electio definiri potest,[b] quod sit decretum Dei aeternum, quo Deus[c] ex immensa sua[d] misericordia homines[e] illos omnes et solos, quos in Christum finaliter credituros praevidit, propter[f] ipsum Christi meritum, fide[g] finali apprehendendum atque ita praevisum, salute aeterna donare[h] constituit, ipsius salutis[i] eorum et suae gloriae causa.

a) Vid. § 1.

b) Redit genus commune.

WANDALINUS: „*Genus* (praedestinationis est) *actus aeternus Dei*; est enim *actus*, quo elegit, non nudum decretum, quo eligere decrevit." ('Υποτύπωσ. p. 133.)

c) Causa efficiens, juxta § 12.

d) Causa impulsiva interna. Vid. § 13.

e) Objectum electionis. Vid. § 16.

f) Causa impulsiva externa principalis. Vid. § 14.

g) Causa impulsiva externa minus principalis. Vid. § 15.

h) Qui est ipse actus, in quo decretum hoc formaliter consistit.

i) Finis indicatur, juxta § 17.

KIRCHNERUS: „Zeige kürzlich an, was denn die Gnadenwahl sei? Die ewige Wahl ist eine Ordnung Gottes, nach welcher er aus lauter Barmherzigkeit um seines eingebornen Sohnes willen ihm eine Gemein oder Volk erwählet, welchem er das ewige Leben aus Gnaden mittheile, welcher Gemeinen Gliedmassen alle diejenigen sind, so an Christum glauben und bis ans Ende in solchem Glauben verharren. Röm. 9.: ,Welches ich mich erbarme, dess erbarme ich mich.' Eph. 1.: ,Er hat uns durch Christum erwählet, ehe der Welt Grund gelegt ward, dass wir sollten sein heilig und unsträflich.' " (Enchiridion 1583. p. 141.)

§ 21.

Reprobatio[a] similiter decretum Dei[b] est, adeoque causam[c] *efficientem* agnoscit Deum[d] trinunum.[e]

a) Quae electioni aut praedestinationi *strictius* dictae opponitur, juxta § 11.

QUENSTEDTIUS: „Opposita praedestinationi est *reprobatio*, graece ἀποδοκιμασία damnandorum, quae vox in scripturis κατὰ τὸ ῥητὸν non invenitur, in oppositione vid. ad electionem filiorum Dei ad vitam aeternam; sensus tamen vocis in scripturis clare habetur. Nomen ἀδόκιμος vero extat 1 Cor. 9, 27. 2 Cor. 13, 5. Vocatur alias προγραφὴ εἰς τὸ κρῖμα, praescriptio seu scriptio ante, h. e., ab aeterno facta in judicium. In ep. Jud. 4.: ,Subrepserunt quidam homines, olim praescripti in hoc judicium impii.' . . Marc. 16, 16. Joh. 3, 18. 36. Observa: 1. Qui non credit, i. e., qui pertinaciter ad ultimum vitae halitum in infidelitate perseverat vel in incredulitate moritur, ille actu damnatur et jam judicatus est tum ratione decreti divini ab aeterno facti, tum ratione judicii in verbo manifestati et incredulis promulgati, cujus executio sequetur in die novissimo. Hanc autem Christi sententiam de aeterno reprobationis decreto esse conceptam, suadet verbum praeteriti temporis κέκριται, judicatus est, sc. non a se per αὐτοκατάκρισιν, quae hoc quidem in saeculo in omnibus reprobis non apparet, sed a Deo, justo judice, in aeternitate, h. e., judicatus est non hic solum in sua conscientia, sed et in foro decreti divini. 2. Verbum μένει non solum praesentiam irae divinae, sed simul illius praesentiae actum continuum et perpetuum propter contemtum evangelii Christi indigitat." (L. c. s. 1. th. 22. 23. 27. f. 32. 33. sq.)

IDEM: „Perperam D. Joh. Frid. König inter synonyma reprobationis ponit θέσιν εἰς ὀργὴν 1 Thess. 5, 9.: ,Non posuit nos Deus ad iram, sed in assertionem salutis.' Nam licet opponantur hic ira divina (per quam ἐπιτομικῶς exprimitur tota congeries malorum, quae damnatos premit) et περιποίησις sive assertio salutis; falsum tamen est illud: ,Non posuit nos' etc. esse distinctivum electorum a reprobis; vitiosa ergo est consequentia, quam hic nectunt Calviniani: fideles non sunt ad iram positi, ergo caeteri sunt ad iram positi. Idem enim est, ac si dicerem: renati non sunt debitores, ut secundum carnem ambulent Rom. 8, 12., ergo non-renati tales debitores sunt. Item: vos non estis redempti auro et argento, ergo reliqui hoc modo sunt redempti. Rursus ex 1 Thess. 4, 7.: ,Non vocavit nos Deus ad impuritatem', ergo alii a Deo vocati sunt ad impuritatem. Paulus simpliciter negat, Deum nos ad iram posuisse, sed ad salutem per Christum Jesum, quae verba sunt generalia, non tantum ad fideles, sed ad omnes homines pertinentia." (L. c. th. 23. f. 32.)

ANDR. SCHMIDTIUS: „Praedestinationis *oppositum* est reprobatio... Et h. l. oppositorum in quibusdam erit eadem, in quibusdam vero diversa ratio.. *Conveniunt* enim in genere, causa efficiente et affectionibus; *differunt* vero in causa impulsiva interna, Rom. 9, 22. sqq., et externa, Rom. 11, 20., nec non fine, nimirum peccatorum vindicatione et justitiae in Deo vindicativae manifestatione." (Compend. th. dogm. 1690. p. 205. sq.)

CALOVIUS: „De voce non est, ut amplius dicamus, nisi quod reformati distinguant inter reprobationem *negativam* et *positivam;* illam praeteritionem dicunt, hanc vero praedamnationem; item inter reprobationem et electionem *comparatam* et *simplicem*. Praedamnationem et reprobationem fatentur non esse absolutam, electionem vero et reprobationem comparatam, v. g. cur hic prae alio rejectus a gloria vel electus ad eam sit, absolutae constitutioni Bremens., Berolin., Francof., alii, plerique tamen etiam absolutam, non tantum comparatam, absoluto reprobationis decreto adscribunt." (Syst. Tom. X, 666. sq.)

SCHERZERUS: „Ab aeterno etiam factam reprobationem, probamus unico argumento: quando Deus praedestinavit electos, etiam reprobavit reprobos. Atqui Deus praedestinavit electos ab aeterno. Ergo etiam reprobavit reprobos ab aeterno. Majoris ratio in eo consistit, quia electio et reprobatio factae sunt simul, quod caeteri Calviniani omnes fatentur. . . *Piscator* reprobationem non ab aeterno, sed demum post generis humani lapsum factam esse somniat. Vol. II. loc. 12. f. 147." (System. p. 537. sq.)

b) Supponens quidem universalitatem gratiae divinae, meriti Christi et vocationis seriae ad amplectendum mediatorem, sed tamen ex parte hominum etiam supponens contemtum gratiae divinitus praevisum, cum alias stante universali gratia Dei et merito Christi ac vocatione universali nemo fuisset damnandus, si nemo media gratiae gratiamque ipsam contemsisset.

c) *Virtualiter* causantem, prout de decreto praedestinationis diximus.

d) Tanquam, *qui* decernit, aut reprobat.

e) Est enim actus voluntatis divinae, adeoque communis tribus personis.

§ 22.

Causa *impulsiva*[a] *interna* est Dei justitia[b] vindicativa.

a) Seu ratio a priori, per quam recte respondetur ad quaestionem, cur Deus voluerit homines quosdam non salvare, sed damnare.

b) Seu *ira Dei* adversus peccata, *Rom. 2, 5. 8.* cap. 9, 22. 28. Prout enim l. c. *Rom. 2.* damnatio impoenitentium refertur ad *iram* Dei, scilicet, quod Deum ira sua adversus peccatores, seu justitia, qua inclinatur ad vindicandam legis suae violationem, moveat ad id, ut velit punire eos: ita, cum certum sit, Deum ea, quae in tempore facit, olim decrevisse, similiter agnoscendum est, quod, cum Deus decerneret quosdam homines damnare, ratio decernendi fuerit justitia illa Dei: ob necessariam convenientiam decreti et executionis. Et sic etiam, quando *Rom. 9.* reprobi dicuntur *vasa irae*, i. e. objecta irae divinae, ex qua proveniat illorum interitus ac damnatio, idem etiam ad reprobationem, quae in ira illa, seu justitia vindicativa fundetur, recte refertur.

§ 23.

Causa *impulsiva externa*[a] sunt peccata[b] hominum, quae et *quatenus* cum finali[c] incredulitate[d] conjunguntur.[e]

a) Nempe Deus in ordinatione ad poenam justam *non* agit ut Dominus supremus, *sed pro potentia* sua *ordinata*, et ut *judex*. Confer b. *Mus.* Dissert. de Aet. El. Decr. cap. VIII. § 186.

LUTHERUS: „Menschliche *Vernunft* dichtet einen *ungleichen Willen Gottes*, als wäre Gott ein Tyrann, der etliche Gesellen hat, deren Wesen er ihm *gefallen lässt*, es sei gut oder nicht gut, und dagegen hasset er die andern, sie thun, was sie wollen. Also soll man nicht von Gottes Willen gedenken. Dieser Spruch ist ewiglich wahr Ps. 5, 6.: ‚Du bist nicht ein Gott, dem gottlos Wesen oder Sünde gefällig ist.' Denn ob er gleich die Heiligen annimmt, die doch noch Sünde an ihnen haben, so nimmt er sie doch nicht ohne eine grosse Bezahlung an; Christus hat müssen ein Opfer werden, um welches willen uns Gott annimmt und schonet, so lange wir im Glauben bleiben und wenn wir im Glauben sind." (M. Luthers und anderer Theologen zu Wittenberg Bedenken von den Sünden der Auserwählten. Ann. 1536. X, 2001.)

APOLOGIE DER CONCORDIENFORMEL: „Wo stehet es doch in Gottes Wort, dass Gott nicht wolle, dass jedermann selig werde, sondern unangesehen ihre Sünde habe er allein auf seinem blossen Rath, Fürsatz und Willen etliche zum Verdamniss verordnet, dass sie nicht können selig werden? Nimmermehr in alle Ewigkeit werden sie gemeldte Proposition oder Rede aus Gottes offenbartem Wort erweisen, wieviel ihnen auch noch so viel dran gelegen. Sintemal die heilige Schrift nirgend also redet, noch dürfen sie aus lauter Dummkühnheit wider die Schrift solche lästerliche Lehre oder Reden führen und in die ganze Christenheit ausbreiten. *Unterdess sind wir zwar nicht in Abrede, dass Gott nicht in allen Menschen gleich wirke und sie alle erleuchte, dieweil er auch nicht allen sein Wort gibt,* und dass er gleichwohl beides gerecht und barmherzig sei und bleibe und ihn niemand einiger Untreue, Missgunst oder Tyrannei billig beschuldigen könne, ob er wohl nicht allen (wie gesagt) das Wort gibt und sie erleuchtet. Wir sagen aber dabei, dass, wann man an dieses Geheimniss kommt, dass man den Finger auf den Mund legen und nicht disputiren und grübeln solle, sondern mit dem Apostel sprechen: ‚Wie gar unbegreiflich sind seine Gerichte und wie unerforschlich seine Wege!‘ Noch viel weniger aber soll man herausfahren, wie unser Gegentheil thut, und sagen, dass Gott aus freiem Willen, auch unangesehen die Sünde, verordnet habe, dass etliche sollen verdammt werden. Denn was Gott in seinem *heimlichen verborgenen Rathe* halte oder habe geschlossen habe, da kann man nichts Gewisses von sagen, soll sich auch in solch tief verborgen Geheimniss nicht einlassen, sondern dasselbige in jenes Leben sparen, mittlerweile bei dem *offenbarten Wort Gottes* bleiben, dadurch wir zur Busse und Glauben an Christum berufen und uns die Seligkeit treulich angeboten wird. Welches Wort oder offenbarter Wille Gottes von der Erquickung der Mühseligen und Beladenen gewiss, unfehlbar und unzweifelhaftig ist *und dem verborgenen Rath Gottes, darauf unser Gegentheil alleine geht, mit nichten zuwider.* Wie denn auch wider den im Worte Gottes geoffenbarten Willen daraus nichts zu schliessen, Gott selbst auch in seinem Wort uns darauf nicht gewiesen hat. Dass nun nicht alle dieselbige Berufung annehmen, sollen wir darum nicht sagen, dass Gott in seinem geheimen Rath aus freiem Vorsatz und Willen auch ohne die Sünde dieselbigen, so nicht Busse thun, zum Verdamniss verordnet, dass sie nicht können bekehrt und selig werden, denn solches ist uns im Wort *nicht* geoffenbaret; sondern dabei bleiben, dass Gottes Gerichte in diesen Fällen unerforschlich und unbegreiflich sind.“ (Heidelb. Ausg. fol. 208 b. 209 a.)

b) *Non* autem hic *opus* est *distinguere* inter causam principalem et minus principalem, cum peccata ipsa per hoc, quod legem Dei violant, digna sint poena non solum temporali, verum aeterna. Vid. P. II. cap. I. § 15.

c) Sicut enim *in actu damnationis*, tamquam executione decreti reprobationis, respectus habetur ad τὸ *non credere in Filium Dei unigenitum,* tanquam id, propter quod velut causam *meritoriam* (aut *demeritoriam*, ut aliqui loquuntur) damnare velit Deus, qui damnat, *Joh. 3, 18. 36.*: ita *in ipso decreto* illo finalis incredulitas habet se per modum causae impulsivae, moventis voluntatem Dei ad reprobandum, sive decernendam damnationem. Similiter, quemadmodum *Rom. 11, 20. rami* quidam spirituales in tempore *defracti,* aut homines, qui in statu gratiae aliquamdiu fuerant, abjecti dicuntur per incredulitatem, seu, quod incredulitas illorum Deum moverit ad abjiciendum illos: ita, quod olim aeterno Dei decreto rejecti aut reprobati fuerunt, agnoscendum est, Deum nostro modo intelligendi motum fuisse ad istud decernendum, intuitu istius incredulitatis, tanquam rationis impulsivae.

QUENSTEDTIUS: ,,*Causa* reprobationis *non est odium Dei absolutum et simplex* (dilexit enim Deus totum mundum Joh. 3, 16.), aut *insufficientia meriti Christi* (est enim ,propitiatio pro peccatis totius mundi' 1 Joh. 2, 2.), aut *defectus evangelii*, quod Deus jussit annunciari toti mundo Matth. 28, 19., sed *propria hominum culpa*, impoenitentia et incredulitas finalis.'' (L. c. s. 1. th. 26. f. 33.)

B. MEISNERUS: ,,Pro dispulsione calumniarum notari debet, quo sensu in Colloq. Mompelg. a nostris assertum fuerit, solam incredulitatem damnare, non caetera peccata. Opinio nostra fundatur in illo Joh. 3, 18.: ,Qui credit in eum, non condemnatur. Qui autem non credit, jam condemnatus est.' Et Joh. 16, 9.: ,Spiritus S. arguet mundum de peccato, quia non credunt in me.' Hic λόγος ἄμεσος condemnationis statuitur sola incredulitas. Num E. caetera peccata reatum damnationis non inferunt? Resp., damnationem posse considerari dupliciter: 1. formaliter in se, prout est sensus irae divinae et supplicium gravissimum; 2. materialiter vel ratione graduum, qui in damnatione ista erunt inaequales. Graviora enim tormenta quidam patientur, quam alii. Dicimus ergo causam damnationis formaliter consideratae solam esse incredulitatem. Gradus vero poenarum adjudicabuntur secundum peccatorum quantitatem, prout illa fuerunt: vel graviora vel leviora. Deinde causa damnationis considerari potest vel ratione meriti et reatus, vel ratione ipsius judicii et executionis. Quoad meritum omnia peccata damnant et digna sunt aeterna morte; quoad ipsum judicium et executionem, sola incredulitas damnat. Ideo enim homines flammis inferni addicentur, quia meritum Christi, quo pro peccatis ipsorum omnibus satisfactum est, firma fide non apprehenderunt. Sic Judas primo damnabitur, non quia Christum prodidit, sed quia desperavit et Christi passionem, qua proditio ejus expiata est, sibi non applicuit. Interim non diffitemur, Judam majorem prae aliis poenam in inferno passurum esse ob deformitatem delicti et nefandam magistri sui proditionem.'' ('Ανθρωπολ. Disp. 20. D. 1.)

d) *Alias* enim peccata, *si* intervenerit fides in Christum, aboleri possunt quoad reatum, ne propterea homines damnentur; unde etiam hi, nisi abfuerit fides, non erunt reprobi.

WANDALINUS: ,,Causa propter quam est vel inadaequata vel adaequata. *Inadaequata* sunt omnia reproborum peccata, tam originale, quam actualia, quod jam probatum et ulteriore probatione non eget. *Inadaequata* dicitur, quia Christus pro reproborum etiam peccatis satisfecit, ut propter ea nulla ipsis esset condemnatio, si in Christo essent per fidem. Et, si omnia peccata alia (excepta ἀπιστία contumaci) vel eorum unum saltem Deus vellet imputare, ,nemo posset coram eo consistere', Ps. 130, 3. Ergo adaequata reprobationis causa est contumax et finalis impoenitentia et incredulitas. Joh. 3, 18. 36.'' ('Υποτυπ. p. 138. sq.)

e) Et quamvis demum in tempore contingenter fiant, *repraesentantur* tamen divinae voluntati *per* aeternam Dei *praescientiam*, *non* vi decreti praedeterminantis, *sed* tanquam determinate, licet contingenter futura, adeoque determinate cognoscibilia immediate in seipsis.

§ 24.

Objectum[a] reprobationis sunt homines impii[b] finaliter increduli.

a) Sive *subjectum*, quod reprobatur.

b) Nempe tales, in quibus locum habet illud, quod est causa aut ratio impulsiva reprobationis. Ad homines autem, ut homines, non-

dum praevisis, nostro intelligendi modo, peccatis ipsaque finali incredulitate non terminatur voluntas Dei alias benignissima tanquam ad
damnandos.

ANTITHESIS.

QUENSTEDTIUS: „*Antithesis:* 1. *Praedestinatianorum* antiquorum
(quos etiam Praedestinatos vocant), qui saeculo 5., et *Godschalki*, mo-
nachi Rhemensis, qui saec. 9. vixerunt, quorum haeresis haec fuit, ut
refert Gerh. Joh. Vossius historia Pelagianismi l. 7. P. 4. p. 779.
1) Quod Deus, sicut quosdam praedestinavit ad vitam, ita quosdam
praedestinarit ad mortem. 2) Quod Deus non velit omnes homines
salvos fieri, sed eos solum, qui actu salvantur. 3) Quod Christus
non sit mortuus pro omnibus, sed pro solis electis etc. . . . 2. *Calvinianorum*, qui docent, Deum ex absoluto et simplici beneplacito,
sine ullo incredulitatis aut impoenitentiae finalis respectu, maximam
hominum partem ad interitum praedestinasse; ita *Calvinus* l. 3. Institut. c. 23. s. 1. 4. 7. . . Definitur decretum reprobationis a Syno-
dicis in judicio Gomari p. 32. in hunc modum: ‚Reprobatio peremtoria
est decretum Dei, quo pro voluntate sua liberrima ad declarationem
justitiae suae vindicantis certos ex humano universo genere homines
nec gratia nec gloria donare, sed in peccatum libere prolabi permittere
et in peccatis relinquere, justeque tandem propter peccata condemnare
constituit.‘ . . *Antiqui Calvinistae* et cum illis quidam recentiores, quos
Supralapsarios vocant, reprobationis adaequatum objectum faciunt hominem creabilem seu adhuc creandum, ut supra dictum; *moderni vero
plerique* ponunt objectum reprobationis hominem in peccato jacentem,
de quo ajunt quaeri posse vel absolute, quare Deus reprobarit, et recte
responderi, propter peccatum, in quo jacet peccator; vel comparate,
quia omnes pariter in eodem peccati reatu jacent, cur Deus hunc potius damnet, quam illum? Tum provocant ad absolutum Dei beneplacitum, nempe hunc non condemnari, quia sic placet, illum vero
damnari ideo, quia sic placet. . . Sed quomodocunque se explicent
Calvinistae, in absolutudine decreti reprobationis conveniunt omnes;
nam objectum reprobationis adaequatum illis est ‚homo abstractus
ab omni peccaminosa qualitate et in absoluto Dei beneplacito constitutus‘, ut inquit b. Hulsemannus in F. C. s. 8. § 4. Ita Synodici
Dordracenses, a. 1. th. 15. p. 343. Actorum, ‚causam praeteritionis
seu reprobationis ponunt in solo liberrimo, justissimo, irreprehensibili
et immutabili beneplacito Dei, quo decreverit, alios in communi miseria relinquere, nec fide salvifica, nec conversionis gratia eos donare,
sed in viis suis et sub justo judicio relictos, tandem non tantum propter infidelitatem, sed etiam caetera omnia peccata, ad declarationem
justitiae suae damnare et aeternum punire.‘ . . Et hanc doctrinam
suam vocant ‚cor ecclesiae (Reformatae) et palladium gratiae Dei absolutae‘, testibus ipsis Genevensibus theologis in Synod. Dordrac. sess.
42. p. 212. . . 3. *Scholasticorum et Pontificiorum quorundam*, statuentium, reprobationis nullam esse causam ex parte hominum; ita Durandus l. 1. sent. dict. 40. q. 2., Bellarminus l. 2. de gratia c. 16." (L. c.
s. 2. q. 9. f. 97. sqq.)

§ 25.

Finis reprobationis est peccatorum vindicatio[a] atque
justitiae divinae vindicativae gloria.[b]

a) Ideo enim homines per decretum destinantur ad poenam, ut in
tempore poena actu iis infligatur.

b) Nam quemadmodum *Rom. 9, 22.* dicitur, quod Deus, *volens
ostendere iram* seu justitiam vindicativam, *et notam facere potentiam*

suam, tulerit multa animi lenitate vasa irae, coagmentata (non quidem *absoluto* Dei *decreto;* alias enim opus non esset lenitate animi multa ad tolerandum id, quod Deus ipse ex absoluto beneplacito tale effecerit, *sed* coagmentata a se ipsis aut sua culpa) *ad interitum,* quae tamen, ut vasa irae, tandem abjiciantur, ut appareat justitia Dei, cujus actus executivus aliquamdiu dilatus fuit: ita, quod Deus, praevidens, quomodo homines illi se coagmentaturi sint ad interitum, decrevit eos rejicere, tendebat ad ostensionem gloriosam justitiae divinae, tanquam ad finem. Conf. *Rom. 11, 22.*

§ 26.

Reprobationis quoque decretum non solum *particulare*[a] est, sed *et immutabile.*[b]

a) Quia enim aliqui homines sunt electi nec nisi finaliter increduli sunt reprobi, facile patet particularitas decreti.

b) Eo modo, quo praedestinationis decretum immutabile esse diximus: non absoluta, sed hypothetica necessitate.

> QUENSTEDTIUS: „*Attributa* reprobationis alia sunt, quae eidem in abstracto spectatae, alia, quae eidem in concreto consideratae, competunt. Attributa reprobationis *abstracte* sumtae sunt: 1. *aeternitas* Matth. 25, 41. Ep. Jud. 4. 2. *Immutabilitas,* Num. 23, 19. 1 Sam. 15, 29. Mal. 3, 6... Non dicit (Christus Matth. 25, 41.), *hominibus* paratum esse ignem infernalem, sed diabolo et angelis ejus, ut intelligatur summa Dei φιλανθρωπία. Diabolis autem primo et principaliter ignis infernalis paratus est; diabolus enim peccavit et in tartara fuit detrusus ante hominis peccatum. Non dicit, paratum esse supplicium aeternum ἀπὸ καταβολῆς κόσμου, ut de regno dictum fuit v. 34.; ne detur cuiquam suspicandi occasio, supplicium paratum fuisse ante peccatum et reprobos non tam ob peccatum, quam propter absolutum quoddam decretum divinum, damnari... Attributa reprobationis *concrete* acceptae, seu, quod idem est, reproborum, sunt: 1. *pluralitas,* Matth. 7, 13.; 2. *possibilitas essendi ad tempus in statu vere renatorum,* Hebr. 6, 4. 5. 6. 10, 26. Luc. 8, 13.; 3. *perseverantia in infidelitate finali.*“ (L. c. s. 1. th. 31—32. f. 34. sq.)

§ 27.

Definiri potest reprobatio, quod sit decretum[a] Dei aeternum, quo Deus[b] ex justitia sua[c] vindicativa homines peccatores[d] finaliter incredulos propter ipsa peccata eorum[e] cum finali incredulitate conjuncta damnare decrevit ad[f] punienda peccata ipsorum et justitiae suae divinae gloriam.

a) Genus commune praedestinationis et reprobationis.
b) Causa efficiens virtualiter causans. Vid. § 21.
c) Causa seu ratio impulsiva interna. Vid. § 22.
d) Objectum reprobationis indicatur. Vid. § 24.
e) Causa impulsiva externa, juxta § 23.
f) Finis reprobationis denotatur. Vid. § 25.

APPENDIX

AD PRAECEDENS CAPUT

DE PRAEDESTINATIONE,

QUA AGITUR

DE INSCRIPTIONE IN LIBRUM VITAE.

§ 1.

Vicina[a] est doctrinae de praedestinatione aut electione hominum ad vitam aeternam doctrina de *inscriptione hominum in librum vitae*, quam Scripturae[b] vocibus
ad res humanas[c] accommodatis appellant, alias simpliciter *scriptionem in libro*,[d] et rursus cum duplici addi-
tione *scriptionem in libro vitae agni*,[e] denique et *scriptionem nominum in coelis*[f] memorant.

a) *Certo* quidem sensu *eadem* est haec doctrina cum ea, qua electio
ad vitam aeternam traditur; nec tamen aliena est a vi vocis et usu
loquendi etiam *latior* quaedam acceptio; quod ex sequentibus constabit.

b) Inprimis in *Apocalypsi* Johannea *cap. 17, 8. cap. 20, 15. cap.
22, 19.*, quibus respondet *Philipp. 4, 3.*, ubi *nomina esse in libro vitae*,
est, esse scripta in eo.

c) Nimirum per ἀνθρωποπάθειαν aut συγκατάβασιν quandam secundum *similitudinem* actus humani, quo certarum personarum nomina
catalogo *civium, familiarum, militum* adscribuntur, jura, privilegia et
commoda sociorum consecuturi. In Scripturis sacris hanc in rem memoratur consuetudo *regum Medorum et Persarum*, quibus usu receptum
erat subditorum aut ministrorum fidelium ac bene meritorum nomina
et facta in librum commentariorum scribi. Vid. *Esther. 6, 1. sqq.*

d) *Danielis 12, 1. Exod. 32, 32.*

e) *Apoc. 13, 8. cap. 21, 27.*

f) *Luc. 10, 20.* Confer. *Ebr. 12, 23.*

§ 2.

Est autem *liber vitae*[a] series aut multitudo[b] eorum,
quibus vita donanda est, quatenus menti divinae[c] obver-
satur. *Vita* autem h. l. non intelligitur[d] naturalis, sed
spiritualis, quae in vitam *gratiae*[e] et *gloriae*[f] recte distinguitur.[g]

a) De quo inprimis constare debet, ut inscriptio in eum clarius patescat.

b) Liber alias *materialiter* Scripturam, *sive* volumen scriptum, *sive* catalogum signis sensibilibus seu apicibus ex instituto significantibus constantem, notat, prout βίβλος γενέσεως Χριστοῦ, *Matth. 1, 1.*, genealogiam scripto consignatam significat. Sic etiam סֵפֶר תּוֹלְדוֹת, *liber generationum, Gen. 5, 1.* et *Nehem. 7, 5. sqq. libellus recensionis eorum, qui in* Judaeam, duce Zerubbabele, *pervenerant*, memoratur. Quemadmodum autem libri seu catalogi ejusmodi conficiuntur et servantur securitatis causa et adversus oblivionem, qua hominum mentes occupari et jura, commoda atque munia civium aut familiarum incerta reddi aut amitti possent: ita catalogus quasi quidam eorum, ad quos vita spectat, respectu Dei seu intellectus divini, concipi potest, quatenus Deus, quem nullius quidem rei oblivio capit, seriem aut multitudinem hominum illorum velut in promtu habet, seu, quatenus illi objectum sunt notitiae, aut memoriae divinae, tanquam vita donandi.

c) Videlicet quoad notitiam *practicam*, seu cum affectu conjunctam, qua Deus homines, tanquam bono quodam afficiendos, intuetur atque ita eorum rationem habet; quo sensu *Nehemias* orat: *Recordare mei, Deus mi, in bonum*, cap. 5, ult. Conf. *Ps. 1, ult.*

d) Quamvis enim *alias* vitae vox non raro eam denotat, quae *naturalis, temporalis, corporalis, animalis* appellatur ac *dies* vitae hujus *in librum* quendam Dei *conscripti* dicantur, *Ps. 139, 16.*, ea tamen consideratio ad praesens non pertinet.

e) De qua Paulus *Gal. 2, 20.: Vitam, quam vivo*, ait, *per fidem vivo Filii Dei.* Et *Rom. 6, 11.: Reputate vos viventes Deo per Christum Jesum Dominum nostrum.* Denique *spiritu vivere* renatos dicit Gal. 5, 25.

f) Cujus crebra fit mentio in Scripturis; vid. *Matth. 25, 46.* de *ingressu justorum in vitam aeternam; Joh. 3, 16.* de vita aeterna, quam *credentes in Christum* sint habituri. Conf. *Joh. 6, 47. 51. 54. 68. cap. 10, 28.* Atque haec vita fidelium pro statu praesenti dicitur *abscondita cum Christo in Deo. Coloss. 3, 3.*

g) Sunt, qui *librum vitae* putant esse ipsum *Christum;* quod quamvis certo sensu admitti posse videatur, rectius tamen docetur, quemadmodum *liber vitae* dicitur esse *agni*, non agnus ipse, *Apoc. 13, 8. cap. 21, 26.*, sic eundem *non tam* esse Christum ipsum, *quam* Christi, propter *relationem* suam *ad* Christum, vitae gratiosae et gloriosae *causam* ac *fundamentum.* Conf. b. *Affelmanni* Part. I. Disp. I. n. VI. p. 11. 12., b. *Balth. Meisner.* Anthropol. Disp. XV. Q. IV. § 1. sqq. ad 6., b. *Joh. Meisn.* Disp. de Libro Vitae § 29., *J. Cluver.* De lucul. Apocal. ad cap. III, 8. p. m. 137.

§ 3.

Inscriptio in librum vitae[a] est *actus* voluntatis divinae, quo hominem unum aut plures coetui viventium vitam spiritualem accenset,[b] qui vita hac suo bono cum caeteris fruantur.[c]

a) Velut *insertio in catalogum* quendam.

b) Seu vult, aut decernit vel statuit, hominis *illius* aeque atque *aliorum* rationem et *curam habere, meminisse, recordari*, etc., tanquam viventis.

c) Quidam tamen etiam actualem *collationem* vitae illius, qua, velut *signo*, voluntas illa divina manifestatur, inscriptionis in librum vitae nomine appellant; prout qui baptizantur, per *baptismum* in librum vitae inscribi haud raro dicuntur, cum in numerum fidelium seu civium in regno gratiae, simul haeredum vitae aeternae actu perveniant. Sed hanc esse *catachresticam locutionem* judicat b. *Kromayer.* Theol. Aphorist. L. VI. §. 2. p. 162.

§ 4.

Atque ita inscriptio in librum vitae *duplex*[a] est, quatenus homines a Deo *vel* in numerum fidelium praecise, *vel* in numerum certo salvandorum referuntur.[b] *Prior* cum decreto Dei de hominibus regenerandis, justificandis et in filios adoptandis,[c] *posterior* cum electionis aut praedestinationis actu[d] coincidit. Quamvis fatendum sit, termino inscriptionis in librum *vitae, absolute* posito, *non tam* priorem, *quam* posteriorem actum[e] intelligi.

a) Prout ipsa *vita* et *liber vitae duplex* constitui solet, juxta antecedentia; quamvis *alii*, unum quidem librum agnoscentes, *modum scribendi* aut inscriptionis *duplicem* agnoscant.

b) Sic habita ratione duplicis libri, distinguunt aliqui inter *inscriptionem in librum gratiae* et *inscriptionem in librum gloriae.*

c) Adeoque vita spirituali donandis et pro haeredibus vitae aeternae habendis.

d) *Quoad rem.* Quod vel ipsum electionis nomen declarat, quatenus pauci ex pluribus deliguntur ad statum aut munus quoddam peculiare. Et quanquam *in humanis* prius sit v. g. eligi senatorem, posterius matriculae senatus inscribi, *hic* tamen, ubi scriptio *non* est *materialis*, aliam esse rationem, facile patet.

e) Scilicet vita ϰατ᾽ ἐξοχήν ea est, quam *aeternam* novimus, et sic liber vitae est catalogus hominum, ad quos vita aeterna spectat. Quamobrem et inscriptio in librum vitae *absolute loquendo* huc refertur, quod etiam nostrates plerique observant. Ac nos, priore significatione relicta, *posteriorem* jam porro sectabimur.

§ 5.

Causa *efficiens*[a] inscriptionis hujus in librum vitae Deus[b] trinunus est.

a) Seu is, *qui scribit* aut *inscribit.*   Intelligitur autem causa *virtualiter* causans, juxta indolem actuum divinorum internorum.

b) Uti electionis; de qua supra cap. XII. § 12.

§ 6.

Causa *impulsiva*[a] *interna* est gratia seu benevolentia Dei, *externa* Christi meritum[b] fide finali apprehendendum atque ita praevisum.[c]

a) Utraque juxta id, quod de electione dictum est supra.

b) Cujus ratione peculiariter *librum vitae agni* et inscriptionem in eum dici credimus; prout fundamentum inscriptionis esse Christum a quibusdam docetur.   Et respondet phrasis, qua dicimur electi *in Christo, Ephes. 1, 3.*

c) *Quos* enim *praecognovit,* fore in Christo Jesu, hos catalogo electorum aut salvandorum inscripsit, juxta *Rom. 8, 29.*

§ 7.

Objectum inscriptionis[a] sunt homines finaliter credituri, quatenus sunt salvandi.[b]

a) Seu personae *nominatim* inscribendae aut inscriptae.   Alii *subjectum* vocant.

b) Sub hac enim ratione formali pertinent ad catalogum seu librum ac coetum illum.

§ 8.

Forma ipsius inscriptionis[a] consistit in actu[b] voluntatis divinae de hominibus illis notitia practica divina, in ordine ad salutem aeternam conferendam, constanter[c] intuendis.

a) Seu ratio formalis.

b) Confer. §§ 3. et 4.

c) Vid. § 2. not. *b.*

§ 9.

Finis illius[a] est ipsa salutis aeternae collatio Deique[b] gloria.

a) Ex parte *inscriptorum;* prout civium catalogo inscribimur, ut juribus ac beneficiis illorum actu potiamur et fruamur.   Conf. § 1. not. *c.*

Eoque spectat, quod *liber vitae* aliquando *aperiendus* esse dicitur *Apoc. 20, 12.*, nimirum ut ex eo *judicemur* et in vitam aeternam immittamur.

b) Ex parte Dei inscribentis auctoris ipsius vitae aeternae, quoad sapientiam et bonitatem suam glorificandi.

§ 10.

Affectiones inscriptionis hujus sunt (1.) *infallibilitas*,[a] (2.) *immutabilitas*.[b]

a) *Novit* enim profecto *Deus eos, qui sunt sui, 2 Tim. 2, 19.*, neque quenquam non salvandum salvandorum numero accenset.

b) Ita ut *nullam* unquam patiatur *deletionem* aut *lituram;* sed qui *semel* inscriptus est, maneat *semper* inscriptus. Quod autem aliquando mentio fit *deletionis* inscriptorum *e libro*, v. g. *Exod. 32, 32. 33. Psalm. 69, 29. Apoc. 3, 5.*, id *partim* conditionate dictum est, ubi nihil ponitur absolute; *partim* negationem inscriptionis simplicem importat, ejusque manifestationem; *partim* negative expressum, certitudinem aut immutabilitatem ipsam significat. Quanquam nec abs re sit dicere, *dari* deletionem e libro vitae *gratiae*, quamvis *non* detur deletio ex libro vitae *gloriae*, quae quidem *completa* aut talis est, qualem descripsimus.

GERHARDUS: ,,An, qui in librum vitae scripti, ex eo possint deleri? Quod utique negandum. Quemadmodum enim expresse Christus dicit, impossibile esse, ut electi in errorem damnabilem inducantur Matth. 24, 24., ita quoque impossibile esse dicimus, ut, qui in librum vitae scripti, ex eo deleantur. Apoc. 13, 8. de illis, qui bestiam colunt, dicitur, quod nomina eorum non scripta sint in libro vitae, Apoc. 20, 15., qui projiciuntur in lacum ignis et aeternae damnationis, eorum nomina non inveniuntur scripta in libro vitae. . . . Quod loquendi modum attinet, negamus, uspiam in Scripturis de credentibus προςκαίροις dici, quod sint in libro vitae. Quemadmodum enim non omnes vere credentes sunt electi, sed tantum illi, qui in vera fide usque ad finem vitae perseverant, ita quoque non omnes vere credentes juxta Scripturae phrasin sunt in libro vitae scripti, sed tantum illi, qui Christo, vitae duci, perseveranti fide adhaerent." (De elect. § 40.)

M. WALTHERUS: ,,Deus *delet* aliquem de libro vitae, cum illum ibi non esse scriptum declarat; juxta Ps. 69, 29. Non ergo pugnat, inscriptos libro vitae non posse perire, et aliquem e vitae libro posse deleri." (Harmon. tot. Scripturae. Rostochi 1621. p. 81.)

Caput XIII.

DE ECCLESIA.

§ 1.

Homines illi,[a] quos Deus, juxta aeternum suum[b] decretum, fide et gratia sua donavit, *collective* sumti[c] dicuntur *ecclesia*. Et quidem, ratione vitae praesentis spectati, dicuntur ecclesia *militans*, ratione vitae alterius seu futurae[d] autem ecclesia[e] *triumphans;* licet aliquando nomen ecclesiae utrumque[f] coetum complectatur, alias, *absolute* positum, ecclesiam *militantem*[g] praecise significet.

a) *Non omnes* homines, *sed* ex promiscua multitudine *aliqui*, ita ut verba ἐκλέγειν, unde ἐκλεκτοὶ, et ἐκκαλεῖν, unde ἐκκλησία, aliquam cognationem habeant.

b) Quos enim *in tempore* ex promiscua multitudine *evocat*, ut unum particularem coetum constituant, eos ita *evocare decrevit* ab aeterno, et quos *in tempore salvat*, aut glorificat, eos salvare aut glorificare *decrevit ab aeterno*. Atque ex his ratio *connexionis* hujus doctrinae cum praecedente patet.

> AEG. HUNNIUS: „Definitionem ecclesiae a divo Johanne Husso usurpatam Lutherus passim in suis scriptis approbat, eamque refert inter articulos orthodoxos, qui ab antichristiano concilio Constantiensi praeter jus fasque damnati sint. Sic autem Hussus inquit: ‚Tantum una est sancta ecclesia sive universalis, quae est numerus et universitas *praedestinatorum*.'" (Volum. th. disputatt. Witteb. 1598. p. 329. b.)

c) Sane ἐκκλησία nomen *collectivum* est et denotat *proprie* quidem coetum paucorum, ex pluribus auctoritate publica convocatorum, *abusive* concionem quamvis, etiamsi inordinatam' et confusam. Vid. *Act. 19, 32.*, ubi ἐκκλησία συγκεχυμένη, et v. 39., ubi ἐκκλησία ἔννομος memoratur. Mox autem v. 40. συστροφὴ et ἐκκλησία sibi respondent. Conf. b. *Mus.* Tr. de Eccl. P. I. Disp. I. § 2.

d) Habito respectu ad *militiam spiritualem*, in qua sub Christi ductu et velut vexillo contra satanam, mundum et carnalem concupiscentiam constituti, in hac vita pugnare debent; de qua, quantum attinet ad pugnam contra satanam, vid. *Eph. 6, 10. sqq. 1 Petr. 5, 8. 9.*, de pugna, adversus mundum vid. *1 Joh. 5, 4. Jac. 4, 4.*, denique de pugna contra carnem *Rom. 7, 14. sqq. Gal. 5, 17. sqq.*

e) Nempe quod militia sua defuncti, superatis hostibus, cum Christo *in coelis* vivunt et gaudent. Vid. *Apoc. 2, 10. 26. 27. cap. 4, 4. cap. 7, 9. cap. 21, 10.*

f) Huc referri solet locus *Ebr. 12, 22. 23.* et *Eph. 1, 22. cap. 5, 23. sqq.*

g) Vid. *Act. 20, 28. Rom. 16, 4. 1 Cor. 12, 28. cap. 14, 4. 5. cap. 16, 19. 2 Cor. 8, 1.* De quibus mox plura dicemus.

§ 2.

Ecclesia militans[a] ipsa quoque accipitur *bifariam*:[b] uno modo *proprie*[c] et praecise pro congregatione vere credentium[d] et sanctorum,[e] qui Christo capiti per fidem insiti[f] sunt, velut membra viva[g] unum cum ipso corpus mysticum constituunt;[h] altero modo *improprie* et *per synecdochen*, pro toto ex vere credentibus et sanctis admixtisque hypocritis et malis[i] aggregato coetu.

a) De qua *nunc* porro agendum est, missis caeteris significationibus.

b) Uti et alias mos est loquendi Scripturis, ut, quae *parti* propria sunt, *toti* tribuantur, aut *vice versa*.

LUTHERUS: „Damit aber dieser Artikel desto bass und deutlicher möge verstanden werden, muss man den Leser dess erinnern, dass die Schrift *auf zweierlei Weise* von der Kirche redet. Denn aufs erste heisst sie die Kirche insgemein alle diejenigen, so einerlei Lehre öffentlich bekennen und einerlei Sacramente brauchen, obwohl viel Heuchler und Gottlose drunter vermischt sind, wie Christus sagt Matth. 20, 16.: ‚Viel sind berufen, aber wenig sind auserwählet.‘ . . Doch sind unter diesem gemengten Haufen allezeit etliche Auserwählte, das ist, die Gottes Wort mit rechtem Glauben annehmen und fassen und den Heiligen Geist empfahen. Denn das Predigtamt kann ohne Nutzen und Frucht nicht abgehen. Dieses rechtschaffene, reine Häuflein heisst die Schrift die Kirche, welcher auch *eigentlich* der Name ‚heilig‘ gebühret. Nicht darum, als wären die Auserwählten ohne Sünde, denn Fleisch und Blut behält seine Art und Natur, ist nimmermehr ohne böse Lüste und Gedanken. Wiewohl aber die Gottesfürchtigen und rechtschaffenen Christen solche Lüste mit Hülfe des Heiligen Geistes dämpfen und ihnen nicht nachhängen noch Raum geben, doch sind solche Lüste an ihnen selbst verdammliche Sünden. Doch können sie die Gottesfürchtigen nicht verdammen, sintemal sie solche Unreinigkeit ihres Herzens erkennen und an Christum gläuben. Dieser Glaube ist es, der die Kirche heilig macht, denn er ergreift den, der da heilig ist und mit seiner Gnade unsere Missethat wegnimmt und verzehret, wie das Feuer die Stoppeln.“ (Ad Joel. 3, 17. VI, 2398. sq.)

c) Equidem *perinde videri* poterat, *utrum* nomen ecclesiae dicatur proprie denotare coetum vere credentium et, per synecdochen partis pro toto, coetum promiscuum, ex sanctis et non sanctis aggregatum, *an*, vero vice versa, hanc dicas significationem propriam et illam synecdochicam, per synecdochen totius pro parte, cum utriusque significationis fundamenta in Scripturis contineantur: *tamen* multum interest, scire, cuinam coetui privilegia et promissiones, quas Scriptura s. ecclesiae tribuit, proprie competant: *illine*, qui et quatenus praecise ex vere credentibus et sanctis constat, *an* promiscuo et visibili coetui? quod certamina nostratium cum pontificiis ostendunt. Conf. b. *Mus.* Disp. de Eccl. edit. prim. Anno 1657. § 46.

APOLOGIE DER A. C.: „Wiewohl nun die *Bösen* und gottlosen Heuchler mit der rechten Kirchen *Gesellschaft* haben in *äusserlichen Zeichen*, im *Namen* und *Aemtern*, dennoch wenn man *eigentlich* reden

will, was die Kirche sei, muss man von dieser Kirchen sagen, die der
Leib Christi heisst und Gemeinschaft hat nicht allein in äusserlichen
Zeichen, sondern die Güter im Herzen hat, den Heiligen Geist und
Glauben." (Artic. VII. et VIII. p. 154.)

d) Intelligitur autem fides ejusmodi, qualem descripsimus P. III.
cap. III., ad quam requiritur (1.) *ex parte objecti formalis*, ut praecise
divina revelatione, tanquam ratione assentiendi propria, nitatur atque
adeo in substantia sua supernaturalis sit; (2.) *ex parte objecti materialis*,
ut praeter objecta alia divinitus revelata speciatim tendat in Christum,
ut mediatorem et causam impetrandae apud Deum gratiae ac remissionis peccatorum; unde etiam eam (3.) cum *fiducia* in Christum conjunctam esse, imo hanc in illa includi oportet.   Conf. b. *Mus.* Tract.
de Eccles. Anno 1671. edit. P. I. Disp. I. § 9. sqq. p. 5. sqq.

e) Inprimis quidem per *sanctitatem*, quae *Christi* est et *imputatur*
credentibus, juxta *1 Cor. 1, 30.*, simul tamen etiam per sanctitatem
ipsis *inhaerentem*, quae ad *renovationem* pertinet atque ex fide, velut
radice, originem ducit et in caritate aliisque virtutibus consistit, licet
haec *non* sit omnibus numeris *perfecta*.   Confer. b. *Mus.* l. c. § 19. sqq.
p. 20. sqq.

LUTHERUS: „Die Christen sind ein besonder berufen Volk und
heissen nicht schlecht ecclesia, Kirchen oder Volk, sondern sancta, catholica, christiana, das ist, ein christlich, heilig Volk, das da gläubet
an Christum, darum es ein christlich Volk heisst und hat den Heiligen
Geist, der sie täglich heiliget, nicht allein durch die Vergebung der
Sünden, so Christus ihnen erworben hat (wie die Antinomer närren),
sondern auch durch Abthun, Ausfegen und Tödten der Sünden, davon
sie heissen ein heilig Volk.   Und ist nun die heilige christliche Kirche
so viel, als *ein Volk, das Christen und heilig ist, oder, wie man auch zu
reden pfleget, die heilige Christenheit, item, die ganze Christenheit.* Im
Alten Testament heisst es *Gottes Volk*, Esa. 1. 11. 12. 43. u. s. w. Und
wären im Kinderglauben solche Worte gebraucht worden: Ich gläube,
dass da sei ein *christlich, heilig Volk*, so wäre aller Jammer leichtlich
zu vermeiden gewest, der unter dem blinden, undeutlichen Wort
‚Kirche‘ ist eingerissen.   Denn das Wort christlich, heilig Volk hätte
klärlich und gewaltiglich mit sich bracht beide Verstand und Urtheil,
was Kirche oder nicht Kirche wäre.   Denn wer da hätte gehört dies
Wort: christlich, heilig Volk, der hätte flugs können urtheilen: der
Pabst ist kein Volk, viel weniger ein heilig, christlich Volk. Also auch
die Bischöfe, Pfaffen und Mönche, die sind kein heilig, christlich Volk,
denn sie gläuben nicht an Christum, leben auch nicht heilig, sondern
sind des Teufels böse, schändlich Volk. Denn wer nicht recht an
Christum gläubt, der ist nicht christlich oder ein Christ. Wer den
Heiligen Geist nicht hat wider die Sünde, der ist nicht heilig. Darum
können sie nicht ein christlich, heilig Volk sein, das ist, sancta et catholica ecclesia." (Von Conciliis u. Kirchen. 1539. XVI, 2778. sq.)

GERHARDUS: „Ideo etiam definimus ecclesiam congregationem
sanctorum, ne quis existimet, ecclesiam esse tantum externam quandam politiam bonorum et malorum, cum proprie et accurate loquendo
sit sancta societas eorum, qui vinculo Spiritus in vera fide et caritate
sunt conjuncti.   Nequaquam vero sensu anabaptistico vel pelagiano
sanctorum appellatione utimur, nec fingimus, veros ecclesiae cives in
hujus vitae infirmitate esse plane et omnino ἀναμαρτήτους, nec transfor-
mamus ecclesiam in ideam Platonicam et inane quoddam φάντασμα,
mathematica ἀφαιρέσει aestimatum; sed distinguimus inter peccata in-

firmitatis, cum quibus vera fides, poenitentia et studium sanctitatis consistere possunt, et inter peccata contra conscientiam, per quae desinunt renati esse vera et viva ecclesiae membra." (Loc. de eccles. § 51.)

HUELSEMANNUS: „Secunda affectio intrinseca ecclesiae est sanctitas, fidei nempe sive doctrinae, et *morum.* . . Quae sententia complurimis S. S. testimoniis corroboratur, sc. non sufficere ad sanctitatem ecclesiae et membrorum ejus, ut causa suprema sive Deus et instrumentales, verbum et sacramenta, sint sanctae, sed requiri etiam ex parte membrorum apprehensionem et admissionem causarum agentium, juxta illud Joh. 10, 26. 27. . . Atque hinc mox ab initio exhibitae Aug. Conf. natum est divortium inter partem papisticam et orthodoxam; his ad sanctitatem ecclesiae requirentibus sanctitatem intrinsecam fidei et morum in membris, illis vero contendentibus, ecclesiam vocari sanctam a causis extrinsecis, a Deo, verbo, sacramentis sanctificantibus, non autem a sanctitate receptiva membrorum." (Praelect. in lib. concord. p. 818. sq.)

f) Atque hi quidem *omnes;* non tantum electi seu praedestinati, verum etiam illi, qui ad tempus credunt, modo fides eorum vera et viva sit. Quamdiu enim per fidem sunt in Christo, tamdiu pertinent ad ecclesiam, velut ejus partes aut membra.

QUENSTEDTIUS: „*Injuste excommunicati* non desinunt esse membra catholicae ecclesiae, etiamsi e visibili et particulari ecclesia ejiciantur." (Th. did.-pol. P. IV. c. 15. s. 2. q. 1. f. 1635.)

GERHARDUS: „Nos contra et *catechumenos* et omnes alios vera fide interna praeditos in ecclesia esse dicimus, si vel maxime baptismum actu nondum susceperunt." (L. c. § 54.)

g) Nam *mortua* membra non nisi *aequivoce* membra corporis vivi sunt. Unde hic excluduntur *hypocritae* et *non sancti.*

GERHARDUS: „In vero verae ecclesiae membro non requiritur duntaxat externa fidei professio et sacramentorum usus externus, sed etiam interior renovatio per Sp. S., quia ecclesia non est corpus solum, sed etiam anima, h. e., corpus vivum et animatum, proinde, ut quis ad corpus ecclesiae vere pertineat, requiritur, ut Spiritu S. regatur, ducatur et quasi animetur." (L. c. § 53.)

IDEM: „Sicut Christus de discipulis suis dicit Joh. 17, 14., quod sint ‚*in* mundo, non autem *de* mundo' (in mundo esse est ‚visibiliter in mundo conversari', de mundo esse est ‚mundi malitiam et incredulitatem amplecti', docente Toleto in commentario illius loci), sic et nos dicimus e contrario *impios esse in ecclesia, non autem de ecclesia.*" (L. c. § 64.)

h) Et sic *probatur*, ecclesiam proprie dictam esse *praecise* coetum vere credentium et sanctorum. Nam *Eph. 4, 16.* describitur ecclesia tanquam *corpus* spirituale, quod *totum* dependet a Christo, *secundum omnes juncturas et compagines* (quibus coagmentatum, in ratione unius corporis constituitur), velut a *capite*, h. e. per influxum, qualis membris a capite debetur ad hoc, ut *incrementum* capiant *corpori* conveniens, idque *per caritatem.* Unde recte colligitur, eos *omnes* et *solos* esse vera membra ecclesiae proprie dictae, qui *vita spirituali* vivunt, ex *supernaturali gratia* et influxu Christi capitis et Spiritus ejus, adeoque *fide* non qualicunque, sed *supernaturali,* et cum *caritate* conjuncta pollent. Conf. b. *Mus.* § 49. sqq. p. 29. sqq. § 56. p. 34. 35. Quo pertinet, (2.) quod ecclesia *1 Petr. 2, 4. sqq.* describitur ut *domus* spiritualis, ex *lapidibus vivis* exstructa super *imum angularem lapidem, Christum,* ita ut sit *templum sanctum Domino, domicilium Dei per Spiritum;* quod non fit, nisi per fidem in Christum, qua homines Christo, velut causa salutis, actu fiduciae nituntur, cum caritate conjunctam. Vid. b. *Mus.* l. c. § 57. p. 35. sqq.   Eodemque (3.) facit, quod ecclesia comparatur *oleae,* ejus autem *rami,* spirituali sensu dicti, *per fidem inserti* et *per eandem in ea manere* dicuntur *Rom. 11, 16. sqq.*   Et (4.) quod ecclesia est coetus *filiorum Dei; filii* autem fiunt et sunt per *fidem* in *Christum.*   Vid. *Gal. 3, 26. 28.   Eph. 2, 19. 20.*

APOLOGIE DER A. C.: ,,Man muss je recht eigentlich wissen, wodurch wir Gliedmass Christi werden und was uns macht zu lebendigen Gliedmassen der Kirchen.   Denn so wir würden sagen, dass die Kirche allein ein *äusserlich Polizei* (politia) *wäre, wie wie andere Regiment, darinne Böse und Gute wären* u. s. w., so wird niemands daraus lernen noch verstehen, dass Christi Reich geistlich ist, wie es doch ist, darinnen Christus inwendig die Herzen regieret, stärket, tröstet, den Heiligen Geist und mancherlei geistliche Gaben austheilet; sondern man wird gedenken, *es sei ein äusserliche Weis, gewisse Ordnung etlicher Ceremonien und Gottesdienste.*   Item, was wollt für ein Unterschied sein zwischen dem Volk des Gesetzes und der Kirchen, so die Kirche allein ein äusserliche Polizei wäre?   Nu unterscheidet Paulus also die Kirche von den Jüden, dass er sagt, die Kirche sei ein *geistlich* Volk, das ist, ein solch Volk, welches nicht allein in der Polizei und bürgerlichen Wesen unterschieden sei von den Heiden, sondern ein recht Volk Gottes, welches im Herzen erleuchtet wird und neu geboren durch den Heiligen Geist.'' (Artic. VII. et VIII. p. 154.)

CATECHISMUS MAJOR: ,,Das Wort *communio,* das daran gehängt ist, sollt nicht Gemeinschaft, sondern *Gemeine* heissen.   Und *ist nichts anders, denn die Glosse oder Auslegung, da jemand hat wöllen deuten, was die christliche Kirche heisse.*   Dafür haben die Unsern, so weder Lateinisch noch Deutsch gekonnt haben, gemacht ,Gemeinschaft' der Heiligen, so doch kein deutsche Sprache so redet noch verstehet.   Aber recht deutsch zu reden, sollt es heissen ein *Gemeine der Heiligen,* das ist, ein *Gemeine, darin eitel Heiligen sind,* oder noch klärlicher eine *heilige Gemeine.* . . Das ist aber die Meinung und Summa von diesem Zusatz: Ich gläube, dass da sei ein heiliges Häufelein und Gemeine auf Erden eitel Heiligen, unter Einem Haupt Christo, durch den Heiligen Geist zusammen berufen, in Einem Glauben, Sinne und Verstand, mit mancherlei Gaben, doch einträchtig in der Liebe, *ohne Rotten und Spaltung.''* (Artic. III. p. 457.)

ARTICULI SMALCALDICI: ,,Wir gestehen ihnen nicht, dass sie die Kirche seien, und sinds auch nicht, und wöllens auch nicht hören, was sie unter dem Namen der Kirchen gebieten oder verbieten.   *Denn es weiss, Gott Lob, ein Kind von sieben Jahren, was die Kirche sei, nämlich die heiligen Gläubigen und die Schäflein, die ihres Hirten Stimme hören.*   Denn also beten die Kinder: ,Ich gläube eine heilige christliche Kirche.'   Diese Heiligkeit stehet nicht in Chorhemden, Platten, langen Röcken und andern ihren Ceremonien, durch sie über die heilige Schrift erdichtet, sondern im Wort Gottes und rechtem Glauben.'' (P. III. art. 12. p. 324.)

LUTHERUS: ,,Da ich die christliche Kirche eine *geistliche Versammlung* genennet hatte, spottest du mein, als wollte ich eine Kirche bauen, wie Plato eine Stadt, die nirgend wäre, und lässt dir deinen Zufall herzlich gefallen, als habest du es fast wohl troffen.   Sprichst: Wäre das nicht eine feine Stadt, so geistliche Mauren, geistliche

Thürme, geistliche Büchsen, geistlich Ross und alles geistlich wär? Und ist deine endliche Meinung, die christliche Kirche möge nicht ohne leibliche Stadt, Raum und Güter bestehen. Antworte ich: Lieber Murnar, soll ich um der Ration willen die Schrift leugnen und dich über Gott setzen? Warum antwortest du nicht auf meine Sprüche, als: ,Non est respectus personarum apud Deum', Eph. 6, 9. Et ,regnum Dei intra vos est'? . . . Also beschliesse ich, dass die christliche Kirche sei nicht an irgend eine Stätte, Person oder Zeit gehaftet, und obwohl der ungelehrte Haufe, der Pabst mit seinen Cardinälen, Bischöfen, Pfaffen und Mönchen, solches nicht will verstehen noch Wahrheit lassen sein, so stehet doch fast bei mir Er Omnes, auch die Kindlein auf den Gassen, mit dem ganzen Haufen der Christenheit in aller Welt und treten zu mir wider die gefärbte und erdichtete Kirche des Pabsts und seiner Papisten. Fragst du aber, wie das zugehe, antworte ich kürzlich: Alle Christen in der Welt beten also: ,Ich gläube in den Heiligen Geist, eine heilige christliche Kirche, Gemeinschaft der Heiligen.' Ist der Artikel wahr, so folget daraus, dass die heilige christliche Kirche niemand sehen kann, noch fühlen, mag auch nicht sagen: Siehe, hier oder da ist sie. Denn was man gläubet, das siehet oder empfindet man nicht. Wie St. Paulus Ebr. 2, 1. lehret. Wiederum, was man aber siehet oder empfindet, das gläubet man nicht. Ist das nicht klar genug, lieber Murnar und Emser? Lasst sehen, was wollt ihr hierwider sagen? Sind hier nicht die Kinder und Bauren gelehrter, denn der Pabst, Cardinäle, Bischöfe, Pfaffen und Mönche? Wo seid ihr Junkern, die ihr euch anmasset, die Schrift auszulegen, den Glauben erklären, und ruft fast, der gemeine Mann verstehe nichts darinnen? Es findet sich hier anders, dass der Pabst und seine Bischöfe mit ihrem Anhang weit nicht so viel können, als die groben Bauren und Kindlein. Nun halten sie gegen einander, die heilige Kirche Christi und die tolle Kirche des Pabsts. *Die heilige Kirche Christi spricht also: Ich gläube eine heilige christliche Kirche; die tolle Kirche des Pabsts spricht also: Ich sehe eine heilige christliche Kirche.* Jene spricht: Die Kirche ist weder hier noch da, diese spricht: Die Kirche ist hier und da." (Antw. auf das Buch Emsers. XVIII, 1652. 1654. sq.)

IDEM: ,,Wer aber nicht recht*gläubig* noch heilig und gerecht ist, der gehöret nicht in die heilige christliche Kirche. . . Und dies ist der Artikel, so in dem löblichen Concilio zu Costnitz verdammt ist, sammt diesem Vers und der ganzen heiligen Schrift. Denn *Johannes Huss* bekennete dazumal, dass eine heilige christliche Kirche sei; wo der Pabst nicht fromm und heilig wäre, so könnte er nicht ein *Glied*, viel weniger das *Haupt* der heiligen Kirche sein, ob er gleich drinnen das Amt hätte; dess muste er als ein Ketzer brennen und verflucht sein. Aber vielmehr ist verflucht St. Petrus, der sie 2. Ep. 2, 13. nennet Schande und Laster der heiligen Kirche. Wenn er noch lebete, der Teufel würde ihn betreten bei diesen heiligen Mördern. Und Johannes auch, der frei heraus sagt 1. Ep. 3, 8.: ,Wer Sünde thut, der ist vom Teufel.' Aber sie setzen darwider und sagen: Wenn der Pabst, Bischöfe, und sie alle gleich sehr sündigen, so sind sie dennoch nicht vom Teufel, noch von keiner Synagoge, sondern sind von Christo und von Gott, Glieder und Häupter der heiligen Christenheit. Ja, sie sind Glieder der Kirche, gleichwie Speichel, Rotz, Eiter, Schweiss, Mist, Harn, Stank, Grind, Blattern, Drüse, Franzosen und alle Seuche des Leibes Glieder sind; dieselbigen sind auch in und am Leibe, ja, wie Flecken und Unflath, die der Leib tragen muss mit grosser Gefahr, Mühe und Unlust." (Ausl. des 118. Psalm. 1530. V, 1792. sqq.)

IDEM: ,, *Wie der Mensch ist von zweien Naturen, Leib und Seele, also wird er nicht nach dem Leibe gerechnet ein Gliedmass der Christenheit, sondern nach der Seelen, ja, nach dem Glauben. . .* Also, dass es offenbar ist, dass die Christenheit eine geistliche Gemeine sei, die unter

die weltlichen Gemeinen nicht mag gezählt werden, als wenig als die
Geister unter die Leiber, der Glaube unter die zeitlichen Güter. . . . So
die Christenheit wäre eine leibliche Versammlung, so könnte man einem
jeglichen an seinem Leibe ansehen, ob er ein Christe, Türke oder Jude
wäre; gleich als ich kann an seinem Leibe ansehen, ob er ein Mann,
Weib oder Kind, schwarz oder weiss sei. Item, in weltlicher Versammlung kann ich sehen, ob er zu Wittenberg oder Leipzig, hier oder
da mit andern versammlet ist, aber gar nicht, ob er gläube oder nicht.
Darum habe das feste, wer nicht irren will, dass die Christenheit sei
eine geistliche Versammlung der Seelen in einem Glauben." (Vom
Pabstthum. 1520. XVIII, 1212. sq.)

CALOVIUS: „*Etsi hypocritae sint in coetu illo, in quo est ecclesia,
non tamen in coetu proprie sunt, qui est ecclesia.* . . *Non facimus geminam ecclesiam,* aliam sanctorum, aliam mixtam, sed hanc tantum nostris
distinctionem esse dicimus, qua ὁμωνύμως vox ecclesiae accipitur semel
pro coetu fidelium, iterum pro conventu, in quo fidelibus admixti reperiuntur hypocritae." (System. P. VIII, 253. sq.)

ANTITHESES.

QUENSTEDTIUS: „*Antithesis: Pontificiorum,* ut Bellarmini, qui
l. 3. de ecclesia et concil. c. 2. § 5. accusat hanc Aug. Conf. assertionem a. 7., ecclesiam esse sanctorum congregationem, qui vere credunt et obediunt Deo. ,Nostra autem (addit, sc. Romanesium) sententia est, ecclesiam unam tantum esse, non duas, et illam unam et
veram esse coetum hominum ejusdem fidei christianae professione et
eorundem sacramentorum communione colligatum, sub regimine legi-
timorum pastorum ac praecipue unius Christi in terris vicarii, Pontificis Rom.' Sententiam vero Lutheranorum, quod ecclesia proprie sit
congregatio sanctorum, conflatam esse dicit ex haeresi Pelagianorum,
Novatianorum et Donatistarum. Iidem Papistae *catechumenos* seu non-
baptizatos, haereticos, schismaticos et excommunicatos simpliciter ab
ecclesia removent. Sic enim Bellarminus l. c. § Nostra.: ,Catechu-
meni, quoniam non sunt admissi ad communionem sacramentorum, excluduntur ab ecclesia.' Lib. ejusdem c. 3. § de catechum. ait: ,Cer-
tum est, catechumenos non esse in ecclesia actu et proprie, sed tantum
in potentia.' *Haereticos* non esse in ecclesia, docent Stapletonus in
princ. fid. doct. P. 1. c. 13. p. 14., Bellarminus l. 3. de eccles. c. 4. § 1. . .
Schismaticos non esse de ecclesia, asserit Bellarminus l. c. c. 5. § 1. et 3.
Catechismus Rom. disertis verbis schismaticos ab ecclesia separat.
Idem tradit Bellarminus l. c. c. 6. § 1. Catechismus Rom. in explic.
symboli de *excommunicatis,* quod sc. in ecclesia non sint." (Th. did.-
pol. P. IV. c. 15. s. 2. q. 1. f. 1633.)

FR. DELITZSCHIUS: „Wer nur immer getauft ist und Theil nimmt
an des Herrn Mahle, der ist ein Glied am Leibe Christi. Der Leib
Christi ist die Gesammtheit aller derer, die zu Einem Leibe getauft
und zu Einem Geiste getränkt sind. Es sei Hengstenberg oder Wis-
licenus — kraft der That Gottes, die der Glaube nicht hervorbringt und
der Unglaube nicht vereitelt, sind sie beide Glieder eines und desselben Leibes. Es sei ein Evangelischer oder Römischer, ja, ein Socinianer oder Unitarier — kraft der Taufe sind sie allzumal Einer in
Christo. So hat Gott selbst der Kirche, die er durch die Macht seiner
Gnade ins Dasein gerufen, für jedes einfältige Auge erkennbare
Grenzen gegeben." (Vier Bücher von der Kirche. Dresden 1847.
p. 33. sq.) „Auch erstorbene Glieder — noch Glieder am Leibe Christi.
Aber wie, höre ich verwundert fragen, todte Glieder am Leibe Christi,
todte, und noch zu ihm gehörig? Diese Frage stellen schon unsere
älteren Kirchenlehrer. Die Getauften, die ein der Taufe unwürdiges
Leben führen, gehören (?) nach ihrer Ansicht zwar zur sichtbaren
Kirche, aber nicht zur Kirche im eigentlichen Sinne, zur unsichtbaren

oder katholischen. Sie können Theile, ja, sogar Organe der sichtbaren Kirche sein, aber *Glieder der Kirche*, die der Leib Christi ist, sind sie nicht. Wir können die Berechtigung dieser Unterscheidungen nicht anerkennen." (L. c. p. 42. sq.)

i) Nempe fideles et sancti in hac vita semper habent admixtos, quoad externam, licet ecclesiasticam, societatem, homines malos et non sanctos; ut infra videbimus.

> CARPZOVIUS: „Ecclesiae vocabulum *Augustana Confessio* non accipit *laxe*, prout et paleam et granum complectitur et sub ecclesiae nomine veniunt omnes illi, qui baptizati sunt et infidelibus seu paganis et non-baptizatis contradistinguuntur; sed *stricte, proprie* et *principaliter* pro coetu illorum, qui Christo capiti et sibi invicem fide vera et caritate sincera hisce in terris adhaerent; prout Apol. p. 144. 146. 149. 154. id declaravit et sub initium etiam art. 8. de significatu hoc cavit. Cui significatui nihil praejudicant non-sancti et hypocritae, sive in doctrina, sive in moribus, ecclesiae admixti. Aliud enim est coetus ex hypocritis et vere ac sincere credentibus *constans*, aliud est coetus, cui *admixti* sunt hypocritae. Ecclesia proprie dicta non est coetus ex hypocritis et non-sanctis constans, sed est coetus, cui hypocritae et non-sancti sunt admixti. Prout caute A. C. art. 8. sub initium istud declarat... Unde quando coetus ex sanctis et hypocritis compositus ecclesia dicitur, non nisi *synecdochica* et *figurata* appellatio est propter sanctos in illo coetu praeponderantes, sicut frumenti acervus triticum dicitur, etiamsi plurimae in illo sint paleae." (Isag. in libb. symbol. p. 305. sq.)

§ 3.

Ecclesiae, proprie[a] acceptae, *caput*[b] est Christus[c] Ͽεάνϑρωπος,[d] non solum ratione *dignitatis* et *perfectionis*[e] prae membris corporis, verum etiam praecique quoad *virtutem* atque *influxum*, non solum *moralem*,[f] verum etiam *physicum*.[g]

a) De hac enim *nunc* porro agendum est. *Altera* significatio synecdochica *paulo post* spectabitur distinctius.

b) Est enim ecclesia *ens per aggregationem cum ordine*, ubi aliquis summus est, caeteri ab illo dependent. Is, a quo coetus ecclesiae dependet, *caput* dicitur, et hic quidem non quoad *materialem* conceptum capitis, prout est pars corporis integralis atque eandem cum caeteris membris rationem ad totum corpus habet (non enim satis commode *Christus membrum ecclesiae* dici potest, cum ab hac nullatenus dependeat), sed *formaliter*, in quantum caput, hoc est, principium rectivum corporis est et influxu suo corpus totum et membra ejus omnia regit, fovet et adjuvat. Conf. b. *Mus.* Tr. de Eccles. Part. I. Disp. II. § 5. p. 67.

c) Sic expresse appellatur *Eph. 1, 22, cap. 4, 15. 16. cap. 5, 23. Col. 1, 16. cap. 2, 19.*

> LUTHERUS: „Also ist das auch gethan, dass er schreibet im Lateinischen und Deutschen, dass Christus sei ein *Haupt* der Türken, der Heiden, der Christen, der Ketzer, der Räuber, der Huren und Buben.

Es wäre nicht Wunder, dass alle Stein und Holz im Kloster den Un-
seligen zu Tode ansähen und anschrieen um solcher greulichen Lästerung willen. Was soll ich sagen? Ist Christus nun ein Hurenwirth
worden aller Hurenhäuser, ein Haupt aller Mörder, aller Ketzer, aller
Schälke? Wehe dir, du unseliger Mensch, dass du deinen Herrn also
zur Lästerung vor aller Welt setzest. Der arme Mensch will schreiben
von dem Haupt der Christenheit, und vor grosser Tollheit meinet er,
Haupt und Herr sei Ein Ding. Christus ist wohl ein *Herr* aller Dinge,
der Frommen und der Bösen, der Engel und der Teufel, der Jungfrauen
und der Huren; aber er ist nicht ein *Haupt*, denn allein der frommen,
gläubigen Christen, in dem Geist versammelt. Denn ein Haupt muss
eingeleibt sein seinem Körper, wie ich aus St. Paul. Eph. 4, 15. 16. bewähret, und müssen die Gliedmassen aus dem Haupt hangen, ihr Werk
und Leben von ihm haben. Darum mag Christus nicht sein ein Haupt
irgend einer bösen Gemeine, ob dieselbe ihm wohl unterworfen ist als
einem Herrn. Gleichwie sein Reich, die Christenheit, ist nicht eine
leibliche Gemeine oder Reich, doch ist ihm alles unterworfen, was
geistlich, leiblich, höllisch und himmlisch ist." (Vom Pabstthum zu
Rom u. s. w. 1520. XVIII, 1223.)

d) Secundum utramque naturam, *divinam* et *humanam*. Secundum *hanc* quidem, qua conformis est membris, *Eph. 5, 30.*, exaltatus
autem super omnia et constitutus caput ecclesiae, *Eph. 1, 20. sqq.*
Secundum *illam* vero, seu divinam naturam, quia influxus, quem in
membra singula et in corpus ecclesiae praebet, virtutis infinitae est, ut
ab homine nudo provenire non possit. Conf. b. *Mus.* Tract. de Eccl.
Part. I. Disp. II. § 7. p. 69.

e) Utique enim ϑεανϑρώπου, qui secundum divinam naturam infinite perfectus ac Dominus omnium, secundum humanam vero, vi
unionis personalis, divinorum αὐχημάτων revera particeps factus et ad
dextram Dei exaltatus est, prae hominibus ψιλοῖς, qui ecclesiam constituunt, summa perfectio ac dignitas est. Conf. *Eph. 1, 20. sqq. cap.
4, 15. 16. Col. 1, 16.*

f) Qui consistit in ipsius *merito* infinite valido, per quod omnia
bona spiritualia impetrantur ecclesiae. *Eph. 1, 3. Rom. 5, 15.* Conf.
b. *Mus.* l. c. § 9. p. 70.

g) Quem in ecclesiae corpus et membra singula *effective* praebet
per actiones in ipsis ad supernaturales gratiae actus et habitus termi-
natas. B. *Mus.* l. c. § 10.

§ 4.

Et quemadmodum[a] in copore humano variae sunt
commissurae, per quas spiritus animales a capite in membra derivantur: ita multiplex Christi capitis influxus in
ecclesiam se diffundit *partim* per varias *functiones*[b] ab
ipso in ecclesia constitutas, *partim* per *dona*[c] ecclesiae
concessa, cum *ministrantia*,[d] tum *sanctificantia*.[e]

a) Utitur hac similitudine Paulus ipse *Ephes. 4, 16.* Conf. b. *Mus.*
l. c. §§ 38. 39. p. 87. 88.

b) Ita enim Christus ecclesiae *dedit alios quidem apostolos* (qui, tanquam legati Christi, huc illuc commigrantes, in plantanda ac propaganda ecclesia per praedicationem verbi et constitutionem doctorum ac pastorum aliorum occupabantur), *alios vero prophetas* (interpretationi Scripturarum ac praedicendis nonnunquam futuris divinitus destinatos), *alios autem evangelistas* (apostolorum coadjutores, qui prima evangelicae doctrinae rudimenta docebant, velut catechetae), *alios autem pastores* (qui publice concionabantur, sacramenta dispensabant et ecclesias gubernabant) *ac doctores* (velut scholae theologicae ad accuratiorem.doctrinae sacrae explicationem et confirmationem dicatos), *ad instaurationem sanctorum, in opus administrationis, in aedificationem corporis Christi, Ephes. 4, 11. 12.* Ac priora quidem *tria* munia temporaria erant; *posteriora duo* perpetua. Adde *1 Cor. 12, 28.*, ubi *apostolis, prophetis ac doctoribus* subjunguntur *potestates* (i. e. concretive illi, qui miracula edebant), *dona sanationum* (concretivo sensu illi, qui sanandis, citra media naturalia, aegrotis operam praestabant), *opitulationes* (quales diaconi et diaconissae), *gubernationes* (ordo seniorum, qui disciplinae ac politiae ecclesiasticae custodes erant), *genera linguarum* (homines linguis exoticis loquentes, ad informationes variarum gentium). Conf. b. *Mus.* l. c. § 41. sqq. p. 89. sqq.

c) Χαρίσματα Graece dicuntur: *gratis* certe *data.* Conf. *1 Cor. 12, 4. Eph. 4, 7. 8.* ex *Ps. 68, 19.*

d) Ad functiones, quas vidimus, obeundas necessaria, quae proinde conferebantur membris ecclesiae *non in se absolute* spectatis, *sed in ordine* et respectu *ad alia membra et corpus* ecclesiae totum, atque adeo ad singulorum ac corporis totius utilitatem. Involvuntur etiam illi bonam partem in functionibus enumeratis, v. gr. donum sanationum, donum miraculorum, donum linguarum, donum prophetiae, etc., vid. *1 Cor. 12, 8. 9. 10. Ephes. 4, 29.*

e) Omnibus ecclesiae membris, ut talibus, communia, quorum primum est ipsa *fides in Christum*, qua succum a Christo trahunt, ut *palmites ex vite, Joh. 15, 5.* Accedit *caritas*, per quam *incrementum* capiunt; juxta *Ephes. 4, 16.* Conf. *Col. 3, 14.* Et hanc porro sequuntur virtutes christianae aliae, de quibus vid. *Ephes. 4, 24. sqq.* Conf. b. *Mus.* l. c. § 52. sqq. p. 97. sqq.

§ 5.

Sed praeter Christum [a] *aliud* quoddam *caput* ecclesiae, quod vice [b] Christi ecclesiam universam visibiliter [c] gubernet, *neque* ex necessitate,[d] *neque* ex libera Christi voluntate [e] et institutione agnoscendum est.

a) Ne quidem, postquam Christus in coelos ascendit et apostoli ex hac vita discesserunt.

b) Multo minus, si sibi arroget potestatem mutandi, quae Christus instituit, aut nova dogmata, sacramenta, cultus in ecclesiam invehendi.

c) Ita ut ejus decreta ac decisiones in rebus ecclesiae fideles omnes audire in iisque citra haesitationem acquiescere teneantur.

d) Seu, quod ecclesia Christi per naturam suam talis sit, ut absque ejusmodi capite conservari et gubernari nequeat.

e) Nullibi enim talis voluntas Christi revelata extat, ac Scripturae potius docent, Christum ecclesiae suae plures simul praefecisse ministros, inter quos nemo prae caeteris omnibus primatum potestatis ac jurisdictionis in ecclesiam universam habeat. Sic (1.) Christus *Matth. 28, 19. Marc. 16, 15.* parem potestatem ad ecclesiam plantandam et gubernandam pluribus ministris committit, neque quicquam potestatis uni tribuit, quod non pariter omnibus apostolis conveniret. Et (2.) si quando videri possit, Petro superioritatem et potestatem peculiarem tribuisse, v. gr. *Matth. 16, 19.*, alibi tamen docet, haec communia esse pluribus; vid. *Matth. 18, 18.* et *Joh. 20, 23.* Confer. *Joh. 21, 15. sqq.* cum locis *Actor. 20, 28.* et *1 Petr. 5, 2.* Similiter (3.) *1 Cor. 12, 28. Ephes. 4, 11.* Paulus totum ordinem hierarchicum a Christo institutum recensens, neutrubi capitis visibilis, quod universae ecclesiae praesit, ullam facit mentionem. Et (4.) quando corpus ecclesiae a Christo capite distinguit, fideles *omnes* non solum in ordine ad Christum, verum etiam inter se *invicem membra*, ἀλλήλων μέλη, esse dicit, *Rom. 12, 5.* Imo (5.) licet saepe admodum de capite et membris ecclesiae disserat, nusquam tamen ullo indicio significat, caput vicarium ecclesiae locum habere.

LUTHERUS: ,,*Primo* probat (Eccius) ex promissione Petro facta Matth. 16.: ,Tu es Petrus et super hanc petram aedificabo' etc. Hoc est juxta Eccium: ,Tu es vicarius Christi et apostolorum princeps'; iste est enim modus scripturae interpretandae apud Eccium. Neque enim aliter decet eum, qui, grammaticam insigni fastidio contemnens, grammatistas et pulverulentae scholae magistros appellat, qui suas lamias in sacris literis non adorant. Sed videamus sophistae impias verborum Christi depravationes. Principio hoc verbum Christi: ,Tu es Petrus' etc., oportet quod habeat unum, primum, principalem et proprium sensum, in quo Christus ipsum protulit. Hic autem vel est iste, quod per petram intelligitur Christus ipse, vel apostolus Petrus; uterque principalis esse non potest, quia ex duobus sensibus nihil probari potest. Si utrumque Eccius confitetur, jam prorsus nihil probat, quia qua facilitate ipse per petram Petrum, eadem ego Christum accipiam. Imo non licet, nisi bono moderamine, quod infra dicam, verbum scripturae de Christo dictum alteri tribuere. Si autem alterum tantum sequitur, sc., quod petra sit Petrus, nec simul permittit alium quoque valere, jam impius depravator est Eccius, quod demonstro. *Primo, quod nusquam in sacris literis Petrus petra dicitur*, sed Christus, ut 1 Cor. 10.: ,Petra autem erat Christus', et Matth. 7.: ,Comparabitur viro sapienti, qui aedificavit domum suam supra petram', et infra: ,Fundata enim erat super petram.' Adducat ergo Eccius etiam vel unum locum scripturae, ubi Petrus dicatur petra. Plus mihi valet unus locus scripturae, quam omnes dóctores per Eccium adducti, quamquam nec ipsos recte adduxit, ut videbimus. *Secundo, etiam in praesenti loco Christus manifeste distinguit Petrum a petra;* nam si vellet per petram intelligi Petrum, dixisset: Tu es Petrus et super te aedificabo ecclesiam meam; at cum repetit petram, manifeste indicat, aliud esse Petrum et aliud petram, quam per pronomen *hanc* secernit a Petro, demonstrat et exprimit. Et sic ex textu praesenti facile prohibebo, ne Eccius possit ostendere, Petrum esse petram, sed et textum, ipse pessime sibi conscius, ob hoc maxime fugit, quod sentit, eum contra se stare, nec posse quidquam ab eo promoveri per ipsum. Ideo ad doctores fugit. *Tertio,* quaero, an Petrus sit pars ecclesiae; *si est pars ecclesiae, ergo non potest esse petra* in hoc loco, quia Christus dicit: ‚Super hanc petram aedificabo ecclesiam meam.‘ Quare Petrus, cum ecclesia aedificatur super petram et non est petra ipsa, nisi Ecciano interpretandi more idem *super se ipsum aedificari* garrias. Videsne, quid sit, relictis verbis scripturae, patrum dicta sine judicio legere? Aut ergo Petrus non est petra, super quam ecclesia aedificatur, aut non est pars ecclesiae, quae aedificatur super petram. *Quarto, verbum aedificari verbum spiritus est, significans per fidem incorporari et crescere in Christo.* Ideo non sine pravitate cogi potest ad potestatem regendae ecclesiae, quae sine fide geri potest, nam potest tam papa quam subditus malus esse. Quare prorsus nihil ad rem pertinet tota ista auctoritas, quae nihil de primatu aut potestate regiminis (quae sine fide haberi possunt), sed de fide in Christum solum sonat. Sicut et Matth. 7.: ‚Fundata enim erat super petram‘, ubi loquitur de persecutionibus. Sed constat, quod potestas regiminis, qua fundat Eccius ecclesiam, nihil potest in persecutionibus (cum et ipsa patiatur), sed fundatio fidei in Spiritu super Christum servat. Ita 1 Petr. 2. docet Petrus, ut super Christum aedificemur domus spiritualis. Expostulo ergo ab Eccio, ut mihi unum etiam locum ostendat scripturae, ubi aedificare significet suum somnium de regimine. Quod ubi non fecerit, nihil est, quod patrum dicta sine textu, sine judicio profert. Non enim licet claro textui contradicere per quorumcunque auctoritatem. Sed et illam sequelam, qua dialectica didicerit, vellem scire: Ecclesia aedificatur super aliquid (ut Petrum), ergo illud est vicarius Christi et princeps apostolorum. Ergo, si supra fidem aedificabitur (sicut verum est), fides est vicarius Christi, at hunc vicarium quis videbit? Non ergo Petro hic regimen promissum est, ut depravator caecus errat, sed ecclesiae constructio in spiritu fidei descripta, in cujus Petrus persona confitetur petram, claves accipit, ut unanimiter dicunt s. patres. Jam *secundo* probat, Petrum esse jure divino vicarium Christi, aeque digno Ecciana sapientia argumento, videl. ex nominatione, *quia primus nominatur inter apostolos* Matth. 10. Putasne, anxium istum sophistam vehementer gavisurum fuisse, si potuisset invenire, Petrum fuisse primo ad apostolatum vocatum? Nam qua gloria Eccius ex nominationis ordine Petro primatum tribuit, eadem alius ipsum Andreae tribuet ex vocationis ordine, cum sit prior Petro in vocatione, praesertim cum ad hoc auctoritas sit Pauli apostoli, qui ideo antecessores et magnos apostolos vocat, quia ante se fuissent vocati. Surgat itaque Andreae aliquis tutor, sicut Eccius Petri et nominationi Petrinae obtendat vocationem Andreae, et videbis apparere, Andream esse primum. Doleo theologiae titulos in haec ridicula commenta et aniles nugas descendere, quasi ideo aliquis sit potestate superior, quia nominatur prior, cum sic quamlibet rem mundi oporteat esse altera majorem, quia potest primo nominari. Nonne inter cardinales, episcopos, imo ut in scriptura maneamus, Ruben (Gen. 49.) prior est inter patriarchas nominatus, et tamen non jure divino eorum fuit major? Et Stephanus prior nominatur inter diaconos, ergo jure divino rector eorum. Et Lucas ante Johannem in evangeliis, Marcus ante Lucam nominatur, ergo rector ejusdem. Sed et Jacobus post Petrum ante Johannem nominatur, ergo Jacobus rector erit Johannis jure divino. Et ultimus apostolorum a penultimo regetur, quia, quae ratio primi ad secundum, eadem erit secundi ad tertium. Tum vide cahos magnum quaestionis: Petrus, Jacobus, Johannes suo ordine nominantur frequentissime, at Matth. 10. Andreas locum secundum habet, Philippus tertium, Bartholomaeus quartum. Sed piget pudetque me tam insulsae dialecticae Eccii, ex ordinis primitate potestatem regiminis inferentis. Quid tum dicet ad Paulum Gal. 2., qui Petrum postponit Jacobo minori, episcopo Hiero-

solymitano? Ergo Jacobus ex nominatione erit rector, tenet consequentia ab auctoritate Eccii per novam dialecticam. Sed et Joh. 20.
Andreas primus et nominatur et vocatur ante Petrum. Itaque vides,
quam soleat Eccius ludere in s. literis, quodvis ibi aliud, quam veritatem, quaerens. *Tertio* probat Eccius egregius eundem primatum *ex
solutione tributi* Matth. 17. Nisi esset sibi de errore et defectu veritatis
conscius, putasne, tam anxie, tam ridicule quaereret suffragia? Quantis
eget mendacium, ut verum videatur! Ista sane anxietas satis magnum
argumentum est, se teste conscientia suscepisse mendacii patrocinium.
Non eget veritas simplicissima et aperta tam extortis ac violentis suffragiis, sed ipsa sibi satis est." (Ep. ad monachos conventus Jutterboc-
censis. 1519. Opp. lat. var. argum. Francof. ad M. et Erlang. Vol. II,
477. sqq.)

IDEM: ,,Ich vertheidigte auch dieses öffentlich, davon ich jetzund
rede, dass der Pabst *jure divino* nicht wäre das Haupt der christlichen
Kirchen. Noch gleichwohl konnte ich noch nicht ersehen, was aus diesem ferner folget, dass nämlich nothwendig und gewisslich der Pabst
aus dem Teufel sein müsste, denn was nicht aus Gott ist, das ist gewisslich und nothwendig aus dem Teufel. Nun, also war ich, wie gesagt, unter dem Exempel und Titel der heiligen christlichen Kirchen
ganz und gar verschlungen und zum Theil auch durch langwierige Gewohnheit mein selbst Gefangener, dass ich nachgab, dass der Pabst
durch menschliche Satzung und Rechte eingesetzt wäre, welche doch,
wo sie nicht in heiliger Schrift gegründet, eitel Lügen und teuflischer
Betrug sollen geachtet werden. Denn unsern Eltern und Obrigkeit
sind wir gehorsam nicht darum, dass sie es also gebieten und ordnen,
sondern dieweil es Gottes Wille also ist, 1 Petr. 2, 13." (Vorrede über
den ersten Theil seiner latein. Bb. 1545. XIV, 457.)

CARPZOVIUS: ,,Sequentia notentur: 1. in subscriptione (articulorum Smalcald.) locum suum id (auctarium) occupare quidem, sed
tamen partem articulorum minime constituere, in quibus contrarium
tot verbis inculcatur et docetur; 2. a nemine tunc quidem temporis id
fuisse probatum. Argumentum enim non tantum impossibilem conditionem involvit, ut recte Osiander Centur. XVI. lib. 2. c. 37. f. 285.
notaverit ad conditionem hanc: ,Id est, si diabolus fieret apostolus; si
enim papa evangelium admitteret, jam non esset papa, nec extolleret
se supra alios episcopos, sed audiret Christum dicentem: Vos autem
non sic, Luc. 22.' Sed etiam concedit, episcopo romano prioritatem
jure humano competere, quod tamen falsum est." (Isagog. in lib.
symbol. p. 894. sq.)

ANTITHESIS.

QUENSTEDTIUS: ,,*Antithesis Pontificiorum*, qui subordinant capiti
Christo monarcham et principem ecclesiae universalem papam rom.,
ipsumque Christi in terris vicarium praeter et contra scripturam constituunt. Docent enim: I. ecclesiae in terris militantis visibile quoddam
esse caput, II. ipsum pontificem rom. jure divino et ab ipso Christo
constitutum esse ecclesiae caput, principem ac monarcham cum auctoritate de rebus fidei determinandi et definiendi infallibiliter. . . Imo
papa in Concilio Lateranensi sess. 4. Christophorum Marcellum aequis
auribus admisit dicentem: ,Tu es alter Deus in terris.' " (L. c. s. 2.
q. 5. f. 1663. sq.)

§ 6.

Causa *efficiens*[a] ecclesiae Deus[b] trinunus[c] est Christusque Θεάνθρωπος.[d]

a) Sive quae homines in unum coetum colligit, conferendo efficienter fidem, per quam inter se et cum Christo ad constituendam ecclesiam uniantur.

b) Hinc dicitur *ecclesia Dei, populus Dei*, quem *ipse sibi condiderit,* aut *vocaverit.* Vid. *Ps. 95, 7. 1 Petr. 2, 9. 10. cap. 1, 15.*

c) Est 'enim collatio fidei, adeoque congregatio ecclesiae, opus ad extra.

d) Nempe Christus non solum *qua Deus*, virtute sibi propria et essentiali, sua videlicet potentia, quam cum Patre et Spiritu S. communem habet, fidem in hominibus efficienter producit et sic influit semper et incessanter inde ab initio ecclesiae ad eam plantandam, eamque semper vegetat, fovet et gubernat, verum etiam *qua homo* eadem potentia divina, vi unionis personalis sibi communicata, in statu exinanitionis quidem rarius et extraordinarie, in statu exaltationis autem influxu incessante utitur atque homines fideles efficit, ecclesiam sibi colligit, vegetat et conservat. Vid. b. *Mus.* Part. I. de Eccl. Disput. II. § 22. sqq. p. 77. sqq. §§ 31. 32. p. 84. 85.

§ 7.

Causa *impulsiva interna* est bonitas[a] seu gratuitus favor Dei; *externa* seu meritoria est Christus[b] mediator.

a) Quae est causa impulsiva conferendae hominibus fidei, per quam homines fiunt membra ecclesiae, remissionis peccatorum et salutis aeternae.

b) Qua ratione dicitur Christus *sibi acquisivisse ecclesiam proprio sanguine, Act. 20, 28.* Ac meritum ejus, in plenitudine temporis praestitum, tamen in respectu ad ecclesiam Veteris pariter ac Novi Testamenti colligendam, vim sufficientem habuit Deumque movere potuit et movet. Vide, quae de *influxu morali* Christi in ecclesiam disserit b. *Musaeus* P. I. Disp. II. § 34. p. 85.

§ 8.

Materiam[a] ecclesiae constituunt homines vere credentes[b] et sancti.

a) Eo sensu sic dictam, quo entia per aggregationem materiam agnoscunt, nempe illa, ex quibus constant.

b) Scilicet militantem ecclesiam, eamque proprie dictam hic spectamus, juxta ea, quae diximus § 2. et not. *h.* Conf. b. *Mus.* loc. cit. Disp. III. § 9. p. 115.

WANDALINUS: „Materia ecclesiae sunt homines e communi hujus mundi colluvie divinitus evocati. *a. Evocati*, non simpliciter *vocati.* Deus enim omnes vocat, sed non omnes vocanti parent, fiuntve membra sanctae ecclesiae. Hinc Christus Joh. 10, 27.: ‚Oves meae vocem meam audiunt et sequuntur me.‘ Non qui audiunt et aufugiunt, sed qui audiunt et sequuntur. Non κεκλημένοι, qui invitati noluerunt venire, sed κλητοί, qui vocati venerunt, Matth. 22, 3. 14., vocati Jesu Christi, vocati sancti, Rom. 1, 6. 7. Sunt enim e colluvie β. *divinitus evocati* per vocem Dei et Christi in evangelio, per quod tota SS. Trinitas colligit ecclesiam." (Ὑποτύπωσις san. verb. p. 286.)

LUTHERUS: ,,Da maleten sie ein gross Schiff, das hiess die heilige christliche Kirche; darinnen sass keine Laie, auch weder Könige noch Fürsten, sondern allein der Pabst mit den Cardinälen und Bischöfen vorne an, unter dem Heiligen Geist, und die Pfaffen, Mönche zu beiden Seiten mit Rudern, als wenn sie zum Himmel führen. Die Laien aber schwummen im Wasser um das Schiff; etliche ersoffen, etliche zogen sich zum Schiff an Stricken und an Seilen, welche ihnen die heiligen Väter aus Gnaden und Mittheilung ihrer guten Werke heraus worfen und ihnen holfen, dass sie nicht ersoffen, sondern am Schiff klebend und hangend auch mit gen Himmel kämen. Und war kein Pabst, Cardinal, Bischof, Pfaffe noch Mönch im Wasser, sondern eitel Laien. Solch Gemälde war ein Bild und kurzer Begriff ihrer Lehre, was sie von weltlichen Ständen hielten, und ist auch das rechte Bild, wie sie es in ihren Büchern hatten; das können sie nicht leugnen. Denn ich bin auch solcher Gesellen einer gewesen, der solches hat helfen lehren und also gegläubet und nicht anders gewusst." (Verantw. wegen der ihm aufgelegten Aufruhr. 1533. XIX, 2290. sq.)

IDEM: ,,Wohlan, der Pabst, spricht er, sei die christliche Kirche, da sagen wir Nein zu, ob ihr wohl etliche sind *unter* dem Pabsthum, die in die christliche Kirche gehören, gleichwie auch unter dem Türken, in Frankreich und Engelland viel sind, die zu der christlichen Kirche gehören; sie sind getauft, halten das Evangelium, gebrauchen der Sacramente recht und sind *rechte Christen*." (Ausl. des 6. 7. und 8. Kap. St. Joh. 1530—32. VII, 2343. sq.)

DANNHAUERUS: ,,Non sunt illi (*hypocritae*) quidem *membra* ecclesiae invisibilis *nec visibilis verae*, sed *tamen visibilis aggregatae*, ut zizania non est pars agri triticei, qua talis, tamen pars est agri totius aggregati ex tritico et zizania." (Hodos. p. 61.)

IDEM: ,,Tametsi in uno homine bona ecclesiae conservari possent, uno tamen non potest constitui ecclesia, quanquam duo tresve sufficiant ad materiam ecclesiae. Matth. 18, 20." (Hodosoph. p. 61.)

GERHARDUS: ,,Ubi duo vel tres congregati sunt etc., inquit Christus Matth. 18, 20.; jam vero ubi Christus est eo, de quo loquitur, modo, ibi est ecclesia. D. apostolus Rom. 16, 5. 1 Cor. 16, 19. Col. 4, 14. Philem. 2. unius domus familiam christianam vocat ecclesiam; jam vero duo homines, maritus et uxor, constituunt familiam; ergo etiam constituere possunt ecclesiam." (Loc. de eccl. § 87.)

§ 9.

Forma[a] ecclesiae consistit in unione[b] vere credentium et sanctorum cum[c] Christo per fidem[d] veram ac vivam.

a) Sive *ratio formalis*, per quam coetus ille hominum in esse ecclesiae proprie dictae constituitur.

b) Quae *non* est *externa et localis* corporum, *sed interna ac spiritualis* animorum conjunctio. Quamquam enim fideles etiam locales congressus sacros habeant, illi tamen non sunt de essentia ecclesiae. Vid. b. *Mus.* loc. cit. § 11. 12. 13. p. 116. 117.

c) Est enim ecclesia *ens per aggregationem cum ordine*, ubi *unus* supremo loco constitutus *alios* inferiores regit et, tanquam caput, reliquum corpus vegetat ac gubernat; qui proinde cum eo hac ratione uniuntur. Vid. b. *Mus.* l. c. §§ 5. et 14. p. 116. 117. et h. l. supra § 3. not. *b.*

d) Quae *a Christo* efficienter pendet *in eumque*, ut causam gratiae et remissionis peccatorum, fertur, atque ita *credentes* cum *Christo unit.* *Mus.* l. c.

> HUELSEMANNUS: „Forma interna ecclesiae est communio omnium fidelium de gratia Christi justificante *et sanctificante* per eadem media, communio ejusdem fidei et professionis circa utramque illam Christi gratiam, et denique communio *mutuae caritatis.*" (Breviar. p. 124.) De ea re vid. infra § 10. not *d.*

§ 10.

Finis[a] ecclesiae, isque proximus, est aedificatio[b] cum corporis totius, tum membrorum singulorum; ultimus, salus[c] aeterna eorundem.[d]

a) Cujus causa Deus colligit et conservat coetum ecclesiae.

b) Vid. *Eph. 4, 12. 16. 1 Cor. 12, 4. et sqq.* Et huc pertinet, quod alias docetur, *ecclesiam* esse *fidelium matrem*, ex qua nascantur Christo filii spirituales, quorum accessione conservetur ipsa et ab interitu vindicetur. Conf. b. *Mus.* l. c. § 17. p. 119. 120. et Disp. II. § 81. sqq. p. 111. 112.

Cf. Lutheri Kirchenpostille XI, 1330. Vid. supra p. 475.

c) Vid. *Ephes. 5, 27.*

d) Atque hic quidem est finis *proprius* ecclesiae. Finis *ultimus* communis, ad quem omnia humana ultro diriguntur, est Dei gloria. Conf. *Ephes. 1, 11. 12.*

§ 11.

Attributa ecclesiae vulgo[a] constituuntur *quatuor:* scilicet quod sit 1. *una,* 2. *sancta,* 3. *catholica,* et 4. *apostolica.*

a) Ita enim patres *Constantinopolitani* in appendice symbolo *Nicaeno* adjecta professi fuerunt, se *credere unam, sanctam, catholicam et apostolicam ecclesiam*, quorum vestigiis doctores usque ad hanc aetatem insistunt.

§ 12.

Est autem ecclesia *una* partim *absolute*[a] et in se, per unitatem *internam*[b] *fidei* in Christum,[c] quae cum *dilec-*

tione non solum Dei, sed et proximi[d] nexu individuo conjuncta est; partim *exclusive*[e] atque in oppositione ad plures ejusdem speciei sive rationis coetus, *vel*[f] coexistentes, *vel* sibi invicem[g] succedentes.

a) Quatenus unum esse est esse *indivisum*.

b) Dicitur *interna*, quia ratio uniendi est de intrinseca ratione partium, qua talium, ita ut sub sensus externos non cadat, nisi forsan ex accidenti, quatenus a posteriori et ex operantibus qualitercunque cognosci potest. B. *Mus.* Tr. de Eccl. P. I. Disp. I. § 100. p. 53. Atque haec unitas prorsus *necessaria* atque *essentialis est* ecclesiae, l. c. § 101. p. 54. et P. I. Disp. III. § 23. p. 121.

c) Per hanc enim sicut cum Christo, ita inter se *in Christo* uniuntur, ut sint unius capitis *unum corpus, alii aliorum membra.* Vid. Rom. 12, 4. 5. Confer *Mus.* Disp. III. § 20. sqq. p. 120. 121. et P. II. Disp. I. § 101. p. 54.

d) Juxta ea, quae diximus c. III. § 17. not. *d. e.* Atque ita fidelium corda, postquam per fidem cum Christo capite unita sunt, etiam inter se immediate conjunguntur. B. *Mus.* P. II. Disp. I. § 103. p. 55. Intelligitur autem *caritas* fidelium *fraterna et reciproca*, l. c. §§ 106. 107. p. 57. 58., ita quidem, ut unio per caritatem *in actu primo*, seu φιλαδελφία, inter omnes locum habeat, tanquam omnino necessaria, conjunctio autem per caritatem *in actu secundo* non item, quippe quae *non* invenit locum, *nisi* inter *notos*, tanquam domesticos fidei, *nec* est *perpetua*, sed per varia impedimenta, *partim* ex infirmitate ipsorum fidelium, *partim* ab admixtis extrinsecus hypocritis et malis nata, sufflaminari aut tolli potest. L. c. § 114. sqq. p. 61. sqq.

e) Qua ratione unum esse idem est atque *unicum*, hoc est, cui nihil coëxistit, quod sit ejusdem cum ipso speciei sive rationis.

f) Quatenus enim ecclesia, tanquam corpus Christi, *omnes* fideles, velut membra sua, *intra se* complectitur; utique *non* datur *extra eam* ecclesia *alia* vera, nedum plures. Quod autem attinet ad distinctionem inter ecclesiam *universalem et particulares*, de ea post paulo videbimus; hic certum est, intelligi universalem, seu totum corpus Christi mysticum.

g) Quo sensu ecclesiam *unam* esse est esse *perpetuam*, seu quae nunquam perierit, aut peritura sit, sed a primo sui initio duraverit ac duratura sit usque ad finem mundi, juxta promissiones divinas, *Ps. 48, 9. 72, 5. sqq. Dan. 2, 44. Matth. 16, 18. 28, ult.* Et sic etiam dici potest, ecclesiam *unam numero* semper manere in terris, scilicet ut *ens morale*, et quia nunquam tota perit ob perpetuam successionem fidelium. Conf. *Mus.* l. c. § 28. sqq. p. 122. sqq.

§ 13.

Externa[a] unitas, quoad professionem ejusdem[b] *doctrinae* fidei ac participationem eorundem[c] *sacramentorum*,

itemque *conversationem* et communionem vitae[d] per mutua fraternae caritatis *officia non* aeque *ad attributa* ecclesiae pertinet; non enim[e] perpetua[f] est. Unitas autem
ratione *unius capitis visibilis*, Christi vicarii, locum *prorsus non*[g] habet.

a) Quae formaliter consistit in actibus et signis externis, quibus
interna conjunctio sese exserit et manifestatur.

b) Et haec quidem *duplex* datur: *alia* singulorum fidelium, qua
quisque suae fidei rationem in particulari reddit, *alia* integrorum coe-
tuum, quae fit voce pastorum, statis temporibus, aut formula aliqua
doctrinae, scripto consignata et nomine publico edita. *Illa* professio
extraordinaria, haec ordinaria est. Vid. *Mus.* l. c. § 133. sqq. p. 72. sqq.

c) Nam praeter verbum, seu doctrinam christianam, etiam sacramenta sunt media gratiae, per quae sunt fideles ac membra corporis
Christi. Confer. b. *Mus.* l. c. § 140. p. 74. 75.

d) Scilicet ut, tanquam membra unius corporis, alii aliis adjumento sint ad suam et totius corporis aedificationem. L. c. § 140.
p. 75. 76.

e) Nempe attributa, tanquam proprietates essentiales, necessaria ac
perpetua sunt. Quod autem perpetuum non est, essentiale esse nequit.

f) *Debebat* quidem externa fidei seu doctrinae creditae *professio*
ubique locorum *una* et eadem esse, vid. b. *Mus.* l. c. § 132. p. 72.;
sed dissensiones in religione frequenter admodum oriuntur, non tantum ex infirmitate fidelium, sed multo magis satanae opera per hypocritas et malos; quando falsae doctrinae sparguntur, aliquando saevitia
et fraudes accedunt, quibus vera doctrina ejusque professio opprimitur,
Mus. l. c. § 121. sqq. ad 128. p. 64. sqq. Sublato autem consensu
doctrinae, plerumque tollitur etiam fraterna communio in externo vitae
consortio. Ibid. § 142. p. 76.

g) *Vicariatus* enim ille merum *figmentum* est. Conf., quae diximus § 5. et b. *Mus.* l. c. § 144. p. 77.

§ 14.

Sancta est ecclesia proprie dicta primum quidem,
quod *caput* ejus[a] sanctum est; deinde, quod *membra*
etiam omnia sancta sunt sanctitate[b] cum *imputativa*, tum
inhaerente, quae tamen postrema sanctitas *imperfecta*[c] est.[d]

a) Vid. de sanctitate Christi Ebr. 4, 15. 7, 26. 1 Petr. 2, 22.

b) Juxta ea, quae diximus § 2. n. *e.*

c) Vid., quae de renovationis et bonorum operum imperfectione
dicta sunt c. VI. § 15. not. *c.* Attamen bene est, et h. l. sufficit,
quod *nulla* sit condemnatio [οὐδὲν κατάκριμα] iis, qui sunt *in Christo Jesu,
qui non secundum carnem incedunt, sed secundum spiritum, Rom. 8, 1.*
Confer. b. *Mus.* P. I. de Eccl. Disp. III. § 64. sqq. p. 130. sqq.

d) Atque haec, quam vidimus, sanctitas est utique ecclesiae proprietas inseparabilis. Est enim conceptu ecclesiae posterior et ex ejus forma intrinseca necessario fluit. Dantur autem praeterea etiam *aliae* rationes plures denominandi ecclesiam *sanctam*, v. g. *doctrina, legibus, sacramentis* totoque *cultu*, cui addicta est. Vid. b. *Mus.* l. c. § 51 ad 54. p. 134. 135.

§ 15.

Catholica[a] est et dicitur ecclesia, non solum quatenus est *orthodoxa*,[b] sed quoad *universalitatem* 1. locorum,[c] *populorum* ac gentium, 2. respectu[d] *personarum*, scilicet omnium fidelium, 3. ratione[e] *temporis*.[f]

a) Est autem καθολικὸν idem quod καθ' ὅλον, *secundum totum vel universum.* Vid. b. *Mus.* ex *Augustino* l. c. § 56. p. 137. et P. II. Disp. I. § 9. sqq. p. 34.

b) Nempe doctrina *orthodoxa*, quatenus a Christo et apostolis profecta, *omnibus fidelibus* commendata atque unanimi eorum consensu recepta et credita fuit, hac ratione catholica dici consuevit. Unde etiam ecclesia, doctrinam illam amplectens, dici solet *catholica* in *oppositione* ad ecclesiam *heterodoxam et falsam.* Verum ita simul statim patet, posse *particularem* coetum quemlibet, qui cum aliis consentiens, fidem catholicam integram retinet ac profitetur, catholicam ecclesiam appellari. Conf. b. *Mus.* P. I. Disp. III. §§ 59 ad 62. p. 137. 138. 139. et P. II. Disp. I. § 10. p. 4. § 26. p. 11.

c) Sive, quod vi institutionis non sit ad certum locum, populum aut gentem alligata, sed toto terrarum orbe *per omnes populos* ac gentes *diffusa*, vel certe *diffundenda. Mus.* P. I. Disp. III. § 66. p. 141. P. II. D. I. § 28. p. 12.

d) Seu, quod universaliter *ad omnes* omnium nationum ac gentium *fideles* se porrigat. *Mus.* ll. cc.

> GERHARDUS: „Dicitur ecclesia catholica primario ac πρώτως respectu electorum ac sanctorum, quatenus ambitu suo complectitur omnes vere in Christum credentes, totum illud mysticum corpus, cujus caput est Christus. Atque haec est genuina et propria hujus vocabuli significatio, quo modo etiam accipitur in symb. apostolico, quando dicimus: credo unam sanctam catholicam ecclesiam, ubi vox credendi manifeste ostendit, de invisibili ecclesia sermonem esse, quod ipsum etiam annexum sanctitatis praedicatum demonstrat." (L. c. § 151.)

e) Quod inde *a primo* sui *initio* duret et *omni tempore* porro duratura sit usque *ad finem mundi;* quae quoad rem est *perpetuitas* ecclesiae, de qua ante vidimus. Confer. *Mus.* l. c. p. 142.

f) Atque hic catholicismus locorum, personarum ac temporum ecclesiae *Novi Testamenti* proprietas est, et quidem *totius*, per quam differt ab ecclesia Israelitica V. T. et a particularibus coetibus quibusvis. *Mus.* P. I. Disp. III. § 67. sqq. p. 142. 143. P. II. D. I. § 29. sqq. p. 12. sqq.

§ 16.

Apostolica denique dicitur ecclesia, quod doctrinam[a] apostolicam fide amplectitur et integram tenet.

a) Ita enim dicitur *superstructa super fundamentum apostolorum, cujus imus angularis lapis Christus* est, *Éphes. 2, 20.* Conf. *Mus.* l. c. §§ 71. 72. p. 143. 145.

§ 17.

Effectus[a] ecclesiae proprie dictae est[b] vivificatio[c] eorum, qui jam sunt in ea, et generatio[d] aliorum plurium, seu regeneratio.

a) Qui quodammodo cum fine coincidit; de quo vid. § 10. p. 629.

b) Equidem *multiplex* est effectus ecclesiae; hic autem *imprimis* spectandus is est, quem ad sui conservationem ex influxu Christi producit. Vid. *Mus.* l. c. § 16. p. 119.

c) Sive *sanctificatio* eorum, qui jam sunt fideles, quos velut fovet in sinu.

d) Nempe ecclesia est ens *successivum,* cujus subinde aliquae partes aut membra aliqua decedunt et alia generantur, quorum accessu ab interitu sese vindicat. B. *Mus.* l. c. Atque hac ratione ecclesia dicitur *parturire et parere,* velut mater fidelium. *Es. 54, 1. sqq. Gal. 4, 27.* Confer. b. *Mus.* Disp. II. § 80. sqq. p. 110. 111. 112.

§ 18.

Definiri potest[a] ecclesia proprie dicta, quod sit coetus[b] vere credentium[c] et sanctorum, a Deo[d] et Christo Θεαν-Θρώπῳ ex[e] gratuito erga homines favore propter meritum[f] Christi collectorum, Christo Domino ac redemtori suo per veram fidem[g] unitorum, in quo Christus per verbum et sacramenta subinde aliquos[h] regenerat eosque per fidem sibi insitos una cum aliis jam ante regenitis vivificat et sanctificat ad[i] corporis totius et membrorum singulorum aedificationem et salutem.

a) Alias juxta receptam illam *allegoriam* describi potest, quod sit *corpus mysticum sive spirituale, ex vere credentibus et sanctis in Christo, ut capite, per fidem aggregatum atque unitum, a quo, mediante ministerio verbi et sacramentorum, influxum impertiente, vitam, sensum et motum trahit et genitis subinde novis membris incrementum capit sibi conveniens ad sui ipsius conservationem et salutem.* De qua, et quomodo cum altera illa descriptione quoad rem conveniat, vide b. *Mus.* P. I. de Eccles. Disp. III. § 1. sqq. p. 113. sqq.

b) Quae vox generis locum sustinet. Est enim ecclesia ens per aggregationem; uti diximus § 1. not. *c.* et § 9. not. *c.*

c) Atque haec et sequentia ad differentiam pertinent, quae hic quidem petitur a materia; de qua vid. § 8.

d) Causa efficiens principalis indicatur; vid. § 6.

e) Causa impulsiva interna haec est, juxta § 7.

f) Causa impulsiva externa seu meritoria haec est; vid. § 7.

g) In quo forma ecclesiae consistit, juxta § 9.

h) Hic effectus est ecclesiae; de quo vid. § 17.

i) Haec ad finem ecclesiae pertinent, juxta § 10.

§ 19.

Ecclesia Christi per orbem terrarum diffusa[a] plures continet coetus[b] partiales, qui et ipsi nomen[c] ac definitionem[d] ecclesiae sibi vendicant.   Ac nota est distinctio ecclesiae in *universalem* et[e] *particulares*. Quanquam particulares ecclesiae subdistingui possint in *simplices,*[f] quae ex aliis ecclesiis non constant, et *compositas,*[g] quae constant ex aliis ecclesiis.

a) De qua hactenus actum est, tanquam de toto corpore Christi.

b) Nempe fideles ipsi ita diffunduntur per orbem terrarum, ut tamen hic atque illic, certis vinculis uniti, in *congregationes* quasdam coalescant easque constituant, quatenus *uno ministerio ordinario* atque *integro,* sed ab aliarum congregationum ministeriis *distincto,* utuntur. Vid. b. *Mus.* P. II. de Eccl. Disp. I. § 38. p. 17.

c) In numero *plurali* quidem, tanquam plures inter se distinctae, juxta *Act. 15, 41. 16, 5. 1 Cor. 16, 19. 2 Cor. 8, 1. Gal. 1, 2.* Alias autem etiam numero *singulari,* si de una aliqua determinate accepta sermo fuerit, sed tamen *cum* adjecta aliqua *restrictione,* v. g. *ecclesia, quae est Hierosolymis, Act. 8, 1., ecclesia Dei, quae est Corinthi, 1 Cor. 1, 2., ecclesia Thessalonicensium, 1 Thessal. 1, 1.* Confer. *Mus.* l. c. § 7. p. 2. 3. et Disp. II. § 7. p. 83.

d) Habet enim se ecclesia tota in ordine ad partiales fidelium congregationes per modum *totius homogenei,* quod cum suis partibus ejusdem rationis seu essentiae est.   B. *Mus.* l. c. § 3. p. 2.

e) Quae tamen *non* est divisio *adaequata,* totius in suas partes, *sed inadaequata* distinctio; quia universalis et particularis ecclesia habent se ut *totum et pars,* includens et inclusum.   B. *Mus.* l. c. § 95. p. 52.

f) Dicuntur *simplices,* non absolute et simpliciter, quod omnis compositionis expertes sint (sic enim non essent ecclesiae), sed *secundum quid,* et in certo genere; uti constat ex verbis adjectis.

g) Nempe inprimis ratione (1) *regiminis ecclesiastici,* prout olim ecclesiae pro ratione locorum distinctae, quae quoad singulas urbes majores singulis *episcopis* subjiciebantur, tamen in eadem provincia uni *metropolitano* subjectae, unam *provincialem* ecclesiam constituebant. Vide plura apud b. *Musaeum* § 46. sqq. p. 20. sqq. Praeterea vero (2) ratione regiminis *saecularis*, cum principes, in quorum ditionibus ecclesia hospitabatur, religioni christianae addicti essent; quo pertinent nomina ecclesiae *orientalis et occidentalis*, Graecae et Latinae. Vid. *Mus.* I. § 70. sqq. p. 37. sqq. Imo (3) ratione *unitatis doctrinae*, quam ecclesiae alias distinctae profitentur. *Ibid.* § 81. sq. p. 42. sq.

§ 20.

Interim *encomia* illa insigniora[a] *et promissiones* perpetuae[b] durationis, quae in Scripturis ecclesiae tribuuntur, *non ad* aliquam certam *particularem*[c] ecclesiam, *sed ecclesiam* Christi *absolute*[d] spectatam referri debent.

a) V. g. quod sit *domus Dei, columna et stabilimentum veritatis, 1 Tim. 3, 15.* Confer. *1 Petr. 2, 4. sqq.*; quod sit *corpus Christi, Rom. 12, 4. sqq. Eph. 4, 7. 12. sqq.*

b) V. g. quod *portae inferorum non sint praevaliturae adversus illam, Matth. 16, 18.*

c) Neque enim loquuntur determinate de hac aut illa ecclesia.

LUTHERUS: „Von der Kirchen werden sie streiten, Kirche heisst auch den *gottlosen* Haufen, der im Amt ist; *welches sie darum streiten, dass sie die Verheissung auf sich deuten mögen.*" (Bedenken der Theologen auf den Tag zu Schmalk. 1540. XVII, 413.)

IDEM: „Cum magistri mortui seu muti, i. e., libri theologorum et juristarum, mihi non satisfacerent, statui vivos consulere et *ipsam ecclesiam Dei audire*, ut, si qua reliqua essent usquam organa Spiritus S., mei misererentur et simul in communem utilitatem me de indulgentiis certiorem redderent. Hic *multi boni viri meas propositiones extollebant, sed hoc ut ecclesiam aut organa Sp. S. agnoscerem, fuit impossibile.* Papam, cardinales, episcopos, theologos, juristas, monachos suspiciebam et ex his spiritum exspectabam. Ita enim crapula et ebrietate doctrinae ipsorum eram distentus, ut ipse me nec dormientem nec vigilantem sentirem. Et cum omnia argumenta superassem per Scripturas, hoc unum cum summa difficultate et angustia tandem Christo favente vix superavi, *ecclesiam sc. esse audiendam.* Pertinacius et reverentius multo (quia vero corde faciebam) ecclesiam papae pro vera ecclesia colui, quam isti turpes sycophantae, qui hodie ecclesiam papae contra me jactant. Ergo si sic papam contempsissem, sicut eum nunc contemnunt sui laudatores, putassem, me eadem |hora absorbendum cum Chore et suis. Sed ut redeam, cum ita ecclesiae et Sp. S. exspectarem sententiam, mox indicitur mihi silentium et allegatur consuetudo. Ergo territus auctoritate nominis ecclesiae cessi et cardinali Cajetano Augustae obtuli silentium." (Disputatt. Praefat. 1538. Vid. Opp. lat. var. argum. Francof. 1867. Vol. IV. p. 330. sq.)

d) Quae quoad rem ipsam universalis ecclesia est. Confer. b. *Mus.* P. II. Disp. II. §§ 5. 6. p. 82. 83. Itaque sufficit ad perpetuitatem ecclesiae, si ea nunquam tota pereat, etiamsi nulla certi loci ecclesia particularis perpetuo maneat incorrupta.

§ 21.

Vere credentes et sancti, qui ecclesiam proprie dictam constituunt, habent ubique terrarum sibi *admixtos* [a] *non-sanctos*, sive peccatores, occultos et manifestos, non solum quoad cohabitationem et *societatem mere* [b] *civilem*, verum etiam ita, ut aliquam cum vere credentibus societatem *ecclesiasticam* [c] et communionem externam habeant; quod cum [d] fit, coetibus ejusmodi promiscuis nomen [e] ecclesiae *per synecdochen* [f] tribui solet.

a) Nam qui prorsus remoti ac segregati a peccatoribus esse cupiunt, eos *e mundo exire oporteret*, juxta illud *1 Cor. 5, 10.*

APOLOGIA A. C.: ,,Wie aber klare Verheissungen Gottes in der Schrift stehen, dass die Kirche allzeit soll den Heiligen Geist haben, also stehen auch ernste Dräuungen in der Schrift, dass neben den rechten Predigern werden einschleichen falsche Lehrer und Wölfe. Diese ist aber eigentlich die christliche Kirche, die den Heiligen Geist hat. Die Wölfe und falsche Lehrer, wiewohl sie *in* der Kirchen wüthen und Schaden thun, so *sind* sie doch nicht die Kirche oder das Reich Christi." (Artic. VII. et VIII. p. 156.)

LUTHERUS: ,,Die Schwärmer, die kein Unkraut unter sich haben wollen, richten so viel damit aus, dass kein Weizen bei ihnen ist, das ist, indem sie pur lauteren Weizen und eine reine Kirche sein wollen, so machen sie mit ihrer allzu grossen Heiligkeit, dass sie gar keine Kirche, sondern eine pur lautere Secte des Teufels sind. Denn die Hoffärtigen und die von eitler Einbildung der Heiligkeit aufgeblasen sind, sind nichts weniger als die Kirche, als die von sich bekennet, dass sie eine Sünderin sei, und die das untergemischte Unkraut, das ist, die Ketzer, Sünder, Gottlosen dulde. Da nun die Schwärmer dieses nicht thun wollen, so sondern sie sich selbst ab und raufen den Weizen mit dem Unkraut aus und werden nichts weniger als die Kirche." (Anmerkungen über dem Ev. Matth. 1538. VII, 304.)

b) Prout tempore apostolorum gentiles et Judaei vere credentibus et sanctis admiscebantur et hodie in imperio Turcico Muhammedani christianis admiscentur, qui tamen nullam plane ecclesiasticam societatem inter se habent.

c) Nempe, quod non-sancti, licet vera ecclesiae membra non sint, *membrorum* tamen *speciem* mentiuntur, *sive* per nudam fidei professionem, *sive etiam* per sanctitatis simulationem et fictam pietatis formam. Vid. b. *Mus.* P. I. de Eccles. Disp. V. § 2. p. 187.

d) Fieri autem hoc sensu, ut intra cancellos ejusdem ecclesiae contineantur, praeter vere credentes et sanctos, etiam mali, non quidem velut vera ejus membra, sed qui membris illius *per accidens* et praeter intentionem Christi admixti sint a bonis aliquando segregandi, constat ex parabolis de *agro, in quo triticum et zizania, Matth. 13, 24. sq.*, de *sagena, in qua boni et mali pisces, v. 47. sqq.*, de *area, in qua triticum et paleae*, concludantur, *Matth. 3, 12. Luc. 3, 17.* Confer. *Mus.* Disp. IV. § 4. sqq. p. 146. sqq. Et Disp. V. § 16. p. 198. sqq.

CONFESSIO AUGUSTANA: „Item, wiewohl die christliche Kirch *eigentlich* nichts anders ist, denn die Versammlung aller Gläubigen und Heiligen, jedoch, dieweil in diesem Leben viel falscher Christen und Heuchler sein, auch öffentliche Sünder unter den Frommen bleiben, so sind die Sacrament gleichwohl kräftig, obschon die Priester, dadurch sie gereicht werden, nicht fromm seind, wie denn Christus selbst anzeigt Matth. 23, 2.: ‚Auf dem Stuhl Mosi sitzen die Pharisäer‘ u. s. w. Derhalben werden die Donatisten und alle andern verdammt, so anders halten.“ (Artic. VIII. p. 40.)

APOLOGIA A. C.: „So die Kirche, welche je gewiss Christi und Gottes Reich ist, unterschieden ist von des Teufels Reich, so können die Gottlosen, welche in des Teufels Reich sein, je nicht *die Kirche* sein, wiewohl sie in diesem Leben, dieweil das Reich Christi noch nicht offenbaret ist, *unter* den rechten Christen und *in* der Kirchen sein, darinne auch Lehramt und andere Aemter mit haben. Und die Gottlosen sind darum mittler Zeit nicht ein Stück des Reichs Christi, weil es noch nicht offenbart ist. Denn das rechte Reich Christi, der rechte Haufe Christi sind und bleiben allzeit diejenigen, welche Gottes Geist erleucht hat, stärket, regieret, ob es wohl für der Welt noch nicht offenbart, sondern unterm Kreuz verborgen ist. Gleichwie es allzeit Ein Christus ist und bleibt, der die Zeit gekreuziget ward und nu in ewiger Herrlichkeit herrschet und regieret im Himmel. Und da reimen sich auch die Gleichnisse Christi hin, da er klar sagt Matth. 13., dass ‚der gute Same sind die Kinder des Reichs, das Unkraut sind die Kinder des Teufels, **der Acker sei die ‚Welt‘, nicht die Kirche.** Also ist auch zu verstehen das Wort Johannis, da er sagt Matth. 3.: ‚Er wird seine Tenne fegen und den Weizen in seine Scheure sammeln, aber die Spreu wird er verbrennen.‘ Da redet er von den ganzen jüdischen Volk und sagt, die rechte Kirche solle von dem Volk abgesondert werden. Derselbige Spruch ist den Widersachern mehr entgegen, denn für sie. Denn er zeigt klar an, wie das recht, gläubig, geistlich Volk solle von dem leiblichen Israel abgeschieden werden. Und da Christus spricht: ‚Das Himmeireich ist *gleich* einem Netze‘, item, ‚den zehn Jungfrauen‘, will er nicht, dass die Bösen die Kirche sein, sondern unterrichtet, *wie die Kirche* **scheinet** *in dieser Welt*. Darum spricht er, sie sei gleich diesem u. s. w., das ist, wie im Haufen Fische die guten und bösen durch einander liegen, also ist die Kirche hie verborgen unter dem grossen Haufen und Mennige der Gottlosen, und will, dass sich die Frommen nicht ärgern sollen. Item, dass wir wissen sollen, dass das Wort und die Sacrament darum nicht ohne Kraft sein, obgleich Gottlose predigen oder die Sacrament reichen. Und lehret uns Christus damit also, dass die Gottlosen, ob sie wohl nach äusserlicher Gesellschaft *in* der Kirchen sein, doch nicht ein *Gliedmass* Christi, nicht die *rechte* Kirche sein, denn sie sind Gliedmass des Teufels.“ (Art. VII. et VIII. p. 155. sq.)

ANTITHESIS.

QUENSTEDTIUS: „*Antithesis:* 1. *Audianorum*, qui teste Theodoreto l. 4. hist. c. 10. non ipsi tantum magnam vitae innocentiam et sanctimoniam prae se ferebant, sed etiam solos castos et sanctos ad suam communionem admittebant. 2. *Novatianorum* et *Catharorum* (sub vexillo Novati militantium) apud Epiphanium haeres. 59. et Cyprianum l. 4. ep. 2., qui lapsos in persecutione a sua societate excludebant, nolentes eos suscipere poenitentes; quod dogma καϑαρὸν dicitur. 3. *Donatistarum* apud Augustinum haeres. 69., asserentium, ecclesiam Christi ex toto orbe periisse, quia omnes in toto mundo contagione peccati infectae, sed apud se solos remansisse. 4. *Anabaptistarum*, negantium, illum coetum esse veram ecclesiam, cui admixti sunt nonsancti, et asserentium, ecclesiam illam in terris militantem aut nullam aut sine ruga et macula sanctam esse; vid. Confessionem oppositam Faukelio p. 158. sq. 5. *Puritanorum* in Anglia, qui vitae sanctitatem tanquam ecclesiae verae notam jactitant, seque solos prae omnibus aliis hominibus ecclesiam puram et sanctam esse ferunt. De Puritanis in Anglia vid. Joh. Laetum, qui egregie eos describit in comp. hist. univers. c. 33. p. 616. ,Hujusmodi (scribit Jacobus Rex Angliae in medit. in orat. Dom. p. 585.) Puritanos nostros non injuria chymicos theologiae doctores appelles cum suis illis purae et purgatae doctrinae quintis essentiis.' . . 7. *Labadistarum*, statuentium, ecclesias modernas omnes esse corruptissimas, solum Labadie coetum veris constare christianis optimisque doctoribus. Ita A. M. a *Schurmann* in εὐκλρ. p. 55. 93. 94. 121. 124. 132. etc. Labadie ep. ad D. Paulli p. 20. Essent. relig. Christ. p. 225." (L. c. s. 2. q. 1. f. 1633.)

e) Non tamen semper eodem modo; ut ex sequentibus patebit.

f) Scilicet *partis* pro *toto*, qua coetui toti, ex bonis et malis conflato, tribuitur, quod tantum parti convenit. Vid. supra § 2 et not. *i.*

GERHARDUS: ,,De ecclesia Ephesiorum et quavis particulari ecclesia dici potest, quod sit domus Dei *propter vere credentes et electos*, qui sunt in ea, in quibus Deus sua gratia habitat, ubi *per synecdochen* toti ecclesiae particulari sive toti coetui vocatorum tribuitur, quod quibusdam duntaxat in ea competit." (L. de eccl. § 79.)

§ 22.

Quemadmodum vero fit, ut, cum sancti et non-sancti congregantur,[a] aliquando *illi*, alias autem *hi emineant*, ac *sancti* quidem eminere censentur cum ratione *doctrinae*, quando ea, exclusis erroribus noxiis, pura publice praedicatur; tum quoad *integritatem morum*, quando[b] exempla bona virtutum christianarum vigent, suppressis vitiis; *non-sancti* autem praeponderant ratione *morum* quidem, quando vitia[c] impune grassantur aut regnant, ratione *doctrinae* autem, quando[d] falsa dogmata publice sparguntur ac vera doctrina ejusque confessores opprimuntur: ita tunc demum ecclesia cum admixtis non-sanctis dicitur ecclesia Christi *simpliciter*[e] *et absolute*, quando sancti ratione doctrinae ac morum eminent; quando autem non-sancti, praesertim ratione *doctrinae et professionis* publicae, in ecclesia eminent, tunc promiscuus ille coetus, ex sanctis et non-sanctis aggregatus, non dicitur ecclesia absolute, sed *secundum quid*,[f] aut cum addito ecclesia *corrupta*.[g]

a) Sive quando ministerium publicum verbi et sacramentorum purum et incorruptum est et in ecclesiae conventibus *verbum Dei* ad Scripturarum normam *docetur pure* et sine corruptelis fidei catholicae aut bonis moribus adversis, prout vere credentes id *in cordibus suis pure infixum* habent, ita ut *non-sancti*, in fide errantes, errores suos vel *dissimulare* cogantur, vel *abjicere*, nisi *excludi* e societate ecclesiastica velint. Vid. *Mus.* P. I. Disp. V. et **X**. p. 193. 194.

b) Sive quando *peccata enormia et notoria non tolerantur* in coetu ecclesiae, sed doctores ecclesiae, *magistratus* civiles *aliique* boni, quisque in suo statu, *pietatis* studio, virtute ac morum honestate ad sectandam vitae sanctimoniam aliis *praelucent; non-sancti* autem *vel* pudore suffusi, *vel* censurae ecclesiasticae severitate territi, a peccatis enormibus abstinent et pietatis atque honestatis *speciem* induunt etc. *Mus.* l. c. § 8. p. 191.

c) Qualis status ecclesiae *prophetarum* tempore fuit, vid. *Esaiae 3, 9. cap. 5, 7. sqq. Jerem. 5, 8. cap. 9, 4. sqq. Ezech. 22.*, et qualem *sub finem mundi* futurum praedixit Christus *Luc. 18, 8.* (ad quem locum vid. Disput. nostra An. 1687. habita) *Matth. 24, 38. sqq.* et Paulus *2 Tim. 3, 1. sq.* Confer *Mus.* l. c. § 9. p. 192.

d) Qualis fuit status ecclesiae in oriente, dominantibus *Arianis*, et in occidente, *ante Lutherum.* Vid. *Mus.* loc. cit. § 10. p. 191. 192. et § 29. p. 211. 212.

e) *Non* quod *secundum se totam* Christi corpus mysticum sive ecclesia sit, sed locutione *synecdochica*, propter praeponderantem, licet non numero, ita tamen, ut reliqua pars se potius occultet. Vid. *Mus.* l. c. § 12. p. 195.

f) Nempe ecclesia, quae vere credentium et sanctorum congregatio est, non statim prorsus interit, quando non-sancti dominantur; interim, quia illi, qui eminent, secundum se seorsim spectati, satanae potius synagoga, quam Christi ecclesia sunt ac vere credentes et sancti sub istis pressi latent, ideo nomen ecclesiae per synecdochen quidem, non tamen absolute, coetui tali tribui potest. Vid. *Mus.* l. c. § 30. p. 212.

g) Scilicet a corruptelis doctrinae ac morum, quae in ea vigent, licet aliquae partes doctrinae fidei, itemque baptismus in substantialibus integer servetur. Confer. *Mus.* l. c. et §§ sqq.

LUTHERUS: „Es erreget St. Hieronymus allhier eine grosse Frage: warum St. Paulus die Galater unter die christliche Gemeinde oder Kirche zähle, weil sie doch keine christliche Gemeinde oder Kirche nicht sein; denn St. Paulus, spricht er, schreibt ja zu den Galatern, so von Christo und der Gnade abgefallen und sich wiederum zu Mose und dem Gesetz gewandt hatten? Ich antworte also dazu: Dass St. Paulus allhier nach der Figur, so da synecdoche heisst, und in der Schrift fast gemein ist, redet; wie er zun Corinthern auch schreibet, und freuet sich mit ihnen über der Gnade Gottes in Christo, ,dass sie durch ihn wären reich worden an allerlei Lehre und in allerlei Erkenntniss', so doch viele aus ihnen durch die falschen Apostel verführt waren und nicht gläubten, dass eine Auferstehung der Todten wäre u. s. w. Gleichwie wir jetzund zu unsern Zeiten die römischen Kirchen und alle Bisthümer heilig nennen, ob sie wohl auch verführt und ihre Diener gottlos sind. Denn unser Herr Gott herrschet mitten unter seinen Feinden, Ps. 110, 2., und der Endechrist sitzet im Tempel Gottes, 2 Thess. 2, 4., item, der Satan ist mitten unter den Gottes Kindern, Hiob 1, 6. Darum, obwohl die Kirche oder Christenheit mitten unter der ,argen und verkehrten Art ist', wie St. Paulus zun Philippern c. 2, 15. sagt, und ob sie gleich mitten unter Wölfen und Mördern, das ist,

mitten unter den geistlichen Feinden und Tyrannen liegt, so ist sie
dennoch und bleibet auch eine heilige Christenheit, eine Gemeinde und
Kirche Christi. Es sind ja und bleiben zu Rom in der Stadt (ob sie
wohl ärger ist, denn Sodoma und Gomorra) die heilige Taufe, Sacramenta, Wort und Text des Evangelii, heilige Schrift, Amt und Name
Christi und Gottes. Wer es hat, der hats; wers aber nicht hat, der
ist gleichwohl nicht entschuldiget. Denn der Schatz ist ja da gegenwärtig vorhanden. . . Darum, obwohl die Galater verführet waren, so
ist gleichwohl Taufe, Gottes Wort und der Name Christi bei ihnen
blieben; so sind auch etliche Fromme unter ihnen gewesen, so von
St. Pauli Lehre nicht abgefallen sind, und dieselben haben das Wort
und die Sacramente rein behalten und recht gebraucht, also, dass sie
um der andern Abtrünnigen willen nicht sind verunreiniget noch entheiliget worden. . . Derhalben so ist die Kirche allenthalben heilig,
auch an den Oertern, da gleich die Schwärmer und Rottengeister regieren, *so ferne sie nur das Wort und Sacrament nicht allerdings verleugnen und verwerfen. Denn die diese Dinge ganz und gar verleugnen,
sind keine Kirche mehr.* Wo aber Wort und Sacrament wesentlich
bleiben, da bleibet auch eine heilige Kirche, und liegt nichts dran, obgleich der Endchrist daselbst auch regieret, welcher nicht in einem
Teufelsstalle, noch im Schweinskober, noch in einem ungläubigen Haufen, sondern an der alleredelsten und heiligsten Statt, als nämlich im
Tempel Gottes, sitzet, 2 Thess. 2, 4. Daraus ja gewiss und offenbar
ist, dass Gottes Tempel sein und bleiben muss auch unter den geistlichen Tyrannen, so darinne walten und wüthen. Denn man findet ja
überall, auch unter denselben Tyrannen, die recht gläuben u. s. w.
Darum ist eine kurze und leichte Antwort auf diese Frage zu geben,
*dass die Kirche ist allenthalben in der ganzen Welt, wo nur das Evange-
lium und die Sacramenta sind. Aber Jüden, Türken, Schwärmer und
Rottengeister oder Ketzer sind nicht die Kirche, denn dieselben verleugnen
und vertilgen solche Dinge.*“ (Ausl. des Briefes an die Galater. 1535.
VIII, 1588. sqq.)

GERHARDUS: „Per quod sincerus ecclesiae *doctor* a pseudopro-
pheta distinguitur, per illud etiam *ecclesia* vera a falsa distinguitur.
Ratio est, quia qualis est doctrina, quae in publico ecclesiae ministerio
sonat, talis etiam judicatur esse illa ecclesia. Si catholica doctrina in
ea sonat, judicatur ac dicitur esse catholica, si haeretica doctrina in ea
sonat, judicatur ac dicitur esse haeretica.“ (L. de eccl. § 136.)

§ 23.

Atque huc pertinet distinctio inter ecclesiam *veram*[a]
seu *puram*, in qua potiorem[b] partem constituunt vere
credentes[c] et sancti, et *falsam*[d] seu *impuram*, in qua potiorem partem constituunt non-sancti[e] in doctrina fidei
errantes.

a) Equidem *ecclesia vera* et *falsa* dici potest in significatu *duplici*:
uno, prout vox *vera*, voci ecclesiae addita, nihil dicit praeter ecclesiam
et relationem rationis ad potentiam cognoscentem, cui ecclesia esse
apparet. Quo significatu *ecclesia vera* et *falsa* opponuntur inter se *con-
tradictorie* et dicitur ecclesia *vera*, quae non est *non-ecclesia*, sive, quae
est *ecclesia aliqua*. *Altero* significatu *ecclesia vera* dicitur, prout vox
vera dicit negationem admixtae rei alienae, estque *ecclesia vera* idem,
quod *ecclesia pura*, *non-falsa*; *falsa* dicitur contra, quae *impura*, *falsata*,

corrupta est. Sic b. *Musaeus* l. c. § 31. sqq., ubi etiam utramque acceptionem nostratibus pridem receptam fuisse ac diversitatem significationum merito notandam esse ostendit. *Hic* autem *posteriorem* acceptionem spectari, facile intelligitur, scilicet ut ecclesia *vera* seu *pura* cum ecclesia *absolute sic dicta, falsa* autem seu *impura* ecclesia cum ecclesia *secundum quid* ita dicta coincidat.

> GERHARDUS: ,, *Vera* ecclesia opponitur falsae vel *contradictorie,* i. e., non-ecclesiae seu ipsam essentiam baptismi et religionis totius evertenti, vel *privative,* h. e., non-orthodoxae ecclesiae. *Posteriore* significatione ecclesia apostasiae partialis rea non est vera ecclesia propter depravationem religionis, sed est falsa, h. e., vitiata et impura ecclesia. *Prioris* oppositionis respectu concedimus, talem ecclesiam esse veram, h. e., adhuc esse ecclesiam, quod patet tum a sacramenti initiatorii, h. e., baptismi, quem retinet, veritate, tum a communicatione verbi facta per publicam textuum biblicorum lectionem." (Confess. cath. f. 728.)
>
> J. MUSAEUS: ,,Cum *falsum* aurum dico, nihil dico, praeter *non-* aurum. . . Interdum vero *falsum* (in incomplexis) dicitur, non quod plane non est, quod esse videtur, sed quod admissione rei alterius falsatum sive corruptum est. . . Hinc fit, ut ecclesia etiam vera et falsa dici possit in significatu duplici." (Tract. de eccles. P. I, 214. sq.)
>
> CALOVIUS: ,,B. Aeg. Hunnius noster volum. Disp. disput. 41: ,Baptismum ab *antitrinitario* vel Ariano quopiam collatum dicimus nullum esse, si *et minister et ecclesia* articulum sanctissimae Trinitatis (in cujus nomine baptismi sacrum peragitur) non credat.' Arianos quo pacto et ob quam causam *gentilibus* potius, quam christianis, annumerandos judicavit antiquitas. . . Eadem ergo quum obtineat de *Socinianis* ratio, idem de ipsis quoque esto judicium." (Socinism. proflig. Ed. 2. p. 34.) Cf. Lutherus citatus ad § 22. not. *g.* et Deylingius citatus supra p. 442.
>
> AD. OSIANDER: ,,Photiniana ne ecclesia quidem est, quia destituitur fundamento ecclesiae, Christo, cujus divinitatem, incarnationem, satisfactionem negat." (Colleg. th. P. VII. p. 83.)

b) Dicitur autem h. l. *pars potior,* non tam, quae numero major est, sed penes quam est, ministerium publicum suae, quam mente tenet et amat, doctrinae conformiter constituere et per illud eam in conventibus publicis profiteri, docere, propugnare et propagare. *Mus.* l. c. § 48. sqq. p. 226. sqq.

c) Seu quando ex voto vere credentium et sanctorum praecones verbi constituuntur, qui sinceri et ab erroribus puri sunt, qui fidei et morum doctrinam, prout cordibus suis infixam tenent, verbo Dei conformiter doceant, a corruptelis vindicent et propagent. *Mus.* l. c. § 50. p. 228.

d) Vid., quae diximus in nota *a.*

e) Seu quando penes ipsos est, praecones et doctores suae, quam mentibus infixam habent, doctrinae convenienter constituere, impuros scilicet falsisque doctrinis addictos, per quos corruptelas, quas amplectuntur, in conventibus publicis doceant, defendant, propagent. *Mus.* l. c. § 51. p. 229.

> BALDUINUS: ,,Habemus praeceptum apostolicum, ne trahamus jugum cum infidelibus, 2 Cor. 6, 14., sed fugiamus potius idolorum culturam, 1 Cor. 10, 14. Qui ergo *scientes et volentes* idololatrico cultui

papistarum et erroneis sacris Calvinianorum se immiscent, *licet ea in animo suo non approbent,* eo ipso tamen exercitio publico peregrini cultus jugum cum infidelibus trahunt. *Necesse enim est, ut, qui veritatem agnovit, omne mendacium, errores omnes fugiat.* — Deinde habemus exemplum ecclesiae primitivae, ubi christiani cum Judaeis in publico religionis exercitio nihil commune habebant; licet in multis religionis capitibus consentirent, quilibet tamen suam religionem in suo coetu exercebat, ne mixturam religionis facere viderentur, quam Deus in lege prohibuit, Deut. 22, 9. Levit. 19, 19. —Tertio, *non sunt confirmandi haeretici in suis erroribus, quod fieret a nobis, si ipsorum sacris uteremur;* hac enim ratione spem sibi facerent, fore, ut progressu temporis in reliquis etiam nos ipsis conjungeremus, quin et traduceremur nos, quasi eo ipso testaremur, nos absque causa ab ipsis discessisse, siquidem ipso facto sacra ipsorum approbaremus. — Quarto multarum blasphemiarum et abominationum, quibus haeresis ipsorum referta est, *participes nos redderemus,* quod summopere cavendum est; ideo exire jubemur ab ipsis, ne participes fiamus delictorum et de plagis ipsorum accipiamus Apocal. 18, 4.; exitus, si non corpore semper fieri potest, fiat saltem animo, quo nos a sacris ipsorum separamus. — Quinto, *scandalum praeberetur infirmis,* quasi in fide nostra non satis confirmati essemus, ipsique malefecissent, quod adversariis tamdiu et constanter contradixerunt. Cur enim ad sacra eorum accedimus, quorum religionem falsam esse scimus? Vae autem, per quem veniunt scandala! Matth. 18. — Sexto, sacramenta etiam sunt notae ecclesiae et confessionis; qui ergo scit, ecclesiam pontificiam aut Calvinianam non esse veram ecclesiam, is quoque a sacramentis illius ecclesiae abstineat necesse est, alias tacite ejus ecclesiae fidem approbat. Quin et usurpatio sacramentorum species confessionis est; si ergo serio abhorremus a doctrina alicujus coetus, a sacramentis quoque illius abstinere debemus, ne in hypocrisin incidamus, qua peste nihil est periculosius in negotio religionis. — Qualis enim ea est fides et religio, cujus contrarium ipso opere testamur? Idcirco Deus in suo cultu totum hominem requirit: Deuteron. 6. Matth. 22. — Neque vero periculum hoc hypocriseos avertere potest protestatio addita, quod hac actione externa religionem adversae partis approbare non velimus; talis enim protestatio est contraria facto, quo pontificios et similes in erroribus suis juvamus, confirmamus et, quod recte faciant, taciti approbamus. — Accedit denique exemplum piorum in primitiva ecclesia, qui cum pseudodoctoribus nullum habere voluerunt commercium. Johannes apostolus Cerintho haeretico ne quidem assidere voluit, referente Irenaeo lib. 3. cap. 3. Polycarpus, Johannis discipulus, haeretico Marcioni ne quidem ave dicere voluit; quare Marcion commotus: ‚An non nosti me?' dixit; cui respondit Polycarpus: ‚Novi te primogenitum Satanae.' Ita praecepit olim Cyprianus lib. 1. epist. 4: ‚Plebs fidelis', inquit, ‚et morigera a peccatore proposito separare se debet, nec se ad sacrilegi sacerdotis sacrificia miscere.' Cum, pulso in exilium Chrysostomo, Arsacius succederet in ecclesia Constantinopolitana, nemo fidelium vel alloquio, vel auscultatione dignatus eum fuit, dicente Theodoreto lib. 5. cap. 34., Sozomeno lib. 8. cap. 23., Nicephoro lib. 3. cap. 22., imo multi in exilium abire, quam sacra istius mercenarii visere, maluerunt. De Lucio Ariano dixit quidam: ‚Absit, ut manus tua me consecret', apud Socratem lib. 4. c. 36. Usque adeo abhorruerunt pii ab haereticorum sacris, dum purius ministerium alibi adhuc habere potuerunt. — His de causis abstinendum est a sacris eorum, quorum religionem impiam et verbo Dei contrariam esse certi sumus; et si magistratus ad haec sacra nos cogere auderet, non parendum esset, quia contra conscientiam est, cui nullus hominum imperare potest. — Multo autem magis attendendae sunt hae rationes in sacramento eucharistiae, quod tantae necessitatis non est, ac baptismus. Ea igitur neque a pontificiis, neque a Calvinianis sumenda est; hi enim non habent veram eucharistiam, quia substantiam hujus sacramenti corrumpunt; hic locum habet illud Augustini: ‚Crede et manducasti‘; et, uti dixi, *sacramenti usurpatio est nota confessionis et doctrinae; qui ergo doctrinam illius ecclesiae, in qua sacramento uti vult, pro vera non agnoscit, is sacramento quoque salva conscientia in illa ecclesia uti non potest.*“ (Tractat. de casibus consc. Lib. II. c. 6. cas. 7. p. 202. sqq.)

§ 24.

Ecclesia *vera* seu *pura,*[a] *describi*[b] potest, quod sit congregatio hominum,[c] in qua omnia,[d] quae ad salutem creditu et ad vitae sanctimoniam factu sunt necessaria, citra admixtos[e] errores noxios, ex verbo Dei docentur et sacramenta[f] juxta institutionem Christi administrantur, et sic filii Dei spirituales[g] gignuntur, qui per veram fidem Christo capiti conjunguntur et in ipso unum[h] corpus fiunt.

a) Synecdochice tamen accepta. Nam proprie dictam supra descripsimus § 18.

b) Vid. b. *Mus.* Tract. Germ. Vertheidigung des unbeweglichen Grundes etc. contra Jod. Keddium P. II. cap. I. p. 91. sqq. et cap. 11. p. 197. 198.

c) Non praecise fidelium. *Mus.* l. c. p. 191.

d) Ita enim generatur et conservatur fides. Vid., quae in Prolegom. diximus de artic. fundam., cap. I. § 29. sq. Vol. I. p. 49. sqq.

e) Nam *alias*, quando ecclesia non caret erroribus doctrinae, licet tantum retineat de doctrina, ut adhuc possint in ea generari fideles (de quo mox dicemus), ipsa tamen ecclesia non erit pura, sed impura.

f) Quae et ipsa sunt media atque organa conferendae atque obsignandae fidei.

g) Prout etiam ecclesia, synecdochice dicta, vocatur *mater* fidelium.

h) Nempe propter tales coetus ille promiscuus habet, quod dicitur ecclesia.

§ 25.

Atque ita fieri solet, ut ecclesiae per *synecdochen* appellatae etiam suo modo[a] tribuantur *attributa* ecclesiae proprie dictae, ut dicatur *una,*[b] *sancta,*[c] *catholica*[d] *et apostolica.*[e]

a) *Non* autem prorsus *eodem modo* haec illi competere, facile constabit ex sequentibus.

b) Nempe unitas, qua quid *absolute et in se* unum dicitur, competit ecclesiae illi, *interna* quidem, seu fidei et caritatis, propter contentos in ea vere credentes et sanctos, qui hac ratione inter se unum sunt; unitas *externa* autem, seu professionis ejusdem doctrinae fidei, per se competit ejusmodi coetui; qui per hoc in esse constituitur, quod doctrinam fidei totam ac puram publico consensu profitetur.

GERHARDUS: „Distinguendum inter *unitatem absolutam, perfectam et dissensionis omnis expertem*, quae in ecclesia triumphante demum habebit locum, et inter *unitatem fundamentalem*, quae in consensione principalium articulorum consistit, licet de nonnullis *fidei capitibus minus principalibus*, vel de *ceremoniis adiaphoris*, vel etiam de *interpretatione quorundam scripturae locorum* controversiae incidant; ac talis est illa unitas, quae in ecclesia militante locum habet, in ea enim nunquam reperitur tanta concordia, quin dissensionibus quibusdam sit permixta. ‚Ex parte enim in hac vita cognoscimus, ex parte prophetamus‘, 1 Cor. 13, 9. *August.* l. 15. de civ. Dei cap. 5.: ‚Boni et boni, si perfecti sunt, inter se pugnare non possunt. Proficientes autem nondumque perfecti ita possunt, ut bonus quisque ex ea parte pugnet contra alterum, qua etiam contra semetipsum. Et in uno quippe homine caro concupiscit adversus Spiritum et Spiritus adversus carnem. Concupiscentia ergo spiritualis contra alterius potest pugnare carnalem, vel concupiscentia carnalis contra alterius spiritualem, sicut inter se pugnant boni et mali vel certae ipsae concupiscentiae carnales inter se duorum bonorum nondum utique perfectorum, sicut inter se pugnant mali et mali, donec eorum, qui curantur ad ultimam victoriam, sanitas perducatur.‘ Quo in loco Augustinus aperit causam dissidiorum in ecclesia. Vere pii nondum sunt perfecte renovati, sed remanent in illis reliquiae carnis, ergo non perveniunt ad exactam et perfectam mysteriorum fidei notitiam, sed in quibusdam hallucinantur ac titubant. Caro in renatis adhuc pugnat contra Spiritum; facile igitur contingere potest, accedente praesertim diaboli impulsu, ut carnalibus opinionibus indulgentes contentiones in ecclesia excitent, *interim nisi accedat pertinacia ac nisi fundamentum fidei convellatur, a corpore ecclesiae propterea non statim separantur*. Idipsum comprobant exempla. Fratres quidam expostulabant cum Petro, quod ausus fuisset evangelium gentibus praedicare Act. 11, 2. Paulus in faciem resistebat Petro non recto pede ambulanti ad veritatem, Gal. 2, 2. Inter Barnabam et Paulum incidebat παροξυσμός, Act. 15, 39. In ecclesia Corinthiorum excitata erant schismata, profanatio coenae irrepserat, de adiaphoris odiose contendebant, articulum de resurrectione quidam eorum in dubium vocabant etc., neque tamen Paulus toti coetui ecclesiae nomen propterea derogat, sed, scribens ad eos, adhuc appellat ‚ecclesiam Dei‘ 1 Cor. 1, 2. In ecclesia Galatarum articulus de justificatione corruptelis pseudoapostolorum depravatus erat, interim quia adhuc dociles erant ac quidam adhuc recte sentiebant, ideo coetus Galatarum Paulus adhuc vocat ecclesias, Gal. 1, 2. Agnoscit hoc ipse Bellarminus. . . Tempore *Cypriani* gravissima contentio erat in ecclesia de baptizandis illis, qui ab haereticis ad ecclesiam redibant; ex utraque parte stabant multi et docti episcopi, utraque sententia diversarum synodorum decretis et approbata et improbata erat; neque enim iis, qui Cyprianum sequebantur, ecclesiae et unitatis nomen ademtum fuit ab illis, qui rectam sententiam tenebant, ac vice versa illis, qui rectam fidem tenebant, non fuit ecclesiae et unitatis nomen ademtum ab illis, qui Cypriano et Africanis episcopis adhaerebant. Tempore *Cornelii* inter orientales et occidentales ecclesias gravis fuit contentio de tempore celebrandi paschatis. Neque tamen quispiam eorum, qui Polycarpo Smyrnensis ecclesiae episcopo adhaerebant, illis, qui cum Hygino, Rom. ecclesiae episcopo, faciebant, nomen ecclesiae denegavit, quinimo cum *Victor* Romanus episcopus dissentientes hoc nomine excommunicaret et ecclesias Asiaticas a corporis unitate abscindere conaretur, graviter hoc nomine ab Irenaeo et aliis episcopis fuit reprehensus, nec sententia ejus ullam in ecclesia auctoritatem obtinuit; ut ex Eusebio cognosci potest. Inter *Basilium* et ecclesiam Caesariensem controversia fuit de ecclesiasticis cantionibus ac ceremoniis; inter *Chrysostomum* et *Epiphanium* de libris et doctrina Origenis; inter *Hieronymum* et *Augustinum* de operibus legis, ex quibus neminem justificari apostolus asserit; de simulatione Petri; de origine animae etc.; quinimo si scripta patrum pervolvantur, apparebit, patres non solum ab aliis, sed etiam a seipsis quandoque dissentire, ut certum sit, omnimodam et numeris omnibus absolutam unitatem in hac vita non esse sperandam, ac proinde non quodlibet dissidium ecclesiae et unitatis communionem *continuo* tollit.'' (L. c. § 231.)

GERHARDUS: ,,*Triplicem ecclesiis nostris unitatem vendicare possumus. Prima* est *canonica*, qua sc. cum canonicis V. ac N. T. libris nostrae, quam profitemur, doctrinae per omnia convenit; nondum enim ab ullo Pontificio ullius erroris in fidei articulis ex scriptura s. convinci potuimus; quinimo praestantissimi scriptores Pontificii agnoscere coguntur, ex scriptura s. nostram confessionem everti minime posse. *Altera* est *ecclesiastica*, qua sc. cum scriptoribus ecclesiasticis, quos patres vocant, praesertim illis, qui apostolorum temporibus proximi fuerunt, doctrinae nostrae convenit; parati enim sumus in singulis articulis controversis evidentia et perspicua ex patribus testimonia pro nostra sententia afferre. *Tertia* est *symbolica*, qua sc. communi consensu amplectimur doctrinam in libris symbolicis ecclesiarum nostrarum, in A. C., ejusdemque Apologia, in Catechismis Lutheri, in articulis Smalcaldicis et in Formula Concordiae, comprehensam, cui si quis nomen suum dare recusat, eum pro fratre in negotio fidei et confessionis haudquaquam agnoscimus.'' (L. c. § 246.)

c) Sanctitas fidelibus propria propterea, quod sancti eminent in ecclesia, ipsi ecclesiae, de qua loquimur, tribui potest et solet, prout etiam Paulus in initiis diversarum epistolarum totum coetum, v. g. *Romanum, Corinthiacum, Ephesinum etc.* compellans, *sanctos* appellat.

d) Quatenus quidem intelligitur *catholicismus* seu orthodoxia *doctrinae.* Alias enim difficultas quaedam occurrit; de qua mox videbimus.

HOLLAZIUS: ,,Ecclesia christiana Augustanae confessioni non variatae addicta est vera et catholicam amplectitur doctrinam; at ratione quantitatis vel amplitudinis non est catholica sive universalis, sed *particularis.*'' (Exam. IV, 1. q. 37. p. 1316.)

CARPZOVIUS: ,,Nulla particularis ecclesia de se praedicare potest, quod sit una illa ecclesia. Aliud enim est, esse *unam* ecclesiam; aliud est, esse *de una* ecclesia. Tota ecclesia est una, nostra ecclesia est de una.'' (Isag. p. 303.)

e) Quia *doctrina,* quae publice sonat, *apostolica* est.

§ 26.

Quamvis vero plures vocatorum coetus,[a] singillatim spectati, plures ecclesiae Christi recte[b] dicantur, non tamen ideo omnes illi coetus simul sumti unam catholicam sive universalem ecclesiam[c] constituunt, quae propter contentam in illis universam vere credentium et sanctorum multitudinem recte dicatur catholica sive universalis[d] Christi ecclesia.

a) Seu qui christianum nomen ac fidem profitentur.

b) Nimirum propter contentas in illis partiales vere credentium et sanctorum congregationes.

c) Equidem *si omnes vocatorum coetus per universum terrarum orbem catholicam fidem pure et incorrupte profiterentur et caritatis ac pacis vinculo inter se essent conjuncti, nullus dubitarem asserere, eos simul sumtos constituere ecclesiam catholicam seu universalem, per synecdochen sic dictam, cujus ambitu universa vere credentium et sanctorum multitudo contineatur et extra quam salus non sit. Sed haec ecclesiae catholicae facies optanda potius, quam speranda est. Neque enim inde a patrum temporibus unquam contigisse legimus, ut per totum terrarum orbem simul omnes vocatorum coetus catholicam fidem sincere et absque corruptelis in vera caritate ac pace profiterentur. Itaque uno alterove vocatorum coetu haeresi contaminato, vel per schisma a caeteris avulso, reliqui non amplius constituunt unam illam ecclesiam catholicam, extra quam vere credentes et sancti nulli, salus nulla detur,* cum extra eos dari possit ac detur verbum Dei et baptismus, unde fides et salus hominibus conferantur. Vid. b. *Mus.* P. II. de Eccl. Disp. II. § 40. sqq. p. 104. sqq.

d) Nam, juxta hactenus dicta, dantur vere fideles et sancti **extra** coetus illos, qui, quoad doctrinam fidei publicam et sacramentorum usum, in vera caritate et pace consentiunt, videlicet illi, qui in heterodoxorum aut schismaticorum coetibus latent.

§ 27.

Nempe etiam *in*[a] ecclesia *corrupta* nasci possunt et *nascuntur* Deo *filii spirituales*[b] per verbum Dei, quod ibi adhuc praedicatur, et per baptismum in substantialibus integrum.

a) Ita malumus loqui, quam ut dicamus, *ex ecclesia* corrupta eos nasci. Hoc sane certum est, quod ecclesia corrupta, ut est corrupta, non pariat Deo filios spirituales seu vere fideles. Vid. b. *Mus.* P. I. Disp. V. § 98. p. 265.

b) Nam quemadmodum, juxta parabolam Christi *Matth. 13.*, in eo agro, ubi paterfamilias bonum semen, inimicus zizania seminavit, tamen ex bono semine triticum bonum nasci potest: ita in coetibus illis, ubi errores cum veris dogmatibus junguntur, potest tamen ex verbo Dei fides concipi erroribus non aeque ad animos hominum penetrantibus, aut iterum ejectis; prout sane fideles per Dei gratiam inter *pretiosum* et *vile* discernere possunt. B. *Mus.* l. c. § 54. sqq. p. 22. sqq. et Disp. VI. tota.

LUTHERUS: „Müssen wir doch bekennen, dass die Schwärmer die Schrift und Gottes Wort haben *in andern Artikeln*, und wer es von ihnen höret und glaubt, der wird selig, wiewohl *sie* unheilige Ketzer und Lästerer Christi sind." (Brief von der Wiedertaufe. 1528. XVII, 2675.)

GERHARDUS: „*Baptismus* est bonum ecclesiae proprium; ubicunque ergo verus et integer baptismus administratur, ibi aliqua ecclesia Deo colligitur. Baptismus est sacramentum initiationis, quo aperitur ingressus in ecclesiam; ergo ubicunque parvuli baptizantur, panditur ecclesiae janua et ostium regni coelorum. Ubicunque administratur verus et integer baptismus, ibi est lavacrum regenerationis et renovationis, quia baptismus ab apostolo sic definitur Tit. 3, 5.; ibi etiam offertur salus baptizatis, quia Deus per baptismum dicitur nos salvos facere 1 Petr. 3, 2. Jam vero extra ecclesiam nulla fit regeneratio et extra ecclesiam non est salus. Ergo ubicunque administratur baptismus, ibi est aliqua Christi ecclesia." (L. de eccl. § 128.)

CARPZOVIUS: „„Nequaquam largimur ipsis, quod sint ecclesia, quia revera non sunt ecclesia.' (Artic. Smalcald. P. III. artic. 12.) Non de *ecclesia Rom. in se spectata* quaestio hic est, sed de *papistis*, seu de eo, quod ecclesiae Rom., ceu labes et gangraena corpori, adhaeret. Nam aliud est *ecclesia Rom.*, aliud est *papatus* in ecclesia Rom. Quod ecclesiam Rom. attinet, non negatur, eam esse ecclesiam, in quantum tabulas matrimoniales, ut Augustinus l. 4. de symbolo ad catechumenos c. 10. f. 1139. T. 9. opp. appellat, h. e., verbum cum sigillis retinet, atque quaedam capita fidei docet, quae caeteri quoque, ubicunque sunt, vere credentes profitentur; ast id, quod adhaeret Rom. ecclesiae hodiernae, doctrina sc., cultus et hierarchia papalis, eamque impuram facit ac inficit, quantum ad ministerium ejus spectat et fidem integram, non ipsa ecclesia est, sed malum ecclesiae adhaerens, sicut gangraena aut aliud malum corpori humano adhaeret et non ex corpore non-corpus facit, sed impurum et aegrum corpus. Factum hinc, ut in Rom. ecclesia etiam infecta aliqui vere pii remanserint et adhuc remaneant, partim *occulti*, qui *infantes*, qui impuro ministerio per sacramentum initiationis regenerantur, et *adulti simplices*, qui non intelligunt profunditates satanae, Apoc. 2, 24.; ne verbum Dei, quantum adhuc ibi praedicatur, redeat vacuum, contra Esa. 55, 10. 11.; partim etiam *manifesti*, qui vel publice abominationes detestantur et rectiora amplexantur... Non igitur de ecclesia Rom. ipsa, quatenus vel ecclesia adhuc est, vel quatenus Romana est, sed de papistis locutus est Lutherus sive de coetu papistico, qui infecit ecclesiam Rom., aut de ecclesia Rom., *quatenus* papistica est ac doctrinam, cultum et hierarchiam papalem docet ac profitetur. Hanc dicit nequaquam ecclesiam esse, sicut morbus non ipsum corpus est, sed aliquid tantum corpori adhaerens illudque inficiens. Huc pertinet distinctio inter Romanam *ecclesiam* et *curiam* Romanam, quam in Comitiis Augustanis status evangelici usurparunt, quamque Lutherus ipse etiam T. 1. Jen. lat. in c. 1. ep. Gal. f. 327. valde commendat." (Isagog. in lib. symbol. p. 875. sq.)

CONCORDIA: „Was dann die Condemnationes" etc. (Vorrede zu dem christlichen Concordienbuch p. 16. sq. Vide supra Tom. I, p. 59.)

Cf. quae supra dicta sunt de articulis fidei fundamentalibus. Vid. Prolegom. c. I. §§ 27—33. Tom. I, p. 45—64.

CARPZOVIUS: „Nec ab ecclesia Rom. per reformationem separamus nos, ut dictum, sed malum adhaerens removimus saltem, sc. papatum, et nostram ecclesiam particularem esse concedimus, solam autem esse eam veram ecclesiam, non dicimus. Utut enim ratione visibilis congregationis non alia pura ac a naevis doctrina alienior detur, quam Lutherana, non tamen aliam negamus particularem ratione genuinorum et soli Deo notorum membrorum, sub alio visibili coetu eoque impuro latentium, in quibus ecclesia vera proprie consistit." (Isag. in lib. symbol. pag. 876.)

IDEM: „Ecclesia, quatenus impura, non est ecclesia." (L. c. p. 877.)

HILARIUS: „Sanctiores aures plebis, quam corda sunt sacerdotum .., ut jam sub antichristi sacerdotibus Christi populus non occi-

dat, dum hoc putant illi fidei esse, quod vocis est. Audiunt Deum
Christum, putant esse, quod dicitur. Audiunt Filium Dei, putant, in
Dei nativitate inesse Dei veritatem. Audiunt ante tempora, putant,
id ipsum ante tempora esse, quod semper est." (Lib. adv. Auxentium
f. m. 215.)

§ 28.

Caeterum ecclesia *proprie dicta*[a] quidem *non* est *visi-*
bilis distincte,[b] sed confuse[c] tantum. Ea vero, quae *syn-*
ecdochice[d] dicitur, ecclesia[e] particularis ita *visibilis* est,
ut tanquam vera et, quoad membra sua, distincte[f] agnosci et ab ecclesiis falsis seu corruptis discerni queat.

a) Quae praecise denotat coetum vere credentium et sanctorum,
quatenus inter se et cum Christo capite uniuntur per fidem; ut supra
ostendimus.

> DANNHAUERUS: „Agnoscenda aliqua invisibilis ecclesia fidei ob-
> jectum, de qua certo et cum fructu dicere possis: ego credo ecclesiam.
> Ecclesia est una Spiritu, sancta, sanctitate interna, thesaurus, corona,
> sponsa, filia Dei. At de visibili ecclesia tota secundum omnia sua
> membra haec et similia praedicata dici nequeunt, igitur subest aliquid
> invisibile sub visibili coetu, quod proprie flos est et cor coetus chri-
> stiani, cui soli competit, quicquid honorifice de ecclesia dicitur."
> (Hodos. phaen. 2. p. 58.)

b) Seu *cognoscibilis*, ut, quinam sint, ex quibus tanquam membris
revera constet, *distincte et in individuo* nosse queamus. Fides enim nec
in sensus incurrit, neque, quae in aliis est, a nobis satis certo intelligi
potest. *Solus* enim *Deus novit corda filiorum hominum, 1 Reg. 8, 39., et
eos, qui sunt sui, 2 Tim. 2, 19.*

> GERHARDUS: „Nec hoc fine ecclesiam dicimus invisibilem, ut sub
> papatu ecclesiam conservatam fuisse obtinere possimus; quia veram,
> sanctam et catholicam ecclesiam *semper* invisibilem esse dicimus, etiam
> hoc ipso tempore, quo reaccensa lux evangelii in multis regnis et pro-
> vinciis clarissime splendet." (L. c. 69.)

> QUENSTEDTIUS: „Videmus coetum hominum, qui est ecclesia,
> sed an illi homines sint ecclesia, non videmus, i. e., homines, qui ad
> ecclesiam pertinent, videntur et conspicui sunt, sed homines illos esse
> vera et viva ecclesiae membra, exterius non apparet." (L. c. s. 2.
> q. 2. 1641. sq.)

> IDEM: „Objicit Bellarminus: ‚Non potest proferri vel unicus lo-
> cus, ubi nomen ecclesiae tribuatur congregationi *invisibili*, sed ubi-
> cunque nomen ecclesiae invenitur, semper visibilis congregatio signi-
> ficatur.‘ Resp. 1. Ubicunque nomen ecclesiae *proprie* ac *specifice*
> accipitur et pro catholica ecclesia ponitur, invisibilem sanctorum et
> vere credentium coetum denotat, quia vera catholicae ecclesiae mem-
> bra non sunt, nisi vere credentes et sancti." (L. c. s. 2. q. 2. f. 1642.)

c) Nempe ubi dantur congregationes, praesertim ampliores, in
quibus verbum Dei recte docetur et sacramenta rite administrantur,
ibi dari *aliquos* vere credentes et sanctos, qui ecclesiae Christi partem
constituunt, bene colligitur idque vi promissionum divinarum de *fructu*

verbi praedicati, *Es. 55, 10. sq.* Conf. b. *Mus.* P. I. de Eccl. Disp. X. § 7. sqq. p. 636. sqq. *Quinam* autem vere fideles sint, *probabiliter* tantum agnoscimus.

LUTHERUS: „Darum bekennen wir recht im Glauben, da wir sagen: ‚Wir *glauben* eine heilige christliche Kirche‘; denn sie ist *unsichtbar*, lebet im Geist, an einer Stätte, dahin niemand kommen kann; derhalben man ihre Heiligkeit nicht sehen kann. Denn Gott verdecket und verhüllet sie also mit Schwachheit, Sünden, Irrthümern, mit mancherlei Leiden und Aergernissen, dass wir sie mit unsern Sinnen nirgend finden können. Die solches nicht wissen und sehen, wie die, so da getauft sind, das Evangelium haben und gläuben, noch Schwachheit, Sünde und andere Gebrechen an ihnen haben, ärgern sie sich so balde, und halten, sie gehören nicht zur Kirche; fassen darnach solche Gedanken, als wäre die rechte Kirche allein die Geistlosen, das ist, der Pabst mit seinem Haufen, weil sie äusserlich anders geberden mit Kleidung, Speisen, Stätten u. s. w., denn der gemeine Christenmann (davon denn menschliche Vernunft hoch und viel hält), meinen derhalben, sie sein die heilige und rechte christliche Kirche, so sie doch unsern Herrn Gott allein mit den Lippen ehren und ihm vergeblich dienen, weil sie nicht Gottes Wort, sondern allein solche Gebote üben und lehren, die da Menschenlehre sind, Matth. 15, 9. Welche nun solche Gedanken haben von der Kirche, verkehren stracks den Artikel unsers Glaubens, da wir sprechen: ‚Ich *gläube* eine heilige christliche Kirche‘, und machen aus dem Glauben ein Sehen.“ (Ausführliche Erkl. der Ep. an die Galater. 2535. VIII, 2745. sq.)

IDEM: „Es ist dies Stücke: ‚Ich gläube eine heilige christliche Kirche‘, ebensowohl ein Artikel des Glaubens, als die andern. Darum kann sie keine Vernunft, wenn sie gleich alle Brillen aufsetzet, erkennen. Der Teufel kann sie wohl zudecken mit Aergernissen und Rotten, dass du dich müssest dran ärgern. So kann sie Gott auch mit Gebrechen und allerlei Mangel verbergen, dass du musst darüber zum Narren werden und ein falsch Urtheil über sie fassen. *Sie will nicht ersehen, sondern ergläubt sein.* Glaube aber ist von dem, das man nicht siehet, Ebr. 11, 1.“ (Vorr. zur Offenb. St. Joh. XIV, 161.)

IDEM: „Es ist ein hoch, tief, verborgen Ding die Kirche, dass sie niemand kennen noch sehen mag, sondern allein an der Taufe, Sakrament und Wort fassen und gläuben muss.“ (Wider Hans Wurst. XVII, 1678.)

CHEMNITIUS: „Eccius quidem hanc acceptationem vocabuli ridet et dicit, esse ecclesiam mathematicam et ideas Platonicas; sed rideat, ut velit, non protinus id, quod nobis est idea et videri nequit, propterea etiam Deo est absconditum. Col. 3, 3.: ‚Vita nostra abscondita est cum Christo in Deo‘, non tamen propterea vita nostra est idea Platonica, h. e., phantastica imaginatio. ‚Sed scimus (v. 5.), quod, cum Christus apparuerit, vita nostra, nos cum ipso etiam in gloria apparituri simus.‘ Interim tamen Lutherus nunquam probavit Anabaptistarum furores, qui etiam hoc praetextu in abscondito latitare cupiunt, circumeunt domus et in iis clam ecclesiolas constituere cupiunt; quia sc. ecclesia sit *invisibilis*. Contra istos Lutherus gravem commonitionem scripsit A. 1532. sub titul.: Wider die Winkelprediger. Extat Tom. 2. Wit. f. 210. Etenim vera et sancta electorum ecclesia nihilominus manet invisibilis, si maxime describatur, quod sit coetus non unius alicujus gentis, qualis fuit ecclesia vel Israeliticus in veteri Testamento, sed quod sit coetus catholicus in quocunque loco, gente, lingua et tempore collectus, qui firma fide amplectitur evangelium Christi, utitur ejus sacramentis et sub cruce constanter militat Christo ad vitam aeternam.“ (Loc. th. P. III. f. 117.)

GERHARDUS: „Concedimus, ecclesiae domum constitui ex hominibus spiritualibus, h. e., qui Spiritu Dei regeniti sunt et Spiritu Dei
reguntur; concedimus etiam, homines illos videri posse, sed quia
videntur ut homines corporei, non autem ut homines spirituales ad
ecclesiae domum pertinentes, ideo firmum adhuc manet, ecclesiam, utpote domum spiritualem ex hominibus spiritualibus aedificatam, esse
invisibilem.“ (L. c. § 75.)

CALOVIUS: „Coetus, in quo est ecclesia, videri quidem ac dignosci
et indice digito demonstrari potest, in quo sc. verbum docetur et sacramenta dispensantur juxta Christi mandatum; sed coetus ille, qui proprie est ecclesia, h. e., communio fidelium et sanctorum, non est visibilis nec demonstrari potest.“ (System. VIII, 264.)

GERHARDUS: (Bellarminus dicit:) „Jes. 2, 1. Dan. 2, 35. Mich. 4, 1.
comparatur ecclesia monti magno et conspicuo, qui nullo modo potest
latere, secundum expositionem Hieronymi in illa loca et Augustini
tract. 1. in ep. Joh. Resp.: Esaias et Micheas describunt ecclesiae
magnitudinem et claritatem, quae temporibus Messiae per universalem
evangelii praedicationem erat futura. Huic vaticinio eventus respondet, sed quid ex eo contra nostram sententiam inferri potest? . . . Illo
ipso tempore, quo particularium ecclesiarum claritas maxime splenduit,
catholica sanctorum ecclesia fuit invisibilis. . . Bellarminus: ‚Non potest civitas abscondi supra montem posita‘, quod Augustinus de unit.
ecclesiae c. 14. et alibi passim exponit de ecclesia. Resp.: Christus
ibi alloquitur apostolos, quorum doctrinam et vitam omnium conspec-
tui obviam esse testatur.“ (L. c. § 80.)

B. MEISNERUS: „Negativam nos tenemus cum orthodoxis, adeoque
ecclesiam invisibilem recte dici putamus, et quidem respectu quadru-
plici. 1. Loquendo de ecclesia catholica absolute definita collectione
omnium christianorum, et militantium, et triumphantium, qui sane
nobis in hac terra degentibus sunt invisibiles. Sed hic respectus non
primo attenditur. 2. Loquendo de ecclesia catholica κατά τι definita collectione christianorum duntaxat militantium, sed tamen omnium per
orbem terrarum undique dispersorum. Nam hoc quoque sensu invisibilis est. Particulares quidem ecclesias videmus, nunquam vero catholicam vel universalem simul, uti manifestum est. 3. Loquendo de
ecclesiis particularibus, sed ratione fidelium et electorum. Quoniam enim
corda hominum introspicere non possumus, nec certo cognoscere,
an viva sit eorum fides, an mortua et hypocritica, hinc ecclesia respectu
sanctorum recte inconspicua et invisibilis appellatur. Deo quidem patent christiani veri, nos autem latent, siquidem nec per sensum, nec per
evidentem rationem sunt visibiles. 4. Loquendo de ecclesiis particularibus quoad ministerium purique cultus exercitium publicum. Atque hic
ἀκμή est controversiae nos inter et pontificios. Arbitrantur enim, ecclesiam carere non posse publico cultus incorrupti exercitio, sed semper
fuisse et fore coetum quendam integrum, in quo verbum Dei pure praedicetur et sacramenta legitime dispensentur. Quoniam vero praeter
ipsorum synagogam non fuerit ante Lutherum alia fidelium congregatio,
hinc apud se tantum veram reperiri ecclesiam concludunt.“ (Philos.
sobr. II, 88. sq.)

d) Sive cum admixtis hypocritis ac malis, et ratione externae
professionis spectata.

HUELSEMANNUS: „Formale ecclesiae, i. e., interna unio cum capite
Christo et reliquis membris ecclesiae non est visibilis, nisi visione
mentali, juxta symbolum: Credo sanctam ecclesiam catholicam. Objectum autem fidei sunt τὰ μὴ βλεπόμενα, sive quae non videntur, teste
apostolo Ebr. 11, 1., et juxta tritum illud Augustini: ‚Stulte, quod
vides, non est fides.‘ Itaque cum denominationem fieri oporteat a

potiori et formale ecclesiae tanquam potius secundum se sit invisibile, consequens est, ecclesiam secundum quid, i. e., secundum formale suum, non solum *posse dici* invisibilem, sed *merito dici* talem, et insulsas esse pontificiorum contumelias, quas in ecclesiam nostram tanquam utopicam conjiciunt." (Praelect. in lib. Conc. p. 821.)

e) *Universalis* autem ecclesia, quia ex particularium aggregatione constat, *non* potest a nobis *cognosci, nisi in partibus*, ex quibus constat. Unde quia vere credentes et sancti, qui ecclesiam proprie dictam constituunt, non ubique locorum eminent prae non-sanctis, cum quibus junguntur, ideo *neque unam ecclesiam catholicam*, quae *visibilis* sit, constituunt. Vid. b. *Mus.* Part. II. de Eccl. Disp. VII. § 20. sqq. p. 496.

f. Qui enim fidem catholicam integram et incorruptam *exterius* profitentur et sacramentis Christi recte utuntur, cognosci utique distincte et in individuo possunt.

ANTITHESIS.

QUENSTEDTIUS: „*Antithesis:* 1. *Pontificiorum,* qui ecclesiam invisibilem vocant allegoricam, phantasticam, imaginariam, utopicam, ideas Platonicas, metaphysicam etc. Bellarminus l. 3. de eccl. c. 2. § Atque hoc: ‚Ecclesia‘, inquit, ‚est coetus hominum ita visibilis et palpabilis, ut est coetus populi Romani vel regnum Galliae aut respublica Venetorum.‘ Et eodem lib. c. 12. ait: ‚Non posse unum saltem locum proferri, ubi nomen ecclesiae tribuatur congregationi invisibili.‘ Et lib. ejusdem c. 2. dicit: „Lutherani dicunt, veram ecclesiam esse invisibilem Deoque soli cognitam, nos contrarium asserimus.‘ Stapletonus in relect. princip. doctrin. contr. 1. q. 2. artic. 1.: ‚Ecclesia vera et catholica est multitudo per omnes gentes dispersa, sed electi, teste Christo in fine parabolae Matth. 20, 16., sunt pauci, ergo electi, qua tales, non constituunt ecclesiam veram, sed qua visibiles et vocati, et per consequens vana est distinctio inter ecclesiam visibilem et invisibilem.‘ . . 2. *Weigelianorum,* contendentium, ecclesiam veram quidem per totum orbem dispersam esse, sed in nullo certo loco et coetu visibili eam reperiri; sive ecclesiam non visibilem, sed invisibilem esse, eo quod nulli locorum alligata, sed per totum orbem diffusa sit; ita Weigelius P. 1. Postill. f. 140." (L. c. s. 2. q. 2. f. 1640.)

§ 29.

Fieri autem[a] *potest*, ac divinitus praedictum est,[b] *fore*, ut ecclesia aliquamdiu nulla sui parte sit visibilis, seu ut *ecclesia visibilis*[c] *prorsus deficiat.*

a) Nempe si ubique locorum praedominentur non-sancti ac praedicatio verbi pura prorsus deficiat. Hoc autem fieri *posse*, vel inde constat, quod Christus, licet ecclesiae proprie dictae perpetuitatem promiserit, non tamen promisit immunitatem perpetuam a dominio malorum admixtorum.

b) Praesertim, quod *tempore antichristi* homines improbi ac mendacibus illius dogmatibus addicti dominaturi et ecclesia Christi latitura sit. Vid. *Apoc. 12, 14. sqq. cap. 13, 12. sqq. cap. 17, 2. sqq. cap. 18, 3. Luc. 18, 8. 2 Thess. 2, 11.*

APOLOGIA A. C.: „Darüber wird die rechte Lehre und Kirche oft so gar untergedrückt und verloren, wie unterm Pabstthum geschehen, als sei keine Kirche, und *lässt sich oft ansehen, als sei sie gar untergangen.*" (Artic. VII. et VIII. p. 153.)

c) *Non* tamen ideo statuimus, *totam ecclesiam* Christi *periisse aut perituram* esse, cum vere fideles et sanctos aliquos a perniciosis erroribus et consortio scelerum immunes semper, licet latentes, superfuisse ac superfuturos agnoscamus.

GERHARDUS: „Quando incidit tempus ejusmodi, ut externus ecclesiae visibilis splendor intercidat, tunc non est simpliciter de necessitate salutis, ut quis sese visibili ac particulari ecclesiae conjungat; sed sufficit, ut quis per veram fidem sit membrum ecclesiae *catholicae,* de *ea* enim proprie intelligendum, quod *extra ecclesiam non sit salus.*" (L. c. § 101.)

ANTITHESIS.

QUENSTEDTIUS: „*Antithesis :* 1. *Socinianorum,* statuentium: non necesse esse, ut ecclesia perpetuo duret, ecclesiamque penitus deficere posse. Ostorodus Instit. c. 42. p. 412.: ‚Nimis audacem esse illam opinionem', ait, ‚qua statuitur, ecclesiam Christi semper debuisse manere ac nunquam cessare.' . . 2. *Arminianorum,* qui Sociniana hic legunt vestigia, docentes: ‚Ecclesiam catholicam perire ac deficere penitus posse'; ita Apol. c. 22. et Episcopius in disp. priv. de eccl. c. 10., ubi inquit: ‚Addimus, quod tamen ex eo (sc. ecclesiam quamlibet deficere posse) necessario, sequitur, totam et universam ecclesiam in terris deficere posse.' . . 3. *Pontificiorum,* asserentium: *a.* ‚Ecclesiam simpliciter et absolute non posse errare in rebus ad salutem necessariis, nec in aliis, quae credenda et facienda nobis proponit, sive habeantur expresse in scripturis, sive non'; ita Bellarminus l. 3. de eccl. milit. c. 13. 14. Idem inquit ibid. c. 11. et penult.: ‚Haeretici docent, visibilem ecclesiam interdum ita errare in fide et moribus, ut penitus deficiat; nos contrarium asserimus.' Et c. 13. § 1: ‚Quod ecclesia vera et visibilis non possit deficere, facile probari potest.' . . *β.* ‚Ecclesiam particularem eamque suam Romanam non posse in fide errare'; ubi intelligunt tum ecclesiam repraesentativam, i. e., praelatos et episcopos in Concilio congregatos, tum virtualem, i. e., papam Rom. Vid. Bellarm. l. 4. de P. R., itemque l. 2. de Concil. c. 2." (L. c. s. 2. q. 3. f. 1646.)

§ 30.

Interim ad ecclesiam particularem[a] veram, seu puram, ut talem, ab homine Scripturarum perito[b] seu christiano agnoscendam, sufficiunt *notae* duae: videlicet *pura verbi praedicatio* et *legitima sacramentorum administratio.*[c]

a) Juxta ea, quae diximus § 28. et notam *e.* Quod si contingat, ut *ecclesia* nullibi habeat ministerium publicum incorruptum adeoque *tota lateat,* sane hoc ipso, quod latet, *notas* sensibiles *non* habebit.

. b) Nam homini *infideli et pagano,* Scripturarum ignaro, *prius* ostendenda est ipsius *Scripturae divinae origo* (per argumenta in *Proleg.* cap. II. § 17. sqq. memorata) et in Scripturis contenta vera *doctrina*

christiana, a qua ecclesia habet, quod est vera, antequam inter ecclesias schismate distractas veram a falsa discernere doceri possit. Conf.
b. *Mus.* Vertheidigung des unbeweglichen Grundes contra Keddium
Part. II. cap. IV. pag. 129. sqq.

> AD. OSIANDER: ,,In ecclesia non sunt ejusmodi notae externae,
> ex quibus sola facultate naturali agnosci potest et discerni." (Colleg.
> th. VII, 78.)

c) Sunt sane 1) *notiores*, quam est ipsa ecclesia, cum *nobis*, tum
natura aut *simpliciter*, vid. b. *Mus.* l. c. p. 128. sqq. Sunt etiam
2) *propriae* verae ecclesiae, non communes falsis. Nam *licet* hae quoque illas sibi tribuant, non *tamen* abusus aut falsa arrogantia genuinum
usum ac certitudinem tollit, ut alio peculiari fundamento opus sit.
Vid. b. *Mus.* l. c. cap. VI. sqq. p. 162. sqq. Conf. Disp. nostram
Scrutatori veritatis (sic dicto) oppositam, sub titulo *Scrutinium Scruta-
toris*. An. 1685.

> CONFESSIO AUGUSTANA: ,,Es wird auch gelehret, dass allezeit
> müsse eine heilige christliche Kirche sein und bleiben, welche ist die
> Versammlung aller Gläubigen, *bei welchen das Evangelium rein gepre-
> digt und die heiligen Sacramente laut des Evangelii gereicht werden.*"
> (Artic. VII. p. 40.) CARPZOVIUS: ,,Consideratur ecclesia dupliciter:
> vel principaliter ac proprie, ratione intrinsecae suae naturae et com-
> munionis in fide vera et sincera caritate; vel ratione externae socie-
> tatis, bonorum scl. et malorum membrorum in uno coetu cohabitan-
> tium. *Priori modo consideratur in Artic. VII.* (Aug. Conf.), prout in
> Apologia etiam p. 144—150. prolixius hoc declaratur; posteriori vero
> modo in artic. VIII. consideratur et proponitur." (Isag. in lib. symb.
> p. 300.) ,,Ubicumque hae notae sunt, ibi vi promissionis divinae
> Es. 55, 11. etiam sunt, qui recipiunt et gratiae divinae revera participes
> sunt." (L. c. 316.)

> LUTHERUS: ,,Erstlich ist dies christliche heilige Volk dabei zu er-
> kennen, wo es hat das heilige Gottes Wort. Wiewohl dasselbe un-
> gleich zugehet, wie St. Paulus sagt 1 Cor. 3, 12. 13. Etliche habens
> ganz rein, etliche nicht ganz rein. Die, so es rein haben, heissen die,
> so Gold, Silber, Edelsteine auf den Grund bauen; die es unrein haben,
> heissen die, so Heu, Stroh, Holz auf den Grund bauen, doch durchs
> Feuer selig werden. . . *Wir reden aber von dem äusserlichen Wort, durch
> Menschen, als durch dich und mich, mündlich geprediget.* Denn solches
> hat Christus hinter sich gelassen als ein äusserlich Zeichen, dabei man
> sollte erkennen seine Kirchen oder sein heilig christlich Volk in der
> Welt. *Auch reden wir von solchem mündlichen Wort, da es mit Ernst
> gegläubet und öffentlich bekannt wird vor der Welt;* wie er spricht
> Matth. 10, 32. 33. Marc. 8, 9.: ,Wer mich bekennet vor den Leuten,
> den will ich bekennen vor meinem Vater und seinen Engeln.' Denn
> viel sind, die es wohl wissen heimlich, aber wollens nicht bekennen.
> Viel habens, die aber nicht dran glauben oder darnach thun. Denn
> wenig sind ihr, die dran gläuben und darnach thun. Wie die Gleich-
> niss von dem Samen, Matth. 13, 4., sagt, dass es drei Theil des Ackers
> wohl kriege und habe, aber allein das vierte Theil, der feine, gute
> Acker, Frucht bringet in Geduld. . . Wo du nun solch Wort hörest
> oder siehest predigen, gläuben, bekennen und darnach thun, da habe
> keinen Zweifel, dass gewisslich daselbst sein muss eine rechte ecclesia
> sancta catholica, ein christlich heilig Volk, 1 Petr. 2, 9., wenn ihrer
> gleich sehr wenig sind. Denn Gottes Wort gehet nicht ledig ab,
> Es. 55, 11., sondern muss zum wenigsten ein Viertheil oder Stück vom

Acker haben.   Und wenn sonst kein Zeichen wäre, denn dies allein,
so wäre es dennoch genugsam, zu weisen, dass daselbst müsste sein
ein christlich heilig Volk.'' (Von den Conciliis u. Kirchen. 1539.
XVI, 2785. sq.)

GERHARDUS : ,,Notandum, quod puritatis illius sint certi quidam
gradus, quia verbum Dei aliquando magis pure, aliquando vero minus
pure in ecclesia praedicatur; nec statim desinit esse ecclesia, si vel
maxime in quibusdam religionis capitibus non pure doceat.   Quo igitur
purius et sincerius in ecclesia praedicatur Dei verbum, quo propius ad
normam Scripturae s. praedicatio et doctrina accedit, eo purior et since-
rior erit ecclesia; quo vero longius a regula verbi recedit, eo impurior
et corruptior erit ecclesiae status.   Nec tamen per quamvis corruptelam
desinit esse ecclesia; quia ostendimus superius, Deum etiam tunc semen sanctum et spirituales filios sibi generare et conservare, quando
publicum visibilis ecclesiae ministerium est corruptum.   Proinde visibilis ecclesia quoad formam externam sive, quod idem est, quoad publicum ministerium consideratur vel in statu puro et incorrupto, vel in
statu impuro et aliqua ex parte corrupto.   Quando notae ecclesiae
dicuntur pura verbi praedicatio et legitima sacramentorum administratio, tunc consideratur ecclesia in statu priori et comparatione facta
non solum ad coetus profanos, sed etiam ad ecclesiam corruptam et
impuram; idque recte fieri, apparet ex eo, quod definitiones, regulae
ac canones dari debent de *idea*, quodque ecclesiae corruptae secundum
normam et formam doctrinae sincerioris et purioris reformandae, re-
stituendae ac repurgandae sint.   Notandum denique, totas ecclesias
non esse aestimandas ex solis pastoribus nec ex quibusdam paucis;
proinde non esse statim totas ecclesias damnandas, si vel pastores vel
quidam pauci ab integritate et sinceritate doctrinae discedant, quia
puriores saepe sunt auditorum aures, quam labia docentium, ac multi
in corrupto ecclesiae statu, retinentes fundamentalia doctrinae capita,
erroribus, quos pseudodoctores in ea spargunt, vel non assentiuntur,
vel sine ulla pertinacia iis adhaerent, vel ex illis ante finem vitae iterum
eluctantur.'' (Loc. de eccl. § 126.)

IDEM : ,,Repetendum tamen hoc loco ex superioribus, habere ecclesiam in puritate verbi suos *gradus*, ut alias magis, alias minus sincera
sit et pura, proinde ut *praedicatio verbi et sacramentorum administratio*
est nota *ecclesiae simpliciter* et absolute loquendo, ita *pura* verbi praedicatio *et legitima* sacramentorum administratio est nota ecclesiae *purae
et incorruptae*.   Ut per praedicationem verbi et sacramentorum administrationem ecclesia distinguitur a coetibus profanis, qui sunt extra
ecclesiam, sic per puram verbi praedicationem et per legitimam sacramentorum administrationem distinguitur a coetibus haereticis, qui
sunt in ecclesia.'' (L. de eccl. § 131.)

CARPZOVIUS : ,,Definitur hoc in loco (artic. VII. A. C.) ecclesia,
non prout saepe esse *solet*, sed prout in se et naturali suo statu esse
debet, quando sc. non premitur a persecutoribus, nec turbatur ab haereticis.   Unde utut fieri possit et saepe etiam fiat, ut vel sub tyrannis
in abscondito lateat, vel sub corrupto ministerio etiam degat, non
tamen cessat esse ecclesia, prout Apolog. A. C. p. 145. hanc rem ele-
ganter declaravit.'' (Isagog. in lib. symb. p. 306.)   Cf. supra citata
Prolegom. c. I. § 33. Vol. I. p. 64.

AD. OSIANDER : ,,Nego, concilium Nicenum et Constantinopolita-
num haec quatuor (unitatem, sanctitatem, catholicismum, apostolicis-
mum) constituisse *notas* ecclesiae; aliud est, rem describere *ab adjuncto* simpliciter, aliud rem evehere ad *esse relativum* notae.   Prius
invenitur in concilio Constantinopolitano; non posterius.   Si dicerem,
homo est eruditus, sanctus, non confestim sanctitatem, eruditionem
notam esse dicerem hominis.'' (Colleg. th. P. VII, 84.)

ANTITHESIS.

QUENSTEDTIUS: „*Antithesis:* 1. *Pontificiorum*, qui negant, puram verbi divini praedicationem et legitimum sacramentorum usum esse perpetuas et essentiales verae ecclesiae notas. Ut Bellarminus l. 4. de eccl. c. 2. . . Et e contrario 15 alias notas ecclesiae ponunt apud eundem Bellarminum lib. cit. c. 3. sq., videlicet: ‚1. nomen catholicum, 2. antiquitatem, 3. diuturnitatem vel diuturnam durationem, 4. amplitudinem, 5. successionem episcoporum, 6. conspirationem in doctrina cum ecclesia antiqua, 7. unionem membrorum inter se et cum capite, 8. sanctitatem doctrinae, 9. ejusdem efficaciam, 10. sanctitatem vitae pastorum, 11. gloriam miraculorum (‚ubi miracula, ibi ecclesia‘, inquit Lipsius ep. ad Paulum V.), 12. lumen propheticum, 13. confessionem adversariorum, 14. infelicem exitum hostium, et 15. denique felicitatem temporalem divinitus collatam illis, qui ecclesiam defenderunt; nunquam enim (addit Bellarminus) catholici principes ex animo Deo (puta Rom. antichristo) adhaeserunt, quin facillime de hostibus triumpharent.‘ Quae tamen notae ecclesiae verae non semper competunt, sed illi cum aliis coetibus communes sunt. Et certe voluit nos Jesuita obruere notarum numero, quia non potuit pondere. 2. *Socinianorum*, itidem inficiantium, sanae doctrinae professionem et legitimum sacramentorum usum esse veras et essentiales ecclesiae notas. . . ‚Vera et sincera doctrina non est quidem, nisi in vera ecclesia, et ecclesia vera sine doctrina vera, vel ut rectius loquar, salutari esse non potest, sed non est tamen *nota* ecclesiae doctrina vera et salutaris, sed est *forma* ecclesiae, quae sc. dat esse illi‘, inquit Smalcius Th. 8. de eccl. c. Franz f. 282. . . 3. *Arminianorum*, qui in controversia de notis ecclesiae ad castra Socinianorum accedere videntur; negant enim, praedicationem verbi notam esse ecclesiae. Apol. c. 21. f. 238.: ‚Idcirco, quia praedicatio aliquando instrumentum est colligendae ecclesiae, non potest esse certa et infallibilis nota ecclesiae collectae.‘ . . 4. *Weigelianorum*, qui etiam cum Pontificiis puram verbi divini praedicationem et legitimum sacramentorum usum pro notis essentialibus et perpetuis non agnoscunt, sed dilectionem proximi ceu notam ecclesiae infallibilem substituunt; ita Weigelius P. 3. postill. f. 91. 92.“ (L. c. s. 2. q. 4. f. 1654. sq.)

§ 31.

Ecclesiam *repraesentat*[a] suo modo[b] *ministerium* ecclesiasticum,[c] itemque *concilia*[d] seu congregationes sacrae hominum in doctrina sacra[e] eruditorum, auctoritate publica[f] convocatorum atque inito conveniente ordine[g] in expendendis dijudicandisque juxta Scripturas[h] controversiis fidei[i] ac doctrinae christianae, et quae ad externum ecclesiae regimen et bonum ordinem pertinent, instituendis aut emendandis occupatorum ad aedificationem[k] ecclesiae Deique gloriam.

a) Unde nomen *ecclesiae repraesentativae* originem traxit.

b) Quatenus videlicet, quae nomine publico a paucis geruntur et a caeteris rata habentur, ab omnibus geri aut gesta aestimantur.

c) Prout *ecclesiae* totius et membrorum singulorum communis *confessio* esse censetur, quae *voce pastoris* editur, dum Christi doctrinam

in conventibus publicis inculcat et ad auditorum captum declarat; vid.
b. *Mus.* P. II. de Eccl. Disp. I. § 136. p. 73. Praesertim vero hic intelligendum est ministerium *integrum,* cui plena est potestas, totum a
Deo praescriptum cultum peragendi; vid. l. c. § 41. p. 19. Plura
autem de minist. eccl. in cap. seq. dicemus.

> GERHARDUS: „Unde probare poterit Bellarminus, nomine eccle-
> siae in illis Christi verbis: ‚Dic ecclesiae‘, intelligi solum praelatum
> vel concilium praelatorum? Solus praelatus non est ecclesia, quod
> agnoscit ipse Bellarminus, sic scribens l. 3. de eccles. c. 17. circa fin.:
> ‚Una persona non potest dici ecclesia, cum ecclesia sit populus et
> regnum Dei.‘ Nec concilium praelatorum sive episcoporum est eccle-
> sia, quia ad ecclesiam pertinent etiam auditores, qui essentialem ejus
> definitionem ingrediuntur. Ut civitas non constat ex medico et me-
> dico, sed ex medico et agricola, ita ecclesia non constat ex episcopo et
> episcopo, sed ex episcopo et auditoribus. At inquis, intelligitur eccle-
> sia *repraesentativa,* non collective sumta, cum de tota ecclesia collec-
> tive sumta non possit accipi illud Christi: ‚Dic ecclesiae.‘ Resp.: Soli
> episcopi sive docentes non possunt ecclesiam repraesentare, cum ad
> definitionem ejus pertineant etiam auditores, sed *presbyterium* reprae-
> sentare potest ecclesiam, ad quod non solum illi pertinent, qui laborant
> in verbo, sed etiam seniores, praepositi, negotiis ecclesiasticis nomine
> totius ecclesiae expediendis praefecti. Concedimus igitur, ecclesiae
> nomine intelligi doctores, quos Bellarminus vocat praelatos, sed nega-
> mus, plane exclusos esse auditores; illorum enim locum repraesentant
> seniores, nobiliora sc. reliquae ecclesiae membra, qui una cum mini-
> sterio constituunt presbyterium sive, ut in nostris ecclesiis vocare so-
> lemus, consistorium, quod ecclesiae nomine ecclesiastica negotia ex-
> pedit." (Loc. de ministerio eccl. § 87.)

d) Alias *synodi*, voce Graecis pariter et Latinis usitata.

e) Non solum *clericorum,* seu ecclesiastica dignitate ac titulo splen-
didiore pollentium (licet illi, si habiles sint, haud dubie inprimis admitti debeant), verum praeterea etiam aliorum, quos *laicos* vocant,
modo rerum sacrarum periti, solertes, pii ac pacis amantes sint.

> DANNHAUERUS: „In concilio Hierosolymitano populum habuisse
> vocem decisivam, liquidissimae veritatis est. Act. 15, 1. dicuntur
> τινες (alii, quam apostoli et presbyteri) disceptasse, v. 7. ‚Tacuit tota
> multitudo‘ v. 12.; ergo antea locuta est. Tunc ‚visum est apostolis
> et presbyteris cum tota ecclesia‘; ergo illa suum quoque interposuit
> judicium. Porro: ‚Apostoli, presbyteri et fratres miserunt literas ad
> ecclesiam Antiochenam‘; ergo dogma hoc fuit omnium sententiis com-
> probatum." (Dissertat. hist.-theol. instituta ad collationem Carthag.
> Argentor. 1668. p. 32.)

> QUENSTEDTIUS: „*Assessores* et *judices* competentes praeter prae-
> sidem sunt non tantum episcopi, sed *quivis fideles,* literarum s. periti,
> tam laici, quam clerici, ad concilium ab ecclesiis missi, Rom. 14, 12.
> 1 Joh. 4, 1. 1 Cor. 2, 15. 10, 15. Nota. Assessores et judices in con-
> ciliis praeter praesides sunt viri *ex omni ordine* ad judicandum apti et
> habiles, i. e., non tantum episcopi et presbyteri sive doctores et pasto-
> res, quibus ordinaria ecclesiae et religionis inspectio est commissa, sed
> etiam politici et laici, ut vocant, doctrina, rerum divinarum et eccle-
> siasticarum peritia, nec non pietate, vitâe sanctitate, veritatis zelo et
> judicii acrimonia conspicui, ad id delecti et ad synodum a suis ecclesiis
> missi, ut de re proposita sententias conferant. Manifestum illud est ex
> primo concilio apostolico, in quo non solum apostoli ϑεόπνευστοι, sed
> etiam presbyteri et alii pii viri, tam cognitores causae Antiochenae
> fuerunt, quam decisores et judices, Act. 15, 6. 22. 23. 25." (L. c. s. l.
> th. 29. f. 1627.)

FACULTAS THEOL. WITTEBERGENSIS: ,,Gleichwie nicht soli sacerdotes, also auch nicht solus magistratus politicus kann senatum ecclesiasticum repräsentiren; denn wann Christus gebeut, dass die controversiae, so unter und von Privatpersonen nicht können entschieden,
von der Kirchen sollen judiciret werden, Matth. 18., da versteht er ja
nicht alleine die Apostel oder ministros verbi, viel weniger solum magistratum, sondern die ganze Gemeine und die, so eine ganze Gemeine
repräsentiren. Wie man auch bei den Unsrigen die Consistoria nicht
aus Weltlichen oder Geistlichen allein pfleget zu bestellen, sondern
beides mit Geistlichen und Weltlichen, gottseligen, gelehrten, verständigen und discreten Personen zu besetzen und von denselbigen jurisdictionem ecclesiasticam verwalten zu lassen.'' (A. 1638. Vid. Consil.
Witteberg. II, 130.)

HUELSEMANNUS: ,,Non vel decet, vel expedit, ut in concilio constituantur pares curiae seu judicia concurrentia ex orthodoxis et *heterodoxis*, qui ex istorum sententia tales sunt et *professione externa* sese
abdicarunt communione et professione ecclesiae orthodoxae. Audiri
illi debent, doceri et argui, non admitti ad dicendam de orthodoxia
aut orthodoxis sententiam. Ideoque *conventus et colloquia* inter orthodoxos et heterodoxos de religione instituta non habent formam *conciliorum* ecclesiasticorum proprie sic dictorum. Neque illi ipsi fideles,
qui ex pharisaeorum secta conversi, statuebant tamen, circumcisionem
etiam convertendis ex gentilismo esse necessariam, admittebantur ad
judicium de illa quaestione ferendum; ut patet ex collatione v. 5. et 6.
c. 15. Actor. Tit. 1, 9. 10. 11. Contradicentes doctrinae sanae sunt
arguendi et compescendi, c. 3, 10. 11. Act. 5, 13. nemo infidelium aut
haesitantium aut hypocritarum audebat se immiscere coetui apostolorum et fidelium, ne corriperetur, sicuti Ananiae et Sapphirae factum
erat. (Contra Calvinistas, Pareum Irenici c. 8.) Et sufficere ad dene-
gandam heterodoxis communionem ecclesiasticam (cujus species est
communio competentis judicii in concilio), si orthodoxi certi sint ex
adhibitione genuinorum interpretandi mediorum ad verbum Dei et
testimonio intrinseco Sp. Sancti, heterodoxos non consentire cum
verbo Dei, *quamquam cupiant in externa communione ecclesiae tolerari*,
atque opinentur etiam, se neque a sensu verbi divini neque doctrina
publica universalis ecclesiae discessisse. Error enim circa fidem ejusque pertinax assertio facit haereticum, non sola agnitio erroris, 1 Tim.
4, 3—5., quamquam ex caecitate et corruptione intellectus sic doceat,
2 Tim. 3, 7. Etiam illi, qui semper discunt et nunquam ad veritatis
agnitionem perveniunt, si resistant veritati, ἀδόκιμοι sunt nec admittendi sunt ad judicium περὶ τὴν πίστιν ferendum. (Contra Calvinistas
et Arminianos.)'' (Breviar. p. 313.)

f) Eorum videlicet, ad quos pertinet jurisdictio ecclesiastica externa, quae ubi magistratus christianus est, eidem quoque competit;
uti dicemus in L. de magistratu.

ANTITHESES.

QUENSTEDTIUS: ,,*Antithesis Pontificiorum*, qui I. contendunt, pontificem Rom., putatitium Christi vicarium, habere potestatem *congregandi* concilium generale. Sic enim Julius II. in Lateranensi concilio
sess. 1. atque in bulla indictionis: ,Videbunt, hujusmodi concilia a solis
rom. pontificibus esse indicta et aliter indicta rata non fuisse.' Salmeron in Act. 15.: ,Cujus auctoritate atque jussu fuerit haec synodus
(apostolica) coacta, in dubium vocandum non est, nam aderat Petrus,
supremus apostolorum coryphaeus, cujus unius vel successoris ejus
auctoritate concilia generalia congregari possunt tantummodo.' . .
II. *Praesidendi* in conciliis generalibus partes cum plenitudine potestatis actiones synodicas moderandi sententiamque ferendi etiam rom.

pontifici deferunt. . . Bellarminus l. 1. de concil. c. 4. § 2.: ,Concilium·
generale legitimum non est, in quo non praesidet pontifex aut alius·
ejus nomine.' Et libri ejusdem c. 19.: ,Catholici omnes docent munus praesidendi in concilio esse proprium rom. pontificis, ut per se vel
per legatos synodo praesideat et tamquam supremus judex omnia
moderetur.' " (L. c. s. 2. q. 6. f. 1673.)

LUTHERUS: ,,Wo es die Noth fordert und der Pabst ärgerlich der
Christenheit ist, soll dazu thun, *wer am ersten kann*, als ein getreu
Glied des ganzen Körpers, dass ein recht frei Concilium werde. Welches niemand so wohl vermag, als das weltliche Schwert; sonderlich
dieweil sie nun auch Mitchristen sind, Mitpriester, mitgeistlich, mit-
mächtig in allen Dingen, und sollen ihr Amt und Werk, das sie von
Gott haben über jedermann, lassen frei gehen, wo es noth und nütze
ist zu gehen. Wäre das nicht ein unnatürlich Vornehmen, so ein Feuer
in einer Stadt aufginge, und jedermann sollte still stehen, lassen für
und für brennen, was da brennen mag, allein darum, dass sie nicht die
Macht des Bürgermeisters hätten oder das Feuer vielleicht an des Bürgermeisters Haus anhübe? Ist hie nicht ein jeglicher Bürger schuldig,
die andern zu bewegen und berufen? Wie viel mehr soll das in der
geistlichen Stadt Christi geschehen, so ein Feuer des Aergernisses sich
erhebet, es sei an des Pabsts Regiment oder wo es wolle! Desselbigen
gleichen geschieht auch, so die Feinde eine Stadt überfielen: da ver-
dient der Ehre und Dank, der die andern am ersten aufbringt. Warum
sollte denn der nicht Ehre verdienen, der die höllischen Feinde erkün-
det und die Christen erwecket und berufet?" (An den christlichen
Adel u. s. w. von des christl. Standes Besserung. 1520. X, 313. sq.)

g) Est enim concilium ens per aggregationem cum ordine. Unde
inprimis huc pertinet *praeses* seu moderator colloquii, quem *duplicem*
vulgo constituunt: *ecclesiasticum*, cui competat munus recte proponendi
quaestiones, de quibus deliberetur, postulandi et colligendi sententias,
consignandi decreta, et *politicum*, cujus sit praestare colloquentibus
securitatem a vi externa, impedire tumultus internos et contentiones,
confirmare et promulgare decreta eademque exequi.

h) Haec enim vera atque unica est, uti totius religionis, ita conciliorum *norma*.

i) Ita *materiam* seu *objectum* concilii indicamus.   Ac simul apparet, quod in conciliis *non nova dogmata* condenda, sed *antiqua* congruis
formulis verborum ac phrasium *declaranda, confirmanda* ac *defendenda* sint.

k) Qui *finis* conciliorum omnium esse debet.

§ 32.

Dividuntur concilia in *oecumenica*ᵃ seu *universalia*,ᵇ
quae *vel* ex universis per orbem Romanum, *vel* paene
universis ecclesiis aliquos episcopos aut viros doctos ᶜ
continebant, *vel* saltem ab ecclesiis illis universis ᵈ approbata et recepta eorum decreta fuerunt, et *particularia*,ᵉ
quae ex una saltem alterave parte ecclesiae convocaban-

tur.   Unde, quae ex viris doctis unius nationis consta-
bant, *nationalia*, quae ex viris unius dioeceseos consta-
bant, *dioecesana*[f] dicebantur.

a) Eo sensu, quo orbis Romanus dicitur πᾶσα οἰχουμένη, *universa
terra habitata*, per synecdochen, *Luc. 2, 1.* Conf. b. *Mus.* P. II. de
Eccl. Disp. VII. § 117. p. 583.

b) *Non* quod *absolute et simpliciter* fuerint *universalia*, ita ut universae ecclesiae militantis episcopos et viros doctos continerent, *vel*
ecclesiam militantem universam perfecte repraesentarent (*tale* enim
concilium universale *nunquam* habuimus), sed συγχριτιχῶς *in respectu* ad
concilia *posterioris* classis, nationalia, provincialia, etc. B. *Mus.* l. c.
§ 112. p. 576. § 119. p. 583.

c) Prout de *Nicaeno* concilio memorant *Euseb.* L. III. de vita
Constantini cap. VII. VIII., *Theod.* L. I. cap. IX. Confer Disp.
nostram pro Concilio Nic. contra *D. Zwickerum* et *Chr. Sandium* habitam An. 1671. § 21. sqq.

d) Sic in concilio *Constantinopolitano* ex occidentalibus et ex iis,
qui extra romanum imperium erant ecclesiis, neminem, ex orientali-
bus vero tantum CL adfuisse episcopos, novimus. Et tamen illud pro
oecumenico habetur, denominatione a *posteriori* desumta. Vid. b. *Mus.*
l. c. § 112. p. 276. § 120. p. 584.

e) Quae alias μεριχά aut τοπιχά appellantur.

f) *Alias* quidem civili stylo *dioecesis* appellatur administratio quarundam provinciarum, quas unitas aut conjunctas praefecti praetorio
eorumque vicarii regebant, *sed* h. l. sensu *ecclesiastico* dioecesis est complexus ecclesiarum uni episcopo subjectarum.

§ 33.

Concilia, quae *auctoritatem*[a] indubitatam habent, *non*
habent eam inde, quod ecclesiam, quae veritatis columna
est,[b] repraesentaverint, *verum* dependenter a Scripturis
sacris[c] et ex convenientia decretorum suorum cum illis,
quamvis *a posteriori*[d] ex consensu ecclesiarum per orbem
terrarum existentium auctoritas quaedam accedat.

a) Sane *non omnia*, *non* quidem ea, quae *universalia* appellantur,
auctoritatem *indubitatam* habent, quippe quorum *aliqua* graviter *errasse*
constat. Conf. b. *Mus.* l. c. § 123. p. 586.

KROMAYERUS: „Concilia errare posse, tot antisynodi, Nicaenae
oppositae, praeprimis concilium Lateranense magnum, in quo transsubstantiatio et specialis omnium peccatorum auricularis confessio,
Constantiense, in quo ποτηριοχλεψία, Basiliense, in quo conceptio Mariae immaculata, Florentinum, in quo purgatorium, Tridentinum, in
quo confluxus errorum papalium stabilitus fuit, plus satis evincunt.
De synedrio summorum pontificum, qui tempore Christi versantis in

terris cathedram Mosis tenebant et de successione locali gloriabantur, nihil addam impraesentiarum. . . Credendum est magis simplici laico scripturas proferenti, quam toti concilio contra scripturas aliquid asserenti. . . Credendum est magis soli Mariae veraci, quam Judaeorum turbae fallaci. . . Non enim multitudo errantium parit errori patrocinium. ,Ne sequaris multitudinem' (a recto veritatis tramite aberrantem) ,in judicio', divina majestas praecepit Exod. 23, 2. Nec etiam quilibet lapis albus (in magno dignitatum fastigio constitutus) est adorandus. Principium, quo quis nititur in propugnanda certa sententia potius, quam persona, venit attendenda. Sic *ἰδία ἐπίλυσις* esset, si vel integrum concilium adversus mentem dicentis scripturas interpretaretur. Vide 2 Petr. 1, 20. *Privata, non privati* sententia vel explicatio scripturarum rejicitur. Sic in concilio Nicaeno unius propemodum Paphnutii, conjugium ecclesiae ministrorum contra totum concilium propugnantis, sententia obtinuit. Usus aphorismi hujus in didacticis est, ut suborta controversia (praesertim theologica) non quis, sed quid statuat et quo principio vel norma quis dirigatur, attendamus. Observant hoc ipsi philosophi, qui nolunt intellectum alienae libidinis fieri mancipium, sed veritatem in decidendis controversiis sequendam. Sic Aristoteles 1. ethic. ad Nicom. c. 6. *νουνεχῶς* inquit: *ἀμφοῖν ὄντοιν φίλοιν, ὅσιον προτιμᾷν τὴν ἀλήθειαν*, i. e., amicus Plato, amicus Socrates, sed magis amica veritas. Quid christianis faciendum super fundamentum apostolorum et prophetarum superstructis? Eph. 2, 20." (Th. posit.-pol. II, 515. sqq.)

b) Nam neque ecclesia *1 Tim. 3, 15.* dicitur *columna veritatis*, quod per semet ipsam homini nutanti in fide talis semper appareat, vid. b. *Mus.* l. c. § 81. sqq. p. 550., neque visum hactenus est concilium, quod ecclesiam universam perfecte repraesentaret, cum nec omnes omnium ecclesiarum episcopi unquam post apostolorum tempora congregati fuerint, neque, qui convenerunt, suam quisque ecclesiam sufficienter repraesentaverit ac saepe potius abfuerint aptiores his, qui accesserant. Ibid. et § 112. p. 577.

LUTHERUS: „Menschenwort und -lehre haben gesetzt und verordnet, man solle die Lehre zu urtheilen nur den Bischöfen und Gelehrten und Concilien lassen: was dieselben beschlössen, soll alle Welt für recht und Artikel des Glaubens halten. . . Christus setzet gleich das Widerspiel, nimmt den Bischöfen, Gelehrten und Concilien beide, Recht und Macht zu urtheilen die Lehre, und gibt sie jedermann und allen Christen insgemein, da er spricht Joh. 10, 4.: ,Meine Schafe kennen meine Stimme'; item V. 5.: ,Meine Schafe folgen den Fremden nicht, sondern fliehen vor ihnen; denn sie kennen nicht der Fremden Stimme'; item V. 8.: ,Wie viel kommen sind, das sind Diebe und Mörder, aber die Schafe höreten sie nicht.' Hie siehest du je klar, wess das Recht ist, zu urtheilen die Lehre. Bischöfe, Pabst, Gelehrte und jedermann hat Macht, zu lehren, aber die Schafe sollen urtheilen, ob sie Christi Stimme lehren oder der Fremden Stimme. Lieber, was mögen hiewider sagen die Wasserblasen, die da scharren: Concilia, concilia; ei, man muss die Gelehrten, die Bischöfe, die Menge hören, man muss den alten Brauch und Gewohnheit ansehen! Meinest du, dass mir Gottes Wort sollte deinem alten Brauch, Gewohnheit, Bischöfen weichen? Nimmermehr! Darum lassen wir Bischöfe und Concilia schliessen und setzen, was sie wollen; aber wo wir Gottes Wort für uns haben, soll es bei uns stehen und nicht bei ihnen, ob es recht oder unrecht sei, und sie sollen uns weichen und unserm Wort gehorchen." (Grund und Ursach aus der Schrift, dass eine christliche Versammlung oder Gemeine Recht und Macht habe, alle Lehre zu urtheilen. 1523. X, 1797. sq.)

Idem: „Vielleicht werden sie auch vor dem einfältigen Pöbel und sonst Unverständigen aufmutzen, wie sie noch nicht von der Kirchen für Wölfe und falsche Lehrer erkannt, sondern für rechte Christen gehalten werden. Ja fürwahr, das ist weislich und wohl geredt. Wenn die Schafe nicht eher vor den Wölfen fliehen sollten, denn bis die Wölfe durch ihr christlich Concilium und öffentlich Urtheil die Schafe hiessen fliehen, da würde der Schafstall gar bald ledig sein und der Hirte in einem Tag weder Milch, Käse, Butter, Wolle, Fleisch, noch einen Klauen finden, das würde denn heissen, der Schafe gehütet. Was hat denn Christus, unser Herr, gemacht, da er uns heisst und gebeut, vor den Wölfen uns zu hüten, ohn Harren auf der Wölfe Concilium? Es hat ja nicht allein die ganze Heerde Schafe, sondern auch ein jeglich Schaf für sich selbst allein Recht und Macht zu fliehen vor den Wölfen, wo es anders immer vermag, wie es auch thut Joh. 10, 5.: ,Meine Schafe fliehen die Fremden.'" (Exempel, einen rechten christl. Bischof zu weihen. 1542. XVII, 140. sq.)

Idem: „Die christliche Kirche hat keine Macht, einigen Artikel des Glaubens zu setzen, hats auch nie gethan, wirds auch nimmermehr thun. Die christliche Kirche hat keine Macht, einiges Gebot guter Werke zu stellen, hat es auch nie gethan, wirds auch nimmermehr thun. Alle Artikel des Glaubens sind genugsam in der heiligen Schrift gesetzt, dass man keine mehr darf setzen. Alle Gebot guter Werke sind genugsam in der heiligen Schrift gestellet, dass man keine mehr darf stellen. Die christliche Kirche hat keine Macht, Artikel des Glaubens oder guter Werke oder die Evangelia und heilige Schrift zu bestätigen, als ein Richter oder Oberherr, hats auch noch nie gethan, wirds auch nimmermehr thun. Die christliche Kirche wird aber wohl wiederum von dem Evangelio und von der heiligen Schrift bestätigt, als vom Richter und Oberherrn. Die christliche Kirche bestätigt das Evangelium und heilige Schrift, als ein Unterthan, zeigt und bekennet, gleichwie ein Knecht seines Herrn Farbe und Wappen. Denn das ist gewiss, wer nicht Macht hat, das künftige und zeitige Leben zu verheissen und zu geben, der hat auch keine Macht, Artikel des Glaubens zu setzen. Die christliche Kirche hat Macht, Sitten und Weise zu stellen, die man halte in Fasten, Feiern, Essen, Trinken, Kleidern, Wachen und dergleichen. Doch nicht über andere, ohne ihren Willen, sondern allein über sich selbst, hat auch nie anders gethan, wird auch nie anders thun. Auch dass solche Sitten nicht wider die Artikel oder gute Werke streben, das ist, dem Glauben und der Liebe ohne Fahr und Schaden sein. Auch, dass sie die Gewissen nicht verwirren oder beschweren. Auch, dass sie nicht ewiglich bleiben, sondern alle Stunde aus Ursachen mögen nachbleiben und geändert werden. Auch, dass sie möglich sei zu halten und in unser Gewalt stehen, dem Leibe und Gut ohne Schaden." (Artikel von der christlichen Kirchen Gewalt. 1530. XIX, 1190. sqq.)

Idem: „Wahr ists, heilig ist die Christenheit und *kann nicht irren* (wie der Artikel sagt: Ich glaube eine heilige christliche Kirche); aber das ist wahr, sofern es den Geist betrifft; da ist sie ganz heilig in Christo, und nicht in ihr selbst; aber sofern sie noch im Fleisch ist, hat sie Sünde, und kann fehlen und verführt werden. Aber um des Geistes willen wirds ihr vergeben und sind auch vergebene Sünden, darum, dass sie an Christum glaubet und ihre Sünden (auch die unbewussten) bekennet, Ps. 19, 13.: ,Wer merket alle Fehle?' .. Aber solche Fehle und Irrthum der Christenheit, nachdem sie offenbaret werden, soll man nicht billigen noch für Artikel des Glaubens vertheidigen; denn das wäre dem Heiligen Geist widerstanden, der solches offenbaret; und hinfort nicht mehr eine christliche oder vergebliche Sünde, sondern eine verstockte und teuflische Verblendung wäre." (Bedenken von den Compositionsmitteln. 1530. XVI, 1704. sq.) Conf. Lutheri sententia de erroribus sanctorum, supra citata Tom I. p. 59. sq.

J. Gerhardus: „Vera ecclesia res adiaphoras non jubet facere vel omittere *propter suum mandatum*, sed tantum propter τάξιν καὶ εὐσχημοσύνην conservandam, ut ordo observetur et scandalum vitetur, quae quamdiu non violantur, conscientias liberas relinquit, nec iis vel scrupulum injicit, vel necessitatem imponit." (Conf. cath. fol. 627 b.)

c) Seu quod, licet errare possent, non tamen actu errarunt, sed Scripturae ductum secuta, fidem catholicam per omnia sincere declararunt. B. *Mus.* loc. cit. § 125. p. 588.

d) Vid. b. *Mus.* loc. cit. § 126. p. 588. 589. et Disputat. VI. § 11. sqq. p. 419. sqq.

§ 34.

Unitati ecclesiae opponitur 1. *schisma*, seu divisio[a] ecclesiae in partes, sublata mutua caritate et pace, quoad actualem communicationem ecclesiasticam[b] seu fraternam, aut[c] domesticorum fidei.

a) Seu distractio *violenta*. Nam *alias* possunt ecclesiae divisae esse quoad distinctionem *ministeriorum et regiminis* ecclesiastici aut secularis, ut tamen propter unitatem fidei et caritatis et quod communionem officiorum servant, *unam* ecclesiam constituere recte censeantur.

b) Nam *civilis* quidem concordia manere potest etiam inter coetus schismate divulsos, non solum in uno ampliore imperio, verum etiam in una civitate.

c) Sic olim commercium *literarum*, quas *encyclicas* appellabant, sublatum fuit inter ecclesias soluta unione. Vid. b. *Mus.* P. II. de Eccl. Disp. I. § 118. p. 63.

§ 35.

Oritur autem schisma *partim* ex dissensu doctrinae in fundamento[a] fidei, praesertim si ad corruptelas doctrinae saevitia[b] et fraudes accedant, *partim* ex dissensu in partibus doctrinae[c] minus necessariis, aut[d] ceremoniis, aut his, quae ad regimen ecclesiasticum[e] pertinent, si alii aliis sub opinione necessitatis obtrudant, a quibus illi, libertatis suae tenaces, abstinere malint atque abstineant.

a) Nempe sicut unio per fidem prior est unione per caritatem fraternam, ita deficiente unione fidei per disparitatem professionis fidei externae non aeque locum habet actualis conjunctio, velut inter consanguineos fidei. Et pertinax propugnatio erroris cum fundamento fidei pugnantis, seu haereseos, necessario etiam infert reatum schismatis, prout etiam olim haeretici ab ecclesia orthodoxa excommunicati fuerunt, qui turbam sectatorum nacti, peculiares coetus constituerunt. Vid. b. *Mus.* P. II. Disp. I. § 84. sqq. p. 43. 44. § 118. p. 62. § 126. p. 68. sqq. *Perinde* autem h. l. est, *utrum* dogmata creditu necessaria pertinaciter negentur, *an* vero dogmata non-revelata et falsa, quasi revelata et creditu necessaria essent, pertinaciter propugnentur. *Utrumque* enim nomine *haeresos* recte appellatur. Vid. b. *Mus.* P. II. de Eccles. Disp. V. § 5. ad 12. p. 334. ad 339.

b) Quando *v. g.* rectae fidei sectatores, qui ad servandum unitatis et pacis vinculum, quantum in se est, parati sunt, nec auditi, neque erroris convicti damnantur, utique hac saevitia, quae caritati e diametro adversatur, unitas ecclesiae ipso actu scinditur. B. *Mus.* l. c. § 128. p. 69. et Disp. IV. § 87. p. 266.

c) Tale fuit schisma inter ecclesiam *Romanam et Africanas,* tempore *Stephani* P. R. et *Cypriani;* de quo vid. b. *Mus.* Vind. Bibl. Gloss. Diss. I. § 16. p. 16. 17.

d) Sic *Victor* episcopus Romanus causam schismati dedit inter ecclesiam *Romanam* et *Asiaticas,* de die Paschatis dissentientes. Vid. eund. loc. cit. § 15. p. 15. 16. et P. II. de Eccles. Disp. IV. § 109. p. 288.

e) Quo pertinet schisma inter *Julium* I. P. R. et *episcopos orientales,* in quos ille sibi dominatum affectaverat. Ib. § 17. p. 19. et Diss. III. § 48. p. 212. 213.

CALOVIUS: „Voces illae, *schisma* et *haeresis,* si I. *usum biblicum* respicias, habent sese ut terminus latior et strictior. Nam *schisma in sacris* quamvis scissionem significat, sive ob dogmata, sive ob ceremonias; quum schisma dicatur tum illa divisio, quae ob dogma praecipuum, de Christi nempe persona et officio, Joh. 7, 43. 9, 16. 10, 19. Act. 14, 2. 2 Petr. 2, 1., item de spe resurrectionis, c. 23, 7., oriebatur, tum quoque cum contentio ex causa leviori, dogmata religionis non concernente aut saltem dogmata secundaria, exsurgit, quale schisma hoc loco 1 Cor. 11, 19. et 1 Cor. 1, 10. occurrit. *Haeresis* autem sectam notat phrasi scripturae in primario fidei articulo errantem; vel κατ᾽ ἀλήθειαν, quales sectae erant Sadducaeorum, resurrectionem negantium, Act. 5, 17., et Pharisaeorum, varia fidei capita pervertentium, Act. 15, 5.; unde et homo haereticus eo sensu dictus Tit. 3, 10.; vel κατὰ δόξαν, quomodo secta vel haeresis Nazaraeorum vel christianorum dicta Act. 24, 5. 28, 22.: ἣν λέγουσιν αἵρεσιν, Act. 26, 5. II. *Phrasi* autem *ecclesiastica* plerumque, ut recte observavit Grotius, *schisma* dicitur scissio ecclesiae ob ceremonias vel exiguas controversias, doctrinas secundarias, servata fidei unitate, cum sc. nullus fidei articulus evertitur, caritas tamen solvitur et unitas ecclesiae; haeresis autem, cum veritas articulorum fidei labefactatur. Diversitatem istam hic locus etiam comprobat. Nam gravius quid schismate esse haeresin, apostolus particula καί, quae hic intensiva est, inquit: ‚Audio, schismata inter vos esse. Nam *etiam* haereses oportet inter vos esse.‘ Ita enim codices graeci habent: δεῖ γὰρ καὶ αἱρέσεις ἐν ὑμῖν εἶναι; non vero, ut Grotius: δεῖ γὰρ ἐν ὑμῖν αἱρέσεις εἶναι. Nimirum facile se credere, ait apostolus, quod inter ipsos *schismata* vel contentiones sint de rebus non magni momenti, cum etiam de ipsis fidei articulis contentiones vel *haereses* inter ipsos esse oporteat. Ex quo patet, non κατ᾽ ἰσοδυναμίαν hoc loco voces schismatis et haereseos accipi, quod quibusdam visum, sed distingui easdem, adeoque in sacris vocem schismatis vel generalem esse, ut de aliis locis jamjam observavimus, vel specialem, qui sensus hic cap. 1, 10. obtinet." (Ad 1 Cor. 11, 19. Bibl. N. T. illustrat. T. II, 356.)

GERHARDUS: „Quibusdam omnes schismatici videntur haeretici; sed si accurate et proprie loqui velimus, haeretici a schismaticis sunt distincti. Quale vero sit illud discrimen inter haereticum et schismaticum, exponit Augustinus l. de fid. et symb. c. 10.: ‚Haeretici‘, inquit, ‚de Deo falsa sentiendo ipsam fidem violant; schismatici autem dissensionibus iniquis a fraterna caritate dissiliunt, quamvis ea credant, quae credimus.‘ Interim negari nequit, magnam esse inter schisma, praesertim inveteratum, et haeresin affinitatem; quamvis enim schisma quandoque oriatur solum, vix tamen invalescit ac vires sumit absque haeresi; neque quisquam fere discedit a fidei sinceritate, quin si asseclas inveniat, etiam ab ecclesia, veritatis columna, secessionem faciat; inde Hieron. in comm. ep. ad Gal. scribit ac refertur c. Inter. c. 24. q. 3.: ‚Inter haeresin et schisma hoc interesse arbitror, quod haeresis perversum dogma habeat, schismatici post episcopalem decessionem ab ecclesia pariter separantur, quod quidem in principio aliqua ex parte intelligi potest diversum; caeterum *nullum schisma est, nisi sibi aliquam haeresin confingat, ut recte ab ecclesia recessisse videatur.‘* Et Augustinus l. 2. contra Crescon. c. 7. haeresin vocat. ‚inveteratum schisma‘." (L. de minister. eccl. § 370.)

HOLLAZIUS: „Proprie dicti *schismatici* sunt, qui suapte sponte et destinata opera se divellunt ab ecclesia et, in ea temere turbas excitantes, nihil aliud universo suo conatu spectant, quam ut unitatem ecclesiae scindant. In quo schismaticorum genere censeri potest *Marcion*, quippe qui apud Epiphanium, haeresi 43., dixisse fertur: Σχίσω τὴν ἐκκλησίαν ὑμῶν, καὶ βάλω σχίσμα ἐν αὐτῇ εἰς τὸν αἰῶνα (Ego scindam vestram ecclesiam et schisma mittam in eam in aeternum). Quod genus schismaticorum jure justissimo negatur esse pars ecclesiae." (Exam. IV. c. 1. q. 17. p. 1291.)

J. MEISNERUS: „Schismatici alii sunt *malitiosi*, qui scienter et volenter contra conscientiam ex malitia ecclesiam turbant, eandemque in duas partes dissentientes a se invicem dividunt; alii *non malitiosi*, qui ex infirmitate, ignorantia et praeconcepta opinione, quam pro verissima habent, hoc faciunt. *Illi de ecclesia non sunt*, quia malitiosa ejusmodi scissura maximum est peccatum, omnem exstirpans fidem; *in* ecclesia vero (ex parte, non ex toto) sunt. *Hi de ecclesia utique sunt*, quia talis ex ignorantia orta et facta turbatio non statim excutit fidem, non adimit renovationem; quod tum demum fit, quando malitiosa accedit defensio." (Disput. de eccl. a. 1651. habita. Th. 3. q. 4.)

§ 36.

Sed qui ab aliqua ecclesia *injuste*[a] *excommunicati*[b] discedunt et cum ea communicare[c] desinunt, eis *culpa schismatis*[d] imputari *non* potest, eorumque odium, quo schismatis auctores[e] persequuntur, non adversatur caritati.

a) V. g. quod errores, pro articulis fidei obtrusos, recipere nolunt, conscientia reclamante. Vid. b. *Mus.* de Eccl. Part. II. Disp. IV. §§ 143. 144. p. 327.

b) Adeoque *non* tam *recedunt* ipsi, proprie loquendo, quam *expelluntur*, cum alioqui mallent manere in communione. Ib. § 35. p. 221.

§ 56. p. 237. § 145. p. 327. Imo manet ecclesia injuste excommunicata quoad unitatem internam conjunctissima cum fidelibus in ecclesia
excommunicante. Ibid. § 135. p. 319.

c) Sed *separatos conventus* celebrant, quippe quod ecclesia injuste
excommunicata nihilominus retinet *jus* docendi verbum Dei et administrandi sacramenta ac caetera, quae ad cultum divinum pertinent, ordinandi. Vid. b. *Mus.* l. c. § 135. p. 319.

d) *Patiuntur* enim, *non faciunt* schisma. Et sic b. *Mus.* l. c. prolixe ostendit, culpam schismatis inter *pontificios et protestantes* non esse
penes hos, sed penes illos. Vid. § 33. sqq. p. 218. sqq. § 53. sqq.
p. 236. sqq.

> GERHARDUS: ,,Concedimus, nos esse sano sensu *schismaticos,* quia
> sc. ab ecclesia Rom. et ejus capite, Pontifice Romano, secessionem
> fecimus; nequaquam vero ab unitate ecclesiae catholicae et ejus capite
> Christo Jesu nos separavimus. At o beatum schisma, per quod Christo
> et verae catholicae ecclesiae uniti sumus! Tale schisma olim erat,
> quo ecclesia christiana a Judaica synagoga sese separabat; quale etiam
> praecipitur Act. 2, 40.: ,Salvamini a generatione ista prava.' Apoc.
> 18, 14.: ,Exite ab ea.' Tale schisma praecipiunt etiam patres. *Ignat.*
> ep. 6. ad Philad.: ,Si quis eum sectatur, qui se a veritate absciderit,
> non haereditabit regnum Dei, et qui non abscedit a mendace conciona-
> tore, in gehennam condemnabitur.' *Ambros.* comm. in Luc. 6.: ,Si
> qua est ecclesia, quae fidem respuit, deserenda est.' *Chrysost.* hom. 46.
> in Matth.: ,Non ille de ecclesia exit, qui corporaliter exit, sed qui
> spiritualiter veritatis ecclesiasticae fundamenta relinquit. Nos enim
> ab illis (Arianis) eximus corpore, illi fide.' Hisce praeceptis et exem-
> plis moniti, ab idololatrica ecclesia Romana discedentes non Sionem
> deseruimus, sed ex Babylone fugimus; non ecclesiam scidimus, sed,
> Pauli factum in ecclesia Ephesiana secuti Act. 19, 8., discipulos sepa-
> ravimus; non altare contra altare exemplo Jeroboami vel Donatista-
> rum ereximus, sed, altari Damasci ex aede Domini ejecto, verum divi-
> num cultum instauravimus." (L. de eccl. § 156.)

e) Non enim est odium erga fratres, sed erga eos, qui odio fra-
terno et hinc nata saevitia in fratres ab ecclesia se praesciderunt, quatenus tales sunt. Ibid. § 88. p. 267.

§ 37.

Opponitur 2. unitati ecclesiasticae[a] *syncretismus,*[b] seu[c]
partium religione[d] dissidentium, non obstante[e] dissi-
dio, in concordiam fraternam et ecclesiasticam[f] coalitio,
ita ut tolerentur[g] *vel* errores doctrinae[h] in parte dissen-
tiente, *vel* saltem personae ipsae errantes intra societatem ecclesiasticam, tanquam fratres in Christo[i] et cohae-
redes vitae aeternae; quae tamen tolerantia *utraque*[k]
vitiosa est.

a) Licet aliquando nomen *pacis* aut *concordiae ecclesiasticae* induat.

b) Quo nomine, vi *originis* et primigeniae significationis suae, denotatur pax *profana*, quam partes dissidentes adversus communem hostem ad tempus ineunt, odiis et injuriis, velut causis belli, manentibus. Unde simul constat, vocem illam, quando ad pacem ecclesiasticam transfertur, rectius *in malam*, quam bonam, *partem* adhiberi. Vid. b. *Mus.* Ausführliche Erklärung Q. XV. p. 144. sqq. et Tr. de Syncr. et Script. S. Q. I. § 1. sqq.

MUSAEUS: ,,Syncretismi vox nomen verbale est ἀπὸ τοῦ συγκρητίζειν descendens. Συγκρητίζειν autem descendit a simplici κρητίζειν, quod ἀπὸ τῶν κρητῶν, a Cretensium gentili nomine originem trahit et dicuntur κρητίζειν sive, ut ita loquar, cretizare, qui Cretensium ingenium, mores et consuetudinem imitantur. . . Cretensibus in more erat positum, ut, cum inter se acerrime contenderent, adventante hoste extraneo subito pacem pangerent, viresque et arma junctim ad propulsandum hostem communem converterent; qua de re Plutarchus in lib. περὶ τῆς Φιλαδελφίας: ,Praeterea', inquit, ,par est imitari Cretenses, qui, crebris seditionibus bellisque civilibus agitati, extrinsecus adventantibus hostibus, pacem et societatem iniverunt.' . . Syncretismus ergo vi originis et primigeniae significationis suae est pax profana, quam partes discidentes adversus communem hostem ad tempus ineunt, odiis et injuriis, veluti causis belli, manentibus. Ab hac sua primaeva significatione syncretismi vox translata etiam est ad pacem ecclesiasticam." (Qq. th. de syncretismo etc. p. 1. 2. 3.)

c) Quae est descriptio b. *D. P. Haberkornii*, quem sequitur b. *Mus.* Ausführliche Erklärung. Q. XVI. p. 148. et Tract. de Syncr. Q. II. § 7. p. 9. 10.

d) Seu *in ipsa christianae fidei et morum doctrina*, quo nomine tamen *non* intelligendae sunt *praecise* illae partes doctrinae christianae, quae salva fide et salute a nemine ignorari possunt, *sed tota* doctrina christiana, quoad omnes partes, quae *vel* fundamentum fidei constituunt, *vel* cum eo necessariam quandam connexionem habent, seu quoad *articulos* quosvis *fundamentales*, sive *per se, positive* et *directe*, sive *ratione alterius, indirecte* et *negative* tales sint et dicantur. In omnibus enim illis requiritur consensus ad legitimam pacem ecclesiasticam, et stante dissensu in talibus, non erit pax ecclesiastica vera. Vide prolixe haec docentem b. *Musaeum* Tract. de Syncr. Q. III. §§ 7. 8. p. 16. 17. 18. et Q. IV. § 21. p. 36. 37. 38.

APOLOGIA A. C.: ,,Doch soll man falsche Lehrer nicht annehmen oder hören; denn dieselbigen sind nicht mehr an Christus Statt, sondern sind Widerchristi. Und Christus hat von denen klar befohlen: ,Hütet euch für den falschen Propheten.' Und Paulus zu den Galatern: ,Wer euch ein ander Evangelium predigt, der sei verflucht.' " (Art. VIII. p. 162. § 48.)

ARTICULI SMALCALD.: ,,Weil nun dem also ist, sollen alle Christen auf das fleissigste sich hüten, dass sie solcher gottlosen Lehre, Gotteslästerung und unbilliger Wütherei sich nicht theilhaftig machen, sondern sollen vom Pabst und seinen Gliedern oder Anhang, als von des Antichrists Reich, weichen und es verfluchen, wie Christus befohlen hat: ,Hütet euch vor den falschen Propheten.' Und Paulus gebeut, dass man solche Prediger meiden und als einen Greuel verfluchen soll. Und 2 Cor. 6. spricht er: ,Ziehet nicht am fremden Joch mit den Ungläubigen; denn was hat das Licht für Gemeinschaft mit der Finsterniss?' u. s. w. Schwer ist es, dass man von so viel Landen und Leuten sich trennen und eine sondere Lehre führen will; *aber hie stehet Gottes Befehl, dass jedermann sich soll hüten und nicht mit denen einhellig (socii) sein, so unrechte Lehre führen oder mit Wütherei zu erhalten gedenken.*" (Append. I. §§ 41. 42. p. 336. sq.)

FORMULA CONCORDIAE: „Es hat auch D. Luther, welcher ja die rechte eigentliche Meinung der Augsburgischen Confession vor andern verstanden und beständiglich bis an sein Ende dabei geblieben und vertheidigt, unlängst vor seinem Tode in seiner letzten Bekenntniss seinen Glauben von diesem Artikel mit grossem Eifer in nachfolgenden Worten wiederholt, da er also schreibet: ‚Ich rechne sie alle in Einen Kuchen, das ist, für Sacramentirer und Schwärmer, wie sie auch sind, die nicht glauben wollen, dass des Herrn Brot im Abendmahl sei sein rechter natürlicher Leib, welchen der Gottlose oder Judas eben sowohl mündlich empfähet, als St. Petrus und alle Heiligen; wer das (sag ich) nicht glauben will, der lasse mich nur zufrieden *und hoffe bei mir nur keiner Gemeinschaft;* da wird nichts anders aus.‘" (Art. VII. Declar. p. 653. § 33.)

LUTHERUS: „Wer seinen Seelsorger öffentlich weiss, dass er Zwinglisch lehrt, den soll er meiden, und ehe sein Lebenlang des Sacraments entbehren, ehe ers von ihm empfangen sollte, ja, auch eher drüber sterben und alles leiden." (Warnungsschrift an die zu Frankfurt. 1533. XVII, 2440.)

IDEM: „In Summa, dass ich von diesem Stücke komme, ist mirs erschrecklich zu hören, dass in einerlei Kirche oder bei einerlei Altar sollten beider Theil einerlei Sacrament holen und empfahen, und ein Theil sollte glauben, es empfahe eitel Brot und Wein, das andere Theil aber glauben, es empfahe den wahren Leib und Blut Christi. Und oft zweifle ich, obs zu glauben sei, dass ein Prediger oder Seelsorger so verstockt und boshaftig sein könnte, und hiezu stillschweigen, und beide Theil also lassen gehen, ein jegliches in seinem Wahn, dass sie einerlei Sacrament empfahen, ein jegliches nach seinem Glauben u. s. w. Ist aber etwa einer, der muss ein Herz haben, das da härter ist, denn kein Stein, Stahl noch Demant; der muss freilich ein Apostel des Zorns sein. Denn Türken und Jüden sind viel besser, die unser Sacrament leugnen und (dies) frei bekennen; denn damit bleiben wir unbetrogen und fallen in keine Abgötterei. Aber diese Gesellen müssten die rechten hohen Erzteufel sein, die mir eitel Brot und Wein geben, und liessen michs halten für den Leib und Blut Christi, und so jämmerlich betrögen. Das wäre zu heiss und zu hart; da wird Gott zuschmeissen in kurzem. Darum wer solche Prediger hat oder sich dess zu ihnen versieht, der sei gewarnet vor ihnen als vor dem leibhaftigen Teufel." (L. c. p. 2446.)

CARPZOVIUS: „Augustana Confessio 1. consensum de doctrina evangelii et administrationem sacramentorum ad unitatem ecclesiae sufficere dicit, et 2. ad fundamentalia dogmata etiam p. 148. restringit. Minime tamen 3. fundamentalia ista dogmata ad sola ista capita in Symb. Apost. quoad literam coarctat, quin potius 4. alia in Symb. Apost. quoad literam non tradita pro fundamentalibus p. 148. declarat, qualia sunt: fide nos accipere remissionem peccatorum, homines non mereri gratiam dilectione erga Deum, sacramenta ex opere operato non ₁justificare etc. Et 5. non-fundamentalia dogmata non parvi pendit, sed *saltem in imbecillibus* ea condonari ait." (Isag. in lib. symb. p. 310.)

IDEM: „Ecclesia, quae fidelium mater est, ad corporis sui conservationem et aedificationem plura requirit, quam praedicta doctrinae christianae capita, quae omnibus et singulis creditu necessaria sunt. Est enim ecclesiae, velut matris fidelium, ut pariat Deo filios, ut natos in fide educet, ut lactis potu alat infantes, ut solidiori cibo nutriat adultos, ut dubitantes confirmet, afflictos et tentatos erigat, ut e somno peccati excitet et ad poenitentiam perducat securos, ut deflectentes in salutis viam reducat, ut in eadem conservet omnes; ad quae munia obeunda non iis tantum indiget partibus doctrinae, quae simplicioribus et qui, vel ingenio vel informatione deficiente, ad caeterarum intelligentiam pertingere non possunt, necessariae sunt, sed doctrina christiana universa, quae uti scriptura, ita ipsa tota utilis est ad doctrinam, ad correctionem etc., quo aedificari possit ecclesiae corpus ad Pauli monitum Eph. 4, 12." (L. c. p. 36. sq.)

Alias autem, si dissensus tantum sit de rebus *adiaphoris* aut quaestionibus *circa fidem*, juxta enatis, fatendum est, posse concordiam veram et piam, stante licet dissensu, iniri, nisi quod *per accidens* fieri potest et aliquando solet, ut alterutra pars ceremonias aut sententias suas alteri obtrudat sub opinione necessitatis, ubi satius est, retinere libertatem christianam, quam pace intempestiva inita alteram partem dissentientem in opinione falsa confirmare. Vid. b. *Mus.* l. c. Q. III. §§ 2. 3. 4. 5. p. 11. 12. 13. 14.

AUGUST. CONFESSIO: „Dieses ist genug zu wahrer Einigkeit der christlichen Kirche, dass da einträchtiglich nach reinem Verstand das Evangelium gepredigt und die Sacramente dem göttlichen Wort gemäss gereicht werden. Und ist nicht noth zu wahrer Einigkeit der christlichen Kirche, dass allenthalben gleichförmige Ceremonien, von den Menschen eingesetzt, gehalten werden; wie Paulus spricht Eph. 4, 5. 6.: ‚Ein Leib, Ein Geist, wie ihr berufen seid zu einerlei Hoffnung euers Berufs, Ein Herr, Ein Glaube, Eine Taufe.'" (Art. VII. p. 40. § 2—4.)

FORMULA CONCORDIAE: „Wenn solche Dinge unter dem Titel und Schein der äusserlichen Mitteldinge vorgegeben werden, welche (ob ihnen gleich eine andere Farbe angestrichen würde) dennoch im Grund wider Gottes Wort sind, dass dieselbigen nicht als freie Mitteldinge gehalten, sondern als von Gott verbotene Dinge gemieden sollen werden; wie auch unter die rechten freien adiaphora oder Mitteldinge nicht sollen gerechnet werden solche Ceremonien, die den Schein haben oder, dadurch Verfolgung zu vermeiden, den Schein vorgeben wollten, als wäre unsere Religion mit der papistischen nicht weit von einander, oder wäre uns dieselbe ja nicht hoch entgegen, oder *wenn solche Ceremonien dahin gemeinet, also erfordert oder aufgenommen [werden], als ob damit und dadurch beide widerwärtigen Religionen verglichen und ein Corpus worden*, oder wiederum ein Zutritt zum Pabstthum und ein Abweichen von der reinen Lehre des Evangelii und wahren Religion geschehen oder gemächlich daraus erfolgen sollte. Denn in diesem Fall soll und muss gelten, das Paulus schreibt 2 Cor. 6, 14. f.: ‚Ziehet nicht am fremden Joch; was hat das Licht für Gemeinschaft mit der Finsterniss? Darum gehet aus von ihnen und sondert euch ab, spricht der Herr', etc." (Artic. X. Sol. Declar. p. 698. §§ 5. 6.)

EADEM: „Solchergestalt werden die Kirchen von wegen Ungleichheit der Ceremonien, da in christlicher Freiheit eine weniger oder mehr derselben hat, einander nicht verdammen, *wenn sie sonst in der Lehre und* **allen derselben Artikeln,** *auch rechtem Gebrauch der heiligen Sacramente mit einander einig*, nach dem wohlbekannten Spruch: Dissonantia jejunii non dissolvit consonantiam fidei, Ungleichheit des Fastens soll die Einigkeit des Glaubens nicht trennen." (L. c. p. 703. § 31.)

MUSAEUS: „Dissensus de *ceremoniis* et rebus *adiaphoris* non impedit ecclesiae unitatem et pacem, et potest proinde vera et pia pax iniri inter ecclesias, inter quas de ceremoniis aliqua lis et controversia est, absque syncretismi nota, modo cetera in doctrina fidei et morum

consentiant... De *quaestionibus circa fidem juxta enatis* idem sentiendum est, quod de ceremoniis et rebus adiaphoris, si sc. ita sint com-
paratae, ut fidei christianae et morum doctrinam relinquant intactam,
sive affirmentur, sive negentur. Tum enim ad fidei et morum doctrinam humanamque salutem indifferenter sese habebunt. Hujusmodi
autem quaestiones solent exoriri circa usum terminorum technicorum,
circa Scripturarum interpretationes et id genus alia. Relinquitur ergo,
solum dissensum de doctrina fidei et morum impedire pacem et concordiam ecclesiasticam... Judiciorum diversitas occurrit inter nonnullos
Aug. Conf. addictos theologos, quorum quidam multas in theologorum
scholis agitatas quaestiones controversas referunt in censum quaestionum circa fidem juxta enatarum, quas alii contra fidei quaestionibus
et controversiis accensent. Illi tolerant facile dissentientes in ecclesiae communione, hi contra fraternam communionem dissentientibus
denegant. Ut ergo de fidei et morum doctrina rectius constet, existimamus, ejus appellatione comprehendi omnem divinitus revelatam
doctrinam, quae, ut Paulus 2 Tim. 3, 16. dicit: ,Utilis est ad doctrinam, ad redargutionem, ad correctionem, ad institutionem, quae est in
justitia, ut integer sit Dei homo ad omne opus bonum apparatus.'"
(L. c. p. 11. 14. sqq.)

e) Ubi enim religionis dissidium inter partes est sublatum et consensus in doctrina vera initus, tum concordia sive coalitio partium non
est Syncretismus, sed vera, pia et christiana concordia. Ib. Q. II.
§ 7. p. 10. Alias autem equidem nonnunquam fieri solet, ut *tempera-
mentum* quoddam religionis, quod vocant, quaeratur et ut partes dissidentes in sua quaeque doctrina quodammodo cedat alteri, in caeteris
autem capitibus controversis sese invicem tolerent, quemadmodum
liber *Interim*, quem dicebant, saeculo superiore huc spectasse visus est;
verum haec ratio ineundae concordiae, quam quidam *syncretismum
temperativum* vocant, quamvis et ipsa in vitio recte ponatur, attamen
ab eo, de quo hic agitur, negotio differt. Vid. l. c. Append. ad quaest.
de Syncret. § 7. p. 137. 138. Quod autem errores etiam non fundamentales, de quorum tamen falsitate in conscientia convictus sis, non
liceat pro veris dogmatibus recipere, idem docuit P. I. de Eccl. Disp.
V. § 10. p. 336. 337.

> MUSAEUS: ,,Quidam magni nominis theologus (Dannhauerus) in
> Mysterio syncretismi detecti sect. 2... species syncretismi facit tres:
> primam dicit absorptivam, secundam temperativam, tertiam con-
> servativam, juxta tres mixtionis modos, qui a philosophis inculcari
> soleant... Quicquid tandem sit de absorptivo et temperativo syncre-
> tismo, certum videtur hoc esse, hasce, si ita appellari licet, syncretismi
> species hodie, ubi de syncretismo ineundo controvertitur, non venire in
> considerationem, sed solam tertiam, quae est syncretismi conservativi.
> Syncretismus conservativus autem videtur multo facilius et simplicius
> describi a Dn. D. Haberkornio in Ep. ad Fridericum Comitem Nasso-
> viensem, ipsius tractatui contra syncretismum praefixa, quod ,sit par-
> tium, religione dissidentium, non obstante dissidio, in concordiam fra-
> ternam et ecclesiasticam coalitio.'" (L. c. p. 7—10.)

f) Sed coalitio partium de religione dissidentium in *politicam*
concordiam sine syncretismi nota et vitio fieri potest. Ibid. § 3. p. 134.
135. et Q. II. § 7. p. 10. Quanquam *non facile* in civitatem *recipiendi*
sint *heterodoxi*, qui civitatis jura non habuerunt, propter varia incom-
moda metuenda. Ibid. Q. V. § 11. p. 77.

g) Dicimur autem *tolerare*, quae, licet molesta sint, non tamen defugimus aut removemus. Vid. l. c. Q. V. § 1. sqq. p. 72. 73.

LUTHERUS: „Wer seine Lehre, Glauben und Bekenntniss für *wahr, recht und gewiss* hält, *der kann* mit andern, so falsche Lehre führen, oder derselben zugethan sind, *nicht* in Einem Stalle stehen, noch immerdar gute Worte dem Teufel und seinen Schuppen geben. Ein Lehrer, der zu den Irrthümern stille schweigt, und will gleichwohl ein rechter Lehrer sein, der ist ärger, denn ein öffentlicher Schwärmer, und thut mit seiner Heuchelei grössern Schaden, denn ein Ketzer, und ist ihm nicht zu vertrauen; er ist ein Wolf und ein Fuchs, ein Miethling und ein Bauchdiener etc. und darf Lehre, Wort, Glauben, Sacrament, Kirchen und Schulen verachten und übergeben; er liegt entweder mit den Feinden heimlich unter Einer Decke, oder ist ein Zweifler und Windfaher, und will sehen, wo es hinaus wolle, ob Christus oder der Teufel obsiegen werde, oder ist ganz und gar bei sich selbst ungewiss, und nicht würdig, dass er ein *Schüler*, will geschweigen ein Lehrer heissen solle, und will niemand erzürnen, noch Christo sein Wort reden, noch dem Teufel und der Welt wehe thun." (Gespräch mit D. Georg Major. XVII, 1477.)

IDEM: „Etliche unverständige Geister fürgeben, durch den Teufel betrogen, über dem Sacrament oder anderer Irrung: man solle nicht über Einem Artikel so hart streiten, und darüber die christliche Liebe zertrennen, noch einander darüber dem Teufel geben; sondern, ob man gleich in einem geringen Stück irrete, da man sonst in andern eines ist, möge man wohl etwas weichen und gehen lassen, und gleichwohl brüderliche und christliche Einigkeit oder Gemeinschaft halten. *Nein, lieber Mann, mir nicht des Friedens und Einigkeit, darüber man Gottes Wort verleuret; denn damit wäre schon das ewige Leben und alles verloren.* Es gilt hier nicht weichen, noch etwas einräumen, dir oder einigen Menschen zu Liebe. Sondern *dem Wort sollen alle Dinge weichen, es heisse Feind oder Freund.* Denn es ist nicht um äusserlicher oder weltlicher Einigkeit und Friedens willen, sondern um des ewigen Lebens willen gegeben. *Das Wort und die Lehre soll christliche Einigkeit oder Gemeinschaft machen; wo die gleich und einig ist, da wird das andere wohl folgen; wo nicht, so bleibt doch keine Einigkeit.* Darum sage mir nur von keiner Liebe noch Freundschaft, wo man den Wort oder Glauben will abbrechen; denn es heisst nicht: die *Liebe*, sondern: das *Wort* bringet ewiges Leben, Gottes Gnade und alle himmlische Schätze. *Das* wollen wir *gerne* thun, dass wir *äusserlichen* Friede mit ihnen halten, als wir in der Welt thun müssen mit jedermann, auch mit den ärgsten Feinden; das gehe seinen Weg in dieses Leben und weltliche Wesen, darüber wir nichts zu kämpfen haben; aber der Lehre und christlichen Gemeinschaft halben wollen wir nichts mit ihnen zu thun haben, noch für Brüder, sondern für *Feinde* halten, weil sie auf ihrem Irrthum wissentlich beharren, und wider sie fechten durch unsern geistlichen Kampf. Darum ist es nur ein teuflischer und betrüglicher, listiger Anlauf, so solches fürgibt und fordert, dass man solle etwas weichen und einen Irrthum zu gut halten um Einigkeit willen, damit er uns suchet also listiglich vom Wort zu führen. Denn wenn wir solches annehmen, und werden der Sache eines, so hat er schon Raum gewonnen und bald eine ganze Elle genommen, da ihm ein Finger breit gewichen wäre, und so bald gar eingerissen. Es scheinet wohl nicht, dass so grosse Gefahr und Macht daran liege, aber St. Paulus machet es wahrlich gross, dass es nicht gelte Geld noch Gut, noch Menschenliebe und Gunst, oder weltlichen Friede und Gemach, noch was Fleisch und Blut ist und vermag, oder die Welt geben und nehmen kann, sondern Gottes und des ewigen Lebens Verlust. Darum lasse jenes bleiben oder fahren, wo es bleibet oder fähret; denn damit hat er noch nichts gewonnen. Versiehest du es aber, dass er dir dies Stück, nämlich das *Wort*, nimmt, so hast du alles verloren, und ist kein Rath noch Hülfe mehr. Denn das Hauptstück ist dahin, ohne welches kein gut Leben, noch was du vermagst, gilt noch bestehet vor Gott, und doch der Teufel mit solchem schönen Vorgeben und Schein danach stehet und suchet, wie er dich darum bringen möge; denn er hat es im Sinne, dass er dir alles nehmen wolle. Darum gilt es hier nicht Scherzens noch sicher sein." (Predigt von der christlichen Rüstung und Waffen. 1532. IX, 455. sqq.)

h) Quando non impugnantur aut damnantur. Vid. l. c. § 5. p. 74.

i) Spectati quidem ut *infirmi* et errantes, sed tamen ut *fratres,* eorundem sacrorum participes. Ubi certum quidem est, quod simpliciores, qui per ignorantiam invincibilem erroribus quibusdam ita addicti sunt, ut tamen fidem salvificam per Dei gratiam retineant, tolerandi essent ut fratres infirmi, si distincte nobis cogniti essent. Sed hic sermo est de parte dissidente, ratione *ministerii publici* et doctrinae fidei ac morum, prout publice praedicatur, itemque sacramentorum, prout administrantur, corrupte scilicet, ut adeo membra talis coetus visibilis spectentur *per se,* ut sunt membra ejus, non autem, quod illis *per accidens* conveniat. B. *Mus.* l. c. §§ 13. 16. p. 78. 80. et Append. § 9. p. 139. 140.

k) Nam tolerantia illa *errorum* 1.) pugnat cum dictis Scripturae, quae jubent doctrinam christianam totam a corruptelis puram servare, χρατεῖσθαι τὰς παραδόσεις, *tenere traditiones,* 2 *Thess.* 2, *15.,* τὴν καλὴν παραθήκην φυλάσσειν, *bonum depositum servare,* integrum scilicet, illibatum et incorruptum, 2 *Tim. 1, 14.,* manere in *his, quae didicimus, cap. 3, 14.* Non autem servabitur pura, quando oppositae corruptelae una aeque tolerantur, aut permittitur, ut admisceantur. 2.) Pugnat tolerantia illa cum officio *elenchtico,* quo reprehenduntur ac damnantur doctrinae falsae, doctoribus fidelibus a Deo injuncto. Vid. *Tit. 1, 9. 13. 2 Tim. 4, 2. cap. 3, 16.,* cui respondent exempla Christi *Matth. 5, 12. sqq. cap. 16, 6.* et Pauli *Gal. 1, 6.* 3.) Valde periculosa est eo, quod errores et corruptelae illae, nisi coërceantur, impugnentur ac damnentur, longius se diffundunt, veritas doctrinae autem dubia redditur ac suspecta, vel saltem instar opinionis indifferentis habetur, ipsi denique errantes in erroribus suis obfirmantur et seductoribus occasio plures inficiendi praebetur. *Personarum* autem errantium tolerantia, cum respectum importet non solum ad simpliciores, verum ad *totos coetus,* adeoque simul ad ipsum *ministerium* publicum et doctores heterodoxos, pugnat cum praeceptis de arguendis, increpandis et cavendis falsis doctoribus et errorum propugnatoribus: *Rom. 16, 17. 2 Cor. 6, 14. 17. Gal. 1, 8. cap. 5, 12. 2 Thess. 3, 6. 1 Tim. 6, 3. Tit. 3, 10.* Vid. b. *Mus.* de Syncret. Q. V. § 8. sqq. p. 75. sqq. et Append. §§ 30. 32. sqq. Atque ita speciatim, quantum attinet ad concordiam cum *pontificiis* et *Calvino-reformatis,* stante dissensu, ineundam, saepe ac solicite docuit b. *Musaeus,* esse omnino dissensum in fundamento fidei, quoad varias partes doctrinae creditu necessariae, quaque opus est ad aedificationem fidelium, seu filiorum Dei; ideo concordiam illam esse illicitam ac studiose vitandam. Quo pertinent non solum, quae in citato Tract. QQ. *de Syncret.* et adjecta *Appendice,* verum etiam, quae in Tract. *de Eccl.* P. II. Disp. V. et VI., quae in Praef.

Tract *de Poenitent.* contra *Stengerum*, quatern. g. 2. fac. b. et g. 3.
fac. a., denique quae in praefat. Ausführliche Erklärung, § Dieses
aber, p. 4. habentur. Constat etiam, quomodo b. *Musaeus* non solum
a tentata in *Colloquio Cassellano* (1661) concordia gravibus ac tempesti-
vis monitis nostros abstrahere nisus fuerit (vid. Praef. Tract. contra
Steng. l. c.), verum etiam dissensum suum ab ea conciliatione ac praevisum pridem a se sinisteriorem eventum aperte declaraverit (in Praefat. Diss. *de Aeterno El. Decreto* sub initium), licet serenissimorum
principum ob causas gravissimas prudentissime editis mandatis animo
devotissimo morem gerens a publicis scriptis adversus eos, qui concilia-
tionibus istis intemperantius addicti videbantur, edendis abstineret.
(Vid. Praefat. Tract. contra *Steng.* l. c.)

§ 38.

Denique 3. et inprimis adversatur ecclesiae christianae *antichristus*,[a] sive series et complexus plurium[b] hominum in eadem impietate sibi succedentium et in ecclesia[c] Christi quidem regnum[d] peculiare ac velut divinam
in omnes potestatem[e] sibi arrogantium, sedem vero praecipue in urbe Roma[f] habentium, varias quoque doctrinae
et sacrorum publicorum[g] corruptelas invehentium et
fraudibus[h] ac violentia[i] multa, oppressis verae fidei confessoribus, propagantium, ita tamen, ut impietas ista
tandem publice manifestanda atque arguenda et antichristus ille, Christo ad judicium veniente, abolendus[k] sit.[l]

> Quid habeat momenti dogma de antichristo, vid. supra Prolegom.
> c. I. § 34. not. *b.* Tom. I. p. 66. sq.

a) Quo quidem nomine, *generaliter* accepto, denotantur quivis
haeretici, qui falsa et cum doctrina Christi pugnantia dogmata spargunt et propugnant, qua ratione in plurali ἀντίχριστοι πολλοὶ dicuntur
1 Joh. 2, 18., *specialiter* autem et κατ᾽ ἐξοχὴν ὁ ἀντίχριστος denotat insignem Christi adversarium, de quo *ibid.* et *2 Thess. 2, 3. sqq.* prolixius agitur; eaque significatio hic spectanda est.

> APOLOGIA A. C.: „Das Reich Antichristi ist eigentlich ein solcher
> neuer Gottesdienst, durch Menschen erdichtet, dadurch Christus ver-
> worfen wird, wie *Mahomets Reich* selbsterwählte Gottesdienste hat,
> eigene Werke, dadurch sie für Gott vermeinen heilig und fromm zu
> werden, und halten nicht, dass man allein durch den Glauben an Chri-
> stum gerecht werde. *Also* wird das *Pabstthum* auch ein *Stück* vom
> Reich Antichristi, *so* es lehret, durch Menschengebot Vergebung der
> Sünde zu erlangen und Gott versühnen." (Artic. 15. § 18. p. 208. sq.)
>
> HOLLAZIUS: „Nomen antichristi in Scripturis *bifariam* accipitur:
> a. *generatim*, pro quibusvis haereticis, qui falsas et doctrinae Christi
> adversantes doctrinas disseminant easque pertinaciter propugnant.

De quibus Joannes ,etiam nunc', inquit, ,antichristi *multi* sunt', 1 Joh. 2, 18., qui communiter dicuntur antichristi *parvi*. b. *Speciatim* et κατ' ἐξοχὴν pro insigni illo Christi adversario 2 Thess. 2. descripto, quem differentiae causa antichristum *magnum* vocamus. Distinguunt nonnulli auctores antichristum *orientalem* et *occidentalem*. *Illum* statuunt esse Mahometum, *hunc* pontificem romanum. Fatemur, quasdam proprietates antichristi competere Mahometo, sed non omnes conjunctim sive complexe sumtas. Nam antichristus magnus ,sedet in templo Dei', 2 Thess. 2, 4., h. e., in media ecclesia dominatur, quam non plane vult convulsam, ut Mahometus, sed conservatam et a se potestate monarchica gubernatam." (Exam. P. IV. c. 1. q. 54. p. 1327.)

> LUTHERUS: ,,Maneto apud Deum in praedicamento relationis, super quem extollitur antichristus, h. e., papa romanus et Turca quoque; quamquam Turca verius ,bestia' est, quia est extra ecclesiam et manifeste persequitur Christum. Antichristus autem sedet in templo Dei; ideo *proprie* loquendo et definitione dialectica est antichristus, qui in *ecclesia* sedet." (Ad Gen. 17, 8. Vid. Exeget. opp. lat. Erlangens. Tom. IV, 102.)

b) *Non* autem *unum* quoddam determinatum *individuum* humanum. Nam 1.) antichristus *venturus* erat, quando id, quod regno ejus erigendo obstabat (scilicet imperium romanum occidentale vetus, cujus sedes Romae erat), sublatum esset; *duraturus* autem usque ad adventum Christi gloriosum; quae sane duratio per tot saecula unius hominis aetatem prorsus excedit. Vid. b. *Mus.* Praef. Tract. de Convers. p. 63. et Vindic. Bibl. Gloss. Disp. 3. § 10. sqq. p. 179. sqq. 2.) *Originem* seu *plantationem* et *progressus* seu *incrementa* regni antichristi et res in eo gerendas ita describunt Scripturae, ut *unius* hominis *aetate omnia* fieri *impossibile* sit, videlicet si spectemus, quod *occultis* initiis, nec tam armis ac vi aperta, quam insidiosis artibus, quibus *pedetentim* occupentur animi hominum atque in partes ipsius pertrahantur, erigendum fuerit regnum, idque non in una gente ac populo, sed per *maximam terrae partem*, quodque ad *satietatem* et nauseam usque reges et populi societate ejus usuri sint atque auxilium ad persequendos sanctos ei commodaturi, etc. juxta *Apoc. 13. 14. 17.* de *bestia* et *meretrice magna*. Conf. b. *Mus.* praef. Tract. de Convers. p. 63. et Vind. Bibl. *Diss. III.* § *20. sqq. p. 188. sqq.*

> GERHARDUS: ,,Unde probat Bellarminus, antichristum fore *unicam singularem personam?* Producit 1. dictum Christi Joh. 5, 43.: ,Si *alius* venerit in nomine suo, illum accipietis'; ubi urget, quod Dominus opponit sibi alium hominem, h. e., personae personam, non regnum regno; quodque antichristus a Judaeis pro Messia recipiendus sit, jam vero Judaei unum certum et singularem hominem expectant. Resp.: Nomen ,*alius*' de pluribus sumitur Joh. 4, 37. 1 Cor. 12, 8—10. Phil. 3, 4., quo modo etiam h. l. accipiendum juxta infallibilem interpretationem ipsius Christi Matth. 24, 4. (24.?) . . . 2. Profert Bellarminus dictum apostoli 2 Thess. 2, 3.: ,Nisi venerit discessio primum et revelatus fuerit *homo peccati*'; v. 8.: ,Et tunc revelabitur *ille iniquus*' etc.; ubi urget, quod apostolus addat articulum ὁ ἀνθρωπος, ὁ υἱὸς, ὁ ἄνομος. Resp.: Ὁ ἄνθρωπος etiam de multis usurpatur cum articulo Matth. 12, 37. Marc. 2, 23. 2 Tim. 3, 17. . . Contra pontificios urgemus, quod Matth. 16, 18. habetur numerus singularis cum articulo et particula demonstrativa ἐπὶ ταύτῃ τῇ πέτρᾳ, nihilo tamen minus ad quemlibet pontificem illud referunt. Urgemus et hoc, quod Jus cano-

nicum, quando *papam* nominat, non intelligit unum hominem, sed quemvis papam pro tempore existentem seu totam paparum successionem.'' (Confess. cath. fol. 603. sq.)

IDEM: ,,,Antichristus non regnabit, nisi tres annos cum dimidio Dan. 7. et 12. Apoc. 12. At papa jam regnavit spiritualiter in ecclesia plus quam mille quingentis annis; nec potest assignari ullus, qui sit habitus pro antichristo, qui praecise regnaverit tribus annis cum dimidio. Non igitur papa est antichristus; proinde antichristus nondum venit.' Bellarm. lib. 3. de rom. pontif. c. 8. Respondeo 1. Si antichristus per tres annos *vulgares* et sex menses regnaturus esset, praecise constare posset de fine mundi. At huic hypothesi toties contradicunt pontificii, quoties nobiscum docent, tempus et annum diei novissimae sciri non posse... 2. Lyranus non plane negat, per tres annos cum dimidio antichristo assignatos annos *angelicos* accipiendos esse, nam in cap. 12. Dan. incertum esse dicit, an dies ibi proprie sumatur pro naturali die, vel metaphorice pro anno... 6. Apoc. 13, 5., ubi mentio fit 42 mensium, per ,bestiam' quidam ex pontificiis intelligunt rom. imperium, Bellarm. l. 3. de rom. pont. c. 15. § Respondeo. Jam vero certum est, quod nec antiquum, nec novum imperium rom. tantum duraverit per tres annos cum dimidio. Ergo nec de antichristo hoc possunt dicere... 11. Dan. 7, 25. antichristo pagano et orientali, videl. Turcae, eadem periodus adscribitur. Simul enim tyrannidem suam antichristus ecclesiasticus et paganus, occidentalis et orientalis exercere coeperunt. Constat vero, tyrannidem Turcae longe diutius, quam tres annos cum dimidio, durasse. Ergo etiam antichristi ecclesiastici tyrannis longius spatium requirit. 12. Insinuatur in his vaticiniis tempus aliquod definitum, sed soli Deo cognitum, praecise autem quoad nos non exprimitur illud tempus, quot annos duratura sit antichristi tyrannis, cum plenariam ejus destructionem apostolus cum illustri adventu Christi conjungat 2 Thess. 2, 8. Quam ob causam etiam tam varie describitur, modo per annos, modo per menses, modo per dies, eosque inter se non parum dissimiles. Interdum attribuuntur antichristo dies 1260 Apoc. 11, 3., interdum 1290, nonnunquam 1335 Dan. 12, 11. 12., ne quis praesumere audeat, calculum quendam arithmeticum in hisce aenigmaticis mysteriis subducere.'' (Conf. cath. f. 612. sqq.)

IDEM: ,,(Bellarminus) confundit dies angelicos et propheticos cum vulgaribus, Ez. 4, 6.: ,Diem pro anno dedi tibi', cf. Dan. 9, 24... Nec est, quod quis regerat, antichristo assignari ,tempus modicum' Apoc. 12, 12., brevitas enim illa accipienda est non ἁπλῶς, sed. συγκριτικῶς, non absolute, sed comparate; breve enim erit dominium antichristi respectu *Dei*, in cujus oculis ,mille anni sunt instar hesternae diei' Ps. 90, 4. 2 Pet. 3, 3.; respectu *ecclesiae*, cujus regnum antichristiano longe antiquius et durabilius; respectu *decurtationis* divinae Matth. 24, 21.; respectu *phraseos* in Scripturis receptae, quae spatium aliquot saeculorum vocat ,horam novissimam', quia novissimorum temporum et horae novissimae appellatione complectitur totum illud tempus, quod a primo Christi adventu usque ad secundum ejus adventum ac saeculi consummationem protenditur 1 Cor. 10, 11. 1 Joh. 2, 18.'' (Loc. de extr. judic. § 80.)

SCHERZERUS: ,,Etsi aliquando antichristus sub unitate individuali nunc existat, absolute tamen unicum hominem esse, negamus ideo, quia latitudo durationis antichristi 2 Thess. 2, 6—8. superat aetatem et vitam humanam. *Praeparatio* enim illa et arcana operatio mysterii iniquitatis (quae jam tempore Pauli quasi incipiebat 2 Thess. 2, 7.), *detentio executionis* (sub imperio adhuc gentili), *remotio obicis illius* (per translationem imperii ad christianos), *terminus a quo* revelati antichristi (statim post excessum apostolorum), *terminus ad quem* interficiendi antichristi in die illustri adventus Christi; operatio tot

virtutum et signorum mendacium, quae tot tantosque auditores et
alumnos veritatis ob neglectum hujus thesauri potest transversos
agere, ut aeternum pereant: non possunt includi spatio trium annorum cum dimidio ante extremum diem." (System. p. 845.)

c) Hoc enim est, quod dicitur *sessurus* in *templo Dei 2 Thess. 2, 4.*,
nec in exigua aliqua ecclesiae parte, sed *in ecclesiis*, juxta Graecos interpretes, atque ipsum *Estium*. Conf. *Mus*. Tr. de Eccl. P. I. Disp. VI.
§§ 51. 52. p. 309. 310.

SCHERZERUS: „In nullum gentilium imperatorum (quos alii sub-
stituant) quadrant haec attributa (antichristi), cum nullus eorum sedeat in templo Dei ut Deus, nullus ut doctor et seductor sub specie
sanctitatis vere christianae." (System. p. 860.)

GRAUERUS: „In medio antichristi regno (nemo autem est antichristus, nisi pontifex rom. et qui ipsi adhaerent) vera Dei ecclesia
mansit; alias enim Paulus non potuisset praedicare, illum sedere in
templo Dei." (Grauerus redivivus, h. e., praelect. in A. C. 1665.
p. 880.)

LUTHERUS: „*Wir bekennen aber, dass unter dem Pabstthum viel
christliches Gutes, ja, alles christlich Gut sei, und auch daselbst herkommen sei an uns:* nämlich, wir bekennen, dass im Pabstthum die
rechte heilige Schrift sei, rechte Taufe, recht Sacrament des Altars,
rechte Schlüssel zur Vergebung der Sünde, *recht Predigtamt*, rechter
Katechismus, als Zehen Gebot, die Artikel des Glaubens, das Vater
Unser. Gleichwie er auch wiederum bekennet, dass bei uns (wiewohl
er uns verdammt als Ketzer) recht bei allen Ketzern sei die heilige
Schrift, Taufe, Schlüssel, Katechismus u. s. w. ,O, wie heuchlest du
hie?' Wie heuchele ich denn? Ich sage, was der Pabst mit uns gemein hat. So heuchelt er uns und den Ketzern wiederum ja so sehr,
und saget, was wir mit ihm gemein haben. Ich will wohl mehr heucheln, und soll mich dennoch nichts helfen. *Ich sage, dass unter dem
Pabst die rechte Christenheit ist, ja, der rechte Ausbund der Christenheit und viel frommer grosser Heiligen.* Soll ich aufhören zu heucheln?
Höre du selber, was St. Paulus sagt 2 Thess. 2, 4.: ,Der Endechrist
wird im Tempel Gottes sitzen.' Ist nun der Pabst (wie ich nicht anders gläube) der rechte Endechrist, so soll er nicht sitzen oder regieren in des Teufels Stall, sondern in Gottes Tempel. Nein, er wird
nicht sitzen, da eitel Teufel und Ungläubige oder da kein Christus oder
Christenheit ist, denn er soll ein Wider*christ* sein, darum muss er unter
den Christen sein; und weil er daselbst sitzen und regieren soll, so
muss er Christen unter sich haben. Es heisst ja Gottes Tempel nicht
Steinhaufe, sondern die heilige Christenheit, 1 Cor. 3, 17., darin er regieren soll. Ist denn nun unter dem Pabst die Christenheit, so muss
sie wahrlich Christi Leib und Glied sein. Ist sie sein Leib, so hat sie
rechten Geist, Evangelium, Glauben, Taufe, Sacrament, Schlüssel,
Predigtamt, Gebet, heilige Schrift und alles, was die Christenheit
haben soll. Sind wir doch auch noch alle unter dem Pabstthum und
haben solche Christengüter davon. Denn er verfolget uns, verfluchet
uns, verbannet uns, verjaget uns, verbrennet uns, erwürget uns und
gehet mit uns armen Christen um, wie ein rechter Endechrist mit der
Christenheit umgehen soll. Nun müssen fürwahr solche Christen
recht getauft und rechtschaffene Glieder Christi sein, sie könnten sonst
solchen Sieg wider den Endechrist durch den Tod nicht erhalten. Wir
schwärmen nicht also, wie die Rottengeister, dass wir alles verwerfen,
was der Pabst unter sich hat; denn so würden wir auch die Christenheit, den ,Tempel Gottes', verwerfen, mit allem, das sie von Christo
hat. Sondern das fechten wir an, dass der Pabst nicht bleiben lassen
will bei solchen Gütern der Christenheit, die er von den Aposteln ge-

erbet hat, sondern thut seinen Teufels - Zusatz dabei und drüber, und
braucht solcher Güter nicht zur Besserung des Tempels Gottes, sondern zur Verstörung, dass man seine Gebot und Ordnung höher hält,
denn Christi Ordnung. Wiewohl in solcher Zerstörung Christus dennoch seine Christenheit erhält, gleichwie er Loth zu Sodom erhielt,
als auch St. Petrus davon verkündiget 2. Ep. 2, 6. 7., dass also beides
bleibe: der Endechrist sitze im Tempel Gottes durchs Teufels Wirkung, 2 Thess. 2, 4. 9., und doch gleichwohl: der Tempel Gottes sei
und bleibe Gottes Tempel durch Christi Erhaltung.'' (Brief an zwei
Pfarrherrn von der Wiedertaufe. 1528. XVII, 2646. sqq.)

d) *Sessio* enim illa l. c. *regnantem* denotat, ac recte colligitur,
quod pro *capite ecclesiae* sese venditaturus praenuncietur. Confer.
Apoc. 17, ult.

GERHARDUS: ,,Gregorius, episcopus romanus, titulum universalis
episcopi, quo pontifex rom. hodie gloriatur, pro antichristiano habuit. . . Lib. VI. ep. 30. ad Mauritium Augustum: ,*Ego fidenter dico,
quia quisquis se universalem sacerdotem vocat vel vocari desiderat, in
elatione sua antichristum praecurrit.* Nec dispari superbia ad errorem
ducitur, quia sicut perversus ille Deus videri vult super omnes homines, ita quisquis iste est, qui solus sacerdos appellari expetit, super
caeteros sacerdotes se extollit.' (Jam vero omnes papae rom. a temporibus Bonifacii III. hunc titulum affectarunt et usurparunt usque in
praesentem diem. Ergo illi omnes judicio pontificis e cathedra pro-
nuntiantis sunt antichristi.)'' (Conf. cath. f. 584.)

e) Scilicet ὑπεραιρόμενος ἐπὶ πάντα λεγόμενον Θεόν, *extollens se super
omnem, qui Deus dicitur,* id est, super omnes reges ac principes et potestatem in omnia regna, *seu* directam *seu* indirectam, sibi arrogans,
imo, dum in templo Dei sedet, *ostentans se ipsum esse Deum,* veluti
vicem Dei gerens, in omnes fideles pariter et ecclesiarum ministros
plenam potestatem habens, *2 Thess. 2, 4.*

GERHARDUS: ,,,Antichristi nomen significat hostem et aemulum
Christi. Romanus autem pontifex se Christi famulum et Christo subjectum in omnibus fatetur, non autem Christum se ullo modo dicit,
neque illi se parem facit, neque Deum sese vocat, neque Deo parem
facit. Ergo non est antichristus.' (Bellarminus l. 3. de rom. pont.
c. 1.) Resp.: Potest aliquis, qui se non totidem syllabis Deum esse
dicit, tamen se ita gerere, quasi Deus sit. Inde Optatus Milevitanus
l. 3., exagitans Donati Carthaginensis temeritatem, inter alia sic scribit: ,Hoc modo exaltatum est cor ejus, ut sibi jam non homo, sed
Deus fuisse videatur.' . . Sed non opus est, ut eo decurramus, breviore
agemus linea. 1. Papa *nomen Dei* sibi tribui patitur, c. Satis. dist. 96.:
,Satis constat, pontificem a Constantino Deum appellatum.' (Ubi notetur, non nudam appellationem, sed ipsam etiam dignitatem et potestatem Dei propriam pontifici tribui, sic enim concludit pontifex:)
,Satis evidenter ostenditur, a saeculari potestate nec ligari prorsus,
nec solvi posse pontificem, quem constat a pio principe Constantino
Deum appellatum, nec posse Deum ab hominibus judicari manifestum
est.' . . 2. Papa *nomen Christi* sibi tribui patitur. . . Claudius Seisse-
lius adversus Waldenses a. D. 1520. f. 36.: ,Papa, quantiscunque culpis
alioquin sit irretitus, angelus Dei est et eo amplius apostolorum suc-
cessor et Christi vicarius, dicam amplius, imo et Christus.' Waddin-
gus in descript. legationis de Trejo p. 165. citat epistolam Leonardi
Nogarali ad Sixtum IV., in cujus descriptione eum vocat: ,Mariae
dilectum filium.' 3. Papa tribuit sibi ac patitur sibi tribui ea, *quae*

sunt solius Dei propria. . . Paulus V. in inscriptione libri Benedicti de Benedictis, a. 1608. Bononiae excusi, audit: ‚Vice - Deus, christianae reipublic. monarcha invictissimus et pontificiae omnipotentiae conservator acerrimus.‘ Panormitanus c. Quanto extr. de translatione Praelati et Hostiensi haec citat: ‚Papa et Christus faciunt unum consistorium ita, quod, excepto peccato, potest papa quasi omnia facere, quae facit Deus.‘ In lib. 1. Ceremoniar. sect. 8. sic habetur: ‚Papa in nocte nativitatis Domini benedicit ensem, quem postea donat alicui principum in signum summae potentiae pontifici collatae, juxta illud: Data mihi est omnis potestas.‘ . . Ex c. Si Romanorum. dist. 19. apparet, quod papa sibi hoc tribuat: ‚Quod verbo Dei auctoritatem conferat. Vetus et N. Testam. recipienda sunt, non quod codici canonum ex toto habeantur annexa, sed quod de his recipiendis sancti papae Innocentii prolata videatur sententia.‘ . . Non est, quod excipiant, ‚de antichristo praedictum, quod se *adversus omnem Deum*, adeoque supra omne, quod dicitur Deus aut quod colitur, elevaturus sit, Dan. 11, 36. 2 Thess. 2, 4. Illud vero, cum papa minime faciat, ex eo manifestum esse, quod non sit antichristus.‘ Resp.: Quando antichristus dicitur se extollere super omnem Deum, nomen Dei non accipitur proprie pro vero illo Deo, qui est Pater, Filius et Sp. S., sed *metaphorice*, pro magistratu Ps. 82, 6. 1 Cor. 8, 5. . . Quinimo, quod papa etiam supra verum illum Deum, qui est Pater Domini nostri Jesu Christi, si non verbis, tamen *re ipsa et per consequentiam* se extollat, probari potest hoc modo: 1. Deus in verbo suo sese sic manifestavit, quod nolit facere justum, quod sua natura est injustum. At papa gloriatur, se posse facere sententiam justam ex injusta. c. Haec quippe c. 3. q. 6., se posse facere ex justitia injustitiam.‘ 2. Erasmus in c. 11. Matth. ostendit, quod papa se extollat super Christum. 3. Potestatem sibi tribuit divinas ordinationes et institutiones mutandi, ut apparet ex ποτηριοκλεψία etc. 4. Tribuit sibi, quod possit mutare jus divinum. Johannes Sylva in tract. de benef. part. 3. p. 8.: ‚Licet jus divinum disponat, quod in ore duorum vel trium testium stet omne verbum, tamen papa statuit contra illud.‘ Azorius lib. 5. Instit. c. 15. q. 6. p. 373. ipsi tribuit, ‚quod possit seipsum absolvere a juramento, quod praestitit.‘ Tannerus tom. 3. Theol. Schol. disp. 5. q. 4. dubio 6. col. 106., ‚quod possit tollere jus naturale.‘ . . 4. Papa tribuit sibi ea, quae sunt solius Christi propria. c. Quoniam de immunitate in sexto papa vocatur sponsus ecclesiae. ‚Nos‘, inquit pontifex, ‚justitiam nostram et ecclesiae sponsae nostrae nolentes negligere‘ etc. Innocentius III. serm. 3. in consecrat. pontificis: ‚Annon ego sponsus sum et quilibet vestrum amicus sponsi? utique sponsus, quia habeo nobilem, divitem, sublimen, decoram, castam, gratiosam, sacrosanctam romanam ecclesiam.‘ . . 5. Papa divinos honores sibi tribui patitur, imo affectat. . . Augustinus Steuchus de donat. Constantin. p. 141.: ‚Adoravit Constantinus papam, uti Deum, ut Christi successorem, divinos honores ei contulit, velut vivam imaginem Christi veneratus est.‘ “ (Conf. cath. f. 599—602.)

f) Prout *Apoc. 17, 3.* dicitur, *mulierem* (meretricem illam magnam) *sedere super bestiam, habentem capita septem*, quibus *septem montes* denotentur juxta vers. 9., quae manifesta descriptio est Romae septicollis. Et sic *2 Thess. 2, 6. 7.* docet Paulus, esse aliquod κατέχον, seu aliquem κατέχοντα, quo *obstante*, antichristi regnum nondum possit erigi, nempe *imperium* Romanum, *non* hodiernum, *sed* vetus illud, cui suberat Roma, sive imperatores, qui Romae cum potestate praeerant; his autem sublatis, venturum esse impium illum, qui hactenus in eadem sede, quam imperatores actu tenerent, thronum suum habere non potuerit. Confer. b. *Mus.* Praef. Tract. de Convers. p. 60. sqq. et Vindic. Bibl. Disp. III. § 9. sqq. p. 178. sqq.

g) Ita enim dicitur ventura ἀποστασία seu *defectio* ingens a veritate, ut homines *credant mendacia*, *2 Thess. 2, 3. 11.* Et *1 Joh. 4, 3.
et 6.* spiritus antichristi dicitur *spiritus erroris.*

> LUTHERUS: „So hat nun der Herr Christus die Schlüssel seiner
> Kirchen und nicht dem Pabst gegeben, dass er Gesetze und Sünde
> nach seinem Wohlgefallen machete und der Schlüssel Gewalt miss-
> brauchete. Denn drum hat er auch zween Schlüssel in seinem Wap-
> pen geführet, dass er als ein Räuber und Bösewicht der ganzen Welt
> einen Schrecken und Furcht einjagete, und damit ist er auch der
> Antichrist worden, und doher machet ihn auch S. Paulus zum ‚*Men-
> schen der Sünde*‘, nicht zwar für seine Person, sondern *dass er ein Ur-
> sacher und Stifter ist aller Sünden in der Welt*, und machet, dass die
> Leute darüber verdammt werden. Denn wenn die Leute ihn hören
> und ihm folgen, so thun sie Sünde, da doch keine Sünde ist. Drum
> wird er auch das ‚*Kind des Verderbens*‘ genennet." (Predigten über
> etzliche Capitel des Ev. Matthäi. Ed. Erlang. P. XLIV, 102.)

h) Videlicet *secundum operationem satanae, cum omni potentia,
signis et prodigiis mendacibus et cum omni deceptione injustitiae, 2 Thess.
2, 9. 10.* Conf. *Apoc. 13, 13. 14.*

> QUENSTEDTIUS: „Oppugnatio Christi et coelestis veritatis, sed
> μυστηριώδης et clandestina, antichristo etiam tribuitur 2 Thess. 2, 3. 4.,
> dum vocatur ἀντικείμενος seu adversarius Christi ἐξόχως, et molitiones
> ejus in Christum et ecclesiam vocantur μυστήριον v. 7. Neque enim in
> antichristo hoc quaerendum, ut se aperte Christi hostem profiteatur,
> sed ut talem se reipsa exhibeat." (L. c. f. 1685.)

> LUTHERUS: „‚Character bestiae in fronte et in manibus‘ etc.
> (quanquam liber est obscurus et incertus) meo sensu est extrema obe-
> dientia papae et suarum legum, quas et manu et aperta conversatione
> tenemus et confitemur. Qui enim non sic fecerat et vixerat ac dixerat
> palam, sicut papa statuit hactenus, filius mortis fuit, quantumvis intus
> aliud sentiret, tamen ferae characterem recipi et ostendi oportuit."
> (Briefe, gesammelt von de Wette. 1523. P. II, 415.)

i) Quo pertinet, quod *bestia* dicitur *ebria de sanguine sanctorum et
de sanguine martyrum Jesu*, *Apoc. 17, 6.* Confer. *cap. 13, 15. 16. 17.,*
ubi docetur, quomodo per vim suam stabiliat regnum, ita ut *occidan-
tur, quicunque non adoraverint imaginem bestiae, neque* quisquam *possit
emere aut vendere, nisi qui habet characterem, aut nomen bestiae, aut numerum nominis ejus.*

k) Vid. *2 Thess. 2, 8.* et *Apoc. 17. 18.*

l) Quod autem memoratae proprietates antichristi in *pontificibus
romanis* deprehendantur, ostendit b. *Mus.* ll. cc. praef. Tract. de Conv.
et Dissert. III. Vindic. Bibl. Quodque haec doctrina Protestantium
stare possit cum *pace religiosa*, neque injuriosa sit in *imperium romanum*, aut *imperatorem* romanum, imo quod, si pontificii desinerent
agere, quae ab antichristo ejusque satellitibus actum iri, in Scripturis
praedictum est, nemo Protestantium illis litem de antichristo facile
moturus, aut pontificem antichristum dicturus esset, idem docuit in
praefat. Vindic. Bibl. et Diss. I. § 46. p. 43. 44. § 54. sqq. p. 53. sqq.
Denique quomodo *sub regno antichristi coetus vere credentium conservari*

potuerit et conservatus fuerit atque conservetur, etsi, *cognito* anti-christo, fideles ab ejus consortio *se segregare* jubeantur, vid. apud eun-dem Tract. de Eccles. Part. I. Disput. VI. § 58. sqq. p. 317. sqq.

ARTICULI SMALCALDICI: „Nun ist es je am Tage, dass die Päbste sammt ihrem Anhang gottlose Lehre und falsche Gottesdienste erhal-ten wollen und handhaben. *So reimen sich auch* **alle** *Untugenden, so in der heiligen Schrift vom Antichrist sind geweissagt, mit des Pabstes Reich und seinen Gliedern.* Denn Paulus, da er den Antichrist malet 2 Thess. 2., nennet er ihn einen ‚Widersacher Christi, der sich über alles erhebe, das Gott oder Gottesdienst heisset, also, dass er sich setzt in den Tempel Gottes als ein Gott, und gibt vor, er sei ein Gott‘ u. s. w. Hie redet Paulus von einem, der in der Kirche regiert, und nicht von weltlichen Königen, und nennet ihn einen Widerwärtigen Christi, weil er eine andere Lehre werde erdenken, und dass er sich solches alles werde anmassen, als thäte ers aus göttlichen Rechten. Nun ist am ersten dies wahr, dass der Pabst in der Kirche regiert, und unter dem Schein geistlicher Gewalt solche Herrschaft hat an sich ge-bracht, denn er gründet sich auf diese Worte: ‚Ich will dir die Schlüs-sel des Himmelreichs geben.‘ Zum andern, ist je des Pabstes Lehre in alle Wege wider das Evangelium. Zum dritten, dass er vorgibt, er sei Gott, ist in dreien Stücken zu merken: Zum ersten, dass er sich dess anmasset, er möge die Lehre Christi und rechte Gottesdienste, von Gott selbst eingesetzt, ändern, und will seine Lehre und eigenen erdichteten Gottesdienste gehalten haben, als hätte sie Gott selbst ge-boten. Zum andern, dass er sich der Gewalt anmasset zu binden und entbinden nicht allein in diesem zeitlichen Leben hie, sondern auch in jenem Leben. Zum dritten, dass der Pabst nicht will leiden, dass die Kirche oder sonst jemand ihn richte, sondern seine Gewalt soll über alle Concilia und die ganze Kirche gehen; das heisst aber sich selbst zum Gott machen, wenn man weder [der] Kirche noch jemands Ur-theil leiden will. Zum letzten hat der Pabst solche Irrthümer und gottlos Wesen auch mit unrechter Gewalt und Morden vertheidigt, dass er alle, so es nicht aller Mass mit ihm gehalten, hat umbringen lassen. Weil nun dem also ist, sollen alle Christen auf das fleissigste sich hüten, dass sie solcher gottlosen Lehre, Gotteslästerung und un-billiger Wütherei sich nicht theilhaftig machen, sondern sollen *vom Pabst und seinen Gliedern oder Anhang, als von des Antichrists Reich,* weichen und es verfluchen, wie Christus befohlen hat: ‚Hütet euch vor den falschen Propheten.‘ Und Paulus gebeut, dass man solche Prediger meiden und als einen Greuel verfluchen soll. Und 2 Cor. 6. spricht er: ‚Ziehet nicht am fremden Joch mit den Ungläubigen; denn was hat das Licht für Gemeinschaft mit der Finsterniss?‘ u. s. w." (Tract. de potestate et primatu papae. § 39—41. p. 336. sq.) Conf. Apolog. A. C. art. VII. et VIII. §§ 23. 24. p. 156. sq.

IIDEM: „Dies Stück zeigt gewaltiglich, dass er der rechte Ende-christ oder Widerchrist (ipsum verum antichristum) sei, der sich über und wider Christum gesetzt und erhöhet hat, weil er will die Christen nicht lassen selig ohne seine Gewalt, welche doch nichts ist, von Gott nicht geordnet noch geboten. Das heisst eigentlich über Gott und wider Gott sich setzen, wie St. Paulus sagt 2 Thess. 2. Solches thut dennoch der Türke noch Tatter nicht, wie grosse Feinde sie der Christen sind, sondern lassen glauben an Christum, wer da will, und nehmen leiblichen Zins und Gehorsam von den Christen. Aber der Pabst will nicht lassen glauben, sondern spricht, man solle ihm gehor-sam sein, so werde man selig. Das wollen wir nicht thun, oder drüber sterben in Gottes Namen. Das kommt alles daher, dass er jure divino der Oberste hat sollen heissen über die christliche Kirche. Darum hat er sich müssen Christo gleich und über Christum setzen, sich das Haupt, hernach einen Herrn der Kirche, zuletzt auch der ganzen Welt und schlecht einen irdischen Gott rühmen lassen, bis er auch den Engeln im Himmelreich zu gebieten sich unterstund. Und wenn man unterscheidet des Pabsts Lehre von der heiligen Schrift oder sie dagegen stellet und hält, so findet sichs, dass des Pabstes Lehre, wo sie am allerbesten ist, so ist sie aus dem kaiserlichen, heidnischen Recht genommen, und lehret weltliche Händel und Gerichte, wie seine Decretales zeugen. Darnach lehrt sie Ceremonien von Kirchen, Kleidern, Speisen, Personen und des Kinderspiels, Larven- und Narrenwerks ohne Masse, aber in diesem allem gar nichts von Christo, Glauben und Gottes Geboten. Zuletzt ist nichts denn eitel Teufel, da er seine Lügen von Messen, Fegfeuer, Klösterei, eigenem Werk und Gottesdienst (welches denn das rechte Pabstthum ist) treibet, über und wider Gott, verdammet, tödtet und plaget alle Christen, so solchen seinen Greuel nicht über alles heben und ehren. Darum so wenig wir den Teufel selbst für einen Herrn oder Gott anbeten können, so wenig können wir auch seinen Apostel, den Pabst oder Endechrist, in seinem Regiment zum Haupt oder Herrn leiden. Denn Lügen und Mord, Leib und Seele zu verderben ewiglich, das ist sein päbstlich Regiment eigentlich." (P. II. art. 4. § 10—14. p. 308. sq.)

LUTHERUS: „Der Pabst bekennet zwar dieses Wort: Christus ist ins Fleisch kommen, aber er leugnet dessen Frucht. Das ist aber ebensoviel, als wenn man sagt: Christus ist *nicht* ins Fleisch kommen. Denn die Zukunft Christi ins Fleisch ist nicht deswegen geschehen, dass er um sein selbst willen ein Mensch würde, sondern auf dass er uns selig machte. Wer da lehret, dass er also kommen sei, der hebt die Frucht und Kraft seiner Zukunft auf. Denn Christus ist kommen zu dem Ende, dass er die Werke des Teufels zerstörete, dass er die Sünder von Sünden erlösete. Dieses aber leugnet der Pabst. Er behält zwar eben diese Worte, im Uebrigen aber leugnet er die Kraft seiner Zukunft, das ist, dass unser Herz auf die Gerechtigkeit Christi allein sein Vertrauen setzen und dadurch gerecht werden soll. Der Pabst verdammet diesen Artikel in seinen Bullen, dass wir durch die Gerechtigkeit Christi allein gerecht würden, welches doch die *Wirkung* seiner Menschwerdung ist. Aber Paulus widerspricht diesem mit klaren Worten: ‚So halten wir es nun dafür, dass der Mensch gerecht werde ohne des Gesetzes Werk, allein durch den Glauben.‘ Röm. 3, 28. Und unser Johannes: ‚Sein Blut macht uns rein von allen Sünden.‘ 1 Joh. 1, 7. Daher verdammt Petrus diejenigen, die ‚den Herrn, der sie erkauft hat, verleugnen‘, 2 Petr. 2, 1. Sie bekennen zwar den Herrn; dass er sie aber erkauft habe, das leugnen sie. Demnach machen wir aus diesem Text den Schluss, dass des Pabsts Geist vom Teufel sei, weil er leugnet, dass Christus ins Fleisch kommen sei, indem er die *Kraft* und *Wirkung* der Zukunft Christi leugnet. . . Der Pabst nimmt den Kern Christi weg und lässt nur leere Worte übrig. Er lässt ihm die Schale und nimmt den Kern heraus. Denn er bekennet zwar Christi Gerechtigkeit, doch also, dass unsere Gerechtigkeit nicht aufgehoben werde. Und das ist ebensoviel, als nichts bekennen. . . Niemand hat so listig die Eigenschaften des Antichrists so listig, so verschlagen erfüllet, als der Pabst. Manichäus zwar, Marcion, Valentinus kamen auch grob, wenn sie sagten, das Fleisch Christi wäre nur ein Blendwerk gewesen, und hätte nur so geschienen, als ob es Fleisch wäre; und die Schwärmer sagen: Christi Fleisch sei kein nütze. Aber des Pabsts sein Geist ist der allersubtileste, als der da zwar die Zukunft Christi erkennet, die apostolischen Worte und apostolischen Predigten behält, aber den Kern hat er herausgenommen, welcher darinnen bestehet: er sei kommen, dass er die Sünder selig mache. Daher hat er die Welt mit Secten erfüllet. Er hat zum Schein alles *gelassen*, aber in der That und Wahrheit alles *genommen*. Das erfordert Kunst und Betrug, unter dem besten Schein alles zu beflecken, und zu sagen, dass Christus für uns gelitten habe, und doch zugleich lehren, dass *wir* genug thun. Alle übrigen Ketzer sind nur *in gewissen Stücken* Widerchristen, dieser aber ist der einzige und wahre Widerchrist, der wider den *ganzen* Christum ist." (Ausleg. der 1. Ep. St. Joh. 1524. IX, 1010. sq. 1012. 1013. sq.)

IDEM: „Darum sollst du auch wissen, dass der Pabst der rechte wahrhaftige, *letzte* Antichrist ist, davon die ganze Schrift sagt; welchen der Herr Christus itzund mit dem Geist seines Mundes zu tödten hat angefangen, und wird ihn gar bald mit der Erleuchtung seiner Zukunft, der wir warten, zerstören und erwürgen." (Vom Missbrauch der Messe vom Jahr 1522. Erl. B. XXVIII, 129.)

IDEM: „Wiewohl des Pabstthums teuflischer Greuel ein unendlich unaussprechlicher Wust ist, so habe ich doch, hoffe ich, wer ihm will sagen lassen (für mich selbst bin ich gewiss), das erste Stück, so ich droben vorgenommen: obs wahr sei, dass der Pabst über die Christenheit das Haupt, über Kaiser, Könige, alle Welt Herr sei? so klärlich und gewaltiglich ausgeführet, dass, Gott Lob! kein gut christlich Gewissen anders glauben kann, denn dass der Pabst *nicht* sei, noch sein kann das Haupt der christlichen Kirche, noch Statthalter Gottes oder Christi, sondern sei das Haupt der verfluchten Kirchen allerärgsten Buben auf Erden, ein Statthalter des Teufels, ein Feind Gottes, ein Widersacher Christi und Verstörer der Kirchen Christi, ein Lehrer aller Lügen, Gotteslästerung und Abgötterei, ein Erzkirchendieb und Kirchenräuber der Schlüssel, aller Güter, beide der Kirchen und weltlicher Herrn, ein Mörder der Könige, ein Hetzer zu allerlei Blutvergiessen, ein Hurenwirth über alle Hurenwirthe und aller Unzucht, auch die nicht zu nennen ist, ein Widerchrist, ein Mensch der Sünde und Kind des Verderbens, ein rechter Bärwolf. Wer das nicht glauben will, der fahre immer hin mit seinem Gott, dem Pabst; ich, als ein berufener Lehrer und Prediger in der Kirchen Christi und die Wahrheit zu sagen schuldig bin, habe hiemit das Meine gethan. Wer stinken will, der stinke; wer verloren sein will, der sei verloren; sein Blut sei auf seinem Kopf." (Das Pabstthum zu Rom vom Teufel gest. 1545. XVII, 1397. sq.)

SPENERUS: „Wie erweisen wir aber, dass der Pabst gedachtermassen der grosse *Antichrist* sei? Antwort: Auf gleiche Art, wie wir zu erweisen pflegen, dass Jesus von Nazareth der rechte *Christus* oder Messias sei, nämlich, Jesus ist Christus oder der Messias, weil alles dasjenige ihm zukommt und ausser ihm keinem andern, was von dem Messia vordem in den Propheten geweissagt worden war. Also auch muss der Pabst der Antichrist sein, weil sich alles auf ihn schickt, und hingegen nicht gezeigt werden kann, dass es einigem andern zukomme, was die Schrift von dem Antichrist sagt... Diese Wahrheit und Materie, wie der Römische Pabst der Antichrist sei, haben wir fleissig zu merken und uns die Zeit, die wir jetzt zugehöret haben, nicht reuen zu lassen. Es ist dieser Artikel einer, zu dem sich unsere Kirche in den Schmalkaldischen Artikeln ausdrücklich bekannt hat, und wir ja auch diese Wahrheit nicht fahren lassen dürfen, und je näher wir sorglich dabei sind, dass das römische Babel möchte seinen letzten Grimm und Verfolgung über uns ausgiessen, so viel mehr bedürfen wir in dieser Erkenntniss völlig gegründet und gestärkt zu werden, damit wir uns davor zu hüten lernen; wie denn ich dieses für ein Gewisses halte, wer das päbstische Reich nicht für das antichristische Reich erkennt, der steht noch nicht so feste, dass er nicht durch diese oder jene Verleitung möchte dazu verführet werden; wer aber in seinem Herzen sich dessen überzeugt findet, der wird vor dem Abfall ziemlich sicher sein." (Gerechter Eifer wider das antichristische Pabstthum. Herausg. von Pritius. 1714. p. 39. sq. 63.)

IDEM: „Dem Pabstthum zu Gefallen können wir keinen Artikel unsers Glaubens fahren lassen, als welches hiesse, an der Wahrheit selbst, welche an einander hänget, treulos werden. Also können wir auch dieses Stück unserer Lehre nicht hingeben oder verlassen, dass der Pabst der Antichrist sei, in dessen Erkenntniss (nachdem schon längst vorhin ihn bereits auch andere dafür erklärt) die Reformation uns gestärkt hat, und wir mit Recht nicht zurücktreten dürfen." (L. c. p. 282.)

IDEM: „Es ist ein Lehrpunkt, welcher nicht nur allein hin und wieder von unsern christlichen und eifrigen Theologis in ihren Privatschriften getrieben wird, sondern sich auch in den Schmalkaldischen Artikeln (Theil II. Art. IV. S. 307.), welche unter unsere symbolischen Bücher gehören und ein Stück unserer Kirchen gemeiner Bekenntniss sind, ausdrücklich befindet, dass nämlich der römishe Pabst (damit zwar nicht sowohl seine Person eigentlich in sich, als, ohnausgeschlossen seiner, diejenige Würde und Hoheit, deren er sich anmasst, da er das sichtbare Haupt der Kirchen sein und alles in derselben von ihm dependiren soll, gemeint wird) sei der rechte eigentliche grosse Antichrist, davon 2 Thess. 2, 3—8. geweissagt worden. Dass also unsere gemeine Lehre davon diese ist, es sei der römische Stuhl, und was und sofern es sich an denselben hänget, wohin sonderlich die römische Clerisei als Mitgenossen jener Regierung gehört, dasjenige antichristische Reich, welches dem Reiche Christi in der letzten Zeit am meisten entgegen steht, in welchem der römische, jedesmal regierende Pabst das Oberhaupt ist und mit seinen um sich Habenden das Uebrige regiert." (L. c. p. 308. sq.)

DANNHAUERUS: „Aut nullus unquam in mundum venturus est antichristus, aut is est, qui Romae praesidet, omnium characterum capax." (Liber consc. I, 536.)

AD. OSIANDER: „Etiam modernus papa est et dicitur antichristus... Observandum, antichristi rationem non consistere in *personali* quadam probitate vel improbitate, sed in *officii* qualitate; at nullus pontifex, quantus - quantus sit, quam probus sit, est, qui non dicat, sese esse caput ecclesiae oecumenicum, qui non exerceat potestatem in spiritualia et temporalia, qui non probet anathemata concilii Trident., utut propter causas politicas a caede et tyrannide ad tempus abstineat." (Colleg. th. VIII, 162.)

ANTITHESES.

QUENSTEDTIUS: „*Pontificiorum omnium*, utpote, qui constanter negant, pontificem rom. esse antichristum." (L. c. cap. 16. s. 2. f. 1689.)

GERHARDUS: „Pontificii utopicum suum antichristum ex tribu Dan adhuc nasciturum expectant, quem tres annos cum dimidio in terris regnaturum ac die post mortem ejus quadragesimo quinto judicium secuturum esse somniant, ac certo velut ex tripode pronunciant, qua ratione per tres annos integros judicium proxime antecessuros definitum ejusdem tempus ab omnibus praesciri posse praesupponunt." (L. c. De extremo judicio. § 80.)

HUELSEMANNUS: „Antichristi significatum, quando de romano pontifice praedicatur, *Georgius Calixtus* limitat ad *alterum* significatum aequivoci apud Joann. 1. ep. c. 2. v. 18.: ‚Audivistis, quod antichristus venturus sit et jam multi antichristi ingressi sunt in orbem.‘ In quem locum fatetur Hornejus Comm., quod in antecedente propositionis magnus ille antichristus, in consequenté autem per antichristos multos quivis alii adversarii Christi intelligantur. Hoc *posteriore* significatu ostendit Calixtus habere se romanum pontificem pro praecipuo ex antichristis, non absolute, sed sub hac hypothesi: ‚Si dignitatem vicariam Christi sibi uni rapiat jure divino.‘ Id quod contrariatur libris nostris symbolicis, in quos ipse et Hornejus jurarunt... *Hornejus* in Glossa ad 1 Joh. 2, 18., postquam distinxerat inter anti-

christum magnum et antichristos, expresse ait, antichristum magnum
adhuc futurum sive venturum esse et proxime praecessurum ante resurrectionem carnis." (Praelect. ad Breviar. ad c. 22. p. 1231.)

LUTHARDTIUS: ,,Mit dem grossen Abfall, angedeutet Luc. 18, 8.,
ausgesprochen 2 Thess. 2, 3., steht die Offenbarung des Antichrists im
Zusammenhang, der auf Grund des Danielischen Antiochus Epiphanes
2 Thess. 2, 3. ff. als das Widerspiel Christi, die *persönliche Concen-
tration der Sünde, der Gott dieser Welt* . . . geschildert wird (vergl.
Luthardt, Lehre v. d. letzten Dingen. S. 145—164.), *der Weltherrscher*
des Endes, . . . jetzt noch zurückgehalten von einer aufhaltenden Macht
(2 Thess. 2, 6. 7.: wohl die *sittlichen Ordnungen des Völkerlebens*). . .
Die *alte Kirche* nahm einen persönlichen Antichrist an; . . . später
sah man den Antichrist im Muhamedanismus, die Opposition des *Mit-
telalters* im Pabstthum, so auch der *Protestantismus*. . . Dies bezeich-
neten freilich die Römischen als eine ,magna impudentia' und hielten
mit exegetischem Recht entgegen, dass der Antichrist nach der Schrift
nur *Einer* und ein *völliger Feind Christi* sei u. s. w. Das richtige Verständniss hat sich besonders seit *Bengel* wieder angebahnt." (Compend. d. Dogm. Dritte Aufl. p. 293. sq.)

HOFMANNUS: ,,Es dürfte kaum anders möglich gewesen sein, als
dass sie (die Christen Thessalonichs, 2 Thess. 2.) glaubten, eben der
(Antiochus), welcher in wahnsinniger Selbstüberhebung über alles,
was Gott und göttlich heisst, den Tempel des Gottes Israels zum
Götzentempel machte, werde am Ende der Tage wunderbarerweise
wiedererscheinen, und sein damals gestörtes Werk der Vernichtung
der Gottesgemeinde wieder aufnehmen: ein Gedanke, den man immerhin abenteuerlich nennen und als eine unglückliche Nachwirkung der
rationalistischen, oder vielmehr altchristlichen, Idee von Nero's Wie-
derkehr verdächtigen mag, wenn ihm nur der Wortlaut der paulini-
schen Lehre und, wie wir sehen werden, der Johannischen Weissagung
Zeugniss gibt." (Der Schriftbeweis. Zweite Hälfte, 2. Abth. p. 618.)

Caput XIV.

DE MINISTERIO ECCLESIASTICO.

§ 1.

Ad ecclesiae collectionem et conservationem[a] necesse
est, quosdam homines fungi officio praedicandi verbum
et administrandi[b] sacramenta, ut per haec media fides
hominibus conferatur et collata confirmetur atque auge-
atur. Atque hoc est munus illud, quod dicitur[c] *ministerium ecclesiasticum*.

a) Equidem *poterat* Deus *immediate* homines quosvis illuminare
ac fidem illis conferre, collatam conservare atque augere; *placuit*
autem, certum *ordinem* atque *media* eorumque usum praescribere ad
consequendam sua gratia fidem, ideoque revelationem ad paucos immediate factam non solum ministerio horum et succedentium aliorum

ad plures deferri ac promulgari, verum etiam declarari atque inculcari, quaeque credenda et agenda essent, pro captu et statu hominum variorum proponi, confirmari atque a corruptelis defendi voluit. Unde, et praesertim, quod doctrina fidei rationis humanae captum excedit atque ex sola Scriptura sacra discenda est, necessitas ministerii ecclesiastici facile agnoscitur, quanquam necessitatem muneris sacri certis personis demandandi etiam lumen naturae quodammodo doceat et gentiles aliquantum agnoverint. Confer. b. *Musaei* Ableinung der Verl. von der Gewissener-Secte p. 54. 66. Adde Tract. de Eccl. Part. II. Disp. I. § 36. p. 16. 17.

LUTHERUS: „Hier ist sonderlich zu merken, obgleich *Gott* vom Himmel mit Paulo redet, *so will er doch das Predigtamt nicht aufheben, noch jemand ein Sonderliches machen, sondern weiset ihn hin in die Stadt zum Predigtstuhl oder Pfarrherrn; da soll er hören und lernen, was zu lernen sei.* Gott will, dass wir hingehen und das Evangelium von denen hören sollen, die es predigen; da soll man ihn finden, *und sonst nirgends.* . . Dass also Paulus zum Erkenntniss Christi und des Wortes kommt durch Ananiam. Vom selben kleinen Schwefelhölzlein muss er sein Licht empfangen, der doch nicht ein Finger gegen Paulo und wie ein Kerzlein gegen der Sonne war. Solches ist sonderlich hier bei dieser Historie zu merken, dass man das Predigtamt hoch lerne halten. Denn hier steht's lauter und klar, dass Paulus, der grosse Doctor, durch das kleine Doctorlein, den Ananiam, den Verstand überkommt." (Hauspostille am Tage St. Pauli Bekehrung. Tom. XIII. p. 2528. sq.)

IDEM: „Wo das (Predigtamt) bleibet, so werden auch Etliche erhalten unter dem Haufen, die sich recht darein schicken oder noch herzu kommen. Aber wo es auch vom Predigtstuhl kommt, so wird es wenig helfen, obgleich Einer oder Etliche für sich selbst alleine können die Schrift lesen, und wähnen, sie dürfen keines Predigens." (Kirchenpost. Episteltheil. Dom. 20. p. Trin. XII, 1218.)

IDEM: „Ja, viele dürfen auch wohl herausfahren und sagen: Was dürfen wir mehr der Pfarrer und Prediger, können wir doch selbst daheime lesen? Gehen also sicher dahin und lesen es daheime auch nicht. Oder wo sie es schon daheime lesen, so ist *es doch nicht so fruchtbar, noch so kräftig, als kräftig das Wort ist durch die öffentliche Predigt und den Mund des Predigers,* den Gott dazu berufen und geordnet hat, dass er dir's predigen und sagen soll." (Hauspost. D. VIII. p. Tr. T. XIII. p. 1816—17.)

IDEM: „Ich wollte wohl gerne ,das tägliche Opfer' (Dan. 12, 11.) dahin deuten, geistlicher Weise, dass es sei das heilige Evangelium, welches bis an der Welt Ende sammt dem Glauben und der Kirche bleiben muss. Aber gleichwohl kann das geschehen, dass die Welt so gar epicurisch werden wird, dass man in aller Welt wird keinen öffentlichen Predigtstuhl haben und eitel epicurische Greuel die öffentliche Rede sein wird, und das Evangelium allein in den Häusern durch die Hausväter erhalten werde. Und dies werde die Zeit sein, so zwischen dem Worte Christi am Kreuz: ,Consummatum est' und: ,Pater, in manus tuas commendo spiritum meum.' Denn gleichwie Christus nach solchem consummatum noch ein wenig lebte, also kann auch die Kirche nach öffentlichem Schweigen des Evangelii ein wenig bleiben. Und wie der Jüden täglich Opfer wohl ward in der siebenten Woche abgethan durch der Apostel Concilium, und doch hernach bis zu der Zerstörung Jerusalems blieb, auch von den Aposteln selbst, wo sie wollten (doch ohne Noth), gehalten ward, also kann auch wohl das Evangelium öffentlich liegen und schweigen auf dem Predigtstuhl, und doch durch fromme Christen in Häusern erhalten werden. Solcher Jammer aber soll nicht länger währen, denn 1290 Tage, das ist, bei viertehalb Jahr; denn ohne öffentliche Predigt kann der Glaube nicht lange stehen, weil zu dieser Zeit auch in einem Jahr die Welt böser wird." (Vorr. über den Proph. Daniel. VI, 1487. sq.)

L. HARTMANNUS: „De ministerio tractari potest dupliciter: 1. *abstractive*, prout ipse status, ipsumque officium christianae considerationi subjacet, quo respectu agitur de ministerio *artic.* 5. *Augustan. Conf.*; 2. *concretive* seu ratione personarum, quae in hoc sacro officio versantur; sic *artic.* 14. *Aug. Conf.* de hoc themate agitur, quod scl. nemo debeat publice in ecclesia docere aut sacramenta administrare, nisi legitime vocatus." (Pastorale evangel. p. 25.)

AUGUST. CONFESSIO: „Ut hanc fidem consequamur, *institutum est ministerium docendi evangelii et porrigendi sacramenta.* Nam per verbum et sacramenta tamquam per instrumenta donatur Spiritus Sanctus, qui fidem efficit, ubi et quando visum est Deo, in iis, qui audiunt evangelium, scilicet quod Deus non propter nostra merita, sed propter Christum justificet hos, qui credunt, se propter Christum in gratiam recipi. Damnant Anabaptistas et alios, qui sentiunt Spiritum Sanctum contingere sine verbo externo hominibus per ipsorum praeparationes et opera." (Artic. V. Lib. Conc. Ed. Muelleri p. 39. sq.)

B. MENTZERUS: „Desumtus est hic quintus articulus (A. C.) ex capite septimo inter 17 illa, quibus doctrinam christianam complexus est D. Lutherus non multo ante comitia Augustana, cujus verba ita habent T. 5. Jenensi f. 15. p. 1. edit. a. 75.: ,Solchen Glauben zu erlangen oder um Menschen zu geben, hat Gott eingesetzt *das Predigtamt oder mündliche Wort*, nämlich das Evangelium, durch welches er solchen Glauben und seine Macht, Nutz und Frucht verkündigen lässt, und gibt auch durch dasselbige, als durch ein Mittel, den Glauben mit seinem Heiligen Geist, wie und wo er will; sonst ist kein ander Mittel noch Weise, weder Weg noch Steg, den Glauben zu bekommen. Denn Gedanken ausser oder für dem mündlichen Wort, wie heilig und gut sie scheinen, sind sie doch eitel Lügen und Irrthum.'" (Exeges. A. C. Ed. 3. p. 221. sq.)

FORMULA CONCORDIAE: „Visum est Deo, per hoc medium et non alio modo, nimirum per sanctum verbum suum, cum id vel praedicari auditur *vel legitur*, et per sacramentorum legitimum usum homines ad aeternam salutem vocare, ad se trahere, convertere, regenerare et sanctificare." (Declar. artic. II. p. 600.)

EADEM: „Damnamus etiam Swenkfeldianorum errores, quibus docent: ... 2. quod *ministerium ecclesiasticum, hoc est, verbum Dei praedicatum et auditum* non sit medium seu instrumentum, quo Deus Sp. S. homines doceat et per quod ipsis donet veram Christi agnitionem" etc. (Declar. artic. XII. p. 728. sq.)

GERHARDUS: „Quod Rom. 10, 17. ,fides ex *auditu*‘ esse dicitur, id non accipiendum est exclusive, ut auditus verbi praedicati opponatur lectioni verbi scripti, sed inclusive, ut per verbum non solum auditum, sed etiam *lectum* Deus ad fidem et salutem efficax statuatur, cum idem sit et maneat verbum, sive praedicetur et audiatur, sive scribatur et legatur; unde notanter dicit Johannes de historia evangel. in literas redacta, adeoque de tota V. et N. T. Scriptura: ,Haec scripta sunt, ut credatis‘, Joh. 20, v. ult. ,Haec scribimus vobis, ut gaudium vestrum sit perfectum‘, 1 Joh. 1, 4. Ergo etiam ex *scripto* Dei verbo, per *lectionem* et *meditationem* ad usum translato, fides et spirituale gaudium et consequenter salus aeterna hauriri potest." (Exeges. loc. de S. S. § 364.)

b) Scilicet ut *in usu* constituantur media illa salutis ac semen verbi in agro ecclesiae spargatur, baptismus, tanquam sacramentum initiationis, filiis Christi in ecclesia spiritualibus jam nascendis, et sacramentum corporis ac sanguinis Christi natis adultioribus ad confirmationem fidei et spirituale nutrimentum animae conferatur. Conf. *Mus.* de Eccles. l. c.

c) Sic *apostolatus* officium διαχονία appellatur *Act. 1, 17. cap. 6, 4. 20, 19. Rom. 11, 13. 2 Cor. 3, 8. 9.* Et Paulus se atque alios vocat ὑπηρέτας Χριστοῦ καὶ οἰχονόμους μυστηρίων Θεοῦ, *1 Cor. 4, 1.* Alibi δοῦλον Χριστοῦ se appellat, *Tit. 1, 1.*

ARTICULI SMALCALDICI: „1 Cor. 3, 6. machet Paulus alle Kirchendiener gleich, und *lehret, dass die Kirche mehr sei, denn die Diener* (ecclesiam esse supra ministros). Darum kann man mit keiner Wahrheit sagen, dass Petrus einige Oberkeit oder Gewalt vor andern Aposteln über die *Kirche* und alle andern *Kirchendiener* gehabt habe. Denn so spricht er: ‚Es ist alles euer, es sei Paulus oder Apollo oder Kephas‘, das ist, *es darf weder Peter noch andere Diener des Worts ihnen zumessen einige Gewalt oder Oberkeit über die Kirche.*“ (Tractat. de potest. et primatu papae, p. 330.)

APOLOGIA A. C.: „Gabriel unter andern Ursachen, warum den Laien nicht beide Gestalt gereicht werde, setzt auch diese: es habe müssen ein Unterschied sein, sagt er, unter Priestern und Laien. Und ich halt wohl, es sei die grösste und vornehmste Ursache, warum sie heutiges Tages so fest halten, damit der Pfaffenstand heiliger scheine gegen den Laienstand. Das ist nun ein Menschengedanke, worauf der gehe, ist wohl abzunehmen.“ (Artic. 22. p. 233.)

EADEM: „So heisst liturgia gräkisch eigentlich ein *Amt*, darinnen man der Gemeinde *dienet*; das schickt sich wohl auf unsere Lehre, dass der Priester da, *als ein gemeiner Diener*, denjenigen, so communiciren wollen, dienet und das heilige Sacrament reichet.“ (Artic. 24. p. 267.)

GRAUERUS: „Dicitur ordo ecclesiasticus *ministerium*, quia non est civile aliquod dominium, quemadmodum pontificii falso imaginantur. Christus enim expresse dominium ministris ecclesiae detrahit, Luc. 22, 26. Hi nullibi in S. S. domini ecclesiae dicuntur, sed speculatores, plantatores, rigatores, *ministri* etc. Qui tituli omnes et singuli indicant, hujus ordinis officium esse, non dominari in ecclesia, sed ministrare; unde etiam ministerium ecclesiasticum dicitur.“ (Praelect. in A. C. ed. IV. p. 1138.)

DANNHAUERUS: „Ecclesiae (non solius Dei) pastores sunt (non mancipia, sed) *ministri*, 1 Cor. 3, 5. Col. 1, 25.; singulorum rectores, at communitatis diaconi, *ad quam ultimum judicium deferendum est.*“ (Hodosoph. Phaenom. II. p. 79.)

IDEM: „*Ecclesiastica* potestas tota est instrumentalis et *serva totius communitatis*, 2 Cor. 4, 5. Col. 1, 25. Rom. 13, 4.; equidem *magistratus* est *diaconus Dei*, non item *communitatis.*“ (Hodosoph. Phaenom. II. p. 71.)

H. BARNERUS: „Dass sie nicht alle in publico ministerio öffentlich das Lehramt verwalten, ist Ursach vocationis defectus, dass sie dazu nicht gefordert, noch berufen sind. *Da muss man unterscheiden inter statum et officium, zwischen Stande und Amte.* Zum *Amte* gehört specialis vocatio, sonderbarer Beruf; das muss aufgetragen, befohlen werden. Aber zum *Stande* nicht... Alle Hohenpriestersöhne waren hohenpriesterlichen *Standes* der Geburt nach, Einer aber allein war Hoherpriester dem *Amte* nach, Tom. 7. f. 346.“ (Abriss des neuen Menschen. Approbirt von der theol. Fac. zu Wittenberg. 1659. L. 2. c. 20. p. 379.)

LUTHERUS: „Also ist auch ein Prophet ein höherer *Stand,* denn Johannis Stand; wiewohl Johannis *Amt* grösser und näher ist." (Postill eccl. XI, 145.)

GRAUERUS: „Pastores nostri minus recte dicuntur *sacerdotes,* quia non est apud nos externum sacrificium; ubi autem non est sacrificium externum proprie sic dictum, ibi nullus sacerdos. Usus quidem obtinuit in nostris ecclesiis, ut concionatores vocentur Priester, sed minus commode, siquidem nullum externum hodie in N. T. habetur sacrificium." (Grauerus rediv. h. e. praelect in A. C. Ed. IV. p. 763.)

LUTHERUS: „Daher auch der Heilige Geist im Neuen Testament mit Fleiss verhütet hat, dass der Name sacerdos, *Priester* oder Pfaffe auch keinem Apostel, noch einigen andern Aemtern ist gegeben, sondern ist allein der Getauften oder Christen Name als ein angeborner, erblicher Name aus der Taufe; denn unser keiner wird in der Taufe ein Apostel, Prediger, Lehrer, Pfarrherr geboren, sondern eitel Priester und Pfaffen werden wir alle geboren; darnach nimmt man aus solchen gebornen Pfaffen und beruft oder erwählt sie zu solchen Aemtern, die *von unser aller wegen* solch Amt ausrichten sollen... Dass aber die Väter ihre Geweihten haben sacerdotes genennet und also in Brauch ist kommen, soll man (sag ich) ihnen zu gut halten, wie viel andere Stücke mehr. Und wär es bei ihrer Weihe und Ordiniren blieben, so hätte der Name keinen Schaden gethan, denn sie haben *Pfarrherren* geweihet. Aber der Greuel hat den Namen behalten (weil er so herrlich war) und der Väter Weihen verlassen, dafür seine Winkelweihe aufgerichtet und damit unser recht Priesterthum und Taufe greulich verwüstet und zerstöret." (Schr. v. d. Winkelmesse u. Pfaffenweihe. 1533. XIX, 1536. sq.)

IDEM: „Man hats erfunden, dass Pabst, Bischöfe, Priester, Klostervolk wird der *geistliche Stand* genennt; Fürsten, Herrn, Handwerks- und Acker-Leut der *weltliche Stand.* Welchs gar ein fein Comment und Gleissen ist. Doch soll niemand darob schüchtern werden. Und das aus dem Grund: Dann alle Christen sein wahrhaftig geistlichs Stands, und ist unter ihnen kein Unterscheid, denn des Amts halben allein... *Drum ist des Bischofs Weihen nichts anders, denn als wenn er an Statt und Person der ganzen Sammlung Einen aus dem Haufen nähme, die alle gleiche Gewalt haben, und ihm beföhle, dieselbe Gewalt für die andern auszurichten; gleich als wenn zehen Brüder, Königskinder, gleich Erben, Einen erwähleten, das Erb für sie zu regieren; sie wären ja alle Könige und gleicher Gewalt, und doch Einem zu regieren befohlen wird.* Und dass ichs noch klärer sag, wenn ein Häuflein frommer Christenlaien würden gefangen und in ein Wüstenei gesetzt, die nicht bei sich hätten einen geweiheten Priester von einem Bischof, und würden allda der Sachen eines, erwähleten einen unter ihnen, er wäre ehelich oder nicht, und beföhlen ihm das Amt zu täufen, Mess halten, absolviren und predigen, der wär wahrhaftig ein Priester, als ob ihn alle Bischöfe und Päbste hätten geweihet. *Daher kömmts, dass in der Noth ein Jeglicher täufen und absolviren kann; das nicht möglich wäre, wenn wir nicht alle Priester wären."* (Schrift an den christlichen Adel deutscher Nation. 1520. X, 302. sqq.)

§ 2.

Causa *efficiens*[a] *principalis* ministerii ecclesiastici cum *in se,*[b] tum ratione *ministrorum,*[c] qui illo funguntur, Deus[d] trinunus[e] est, et Christus[f] θεάνθρωπος.

a) Cui sufficiens vis aut virtus competit ad ministerium *instituendum* ac certis personis *demandandum*, imo largiendum successum, seu *producendum* per illud spiritualem fructum.

b) Nempe ut est *status* ministrorum, certa ratione institutus et sancitus; qua ratione *abstracte* spectatur.

c) Sive quatenus *concretive* consideratur, ex parte *hominum*, a quibus hoc munus obeundum ac gerendum est.

d) Nam qui est *auctor gratiae*, ejusdem est sancire *officium*, quo media gratiae hominibus applicentur. Atque huc spectat, 1) quod Deus *revelavit*, quae ad ministerium hoc recte gerendum spectant, v. gr. quae *doctrina* praedicanda, *Gal. 1, 8. 9. 12.*, quae ad docendum, arguendum, mores emendandos ac formandos pertinent, *2 Tim. 3, 14. sqq.*, quae *sacramenta*, et quomodo administranda, *1 Cor. 11, 23.* etc. 2) quod Deus officium hoc *certis* personis *imponit*, aut ad illud obeundum homines mittit. Vid. *Psalm. 68, 12. Matth. 9, 38. Luc. 10, 2.*, quam *vocationem* alias appellant juxta *Rom. 1, 1. Ebr. 5, 4.* 3) quod concurrit cum actionibus ministrorum. Vid. *1 Cor. 3, 5. sqq.*

APOLOGIA A. C.: „Das Predigtamt hat Gott eingesetzt und geboten, und hat herrliche Zusage Gottes, Röm. 1.: ‚Das Evangelium ist ein Kraft Gottes allen denjenigen, so daran gläuben' etc. Es. 55.: ‚Das Wort, das aus meinem Munde gehet, soll nicht wieder leer zu mir kommen, sondern thun, was mir gefällt.' Wenn man das Sacrament des Ordens also verstehen wollt, so möcht man auch das Auflegen der Hände ein Sacrament nennen. Denn die Kirche hat Gottes Befehl, dass sie soll Prediger und Diaconos bestellen. Dieweil nun solchs sehr tröstlich ist, so wir wissen, dass Gott durch Menschen und diejenigen, so von Menschen gewählet sind, predigen und wirken will, so ists gut, dass man solche Wahl hoch rühme und ehre, sonderlich wider die teuflischen Anabaptisten, welche solche Wahl sammt dem Predigtamt und leiblichen Wort verachten und lästern." (Artic. XIII. p. 203.)

ARTICULI SMALCALD.: „Weil nun Paulus klar zeugt, er habe bei Petro nicht wollen ansuchen, dass er ihm zu predigen erlaubte, auch dazumal, da er am letzten sei zu ihm kommen: haben wir eine gewisse Lehre, *dass das Predigtamt vom gemeinen Beruf der Apostel herkommt*, und ist nicht noth, dass alle dieser einigen Person Petri Beruf oder Bestätigung haben." (De potest. et primatu papae tractatus, p. 330.)

LUTHERUS: „Ich hoffe ja, dass die Gläubigen und welche Christen heissen wollen, fast wohl wissen, *dass der geistliche Stand sei von Gott eingesetzt und gestiftet*, nicht mit Gold noch Silber, sondern mit dem theuren Blute und bittern Tode seines einigen Sohnes, unsers Herrn Jesu Christi. Denn aus seinen Wunden fliessen wahrlich (wie man vorzeiten auf die Briefe malete) die Sacramente, und hat es wahrlich theuer erarnet, dass man in der ganzen Welt solch Amt hat, zu predigen, taufen, lösen, binden, Sacrament reichen, trösten, warnen, vermahnen mit Gottes Wort, und was mehr *zum Amt der Seelsorger* gehöret. . . Ich meine aber nicht die jetzigen geistlichen Stand in Klöstern und Stiftern. . . Sondern *den Stand meine ich, der das Predigtamt und Dienst des Worts und der Sacramente hat*, welches gibt den Geist und alle Seligkeit, die man mit keinem Gesänge noch Gepränge erlangen kann, als da ist: *das Pfarramt, Lehrer, Prediger, Leser, Priester* (wie man Kaplan nennet), *Küster, Schulmeister und was zu solchen Aemtern und Personen mehr gehöret*, welchen Stand die Schrift wahrlich hoch rühmet und lobet. . . . Ist nun das gewiss und wahr, dass Gott

den geistlichen Stand selbst hat eingesetzt und gestiftet mit seinem
eignen Blut und Tode, ist gut zu rechnen, dass er denselben will hoch
geehret haben, und nicht leiden, dass er solle untergehen oder aufhören, sondern erhalten haben bis an jüngsten.Tag. Denn es muss ja
das Evangelium und die Christenheit bleiben bis an jüngsten Tag, wie
Christus spricht Matth. 28, 20.: ,Siehe, ich bin bei euch bis an der Welt
Ende.' ''· (Sermon, dass man die Kinder solle zur Schule halten. 1530.
X, 488. sqq.)

e) Est enim opus ad extra. Et sic Deo *Patri* et *Jesu Christo*
suam vocationem tribuit Paulus *Gal. 1, 1.*, alias autem docet, *Spiritum Sanctum constituere episcopos ad pascendam ecclesiam Dei, Act. 20, 28.*
Conf. *1 Cor. 12, 4. sqq. ad 11.*

f) Nempe non solum, qua *Deus*, sed et, qua *homo*, muneris hujus
partes determinat et illud certis hominibus committit et efficaciter
cooperatur. Vid. *Matth. 28, 19. sqq.* ad finem, et *Marci 16.* ad finem,
Eph. 4, 11. 12.

> KROMAYERUS: ,,Etsi ministri boni hodie Christi in ecclesia mili-
> tante sunt vicarii, constitutio tamen eorundem pertinet ad officium ejus
> *regium*, Eph. 4., ubi ,datio pastorum ac doctorum' v. 11. subjicitur
> proxime regali ejus adscensui supra omnes coelos v. 10., et Matth. 28.,
> ubi ,missio ad docendum et baptizandum' v. 19. 20. connectitur cum
> ,potestate omni, quae data ipsi est in coelo et in terra' v. 18. Ut fru-
> stra quaestio magna contentione agitata sit in Anglia inter Hierarchi-
> cos et Puritanos, an ad sacerdotale, regium aut propheticum officium
> pertineat.'' (Th. posit.-pol. II, 530.)

§ 3.

Vocat autem Deus homines ad officium ecclesiasticum aliquando *immediate*[a] seu nulla intercedente arbitraria[b] aliorum hominum opera, aliquando *mediate*,
nempe per ecclesiam,[c] quae nomine Dei[d] munus illud
certis personis committit. Unde, cum hoc fit, ecclesia *minus principalis* causa vocationis ministrorum dici potest.

a) Quemadmodum *Moses*, *Exod. 3, 10.*, et *prophetae* plurimi in
V. T. itemque *apostoli* in N. T. vocati fuerunt, ita ut Deus ipse deno-
minaret has personas, quibus officium sacrum obeundum esset.

b) *Alias* autem, quando ministri ecclesiae per homines, sed singulari atque *expresso mandato divino* (non suo judicio et arbitrio) nixos
vocantur, vocatio nihilominus *immediata* dici potest. Atque huc pertinet exemplum *Aaronis*, quem Deus per Mosen quidem, sed expresso
nomine vocavit. *Exod. 4, 14. sqq. 28, 1. sqq.*

c) Cui, postquam plantata est, jus et facultas constituendi ministros competit. Habet enim sibi, velut sponsae, datas a sponso Christo
claves regni coelorum, *Matth. 16, 18. c. 18, 17.*, ideoque, sicut ejus est,
aperire et claudere regnum coelorum, ita ejus est, constituere ministros, per quos aperiat et claudat. Ac si observemus, *ecclesiam* esse

quandam *rempublicam, et ministros* verbi esse velut *magistratus* seu ge-
stores publicorum negotiorum, quibus cura totius reipublicae commissa
incumbit, facile intelligitur, potestatem constituendi illos *per se et na-*
tura sua in *tota* residere *ecclesia, neque* convenire *uni* alicui *parti, nisi* ex
communi omnium consensu in unam aliquam partem translata sit.
Constat etiam, hanc fuisse *praxin* primitivae ecclesiae inde ab *aposto-*
lorum tempore, ut totius illius consensu ministri publici constituerentur. Vid. *Act. 6, 5.*, ubi *diaconi* (etsi curae fisci ecclesiastici peculiariter destinati, non tamen ab officio docendi alieni, ac potius ideo,
quoad peritiam doctrinae sacrae, prae aliis eligendi, ut docere possent)
collectis suffragiis eorum, qui ecclesiam constituebant, vocati fuerunt.
Et *Act. 14, 23.*, ubi dicuntur Paulus et Barnabas *collectis* fidelium
suffragiis (χειροτονήσαντες, ita ut porrectis manibus singuli suffragia
ferrent) *constituisse presbyteros in singulis ecclesiis.* Atque ita post apostolorum tempora multorum saeculorum decursu ministros ecclesiae
constitui consuevisse, praeter alios, docuit prolixe M. *Anton. de Dominis*
Lib. III. de Rep. Eccl. cap. 3.

MELANCHTHON: „Manifestum est, idem significare in s. lit. potestatem ecclesiasticam et claves." (Corp. Reform. XII, 494.)

LYSERUS: „Complectitur vocabulum regni coelorum illam functionem, potestatem et auctoritatem, qua perficiuntur omnia, quae sunt
necessaria regno Christi sive gubernandae ecclesiae." (Harmon. ev.
ad Matth. 16, 19. I, 1617.)

ARTICULI SMALCALD.: „Darum, weil doch die verordneten Bischöfe das Evangelium verfolgen, und tüchtige Personen zu ordiniren
sich weigern, hat eine jetzliche Kirche in diesem Fall gut Fug und
Recht, ihr selbst Kirchendiener zu ordiniren. Denn wo die Kirche ist,
da ist je der Befehl, das Evangelium zu predigen. Darum müssen die
Kirchen die Gewalt behalten, dass sie Kirchendiener fordern, wählen
und ordiniren. Und solche Gewalt ist ein Geschenk, welches der Kirchen eigentlich von Gott gegeben, und von keiner menschlichen Gewalt
der Kirchen kann genommen werden, wie St. Paulus zeuget Eph. 4.,
da er sagt: Er ist in die Höhe gefahren und hat Gaben gegeben
den Menschen. Und unter solchen Gaben, die der Kirchen eigen sind,
zählet er Pfarrherrn und Lehrer, und hänget daran, dass solche gegeben
werden zu Erbauung des Leibes Christi. Darum folget, wo eine rechte
Kirche ist, dass da auch die Macht sei, Kirchendiener zu wählen und
ordiniren. Wie denn in der Noth auch ein schlechter Laie einen andern
absolviren und sein Pfarrherr werden kann, wie S. Augustin eine Historien schreibet, dass zween Christen in einem Schiffe beisammen gewesen, der einer den andern getauft, und darnach von ihm absolvirt sei.
Hieher gehören die Sprüche Christi, welche zeugen, dass die Schlüssel
der ganzen Kirchen und nicht etlichen sondern Personen gegeben sind,
wie der Text sagt: Wo zween oder drei in meinem Namen versammelt
sind, bin ich mitten unter ihnen u. s. w. Zum letzten wird solches
auch durch den Spruch Petri bekräftigt, da er spricht: Ihr seid das
königliche Priesterthum. Diese Worte betreffen eigentlich die rechte
Kirchen, welche, weil sie allein das Priesterthum hat, muss sie auch
die Macht haben, Kirchendiener zu wählen und ordiniren. Solches
zeuget auch der gemeine Brauch der Kirchen." (Tract. de potest. et
jurisd. episc. p. 341. sq.)

IIDEM: „Ueber das muss man je bekennen, dass die Schlüssel
nicht einem Menschen allein, sondern der *ganzen Kirchen* gehören und

gegeben sind, wie denn solches mit hellen und gewissen Ursachen genugsam kann erwiesen werden. Denn *gleichwie die Verheissung des Evangelii gewiss und ohne Mittel der ganzen Kirchen zugehöret, also ge*hören die Schlüssel *ohne Mittel* der ganzen *Kirchen*, dieweil die Schlüssel nichts anders sind, denn das Amt, dadurch solche Verheissung jedermann, wer es begehrt, wird mitgetheilet; wie es denn im Werk vor Augen ist, dass die Kirche Macht hat, Kirchendiener zu ordiniren. Und Christus spricht bei diesen Worten: Was ihr binden werdet u. s. w., und deutet, *wem* er die Schlüssel gegeben, nämlich der Kirchen: Wo *zween oder drei* versammelt sein in meinem Namen u. s. w. Item Christus gibt das höhest und letzte Gericht der Kirchen, da er spricht: ‚Sags der Kirchen.‘‘‘ (Tract. de potest. et primat. pap. p. 333.) ‚‚Tribuit igitur *principaliter* claves ecclesiae et *immediate;* sicut et ob eam causam ecclesia principaliter habet jus vocationis.‘‘ (L. c.)

LUTHERUS: ‚‚Die Schlüssel sind nicht des Pabsts (wie er leuget), sondern der Kirchen, das ist, des Volks Christi, des Volks Gottes, oder des heiligen christlichen Volks, so weit die ganze Welt ist, oder wo Christen sind. Denn sie können nicht alle zu Rom sein, es wäre denn zuvor die ganze Welt zu Rom, das noch lange nicht geschehen wird. Gleichwie die Taufe, Sacrament, Gottes Wort nicht des Pabsts, sondern des Volkes Christi sind, und heissen auch claves ecclesiae, nicht claves papae.‘‘ (Schrift von den Conciliis und Kirchen. Tom. XVI, 2791.)

IDEM: ‚‚Die Schlüssel sind der ganzen Gemeine aller Christen und eines jeden, der ein Glied ist derselbigen Gemeine, und dasselbige nicht allein nach der Gewalt, sondern auch nach dem Brauch und nach allerlei Weise, die da sein mag; auf dass wir den Worten Christi keinen Gewalt thun, der stracks hin und insgemein zu allen redet: ‚Er soll dir sein‘ u. s. w. Item: ‚Alles, das ihr binden werdet‘ u. s. w. Ich möchte auch diesen Spruch: ‚Dir will ich geben die Schlüssel des Himmelreichs‘, den Christus zu St. Petro allein hat geredet, hie zu einer Bekräftigung handeln. Item, den Matth. 18, 19.: ‚Wo zween eins werden auf Erden.‘ Item, V. 20.: ‚Wo zweene versammelt sind in meinem Namen, da bin ich mitten unter ihnen.‘ In welchen Sprüchen das allervollkömmlichste Recht und der Brauch aufs allervölligste zugeeignet wird und bekräftigt, dass sie binden und auflösen mögen. Es wäre denn, dass wir wollten Christo selbst das Recht und den Brauch der Schlüssel versagen, wenn er mitten unter zweien wohnet.‘‘ (Sendschreiben an den Rath und Gemeine der Stadt Prag. Tom. X, 1847.)

IDEM: ‚‚Uns ist aber ein anders gesagt Matth. 23, 8.: ‚Einer ist euer Meister, Christus, ihr aber seid alle *Gebrüder.‘ Darum gelten wir alle gleich und haben alle nur Ein Recht.* Denn es will sich je nicht leiden, das die, so Gebrüder heissen und alle eine Gemeinschaft haben, einer über den andern sei, mehr Erbtheils empfahe und ein besser Recht, denn der ander, habe, voraus in geistlichen Sachen, davon wir jetzt handeln. . . Doch dies alles haben wir allein von gemeinen Rechten und Macht aller Christen gesagt. Denn dieweil allen Christen alle Ding gemein sollen sein, die wir bisher erzählt haben, das wir auch bewährt und beweiset haben, so wills nicht gebühren einem, der sich von ihm selbst hervor wollte thun, und ihm allein zueignen, das unser aller ist. Unterwinde dich dieses Rechten und lege es auch an Brauch, sofern wo kein andrer ist, der auch ein solch Recht empfangen hat. Das erfordert aber der Gemeinschaft Recht, dass einer, oder als viel der Gemeinde gefallen, erwählet und aufgenommen werden, welche anstatt und im Namen aller derer, so eben dasselbige Recht haben, verbringe diese Aemter öffentlich, auf dass nicht eine scheussliche Unordnung geschehe in dem Volk Gottes, und aus der Kirchen werde ein Babylon, in welcher alle Dinge ehrbarlich und ordentlich sollen zugehen, wie der Apostel gelehret hat 1 Cor. 14, 40.

Es ist zweierlei, dass einer ein gemein Recht durch der Gemeine Befehl ausrichte, oder dass einer sich desselbigen Rechten in der Noth gebraucht. In einer Gemeine, da jedem das Recht frei ist, soll sich desselbigen niemand annehmen ohne der ganzen Gemeine Willen und Erwählung, aber in der Noth brauche sich desselbigen ein jeder, wer da will." (Sendschreiben an den Rath und Gemeine der Stadt Prag. 1523. X, 1857.)

IDEM: „Die Schlüssel werden gegeben dem, der auf diesem Fels durch den Glauben stehet, dem es der Vater gegeben hat. Nun kann man keine Person ansehen, die da bleibet stehen auf dem Fels, denn der fällt heute, der andere morgen; wie St. Petrus gefallen ist. Darum ist niemand bestimmt, dem die Schlüssel gehören, denn der Kirche, das ist, denen, die auf dem Felsen stehen. Die christliche Kirche hat allein die Schlüssel, sonst niemand, wiewohl sie der Bischof und der Pabst können brauchen, als die, welchen es von der Gemeine befohlen ist. Ein Pfarrer pflegt des Amts der Schlüssel, täufet, prediget, reichet das Sacrament und thut andre Aemter, damit er der Gemeine dient, nicht von seinetwegen, sondern der Gemeine wegen" (d. i. von Gemeinschafts wegen). „Denn er ist ein Diener der ganzen Gemeine, welchem der Schlüssel gegeben ist, ob er gleichwohl ein Bube sei. Denn so ers thut anstatt der Gemeine, so thut es die Kirche. Thut es denn die Kirche, so thut es Gott; denn man muss einen Diener haben. Denn wenn die ganze Gemeine wollte hinfallen und täufen, so möchten sie wohl das Kind ersäufen, denn es gingen wohl tausend Hände danach. Das taugte ganz nichts. Darum muss man einen Diener haben, der solches pflege anstatt der Gemeine. Nun die Schlüssel, zu binden und zu lösen, ist die Gewalt zu lehren, und nicht allein absolviren. Denn *die Schlüssel werden gezogen auf alles das, damit ich meinem Nächsten helfen kann*, auf den Trost, den einer dem andern geben kann, auf die öffentliche und heimliche Beichte, auf die Absolution, und was des Dinges mehr ist; *aber doch fürnehmlich auf das Predigen.*" (Postill. eccles. XI, 3070. sq.)

IDEM: „Aber was will hie allererst werden: dass Christus, ehe er Befehl thut, die Sünde zu vergeben und zu binden, blies er ihnen ein und spricht: ‚Nehmet hin den Heiligen Geist, welchen ihr werdet die Sünde vergeben, denen sind sie vergeben.' Joh. 20, 22. 23. Hie ist beschlossen, dass niemand die Sünde vergeben kann, er habe denn den Heiligen Geist... Wo bleiben nun des Pabsts Schlüssel? Ich meine, sie müssen ihm hie ohne seinen Dank entfallen, und kund werden, dass er (sie) mit allem Frevel führet in seinem Schild, so hie klar stehet: Es habe die Schlüssel nicht, denn der den Heiligen Geist hat. Darum sollte man dem Pabst in sein Schild (ich weiss wohl was) malen und Schlüssel herausreissen. Das Wappen ist eines andern Mannes, denn der Pabst ist. Doch wiederum, sollte ich nun nicht ehe haben Vergebung meiner Sünde, der Beichtvater hätte denn den Heiligen Geist (und niemand mag gewiss sein von dem andern, ob er denselben habe): wenn würde ich meiner Absolution gewiss und überkäme ein ruhiges Gewissen? So wäre es wie vorhin. Antwort: Das habe ich angezogen, auf dass man dieses Dinges einen rechten Grund habe. Da ist kein Zweifel an, dass niemand Sünde bindet oder vergibt, denn allein, der den Heiligen Geist so gewiss habe, dass du und ichs wissen; wie diese Worte Christi allhier überzeugen. Das ist aber niemand, denn die christliche Kirche, das ist, die Versammlung aller Gläubigen Christi; die hat allein diese Schlüssel, da sollt du nicht an zweifeln. Und wer ihm darüber die Schlüssel zueignet, der ist ein rechter abgefeimter Sacrilegus (Kirchenräuber), es sei Pabst oder wer es wolle. Von derselbigen Kirchen ist jedermann gewiss, dass sie den Heiligen Geist habe, wie das Paulus nach Christo und alle Schrift reichlich beweisen, und aufs kürzeste verfasset ist im Glauben, da wir sagen: ‚Ich gläube, dass da sei eine heilige christliche Kirche.' " (Büchlein v. d. Beichte. XIX, 1051. sqq.)

IDEM: „Das ist und muss unser Grund und gewisser Fels sein: wo das Evangelium gepredigt wird, da muss eine heilige christliche Kirche sein; und wer daran zweifelt, der mag eben so mehr auch zweifeln an dem Evangelio, obs Gottes Wort sei. Wo aber eine heilige christliche Kirche ist, da müssen alle Sacramente sein, Christus selbst und sein Heiliger Geist. Sollten wir nun eine heilige christliche Kirche sein und die grössten und nöthigsten Stücke haben, als: Gottes Wort, Christum, Geist, Glaube, Gebet, Taufe, Sacrament, Schlüssel-Amt u. s. w., und sollten nicht auch das geringste Stücke haben, nämlich die Macht und Recht, etliche zum Amt berufen, die uns das Wort, Taufe, Sacrament, Vergebung (so bereit da sind) darreichten und darinnen dienten, was wäre mir das vor eine Kirche? Wo bliebe hier Christi Wort, da er spricht Matth. 18, 20.: ‚Wo zween oder drei in meinem Namen versammelt sind, da bin ich unter ihnen'? Und abermal V. 19.: ‚Wo zween unter euch eins werden auf Erden, warum es ist, dass sie bitten wollen, das soll ihnen widerfahren von meinem Vater im Himmel.' Haben zween oder drei solche Gewalt, wie viel mehr eine ganze Kirche?“ (Schrift von der Winkelmesse und Pfaffenweihe. 1533. Tom. XIX, 1565. sq.)

IDEM: „Matth. 18, 19. 20. Hie hören wir, dass auch zween oder drei, in Christi Namen versammelt, eben alles Macht haben, was St. Petrus und alle Apostel. Denn der Herr ist selbst da; wie er auch sagt Joh. 14, 23.: ‚Wer mich liebet, der wird meine Worte halten, und mein Vater wird ihn lieben, und wir wollen zu ihm kommen und Wohnung bei ihm machen.' Daher ists kommen, dass oft Ein Mensch, der an Christum gegläubet, einem ganzen Haufen widerstanden hat, als Paphnutius in Concilio Nicaeno, und wie die Propheten den Königen Israel, Priestern und allem Volke widerstunden. Kurzum, Gott will unverbunden sein an der Menge, Grösse, Höhe, Macht und was persönlich ist bei den Menschen, sondern will allein bei denen sein, die sein Wort lieben und halten, und solltens eitel Stallbuben sein. Was fragt er nach hohen, grossen, mächtigen Herren? Er ist der Grösseste, Höchste und Mächtigste allein. . . Wir haben hie den Herrn selbst über alle Engel und Creaturen: der sagt, *sie sollen alle gleiche Gewalt, Schlüssel und Amt haben, auch zween schlechte Christen allein in seinem Namen versammelt.* Diesen Herrn soll uns Pabst und alle Teufel nicht zum Narren, Lügner noch Trunkenbold machen, sondern wir wollen den Pabst mit Füssen treten und sagen, er sei ein verzweifelter Lügner, Gotteslästerer und abgöttischer Teufel, der die Schlüssel zu sich allein gerissen hat unter St. Peters Namen, so Christus dieselben allen gleich insgemein gegeben hat.“ (Wider das Pabstthum zu Rom, vom Teufel gestift. 1545. XVII, 1346. sq.)

IDEM: Es „werden nur darum etliche aus dem Haufen hervorgezogen, dass sie an Statt der Gemeine das Amt führen und |treiben, welches sie alle haben.“ (Ad 1 Pet. 2, 5. IX, 703.)

CHEMNITIUS: „Canon X.: Si quis dixerit, christianos omnes in verbo et omnibus sacramentis administrandi habere potestatem, anathema sit. Examen: Verba, quae in hoc canone damnant, excerpserunt ex Lutheri libello de captivitate Babylonica, sed et verba mutilarunt, et sententiam depravarunt, ut Lutheri doctrinam invisam redderent imperitis, quasi perturbatrix esset omnis divini et humani ordinis in ecclesia, sed Lutherus nunquam sensit, quemvis christianum promiscue sine legitima vocatione vel posse, vel debere sibi arrogare, vel usurpare ministerium verbi et administrationem sacramentorum in ecclesia. . . Contra has tyrannicas persuasiones Lutherus ex verbo Dei docuit, Christum claves, h. e. ministerium verbi et sacramentorum, tradidisse et commendasse toti ecclesiae . . . ita, ut summa potestas verbi et sacramentorum sit penes Deum, deinde ministerium sit penes ecclesiam, ut per quam Deus mediate vocat, eligit et mittit ministros;

tertio deinde penes illos, qui a Deo per ecclesiam legitime electi et vocati sunt, ut penes ministros, quibus mandata est usurpatio seu administratio ministerii verbi et sacramentorum. Hac distinctione, quae vera et plana est, Lutherus reprimere voluit supercilium sacrificulorum, qui illa persuasione inflati erant, quasi soli potestatem meram et mixtam haberent in verbo et sacramentis, ita ut sacramenta valerent propter impressum ipsis nescio quem characterem ordinis. Et ne reliqua ecclesia vel tacito gemitu dicere auderet: Quid facitis? praetendebant, ecclesiam reliquam nullam plane habere potestatem in verbo et sacramentis. Hoc ulcus quia Lutherus attigit et ex verbo Dei sectionem adhibuit, illud vero est, quod pontificios cum dolore post tot annos hodie adhuc urit et male habet." (Exam. conc. Trid. Ed. Genev. f. 222. sq.)

Lyserus: „Potestas ligandi et solvendi, ut Matth. 16, 19. promissa est Petro et Joh. 20, 23. tradita est omnibus apostolis, sic Matth. 18, 18. traditur a Christo ecclesiae, quae hanc potestatem ordinarie *deferre* potest personis legitime ad id vocatis, extraordinarie autem et in casu necessitatis unum quodlibet verum ecclesiae membrum idem jus habet, eoque ad gloriam Dei et proximi salutem uti potest." (Harmon. ev. ad Matth. 18, 18. I. f. 1748.)

Idem: „Ecclesiae Christus claves regni coelorum post se reliquit Matth. 18, 18. Nec nos hic curamus sannas et irrisiones Jesuitarum, qui clamitant: ‚Ergo apud vos evangelicos habent et exercent jus clavium sutores et sartores, omnes coci et cerdones, sicque vos ipsam Babylonem exstruitis et omnium rerum confusionem introducitis.‘ Resp.: Quis negabit, in casu necessitatis quemvis fidelium alterum fidelem baptizare, docere, a peccatis absolvere, sicque ipsi aditum ad coelestem civitatem, quasi adhibitis clavibus, patefacere posse? et hunc casum necessitatis ecclesia semper excepit, ut testatur Hieronymus adversus Luciferianos et Augustinus ad Fortunatum. Sed extra casum necessitatis nihil horum cuiquam permittitur, nisi sit legitime vocatus et constitutus ecclesiae minister. Hoc enim pugnaret contra regulam divinam: ‚Quomodo praedicabunt, nisi missi fuerint?‘ Rom. 10, 15. Item: ‚Currebant, et non mittebam.‘ Jerem. 23, 21. Nihilominus tamen interim *singulis fidelium etiam minimis* suum jus, quod in claves ex concessione Christi habeant, manet integrum. Quemadmodum enim cives liberae alicujus civitatis omnes, quotquot urbem illam incolunt, commune jus habent et parem libertatem, quod rempublicam attinet, et tamen ordinis causa eligunt senatores, hisque praeficiunt consulem, cui claves urbis et statuta tradunt, quo illa communi omnium nomine tueatur atque juxta illa rempublicam administret: ita quoque faciunt cives civitatis Dei. Habent hi quidem communionem omnium sanctorum, et omnia ipsorum sunt, sive Paulus, sive Petrus, sive vita, sive mors, sive praesentia, sive futura, 1 Cor. 3, 21.; omnia possident sub uno capite, Christo, qui omnia ad salutem necessaria suae ecclesiae et in ea sigillatim unicuivis membro, etiam minimo, sanguinis sui merito acquisivit; et tamen ordinis causa eligunt certas personas, quibus *demandant* administrationem clavium regni coelorum, quales sunt apud nos diaconi, pastores, doctores, episcopi sive superintendentes et consimiles, ut ita juxta doctrinam Pauli apud nos omnia εὐσχημόνως καὶ κατὰ τάξιν, decenter et ordine fiant, 1 Cor. 14, vers. ult." (L. c. f. 1620. sq.)

Lutherus: „Quando papa eligitur, an secum affert claves, an non? Si affert, ergo erat papa, antequam eligeretur; si non affert, a quo accipit? Numquid ab angelo de coelo? Nonne ab ecclesia? Item, quando papa moritur, cui relinquit claves? Aufert eas secum? Si non aufert, cui relinquit, nisi ecclesiae, a qua accepit? Quid igitur potest dici contra hanc evidentissimam experientiam, optimam evangelii interpretem, claves nec Petro, nec successori, sed soli ecclesiae datas, a qua tanquam minister accipit, usurus eis sacerdos. Ubi nunc est, quod soli Petro dictum esse putatur: tibi dabo claves; imo, ubi nunc est, quod soli ecclesiae romanae claves datae sunt? Necesse est, ut in qualibet ecclesia claves sint." (Resol. Lutheriana super propositione XIII. de potest. papae. 1519. Vid. Opp. lat. var. argum. Erlang. Vol. III. p. 310.)

GERHARDUS: „Q.: Quibus regni coelorum claves sint commissae? — Quam iniquus in ecclesiam sit pontifex romanus, vel hinc solum manifestum omnibus est, quod illustrem hanc dignitatem soli sibi suisque episcopis, ob nescio quem in ordinatione ipsis impressum characterem, non sine sacrilegio rapuit, caeteris omnibus, quos laicos vocant, tanquam porci sint, contemtissime exclusis, qui quidem ne hiscere adversus clerum hoc in negotio ausint, tantum abest, ut judicium in eos sumere illis ullo modo liceat. Horum superbiae nostram opponentes sententiam cum D. Luthero, b. Chemnitio, caeterisque orthodoxis theologis statuimus, privilegium hoc a Christo toti ecclesiae, dilectissimae suae sponsae, quae dispensatrix est coelestium bonorum, Ps. 68, 13., fuisse concessum, utpote cui jam ante Matth. 18, 18. amplissima facta hac de re fuit promissio. Quin et ex hoc ipso loco (Joh. 20.), quicquid etiam adversa pars obblateret, haud obscure colligitur, ad omnes illos hanc potestatem pertinere, qui Spiritu S. sint delibuti. Atqui cum omnes vere christiani Sp. S. habeant, consequens est, omnes quoque hac auctoritate instrui. Ita colligit Dn. D. Brentius in Exeg. in Joh. c. 20. Neque tamen patrocinium hinc aliquod accedit furori Anabaptistarum, qui status, quos Deus distinctos esse voluit, pessime inter se commiscent, turpissimamque inducunt confusionem. Cujus quidem erroris reos peragere nos nititur Joh. Baptista Ficklerus in sua Replica contr. Heilbr. p. 87., quando sic scribit: ‚Non opus est ibi‘ (intellige in nostris ecclesiis), ‚quam ut sine discrimine cuique dicatur: Eas tu Johannes et sis concionator; tu Michael accipias panem et vinum et vicino administres coenam; tu Bartholde eas et absolvas rusticos.‘ A qua tamen suspicione nos facile liberabit genuina sententiae nostrae explicatio et distinctionum, quas hac in quaest. theologi nostri adhibent, observatio. Illi enim quasi *triplicem* constituunt potestatem, ac docent, *summam* et αὐτοκρατο-ρικὴν potestatem verbi et sacramentorum esse penes solum *Deum*. Deinde *ministerium* esse penes *ecclesiam*, ut per quam Deus immediate vocat, eligit et mittit ministros. Tertio denique *executionem* esse penes illos, qui a Deo per ecclesiam legitime electi et vocati sunt, ut penes *ministros*, quibus mandata est usurpatio et administratio ministerii verbi et sacramentorum. Itaque *potestas* ipsa *toti ecclesiae* communis quidem est, *usus* autem et exercitium (ut sc. omnis in ecclesia, in qua omnia εὐσχημόνως fieri debent, praecipiente apostolo 1 Cor. 14, 40. confusio vitetur) non nisi iis permittitur, qui ab ecclesia huic sunt officio per legitimam vocationem destinati, ejusdemque nomine possident, h. e., legitimis ecclesiae *ministris*, qui bona illa coelestia, Christi cruento praelio parta, ecclesiae nomine dispensent. Unde ab apostolo ὑπηρέται τοῦ Χριστοῦ καὶ οἰκονόμοι τῶν μυστηρίων τοῦ θεοῦ vocantur 1 Cor. 4, 1. His, inquam, distinctionibus observatis utrinque tutissimi media ingredimur via, neque cum supercilio cleri pontificii commune nobis quicquam est, neque etiam ullo modo confusioni Anabaptisticae favemus, sed suum ecclesiae honorem reverenter habemus. Vid. Luth. l. de abusu missae." (Explic. ἐλεγχτικὴ evang. dominic. p. 732. sq.)

BALDUINUS: „Est ecclesia Christi sponsa Joh. 3, 29. et uxor Ps. 45, 10. et in ejus domo materfamilias Ps. 68, 13.; quemadmodum ergo claves a domino domus dantur matrifamiliae, sic etiam Christus Dominus domus suae, quae est eccl., dedit claves suae sponsae, quae *ommittit* eas ministris suis, qui vocantur oeconomi seu dispensatores mysteriorum Dei." (Tract. de cas. consc. p. 1104.)

ANTITHESIS.

Quenstedtius: ,,*Antithesis:* 1. *Pontificiorum*, qui vocandi potestatem in solum ecclesiasticum statum conferunt, depresso omni sub ministerium magistratu, quod papocaesaream vel papo-caesareatum, nonnulli vocant; ita decrevit Conc. Trid. de˙sacram. ordin. c. 4.: ,Docet ss. synodus, in ordinatione episcoporum, sacerdotum et caeterorum ordinum nec populi, nec cujusvis saecularis potestatis et magistratus consensum, sive vocationem, sive auctoritatem, ita requiri, ut sine ea irrita sit ordinatio.' Bellarm. l. 1. de clericis c. 2. § ult. Tom. 2.: ,Doctores catholici summa consensione docent, jus episcopos ordinandi ac vocandi ad plebem nullo modo pertinere posse, jus autem eligendi fuisse aliquando et aliquo modo penes populum, sed pontificum concessione vel conniventia, non lege divina.' Cornelius a Lapide in Rom. 1. super verba κλητὸς ἀπόστολος: ,Ordinare sacra et sacros praesules non est magistratus, nec vocare laicorum.' 2. *Donatistarum, Socinianorum* et *Anabaptistarum*, qui, uti magistratus ex omni republ. exterminandos putant ac solum imperitum ac rude vulgus ad omnia jura admittunt, ita quoque jus vocandi huic soli largiuntur. 3. *Arminianorum*, qui potestatem vocandi soli magistratui saeculari transscribunt, quod aliqui vocant caesareo-papatum." (Theol. did.-polem. P. IV. c. 12. s. 2. q. 2. f. 1509. sq.)

d) Non autem *sua* auctoritate. Res enim *Dei est* et ad *salutem* animarum spectat. Atque ita non solum *preces* cum actu vocationis olim conjunctas novimus, vid. *Act. 6, 6. 14, 23.*, sed et *praxis* recentior docet, literis vocatoriis inseri solere formulam: *In nomine SS. Trinitatis.*

Kromayerus: ,,Munus hoc non quidem confertur cum impressione indelebilis characteris, ceu pontificii volunt; ordinarie tamen *perpetuum* est, quia libere ac licite extra casum necessitatis nec a vocato deponi, nec a vocante per modum contractus ad certos annos, aut cum reservatione facultatis dimittendi libere vocatum, conferri potest. Non prius 1. propter generalia de perseverando monita. Nam ,unus quisque in ea vocatione, in qua vocatus fuit, maneat', 1 Cor. 7, 20., cf. Luc. 9, 62.; 2. ob specialia praecepta, 1 Tim. 4, 15.: ,Haec exerce, in his esto', cf. 2 Tim. 4, 5.; 3. ex ratione, quia ob inferius bonum non est negligendum superius semel electum, quale in respectu ad bona hujus saeculi est ministerium eccles. Non posterius, quia vocanti facultas sic contrahendi nullibi commissa aut permissa est a Deo. *Unde nec vocans nec vocandus hujusmodi vocationem ac dimissionem pro divina habere potest.*" (Th. posit.-pol. II, 530.)

§ 4.

Atque hoc jus seu potestas constituendi ministros competit etiam ecclesiis *particularibus*[a] a consortio caeterarum per *excommunicationem*[b] injustam separatis.

a) Nam quae ecclesiae *catholicae* in ordine ad *communem finem*, qui est aedificatio spiritualis, concessa sunt, ea recte sibi vendicant ecclesiae *particulares*, per quas catholica aedificari debet et quatenus ad ecclesiam catholicam pertinent. Confer. b. *Mus.* P. II. de Eccl. Disp. III. § 7. sqq. p. 166. sqq.

b) *Non* enim per injustam excommunicationem, quam patiuntur, *desinunt* esse *verae ecclesiae*, adeoque nec jura, quae omnibus veris Christi ecclesiis conveniunt, amittunt. Confer. *Mus.* l. c. Disp. IV. § 35. p. 318. 319.

LUTHERUS: „Wir bekennen aber, dass unter dem Pabstthum viel christliches Gutes, ja alles christlich Gut sei, und auch daselbst herkommen sei an uns: nämlich, wir bekennen, dass im Pabstthum die rechte heilige Schrift sei, rechte Taufe, recht Sacrament des Altars, rechte Schlüssel zur Vergebung der Sünde, recht Predigtamt, rechter Katechismus, als Zehen Gebot, die Artikel des Glaubens, das Vater Unser. Gleichwie er auch wiederum bekennet, dass bei uns (wiewohl er uns verdammt als Ketzer) und bei allen Ketzern sei die heilige Schrift, Taufe, Schlüssel, Katechismus u. s. w. ,O, wie heuchlest du hie?' Wie heuchele ich denn? Ich sage, was der Pabst mit uns gemein hat. So heuchelt er uns und den Ketzern wiederum ja so sehr, und saget, was wir mit ihm gemein haben. Ich will wohl mehr heucheln, und soll mich dennoch nichts helfen. Ich sage, dass unter dem Pabst die rechte Christenheit ist, ja, der rechte Ausbund der Christenheit und viel frommer grosser Heiligen. Soll ich aufhören zu heucheln? Höre du selber, was St. Paulus sagt 2 Thess. 2, 4.: ,Der Endechrist wird im Tempel Gottes sitzen.' Ist nun der Pabst (wie ich nicht anders gläube) der rechte Endechrist, so soll er nicht sitzen oder regieren in des Teufels Stall, sondern in Gottes Tempel. . . Ist denn nun unter dem Pabst die Christenheit, so muss sie wahrlich Christi Leib und Glied sein. Ist sie sein Leib, so hat sie rechten Geist, Evangelium, Glauben, Taufe, Sacrament, Schlüssel, *Predigtamt*, Gebet, heilige Schrift und alles, was die Christenheit haben soll. . . Darum ist solcher Wiedertäufer und Schwärmer Rede nichts, wenn sie sagen: Was der Pabst hat, ist unrecht, oder: Weil im Pabstthum dies und das geschieht, so wollen wirs anders haben. Gerade als wollten sie damit sich beweisen grosse Feinde des Endechrists; sehen aber nicht, dass sie ihn damit am höchsten stärken, die Christenheit am höchsten schwächen und sich selbst betrügen. Den Missbrauch und Zusatz sollten sie uns helfen verwerfen; aber da hätten sie nicht grosse Ehre von, weil sie sehen, dass sie daran nicht die ersten sein können. Darum greifen sie an, das niemand angriffen hat, auf dass sie auch etwa die ersten sein und Ehre einlegen mögen. Aber die Ehre muss zu Schanden werden, denn sie greifen den Tempel Gottes an, und fehlen des Endechrists, der drinnen sitzt; wie die Blinden, die nach dem Wasser tappen und greifen ins Feuer. Ja, sie thun eben, wie ein Bruder dem andern thät im Thüringer Walde: die gingen mit einander durch den Wald, und ein Bär kommt sie an, der wirft den einen unter sich; da will der andere seinem Bruder helfen, sticht nach dem Bären, fehlet aber sein, und ersticht den Bruder unter dem Bären jämmerlich. Eben so thun diese Schwärmer auch. Sie sollten der armen Christenheit helfen, die der Endechrist unter sich hat und martert, und stellen sich greulich wider den Pabst; fehlen aber sein und morden die Christenheit unter dem Pabst viel jämmerlicher. Denn wo sie die Taufe und Sacrament nicht liessen, möchten die Christen mit der Seelen noch entrinnen unter dem Pabst und selig werden, wie bisher geschehen ist; aber nun ihnen die Sacramente genommen werden, müssen sie wohl verloren werden, weil auch Christus selbst dadurch weggenommen wird. Lieber, es ist nicht also auf den Pabst zu platzen, weil Christi Heiligen unter ihm liegen. Es gehört ein fürsichtiger, bescheidener Geist dazu, der unter ihm lasse bleiben, was Gottes Tempel ist, und wehre seinem Zusatz, damit er den Tempel Gottes zerstöret." (Brief von der Wiedertaufe. 1528. XVII, 1647. 1648. sqq.)

IDEM: „Was sagest du aber zu dem Spruch *Gregorii* droben angezeigt: ‚Unser Bann ist zu fürchten, wann er gleich *unrecht* wäre‘? Das sage ich dazu: Der Spruch sei Gregorii oder seiner Mutter, so hat ihn der Teufel gesprochen; den Doctor dürft ich noch fröhlich ansehen, der so lehren wollt, dass ich mich vor dem Unrecht und Lügen sollt fürchten, wenns gleich ein Engel vom Himmel wäre, und dürfte seinen schrecklichen Bann heissen nehmen und enhindern führen und die Nasen dran wischen, da Adamskinder auf sitzen. Was soll denn auch solche schändliche Lästerung, die uns Christen darf unverschämt gebieten, öffentlich Unrecht und bekannte Lügen fürchten und für einen Gott anbeten? Wo St. Gregorius solches gesagt, gemeinet und nicht gebüsset hätte, so müsste er im Abgrund der Höllen sein, das darf keines Fragens. Doch will ich Gregorium nicht verdammen.“ (Schr. v. d. Schlüsseln. 1530. XIX, 1170.)

BALDUINUS: „Ubicunque adhuc aliqua est ecclesia, quae habet baptismum in suis substantialibus integrum, partem aliquam verbi divini, ut evangelia et epistolas dominicales, historiam passionis, symbolum apostolicum, ibi quoque ordinatio ad ministerium vera esse potest, licet quoad ritus externos corrupta, modo in substantialibus suis relinquatur integra, h. e., committatur alicui potestas docendi verbum per preces ecclesiae; id quod in papistica ecclesia fieri negare non possumus, etiamsi ministerium satis sit impurum. Rationes nostrae assertionis hae sunt: 1. quia ordinatio non est corrupti ministerii, sed totius ecclesiae actus, quem ministerium etiam corruptum exequi potest... Hac sententia firmius tueri possumus ordinationem Lutheri et aliorum, qui in papatu ordinati fuerunt, contra calumnias Romanensium, qui subinde clamant, nos non habere ministros legitime ordinatos. Nam nolentes volentes fateri coguntur, illos in papatu veram ordinationem accepisse... Objiciunt autem, qui contrarium sentiunt, 1. personam ordinantis, qui non fuit pastor ecclesiae, sed lupus, qui oves aliis pascendas committere non potuit; 2. doctrinam corruptam, ad quam propagandam ordinatus fuit, nimirum ad missificandum, ad communicandum sub una specie, ad ungendum moribundos et alias idolomanias exercendas. Resp.: Distinguendum hic est inter officia eorum, qui in papatu alios ordinarunt. Quaedam enim fecerunt, ut lupi et mancipia papae, qualia sunt, quae in objectione commemorantur, et reliqua omnia, quae a papa ut papa mandata et mera hominum inventa sunt; quaedam ut ordinarii ecclesiae ministri, quatenus cum praeceptis divinis consentiunt, ut, cum infantes baptizant, ministros alios ordinant, conjuges copulant, mortuos sepeliunt etc. In his officiis opera *Dei* ab operibus *hominum* distinguenda sunt. *Haec* a ministris antichristi fiunt, quia absque mandato Dei fiunt; *illa* ipsi Deo sunt adscribenda, qui etiam per corruptum ministerium opera sua expedire solet, quemadmodum in ecclesia Judaica etiam idololatrici sacerdotes ipsi Deo gignebant filios et filias, Ezech. 16, 20., et per corruptissimum ministerium Pharisaeorum circumcidebat, sacerdotes ordinabat et similia faciebat, licet ipsi Pharisaei, cum ex proprio loquerentur, genimina viperarum essent, suisque traditionibus mandata Dei tollerent. Matth. 3, 7. 15, 3. Sic quod Lutherus in papatu ordinatus fuit, id a ministerio ordinario habuit; quod autem ad missas et alias abominationes ordinabatur, id erat a ministerio corrupto, quod cum ordinario concurrebat; ideo cum Lutherus tandem impuritatem illam doctrinae et abominationes papales animadverteret, reliquit eas, ut feces impuri ministerii, ordinationem autem ut officium ordinarii ministerii retinuit. Neque vero tantum ad missam et alias abominationes papales propagandas, sed et ad docendum verbum Dei ordinatus fuit; dum autem pretiosum a vili distinxit, et, relictis abominationibus papalibus, verbum Dei recte docuit, ordinatione nova opus non habuit, sed ordinatione in papatu accepta tum demum recte *usus* fuit.“ (Tractat. de cas. consc. p. 1040. 1041. 1042. sq.)

§ 5.

Ad *vocationem* ministrorum, quae fit mediante ecclesia, *tria* concurrunt: 1. *Electio*[a] seu judicium de dignitate personae ad ministerium sacrum admovendae, ratione eruditionis ac donorum ad actus officii recte obeundos necessariorum, ejusque ad ministerium designatio. 2. *Ordinatio*[b] sive personae electae solennis et per certos ritus facta inauguratio ad officium sacrum. 3. *Vocatio* specialiter sic dicta, seu potestatis ad verbum Dei in conventibus publicis docendum et sacramenta administranda concessio ac functionis demandatio.[c]

a) Prout *apostoli* dixerunt ad *multitudinem discipulorum* seu fidelium: *Circumspicite, fratres, viros ex vobis, spectatae probitatis, plenos Spiritu Sancto et sapientia, quibus delegabimus hoc negotii, Act. 6, 3.*, adde vers. *5.* Et Paulus *1 Tim. 3, 2. sqq. Tit. 1, 6. sqq.* requisita episcopi in electione observanda prolixius recenset.

b) Quae rectissime, more apostolico, peragitur per *preces* atque *impositionem manuum, Act. 6, 6.* Conf. *1 Tim. 4, 14. cap. 5, 22.*

ARTICULI SMALCALD.: „Vor Zeiten wählet das Volk Pfarrherrn und Bischöfe; dazu kam der Bischof am selben Ort oder in der Nähe gesessen, und bestätiget den gewählten Bischof durch Auflegen der Hände, und ist dazumal die *Ordinatio nichts anders gewest, denn solche Bestätigung.“* (Tractat. de potest. et jurisd. episcop. p. 342.)

LUTHERUS: „Es liegt daran, ob die Kirche und der Bischof eins sind, und die Kirche den Bischof hören und der Bischof die Kirche lehren wolle. So ist's geschehen. Auflegung der Hände, die segnen, bestätigen und bezeugen solches, wie ein Notarius und Zeugen eine weltliche Sache bezeugen, und wie der Pfarrherr, so Braut und Bräutigam segnet, ihre Ehe bestätiget, oder bezeuget, dass sie zuvor sich genommen haben und öffentlich bekannt; es sei nun der Pfarrherr ein Engel oder Teufel, weil das Amt geschehen, so ist die Braut gesegnet.“ (Exempel einen rechten christl. Bischof zu weihen. 1542. XVII, 156.)

J. FECHTIUS: „Ordinatio ritus est ecclesiasticus, qui ob fines suos, quos tres praecipue habet, maximi merito aestimatur; 1. enim publicum testimonium est, hunc ministerii candidatum idoneum esse et dignum inventum, cui animae hominum concredi queant; 2. ipsum candidatum ritus hic publice certiorem facit, legitime eundem vocatum esse, adeoque ecclesiae ad pium ministerium obligari; 3. totius ecclesiae preces super illo funduntur, ut dona ipsius, ecclesiae necessaria, augeantur et animus ipsi Deo constanter serviendi et animarum salutem procurandi concedatur. Hinc dijudicandum est, quid de necessitate hujus ritus sit habendum? Duo nempe extrema cavenda sunt. Primo, ne absoluta sit necessitas cum *pontificiis* adfingatur, juxta quos hic ritus characterem homini imprimit, ut ex profano fiat sacer, ex laico clericus, h. e., ut sacra possit administrare, inprimis sacramenta conficere. Unde et non vocatos ordinant, ut vocati munia sua statim obire possint. Deinde, ne cum *Calvinianis* flocci pendatur, quasi parum in eo situm esset... Ex quo duae observationes sequuntur. 1. Vocatum, si necessitatis urgeat casus aut per impedimentum non possit statim ordinari, posse et concionandi et sacramenta administrandi offi-

cium obire, eccclesiamque eo casu informari debere, haec talia non
dependere ab ordinatione, tanquam instrumento imprimendi characterem sacrum, sine quo sacra minister obire non possit.   2. Extra necessitatis casum non ordinatum, quamquam vocatum, tales actus temere obire non debere, non quod non sint validi, semel facti, sed ne
aliis offensionis praebeamus materiam, quasi in re tam sacra et tanti
momenti aliorum *precibus* non habeamus opus et involare possemus in
officia, sicut involant bruta in pabulum.   Quae et causa est, cur mos
ille, qui antehac Argentorati obtinuit, quando pastores saepe post aliquot administrati officii annos ordinati sunt, aboleretur." (Instruct.
pastoral. Ed. 2. c. 5. p. 47. sq.)

HUELSEMANNUS: ,,Catholici, uti manuum impositionem ritum sacrum, ab apostolis in ordinatione ministrorum quorumvis sacrorum adhibitum agnoscunt, ita in suis ecclesiis retinent, nec dubitant, Deum,
precibus suis, quas more apostolico impositioni manuum adjungunt,
motum, Spiritus sancti gratiam ordinando impertiri; ob prolationem
autem certorum verborum, vel numeratam gesticulationem gratiam
quandam ordinandos irruere, nec credunt, nec ex apostolorum ritu
quisquam hactenus probavit." (Manuale A. C. p. 487.)

IDEM: ,,Quae diximus de ordinatione sacerdotum papisticorum,
eam vitiari quidem, sed non irritam reddi per additum mandatum sacrificandi pro vivis et mortuis, id semper intelligendum est cum conditione in textu apposita: ,dummodo potestas docendi verbum Dei et
administrandi sacramenta praecipue conferatur ordinandis'. Deficiente
enim hac conditione ordinatio non solum vitiosa, verum etiam *irrita*
est.   Atque ita conciliari possunt apparentes contradictiones dd. nostratium, quorum pars una ordinatos in papatu asserit rursus ordinandos esse seu potius vere ordinandos, pars vero, non opus esse iterata
ordinatione; ut videre est ex Consiliis Dedekenni, append. 1. tit. de
voc. et ordine ministrorum ecclesiae; variant enim non solum in Italia,
verum etiam in Romanensi et Mediolanensi ecclesia, item in Galliis,
Germania atque aliis regnis Agendae papisticae, etiam quoad formam
ordinandi." (Praelect. ad Breviar. c. 19. p. 1224. sq.)

c) Quae hodie fieri solet per *literas vocatorias*, quas appellant.

§ 6.

Atque ad haec diversimode concurrunt[a] ordo *ecclesiasticus*[b] *et saecularis.*[c]   *Illius* est, explorare eruditionem
ac caetera dona necessaria personae[d] eligendae deque
illis ferre judicium; deinde personam designatam sive
electam ritu solenni[e] ordinare: quod quidem utrumque
agit nomine[f] ecclesiae.   *Saecularis* ordo fere in judicio
ecclesiastici ordinis de personae habilitate acquiescit, nisi
quod audita concione[g] de donis externis doctrinaeque[h]
sinceritate, ac praeterea de ratione[i] vitae, si quid recte
monuerit, merito attendendum est.   Idem una cum ordine ecclesiastico *junctim* designat sive eligit personam
ad ministerium, atque ita unanimi consensu potestatem
docendi verbum et sacramenta administrandi confert
personae electae.[k]

a) Quamvis enim constitutio ministrorum *toti* ecclesiae *per se* et *natura sua* conveniat, tamen sicuti *partes*, ex quibus constat ecclesia, *diversae* sunt, ita, quoad requisita ad constitutionem ministerii, *cuique*, quod *suum* est, relinqui debet.

KROMAYERUS: „Per ecclesiam autem intelliguntur clerus et laici conjunctim. De clero consentiunt nobiscum pontificii et hierarchici anglicani, etsi illi ex papa, hi ex solis episcopis potestatem eccles. in reliqua ecclesiae membra derivent. Pro laicis sic argumentamur: quorum sententia requiritur ad constituendum diaconum (qui primitivae ecclesiae stylo contradistinguitur pastori animarum), eorum sententia multo magis requiritur ad vocandum pastorem. Atqui laicorum sententia etc. 1 Cor. 16, 2. E. Vid. b. Huelsem. Brev. c. 19. th. 5. *Nullus etiam ex his statibus huic juri renunciare potest.* Quicunque enim non possunt in pastorem aut praetorem resignare discretionem doctrinae in universum, illi multo minus in illos resignare possunt judicium discretivum de futuro pastore suo. Atqui laici etc. Matth. 7, 15. 1 Joh. 4, 1. E." (Theol. posit.-pol. II, 531.)

b) Quem vulgo *clerum* vocant, non tam vi verborum Scripturae (quae ecclesiam aut fidelium multitudinem hoc nomine denotat, *1 Petr. 5, 3.*), quam more ecclesiastico.

c) Seu *politicus*, qui quidem h. l. suo ambitu et magistratum et populum complectitur.

d) Quam in rem *examina* ordinandorum habentur, quae *vocationi* rectius utique *praemittuntur*, quam succedunt.

e) Perinde autem est, *episcopusne* sit, an *presbyter*, qui ritum ordinationis peragat. De *jure divino* enim *non differunt* episcopus et presbyter, uti patet ex *Act. 20, 17. et 28. 1 Petr. 5, 1. 2.* Fieri etiam potest, ut minister alicujus ecclesiae, in qua alii plures ministri non sunt, vel ex aliis causis, *alibi* locorum (v. g. in academiis aut collegiis ministrorum alterius ecclesiae) ordinetur; ubi sufficit, exploratae ίκανότης et factae ordinationis testimonia luculenta exhiberi ecclesiae illi, cui ministraturus est.

ARTICULI SMALCALD.: „Darum spricht auch Hieronymus mit hellen Worten, dass episcopi und presbyteri nicht unterschieden sind, sondern dass alle Pfarrherren zugleich Bischöfe und Priester sind." (Tract. I. p. 340.)

HUELSEMANNUS: „In casu necessitatis non solum presbyter, sed etiam seniores cujuslibet particularis ecclesiae possunt ordinare alios, quia potestas ordinandi non inest uni membro ecclesiae, e. g. episcopo, per modum *habitus* vel characteris permanentis, sed per modum *commissionis et potestatis transitoriae*, qualem mandatarius aut negotiorum gestor accipit a principali suo; ut clarissime patet ex all. dicto 2 Tim. 2, 2.: ‚Quae audivisti ex me, ταῦτα παράθου, haec transfer, haec committe aliis, ut et ipsi alios doceant.'" (Praelect. in lib. Conc. p. 838.)

GRAUERUS: „Urgebunt pontificii, ecclesiam non posse subsistere, nisi in eadem ordinaria, continua et non interrupta *successione* sibi invicem succedant orthodoxi episcopi. Verum hoc falsissimum est, ut in loco de eccles. fusius demonstrabitur. Ecclesia enim per corruptum ministerium a Sp. S. conservari potest; quod non solum est factum in V. T. tempore Aaronis, Eliae, Johannis Baptistae, sed etiam in N. T., praecipue eo tempore, quo fugere cogebatur ecclesia in desertum ob persecutiones tyrannorum. Denique nec ipsi pontificii ejusmodi successionem in sua ecclesia demonstrare possunt. Nam, ut hac vice non urgeam, quod in numerandis pontificibus romanis pontificii nimium dissentiant, nec certo demonstrare possint, quis fuerit vel secundus vel tertius vel quartus papa, unde Bartholomaeus Garanza, scriptor pontificius, in re tam perplexa judicium lectoris arbitrio permittit; nunquam demonstrare possunt pontificii, quod omnes illi pontifices et episcopi, quos a tempore apostolorum ad hunc usque diem numerant, semper et per omnia idem senserint et docuerint, quod apostoli senserunt et docuerunt. Si igitur pontificii maxime demonstrare possent in suis episcopis successionem personalem et localem, tamen fidei continuam et non interruptam successionem nunquam demonstrare poterunt. (Graeci hodie certius possent suam successionem demonstrare, quam pontificii, quia Johannes evangelista in Asia docuit.) Ut igitur hoc argumentum concludamus, dicimus, in legitima et vera vocatione ministrorum ecclesiae sufficere successionem fidei seu doctrinae, etsi continua personalis successio, et quidem ejusmodi, in qua semper orthodoxi doctores fuerint, demonstrari non possit." (Praelect. in A. C. Ed. 4. p. 765. sq.)

BALDUINUS: „Num quis ad ordinationem admitti potest, qui nondum ad certum aliquod officium ecclesiasticum vocatus est? Responsio: Minime; nam ordinatio est vocationis confirmatio; deficiente ergo vocatione, locum nondum habere potest ordinatio. Merito igitur reprehensionem incurrit consuetudo ecclesiae Genevensis, ubi aliqui in theologia instituti mittuntur in Galliam, ecclesiis praeficiendi, licet a nulla ecclesia sint vocati. Nam ecclesia nulla potestatem habet mittendi ministros ad aliam, quae in vocationem ejus non consentit, ne quis detur invitis." (Tract. de cas. consc. p. 1045. sq.)

f) Nempe potestate ab ecclesia sibi concessa. Unde et ordinatio peragi solet in conventu ecclesiae, populo fidelium preces conjungente.

BALDUINUS: „Penes *ecclesiam* est ordinatio ministrorum verbi; illa vero hoc jus suum per ministerium *exequitur*, cujus executionis administratio exercetur per episcopum seu inspectorem ecclesiae non superioritatis alicujus, quam jure divino non habet, sed ordinis et εὐσχημοσύνης respectu, prout ecclesia pro sua libertate disposuit." (Disp. de cap. 1. Phil. B. 3.)

g) Quam propterea δοκιμαστικὴν vocant.

h) Non solum enim pronunciationem actionemque congruam ab incongrua discernere, verum etiam *spiritus, an ex Deo sint*, probare possunt, praeter viros ecclesiasticos, etiam homines alii. Vid. *1 Joh. 4, 1.*

i) Nam aliquando mores et actiones eorum, qui ministerium appetunt, magis innotuerunt populo, quam personis ecclesiasticis.

k) Ita in *protestantium* ecclesiis usu frequentiore receptum est, ut *patrono* ecclesiae (seu ei, qui aliquando *fundavit* et *dotavit* ecclesiam, vel in ejus locum *successit*) jus eligendi, sive *nominandi et praesentandi* competat; jus *examinandi* denominatum, ac de ipso, an ad ministerium idoneus sit, judicandi, *episcopo* tribuitur ac per *consistoria* aut *collegia theologica* exercetur. Agnita dignitate seu aptitudine examinati, *toti ecclesiae* ille sistitur, ut publice audiatur, atque ita *vel* ab ecclesia, *vel* a patrono, consentiente ecclesia, *vocatur;* ab episcopo autem, vel jussu ejus, penes quem sunt jura episcopalia, per ministros ecclesiae *ordinatur* ac denique *confirmatur.*

§ 7.

Importat autem ministerium ecclesiasticum *potestatem*[a] et *officium* 1. publice[b] *docendi* et *sacramenta*[c] ordinarie administrandi, 2. potestatem et munus *remittendi*[d] et *retinendi* peccata.

a) Vulgo in potestatem *ordinis* et *jurisdictionis* distinguitur. Ac solent ea, quae in thesi diximus, nonnunquam huc revocari, quamvis in *papatu* termini aliter explicentur.

GERHARDUS: ,,Illam (potestatem praedicandi verbum et administrandi sacramenta) vocant potestatem *ordinis*, hanc vero (potestatem clavium) *jurisdictionis ;* in qua nomenclatura quamvis *aliquid desiderari* possit, tamen, cum usu ecclesiae sit recepta, ideo *sano sensu* eam retinemus." (Loc. de minister. ecclesiast. § 192.)

IDEM: ,,Si respectus habeatur ad potestatem certo ministrorum gradui *ab ecclesia concessam*, tunc potestas *ordinis* a potestate *ministerii* dicto modo distingui potest, nimirum ut potestas *ministerii* dicatur ea, quae, in praedicatione verbi et administratione sacramentorum consistens, omnibus ministris ex aequo competit; potestas vero *ordinis*, quae propter gradus in ministerio eminentiam certis personis eccles. propria est, non tamen jure quodam divino, sed ecclesiae institutione. Sic episcopi majorem habent potestatem, quam presbyteri, nimirum non ministerii, sed ordinis respectu, ex quo facile apparet, quod potestas ordinis diversimode accipiatur. . . Quidam ad eam (potestatem *ordinis*) referunt potestatem νομοθετικὴν, quae sancit utiles et salutares constitutiones cum verbo Dei congruentes, decorum et ordinem spectantes, 1 Cor. 14, 40., quarum quaedam respiciunt ritus et ceremonias, quaedam vero disciplinam rectamque vivendi normam etc.; sed quia illarum constitutionum sanctio non ad solum ministerium, sed etiam ad christianum magistratum, utriusque (?) tabulae decalogi custodem, pertinet ac cum consensu ecclesiae fieri debet, ideo ad potestatem ordinis ministerio propriam non satis commode referri potest. Quidam *potestatem ordinis* subdistinguunt in duas species, videl. in δογματικὴν, quae est facultas ecclesiae circa doctrinam et fidei dogmata, videl. potestas custodiendi Scripturas instar tabellionis, eas diligenter legendi, secundum Scripturas de dogmatibus judicandi, genuinas et germanas scripturas a falsis et adulterinis instar vindicis discernendi, doctrinam ex Scripturis approbandi ac falsam doctrinam improbandi, et διατακτικὴν seu *constitutivam*, quae est potestas ecclesiae in rebus externis et indifferentibus canones ac regulas ad ordinem et decorum, item certos ritus constituendi ac ad fovendum ecclesiae membrorum in externo cultu consensum stabiliendi vel etiam abrogandi, prout ecclesiae necessitas vel utilitas postulat. *Sed hae potestates ad totam ecclesiam pertinent*, non autem ecclesiastici ordinis sunt propriae, quamvis, primas ac praecipuas illius partes ministerio ecclesiastico competere, facile concedamus." (L. de minist. eccles. §§ 192. 193.)

b) Utique enim hic distinguendum est inter doctrinam (seu *propositionem fidei*, quam vocant) *publicam* et *privatam*. Extra conventus publicos possunt fideles quicunque alios informare in doctrina christiana juxta LL. *Act. 18, 26.*, ubi *Aquila* et *Priscilla*, uxor ejus, Apollo Alexandrino *accuratius* (ἀκριβέστερον) *exposuisse viam Dei leguntur*. Parentibus autem munus docendi liberos, quae ad pietatem pertinent,

jure competere Paulus docet *Eph. 6, 4.* Mutuam per colloquia jun-
ctasque preces et hymnos informationem fidelibus commendat idem
Col. 3, 16. *Sermo Christi,* inquiens, *habitet in vobis abundanter* (πλου-
σίως) *in omni sapientia.* *Docete et commonete vos invicem,* διδάσκοντες καὶ
νουθετοῦντες ἑαυτούς. Ad quae verba b. *Balduinus* p. m. 1090. b.:
Utamur verbo divino ad instructionem et commonefactionem nostri mutuam.
Ideo enim Deus largitur verbum et salutarem ejus intellectum, ut non nobis
tantum, sed et aliis ad aedificationem mutuam inserviamus: qua in re nemo
deesse debet proximo. Publicum autem docendi munus *neque* mulieribus
convenit (quas potius *silere* decet et *in silentio discere in ecclesia,* juxta
1 Cor. 14, 34. et 1 Tim. 2, 12. sqq.), *neque* quibusvis viris fidelibus
(non enim *omnes doctores,* διδάσκαλοι sunt, *1 Cor. 12, 29.*), sed peculiariter ad hoc officium delectis. Confer. b. *Mus.* de Eccl. P. I. Disp.
VII. §§ 17. 18. 19. p. 391. 392.

MIESLERUS: „An qui exercitii gratia concionatur, vocationem ad
concionandum habere dicendus sit? Finis idem est, conversio videl.
hominis. Et mittuntur tales concionatores ab iis, quibus inspectio
ecclesiae commissa est. Non publica quidem nominanda est vocatio,
sed privata missio. Lutherus distinxit inter vocationem fidei et caritatis. Vocationem fidei vocabat, cum quis ab iis, qui jus vocandi habent, ad ordinarium docendi ministerium vocatur; vocationem caritatis, cum quis exercitii gratia ad habendam concionem pro alio vocatur et mittitur." (Opus novum quaestt. practico-theol. f. 474. b.)

ANTITHESIS.

QUENSTEDTIUS: „*Antithesis:* 1. *Anabaptistarum,* qui cuivis absque
omni vocatione docendi in ecclesia potestatem faciunt. D. Chemnitius
P. 3. Locorum c. de eccles.: ‚Anabaptistae dicunt‘, inquit, ‚si quis
doctrinam evangelii intelligat, sive is sit sutor, sive sartor, sive faber,
eum docere et conciocinari debere‘. Inter modernos vero Anabaptistas
factum est, σχίσμα, aliis vocationem ad docendi officium, praesupposita
idoneitate subjecti vocandi, necessariam esse asserentibus, aliis negan-
tibus; ut videre est ex scripto a. 1638. Amsterdami edito, quod vocant Friedenschrift p. 95. 96. 2. *Socinianorum,* qui, peculiarem vocationem ad ministerium obeundum requiri ut necessariam, negant.
Imo non dari mediatam per homines vocationem asserunt, atque ita
negant vocationis mediatae et existentiam sive veritatem, simulque
ejusdem exigentiam sive ad ministerium s. necessitatem. Ita Catech.
Racov. c. 2. de eccles. p. 344. Socinus tr. de eccles. f. 10. T. 1. Op.
f. 325.: ‚Cuivis christiano homini licet, etiam sine speciali ullo sibi de-
mandato legitime ejus rei munere, caritatem erga proximum exercere.‘... Volkelius respons. ad vanam Refut. Dissolut. Nodi Gord.
c. 17. f. 171. ait: ‚Administrent sane ministri coenam Domini bapti-
mumque in ecclesiis constitutis, ut et Paulus aliique fortasse fecerunt,
ordinis decorique conservandi causa, non autem, quia necessario, soli-
que hi facere teneantur.‘ 3. *Arminianorum,* qui circa vocationis ministrorum verbi necessitatem eadem pene cum Anabaptistis et Socinianis
oberrant chorda. Apol. Conf. c. 21. ‚Missio‘, inquiunt f. 225., ‚seu
immediata, qualis fuit apostolorum, seu mediata, ut ita loquamur,
qualis fuit ordinatio episcoporum per apostolos aut eorum successores,
non existimanda est praecise necessaria ad constituendum ministrum
evangelicum sive ad hoc, ut quis jure et legitime evangelium per apostolos praedicatum porro aliis hominibus praedicet.‘ Distinguunt quidem inter coetus constitutos et constituendos vel restaurandos; et in
illis missionem mediatam locum habere agnoscunt, imo necessariam
esse fatentur, sed necessitate ordinis et decori, non autem necessitate

mandati divini... 4. *Weigelianorum*, mediatam vocationem repudiantium; vide Weigelium P. 1. postillae p. 44. P. 2. p. 31. et P. 3. p. 60. ubi ait: ‚Die Sendung der Diener soll nicht geschehen von Menschen, sondern von Gott selbst‘; cf. sermon. de christianismo p. 71. sq., ubi inquit: ‚Ein Doctor bist du, aber nicht vom Heiligen Geist promoviret‘, ast confundit Weigelius doctorem cum verbi ministro. Neque enim, qui theologiae summum adeptus gradum est et doctoris titulo insignitur, ei continuo licitum est, ministerium verbi et sacram. exercere. 5. *Puritanorum* in Anglia ac *Brunistarum*, vocationem ministrorum verbi necessariam esse, etiam negantium. 6. *Tremulantium* sive *Quackerorum*, qui prorsus rejiciunt ministerium ecclesiasticum, vide Ministerii Hamburg. Quäckergreuel c. 6. p. 215.“ (L. c. q. 1. fol. 1502. sq.)

c) *Baptismum* quidem in casu necessitatis etiam laicus aut femina administrare potest. Vid. supra cap. X. § 4. not. *c. d.* Sed hoc *extraordinarium* est. Unde *nec s. coenam*, cujus non eadem est necessitas, alii, quam ministro ordinario administrare licet. Vid. cap. XI. § 4. nota *c.*

MIESLERUS: „An *exul* possit baptismum et s. coenam, aliasque ministerii partes alibi administrare? — Ad quam ecclesiam quis non est ordinarie vocatus, in ea etiam, quamvis alias fuerit pastor et ad ministerium ordinatus, sacramenta administrare nequit. Sic exul baptismum et s. coenam aliasque ministerii partes administrare nequit. Nam ad certam ecclesiam vocatus et ordinatus est, quae vocatio ubi desiit, ibi et ordinationis virtus expirat, nisi novae ecclesiae cura per vocationem novam aeque legitimam alicui obtingat. Deus omnia εὐσχημόνως fieri vult et κατὰ τάξιν. Ordinatio ad ministerium non sufficit, nisi vocatio adsit ad certam ecclesiam; falx non est immittenda in alienam messem. Quin ne cathedram quidem sacram scandere licet in ecclesia, ad quam non est vocatus, inscio aut invito ejus loci pastore. Spiritus enim Dei jubet, ‚ut quisque pascat gregem sibi commissum‘, 1 Petr. 5, 2. Qui alienum gregem curare vult, ἀλλοτριοεπίσκοπος est contra Dei monitum 1 Petr. 4, 25. Waltherus. Brochm.“ (L. c. fol. 476. b.)

d) Dicitur alias *potestas clavium, ligandi et solvendi.* Vid. *Matth. 16, 19. Joh. 20, 23.*

LUTHERUS: „So das Amt des Worts einem verliehen wird, so werden ihm auch verliehen a l l e A e m t e r, die durch das Wort in der Kirche werden ausgerichtet.“ (Sendschreiben an den Rath und Gemeinde zu Prag. 1523. X, 1862.)

IDEM: „Wem das Predigtamt aufgelegt wird, dem wird das h ö c h s t e A m t aufgelegt in der Christenheit; derselbe mag darnach auch taufen, Mess halten und alle Seelsorge tragen; oder, so er nicht will, mag er an dem Predigen allein bleiben, und taufen und ander U n t e r a m t andern lassen, wie Christus thät und Paulus und alle Apostel, Apost. 6.“ (Grund und Ursache aus der Schrift, dass eine christliche Gem. etc. 1523. X, 1806.)

CHEMNITIUS: „Quia ad ministerium ecclesiae multa pertinent officia, quae in magna credentis populi frequentia non possunt commode omnia et singula ab uno vel a paucis expediri, ut igitur ordine, decenter et ad aedificationem omnia fierent, coeperunt, multiplicato ecclesiae coetu, officia illa ministerii in *gradus* quosdam ministrorum distribui, quos τάξεις seu τάγματα postea appellarunt, ut quisque haberet designatam certam quasi stationem, in qua certis ministerii officiis ecclesiae inserviret. Ita apostoli principio curarunt ministerium verbi et sacramentorum et simul etiam eleemosynarum contributionem et dispensationem. Postea vero, crescente numero discipulorum, partem illam ministerii, quae ad eleemosynas pertinet, aliis, quos diaconos nominabant, commendarunt. . . . Illi vero gradus, de quibus hactenus diximus, non fuerunt aliquid praeter et extra ministerium verbi et sacramentorum, sed ipsa et vera officia ministerii in gradus illos distributa fuerunt propter causas jam expositas." (Exam. Concil. Trid. Ed. Genev. p. 574. 578.)

CALOVIUS: ,,*Gradus* in officio s. sunt ordinis quidem, non vero jurisdictionis respectu; in quo tamen differentia reprehenditur in V. et N. T. Nam ibi fuerat jurisdictio quaedam ecclesiastica, v. g. Aaronis in sacerdotes et levitas et janitores, quod tamen suo loco relinquimus; sed in N. T. ecclesiasticam, quae juris divini sit, nullam admittimus, nisi generalem, ut omnia ordine et decenter fiant in ecclesia. Jure tamen humano et positivo dominus territorii, sive per consistoria sola, sive etiam per superintendentes, qualis forte in Creta Titus fuerat, jurisdictionem exercet aut quacunque alia ratione libuerit, modo ordinis decentia non violetur." (System. loc. th. Tom. VIII, p. 288.)

GERHARDUS: ,,Dicimus, *officia* ministerii rectissime aestimari ex *fine*, propter quem divinitus institutum est et adhuc conservatur ministerium ecclesiasticum. . . *Septem* igitur in universum sunt ecclesiae ministrorum officia, ad quae reliqua commode referri possunt: 1. verbi coelestis praedicatio, 2. sacramentorum dispensatio, 3. pro commisso sibi grege precatio, 4. vitae et morum honesta gubernatio, 5. disciplinae ecclesiasticae administratio, 6. rituum eccles. conservatio, 7. pauperum cura et aegrotorum visitatio." (L. de minist. eccl. § 265.)

LUTHERUS: ,,In dieser Historie (Act. 6, 1. sqq.) sehet ihr erstlich, wie eine christliche Gemeinde soll gestalt sein; dazu sehet ihr ein recht Bild eines geistlichen Regiments, welches die Apostel hier führen. Sie versehen die Seelen, gehen mit Predigen und mit Beten um, verschaffen doch auch, dass der Leib versorget werde, werfen etliche Männer auf, die da die Güter austheilen, wie ihr gehöret habt. Also versorget das christliche Regiment die Leute beide an Leib und Seele, dass keiner keinen Mangel hat, wie Lucas saget, und alle reichlich gespeiset werden und wohl versorget beide an Leib und Seele." (Postill. eccles. XI, 2754. sq.)

IDEM: ,,Wenn ein treuer Hirt oder Seelsorger sein Völklein mit der Predigt des Evangelii vor allen Dingen versorget hat, soll er ihm darnach kein Ding so fleissig anliegen lassen, als dass die Armen auch mögen ernähret und erhalten werden. Denn das fehlet nimmermehr, wo eine Kirche oder Gottes Gemeinde ist, daselbst müssen gewisslich auch Arme sein, welche gemeiniglich allein die rechtschaffenen Schüler oder Jünger des Evangelii sind." (Erklär. der Ep. an die Gal. VIII, 1762.)

§ 8.

Ad officium docendi[a] pertinet, ut *dogmata*[b] fidei divinitus[c] revelata, pro captu[d] auditorum, perspicue[e] proponantur et solide[f] confirmentur, *errores* oppositi, de quibus[g] metuendum est, ne aliunde insinuentur animis, distincte monstrentur et tanquam cum verbo Dei pugnantes atque noxii[h] arguantur, similiter, ut quae *agenda*[i] sunt, juxta legem et officia christianorum in quovis statu diserte doceantur atque ad ea praestanda, adductis argumentis firmis et ad persuadendum idoneis[k] excitentur homines ac moveantur; *peccata* autem ac *vitia* fugienda, quoad culpam et reatum poenae, spectanda exhibeantur atque animi hominum inde abstrahantur et[1] emendentur; denique afflictorum atque anxiorum mentes solatio,[m] conditioni ipsorum congruo ac divinitus oblato erigantur et confirmentur.

a) Juxta verba *2 Tim. 3, 15. 16.*, ubi *opera bona hominis Dei* seu ministri ecclesiae recensentur. Confer. Proleg. cap. II. § 11.

b) Quo spectat nomen διδασκαλίας, l. c.

c) *Non* enim *nova* dogmata fingi, *sed* ex Scripturis, tanquam principio cognoscendi, sincere deducta exhiberi debent. Atque ita jubetur minister esse *tenax ejus, qui secundum doctrinam est, fidelis sermonis*, seu ejus, qui, ex divina inspiratione profectus, certae atque exploratae fidei est, *Tit. 1, 9.* Confer. b. *Musaei* praef. Introd. in Theol. sub initium.

d) Oportet videlicet eum esse διδακτικόν, *aptum ad docendum, 1 Tim. 3, 2. et 2 Tim. 2, 24.* Atque ita omnino *alia ratio docendi adhibenda est ad promiscuam fidelium multitudinem in ecclesiae conventibus de suggestu, alia ad delectam, bonis artibus et theologiae studio vacantem juventutem, in auditoriis theologicis de cathedra academica in doctrina fidei et morum erudiendam.* Vid. prolixius b. *Mus.* l. c.

e) Quod alias dicitur *explicare*, vocum ambiguitatibus, si quae occurrant, evolutis, παραφράζειν; imo ὀρθοτομεῖν, *recte partiri sermonem veritatis, 2 Tim. 2, 15.*

f) Ne auditores *instar puerorum fluctuantes quovis vento doctrinae se circumferri patiantur, Eph. 4, 14.*, sed potius *crescant in nomine Christi, 2 Petr. 3, ult. Col. 1, 9.* Conf. b. *Mus.* l. c. p. 9. 10. Unde simul constat, *nullam partem doctrinae* esse proponendam *velut creditu ad salutem* (aut factu *ad vitae sanctimoniam*) *necessariam, quae non ex* Scripturis *desumta, neque quicquam ad ejus explicationem aut confirmationem adferendam, quod non ei conforme sit.* Ibid. p. 5.

g) Non enim omnes, utcunque obsoleti aut sepulti, errores intempestive recensendi sunt, multo minus ita, ut doceri aut commendari videantur.

h) Quo pertinet ἔλεγχος, cujus mentio fit *2 Tim. 3, 16. et Tit. 1, 9.* Defendenda est doctrina sacra contra hostes veritatis ideoque ab illorum objectionibus et exceptionibus vindicanda, atque ipsi adigendi sunt, ut non habentes, quae sub specie veritatis porro opponant, obmutescere cogantur. Et hoc est ἐπιστομίζειν τοὺς ματαιολόγους καὶ φρεναπάτας, *os obturare vaniloquis et mentium deceptoribus, Tit. l. c.* Confer. *Musaeus* l. c.

i) Prout inter opera ministri refertur ἡ παιδεία ἡ ἐν τῇ δικαιοσύνῃ, *institutio* (alicujus, tanquam *filii*) *in justitia* aut sanctimonia vitae, *2 Tim. 3, 16.*

k) Sic enim intellectus docendus est, ut simul voluntas flectatur ad agendum.

1) Huc spectat ἐπανόρθωσις illa *2 Tim. 3, 16.*, seu *correctio morum*, qua fit, ut, quae velut prolapsa aut distorta fuerunt, in suam rectitudinem, erecta aut reflexa, redigantur.

m) Vid. *2 Cor. 1, 4.* Ipsa autem *consolatio* vel ad παιδείαν vel ad διδασκαλίαν referenda est; uti docet *Gerhard.* Comm. ad *Rom. 15, 4.* Confer, quae diximus *Comp. Theol. Homil.* P. I. cap. VII. § 3. p. 128.

§ 9.

In administratione *sacramentorum* attendere debent ministri, non solum, ut tenorem *institutionis*[a] cujusque sacramenti accurate observent, verum etiam, ut media illa gratiae his, qui *opus* habent *neque indigni* sunt, *tempestive*[b] conferant, *indignos* autem *non* aeque[c] admittant.

a) Prout Paulus *1 Cor. 11, 23.* de eucharistia scribit: *Ego accepi a Domino, quod et tradidi vobis.*

b) Adeoque ne sua culpa *infantem* absque baptismo aut *adultum* hominem, contritum ac desiderantem, sine eucharistiae collatione mori patiantur.

c) Ne *sacra canibus aut margaritae porcis projiciantur, Matth. 7, 6.* Loquimur autem de his, quos *aperte* constat esse indignos et qui repelli *possunt;* quemadmodum in Theol. Moral. prolixius docetur.

§ 10.

Quoad officium *remittendi* et *retinendi* peccata, observandum est, quod *remissio* peccatorum[a] annuncianda sit non solum *universaliter*[b] et indeterminate omnibus poenitentibus et credentibus in Christum, verum etiam determinate et *in individuo*[c] his, qui edita *confessione*[d] poenitentiae ac fidei signa[e] probabilia ediderunt atque absolvi se a peccatis petunt. Neque ista declaratio nuda, sed *efficax*[f] est ad confirmationem remissionis peccatorum a Deo factae.

a) Certum est, *auctoritatem* et potestatem ipsam peccata remittendi *formaliter* non esse, nisi ejus, qui *Deus* est. Vid. *Es. 43, 25. Marc. 2, 7.* Sed *exercet* eam Deus Christusque θεάνθρωπος per *ministerium*, voce sensibili eam annunciando hominibus; quanquam ea annunciatio non sit inefficax, ut mox dicemus.

LUTHERUS: „Sie (die Schlüssel) sind Executores, *Ausrichter* und Treiber des Evangelii, welches schlecht dahin predigt diese zwei Stücke, Busse und Vergebung der Sünden, Luk. 24, 47." (Schrift von den Schlüsseln. 1530. XIX, 1184.)

b) Prout in nostris ecclesiis, singulis *diebus dominicis*, praelecta *generali* formula confessionis, absolutio quoque generaliter concepta adjicitur.

c) Quam vocant *absolutionem privatam*; eamque *in ecclesiis retinendam esse*, docet Aug. Conf. art. XI.

AUGUSTANA CONFESSIO: „So lehret auch die glossa in decretis, de poenitentia, distinct. 5. cap. Consideret, dass die Beicht *nicht durch die Schrift* geboten, sondern *durch die Kirche* eingesetzt sei. Doch wird durch die Prediger dieses Theils fleissig gelehret, dass die Beicht von wegen der Absolution, welche das Hauptstück und das Fürnehmste darin ist, zu Trost der erschrockenen Gewissen, darzu um etlicher anderer Ursachen willen, zu erhalten sei." (Artic. XXV, p. 54.)

d) Nempe coram ipso ministro ecclesiae, qua *vel* peccata in communi, *vel*, si quae inprimis angant, speciatim ac determinate confitetur homo. Alias equidem confitenda sunt peccata et coram Deo, juxta *Ps. 32, 5. et 51, 5. 6.*, et coram *proximo*, a nobis laeso, vid. *Jac. 5, 16.* Verum *hic* peculiariter ea spectatur, quae fit coram *ministro* et requiritur ad impetrandam ex officio clavium absolutionem seu remissionem peccatorum. Conf. *Matth. 3, 6.* Atque haec *privata coram ecclesiae ministro confessio, quam auricularem vocant, quamvis non habeat expressum ac speciale mandatum ac proinde non sit absolutae necessitatis, tamen, cum plurimas praestet utilitates ac disciplinae ecclesiasticae pars sit non postrema, publico ecclesiae consensu recepta, ideo nequaquam temere vel negligenda, vel abroganda, sed pie ac in vero Dei timore, praesertim ab illis, qui ad s. synaxin accedunt, usurpanda est:* quae verba *Gerhardi* sunt T. III. L. de Poenit. § 99.

B. MEISNERUS: „Distinguant adversarii inter necessarium ad esse et necessarium ad bene esse. Confert confessionis privatae ritus ad remissionem peccatorum et usum fructumque coenae non simpliciter, ac si sine isto illa obtineri non possent, sed ratione expedientiae et commodi. Nam 1. eo utens firmius credere potest absolutionis verbo, quippe quod ipsi in individuo a ministro loco et nomine ipsius Christi annunciatur et applicatur; 2. melius se praeparare potest ad dignam s. coenae sumtionem, cum modum praeparationis in privato colloquio et audiat attente et discat diligenter. Et nullus nostrorum doctorum modum *absolutionis generalis*, non in Reformatis (Calvinianae istae dicebantur olim) tantum, sed et Lutheranis quibusdam ecclesiis usitatum, tanquam impium vel vituperavit vel damnavit. Scimus quippe per Dei gratiam, verbum absolutionis, quod minister ibi, nomine et jussu Christi omnibus in genere confitentibus annunciat, esse illud ipsum verbum, quod in nostris ecclesiis minister non omnibus in genere, sed cuilibet in individuo applicat, ideoque absolutionem istam veram et efficacem, hanc non solum veram et efficacem, sed insuper etiam commodiorem dicimus ob causas notatas." (Colleg. adiaphor. Disp. VII. E. 2. b.)

LUTHERUS: „Darum die, so unsers Raths begehren in diesem Stück, sollen uns also vernehmen, dass in der Beichte zwei Stücke sind: Erstlich, die Sünde erzählen; in welchem Stück wir die Gewis-

sen auch haben (ehe denn den Schwärmern hierin etwas hätte träumen
können) durch Gottes Gnaden erlöset und frei gemacht von der uner-
träglichen Last und unmöglichen Gehorsam des päbstlichen Gesetzes,
darinnen er gebietet, alle Sünde zu erzählen, und richtet damit solche
Angst und Jammer an, den blöden Gewissen, dass sie verzweifeln
mussten... An solcher grossen, herrlichen Freiheit sollten wir billig
uns lassen begnügen, und Gott ohne Unterlass dafür danken, als für
eine grosse, unaussprechliche, tröstliche Gabe... Neben dieser Freiheit behalten wir die Weise, dass ein Beichtkind erzähle etliche Sünden, die ihn am meisten drücken. Und das thun wir nicht um der
Verständigen willen; denn unser Pfarrherr, Caplan, M. Philipps und
solche Leute, die wohl wissen, was Sünde ist, von denen fordern
wir der keins. Aber weil die liebe Jugend täglich daher wächst, und
der gemeine Mann wenig verstehet, um derselben willen halten wir
solche Weise, auf dass sie zu christlicher Zucht und Verstand erzogen
werden. Denn auch solch Beichten nicht allein darum geschieht, dass
sie Sünden erzählen; sondern dass man sie verhöre, ob sie das Vater
Unser, Glauben, Zehen Gebote, und was der Katechismus mehr gibt,
können. Denn wir wohl erfahren haben, wie der Pöbel und die Jugend
aus der Predigt wenig lernt, wo sie nicht insonderheit gefragt und verhöret wird. Wo will man aber das besser thun, und wo ist's nöthiger,
denn so sie sollen zum Sacrament gehen? Wohl ist das wahr, wo die
Prediger eitel Brod und Wein reichen für das Sacrament, da liegt nicht
viel an, wem sie es reichen, oder was die können und glauben, die es
empfahen. Da frisst eine Sau mit der andern, und sind solcher Mühe
billig überhaben; denn sie wollen wüste, tolle Heiligen haben, denken
auch keine Christen zu erziehen; sondern wollens also machen, dass
über drei Jahr alles verstöret sei, weder Gott, noch Christus, noch
Sacrament, noch Christen mehr bleibe. Aber weil wir gedenken Christen zu erziehen und hinter uns zu lassen, und im Sacrament Christus
Leib und Blut reichen, wollen und können wir solch Sacrament niemand nicht geben, er werde denn zuvor verhöret, was er vom Catechismo gelernt, und ob er wolle von Sünden lassen, die er dawider
gethan hat. Denn wir wollen aus Christus Kirche nicht einen Saustall
machen, und einen jeden unverhört zum Sacrament, wie die Säu zum
Troge, laufen lassen. Solche Kirchen lassen wir den Schwärmern...
Weil denn solche Weise eine alte, löbliche, christliche, nöthige Zucht
ist, darinnen man die Christen übet und bereitet, recht zu leben, Christum zu lernen und vor der Welt bekennen; so kann man daraus wohl
merken, wie ungelehrte, ungeschickte Lehrer das sind, die solches, als
von Gott ungeboten, verdammen; gerade als wüssten sie so trefflich
wohl, was Gottes Gebot sei. Es ist ohne Zweifel Gottes Gebot, dass
man sein Wort lehren und lernen soll, beide öffentlich und sonderlich,
und wie man nur aufs beste kann. Ob er nun nicht sondere Stätte,
Person, Weise und Zeit ausdrücket und bestimmet, darinnen man sein
Wort lehrete und lernte: sollten doch solch grobe Lehrer ihren Unverstand daraus unterrichtet haben, dass er will sein Wort auf allerlei
Weise täglich, an allen Orten, getrieben haben. Wie er auch im Mose
gebot (5 Mos. 6, 5. 6. ff.), sie sollten an sein Gebot gedenken gehend,
stehend, sitzend, und dasselbe an alle Orte schreiben. Weil denn nun
ein Pfarrherr nicht kann zu aller Zeit, Ort, Person, Gottes Wort treiben, und nähme für sich diese Zeit, Stätte, Person, die man in der
Beicht hat: ei Teufel! wie gar handelt der ohne und wider Gottes Gebot, und wie gar heilig sind die Schwärmer, die solches hindern, dass
man Gottes Wort nicht lehre an dieser Stätte und Zeit, so wir's doch
an allen Orten und Zeiten (wo wir können) zu lehren schuldig sind...
*Wenn tausend und aber tausend Welt mein wäre, so wollt ich's alles lie-
ber verlieren, denn ich wollt dieser Beicht das geringste Stücklein eines
aus der Kirchen kommen lassen.* .. Das andere Stück in der Beicht ist
die Absolution, die der Priester spricht an Gottes Statt; und darum ist
sie nichts anders denn Gottes Wort, damit er unser Herz tröstet und

stärket wider das böse Gewissen, und wir sollen ihr glauben und trauen, als Gott selber. . . Und dies Stück ist nicht allein der Jugend und dem Pöbel, sondern jedermann nutz und noth, und soll's keiner verachten, er sei wie gelehrt und heilig er wolle. Denn wer ist so gar hoch kommen, dass er Gottes Wort nicht bedürfe, oder verachten möge? Und um dieses Stückes willen brauch ich der Beicht am allermeisten, und will und kann ihr nicht entbehren; denn sie mir oft und noch täglich grossen Trost gibt, wenn ich betrübt und bekümmert bin. Aber die Schwärmer, weil sie sicher sind und von Traurigkeit und Anfechtungen nichts wissen, verachten sie leichtlich die Arznei und Trost, wollens dazu denen auch nehmen und wehren, die es bedürfen und haben müssen. . . So brauchen nun wir der Beicht, als einer christlichen Uebung. . Im ersten Stück üben wir uns am Gesetz, im andern am Evangelio. Denn im ersten Stück lernen wir des Gesetzes recht brauchen (wie St. Paulus redet), nämlich die Sünde erkennen und hassen. Im andern Stück üben wir uns am Evangelio, lernen Gottes Verheissung und Trost recht fassen, und bringen also ins Werk, was man auf der Kanzel predigt. Denn ob wohl ein Prediger auf der Kanzel auch das Gesetz und Evangelium lehret, so lässt ers doch dabei bleiben, übet, fragt und forscht niemand, wie ers fasse, kann auch nicht sehen, wo es fehlet, wen er weiter trösten oder strafen solle, weil er keine sonderliche Person vor sich hat, die er üben mag. Und obwohl der Zuhörer auch alles beides in der Predigt höret, noch fasset ers viel stärker und gewisser, wenns ihm insonderheit, als einer einzelnen Person, gesagt wird." (Warnungsschrift an die zu Frankf. a. M., sich vor Zwinglischer Lehre zu hüten. 1533. XVII, 2448—54.)

e) Peccata enim confitenda sunt ratione *reatus culpae ac poenae* adeoque ut *displicentia*, quae angant et a quibus per Christum *liberari* cupiamus.

f) Quod enim voce ministri significatur, id ipsum revera contritis et credentibus, voce illa mediante, praestatur et exhibetur, vel confirmatur divinitus, tam firmiter, ac si coram Christus ipsemet poenitenti diceret, quod paralytico dixit *Matth. 9, 2.: Confide, remissa tibi sunt peccata.* Quo spectat illud *Joh. 20, 23.: Quorum remiseritis peccata, ea remissa sunt.*

AUGUST. CONFESSIO: „Dabei wird das Volk unterrichtet, wie tröstlich das Wort der Absolution sei, wie hoch und theuer die Absolution zu achten; denn es sei nicht des gegenwärtigen Menschen Stimme oder Wort, sondern *Gottes Wort*, der da die Sünde vergibt. Denn sie wird an Gottes Statt und aus Gottes Befehl gesprochen. Von diesem Befehl und Gewalt der Schlüssel, wie tröstlich, wie nöthig sie sei den erschrockenen Gewissen, wird mit grossem Fleiss gelehret; dazu, wie Gott fordert, dieser Absolution zu glauben, nicht weniger, denn so Gottes Stimme vom Himmel erschölle, und uns dero fröhlich trösten und wissen, dass wir durch solchen Glauben Vergebung der Sünden erlangen." (Artic. XXV. p. 53. sq.)

CHR. CHEMNITIUS: „Sciendum est de *forma (absolutionis)*, an debeat esse *categorica*, an vero *conditionalis* et hypothetica? Nam ita 1. 2. c. 23. p. 829. Tarnovius: Forma autem et modus semper sit conditionalis. . . Quae verba aut de *salutari fructu* absolutionis et de applicatione ex parte confitentis loquuntur, et ita verum est, quod solis vere poenitentibus remissio peccatorum per absolutionem conferatur. Aut loquuntur de *forma* absolutionis considerata ex parte Dei offerentis, qui, quantum est in se, omnibus hominibus offert gratiam et remissionem peccatorum. Utro modo intelligatur, non probant tamen, *formam* absolutionis debere esse conditionalem, hoc modo conceptam: Si te peccatorum tuorum poenitet et credis in Jesum Chri-

stum, ego absolvo te. Sed forma debet esse categorica aut concepta
per modum orationis causalis: Et ego te'absolvo etc., vel: Quoniam
igitur te poenitet peccatorum tuorum et credis, salvatorem tuum pro
iis satisfecisse, ideo ego loco Dei et auctoritate mei officii absolvo te.
Ministris enim ecclesiae mandatum est, ut juxta externa, quae ore et
gestibus proferuntur, si ea recte se habeant, sacramenta distribuant
et absolutionem annuncient, interna autem Deo relinquant. Quamvis
enim, ut aliquando fieri posset, aliquis hypocrita esset et poenitentiam
simularet, nihilominus tamen absolutio ex parte Dei offerentis manet
rata et tunc valere incipit ad salutem, cum illa fictio veraci confessione
recesserit. Ἀμεταμέλητα γὰρ τὰ χαρίσματα καὶ ἡ κλῆσις τοῦ θεοῦ. Rom.
11, 29. Rom. 3, 4. Ut ita appareat, Tarnovii sententiam, qua docet,
formam et modum semper debere esse conditionalem, probari non
posse, sed eam debere esse categoricam, aut saltem causalem sive
ratiocinativam et illativam. Alias enim 1. adultis etiam baptismus
et s. coena conditionaliter essent administranda, 2. periclitaretur ali-
quomodo certitudo absolutionis et remissionis peccatorum, quae non
tam a contritione et fide accipientis aut confitentis, quam a Deo pro-
mittente et offerente dependet. Sive enim confitens et quoad externa
vere poenitens hypocrita sit, sive non, tamen semper ex parte Dei
absolutio rata, firma et certa est. Et quia confessionarius sedet loco
Dei, non ut omniscius cordium scrutator, sed ut minister, externis
verbis et gestibus ac judicio caritatis alligatus, nec ipsi mandatum est,
ut conditionaliter absolvat; ideo categorice absolvere debet, non conditionaliter. 3. Neque hic quaestio est de fructu et efficacia, sed de
forma et essentia absolutionis, quam integram etiam accipiunt hypocritae... Ut taceamus 4., facillime ansam dari posse confitenti, dubitandi de veritate absolutionis et remissionis. Si enim aut contritio
fuerit non satis acris aut fides imbecillior aut in confessionis verbis
aliquis haesitaverit, facillime perterritus incipiet dubitare, num vere
per absolutionem remissa sint sibi peccata? 5. Si autem noverit confessionarius, confitentem vere non confiteri aut credere aut vitam
emendare nolle, tunc eum potius alio tempore cum vere poenitente
corde redire jubeat, quam conditionaliter absolvat. Diligentem enim
attentionem ipsi quoque requirimus, conditionalem autem absolutionem
cum aliis plerisque repudiamus." (Instructio futuri ministri. 1660.
p. 286—292.)

LUTHERUS: „Die Absolution ist wahrhaftig gewiss und ewig,
wenn du auch gleich dran nicht gläubest; wie denn auch die Sonne
wahrhaftig am Himmel scheinet und leuchtet und die rechte Sonne ist,
ob du sie gleich nicht siehest oder du in Keller kröchest, dass du
sie nicht sehen könntest, welches denn nicht der Sonne, sondern deine
Schuld ist... Also weiss Gott auch nichts vom Feihlschlüssel des
Pabstes, sondern die Absolution ist ganz gewiss. Gläubest du dann
der Absolution nicht, so ists nicht ihr Schuld, sondern dein. Warum
nimmst du sie nicht an? Wenn ich Gold oder Silber austheilete, wenn
du es annimmst, so hast du es; wo nicht, dass du mein Geschenk ver-
achtest und ausschlägst, so bleibets gleichwohl das Gold und Silber in
seinem Wesen und Würden. Also feihlet Gott nicht, wir aber feihlen;
wir empfangen oft die Absolution ohne Glauben, aber sie wird drum
nicht zu Aschen und Dreck, sondern ist Gottes Gabe." (Predigt über
etzliche Capitel des Ev. Matth. Ed. Erlang. P. XLIV. p. 167. sq.)

Cf. verba *Lutheri* super ea re ascripta supra Part. III. c. 5.
p. 263. sqq.

ANTITHESIS.

QUENSTEDTIUS: „*Antithesis*: 1. *Calvinianorum*, statuentium, ministros verbi peccata non remittere, ne quidem organice, sed phrasi
duntaxat sacramentali et metonymica, *cum* ministro accidere remissionem electis, non vero *per* ministrum. Ita Zwinglius T. 2. respons.

ad Confess. Luth. p. 430.: ‚Christi verba‘, inquit, ‚quibus Joh. 20, 23. ait: Quorumcunque remiseritis peccata, remittuntur eis etc., nequaquam eum sensum obtinent, quasi Christus haec dicendo discipulis peccata remittendi potestatem concedere voluerit, neque enim aliqua creatura tam praestans et excellens est, quae peccata remittere possit.‘ Sic quoque Beza P. 1. respons. ad Colloq. Mompel. p. 31. inquit, ‚deum non remittere peccata vere et efficaciter per homines, sed ex se et per se, i. e., immediate‘. Grynaeus in disp. Heidelberg. th. 6. aph. 4. ait: ‚Ministerio externo ejus cohonestandi ergo phrasi sacramentali effectum ministerii interni tribuitur.‘ Idem docet Piscator ad Matth. ll. cc. 2. *Enthusiastarum, Svenckfeldianorum, Weigelianorum, Anabaptistarum*, qui in genere negant, externum verbi et sacramentorum ministerium esse fidei et salutis conferendae medium, contra vero ad verbum internum atque afflatus Sp. S. interiores homines remittunt. . . 3. *Socinianorum*, qui statuunt, ministros ecclesiae non revera (tametsi organice) poenitentibus hominibus peccata remittere, sed tantum significative et declarative. Wolzogenius com. ad Matth. 16, 19. T. 1. Oper. f. 317.: ‚Non habent apostoli‘, inquit, ‚in hac sua potestate et auctoritate remittendi peccata ullos successores, sed haec auctoritas cum excessu eorum ex hoc mundo ad Deum et Christum rediit.‘ Idem docet Volkelius l. 6. de v. rel. c. 4. f. 639. sq. et in dissolut. nodi Gordii a Smiglecio nexi f. 72., peccatorum remissionem etiam apostolis concessam nequaquam propriam et effectivam, sed solum declarativam sive annunciativam esse, affirmat. Imo Christo ipsi in terris versanti potestatem remittendi peccata denegant; ita enim Volkelius: ‚Christus, dum mortalis esset, potestatem non habuit vere et perfecte peccata remittendi‘; quod ipsum Jesuita Smiglecius blasphemum esse judicavit. 4. *Arminianorum*, idem cum Socinianis docentium; vid. eorum Confessionem et Apologiam c. 21. 23.“ (L. c. q. 5. f. 1522. sq.)

§ 11.

Similiter · quoad *retentionem* peccatorum ministri ecclesiae est, ut non solum *universaliter*[a] hominibus incredulis atque impoenitentibus omnibus denunciet iram[b] Dei ac poenas, verum etiam in particulari aut *singulari*[c] peccatoribus enormibus[d] et notoriis[e] deneget remissionem peccatorum eosque ex consensu[f] ecclesiae *vel* ab usu[g] s. coenae tantum arceat, *vel* prorsus ex ecclesiae[h] societate ejiciat ac satanae tradat. Quae rursus non nuda declaratio, sed *efficax*[i] sententia est.[k]

a) Prout Paulus *anathema* dicit omnibus falsam doctrinam afferentibus, *Gal. 1, 8. 9.*, et omnibus *non diligentibus Jesum Christum, 1 Cor. 16, 22.* Atque hac ratione *generalis* formula retentionis peccatorum in nostris ecclesiis adjicitur absolutioni generali, in conventibus publicis praelectae.

b) Quemadmodum enim absolutio a peccatis importat annunciationem gratiae, sic retentio peccatorum annunciationem irae divinae. Neque sua auctoritate, sed auctoritate ac nomine Christi atque ecclesiae retinet peccata hominum minister.

c) Determinando certam personam; sicut Paulus *incestuosum* *1 Cor. 5, 2.*, *Hymenaeum et Alexandrum 1 Tim 1, 20.*

d) *Qui enim ex ignorantia vel infirmitate peccavit, illi sufficit blanda admonitio, cum exhortatione ad cavendos futuros lapsus:* ait b. *Gerh.* L. de Minist. Eccl. § 286.

e) Ubi publicum scandalum ex lapsu natum est. Tales enim *coram omnibus sunt arguendi, ut et caeteri timorem habeant,* monente apostolo *1 Tim 5, 20.*

f) Quo refertur illud *Matth. 18, 17.: dic ecclesiae* (h. e. presbyterio et conventui seniorum, qui ecclesiam repraesentant). *Si ecclesiam non audierit,* (tunc demum) *sit tibi velut ethnicus* et *publicanus.* Quanquam enim illic de causis *privatarum* offensionum et quaerendae conciliationis ex instituto agatur, recte tamen ad *disciplinae* ecclesiasticae administrationem, quoad peccantes quosvis, ratione certorum *graduum* admonitionis et *extremae* sententiae, observandam refertur. Vid. b. *Joh. Major.* Praef. Tract. contra Valerianum M. Capucc.

ARTICULI SMALCALD.: „*Christus gibt das höchste und letzte Gericht der Kirchen, da er spricht: ,Sags der Kirchen.'* " (Tract. I. p. 333.)

GERHARDUS: „*Presbyterorum,* quos latine dixeris *seniores,* duo fuere genera in apostolica et primitiva ecclesia, ut colligitur ex 1 Tim. 5, 17. Quidam enim *docendi* munere fungebantur, sive, ut apostolus ibidem loquitur, ,laborabant in verbo et doctrina', qui dicebantur episcopi, pastores etc.; quidam vero *morum censurae et ecclesiasticae disciplinae* conservandae duntaxat praeerant, cum magistratus adhuc ethnicus docentes in ecclesia hac in parte destitueret; hi dicebantur κυβερνῆται, gubernatores, ut colligitur ex 1 Cor. 12, 28., ac προϊστάμενοι Rom. 12, 8. Ambros. in 1 Tim. 5. in princ.: ,Et synagoga et postea *ecclesia* seniores habuit, quorum sine consilio nihil agebatur in ecclesia, quod qua negligentia obsoleverit, nescio, nisi forte doctorum desidia, aut magis superbia, dum soli volunt aliquid videri.' Utrique communiter vocabantur προεστῶτες 1 Tim. 5, 17., ac ἡγούμενοι Act. 15, 22. Hebr. 13, 7. 17. 24. Ex utrisque simul conjunctis collectum fuit illud collegium sacrum, quod Paulus vocat *presbyterium,* 1 Tim. 4, 13.: ,Noli negligere gratiam, quae in te est, quae data est tibi per prophetiam cum impositione manuum presbyterii.' " (L. de minist. eccl. § 232.)

IDEM: „Accidit, ut ecclesiae appellatio per figuram synecdoches tribuatur 1. presbyterio sive senatui ecclesiastico Matth. 18, 17.: ,Si non audierit eos, dic ecclesiae.' Quamvis nulla absurditate laboret, totam fidelium congregationem etiam hoc loco ecclesiae nomine intelligere, sicut D. Paulus id videtur eo modo exponere 1 Tim. 5, 20.: ,Peccantes coram omnibus argue, ut et ceteri timorem habeant.' Atqui haec posterior significatio priori praeferenda est propter strophas pontificiorum, qui praelatis auctoritatem quidvis statuendi ex hoc loco tribuunt, iisque solis ecclesiae nomen arrogant, quam vocant ecclesiam repraesentativam, perinde ut Aristot. l. 9. ethic. c. 9. dicit: ,civitatem id maxime esse, quod in ea principale est.' " (L. de eccles. § 14.)

LUTHERUS: „Du hörest hie (Matth. 18.), dass es müssen gewisse öffentliche Sünde sein, gewisser bekannter Personen, da ein Bruder den andern sündigen siehet, dazu solche Sünde, die zuvor brüderlich gestraft und zuletzt öffentlich vor der Gemeine überzeuget sind, darum die Bullen und Bannbriefe, darinnen also stehet: ,Excommunicamus ipso facto, data sententia, trina tamen monitione praemissa. Item de plenitudine potestatis', das heisst man auf deutsch ein Sch . . . bann.

Ich heisse es des Teufels Bann und nicht Gottes Bann, da man die Leute bannet mit frevler That, ehe sie öffentlich überzeuget sind vor der Gemeine wider Christi Ordnung. Desgleichen sind alle die Bann, damit die Officialen und geistlichen Richthäuser gaukeln, und da man über 10, 20, 30 Meilen Wegs die Leute mit einem Zettel vor einer Gemeine in Bann thut, so sie doch in derselbigen Gemeine und vor dem Pfarrherrn nie gestraft, verklagt, noch überzeuget sind; sondern kommt daher eine Fledermaus aus eines Officialen Winkel ohne Zeugen und ohne Gottes Befehl. Vor solchem Sch . . . bann darfst du dich nicht fürchten. Will ein Bischof oder Official jemand in Bann thun, so gehe oder schicke er hin in die Gemeine und vor den Pfarrherr, da derselbige soll in Bann gethan werden, und thue ihm, wie recht ist nach diesen Worten Christi. Und das alles sage ich darum: denn die Gemeine, so solchen soll bännisch halten, soll wissen und gewiss sein, wie der den Bann verdienet und dreinkommen ist, wie hier der Text Christi gibt, sonst möchte sie betrogen werden und einen Lügenbann annehmen, und damit dem Nächsten unrecht thun. Das wäre denn die Schlüssel gelästert und Gott geschändet und die Liebe gegen den Nächsten versehret, welches einer christlichen Gemeine nicht zu leiden ist. Denn sie gehöret auch dazu, wenn jemand bei ihr soll verbannet werden, spricht hie Christus, und ist nicht schuldig, des Officials Zettel, noch des Bischofs Briefe zu glauben, ja, sie ist schuldig, hie nicht zu glauben: denn Menschen soll man nicht glauben in Gottes Sachen. So ist eine christliche Gemeine nicht des Officials Dienstmagd, noch des Bischofs Stockmeister, dass er.möge zu ihr sagen: Da, Greta, da, Hans, halt mir den oder den in Bann. Awe, ja, seid uns willkommen, lieber Official. In weltlicher Oberkeit hätte solches wohl eine Meinung, aber hie, da es die Seelen betrifft, soll die Gemeine auch mit Richter und Frau sein. St. Paulus war ein Apostel, noch wollte er den nicht in den Bann thun, der seine Stiefmutter genommen hatte; er wollte die Gemeine auch dabei haben: 1 Cor. 5, 1. 5." (Schrift von den Schlüsseln. 1530. XIX, 1181. sq.)

CALOVIUS: „Si causam (excommunicationis) materialem respicias, non fieri debet vel a solis verbi ministris, vel ab ecclesia sola, sed a ministerio et coetu ecclesiae simul; uti apostolus et se absentem quidem corpore, sed praesentem spiritu nominat et ecclesiam congregatam in nomine Jesu Christi una cum suo spiritu; ubi temere Grotius non omnes Christianos, sed optimos intelligit, quinam enim ita congregandi forent, quive optimi censendi, in obscuro fuisset. . . Etsi apostolus sese conjungat coetui ecclesiastico in hoc actu, non tamen ut apostolus, sed ut ecclesiae minister hic spectatur e 1 Cor. 4, 1. . . Nec vero preces solum fundit ad Deum ecclesia, sed judiciariam fert sententiam in coelis ratam." (Bibl. illustr. ad 1 Cor. 5, 5.)

g) Nempe *ne sacra canibus projiciantur* etc. juxta *Matth. 7, 6.* Et hanc *excommunicationem minorem* vocant eamque a ministro ecclesiae solo, sine consensu senatus ecclesiastici aut consistorii non esse suscipiendam docent.

ECKHARDUS: „Si indigni fiunt rei corporis ac sanguinis Dominici sibique judicium edunt et bibunt, sequitur, ministrum scienter tales admittentem causam esse hujus peccati, se illius participem reddere Deumque graviter offendere, imo ceu mendacem ex verbo Dei judicandum; promittit enim gratiam Dei, super quo novit ejusdem manere iram, Joh. 3, 36., offert vitam aeternam, cui dictante conscientia debetur mors, peccati stipendium, Rom. 6, 23. Quamobrem non sine ratione Cynos. Oecon. eccles. Wuertemb. p. 40.: Ministri mögen in der Exploration die Communion widerrathen, verbieten, oder bittweise suspendiren, aber den öffentlichen Bann soll kein minister propria auctoritate exerciren." (Pastor conscientios. p. 177.)

h) Quam *excommunicationem majorem* appellant; quo spectat *1 Cor. 5, 3. sqq.*, ubi Paulus hominem incestuosum, actu solenni, in *conventu* totius ecclesiae, cui ipse *corpore absens, spiritu affuturus* sit, *in nomine et cum potestate Domini nostri Jesu Christi* ejici jubet e communione ecclesiae, ac *tradi satanae ad interitum carnis, ut spiritus salvus sit in die Domini Jesu.* Non enim vel ipsorum excommunicatorum damnatio, sed salus aeterna quaerenda est.

J. MEISNERUS: ,,Illa potestas ligandi et solvendi tametsi alibi quoad actum promissionis soli Petro Matth. 16, 19., alibi Joh. 20, 23. omnibus simul apostolis concessa est; ejus tamen exercitium quoad id, ut declaretur aliquis habendus pro ethnico (nos excommunicationem majorem nominamus), singulariter hic ecclesiae, uni aut etiam pluribus ministris contradistinctae, ob certius judicium tribuitur, quae alias quidem universa jura sui sponsi radicaliter possidet, sed per ministerium in actum exercitum deducit." (Exercitationes theol. in ev. Matth. Viteb. 1664. ad c. 18.)

LUTHERUS: ,,Criminosum in *carnis* interitum tradi jussit apostolus, ut spiritus servaretur. Igitur male sentiunt, qui per excommunicationem diabolo *animos* tradi putant. Carnis interitus in poenitudine et per resipiscentiam fit ad profectum spiritus et interioris hominis innovationem." (Disput. de excomm. 1521. Opp. lat. ad reform. hist. pert. Erlang. Vol. IV. p. 343. sq.)

i) Nam ipsa applicatio comminationum legalium ad homines reos pondus ingens habet; peccatores autem, qui non solum in Deum, verum etiam *in ecclesiam peccarunt*, utique etiam *ab ecclesia ligari* possunt neque apud Deum gratiam consequentur, nisi cum *ecclesia in gratiam redierint* et ab illa *solvantur*. Injuste excommunicatorum vero alia ratio est.

k) Ad *restaurandam* autem *disciplinam* ecclesiasticam collapsam *ministri* ecclesiae *soli non* sufficiunt, sed eorum, qui *jura episcopalia* tenent, opera requiritur, quae illi sibi arrogare non possunt. Interim ministris ecclesiae non deest, quod ad conversionem peccantium, aut ut illi inexcusabiles reddantur, facere possit. Vid. b. *Mus.* Praef. Tract. de Poenit. contra Stengerum quat. d. 3. a. b.

LUTHERUS: ,,Recte dicunt leges, quod faciens et *consentiens* pari poena plectendi sunt. Sic si episcopus videat errores, haereses, malos mores in ecclesia, et non corripiat nec excommunicet impoenitentes, se ipsum constituit reum omnium istorum peccatorum." (Ad Gen. 19, 15. Vid. exeget. opp. lat. Ed. Erlang. Tom. IV, 295. sq.)

IDEM: ,,Wir haben keinen andern Bann noch zur Zeit aufgericht, denn dass diejenige, so in öffentlichen Lastern sind und nicht ablassen, nicht zu dem Sacrament des Leibes und Bluts Christi zugelassen werden; und das kann man damit erhalten, dass man bei uns niemand das heilig Sacrament reichet, er sei denn zuvor durch Pfarrer oder Diacon verhört. Wir können auch nicht achten, wie zu dieser Zeit ein ander Bann sollt aufgericht werden; denn es fallen viel Sachen für, die zuvor einer cognitio bedürfen. Nu können wir nicht sehen, wie die cognitio noch zur Zeit zu bestellen und zu ordnen sein sollt; so will weltliche Oberkeit nicht mit dieser cognitio zu thun haben. Darum lass mans dabei bleiben, dass man denjenigen, so in öffentlichen Lastern liegen und bleiben, das heilige Sacrament nicht reiche." (An die markgräflichen Statthalter etc. 1532. de Wette IV, 388. sq.)

GERHARDUS: „Dicuntur omnia illa" (ordo, lex dioecesana, jurisdictio, status) „ad *jus episcopale* pertinere, non quod jure divino ad
episcopos solos excluso magistratu christiano et populo pertineant,
sed quod in regno pontificio juxta canonici juris dispositionem et praxin receptissimam episcopi ea sibi et olim vendicaverint et adhuc ven-
dicent... Nec episcopale nec patronatus jus, ecclesiasticis canonibus
introductum, praejudicare potest potestati jure divino toti ecclesiae in
ministrorum electione competenti." (L. de minister. eccl. §§ 112. 114.)
Cf. infra annotata ad P. III. c. 15. § 8. *i.*

WALCHIUS: „Befindet sich die Kirche in dem natürlichen Stand,
dass sie aus solchen Personen besteht, die ausser einer bürgerlichen
Gesellschaft leben, so hat die ganze Gemeinde das Regiment; welche
entweder durch Einsammeln der Stimmen solches selbst verwalten,
oder Einigen die Aufsicht auftragen, oder Einen Kirchenregenten bestellen kann." (Lexicon. Art. Kirchenregiment, p. 1556.)

IDEM: „Ex jam dictis omnino facile dijudicandum est, quaenam
fuerit ratio regiminis in ecclesia apostolica. Erat illud nihil aliud,
quam potestas, in partibus sacrorum externis ea constituendi, quae ad
legitimum ordinem conservandum et ad finem ecclesiae facilius obtinendum spectabant, ita comparata, ut doctoribus atque auditoribus
communis et ab omni imperio remota esset. Non solum apostolos et
ecclesiae ministros, licet hi prae aliis sua auctoritate valerent, verum
etiam audientes potestate hac praeditos fuisse, in libris N. foederis
legimus, atque ex illis cognoscimus, si quid deliberandum ac decernendum fuerit, populum quoque sua dedisse suffragia." (Hist. eccl.
p. 431.)

GERHARDUS: „(Pontificii monent:) ‚Paulus 1 Cor. 11, 34. scribit:
Caetera, cum venero, disponam, nimirum ex potestate divinitus data,
2 Cor. 10, 8. Ergo apostolus vindicavit sibi potestatem absolutam disponendi in ecclesia pro arbitrio.' Resp.: Illud ipsum non potestate
quadam αὐτοκρατορικῇ, sed consensu ecclesiae accedente apostolus dis-
ponebat, 2 Cor. 8, 8.: οὐ κατ' ἐπιταγὴν λέγω, non quasi imperans hoc
dico." (L. de minist. eccl. § 201.)

FECHTIUS: „Duobus quasi fulcris universum ecclesiae Christi
aedificium innititur: sanae doctrinae propositione et administratione
disciplinae eccles. Ut illa quasi internam ecclesiae vitam praestat, ita
haec externam regit atque gubernat... In illa quo veteres rigidiores
fuerunt, eo negligentiores hac extrema mundi aetate redditi sumus.
Atque hic disciplinae defectus praecipua est depravatae ecclesiae nostrae causa." (Instruct. pastoral. Ed. 2. p. 164.)

§ 12.

Denique versantur etiam ministri ecclesiae circa *res*
ecclesiae *externas*[a] seu ritus ac *ceremonias,*[b] in se quidem[c] *indifferentes,* sed tamen ad ecclesiae aedificationem[d]
destinatas, auctoritate *publica*[e] ecclesiae, *non* tamen sub
ratione *cultus*[f] aut *meriti*[g] erga Deum; sed *ad paedago-*
giam externam[h] instituendas,[i] frequentandas, nec nisi
prudenter[k] et ex usu ecclesiae mutandas aut abro-
gandas.[l]

a) Unde etiam nomen *jurisdictionis externae* originem duxit; quo
tamen aliqui referunt etiam ipsam *excommunicationem, suspensionem* a

participatione sacrorum, imo sanctiones *legum* et *constitutionum* ecclesiasticarum, *visitationes* ecclesiasticas etc., quae ad *jura episcopalia* referri solent; de quibus in L. de Magistratu videbimus.

b) Quo pertinent certae formulae *cantionum*, usus *organorum* musicorum, certae *feriae*, *jejunia*, ritus *nuptiales*, *baptismales* (inter quos *exorcismus*), *s. coenae*, *sepulchrales* etc.

c) Nempe quod in Scripturis non sunt definita, sed lege *positiva* humana demum sanciuntur.

d) V. g. quod ad bonum *ordinem*, ad excitandam *attentionem* ac *devotionem* in sacris, imo ad *repraesentandas* res *spirituales* faciunt. Inutiles autem, otiosae ac scandalosae ceremoniae ne nomen quidem rerum ecclesiasticarum merentur.

B. MEISNERUS: „In scholis etiam theologorum *adiaphora* dicuntur tum *generaliter* ea, quae ex natura sua nec bona sunt nec mala, sed quibus aliquis vel bene vel male uti potest; tum *specialiter* ea negotia, quorum partim in administratione sacrorum publica, partim in privato cultus divini exercitio usus indifferens est, ut quae neque cultus divini per se sunt, neque salutem hominum aeternam promovent aut impediunt, sed, boni ordinis et decori causa instituta, religioni et disciplinae ecclesiasticae respectu hominum quoddam decus addunt. *Generaliter* sic dicta sunt, quae in communi vita spectantur, ut cibus, potus, conjugium, coelibatus, vestitus, contractus civiles, peregrinationes, et in hisce omnibus, quae ad locorum, temporum, personarum respectus pertinent fere universa; in his, ut Paulus inquit 1 Cor. 7, 15., ὁ ἀδελφὸς ἢ ἡ ἀδελφὴ οὐ δεδούλωται, nec soror nec frater subjectus est et obligatus ad necessariam servitutem et cultum Deo praestandum, neque ea aut observantem aut non observantem Deo magis minusve reddunt gratum, sed, sive ea quis faciat, sive omittat, non peccat, nisi accedat aliqua circumstantia, quae actionem vitiosam reddat, ut si vitia alant eorum observationes, si opinionem cultus, meriti et necessitatis prae se ferant; verbi gratia coelibem vivere vel matrimonium contrahere ἀδιάφορον quiddam est, 1 Cor. 7., sin vero coelebs quis maneat, ut vel sobolem vel rem domesticam fugiat, vel vitam promereatur aeternam et Deo prae reliquis hoc vitae genere placeat, aut matrimonium quis contrahat, ut eo tutius scortari possit, vitiosum est. Sic carnibus et vino vesci vel abstinere μέσον quiddam est; in cibo enim et potu nemo vos judicet, Col. 2, 16. cf. Rom. 14, 1. 2. sqq. 1 Cor. 6, 13. et 8, 8. et 10, 25. sqq. 1 Tim. 4, 1. 2. sqq., et si utrumque pro cura corporis fiat, bonum est. Sin vero vinum bibas ad crapulam, aut cum offendiculo fratris tui carnes edas, id propter crapulam Eph. 5, 18., hoc propter personam proximi, Rom 14, 20. 1 Cor. 8, 11. sqq., malum fit. Eadem ratio est, si a certo cibo et potu certis diebus abstineatur sub opinione necessitatis vel meriti, et interim in aliis luxuria non vitatur, quae sane abstinentia non differt a non-abstinentia. Et ut eam olim Augustinus in Manichaeis 1. 2. de moribus eccles. taxavit, ita jure etiam hodie in pontificiorum jejuniis reprehenditur. Alia vero adiaphora *specialius* sic dicta, quorum in ecclesiis orthodoxis et a fermento pontificio repurgatis usus est, sunt partim res, partim ceremoniae et traditiones eccles. indifferentes, expresso verbo Dei nec prohibitae nec mandatae, sed ordinis, decori et aedificationis gratia legitime ex libera voluntate ab ecclesia institutae, quibus, quamdiu tales sunt et manent, libere et absque conscientiae vulnere aut religionis jactura uti vel non uti potest. Tales sunt imagines, templa, festa, feriae, musica figuralis et organica, organa ipsa; item in baptismo trina immersio et aspersio, βαπτιστήριον, γυναικοβαπτισμὸς, signum crucis, renunciatio diaboli, exorcismus etc.; in coenae administratione panis azymus vel fermentatus, materia et forma vasorum vel mensae, vini color, fractio panis etc.; in ministerio ordinis distinctio, vestitus discrimen, auricularis confessio, etc. Diximus hos ritus et has ceremonias ἀδιάφορα, quo vocabulo qualitas illarum rerum interna innuitur et indigitatur; ut enim signo et termino appellationis suae respondeant, adiaphora sint necesse est, h. e., libera et media, nulla sc. expressi vel mandati vel interdicti lege in sacris adstricta; nam quae vel res vel ceremoniae speciali Dei verbo praecipiuntur aut prohibentur, cum in nullius hominis libero arbitrio positae sint et nunquam illae vetari aut abrogari, nunquam istae institui aut imperari possint, ἀδιαφορῶν nomine venire nequeunt." (Colleg. adiaphorist. disp. I. B. 1. 2.)

e) Non enim haec aeque atque officium docendi et sacramenta administrandi ministerio *praecise*, sed *per se* potius *toti ecclesiae*, aut illis, qui *jura* ecclesiastica (quae *episcopalia* vocantur) tenent, competunt; prout in nostris ecclesiis per *transactionem Passaviensem* et *pacem religiosam* ad *magistratum civilem* delata sunt, ita tamen, ut in partem curae venire debeant ipsi *ministri ecclesiae*, aliqua etiam per ipsos exerceri, aut in usu constitui, ac de eorum ratione et usu populus ab ipsis informari debeat.

AUGUST. CONFESSIO: „Was soll man denn halten vom Sonntag und dergleichen andern Kirchenordnungen und Ceremonien? Dazu geben die Unsern diese Antwort, dass die Bischöfe oder Pfarrherrn mögen (liceat) Ordnung machen, damit es ordentlich in der Kirche zugehe... Solche Ordnungen gebührt (convenit) der christlichen Versammlung *um der Liebe und Friedens willen* zu halten und den Bischöfen und Pfarrherrn in diesen Fällen gehorsam zu sein." (Art. XXVIII. p. 67.) Ad quae verba explicanda addit CARPZOVIUS: „Advertendum est, quando episcopis hoc in loco Aug. Conf. concedit jus ordinandi ceremonias, id fieri 1. *pro istius temporis ratione*, ubi *ex jure humano* ipsis id quoque competebat, prout § ,Si quam habent' (p. 64. § 29.) memoraverat; 2. *totius ecclesiae juri* nihil inde detrahi, prout non obscure istud simul A. C. indicat; 3. non alia ratione etiam id fieri, quam sub debita et modi et finis *moderatione* § ,Tales ordinationes' (p. 67. §§ 55. 56.)." (Isagog. in lib. symbol. p. 750.)

APOLOGIA A. C.: „So ist es auch gewiss, dass dieses Wort des Herrn Christi: Wer euch höret, der höret mich, nicht von Menschensatzungen redet, sondern ist stracks dawider. Denn die Apostel empfahen da nicht ein mandatum cum libera, das ist, ein ganzen freien, ungemessen Befehl und Gewalt, sondern haben ein gemessen Befehl, nämlich, nicht ihr eigen Wort, sondern Gottes Wort und das Evangelium zu predigen. Und der Herr Christus will in den Worten (Wer euch höret, der höret mich) alle Welt stärken, wie auch vonnöthen war, dass wir sollten ganz gewiss sein, dass das leibliche Wort Gottes Kraft wäre und dass niemands vom Himmel ein ander Wort dürft suchen oder gewarten. Darum kann dies Wort: Wer euch höret, der höret mich, von Satzungen nicht verstanden werden. Denn Christus will da, dass sie also lehren sollen, dass man durch ihren Mund Christum selbst höre. So müssen sie ja nicht ihr eigen Wort predigen, sondern sein Wort, seine Stimme und Evangelium, soll man Christum hören. Dies tröstliche Wort, welches aufs allerstärkest unsere Lehre bestätiget, und viel nöthiger Lehre und Trosts für die christlichen Gewissen in sich hat, das deuten die groben Esel auf ihre närrische Satzungen, auf ihre Speis, Trank, Kleider und dergleichen Kinderwerk. Auch ziehen sie diesen Spruch an zu den Ebräern am 13.: Gehorchet denen, die euch fürgehen u. s. w. Dieser Spruch fordert, dass man soll gehorsam sein dem Evangelio, denn er giebt den Bischöfen nicht ein eigene Herrschaft oder Herrengewalt ausser dem Evangelio;

so sollen auch die Bischöfe nicht wider das Evangelium Satzung machen, noch ihre Satzunge wider das Evangelium auslegen. Denn wenn sie das thun, so verbeut uns das Evangelium, ihnen gehorsam zu sein, wie Paulus zu den Galatern sagt: So euch jemands würde ein ander Evangelium predigen, der sei verflucht. Gleich dasselbige antworten wir auch auf den Spruch Matth. 23.: Auf Mosis Stuhl sitzen die Schriftgelehrten u. s. w.; alles nun, was sie euch sagen, dass ihr halten sollet, das haltet und thuts. Das ist gewiss, dass damit nicht geboten wird universaliter, ingemein, dass wir alles sollen halten, was sie gebieten, auch wider Gottes Gebot und Wort. Denn an einem andern Ort sagt die Schrift: Man muss Gott mehr gehorchen, denn den Menschen. Darum wenn sie unchristlich und wider die Schrift lehren, soll man sie nicht hören. So richt dieser Spruch auch nicht ein Regiment an ausser dem Evangelio, darum können sie ihre Gewalt, die sie ausser dem Evangelio aufgerichtet haben, nicht durchs Evangelium beweisen. Denn das Evangelium redet nicht de traditionibus, sondern von Gottes Wort zu lehren." (Artic. XXVIII. p. 289. sq.)

LUTHERUS: „Ein Bischof, als Bischof, hat keine Macht, seiner Kirche einige Satzung oder Ceremonie aufzulegen ohne Einwilligung der Kirchen in klaren Worten oder auf stillschweigende Art. Weil die Kirche frei und eine Herrscherin (Frau) ist und die Bischöfe nicht über den Glauben der Kirchen herrschen, noch sie wider Willen beschweren und belästigen dürfen. Denn sie sind nur Diener und Haushalter, nicht aber Herren der Kirchen. Wenn aber die Kirche, als ein Leib mit dem Bischofe, einstimmt, so können sie sich mit einander auflegen, was sie wollen, wenn nur die Gottseligkeit nicht drunter leidet; können auch wieder dergleichen nach Belieben lassen. Aber solche Gewalt suchen die Bischöfe nicht, sie wollen herrschen und alles frei haben. Das müssen wir nicht einräumen, noch auf einige Art theilnehmen an diesem Unrecht oder Unterdrückung der Kirchen und der Wahrheit. . . Drum können wir den Bischöfen weder durch kirchliches, noch weltliches Recht die Macht einräumen, der Kirchen etwas zu befehlen, wenn es noch so recht und gottselig wäre, denn es muss nichts Böses geschehen, dass Gutes daraus erfolge. Wollten sie auch mit Gewalt fahren, und dazu zwingen, so müssen wir nicht gehorchen, noch drein willigen, sondern eher sterben: den Unterschied dieser zwo Regimente zu erhalten, das ist, für den Willen und das Gesetz Gottes, wider die Gottlosigkeit und Kirchenräubereien." (Antwort an Melanchthon in Augsburg auf die ihm zugeschickten Fragen von den Menschensatzungen, vom Jahr 1530. XVI, 1207—9.)

IDEM: „Das geistliche Regiment ist allein auf die Sünde gestellet. Wo die Sünde angehet, da soll dieses Regiment auch angehen, und sonst nicht. . . Wir reden aber hier von Sünden, das rechte und wahrhaftige Sünden sind, die kein Mensch erdacht hat, sondern darin wir geboren sind; die wider Gottes Gebot sind und dawider Gottes Gebot zeuget, nicht allein der Menschen Gebot." (Postill. domest. XIII, 1186. 1188.)

IDEM: „Darum sage ich, weder der Pabst, noch Bischof, noch einiger Mensch hat Gewalt, eine Sylbe zu setzen über einen Christenmenschen, es geschehe denn mit seinem Willen; und was anders geschieht, das geschiehet aus einem tyrannischen Geiste." (Büchlein von der Babyl. Gefangenschaft, vom Jahre 1520. XIX, 83.)

IDEM: „Wir haben Einen Herrn, der ist Christus, der unsere Seelen regieret. Die Bischöfe sollen nichts thun, denn dass sie weiden. Da hat nun St. Peter mit einem Worte umgestossen und verdammt alles Regiment, das jetzt der Pabst führet, und schleusst klar, dass sie nicht Macht haben, ein Wort zu gebieten, sondern dass sie allein Knechte sollen sein, und sagen: ‚Das sagt dein Herr Christus, *darum* sollst du das thun.' Wie auch Christus sagt Luc. 22, 25. 26." (Ausleg. der 1. Ep. Petr. 1523. IX, 821.)

IDEM: „Unter den *Christen* soll und kann keine Oberkeit sein, sondern ein jeglicher ist zugleich dem andern unterthan; wie Paulus sagt Röm. 12, 10. 16.: ‚Ein jeglicher soll den andern seinen Obersten halten.‘ Und Petrus 1 Petr. 1, 5.: ‚Seid allesammt unter einander unterthan.‘ Das will auch Christus Luc. 14, 8.: ‚Wenn du zur Hochzeit geladen wirst, so setze dich allerunterst an.‘ Es ist unter den Christen kein Oberster, denn nur Christus selber und allein. Und was kann da für Obrigkeit sein, da sie alle gleich sind, und einerlei Recht, Macht, Gut und Ehre haben; dazu keiner begehrt des andern Oberster zu sein, sondern ein jeglicher will des andern Unterster sein? Könnte man doch, wo solche Leute sind, keine Oberkeit aufrichten, ob mans gerne thun wollte, weil es die Art und Natur nicht leidet, Obersten haben, da keiner Oberster sein will noch kann. Wo aber nicht solche Leute sind, da sind auch nicht rechte Christen. Was sind denn die Priester und Bischöfe? Antwort: Ihr Regiment ist nicht eine Oberkeit oder Gewalt, sondern ein Dienst und Amt; denn sie nicht höher und besser vor andern Christen sind. Darum sollen sie auch kein Gesetz noch Gebot über andere legen ohne derselben Willen und Urlaub, sondern ihr Regieren ist nichts anders, denn Gottes Wort treiben, damit sie Christen führen und Ketzerei überwinden. Denn, wie gesagt, die Christen kann man mit nichten, ohn allein mit Gottes Wort regieren.“ (Schrift von weltl. Oberkeit. 1523. X, 465. sq)

CHEMNITIUS: „Si quis apostolis in carne viventibus hoc tribuere voluisset, quod haberent div. auctoritatem·ferendi leges, de quibus nullum haberent vel mandatum, vel testimonium verbi divini; imo quod possent ea, quae Christus abrogarat, restituere, vel quae instituerat, abrogare: sine dubio sonora voce et scissis vestibus ostendissent, se illud nec agnoscere nec probare.“ (Exam. de bon. op. p. 179.)

f) Quae enim per se ad cultum Dei pertinent, necesse est esse mandata a Deo, si non expresse, saltem per necessariam consequentiam. Unde observandum est, *ne onerentur conscientiae*, juxta monitum Aug. Conf. artic. XV. Atque ita *quartum* gradum *libertatis christianae* nostrates observant, videlicet, *a traditionibus humanis in ecclesia, quod non habeant rationem cultus aut absolutae necessitatis, sed extra casum scandali sine peccato negligi aut omitti possint.*

g) Sive de *condigno*, sive de *congruo*.

h) Juxta ea, quae diximus in nota *d.*

i) Scilicet, *ubi*, *quando* et *quamdiu* fert usus ecclesiae.

k) Adeoque *sine* levitate et scandalo, *sine* tumultu ac petulantia, nec *nisi* propter causas sonticas, et *ut* simul populus de causis mutationis ipsaque ceremoniarum mutatione sufficienter informetur.

l) Speciatim observandum est, *ne adversariis* in causa religionis, mutationem rituum exigentibus, *intempestive cedatur.* In casu confessionis enim *adiaphora* mutant quasi naturam suam et ex indifferentibus fiunt necessaria. Vid. Form. Conc. artic. X.

§ 13.

Correlatum[a] ministrorum ecclesiae, idemque *finis cui*[b] ministerii, est coetus[c] illorum, qui docentes illos[d] audiunt eorumque ministerio ac dispensatione sacramentorum[e] redduntur participes.

a) Est enim nomen ministri *relativum* et respicit aliquos, quibus ministrat.

b) In cujus bonum seu commodum institutum est ministerium.

c) Scriptura *gregem* vocat, habito respectu ad nomen *pastoris*, quo ministri ecclesiae appellantur, *Act. 20, 28. 29. 1 Petr. 5, 2. 3.*, alias *ecclesia* appellatur, *Act. 20, 28.*, quamvis ecclesia *stricte* loquendo includat suo conceptu *tam* doctores, *quam* auditores. Vid. b. *Mus.* de Eccles. P. II. Disp. I. §§ 36. 37. p. 16. 17.

> LUTHERUS: „Dass die Apostel auch zuerst in fremde Häuser gingen und predigten, dess hatten sie Befehl und waren darzu verordnet, berufen und gesandt, dass sie an allen Orten sollten predigen, wie Christus sprach Marc. 16, 15.: ‚Gehet hin in alle Welt und prediget allen Creaturen.‘ Aber darnach hat niemand mehr solchen gemeinen apostolischen Befehl, sondern ein jeglicher Bischof oder Pfarrherr hat sein bestimmt Kirchspiel oder Pfarre, welche St. Petrus 1 Petr. 5, 3. auch darum cleros heisst, d. i., Theile, dass einem jeglichen sein Theil Volks befohlen ist, wie St. Paulus Tito auch schreibet, darin kein anderer oder fremder ohne sein Wissen und Willen sich unterstehen soll seine Pfarrkinder zu lehren, weder heimlich noch öffentlich, und soll ihm auch bei Leib und Seel niemand ansagen und melden seinem Pfarrherrn oder Obrigkeit. Und dieses soll man also feste halten, dass auch kein Prediger, wie fromm oder rechtschaffen er sei, in eines Papisten oder ketzerischen Pfarrherrns Volk zu predigen oder heimlich zu lehren sich unterstehen soll ohne desselbigen Pfarrers Wissen und Willen. Denn es ist ihm nicht befohlen. Was aber nicht befohlen ist, das soll man lassen anstehen. Wir haben genug zu thun, so wir das Befohlene ausrichten wollen. Es hilft sie auch nicht, dass sie vorgeben, alle Christen sind Priester. Es ist wahr, alle Christen sind *Priester*, aber sie sind nicht alle *Pfarrer*. Denn über das, dass er ein Christe und Priester ist, muss er auch ein Amt und ein befohlen Kirchspiel haben. Der Beruf und Befehl macht Pfarrherrn und Prediger." (Ausl. des 82. Ps. 1530. V, 1060. sq.)
>
> THEOLOGI WITTEBERGENSES: „Der Beruf wird nicht allein gemässiget an gewisse Anzahl *Pfarrkinder*, sondern auch am gewissen *Ort.* Eph. 5, 2." (Responsum. 1638. Consil. Witteb. II, 57.)

d) Unde et *auditorum* coetus aliquando vocatur, quippe ad audiendum obligatorum.

e) Ipsiusque absolutionis, edita, uti par est, confessione. Germani utuntur vocibus Beichtkinder, Pfarrkinder.

§ 14.

Finis cujus[a] *ministerii* ecclesiastici *proximus* est reconciliatio hominum cum Deo[b] per fidem in Christum atque incrementum in fide et caeteris virtutibus[c] christianis; *ultimus* est salus aeterna[d] eorundem.

a) Quem auctor ipse ministerii sacri intendit, tanquam per actus officii hujus obtinendum, sua vero virtute divina producendum. Unde etiam *effectus* recte dicitur. Confer. *1 Cor. 3, 5.*, ubi dicuntur Corinthii *credidisse per ministros,* adde v. 6. sqq.   Quanquam efficacia verbi non pendet *a* proponentis sive docentis *missione* legitima.   Vid. b. *Mus.* Tract. de Eccl. Part. I. Disp. VII. p. 383. sqq.

Cf. annotata ad § 1. *a.*

DANNHAUERUS: ,,Ea, quae ministerio tribuitur, *potestas* ad effectus supernaturales edendos non nisi *organica* est (*non ut causa secunda principalis,* quae *dependet* quidem a prima, habet tamen *propriam et nativam* indolem, potentiam *activam,* qua *per se suapte vi* influit in effectus proportionatos; sic ignis urit suapte virtute).'' (*Lib.* consc. I, 856.)

GERHARDUS: ,,Ministri ecclesiae, qui, legitima vocatione destituti, proprio ausu sese ministerio ingerunt, non sunt a Deo missi nec ordinati, Jer. 23, 21.; interim ministerium ipsum non desinit esse ordinatio divina.'' (Loc. de magistratu. § 34.)

THEOLOGI WITTEBERGENSES: ,,Die Kraft der Mittel der Seligkeit, des Worts und der Sacramente dependiren nicht von der Person, sondern von Gott dem Herren, der durch sein Wort und die Sacramenta kräftig ist, wenn dieselbigen nur recht gelehret und ausgelegt werden, obs schon nicht allerdings mit dem ministerio richtig daher gehet, und gibt der Kirchen Dieners Person, Leben und Beruf nichts der Kraft der Mittel und der Sacramente; daher Paulus sich erfreuet, wenn das Evangelium und Christus verkündiget wird allerlei Weise, es geschehe Zufalles oder rechter Weise, Phil. 1, 18. Und wann man erst sollt von der rechtmässigen Vocation der Prediger vergewissert sein, wer könnte sich denn ihres Amts gewiss versichern und getrösten, weil es bald an diesem, bald an jenem Stück fehlet, oder doch ein Zuhörer darüber der Beisorge tragen müssen, so würden die Einfältigen sehr geirret und bekümmert; die Eltern würden über ihre Kindertaufe und ein jeglicher selbst, wenn er erwächset, ob er von rechtmässigem berufenem Prediger getauft und seine Taufe recht gewesen, in ihren Gewissen betrübet und könnte keiner sich der Kraft des Wortes und der Sacramente beständig getrösten, noch seiner Seligkeit gewiss sein.   Der Herr Christus selber hat sich des israelitischen Kirchendiensts gebrauchet, ob er wohl wusste, dass es nicht richtig mit Bestellung der Hohenpriester zugangen und wie man solche Aemter wider Gottes Ordnung verkaufte oder verwechselte, wie aus dem Neuen Testament und dem jüdischen Historien-Schreiber Josepho bekannt. Er hat auch andere an das levitische Priesterthum und die auf Mosis Stuhl sassen, verwiesen; und was will man sagen von den Christen, so unter den Patriarchen zu Constantinopel und sonst im Orient sich aufhalten sollen, die weder Gottes Wort noch die heilige Taufe haben würden, weil die Patriarchen vom Türken selbst müssen zu ihrem Amt confirmirt werden.   Darum so eifert Herr Lutherus in seinem 6. Jenischen Theil f. 101. im Buch von der Winkelmesse: ,Da schaue auf, dass er (der Pfarrherr) das Pfarramt innen hat, welches nicht sein, sondern Christi Amt ist; lass dich auch nicht irren, ob er sei ordentlich berufen oder habe sich hinein gekauft oder gedrungen; wie er hinein kommen ist, über Haupt oder über Fuss, er sei Judas oder St. Peter, da lass dir nichts an liegen, scheide du das Amt von der Person und das Heiligthum von dem Greuel.' '' (Consil. Witteberg. II, f. 195.)

CHEMNITIUS: ,,Nec dubium est, per vocem evangelii annunciatam Deum efficacem esse, a quocunque annuncietur.   Quare igitur Trid. capitulum tam multis de hac quaestione tumultuatur?   Resp.: quia integritatem, veritatem et efficaciam sacramentorum non simpliciter et in solidum in verbis Christi constituunt, sed ex parte etiam in charactere, quem fingunt in ordinatione sacerdotibus imprimi.   Ita ergo etiam consolationem absolutionis non tam ex verbo evangelii, quam ex persona absolventis pendere volunt.'' (Exam. Concil. Trid. Ed. Genev. f. 395.)

b) Prout *ministerium reconciliationis* dicitur, quod ab eo pendeat et proficiscatur reconciliatio, *2 Cor. 5, 18.* Conf. v. 19. 20.

c) Vid. *Eph. 4, 12. sqq.*, ubi dicitur, datos *esse ecclesiae ministros ad coagmentationem* (καταρτισμόν seu ordinatam velut in certa proportione aut συμμετρία constitutionem) *sanctorum in aedificationem corporis Christi*, in quo *singula membra incrementum corpori* conveniens *capiant per caritatem.* •

d) Sic Paulus *1 Tim. 4, ult.*, cum jussisset Timotheum *attendere sibi ipsi et doctrinae*, addit: *Nam si feceris, et te ipsum servabis* (σώσεις) *et eos, qui te audierint.*

§ 15.

Definitur ministerium ecclesiasticum, quod sit[a] officium publicum, a[b] Deo ordinatum, in quo certae personae, legitime vocatae et ordinatae, verbum[c] Dei docent, sacramenta administrant, peccata remittunt ac retinent et caetera, quae ad ecclesiam pertinent, curant ac dirigunt, ad[d] hominum conversionem, sanctificationem et salutem aeternam.

a) Quod commune ei est cum officio magistratus, ac generis locum recte subit.

b) Ita causa efficiens denotatur. Vid. § 2.

c) In quo ipsum officium hoc formaliter consistit. Vid. § 7.

d) Finis *cui* et *cujus* ministerii indicatur. Vid. §§ 13. 14.

Caput XV.

DE MAGISTRATU POLITICO.

§ 1.

Alter status, qui in ecclesia[a] locum habet, eorum est, qui, civili potestate pollentes, caeteris praesunt atque adeo salutis publicae curam sibi commissam habent, et vulgo magistratus[b] dicuntur.

a) Ita quidem *hoc loco* magistratum praecipue spectamus, quamvis *alias* etiam extra ecclesiam apud omnes gentes saniores deprehendatur, quippe *natura* postulante ordinem imperantium et parentium in societate communi.

BRENTIUS: „Civitas non est in ecclesia, sed ecclesia in civitate." (Gelehrter Männer Briefe an die Könige in Dänemark von Schumacher. III, 193. sq.) *Optatus Milevitanus:* „Non respublica est in ecclesia, sed ecclesia in republica est." (De schismate Donatistarum. III, 3.)

LUTHERUS: „Tres hierarchias ordinavit Deus contra diabolum, scl. oeconomiam, politiam *et* ecclesiam." (Disp. de illo dicto: Vade, vende etc. 1539. Opp. lat. Jenens. Tom. I, fol. 524. b.)

IDEM: „Clamamus et pugnamus summo studio, ut conservetur certa et diserta atque indubitata distinctio et propria cujusque status definitio, quod *oeconomia* pertineat ad *gubernationem liberorum ac familiae,* ut parentes regant domum; ut *politici principes* gubernent *rempublicam,* subditi obediant; item, ut in *ecclesia* doceatur cognitio filii Dei, ut credentes omnes consentiant in eundem infantem nobis datum et natum, ut occidamus peccatum, ut adjuvemus et sublevemus fratrem lapsum etc. . . Haec distinctio inter politiam, oeconomiam et ecclesiam diligenter servanda est, et unaquaeque intra suos terminos coërcenda. Et quamvis summis viribus in hoc incubuerimus, tamen satan non finem faciet haec miscendi ac turbandi, nec unquam defuturi sunt, qui se intra terminos suae functionis non sint contenturi. Spirituosi, fanatici ac seditiosi *doctores,* non contenti suo munere, politicam etiam administrationem sibi sumunt. Contra *politicus magistratus* ac principes mittunt suam etiam falcem in messem alienam, manusque suas admovent *ecclesiae gubernationi* et hic quoque imperium sibi sumunt. Sic satan semper habet, qui nobis hic turbas moveant et suae vocationis praescriptos limites excedant. Quare opera danda est magna, ut probe et distincte conserventur definitiones hierarchiarum divinitus institutarum. . . Docemus, quamlibet hierarchiam esse divinam aut divinitus institutam, nullam contemnimus. Sed in hoc laboramus, ne *misceantur;* mixtura hic non valet. Si politia cum oeconomia miscetur, fiunt stupra et alia horrenda flagitia; si oeconomia cum politia, fiunt tyrannides, si cum ecclesia, fiunt haereses. Breviter, quando miscentur haec, tum diabolus operatur. Ex operibus autem diaboli nihil fit boni. Prophetae ergo praedixerunt, *ecclesiam fore regnum distinctum a mundi regno, non politicum, nec oeconomicum, sed spirituale."* (Enarratio uberior cap. IX. et LIII. Esaiae. Vid. Exeget. opp. lat. Erlang. Vol. XXIII, p. 385. sq.)

RUDELBACHIUS: „Sartorius erneuert die Behauptung, die Lehre von den *drei Ständen* müsse unser Leitstern und Kanon sein in Darlegung der mit eigenthümlichen Schwierigkeiten behafteten protestantisch-kirchenrechtlichen Momente, und wirft mir die Beschuldigung zu: ,*es sei irrthümlich und ganz unlutherisch, dass ich diese lutherische Lehre willkürlich verkürzt und, die Obrigkeit beseitigend, nur die zwei Ordnungen der Lehrer und Hörer, der Geistlichen und Laien anerkennen wolle.'* Gegen päbstliche Gewaltthat werden (in den Schmalkald. Art.) die praecipua membra ecclesiae (ein Ausdruck, welchen man damals keineswegs so wie später betonte) aufgerufen, ihre Pflicht zu bedenken, für die Förderung der wahren Religion, dass diese nämlich ungehindert sich aussprechen könne, zu sorgen; keineswegs aber wird damit diesen praecipuis membris ein Stück der *Kirchengewalt* oder das Ganze eingeräumt, welches alle früheren und späteren Sätze dieses Abschnittes umstossen würde. . . Wir haben erkannt und klar erwiesen, dass in den *Bekenntnissschriften* unserer Kirche auch nicht ein Laut vorkommt von der Anwendung der Lehre von den drei Ständen auf die organische Darstellung des Verhältnisses zwischen Kirche und Staat. Im Gegentheil wehren diese Schriften mit allem Fleiss der daraus entspringenden Confusion und wollen die Lehre von der Scheidung zwischen geistlicher und weltlicher Macht, zwischen politica gubernatio und judicium eccles. (jus ecclesiarum) als ein evangelisches Gemeingut, als einen reformatorischen Anker angesehen wissen. Wie fern *Luther* (bei aller seiner Anerkennung des Heilsamen und für die Gewissen Tröstlichen in der Lehre, dass alle Stände von Gott geheiliget und die Verheissung seiner Gnade haben) davon war, die Lehre von den drei Ständen der Theorie über die Kirchengewalt einzupropfen, und wie verkehrt also die thun, welche, wie Dr. Sartorius, diesen Missgriff als das präservativ und eigenthümlich Lutherische festhalten wollen, davon möchten folgende Aussprüche ein vollgültiges Zeugniss ablegen" u. s. w. (Die Lehre der luth. Bekenntnissschriften von den Grenzen der Kirchen- und Staatsgewalt. Vid. Zeitschrift für die gesammte luth. Theol. und Kirche. 1840.)

LUTHERUS: „Politia ante peccatum nulla fuit, neque enim ea opus fuit, est enim politia remedium necessarium naturae corruptae; oportet enim cupiditatem constringi vinculis legum et poenis, ne libere vagetur... Nullus fuisset tum raptor, homicida, fur, obtrectator, mendax, quid igitur legibus, quid politia fuisset opus, quae est ceu cauterium et horribilis medicina, per quam noxia membra praescinduntur, ut reliqua salventur." (Ad Gen. 2, 16. Exeget. Opp. lat. Erlang. I, 130.)

b) Juxta *latiorem* significationem vocis, quatenus *quamlibet* potestatem imperandi atque adeo etiam, imo inprimis, *supremam* potestatem denotat, licet in scholis politicorum fere strictius accipiatur pro potestate inferiore.

§ 2.

Causa *efficiens* officii magistratus *cum* in se,[a] *tum* quatenus a certis personis[b] geritur et administratur, est Deus[c] Trinunus[d] et Christus secundum humanam[e] naturam.

a) Seu quatenus *abstractive* et formaliter spectatur; prout instituitur et certis legibus determinatur ad certum finem.

b) Sive *concretive* spectatus, ratione subjecti, cui confertur et competit potestas et officium illud.

c) Ad hunc enim auctorem referendus est ille *instinctus naturae*, per quem omnes gentes ad statum talem in societatibus publicis constituendum et conservandum feruntur, ita ut necessitatem hujus status ad conservandam honestatem ac tranquillitatem publicam ductu luminis naturae agnoverint. Vid. b. *Mus.* Ableinung der Verl. von der Gewiss. Secte, p. 56. 65. 66. Accedunt *dicta* Scripturae: *Proverb. 8, 15. Rom. 13, 1. Deut. 1, 17.*, itemque *exempla* magistratuum a Deo ipso constitutorum, *Exod. 3, 10.*, et *signa* plurima *providentiae* divinae in custodiendis magistratibus.

CATECHISMUS MAJOR: „*Aus der Eltern Oberkeit fleusst und breitet sich aus alle andere.* Denn wo ein Vater nicht allein vermag sein Kind aufzuziehen, nimmt er einen Schulmeister dazu, der es lehre; ist er zu schwach, so nimmt er seine Freunde oder Nachbarn zu Hilfe; gehet er abe, so befiehlt er und übergibt das Regiment und Oberhand andern, die man dazu ordnet. Item, so muss er auch Gesind, Knecht und Mägde zum Hausregiment unter ihm haben, also, dass alle, die man Herren heisset, an der Eltern Statt sind und von ihnen Kraft und Macht zu regieren nehmen müssen. Daher sie auch nach der Schrift alle Väter heissen, als die in ihrem Regiment das Vateramt treiben, und väterlich Herz gegen die Ihren tragen sollen. Wie auch von Alters her die Römer und andere Sprachen Herren und Frauen im Haus patres et matres familias, das ist, Hausväter und Hausmütter genennt haben. Also auch ihre Landesfürsten und Oberherren haben sie patres patriae, das ist, Väter des ganzen Landes geheissen, uns, die wir Christen sein wollen, zu grossen Schanden, dass wir sie nicht auch also heissen oder zum wenigsten dafür halten und ehren." (Lib. Concord. p. 412. sq.)

LUTHERUS: "Es hat Gott noch nie zu keinem gesagt: nimm das Land oder Königreich ein, ohne alleine zu den Juden. Er hat aber eingesetzet der *Eltern Gewalt*, welche die grösste und beste ist über die Kinder und Gesinde; die ist unserm ersten Vater Adam mit ausgedrückten Worten befohlen. Darnach hat er es wieder durch Mosen (2 Mos. 20, 12.) geboten: ,Du sollst Vater und Mutter ehren.' Darum ist diese Gewalt grösser, denn aller Könige oder Kaiser Gewalt, ja, die näheste nach Gott. Daher man im Alten Testament (2 Mos. 21, 7.) lieset, dass ein Vater Macht hatte, sein Kind zu verkaufen. Diese Gewalt ist nun darum gegeben und eingesetzet, dass man die Kinder ziehen soll und Gottes Wort lehren, Gott erkennen, fürchten und ihm glauben, also, dass ein Vater eigentlich ein Bischof und Pfarrherr seines Hauses sein soll. Denn ihm eben das Amt gebühret über seine Kinder und Gesinde, das einem Bischof gebühret über sein Volk. *Darzu hat Gott den Vätern* (5 Mos. 21, 21.) *über das fürnehmste Amt auch die Gewalt des weltlichen Schwerts gegeben*, dass er möchte, wie gesagt, sein Kind verkaufen, ja, auch tödten, wenn er nicht recht gehorchen wollte. Dass ihm beide, geistliche und leibliche Gewalt gegeben ist. Was ist es denn, dass Gott das weltliche Schwert und Gewalt geordnet und geboten hat, dass man ihr unterthan sei? Das ist es: als die Kinder den Eltern nicht wollten gehorsam sein, wie es sich noch wohl begibet, dass ein Vater ein ungerathenes Kind hat, das er nicht bezwingen kann, wird zu muthwillig und laufet von den Eltern; item, dass einem die Eltern nun gestorben sind, der frei und ruchlos nach seinem Willen leben und niemand gehorchen will, hat Gott dennoch die Welt nicht wollen so unordig ohne Zwang und Oberhand bleiben lassen, darum hat er das Schwert aufkommen lassen, dass man die Buben strafete, sonst dürfte man sein nirgend zu. Wo nun *jene* Gewalt nichts schaffen noch wehren kann, so hat Gott *diese* Gewalt geordnet und bestätigt, und hat Gefallen daran. Wenn jene im Schwange bliebe, dürfte man dieser nicht; weil sie aber zu schwach ist, muss man jene haben, auf dass der Henker zwinge, die sich von ihren Eltern nicht ziehen lassen." (Pred. über das 1. B. Mosis. 1527. III, 285. sqq.)

KROMAYERUS: "Objiciunt (Anabaptistae) ex c. Gen. 10, 8., Nimrodum ex maledicta Chami posteritate ortum, tanquam robustum venatorem, *primum* sibi magistratum rapuisse. Unde patet, ex violentia magistratus coepisse. Sed respondemus, . . inter magistratum legitimum et tyrannicum esse distinguendum. Nec prima haec est origo magistratus, cum Deus sanguinem istius, qui sanguinem humanum fuderit, *statim* post cataclysmum fundere jubeat. *Fuit autem tum temporis magistratus penes capita familiarum, sed aucto genere humano in certas quasdam personas collatus.*" (Th. posit.-pol. I, 755.)

IDEM: "Dicitur quidem (magitratus) κτίσις ἀνθρωπίνη 1 Pet. 2, 13., non tamen ratione causae efficientis, sed materialis sive subjecti, in quo recipitur θεία κτίσις, quae est ex filiis hominum, uti syriaca paraphrasis habet." (Th. posit.-pol. II, 557.)

ANTITHESIS.

QUENSTEDTIUS: "*Antithesis:* 1. *Anabaptistarum et Weigelianorum*, qui negant, magistratum esse Dei ordinationem; quod si expressis Scripturae dictis convicti idipsum coguntur concedere, respondent:

magistratum ea ratione esse ordinationem et ministrum Dei, sicut Nebucadnezar fuit minister Dei in puniendis Israelitis, in evertenda Tyro, Jer. 25, 9. 27, 6., et sicut Attila flagellum Dei sese nominabat, vel sicut carnifex dicitur minister judicis ac diabolus minister Dei, quando exequitur ejus iram, 1 Reg. 22, 22. etc. Vid. Confession. Harlem. a. 37. Weigelium P. 2. Post. p. 158. et 337.; 2. *Cujusdam Paludani*, qui indirecte et oblique labefactat divinam magistratus institutionem, quia sc. ea duntaxat ratione magistratus ordinem a Deo esse censet, quod homini ratio sit indita et notitia legum naturae, quae judicat, hunc statum inter homines esse necessarium." (Th. did.-pol. P. IV. c. 13. s. 2. q. 2. f. 1542.)

d) Non enim hic distinctio inter personas divinas locum habet, quando sapientia, auctoritas, bonitas et potentia divina, unde magistratus humanus originem trahit, omnibus tribus personis communis est.

e) Ita enim non solum in diebus carnis approbavit officium magistratus, tanquam tale, quod etiam homini christiano conveniat, prout *Marci 15, 43.* legimus, *Josephum Arimathaeum*, licet *amicus* Christi esset, *expectans regnum* Dei, tamen senatoris officio simul functum fuisse, et *Joh. 4, 46. 53.* Christus, *officialis regii fidem* laudans, non jussit eum deponere munus, verum etiam ad dextram Dei exaltatus, sicut universum orbem terrarum, ita in eo etiam magistratus tuetur ac regit.

ANTITHESIS.

QUENSTEDTIUS: „*Antithesis:* 1. *Anabaptistarum*, statuentium, regium statum seu magistratus officium Deo improbari nec esse statum sanctum, Deo placentem, in quo christianus tempore N. T. illaesa conscientia vivere possit, unde et gladio ac armata manu contra magistratum pugnarunt a. 1525. . . 2. *Carlstadii, Weigelianorum et Quackerorum*, qui idem statuunt; itemque *Socinianorum*, qui per suas hypotheses magistratum evertunt. Vid. Ostorodum Instit. Germ. c. 28. p. 182. sq. Wolzogenius vero Socinianus diserte ait: ‚Magistratus est status christianis prohibitus, non habet locum in regno Christi; qui eum gerit, is sciat, se non esse in numero electorum filiorum Dei; regnum Christi spirituale est, in quo civilis dominatio non habet locum; magistratus imperium necesse est deponat, sceptrumque suum ac coronam ad Christi pedes subjiciat, se vero regimini ecclesiae subjiciat, N. B., si ab ea pro membro suscipi velit.' Tom. 2. Oper. f. 268. sq. Ast is a caeteris confutatur, qui nobiscum fatentur, magistratum a christianis salva conscientia geri posse etc., licet, uti dictum, per hypotheses suas eundem evertere videantur." (L. c. q. 3. f. 1546.)

§ 3.

Committitur autem magistratus officium certis personis a Deo vel *immediate*[a] et nulla hominum opera arbitraria intercedente, vel *mediate*[b] sive intercedentibus hominum consiliis et opera voluntaria, vel per *electionem,*[c] vel per *successionem,*[d] vel per *occupationem* legitimam.[e]

a) Ita olim Moses *Exod. 3, 10.*, Josua *Num. 26, 18. Deut. 3, 28.*, Saul *1 Sam. 9, 15. sqq.* et David *cap. 16, 12.* ad imperium pervenerunt.

b) Quae ratio *hodie sola* valet; comprehenditur etiam in loco Pauli (cujus tempore magistratus ethnicus erat), *Rom. 13, 1.* Atque *modus* pertingendi ad imperium, quatenus a libera voluntate hominum dependet, *variare* solet, licet, ut *aliquis* sit magistratus, *naturali rationis* dictamine, atque ita a Deo ipso, definitum sit.

c) Ut per *suffragia* eorum, qui jus eligendi habent; quo etiam pertinet, quando a superioribus magistratibus inferiores eliguntur aut constituuntur.

> GERHARDUS: „In imperio constituendo jus ac potestas constituendi sibi magistratum jure naturali et gentium est penes populum. Cum enim populus imperii commoda sentiat ejusque onera perferre cogatur, ideo aequum est, ut penes ipsum sit potestas eligendi, cui parere velit. Nec hoc a jure divino discrepat, sed ab eo potius confirmatur, sic namque populum Israeliticum alloquitur Dominus Deut. 17, 15.: ‚Eum constitues regem, quem Dominus tuus elegerit‘; 1 Sam. 8, 19. ad Samuelem dicit populus: ‚Rex erit super nos.‘ Herodot. l. 1.: ‚Reges primum a populis electi sunt.‘ . . Naturae et temporis ratione priores sunt subditi, quam principes, neque enim principes constituerunt sibi subditos (loquimur autem de principibus populi suffragio electis, non de tyrannis, violentis regnorum occupatoribus), sed subditi constituerunt sibi principes; ergo principes sunt propter subditos et commodis subditorum servire debent, non autem subditi propter principes quasi libidini ipsorum sint expositi." (L. de magistratu polit. § 89.)

d) Quando *jure haereditario* a parentibus liberi, aut ab agnatis consanguinei imperium accipiunt.

e) Quando *bello legitimo* devicti hostes subjiciuntur victori, a quo conservantur.

> HUELSEMANNUS: „Rationes nostrae sunt: 1. Quia apostolus jubet dari census ἐξουσίαις ὑπερεχούσαις, h. e., *potestati de praesenti imperium tenenti*, Rom. 13, 1. 7., *sine restrictione ad modum acquirendi*. 2. Qui de praesenti portat onera et curas reipublicae, illi debetur merces de praesenti. At vero qui *injuste quidem rempublicam occupavit*, conservat autem eam juste, is portat onera et curas reipublicae de praesenti. E. 3. Ab absurdo; si, neglecta qualitate praesentis regiminis, non prius esset dandus census praesenti magistratui, nisi ante legitimato titulo primae acquisitionis, sequetur, neque caesari neque ulli facile principi danda esse tributa, quia nemo eorum sine ulla contradictione possidet, quantumcunque possidet, adeoque, si, quamdiu nondum cessat contradictio, tam diu non est habendus pro liquido et legitimo domino, nunquam erunt solvenda tributa. Quo posito, societas humana, nedum christiana, dissolvetur in meras seditiones et latrocinia." (Praelect. F. C. p. 522. sq.)

> HOLLAZIUS: „Non est sermo impraesentiarum de modis et mediis *illicitis*, quibus nonnulli imperium rapiunt, qualia sunt: *occupatio violenta* per bellum illegitimum et tyrannicam aliorum oppressionem, *invasio fraudulenta* per technas et sollicitationes animorum, et *acquisitio per largitionem* sive per pecuniam et munera." (Exam. th. Ed. R. Teller, p. 1354.)

§ 4.

Versatur autem potestas atque officium magistratus circa[a] omnia, a quibus salus reipublicae[b] pendet, adeoque circa res cum[c] *civiles*, tum[d] *sacras, modo tamen*[e] *diverso.*

a) Tanquam *objectum* suum. Loquimur autem de magistratu κατ᾽ ἐξοχήν sic dicto, aut summa potestate. Nam magistratuum inferiorum restricta potestas est neque ad omnia se extendit, sive sacra spectes, sive profana; sed in assignatis sibi a supremo magistratu limitibus pro certa negotiorum atque objectorum ratione se continere debet.

b) Quod patet ex consideratione *finis*, de quo infra videbimus.

c) Quae pertinent *ad* honestatem vitae singulorum atque omnium, *ad* securitatem quoque civium et bonorum hujus vitae affluentiam.

d) Quae ad *cultum* Dei et *salutem* aeternam animarum spectant. Quod autem res sacrae ad curam *magistratus* pertineant, ipsis etiam *gentilibus* quodammodo innotuit. Ac *religionem* quidem *praecipuum* (τὸ κύριον) esse eorum, *in quibus salus reipublicae* consistit, atque adeo imperantibus inprimis commendatam esse debere, ipse Aristoteles docuit IIX. *Polit.* cap. 8. In V. Test. autem custodia *legis* totius, quoad *utramque tabulam* decalogi, principibus commissa fuit. Vid. *Deut. 17, 18. 19. Josuae 1, 7. 2 Reg. 11, 12. 2 Chron. 23, 11.*

AUG. CONF.: „Dieweil nun die Gewalt der Kirchen oder Bischöfen ewige Güter gibt, und allein durch das Predigtamt geübt und getrieben wird, so hindert sie die Polizei und das weltliche Regiment nichts überall. Denn das weltliche Regiment gehet mit viel andern Sachen um denn das Evangelium; welche Gewalt schützt nicht die Seelen, sondern Leib und Gut wider äusserliche Gewalt mit dem Schwert und leiblichen Pönen. Darum soll man die zwei Regiment, das geistliche und weltliche, nicht in einander mengen und werfen." (Artic. XXVIII. p. 63.)

APOLOGIA A. C.: „Hic totus locus de *discrimine regni Christi et regni civilis* literis nostrorum utiliter illustratus est, quod regnum Christi sit spirituale, hoc est, in corde notitiam Dei et fidem, justitiam aeternam et vitam aeternam inchoans, interim *foris* sinat nos uti politicis ordinationibus legitimis quarumcunque gentium, inter quas vivimus, sicut sinit nos uti medicina aut architectonica aut cibo, potu, aëre." (Artic. XVI. p. 215. § 54.)

HESHUSIUS: „Und ist ganz fein von Aristoteles gesagt: ‚Magistratus est custos legis', die Obrigkeit ist eine Schutzherrin des Gesetzes. Es führt aber die Obrigkeit nicht das *ganze* Gesetz, sondern nur ein Stücklein davon, nämlich so viel die *äusserliche Zucht und Gehorsam* belanget, den die weltliche Herrschaft richten kann." (Von Amt und Gewalt der Pfarrherrn. Herausgeg. von Dr. Schütz. Leipz. 1854. p. 12.)

e) Quemadmodum ex proxime sequentibus patebit.

§ 5.

Res *civiles* quidem *per se* subjacent potestati magistratus, ut pro suo[a] arbitrio de omnibus praecipere ac disponere possit, modo juri naturali[b] ac divino[c] non repugnet.[d]

a) Loquimur autem et *hic* de magistratu *supremo, seu majestate,* quae *potestatem legibus solutam* denotare vulgo dicitur. *Alias* certum est, magistratus inferiores dependere etiam quoad ea, quae jure naturali definita non sunt, a potestate superiore, neque habere plenam agendi licentiam.

b) Nam *legibus naturae,* quae cum lege Dei aeterna et immutabili eaedem sunt, obligatur magistratus, *cum* ex ratione materiae subjectae, *tum* voluntate Dei, velut summi Domini, proxime quidem ad *obsequium,* deficiente autem obsequio, ad *culpam* et *poenam,* ac poenam *quidem,* si non *in hac vita,* certe *non* per alium in terris superiorem, *post hanc vitam* tamen, quando poenitentia non intercesserit, indubie luendam.

c) Nempe etiam *positivae* leges *divinae,* quae a magistratibus latae sunt, eos obligant vi dominii supremi Dei in omnes homines.

d) In caeteris autem, seu quoad *leges humanas mere positivas,* libera plane est majestas, cum *nec* materia legis obligare eam possit, *neque* agnoscat majestas alium in terris superiorem. Itaque potius *aliis* ipsa leges ferre, et non solum leges naturae ac divinam urgere, verum etiam, quae in illis determinata non sunt, definire, praecipere ac disponere de iis potest.

§ 6.

Quod autem ad *res sacra*s attinet, *dogmata* quidem fidei secundum se non subsunt potestati[a] magistratus, ex *actionibus* etiam divinitus praescriptis *illas,* quae omnibus christianis communes sunt, magistratus ipse observare et exercere,[b] quae vero ministris ecclesiae propriae[c] sunt, iisdem relinquere, non sibi vendicare debet. Sicut autem rebus sacris annumerari solent reliqua *omnia,* quae ad cultum Dei ordinantur et *vel* ad verae religionis conservationem, *vel* ad ejusdem collapsae instaurationem faciunt: ita agnoscendum est, illa suo modo cadere sub potestatem magistratus.[d]

a) Hoc ipso enim, quod a Deo determinata et, tanquam credenda, hominibus revelata sunt, ipsum etiam magistratum obligant, non autem licentiam aliquid mutandi relinquunt. Vid. *Gal. 1, 9. Deut. 4, 2. cap. 5, 32. cap. 12, 32.*

b) V. g. actiones christianarum *virtutum* quarumvis, et sic etiam, quae ad *cultum publicum* atque ad *usum sacramentorum* attinent.

c) V. g. docere publice in ecclesia, administrare sacramenta.

d) Prout *1 Tim. 2, 2.* dicitur, curam magistratus eo tendere, ut *vitam quietam agamus in omni* non solum *honestate,* sed et *pietate.* Et sic fatendum est, jura summarum potestatum ita occupari circa media perducendi subditos ad agnitionem et exercitium verae religionis, ut *proxime* quidem respiciant actus externos, *remote* tamen collineent ad ipsos actus internos, qui ad religionem spectant. Vid. b. *Mus.* Diss. contra Tract. Theol. Polit. Scriptoris Anonymi de libertate philosoph. § 104. sqq.

> LUTHERUS: ,,Oberkeit soll nicht wehren, was jedermann lehren und glauben will, *es sei Evangelium oder Lügen;* ist genug, dass sie *Aufruhr und Unfried* zu lehren wehren.'' (Ermahnung zum Fr. auf die 12 Artikel der Bauerschaft. 1525. XVI, 64.)
>
> IDEM: ,,Dass sie vorwenden, fürstlich Amt streckt sich nicht dahin, solches'' (die Winkelmesse) ,,zu wehren, wissen wir fast wohl, dass Fürstenamt und Predigtamt nicht einerlei ist und *ein Fürst solches nicht zu thun hat.* Aber man fragt jetzt, ob ein Fürst *als ein Christ* hierin bewilligen wolle; und ist nicht die Frage, ob er hie *als ein Fürst* handle.'' (Schreiben an den Churf. 1530. XVI, 1711.) Cf. addita supra ad § 4. not. *c.*

§ 7.

Officium ipsum magistratus dispesci solet in *legislatorium,*[a] *judiciarium*[b] et *punitivum.*[c]

a) *Νομοθετικόν* juxta Graecos; cujus vi certae regulae *agendorum* et *omittendorum* praescribuntur illis, qui pars reipublicae aut subditi sunt; atque hi obligantur ad *ὑποταγήν* seu *subjectionem* et *paritionem.* Vid. *Rom. 13, 1. Tit. 3, 1.*

b) Ita ut *causas* dubias aut perplexas, quae *vel* privatorum sunt, *vel* societatem ipsam attinent, *cognoscant* et habita deliberatione *sententiam* ferant, in qua acquiescendum est subditis. Quale officium Paulus agnovit in *Felice,* praeside provinciae Judaicae, *Act. 24, 1. sqq.,* praecipue autem in *Caesare, Actor. 25, 10. 11.,* dicitur Graecis *δικαστικόν.*

ANTITHESIS.

> QUENSTEDTIUS: ,,*Antithesis: Anabaptistarum et Weigelianorum,* negantium, magistratui licitum esse, judicia exercere et christiano coram judicio disceptare.'' (L. c. s. 2. q. 7. f. 1576.)

c) Eos videlicet, qui legibus non parent, aut in sententia judicis non acquiescunt, compescendi aut flectendi, aut pro ratione delictorum *e societate civili* aut *vita* ipsa prorsus tollendi; de quo vid. *Rom. 13, 3.,* ubi dicitur, *principes terrori* esse *male agentibus,* et vers. 4., *potestatem* (**magistratus**) *ultorem* esse *ad iram* (*ἔκδικον εἰς ὀργήν*) *male agenti.* Plura dicemus infra § 10.

§ 8.

Speciatim, quoad *sacrorum* curam, pertinet ad magistratum, constituere idoneos ecclesiae *ministros*,[a] *scholas*[b] ac *templa*[c] erigere et conservare, ministris utrinque de honesta *sustentatione*[d] prospicere; *visitationes* et *concilia* instituere,[e] *leges* ecclesiasticas[f] condere ac tueri; *bona* ecclesiastica dispensare;[g] *disciplinam* ecclesiasticam conservare; in *haereticos*, itemque in *improbos* ecclesiarum et scholarum ministros aeque atque alios similes quosvis *inquirere* et, ut sese judicio sistant, *compellere;* convictos haereseos aut scelerum *punire;* manifestas et ab ecclesia damnatas *haereses* cultusque *idololatricos abrogare* et, ut ecclesia ab illis *purgetur*,[h] curare etc.[i]

a) Nempe eo modo, quo supra de ministerio ecclesiastico diximus, ad *totam ecclesiam* jus istud pertinere. *Non* enim *magistratus* sibi *soli,* refragantibus caeteris ordinibus, vendicare illud potest.

GERHARDUS: ,,Ministerii eccles. dignitati *repugnantia* sunt. . . 2. καισαροπαπία, qua quidam politico magistratui absolutum imperium in ecclesiae ministros vendicant, constitutionem ministerii ad regalia pertinere censent, pro libitu absque ecclesiae consensu ministros constituendi et iterum repudiandi, arbitratu proprio leges praescribendi potestatem ipsi tribuunt, disciplinae eccles. sese subjicere detrectant, Spiritui S. errores et flagitia taxanti capistrum injicere laborant.'' (L. de minist. eccl. § 369.)

M. CHEMNITIUS: ,,Ecclesiasticum ministerium pertinet ad regnum Christi; et quia Christus suum regnum et mundi regnum cum suis officiis vult distincta esse, ideo constitutio ministerii proprie non pertinet ad politica jura magistratus, sicut reliqua, quae vocantur regalia; sed quia politicus magistratus, si christianus et pius fuerit, *membrum est ecclesiae,* Ps. 47, ult.: ,Principes populorum aggregati sunt populo Dei Abraham' etc., et Ps. 102, 23.: ,In conveniendo populos in unum et reges, ut serviant Domino.''' (Enchirid. Ed. P. Chemnitius. 1600. pag. 25.)

LUTHERUS: ,,Vocatio et electio ministrorum praedicationis purae non est proprie et principaliter magistratus, sed ecclesiae. Si magistratus est fidelis et commembrum ecclesiae, vocat, non quia est magistratus, sed quia est commembrum ecclesiae. Regnum enim meum non est de hoc mundo, sed magistratus hujus mundi habet constituere principes, milites, equites, consules, senatores, quaestores, schultes, praefectos, Heimburger und Voigt. Quae officia sunt ei in hoc mundo necessaria. Verum Christus in suo regno cum sua sponsa habet aliud, sc. constituere officia et ministeria sui regni: apostolos, doctores, interpretes, evangelistas etc. Ideo adscendit in coelos.'' (Bedenken. 1536. Vid. Briefe, gesammelt von de Wette. VI, 179.)

b) Scilicet ut educentur, qui porro in ecclesia docere et reipublicae christianae prodesse possint. Unde etiam *academiarum* fundationem seu erectionem et curam huc pertinere, intelligitur.

c) Ad exercitium cultus divini in coetibus publicis servientia.

d) Ita *nutritii* ecclesiae dicuntur magistratus *Esaiae 49, 23.*

e) Ad exemplum piorum regum in V. Testam., v. g. *Davidis*
1 Chron. 28., *Josaphati 2 Chron. 17, 7. sqq.*, *Ezechiae cap. 29, 4.*

> LUTHERUS: „So uns jetzt das Evangelium durch überreiche, un-
> aussprechliche Gnade Gottes barmherziglich wiederkommen, oder wohl
> auch zuerst aufgangen ist, dadurch wir gesehen, wie elend die Chri-
> stenheit verwirret, zerstreuet und zerrissen ist, hätten wir auch das-
> selbige recht bischöfliche und Besuchamt, als aufs höchste vonnöthen,
> gerne wieder angericht gesehen, aber weil unser keiner dazu berufen
> oder gewissen Befehl hatte, und St. Petrus nicht will in der Christen-
> heit etwas schaffen lassen, man sei denn gewiss, dass Gottes Geschäft
> sei, 1 Petr. 4, 11., hat sichs keiner vor dem andern dürfen unterwinden.
> Da haben wir des *Gewissen* wollen spielen und zur *Liebe Amt* (welches
> allen Christen gemein und geboten) uns gehalten und demüthiglich
> mit [unterthäniger, fleissiger] Bitte angelanget den durchlauchtigsten,
> hochgebornen Fürsten und Herrn, Herrn Johannes, Herzog zu Sach-
> sen, . . . als des Landes Fürsten und unsere gewisse weltliche Obrig-
> keit, von Gott verordnet, dass Se. Churfürstl. Gnaden aus christlicher
> Liebe (*denn sie nach weltlicher Obrigkeit nicht schuldig sind*) und um
> Gottes willen, dem Evangelio zu gut und den elenden Christen in Sr.
> Churfürstl. Gnaden Landen zu Nutz und Heil, gnädiglich wollten et-
> liche tüchtige Personen zu solchem Amte fodern und ordnen. Welches
> denn Se. Churfürstl. Gnaden also gnädiglich durch Gottes Wohlgefallen
> gethan und angerichtet haben.“ (Unterricht der Visitatoren 1528.
> X, 1905. sq.)

f) Quamvis enim potestas, leges ecclesiasticas ferendi, *per se* ad
ecclesiam spectet, tamen ad magistratum, si is christianus sit, velut partem *praecipuam*, potissimum pertinet.   Ferri autem possunt leges *de*
exercitio cultus divini externo, *de* ceremoniis ac jejuniis etc. deque
ordinibus et functionibus ministrorum.   Vid. exemplum *Davidis*
1 Chron. 24. et sqq., Josaphati 2 Chron 19, 8. et cap. 20, 3.

> LUTHERUS: „Episcopus ut episcopus nullam habet potestatem
> super ecclesiam suam ullius traditionis aut ceremoniae imponendae,
> nisi consensu ecclesiae vel expresso vel tacito. . . Episcopus ut *prin-*
> *ceps* multo minus potest super ecclesiam imponere quidquam, quia hoc
> esset prorsus confundere has duas potestates, et tum vere esset allo-
> trioepiscopus, et nos si admitteremus eum, essemus paris sacrilegii
> rei.   Ibi potius est moriendum contra hanc iniquitatem et impietatem.
> Loquor de ecclesia distincta jam a civitate politica.   Episcopus *ut prin-*
> *ceps* potest suis subditis *ut subditis* imponere, quicquid visum fuerit,
> modo pium et licitum sit, et subditi tenentur obedire.   *Obediunt enim*
> *tunc non ut ecclesia, sed* ut cives.   Est enim et ecclesia persona duplex
> in eodem homine.   Sic Conradus a Thungen praecipiendo suis Francis
> ut dux Franciae jejunium aut aliud licitum cogit eos, qui ducem agnos-
> cunt, ad obedientiam, sed non eos, qui episcopum agnoscunt, sc. qui
> sunt sub aliorum principum dominio, etiamsi sint de ecclesia Herbipo-
> lensi.   Sicut Pomeranus cogit suum servum ad oeconomicam suam le-
> gem, sed non ecclesiam suam Wittenbergensem.   Quod tu de rege
> Ninive arguis, vides esse edictum mere politicum, non attento, an sit
> ecclesia vel gentilitas sub ipso.   *Sic si caesar praecipiat generaliter om-*
> *nibus jejunium, obedient etiam ii, qui sunt ecclesia, quia ecclesia est sub*
> *caesare secundum carnem, sed non obedit ut ecclesia.“* (Ep. Melanch-
> thoni missa a. 1530. Briefe, ges. von de Wette. IV, 106. sq.)

> BRENTIUS: „Quod ergo Christus ait: ‚Dic ecclesiae‘, non est in-
> telligendum de magno coetu ecclesiae, in quo est civilis magistratus et

qui pro sua vocatione tuetur publicam honestatem vitae, sed est intelligendum de parvo coetu, *cujus civilis magistratus non est membrum*, et in quo magistratus vel nullam habet functionem, *vel habetur tamquam privatus*, qualis coetus fuit comitatus Christi." (In scripturas Matthaei commentar. 1566. f. 602.)

ANTITHESES.

J. Ben. Carpzovius: ,,Magistratus et ministerium quasi optimates ad clavum sedent, *parendi gloria populo relicta.*" (Disputatt. academ. Lips. 1699. p. 1279.)

Rudelbachius: ,,Nicht um uns über die Väter zu erheben, die, selbst wo sie fehlten, das treue Herz gegen die Kirche bewahrten, sondern um der Wahrheit die Ehre zu geben, führen wir beispielsweise einige Widersprüche und Schwächen an. So wird z. B. die Obrigkeit (als solche) betrachtet als ein Theil der Kirche und doch soll sie episcopus nicht intra, sondern extra ecclesiam sein. Es wird einerseits dem Volk ausdrücklich das Berufungs- und Erwählungsrecht zugeschrieben, und bald dasselbe oder ein Theil davon (ecclesiae ministros vocare) der Obrigkeit (als solcher) vindicirt. Der letzteren wird als Pflicht und Recht vorgehalten, nicht nur überhaupt ,ecclesiam regere', sondern auch lites et controversias fidei dirimere, d. i., Glaubensstreitigkeiten beizulegen (welches letztere doch wohl ein internum ist), dann heisst's wiederum lediglich negativ, mit Ausschliessung aller interna: Die Obrigkeit kann nicht von jenem Theil der kirchlichen Gewalt zurückgewiesen werden, welcher das *äusserliche* Kirchenregiment betrifft. Alle diese Beispiele sind aus *Quenstedt* enlehnt, doch nicht bloss etwa, als ob sie bei *ihm* characteristisch hervorträten." (Die Lehre der luth. Bekenntnissschriften von den Grenzen der Kirchen- und Staatsgewalt. Vid. Zeitschrift für die gesammte luth. Th. u. Kirche. 1840.)

g) Vid. exemplum *Joasi 2 Reg. 12, 4. sqq.*, *Josiae 2 Reg. 22, 4.*

h) Vid. de his exempla *Salomonis*, Abiatharem a sacerdotio removentis, *1 Reg. 2, 26. 27.*, *Assae*, qui effeminatos e terra ejecit et sordes idolorum removit, *1 Reg. 15, 12.*, *Josaphati*, qui excelsa sustulit, *2 Chron. 17, 6.*, *Ezechiae*, qui cultum sacrum, remotis corruptelis et abominationibus, plenius restituit, *2 Reg. 18, 4.* et *2 Chron. 29, 5. sqq.*, *Josiae*, similia praestantis, *2 Reg. 23, 4. sqq. 2 Chron. 34, 3. sqq.*

Lutherus: ,,Nihil boni sperare possum, mi Daniel, de forma excommunicationis in aula vestra praesumta. Si enim futurum est, ut aulae velint gubernare ecclesias pro sua cupiditate, nullam dabit Deus benedictionem, et fient novissima pejora prioribus, quia, quod fit absque fide, non est bonum, quod autem absque vocatione fit, haud dubie absque fide fit, et dissolvitur. Aut igitur ipsi fiant pastores, praedicent, baptizent, visitent aegrotos, communicent et omnia ecclesiastica faciant aut desinant vocationes confundere, suas aulas curent, ecclesias relinquant his, qui ad eas vocati sunt, qui rationem Deo reddent. Non est ferendum, ut alii faciant, et nos ratione reddenda gravemur. Distincta volumus officia ecclesiae et aulae, aut deserere utrumque. Satan pergit esse satan. Sub papa miscuit ecclesiam politiae, sub nostro tempore vult miscere politiam ecclesiae. Sed nos resistemus Deo favente et studebimus pro nostra virili vocationes distinctas servare." (Ep. Danieli Cressero missa. 1543. Vid. Briefe, ges. von de Wette. V, 596.)

Idem: ,,Quod vos sperare videmini, ut exsecutio vel per ipsum principem fiat, valde incertum est, nec vellem politicum magistratum in id officii misceri, sed omnibus modis separari, ut staret vera et certa distinctio utriusque magistratus." (Epist. 1533. Vid. de Wette, IV, 462.)

IDEM: „Die Obrigkeit aber, so in diesem Stücke nicht thut, was ihr Amt erfordert, und öffentliche Aergernisse nicht ernstlich strafet, wie sie schuldig ist, sündiget gar schwerlich. Und wo sie auch über das der Kirchen Censur und Strafe hindert und will den Bann, wie denselben Christus eingesetzt und befohlen hat, nicht gestatten noch gehen lassen, fodert, hegt und hilft also zu Aergernissen, so wird sie aus Gottes Dienerin des leidigen Teufels in der Hölle leibeigener Knecht." (Ausl. des Proph. Joel. 1545. VI, 2406.)

IDEM: „Weil es denn einem jeglichen auf seinem Gewissen liegt, wie er gläubt oder nicht gläubt, und damit der weltlichen Gewalt kein Abbruch geschieht, soll sie auch zufrieden sein und ihres Dinges warten und lassen gläuben sonst oder so, wie man kann und will, und niemand mit Gewalt dringen... So sprichst du abermal: Ja, weltliche Gewalt zwingt nicht zu *glauben*, sondern wehret nur äusserlich,¹ dass man die Leute mit falscher Lehre nicht *verführe*; wie könnte man sonst den Ketzern wehren? Antw.: Das sollen die Bischöfe thun; denen ist solch Amt befohlen und nicht den Fürsten. Denn Ketzerei kann man nimmermehr mit Gewalt wehren, es gehört ein andrer Griff darzu, und ist hie ein andrer Streit und Handel, denn mit dem Schwert. *Gottes Wort* soll hie streiten; wenn das nichts ausricht, so wirds wohl unausgericht bleiben von weltlicher Gewalt, ob sie gleich die Welt mit Blut füllet. Ketzerei ist ein geistlich Ding, das kann man mit keinem Eisen hauen, mit keinem Feuer verbrennen, mit keinem Wasser ertränken. Es ist aber allein Gottes Wort da, das thuts, wie Paulus sagt 2 Cor. 10, 4. 5." (Schrift von weltlicher Obrigkeit. 1523. X, 455. 461. sq.)

ANTITHESIS.

QUENSTEDTIUS: „*Antithesis:* 1. *Pontificiorum*, qui haereticos capitali supplicio afficiendos esse statuunt et hanc suam sanguinariam opinionem et scriptis propugnant et viva praxi confirmant. Thomas secunda secundae q. 10. a. 8. sex argumentis probare conatur, haereticos ultimo supplicio esse afficiendos. Idem compluribus rationibus evincere conatur Gregorius de Valentia T. 3. disp. 1. q. 11. punct. 3. Bellarminus l. 3. de Laic. c. 21.: ,Nos ostendemus', inquit, ,haereticos incorrigibiles ac praesertim relapsos posse ac debere ab ecclesia rejici et a saecularibus potestatibus temporalibus poenis atque ipsa etiam morte mulctari.' Maldonatus Com. ad Luc. 9. p. 96. ait: ,Comburendi sunt tanquam proditores et transfugae haeretici.' Anton. Sanctarellus tr. de haeres. inquit: ,Justam esse poenam capitis, quae in haereticos pronunciatur'... Praxin demonstrat inquisitio Hispanica... Addatur historia rerum in Gallia, Belgio, Anglia, Germania aliisque regnis et provinciis superiori saeculo gestarum. Vid. Gerhardus l. c. § 315... 2. *Calvinianorum*, de quibus Zanchius T. 2. Miscell. in c. de magistratu sic scribit: ,Omnes fere ex nostratibus hujus suam sententiae, quod haeretici sint gladio puniendi. Bucanus in Inst. th. L. 49. § 777. quaestionem proponit: ,an magistratui liceat in haereticos gladio civili animadvertere', ad quam respondet affirmative. Idem statuunt Beza in libro contra Wilhel. Holderum et Jac. Andreae p. 121. sq., Bullingerus conc. 18. f. 89., Aretius in Historia Valent. Gentilis, Danaeus in Ethica christ. l. 2. c. 13., Franc. Junius in defensione secund. de trinit. c. Samosatenianos p. 40." (L. c. s. 2. q. 6. f. 1565.)

i) Atque haec jura ecclesiastica in ecclesiis *Protestantium* per *Pacem Religiosam* in *principes* ac *status imperii* recte translata sunt; quae ante Reformationem episcopi pontificii, praesertim Romanus, excluso magistratu, sibi perperam arrogaverant.

LUTHERUS: „Müssen doch unsere weltlichen Herrschaften jetzt *Nothbischöfe* sein und uns Pfarrherren und Prediger (nachdem der Pabst und seine Rotte nicht darzu, sondern dawider thut) schützen und helfen, dass wir predigen, Kirchen und Schulen dienen können, wie Jesaias sagt Cap. 49, 23.: reges nutricii tui; Könige sollen dich nähren und Könige sollen dich säugen, wie sie denn vorzeiten schier allzureichlich gethan und, wo das Evangelium sie fromm gemacht hat, noch thun." (Exempel, einen rechten christl. Bischof zu weihen. 1542. XVII, 154.)

IDEM: „Darum bitte ich, wollet eurem befohlen Amt nach drein greifen und Er Jakob als untüchtig zum Prediger, weil er so gröblich in Hass, Neid, Ehrsucht und Stolz erfunden, dazu auch eure Vermahnung und Befehl verachtet, absetzen. Denn sollt man mit solcher Unlust unsern gnädigsten Herrn, der ohn das unser *einziger Nothbischof, weil sonst kein Bischof uns helfen will*, bemühen ohne Noth, möchts geachtet werden, als wolltet ihr, als denen es *befohlen*, nichts dazu thun und alles auf E. K. F. G. Hals schieben." (An die Visitatoren zu Sachsen. 1539. Briefe ges. von de Wette. V, 173.)

HESSHUSIUS: „Hie hebt sich nun die Frage, ob denn die löblichen Fürsten, Herrn, Grafen und Oberkeiten in Städten Unrecht daran gethan, dass sie angehendes Lichtes des Evangelii sich befleissigt, treue und rechtschaffene Lehrer ihren Unterthanen fürzustellen, damit sie aus der Finsterniss und Blindheit des Antichrists möchten errettet und zur ewigen Seligkeit durch die Erkenntniss des einigen Heilandes Jesu Christi gebracht werden. Darauf ich denn also antworte: Mir zweifelt ganz und gar nicht, die Fürsten, Herrn und Oberkeiten, so hin und wieder in ihren Landen und Gebieten, als ihnen die Wahrheit des Evangelii erschienen und sie von Gott erleuchtet sind worden, die Abgötterei, falsche Lehre und Greuel des antichristischen Pabstthums abgeschafft, die papistischen Wölfe von der Heerde Christi gestossen und Hirten und rechtschaffene Lehrer berufen, haben christlich, löblich und wohl daran gethan; denn die Gemeine zu der Zeit ihr Recht nicht gewusst noch erkannt hat, war auch durch die päbstlichen Lügen und Irrthümer so gar weit von Christo abgeführt, dass sie fast ungeschickt war, die Lehre zu richten und falsche Lehrer von treuen Predigern zu unterscheiden. Weil denn Gott der Allmächtige etlichen weltlichen Regenten die grosse Gnade erzeigt hat, dass sie Gottes Wort und Willen haben erkennen mögen, ists ihnen wohl angestanden, dass sie sich ihrer Unterthanen angenommen und ihnen das seligmachende Wort fürtragen lassen, damit sie auch zu der Erkenntniss des Heilandes Jesu Christi gebracht werden. Denn auch ihnen solches hat gebührt *nach christlicher Liebe Pflicht*, nach welcher ein *jeder* Mensch dem Nächsten zu Beförderung seiner Seligkeit zu dienen schuldig ist, laut des Spruches Luc. 22.: ,Wenn du dermaleinst dich bekehrest, so stärke deine Brüder.'" (Wer Gewalt, Fug und Recht habe, Prediger zu berufen. O 8.)

L. HARTMANNUS: „Ita etiam nostra memoria laudanda est nostrorum principum insignis pietas, qua subditis suis eruditos et idoneos praefecerunt doctores, *non ut ecclesiae suo jure spoliarentur*, sed quod populus nec jus suum intelligeret nec usurparet et judicium ejus veteribus erroribus impediretur, *patrocinium ejus susceperunt et vices ecclesiae* gesserunt... Nec tamen imaginandum est, pastorum electionem partem esse politici regiminis, aut in arbitrio magistratus sitam esse; nam ut diversissima sint munera civilis gubernatio et spiritualium rerum administratio; ut evangelii praedicatio, sacramentorum distributio, obstinatorum vel separatio vel excommunicatio non est pars politici regiminis neque ei subjecta est, ita nec ministrorum verbi vocatio. Regnum hoc Christus possidet; non ergo ratione ordinis politici, sed christianismi, cujus se socios profitentur, gubernatores obtinent jus vota sua conferendi in designatione pastorum, aut, populo abutente

sua potestate, ad magistratum, ut legum, pacis, justitiae ac inprimis
verae religionis constitutum custodem, pertinet, ecclesiae, quae nunquam intercidit, sed saepe improborum multitudine premitur, patrocinium suscipere ejusque jus et libertatem vindicare." (Pastoral. ev.
Ed. II. p. 76. 77. sq.)

GERHARDUS: ,,Quamvis ex constitutione Pacis religiosae a. 52.
Passavii sancita et a. 55. Augustae confirmatae lectores, principes ac
status imperii A. C. addicti jura episcopalia in suis territoriis sibi ven-
dicent, tamen exercitium eorum ita temperant, ut quaedam capita ipsimet non attingant, sed ecclesiae *ministris* relinquant, utpote praedicationem verbi et sacramentorum administrationem, potestatem clavium,
examen eligendorum ministrorum, eorum ordinationem etc.; quaedam
per *consistoriales et superintendentes* peragant, utpote ecclesiarum visi-
tationem, causarum eccles., ad quas etiam matrimoniales spectant, dijudicationem etc.; quaedam *sibi solis* immediate reservent, utpote constitutionum eccles. promulgationem, synodorum convocationem etc.;
quaedam denique *cum consensu ecclesiae* administrent, utpote electionem et vocationem ministrorum." (L. de minist. eccl. § 112.)

MELCH. ZEIDLERUS: ,,Factum est, ut jus episcopale ad principes
liberasque respublicas tamdiu devolveretur, *donec controversae religionis negotium transactum esset* et omnia in pristinum ecclesiae vere catholicae conformem statum redacta." (Notae in scrutatorem veritatis. 1689. Vid. Act. erudit. a. 1689. p. 474.)

§ 9.

Debet autem in ipsis sacris, quae potestati civili
subsunt, magistratus uti *consilio*[a] sincerorum ecclesiae
doctorum ac *pastorum.*[b]

a) Juxta mandatum divinum *Deut. 17, 18. Jos. 1, 7.* et exempla
laudatorum regum, *Davidis 1 Chron. 16. 17., Assae 2 Chron. 14. 15.,
Josaphati cap. 17. et 19., Ezechiae cap. 29. 30., Josiae cap. 34. 35.*

b) Atque hoc est, quod etiamnum hodie in nostris ecclesiis ad
rerum sacrarum directionem adhibetur a summis magistratibus *senatus
ecclesiasticus* vel *consistorium,* ex personis non solum politicis, verum
etiam ecclesiasticis constans, nec raro *collegia theologica academica* ab
ipsis magistratibus consuluntur.

V. E. LOESCHERUS: ,,Damals (1539) ist auch das erste sächsische
Consistorium zu Wittenberg geordnet worden, *wiewohl es keine Jurisdiction hatte.* . . 1543 ward zu Leipzig ein Consistorium, *jedoch ohne
Jurisdiction,* angeordnet, *darinnen, wie in dem Wittenbergischen, sich
jedermann informiren lassen konnte.* . . 1555 publicirte Churfürst
Augustus die *Landesordnung,* in welcher *viel von Kirchensachen* befind-
lich, und ordnete drei Consistoria zu Leipzig, Wittenberg und Meissen,
nebst einiger Jurisdiction." (Historie der kursächs. Kirchenordnung.
Vid. Unschuld. Nachrr. 1703. p. 24. sqq.)

IDEM: ,,Viele tief einsehende Theologen waren solcher Einrichtung der Consistorien damals entgegen, denn sie besorgten nicht ohne
Ursache, es würde die Kirchenfreiheit, das Reich Christi, der Lauf des
Evangelii, Zucht und Ordnung in Gefahr stehen. Man lese davon Lutheri, Melanchthonis, Flacii, Amsdorfii, Hesshusii und anderer Briefe
und Schriften und nur selbst Seckendorfium, so wird man sehen,
quanta trepidatione man zu solcher Einrichtung geschritten. . . Es ist

allerdings ein grosser Unterschied zwischen den *Presbyteriis und Consistoriis,* denn hier (haben) freilich die Regenten, nachdem sie die Kirche in ihren Schooss aufgenommen, dem Kirchenregiment ein *obrigkeitliches Gewicht* beigelegt, und sind nunmehr die Presbyteria mit der *weltlichen Jurisdiction* in so weit verbunden, *da vorhin das Kirchenregiment allein durch die innerliche Gewalt des Heiligen Geistes und durch die allen Societäten eigenen Einrichtungen geführt wurde.*" (L. c. 1724. p. 484. 486. sq.)

RUDELBACHIUS: „Die Consistorien sollten eine würdige Vertretung der Laien bilden, — aber man musste gestehen, dass nie die Rechte des christlichen Volks mehr hintangesetzt und preisgegeben waren." (L. c.)

LUTHERUS: „Extra conscientiam sollen sie (die Juristen) sprechen, nicht intra conscientiam; sie sollen haben jura corporum et formae, da fragen wir Theologen nichts nach. Aber dass sie wollen fallen in die Spiritualia und die conscientias regieren, das können wir nicht leiden. **Wir muessen das Consistorium zerreissen;** denn wir wollen kurzum die Juristen und den Pabst nicht darinnen haben. Die Juristen gehören nicht in ecclesiam mit ihren Processen." (Tischreden. XXII, 2210.)

§ 10.

Quia vero[a] magistratus christianus, praeter potestatem legislatoriam et judiciariam, etiam *vindicativam* habet, seu puniendi refractarios, certum est, hanc etiam ad *supplicia capitalia*[b] delinquentium se extendere.

a) Juxta ea, quae dicta sunt § 7.

b) Nimirum quod *Rom. 13, 4.* dicitur magistratum *gladium gerere ad iram,* idem est, ac posse eum, gladio mediante, non solum vulnerare, sed occidere improbos et contumaces. Et *Gen. 9, 6. decretum* habetur de *sanguine homicidae effundendo,* adeoque supplicio capitali homicidis inferendo ab his, qui Dei vicem in terris gerunt.

§ 11.

Potest etiam magistratus ad injustam vim hostium a subditis innocentibus totaque republica propulsandam[a] religionemque[b] et libertatem atque bona tuenda[c] *bellum* gerere.

a) Quod *jure naturae* permissum esse constat. Et in ipsa quoque *Scriptura* non solum olim in *Vet. Test.* Deus non una vice *jussit* bellum gerere populum suum et *rationem* belligerandi ipse *praescripsit,* verum etiam in *Nov. Test.* nemini viro militari, sacra christianorum suscipienti, necessitatem *deserendae militiae* impositam legimus. Et quando *Johannes* Baptista, *Luc. 3, 14., militibus* quaerentibus, *quid sibi factu opus esset?* respondet: *Estote contenti stipendiis,* utique supponit, stipendia mereri adeoque militare licere. Christus quoque *Matth. 8, 9. 10. 13.* et *Lucas Act. 10, 1. sqq. fidem* militum laudant eosque non obstante militari statu, *Deo acceptos* pronunciant.

ANTITHESIS.

QUENSTEDTIUS: „*Antithesis:* 1. *Quorundam patrum*, ut Origenis, qui scribit l. 2. c. Celsum, T. 2. p. 681.: ‚Bellum omne sublatum in N. T.‘; Lactantii, qui l. 6. Inst. c. 20. p. 504. sq. existimat: ‚Non decere fideles, ut bellum gerant‘; Hieronymi, qui inquit Epist. ad Geront. T. 1. p. 91. B.: ‚Olim bellatoribus dicebatur: accinge gladium tuum super femur tuum, potentissime; nunc Petro dicitur: converte gladium tuum in vaginam.‘ 2. *Manichaeorum*, qui bella illicita esse asseruerunt et hinc Abrahamum, Mosen, Davidem et caeteros V. T., qui bella gesserunt, ex sanctorum numero expungunt, malumque Deum in V. T. ab Israelitis cultum fuisse crediderunt, quia dicitur ‚vir belli‘ Exod. 15, 3... 3. *Anabaptistarum*, qui in magistratus politici functione abominantur, ut christianis indignum, jus gladii, h. e. negant, bella esse gerenda N. T. temporibus aut sanguinis effusione in facinorosos animadvertendum... 4. *Weigelianorum*, contendentium, 1.) nullum magistratum posse bona conscientia vel defensivum bellum suscipere..., 2.) nullum facinorosorum vita privandum... 5. *Socinianorum*, quos b. Gerhardus l. c. § 371. progeniem Anabaptistarum vocat, negantium, magistratum christianum posse ullum flagitiosum, fures praesertim et adulteros capitali supplicio afficere aut bellum gerere.“ (L. c. s. 2. q. 4. f. 1548. sq.)

b) Notanter dicimus, ad religionem *tuendam* armis uti licere magistratui. Ad *amplificandam* autem religionem sive infidelium religionem *corrigendam*, velut sub specie applicandi media conversionis, vi militari utendum esse negamus. Conf. Disp. *de Propagatione fidei per vim armorum* Anno 1686. sub praesidio nostro habitam. Sed neque a subditis, qui jus belligerandi non habent, contra magistratum religionem armis defendendam esse jubemus.

LUTHERUS: „Der Kaiser ist nicht das Haupt der Christenheit noch Beschirmer des Evangelii oder des Glaubens. Die Kirche und der Glaube müssen einen andern Schutzherrn haben, denn der Kaiser und Könige sind; sie sind gemeiniglich die ärgsten Feinde der Christenheit und des Glaubens, wie der zweite Psalm Vers 2. sagt, und die Kirche allenthalben klagt... Des Kaisers Schwert hat nichts zu schaffen mit dem Glauben, es gehört in leibliche, weltliche Sachen, auf dass nicht Gott auf uns zornig werde, so wir seine Ordnung verkehren und verwirren, er wiederum sich auch verkehre und verwirre uns in allem Unglück, wie geschrieben stehet: ‚Mit den Verkehrten verkehrest du dich.‘ Ps. 18, 27.“ (Vom Kriege wider die Türken. 1529. XX, 2665.)

c) Imo etiam ad ablata recuperanda, quando satisfactio alias obtineri nequit.

§ 12.

Sollicite tamen *cavendum* est, 1. *ne* ad bellum, quamdiu[a] leniora media praesto sunt, accedatur, *neque* 2. ad libidinem[b] explendam; sed publicae salutis ac tranquillitatis causa, denique 3. *non* nisi modo[c] ac mediis legitimis bellum geratur.

a) Nempe ut bellum ratione *causae impulsivae* sit justum.

b) Quae spectant ad justitiam belli ex parte *causae finalis*.

c) Ita ut *a Deo* auxilium sine vana humanarum virium fiducia petatur, *disciplina* militaris accurate observetur, nec sub specie honestorum *stratagematum* exerceantur, quae contra jus gentium aut naturae fiunt ac tantum insignem fraudulentiam aut crudelitatem arguunt. Sic enim potius bellum etiam ex parte *modi* justum esse oportet.

§ 13.

Correlatum[a] supremi magistratus sunt *subditi* eoque nomine intelliguntur omnes,[b] qui in republica continentur, nec tamen sunt magistratus ipse, neque differentia est inter *laicos* atque *clericos*.[c]

a) Nam et vox magistratus relativa est et spectat eos, quibus imperatur.

b) Prout Paulus *Rom. 13, 1.* scribit: *Omnis anima potestati magistratus sit subdita.* Et pulchre *Bernhardus*, Ep. XLII.: *Si quis tentat excipere, conatur decipere.*

c) Quatenus quidem utrique spectantur ut *membra* reipublicae. Vid. exemplum ipsius Christi, qui se magistratui subjecit, *Matth. 17, 27. Joh. 19, 11.*, et *Pauli, Act. 25, 10. 11. 12. cap. 26, 32.* Alias enim, uti sacra dogmata et actiones divinitus definitas secundum se non subjacere potestati magistratus civilis, quantumvis supremi, dictum est § 6., sic ministros sacrorum hac ratione *non* subjici *simpliciter* magistratui civili, ut jussis eorum absolute et in quovis casu parere teneantur, non obscure intelligitur.

GERHARDUS: „Ut in spiritualibus magistratus debet obedire pastoribus, quia in illis et illorum respectu est ovis, ita in politicis ministri ecclesiarum debent obedire magistratui, quia in illis et illorum respectu ipsi quoque sunt oves. Princeps, quatenus princeps, divina ordinatione est caput reipublicae; qua christianus, est membrum ecclesiae ac societatis eccles. vindex." (L. de mag. polit. § 458.)

LUTHERUS: „Wo die Fürsten solches in einander mengen wollen, wie sie denn jetzt thun, so helfe uns Gott gnädiglich, dass wir nicht lange leben, auf dass wir solch Unglück nicht sehen, denn da muss alles in der christlichen Religion zu Trümmern fallen. Wie denn unter dem Pabstthum geschehen ist, da die Bischöfe zu weltlichen Fürsten worden sind. Und wenn jetzt die weltlichen Herren zu Päbsten und Bischöfen werden, dass man ihnen predige und sage, was sie gerne hören, so predige zu der Zeit der leidige Teufel; der wird auch predigen." (Ausl. des 1. und 2. Cap. Joh. 1537—38. VII, 1745.)

§ 14.

Et *subditi* quidem obligati sunt ad adhibendum magistratui *honorem*,[a] *obedientiam*,[b] *tributa*[c] et *preces*[d] pro salute ipsius[e] fundendas.

a) Sic Petrus *1. Ep. 2, 17.*: Τὸν βασιλέα τιμᾶτε.   Et Paulus *Rom. 13, 7.* de magistratibus quibuslibet loquens: Τῷ τὴν τιμὴν, τὴν τιμὴν; *cui honorem* debemus, *honorem reddendum* esse scribit; quo pertinent cum *interior* animi *reverentia*, tum *signa* honoris *externa.*

b) Vid. *Rom. 13, 1.*   Atque haec quidem se extendit ad omnia, quae *non* sunt *contra voluntatem Dei,* non autem longius, vid. *Actor. 4, 19. cap. 5, 29.*, imo et *si quid iniqui* postulet magistratus, tamen *modeste* denegandum est obsequium.

c) Vid. *Rom. 13, 6. 7.*

d) Vid. *1 Tim. 2, 2.*

e) Omnia autem illa non solum magistratui *fideli* ac *pio,* verum etiam *improbo* ac *infideli* praestari debent, quemadmodum ex *ll. cit.* manifeste colligi potest.

> DANNHAUERUS: *Nefas est gladium arripere subdito mere pureque tali;* alias (sententia est ipsius Barclaji l. 4. advers. Monarchomachos c. 16.), si rex partem habeat summi imperii, *partem alteram populus, senatus,* regi in partem non suam involanti vis juste opponi potest, quia eatenus imperium non habet; quod Hugo Grotius l. 1. de jure pacis et belli c. 4. n. 13. etiam locum habere censet, *si maxime belli potestas penes regem foret.* Id enim de bello *externo* judicandum est, cum alioquin, quisquis imperii summi summi partem habeat, non possit non jus habere, partem eam tuendi... (*Nefas est gladium arripere*) *in regem suum, qua talem, qui sc. in libertate sua regia sit constitutus* (nam si princeps seu ut captivus cogatur seu sponte velit alii alicui potestati hostili se praebere instrumentum ad proprium populum evertendum, jam non ut princeps considerandus, sed ut minister illius hostis, quem contra bellare licet). *Qui meus rex sit; latro* enim, qui privato nomine latrocinium vel piraticam exercet, meus rex non est; adversus hujusmodi vindictam omnia jura sumunt. Cujus affinis est *tyrannus titulo ac invasor imperii iniquus...* Fuit talis Abimelech, Attalia ac antichristus, quibus, ut morbis ut lupis, resisti debet; ,in reos majestatis et publicos hostes omnis homo miles est', ait Tert. in Apologet. Nec valet hic paralogismus: si omnis potestas est a Deo ac ideo irresistibilis, igitur nec tyrannidi injuste invadenti resistendum. Nam antecedens accipiendum est de potestate, quae justo titulo nititur, alias nec diabolicae potestati, nec antichristianae resisti posset. Alia vero longe ratio est regis, qui *revera meus rex est:* ei, licet in tyrannum exercitio degeneret, tamen resisti non potest. Est autem meus rex, qui *justo titulo* imperium in me obtinuit, qualis Pharao respectu Israelitarum in Aegypto, quovis alias Busiride immanior, attamen verus rex; ad quem titulum etiam pertinet *interveniens receptio...* Pertinet et huc *longi temporis praescriptio,* approbata Jud. 11, 26—28., quae si non valeat, quod regnum valebit? quotusquisque rex, si primordia spectes, justum habet titulum? Alias *ad breve tempus* manet subdito jus, quod unicuique in hostem publicum; ita tamen, ut, quoad vires resistendi desunt, ejus imperium jus habeat obligandi, non qnod ita justum sit, sed quia probabile est, eum, qui jus imperandi habet, malle interim rata esse, quae imperantur, quam sublatis legibus judiciisque omnia confundi. Sic Syllanas leges et damnavit Cicero, et tamen teneri voluit; vid. Quintil. l. 11. c. 1. *Quod autem rex titulo, tyrannus licet exercitio, a subdito vi peti non debeat,* facile probatur: 1. *E divina definitione,* proposita 1 Sam. 8. Ubi, cum Samuel *jus regium* proponit, sine dubio *non loquitur de jure justo et legitimo,* longe enim illud Deut. 17, 14—20. ab hoc discrepat; nec etiam de nudo *facto,* nihil enim esset in eo eximium, cum injurias facere et privati privatis soleant; *sed de facto cum effectu juris obligatorio ad non-resistendum.* Jus igitur regium est: cui resisti

non debet, sed ad Deum vindicem unice provocandum. 2. Ex *apostolica a resistendo dehortatione*, Rom. 13, 1., quae non minus de tyranno Nerone, quam mitiore in christianos domino (Tiberio) accipienda erat. 3. *Ex ἀλλοτριοεπισκοπίας interdicto*, 1 Petr. 4, 15. Jam cum *gladius datus* Rom. 13, 4. sit magistratuum, *acceptus* Matth. 26, 52. subditorum, hunc qui arripit, est allotrioepiscopus. 4. *Ex ordinis pacisque publicae necessitate*, quae salvo promiscuo resistendi jure subsistere nequit, sed in cyclopismum degenerat." (Lib. conscientiae I. p. 871—73.)

GERHARDUS: „Si tyranno, qui titulo et occupatione talis, parendum, multo magis tyranno, qui et exercitio et administratione talis, parendum fuerit... Dist. tamen: 1. *inter principes majestatis integrae et potestatis absolutae*, qui absolutum in subditos imperium obtinent nec tenentur certis quibusdam pactis conventis vel legibus regni fundamentalibus expressa promissione obstricti, *et inter principes potestatis limitatae* et pactis conventis inter ipsos et regni proceres initis circumscriptae. Itemque 2. *inter subditos meros et mixtos.* Principibus, quorum potestas est limitata, ab illis, qui non sunt mere subditi, ab ordinibus sc. regni, resisti ac violentiam eorum armata manu repelli posse, jurisconsulti et politici disputant, quorum argumenta enumerantur T. VII. de magistr. polit. § 485." (Comment. ad Epp. Petri. 1 Petr. 2, 17. p. 269. sq.)

IDEM: „Ne quidem per *magistratus* electionem certis conditionibus ac pactis conventis limitatam liberae reipubl. adimitur potestas ab officio eum removendi, quem eligit, quanto minus per *ministerii eccles.* constitutionem ecclesiae ademta judicanda est potestas ab officio ministros in doctrina vel vita perversos removendi!" (L. de minist. eccl. § 89.)

IDEM: „Cum in christiana republ. vix possint pejores dari principes, quam quales fuerunt Tiberius, Caligula et Nero, quos tamen Christus, apostoli et primitivae ecclesiae doctores a solio dejiciendos esse nuspiam docuerunt, sed potius ad obedientiam subditos cohortati sunt . . ., ideo theologus rectius fecerit, si populum christianum sub jugo *tyrannico* laborantem ad poenitentiam ac patientiam hortetur, quam si vim armatam contra vindicis Dei flagella adhibendam esse doceat. ‚Non existimo negandum (scribit *Brentius* in com. 1 Sam. 24.), quin Davidi in regem divinitus electo Saulem tyrannidem exercentem tam opportune in spelunca oblatum interficere licuerit. Sed David maluit sequi, quod aedificaret, quam quod impune liceret‘ etc. Et postea: ‚Quod David pepercit Sauli, magna laude dignum est et docet, multo honestius et utilius esse, ut ad vitanda offendicula de jure nostro aliquid remittamus, quam summum jus prosequamur.‘ Regula generalis eademque ut certissima ita tutissima est illa apostolica: ‚Qui resistit, Dei ordinationi resistit‘, an vero ab ea in hoc vel illo casu detur quaedam exceptio, non est temere pronunciandum, sed omnes circumstantiae accurate considerandae." (L. de mag. polit. § 488.)

§ 15.

Finis[a] magistratus civilis[b] *proximus* est salus publica,[c] *ultimus* Dei[d] gloria.

a) Ad quem ille *sua natura* et *ex voluntate Dei*, tanquam causae efficientis, ordinatur, licet ex *accidente* illum imperantes non semper intendant aut consequantur.

b) Imo vero et *subditorum* finis hic idem esse debet.

c) Seu ut homines sub magistratu *vitam placidam et tranquillam degant in omni pietate atque honestate, 1 Tim. 2, 2.*

GERHARDUS: „Jura regni ratione *proprietatis et dominii* pertinent *ad rempublicam* seu membra regni; at ratione *usus et administrationis* spectant ad *magistratum*. Princeps est veluti tutor et administrator reipublicae, cujus dicitur *dominus* non quoad proprietatem, sed quoad gubernationem et protectionem." (L. de magistr. § 93.)

d) Tanquam supremi omnium domini, cui magistratus imperium debet, subditi societatis hujus originem et conservationem.

§ 16.

Definiri potest magistratus *abstractive* acceptus, quod sit officium[a] publicum, a[b] Deo ordinatum, in quo certae personae legitime vocatae[c] et potestate circa res civiles itemque sacras instructae in republica leges ferunt, judicia exercent et transgressores puniunt eamque adversus hostes externos defendunt,[d] salutis publicae[e] causa.

a) Qua ratione cum ministro ecclesiastico convenit, ut generis locum hoc nomen recte subeat.

b) Quae hic sequuntur, ad differentiam specificam pertinent. Atque ita primum indicatur causa efficiens. Vid. § 2.

c) Quae est causalitas causae efficientis, quoad officium hoc concretive spectatum. Vid. § 3.

d) Quae hactenus indicata ad formam ipsam muneris hujus pertinent, etsi actuale exercitium, pro diversitate casuum, variare possit et soleat, vid. § 4. sqq. Nimirum hic inprimis notanda est differentia inter magistratum κατ᾽ ἐξοχὴν, seu summam potestatem, de qua hic inprimis agendum erat, ac magistratus inferiores, juxta § 4. not. *a.* et § 5 not. *a.*

e) Ita finis *cujus* et finis *cui* simul denotantur. Vid. §§ 13. et 14.

§ 17.

Magistratus *concretive* acceptus describi potest, quod sit persona[a] aut multitudo personarum[b] divinitus vocata[c] et potestate circa res civiles itemque sacras instructa ad ferendas leges, ad exercenda judicia et puniendos refractarios, denique defendendam societatem civilem, salutis publicae causa.

a) Nimirum si forma regiminis sit monarchica.

b) Si sit aristocratia aut politica vel collegium officialium in republica.

HUELSEMANNUS: ,,Jesuitae non nesciunt, nos abstractam civilem potestatem a suis speciebus, quales sunt monarchia, aristocratia, democratia, dicere *immediatam* Dei institutionem. Ratio est, quia in his speciebus potestas, quantum ad finem a Deo institutum sufficit, ,ut sub potestatibus tranquillam et quietam vitam agamus, in omni pietate et castitate', 1 Tim. 2, 1., nequaquam variat, sed *subjecta* solum variant, quibus administratio hujus potestatis competit, adeoque in mutatione formarum regiminis potestas, in quantum ad hunc finem consequendum necessaria est, non mutatur, sed cum eam antea unus ursurparet, nunc ea cum pluribus, nunc cum paucioribus conjungitur, quod etiam nominum ipsorum etymologia indicat; ubique enim remanet illa κρατεια, illud κράτος, sed subjectum illud vel est μόνον, unde monarchia, vel ἄριστον, unde aristocratia, atque ita deinceps; quod tam planum est, ut nemo perspicere non possit. Ratio conjungendi hanc potestatem cum certis subjectis, vel per electionem, vel per successionem, vel per jus belli, ex parte hominum mere humana est, sed potestas ipsa ejusque mediante tali humano instituto ad hoc subjectum applicatio divina est.'' (Manual. C. A. p. 650. sq.)

AD. OSIANDER: ,,Aristocratia et democratia sunt formae accidentales reipublicae, ad quas non respicit apostolus Rom. 13, 1., quibus qua talibus non subsunt subditi, sed *imperio* in aristocratia et democratia obtinenti.'' (Colleg. th. P. VIII, 3.)

GERHARDUS: ,,Reipublicae *cuilibet* pro natura ipsius quaedam adnascitur et adhaeret peculiaris *malitia*, in quam facile degenerat, utpote regno tyrannis, aristocratiae oligarchia, democratia ochlocratia.'' (L. de mag. polit. § 131.)

c) Ita causa efficiens denotatur; uti in sequentibus objectum, forma ipsa officii et finis continentur, quae cum prioribus de magistratu abstractive sumto dictis coincidunt.

Caput XVI.

DE STATU ET SOCIETATE DOMESTICA, ET SPECIATIM CONJUGALI, PATERNA ATQUE HERILI.

§ 1.

Tertius status, intra ecclesiam occurrens, quique velut *seminarium* est ecclesiastici ac politici ordinis,[a] *domesticus*,[b] qui *conjugalem, paternam* et *herilem* societatem[c] complectitur.

a) Prodeunt enim ex societate domestica *partim*, qui ad ministerium ecclesiasticum, *partim* qui ad magistratus civilis officium admovendi sunt, partim etiam, qui *auditorum* ac subditorum nomen et rationem sustinent.

b) Vocatur alias *oeconomicus*.

c) Tanquam *composita* ex *simplicibus* pluribus societas, licet simplicium illarum una absque altera aut reliquis esse possit.

§ 2.

Societatis *conjugalis*[a] causa *efficiens* Deus est, *sive* conjugium spectes, quale in se et sua natura est,[b] *sive* ex parte conjugum.[c]

GERHARDUS: „Quamvis non possumus probare παποκαισαρίαν, h. e., perversam illam pontificiorum opinionem ac praxin, qua in excessu hic peccant, quando causas matrimoniales ad ecclesiae, h. e., pontificiae et episcoporum, judicium unice ac simpliciter, vel certe ad politicum magistratum non. aliter, nisi cum subordinatione ad principem eccles., pertinere contendunt; Concil. Trid. sess. 24. can. 12. Bellarm. de matrim. c. 32., quae opinio nititur falsa illa ·hypothesi, quod conjugium sit sacramentum, quodque pontifici competat potestas ferendi leges universam ecclesiam obligantes et dispensandi in gradibus divino jure prohibitis; tamen nec καισαροπαπίαν illam approbare possumus, qua magistratus politicus excluso ministerio eccles. causarum matrimonialium cognitionem et decisionem unice sibi vendicat. Quod enim ecclesiae ministri ad causas matrimoniales dijudicandas etiam adhibendi sint, probamus: 1. ex conjugii natura. Conjugium, quamvis non sit sacramentum proprie dictum, tamen est vitae status *divinitus* ordinatus ac proinde *res conscientiae* ex divina institutione et legibus divinitus promulgatis pendens, quare ministri ecclesiae, utpote quibus animarum ac conscientiarum cura est commissa, a causarum matrimonialium dijudicatione non possint simpliciter removeri. 2. Ex Scriptura, doctrinae hujus norma. Quaecunque in S. S. docentur et proponuntur, eorum explicatio praecipue ad theologos et ecclesiae ministros pertinet. Jam vero doctrina de institutione et legibus conjugii de prohibitione graduum, de divortiis, de polygamia etc. in S. S. proponitur. Ergo illius explicatio et ex ea dependens causarum matrimonialium dijudicatio praecipue ad theologos et ecclesiae ministros pertinet. 3. Ex praxi christiana et apostolica. Christus Matth. 5, 31. 32. doctrinam de causa divortii exposuit, et cum Matth. 19, 3. pharisaei quaestionem matrimonialem ad eum deferrent, non rejicit eam a se ad magistratum, sicut de haereditatis divisione consultus, Luc. 12, 14., respondebat: ‚Homo, quis me constituit judicem aut divisorem super vos?‘ sed solidam ejus explicationem ex verbis divinae institutionis proposuit. Paulus 1 Cor. 7, 10. sqq. quaestionem de matrimonio inter fidelem et infidelem pertractavit. In primitiva ecclesia pii episcopi in casibus matrimonial. consulti suam ex verbo Dei interposuerunt sententiam etc. Vid. Ambros. l. 8. Epist. 66.“ (L. de conjugio. § 7.)

a) Quae merito primum locum obtinet, cum et causa sit societatis paternae. Dicitur uno verbo *conjugium*, a communi jugo, quod mas et femina una subeunt, itemque *matrimonium*, a fine conjugii sive procreatione liberorum, per quam mulier mater fit. Vid. b. *Musaei* Theses de conjugio, § 3. p. 1. 2.

b) Qua ratione *abstractive* considerari dicitur. Atque ita quidem *solus* Deus causa conjugii est, qui non solum 1.) homines primos *creavit* cum quadam *propensione* ad conjunctionem maritalem, itemque 2.) *principiis rectae rationis* instruxit, quorum ductu intelligerent differentiam conjunctionis corporum, quatenus inter ipsos, et quatenus inter bruta locum habet, verum etiam 3.) solenniter *instituit* conjugium, *Gen. 2, 21.* Conf. *Matth. 19, 4. 5.* Ac praeterea 4.) *leges alias* plurimas dedit, eundem statum attinentes, *v. g.* de gradibus consanguinitatis conjugium impedientibus, de poena adulterii etc. Vid. *Mus.* l. c. §§ 5. ad 9. p. 2. 3.

c) Et sic *concretive* spectatur, quatenus contrahendum aut contractum est conjugium. Atque ita Deus causa conjugii est *partim* ratione praedicti instinctus naturalis in singulis ad ineundum conjugium, *partim* ratione influxus generalis, *partim* ratione specialis influxus, quo corda contrahentium flectit, vel saltem occasionem suggerit ad contrahendum matrimonium. Vid. *Prov. 18, 22. cap. 19, 14.* Et sic etiam patet, *Deum* conjugii concretive spectati *causam* vel *remotam, primam* atque *universalem,* vel certe *inadaequatam* esse. Confer. b. *Mus.* l. c. §§ 15. 16. p. 5.

§ 3.

Sunt autem causa conjugii actu contrahendi etiam[a] ipsi *conjuges*[b] eorumque *parentes,*[c] in quorum potestate ipsi sunt.

a) Et quidem tanquam causa *proxima.*

b) Quatenus inter se *contrahunt.* Vid. *Mus.* l. c. th. XI. p. 3. 4.

c) Quorum adeo *consensus* non solum ad *honeste,* verum etiam ad *valide* contrahendum requiritur, ita ut *liberi* una cum *parentibus* demum causam *adaequatam* et *completam* constituant. Quo pertinet, *partim* quod ipsa natura contractus postulat, ut contrahentes sint sui juris, liberi vero parentum potestati de jure naturae subjiciuntur, *partim* etiam, quod ipsa Scriptura parentibus potestatem dirigendi conjugia liberorum tribuit, ita ut illi possint suo dissensu impedire, quo minus hi cum infidelibus conjugia inire possint, *Deut. 7, 3.* Atque etiam filiam defloratam, quam stuprator sibi conjugem petit, a parente denegari posse docet, *Exod. 22, 16. 17.* Quod multo magis extra causam deflorationis valet.

ARTIC. SMALCALD.: ,,Etiam injusta lex est, quae in genere omnes *clandestinas* et dolosas desponsationes contra jus parentum approbat." ,,Item, dass ingemein alle Heirath, so heimlich und mit Betrug, *ohne der Eltern Vorwissen und Bewilligung* geschehen, gelten und kräftig sein sollen." (Tract. de pot. et jurisd. episcop. p. 343.)

DEYLINGIUS: ,,Sponsalia dividuntur in publica et clandestina. *Publica* dicuntur non a loco, sed quae *cum consensu parentum,* aut, si parentes nec non avus et avia amplius non sint in vivis, in praesentia duorum *testium* contrahuntur. Tutorum, curatorum, consanguineorum et affinium consensus non est de necessitate, sed tantum de pietate et honestate, nisi alicubi aliud reperiatur constitutum. Sponsalia cum consensu parentum, quamvis absentes fuerint, inita censentur publica, *clandestina* autem, *ubi parentum consensus deest, etsi vel mille actui sponsalitio adfuerint testes,* judice b. *Luthero* l. c. f. 372.: ,Obgleich tausend Zeugen bei einem heimlichen Verlöbniss wären, so es doch hinter Wissen und Willen der Eltern geschähe, sollen sie alle tausend nur für Einen Mund gerechnet sein'; etiamsi etiam liberi *jurejurando* sibi invicem obstrinxerint fidem. Nam juramentum non est vinculum iniquitatis. Quod si hoc in casu valeret, liberi immorigeri parentum consensum facile eludere possent. *Clandestina igitur sponsalia, etsi concubitu confirmata, ipso jure sunt nulla.*" (Inst. prud. pastor. Ed. Kuester. p. 527. sq.) *Kuesterus* addit: ,,Si pater e vita excessit, *matris*, quin et ejus, quae ex stupro peperit, consensus, et utroque parente mortuo *avi* aut *aviae* consensus requiritur; si vero *pater* aut *avus* consentiat, *mater* vero aut *avia* dissentiat, illud praestat, *nec interest, an liberi patriam potestatem egressi sint, nec ne, cum in omnibus etiam secundis nuptiis paterno consensu opus sit.*" (L. c.)

DANNHAUERUS: ,,Hierarchia oeconomica, e qua *primae ecclesiae* exercitus adolevit, in conjugiis sociandis prudens fuit cavendis clandestinis nuptiis, ,nec filii inter se sine *consensu parentum* rite et jure nubunt', ait Tertull. l. 2. ad uxorem, et in lib. de pudicit.: ,penes nos occultae quoque conjunctiones', i. e., non prius apud ecclesiam professae, ,juxta moechiam et fornicationem judicari periclitantur.' ,Unde sufficiam', ait Tertull. l. 2. ad uxorem, ,ad enarrandam felicitatem ejus matrimonii, quod ecclesia conciliat et confirmat oblatio et obsignatum angeli renunciant, pater rato habet? nam nec in terris filii sine *consensu patrum* rite ac jure nubunt.' " (Christeid. act. I. phaen. 5. p. 204. sqq.)

LUTHERUS: ,,Damit nun hie nicht jemand ein Gewissen kriege, so etliche sich im Ehestand finden bei einander *durch heimliche Gelübde*, wider der Eltern Willen zusammen kommen, und nun vielleicht denken würden: O Herr Gott, was soll ich thun? Ich bin nicht von Gott zu meinem Gemahl kommen, sondern wider Gott und sein Wort, durch mich selbst, wider meiner Eltern Willen, so werde ich, leider, bisher keine rechte Ehe besessen haben und vielleicht nimmermehr besitzen mögen mit diesem Gemahl u. s. w., und wollte nun sich scheiden lassen, ob sie es gleich ungern thäten. Hie sage ich, beileib nicht, sondern *was zusammen kommen ist und sitzt in öffentlicher Ehe bei einander, das soll bleiben und sich mit nichten scheiden als aus Ursachen der heimlichen Verlöbniss.*" (Schrift von Ehesachen. 1530. X, 908. sq.)

ANTITHESIS.

QUENSTEDTIUS: ,,*Antithesis pontificiorum*, negantium, parentum consensum in nuptiis liberorum necessario requiri. Sic enim statuit Conc. Trid. sess. 24. in decret. de reform. matrim. c. 1.: ,Sancta synodus anathemate damnat eos, qui falso affirmant, matrimonia, a filiis familias sine consensu parentis contracta, irrita esse, et parentes ea rata vel irrita facere posse.' Glossa in c. mulier 32. q. 2. dicit: ,Patriam potestatem solvi adveniente adulta aetate quoad juramentum et matrimonium.' " (Th. did.-pol. P. IV. c. 14. s. 2. q. 1. f. 1585.)

§ 4.

Causa *impulsiva interna* ex parte *conjugum*[a] est inclinatio illa naturalis ad procreandam sobolem et ad mutuum vitae consortium.[b]

a) Ex parte *Dei* autem causa impulsiva instituti conjugii est bonitas Dei.

b) Pertinent autem huc etiam post lapsum *concupiscentia* inordinata et necessaria *fuga scortationis*, juxta *1 Cor. 7, 2. Mus.* l. c. §§ 11. 13. p. 4. Quod autem aliquando *desiderium opum* aut *libido* homines movet ad conjugium ineundum, sicut *peculiari* hominum *vitio* fit, ita hic aeque spectari non potest.

§ 5.

Causa *impulsiva externa* est indigentia hominum utriuslibet sexus[a] et necessitas mutui adjutorii *cum* ad procreationem sobolis, *tum* ad vitam bene degendam.

a) Vid. *Gen. 3, 18.* et b. *Mus.* l. c. § 14. p. 4. 5.

§ 6.

Causalitas causae efficientis conjugii ex parte *conjugum* est consensus,[a] qui per externos[b] actus mutuae ac liberae[c] promissionis[d] de cohabitatione conjugali manifestatur.

a) Sicut et aliorum contractuum.

AD. OSIANDER: ,,Comprimens puellam desponsatam plectitur ut adulter (Deut. 22, 23. 24.); ergo consensus mutuus facit matrimonium.'' (Colleg. th. VIII, 89.)

b) *Licet* enim *formaliter* in internis actibus voluntatis consistat ac *vulgo* denotet duorum aut plurium voluntatem ad eandem rem aeque terminatam, fatendum *tamen* est, solos actus internos *non sufficere* ad contrahendum conjugium. Vid. b. *Mus.* loc. cit. § 20. p. 7.

c) Quod si autem promissio alterutri parti per *vim* aut *metum* extorqueatur aut *ignorantia* personae vel circumstantiae, fini primario conjugii directe adversantis, intercesserit, consensus verus ac validus non erit. *Mus.* l. c. § 17. p. 6.

d) Quae verbis significantibus concipitur, signisve aliis, v. g. arrha, exprimitur aut confirmatur. Atque huc pertinent *sponsalia*, quorum alia quidem *de praesenti*, alia *de futuro* appellantur, quorum *illa* simpliciter inferunt rationem contracti, licet nondum consummati, matrimonii, *haec* non habent rationem matrimonii contracti absolute, nisi novo accedente consensu, qui verbis de praesenti exprimatur. Nempe ita demum inducitur inter partes contrahentes vinculum conjugale; de quo mox plura dicentur.

LUTHERUS: ,,Gleichwie sie auch ein lauter Narrenspiel getrieben haben cum verbis *de praesenti vel de futuro*. Damit haben sie auch viel Ehe zerrissen, die nach ihrem Recht gegolten hat, und gebunden, die nichts gegolten hat. Denn diese Worte: ,Ich *will* dich zum Weibe haben', oder: ,Ich *will* dich nehmen, ich will dich haben, du sollst mein sein', und dergleichen, haben sie gemeiniglich verba de futuro genennet und fürgeben, der Mannsname sollte also sagen: ,Accipio te in uxorem, ich nehme dich zu meinem Weib', der Weibsname also: ,Ich nehme dich zu meinem Ehemann.' Und haben nicht gesehen noch gemerkt, dass dies nicht im Brauch ist, deutsch zu reden, wenn man de praesenti redet, sondern das heisst de praesenti geredt: ,Ich will dich haben.' ,Ego *volo* te habere', est praesentis temporis, non futuri; darum redet kein deutscher Mensch von zukünftigem Verlöbniss, wenn er spricht: ‚Ich will dich haben oder nehmen.‘ Denn man spricht nicht: ‚Ich *werde* dich haben‘, wie sie gaukeln mit dem accipiam te, sondern ‚accipio te‘ heisst eigentlich auf deutsch: ‚Ich *will* dich nehmen oder haben‘, und wird verstanden de praesenti, dass er jetzt mit solchen Worten Ja spricht und seinen Willen darein gibt. Ja, ich wüsste selbst nicht wohl, wie ein Knecht oder Magd sollten oder könnten in deutscher Sprache per verba de futuro sich verloben, denn wie man sich verlobt, so lauts per verba de praesenti. Und sonderlich weiss der Pöbel von solcher behender Grammatica nichts, dass accipio und accipiam zweierlei sei; er fähret daher nach unser Sprachen Art und spricht: ‚Ich will dich haben, ich will dich nehmen, du sollst mein sein‘ u. s. w. Da ist jetzt die Stunde Ja gesagt, ohn weiter Aufzug oder Bedenken. Das liess ich wohl verba de futuro heissen, wenn eine *Condition*, Anhang oder Auszug dabei gesetzt würde, als: ‚Ich will dich haben, wo du mir willt zu gut zwei oder ein Jahr harren‘; item: ‚Ich will dich haben, so du mir hundert Gülden mitbringest‘; item: ‚So deine oder meine Eltern wollen‘, und dergleichen. In solchen Worten wird der Wille nicht frei dazu geben, sondern *aufgeschoben* und an etwas verbunden, das in seiner Macht nicht stehet, und darum er auch damit zugleich bekennet, dass ers jetzt noch nicht thun könne und sein Wille noch nicht frei sei; darum bindet auch solch Verlöbniss nicht als per verba de praesenti.‘‘ (Schrift von Ehesachen. 1530. X, 902. sqq.)

Deylingius: ‚‚*Forma* sponsaliorum consistit in consensu et actu sponsalitio *contrahentium* vero, mutuo, puro, publico, libero ac claris et perspicuis verbis declarando, *accedente etiam parentum*, si in vivis sunt, consensu, aut, si utrinque sint mortui, praesentibus testibus, jure Saxonico, minimum duobus.‘‘ (Institut. prud. pastoral. Ed. Kuester. p. 566. sq.) Ad verba: ‚claris et perspicuis verbis‘, addit *Kuesterus*: ‚‚Non ambiguis, sed se vel ad sponsi interrogationem aut parentum consensum referentibus, quare expressum ‚Jawort‘ non requiritur, sed verba v. c.: Ich bin es zufrieden; ich habe mich dazu entschlossen; wenn meine Eltern wollen, habe ich nichts dawider, sufficiunt. An vero *tacitus* consensus idem operetur, quod expressus, dubium est, cum alias, qui tacet, cum respondere debet, habeatur pro consentiente... Sed negativam sententiam recte defendit Leyserus Med. ad ff. Spec. 240. Med. 8., qui non conjecturas, sed certa consensus argumenta requirit, quare etiam neque datio annuli aut praebitio osculi pro consensu sponsalitio vero haberi potest.‘‘ (L. c.)

Gerhardus: ‚‚Sponsalia contrahuntur vel pure vel sub conditione. *Pure* contrahi dicuntur, quibus non est expresse conditio aliqua addita, quo modo Rebecca Isaaco, Gen. 24., Tobiae Sara, Tob. 7., despondetur. *Sub conditione* contrahi dicuntur, quando promissio matrimonii conditione aliqua restringitur ac limitatur. Sic Laban filiam suam Rachelem Jacobo despondet sub conditione septennalis servitii, Gen. 29, 18. Booz Ruthae promittit conjugium sub hac conditione, si propinquior ducere nolit, Ruth. 3, 13. Saul filiam suam Michol Davidi despondet sub conditione, si centum praeputia Philistinorum prius attulerit, 1 Sam. 18, 25. De sponsalibus *pure* et simpliciter contractis notanda est haec regula, quod ex iis nascatur efficax obligatio et actio, ·ut pars una ·contrahentium ad petitionem alterius partis ad consummandum matrimonium compelli possit, nisi sc. sufficiens *repudii* causa adduci queat... De *conditionibus* honestis rem praesentem vel praeteritam respicientibus, ut: promitto conjugium, si pater consulari dignitate fungitur; si liberos nullos habes, etc., haec traditur regula: si conditio talis extet, rata sunt sponsalia, sin deficiat, nihil actum intelligitur. De conditionibus honestis rem futuram respicientibus atque in contingentia ac dubio eventu positis traditur haec regula: quod sponsalia cum illis contracta non habeant effectum de praesente, sed suspendantur, quousque conditiones adjectae impleantur; ideoque conditione nondum extante, sed adhuc pendente matrimonii promissio non est rata, nec oritur ad eam efficax obligatio. Sed habet haec regula exceptionem, quod sponsalia sub conditione contracta habeantur pro pure contractis, si copula fuerit subsecuta, quia in copulam consentiens videtur a conditione recessisse." (L. de conjug. § 131. sq.)

BROCHMANDUS: ,,Q.: An ob capitales inimicitias *solvi sponsalia* possint? Sunt qui ajunt, inter quos est Hostiensis, Navarrus, Gregorius de Valentia, Tom. 4. disp. 10. qu. 2. p. 5. col. 2215 B. Sed nos planissime negamus. Nam 1. uxor extra casum et culpam scortationis non potest dimitti, Matth. 5, 32. 19, 9. *Sponsa autem judicio Dei est uxor*, Deut. 22, 23. Matth. 1, 20. 2. Homines, qui sunt irreconciliabiles, ad reconciliationem serio instigandi sunt; quod si non admittant reconciliationem, non habendi amplius sunt pro membris ecclesiae, sed ethnicis et publicanis annumerabuntur, Matth. 5, 22. sq. 18, 15. 16. 17. 3. Si capitales inimicitiae sufficerent ad dirimendum sponsalia, quivis, qui ruptum aut scissum vellent sponsaliorum vinculum, fingerent inimicitias atque ita nulla non sponsalia forent solubilia." (Syst. II, 574).

§ 7.

Pertinent etiam ad causam conjugii efficientem[a] suo modo[b] *benedictio sacerdotalis* sive *copulatio* ab ecclesia christiana instituta.[c]

a) Quippe etiam ex usu loquendi in ecclesia personae contrahentes ante copulationem sacerdotalem *sponsi* potius et *sponsae*, quam conjuges, et contractus inter ipsas initus non tam conjugii aut nuptiarum, quam *sponsalium* nomine appellatur. Vid. b. *Mus.* l. c. § 21. p. 7. 8.

LUTHERUS: ,, ,,Wer die Braut hat, der ist der Bräutigam', spricht St. Johannes der Täufer, Joh. 3, 29. Weil nun der *erste* verlobte Mann die Braut hat und ist Bräutigam, kann sie sich mit keinem andern hernach verloben, noch der Bräutigam mit einer andern. Daher auch Moses, 5 Mos. 22, 23., eine *vertrauete* Jungfrau eine *eheliche Frau* nennet, da er spricht: ,Wenn eine Dirne einem vertrauet ist, und einer beschläft sie in der Stadt, sollt du sie alle beide todt steinigen. Die Dirne darum, dass sie nicht geschrieen hat, den Mann darum, dass er seines Nächsten *Gemahl*' oder *Ehefrau* ,zu Schanden gemacht hat.' Da siehest du, dass eine vertrauete Braut eine *Ehefrau* heisst in der Schrift. Also auch Matth. 1, 20. spricht der Engel zu Joseph, da ihm Maria vertrauet war: ,Joseph, du Sohn David, fürchte dich nicht, dein *Gemahl*', oder Ehefrau, ,Maria zu dir zu nehmen.' Darum ist dieser Artikel gewiss genug, wenn zwei miteinander öffentlich verlobt sind und es bei demselbigen Verlöbniss bleibt, dass keines mit dem andern kann sein Lebenlang lassen. . . Desgleichen ist auch zu antworten, wo sichs begäbe, dass zwischen den verlobten Personen eine Uneinigkeit und Feindschaft entstünde, dass sie niemand versöhnen könnte, und eins also das andere als aus redlicher Ursachen liesse und nähme ein ander Gemahl und sässe zu Hause? Antw.: Alles unrecht; denn es soll niemand sein selbst Richter sein und sich selbst scheiden. *Er sollte zuvor seine Braut gefordert und durch die Obrigkeit zwingen lassen, und wo sie denn nicht gewollt, sie lassen ohne Ehe sitzen bleiben ewiglich* (wie droben gesagt) und sich ledig urtheilen lassen, und denn allererst zur andern sich begeben. . . Gleichwie der Pabst erlaubt und gebeut, dass eine Ehefrau mag ihren Mann aus dem Kloster fordern, also sollte ers auch Braut und Bräutigam erlaubt und geboten haben, dass sie

nicht von einander ins Kloster liefen. **Es ist ebensowohl eine Ehe
nach dem oeffentlichen Verloebniss, als nach der Hochzeit."** (Schrift
von Ehesachen. 1530. X, 922. 930. sq. 933.)

IDEM: „Wer nach dem öffentlichen Verlöbniss eine andere berüh-
ret mit Verlöbniss, als dieselbige damit zu ehelichen, das erste Verlöbniss zu zerreissen, *das sollte ein Ehebruch geachtet werden.*" (L. c.
p. 932.)

b) Nempe non tam ad contrahendum, quam *consummandum* conjugium. *Mus.* ibid. § 22. p. 8.

THEOLOGI JENENSES: „Die erste Frage: ‚Ob die priesterliche Copulation oder Einsegnung ein *nothwendiger* und zu Vollziehung recht-
mässiger Ehe erforderlicher, auch in viel Wege nützlicher und christlicher Gebrauch sei‘, ist unstreitig, wenn sie nicht de *absoluta* necessitate, sondern de necessitate *ordinis ab ecclesia instituti*, oder, wie man
sonst redet, nicht de necessitate ad *esse* conjugii simpliciter, sed de
necessitate ad *bene esse* conjugii verstanden wird. Denn uuleugbar,
dass der christliche Gebrauch, dass angehende Eheleute im Angesicht
der Kirche von dem Priester sich müssen copuliren lassen, aus wichtigen Ursachen in christlicher Kirche eingeführt worden, welcher auch
ausser Zweifel sehr nützlich und erbaulich ist, und nachdem er in der
ganzen Christenheit eingeführt und in steter Observanz ist erhalten
worden, stehet nun in niemands Willkür, denselben aufzuheben, kann
sich auch ohne Aergerniss und Sünde niemand desselben entbrechen. . .
Die andere Frage: ‚Ob die priesterliche Copulation ein von Gott selbst
eingesetzter und blosser Dinge nöthiger Gebrauch sei, dass ohne dieselbe keine Ehe vor Gott bestehen könne‘, halten wir ungegründet. . .
Der Autor spricht 1.: Adam habe aus seinem eigenen freien Willen
und Gefallen die Evam zum Weibe genommen, sondern Gott habe sie
ihm zugebracht und zum Weibe gegeben; welches nicht allerdings con-
grue geredet ist. Denn diese beide keine opposita sind. . . Sobald
Adam der Evä ansichtig wurde, befand er eine eheliche Zuneigung
gegen sie und war aus eigenem freien Willen geneigt, sie zum Weibe zu
nehmen, und sprach daher: ‚Das ist doch Bein von meinem Bein‘ u. s. w.
Dieser freie Wille Adams aber war dem göttlichen Willen gemäss, indem Gott Evam dazu geschaffen, dass sie sollte des Adams Gehülfin
und Weib sein, und hat sie ihm zu dem Ende auch zugeführt. Also
noch heutiges Tages müssen Eheleute aus eigenem freien Willen sich
zusammen versprechen, und muss doch also geschehen, dass auch Gott
eines dem andern zuführe oder beide Gott zusammenfüge, *welches geschieht*, wenn sie *zwar jedes aus eigenem freien Willen, aber Gottes Ordnung und Einsetzung gemäss* sich zusammen versprechen und darauf
den Ehestand antreten. 2. Der Autor schleusst daraus, dass *Gott* die
Evam dem Adam zugeführt und zum Weibe gegeben hat, der ritus copulationis oder die priesterliche Einsegnung sei ein heiliger *von Gott
selbst eingeführter* Gebrauch; da doch nichts anderes daraus zu
schliessen ist, als, der heilige Ehestand sei ein heiliger von Gott selbst
geheiligter, eingesetzter und gesegneter Stand. *Denn der priesterlichen
Copulation oder Einsegnung, wie sie in christlicher Kirche im Brauch ist,
mit keinem Wort bei Mose gedacht wird.* Fürs andere spricht der Autor,
Gott habe auch im Neuen Testament die priesterliche Copulation und
Einsegnung befohlen, weil Christus Matth. 19. gesagt: ‚Was Gott zu-
sammenfügt, das soll der Mensch nicht scheiden.‘ Nun spricht er ferner, heutiges Tages füge Gott die Eheleute nicht immediate oder *unmittelbarerweise* zusammen, und schleusst dahero, es müsse solche Zusammenfügung *vermittelst der priesterlichen Copulation* geschehen; wie er
denn auch schreibet: ‚Es rühre die obgesagte, eheliche, rechtmässige
und unzertrennliche Beiwohnung einzig und allein aus der priesterlichen Copulation her‘; item: ‚Das Band der Ehe werde vermittelst

der priesterlichen Copulation und Einsegnung fest und unauflöslich.' Welches alles ungegründet ist. Denn ob es gleich an dem ist, dass Gott heutiges Tages nicht unmittelbarerweise die Eheleute zusammenfüge, so ists doch nicht blosser Dinge vonnöthen, dass die göttliche Zusammenfügung derselben vermittelst der priesterlichen Copulation geschehe; sondern weil Gott den h. Ehestand dergestalt hat eingesetzt, dass Mann und Weib aus freiwilligem Consens sollen in eine unzertrennliche Ehe zusammentreten, so würde recht gesagt, Gott füge *mittelbarerweise, vermittelst seiner Einsetzung und der angehenden Eheleute rechtmässigem Consens*, alle diejenigen zusammen, die der göttlichen Einsetzung gemäss mutuo consensu in eine rechtmässige Ehe treten, wenn gleich der ritus copulationis in der Kirche gar nicht eingeführt wäre. Eben wie Röm. 13, 2. Paulus spricht, es sei keine *Obrigkeit* ohne von Gott, wo aber Obrigkeit ist, die sei von Gott verordnet, und ist doch nicht vonnöthen, dass eben durch priesterliche Einsegnung die Obrigkeit von Gott geordnet werde; sondern weil der Stand der Obrigkeit von Gott *eingesetzt* ist, so ist die Obrigkeit von Gott geordnet, weil sie der göttlichen Einsetzung gemäss geordnet ist u. s. w. Nachdem aber der ritus copulationis in christlicher Kirche eingeführt ist und dabei von beiden Ehegatten das *geschehene eheliche Versprechen*, vom Priester aber die *göttliche Einsetzung* der Ehe mit inbrünstigem Gebet zu Gott wiederholet und die Eheleute im Angesicht der christlichen Kirche mit angehängtem Segen solenniter zusammengesprochen werden, so *wird zwar auch recht gesagt, dass die angehenden Eheleute vermittelst der priesterlichen Copulation von Gott zusammengefügt werden*, sed eo sensu, quo *fieri dicuntur*, quae *facta esse declarantur* et certis solennitatibus adhibitis publice *confirmantur*. Dass aber die eheliche Zusammenfügung von Gott allein durch die priesterliche Copulation geschehe, ist falsch, und würde dergestalt unter den Heiden gar keine eheliche Zusammenfügung sein, auch Christi Ausspruch: ‚Was Gott zusammengefüget hat' u. s. w., bei ihnen nicht statthaben, weil bei ihnen der christliche ritus copulationis nicht in Uebung ist. Dieses aber läuft u. a. Paulo zuwider, welcher auch die im Heidenthum vollzogenen conjugia pro legitimis et indissolubilibus conjugiis erkennet, so gar, dass er auch einem Ehemann, der im Heidenthum mit einem heidnischen Eheweibe in den Ehestand getreten, nachdem er zum christlichen Glauben bekehrt worden, nicht vergönnen will, von seinem ungläubigen Eheweibe sich zu scheiden, wofern sie ihm ferner ehelich beiwohnen will, weil das vinculum matrimoniale insolubile ist; wie zu lesen 1 Cor. 7, 12. *Ist aber das vinculum conjugale legitimum et insolubile auch bei den Heiden gewesen, so muss auch bei ihnen Gott beide Ehegatten haben zusammengefügt.* Das ist aber nicht geschehen durch eine von Gott eingesetzte priesterliche Copulation, weil die abgöttischen Heiden keine von Gott eingesetzten Priester, keine von Gott eingesetzte Einsegnung hatten, sondern *was diesfalls bei ihnen vorging*, geschah von heidnischen Götzendienern und *war Abgötterei*. Drum hat es geschehen müssen vermittelst der in die Natur gepflanzten und von Gott per legem naturae eingesetzten Eheordnung und beider Theile geschehenen *Consens*." (Judic. über M. G. D. Tractat von priesterlicher Copulation. 1657. Vid. Thesaur. Dedek. Append. nov. fol. 850. sqq.)

THEOLOGI WITTEBERGENSES: ,,Es halten wir für recht, dass essentia matrimonii vornehmlich bestehe in consensu contrahentium legitimo et per consensum parentum approbato (hoc enim necessario addendum est), gestehen auch gerne, dass *des Priesters Copulation, Wort und Segen* für sich selbst kein Ehe macht... So jemand an solchem Ort lebte, da er die benedictionem sacerdotalem nicht haben, noch in benachbarten Kirchen erlangen könnte, möchte ihm derselbe Mangel in seinem Gewissen nicht irren." (Thesaur. consil. Dedekenni. Ed. Ern. Gerhardi. Vol. III, 298.)

CALVOERIUS: ,,Conjuges, qui ex ethnicismo et muhammedanismo nostris sacris accedunt, non consecramus denuo.‟ (Ritual. eccles. P. I. p. 127. sq.)

GERHARDUS: ,,Aliud est *sponsalia* contrahere, aliud *matrimonium* inire; *sponsalia* enim sunt duntaxat *promissio* matrimonii, proinde sponsus non habet sponsam ut conjugem sibi jamdum traditam, sed ut conjugem promissam... Ecclesiam ludibrio habent, dum curant matrimonium suum tanquam futurum ecclesiae denunciari, quod ipsi per copulam jam ante consummarunt, dum petunt se per manum et os ministri tanquam ipsius Dei copulari et matrimonio suo benedici, quod jampridem ipsi copularunt, dum coronas et serta virginitatis illibatae et victoriae ex libidinum impetu reportatae signa gestant, quae cum sponso jam ante consueverunt. Porisma hujus assertionis est, quod *ecclesiastica poenitentia sive publica deprecatio* recte illis imponatur, qui contra ecclesiam hoc modo deliquerunt atque aliis scandalum praebuerunt... Ubi tamen monendi sunt ecclesiae ministri, ut in poenitentia sive deprecatione eccles. talibus sponsis imponenda cautos et moderatos sese praebeant et auditoribus suis peccati hujus qualitatem recte exponant, quod sc. *non quidem pro scortatione* haberi debeat, sed *contra honestas ecclesiae leges cum scandalo publico* sit commissum.‟ (L. c. § 475. 476.)

c) Gravissimis sane de causis: *partim* ut *de* auctore et sanctitate atque indissolubilitate conjugii, *de* benedictione divina et officiis conjugalibus *deque* molestiarum tolerantia moneantur contrahentes; *partim* ut de legitima ipsorum conjunctione publice constet atque adeo omnia decenter atque ordine fiant; *partim* denique, ut ipsi conjuges novi Deo per preces commendentur. Vid. b. *Mus.* l. c. § 22. p. 8.

THEOL. ROSTOCK.: ,,Also ist auch die benedictio sacerdotalis nur ein äusserliches von der Kirche geordnetes *Mittelding*, welches zur Essenz und Wesen der Ehe für sich nicht gehört, sondern darum billig in viridi observantia wird gehalten, dass ein jeglicher, mit denen sie umgehen, wissen möge, diese beiden copulirten Personen seien rechte Eheleute, die nach Gottes Ordnung und Willen in den Stand der heiligen Ehe getreten, und dann auch, dass also der jungen Eheleute Stand Gott im Gebet fleissig befohlen und sie ihres Amtes erinnert werden. Ist denn etwa eine Ehe an sich nicht recht oder vollkommen, kann sie die copula sacerdotalis nicht verbessern oder zu einer Ehe machen.‟ (Resp. 1622. Vid. Dedekenni Thesaur. Append. ad Vol. III. f. 35. sq.)

§ 8.

Materia conjugii sunt ipsae personae, quae conjugio[a] copulantur, *mas unus* et *una femina*,[b] *habiles*[c] ad reddendum debitum conjugale, et quarum conjunctioni *consanguinitas* aut *affinitas*[d] *non* obstat.

a) Et quatenus conjugio copulantur velut *partes* et *membra* societatis conjugalis. *Alias* enim ad causam efficientem pertinent; uti supra vidimus. Conf. b. *Mus.* l. c. § 47. p. 22.

b) *Non* autem *vel* plures mares cum una femina, *vel* plures feminae cum uno mare. Vid. *Matth. 19, 4. 5. 9.*, ubi Christus vi primaevae institutionis (de qua *Gen. 2, 24.*) *duas* personas matrimonio jungendas esse ita docet, ut simul addat, *adulterii* reum esse, qui uxori viventi alteram superinducit. Unde omnino recte colligitur, *polyga-miam* seu conjunctionem quasi conjugalem non solum unius feminae cum pluribus viris, verum etiam unius viri cum pluribus uxoribus, quia per se et sua natura importat adulterium, pugnare etiam *cum* primaeva *institutione* atque ipso jure *naturae*, adeoque esse illicitam et ipso *jure nullam.* Vid. b. *Mus.* l. c. thes. XLIX. sqq. p. 25. sqq. et in Dissert. peculiari ad vindicandum locum illum *Matthaei* contra *Theophili Alethaei* Discursum Polit. de Polygamia, edit. An. 1675. Confer. *1 Cor. 7, 3.*, ubi dicitur, *virum* uni mulieri conjunctum (aeque atque mulierem uni viro conjunctam) *non amplius habere potestatem sui corporis*, et sic negatur, illum habere jus admittendi mulierem aliam in sui corporis conjunctionem per matrimonium. Adde *Mus.* de Conjug. th. LVI. sqq. p. 28. sqq. Sed et alias ex ipso *fine* conjugii *recta ratio* colligere potest, polygamiam simultaneam non solum unius feminae cum pluribus viris, sed et unius viri cum pluribus feminis (quam *polygamiam* quidam appellant) naturali rationi non convenire, scilicet, quod *non* conveniat illi procreatio sobolis ex vaga libidine, *neque* immoderatus usus rei genitalis, *neque* ea conjunctio, quae amori et paci conjugali obstat. Vid. *Mus.* loc. cit. § 62. p. 33. 34.

LUTHERUS: „Lasset aber gleich sein, dass es bei den Vätern und Mose ein *Recht* gewesen wäre, *als nimmermehr kann bewiesen werden*, so hatten sie da Gottes Wort, das ihnen zuliess; das haben wir nicht; und wiewohl den Juden *zugelassen* und *geduldet* ward von Gott, das doch Gott selbst für unrecht hielte, als die Eiferwasser, den Heiden ab-wuchern, den Feind hassen und den Scheidebrief, welchen insonder-heit Christus Matth. 19. öffentlich verdammet, und deutet Mosis Ge-setz, es sei *nicht recht* gewesen, sondern eine dispensatio, eine *Verhäng-niss*, dazu nicht für die Schwachen und Nothdürftigen, sondern für die *harten*, störrigen, muthwilligen Schälke. Nun ist gar ein gross Unter-scheid zwischen dem *Rechte* und *Verhängniss*, *Geduld* oder *Erlaubniss*. Recht ist kein Verhängniss, Verhängniss ist kein Recht, und wer etwas thut, kriegt oder hat aus Verhängniss, der thuts, kriegts oder hats nicht aus Recht." (Schrift wider die Bigamie. 1542. XXI, 1581. sq.)

ANTITHESIS.

QUENSTEDTIUS: „*Antithesis:* 1. *Judaeorum*, qui in N. T. polyga-miam sibi adhuc licitam et concessam esse volunt. Justinus Martyr in Dial. cum Tryphone p. 285.: ,Magistri vestri', inquit, ,ad hoc usque tempus quatuor et quinque uxores unumquemque vestrum habere per-mittunt.'.. Hodierni vero Judaei unam tantum uxorem ducunt, se-cuti constitutionem R. Gersonis a. 1040. mortui, qui sancivit: ,Non nisi unam uxorem esse ducendam.'.. 3. *Antiquorum haereticorum*, ut *Nicolaitarum*, quorum ἔργα καὶ διδαχὴν, opera et doctrinam Deus ipse Apoc. 2, 6. 15. detestatus est, quibus ,usus indifferens conjugum', teste Augustino l. de haer. c. 5., ,adeoque etiam πολυανδρία placuit'; *Basili-dianorum* ac *Carpocratianorum*, refert enim Irenaeus l. 1. adv. haer. c. 34. p. 84. ed. Gallas., alios, rursus a Basilide et Carpocrate occasio-nes accipientes, indifferentes coitus et multas nuptias introduxisse. 4. *Anabaptistarum*, nam Joh. Bocoldus, Leidensis, monasteriensium Anabaptistarum coryphaeus, docuit: ,Virum non esse devinctum uni conjugi, at licere quantumvis multas in matrimonium ducere.'.. 5. *Bernhardini Ochini*, qui e Capucino tandem Samosatenianus factus est et, polygamiam christianis licitam et concessam esse, publico scripto contendit 1. 2. Dial. p. 200. sq. . . . Ochinum nuper secutus est eorumque vitula aravit *Joh. Lyserus*, Lipsiensis baccalaur. pastor et superintend. Seidensis, qui tamen post breve tempus clandestino discessu pastoratum reliquit et in Gallia, Germania, Dania etc. sine lare oberravit." (L. c. s. 2. q. 2. f. 1601. sq.)

c) *Cum* ratione aetatis, *tum* etiam ipsius potentiae naturalis ad generandum aut restinguendas alteri flammas ustionum. Vid. *1 Cor. 7, 3.* Confer. *Mus.* l. c. § 64. p. 34. 35. Interim *senum* conjugia, quae ad mutuum vitae adjutorium rationabiliter ineuntur, non in universum damnantur.

d) Sive *pudor* et *honestas*, in *propinquitate carnis*, ex *generatione* aut *nuptiis* resultante, fundata; de quibus nunc distinctius agendum est. Interea vid. *Lev. 18, 6.*, ubi prohibemur *carnem carnis*, i. e. personam carne propinquam, matrimonio nobis jungere. Ac notanda est universalitas ex parte *subjecti* (שׁיא שׁיא), ita ut quilibet homo obligetur, et universalitas ex parte *objecti*, seu quod prohibetur, ne quis ullam propinquam carnis ducat in uxorem. Vid. *Mus.* l. c. § 66. p. 35. 36.

QUENSTEDTIUS: ,,Praecepta de prohibitis conjugii gradibus in Levit. 18. et 20. tradita *moralia* esse et *perpetui juris*, h. e., omnes omnino homines et non solos Judaeos obligare, inde constat: 1. Quia nota sunt ex lumine naturae; leges enim Romanorum et constitutiones imperatorum cum his prohibitionibus in multis perbelle conveniunt; ipseque Paulus 1 Cor. 5, 1. gentibus testimonium perhibet, quod inter illas nefandae istiusmodi commixtiones, qualis apud Corinthios tum temporis comperta erat, non audiantur, inquiens: ,Ejusmodi fornicationem cum uxore patris οὐδὲ ἐν τοῖς ἔθνεσιν ὀνομάζεσθαι, ne apud ipsas quidem gentes nominari.' Et quam turpe apud Graecos pariter atque Romanos ejusmodi conjugium habitum fuerit, docet Tiraquellus de lege connub. p. 9. n. 103. 2. Quia Deus ob violatas leges de prohibitis cognationis gradibus in gentes severe animadvertit, Lev. 18, 24. 25. 26. Et propter istarum legum transgressiones terra Canaan evomuit gentes v. 27. 28. cf. cum 20, 22. 23. 3. Quia Deus hos conjugii gradus in N. T. sancte observari jussit, Matth. 14, 4. Marc. 6, 18. 1 Cor. 5, 1. 2. 3. sq. 4. Argumentamur ita: leges istae Mosaicae, ex quibus peccata adhuc in N. T. arguuntur, non solum ad forum et politiam Judaicam aut ad jus positivum, sed ad ipsum jus naturale et divinum pertinent; leges matrimoniales, quae extant in Levit., sunt tales, ex quibus adhuc peccata in N. T. arguuntur. Ergo. Minor probatur exemplo Herodis, qui fratriam duxerat, quem Johannes arguit Matth. 14, 4. ex hac lege, qua dicitur v. 16.: ,Turpitudinem uxoris fratris tui non revelabis', et incestuosi Corinthii, quem Paulus 1 Cor. 5, 1. arguit ex lege ista V. 8.: ,Turpitudinem uxoris patris tui non discooperies." (L. c. s. 2. q. 3. f. 1608.)

CHEMNITIUS: ,,Tempore libertatis N. T. Baptista ex his legibus arguit Herodem Marc. 6, 18.: ,Non licet tibi habere uxorem fratris tui.' Non reprehendit Johannes regem propter *raptum* aut *adulterium*, sed ex lege Mosis, Lev. 18, 16., de gradibus prohibitis reprehendit ob *incestum*. Et hoc facit in N. T., cum Vetus jam finem suum consecutum esset. Nam ,lex et prophetae usque ad Johannem', Matth. 2, 13. Unde patet, quod hae leges ad ceremoniales non sint referendae. Et Paulus, 1 Cor. 5, 1., eum, qui novercam suam duxerat, ex his legibus excommunicationi subjicit et satanae tradit. Cum de ceremonialibus alias dicat: ,Circumcisio nihil est.' Gal. 6, 15., item Col. 2, 16." (Loc. th. P. III, 206.)

GERHARDUS: „Notandum, *non tantum ad illas personas, quarum apud Mosen expressa fit mentio*, prohibitionem illam referendam et coarctandam esse, sed ad reliquas personas, quae *in aeque propinquis gradibus* reperiuntur, dilatandam atque extendendam esse, quod cum a quibusdam negetur, sequentibus confirmatum damus argumentis: 1. *A prohibitionis generalitate;* ante specialem personarum certarum consanguinitate vel affinitate junctarum prohibitionem praemittitur lex generalis: ,Nullus ad carnem carnis suae accedat', quibus verbis in genere prohibetur, ne quis ducat propinquam, quae carni suae proxime appropinquet, vel carnem carnis suae, i. e., quae vel ex mea carne propagata est, vel ex cujus carne ego propagatus sum, vel quae mecum ex eadem carne propagata est, h. e., prohibentur proximi gradus consanguinitatis, item *quae propter carnalem commixtionem cum proximis consanguineis facta est carnis meae caro*, h. e., prohibentur proximi gradus affinitatis, ut latius ostensum fuit superius. Sic ergo concludimus: quicunque generaliter prohibet, ne quis accedat ad propinquas carnis suae, is non agit stricte et in specie de certis personis, sed late et in genere de aequalibus gradibus. Jam vero Deus per Mosen generaliter prohibet, ne quis ad propinquas carnis suae accedat, sive sint propinquae carnis per carnalem generationem, i. e., ratione consanguinitatis, sive per carnalem copulationem, i. e., ratione affinitatis, sive sint caro carnis *supra*, ut mater et avia, sive *infra*, ut filia et neptis, sive *ad latera*, ut soror, item patris et matris soror. Ergo non agit stricte et in specie de certis personis, sed late et in genere de aequalibus gradibus et per consequens specialis illa certarum personarum enumeratio non est ad illas duntaxat personas restringenda, sed ad eas, quae in aequali gradu propinquae sunt, extendenda. 2. *A rationis paritate;* ubi par ratio, ibi idem jus. Atqui est par ratio personarum, quae disertis verbis in Lev. sunt expressae, et earum, quae eodem ac pari gradu sese invicem contingunt. . . Regula juris est aequitati naturali consentanea, ut in pari cognationis gradu par idemque jus statuatur, sicque, quae personae in verbis legis omissae sunt, eae legis sententia tacite comprehendi intelligantur. 3. *A consequente absurditate;* si personas tantum, quarum expressa in lege Mosaica fit mentio, non autem aequidistantes gradus prohibitio illa concerneret, nuptiae forent concessae inter nepotem et aviam, inter avum et proneptem, inter fratrem et sororem germanam (juxta quorundam interpretationem), inter filiam sororis et avunculum in consanguinitate; inter privignum et pronovercam in affinitate, quia talium personarum non fit expressa in hisce legibus mentio. Sed consequens est absurdum, ergo et antecedens." (L. c. § 275.)

C. A. CRUSIUS: „Dass die Ehe unter solchen Personen (*in der absteigenden Linie der Verwandtschaft*) ungerecht sei, lehrt schon die *Natur*, welches daraus klar ist, weil sie unter allen Völkern, wenigstens unter allen gesitteten Völkern, je und je für schädlich gehalten worden, 1 Cor. 5, 1., welches demnach einen natürlichen Grund haben muss. . . Die andere Art verbotener Ehen kommt in der *Seitenlinie der Verwandtschaft* vor, sowohl der *Blutsfreundschaft* als *Schwägerschaft*. Sie entsteht aus *zwei moralischen* Ursachen und weiter, als diese Ursachen reichen, sind sie auch, wenn nicht ein Positivgesetz da ist, nicht für verboten zu achten. Die eine Ursache ist die *Sicherstellung der Keuschheit* bei den vertraulichen Umgange, welchen die nächsten Verwandten unter einander haben und auch haben müssen, weil sie einander in Leistung aller Freundschaftsdienste am nächsten verbunden sind. . . Die andere moralische Ursache, welche wider die Ehen der allzu nahen Verwandten ist, besteht darin, weil es *dem gemeinen Besten der menschlichen Gesellschaft* vorträglich ist, dass fremde Familien durch Verheirathung unter einander verbunden werden. Denn die gemeine Wohlfahrt beruht auf der geselligen Verknüpfung der Menschen, und die Verheirathung der Familien ist eines der wichtigsten Mittel darzu, weil die Verheiratheten nun in der fremden Familie

wie Kinder und Geschwister angesehen werden. . . Zur Vermeidung
der Unkeuschheit unter ihnen ist es deswegen ein gemeiniglich sehr
sicheres Mittel, wenn *zwischen Bruder und Schwester* durchaus keine
Ehen geduldet werden, und hingegen fleischliche Vermischung unter
ihnen nicht nur wie andere Unzucht verabscheut, sondern von der
Obrigkeit *als Blutschande* bestraft wird. Nur im Anfange des menschlichen Geschlechts fand dieser Grund noch nicht statt, Gott aber hat
besondrer geheimen und stufenweise zu entdeckenden Ursachen wegen
gewollt, dass alle Menschen *von Einem* sein sollten, so dass auch das
erste Weib vom ersten Mann genommen und die Mutter aller Menschen
ward. Ein Theil des Planes von dem Werke, welches Gott ausführte,
war auch nach der Sündfluth die Anordnung abgesonderter *Stämme,* so
dass aus einzelnen Personen *Völker* werden sollten, die man nach
ihrem Stammvater sollte nennen können. Bis dieser Zweck erreicht
war, mussten auch nähere Ehen in der Seitenlinie statt haben. Es ist
aber erreicht gewesen, als vom Abraham, dem Bunde Gottes zu Folge,
durch seinen Sohn Isaak, binnen 400 Jahre, 1 Mos. 15, 13., das von den
Weltvölkern abzusondernde heilige Volk geworden und feierlich in den
bestimmten göttlichen Bund aufgenommen war. Deswegen wurden
auch den Israeliten von der Zeit an solche Gesetze von verbotenen
Graden in der Ehe gegeben, darinnen nicht nur die schändlichen Ehen
in der absteigenden Linie verboten wurden, sondern auch in der Seitenlinie die verbotenen Ehen nun anders bestimmt wurden, als es bis
dahin geschehen war und unter ihren Voreltern selbst die Exempel
vorkommen, da z. E. Abraham seine Stiefschwester, 1 Mos. 20, 12.,
und Mosis Vater Amram seines Vaters Schwester, eine Tochter Levi,
zum Weibe gehabt haben, 2 Mos. 6, 20., 4 Mos. 26, 59. Die Ehen zwischen Geschwistern sind also heutzutage ganz unzulässig, aber die vor-
erwähnten beiden moralischen Ursachen, dass bei der nothwendigen
Vertraulichkeit und Hülfleistung der Anverwandten unter einander
doch die Keuschheit sicher gestellt werde, und solche Personen ohne
Verdacht beisammen sein können, und dass die Familien vielfach unter
einander verheirathet und dadurch gemeinnützig verbunden werden,
bringen mit sich, dass man noch einen Grad weiter gehe und dass auch
im *nächstfolgenden Grade in der Seitenlinie* Personen einander nicht
heirathen, welche Geschwister gleichgeltend, nämlich des *Geschwisters
Ehegatte oder des Ehegatten Geschwister* sind. Ich meine, eine Person
wird durch die Ehe, welche sie nach Gottes Ordnung mit dem Ehegatten zu einem einigen Fleisch macht, eine dem Geschwister gleichgel-
tende Person in Absicht auf die wirklichen Geschwister des Ehegatten. . . Wenn man das, was ich bisher vorgestellt habe, richtig über-
denkt, so werden dadurch die im Mosaischen Gesetze verbotenen
Grade, 3 Mos. 18, 6—18., *auf das Gebot von der Nächstenliebe zurück-
gebracht,* wie es nach der Natur des N. Test. sein soll, und wie es Paulus ausdrücklich bezeuget Röm. 13, 9.: ‚Das da gesagt ist—und so ein
ander Gebot mehr ist, so ist es' summarisch ‚in dem zusammen verfasst: Liebe deinen Nächsten als dich selbst.‘ Man darf nur eingedenk
sein, dass die Anwendung hier, wo es die Ehegesetze betrifft, auf
Pflichten nicht gegen einzelne, sondern gegen alle unsere Nächsten zusammen, nämlich auf das, was *zum gemeinen Besten* dient, gemacht
wird. . . Auf die Art aber, wie ich bisher die Sachen vorgestellt habe,
erhellt es wirklich, wie und auch wie weit die in den Mosaischen Ehe-
gesetzen verbotenen Grade dem *Gesetze der Natur* entgegen sind, denn
das Gesetz von der *Nächstenliebe* ist ein *Naturgesetz.*“ (Kurzer Begriff
der Moraltheologie. II, 1612. 1616. 1617. 1618. sqq. 1621. sq. 1624.)

V. E. LOESCHERUS: „Dass wir nicht bloss auf die *Personen,* so
allhier genennet werden, zu sehen, sondern auf die distantiam *gradus,*
beweiset: 1. Mens legislatoris, welcher hier billig, wie in andern Gesetzen, zu attendiren und wohl zu erforschen ist, cum quilibet verborum suorum optimus sit interpres. Ehe dieser aber noch specialiter
von den gradibus prohibitis meldet, spricht er Lev. 18, 6.: ‚Niemand

soll sich zu seiner nächsten Blutsfreundin thun, ihre Scham zu ent-
blössen, denn ich bin der Herr.' *Welches Gesetz der Grund ist aller
nachfolgenden Satzungen von der verbotenen Ehe, so dass, wenn schon
nichts Speciales wäre gemeldet worden, dieses Gesetz allein genug gewesen wäre, alle verbotenen Ehen dadurch zu entscheiden.*" (Unschuld.
Nachrr. 1724. p. 320. sq.)

GERHARDUS: „Notandum, hoc loco (Lev. 18, 17.) expressam fieri
et *patris et matris* mentionem, ex quo colligitur, in prohibitionibus hisce
non attendi discrimen sexus. Quamvis enim in sequentibus legibus
tantum foemellarum mentio fiat, qui sc. masculi, cum quibus foeminis
non debeant matrimonium contrahere, tamen ex hac prohibitione primo
loco posita recte infertur, nullam hic statuendam esse sexuum differentiam, sed sicut in linea recta aeque prohibentur nuptiae inter matrem et filium, quam inter patrem et filiam, ita quoque in linea collaterali eandem esse prohibitionis rationem; sic quia soror patris mas-
culo prohibetur, ideo etiam frater patris foeminae prohibitus intelligitur." (L. de conjug. § 261.)

C. A. CRUSIUS: „Da wir nur an die Regel gewiesen sind, so dürfen
wir auch die authentische *Ausdehnung* des Gesetzgebers auf einen ent-
ferntern Grad um besondrer, vielleicht nicht einmal sattsam bekannter
Ursachen willen, nur von einem dergestalt *gleichgeltenden* Fall verstehen, wo *eben die Ursachen* statthaben müssen. Keineswegs aber ist
uns erlaubt, hier bloss die Grade zu zählen *zum Nachtheil der allgemeinen Regel, gleich als ob hier eine neue allgemeine Regel und doch eine
von jener abweichende Bestimmung angegeben wäre.* Z. E. das Verbot,
seines Vaters Bruders Frau zu ehelichen, V. 14., ist eine Erweiterung
der Regel und es geht über dieselbe hinaus, weil dieses Weib nicht
heissen kann deines Fleisches Fleisch, sondern nach derselben alten
Art zu reden, mit Wiederholung des Worts, das *Fleisch des Fleisches
deines Fleisches* genennet werden müsste. Denn der Sohn ist ein
Fleisch mit dem Vater durch die Abstammung, und sein Vater ist es
mit seinem eignen Bruder, und dieser ist es mit seinem eignen Weib
durch die Ehe. Die Ursache der *Erweiterung* sei, welche sie wolle, so
ist nicht abzusehen, warum das Verbot nicht ebensowohl von der Mutter Bruders Frau verstanden werden müsse. Es wird aber wohl niemand zweifeln, dass das Verhältniss der *Ehrerbietung* gegen die Eltern,
an welchem ihre Geschwister, und folglich die Ehegatten dieser, einen
Antheil nehmen, die *Ursache* des Verbots dieser Ehe sei. Es sollte
nämlich unter einem Volk, das sich durch Gottes Erkenntniss und einen
derselben würdigen Wandel vor andern auszeichnen soll, alles Unge-
ziemende und Widersinnische vermieden werden, was der Abstammung, als dem von Gott erwählten wunderbaren und darum so viel auf
sich habenden System, weil alle Menschen dadurch von Einem sind
und darinnen ein Geheimniss seines Reiches liegt, entgegen ist. Das
Unschickliche in einer solchen Eheverbindung haben auch verständige
Leute unter den Weltvölkern empfunden, daher im römischen Rechte
respectus parentelae ist, davon sonst in der Art zu reden bei den Hebräern nichts Aehnliches ist, indem die Verwandten in ungleichen Graden der Seitenlinie nicht als Vater und etwa halber Sohn vorgestellt,
sondern bloss ‚Brüder‘ genennet werden, z. E. 1 Mos. 13, 8. Aber
darum habe ich schon vorhin erinnert, dass daraus nicht durch ein
blosses Gradezählen gefolgert werden kann, ein Weib darf nicht ihrer
Mutter Schwester Mann heirathen. Denn durch diese Ehe geht der
Ehrerbietung nichts ab, weil das Weib der unterworfene Theil in der
Ehe ist, und die Schuldigkeit, die sie gegen ihren Ehemann hat, die
grössere ist und mit der, welche sie gegen ihrer Mutter Schwester
Mann vorher hatte, nicht in Collission kommt, sondern nur beide Arten
der Ehrerbietung zusammen kommen und vereinigt werden. Daher ist
die Anführung gleicher Grade der Verwandtschaft keine Entscheidung,
dass ein Mann seiner *Frauen Schwester Tochter* nicht heirathen dürfe."
(Kurzer Begriff der Moraltheologie. II, 1641. sqq.)

§ 9.

Consanguinitas[a] describitur,[b] quod sit attinentia personarum, quarum una ex altera, aut quae (duae vel plures) ex una quadam per carnalem generationem descendunt.

a) Quasi *sanguinis unitas*, respectu *seminis*, in quod sanguis convertitur et unde fit generatio.　Vid. *Mus.* l. c. § 73. p. 39.

b) Juxta *Joh. Andreae*, ICtum Bonon., quem sequitur b. *Mus.* l. c. § 73. p. 40.

§ 10.

Affinitas[a] est propinquitas personarum, ex nuptiis[b] proveniens, ita ut, qui cum conjuge alterutro sunt caro una, intercedente inter ipsos consanguinitate, hi[c] etiam alteri conjugi sint carne propinqui, eo quod conjuges inter se facti sunt una caro.

a) Non tam quod sit *duorum in unum finem unitas*, quam quod *alter ad alterius cognationis fines* accedit, ita dicta. Vid. *Mus.* l. c. § 82. p. 45.

b) Ac de *jure civili* quidem intelliguntur nuptiae tantum legitimae; de *jure canonico* autem atque ita *h. l.* etiam alia qualiscunque conjunctio carnalis propinquitatem illam parit.

c) Et sic vicissim alterius conjugis consanguinei fiunt alterius conjugis affines. Non autem *consanguinei alterutrius conjugis consanguineis alterius conjugis* ita fiunt *affines*, ut nuptiae inter eos iniri nequeant.

MUSAEUS: „Non omnis affinitas impedit matrimonium; nam cognati uxoris et mariti cognati, licet inter se affinitate conjuncti sint, non tamen prohibentur matrimonio jungi.　Hinc duo comprivigni possunt matrimonio jungi, v. g. filius patris potest novercae suae filiam ducere in uxorem, et duo fratres possunt duas ducere sorores, pater et filius possunt matrem et filiam ducere.“ (De consanguinitate et affin. commentatio, p. 42.)

§ 11.

Ad *aestimandum* personarum, de quarum conjugio legitimo quaeritur,[a] inter se *propinquitatem* observandae sunt *lineae* et *gradus* consanguinitatis et affinitatis.

a) Non enim *omnis*, quantumcunque remota, cognatio aut affinitas conjugium impedit.

§ 12.

Linea[a] est collectio[b] personarum ab eodem stipite[c] descendentium, continens gradus.[d]

a) Vox *lineae* ad hanc doctrinam defertur per *metaphoram*, a linea mathematica, quae ex punctis et eorum fluxu quodam continuo constat, desumtam. Vid. *Mus.* l. c. § 73. p. 41.

b) Ita definitur a *Joh. Andreae* et b. *Mus.* loc. cit. § 74. p. 42.

c) Id est, generante communi aut persona, a qua, velut ex arbore *rami*, proveniunt, de quorum cognatione quaeritur.

d) De quibus mox dicemus.

§ 13.

Dividitur linea in *rectam*,[a] quae est inter personas, quarum una ab altera descendit atque ista nunc *ascendens*, nunc *descendens*[b] vocatur, et *collateralem*,[c] quae est inter personas, quarum neutra ab altera, sed utraque ab una quadam tertia persona descendit.

a) Dicitur *recta*, quia in illa recta ascendimus a genitis ad generantes, aut recta descendimus a generantibus ad genitos.

b) Est enim quoad rem *una* linea, quae, *si* in computatione graduum a generantibus ad genitos progrediaris, *descendens, si* a genetis ad generantes, *ascendens* appellatur. Vid. *Mus.* loc. cit. § 76. p. 42. 43.

c) Dicitur *collateralis*, quod est inter personas, quae non ut generantes et geniti subordinantur, sed sub uno generante sibi *a latere* junguntur. Alias vocatur *transversa*.

§ 14.

Collateralis linea *subdividitur* in *aequalem*, quae est inter personas aequaliter[a] distantes a communi stipite, et *inaequalem*, quando una personarum cognatarum propius, altera remotius[b] distat a stipite communi.

a) Seu eodem gradu.

b) Quoad diversitatem et numeros graduum.

§ 15.

Gradus[a] est habitudo[b] distantium personarum, qua cognoscitur, *quota*[c] agnationis vel cognationis *distantia* personae duae inter se differant.

a) Dicitur gradus per *metaphoram* a gradibus scalarum vel locorum proclivium, desumtam.

b) Juxta *Joh. Andreae* et *Mus.* l. c. § 73. p. 41.

c) Nimirum hic *numerus* locum habet, ac tanquam *ordinalis* vulgo exprimitur, uti sit primus, secundus, tertius gradus etc., quod ex sequentibus patebit.

§ 16.

Ratio computandi gradus propinquitatis aut distantiae personarum[a] in hac doctrina, pro diversitate linearum, *tribus* diversis *regulis* comprehenditur.

a) Quae quidem ex *jure canonico* petita est atque hactenus observari in scholis et consistoriis ecclesiarum nostrarum consuevit. *Altera* supputandi ratio, quae una tantum regula nititur, hac quidem: *Quot sunt generationes, tot sunt gradus*, in *jure civili* praescripta est et ad causas *successionum* atque adeundae *haereditatis* pertinet, cum priore autem ratione computandi in linea recta quidem convenit, quoad collateralem vero plurimum differt. Vid. *Mus.* l. c. § 79. sqq. p. 43. 44. 45.

§ 17.

Prima regula, quae ad lineam rectam pertinet, haec[a] est: *Quot sunt personae, de quarum cognatione quaeritur, computatis, si quae sint, intermediis, una demta, tot sunt gradus inter eas.*[b]

a) Ita vulgo canonistae, et qui eos sequuntur, quamvis *brevius* et *clarius* ita exprimi posse regula videatur: *Quot intercedunt* (in linea recta) *generationes inter personas, de quarum propinquitate vel distantia quaeritur, tot sunt gradus inter illas.* Vid. *Mus.* l. c. § 79. p. 43.

b) Sic *v. g.* spectando ex sacris familias patriarcharum, *uno* seu *primo* consanguinitatis gradu in linea recta propinqui sunt pater et filia *Jacob* et *Dina;* gradibus duobus (aut gradu *secundo*) distant avus et neptis, *Isaac* et *Dina;* gradibus *tribus* aut *tertio* gradu distant proavus et proneptis, *Abraham* et *Dina.*

§ 18.

Altera regula, quae ad lineam collateralem aequalem spectat, haec est: *Quot gradibus distant personae, de quarum cognatione quaeritur, a communi stipite, tot gradibus distant inter se.*

Sic v. g. *Laban* et *Rebecca* frater et soror, ex *Bethuele* nati, consanguinei sunt quoad gradum *primum*, cum et ille et haec a *Bethuele*, in linea recta, gradu primo cognationis distent. Sed *Jacob*, Rebeccae filius, et *Rachel*, Labanis filia, consobrini, distant gradu *secundo*, quia et ille et haec a Bethuele, avo et communi stipite, gradu secundo consanguinitatis distant.

§ 19.

Tertia regula, quae ad lineam collateralem inaequalem pertinet, haec est: *Quot gradibus persona remotior*[a] *ex his, de quarum propinquitate quaeritur, a communi stipite distat, tot gradibus personae illae distant inter se.*[b]

a) Nam *alias*, si pro ratione propinquioris personae gradus numeraremus, futurum esset, ut valde distantes personae aequaliter tamen distare judicarentur.

b) Prout e. g. *Esau*, Isaaci filius, *Dina*, Isaaci ex Jacobo neptis, in *secundo* gradu lineae collateralis inaequalis inter se junguntur, quia, licet Esavus ab Isaaco, qui communis stipes est, uno absit gradu, Dina tamen ab eo secundo gradu distat.

§ 20.

Ad prohibitionem itaque nuptiarum inter consanguineos quod attinet, sciendum est, quod in *linea recta* prohibeantur nuptiae simpliciter[a] et in[b] infinitum, idque lege divina[c] naturali[d] seu morali.

a) Nam inter *parentes* et *liberos* propinquitas carnis impedit nuptias, *partim per *identitatem carnis physicam*, per quam non licet, ut *vel* filius sanguinem a parentibus in se derivatum refundat in genitricem, *vel* genitor sanguinem suum in filiam, quae sui pars est et caro sua, transfundat, *partim per *respectum parentum et liberorum*, quatenus parentibus natura superioritatem et auctoritatem in liberos concessit et his vicissim submissionem, reverentiam et verecundiam erga parentes imperat, cui repugnat, parentes et liberos carnaliter misceri. *Mus.* l. c. § 94. p. 52.

b) *Licet* enim carnis propinquitas et identitas physica in gradibus remotioribus minor sit, quam in proximioribus, *tamen* respectus parentum, qui ex actu generationis resultat, nunquam expirat. Ibid. § 106. p. 54.

c) Vid. *Gen. 2, 24.*, ubi habetur primaeva conjugii constitutio, cujus vi *homo relinquere jubetur patrem suum et matrem suam*, cum quibus jam est una caro, et fieri *una caro* cum uxore, cum qua nondum antea fuerit una caro. Add. *Mus.* l. c. §§ 99. 100. p. 56. 57. Et *Lev. 18, 10.*, ubi *formaliter* quidem et expresse primus et secundus gradus tantum prohibentur, *virtualiter* tamen et propter respectum parentum et liberorum etiam caeteros gradus prohiberi certum est.

d) Quae *per se* et vi materiae substratae, etiam praecisa voluntate legislatoris, obligandi vim habet. Est enim vinculum generatione contractum prorsus naturale. Et sic *Lev. 18, 7.* adjicitur prohibitionis ratio, ex ipsa re substrata desumta. B. *Mus.* § 97. p. 54.

§ 21.

In linea *collaterali aequali* prohibentur nuptiae in gradu *primo*[a] de jure *divino*[b] ac *naturali*,[c] de jure *ecclesiastico* positivo[d] autem prohibentur etiam in gradu *secundo*.

a) Inter *fratres* et *sorores*, sive germanos, sive in alterutro parente unitos.

b) Vid. *Lev. 18, 9. 20, 17.*

c) Liberi enim sunt aliquid parentum et pars carnis eorum, adeoque, sicut *cum parentibus* sunt una caro *adaequate*, ita *inter se* ipsi sunt una caro, licet non immediate, sed *mediate*, tanquam caro in parentibus unita. Vid. *Mus.* § 101.

d) *Non* autem aeque de jure *divino* ac *naturali*. Scriptura enim tacet. Et quod ad rem ipsam attinet, fatendum est, *unitatem carnis* in uno generante non inveniri *inter consobrinos*, nisi *remotam*, quae absolute loquendo unitas non est. Vid. *Mus.* § 95. p. 53. Prohibet autem ecclesia nuptias in gradibus jure divino non prohibitis ad reverentiam legum divinarum magis tuendam et ut homines magis arceantur a conjugiis jure divino et naturali prohibitis.

§ 22.

In linea *collaterali inaequali* prohibentur nuptiae in gradu *secundo* de jure *divino* ac *naturali*.[a] Sed jure *ecclesiastico* prohibentur etiam in gradu *tertio*; imo etiam in gradu *quarto*, *si* persona altera uno tantum gradu[b] distet a communi stipite.

a) Vid. *Levit. 18, 12. 13. cap. 20, 19.* Et sunt sane personae ejusmodi cum stipite communi una caro, licet inadaequate. *Mus.* l. c. § 95. p. 53. Atque ita simul observandum est, prohibitionem illam valere *non tantum* quoad personas nominatim *expressas*, *sed* etiam *alias* aeque distantes, propter *identitatem fundamenti*. *Mus.* l. c. § 125. p. 77. 78.

Cf. addita supra ad § 8. not. *d*.

ANTITHESIS.

QUENSTEDTIUS: ,,*Antithesis:* 1. *Judaeorum recentiorum*, qui, referente D. Chemnitio P. 3. loc. de conjug., disputant: ,Quaecunque
personae non sunt expressae in Levit., earum nuptias non esse prohibi-
tas.' 2. *Pontificiorum*, quorum *aliqui* eandem hypothesin tuentur, ut
Cajetanus in c. 18. Levit., Cornelius a Lapide ibid. et de matrim. c. 24.
3. *Pontificiorum fere omnium*, statuentium, leges, quae in Lev. c. 18.
extant de gradibus prohibitis, non obligare omnes christianos, esseque
dispensabiles. Ita Bellarm. 1. de matrim. c. 27.: ,Non obligant', inquit, ,jure divino christianos praecepta omnia, quae de gradibus habentur in Lev.' Conc. Trid. sess. 24. can. 3. non veretur brutum suum
fulmen vibrare in eos, qui dixerint: ,ecclesiam in nonnullis consanguinitatis et affinitatis gradibus, qui in Lev. exprimuntur, dispensare
non posse.' Hinc pontifex in gradibus, quos lege divina prohibitos
esse, ex analogia colligi potest, dispensat. Cajetanus in 2. 2. q. 154.
a. 9. disputat: ,pontificem justis de causis in omnibus gradibus prohibitionem relaxare posse, praeterquam in connubio patris et filiae, filii
et matris.' Quae dispensationum licentia non conciliorum tantum definitione, sed notoriis etiam exemplis sancita et stabilita est. . . Recentiores, ut Gregorius de Valentia, Bellarminus, Cornelius a Lapide,
Tirinus, alii, plerasque illas leges, exceptis duntaxat iis, quae conjunctionem parentum cum liberis ac fratrum ac sororum vetant, juris vo-
luntarii ac positivi esse contendunt. 4. *Quorundam jurisconsultorum et
politicorum*, qui negant, connubiales leges de gradibus prohibitis omnes
Lev. 18. expressas ex naturali interdicto venire." (L. c. s. 2. q. 3.
f. 1607.)

b) Talis enim persona, sicut cum fratre aut sorore una caro est,
propter unum parentem, ita descendentibus ex fratre et sorore, patris
aut matris loco est.

§ 23.

Affinitatis genera *tria*[a] constitui solent: *Primi* generis affinitas est, quae mediante una persona per copulam carnalem juncta[b] contrahitur; *secundi* generis,
quae mediantibus duabus personis, per totidem[c] nuptias; *tertii*, quae mediantibus tribus personis totidem-
que nuptiis[d] contrahitur. Sed *secundum* et *tertium* genus affinitatis *hodie*[e] *non* impediunt matrimonium; in
primo genere autem quoad gradus *quosdam* prohibentur nuptiae.

a) Juxta regulam canonistarum: *Persona addita personae per
carnis copulam mutat genus, non gradum.* Confer *Mus.* § 83. p. 45. 46.

b) E. gr. *Nahor*, Abrahami frater, et *Sara*, Abrahami uxor, affines fuerunt, mediante solo Abrahamo, et per nuptias ejus cum Sara.

c) Ita *Ketura*, Abrahami post Sarae mortem uxor, et *Sarae consanguinei*, affines fuerunt, mediante Abrahamo et Sara, et per conjugium *primum* inter Abrahamum et Saram, perque *alterum* inter Abrahamum et Keturam.

d) V. g. Si Ketura, mortuo Abrahamo, alteri viro nupsisset, hoc ipso *consanguinei Sarae, alteri marito Keturae* affines facti fuissent, mediantibus tribus nuptiis.

e) Licet *olim* primus gradus secundi generis lege ecclesiastica fuerit prohibitus.   Vid. *Mus.* l. c. § 84. p. 46.

§ 24.

Lineae et gradus *affinitatis* aestimantur et *computantur* [a] pro *ratione linearum* et graduum *consanguinitatis*; ita ut, *quoto gradu et qua linea consanguinitatis persona, per quam, intercedente conjugio, affinitas contrahitur, consanguineis suis conjuncta est, eo gradu et linea consanguinei iidem censeantur et sint affines alteri personae, cui illa matrimonio copulata est.* [b]

a) Nam alias in affinitate *per se* et proprie *non* dantur gradus. Non enim affinium unus ab altero descendit. *Mus.* l. c. §§ 85. 86. p. 47.

b) Sic v. g. cum *Abraham* et *Tharah*, filius et pater, in primo gradu lineae rectae sint consanguinei, *Sara*, Abrahae uxor, et *Tharah*, nurus et socer, affines sunt in eodem gradu *primo* lineae rectae. Eadem *Sara Nahori* affinis est in *primo* gradu lineae collateralis aequalis, quia Abraham et Nahor fratres sunt. Rursus *Sara Lothi* affinis est in *secundo* gradu lineae collateralis inaequalis, quia Loth fratris Abrahami, Haranis, filius, Sara autem Abrahamo, Lothi patruo, (uxor) juncta est.

§ 25.

Itaque, *quo gradu et qua linea consanguineis matrimonium inire non licet, ea linea et gradu affinitatis affines matrimonium contrahere prohibentur.*

Equidem *consanguinitatis vinculum*, quod per generationem naturalem contrahitur, suapte natura *arctius* est vinculo *affinitatis*, quod per nuptias demum contrahitur; major quoque in consanguineorum nuptiis disconvenientiae ac turpitudinis ratio est, quam in nuptiis affinium; sed nihilominus certum est, affinitatis quoque gradus esse divinitus prohibitos et rationem prohibitionis in ipsa natura ac materia substrata fundari.   Vid. *Mus.* l. c. § 104. p. 61. et § 112. sqq. p. 67. sqq.

§ 26.

Speciatim in *linea recta* affinitatis prohibentur nuptiae de jure *divino* [a] ac *naturali* [b] *simpliciter* et *in infinitum.* [c]

a) Vid. *Lev. 18, 8.*, ubi conjugium cum *noverca;* vers. 15., ubi conjugium cum *nuru*, et v. 17., ubi conjugium cum *privigna* et *privigni* aut *privignae filia* prohibetur. Confer *Lev. 20, 11. 12. 1 Cor. 5. 1.*

b) Rationes etiam prohibendi *ll. cc.* ex ipsa materia substrata petitae sunt. Conf. b. *Mus.* l. c. § 97. p. 54. 55. § 104. p. 62.

c) *Licet* enim primus et secundus gradus tantum exprimantur in *Levitico, tamen* in caeteris gradibus hujus lineae respectus parentum et liberorum manet.

§ 27.

In linea *collaterali* jure divino[a] et naturali[b] prohibentur a nuptiis affines in gradu primo.[c]

a) Vid. *Lev. 18, 16. 20, 21.*, ubi matrimonium cum *fratris* defuncti *vidua* prohibetur.

b) Nempe in conjugio cum *fratria* transfundit frater defuncti sanguinem suum in eam, quae una caro est cum eo, cum quo ipse carnem suam ab uno genitore accepit; ita ut illa ei jam sit loco sororis. *Mus.* l. c. § 104. p, 62.

c) Quo pertinent etiam conjugium cum defunctae *uxoris sorore*, quod *Lev. 18, 18.* prohibetur, *non solum*, quando accedunt *circumstantiae*, crimen augentes, v. g. polygamiae simultanae, et quando repugnat uxor prius ducta; *verum etiam* quatenus aeque atque illud conjugium, quod cum fratris defuncti vidua initur, ad *generalem* legem pertinet, qua prohibetur, ne quis ad ullam carne propinquam accedat, v. 6. Conf. *Mus.* § 124. sqq. p. 77. sqq.

MUSAEUS: „Hic versus (Lev. 18, 18.) ab interpretibus modo non uno explicatur. Primo enim *quidam* verba, ut sonant, accipiunt et volunt, prohiberi iis, ne quis simul duas ducat sorores. . . *Alii* vero et cumprimis *J. Tarnovius* in Exercitatt. Bibl. verba haec aliter explicant et per sororem non intelligunt proprie dictam uxoris sororem, sed quamlibet mulierem, ut sensus hic sit: ‚Et mulierem ad uxorem sive mulierem ad mulierem ne accipio‘, ut ita simpliciter prohibeatur simultanea πολυγαμία. Quemadmodum *sororis* voce alias in sacris *quaelibet res ad alteram collata* significetur, v. g. Ex. 26, 3. quinque cortinae conjunctae dicuntur, ‚quaelibet ad sororem suam‘, *una ad alteram.*" (L. c. p. 29. sq.)

BROCHMANDUS: „An *defunctae uxoris sororem* ducere liceat? Quaestio haec in utramque partem disputata est. Rabbinorum non pauci et hos secuti pontificii fervide urgent, nihil obstare, quominus quis defunctae uxoris sororem ducat. Quam etiam sententiam peculiari scripto tutatus est *Dan. Hoffmannus.* Nostri autem theologi contrariam urgent sententiam, rati, non decere, ut ducatur defunctae uxoris soror. Firmamenta assertionis sunt tria: *Primo* urgemus *generalem regulam* Lev. 18, 6.: ‚Nullus accedat ad proximam carnis suae.‘ Jam vero maritus et uxor sunt una caro, Gen. 2, 24. Matth. 19, 5. Quocirca soror uxoris redditur proxima carnis et, quod inde necessario sequitur, ab ejus conjugio abstinere oportet. *Deinde* Deus *diserte* prohibet conjunctionem cum sorore uxoris Lev. 18, 18.: ‚Sororem uxoris non accipies.‘ Sed regerunt contrariae sententiae propugnatores, tantum prohiberi, ne ducatur soror uxoris ipsa viva, ad affligendum eam. Quocirca cessante prohibitionis ratione cessat ipsa prohibitio. Verum certa responsio est: prohiberi quidem absolute, ne ducatur uxoris soror, maxime vero dum adhuc in vivis est. Quod vero absolute prohibeatur conjugium cum sorore uxoris, vel inde planum est, quod sit speciale exemplum generalis regulae de vitando conjugio cum proxima carnis. Diserte autem additur, ne hoc fiat viva uxore, ob exemplum Jacobi patriarchae, qui duas uxores simul duxit, ne quis hoc factum patriarchae pro se alleget. *Tertio* non licet ducere defuncti fratris uxorem, diserta enim Sp. S. verba sunt Lev. 18, 16.: ‚Nuditatem fratriae tuae ne retegito, nam nuditas fratris tui est.‘ Qua ergo veritate dicere licebit, quod concessum sit, ducere defunctae uxoris sororem? Nam par est propinquitatis ratio, videl. in eodem primo gradu lineae aequalis." (Syst. univers. th. Tom. II. f. 577.)

MUSAEUS: ,,Προςδιορισμός: ‚Dum vivit‘, videtur continere *rationem prohibitionis*, ne scl. uxor per superinductam sororem ejus affligatur et angustetur, quae ratio uxore demortua cessat. Verum responderi potest, προςδιορισμὸν hunc negare tantum tempus antecedens, non consequens ponere. Constat enim, quod particulae ‚donec, usque‘, quibus respondet hic προςδιορισμὸς ‚in vita ejus‘, non semper ponant tempus consequens, sed negent tantum antecedens; sicut v. g. cum de Josepho dicitur, quod non cognoverit Mariam, ‚donec‘ pepererit filium suum primogenitum, particula ‚donec‘ negat tantum tempus antecedens, h. e., negat, Mariam esse a Josepho cognitam ante natum Christum, non autem ponit consequens, h. e., non infert, quod *post* n. Chr. Maria a Josepho cognita fuerit." (L. c. p. 36.)

V. E. LOESCHERUS: ,,Die Frage über des verstorbenen Weibes Schwester scheint die erste und meiste Gelegenheit gegeben zu haben, dass Etliche das Verbot auf die Personen allein eingeschränkt. Wenn man aber die Geschichte dieser Controverse ansieht, so ist der Zaun erst grossen Herren zu gefallen durchbrochen worden und hat also das Vorurtheil des Fleisches, hier des üppigen, dort um seines Vortheils willen schmeichelnden, den Anfang gemacht. Bucholtzer, Bruckner und zuletzt die Oettingenses haben ausser allem Zweifel grossen Herren zu gefallen gesprochen. Es geht damit eben, als beim Abfall vom Evangelio: wenn ein Herr erst durch Wollüste oder Staatsabsichten in seinem Herzen abgefallen, so sucht er sowohl sein Gewissen selbst einzuschläfern, als auch vor der Welt dem Abfall einigen Schein zu geben; stellet daher Colloquia an, oder lässt Fragen und Dubia an die ergehen, deren Heuchelei er insgemein schon versichert ist; und damit mans nicht so leicht merke, wird auch wohl ein und anderer Redlicher mit eingeschoben; alsdann soll die Ueberzeugung sicher sein. So geht es in verbotenen Ehen. Erst siegt das Fleisch in der Neigung, Begierde und Vorsatz; den sucht es zu rechtfertigen, und wünscht, das göttliche Verbot möge einen andern Sinn haben; endlich wird es stärker und determinirt die gefangene Seele, solchen Sinn wirklich anzunehmen; hierauf sucht es wider den allgemeinen Sinn sich zu befestigen und zu beschönen durch Beipflichtung Anderer. Nun ist nichts in der Welt so fleischlich und sündlich, welches nicht durch Schmeichelei approbirt würde. Das Fleisch ist arglistig und sieht sich vorher wohl um, wo es sich des Consensus versichern darf; da fällt es hin und, wenn es nur Einen erhalten, so stopft es gegen allen noch so gründlichen Widerspruch die Ohren zu, damit es in seiner Sicherheit nicht irre gemacht werde. Das ist wohl die erste Quelle, dadurch das göttliche Verbot in unserer Kirche verkehrt worden. Als Herzog Augustus Philippus in Holstein auf diesen Weg gerieth (1650), hätte er wohl keinen lutherischen Theologen angetroffen, der (sich) seiner Intentio gefügt (hätte.) Er hatte aber wohl von einem und anderem Jurisconsulto gehört, dass sie dem Gewissen am ersten die Schranken eröffnen würden. So musste es Bucholtzer zu Rinteln sein, der einem grossen Herrn nach seinem Wunsch und Willen antwortete. Dieser gelehrte

Jurisconsultus musste sich hernach defendiren, und seine Schüler
liessen von dem Vorurtheil der Autorität sich desto lieber einnehmen,
je angenehmer es war, solches mit dem vorigen Praejudicio des Fleisches zu verbinden. Unterdessen ein und anderes Exempel schien
noch nicht so grossen Schaden zu thun und die neuaufgeworfene Erklärung dieser Jurisconsultorum ward für Privatmeinung angesehen,
. . . bis endlich zu unseren Zeiten die Bosheit des Hobbianismus will
auf den Thron gesetzt werden." (Unschuld. Nachrr. 1725. S.
863—65.)

LUTHERUS: „Wie? sind in eurem Lande nicht Frauen noch Jungfrauen genug, dass man so nahe muss freien im andern und schier
noch näheren Grad, als die Schwestertochter oder *zwo Schwestern
nacheinander?* Ja, es hat etwa der Luther einen Zettel lassen ausgehen, dass solche Grade ziemen; hat man aber nicht dagegen andere
folgende Bücher auch mögen ansehen, da solchs *corrigirt* oder, so mans
sagen wollte, *renovirt* ist?" (Brief an D. Hesse. 1543. Vid. de Wette.
V, 606. sq.)

THEOLOGI LIPSIENSES: „Dass man vorgeben wollen, es sei, des
verstorbenen Weibes Schwester zu heirathen, Lev. 18, 14. ex paritate
gradus nicht absolute verboten, weil V. 18. eine expressa limitatio
dabei stehe: ‚Weil sie noch lebet'; dahero zu schliessen, dass solche
nach ihrem Tode zugelassen: solches rühret ex ignorantia idiotismi
linguae sanctae und daher entstehender mala interpretatione textus her,
kraft welches idiotismi das V. 14. ex paritate gradus ergangene Verbot
V. 18. nicht limitirt, sondern ein ganz neues Verbot der bigamiae und
polygamiae simultaneae vorgeschrieben wird. Allermassen der Haupt-
text zwar von Wort zu Wort also lautet: ‚Und ein Weib zu ihrer
Schwester sollst du nicht nehmen, zu ängstigen, ihre Schande zu
blössen, über sie, weil sie lebet'; aber vermöge des idiotismi hebraeae
linguae keinen anderen Verstand haben kann, als diesen: ‚Du sollst
kein Weib zu deinem Weibe nehmen, sie zu ängstigen' u. s. w. In
welchen Worten explicite die polygamia simultanea verboten, und dabei implicite die successiva verstattet ist. Denn das heisst die he-
bräische formula אִשָּׁה אֶל־אֲחֹתָהּ = uxor ad sororem ejus i. e. una ad
aliam. Wie aus Exod. 26, 5. 6. Ez. 1, 9. 3, 13. zu sehen. Welchem
nach dieser Text auf gegenwärtigen casum gar nicht mag gezogen
werden." (Auserlesene Bedenken. 1695. p. 900. sq.)

J. FECHTIUS: „*Polygamiam simultaneam,* Lev. 18, 18., ubi dicitur:
‚Mulierem ad sororem ejus non accipito', prohibitam esse, dubitare
nefas est, cum loquendi illa ratio: אִשָּׁה אֶל־אֲחוֹתָהּ, in universa S. S.,
in qua frequentissime in solo capite 26. Ex. quater, nec unquam
alio sensu occurrit, nihil unquam aliud, quam *‚una ad aliam'* significet; cur itaque in solo hoc loco in aliam, eamque insuetam, rapiatur
significationem? praeterea studio Deus in hoc versu loquendi formam
immutet, cumque antea dixisset: ‚Nuditatem patris tui ne retegito,
nuditatem materterae tuae ne retegito, nuditatem fratris tui ne retegito', atque sic porro et perpetuo in infinitum, nunc dicat: ‚Mulierem
unam ad alteram ne accipito', et rationem addat: לִצְרֹר, ad aegre faciendum illi; cum genuinae uxori non soror tantum, exemplo Rache-
lis et Leae, sed quaelibet alia, exemplo Hannae, molesta esse possit,
quae Pehinnam ideo suam צָרָתָהּ, angustiatricem appellat 1 Sam. 1, 6.
Quam obscure vero et improprie dictum est: וְאִשָּׁה אֶל־אֲחֹתָהּ לֹא תִקָּח;
quid hoc est rei: ‚Uxorem ad sororem non accipies?' Cur non
proprie potius locutus fuisset Deus, si proprie intelligi voluisset:
וְלֹא תִקַּח לָךְ אֲחוֹת אִשְׁתְּךָ לְאִשָּׁה, non accipies tibi sororem uxoris tuae
in uxorem? Denique quam macerant se et quasi affligunt interpretes

in exponenda hujus legis appendice: בְּחַיֶּיהָ, in vita ejus seu dum adhuc illa vivit? Ne nempe ex illa post uxoris obitum ejus sororem, quae tamen marito tam arcto carnis vinculo connexa est, ac relicta a fratre vidua, quam duci ex lege divina fas non est, duci posse inferatur. Cum ex nostra sententia liquidissimus sit omnium singulorumque verborum sensus, unam tantum uxorem simul ducendam, ne ex pluribus exacerbatio inter conjuges oriatur, eaque defuncta, liberum maritum esse a lege hac, viva uxore ipsum obligante 1 Cor. 7, 39. Quae argumenta miror, magnum s. literarum interpretem D. *Abr. Colovium* permovere non potuisse, ut suffragium pro illa citra omnem dubitationem ferret, Grotio imprimis non diffitente, Karaitarum, qui, quamquam exiguus hodie sit Judaeorum coetus, singularis tamen perpetuo fuit Judaeoram secta, in quam et Rabbanitas universus Judaismus fuit divisus, qui nempe literae s. unice arcteque inhaerent, hanc de hoc loco constantem esse opinionem. Nec vulgaris objectio quemquam turbare debet, quod caetera in hoc capite omnia *proprie* capiantur. Nam quae loquendi formae in proverbiali sermone semel proprietatem omnem exuerunt, veluti cum Latini dicunt: ab ovo ad mala, Hebraei: uxorem suam cognoscere, et similes, proprietati per id non restituuntur, etsi vel sexcentis aliis loquendi formis proprie acceptis adjungantur. Multo minus obest, quod apud Clericum aliosque adversae sententiae defensores communiter ad Judaeorum perpetuam praxin sensumque hujus loci consentientem provocetur. Si enim in primae conjugii institutionis sensu, quoad vinculi indissolubilitatem, universa Judaeorum natio demonstrante hoc Christo errare potuit, quid mirum est, et in ejusdem institutionis pariter atque loci Levitici sensu quoad determinationem conjugii ad personas tantum duas Judaeos universos errare? cumque haec sententia, eaque tantis rationibus nixa, gravissimorum inde ab Haffenreffero usque theologorum fuerit, non tam modestiam, quam rationem exuat necesse est, qui eandem orthodoxis (voce in consuetum ludibrium versa) et sectariis, qui thesin ideo tantum φυλάττωσι, ne videantur papae fallibiles, adscribat." (Philocal. sacra. Ed. 3. p. 48. sqq.)

§ 28.

In linea *collaterali inaequali* prohibentur jure *divino*[a] ac *naturali*[b] conjugia affinium in gradu *secundo*.[c]

a) Vid. *Lev. 18, 14. 20, 20.*, ubi conjugium cum *uxore patrui* vel *avunculi* prohibetur.

b) Manet enim respectus parentum et liberorum, atque unitas carnis cum persona ea, cum qua altera illa persona, quoad unum generantem communem, una caro est.

c) Atque hic iterum, praeter personas expressas, etiam ad alias, iisdem gradibus sese attingentes, legem extendendam esse putamus. Conf. b. *Mus.* § 125. p. 77. sqq.

§ 29.

Inter conjugia autem illa in gradibus prohibitis inita haec *differentia* esse videtur, ut *alia* omnino dissolvenda[a] sint, *alia*[b] inflicta arbitraria poena tolerari[c] possint.

a) Nempe, quibus Deus *Levit. 20.* capitis supplicium expresse constituit, scilicet quod ita turpia et abominabilia sint, ut nefas sit, conjuges in illis perseverare. Quo spectant conjugia *consanguineorum* et *affinium* in linea *recta*, inter ascendentes et descendentes et *consanguineorum* in gradu *primo* lineae *collateralis;* quae etiam *Carpzovius* Jurispr. Consist. Lib. II. Definit. XCIX. *dirimenda* esse censet ob insigne et detestabile *scandalum*, quod praebent. Conf. *Mus.* l. c. § 119. p. 74. Quamvis conjunctiones illae non nisi *aequivoce* conjugia dicantur, quippe quod vinculum conjugale et indissolubile in illis.locum non inveniat, uti infra dicemus § 34.

b) Qualia sunt ea, quibus *Levit. 20.* capitis supplicium constitutum non est; v. gr. quae in *consanguinitate* gradu *secundo* lineae collateralis *inaequalis* et in *affinitate* gradu *secundo* lineae *collateralis inaequalis* contracta et consummata sunt. *In his enim casibus videntur conjuges per leges in cap. 18. et 20. Levit. contentas in conjugio contracto et consummato relinqui et magistratus poenae arbitrariae subjici cum comminatione sterilitatis.* Vidd. *Carpzov.* et *Mus.* ll. cc.

c) *Tolerantia* autem illa, ex parte ecclesiae ac magistratus, non idem erit ac *dispensatio* in legibus *Lev. 18.* et *20.* prohibitis, *proprie* quidem loquendo. *Nam dispensatio proprie est legis, quoad vim obligandi, relaxatio in his, quae praecipit aut prohibet.* Ecclesia autem et magistratus, qui conjugia illa, quae Deus dirimere non jussit, tolerant, seu non dirimunt, non ideo legem prohibentem conjugia illa relaxant, sed suo vigori relinquunt. Vid. *Carpzov.* l. c. et *Mus.* l. c. p. 74. 75. Conf. Disp. nostram de *Differentia Dispensationis et Tolerantiae in causis ecclesiasticis, praesertim matrimonialibus,* Anno 1688. habitam.

GERHARDUS: „Concedimus, non esse parem prohibitionis in omnibus hisce legibus, quae ad jus naturae referuntur, rationem; dupliciter enim *lex naturae* consideratur, docente Hemming. de conjug. p. 101.; alias lex naturae sic dicitur ἁπλῶς seu ὅλως, *simpliciter et ex omni parte*, ut Deus est colendus etc.; haec lex naturae est plane immutabilis. Alias dicitur lex naturae κατὰ τὶ seu τινὸς ἕνεκα, cum natura finem intuetur, quae est humanae societatis incolumitas et conservatio. Haec lex naturae, etsi quoad *finem* mutabilis non est, tamen si *modum*, quo ad finem pervenitur, respicis, est mutabilis. Ad priorem pertinet prohibitio conjugii inter parentes et liberos; ad posteriorem pertinet prohibitio conjugii inter fratres et sorores; illud enim in primo generis humani ortu concedebatur, hodie vero est illicitum, finis tamen utrobique manet idem, incolumitas sc. et multiplicatio generis humani." (L. c. § 308.)

CONSISTOR. DRESDENSE: „Als erklären wir uns hiermit nochmals, wie zuvor, dass die Ehe in solcher Verwandtniss in göttlichen Rechten verboten und derowegen von diesen beiden Personen billig hätte nachbleiben sollen. Weil aber nunmehr zwischen ihnen die Ehe allbereit vollzogen und nicht mehr res integra ist, so können wir auch nicht rathen, dass diese Ehe wiederum zerrissen werden sollte, aus Ursachen, dass in heiliger Schrift zu befinden, obwohl Moses die Ehe in naher Verwandtniss und Blutfreundschaft verboten, so wird doch dabei nicht vermeldet, dass man diejenigen, so allbereit in solchen gradibus zusammen geheirathet, wieder von einander gescheidet oder getrennet hätte. Zudem sind auch Exempel, dass bei den Erzvätern solche und dergleichen Heirath geduldet worden." (De conjugio cum filia sororis inito. 1585. Vid. Carpzovii Jurispr. eccles. II, 152.)

Theologi Lipsienses: „Obwohl verschiedene Ehen in gradibus prohibitis von der Beschaffenheit sind, dass nach deren einmal geschehener Vollziehung der verehelichte Mann bei dem Gebrauch seines Weibes et v. v. gelassen werden mag, von welcher Art die Ehen im andern Grade ungleicher Linie der Blutsfreundschaft (Lev. 18, I2. 13.) sowohl als Schwägerschaft (Lev. 18, 14. 20, 20.) zu sein gehalten werden. Nicht zwar, als wenn von Menschen gegen das göttliche Verbot derselben dispensirt werden könnte (inmassen der weltlichen Obrigkeit nicht eingeräumt wird, dass sie dergleichen Heirathen zu schliessen verhänge), sondern weil dergleichen einmal geschlossene Heirathen tolerirt werden mögen, in Ansehen in dem göttlichen Gesetze Lev. 18. und 20. auf dergleichen keine Lebensstrafe gesetzt worden, sondern die Verbundenen bei ihrer Verbindung, unter Bedrohung der Unfruchtbarkeit, beisammen gelassen und der willkürlichen Strafe der Obrigkeit überlassen werden; auch Exempel solcher von Gott selbst tolerirten Ehen vorhanden sind. (Cf. Carpzov. Jurispr. consist. 1. 2. tit. 6. def. 99. Musaeus, Thes. de conjug. p. 174. s. Baier. Disp. de differentia dispens. et tolerantiae.)" (Auserlesene Bedenken u. s. w. p. 417.)

§ 30.

In quibus autem gradibus conjugia *tantum* per legem *positivam* ecclesiasticam prohibita[a] sunt, in illis ecclesia *proprie* loquendo *dispensare*[b] potest.

a) V. g. linea collaterali *aequali*, gradu *secundo*, inter *consobrinos* et linea collaterali *inaequali* gradu *tertio*, juxta §§ 21. 22.

b) *Cavendum* tamen est, *ne* dispensationes nimis *frequentes* fiant ac *levibus* de *causis* factae scandala excitent; quod in *Disp. cit.* paulo prolixius docuimus.

§ 31.

Forma seu *ratio formalis*[a] conjugii consistit in obligatione mutua[b] conjugum ad fidem et officia conjugalia. Vulgo · dicitur[c] *vinculum*[d] *conjugale.*[e]

a) Sive id, per quod vir in esse mariti et femina in esse uxoris formaliter constituitur. Vid. b. *Mus.* l. c. § 24. p. 9. § 141. p. 85.

b) Adeoque *relatio* quaedam est, quippe per quam conjuges in esse correlatorum constituuntur; atque *hic* vir *illam* feminam ut maritus *suam* uxorem, vicissim femina *illa hunc* virum ut uxor *suum* maritum, *utrique* se *mutuo* re̜spiciunt tanquam ii, qui consensu mutuo ad individuam vitae consuetudinem officiaque *mutua*, *maritalia* quidem uxori vir, *uxoria* autem viro mulier, praestanda sese obligarunt et obligati tenentur. B. *Mus.* l. c. § 28. p. 11. 12.

c) *Neque* enim revera *differunt* obligatio mutua conjugum et vinculum conjugale. B. *Mus.* § 25. p. 9. sqq.

d) *Morale* quidem, non physicum; neque transitorium quiddam, sed *permanens*, in *actu consentiendi* quidem contrahentium, simul tamen in *institutione divina* fundatum. *Mus.* § 24. p. 9. et § 29. sqq. p. 12. sqq.

e) *Copula carnalis autem consequens* potius est, et *effectus*, quam ut ad rationem formalem conjugii pertineat. Hoc enim, atque ipsum vinculum conjugale, cessante etiam copula carnali et conjunctione corporum, perdurat. B. *Musaeus* l. c. § 24. p. 9.

§ 32.

Vinculum conjugale *indissolubile*[a] est, *partim* vi[b] objecti, *partim*, et inprimis,[c] vi institutionis[d] divinae.

a) Ita ut perpetuo duret, *quamdiu* conjuges ambo *vivunt*, ac *ne mutuo* quidem *dissensu* contrahentium *rescindi* aut aboleri moraliter *possit*.

b) Seu, quod conjugium contractum est per consensum de perpetuo et per omnem vitam continuando vitae consortio, non nisi per mortem solvendo.

c) Nempe *si* conjugium *praecise* ex solo conjugum consensu suum esse specificum haberet, retractato eo, per mutuum utriusque partis dissensum, illud quoque cessaret. *Sed* vi institutionis divinae conjugii tenentur mas et femina non aliter illud inire, quam per consensum de perpetua cohabitatione seu consortio, eumque irrevocabilem seu irretractabilem. B. *Mus.* l. c. § 31. p. 15. et § 41. p. 20.

d) Quae exprimitur *Gen. 2, 24.* his verbis: *Propterea deseret vir patrem suum et matrem suam, et adhaerebit* (προσκολληθήσεται, uti LXX interpretes et Christus *Matth. 19, 5. et Marc. 10, 7.* verterunt, *velut glutine conjunctus* ac minime disjungendus) *uxori suae.* Et Christus *Matth. 19, 6.* notanter adjicit: *Quod igitur Deus conjunxit, homo ne separet.* Fundata autem est lex ista in ipsa natura et *fine* conjugii, *cum* procreatione sobolis, *tum* mutuo vitae consortio, quorum uterque exigit consortium maris et feminae per totam vitam. Vid. b. *Mus.* §§ 33. ad 40. p. 14. ad 20.

§ 33.

Interim *duobus* casibus contingere potest *divortium*, sive conjugii legitimi et validi dissolutio,[a] quoad ipsum vinculum conjugale: *adulterii*[b] casu nimirum, ubi ipso jure[c] solvi potest et solvitur matrimonium ac parti innocenti licet aliud inire[d] conjugium; et casu *malitiosae desertionis*,[e] ubi desertor ipse de facto ac temere[f] rumpit vinculum conjugale ac parti desertae, declarante judice competente, potestas competit, novum inire matrimonium.

a) Hoc enim ad divortium *proprie dictum* requiritur. *Alias autem*, si màxime videantur divelli conjuges, si tamen conjugium verum et validum inter ipsos non fuerit, aut vinculum ipsum conjugale non solvatur, divortium etiam proprie loquendo non fiet.

b) Vid. *Matth. 19, 9. et cap. 5, 32.*, ubi vi propositionis exceptivae: *Quisquis repudiaverit uxorem, nisi ob stuprum, et aliam duxerit, adulterium committit*, duo dicuntur: *unum*, qui repudiat uxorem non adulterantem, et ducit aliam, moechatur; *alterum*, qui repudiat uxorem adulterantem, et ducit aliam, non moechatur. Unde recte colligitur, quod in casu stupri, aut adulterii, liceat dimittere uxorem, aut per divortium ab ea separari, et ducere aliam. Conf. b. *Mus.* l. c. § 49. p. 21.

c) Etiamsi conjux ille, qui adulterium commisit, porro cohabitare velit.

d) Scilicet ideo, quod vinculum cum priore conjuge revera solutum est atque obligatio ad consortium conjugale cessat.

ARTICULI SMALCALD.: ,,Injusta etiam traditio est, quae prohibet conjugium personae innocenti post factum divortium.'' (Tract. de potest. et jurisd. episc. p. 355.)

GERHARDUS: ,,Propter pristinum (delictum), quod se condonasse conjugali cohabitatione testatus est, non poterit ex post facto divortium petere.'' (L. c. § 621.)

e) Juxta illud Pauli *1 Cor. 7, 15.*: *Si infidelis* (conjux) *discedit* (segregat se et divortium facit cum conjuge altero fideli), *discedat. Non est servituti subjectus frater aut soror in ejusmodi*, ut non liceat ei aliam ducere aut alteri nubere: sed liber aut libera est a vinculo atque obligatione ad consortium conjugale cum desertore aut desertrice.

GERHARDUS: ,,Si dicas: ,Paulus innocenti desertae parti novum matrimonium concedit, prioris ergo vinculum oportet esse solutum, alias novum matrimonium ab apostolo concedi non posset, *duas* igitur esse divortiorum causas, adulterium et desertionem, praesupponit.' Resp.: Nos hoc libenter concedimus, interim *exclusivae* Christi, quae solum adulterium *unicam* divortii causam ponit, nihil decedit, quia non de una eademque quaestione, nec de uno eodemque casu cum apostolo agit, sed Christus ostendit causam divortii *faciendi*, apostolus causam divortii *patiendi* ac liberationem ob injustam desertionem obtinendi; Christus loquitur de divortium *faciente*, apostolus de divortium *patiente;* Christus loquitur de eo, *qui a conjuge divertit*, Paulus de eo, *a quo conjux divertit;* Christus loquitur de separatione *voluntaria*, Paulus de separatione *invita.* . . Unde quidem ex nostris theologis *unam* duntaxat divortii causam constituunt, quidam vero *duas* numerant absque ulla omnino contradictione.'' (L. c. § 607.)

IDEM: ,,Non quaevis discessio vel absentia pro desertione habenda est, sed distinguendum inter absentiam necessariam, probabilem, casualem etc., et inter absentiam temerariam, voluntariam, malitiosam etc.; is enim demum censendus est desertor, qui animo *malitioso*, non justa et honesta aliqua causa inductus, sed vel religionis odio vel levitate vel impatientia freni conjugalis vel aliis causis non necessariis impulsus a conjuge discedit, *nec privatis admonitionibus vel publicis citationibns sese revocari patitur*, sed hinc inde vagatur, aut plane in alias regiones ac loca longius dissita proficiscitur, *ut nulla spes reditus ac reconciliationis amplius supersit.* 1. Colligitur hoc ex textu apostolico; v. 12. dicitur: ‚Si quis frater habet uxorem infidelem et haec συνευδοκεῖ, consentit, habitare cum illo, non dimittat illam‘; v. 13.: ‚Si qua mulier habet virum infidelem et hic συνευδοκεῖ, consentit, habitare cum illa, non dimittat virum‘; v. 15.: ‚Sin vero infidelis discedit, discedat.‘ Hic ex ipsa oppositione intelligitur, quid per χωρισμὸν sive discessionem intelligendum veniat, videl. si infidelis nolit cohabitare, sed animo malitioso conjugem deserat. Item v. 5.: ‚Nolite fraudare vos invicem nisi forte *ex consensu ad tempus.*‘ E. a contrario sensu, si maritus cum uxoris consensu ad tempus discedit, pro desertione malitiosa nequaquam id erit habendum. 2. Ut in reliquis actionibus, ita quoque in discessione et absentia *animus* respiciendus est. Ergo qui officii ratione abest atque animum revertendi habet, pro desertore haberi nequit, nisi voluntatem erga conjugem mutaverit et fidem datam violaverit. Voluntas actiones distinguit et causae faciunt rerum discrimina.“ (L. c. § 626.)

LUTHERUS: „Darum hab ich gerathen und rathe noch (wo man es anders thun will), wenn in einem Dorf oder Stadt ein solcher Bube ist, der ein Jahr oder ein halbes dermassen ist weggereist, dass der Pfarrherr oder Obrigkeit dem Weibe rathe und helfe, den Buben zu *suchen,* wo sie kann und sich zu finden versiehet, und *fordern* auf bestimmte Zeit; kömmt er nicht, dass man an die Kirchen oder Rathhaus *öffentlich anschlage* und fordere ihn auch also öffentlich, dazu mit *Bedrohung,* man wolle ihn ausschliessen und das Weib frei sprechen; *kömmt er alsdenn nicht, so soll er nimmermehr kommen.*“ (Schrift von Ehesachen. 1530. X, 952. sq.)

f) Cum pars innocens ad cohabitandum porro parata esset, neque per eam staret, quo minus continuaretur matrimonium.

DEYLINGIUS: „*Effectus* sententiae contra desertorem latae, quando in rem judicatam transiit, est divortium seu *matrimonialis vinculi ex utraque parte dissolutio.*“ (Institut. prud. pastor. Ed. Kuester. p. 625.)

GERHARDUS: „Quod apostolus (1 Cor. 7, 11.) disjunctive de ea, quae sine justa divortii causa discedit, inquit: ‚Maneat innupta aut viro suo reconcilietur‘, ex eo inferri nequit, quod injustum divortium approbet, quia apostolus loquitur *non de jure, sed de facto,* nec absolute, sed comparate, hoc sensu, si conjux ex alia quavis causa praeter adulterii crimen discedit, videl. propter quandam contumaciam et malam conversationem mariti, ac nolit vel non possit illi reconciliari, tum a novo conjugio abstineat, cum per illas causas politicas vel oeconomicas vinculum prioris conjugii coram Deo et in conscientia non sit solutum. Non ergo dat apostolus parti ex injusta causa discedenti *optionem,* ut ‚aut innupta maneat, aut conjugi reconcilietur‘, ut Bellarm. c. 14. praeced. suspicatur, sed potius revocat eam ad reconciliationem, quia non tam approbationis vel permissionis, quam territionis ac comminationis vox est: ‚Maneat innupta aut viro reconcilietur‘, i. e., talis desertrix frustra potestatem ac spem novi matrimonii sibi somniat, quinimo sciat, sibi in perpetuo coelibatu vivendum esse, nisi viro suo velit reconciliari.“ (L. c. § 587.)

LUTHERUS: „Wo eins einmal vom andern läuft aus Zorn oder Ungeduld, das ist gar viel eine andere Sache; das ist auch nicht so ein heimlich meuchlinges Weglaufen. Da hat man aus St. Paulo 1 Cor. 7, 11., was man thun solle, nämlich sich wiederum *versöhnen* lassen, oder, *wo die Sühne nicht gerathen will,* ohne Ehe bleiben.“ (Schrift von Ehesachen. 1530. X, 953.)

§ 34.

Quando autem personae *illegitime* conjunctae[a] separantur, non tam divortium[b] est, quam *declaratio*, quod in conjunctione illa *non* fuerit *vinculum*[c] conjugale.

a) V. g. in gradibus consanguinitatis, jure naturae prohibitis (vid. supra § 29. not. *a.*), *aut* ubi error personae, *aut* impotentia alterutrius conjugis intercessit.

b) Non enim ei competit definitio divortii § praeced. 33. allata.

c) Nempe quod *vel* persona altera cum altera, tanquam cum propinqua carnis, non potuerit valide contrahere, *vel* non cum ea, sed cum alia, revera contraxerit, *vel* alterutra inhabilis prorsus sit ad consuescendum, atque adeo de conjunctione matrimoniali contrahendum.

§ 35.

Similiter, quando conjuges[a] *quoad thorum et mensam* tantum *separantur*, divortium proprie non est, sed suspensio actuum[b] cohabitationis et officii conjugalis.

a) V. g. propter *inimicitias* graviores, et quae incorrigibiles, imo cum *periculo vitae* alterutrius conjugis conjunctae apparent.

b) Vinculo conjugali salvo manente, ut neuter conjux matrimonium aliud inire possit, imo nonnunquam alimenta uxori maritus dare teneatur.

§ 36.

Moriente autem alterutro conjuge, vinculum conjugale revera *solvitur*[a] et conjugi superstiti denuo licet cum alia quadam persona inire matrimonium.[b]

a) Vid. *Rom. 7, 2. 3. 1 Cor. 7, 39.*

b) Vulgo *polygamiam successivam* vocant et a simultanea, quae absolute polygamia dicitur, distinguunt.

§ 37.

Finis cui conjugii[a] sunt homines utriusque sexus,[b] quos natura aptos ad conjugium fecit, citra differentiam status ecclesiastici[c] et saecularis.[d]

a) Seu illi, quorum bono institutum est a Deo et quibus licet inire matrimonium.

b) Juxta ea, quae de materia conjugii diximus § 8.

c) Nam etiam in eos, qui sunt in statu ecclesiastico, cadit causa *impulsiva* conjugii; de qua diximus §§ 4. et 5. Unde ad eosdem pertinet dictum *1 Cor. 7, 7. 8. 9.* Addantur loca *1 Tim. 3, 2. 12. Tit. 1, 6. 1 Cor. 9, 5.*, ubi honestas conjugii clericorum manifeste exponitur. Ac de loco *1 Cor. 9.* et quod per ἀδελφὴν γυναῖκα intelligenda sit *femina fidelis, conjugio copulata,* vid. b. *Mus.* Vind. Bibl. Gloss. Disp. V. § 1. sqq. p. 299. sqq.

ANTITHESIS.

QUENSTEDTIUS: „*Antithesis:* 1. *Eustachii et Eustachianorum,* qui conjugium ecclesiae ministrorum et ministerium conjugatorum prorsus rejiciebant, quos synodus Gangrensis aliquot post oecumenicam Nicenam annis habita anathemate percussit. Canon enim ejus 4. sic habet, interprete Herveto: ‚Si quis de presbytero, qui uxorem duxit, contendat, non oportere, eo sacra celebrante oblationi communicare, sit anathema.‘ 2. *Scholasticorum et pontificiorum,* quorum plerique quidem censent, solo jure ecclesiastico annexum esse caelibatum ordinibus sacris... Bellarminus l. 1. de cleric. c. 18. (juxta quem licet conjugatos promovere ad sacra ministeria et promotis uxores ducere et tam his, quam illis uxoribus suis uti maritorum more de jure divino). Idem Bellarm. tamen l. de cleric. c. 20.: ‚propter votum continentiae clericis non licere uxores ducere, nec antea ductis uti post ordinationem, positivo quidem jure, sed antiquissimo et aequissimo, quod nullo modo expediat, ut relaxetur‘, statuit... Sunt tamen etiam inter pontificios, qui sentiunt, jure divino annexum esse caelibatum ordini sacro, ut Joh. Major Scotus in 4. sent. dist. 24. q. 2... Sed, ut dixi, plerique pontificii statuunt, non quidem jure divino, attamen jure apostolico et lege ecclesiast. abstinentiam a conjugio sive caelibatum annexum esse sacerdotio, ita ut nec ducere uxores, nec uxoribus antea ductis uti licere post ordinationem contendant. Sic enim Conc. Trid. sess. 8. can. 9.: ‚Si quis dixerit, clericos in sacris ordinibus constitutos vel regulares posse matrimonium contrahere, contractumque validum esse, non obstante lege eccles. vel voto, et oppositum nihil aliud esse, quam damnare matrimonium, posseque omnes contrahere matrimonium, qui non sentiunt, se castitatis (etsi eam voverint) habere donum, anathema sit.‘.. Claudius Espencaeus l. 1. de continent. c. 12. f. 699. exempla sacerdotum ob conjugium combustorum recenset. Quinimo docent papistae, sacerdotem gravius peccare uxorem ducendo, quam scortando. Costerus in Enchirid. c. de caelibatu sacerdot. prop. 9.: ‚Sacerdos si fornicetur aut domi concubinam foveat, tametsi gravi sacrilegio se obstringat, gravius tamen peccat, si matrimonium contrahat.‘" (L. c. c. 12. s. 2. q. 6. f. 1527. sq.)

d) Interim *coelibatus* libere et caste servatus sua laude fraudandus non est. Vid. *1 Cor. 7, 1. 8. 32. sqq.*

§ 38.

Finis cujus, proximus quidem, et ad quem conjugium *per se* ordinatur, est procreatio sobolis[a] et mutuum in vita adjutorium;[b] *remotior* finis est conservatio ecclesiae et reipublicae.[c]

a) Conjunctio enim maris et feminae in unam carnem per se proxime ordinatur ad generationem prolis. Atque hunc finem ipse auctor conjugii indicat *Gen. 1, 28.* B. *Mus.* l. c. § 132. p. 83. Manet etiam hic finis conjugii, postquam auctum est genus humanum, ad ejus conservationem. B. *Mus.* l. c. § 139. p. 85.

b) Seu ut alter alterum velut suam carnem curet ac mutuo se adjuvent *in* re familiari, *in* educatione sobolis *ac* vita tota. Quo spectat locus *Gen. 2, 18.* Conf. b. *Mus.* l. c. § 134. p. 83.

c) Vid., quae ad § 1. dicta sunt. Adde b. *Mus.* § 135. p. 83.

§ 39.

Finis *intermedius accessorius*[a] est, ut conjugium sit remedium adversus[b] pravas libidines.[c]

a) Nempe in statu lapsus, quique adeo *per accidens* finis conjugii est, non per se, licet *a Deo* pro ratione status praesentis hominum, inque bonum eorum, *intentus.* B. *Mus.* §§ 136. 137. p. 83. 84.

b) Vid. *1 Cor. 7, 2. et 9.*

c) Quod autem *conjuges* ipsi non raro fines alios, v. g. voluptates, divitias, gloriam etc. intendunt, id suo loco relinquimus, quia de fine ipsius conjugii, *sive* per se, *sive* per accidens, *non tam* ex intentione horum aut illorum hominum, *quam* Dei auctoris naturae et gratiae judicandum est. Conf. b. *Mus.* § 138. sqq. p. 84. 85.

§ 40.

Officia conjugum *alia* sunt communia utrisque, *alia* marito aut uxori propria.

§ 41.

Ad *illa* pertinet conjunctio *animorum*,[a] *corporum*,[b] *facultatum*.[c]

a) Seu amor mutuus et studium juvandi. Vid. *Eph. 5, 28. 29. 1 Cor. 7, 10. 33. 34.*

b) Vid. *1 Cor. 7, 3. sqq.* Quod autem conjunctio corporum in *sanctificatione et honore fieri* debeat, docetur *1 Thess. 4, 4.*

c) Certe quoad *usum* et ad *sublevandam* alterius *indigentiam,* Vid. *Eph. 5, 29.*

§ 42.

Mariti officia sunt, uxorem *protegere*,[a] consiliis et monitis *regere*,[b] *necessaria* hujus vitae *suppeditare*[c] et blanda conversatione[d] eam *recreare.*

a) Vid. exemplum *Jacobi*, partem opum impendentis, ut uxorem servaret, *Gen. 32, 13. sqq.*, *Davidis*, conjugem abreptam suo periculo ab hostibus repetentis, *1 Sam. 30, 3. sqq.*

b) Prout *Eph. 5, 23. caput* uxoris esse dicitur.

> BALDUINUS: „Habet vir domesticum imperium, ita tamen, ut aliter uxorem, aliter liberos, aliter servos coërceat. Uxori imperat maritus politice, inquit philosophus l. l. polit. c. 12., h. e., ita imperat, ut inter aequales et socios fieri solet, ita ut uxor auctoritatem viri comiter observet, flatque eum in modum species quaedam aristocratiae, ut voluit philosophus l. 8. eth. c. 10. Species illa aristocratiae est principatus, ubi unum idemque jus optimatibus competit, sed unus ex illis principalem habet auctoritatem. Ita mariti et uxoris commixta familia est et una domus, ‚sie sind in ungetheilten Gütern‘, ut Saxo loquitur, sed ejusdem commixtae familiae unus est princeps, nempe maritus, et sic status hujus imperii domestici est aristocraticus, administratio autem monarchica, eoque sensu matrimonium regni in non democratiae speciem repraesentare scribit Chrysostomus in epist. 1 Cor. homil. 34.“ (Quaestt. ex Pauli epp. 1617. Disp. de cap. 4. Col. A. 2.)

c) Tanquam suo *corpori*, *Eph. 5, 29.*

d) In oppositione ad *amarulentiam*, *Coloss. 3, 19.*

§ 43.

Uxoris est, maritum *honorare*[a] eique *obedire*,[b] ac rei familiaris *curam*[c] habere.

a) Quemadmodum *Sara Abrahamum dominum suum* appellavit. *1 Petr. 3, 6.*

b) Ὑποτάσσεσθαι, *subjici* illi, *Eph. 5, 22. 24. Col. 3, 18. 1 Petr. 3, 5.*, ὑπακούειν, ibid. v. 6.

c) Cujus prolixa et elegans descriptio extat *Proverb. 31, 10. sqq.*

§ 44.

Definiri potest[a] conjugium, quod sit societas seu conjunctio[b] unius[c] maris et unius feminae, indissolubilis, juxta divinam institutionem,[d] ex mutuo utriusque consensu nata, ad[e] generationem prolis et mutuum vitae adjutorium.

a) Vid. b. *Mus.* l. c. § 140. p. 85.

b) Non pro actu conjungendi, sed pro *statu conjunctorum* accepta, ita ut designet ipsam formam aut rationem formalem conjugii, juxta § 31.

c) Indicatur materia; de qua vid. § 8.

d) Haec ad causam efficientem pertinent; uti constat ex §§ 2. 3. et 6.

e) Qui est finis conjugii juxta § 38. sqq.

§ 45.

Societas *paterna*[a] causam efficientem habet Deum,[b] *sive* illa in se, *sive* ex parte parentum et liberorum spectetur.[c]

a) Quae ex conjugali *proxime* oritur, adeoque ei rectissime subjungitur. Quod autem aliquando ex *illegitimo* quoque congressu nascuntur liberi, *per accidens* est, et ex vitio hominum.

b) Non solum 1.) quod Deus *conjugalis* societatis *causa* est, ex qua paterna societas proficiscitur, et *generandi facultatem* primis hominibus ipse concessit, ut parentes fieri possent; verum etiam, 2.) quod semper cum conjugibus generantibus *concurrit.* Vid. *Ps. 127, 3.* Quod 3.) *propensionem mutuam* parentibus et liberis ad se invivem impressit. Quod 4.) *leges* utrisque posuit, *Exod. 20, 12. Eph. 6, 1.* ad *4. Coloss. 3, 20. 21.* 5.) benedictione sua societatem hanc adjuvat. Vid. *Exod. 20, 12. Eph. 6, 2.*

c) Adeoque sive *abstractive*, sive *concretive* consideretur. Ad *prius* enim pertinent leges divinae memoratae; ad *posterius* instinctus ille naturalis, influxus Dei ad generationem et multa providentiae specialis argumenta.

§ 46.

Pertinent etiam ad causam efficientem societatis paternae[a] ipsi parentes, quatenus ex se liberos gignunt.[b]

a) Nempe *concretive* spectatae, non abstractive.

b) Quando enim per generationem liberi producuntur, simul oritur societas et relatio inter parentes et liberos, quamvis etiam verum sit, quod vulgo dicitur: *liberos non eligi voluntate parentum, sed a natura accipi*, adeoque a Deo auctore naturae. Confer. *Ps. 127, 3.*

§ 47.

Causa *impulsiva* ex parte *parentum*[a] est naturale desiderium generandi et habendi sibi simile.

a) *Secundum naturam* quidem, licet aliquando parentibus directe non intendentibus gignantur liberi.

§ 48.

Causalitas causae efficientis ex parte parentum est generatio.

Vid., quae ad § 46. dicta sunt. Quomodo autem *Deus* actu sit causa hujus societatis, dictum est ad § 45. not. *b.*

§ 49.

Materia societatis paternae sunt *parentes* [a] eţ *liberi*, quanquam etiam sufficiat *pater solus*, aut *mater sola*, [b] cum *filio* aut *filia*.

a) Spectati hoc loco tanquam *partes* aut *membra* hujus societatis.

b) Nempe si alteruter parens morte abreptus sit. Et licet a patre, tanquam persona digniore, societas paterna denominetur, revera tamen etiam mater huc pertinet.

§ 50.

Forma consistit in relatione illa mutua, [a] per quam parentes, ut tales, liberos ut liberos suos, et hi vicissim illos ut suos parentes respiciunt et, in unam [b] quandam societatem conjuncti, ad mutua officia obligantur.

a) Quam alias *paternitatem* et *filiationem* appellant.

b) Adeoque et hic *vinculum* quoddam *morale*, sed in natura fundatum, locum habet.

§ 51.

Manet autem illa relatio et vinculum societatis, *quamdiu* [a] parentes et liberi vivunt. [b]

a) Respiciunt huc loca Scripturae, quae liberos sine restrictione temporis, atque adeo *simpliciter*, quamdiu parentes vivunt, obligationis suae memores esse jubent, *Exod. 20, 12. Ecclesiastici 3, 14. Tobiae 4, 3.*

b) Licet officia ipsa *non* semper *eodem modo* invicem exhiberi possint aut debeant. Nec negamus, *parentem* posse *filium* incorrigibiliter malum a se *repellere* et haereditate privare; prout conjugium etiam in certo casu solvi posse diximus.

§ 52.

Finis *intermedius* est educatio sobolis [a] et familiae salus; [b] *ultimus*, ut ecclesia et respublica [c] conservetur.

a) Agnovit hoc ipse *Aristoteles VIII. Ethic. c. XIII.* Et huc tendit naturalis illa στοργή, quam Deus, auctor naturae, parentibus impressit.

b) Sicut omnes societates naturales ad communem ipsarum societatum salutem tendunt. Eodemque spectant leges divinae, quibus parentibus pariter ac liberis sua officia praescribuntur, ad communem utilitatem.

c) Ita enim ex conjugio, mediante hac societate, augetur et ornatur civibus ac ministris ecclesia et respublica.

§ 53.

Officia parentum consistunt in suppeditando liberis *victu* et *amictu,*[a] itemque in cura, ut *erudiantur* in omni pietate,[b] scientiis et artibus[c] atque adeo *temporalis* et *aeterna salus* eorum promoveatur.

a) Oppositum enim seu neglectus huju's officii homines *infidelibus deteriores* facit, juxta *1 Tim. 5, 8.* Et *Matth. 7, 9.* dicitur, quod etiam patres πονηροὶ ὄντες, qui *mali* sunt, non tamen filiis *lapidem pro pane* porrigant. Et victus quidem cum amictu *eo usque* parari a parentibus debet, *donec* liberi sibi ipsis necessaria parare possint.

b) Ut educentur ἐν παιδείᾳ καὶ νουθεσίᾳ κυρίου, in der Zucht und Vermahnung des Herrn, juxta versionem Lutheri, *Eph. 6, 4.*, adhibita simul moderatione, secundum illud *Coloss. 3, 21.: Patres ne irritate,* μὴ ἐρεθίζετε, *liberos vestros, ne despondeant animum,* ἵνα μὴ ἀθυμῶσιν.

c) Vid. *Prov. 29, 17.*, ubi generale monitum educationis liberorum ad profectus et salutem eorum facientis habetur.

> CATECHISMUS MINOR: „Insonderheit treibe auch daselbst die Obrigkeit und Eltern, dass sie wohl regieren und Kinder ziehen zur Schule, mit Anzeigen, wie sie solches zu thun schuldig sind, und wo sie es nicht thun, welche eine verfluchte Sünde sie thun. Denn sie stürzen und verwüsten damit beide Gottes und der Welt Reich, als die ärgsten Feinde beide Gottes und der Menschen. Und streich wohl aus, was für greulichen Schaden sie thun, wo sie nicht helfen Kinder ziehen zu Pfarrherren, Predigern, Schreibern u. s. w., dass Gott sie schrecklich darum strafen wird. Denn es ist hie noth zu predigen. Die Eltern und Oberkeit sündigen jetzt hierin, dass nicht zu sagen ist. Der Teufel hat auch ein Grausames damit im Sinn." (Praef. p. 352.)

§ 54.

Liberorum officia consistunt in *amore,*[a] *honore*[b] atque *obsequio*[c] parentibus exhibendo, itemque, si necessitas ita ferat, *alendis*[d] illis; *naevis* etiam ipsorum aequo animo *ferendis.*[e]

a) Vid. *Proverb. 10, 1.*, ubi filius bonae frugis dicitur *laetitia afficere parentem.* Confer. *cap. 25, 20.*

b) Ex vi *quarti* praecepti in *decalogo, Exod. 20, 12.*, quod repetitur *Eph. 6, 2. 3.*

c) Ὑπακούοντες τοῖς γονεῦσι, *Eph. 6, 1.* Col. *3, 20.*

d) Hoc est, ἀμοιβὰς ἀποδιδόναι τοῖς προγόνοις, *1 Tim. 5, 4.* Conf. *Matth. 15, 4. 5. 6.*

e) *Non* autem *contemnendo senescentes. Prov. 23, 22.* Adde *Ecclesiastici 3, 14.*

§ 55.

Describi potest societas paterna, quod sit societas[a] seu conjunctio parentum ac[b] liberorum, divinitus[c] instituta ad[d] educationem liberorum et totius societatis salutem.

a) In quo convenit cum conjugio et statibus aut societatibus aliis; quanquam etiam hoc spectet ad formam ejus. § 50.

b) Qui sunt materia societatis hujus; vid. § 49.

c) Indicatur causa efficiens, juxta § 45.

d) Qui est finis ejus. Ibid. § 52.

§ 56.

Societas *herilis*[a] causam *efficientem* itidem habet Deum,[b] sive illam *in se*[c] spectes, sive ratione *eorum*,[d] qui eam *ingrediuntur* ac tenent.

a) Qualis quidem *recta* et fidelibus conveniens est. Dicitur autem *herilis* a parte potiore, licet sit inter herum et servum.

b) Huc pertinent loca *1 Cor. 7, 20. sqq. Coloss. 3, 23. 24.*, ubi *servi* quidem vocationis suae meminisse jubentur, sed et dominorum status ac munus simul ratum habetur.

c) Nam quod ad naturam *servitutis* attinet, licet ea talis sit, ut *post lapsum* demum originem acceperit, notum tamen est, quomodo Deus, omnis boni ordinis auctor, etiam certis *legibus* herilem statum muniverit; vid. *Exod. 21, 1. sqq. Eph. 6, 5. sqq. Coloss. 3, 23. 24.*, et leges illas observantibus *bona* diversa *promiserit*, vid. *1 Petr. 2, 19., Coloss. 3, 24. cap. 4, 1. Eph. 6, 8.*

BALDUINUS: „De origine servitutis aliter disserunt *politici*, aliter *theologi. Illi* ex Plinio l. 7. nat. hist. c. 56. existimant, Lacedaemonios primos illos ex Graeciae populis (inter quos per multam aetatem servitia fuisse ignorata, testatur Herodotus l. 7.), servitia invenisse, et postea invaluisse, ut victores in bello, quos manu cepissent et non occidissent, sibi servarent, unde servi et mancipia dicebantur; ad quod respicit Horatius l. 1. ep. 16.: ‚Vendere cum possis captivum, occidere noli‘, et apostolus Petrus 2 Petr. 2, 19.: ‚A quo quis superatus est, hujus et servus est.‘ Sed longe antiquior est servitutis origo, quam sequuntur *theologi*, qui servitutem poenam peccati nominant et non immerito. Nam cum homo ad imaginem Dei sit conditus, Dei vero natura sit imperare, non imperata facere, consequens est, hominis naturae non esse, ut serviat. Quam ob causam nec in statu integritatis fuit hominis in hominem imperium, cum omnia lubentes et sponte susciperent, peragerentque, ut voluntati conditoris satisfacerent. Sed post lapsum omnia in contrarium cesserunt ac imperium successive hominis in homines, distinctioque heri et servi tanquam in poenam peccati ex utraque parte. Nam imperans plurimis molestiis atque infinitis periculis exponitur, obtemperans alieno arbitrio ducitur et neuter eorum vitam citra difficultates acerbissimas degit, quin uterque meritas poenas divinae justitiae persolvat. Hinc primi servi mentio in Scriptura fit post diluvium Gen. 9, 25., ubi Noah ad Chamum dixit: ,Maledictus sit Canaan, servus servorum sit fratribus suis.' Ex quo loco Ambrosius scripsit lib. de Elia et jejunio c. 5.: ,Non esset hodie servitus, si ebrietas non fuisset.' Hinc postea Deus ipse leges condidit, quibus servorum officia in rep. Hebraeorum circumscriberet, Exod. 21. sqq., quibus legibus conditio nostrorum servorum longe est tolerabilior. *Unde colligimus, servitutem quoque esse statum Deo gratum et ab ipso ordinatum*, in quo quis optime vivere et Deo grata praestare potest, etiamsi non careat molestiis multis, quae partim inde sunt, quod natura nostra non est ad serviendum nata, partim quod fastus et superbia plerisque est congenita, cum tamen saepenumero longe facilius sit servire, quam imperare, praesertim quando cum ineptis et malis hominibus agendum est. Quam ob causam de servis semel atque iterum legimus monita apostolica Eph. 6, 5. Col. 3, 22. 1 Tim. 6, 6. 1 Petr. 2, 18.'' etc. (Quaestt. ex epp. ad Phil. et Col. erutae. Disp. de cap. 4. Col. A. 3. sq.)

LUTHERUS: ,,Auf den dritten Artikel: ,Es soll kein *Leibeigener* sein, weil uns Christus hat alle befreiet.' Was ist das? Das heisst christliche Freiheit ganz fleischlich machen. Hat nicht Abraham und andere Patriarchen und Propheten auch Leibeigene gehabt? Leset St. Paulum, was er von den Knechten, welche zu der Zeit alle leibeigen waren, lehret. Drum ist dieser Artikel stracks wider das Evangelium und räuberisch, damit ein jeglicher seinen Leib, so eigen worden ist, seinem Herrn nimmt. Denn ein Leibeigener kann wohl Christe sein und christliche Freiheit haben, gleichwie ein Gefangener oder Kranker ein Christ ist und doch nicht frei ist. Es will dieser Artikel *alle Menschen gleich machen* und aus dem geistlichen Reich Christi ein weltlich äusserlich Reich machen, welches unmöglich ist. Denn weltlich Reich ,rann nicht stehen, wo nicht Ungleichheit ist in Personen, dass etliche fri sein, etliche gefangen, etliche Herren, etliche Unterthanen u. s. w. Wie St. Paulus sagt Gal. 3, 28., dass ,in Christo Herr und Knecht ein Ding sei.' Davon hat mein Herr und Freund, *Urban Rhegius*, wohl und genug geschrieben, da magst du weiter lesen.'' (Ermahnung zum Frieden auf die 12 Art. der Bauerschaft in Schwaben. 1525.. XVI, 85. sq.)

CHEMNITIUS: ,,Argumenta, quae probant, *distinctionem dominiorum et proprietatem rerum esse ordinationem Dei* et ipsi probari: 1. *Lex dicit: ,Non furtum facies.'* Sicut autem in usu elementorum et solis non potest committi furtum, ita si Deus instituisset anabaptisticam communionem, nullus esset usus illius praecepti. Sed ajunt, sicut in facultatibus reipublic. potest committi peculatus, qui est furti species, ita posset etiam in rerum communione committi furtum, quia apostoli, sicut Acta docent, distribuebant. Resp.: Ipse decalogus addit declarationem, cum inquit: ,Non concupisces domum proximi aut quae illius sunt.' Manifeste igitur sancit proprietatem et distinctionem. 2. *Deus jussit, terram sorte dividi*, et legem tulit, ne haereditates de tribu ad tribum transferantur. Ergo est ordinatio Dei, quod distinctae sint possessiones. 3. *Doctrina de eleemosynis* confirmat rerum proprietatem; 1 Cor. 16, 2.: ,Quisque apud se reponat.' 2 Cor. 8, 12.: ,Acceptus est quis, ex eo quod habet.' Prov. 5, 16. 4. *Apostoli divitibus nec praecipiunt nec consulunt abjectionem aut desertionem facultatum.* 1 Tim. 6, 17. Jac. 1, 10.: ,Dives glorietur in humilitate sua.' 5. Prov. 22, 2.: ,*Dives et pauper obviaverunt sibi, utriusque operator Dominus est.''* Syr. 11, 14.: ,Paupertas et divitiae a Deo sunt.' Ergo Dei ordinatio est, ut distinctio dominiorum et possessiones non sint aequales, qualem aequalitatem anabaptistica communio requirit. 6. 1 Tim. 5, 4.: ,Discat prius ἴδιον οἶκον pie tractare'; 1 Tim. 3, 4.: ,Qui bene praesit ἰδίῳ οἴκῳ.' Joh. 19, 27.: ,Johannes accepit Mariam εἰς τὰ ἴδια.' 1 Thess. 4, 11.: ,Πράττειν τὰ ἴδια.' 2 Thess. 3, 12.: ,Manducet ἴδιον ἄρτον.' Item, Paulus praescribit officia oeconomica dominis, servis etc. Sed haec non conveniunt communioni anabap. 7. In N. T. fuerunt divites, Joseph Arimathaeus, Matth. 27, 17., Eunuchus, Actor. 8, 27., Lydia, Act. 16, 14., et Zachaeus, Luc. 19, 8., cum inquit: ,Dimidium bonorum do pauperibus', manifeste ostendit, se retinere proprium. Et tamen Christus dicit: ,Hodie salus facta est huic domui.'" (Loc. th. P. II, f. 148.)

d) Quatenus dantur legitimi *modi* ineundi hanc societatem, de quibus in § seq. dicitur. Et pertinet huc *providentia* divina circa hujus societatis homines occupata.

§ 57.

Pertinent autem etiam ad causam efficientem hujus societatis[a] ipsi *domini*[b] et nonnunquam etiam *servi.*[c]

a) Concretive quidem spectatae.

b) Qui *captos* bello homines, aut *emtos*, aut pretio *conductos*, servos sibi faciunt.

c) Pretium *accipientes*, et in servitutem *consentientes*.

§ 58.

Causa *impulsiva* ex parte hominum est *indigentia*[a] hujus vitae, quae non solum ex parte *servorum*,[b] verum etiam ex parte *dominorum*[c] locum habet.

a) Quod autem saepe homines, luxuria aut fastu stimulati, servos sibi adsciscunt, *ex vitio* est, adeoque hic fere negligitur.

b) Ut operibus servilibus necessaria acquirant, quibus alias destituerentur.

c) Qui et ipsi ad opera rei familiaris, soli, sine ministrorum aut servorum opera, non sufficiunt.

§ 59.

Causalitas causae efficientis ex parte hominum consistit in eo, quod servus *vel* bello justo captivus ducitur,[a] *vel* emitur,[b] *vel* cum eo libere contrahitur.[c]

a) Hinc *servum* a *servando* dictum volunt.

b) Vid. *Exod. 21, 7. Lev. 25, 39.* Atque huc etiam olim pertinebat, quod, qui ex servis *in domo* domini nati fuerunt, hoc ipso servitutem contraxerunt.

c) Atque ita *hodie* societas haec inter dominum et servum *plerumque* constituitur. Confer. § 57.

§ 60.

Materia hujus societatis sunt[a] *dominus* et *servus*,[b] itemque *domina*[c] et *ancilla*.

a) Quatenus societatem hanc ingrediuntur et colunt.

b) Vel etiam servi *plures*, pro ratione rei familiaris et indigentiae.

c) *Sexus* enim h. l. diversitatem *non* facit. Et vid. *Gen. 16, 6. 9.*

§ 61.

Ratio formalis hujus societatis consistit in mutua relatione[a] et obligatione[b] domini et servi.[c]

a) Juxta analogiam societatis conjugalis et paternae.

b) Seu *vinculo morali.* Esse autem hoc vinculum *solubile*, non difficulter constat, quando et dominus servum captum aut emtum manumittere potest, et, si contractus intercesserit, plerumque ille ad breve tempus obligat, imo *etiam* mutuo dissensu solvi potest societas, quae mutuo consensu fuit inita.

e) Est sane non solum *servorum ad dominos*, sed et *dominorum ad servos* obligatio vera, propter *legem* divinam; et speciatim etiam, si inter eos intercesserit *contractus* voluntarius.

§ 62.

Finis *proximus* est mutua utilitas[a] imperantium et parentium in hac societate; *remotior* est societatis publicae[b] commodum.

a) Nempe ad explendam vitae hujus indigentiam.

b) Quatenus societates simpliciter tendunt ad civitatis totius felicitatem.

§ 63.

Officium *dominorum*[a] consistit in aequa *laborum* impositione,[b] *necessariorum* hujus vitae suppeditatione, aut *mercedis* promissae solutione;[c] denique *directione* atque *castigatione* prudente et moderata.[d]

a) Itemque *herarum* et *dominarum.*

b) Vid. *Exod. 20, 10. Deut. 5, 14. (20.)* de *requie* servis aliquando concedenda.

c) Pro diversitate modorum hujus societatis. Vid § 57. not. *b. c.* Conf. *Matth. 10, 10.*, ubi *operarius*, eademque ratione servus operans, *dignus mercede sua* esse dicitur; cui respondent ex V. Testam. verba *Deut. 24, 14. 15.* et ex epistolis apostolicis *Jacobi 5, 14.* Eodemque pertinet cura *aegrotantium,* vid. exemplum centurionis Capernaitici, *Matth. 8, 6.*

d) Abstinendo a *minis* intempestivis et immoderatis. Vid. *Eph. 6, 9.*

§ 64.

Officium *servorum* [a] consistit in *honore, obsequio, fide* [b] ac *patientia,* [c] dominis exhibenda.

a) Itemque *ancillarum.*

b) *Obediendo iis, qui domini sunt juxta carnem, cum timore ac tremore, cum simplicitate cordis sui, tanquam Christo. Non ad oculum servientes, velut hominibus placere studentes, sed tanquam servi Christi facientes, quae vult Deus, ex animo cum benevolentia servientes Domino et non hominibus, Eph. 6, 5. 6. 7. et Col. 3, 22.* Adde *Tit. 2, 10.,* ubi jubentur *parere, in omnibus placentes, non contradicentes, nihil suffurantes* (aut intervertentes), *sed omnem bonam fidem ostendentes.*

c) *Non solum bonis et aequis, sed etiam pravis* (austeris et iniquis) exhibenda, juxta *1 Petr. 2, 18.*

§ 65.

Describi potest societas herilis, quod sit societas aut conjunctio [a] inter dominum [b] et servum, dominam item et ancillam, juxta voluntatem [c] divinam ordinata ad [d] mutuam utilitatem.

a) Genus hoc est; quod tamen habito respectu ad sequentia, formam quoque designat.

b) Materia haec est societatis istius; vid. § 60.

c) Causa efficiens denotatur, juxta § 56.

d) Qui finis est societatis hujus; vid. § 62.

SOLI DEO GLORIA.

CONSPECTUS VOLUMINIS TERTII.

PARS TERTIA.